DIREITO
CONSTITUCIONAL
DESCOMPLICADO

O GEN | Grupo Editorial Nacional – maior plataforma editorial brasileira no segmento científico, técnico e profissional – publica conteúdos nas áreas de concursos, ciências jurídicas, humanas, exatas, da saúde e sociais aplicadas, além de prover serviços direcionados à educação continuada.

As editoras que integram o GEN, das mais respeitadas no mercado editorial, construíram catálogos inigualáveis, com obras decisivas para a formação acadêmica e o aperfeiçoamento de várias gerações de profissionais e estudantes, tendo se tornado sinônimo de qualidade e seriedade.

A missão do GEN e dos núcleos de conteúdo que o compõem é prover a melhor informação científica e distribuí-la de maneira flexível e conveniente, a preços justos, gerando benefícios e servindo a autores, docentes, livreiros, funcionários, colaboradores e acionistas.

Nosso comportamento ético incondicional e nossa responsabilidade social e ambiental são reforçados pela natureza educacional de nossa atividade e dão sustentabilidade ao crescimento contínuo e à rentabilidade do grupo.

VICENTE PAULO
MARCELO ALEXANDRINO

DIREITO CONSTITUCIONAL
DESCOMPLICADO

24ª edição revista e atualizada

- Os autores deste livro e a editora empenharam seus melhores esforços para assegurar que as informações e os procedimentos apresentados no texto estejam em acordo com os padrões aceitos à época da publicação, e todos os dados foram atualizados pelo autor até a data de fechamento do livro. Entretanto, tendo em conta a evolução das ciências, as atualizações legislativas, as mudanças regulamentares governamentais e o constante fluxo de novas informações sobre os temas que constam do livro, recomendamos enfaticamente que os leitores consultem sempre outras fontes fidedignas, de modo a se certificarem de que as informações contidas no texto estão corretas e de que não houve alterações nas recomendações ou na legislação regulamentadora.

- Fechamento desta edição: *03.02.2025*

- Os autores e a editora se empenharam para citar adequadamente e dar o devido crédito a todos os detentores de direitos autorais de qualquer material utilizado neste livro, dispondo-se a possíveis acertos posteriores caso, inadvertida e involuntariamente, a identificação de algum deles tenha sido omitida.

- **Atendimento ao cliente: (11) 5080-0751 | faleconosco@grupogen.com.br**

- Direitos exclusivos para a língua portuguesa
  Copyright © 2025 by
  Editora Forense Ltda.
  Uma editora integrante do GEN | Grupo Editorial Nacional
  Travessa do Ouvidor, 11 – Térreo e 6º andar
  Rio de Janeiro – RJ – 20040-040
  www.grupogen.com.br

- Reservados todos os direitos. É proibida a duplicação ou reprodução deste volume, no todo ou em parte, em quaisquer formas ou por quaisquer meios (eletrônico, mecânico, gravação, fotocópia, distribuição pela Internet ou outros), sem permissão, por escrito, da Editora Forense Ltda.

- Capa: Danilo Oliveira

- **CIP – BRASIL. CATALOGAÇÃO NA FONTE.**
  SINDICATO NACIONAL DOS EDITORES DE LIVROS, RJ.

Paulo, Vicente

Direito constitucional descomplicado / Vicente Paulo, Marcelo Alexandrino. – 24. ed., rev. e atual. – [2. Reimp.] – Rio de Janeiro: Método, 2025.

Inclui bibliografia
ISBN 978-85-3099-652-9

1. Direito constitucional - Brasil. 2. Direito constitucional - Problemas, questões, exercícios. 3. Serviço público - Brasil - Concursos. I. Alexandrino, Marcelo. II. Título.

25-96035   CDU: 342(81)

Meri Gleice Rodrigues de Souza – Bibliotecária – CRB-7/6439

Quanto à Constituição, discordar, sim. Divergir, sim. Descumprir, jamais. Afrontá-la, nunca. Traidor da Constituição é traidor da Pátria. Conhecemos o caminho maldito: rasgar a Constituição, trancar as portas do Parlamento, garrotear a liberdade, mandar os patriotas para a cadeia, o exílio, o cemitério. A persistência da Constituição é a sobrevivência da democracia. [...] Quando, após tantos anos de lutas e sacrifícios, promulgamos o estatuto do homem, da liberdade e da democracia, bradamos por imposição de sua honra: temos ódio à ditadura. Ódio e nojo. (Deputado Ulysses Guimarães, presidente da Assembleia Nacional Constituinte, na solenidade de promulgação da Constituição Federal, em sessão do dia 5 de outubro de 1988.)

Ao MARCELO ALEXANDRINO, *pela imensa satisfação que tem sido, desde 1999, a nossa parceria como coautores de obras para concursos públicos. Impressiona-me, Marcelo, a competência que você tem para aprimorar – e muito – o que eu escrevo.*

Vicente Paulo

Dedico a meu irmão VICENTE PAULO *esta obra. Para mim, representa ela o rematado coroamento de nossa amizade e de todos os esforços que, há muito, juntos envidamos.*

Marcelo Alexandrino

NOTA À 24.ª EDIÇÃO

Nesta edição, incorporamos as alterações trazidas ao texto constitucional: (a) pela Emenda Constitucional 133, de 22 de agosto de 2024, que impõe aos partidos políticos a obrigatoriedade da aplicação de recursos financeiros para candidaturas de pessoas pretas e pardas; (b) pela Emenda Constitucional 134, de 24 de setembro de 2024, que dispõe sobre a eleição dos órgãos diretivos de Tribunais de Justiça; e (c) pela Emenda Constitucional 135, de 20 de dezembro de 2024, que altera os artigos 37, 163, 165, 212-A e 239 da Constituição Federal.

Incorporamos, também, a jurisprudência recente do Supremo Tribunal Federal acerca de variados temas, cabendo citar como exemplos: (a) a descriminalização do porte de maconha para consumo pessoal, e a fixação de critérios orientadores para a atuação das autoridades públicas sobre o assunto; (b) o afastamento de qualquer interpretação segundo a qual as Forças Armadas dispõem de uma espécie de "poder moderador" entre os Poderes Executivo, Legislativo e Judiciário; (c) a fixação de parâmetros para a determinação judicial para o fornecimento de medicamentos registrados pela Anvisa; (d) a extensão do direito à licença-maternidade aos casos de "paternidade solo"; (e) o reconhecimento do direito às licenças à maternidade e à paternidade na hipótese de união homoafetiva; (f) a inconstitucionalidade da prática de desqualificar a mulher vítima de violência durante a instrução e o julgamento de crimes contra a dignidade sexual e todos os crimes de violência contra a mulher; (g) a obrigação imposta às escolas públicas e particulares de coibir o bulimento e as discriminações por gênero, identidade de gênero e orientação sexual, bem como as de cunho machista (contra meninas cisgêneras e transgêneras) e homotransfóbicas (contra homossexuais, bissexuais, travestis e transexuais); (h) o direito de uso de trajes religiosos – vestimentas ou acessórios que representem manifestação da fé – em fotos de documentos oficiais; (i) a constitucionalidade do uso de símbolos religiosos em prédios públicos; (j) a legitimidade da recusa, por motivos religiosos, a receber tratamento de saúde; (k) a fixação de parâmetros para a utilização de algemas em menor de idade; (l) a constitucionalidade da execução imediata da pena imposta ao réu condenado por decisão do Tribunal do Júri, ainda que sujeita a recurso; e (m) a ilegalidade da abordagem policial e a revista pessoal motivadas por raça, sexo, orientação sexual, cor da pele ou aparência física.

Os Autores

NOTA À 23.ª EDIÇÃO

Nesta edição, incorporamos as alterações trazidas ao texto constitucional: (a) pela Emenda Constitucional 130, de 3 de outubro de 2023, que modificou normas relativas à remoção de magistrados, passando a ser permitida a permuta entre juízes de direito vinculados a diferentes tribunais; (b) pela Emenda Constitucional 131, de 3 de outubro de 2023, que alterou as normas concernentes à perda da nacionalidade do brasileiro; e (c) pela Emenda Constitucional 132, de 20 de dezembro de 2023, que promoveu a assim chamada "Reforma Tributária".

Incorporamos, também, a jurisprudência recente do Supremo Tribunal Federal acerca de variados temas, cabendo citar como exemplos: (a) a tese de que empresas jornalísticas podem ser responsabilizadas pela publicação de entrevista em que o entrevistado imputa falsamente prática de crime a terceiro, caso, na época da divulgação, houvesse indícios concretos da falsidade da imputação e o veículo tenha deixado de observar o dever de cuidado na verificação da veracidade dos fatos e na divulgação da existência de tais indícios; (b) a tese de que é válida a abertura de encomenda postada nos Correios, sem necessidade de prévia autorização judicial, desde que haja indícios fundamentados da prática de atividade ilícita, e de que é igualmente válida a abertura de carta, telegrama, pacote ou meio análogo, em estabelecimento penitenciário, quando houver fundados indícios da prática de atividades ilícitas; (c) o entendimento de que condenações criminais extintas há mais de cinco anos podem ser consideradas como maus antecedentes para a fixação da pena-base em novo processo criminal, desde que o julgador fundamente adequadamente a sua decisão; (d) o entendimento de que a disposição do Código de Processo Penal que concede o direito a prisão especial para pessoas com diploma superior não é compatível com a Constituição de 1988; (e) o entendimento de que a aplicação de medidas alternativas para assegurar o cumprimento de ordem judicial – tais como a apreensão da Carteira Nacional de Habilitação (CNH) e de passaporte, a suspensão do direito de dirigir e a proibição de participação em concurso e licitação pública – é constitucional; (f) a tese de que são inadmissíveis, em processos administrativos de qualquer espécie, provas consideradas ilícitas pelo Poder Judiciário; (g) o entendimento de que não têm legitimidade para impetrar mandado de segurança coletivo, sem autorização expressa dos seus associados, as assim chamadas "associações genéricas" (associações que não representam categoria econômica ou profissional específica); (h) o entendimento de que a gestante contratada pela administração pública por prazo determinado, ou ocupante de cargo em comissão, tem direito à licença-maternidade

(CF, art. 7.º, XVIII) e à estabilidade provisória desde a confirmação da gravidez até cinco meses após o parto (ADCT, art. 10, II, "b"); (i) a tese de que é constitucional a instituição, por acordo ou convenção coletivos, de contribuições assistenciais a serem impostas a todos os empregados da categoria, ainda que não sindicalizados, desde que assegurado o direito de oposição; (j) a tese de que há um estado de coisas inconstitucional no sistema carcerário brasileiro, responsável pela violação massiva de direitos fundamentais dos presos, situação a demandar atuação cooperativa das diversas autoridades, instituições e comunidade para a construção de uma solução satisfatória; (k) o reconhecimento de que é constitucional lei estadual que proíbe, no âmbito do seu território, a fabricação, a venda e a comercialização de armas de brinquedo que simulam armas de fogo reais, por se tratar de matéria afeta ao direito do consumidor e à proteção à infância e à juventude, no âmbito da competência legislativa concorrente; (l) a tese de que é constitucional lei municipal que proíbe a soltura de fogos de artifício e artefatos pirotécnicos produtores de estampidos; (m) o entendimento de que as guardas municipais integram a estrutura de segurança pública constitucionalmente estabelecida, a despeito do fato de esses órgãos municipais não figurarem na enumeração constante dos incisos I a VI do art. 144 da Constituição; (n) a tese de que a suspensão dos direitos políticos decorrente de condenação criminal transitada em julgado não impede a nomeação e posse de candidato aprovado em concurso público, desde que não incompatível com a infração penal praticada; (o) a tese de que é inconstitucional a vedação à posse em cargo público de candidato aprovado que, embora tenha sido acometido por doença grave, não apresenta sintoma incapacitante nem possui restrição relevante que impeça o exercício da função pretendida; (p) o entendimento de que a pessoa convocada por CPI na condição de investigada não está obrigada a comparecer ao depoimento, por estar amparada pelo direito à não autoincriminação; (q) o entendimento de que a iniciativa de lei sobre criação de cargos, política remuneratória e planos de carreira da Defensoria Pública é privativa do Defensor Público-Geral, e não do chefe do Poder Executivo; (r) a tese de que a denúncia de tratados internacionais efetuada pelo Presidente da República precisa ser aprovada pelo Congresso Nacional para estar apta a produzir efeitos no ordenamento jurídico interno.

Os Autores

NOTA À 22.ª EDIÇÃO

Nesta edição, acrescentamos as alterações trazidas ao texto constitucional: (a) pela Emenda Constitucional 128, de 22 de dezembro de 2022, que proíbe a imposição e a transferência, por lei, de qualquer encargo financeiro decorrente da prestação de serviço público para a União, os Estados, o Distrito Federal e os Municípios; (b) pela Emenda Constitucional 127, de 22 de dezembro de 2022, que estabelece a competência da União para prestar assistência financeira complementar aos Estados, ao Distrito Federal e aos Municípios e às entidades filantrópicas, para o cumprimento dos pisos salariais profissionais nacionais para o enfermeiro, o técnico de enfermagem, o auxiliar de enfermagem e a parteira; (c) pela Emenda Constitucional 126, de 21 de dezembro de 2022, que dispõe sobre as emendas individuais ao projeto de lei orçamentária anual; (d) pela Emenda Constitucional 125, de 14 de julho de 2022, que institui no recurso especial o requisito da relevância das questões de direito federal infraconstitucional; (e) pela Emenda Constitucional 124, de 14 de julho de 2022, que Institui o piso salarial nacional do enfermeiro, do técnico de enfermagem, do auxiliar de enfermagem e da parteira; (f) pela Emenda Constitucional 123, que estabelece diferencial de competitividade para os biocombustíveis; e (g) pela Emenda Constitucional 122, de 17 de maio de 2022, que eleva para setenta anos a idade máxima para a escolha e nomeação de membros do STF, do STJ, dos TRFs, do TST, dos TRTs, do TCU e dos Ministros civis do STM.

Incorporarmos, também, vasta jurisprudência recente do Supremo Tribunal Federal acerca de variados temas, tais como: (a) a tese de que a liberdade de expressão não alcança a prática de discursos dolosos, com intuito manifestamente difamatório, de juízos depreciativos de mero valor, de injúrias em razão da forma ou de críticas aviltantes; (b) o reconhecimento da competência do Corregedor Nacional de Justiça para determinar o afastamento dos sigilos bancário e fiscal; (c) a fixação de tese jurídica sobre a constitucionalidade das prorrogações sucessivas do prazo de interceptação telefônica; (d) a proibição de requisição administrativa de bens e serviços públicos de titularidade de outros entes federativos; (e) a fixação das condições, cumulativas e obrigatórias, para a decretação da prisão temporária; (f) a constitucionalidade da exigência de teste do bafômetro, exames clínicos ou perícias visando a aferir eventual influência de álcool ou outra substância psicoativa; (g) a constitucionalidade da penhora do bem de família do fiador também no caso de contratos de locação comercial; (h) a possibilidade da redução de direitos trabalhistas em acordos e convenções coletivos, desde que resguardado um patamar mínimo civilizatório; (i) o reconhecimento do direito à licença-maternidade ao pai de família monoparental ("pai solo"); (j) a continuidade do foro especial perante o STF na hipótese de "mandato cruzado" no âmbito das Casas do Congresso Nacional; e (k) a competência do TCU para bloquear bens de particulares responsáveis pela administração de dinheiro de origem pública.

Os Autores

NOTA À 21.ª EDIÇÃO

Nesta edição, acrescentamos as alterações trazidas ao texto constitucional: (a) pela Emenda Constitucional 115, de 10 de fevereiro de 2022, que incluiu a proteção de dados pessoais entre os direitos e garantias fundamentais, e fixou a competência privativa da União para legislar sobre proteção e tratamento de dados pessoais; (b) pelas Emendas Constitucionais 113 e 114, de dezembro de 2021, que estabeleceram o novo regime de pagamentos de precatórios; (c) pela Emenda Constitucional 111, de 28 de setembro de 2021, que, entre outras inovações, disciplinou a realização de consultas populares concomitantes às eleições municipais, dispôs sobre o instituto da fidelidade partidária e alterou a data de posse de Governadores e do Presidente da República; e (d) pela Emenda Constitucional 109, de 15 de março de 2021, que estabeleceu a competência para a decretação do estado de calamidade pública de âmbito nacional e, ademais, alterou significativamente o capítulo constitucional das finanças públicas.

Incorporarmos, também, vasta jurisprudência recente do Supremo Tribunal Federal acerca de variados temas, tais como: (a) a inconstitucionalidade da tese da "legítima defesa da honra"; (b) a constitucionalidade da imposição de restrições estatais à realização de cultos, missas e demais atividades religiosas presenciais de caráter coletivo como medida de contenção do avanço de pandemia (Covid-19); (c) o reconhecimento de que o crime de injúria racial configura um dos tipos penais de racismo; (d) a proibição de "showmícios" (shows de artistas para animar comícios e reuniões eleitorais) e a admissão de "eventos de arrecadação" (participação não remunerada de artistas em eventos de arrecadação de recursos para campanhas eleitorais) em campanhas eleitorais; (e) a legitimidade da outorga do direito ao porte de armas de fogo aos integrantes de todas as guardas municipais do país, independentemente do tamanho da população do município; (f) a mudança do tradicional entendimento daquela Corte Máxima sobre a competência do Tribunal de Contas da União para exercer o controle de constitucionalidade das leis; (g) a inconstitucionalidade do reconhecimento de direitos previdenciários nas relações que se amoldam ao instituto do concubinato; (h) a constitucionalidade da legislação que estabelece a chamada "cota de tela"; e (i) a inconstitucionalidade de normas que conferem autonomia administrativa, financeira e orçamentária às polícias civis.

Os Autores

NOTA À 20.ª EDIÇÃO

Nesta edição, acrescentamos vasta jurisprudência recente do Supremo Tribunal Federal acerca de variados temas constitucionais, em especial sobre leis e atos normativos editados pelo governo federal para o combate à pandemia do novo coronavírus (Covid-19).

Incorporarmos, também, recentes soluções de controvérsias constitucionais relevantes pela Suprema Corte, tais como: (a) a inconstitucionalidade de leis locais que proíbem o ensino sobre "questões de gênero"; (b) a ilegitimidade da existência paralela de duas uniões estáveis, tendo em vista o princípio da "monogamia"; (c) a incompatibilidade do "direito ao esquecimento" com o ordenamento jurídico brasileiro; (d) a vedação à reeleição, para o mesmo cargo, dos membros das mesas diretoras das Casas do Congresso Nacional, das assembleias legislativas dos estados e da Câmara Legislativa do Distrito Federal; (e) a obrigatoriedade de vacinação da população, em face da invocação da liberdade de consciência e de crença; (f) a ilegitimidade da invocação de convicção filosófica (objeção de consciência) pelos pais, diante da obrigatoriedade de vacinação de filho menor; (g) a distribuição de recursos financeiros e do tempo de propaganda eleitoral gratuita no rádio e na televisão proporcional à quantidade de candidatos negros de cada partido político, com o fim de mitigar a subrepresentatividade de pessoas negras nos cargos eletivos do nosso país, decorrente do chamado "racismo estrutural"; (h) o direito de candidato requerer a realização de determinadas provas ou etapas de concurso público em datas ou horários diferentes daqueles estipulados no edital, em razão de crença religiosa; (i) as balizas para o compartilhamento de dados e conhecimentos no âmbito do Sistema Brasileiro de Inteligência (Sisbin); (j) o cabimento de mandado de injunção para pleitear direito previsto em Constituição Estadual (ou na Lei Orgânica do Distrito Federal); (k) a competência administrativa dos estados e do Distrito Federal para explorar a atividade de loterias em seu âmbito; (l) o prazo prescricional da pretensão de ressarcimento ao erário baseada em decisões de tribunal de contas que imputem débito ou multa; (m) a possibilidade de reconhecimento da inconstitucionalidade formal no processo constituinte reformador quando eivada de vício a manifestação de vontade do parlamentar, pela prática de ilícitos que infirmam a moralidade, a probidade administrativa e fragilizam a democracia representativa ("compra de votos"); (n) a competência do Conselho Nacional do Ministério Público (CNMP) para solucionar conflitos de competência entre ministérios públicos diversos; e (o) o cabimento de recurso contra a decisão de relator que nega o pedido de ingresso de "amigo da corte" (*amicus curiae*) no processo de ação direta de inconstitucionalidade.

Os Autores

APRESENTAÇÃO

O adjetivo "descomplicado" não é sinônimo de "superficial" ou "básico", como demonstra este livro. O emprego, no título, daquele qualificativo tem por intuito, apenas, realçar o detalhamento e a didática com que é apresentado o seu abrangente conteúdo. Com efeito – é importante frisar –, tem nas mãos o leitor uma obra completa, na qual foram minudentemente tratados, com adequado grau de aprofundamento, todos os assuntos relevantes do Direito Constitucional, tanto os relacionados com a sua teoria geral quanto aqueles positivados pela Constituição de 1988.

Prova da preocupação que tiveram os autores com a completude de seu trabalho e a exposição pormenorizada dos diversos assuntos são o número de tópicos e a extensão de alguns dos capítulos. Nestes, proporciona-se ampla análise da matéria teórica, reforçada pela referência sistemática à jurisprudência de nossa Corte Constitucional, muitas vezes acompanhada do exame de situações hipotéticas e de esquemas e quadros sinóticos, sempre visando a tornar a exposição o mais didática possível. Como exemplos desse cuidado com a abrangência do conteúdo, e em tornar fácil sua assimilação pelo leitor, citam-se os capítulos destinados ao estudo dos "Direitos Fundamentais" e do "Controle de Constitucionalidade", com mais de 150 páginas, cada qual.

Enfim, trata-se de obra apta a atender, sobejamente, as necessidades dos estudantes de Direito, inclusive os que estejam prestando o Exame da Ordem, dos candidatos aos mais diversos concursos públicos, bem como dos profissionais do Direito em geral, que laborem na área do Direito Público.

Os Autores

NOTA DA EDITORA

Com a missão de disponibilizar o melhor conteúdo científico e com a visão de ser o maior, mais eficiente e mais completo grupo provedor de conteúdo educacional do País, o GEN | Grupo Editorial Nacional reuniu os dois maiores nomes da literatura jurídica voltada aos concursos públicos: Vicente Paulo e Marcelo Alexandrino, representados pela marca Vicente & Marcelo.

O sucesso da dupla pode ser constatado a partir da grande aceitação de suas obras pelo público e das inúmeras manifestações positivas de seus alunos.

Um grande diferencial dos autores é a capacidade de transportar para o livro a didática utilizada nas salas de aula, tratando dos temas complexos de forma simples, clara e objetiva. Daí o conceito *descomplicado*.

A obra *Direito Constitucional Descomplicado* é o reflexo das características dos autores: a proximidade e a familiaridade com os leitores, a habilidade didática e a clareza na apresentação dos temas. Contemplando o conteúdo de editais dos principais concursos públicos, como também os programas das universidades do País, a obra traz a técnica que exige a matéria, aliada a recursos didáticos que levam a disciplina ao leitor de modo *descomplicado*.

Boa leitura a todos!

SUMÁRIO

CAPÍTULO 1
DIREITO CONSTITUCIONAL E CONSTITUIÇÃO 1

1. Origem e conteúdo do Direito Constitucional... 1
   - 1.1. Objeto do Direito Constitucional quanto ao foco de investigação 3
2. Constituição: noções iniciais, objeto e evolução..................................... 4
   - 2.1. Constituição em sentido sociológico, político e jurídico 5
     - 2.1.1. Constituição em sentido sociológico.................................... 5
     - 2.1.2. Constituição em sentido político 5
     - 2.1.3. Constituição em sentido jurídico... 6
   - 2.2. Constituição em sentido material e formal.. 8
3. Classificação das Constituições... 9
   - 3.1. Quanto à origem 9
   - 3.2. Quanto à forma... 10
   - 3.3. Quanto ao modo de elaboração... 11
   - 3.4. Quanto ao conteúdo.. 12
   - 3.5. Quanto à estabilidade... 15
   - 3.6. Quanto à correspondência com a realidade (critério ontológico)...... 17
   - 3.7. Quanto à extensão 18
   - 3.8. Quanto à finalidade.. 19
   - 3.9. Outras classificações.. 20
4. Breve resumo das Constituições do Brasil... 23
   - 4.1. A Constituição do Império (1824) 24
   - 4.2. A primeira Constituição Republicana (1891) 25
   - 4.3. A Constituição de 1934.. 26
   - 4.4. A Constituição do Estado Novo (1937)... 26
   - 4.5. A Constituição de 1946.. 27
   - 4.6. A Constituição de 1967.. 28

4.7.	A Emenda Constitucional n.º 1 à Constituição de 1967 (a "Constituição de 1969")	29
4.8.	A Constituição de 1988	29
5.	Classificação e estrutura da Constituição Federal de 1988	31
5.1.	Preâmbulo	32
5.2.	Parte dogmática da Constituição de 1988	33
5.3.	Ato das Disposições Constitucionais Transitórias (ADCT)	34
5.4.	"Elementos da Constituição"	35
6.	Entrada em vigor de uma nova Constituição	36
6.1.	Vacatio constitutionis	36
6.2.	Retroatividade mínima	37
6.3.	Entrada em vigor da nova Constituição e a Constituição pretérita	39
6.3.1.	Desconstitucionalização	39
6.4.	Direito ordinário pré-constitucional	40
6.4.1.	Direito ordinário pré-constitucional incompatível	40
6.4.1.1.	Inconstitucionalidade superveniente	41
6.4.2.	Direito ordinário pré-constitucional compatível	43
6.4.3.	Direito ordinário pré-constitucional não vigente	48
6.4.4.	Direito ordinário em período de vacatio legis	49
6.5.	Controle de constitucionalidade do direito pré-constitucional	50
7.	Classificação das normas constitucionais quanto ao grau de eficácia e aplicabilidade	52
7.1.	Classificação de José Afonso da Silva	53
7.1.1.	Normas de eficácia plena	53
7.1.2.	Normas de eficácia contida	53
7.1.3.	Normas de eficácia limitada	55
7.1.4.	Eficácia das normas programáticas	57
7.2.	Classificação de Maria Helena Diniz	58
8.	Interpretação da Constituição	59
8.1.	Correntes interpretativistas e não interpretativistas	61
8.2.	Métodos de interpretação	61
8.2.1.	O método jurídico (método hermenêutico clássico)	61
8.2.2.	O método tópico-problemático	62
8.2.3.	O método hermenêutico-concretizador	62
8.2.4.	O método científico-espiritual	63
8.2.5.	O método normativo-estruturante	63
8.2.6.	A interpretação comparativa	64
8.3.	Princípios de interpretação	64

8.3.1.	Princípio da unidade da Constituição	64
8.3.2.	Princípio do efeito integrador	65
8.3.3.	Princípio da máxima efetividade	65
8.3.4.	Princípio da justeza	65
8.3.5.	Princípio da harmonização	65
8.3.6.	Princípio da força normativa da Constituição	66
8.3.7.	Interpretação conforme a Constituição	66
8.4.	Teoria dos poderes implícitos	67

CAPÍTULO 2
PODER CONSTITUINTE 69

1. Conceito 69
2. Titularidade 70
3. Formas de exercício 70
4. Espécies 72
   - 4.1. Poder constituinte originário 72
   - 4.2. Poder constituinte derivado 74
   - 4.3. Poder constituinte difuso 76
   - 4.4. Poder constituinte supranacional 77

CAPÍTULO 3
PRINCÍPIOS, DIREITOS E GARANTIAS FUNDAMENTAIS 79

1. Princípios fundamentais 79
2. Direitos e garantias fundamentais – teoria geral e regime jurídico 85
   - 2.1. Origem 85
   - 2.2. Os quatro *status* de Jellinek 86
   - 2.3. Distinção entre direitos humanos e direitos fundamentais 87
   - 2.4. Distinção entre direitos e garantias 87
   - 2.5. Características 87
   - 2.6. Dimensões objetiva e subjetiva 88
   - 2.7. Classificação 89
   - 2.8. Destinatários 91
   - 2.9. Relações privadas 92
   - 2.10. Natureza relativa 94
   - 2.11. Restrições legais 94
   - 2.12. Conflito (ou colisão) 95
   - 2.13. Renúncia 97

XXVI DIREITO CONSTITUCIONAL DESCOMPLICADO • *Vicente Paulo & Marcelo Alexandrino*

3. Os direitos fundamentais na Constituição Federal de 1988 – Aspectos gerais 97

   3.1. Aplicabilidade imediata 98

   3.2. Enumeração aberta e interpretação 99

   3.3. Restrições e suspensões admitidas constitucionalmente 100

   3.4. Tratados e convenções internacionais com força de emenda constitucional 101

   3.5. Tribunal Penal Internacional 102

4. Direitos e deveres individuais e coletivos previstos na Constituição Federal de 1988 (art. 5.º) 104

   4.1. Direito à vida 104

   4.2. Direito à liberdade 109

   4.3. Princípio da igualdade (art. 5.º, *caput*, e inciso I) 110

   4.4. Princípio da legalidade (art. 5.º, II) 115

   4.5. Liberdade de expressão (art. 5.º, IV, V, IX, XIV) 118

   4.6. Liberdade de crença religiosa e convicção política e filosófica (art. 5.º, VI, VII, VIII) 126

   4.7. Inviolabilidade da intimidade, da vida privada, da honra e da imagem das pessoas (art. 5.º, X) 131

   4.8. Inviolabilidade domiciliar (art. 5.º, XI) 137

   4.9. Inviolabilidade das correspondências e comunicações (art. 5.º, XII) 139

   4.10. Liberdade de atividade profissional (art. 5.º, XIII) 143

   4.11. Liberdade de reunião (art. 5.º, XVI) 144

   4.12. Liberdade de associação (art. 5.º, XVII a XIX) 146

   4.13. Associações e defesa de direitos dos associados: representação processual (art. 5.º, XXI) 147

   4.14. Direito de propriedade (art. 5.º, XXII a XXXI) 149

   4.15. Desapropriação (art. 5.º, XXIV) 152

   4.16. Requisição administrativa (art. 5.º, XXV) 156

   4.17. Defesa do consumidor (art. 5.º, XXXII) 157

   4.18. Direito de informação (art. 5.º, XXXIII) 157

   4.19. Direito de petição (art. 5.º, XXXIV, "a") 158

   4.20. Direito de certidão (art. 5.º, XXXIV, "b") 159

   4.21. Princípio da inafastabilidade de jurisdição (art. 5.º, XXXV) 159

   4.22. Proteção ao direito adquirido, à coisa julgada e ao ato jurídico perfeito (art. 5.º, XXXVI) 162

   4.23. Juízo natural (art. 5.º, XXXVII e LIII) 165

   4.24. Júri popular (art. 5.º, XXXVIII) 166

SUMÁRIO

4.25.	Princípio da legalidade penal e da retroatividade da lei penal mais favorável (art. 5.º, XXXIX e XL)	168
4.26.	Vedação ao racismo (art. 5.º, XLII)	170
4.27.	Tortura, tráfico de entorpecentes, terrorismo, crimes hediondos e ação de grupos armados contra a ordem constitucional (art. 5.º, XLIII e XLIV)	173
4.28.	Pessoalidade da pena (art. 5.º, XLV)	174
4.29.	Princípio da individualização da pena; penas admitidas e penas vedadas (art. 5.º, XLVI e XLVII)	174
4.30.	Extradição (art. 5.º, LI e LII)	178
4.31.	Devido processo legal (art. 5.º, LIV)	180
	4.31.1. Princípio da razoabilidade ou proporcionalidade	181
4.32.	Contraditório e ampla defesa (art. 5.º, LV)	184
	4.32.1. Ampla defesa e duplo grau de jurisdição	186
4.33.	Vedação à prova ilícita (art. 5.º, LVI)	188
4.34.	Princípio da presunção da inocência (art. 5.º, LVII)	192
4.35.	Identificação criminal do civilmente identificado (art. 5.º, LVIII)	197
4.36.	Ação penal privada subsidiária da pública (art. 5.º, LIX)	197
4.37.	Hipóteses constitucionais em que é possível a prisão (art. 5.º, LXI, LXVI)	199
4.38.	Respeito à integridade física e moral, direito de permanecer calado e outros direitos do preso (art. 5.º, XLIX, LXII, LXIII, LXIV e LXV)	200
4.39.	Prisão civil por dívida (art. 5.º, LXVII)	204
4.40.	Assistência jurídica gratuita (art. 5.º, LXXIV)	207
4.41.	Indenização por erro judiciário e excesso na prisão (art. 5.º, LXXV)	209
4.42.	Gratuidade do Registro Civil de Nascimento, da Certidão de Óbito, do *Habeas Corpus*, do *Habeas Data* e, na forma da lei, dos atos necessários ao exercício da cidadania (art. 5.º, LXXVI e LXXVII)	210
4.43.	Celeridade processual (art. 5.º, LXXVIII)	211
4.44.	Proteção dos dados pessoais (art. 5.º, LXXIX)	211
4.45.	*Habeas corpus* (art. 5.º, LXVIII)	212
	4.45.1. Ofensa indireta ao direito de locomoção	215
	4.45.2. Descabimento	216
4.46.	Mandado de segurança (art. 5.º, LXIX e LXX)	218
	4.46.1. Natureza jurídica	218
	4.46.2. Cabimento	218
	4.46.3. Descabimento	219
	4.46.4. Direito líquido e certo	220
	4.46.5. Legitimação ativa	221

	4.46.6.	Legitimação passiva	221
	4.46.7.	Medida liminar	222
	4.46.8.	Prazo para impetração	223
	4.46.9.	Competência	224
	4.46.10.	Duplo grau de jurisdição	224
	4.46.11.	Pagamento a servidor	225
	4.46.12.	Descabimento de honorários advocatícios	225
	4.46.13.	Desistência	225
	4.46.14.	Mandado de segurança coletivo	226
4.47.	Mandado de injunção		228
	4.47.1.	Cabimento	229
	4.47.2.	Descabimento	231
	4.47.3.	Legitimação no mandado de injunção individual	232
	4.47.4.	Efeitos da decisão	233
	4.47.5.	Alcance temporal da decisão	235
	4.47.6.	Mandado de injunção coletivo	236
	4.47.7.	Mandado de injunção individual *versus* Mandado de injunção coletivo	237
4.48.	*Habeas data*		237
4.49.	Ação popular		239
	4.49.1.	Objeto	241
	4.49.2.	Competência	242
5.	**Direitos sociais**		243
5.1.	Noções		243
5.2.	Enumeração constitucional dos direitos sociais individuais dos trabalhadores (art. 7.º)		245
5.3.	Direitos sociais coletivos dos trabalhadores (arts. 8.º a 11)		255
5.4.	A problemática da concretização dos direitos sociais: reserva do possível, garantia do mínimo existencial e implementação de políticas públicas pelo Poder Judiciário		259
5.5.	Direitos sociais e o princípio da proibição de retrocesso social (*effet cliquet*)		263
6.	**Nacionalidade**		264
6.1.	Noções		264
6.2.	Espécies de nacionalidade		265
6.3.	Critérios de atribuição de nacionalidade		265
6.4.	Brasileiros natos (aquisição originária)		266
6.5.	Brasileiros naturalizados (aquisição secundária)		268

6.6.	Portugueses residentes no Brasil		270
6.7.	Tratamento diferenciado entre brasileiro nato e naturalizado		270
6.8.	Perda da nacionalidade		271

7. Direitos políticos 272

7.1.	Noções		272
7.2.	Direito ao sufrágio		272
7.3.	Capacidade eleitoral ativa		273
7.4.	Plebiscito e referendo		275
7.5.	Capacidade eleitoral passiva		275
7.6.	Inelegibilidades		279
	7.6.1.	Inelegibilidade absoluta	279
	7.6.2.	Inelegibilidade relativa	280
		7.6.2.1. Motivos funcionais	280
		7.6.2.2. Motivos de casamento, parentesco ou afinidade	283
		7.6.2.3. Condição de militar	287
		7.6.2.4. Previsões em lei complementar	287
7.7.	Privação dos direitos políticos		289
7.8.	Princípio da anterioridade eleitoral		291

CAPÍTULO 4
ORGANIZAÇÃO POLÍTICO-ADMINISTRATIVA 293

1. Introdução 293
2. Formas de Estado 293
3. Formas de governo 295
4. Sistemas de governo 296
5. Regimes de governo 299
6. A Federação na Constituição de 1988 300

6.1.	União		304
6.2.	Estados-membros		306
	6.2.1.	Auto-organização e autolegislação	306
	6.2.2.	Autogoverno	307
	6.2.3.	Autoadministração	310
	6.2.4.	Vedações ao poder constituinte decorrente	311
6.3.	Municípios		319
6.4.	Distrito Federal		324
6.5.	Territórios Federais		325

6.6.	Formação dos estados	327
6.7.	Formação dos municípios	329
6.8.	Formação dos Territórios Federais	331
6.9.	Vedações constitucionais aos entes federados	331
7.	Intervenção federal	332
7.1.	Intervenção federal espontânea	333
7.2.	Intervenção federal provocada	334
7.3.	Decreto interventivo	337
7.4.	Controle político	338
7.5.	Controle jurisdicional	339
8.	Intervenção nos municípios	339

CAPÍTULO 5
REPARTIÇÃO DE COMPETÊNCIAS

	REPARTIÇÃO DE COMPETÊNCIAS	341
1.	Noções	341
1.1.	Modelos de repartição	342
1.2.	Espécies de competências	343
1.3.	Técnica adotada pela Constituição Federal de 1988	344
2.	Competências da União	347
3.	Competência comum	355
4.	Competência legislativa concorrente	356
4.1.	Presunção a favor da competência do ente menor	363
5.	Competências dos estados	367
6.	Competências do Distrito Federal	371
7.	Competências dos municípios	372

CAPÍTULO 6
ADMINISTRAÇÃO PÚBLICA

	ADMINISTRAÇÃO PÚBLICA	379
1.	Noções introdutórias	379
2.	Princípios administrativos	381
3.	Normas constitucionais sobre organização da administração pública	388
4.	Normas constitucionais sobre ingresso no serviço público	391
5.	Normas constitucionais sobre o regime jurídico dos agentes públicos	409
5.1.	Noções gerais	409
5.2.	Direito de associação sindical dos servidores públicos	412
5.3.	Direito de greve dos servidores públicos	412

5.4.	Regras constitucionais pertinentes à remuneração dos agentes públicos		415
	5.4.1.	Fixação da remuneração e revisão geral anual	415
	5.4.2.	Limites de remuneração dos servidores públicos	419
	5.4.3.	Irredutibilidade dos vencimentos e subsídios	425
5.5.	Vedação à acumulação de cargos, empregos e funções públicos		427
5.6.	Disposições constitucionais relativas aos servidores em exercício de mandatos eletivos		429
5.7.	Estabilidade		430
	5.7.1.	Vedação à dispensa imotivada de empregados públicos de empresas públicas e sociedades de economia mista	432
5.8.	Disponibilidade remunerada, reintegração, recondução, aproveitamento e readaptação		433
5.9.	Extensão aos servidores públicos de direitos constitucionalmente assegurados aos trabalhadores da iniciativa privada		435
5.10.	Regime de previdência dos servidores públicos		439

6. Administração tributária 446
7. Obrigatoriedade de licitar 447
8. Responsabilidade civil da administração pública 450

8.1.	Responsabilidade por danos decorrentes de omissão estatal	452

CAPÍTULO 7
PODER LEGISLATIVO 459

1. Tripartição de poderes 459
2. Funções 463
3. Composição 463

3.1.	Congresso Nacional	463
3.2.	Câmara dos Deputados	465
3.3.	Senado Federal	468

4. Órgãos 469

4.1.	Mesas diretoras		469
4.2.	Comissões		471
	4.2.1.	Comissões parlamentares de inquérito	474
		4.2.1.1. Criação	475
		4.2.1.2. Poderes de investigação	477
		4.2.1.3. Direitos dos depoentes	479
		4.2.1.4. Competência	480
		4.2.1.5. Incompetência	483

	4.2.1.6.	Controle judicial	484
	4.2.1.7.	Publicidade	485

4.3. Plenário 486

5. Reuniões 486

6. Atribuições 488

   6.1. Atribuições do Congresso Nacional 488

   6.2. Atribuições da Câmara dos Deputados 492

   6.3. Atribuições do Senado Federal 494

   6.4. Convocação e pedidos de informação a Ministro de Estado 498

7. Estatuto dos Congressistas 499

   7.1. Imunidades 500

      7.1.1. Imunidade material 500

      7.1.2. Imunidade formal 504

   7.2. Foro especial em razão da função 510

   7.3. Afastamento do Poder Legislativo 517

   7.4. Desobrigação de testemunhar 518

   7.5. Incorporação às Forças Armadas 519

   7.6. Subsistência das imunidades 519

   7.7. Incompatibilidades 519

   7.8. Perda do mandato 520

   7.9. Renúncia ao mandato 522

   7.10. Manutenção do mandato 524

   7.11. Deputados estaduais, distritais e vereadores 525

8. Tribunais de contas 526

   8.1. Tribunal de Contas da União 526

   8.2. Tribunais de contas estaduais, distrital e municipais 537

CAPÍTULO 8
PROCESSO LEGISLATIVO 543

1. Conceito 543

2. Classificação 544

3. Processo legislativo ordinário 544

   3.1. Fase introdutória 545

      3.1.1. Espécies de iniciativa 546

      3.1.2. Iniciativa e Casa iniciadora 547

      3.1.3. Iniciativa popular 547

      3.1.4. Iniciativa privativa do Chefe do Executivo 548

	3.1.5.	Iniciativa dos tribunais do Poder Judiciário	549
	3.1.6.	Iniciativa em matéria tributária	550
	3.1.7.	Iniciativa da lei de organização do Ministério Público	550
	3.1.8.	Iniciativa da lei de organização dos Tribunais de Contas	551
	3.1.9.	Iniciativa da lei de criação de cargos das Defensorias Públicas	552
	3.1.10.	Prazo para exercício de iniciativa reservada	552
	3.1.11.	Iniciativa privativa e emenda parlamentar	553
	3.1.12.	Vício de iniciativa e sanção	554
3.2.	Fase constitutiva		554
	3.2.1.	Abolição da aprovação por decurso de prazo	555
	3.2.2.	Atuação prévia das comissões	555
	3.2.3.	Deliberação plenária	556
	3.2.4.	Irrepetibilidade (relativa) de matéria rejeitada	559
	3.2.5.	Aprovação definitiva pelas comissões	559
	3.2.6.	Sanção	559
	3.2.7.	Veto	561
3.3.	Fase complementar		566
	3.3.1.	Promulgação	566
	3.3.2.	Publicação	567

4. Procedimento legislativo sumário 569

5. Lei ordinária 570

6. Lei complementar 571

7. Processos legislativos especiais 572

7.1.	Emendas à Constituição		573
7.2.	Medidas provisórias		574
	7.2.1.	Desnecessidade de convocação extraordinária	574
	7.2.2.	Limitações materiais	575
	7.2.3.	Procedimento legislativo	577
	7.2.4.	Prazo de eficácia	580
	7.2.5.	Trancamento de pauta	580
	7.2.6.	Trancamento subsequente de pauta	582
	7.2.7.	Perda de eficácia	583
	7.2.8.	Apreciação plenária	586
	7.2.9.	Conversão parcial	587
	7.2.10.	Reedição	588
	7.2.11.	Medida provisória e impostos	590
	7.2.12.	Art. 246 da Constituição Federal	591

	7.2.13.	Medidas provisórias anteriores à EC 32/2001	592
	7.2.14.	Retirada	593
	7.2.15.	Revogação	593
	7.2.16.	Efeitos da medida provisória sobre lei pretérita	595
	7.2.17.	Apreciação judicial dos pressupostos constitucionais	595
	7.2.18.	Medida provisória *versus* lei delegada	596
	7.2.19.	Medida provisória nos estados-membros	597
7.3.	Leis delegadas		597
7.4.	Decretos legislativos		600
7.5.	Resoluções		601

8. Processo legislativo nos estados-membros e municípios 603
9. Relação hierárquica entre as espécies normativas 603

    9.1. Tratados internacionais e suas relações com as demais espécies normativas 610

10. Controle judicial do processo legislativo 613

CAPÍTULO 9
MODIFICAÇÃO DA CONSTITUIÇÃO FEDERAL DE 1988 615

1. Introdução 615
2. Mutação e reforma 616

    2.1. Revisão constitucional 618

    2.2. Emenda à Constituição 622

3. Limitações ao poder de reforma 623

3.1.	Limitações temporais		623
3.2.	Limitações circunstanciais		624
3.3.	Limitações processuais ou formais		625
	3.3.1.	Limitações processuais ligadas à apresentação da proposta de emenda à Constituição	625
		3.3.1.1. Ausência de participação dos municípios	626
		3.3.1.2. Ausência de iniciativa popular	626
		3.3.1.3. Ausência de iniciativa reservada	626
	3.3.2.	Limitações processuais ligadas à deliberação sobre a proposta de emenda à Constituição	628
		3.3.2.1. Ausência de "Casa revisora"	628
		3.3.2.2. Alteração substancial	629
		3.3.2.3. Inexistência de interstício mínimo entre os turnos de votação	630
	3.3.3.	Limitações processuais ligadas à promulgação da emenda ...	630
		3.3.3.1. Ausência de sanção ou veto	631

	3.3.4.	Limitações processuais ligadas à vedação de reapreciação de proposta rejeitada ou havida por prejudicada	631
3.4.		Limitações materiais	632
	3.4.1.	A expressão "não será objeto de deliberação"	634
	3.4.2.	A expressão "tendente a abolir"	634
	3.4.3.	Cláusula pétrea e "os direitos e garantias individuais"	636
	3.4.4.	Vedação à "dupla revisão"	636

4. Controle judicial de proposta de emenda à Constituição 638
5. Controle judicial de emenda promulgada 640
   5.1. Modificação da Constituição e moralidade administrativa 641
6. Aplicabilidade imediata das emendas constitucionais (retroatividade mínima) 642
   6.1. Emenda constitucional e direito adquirido 643
7. Reforma da Constituição estadual 643

CAPÍTULO 10
PODER EXECUTIVO 645

1. Noção de presidencialismo 645
2. Funções 646
3. Investidura 647
4. Impedimentos e vacância 650
5. Atribuições 654
   5.1. Poder regulamentar 657
6. Vice-presidente da República 658
7. Ministros de Estado 658
   7.1. Atribuições 658
   7.2. Responsabilização dos Ministros de Estado 659
8. Órgãos consultivos 660
9. Responsabilização do Presidente da República 661
   9.1. Crimes de responsabilidade 661
   9.2. Crimes comuns 666
      9.2.1. Imunidades 667
      9.2.2. Prerrogativa de foro 669
10. Governadores de Estado 671

CAPÍTULO 11
PODER JUDICIÁRIO 675

1. Introdução 675
2. Órgãos do Poder Judiciário 678

3. Funções típicas e atípicas 680

4. Garantias do Poder Judiciário 680

5. Organização da carreira 683

6. Garantias aos magistrados 686

7. Vedações 687

8. Subsídios dos membros do Poder Judiciário 688

9. Conselho Nacional de Justiça 689

10. Criação de órgão de controle administrativo pelos estados-membros 695

11. Supremo Tribunal Federal 696

    11.1.   Competências 697

    11.2.   Preservação das competências do STF e da autoridade de suas decisões 705

12. Superior Tribunal de Justiça 707

    12.1.   Competências 708

13. Justiça Federal 711

14. Justiça do Trabalho 716

15. Justiça Eleitoral 722

16. Justiça Militar 725

17. Justiça Estadual 727

18. Justiça do Distrito Federal 728

19. Justiça dos Territórios 728

20. "Quinto Constitucional" 728

21. Julgamento de autoridades 729

22. Precatórios judiciais 734

    22.1.   Exceção ao regime de precatórios 736

    22.2.   Pagamento da parte incontroversa e autônoma de dívida judicial 736

    22.3.   Ordem de pagamento 737

    22.4.   Atualização monetária e juros 738

    22.5.   Sequestro de valor 739

    22.6.   Decretação de intervenção 740

    22.7.   Vedação ao fracionamento 740

CAPÍTULO 12
FUNÇÕES ESSENCIAIS À JUSTIÇA 743

1. Introdução 743

2. Ministério Público 744

    2.1.   Composição 744

2.2.	Posição constitucional	745
2.3.	Princípios do Ministério Público	745

2.2. Posição constitucional... 745

2.3. Princípios do Ministério Público.. 745

    2.3.1. Princípio da unidade.. 745

    2.3.2. Princípio da indivisibilidade.. 746

    2.3.3. Princípio da independência funcional 746

    2.3.4. Autonomia administrativa e financeira............................... 746

    2.3.5. Princípio do promotor natural 748

2.4. Organização dos Ministérios Públicos 749

2.5. Funções do Ministério Público... 750

    2.5.1. Atuação do Procurador-Geral da República 757

2.6. Ingresso na carreira 759

2.7. Nomeação dos Procuradores-Gerais 759

2.8. Garantias dos membros 760

2.9. Vedações constitucionais 761

2.10. Conselho Nacional do Ministério Público.. 762

2.11. Ministério Público junto aos tribunais de contas.............................. 764

2.12. Prerrogativa de foro.. 766

2.13. Atuação perante o Supremo Tribunal Federal.................................... 767

3. Advocacia Pública.. 768

4. Advocacia... 771

5. Defensoria Pública... 775

CAPÍTULO 13
CONTROLE DE CONSTITUCIONALIDADE... 781

1. Introdução.. 781

2. Presunção de constitucionalidade das leis.. 784

3. Conceito e espécies de inconstitucionalidades... 785

    3.1. Inconstitucionalidade por ação e por omissão 786

    3.2. Inconstitucionalidade material e formal 787

    3.3. Inconstitucionalidade total e parcial.. 788

        3.3.1. Declaração parcial de nulidade sem redução de texto e interpretação conforme a Constituição 789

    3.4. Inconstitucionalidade direta e indireta.. 791

    3.5. Inconstitucionalidade originária e superveniente............................. 793

    3.6. Inconstitucionalidade circunstancial 793

    3.7. Inconstitucionalidade "chapada", "enlouquecida", "desvairada".......... 794

4. Derrotabilidade das normas jurídicas 794

5. Sistemas de controle.. 795
6. Modelos de controle 796
7. Vias de ação.. 797
8. Momento do controle.. 798
9. Histórico do controle de constitucionalidade no Brasil.............. 799
   9.1.   A Constituição de 1824.. 800
   9.2.   A Constituição de 1891.. 800
   9.3.   A Constituição de 1934.. 801
   9.4.   A Constituição de 1937.. 801
   9.5.   A Constituição de 1946.. 802
   9.6.   A Emenda Constitucional 16/1965 802
   9.7.   A Constituição de 1967/1969.. 802
   9.8.   A Constituição de 1988.. 803
10. Jurisdição constitucional.. 805
11. Fiscalização não jurisdicional... 806
   11.1.   Poder Legislativo.. 807
   11.2.   Poder Executivo 810
   11.3.   Tribunais de contas.. 812
12. Controle difuso... 813
   12.1.   Introdução 813
   12.2.   Legitimação ativa... 814
   12.3.   Espécies de ações judiciais.. 814
   12.4.   Competência 816
        12.4.1.   Declaração da inconstitucionalidade pelos tribunais – a reserva de plenário 816
   12.5.   Parâmetro de controle.. 820
   12.6.   Recurso extraordinário 820
        12.6.1.   Repercussão geral... 822
   12.7.   Efeitos da decisão... 824
   12.8.   Atuação do Senado Federal.. 826
   12.9.   Súmula vinculante 829
        12.9.1.   Iniciativa 830
        12.9.2.   Atuação do Procurador-Geral da República 831
        12.9.3.   Manifestação de terceiros..................................... 832
        12.9.4.   Requisitos 832
        12.9.5.   Deliberação 833
        12.9.6.   Início da eficácia.. 833
        12.9.7.   Descumprimento... 834

12.9.8.	Revisão ou cancelamento		834
12.9.9.	Súmulas anteriores à EC 45/2004		835

13. Controle abstrato... 835

13.1. Introdução... 835

13.2. Ação direta de inconstitucionalidade... 837

13.2.1. Conceito... 837

13.2.2. Legitimação ativa... 837

13.2.2.1. Capacidade postulatória... 838

13.2.2.2. Legitimação dos partidos políticos... 839

13.2.2.3. Pertinência temática: legitimados universais e legitimados especiais... 840

13.2.2.4. Legitimação das confederações sindicais e entidades de classe de âmbito nacional... 842

13.2.3. Objeto... 843

13.2.4. Parâmetro de controle... 850

13.2.5. Causa de pedir aberta... 852

13.2.6. Petição inicial... 853

13.2.7. Imprescritibilidade... 853

13.2.8. Impossibilidade de desistência... 854

13.2.9. Pedido de informações... 854

13.2.10. Suspeição e impedimento de Ministro... 855

13.2.11. Impossibilidade de intervenção de terceiros... 856

13.2.12. Admissibilidade de *amicus curiae*... 857

13.2.13. Atuação do Advogado-Geral da União... 860

13.2.14. Atuação do Procurador-Geral da República... 861

13.2.15. Atuação do relator na instrução do processo... 863

13.2.16. Medida cautelar em ADI... 864

13.2.17. Decisão de mérito... 869

13.2.17.1. Deliberação... 869

13.2.17.2. Natureza dúplice ou ambivalente... 870

13.2.17.3. Possibilidade de cumulação de pedidos... 871

13.2.17.4. Princípio da fungibilidade... 872

13.2.17.5. Efeitos da decisão... 873

13.2.17.6. Modulação dos efeitos temporais... 878

13.2.17.7. Definitividade da decisão de mérito... 882

13.2.17.8. Limites da decisão em ADI: eficácia normativa e eficácia executiva... 883

13.2.17.9. Transcendência dos motivos determinantes... 885

13.2.17.10. Inconstitucionalidade "por arrastamento"........ 887

13.2.17.11. Momento da produção de efeitos 888

13.2.17.12. Declaração de inconstitucionalidade "incidental" no âmbito de ADI 888

13.2.17.13. Breve resumo do procedimento de ADI perante o STF... 890

13.3. Ação direta de inconstitucionalidade por omissão............................ 891

    13.3.1. Introdução... 891

    13.3.2. Legitimação ativa... 893

    13.3.3. Legitimação passiva 893

    13.3.4. Objeto 894

    13.3.5. Procedimento... 895

    13.3.6. Atuação do Advogado-Geral da União e do Procurador--Geral da República 895

    13.3.7. Concessão de medida cautelar................................ 896

    13.3.8. Efeitos da decisão de mérito 896

    13.3.9. ADO *versus* mandado de injunção............................ 897

13.4. Ação declaratória de constitucionalidade.. 898

    13.4.1. Introdução... 898

    13.4.2. Principais aspectos comuns 899

    13.4.3. Objeto 901

    13.4.4. Relevante controvérsia judicial............................... 901

    13.4.5. Pedido de informações aos órgãos elaboradores da norma... 902

    13.4.6. Medida cautelar 903

    13.4.7. Não atuação do Advogado-Geral da União............... 904

13.5. Arguição de descumprimento de preceito fundamental..................... 904

    13.5.1. Introdução... 904

    13.5.2. A arguição autônoma e a arguição incidental 906

    13.5.3. Objeto da ADPF e conteúdo do pedido 907

    13.5.4. Preceito fundamental... 911

    13.5.5. Subsidiariedade da ADPF 911

    13.5.6. Competência e legitimação...................................... 913

    13.5.7. Petição inicial e procedimento 914

    13.5.8. Medida liminar... 915

    13.5.9. Decisão.. 915

13.6. Representação interventiva 921

13.7. Controle abstrato nos estados... 925

    13.7.1. Introdução... 925

13.7.2.	Competência	926
13.7.3.	Legitimação	927
13.7.4.	Defesa da norma impugnada	928
13.7.5.	Parâmetro de controle	929
13.7.6.	Inconstitucionalidade do parâmetro de controle estadual	930
13.7.7.	Simultaneidade de ações diretas	931
	13.7.7.1. Normas de natureza autônoma	932
	13.7.7.2. Normas de reprodução da Constituição Federal	933
13.7.8.	Recurso extraordinário contra decisão de ADI estadual	936
13.7.9.	Distrito Federal	939
13.7.10.	Representação interventiva	939

CAPÍTULO 14
DEFESA DO ESTADO E DAS INSTITUIÇÕES DEMOCRÁTICAS 941

1. Introdução 941
2. Estado de defesa 942
   - 2.1. Pressupostos 942
   - 2.2. Prazo 943
   - 2.3. Abrangência 943
   - 2.4. Medidas coercitivas 944
   - 2.5. Controle 945
3. Estado de sítio 946
   - 3.1. Pressupostos 946
   - 3.2. Duração 947
   - 3.3. Abrangência 947
   - 3.4. Medidas coercitivas 948
   - 3.5. Controle 948
4. Forças Armadas 952
5. Segurança pública 956

CAPÍTULO 15
FINANÇAS PÚBLICAS 963

1. Normas gerais 963
2. Orçamentos 965
   - 2.1. Princípios constitucionais orçamentários 965
     - 2.1.1. Princípio da anualidade 965

	2.1.2.	Princípio da universalidade	966
	2.1.3.	Princípio do orçamento bruto	966
	2.1.4.	Princípio da unidade	966
	2.1.5.	Princípio da exclusividade	966
	2.1.6.	Princípio da quantificação dos créditos orçamentários	967
	2.1.7.	Princípio da especificação	967
	2.1.8.	Princípio da publicidade	967
	2.1.9.	Princípio da legalidade	967
	2.1.10.	Princípio da não afetação	967
	2.1.11.	Princípio da programação	968
	2.1.12.	Princípio da clareza	968
	2.1.13.	Princípio do equilíbrio orçamentário	968
	2.1.14.	Princípio da proibição do estorno	968
2.2.		Leis orçamentárias	969
	2.2.1.	Plano plurianual (PPA)	970
	2.2.2.	Lei de diretrizes orçamentárias (LDO)	970
	2.2.3.	Lei orçamentária anual (LOA)	971
2.3.		Lei complementar sobre matéria orçamentária	972
2.4.		Processo legislativo das leis orçamentárias	973
	2.4.1.	Emendas aos projetos de leis orçamentárias	974
	2.4.2.	Interferência excepcional do Poder Judiciário	975
	2.4.3.	Autonomia orçamentária e alteração dos orçamentos propostos	976
	2.4.4.	Orçamento impositivo	977
2.5.		Vedações constitucionais	980
2.6.		Créditos adicionais	983
2.7.		Estado de emergência: mecanismo de ajuste fiscal dos estados, do Distrito Federal e dos municípios	985
2.8.		Estado de calamidade pública	987
2.9.		Repasse de duodécimos	989
2.10.		Limites para despesa com pessoal	989

CAPÍTULO 16
ORDEM ECONÔMICA E FINANCEIRA ... 991

1.	Introdução	991
2.	Meios de atuação do Estado na área econômica	993
3.	A ordem econômica e financeira na Constituição de 1988	995
	3.1. Fundamentos e princípios gerais da atividade econômica	995

3.1.1.	Fundamentos: livre-iniciativa e valorização do trabalho humano	995

3.1.1. Fundamentos: livre-iniciativa e valorização do trabalho humano 995

3.1.2. Princípios básicos da ordem econômica 996

    3.1.2.1. Soberania nacional... 997

    3.1.2.2. Propriedade privada e sua função social.......... 997

    3.1.2.3. Livre concorrência 998

    3.1.2.4. Defesa do consumidor... 1000

    3.1.2.5. Defesa do meio ambiente.................................... 1000

    3.1.2.6. Redução das desigualdades regionais e sociais e busca do pleno emprego.................................... 1002

3.1.3. Liberdade de exercício de atividades econômicas............... 1003

3.2. Atuação do Estado como agente econômico em sentido estrito........ 1004

3.3. Atuação do Estado como prestador de serviços públicos 1009

3.4. Atuação do Estado como agente econômico, em regime de monopólio 1012

3.5. Atuação do Estado como agente regulador... 1014

3.6. Exploração de recursos minerais e potenciais de energia hidráulica 1016

3.7. Política urbana 1017

3.8. Política agrícola e fundiária, e reforma agrária................................. 1019

3.9. Sistema Financeiro Nacional.. 1022

CAPÍTULO 17
ORDEM SOCIAL.. 1025

1. Seguridade social.. 1025

  1.1. Saúde (arts. 196 a 200) 1029

  1.2. Previdência social (arts. 201 e 202) 1037

    1.2.1. Regras para aposentadoria 1038

    1.2.2. Regime de previdência privada complementar.................... 1039

  1.3. Assistência social (arts. 203 e 204) 1040

2. Educação (arts. 205 a 214) 1041

  2.1. Princípios constitucionais do ensino 1042

  2.2. Autonomia das universidades.. 1043

  2.3. Deveres do Estado em relação ao ensino 1043

  2.4. Participação da iniciativa privada 1045

  2.5. Fixação de conteúdo... 1045

  2.6. Organização dos sistemas de ensino 1046

  2.7. Aplicação de recursos na educação.. 1047

  2.8. Plano nacional de educação 1048

3. Cultura (arts. 215 e 216) 1049

4. Desporto (art. 217) 1050

5. Ciência, tecnologia e inovação (arts. 218 a 219-B) 1051

6. Comunicação social (arts. 220 a 224) 1052

    6.1. Comunicação social e liberdade de informação 1052

    6.2. Regras acerca dos meios de comunicação e programação 1053

    6.3. Participação do capital estrangeiro 1054

    6.4. Controle do Legislativo e delegação 1054

7. Meio ambiente (art. 225) 1055

8. Proteção à família, à criança, ao adolescente, ao jovem e ao idoso 1058

9. Índios 1066

BIBLIOGRAFIA 1069

Capítulo 1

DIREITO CONSTITUCIONAL E CONSTITUIÇÃO

1. ORIGEM E CONTEÚDO DO DIREITO CONSTITUCIONAL

Podemos conceituar Estado, de forma genérica e simplificada, como a organização de um povo sobre um território determinado, dotada de soberania. Nessa definição estão os elementos tradicionalmente descritos como necessários à existência de um Estado: a soberania, o povo e o território. Os estudiosos da Teoria do Estado acrescentaram, ulteriormente, a finalidade como elemento integrante da noção de Estado, ou seja, a organização soberana de um povo em um território deve ser orientada ao atingimento de um conjunto de finalidades.

Todo Estado, conforme acima conceituado, tem uma Constituição, em um sentido amplo. Nessa acepção ampla, ou sociológica, a Constituição é simplesmente a forma de organização do Estado. Trata-se de um conceito fático de Constituição, que independe da existência de um texto escrito, ou mesmo de normas, escritas ou não, referentes a essa organização; usualmente é empregada, para descrevê-lo, a expressão "Constituição material do Estado".

Conquanto, no sentido abordado no parágrafo anterior, todos os Estados tenham Constituição, o estudo sistemático e racional do fenômeno constitucional somente se desenvolve a partir do surgimento das primeiras Constituições escritas, elaboradas para desempenhar o papel de lei fundamental do Estado. Denomina-se constitucionalismo o movimento político, jurídico e ideológico que concebeu ou aperfeiçoou a ideia de estruturação racional do Estado e de limitação do exercício de seu poder, concretizada pela elaboração de um documento escrito destinado a representar sua lei fundamental e suprema.

Para efeito de estudo, identifica-se a origem do constitucionalismo com a Constituição dos Estados Unidos, de 1787, e a Constituição da França, de 1791.

Ambas são Constituições escritas e rígidas, inspiradas nos ideais de racionalidade do Iluminismo do século XVIII e, sobretudo, na valorização da liberdade formal (*laissez faire*) e do individualismo, marcas nucleares do Liberalismo, corrente de pensamento hegemônica nos campos político, jurídico e econômico dos séculos XVIII, XIX, e primeiro quartel do século XX.

O conteúdo dessas primeiras Constituições escritas e rígidas, de orientação liberal, resumia-se ao estabelecimento de regras acerca da organização do Estado, do exercício e transmissão do poder e à limitação do poder do Estado, assegurada pela enumeração de direitos e garantias fundamentais do indivíduo.

A expressão **Direito Constitucional** – explicitando que a organização estatal é, sobretudo, uma ordem jurídica – nasce com o constitucionalismo. Em sua origem, o Direito Constitucional refere-se, tão somente, à ordem jurídica fundamental do Estado liberal. Portanto, o Direito Constitucional nasceu impregnado dos valores do pensamento liberal.

Com o seu desenvolvimento, em um período seguinte, o Direito Constitucional, aos poucos, foi se desvinculando dos ideais puramente liberais. A Constituição assume uma nova feição, de norma jurídica e formal, protetora dos direitos humanos.

Em decorrência dessa evolução de pensamento, a Constituição deixou de retratar exclusivamente uma certa forma de organização política – a do Estado liberal, com sua ideologia – e passou a representar o espelho de toda e qualquer forma de organização política. O conteúdo do Direito Constitucional desatou-se de considerações ideológicas puramente liberais, passando a tratar das regras fundamentais de estruturação, funcionamento e organização do poder, independentemente da forma política adotada pelo Estado.

Modernamente, as pressões, as exigências e os conflitos sociais têm forçado o constitucionalismo puramente jurídico a ceder lugar ao constitucionalismo político, democrático e social. Assim, o Direito Constitucional atual, a par de assegurar as conquistas liberais, apresenta marcada feição política e forte conteúdo democrático e social.

Importante destacar que, em todas as fases de sua evolução, o constitucionalismo não perdeu o seu traço marcante, que é **a limitação, pelo Direito, da ingerência do Estado (Governo) na esfera privada**. Essa sempre foi – em todas as suas fases – a característica essencial do movimento constitucionalista.

O Direito Constitucional é um ramo do **direito público**, fundamental à organização, ao funcionamento e à configuração política do Estado. Nesse papel, de direito público fundamental – feliz expressão de José Afonso da Silva –, o Direito Constitucional estabelece a estrutura do Estado, a organização de suas instituições e órgãos, o modo de aquisição e exercício do poder, bem como a limitação desse poder, por meio, especialmente, da previsão dos direitos e garantias fundamentais.

Afirma-se que o Direito Constitucional é muito mais do que apenas um ramo do direito público. Ele consubstancia a matriz de toda a ordem jurídica de um específico Estado. Figurativamente, o Direito Constitucional é representado como o tronco do qual derivam todos os demais ramos da grande árvore que é a ordem jurídica de determinado Estado (essa imagem tem o mérito de representar a unidade do Direito – por definição, indivisível –, consubstanciada na árvore, e esclarecer que a alusão a "ramos" tem função puramente didática).

1.1. Objeto do Direito Constitucional quanto ao foco de investigação

O Direito Constitucional, em sentido amplo, subdivide-se, conforme o foco principal de suas investigações e os métodos de que se vale para levá-las a cabo, em Direito Constitucional especial, Direito Constitucional comparado e Direito Constitucional geral.

O **Direito Constitucional especial** (particular, positivo ou interno) tem por objetivo o estudo de uma Constituição específica vigente em um Estado determinado. Sua orientação, portanto, é tipicamente dogmática: ocupa-se do direito positivo, procedendo à análise, interpretação, sistematização e crítica das regras e princípios integrantes ou defluentes de uma certa Constituição, nacional ou estrangeira (estudo do vigente Direito Constitucional brasileiro; ou do vigente Direito Constitucional italiano; ou do vigente Direito Constitucional argentino etc.).

O **Direito Constitucional comparado** tem por fim o estudo comparativo de uma pluralidade de Constituições, destacando os contrastes e as semelhanças entre elas. Trata-se de um método descritivo, baseado no cotejo de diferentes textos constitucionais (a rigor, não é propriamente uma ciência).

No confronto dos textos constitucionais, o Direito Constitucional comparado pode adotar: (a) o critério temporal; (b) o critério espacial; e (c) o critério da mesma forma de Estado.

Pelo **critério temporal**, ou comparação vertical, confrontam-se no tempo as Constituições de um mesmo Estado, observando-se as semelhanças e diferenças entre as instituições que o direito positivo haja conhecido em épocas distintas da evolução constitucional daquele Estado. Trata-se, assim, do estudo das normas jurídicas positivadas nos textos das Constituições de um mesmo Estado em diferentes momentos histórico-temporais. Seria o caso, por exemplo, do estudo comparativo das diferentes Constituições brasileiras, da Constituição Imperial de 1824 à Constituição Federal de 1988.

Pelo **critério espacial**, ou comparação horizontal, comparam-se, no espaço, diferentes Constituições vigentes, isto é, confrontam-se Constituições de diferentes Estados, preferencialmente, de áreas geográficas contíguas. Seria o caso, por exemplo, do confronto da Constituição do Brasil com as Constituições dos demais países integrantes da América Latina; ou do estudo comparativo dos textos constitucionais dos países que integram o Mercado Comum do Sul – MERCOSUL; ou do estudo comparativo das Constituições dos países que integram a União Europeia etc. Dentre os três critérios, esse é o mais utilizado.

Pelo **critério da mesma forma de Estado**, confrontam-se Constituições de países que adotam a mesma forma de Estado, as mesmas regras de organização. Seria o caso, por exemplo, do estudo comparativo das Constituições de alguns países que adotam a forma Federativa de Estado.

O **Direito Constitucional geral** (ou comum) tem por fim delinear, sistematizar e dar unidade aos princípios, conceitos e instituições que se acham presentes em vários ordenamentos constitucionais. Sua função é, portanto, a elaboração de uma teoria geral de caráter científico (ciência teórica, não meramente dogmática ou descritiva).

Cabe ao Direito Constitucional geral ou comum definir as bases da denominada teoria geral do Direito Constitucional, tais como: conceito de Direito Constitucional; fontes do Direito Constitucional; conceito de Constituição; classificação das Constituições; conceito de poder constituinte; métodos de interpretação da Constituição etc.

É importante destacar que o Direito Constitucional especial, o Direito Constitucional comparado e o Direito Constitucional geral estão em constante convívio, em permanente interconexão. Assim, o Direito Constitucional comparado, ao realizar o confronto de diferentes textos constitucionais, contribui para o aperfeiçoamento do Direito Constitucional especial de determinado país, bem assim para o enriquecimento teórico do Direito Constitucional geral. O Direito Constitucional geral, partindo do estudo comparativo realizado pelo Direito Constitucional comparado, contribui para a formação do Direito Constitucional especial de cada país, e assim por diante.

2. CONSTITUIÇÃO: NOÇÕES INICIAIS, OBJETO E EVOLUÇÃO

A Constituição, objeto de estudo do Direito Constitucional, deve ser entendida como a lei fundamental e suprema de um Estado, que rege a sua organização político-jurídica.

As normas de uma Constituição devem dispor acerca da forma do Estado, dos órgãos que integram a sua estrutura, das competências desses órgãos, da aquisição do poder e de seu exercício. Além disso, devem estabelecer as limitações ao poder do Estado, especialmente mediante a separação dos poderes (sistema de freios e contrapesos) e a enumeração de direitos e garantias fundamentais.

O constitucionalista J. J. Gomes Canotilho, com base nos pontos essenciais da concepção político-liberal de Constituição, cunhou a expressão **Constituição ideal**, reiteradamente citada pelos autores pátrios. Os elementos caracterizadores desse conceito de **Constituição ideal**, de inspiração liberal, são os seguintes:

a) a Constituição deve ser escrita;

b) deve conter uma enumeração de direitos fundamentais individuais (direitos de liberdade);

c) deve adotar um sistema democrático formal (participação do "povo" na elaboração dos atos legislativos, pelos parlamentos);

d) deve assegurar a limitação do poder do Estado mediante o princípio da divisão de poderes.

O alargamento do âmbito de ação do Estado – o Estado atual possui atribuições jamais cogitadas pelo Liberalismo clássico – tem levado a um considerável aumento da importância do Direito Constitucional nos estudos jurídicos, bem como à tendência de ampliação de seu conteúdo material.

Conforme antes referido, as normas de uma Constituição, no Estado liberal, deviam restringir-se a determinar a estrutura do Estado, o modo de exercício e transmissão do poder e a reconhecer direitos fundamentais de liberdade aos indivíduos.

No Estado moderno, de cunho marcadamente social, a doutrina constitucionalista aponta o fenômeno da expansão do objeto das Constituições, que têm passado a tratar de temas cada vez mais amplos, estabelecendo, por exemplo, finalidades para a ação estatal. Isso explica a tendência contemporânea de elaboração de Constituições de conteúdo extenso (Constituições analíticas ou prolixas) e preocupadas com os fins estatais, com o estabelecimento de programas e linhas de direção para o futuro (Constituições dirigentes ou programáticas).

2.1. Constituição em sentido sociológico, político e jurídico

O Direito Constitucional não se desenvolve isolado de outras ciências de base social, tais como a Política, a Sociologia, a Filosofia.

Em maior ou menor grau, essas ciências possuem laços de interconexão, o que permite sejam construídas diferentes concepções para o termo Constituição, como norma básica de um Estado, a saber: Constituição em sentido sociológico, Constituição em sentido político e Constituição em sentido jurídico.

2.1.1. Constituição em sentido sociológico

Na **visão sociológica**, a Constituição é concebida como fato social, e não propriamente como norma. O texto positivo da Constituição seria resultado da realidade social do País, das forças sociais que imperam na sociedade, em determinada conjuntura histórica. Caberia à Constituição escrita, tão somente, reunir e sistematizar esses valores sociais num documento formal, documento este que só teria eficácia se correspondesse aos valores presentes na sociedade.

Representante típico da visão sociológica de Constituição foi **Ferdinand Lassalle**, segundo o qual a Constituição de um país é, em essência, a **soma dos fatores reais de poder** que nele atuam, vale dizer, as forças reais que mandam no país. Para Lassalle, constituem os fatores reais do poder as forças que atuam, política e legitimamente, para conservar as instituições jurídicas vigentes. Dentre essas forças, ele destacava a monarquia, a aristocracia, a grande burguesia, os banqueiros e, com específicas conotações, a pequena burguesia e a classe operária.

Segundo Lassalle, convivem em um país, paralelamente, duas Constituições: uma **Constituição real**, efetiva, que corresponde à **soma dos fatores reais de poder** que regem esse País, e uma **Constituição escrita**, por ele denominada "folha de papel". Esta, a **Constituição escrita** ("folha de papel"), só teria validade se correspondesse à Constituição real, isto é, se tivesse suas raízes nos fatores reais de poder. Em caso de conflito entre a Constituição real (soma dos fatores reais de poder) e a Constituição escrita ("folha de papel"), esta sempre sucumbiria àquela.

2.1.2. Constituição em sentido político

A **concepção política** de Constituição foi desenvolvida por **Carl Schmitt**, para o qual a Constituição é uma **decisão política fundamental**, qual seja, a decisão política do titular do poder constituinte.

Para Schmitt, a validade de uma Constituição não se apoia na justiça de suas normas, mas na decisão política que lhe dá existência. O poder constituinte equivale, assim, à vontade política, cuja força ou autoridade é capaz de adotar a concreta decisão de conjunto sobre modo e forma da própria existência política, determinando assim a existência da unidade política como um todo.

A Constituição surge, portanto, a partir de um ato constituinte, fruto de uma vontade política fundamental de produzir uma decisão eficaz sobre modo e forma de existência política de um Estado.

Nessa concepção política, Schmitt estabeleceu uma distinção entre **Constituição** e **leis constitucionais**: a Constituição disporia somente sobre as matérias de grande relevância jurídica, sobre as decisões políticas fundamentais (organização do Estado, princípio democrático e direitos fundamentais, entre outras); as demais normas integrantes do texto da Constituição seriam, tão somente, leis constitucionais.

2.1.3. Constituição em sentido jurídico

Em **sentido jurídico**, a Constituição é compreendida de uma perspectiva estritamente formal, apresentando-se como pura norma jurídica, como norma fundamental do Estado e da vida jurídica de um país, paradigma de validade de todo o ordenamento jurídico e instituidora da estrutura primacial desse Estado. A Constituição consiste, pois, num sistema de normas jurídicas.

O pensador mais associado à visão jurídica de Constituição é o austríaco **Hans Kelsen**, que desenvolveu a denominada **Teoria Pura do Direito**.

Para Kelsen, a Constituição é considerada como norma, e norma pura, como puro dever-ser, sem qualquer consideração de cunho sociológico, político ou filosófico. Embora reconheça a relevância dos fatores sociais numa dada sociedade, Kelsen sempre defendeu que seu estudo não compete ao jurista como tal, mas ao sociólogo e ao filósofo.

Segundo a visão de Hans Kelsen, a validade de uma norma jurídica positivada é completamente independente de sua aceitação pelo sistema de valores sociais vigentes em uma comunidade, tampouco guarda relação com a ordem moral, pelo que não existiria a obrigatoriedade de o Direito coadunar-se aos ditames desta (moral). A ciência do Direito não tem a função de promover a legitimação do ordenamento jurídico com base nos valores sociais existentes, devendo unicamente conhecê-lo e descrevê-lo de forma genérica, hipotética e abstrata.

Esta era a essência de sua teoria pura do direito: desvincular a ciência jurídica de valores morais, políticos, sociais ou filosóficos.

Kelsen desenvolveu dois sentidos para a palavra Constituição: (a) sentido **lógico-jurídico**; (b) sentido **jurídico-positivo**.

Em sentido **lógico-jurídico**, Constituição significa a norma fundamental hipotética, cuja função é servir de fundamento lógico transcendental da validade da Constituição em sentido jurídico-positivo.

Essa ideia de uma norma fundamental hipotética, não positivada, pressuposta, era necessária ao sistema propugnado por Kelsen, porque ele não admitia como fundamento da Constituição positiva algum elemento real, de índole sociológica, política ou filosófica. Assim, Kelsen viu-se forçado a desenvolver um fundamento também meramente formal, normativo, para a Constituição positiva. Denominou esse fundamento "norma fundamental hipotética" (pensada, pressuposta), que existiria, segundo ele, apenas como pressuposto lógico de validade das normas constitucionais positivas. Essa norma fundamental hipotética, fundamento da Constituição positiva, não possui um enunciado explícito; o seu conteúdo pode traduzir-se, em linhas gerais, no seguinte comando, a todos dirigidos: "conduzam-se conforme determinado pelo autor da Constituição positiva"; ou, de forma mais simples, "obedeçam à Constituição positiva".

Para Kelsen, a norma jurídica não deriva da realidade social, política ou filosófica. O fundamento de validade das normas não está na realidade social do Estado, mas sim na relação de hierarquia existente entre elas. Uma norma inferior tem fundamento na norma superior, e esta tem fundamento na Constituição positiva. Esta, por sua vez, se apoia na norma fundamental hipotética, que não é uma norma positiva (posta), mas uma norma imaginada, pressuposta, pensada.

Em sentido **jurídico-positivo**, Constituição corresponde à norma positiva suprema, conjunto de normas que regulam a criação de outras normas, lei nacional no seu mais alto grau. Ou, ainda, corresponde a certo documento solene que contém um conjunto de normas jurídicas que somente podem ser alteradas observando-se certas prescrições especiais.

Dessas concepções de Constituição, a relevante para o Direito moderno é a jurídico-positiva, a partir da qual a Constituição é vista como norma fundamental, criadora da estrutura básica do Estado e parâmetro de validade de todas as demais normas.

Sentido Sociológico	Sentido Político	Sentido Jurídico
A Constituição é a **soma dos fatores reais de poder que regem uma nação** (poder econômico, militar, político, religioso etc.), de forma que a Constituição escrita só terá eficácia, isto é, só determinará efetivamente as inter-relações sociais dentro de um Estado quando for construída em conformidade com tais fatores; do contrário, terá efeito meramente retórico ("folha de papel").	A Constituição é **uma decisão política fundamental** sobre a definição do perfil primordial do Estado, que teria por objeto, principalmente, a forma e o regime de governo, a forma de Estado e a matriz ideológica da nação; as normas constantes do documento constitucional que não derivem da decisão política fundamental não são "Constituição", mas, tão somente, "leis constitucionais".	A Constituição é compreendida de uma perspectiva **estritamente formal**, consistindo na norma fundamental de um Estado, paradigma de validade de todo o ordenamento jurídico e instituidora da estrutura primacial do Estado; a Constituição é considerada como norma pura, como puro dever-ser, sem qualquer consideração de cunho sociológico, político ou filosófico.

2.2. Constituição em sentido material e formal

Na concepção política de Constituição, de Carl Schmitt, aparece o esboço da ideia de existência, em um mesmo documento escrito, de normas de conteúdo propriamente constitucional – as normas postas em razão da "decisão política fundamental" – e outras normas de conteúdo diverso, não fundamentais, as quais foram chamadas meras "leis constitucionais".

A evolução dessa noção dá surgimento à consagrada distinção doutrinária entre Constituição em sentido material[1] e em sentido formal.

Constituição em sentido material (ou substancial) é o conjunto de normas, escritas ou não escritas, cujo conteúdo seja considerado propriamente constitucional, isto é, essencial à estruturação do Estado, à regulação do exercício do poder e ao reconhecimento de direitos fundamentais aos indivíduos. Consoante ensina Paulo Bonavides, "do ponto de vista material, a Constituição é o conjunto de normas pertinentes à organização do poder, à distribuição da competência, ao exercício da autoridade, à forma de governo, aos direitos da pessoa humana, tanto individuais como sociais".

Segundo esse conceito, há matérias que são constitucionais em razão de seu conteúdo, e as normas que delas tratam – é indiferente se são escritas ou consuetudinárias, se integram um único documento redigido de forma unitária ou textos esparsos surgidos em momentos diversos – ostentam a natureza de normas constitucionais (normas *materialmente constitucionais*).

Sob o ponto de vista material, portanto, o que possui relevância para a caracterização de uma norma como constitucional é o seu conteúdo, pouco importando a forma pela qual tenha sido inserida no ordenamento jurídico. Ainda sob esse enfoque, não há Estado sem Constituição, uma vez que toda sociedade politicamente organizada contém uma estrutura mínima, por mais rudimentar que seja.

O conceito formal de Constituição diz respeito à existência, em um determinado Estado, de um documento único, escrito por um órgão soberano instituído com essa específica finalidade, que contém, entre outras, as normas de organização política da comunidade e, sobretudo, que só pode ser alterado mediante um procedimento legislativo mais árduo, e com muito maiores restrições, do que o necessário à aprovação das normas não constitucionais pelos órgãos legislativos constituídos.

Na acepção formal, portanto, o que define uma norma como constitucional é a forma pela qual ela foi introduzida no ordenamento jurídico, e não o seu conteúdo. Por isso – diferentemente da concepção material, pela qual todo Estado possui Constituição –, somente faz sentido falar em Constituição formal nos Estados dotados de Constituição escrita e rígida.

---

[1] Não se está referindo, aqui, ao conceito fático, sociológico, de "Constituição material do Estado", entendido como o conjunto de fatores reais que integram e que determinam a organização peculiar de uma determinada comunidade política. A expressão "Constituição em sentido material", neste tópico, refere-se a normas constitucionais, que podem ser escritas ou não, mas são normas, não elementos fáticos.

Finalizando este tópico, procuramos esboçar, com escopo puramente didático, um conceito básico de Constituição, reunindo elementos integrantes das acepções material e formal de Constituição. Podemos definir as Constituições atuais como: o conjunto de normas, reunidas ou não em um texto escrito, que estabelecem a estrutura básica das instâncias de poder do Estado, regulam o exercício e a transmissão desse poder, enumeram os direitos fundamentais das pessoas e os fins da atuação estatal; no caso das Constituições escritas, a par das normas que expressam esses conteúdos fundamentais, pode haver outras – defluentes de disposições inseridas em seu corpo por conveniências políticas do constituinte – tratando das mais diversas matérias, fato que não lhes retira o caráter de normas constitucionais, nem as torna inferiores hierarquicamente a qualquer outra norma da Constituição.

3. CLASSIFICAÇÃO DAS CONSTITUIÇÕES

Algumas Constituições possuem texto extenso, dispondo sobre as mais diversas matérias. Outras apresentam texto reduzido, versando, tão somente, sobre matérias substancialmente constitucionais, relacionadas com a organização básica do Estado. Algumas permitem a modificação do seu texto por meio de processo legislativo simples, idêntico ao de modificação das demais leis, enquanto outras só podem ser alteradas por processo legislativo mais dificultoso, solene. A depender dessas e de outras características, recebem da doutrina distintas classificações, conforme exposto nos itens seguintes.

3.1. Quanto à origem

Quanto à origem, as Constituições podem ser outorgadas, populares ou cesaristas.

As Constituições outorgadas são impostas, isto é, nascem sem participação popular. Resultam de ato unilateral de uma vontade política soberana (da pessoa ou do grupo detentor do poder político), que resolve estabelecer, por meio da outorga de um texto constitucional, certas limitações ao seu próprio poder. As Constituições outorgadas são designadas por alguns doutrinadores "Cartas Constitucionais".

As Constituições democráticas (populares, votadas ou promulgadas) são produzidas com a participação popular, em regime de democracia direta (plebiscito ou referendo), ou de democracia representativa, neste caso, mediante a escolha, pelo povo, de representantes que integrarão uma "assembleia constituinte" incumbida de elaborar a Constituição.

Na história do constitucionalismo brasileiro, tivemos Constituições democráticas (1891, 1934, 1946 e 1988) e Constituições outorgadas (1824, 1937, 1967 e 1969).

As Constituições cesaristas (bonapartistas) são unilateralmente elaboradas pelo detentor do poder, mas dependem de ratificação popular por meio de referendo. Essa participação popular não é democrática, pois cabe ao povo somente referendar a vontade do agente revolucionário, detentor do poder. Por isso, não são, propriamente, nem outorgadas, nem democráticas.

É importante destacar que nas constituições cesaristas, o referendo popular, em regra, não constitui um instrumento de democracia, pois o povo é chamado para ratificar um projeto de texto constitucional preparado por um imperador (plebiscitos napoleônicos) ou um ditador (plebiscito de Pinochet, no Chile), sem interferência de assembleias representativas da pluralidade de correntes ideológicas do país e sem liberdade de discussão.

O Professor Paulo Bonavides refere-se, também, à existência das denominadas **Constituições pactuadas** (ou dualistas), que se originam de um compromisso instável de duas forças políticas rivais: a realeza absoluta debilitada, de uma parte, e a nobreza e a burguesia, em franco progresso, de outra, dando origem à chamada "monarquia limitada". Nesse regime de Constituição, o poder constituinte originário está dividido entre dois titulares; por essa razão, o texto constitucional resulta de dois princípios: o monárquico e o democrático.

3.2. Quanto à forma

Quanto à forma, as Constituições podem ser escritas ou não escritas.

Constituição escrita (ou instrumental) é aquela formada por um conjunto de regras sistematizadas e formalizadas por um órgão constituinte, em documentos escritos solenes, estabelecendo as normas fundamentais de um dado Estado.

As Constituições escritas podem se apresentar sob duas formas: **Constituições codificadas** (quando se acham contidas e sistematizadas em um só texto, formando um único documento) e **Constituições legais** (quando se apresentam esparsas ou fragmentadas, porque integradas por documentos diversos, fisicamente distintos, como foi o caso da Terceira República Francesa, de 1875, formada por inúmeras leis constitucionais, redigidas em momentos distintos).[2]

A Constituição Federal de 1988 é tradicionalmente classificada como escrita **codificada**, pelo fato de as normas constitucionais constarem de um único documento. Entretanto, com a introdução, pela EC 45/2004, do § 3.º ao art. 5.º da Constituição, prevendo a possibilidade de incorporação ao ordenamento pátrio de tratados e convenções internacionais sobre direitos humanos com *status* equivalente ao de emendas constitucionais, a doutrina tem entendido que começamos a migrar para um modelo de Constituição escrita, porém **legal** (integrada por documentos esparsos).[3]

Nas Constituições não escritas (costumeiras ou consuetudinárias), as normas constitucionais não são solenemente elaboradas por um órgão especialmente encarregado dessa tarefa, tampouco estão codificadas em documentos formais, solenemente

---

[2] Ressaltamos, porém, que o Professor Alexandre de Moraes, citando o constitucionalista Konrad Hesse, emprega a terminologia "constituição legal" como sinônima de "constituição escrita", nestes termos: "A Constituição escrita, portanto, é o mais alto estatuto jurídico de determinada comunidade, caracterizando-se por ser a lei fundamental de uma sociedade. A isso corresponde o conceito de *constituição legal*, como resultado da elaboração de uma Carta escrita fundamental, colocada no ápice da pirâmide normativa e dotada de coercibilidade."

[3] É essa a orientação perfilhada pelo Prof. Pedro Lenza (*Direito Constitucional Esquematizado*, 14ª ed., p. 84).

Cap. 1 • DIREITO CONSTITUCIONAL E CONSTITUIÇÃO

elaborados. Tais normas se sedimentam a partir dos usos e costumes, das leis esparsas comuns, das convenções e da jurisprudência. Exemplo é a Constituição inglesa, país em que parte das normas sobre organização do Estado é consuetudinária.

Anote-se que tanto nos Estados que adotam Constituição escrita (ou instrumental) quanto nos Estados que adotam Constituição não escrita existem documentos escritos que contêm normas constitucionais. Na Inglaterra, parte das normas constitucionais está em documentos escritos: leis esparsas, tratados.[4] A distinção essencial é que, nos países de Constituição escrita, as normas constitucionais são elaboradas por um órgão especificamente encarregado desse mister, que as formalizam em texto constitucional solene. Diversamente, nos Estados de Constituição não escrita, as normas constitucionais, quando escritas, estão cristalizadas em leis e outras espécies normativas esparsas, que surgiram ao longo do tempo e, dada a sua dignidade, adquiriram *status* constitucional.

3.3. Quanto ao modo de elaboração

Quanto ao modo de elaboração, as Constituições podem ser dogmáticas ou históricas.

As **Constituições dogmáticas**, sempre escritas, são elaboradas em um dado momento, por um órgão constituinte, segundo os dogmas ou ideias fundamentais da teoria política e do Direito então imperantes. Poderão ser **ortodoxas** ou **simples** (fundadas em uma só ideologia) ou **ecléticas** ou **compromissórias** (formadas pela síntese de diferentes ideologias, que se conciliam no texto constitucional).

As **Constituições históricas** (ou costumeiras), não escritas, resultam da lenta formação histórica, do lento evoluir das tradições, dos fatos sociopolíticos, representando uma síntese histórica dos valores consolidados pela própria sociedade, como é o caso da Constituição inglesa.

A Constituição brasileira de 1988 é tipicamente **dogmática**, porquanto foi elaborada por um órgão constituinte em um instante determinado, segundo as ideias então reinantes. Ademais, é uma Constituição **eclética**. O fato de ter sido elaborada em um período em que o Estado brasileiro deixava a triste realidade de um regime de exceção, de aniquilamento dos direitos individuais, fez com que, entre outros aspectos, resultasse ela em um documento extenso, analítico, muitas vezes prolixo.

As Constituições **dogmáticas** são **necessariamente escritas**, elaboradas por um órgão constituinte, ao passo que as **históricas** são do tipo **não escritas**, aquelas que a prática ou o costume sancionaram ou impuseram.

---

4   Por esse motivo, o Prof. Paulo Bonavides considera a Constituição da Inglaterra apenas "parcialmente costumeira", cujas leis constitucionais abrangem o direito estatutário (*statute law*), o direito casuístico ou jurisprudencial (*case law*), o costume, mormente o de natureza parlamentar (*parliamentary custom*) e as convenções constitucionais (*constitutional conventions*). Para ele, inexistem, hoje, Constituições totalmente costumeiras, como a que teve a França, antes da Revolução Francesa de 1789, composta exclusivamente de "uma complexa massa de costumes, usos e decisões judiciárias".

As Constituições **dogmáticas** tendem a ser **menos estáveis**, porque espelham as ideias em voga em um momento específico. Dessarte, com o passar do tempo e com a consequente evolução do pensamento da sociedade, surge a necessidade de constantes atualizações, por meio da alteração do seu texto. As Constituições **históricas** tendem a apresentar **maior estabilidade**, pois resultam do lento amadurecimento e da consolidação de valores da própria sociedade.

3.4. Quanto ao conteúdo

Quanto ao conteúdo, temos Constituição material (ou substancial) e Constituição formal.

Na concepção material de Constituição, consideram-se constitucionais somente as normas que cuidam de assuntos essenciais à organização e ao funcionamento do Estado e estabelecem os direitos fundamentais (matérias substancialmente constitucionais). Leva-se em conta, para a identificação de uma norma constitucional, o seu **conteúdo**. Não importa o processo de elaboração ou a natureza do documento que a contém; ela pode, ou não, estar vazada em uma Constituição escrita.

Nessa visão, a Constituição é o conjunto de normas pertinentes à organização do poder, à distribuição das competências, ao exercício da autoridade, à forma de governo, aos direitos da pessoa humana, tanto individuais como sociais; tudo quanto for, enfim, conteúdo essencial referente à estruturação e ao funcionamento da ordem político-jurídica exprime o aspecto material (ou substancial) de uma Constituição.

Na concepção formal de Constituição, são constitucionais todas as normas que integram uma Constituição escrita, elaborada por um processo especial (rígida), independentemente do seu conteúdo. Nessa visão, leva-se em conta, exclusivamente, o **processo de elaboração** da norma: todas as normas integrantes de uma Constituição escrita, solenemente elaborada, serão constitucionais. Não importa, em absoluto, o conteúdo da norma.

Dessa forma, em uma Constituição escrita e rígida é possível encontrarmos dois tipos de normas: (i) normas formal e materialmente constitucionais e (ii) normas apenas formalmente constitucionais.

As normas formal e materialmente constitucionais são aquelas que, além de integrarem o texto da Constituição escrita (aspecto formal), possuem conteúdo substancialmente constitucional (aspecto material). É o caso, por exemplo, do art. 5.º da Constituição Federal de 1988: as normas nele contidas são formalmente constitucionais porque estão inseridas no texto da Constituição escrita e rígida; também são normas materialmente constitucionais, porque tratam de direitos fundamentais, assunto essencial no que concerne à atuação do Estado.

As normas apenas formalmente constitucionais são aquelas que integram o texto da Constituição escrita, mas tratam de matérias sem relevância para o estabelecimento da organização básica do Estado. É o caso, por exemplo, do art. 242, § 2.º, da Constituição Federal, que estabelece que o Colégio Pedro II, localizado na cidade do Rio de Janeiro, será mantido na órbita federal.

A Constituição Federal de 1988 é do tipo **formal**, porque foi solenemente elaborada, por um órgão especialmente incumbido desse mister, e somente pode ser modificada por um processo especial, distinto daquele exigido para a elaboração ou alteração das demais leis (rígida). Não é correto afirmar que a Constituição Federal de 1988 seja parte formal e parte material. A Constituição, no seu todo, é do tipo formal. Entretanto, nem todas as normas que a compõem são materialmente constitucionais; conforme já explicado, algumas são, apenas, formalmente constitucionais.

Observe-se que uma mesma norma pode ser enxergada sob as duas óticas, formal e material. Assim, sob a ótica formal, o § 2.º do art. 242 da Constituição, acima mencionado, é norma indiscutivelmente constitucional, já que inserida numa Constituição do tipo rígida. Já para a concepção material, esse dispositivo, embora integrante do texto de uma Constituição escrita e rígida, não seria constitucional, porque trata de matéria que nada tem a ver com organização do Estado. O mesmo se dá com as leis eleitorais (ordinárias) do nosso País. Sob a ótica formal, não são elas normas constitucionais, porque não integram o texto da Constituição escrita e rígida. Ao contrário, para a concepção material de Constituição, são normas substancialmente constitucionais, uma vez que tratam de matéria relativa a elemento essencial de organização do Estado (forma de aquisição do Poder).

Segundo a concepção material, todos os Estados possuem Constituição. De fato, para se falar em Estado, é necessário pressupor uma organização política básica no respectivo território, a existência de instituições relacionadas ao exercício do poder, rudimentares que sejam. Essa organização básica, formalizada ou não em um documento escrito, na concepção material, será a Constituição do Estado. Nem sempre, porém, haverá uma Constituição em sentido formal. Isso porque nem todos os Estados possuem uma Constituição solenemente elaborada, é dizer, um conjunto de regras constitucionais elaborado por um processo especial, distinto daquele de elaboração das demais leis do ordenamento. Então, quando se indaga se todo Estado possui Constituição, poderemos responder positivamente, se levarmos em conta a concepção material (ou substancial) de Constituição. Se, ao contrário, nos referirmos à Constituição em sentido formal, a resposta à mesma pergunta deverá ser negativa.

Também, pela concepção material, podem existir normas constitucionais fora do texto de uma Constituição escrita. Se a norma trata de matéria substancialmente constitucional, isto é, se o seu conteúdo diz respeito à organização essencial do Estado, ela será constitucional, independentemente do processo de sua elaboração, esteja ou não ela inserida em uma Constituição escrita. Ao contrário, sob o ponto de vista formal, só são normas constitucionais aquelas que integram o documento denominado Constituição escrita, solenemente elaborado, seja qual for o seu conteúdo.

No Brasil, que adota Constituição do tipo rígida, o conceito formal é o importante, porquanto tudo que consta da Constituição formal recebe o mesmo tratamento jurídico, consistente na sua supremacia sobre todo o ordenamento jurídico. Com efeito, essa distinção entre norma formalmente e materialmente constitucional, em um regime de Constituição escrita e rígida, não possui maior relevância jurídica, seja para a aferição da aplicabilidade das normas constitucionais, seja para a fiscalização da validade delas.

Isso porque, nesse tipo de Constituição, todas as normas que integram o seu texto têm o mesmo valor, pouco importando sua dignidade, isto é, se são normas materialmente constitucionais ou, apenas, formalmente constitucionais. Todas as normas integrantes de uma Constituição formal, rígida, têm o mesmo valor, têm *status* constitucional e deverão ser respeitadas, independentemente da natureza do seu conteúdo.

Com isso, em um sistema de Constituição rígida, como o nosso, todo o processo de fiscalização da validade das leis leva em conta, tão somente, a **supremacia formal** da Constituição. Ou, em outras palavras: o controle de constitucionalidade das leis é realizado sob o enfoque estritamente **formal**. Se a norma integra o texto da Constituição rígida, seja qual for o seu conteúdo, será dotada de supremacia formal e, portanto, não poderá ser desobedecida pelo legislador infraconstitucional, sob pena de inconstitucionalidade.

Essa dualidade de visão – formal e material – traz à luz os conceitos de supremacia material e supremacia formal das normas constitucionais.

A **supremacia formal** decorre da **rigidez** constitucional, isto é, da existência de um **processo legislativo distinto**, mais laborioso, para elaboração da norma constitucional. Uma norma constitucional é dotada de supremacia formal pelo fato de ter sido elaborada mediante um processo legislativo especial, mais rígido, que a diferencia das demais leis do ordenamento.

A **supremacia material** decorre do **conteúdo** da norma constitucional. Uma norma constitucional é dotada de supremacia material em virtude da natureza do seu conteúdo, isto é, por tratar de matéria substancialmente constitucional, que diga respeito aos elementos estruturantes da organização do Estado.

Numa Constituição escrita e rígida, todas as normas constitucionais são dotadas de supremacia formal, visto que foram elaboradas segundo um procedimento mais solene do que aquele de elaboração das demais leis. Assim, em um sistema de Constituição formal, podemos afirmar que todas as normas constitucionais se equivalem em termos de hierarquia e, também, que todas elas são dotadas de supremacia formal em relação às demais leis do ordenamento.

Ao contrário, no caso de uma Constituição não escrita, flexível, não se pode cogitar de supremacia formal, porque não há distinção entre os processos legislativos de elaboração das normas que integram o ordenamento jurídico. Em um sistema de Constituição não escrita, flexível, as normas constitucionais são dotadas, tão somente, de supremacia material (devido à dignidade de seu conteúdo).

Finalmente, vale ressaltar que não há um rol taxativo de normas consideradas materialmente constitucionais (cuja presença no texto da Constituição seria obrigatória), e, menos ainda, de normas que devessem ser tidas por apenas formalmente constitucionais (cuja presença no texto da Constituição seria desnecessária). Não há unanimidade doutrinária a respeito dessa separação. Há, é verdade, um mínimo de matérias que todos estão de acordo em reconhecer como substancialmente constitucionais, de que são exemplo as que regulam o exercício do poder, impondo limitações à atividade estatal e reconhecendo direitos fundamentais às pessoas. No mais, tudo variará segundo o local, a época e a ideologia de quem se disponha a elaborar a listagem. Trata-se de conceitos abertos, dinâmicos, que aceitam – e acompanham – a evolução social do Estado, no tempo e no espaço. Assim, uma norma hoje considerada apenas formalmente constitucional poderá, amanhã, ser tida por substancialmente constitucional (variação no tempo); da mesma forma, uma norma constitucional considerada materialmente constitucional no Brasil poderá ser classificada como apenas formalmente constitucional na Itália, em razão dos valores e do tipo de organização política daquele Estado (variação no espaço).

O fato é que levar para o texto da Constituição demasiadas normas apenas formalmente constitucionais, que nada têm a ver com a estruturação do Estado, e que certamente melhor ficariam na legislação ordinária, prejudica a estabilidade da Constituição, pois as oscilações frequentes nessas matérias irrelevantes terminam por forçar, continuadamente, a aprovação de reformas do texto constitucional.

3.5. Quanto à estabilidade

A classificação das Constituições quanto ao grau de estabilidade (alterabilidade, mutabilidade ou consistência) leva em conta a maior ou a menor facilidade para a modificação do seu texto, dividindo-as em imutáveis, rígidas, flexíveis ou semirrígidas.

A Constituição imutável (permanente, granítica ou intocável) é aquela que não admite modificação do seu texto. Essa espécie de Constituição está em pleno desuso, em razão da impossibilidade de sua atualização diante da evolução política e social do Estado.

A Constituição é rígida quando exige um processo legislativo especial para modificação do seu texto, mais difícil do que o processo legislativo de elaboração das demais leis do ordenamento. A Constituição Federal de 1988 é do tipo rígida, pois exige um procedimento especial (votação em dois turnos, nas duas Casas do Congresso Nacional) e um *quorum* qualificado para aprovação de sua modificação (aprovação de, pelo menos, três quintos dos integrantes das Casas Legislativas), nos termos do art. 60, § 2.º, da Carta Política.

A Constituição flexível é aquela que permite sua modificação pelo mesmo processo legislativo de elaboração e alteração das demais leis do ordenamento, como ocorre na Inglaterra, em que as partes escritas de sua Constituição podem ser juridicamente alteradas pelo Parlamento com a mesma facilidade com que se altera a lei ordinária.

A Constituição semirrígida (ou semiflexível) é a que exige um processo legislativo mais difícil para alteração de parte de seus dispositivos e permite a mudança de outros dispositivos por um procedimento simples, semelhante àquele de elaboração das demais leis do ordenamento.

Na história do Constitucionalismo brasileiro, unicamente a Constituição do Império (1824) foi semirrígida, pois exigia, no seu art. 178,[5] um processo especial para modificação de parte do seu texto (por ela considerado substancial), mas, ao

---

[5] Estabelecia o citado art. 178: "É só constitucional o que diz respeito aos limites e atribuições respectivos dos poderes políticos, e aos direitos políticos e individuais dos cidadãos; tudo o que não é constitucional pode ser alterado, sem as formalidades referidas [nos arts. 173 a 177], pelas legislaturas ordinárias."

mesmo tempo, permitia a modificação de outra parte mediante processo legislativo simples, igual ao de elaboração das demais leis. Todas as demais Constituições do Brasil foram do tipo rígida, inclusive a atual.

Cabe observar que nem toda Constituição escrita será, necessariamente, rígida, conquanto atualmente seja essa a regra. Conforme aponta a doutrina, já houve, na Itália, Constituição escrita do tipo flexível, isto é, Constituição formalmente elaborada, por um órgão especial (escrita), mas que permitia a modificação do seu texto pelo mesmo processo legislativo de elaboração das demais leis do ordenamento (flexível). Contudo, registre-se, a tendência moderna é de elaboração de Constituições do tipo escrita e rígida.

A rigidez não impede mudanças na Constituição. Não se admite, no Constitucionalismo moderno, a ideia da existência de Constituição absolutamente imutável, que não admita alterações no seu texto. A rigidez visa, tão somente, a assegurar uma maior estabilidade ao texto constitucional, por meio da imposição de um processo mais árduo para sua modificação.

É importante esclarecer que não é correta a ideia de que quanto maior a rigidez assegurada à Constituição, maior será a sua estabilidade e permanência. O grau de rigidez deve ser suficiente para assegurar uma relativa estabilidade à Constituição, por meio da exigência de processo mais dificultoso para a modificação do seu texto, mas sem prejuízo da necessária atualização e adaptação das normas constitucionais às exigências da evolução e do bem-estar social. A rigidez deve, portanto, assegurar essas duas necessidades da Constituição: certa estabilidade e possibilidade de atualização.

Apenas para ilustrar, suponhamos que a Constituição Federal de 1988 só pudesse ser emendada por meio da aprovação, em dois turnos de votação, de todos os membros das Casas do Congresso Nacional (isto é, por unanimidade dos congressistas). Ora, esse excessivo grau de rigidez provavelmente frustraria qualquer tentativa de modificação da nossa Constituição, impedindo a sua necessária atualização. Com isso, com o passar do tempo, a tendência seria sua transformação em uma Constituição meramente nominativa, sem correspondência com a realidade. Enfim, se é verdade que a rigidez é importante para a estabilidade de uma Constituição, também é certo que determinado grau de flexibilidade é indispensável para sua permanência, ao permitir a atualização do texto constitucional.

A rigidez tem como decorrência imediata o denominado princípio da supremacia formal da constituição. Consoante acima visto, a rigidez situa todas as normas constantes do texto da Constituição formal em uma posição de superioridade em relação às demais leis, posicionando a Constituição no ápice do ordenamento jurídico do Estado.

Assim, rigidez é o pressuposto para o surgimento e a efetivação do denominado controle de constitucionalidade das leis. Se a Constituição é do tipo rígida, ocupa o vértice do ordenamento jurídico e, então, há que se verificar quais leis desse ordenamento estão de acordo com as suas prescrições (e, portanto, são constitucionais) e quais leis estão em desacordo com os seus comandos (e, são, dessarte, inconstitucionais, devendo ser retiradas do ordenamento jurídico).

Diversamente, em um sistema de Constituição flexível – o da Inglaterra, por exemplo –, descabe cogitar de impugnação de inconstitucionalidade de uma norma frente a outra, pois o mesmo Parlamento elabora, segundo o mesmo processo

Cap. 1 • DIREITO CONSTITUCIONAL E CONSTITUIÇÃO

legislativo, as leis constitucionais (assim consideradas em razão de seu conteúdo) e as demais leis. As decisões do Parlamento não poderão, portanto, ser impugnadas perante os tribunais do Poder Judiciário. Por isso, em um regime de Constituição flexível não se pode falar, propriamente, em controle de constitucionalidade das leis.

Deve-se ressaltar, ainda, que a rigidez constitucional não decorre diretamente da existência de cláusulas pétreas, isto é, da presença de um núcleo insuscetível de abolição na Constituição.

Sabe-se que as cláusulas pétreas são determinadas matérias constitucionais que, por opção do legislador constituinte originário, são insuscetíveis de abolição por meio de modificação da Constituição, pela aprovação de futuras emendas constitucionais. A Constituição Federal de 1988 as estabelece no seu art. 60, § 4.º.

Conforme vimos, a rigidez (ou a flexibilidade) da Constituição decorre tão somente do processo exigido para a modificação do seu texto. Uma Constituição poderá ser rígida e não possuir cláusulas pétreas (todos os seus dispositivos poderão ser abolidos, desde que haja obediência ao procedimento especial, mais dificultoso, por ela estabelecido). Pode-se, diversamente, ter uma Constituição flexível que possua cláusulas pétreas (admite alteração de seus dispositivos por meio de processo legislativo simples, mas há um núcleo insuscetível de abolição).

Apesar de a existência de cláusulas pétreas não ter relação necessária com o conceito de rigidez constitucional, vale registrar que a presença desse núcleo não suprimível leva o Professor Alexandre de Moraes a classificar a Constituição Federal de 1988 como **super-rígida**, uma vez que "em regra poderá ser alterada por um processo legislativo diferenciado, mas, excepcionalmente, em alguns pontos é imutável (CF, art. 60, § 4.º – cláusulas pétreas)".

Por fim, cabe-nos mencionar que o Professor Uadi Lammêgo Bulos faz referência, também, às Constituições **transitoriamente flexíveis** (suscetíveis de reforma, pelo mesmo rito das leis comuns, mas apenas por determinado período; ultrapassado este, o documento constitucional passa a ser rígido). Além disso, o renomado professor estabelece uma distinção conceitual entre Constituições **fixas** (que só podem ser modificadas por um poder de competência idêntico àquele que as criou – poder constituinte originário) e **imutáveis** (que se pretendem eternas, alicerçadas na crença de que não haveria órgão competente para proceder, legitimamente, à reforma delas, muito menos para revogá-las).

3.6. Quanto à correspondência com a realidade (critério ontológico)

O constitucionalista alemão Karl Loewenstein desenvolveu uma classificação para as Constituições que leva em conta a correspondência existente entre o texto constitucional e a realidade política do respectivo Estado (critério ontológico).

Para ele, as Constituições de alguns Estados conseguem, verdadeiramente, regular o processo político no Estado. Outras Constituições, apesar de elaboradas com esse mesmo intuito, não logram, de fato, normatizar a realidade política do Estado. Há, ainda, Constituições que sequer têm esse intuito, pois visam, tão somente, à manutenção da vigente estrutura de poder.

A partir dessa constatação, podem as Constituições ser classificadas em três grupos: Constituições normativas, Constituições nominativas e Constituições semânticas.

As Constituições normativas são as que efetivamente conseguem, por estarem em plena consonância com a realidade social, regular a vida política do Estado. Em um regime de Constituição normativa, os agentes do poder e as relações políticas obedecem ao conteúdo, às diretrizes e às limitações impostos pelo texto constitucional. São como uma roupa que assenta bem e realmente veste bem.

As Constituições nominativas (nominalistas ou nominais) são aquelas que, embora tenham sido elaboradas com o intuito de regular a vida política do Estado, ainda não conseguem efetivamente cumprir esse papel, por estarem em descompasso com o processo real de poder e com insuficiente concretização constitucional. São prospectivas, isto é, voltadas para um dia serem realizadas na prática, como uma roupa guardada no armário que será vestida futuramente, quando o corpo nacional tiver crescido.

As Constituições semânticas, desde sua elaboração, não têm o fim de regular a vida política do Estado, de orientar e limitar o exercício do poder, mas sim o de beneficiar os detentores do poder de fato, que dispõem de meios para coagir os governados. Nas palavras de Karl Loewenstein, seria "uma constituição que não é mais que uma formalização da situação existente do poder político, em benefício único de seus detentores". São como uma roupa que não veste bem, mas dissimula, esconde, disfarça os seus defeitos.

Em síntese, enquanto as constituições normativas limitam efetivamente o poder e asseguram direitos e as nominativas, embora não o façam, hoje, ainda têm esse propósito, para concretização futura, as constituições ditas semânticas são submetidas ao poder político prevalecente, servindo apenas para estabilizar e eternizar a intervenção dos dominadores de fato.

3.7. Quanto à extensão

No tocante à extensão, as Constituições são classificadas em analíticas e sintéticas.

Constituição analítica (longa, larga, prolixa, extensa, ampla ou desenvolvida) é aquela de conteúdo extenso, que versa sobre matérias outras que não a organização básica do Estado, isto é, sobre assuntos alheios ao Direito Constitucional propriamente dito. Ora cuida de minúcias de regulamentação, que melhor caberiam na legislação infraconstitucional, ora de regras ou preceitos pertencentes ao campo da legislação ordinária, e não do Direito Constitucional.

Exemplo de Constituição analítica é a Constituição Federal de 1988, que, nos seus mais de trezentos artigos (entre disposições permanentes e transitórias), exagera no regramento detalhado de determinadas matérias, não substancialmente constitucionais, que nada têm a ver com a organização política do Estado.

Constituição sintética (básica, concisa, tópica, breve, sumária ou sucinta) é aquela que possui conteúdo abreviado e que versa, tão somente, sobre princípios gerais ou enuncia regras básicas de organização e funcionamento do sistema jurídico

Cap. 1 • DIREITO CONSTITUCIONAL E CONSTITUIÇÃO

estatal, isto é, sobre matérias substancialmente constitucionais, em sentido estrito, deixando a pormenorização à legislação infraconstitucional. É o caso, por exemplo, da Constituição dos Estados Unidos da América, composta de apenas sete artigos originais e vinte e sete emendas.

As Constituições sintéticas asseguram maior estabilidade do arcabouço constitucional, bem como maior flexibilidade interpretativa, o que favorece a adaptação dos princípios constitucionais a situações novas do desenvolvimento institucional de um povo, sem a necessidade de mudanças formais no texto constitucional.

Entretanto, a tendência contemporânea é de adoção, pelos diferentes Estados, de Constituição do tipo analítica, de conteúdo extenso, mesmo sendo sabido que esse tipo de Constituição tende a ser menos estável, em virtude da necessidade de seguidas modificações formais do seu texto.

3.8. Quanto à finalidade

Uma classificação moderna, de grande relevância, é a que distingue as Constituições em Constituição-garantia, Constituição-balanço e Constituição dirigente, no tocante a suas finalidades.

Constituição-garantia, de texto reduzido (sintética), é Constituição negativa, que tem como principal preocupação a limitação dos poderes estatais, isto é, a imposição de limites à ingerência do Estado na esfera individual. Daí a denominação "garantia", indicando que o texto constitucional preocupa-se em garantir a liberdade, limitando o poder.

As Constituições-garantia são o modelo clássico de Constituição, propugnado nas origens do movimento constitucionalista, restringindo-se a dispor sobre organização do Estado e imposição de limites à sua atuação, mediante a outorga de direitos fundamentais ao indivíduo. São, portanto, típicas dos Estados liberais.

Constituição-balanço é aquela destinada a registrar um dado estágio das relações de poder no Estado. Nesse tipo de Constituição, o texto é elaborado com vistas a espelhar certo período político, findo o qual é elaborado um novo texto para o período seguinte. Sua preocupação é, portanto, disciplinar a realidade do Estado num determinado período, retratando o arranjo das forças sociais que estruturam o Poder. Foi o que aconteceu na antiga União Soviética, que elaborou três Constituições seguidas com essa finalidade. A primeira, em 1924 (Constituição do proletariado); a segunda, em 1936 (Constituição dos operários); e a última, em 1971 (Constituição do povo).

Constituição dirigente, de texto extenso (analítica), é aquela que define fins, programas, planos e diretrizes para a atuação futura dos órgãos estatais. É a Constituição que estabelece, ela própria, um programa para dirigir a evolução política do Estado, um ideal social a ser futuramente concretizado pelos órgãos estatais. O termo "dirigente" significa que o legislador constituinte "dirige" a atuação futura dos órgãos governamentais, por meio do estabelecimento de programas e metas a serem perseguidos por estes.

O elemento que caracteriza uma Constituição como dirigente é a existência, no seu texto, das denominadas **normas programáticas**, mormente de cunho social. Como o próprio termo indica, tais normas estabelecem um programa, um rumo inicialmente traçado pela Constituição, que deve ser perseguido pelos órgãos estatais. São normas que têm como destinatários diretos não os indivíduos em si, mas os órgãos estatais, requerendo destes a atuação numa determinada direção, o mais das vezes de caráter social, apontada pelo legislador constituinte. Constituição dirigente representa, portanto, uma das marcas do **Estado Social (Welfare State)** – aliás, tal modelo de Constituição surgiu exatamente nesse tipo de Estado.

3.9. Outras classificações

O constitucionalista português J. J. Gomes Canotilho, tendo por base uma feição liberal de Constituição, concebeu a expressão **Constituição Ideal**, que se tornou largamente difundida, e hoje é repetida por doutrinadores de todo o mundo, inclusive por vários autores brasileiros. Para Canotilho, são os seguintes os elementos que caracterizam uma **Constituição Ideal**:

a) a Constituição deve **ser escrita**;

b) deve conter uma enumeração de **direitos fundamentais individuais** (direitos de liberdade);

c) deve adotar um sistema democrático formal (**participação do povo** na elaboração dos atos legislativos, pelos parlamentos);

d) deve assegurar a limitação do poder do Estado mediante o princípio da **divisão de poderes**.

Enfim, para Canotilho, uma **Constituição Ideal** deve, necessariamente, ser escrita e prever direitos fundamentais individuais, a participação do povo na elaboração das leis e o princípio da divisão de poderes.

O mestre português faz referência, também, à **Constituição aberta** e à **Constituição como ordem-quadro**. Para Canotilho, a Constituição deve ser um "sistema aberto", já que as normas constitucionais deverão estar aptas a captar a dinamicidade da vida política e social. Nessa acepção, a Constituição deve ser uma **ordem-quadro**, uma ordem fundamental (essencial e básica, sem excesso de regulamentação) capaz de albergar o pluralismo social, econômico e político – e **não** um código constitucional exaustivamente regulador.

Essa noção de **Constituição como ordem-quadro**, de lavra de Canotilho, é comumente referenciada como **Constituição moldura** (ou, simplesmente, "Constituição quadro") e traduz a ideia de que o texto constitucional deve estabelecer somente uma ordem básica e essencial, uma espécie de "moldura", dentro da qual o legislador ordinário poderá atuar. Enfim, cabe à Constituição apenas delinear os limites para a ulterior atuação legislativa ordinária, que terá um largo campo de atuação política.

O Professor Alexandre de Moraes refere-se à Constituição **nominalista**, que "é aquela cujo texto da Carta Constitucional já contém verdadeiros direcionamentos para os problemas concretos, a serem resolvidos mediante aplicação pura e simples das normas constitucionais. Ao intérprete caberia tão somente interpretá-la de forma gramatical-literal".

O Prof. Pinto Ferreira refere-se às Constituições **reduzidas** e **variadas**. As primeiras seriam aquelas sistematizadas, cujas normas estão consolidadas em um único código, enquanto as últimas seriam as formadas por textos esparsos, espalhados no ordenamento jurídico. Por sua vez, o Prof. Uadi Lammêgo Bulos as denomina, respectivamente, de Constituições **unitárias**, **unitextuais** e **pluritextuais**.

Vale lembrar-se de que essas mesmas Constituições são denominadas pelo Prof. Paulo Bonavides de Constituições (escritas) **codificadas** (sistematizadas em um único documento) e Constituições (escritas) **legais** (integradas por documentos diversos, fisicamente distintos, como foi o caso da Terceira República Francesa, formada por inúmeras leis constitucionais, redigidas em momentos distintos, tratando cada qual de elementos substancialmente constitucionais).

O Prof. André Ramos Tavares refere-se às Constituições **liberais** e **sociais**.

As Constituições **liberais** são aquelas resultantes do triunfo da ideologia burguesa, dos ideais do Liberalismo, correspondentes ao primeiro período de surgimento dos direitos humanos, que exigiam a não intervenção do Estado na esfera privada dos particulares. São, também, denominadas Constituições negativas, pois impunham a omissão ou negativa de ação do Estado, preservando-se, assim, as liberdades públicas.

As Constituições **sociais** correspondem a um momento posterior do constitucionalismo, em que se passou a exigir do Estado atuação positiva, corrigindo as desigualdades sociais e proporcionando o surgimento do Estado do bem comum. Nesse tipo de Constituição, busca-se a concretização da igualdade material (e não meramente formal), e nela são traçados expressamente os grandes objetivos que deverão nortear a atuação governamental, razão porque é também denominada de Constituição dirigente.

O Professor Machado Horta classifica a Constituição Federal de 1988 como **expansiva**. Para o renomado constitucionalista, seriam dois os aspectos que caracterizariam nossa Constituição atual como expansiva: (i) a abordagem de novos temas, não presentes nas Constituições brasileiras pretéritas; e (ii) a ampliação do tratamento de temas permanentes, já presentes nas Constituições pretéritas.

O constitucionalista português Jorge Miranda faz referência às **heteroconstituições,** que são Constituições decretadas de fora do Estado por um outro, ou por outros Estados, ou, ainda, por uma organização internacional. Segundo o eminente professor, incluem-se entre elas as primeiras constituições do Canadá, Nova Zelândia, Austrália e Jamaica (aprovadas por leis do parlamento britânico), a primeira Constituição da Albânia (obra de uma conferência internacional, de 1913), a Constituição cipriota (procedente dos acordos de Zurique, de 1960, entre a Grã-Bretanha, a Grécia e a Turquia) e a Constituição da Bósnia-Herzegovina (após os chamados acordos de Dayton de 1995). Essa concepção contrapõe-se à de **autoconstituição** (ou autônoma) – padrão adotado pelos mais diferentes Estados –, que é aquela elaborada e decretada no interior do próprio Estado que será por ela regido.

O Prof. Diogo de Figueiredo Moreira Neto estabelece a distinção entre Constituição **principiológica** (ou **aberta**, em que predominam os princípios, identificados como normas constitucionais providas de alto grau de abstração, consagradoras de valores, pelo que é necessária a mediação concretizadora, tal como a Constituição Federal de 1988) e Constituição **preceitual** (em que prevalecem as regras, individualizadas como normas constitucionais revestidas de pouco grau de abstração, concretizadoras de princípios, pelo que é possível a aplicação coercitiva, tal como a Constituição mexicana).

Fala-se também em **Constituição dúctil** (ou maleável). Concebida pelo italiano Gustavo Zagrebelsky, essa concepção relaciona-se ao fato de as Constituições modernas veicularem os mais diferentes conteúdos, sem a preocupação de estabelecer uma hierarquia entre eles (textos pluralistas, marcados pela ubiquidade). Essa ubiquidade constitucional é caracterizada, também, pelo exagerado caráter detalhista dos seus preceitos, muitos deles contraditórios entre si ("panconstitucionalização"). Em face dessa realidade, o texto constitucional termina por conceder ampla margem para a posterior disciplina legislativa complementar, bem como largo espaço para a atuação interpretativa do Poder Judiciário. A natureza dúctil significa, portanto, que o texto constitucional não deve ser enxergado como um mandamento acabado ou findo, mas como um conjunto (maleável, fluido) de materiais de construção, a partir dos quais a política constitucional viabiliza a realização de princípios e valores da vida comunitária de uma sociedade plural.

De outro lado, tem-se a concepção de **Constituição fundamento** (ou Constituição total) quando a onipresença do texto constitucional é tão robusta que, na prática, a esfera de atuação reservada ao legislador, aos cidadãos e à autonomia privada é diminuta. Significa que – ao contrário da visão dúctil – tanto a vida social quanto a atuação dos diferentes órgãos estatais estariam estritamente regradas pelo texto constitucional, com pouca margem de maleabilidade.

A doutrina adota também a expressão **Constituição lei**, que, como a própria denominação indica, refere-se a um texto constitucional que, em verdade, comporta-se como qualquer outra lei. Em razão da inexistência de supremacia constitucional, os comandos constitucionais não obrigam o legislador, possuindo mera função indicativa, limitando-se a propor certo caminho (rumo, diretriz) a ser (facultativamente) perseguido pelas futuras leis. Observe-se que essa nomenclatura (Constituição lei) relaciona-se, diretamente, à noção de Constituição flexível, anteriormente examinada.

Distingue-se **Constituição provisória** de **Constituição definitiva**. A **Constituição provisória** (também denominada pré-Constituição, ou Constituição revolucionária) é aquela que tem vigência limitada ao período de elaboração e promulgação de uma futura Constituição, com o fim de disciplinar a estruturação política do interregno constitucional e eliminar ou erradicar os resquícios do antigo regime. Já a **Constituição definitiva** (ou de duração indefinida) é aquela que materializa o produto final do processo constituinte, com o intento de viger por prazo indeterminado.

Alguns autores referem-se, ainda, à Constituição **plástica**, embora não haja consenso quanto ao seu significado. O Professor Pinto Ferreira usa a expressão Constituição plástica como sinônimo de Constituição flexível, isto é, que admite modificações no seu texto mediante procedimento simples, igual ao de elaboração das leis infraconstitucionais. Já o constitucionalista Raul Machado Horta emprega o vocábulo "plástica" para conceituar as Constituições nas quais há grande quantidade de disposições de conteúdo aberto, de tal sorte que é deixada ao legislador ordinário ampla margem de atuação em sua tarefa de mediação concretizadora, de densificação ou "preenchimento" das normas constitucionais, possibilitando, com isso, que o texto constitucional acompanhe as oscilações da vontade do povo, assegurando a correspondência entre a Constituição normativa e a Constituição real.

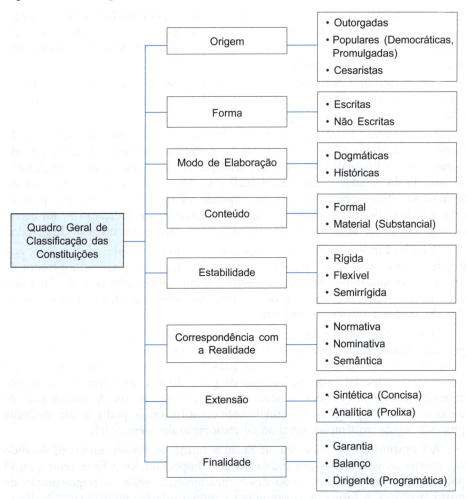

4. BREVE RESUMO DAS CONSTITUIÇÕES DO BRASIL

Ao longo da história do Brasil, os textos constitucionais alternaram momentos de maior ou menor equilíbrio entre o poder estatal e os direitos fundamentais dos cidadãos, transitando por períodos democráticos e autoritários. O Brasil teve **sete Constituições** desde o Império. Alguns historiadores sustentam que a Emenda

Constitucional 1, de 1969 – que, literalmente, deu um "novo texto" à Constituição de 1967, alterando-a substancialmente –, deve ser tratada como a "Constituição de 1969", outorgada pela Junta Militar. Mas, na história oficial do País, **são consideradas apenas sete**: 1824, 1891, 1934, 1937, 1946, 1967 e 1988.

4.1. A Constituição do Império (1824)

A Constituição do Império do Brasil foi elaborada por um Conselho de Estado, criado com essa finalidade, depois da dissolução, por D. Pedro I, da assembleia constituinte que, antes, havia sido convocada. O texto constitucional foi **outorgado** por D. Pedro I, em 25 de março de 1824.

O conteúdo da Constituição de 1824 foi fortemente influenciado pelo Liberalismo clássico dos séculos XVIII e XIX, de cunho marcadamente individualista, em voga na época de sua elaboração.

A orientação **liberal** manifestava-se claramente na **enumeração expressa de direitos individuais** (chamados direitos de primeira geração ou dimensão, tendo como núcleo o direito de liberdade em sua acepção mais ampla, visando a resguardar, da atuação do Estado, a esfera individual) e na adoção da **separação de poderes**. Quanto ao último aspecto, entretanto, impende anotar que, além dos três poderes propugnados por Montesquieu – Legislativo, Executivo e Judiciário –, foi acrescentado um poder denominado **Moderador**, concentrado nas mãos do Imperador.

O Poder Moderador situava o imperador como **chefe supremo da nação**, acima de todos os outros, e lhe conferia um **caráter inviolável, sagrado e isento de qualquer responsabilidade**. Pelo dispositivo, o imperador tinha poderes ilimitados para nomear senadores, convocar ou prorrogar assembleia geral, dissolver a Câmara dos Deputados e suspender magistrados.

Outra característica peculiar de nossa Carta de 1824, uniformemente apontada pelos publicistas pátrios, é sua classificação, quanto aos procedimentos de modificação de seu texto, como Constituição **semirrígida**. Com efeito, o seu art. 178 só exigia um processo especial para modificação da parte do seu texto que o constituinte entendeu conter disposições substancialmente constitucionais. A modificação de todas as outras disposições, só formalmente constitucionais, podia se dar mediante processo legislativo simples, igual ao de elaboração das demais leis.

A Constituição de 1824 deu ao Brasil a forma de **Estado unitário**, dividido em províncias governadas por indicados pelo Imperador, com forte centralização político-administrativa. Em razão dessa característica, evitou a fragmentação de nosso território. A forma de Governo era a **monarquia hereditária** constitucional. A **religião católica** era adotada como a oficial do Império, permitindo outras religiões apenas em cultos domésticos. As eleições eram **indiretas e censitárias**. O Poder Legislativo submetia-se ao regime representativo, eletivo e temporário, na Câmara dos Deputados, mas, no Senado, os integrantes eram membros vitalícios, nomeados pelo Imperador.

De todas as Constituições da história nacional, a Constituição Política do Império do Brasil foi a que **vigorou por mais tempo** (1824-1891). Ademais, nesse longo período de 65 anos, sofreu apenas **uma emenda**. Não obstante ter sido o texto constitucional de **maior longevidade em nossa história,** foi uma Constituição que se poderia classificar de **nominativa**, porque não conseguiu fazer com que as disposições vazadas em seu texto regulassem de forma efetiva as práticas adotadas na realidade do processo político.

4.2. A primeira Constituição Republicana (1891)

Em 15 de novembro de 1889, com a edição do Decreto 1, de 15.11.1889, foi declarada a República. Nos termos desse decreto, as províncias, agora como estados integrantes de uma federação, formaram os Estados Unidos do Brasil. Foi instaurado um governo provisório, que, em 3 de dezembro, nomeou uma comissão para elaborar um projeto de Constituição, o qual, em 22.06.1890, foi publicado como "Constituição aprovada pelo Executivo". Em 15 de setembro de 1890 foi eleita a Assembleia Geral Constituinte, que se instalou em 15 de novembro, e, em 24 de fevereiro de 1891, **promulgou** a Constituição da República dos Estados Unidos do Brasil (**democrática**), com poucas modificações em relação ao projeto que fora aprovado pelo Executivo (cujo principal mentor, diga-se, foi o grande Rui Barbosa).

A Constituição da República dos Estados Unidos do Brasil de 1891, **com caráter mais democrático,** foi promulgada pelo Congresso Nacional e instituiu o **federalismo**, "por união perpétua e indissolúvel das suas antigas províncias, em Estados Unidos do Brasil". Como marco da forma federativa de Estado, a autonomia dos estados é assegurada, sendo a eles conferida a denominada "competência remanescente", conforme inspiração do modelo norte-americano de federação. Foi estabelecida, também, a **autonomia municipal**. Como forma de governo, adotou-se a **República**. O sistema de governo perfilhado foi o **presidencialista**, de inspiração norte-americana (de cujas instituições Rui Barbosa era um profundo estudioso).

Instituiu-se, portanto, uma **República presidencialista com federalismo**, a qual conferiu autonomia aos estados e destinou uma área de 14.400 km² a ser demarcada no Planalto Central, para nela estabelecer-se a futura capital federal. O regime foi o **representativo**, com eleições diretas e mandatos por prazo certo nos Poderes Executivo e Legislativo.

Foi abolido o **Poder Moderador**, incorporando-se a fórmula tradicional de separação entre os poderes, propugnada por Montesquieu, que consagra a **tripartição** (Executivo, Legislativo e Judiciário).

A declaração de direitos individuais foi fortalecida, com acréscimo de importantes garantias, como o *habeas corpus*.

A Constituição adotou a forma **rígida**, considerando constitucionais todas as suas disposições, as quais somente poderiam ser alteradas mediante procedimento especial, mais laborioso do que o exigido para a criação e modificação do direito ordinário.

Pode-se dizer que foi uma Constituição **nominativa**, pois suas disposições não encontraram eco na realidade social, vale dizer, seus comandos não foram efetivamente cumpridos.

Em 1926, a Constituição sofreu uma profunda reforma, de cunho marcadamente centralizador e autoritário, que acabou por precipitar a sua derrocada, ocorrida com a Revolução de 1930.

4.3. A Constituição de 1934

A Constituição de 1934, **democrática**, decorrente do rompimento da ordem jurídica ocasionado pela Revolução de 1930, a qual pôs fim à era dos coronéis, à denominada Primeira República, costuma ser apontada pela doutrina como a **primeira a preocupar-se em enumerar direitos fundamentais sociais**, ditos direitos de segunda geração ou dimensão. Esses direitos, quase todos traduzidos cm normas constitucionais programáticas, tiveram como inspiração a **Constituição de Weimar, da Alemanha de 1919**. Com isso, a Constituição de 1934 é apontada como **marco na transição de um regime de democracia liberal, de cunho individualista, para a chamada democracia social**, preocupada em assegurar, não apenas uma igualdade formal, mas também a igualdade material entre os indivíduos (condições de existência compatíveis com a dignidade da pessoa humana).

A Constituição de 1934 trouxe, de fato, muitos avanços de índole democrática, especialmente na legislação eleitoral e trabalhista – como a conquista do **voto obrigatório e secreto e do direito de voto às mulheres**. Além disso, **instituiu a Justiça Eleitoral, a Justiça do Trabalho, o Ministério Público, o Tribunal de Contas, o mandado de segurança e a ação popular**.

É nela, também, que se observa o início do processo, contínuo desde então, de ampliação do rol de matérias tratadas no texto constitucional, fenômeno descrito como constitucionalização dos diversos ramos do Direito, inclusive daqueles antes disciplinados somente no âmbito das normas infraconstitucionais, como o Direito Civil e o Direito Administrativo. Por essa razão, a Constituição de 1934 apresentava mais do que o dobro de artigos que a de 1891.

A estrutura fundamental do Estado não sofreu mudanças em comparação com a Constituição de 1891. Manteve-se a **república**, a **federação**, a **divisão de poderes**, o **presidencialismo** e o **regime representativo**.

Como teve curtíssima sobrevida, pouco relevantes foram os seus reflexos práticos, uma vez que não houve tempo para que a implementação das suas normas influenciasse a realidade social, se é que isso viria a acontecer, caso tempo houvesse. Com efeito, apesar dos avanços propostos, **a Constituição de 1934 durou pouco** (apenas **três anos**) e foi revogada para a entrada em vigor da Constituição de 1937, criada para consolidar o Estado Novo e a ditadura da Era Vargas.

4.4. A Constituição do Estado Novo (1937)

Inspirada nos regimes totalitários em ascensão na Europa no período que antecedeu a Segunda Guerra Mundial, a Constituição de 1937 foi **outorgada** por Getúlio Vargas para implantar e consolidar o chamado **Estado Novo**.

Cap. 1 • DIREITO CONSTITUCIONAL E CONSTITUIÇÃO

Na prática, em 10 de novembro de 1937, Getúlio Vargas, no poder, dissolve a Câmara e o Senado, revoga a Constituição de 1934 e outorga a Carta de 1937.

De **caráter autoritário**, o texto começa com uma exposição de motivos feita por Getúlio Vargas para justificar as medidas duras que viriam a ser desveladas em seus artigos e parágrafos. A finalidade declarada seria "assegurar à Nação a sua unidade, o respeito à sua honra e à sua independência, e ao povo brasileiro, sob um regime de paz política e social, as condições necessárias à sua segurança, ao seu bem-estar e à sua prosperidade".

Como se vê, foi uma Carta **outorgada**, fruto de um golpe de Estado. Era Carta de inspiração fascista, de caráter marcadamente autoritário e com forte concentração de poderes nas mãos do Presidente da República.

A Constituição de 1937, frequentemente chamada **Constituição Polaca** (alusão à Constituição polonesa de 1935, que a teria inspirado), embora contivesse um rol de pretensos direitos fundamentais, não contemplava o princípio da legalidade, nem o da irretroatividade das leis. Não previa o mandado de segurança. Possibilitava a **pena de morte para crimes políticos** e previa a censura prévia da imprensa e demais formas de comunicação e entretenimento, dentre outras disposições restritivas inteiramente incompatíveis com um verdadeiro Estado Democrático de Direito.

Em suma, **a Carta de 37 instituiu a pena de morte, suprimiu liberdades individuais e dos partidos políticos e concentrou poderes no Chefe do Executivo**, aniquilando a independência dos demais Poderes da República. O texto também restringiu a atuação e as prerrogativas do Congresso Nacional, possibilitou a perseguição política aos opositores do governo e estabeleceu a **eleição indireta** com mandato fixo de **seis anos** para Presidente da República.

A rigor, a Constituição de 1937 não teve como prioridade assegurar direitos, mas sim institucionalizar um **regime autoritário**. Não se podia sequer falar, efetivamente, em divisão de Poderes, pois, embora existissem formalmente o Executivo, o Legislativo e o Judiciário, os dois últimos sofriam nítido amesquinhamento. Tratava-se, portanto, de **ditadura** pura e simples, com os Poderes Executivo e Legislativo concentrados nas mãos do Presidente da República, que legislava por meio de decretos-leis por ele mesmo depois aplicados, no exercício das funções do Poder Executivo.

É interessante registrar que a Constituição de 1937 previa a necessidade de ser submetida a um plebiscito, mas este nunca se realizou. Segundo o Prof. Celso Ribeiro Bastos, por esse motivo, "em termos jurídicos, a Constituição jamais ganhou vigência".

4.5. A Constituição de 1946

Com o término da Segunda Guerra Mundial, e o fim do Estado Novo, ocorre a redemocratização do Brasil. Depois de grande turbulência no quadro político interno ocorre a queda de Getúlio Vargas e, finalmente, a instalação de uma Assembleia Constituinte, em 2 de fevereiro de 1946.

Em 18 de setembro de 1946 foi promulgada a Constituição da República dos Estados Unidos do Brasil (**democrática**), elaborada com base nas Constituições de

1891 e de 1934. Embora não tenha conseguido realizar-se plenamente, é inegável que a Constituição de 1946 cumpriu sua tarefa de **redemocratização** e proporcionou condições para o desenvolvimento do País, durante as duas décadas de sua vigência.

A Constituição de 1946 adota a **federação** como forma de Estado – com autonomia política para os estados e, acentuadamente, para os municípios –, estabelece a **república** como forma de governo, o sistema **presidencialista**, e o **regime democrático representativo**, com **eleições diretas**. Assegura a **divisão e independência dos poderes**.

O rol de direitos fundamentais retoma o que existia na Constituição de 1934, com alguns importantes acréscimos, a exemplo do princípio da inafastabilidade de jurisdição, e supressões relevantes, como a **extinção da pena de morte**, do banimento e do confisco. Garantem-se, dentre vários outros, a liberdade de expressão, o direito de propriedade, a inviolabilidade das correspondências. Os direitos dos trabalhadores, muitos surgidos durante o Estado Novo, são constitucionalizados, com alguns acréscimos, como o do direito de greve. São também tratados, pela primeira vez, os partidos políticos, com a consagração do princípio da liberdade de criação e organização partidárias.

Durante a vigência da Carta de 1946 merece destaque, ainda, a **instituição do parlamentarismo como sistema de governo,** por meio do chamado Ato Adicional, de 2 de setembro de 1961, após a renúncia do então Presidente da República Jânio Quadros. Essa medida – que, na verdade, visava a reduzir os poderes do Presidente da República, João Goulart – foi aprovada pelo Congresso Nacional e previa a realização de um plebiscito em 1965 (no final do mandato de João Goulart, portanto). Porém, o plebiscito foi antecipado para janeiro de 1963, e a população decidiu pela rejeição do parlamentarismo e restauração do regime presidencialista. Com isso, **o parlamentarismo esteve em vigor no Brasil por menos de dois anos**, período em que tivemos três primeiros-ministros: Tancredo Neves, Brochado da Rocha e Hermes Lima.

4.6. A Constituição de 1967

Depois da vitória do golpe militar de 1964, **outorgou-se**, em 24 de janeiro de 1967, uma nova Constituição, fortemente inspirada na Carta de 1937 (antidemocrática).

O texto da Constituição de 1967 mostra grande preocupação com a "segurança nacional", ostentando tendência de centralização político-administrativa na União e de ampliação dos poderes do Presidente da República.

Apresentava rol de direitos fundamentais, com redução dos direitos individuais, mas com maior definição dos direitos dos trabalhadores. Limitou o direito de propriedade, possibilitando a desapropriação para reforma agrária com indenização em títulos públicos.

O texto da Carta de 1967 foi diversas vezes emendado, por meio de atos institucionais e atos complementares. O mais conhecido deles foi o **Ato Institucional n.º 5**, de 13 de dezembro de 1968, que levou ao fechamento do Congresso Nacional, à supressão de direitos e garantias do cidadão, à proibição de reuniões, à imposição da censura aos meios de comunicação e expressão artística, à suspensão do *habeas corpus* para os chamados crimes políticos, à autorização para intervenção federal em estados e municípios e para decretação de estado de sítio.

Cap. 1 • DIREITO CONSTITUCIONAL E CONSTITUIÇÃO

4.7. A Emenda Constitucional n.º 1 à Constituição de 1967 (a "Constituição de 1969")

A EC 1/1969, embora formalmente seja uma emenda à Constituição de 1967, é considerada por alguns constitucionalistas verdadeiramente uma nova Constituição outorgada, tendo em vista que o seu extenso texto foi elaborado e unilateralmente imposto pelos ministros militares, que então estavam no poder.

O fato é que, na época, pretendeu-se propalar a ideia de que se estava promulgando uma emenda à Constituição de 1967, e não outorgando uma nova Constituição antidemocrática. Talvez por esse motivo, a EC 1/1969 não figura na história oficial do nosso país como uma nova Constituição, e sim como emenda à Constituição de 1967.

Com efeito, nossa história oficial reconhece apenas sete Constituições brasileiras, de forma que a EC 1/1969 é considerada apenas uma reinterpretação do texto de 1967, decretada pela Junta Militar que governava o País, após a morte de Costa e Silva.

Entretanto, a EC 1/1969 denominou a si mesma "Constituição da República Federativa do Brasil" (a de 1967 era, simplesmente, "Constituição do Brasil").

Em linhas gerais, embora a EC 1/1969 tivesse pretendido manter formalmente nossa estrutura jurídica como a de um Estado Democrático de Direito, os poderes especiais atribuídos ao Presidente da República e as hipóteses de suspensão de direitos individuais tornavam letra morta essa expressão.

A EC 1/1969 aperfeiçoou, porém, algumas instituições, como o processo de elaboração da lei orçamentária, a fiscalização financeira e orçamentária dos municípios, modificou o sistema tributário, previu a criação do contencioso administrativo tributário, vedou a reeleição para o Poder Executivo etc.

O texto da EC 1/1969 sofreu diversas emendas, até que, com a EC 26/1985, foi convocada a Assembleia Nacional Constituinte, de cujos trabalhos resultou a Constituição de 1988, hoje vigente.[6]

4.8. A Constituição de 1988

Com o fim dos governos militares e a redemocratização do País,[7] mostrou-se evidente a necessidade de dotar o País de uma nova Constituição. José Sarney, o

---

[6] O Prof. José Afonso da Silva ensina que a EC 26/1985 não é tecnicamente uma emenda, mas sim um ato político, uma vez que não tem a finalidade de manter a Constituição emendada, e sim de destruí-la, possibilitando a sua substituição por uma nova.

[7] Talvez não se possa falar, no primeiro momento, em uma efetiva redemocratização, porque a eleição do primeiro Presidente da República civil deu-se por sufrágio indireto, a despeito da enorme pressão popular consubstanciada no movimento conhecido como "diretas já". Nas eleições indiretas de 1985, que marcam o fim do período de ditadura militar, foi vencedor Tancredo Neves, que, no entanto, veio a morrer antes da posse, razão pela qual foi empossado o seu vice, José Sarney, em cujo governo realmente se consolidou a redemocratização. As primeiras eleições diretas para Presidente da República, depois do golpe militar de 1964, somente ocorreram em 1989, tendo como vencedor Fernando Collor de Mello, que sucedeu José Sarney na Presidência da República.

primeiro presidente da fase iniciada com o ocaso do ciclo militar, denominada "Nova República", encaminhou ao Congresso Nacional a proposta de emenda à Constituição que resultou na EC 26, de 27 de novembro de 1985. Essa emenda, conforme acima apontado, convocava uma Assembleia Nacional Constituinte, composta, na verdade, pelos próprios deputados federais e senadores de então. A instalação da Assembleia Nacional Constituinte ocorreu em 1.º de fevereiro de 1987 e os seus trabalhos foram concluídos em 5 de outubro de 1988, com a promulgação da Constituição atual.

A elaboração da Constituição Federal de 1988, sétima da história do Brasil, propiciou uma oportunidade inédita de participação popular. A chamada "Constituição Cidadã"[8] foi promulgada pela **Assembleia Nacional Constituinte** – composta por deputados e senadores eleitos democraticamente em 1986, após 21 anos de regime militar, iniciado com o golpe de 1964. Mas, antes mesmo da instalação da Assembleia Constituinte, o Senado Federal havia criado, em 1986, o **projeto Constituição**, colocando à disposição da população nas agências dos Correios de todos os municípios brasileiros formulários para envio de sugestões aos constituintes, por meio dos quais foram recebidas mais de setenta mil cartas.

Além disso, a sociedade pôde participar por meio do oferecimento de **emendas populares**, que deveriam ser propostas por três entidades e reunir assinaturas de, pelo menos, trinta mil eleitores. Nessa frente, foram apresentadas 122 emendas populares, diversas delas aprovadas no texto final da Constituição. Duas propostas feitas por entidades, por exemplo, deram origem a dois incisos que pertencem ao art. 5.º da Constituição: o inciso I, pelo qual homens e mulheres são iguais em direitos e obrigações, e o inciso XLII, que determina que "a prática do racismo constitui crime inafiançável e imprescritível".

O trabalho da Assembleia Constituinte durou um ano e oito meses, e a tramitação do projeto por ela elaborado seguiu algumas etapas no Congresso Nacional (comissões, sistematização, deliberação plenária etc.), culminando com a promulgação da Constituição em **5 de outubro de 1988**.

Embora boa parte do trabalho de nosso constituinte originário de 1988 tenha sido desfigurada pela enorme quantidade de emendas que a Constituição atual sofreu, pode-se, em uma grande síntese, afirmar que a Constituição de 1988 pretendeu dar ao Brasil a feição de uma **social-democracia**, de criar um verdadeiro **Estado Democrático-Social de Direito**, com a previsão de uma imensa quantidade de obrigações para o Estado, traduzidas em prestações positivas, passíveis, em tese, de serem exigidas pela população em geral, muitas como verdadeiros direitos subjetivos. Essa a razão da Carta de 1988 ter recebido o epíteto de **Constituição Cidadã**.

Ao lado da ampliação dos direitos fundamentais – sobretudo das garantias e remédios constitucionais (enfática vedação à censura prévia, surgimento do *habeas data*, do mandado de injunção, do mandado de segurança coletivo, ampliação do objeto da ação popular etc.), bem como dos direitos sociais e direitos de terceira geração ou

---

[8] Expressão cunhada pelo então Deputado Ulysses Guimarães, Presidente da Assembleia Nacional Constituinte.

dimensão (como o direito a um meio ambiente equilibrado) – é mister mencionar o fortalecimento das instituições democráticas, dentre elas o Ministério Público.

Tornou-se mais abrangente, também, o controle de constitucionalidade, aumentando a importância do controle abstrato, com o surgimento de novas ações, como a ação direta de inconstitucionalidade por omissão e a arguição de descumprimento de preceito fundamental, e significativo alargamento da legitimação ativa, que se tornou muito mais democrática com a quebra do monopólio do Procurador-Geral da República, antes existente.

O Sistema Tributário Nacional foi em larga medida redesenhado, fortalecendo-se as receitas dos municípios e aperfeiçoando-se as garantias dos contribuintes.

Houve preocupação em trazer para o texto constitucional detalhadas normas acerca da organização e funcionamento da Administração Pública e dos agentes públicos, observando-se um cuidado especial com a proteção jurídica da moralidade administrativa e da probidade.

A seguridade social foi significativamente estendida quanto a suas atividade e serviços, e quanto aos seus beneficiários, sendo essa, sem dúvida, uma das maiores fontes do grande aumento da necessidade de obtenção de recursos pelo Estado.

Foram estabelecidas normas abrangentes de proteção à infância, aos deficientes, aos índios, ao meio ambiente etc.

Enfim, redesenhou-se amplamente o Estado, em sua estrutura e em sua atuação como Estado-poder – com a extinção dos Territórios Federais, a maior autonomia dos municípios, o rígido regramento da Administração Pública, o fortalecimento do Poder Judiciário e do Legislativo, inclusive em sua atividade de fiscalização do Executivo –, e avigorou-se sobremaneira o Estado-comunidade, mediante o alargamento dos direitos fundamentais de todas as dimensões e o robustecimento dos mecanismos de controle, populares e institucionais, do Poder Público.

5. CLASSIFICAÇÃO E ESTRUTURA DA CONSTITUIÇÃO FEDERAL DE 1988

A atual Constituição da República Federativa do Brasil, promulgada em 5 de outubro de 1988, é classificada como escrita codificada, democrática, dogmática eclética, rígida, formal, analítica, dirigente, normativa, principiológica, social e expansiva.

De conteúdo extenso, prolixo e demasiadamente detalhado, compõe-se de mais de trezentos artigos: duzentos e cinquenta integrantes do corpo permanente da Constituição e os demais inseridos no Ato das Disposições Constitucionais Transitórias (ADCT).

A Carta vigente é composta de um preâmbulo, uma parte dogmática, integrada por nove títulos, e um rol de dispositivos de cunho transitório, reunidos no Ato das Disposições Constitucionais Transitórias (ADCT).

O professor Carlos Ari Sundfeld concebe a Constituição Federal de 1988 como uma **Constituição "chapa branca"**. Segundo ele, o objetivo principal do texto constitucional de 1988 é tutelar interesses e até mesmo privilégios tradicionalmente reconhecidos aos integrantes e dirigentes do setor público. Nessa visão (crítica, socialmente pessimista), a Constituição Federal de 1988 constitui fundamentalmente um conjunto normativo "destinado a assegurar posições de poder a corporações e organismos estatais e paraestatais", haja vista que, apesar de toda a retórica relacionada aos direitos fundamentais e das normas liberais e sociais, "o núcleo duro do texto preserva interesses corporativos do setor público e estabelece formas de distribuição e de apropriação dos recursos públicos entre vários grupos".[9]

Diz-se, ainda, que a Constituição Federal de 1988 seria do tipo **simbólica**, tendo em vista o caráter predominantemente simbólico de seu texto. Segundo essa concepção (também crítica), a exaltação com a concretização efetiva de seus dispositivos e, em particular, de suas promessas sociais não constitui preocupação central no texto constitucional de 1988. Assim, as promessas de mudança social e a constitucionalização dos interesses populares presentes na Constituição Federal de 1988 têm, tão somente, valor simbólico, haja vista que, na prática, os conflitos de interesses ainda são resolvidos com a preponderância dos grupos mais poderosos, dos denominados "sobrecidadãos", que conseguem utilizar a Constituição e o Estado em geral como instrumento para satisfazer seus interesses.

Apresentamos, a seguir, considerações sumárias acerca das normas que compõem cada uma dessas três divisões da Constituição Federal de 1988, com destaque para o exame da relevância jurídica do preâmbulo, bem como das peculiaridades das normas do ADCT.

5.1. Preâmbulo

A Constituição Federal de 1988 apresenta o seguinte preâmbulo:

> Nós, representantes do povo brasileiro, reunidos em Assembleia Nacional Constituinte para instituir um Estado Democrático, destinado a assegurar o exercício dos direitos sociais e individuais, a liberdade, a segurança, o bem-estar, o desenvolvimento, a igualdade e a justiça como valores supremos de uma sociedade fraterna, pluralista e sem preconceitos, fundada na harmonia social e comprometida, na ordem interna e internacional, com a solução pacífica das controvérsias, promulgamos, sob a proteção de Deus, a seguinte CONSTITUIÇÃO DA REPÚBLICA FEDERATIVA DO BRASIL.

Muito se discute a respeito da relevância jurídica do preâmbulo de uma Constituição, especialmente quanto à sua eficácia jurídica e à possibilidade de uma lei ser declarada inconstitucional por contrariar o seu texto.

---

[9] Mencionado em "Pesquisa DIREITOGV, Resiliência Constitucional, Compromisso Maximizador, Consensualismo Político e Desenvolvimento Gradual" – Oscar Vilhena Vieira, Dimitri Dimoulis, Soraya Lunardi, Luciana de Oliveira Ramos, Paulo André Nassar, Rubens Eduardo Glezer (https://www.conjur.com.br/dl/estudo-resiliencia-constitucional-fgv.pdf).

Cap. 1 • DIREITO CONSTITUCIONAL E CONSTITUIÇÃO

A matéria não é pacífica na doutrina. Há três posições doutrinárias sobre o tema: (a) a tese da irrelevância jurídica, segundo a qual o preâmbulo não se situa no domínio do Direito, mas sim no da política; (b) a tese da plena eficácia, que reconhece ao preâmbulo a mesma eficácia jurídica de quaisquer outras disposições constitucionais; e (c) a tese da relevância jurídica indireta, segundo a qual o preâmbulo desempenha um papel orientador na identificação das características da Constituição, mas não se confunde com suas normas.

No Brasil, a questão foi enfrentada pelo Supremo Tribunal Federal em importante ação, na qual se discutia a constitucionalidade do preâmbulo da Constituição do Estado do Acre, pelo fato de haver sido omitida a referência à proteção de Deus, presente no preâmbulo da Constituição Federal de 1988.[10]

Para o Tribunal, o preâmbulo da Constituição Federal **não se situa no âmbito do Direito**, mas no domínio da política, refletindo posição ideológica do constituinte. Como tal, **não possui valor normativo**, apresentando-se desvestido de relevância jurídica e força cogente. Não constitui o preâmbulo, portanto, norma central da Constituição, razão pela qual a invocação da proteção de Deus **não é norma de reprodução obrigatória na Constituição Estadual**.

Em outra oportunidade, diante de ação em que congressistas requeriam a suspensão da tramitação da proposta que veio a resultar na Emenda Constitucional 41/2003 (Reforma da Previdência), por ofensa ao texto do preâmbulo da Constituição Federal de 1988, a Corte Maior deixou assente, também, que **o conteúdo do preâmbulo não impõe qualquer limitação de ordem material ao poder reformador outorgado ao Congresso Nacional**.[11]

Em síntese, podemos concluir que o preâmbulo da Constituição Federal de 1988: (a) não se situa no âmbito do Direito Constitucional, mas no domínio da política; (b) não constitui norma central da Constituição Federal; (c) não possui valor normativo, apresentando-se desvestido de força cogente e relevância jurídica; (d) não é norma de observância obrigatória pelos estados-membros, Distrito Federal e municípios; (e) não serve de parâmetro para a declaração da inconstitucionalidade das leis, vale dizer, não há inconstitucionalidade por violação do preâmbulo; e (f) não constitui limitação à atuação do poder constituinte derivado, ao modificar o texto constitucional.

Sem embargo dessas conclusões, a doutrina pátria costuma reconhecer ao preâmbulo da Constituição Federal de 1988 a função de diretriz interpretativa do texto constitucional, por auxiliar na identificação dos princípios e valores primordiais que orientaram o constituinte originário na sua elaboração.

5.2. Parte dogmática da Constituição de 1988

A parte dogmática da Constituição de 1988 constitui o seu corpo principal, ou permanente (esta última expressão, usada em contraposição à parte que contém as disposições transitórias, o ADCT).

---

[10] ADI 2.076-5, rel. Min. Carlos Velloso, 15.08.2002.

[11] MS 24.645-MC/DF, rel. Min. Celso de Mello, 08.09.2003.

Estruturalmente, a parte dogmática da Constituição de 1988 divide-se em nove títulos, a saber: (I) Dos Princípios Fundamentais; (II) Dos Direitos e Garantias Fundamentais; (III) Da Organização do Estado; (IV) Da Organização dos Poderes; (V) Da Defesa do Estado e Das Instituições Democráticas; (VI) Da Tributação e do Orçamento (VII) Da Ordem Econômica e Financeira; (VIII) Da Ordem Social; (IX) Das Disposições Constitucionais Gerais.

O corpo permanente da Constituição congrega todas as normas essenciais à organização e ao funcionamento do Estado brasileiro, como as relativas aos direitos fundamentais, à estrutura do Estado federal e às competências de cada ente político, à organização dos poderes e da Administração Pública, à repartição de rendas, aos princípios fundamentais da ordem econômica e da ordem social etc.

Apresenta, também, inúmeras **normas programáticas**, mormente no que concerne a direitos sociais, porquanto se trata de uma **Constituição dirigente**.

Deve-se lembrar, ainda, que, por ser uma **Constituição prolixa**, o seu corpo principal abriga, também, inúmeras regras tidas por apenas formalmente constitucionais, que nada têm a ver com a organização básica do Estado.

5.3. Ato das Disposições Constitucionais Transitórias (ADCT)

O Ato das Disposições Constitucionais Transitórias (ADCT) reúne dois grupos distintos de preceitos:

a) os que contêm regras necessárias para assegurar uma harmoniosa transição do regime constitucional anterior (Constituição de 1969) para o novo regime constitucional (Constituição de 1988);

b) os que estabelecem regras que, embora não sejam relacionadas à transição de regime constitucional, têm caráter meramente transitório, têm sua eficácia jurídica exaurida tão logo ocorra a situação nelas prevista.

Exemplo da primeira espécie de dispositivo é o art. 16 do ADCT, que fixou competência temporária para o Presidente da República, com a aprovação do Senado Federal, para indicar o Governador e o Vice-Governador do Distrito Federal, até que nele fosse realizada a primeira eleição direta.

Um bom exemplo da segunda categoria de disposições é o art. 3.º do ADCT, que estabeleceu as regras para a realização da revisão constitucional prevista para ocorrer cinco anos após a promulgação da Constituição de 1988. Uma vez cumprido esse comando, isto é, realizado o procedimento de revisão constitucional (em 1993/1994), o dispositivo perdeu a eficácia, por estar exaurido o seu objeto.

Em ambos os casos, a característica própria de uma norma integrante do ADCT é a existência de eficácia jurídica somente até o momento em que ocorre a situação nela prevista; ocorrida a situação, a norma transitória perde a sua eficácia jurídica, por exaurimento de seu objeto.

É importante ressaltar que, embora de natureza transitória, os dispositivos do ADCT são **formalmente constitucionais**, ou seja, **têm o mesmo status jurídico**

e idêntica hierarquia à das demais normas da Constituição. Por essa razão, sua observância por todas as instâncias de poder é obrigatória, o que enseja, por exemplo, a declaração de inconstitucionalidade de quaisquer normas infraconstitucionais com eles incompatíveis. Outrossim, a modificação de qualquer dispositivo do ADCT somente poderá ser feita por meio da aprovação de emendas à Constituição, com estrita observância do art. 60 da Constituição Federal.

Quanto ao último ponto, cabe mencionar que o ADCT tem sido objeto de **reiteradas modificações e acréscimos mediante emendas à Constituição.** Essas emendas, em sua maioria, introduzem novas matérias de caráter transitório, ou prorrogam prazos anteriormente previstos, como é o caso da EC 89/2015, que deu nova redação ao art. 42 do ADCT, ampliando o prazo em que a União deverá destinar às Regiões Centro-Oeste e Nordeste percentuais mínimos dos recursos destinados à irrigação.

Ademais, **importantes garantias constitucionais continuam provisoriamente disciplinadas por dispositivos do ADCT,** com plena eficácia mesmo depois de décadas da promulgação da Constituição Federal, em face da omissão do legislador ordinário quanto ao seu dever de regulamentá-las. É exemplo a proteção à relação de emprego diante da despedida arbitrária ou sem justa causa, que continua disciplinada pelo art. 10, inciso I, do ADCT, por não haver sido editada a lei complementar reclamada pelo art. 7.º, inciso I, da Constituição Federal.

5.4. "Elementos da Constituição"

Faremos menção, finalmente, aos chamados **elementos da Constituição.** Vimos que a tendência moderna é de elaboração de Constituições analíticas ou prolixas, repletas de normas pormenorizadas, sobre as mais diferentes matérias. Esse inchamento das Constituições fez com que a doutrina estabelecesse uma distinção entre tais normas constitucionais, dividindo-as em diferentes categorias, levando-se em conta a sua estrutura normativa. Apresentaremos, a seguir, sinteticamente, a classificação elaborada pelo Professor José Afonso da Silva, que divide os **elementos da Constituição Federal de 1988** em cinco categorias, a saber:

a) **elementos orgânicos** – que se contêm nas normas que regulam a estrutura do Estado e do poder, que se concentram, predominantemente, nos Títulos III (Da Organização do Estado), IV (Da Organização dos Poderes e do Sistema de Governo), Capítulos II e III do Título V (Das Forças Armadas e da Segurança Pública) e VI (Da Tributação e do Orçamento);

b) **elementos limitativos** – que se manifestam nas normas que consagram o elenco dos direitos e garantias fundamentais (Título II da Constituição – Dos Direitos e Garantias Fundamentais, excetuando-se os Direitos Sociais, que entram na categoria seguinte);

c) **elementos socioideológicos** – consubstanciados nas normas que revelam o caráter de compromisso das Constituições modernas entre o Estado individualista e o Estado social, intervencionista, como as do Capítulo II do Título II (Direitos Sociais) e as dos Títulos VII (Da Ordem Econômica e Financeira) e VIII (Da Ordem Social);

d) **elementos de estabilização constitucional** – consagrados nas normas destinadas a assegurar a solução de conflitos constitucionais, a defesa da Constituição, do Estado e das instituições democráticas, como os encontrados nos arts. 34 a 36 (Da Intervenção), 59, I, 60 (processo de emendas à Constituição), 102, I, "a" (ação direta de inconstitucionalidade e ação declaratória de constitucionalidade), 102 e 103 (jurisdição constitucional) e no Título V (Da Defesa do Estado e das Instituições Democráticas, especialmente o Capítulo I, pois os Capítulos II e III, conforme vimos, integram os elementos orgânicos);

e) **elementos formais de aplicabilidade** – são os que se acham consubstanciados nas normas que estabelecem regras de aplicação das normas constitucionais, assim, o preâmbulo, o dispositivo que contém as cláusulas de promulgação, as disposições constitucionais transitórias e o § 1.º do art. 5.º, que determina que *as normas definidoras dos direitos e garantias fundamentais têm aplicação imediata.*

6. ENTRADA EM VIGOR DE UMA NOVA CONSTITUIÇÃO

As normas de uma nova Constituição projetam-se sobre todo o ordenamento jurídico, revogando aquilo que com elas seja incompatível, conferindo novo fundamento de validade às disposições infraconstitucionais e reorientando a atuação de todas as instâncias de poder, bem como as relações entre os indivíduos ou grupos sociais e o Estado.

A problemática da aplicação de normas constitucionais novas diz respeito, especialmente, à aferição da sua relação com o texto constitucional pretérito, com as normas infraconstitucionais anteriores e à sua eficácia sobre as relações jurídicas baseadas em fatos passados.

Neste tópico, serão analisadas as principais situações atinentes à entrada em vigor de uma nova Constituição. Passemos a elas.

6.1. *Vacatio constitutionis*

As Constituições normalmente contêm cláusula especial que determina o momento em que seu texto começará a vigorar. Não havendo essa cláusula expressa, entende-se que a vigência é **imediata**, a partir da sua promulgação.

Caso a Constituição contenha cláusula expressa que difira a entrada em vigor de todo o seu texto, surge a chamada *vacatio constitutionis* (vacância da Constituição), que corresponde ao interregno entre a publicação do ato de sua promulgação e a data estabelecida para a entrada em vigor de seus dispositivos. Nesse período, embora já promulgada, a nova Constituição não tem vigência, e a ordem jurídica continua a ser regida pela Constituição que já existia.

A Constituição Federal de 1988 não adotou a *vacatio constitutionis*, tampouco trouxe cláusula específica sobre a vigência de seu texto. No entanto, considerando que vários de seus dispositivos, especialmente do ADCT, estabelecem prazos a serem contados a partir de sua promulgação, conclui-se que foi na data desta que ela entrou em vigor.

Portanto, **a Constituição de 1988 entrou em vigor na data de publicação do ato de sua promulgação**, sem prejuízo da existência de dispositivos para os quais

Cap. 1 • DIREITO CONSTITUCIONAL E CONSTITUIÇÃO

foi expressamente estipulada uma outra data de início de vigência. É exemplo a cláusula do *caput* do art. 34 do ADCT, por força da qual a maior parte do novo sistema tributário nacional somente entrou em vigor a partir do primeiro dia do quinto mês seguinte ao da promulgação da Constituição.

6.2. Retroatividade mínima

A Constituição é obra do poder constituinte originário, que tem como característica o fato de ser ilimitado ou autônomo. Significa dizer, em poucas palavras, que não está o legislador constituinte originário obrigado a observar nenhuma norma jurídica do ordenamento constitucional anterior, tampouco a respeitar o chamado direito adquirido.

Nada impede, dessa forma, que o novo texto constitucional tenha aplicação retroativa, regulando situações pretéritas, mesmo que em prejuízo de direito adquirido ou de ato jurídico perfeito. No Brasil, é firme o entendimento de que, havendo disposição expressa na nova Constituição, pode ocorrer sua aplicação retroativa, descabendo alegação de existência de eventuais direitos adquiridos.

É importante questionar, contudo, qual será a eficácia no tempo do novo texto constitucional quando ele nada estabelece acerca de sua aplicação.

Segundo a jurisprudência do Supremo Tribunal Federal, as novas normas constitucionais, salvo disposição expressa em contrário, se aplicam de imediato, alcançando, sem limitações, os efeitos futuros de fatos passados.[12]

Essa eficácia especial das normas constitucionais recebe a denominação de **retroatividade mínima**.

Assim, no Brasil, não havendo norma expressa determinando a retroatividade – caso houvesse, esta sempre seria possível –, o texto constitucional alcançará apenas os efeitos futuros de negócios celebrados no passado (retroatividade mínima).

Para melhor compreensão dessa matéria, é mister fixar algumas noções fundamentais sobre os possíveis graus de retroatividade das normas jurídicas. Classificam-se as espécies de retroatividade, quanto à graduação por intensidade, em três níveis: retroatividade máxima, média e mínima.

A retroatividade é **mínima** quando a lei nova alcança as prestações futuras (vencíveis a partir da sua entrada em vigor) de negócios celebrados no passado.

A retroatividade é **média** quando a norma nova alcança as prestações pendentes (vencidas e ainda não adimplidas) de negócios celebrados no passado.

A retroatividade é **máxima** quando a norma nova alcança fatos já consumados no passado, inclusive aqueles atingidos pela coisa julgada.

Paralelamente a esses graus de retroatividade, temos, ainda, a **irretroatividade**, que ocorre quando a lei nova só alcança novos negócios, celebrados após a sua entrada em vigor.

---

[12] RE 242.740/GO, rel. Min. Moreira Alves, 20.03.2001.

Pois bem, como acima dito, é firme a jurisprudência do STF de que, no Brasil, os dispositivos de uma Constituição nova têm vigência imediata, alcançando os efeitos futuros de fatos passados (retroatividade mínima), salvo disposição constitucional expressa em contrário.

A fim de ilustrar a aplicação desse entendimento do STF, tome-se o disposto no art. 7.º, inciso IV, da Constituição Federal, que veda a vinculação do salário mínimo para qualquer fim.

Esse preceito impede, por exemplo, que salários e proventos de aposentadoria ou pensão sejam vinculados ao salário mínimo – seria algo como estabelecer que um aposentado fizesse jus a um provento de, por exemplo, "seis salários mínimos" –, o que implicaria aumento automático do salário ou provento, sempre que houvesse majoração do valor do salário mínimo.

Pois bem, com base no entendimento de que as normas constitucionais são dotadas de retroatividade mínima, o STF fixou a seguinte orientação a respeito da aplicabilidade do disposto no art. 7.º, inciso IV, da Constituição às situações constituídas em data anterior à sua promulgação:[13]

> A vedação da vinculação do salário mínimo, constante do inciso IV do art. 7.º da Carta Federal, que visa a impedir a utilização do referido parâmetro como fator de indexação para obrigações, aplica-se imediatamente sobre as prestações futuras de pensões que anteriormente foram estipuladas, não havendo que se falar em direito adquirido.

Significa dizer, em simples palavras, que a vedação de vinculação do salário mínimo tem aplicabilidade imediata, incidindo sobre os efeitos futuros de fatos consumados no passado. Na hipótese tratada no julgado supratranscrito, os proventos de pensão relativos aos meses posteriores à data de promulgação da Constituição de 1988 (efeitos futuros) deixaram de estar vinculados ao salário mínimo, muito embora a pensão houvesse sido concedida, com vinculação dos proventos ao salário mínimo, em período anterior à promulgação da Constituição de 1988 (fato consumado no passado).

Cabe registrar que, não obstante a regra geral de eficácia das normas da Constituição Federal de 1988 seja a aplicabilidade imediata (retroatividade mínima), existem dispositivos constitucionais que expressamente dispõem de forma diversa, estabelecendo outro momento para a eficácia dos seus comandos.

É exemplo o art. 51 do ADCT, que determina a revisão das doações, vendas e concessões de terras públicas realizadas desde o ano de 1962. Tem-se, aqui, hipótese típica de adoção da denominada **retroatividade máxima**. Ressalte-se que se trata de disposição constitucional expressa, caso em que é perfeitamente possível a previsão de eficácia outra que não a retroatividade mínima.

---

[13] RE 143.812/GO, rel. Min. Ilmar Galvão, 27.08.1996.

Cap. 1 • DIREITO CONSTITUCIONAL E CONSTITUIÇÃO

Por fim, é importante anotar que a regra geral de retroatividade mínima – com possibilidade de adoção de retroatividade média ou máxima, desde que prevista de forma expressa – somente se aplica às **normas constitucionais federais**. As Constituições dos estados, diferentemente, sujeitam-se integralmente à vedação do art. 5.º, inciso XXXVI (proteção ao direito adquirido, ao ato jurídico perfeito e à coisa julgada), vale dizer, **não podem retroagir** (admitidas certas exceções, adiante estudadas).

Da mesma forma, a retroatividade mínima **não** alcança as normas infraconstitucionais (leis e atos normativos em geral). Estas também se submetem à regra da irretroatividade (admitidas certas exceções, adiante estudadas), prescrita no art. 5.º, XXXVI, da Carta Política.

6.3. Entrada em vigor da nova Constituição e a Constituição pretérita

A promulgação de uma Constituição **revoga integralmente a Constituição antiga**, independentemente da compatibilidade entre os seus dispositivos.

Promulgada a nova Constituição, a anterior é retirada do ordenamento jurídico, globalmente, sem que caiba cogitar de verificação de compatibilidade entre os seus dispositivos, isoladamente. A perda de vigência da Constituição pretérita é sempre total, em bloco. Não são apenas dispositivos isolados da Constituição pretérita que perdem vigência, mas sim o seu conjunto, independentemente de estarem ou não conformes à nova Lei Maior. Nada da Constituição anterior sobrevive, razão pela qual é completamente descabido indagar de forma isolada acerca da compatibilidade ou não de qualquer norma constitucional anterior com a nova Constituição. Há uma autêntica revogação total, ou ab-rogação.

Essa é a posição dominante no nosso País, perfilhada, sem controvérsia digna de nota, pela doutrina e jurisprudência.

Apenas para efeito de registro, mencionamos que há uma corrente doutrinária minoritária que propugna uma orientação diferente, conhecida como **tese da desconstitucionalização**, explicada a seguir.

6.3.1. Desconstitucionalização

Segundo os partidários da chamada **desconstitucionalização**, a promulgação de uma Constituição não acarretaria, obrigatoriamente, a revogação global da Constituição passada.

Para eles, seria necessário examinar cada dispositivo da Constituição pretérita, a fim de verificar quais conflitariam com a nova Constituição e quais seriam compatíveis com ela.

Com base nessa análise, os dispositivos incompatíveis seriam considerados **revogados** pela nova Constituição, e os dispositivos compatíveis seriam considerados por ela **recepcionados**. Porém, o seriam na condição de **leis comuns**, como se fossem **normas infraconstitucionais**.

Conclui-se que esses preceitos compatíveis, por serem considerados recepcionados com o *status* de lei, poderiam ser modificados ou revogados, no novo ordenamento, por outras normas também infraconstitucionais. É esse o motivo da denominação **desconstitucionalização**: os dispositivos da Constituição pretérita, compatíveis com a nova, ao serem recepcionados, ingressariam e se comportariam no novo ordenamento como se fossem meras normas infraconstitucionais (isto é, seriam "desconstitucionalizados", perderiam sua roupagem/dignidade de normas constitucionais).

Por último, entendemos oportuno ponderar que, dada a natureza ilimitada do poder constituinte originário, nada impede que, no texto da nova Constituição, seja previsto o revigoramento de dispositivos da Constituição pretérita, e a eles atribuída, no novo ordenamento constitucional, natureza de normas ordinárias. Entendemos que isso é possível, desde que seja feito de **modo expresso**, seja para artigos determinados, seja de forma genérica.

Poderia a Constituição Federal de 1988 ter estabelecido, expressamente, em determinado artigo seu, a recepção, com força de lei, dos dispositivos da Constituição Federal de 1967/1969 que não contrariassem o seu texto. Seria um exemplo de previsão genérica ou ampla de adoção da desconstitucionalização. Conforme é consabido, não foi essa a opção do legislador constituinte originário em 1988. A vigente Constituição Federal **não adotou a desconstitucionalização**, nem de forma genérica, nem quanto a algum dispositivo específico da Constituição passada.

6.4. Direito ordinário pré-constitucional

Examinaremos, neste item, as consequências da promulgação de uma nova Constituição para as normas jurídicas infraconstitucionais pretéritas.

Trata-se de situação bastante diversa daquela concernente à Constituição pretérita, que, como vimos, é globalmente revogada, não importa o conteúdo de seus preceitos.

É fácil perceber que, caso fossem consideradas automaticamente revogadas todas as normas infraconstitucionais anteriores à nova Constituição, um verdadeiro caos assolaria o ordenamento jurídico, em razão do vácuo normativo que daí decorreria. De um instante a outro, o país deixaria de ter leis; nada haveria para regular as relações sociais, a não ser os costumes e um conjunto de normas de alto grau de abstração constantes do novo texto constitucional, a maior parte delas dependente de concretização futura pelo Poder Legislativo.

Com o intuito de evitar essa insustentável situação de insegurança jurídica, adota-se uma solução pragmática: as leis anteriores são "aproveitadas", desde que o seu conteúdo não conflite com o novo texto constitucional. É necessário, portanto, analisar esse direito infraconstitucional pretérito a fim de determinar quais de suas normas são incompatíveis e quais se harmonizam com a nova Constituição, conforme detalhamos a seguir.

6.4.1. Direito ordinário pré-constitucional incompatível

As normas integrantes do direito ordinário anterior que sejam incompatíveis com a nova Constituição não poderão ingressar no novo ordenamento constitucional. A

Cap. 1 • DIREITO CONSTITUCIONAL E CONSTITUIÇÃO

nova Constituição, ápice de todo o ordenamento jurídico, e fundamento de validade deste, não pode permitir que leis antigas, contrárias a seus princípios e regras, continuem a ter vigência sob sua égide. Assim, todas as leis pretéritas conflitantes com a nova Constituição serão **revogadas** por esta.

Esse é o entendimento consagrado na jurisprudência do Supremo Tribunal Federal, e aceito pela doutrina dominante no Brasil. É válido para todas as espécies normativas pretéritas infraconstitucionais, alcançando não só as leis formais, mas decretos, regimentos, portarias, atos administrativos em geral etc.[14]

Entretanto, nem todos os constitucionalistas concordam com essa orientação. Defendem alguns autores que **revogação** obrigatoriamente pressupõe o confronto entre normas de mesma natureza, de mesma hierarquia. Segundo eles, uma Constituição somente poderia revogar outra Constituição, uma lei só poderia ser revogada por outra lei, um decreto por outro decreto, e assim por diante. Não seria cabível, por essa lógica, cogitar de revogação de direito infraconstitucional pela Constituição Federal, pois as normas respectivas não têm a mesma natureza, o mesmo nível hierárquico.

Dessa forma, prosseguindo nesse raciocínio – repita-se, discrepante de nossa jurisprudência e doutrina majoritária –, a nova Constituição acarretaria a denominada **inconstitucionalidade superveniente** do direito subconstitucional anterior com ela incompatível.

6.4.1.1. Inconstitucionalidade superveniente

Para os defensores da tese da ocorrência da inconstitucionalidade superveniente, o direito ordinário anterior incompatível não seria revogado pela nova Constituição, mas se tornaria inconstitucional em face dela.

Inconstitucionalidade superveniente é, pois, o fenômeno jurídico pelo qual uma norma tornar-se-ia inconstitucional em momento futuro, depois de sua entrada em vigor, em razão da promulgação de um novo texto constitucional, com ela conflitante.

Exemplificando: uma lei publicada hoje, de acordo com o texto constitucional atualmente em vigor, tornar-se-ia inconstitucional no futuro, em virtude da promulgação de uma nova Constituição, que estabelecesse um tratamento contrário à respectiva matéria; essa lei não seria revogada pela Constituição futura, mas sim se tornaria inconstitucional frente a ela.

---

[14] É enfaticamente ilustrativo da posição adotada pelo STF o excerto de ementa abaixo transcrito (ADI 2/DF, rel. Min. Paulo Brossard, *DJ* 21.11.1997):
"O vício da inconstitucionalidade é congênito à lei e há de ser apurado em face da Constituição vigente ao tempo de sua elaboração. Lei anterior não pode ser inconstitucional em relação à Constituição superveniente; nem o legislador poderia infringir Constituição futura. A Constituição sobrevinda não torna inconstitucionais leis anteriores com ela conflitantes: revoga-as. Pelo fato de ser superior, a Constituição não deixa de produzir efeitos revogatórios. Seria ilógico que a lei fundamental, por ser suprema, não revogasse, ao ser promulgada, leis ordinárias. A lei maior valeria menos que a lei ordinária. Reafirmação de antiga jurisprudência do STF, mais que cinquentenária. Ação direta que não se conhece por impossibilidade jurídica do pedido."

Deve-se ressaltar, como antes mencionado, que, para o STF, há mera revogação da lei em uma situação como essa. Segundo a jurisprudência da Corte Suprema, uma lei só pode ser considerada inconstitucional em confronto com a Constituição de sua época, em vigor no momento da publicação da lei. Nenhuma lei pode ser declarada inconstitucional em confronto com Constituição futura. Isso porque não poderia o legislador ordinário, ao editar uma lei em 1980, desrespeitar a Constituição Federal de 1988, porque esta, em 1980, ainda não existia. Em 1980, o legislador só poderia desrespeitar a Constituição de sua época (Constituição de 1967/1969). Da mesma forma, não pode o legislador, hoje, ao editar determinada lei, desrespeitar uma Constituição futura, pela razão óbvia de que ela ainda não existe. Em poucas palavras, segundo o entendimento do STF, o juízo de constitucionalidade pressupõe contemporaneidade entre a lei e a Constituição, isto é, pressupõe que a lei seja confrontada com a Constituição sob cuja égide foi editada (princípio da contemporaneidade).

Em síntese, temos o seguinte: (a) uma lei só pode ser considerada inconstitucional (ou constitucional), em confronto com a Constituição de sua época (princípio da contemporaneidade); (b) o confronto entre uma lei e Constituição futura não se resolve pelo juízo de constitucionalidade, mas sim pela **revogação** (se a lei pretérita for materialmente incompatível com a nova Constituição) ou pela **recepção** (se a lei pretérita for materialmente compatível com a nova Constituição).

À primeira vista, essa distinção conceitual poderia parecer irrelevante, uma vez que, num ou noutro caso (revogação ou inconstitucionalidade superveniente), é certo que a norma antiga incompatível com a nova Constituição perderá sua vigência. Porém, há uma consequência jurídica para essa distinção sobremaneira relevante. É que a Constituição Federal só permite a declaração da **inconstitucionalidade** das leis pelos tribunais do Poder Judiciário mediante decisão da maioria absoluta do plenário ou do órgão especial do tribunal (CF, art. 97). Significa dizer, em síntese, que, em regra, os órgãos fracionários dos tribunais (câmaras, turmas ou seções) não podem declarar a inconstitucionalidade das leis ou ato normativos do Poder Público. Essa regra especial para a declaração da **inconstitucionalidade** pelos tribunais recebe o nome de "reserva de plenário".[15] Pois bem, a relevância dessa distinção conceitual – entre revogação e inconstitucionalidade superveniente – é que se o conflito entre norma pré-constitucional e Constituição futura envolvesse juízo de constitucionalidade, então os tribunais, para declararem a invalidade da norma antiga, estariam obrigados a obedecer à reserva de plenário (somente poderiam fazê-lo por decisão de maioria absoluta do plenário ou do órgão especial). Entretanto, como o entendimento do Supremo Tribunal Federal é de que, nessa situação, não temos caso de inconstitucionalidade, mas sim de mera **revogação**, os tribunais, na apreciação da validade do direito pré-constitucional, não estão obrigados à obediência da reserva de plenário (os próprios órgãos fracionários poderão, sem necessidade de submeter a controvérsia ao plenário, reconhecer a revogação ou recepção do direito pré-constitucional).

---

[15] A cláusula "reserva de plenário" será objeto de exame ulterior, quando estudarmos o controle de constitucionalidade das leis.

Ainda em decorrência desse entendimento – o conflito entre o direito pré-constitucional e a nova Constituição resolve-se pela revogação, não se tratando de inconstitucionalidade –, o Supremo Tribunal Federal **não** admite a impugnação do direito pré-constitucional em ação direta de inconstitucionalidade.[16]

6.4.2. Direito ordinário pré-constitucional compatível

Se as leis pré-constitucionais em vigor no momento da promulgação da nova Constituição forem compatíveis com esta, serão **recepcionadas**.

Significa dizer que ganharão nova vida no ordenamento constitucional que se inicia. Essas leis perdem o suporte de validade que lhes dava a Constituição anterior, com a revogação global desta. Entretanto, ao mesmo tempo, elas recebem da Constituição promulgada novo fundamento de validade.

Em verdade, podemos imaginar o fenômeno da **recepção** como um processo abreviado de "criação" de normas jurídicas, pelo qual a nova Constituição adota as leis já existentes, com ela compatíveis, dando-lhes validade, e assim evita o trabalho quase impossível de elaborar uma nova legislação de um dia para o outro.

Mas, nem todo o direito pré-constitucional compatível com a nova Constituição poderá ser por ela recepcionado. Para que a norma pré-constitucional seja recepcionada pela nova Constituição, deverá ela cumprir, cumulativamente, três requisitos: (i) estar em vigor no momento da promulgação da nova Constituição; (ii) ter conteúdo compatível com a nova Constituição; (iii) ter sido produzida de modo válido (de acordo com a Constituição de sua época).

Examinemos, separadamente, esses três requisitos.

Pelo primeiro deles é exigido que a norma esteja em vigor na data da promulgação da nova Constituição para que possa ser recepcionada. Vale dizer, a recepção não alcança normas não vigentes. Se a norma **não** estiver em vigor no momento da promulgação da nova Constituição, a sua situação jurídica deverá ser examinada à luz do instituto **repristinação** (na forma explicitada no tópico seguinte), e não pela aplicação da teoria da recepção.

Consoante o segundo requisito, a norma a ser recepcionada deve ter conteúdo não conflitante com a nova Constituição. Como é sabido, a nova Constituição inaugura uma nova ordem jurídica, rompendo com toda a ordem anterior. Logo, é evidente que a nova Constituição não permitirá que leis antigas, que contenham disposições contrárias aos seus comandos, ingressem no regime constitucional que se inicia. A compatibilidade com a nova Constituição é, portanto, aspecto essencial para o fim de recepção do direito pré-constitucional.

Finalmente, para que a norma pré-constitucional seja recepcionada é indispensável que ela tenha sido produzida de modo válido, isto é, de acordo com as regras estabelecidas pela Constituição de sua época. Se a norma foi produzida em **desacordo** com a Constituição de sua época, **não** poderá ser aproveitada (recepcionada) por Constituição futura. Ainda que essa norma, editada em desacordo

---

[16] Esse aspecto será pormenorizado posteriormente, quando examinarmos o controle de constitucionalidade abstrato.

com a Constituição de sua época, esteja em vigor no momento da promulgação da nova Constituição, e seja plenamente compatível com esta, não será juridicamente possível a sua recepção. Se a lei nasceu com o vício da inconstitucionalidade (vício congênito, nascido com a lei), não se admite que Constituição futura a constitucionalize, vale dizer, no nosso ordenamento, não é juridicamente possível a ocorrência da constitucionalidade superveniente.

Esse entendimento acima exposto – referente à impossibilidade jurídica de recepção, por Constituição futura, do direito pré-constitucional produzido em desacordo com a Constituição de sua época – é também aplicável à hipótese de promulgação de uma emenda constitucional. Assim, uma lei que fosse editada, hoje, em desarmonia com o texto constitucional em vigor, não poderia ser aproveitada posteriormente, por emenda constitucional. Vale dizer, ainda que emenda constitucional superveniente estabeleça novo tratamento à matéria, de modo que passe a ser compatível o texto da lei com as novas disposições constitucionais, não será juridicamente possível a recepção, pelos mesmos fundamentos acima explicitados.

Cabe ressaltar que esse entendimento não é pacífico na doutrina pátria. Embora entendamos ser essa a posição dominante, há constitucionalistas de renome que perfilham entendimento diverso, como, por exemplo, o Professor Celso Ribeiro Bastos.[17]

Na jurisprudência do Supremo Tribunal Federal também prevalece o entendimento por nós anteriormente exposto de que, se a lei é inconstitucional em face do texto constitucional vigente na época de sua edição, não se mostra juridicamente possível que norma constitucional ulterior a convalide. Em diferentes oportunidades, a Corte tem deixado assente que o sistema brasileiro não contempla a figura da constitucionalidade superveniente, vale dizer, não se admite a convalidação de lei inconstitucional (em face do texto constitucional vigente à época de sua publicação) por norma constitucional futura.[18]

Em linhas bastante simplificadas, constata-se que o direito pré-constitucional ordinário validamente produzido e em vigor no momento da promulgação da nova Constituição: (a) no caso de compatibilidade, será recepcionado pela nova Constituição; (b) no caso de incompatibilidade, será revogado pela nova Constituição.

Nos parágrafos seguintes pormenorizaremos como se dá o exame dessa compatibilidade entre o direito pré-constitucional e Constituição futura.

O primeiro ponto relevante diz respeito à identificação dos critérios que devem ser adotados nesse confronto entre direito ordinário pretérito e novo texto constitucional.

Deve-se anotar que, no cotejo entre norma antiga e nova Constituição, somente se leva em conta a denominada compatibilidade material, o que significa que a norma será recepcionada se o seu conteúdo for compatível com a nova Constituição, ou será revogada, caso o seu conteúdo seja incompatível com a nova Constituição.

---

[17] Para Celso Ribeiro Bastos, com a substituição do texto constitucional pretérito pela nova Constituição, desaparece a relação de antinomia, pois "a única exigência para que o direito ordinário anterior sobreviva debaixo da nova Constituição é que não mantenha com ela nenhuma contrariedade, não importando que a mantivesse com a anterior, quer do ponto de vista material, quer formal".

[18] RE 346.084/PR, rel. Min. Marco Aurélio, 09.11.2005; ADI 2.158/PR, rel. Min. Dias Toffoli, 15.09.2010.

Em todos os casos, são inteiramente irrelevantes quaisquer aspectos formais da norma antiga. Em resumo, no caso de compatibilidade material, teremos recepção; no caso de incompatibilidade material, teremos revogação.

É importante atentar para o fato de que a recepção ou revogação do ordenamento infraconstitucional passado não precisa ser expressa. Promulgada a nova Constituição, mesmo que não haja nenhum dispositivo em seu texto que assim disponha, ocorrerão, tacitamente, naquele momento, a revogação das normas pré-constitucionais com ela materialmente incompatíveis e a recepção daquelas com ela materialmente compatíveis.

Frise-se, uma vez mais, a irrelevância, para efeito de análise de eventual recepção da norma infraconstitucional pretérita, da chamada compatibilidade formal, concernente à forma de elaboração da norma e seu *status* no ordenamento constitucional pretérito. Eventual incompatibilidade formal não prejudicará, em nada, a recepção, desde que a norma antiga tenha sido validamente produzida, esteja em vigor e haja compatibilidade material (de conteúdo) entre ela e a nova Constituição.

Assim, não interessa, por exemplo, saber se há ou não correspondência entre o processo legislativo da época em que foi elaborada a norma antiga e o processo legislativo de elaboração da mesma espécie hoje, na vigência da nova Constituição. Uma norma pré-constitucional que tenha sido elaborada na vigência da Constituição Imperial de 1824 poderá ser recepcionada pela Constituição Federal de 1988, ainda que os processos legislativos dessas duas épocas sejam absolutamente distintos. Trata-se de aspecto meramente formal, que não interfere no processo de recepção do direito pré-constitucional.

Não importa, tampouco, questionar se existe ou não, na nova Constituição, a espécie normativa antiga, que disciplinava a matéria. Não é por outro motivo que temos atualmente diversos decretos-leis em pleno vigor, conquanto essa espécie normativa não mais integre o atual processo legislativo, na vigência da Constituição Federal de 1988.[19]

Finalmente, não cabe perquirir se houve (ou não) mudança na determinação da espécie normativa exigida para disciplinar a matéria. Por exemplo, o fato de a Constituição antiga exigir lei ordinária para o tratamento de determinada matéria e a nova Constituição só permitir que o mesmo assunto seja regulado por meio de lei complementar não prejudicará em nada a recepção da norma que, sob a Constituição pretérita, tenha sido validamente editada como lei ordinária.

O último ponto, entretanto, é importante para determinar a situação com que a norma recepcionada ingressa no novo ordenamento constitucional. Como se verá, o fato de uma norma ter sido editada, por exemplo, como lei ordinária, não significa que ela, ao ser recepcionada, terá, no novo ordenamento, o *status* de lei ordinária. Este será determinado pela nova Constituição, conforme a seguir explicamos.

A força (*status*), no novo ordenamento constitucional, da norma pré-constitucional recepcionada será determinada pela nova Constituição, de acordo com a espécie normativa por ela exigida para a disciplina da matéria sobre a qual versa a norma antiga.

---

[19] Conforme veremos oportunamente, o texto constitucional vigente não contempla a espécie normativa decreto-lei, presente na Constituição Federal de 1969. Em substituição a ele, a Constituição Federal de 1988 prevê a espécie medida provisória.

Assim, caso, na vigência da Constituição antiga, fosse exigida lei ordinária para regular a matéria, e a nova Constituição tenha passado a exigir lei complementar para o tratamento do mesmo assunto, a lei ordinária antiga (validamente produzida), sendo materialmente compatível com a nova Constituição, será sem dúvida recepcionada, mas o será com o *status* de lei complementar. Vale dizer, sob a nova Constituição a lei ordinária recepcionada terá força de lei complementar. Portanto, no novo ordenamento constitucional, só poderá ser alterada ou revogada por outra lei complementar, ou por ato normativo de superior hierarquia, como uma emenda à Constituição (não é correto afirmar que uma lei só possa ser revogada por outra lei; uma lei – ordinária, delegada ou complementar – pode, também, ser revogada por outra norma de superior hierarquia, como uma emenda à Constituição que com ela seja materialmente incompatível).

Exemplo concreto temos no Código Tributário Nacional (Lei 5.172/1966), que, embora editado como lei ordinária – porque a Constituição de 1946 nem mesmo previa leis complementares em seu processo legislativo –, possui hoje força de lei complementar. Isso ocorre porque a Constituição Federal de 1988, no seu art. 146, exige lei complementar para dispor sobre normas gerais tributárias, e este é o conteúdo das disposições do Código Tributário Nacional. Por causa de seu *status*, para modificar o texto do Código Tributário Nacional, na vigência da Constituição Federal de 1988, é necessária a edição de lei complementar.

O mesmo raciocínio deve ser adotado na situação inversa. Por exemplo, se a Constituição pretérita exigia lei complementar para regular a matéria e a nova Constituição permite que o mesmo assunto seja disciplinado por lei ordinária, a lei complementar será recepcionada com *status* de lei ordinária, podendo, no novo ordenamento constitucional, ser alterada ou revogada por leis ordinárias.

É verdade que poderá acontecer de uma norma pré-constitucional permanecer com a mesma força (*status*) no novo ordenamento constitucional. Se, na vigência da Constituição pretérita, determinada matéria era disciplinada por lei ordinária, e a nova Constituição continua a exigir lei ordinária para o seu tratamento, tal norma será recepcionada como lei ordinária. Mas, frise-se, permanecerá com *status* de lei ordinária não pelo fato de ter sido editada como lei ordinária no regime constitucional anterior, e sim pelo fato de a nova Constituição exigir lei ordinária para a disciplina da matéria de que trata a lei recepcionada.

Poderemos ter, ainda, mudança do ente federado competente para o tratamento da matéria, sem prejuízo para a recepção da lei. Assim, se, na vigência da Constituição pretérita, a competência para tratar de determinada matéria pertencia à União, e a nova Constituição atribuiu essa competência aos Estados ou aos Municípios, a lei federal pretérita poderá ser recepcionada com força de lei estadual ou municipal, conforme o caso. Com efeito, a simples alteração de competência do ente federado não prejudicará a recepção da norma antiga, se ela foi validamente editada e se houver compatibilidade material entre ela e a nova Constituição.[20]

---

[20] Observe-se que não cabe cogitar a ocorrência de federalização de normas estaduais ou municipais, tampouco a estadualização de normas municipais, como resultado de alteração na regra constitucional de competência. Assim, se na Constituição pretérita a matéria era da competência dos estados ou dos municípios, e a nova Constituição atribui tal competência

Exemplificando: suponha-se que, na vigência da Constituição pretérita, a competência para legislar e explorar o gás canalizado pertencesse à União, que, por isso, havia editado norma federal válida sobre a matéria, a qual estava em pleno vigor no momento da promulgação da Constituição Federal de 1988; nessa situação, como a Constituição atual outorgou essa competência aos estados-membros (CF, art. 25, § 2.º), a referida lei federal seria recepcionada com força de lei estadual (para evitar a descontinuidade jurídica, os estados-membros continuariam aplicando a lei federal pretérita até editarem suas próprias leis).

Outro ponto que merece comentário diz respeito à possibilidade de a recepção alcançar apenas partes de um ato normativo. A análise quanto à compatibilidade material deve ser feita de maneira individualizada, dispositivo por dispositivo, conforme a disciplina dada à matéria tratada em cada qual. É possível, por exemplo, em uma lei pretérita que tivesse quarenta artigos, apenas oito deles serem recepcionados.

Pode ocorrer, também, recepção de somente parte de um dispositivo da lei antiga que foi recepcionada. Assim, a parte final do *caput* de um artigo da lei pré-constitucional, ou alguma expressão desse mesmo *caput* podem não ter sido recepcionadas pela nova Constituição Federal de 1988; ou, em um artigo da lei antiga com diversos incisos, podem alguns incisos ter sido recepcionados, e outros revogados pela nova Constituição.

Da mesma forma, pode acontecer que, na mesma lei pré-constitucional, tenhamos dispositivos recepcionados com diferentes *status* pela nova Constituição. Imagine-se uma lei ordinária pré-constitucional com dois artigos que versem sobre matérias distintas, tendo a nova Constituição passado a exigir lei complementar para o tratamento da matéria regulada em um deles e continuado a permitir que lei ordinária discipline o assunto constante do outro. Nessa situação hipotética, um dos artigos seria recepcionado com força de lei complementar, e o outro com *status* de lei ordinária.

Conforme afirmamos acima, na data da promulgação da nova Constituição, as normas pré-constitucionais com ela materialmente incompatíveis são tacitamente revogadas, afastadas do ordenamento jurídico, enquanto as que, validamente produzidas, forem materialmente compatíveis são recepcionadas. Porém, ulteriormente, diante de um caso concreto, poderá surgir dúvida em relação à validade de determinada lei pré--constitucional, ou seja, sobre ela ter sido (ou não) recepcionada pela nova Constituição.

Em situações como essa, havendo controvérsia a respeito da revogação (ou da recepção) de alguma norma pré-constitucional, caberá ao Poder Judiciário decidir se a norma foi recepcionada ou revogada pela nova Constituição. De acordo com a interpretação dada ao texto e aos princípios da nova Constituição, fixará o Poder Judiciário o entendimento a respeito da recepção (ou da revogação) da norma antiga.

Entretanto, enfatize-se que a recepção ou revogação do direito pré-constitucional ocorre, sempre, na data da promulgação do novo texto constitucional. Não importa

---

à União, não há federalização do direito estadual ou municipal, mas sim **revogação** desse direito, por força de alteração na regra constitucional de competência. Se a situação fosse inversa – competência da União na Constituição pretérita e competência dos estados ou dos municípios na nova Constituição –, a legislação federal pretérita seria **recepcionada** pelo novo ordenamento constitucional, estadualizada ou municipalizada, conforme o caso.

a data em que a recepção ou revogação venha a ser, diante de uma eventual controvérsia, declarada pelo Poder Judiciário. Se, diante de uma controvérsia concreta, o Supremo Tribunal Federal firma entendimento, hoje, de que determinada norma pré-constitucional foi revogada pela Constituição Federal de 1988, não estará essa revogação ocorrendo somente agora, com a prolação do acórdão pelo Tribunal. A decisão do Poder Judiciário será meramente declaratória, retroativa à data de promulgação da Constituição Federal (05.10.1988), isto é, o Poder Judiciário estará reconhecendo a revogação da norma pré-constitucional desde a promulgação do novo texto constitucional (05.10.1988). Igual raciocínio aplica-se à decisão do Poder Judiciário que reconheça, hoje, a recepção de norma pré-constitucional.

As emendas constitucionais têm o mesmo efeito sobre o direito ordinário a elas anterior, no que concerne à recepção ou à revogação das normas dele integrantes. Dessarte, quando é promulgada uma emenda constitucional, são revogadas as leis até então existentes, que sejam com ela materialmente incompatíveis, não cabendo cogitar de inconstitucionalidade superveniente frente à emenda. Na mesma esteira, permanecem em vigor as normas infraconstitucionais anteriores à emenda, validamente produzidas e que não conflitem materialmente com ela, segundo as mesmas regras descritas quanto à recepção das normas ordinárias pretéritas por uma nova Constituição.

6.4.3. Direito ordinário pré-constitucional não vigente

Conforme visto antes, a recepção é fenômeno tácito, que ocorre independentemente de disposição expressa no texto da nova Constituição. Porém, só é juridicamente possível haver recepção do direito pré-constitucional cuja vigência não tenha cessado antes do momento da promulgação da nova Constituição. Se a norma não mais estiver no ordenamento jurídico no momento da promulgação da nova Constituição, não há que se falar em recepção.

Seria o caso, por exemplo, de uma lei que, editada em 1980, sob a vigência da Constituição Federal de 1969, tenha sido declarada inconstitucional em controle abstrato – portanto, retirada do ordenamento jurídico – dois dias antes da promulgação da Constituição Federal de 1988, por ofensa à Constituição Federal de 1969. Seria, também, ainda exemplificando, a situação de uma lei editada na vigência da Constituição de 1967 que, em razão de incompatibilidade material, não tivesse sido recepcionada pela Constituição de 1969.

Em ambos os exemplos, seria irrelevante a eventual constatação de que essas leis tivessem conteúdo plenamente compatível com a Constituição Federal de 1988. A nova Constituição **não** restaura, automaticamente, tacitamente, a vigência das leis que não mais estejam em vigor no momento de sua promulgação.

Se o legislador constituinte assim desejar, a vigência das leis poderá ser restaurada pela nova Constituição, mas por meio de **disposição expressa** no seu texto. Tem-se, nesse caso, a denominada **repristinação,** que, como dito, forçosamente deve ser expressa.

Em síntese, para as leis que não estejam em vigor no momento de promulgação de uma nova Constituição, por terem sido, antes, retiradas do ordenamento jurídico, tem-se o seguinte: (a) se a nova Constituição nada disser a respeito, não haverá a

Cap. 1 • DIREITO CONSTITUCIONAL E CONSTITUIÇÃO

restauração da vigência da lei (não haverá **repristinação tácita**); (b) a nova Constituição poderá restaurar a vigência da lei, desde que o faça expressamente (poderá ocorrer **repristinação expressa**).

O quadro abaixo sintetiza as diferenças entre recepção e repristinação do direito pré-constitucional.

Recepção	Repristinação
Direito pré-constitucional em vigor no momento da promulgação da nova Constituição.	Direito pré-constitucional não mais vigente no momento da promulgação da nova Constituição.
Fenômeno tácito, que ocorre independentemente de disposição expressa na nova Constituição.	Fenômeno que só ocorre se houver disposição expressa na nova Constituição.

6.4.4. Direito ordinário em período de vacatio legis

Situação diversa da estudada no tópico anterior é a da lei que esteja no período de *vacatio legis* no momento da promulgação de uma nova Constituição.

Conforme consabido, cabe ao legislador a fixação do momento de entrada em vigor da lei que ele edita. Usualmente, no Brasil, o legislador prevê o início da vigência da lei na data da sua publicação. Para tanto, insere, no texto da própria lei, um artigo determinando: "esta lei entra em vigor na data de sua publicação".

Nada impede, entretanto, que o legislador estabeleça outro momento, posterior à publicação, para o início da vigência da lei. Isso costuma acontecer quando a matéria tratada na lei possui reflexos muito relevantes nas relações sociais em geral. Ilustra essa asserção o Código Civil atual, publicado em janeiro de 2002, com previsão, em seu art. 2.044, de entrada em vigor um ano após a sua publicação.

O legislador poderá, ainda, ser omisso, não fixando no texto da lei a data de início da sua vigência. Nesse caso, aplica-se o disposto no art. 1.º da Lei de Introdução às Normas do Direito Brasileiro (LINDB), segundo o qual a lei começa a vigorar em todo o país 45 (quarenta e cinco) dias depois de oficialmente publicada, e nos Estados estrangeiros depois de 3 (três) meses da publicação oficial.

Em todos os casos em que o início da vigência da lei é posterior à data de sua publicação, o período compreendido entre a publicação e a data de vigência é denominado *vacatio legis* (vacância da lei). A lei em vacância já integra o ordenamento jurídico, mas permanece sem vigência, sem incidir, sem força obrigatória para os seus destinatários.

Vejamos, agora, uma situação hipotética. Uma lei foi publicada em setembro de 1988, sem conter cláusula que dispusesse sobre seu início de vigência. Diante da omissão, essa lei só entraria em vigor no país 45 (quarenta e cinco) dias depois de sua publicação. Logo, na data da promulgação da Constituição Federal de 1988 (05.10.1988), a lei estaria no período da *vacatio legis*.

Cabe perquirir a possibilidade de essa lei entrar em vigor no ordenamento constitucional que se inicia. Embora não exista consenso a respeito, a posição doutrinária dominante é que a lei vacante **não entrará em vigor** no novo ordenamento constitucional, isto é, não poderá ela ser recepcionada pela nova Constituição. Segundo esse entendimento, o fato de a recepção do direito pré-constitucional válido e materialmente compatível só alcançar as normas que estejam em vigor na data da promulgação do novo texto constitucional impede a recepção de leis que estejam em vacância, porquanto, afinal, não são leis vigentes na data da promulgação da Constituição nova.

6.5. Controle de constitucionalidade do direito pré-constitucional

Neste item será estudada a forma como o Poder Judiciário aprecia, hoje, a validade do direito pré-constitucional (anterior a 05.10.1988).

As situações que ensejam análise são: (a) o controle de constitucionalidade do direito pré-constitucional em face da Constituição antiga (a que estava em vigor na época em que a norma objeto de controle foi editada); e (b) a aferição de validade do direito pré-constitucional em confronto com a Constituição futura (promulgada em momento posterior ao de edição da norma controlada e vigente na data de realização do controle).

A primeira questão concerne à possibilidade de se requerer ao Poder Judiciário, hoje, sob a vigência da Constituição Federal de 1988, a declaração da invalidade de uma lei antiga em face da Constituição antiga, da época em que tal lei foi editada (por exemplo, discutir a constitucionalidade de uma lei de 1970, em confronto com a Constituição de sua época, a Constituição de 1969).

Essa possibilidade existe. Mesmo quando promulgada uma nova Constituição, **continua sendo cabível a discussão da validade das leis antigas em confronto com as Constituições antigas**, da época da edição de tais leis.

Assim, no exemplo acima – discussão acerca da constitucionalidade de uma lei de 1970, em confronto com a Constituição de 1969 –, a provocação da manifestação do Poder Judiciário é admitida porque o indivíduo pode ter sido afetado por essa lei no período de vigência da Constituição de 1969 (até 04.10.1988, véspera da entrada em vigor da Constituição atual). Logo, ele poderá ter interesse em afastar a aplicação dessa lei naquele período (de 1970 até 04.10.1988), e, para isso, deverá obter do Poder Judiciário a declaração da invalidade da lei referentemente àquele período.

É relevante frisar que, em hipóteses que tais, conquanto se trate de impugnação de direito pré-constitucional, **a decisão judicial será uma declaração de inconstitucionalidade ou de constitucionalidade**, e **não** de revogação ou recepção. Isso porque a aferição da validade do direito questionado é feita em face da Constituição da sua época (e não ante a Constituição Federal de 1988).

No controle do direito pré-constitucional em face da Constituição de sua época, o Poder Judiciário examinará a norma objeto da ação em confronto com a Carta pretérita quanto à **compatibilidade material** (de conteúdo) e também quanto à **compatibilidade formal** (validade do procedimento de elaboração e verificação se o instrumento normativo impugnado, por exemplo, lei ordinária ou lei complementar, é aquele formalmente exigido pela Constituição pretérita para tratar da matéria de que ele tratou). E assim é porque uma lei deve ser formal e materialmente compatível com a Constituição de sua época. Mesmo hoje, se for constatada incompatibilidade material ou incompatibilidade formal entre a lei pré-constitucional e a Constituição de sua época, a lei será declarada inconstitucional.

A fiscalização da validade do direito pré-constitucional em face da Constituição antiga **não pode ser realizada mediante controle abstrato perante o STF**, isto é, não poderá ser objeto de ação direta de inconstitucionalidade (ADI), ação declaratória de constitucionalidade (ADC) ou arguição de descumprimento de preceito fundamental (ADPF). A razão é que, segundo o STF, o controle abstrato visa a proteger, somente, a Constituição vigente no momento em que ele é exercido, isto é, só pode ser instaurado, hoje, em face da Constituição Federal de 1988, jamais para fazer valer os termos de Constituições pretéritas. Diante dessa restrição, a validade do direito pré-constitucional em face da Constituição de sua época **só poderá ser discutida no controle difuso, diante de um caso concreto**, podendo a questão ser levada ao conhecimento do STF, por meio do recurso extraordinário (RE).

Vejamos, agora, os pontos relevantes acerca do controle de constitucionalidade do direito pré-constitucional em face de Constituição futura, isto é, vejamos como o Poder Judiciário fiscaliza, hoje, a validade de uma lei pré-constitucional (publicada em 1985, por exemplo) em confronto com a Constituição Federal de 1988.

Em primeiro lugar, é importante atentar que esse controle de constitucionalidade **não visa à declaração da inconstitucionalidade** da norma pré-constitucional, pois não se pode falar em inconstitucionalidade de uma lei em face de uma Constituição a ela posterior.

O controle que ora apreciamos visa à solução de dúvida sobre a **recepção** ou a **revogação** de norma pré-constitucional pela nova Constituição. O Poder Judiciário simplesmente decidirá se a norma antiga foi revogada ou recepcionada pela Constituição a ela posterior.

Para essa verificação, só é relevante a aferição da **compatibilidade material** (de conteúdo) entre a norma pré-constitucional e a Constituição futura. Não cabe cogitar incompatibilidade formal nesses casos.

Se o Poder Judiciário entender que a lei pré-constitucional tem o conteúdo incompatível com a Constituição atual, deverá declará-la **revogada**; se considerar que há compatibilidade material, decidirá pela sua **recepção**. Não será perquirida compatibilidade formal entre a lei pretérita e a Constituição futura, porque, com a recepção, a lei simplesmente passa a desempenhar, no ordenamento jurídico que a recebe, o papel do instrumento normativo que a nova Constituição exige para a disciplina da matéria de que ela, a lei recepcionada, trata.

Vejamos, agora, os instrumentos de controle passíveis de serem usados pelo Poder Judiciário para apreciar o conflito entre lei pré-constitucional e Constituição futura.

O Poder Judiciário aprecia esse conflito diante de casos concretos submetidos à sua apreciação (controle difuso de constitucionalidade), ou por meio de uma ação específica do chamado controle abstrato – arguição de descumprimento de preceito fundamental (ADPF) –, proposta por um dos legitimados pela Constituição (CF, art. 103) perante o Supremo Tribunal Federal.

No controle difuso, a decisão proferida pelo Poder Judiciário só valerá para as partes do processo (eficácia *inter partes*).

No controle abstrato, as decisões proferidas pelo STF nas arguições de descumprimento de preceito fundamental (ADPF) são dotadas de eficácia geral (eficácia *erga omnes*).

O quadro a seguir apresenta uma síntese dos pontos estudados neste tópico:

CONTROLE DE CONSTITUCIONALIDADE DO DIREITO PRÉ-CONSTITUCIONAL	
EM FACE DA CONSTITUIÇÃO DE SUA ÉPOCA	EM FACE DE CONSTITUIÇÃO FUTURA
Visa ao reconhecimento da constitucionalidade ou da inconstitucionalidade da lei.	Visa ao reconhecimento da recepção ou da revogação da lei.
Exame de compatibilidade material e formal.	Exame somente da compatibilidade material.
Só é realizado no controle difuso, diante de casos concretos submetidos à apreciação do Poder Judiciário.	É realizado mediante controle difuso, diante de casos concretos, ou abstrato, mediante arguição de descumprimento de preceito fundamental – ADPF.

7. CLASSIFICAÇÃO DAS NORMAS CONSTITUCIONAIS QUANTO AO GRAU DE EFICÁCIA E APLICABILIDADE

As normas constitucionais são dotadas de variados graus de eficácia jurídica e aplicabilidade, de acordo com a normatividade que lhes tenha sido outorgada pelo constituinte, fato que motivou grandes doutrinadores a elaborarem diferentes propostas de classificação dessas normas quanto a esse aspecto.

O Constitucionalismo moderno refuta a ideia da existência de normas constitucionais desprovidas de eficácia jurídica. Reconhece-se que todas as normas constitucionais possuem eficácia,[21] mas se admite que elas se diferenciam quanto ao grau dessa eficácia e quanto a sua aplicabilidade.

Da constatação dessas diferenças, Ruy Barbosa, inspirado na doutrina norte-americana, já enquadrava as normas constitucionais em dois grupos:

a) normas "autoexecutáveis" (*self-executing*; *self-enforcing*; *self-acting*), preceitos constitucionais completos, que produzem seus plenos efeitos com a simples entrada em vigor da Constituição; e

---

[21] Conforme antes visto, na Constituição de 1988 há duas categorias de disposições que, embora integrantes de seu texto, são desprovidas de eficácia normativa: (a) o preâmbulo constitucional; e (b) as normas integrantes do ADCT, depois de ocorrida a situação nelas prevista, ou seja, depois de exaurido o seu objeto.

b) normas "não autoexecutáveis" (*not self-executing; not self-enforcing provisions* ou *not self-acting*), indicadoras de princípios, que necessitam de atuação legislativa posterior, que lhes dê plena aplicação.

Além dessa classificação tradicional, apresentamos, a seguir, a consagrada classificação de José Afonso da Silva e, por fim, a elaborada por Maria Helena Diniz.

7.1. Classificação de José Afonso da Silva

O Professor José Afonso da Silva formulou uma classificação das normas constitucionais, que, sem dúvida, é a predominantemente adotada pela doutrina e jurisprudência pátrias.

Para José Afonso da Silva, as normas constitucionais não podem ser classificadas em apenas duas categorias, pois há uma terceira espécie que não se encaixa, propriamente, em nenhum dos dois grupos idealizados pela doutrina americana. Dessa forma, o eminente constitucionalista pátrio classifica as normas constitucionais, quanto ao grau de eficácia, em:

a) normas constitucionais de eficácia plena;
b) normas constitucionais de eficácia contida;
c) normas constitucionais de eficácia limitada.

7.1.1. Normas de eficácia plena

As normas constitucionais de eficácia plena são aquelas que, desde a entrada em vigor da Constituição, produzem, ou têm possibilidade de produzir, todos os efeitos essenciais, relativamente aos interesses, comportamentos e situações que o legislador constituinte, direta e normativamente, quis regular.

As normas de eficácia plena não exigem a elaboração de novas normas legislativas que lhes completem o alcance e o sentido, ou lhes fixem o conteúdo, porque já se apresentam suficientemente explícitas na definição dos interesses nelas regulados. São, por isso, normas de aplicabilidade **direta**, **imediata** e **integral**.

7.1.2. Normas de eficácia contida

As normas constitucionais de eficácia contida são aquelas em que o legislador constituinte regulou suficientemente os interesses relativos a determinada matéria, mas deixou margem à atuação restritiva por parte da competência discricionária do Poder Público, nos termos que a lei estabelecer ou nos termos de conceitos gerais nelas enunciados.

As normas de eficácia contida são, assim, normas constitucionais dotadas de aplicabilidade **direta**, **imediata**, mas **não integral**, porque sujeitas a restrições que limitem sua eficácia e aplicabilidade. Essas restrições poderão ser impostas:

a) pelo legislador infraconstitucional (*e.g.*, art. 5.º, incisos VIII e XIII);

54 DIREITO CONSTITUCIONAL DESCOMPLICADO • Vicente Paulo & Marcelo Alexandrino

b) por outras normas constitucionais (*e.g.*, arts. 136 a 141, que, diante do estado de defesa e estado de sítio, impõem restrições aos direitos fundamentais);

c) como decorrência do uso, na própria norma constitucional, de conceitos ético-jurídicos consagrados, que comportam um variável grau de indeterminação, tais como ordem pública, segurança nacional, integridade nacional, bons costumes, necessidade ou utilidade pública, perigo público iminente (ao fixar esses conceitos, o Poder Público poderá limitar o alcance de normas constitucionais, como é o caso do art. 5.º, incisos XXIV e XXV, que impõem restrições ao direito de propriedade, estabelecido no inciso XXII do mesmo artigo).

Explica o Professor José Afonso da Silva que a peculiaridade das normas de eficácia contida configura-se nos seguintes pontos:

a) são normas que, em regra, solicitam a intervenção do legislador ordinário, fazendo expressa remissão a uma legislação futura; mas o apelo ao legislador ordinário visa a restringir-lhes a plenitude da eficácia, regulamentando os direitos subjetivos que delas decorrem para os cidadãos, indivíduos ou grupos;

b) enquanto o legislador ordinário não expedir a normação restritiva, sua eficácia será plena; nisso também diferem das normas de eficácia limitada, de vez que a interferência do legislador ordinário, em relação a estas, tem o escopo de lhes conferir plena eficácia e aplicabilidade concreta e positiva;

c) são de aplicabilidade direta e imediata, visto que o legislador constituinte deu normatividade suficiente aos interesses vinculados à matéria de que cogitam;

d) algumas dessas normas já contêm um conceito ético juridicizado (bons costumes, ordem pública etc.), com valor societário ou político a preservar, que implica a limitação de sua eficácia;

e) sua eficácia pode ainda ser afastada pela incidência de outras normas constitucionais, se ocorrerem certos pressupostos de fato (estado de sítio, por exemplo).

Em regra, as normas de eficácia contida exigem a atuação do legislador ordinário, fazendo expressa remissão a uma legislação futura. Entretanto, a atuação do legislador ordinário não será para tornar exercitável o direito nelas previsto (este já é exercitável desde a promulgação do texto constitucional), tampouco para ampliar o âmbito de sua eficácia (que já é plena, desde sua entrada em vigor), mas sim para restringir, para impor limitações ao exercício desse direito.

Um bom exemplo de norma constitucional de eficácia contida é o art. 5.º, XIII:

XIII – é livre o exercício de qualquer trabalho, ofício ou profissão, atendidas as qualificações profissionais que a lei estabelecer;

Essa norma assegura, desde logo, o exercício de qualquer trabalho, ofício ou profissão, mas sujeita-se à imposição de restrições por parte do legislador ordiná-

Cap. 1 • DIREITO CONSTITUCIONAL E CONSTITUIÇÃO

rio, devendo ser interpretada da seguinte maneira: (a) enquanto não estabelecidas em lei as qualificações profissionais necessárias para o exercício de determinada profissão, o seu exercício será amplo, vale dizer, qualquer pessoa poderá exercê-la; (b) em um momento seguinte, quando a lei vier a estabelecer as qualificações profissionais necessárias para o exercício dessa profissão, só poderão exercê-la aqueles que atenderem a essas qualificações previstas em lei.

Outro exemplo temos no inciso VIII do art. 5.º da Constituição Federal, segundo o qual:

> VIII – ninguém será privado de direitos por motivo de crença religiosa ou de convicção filosófica ou política, salvo se as invocar para eximir-se de obrigação legal a todos imposta e recusar-se a cumprir prestação alternativa, fixada em lei;

Esse dispositivo assegura a liberdade de crença religiosa e de convicção filosófica ou política, e deve ser assim interpretado: (a) a princípio, a liberdade religiosa ou de convicção filosófica ou política é ampla, sendo certo que ninguém será privado de direito por esses motivos; (b) a lei poderá, entretanto, fixar prestação alternativa àqueles que invocarem alguma crença ou convicção para eximir-se de obrigação legal a todos imposta; (c) uma vez fixada a prestação alternativa em lei, aquele que alegar motivo de crença religiosa ou convicção filosófica ou política para eximir-se de obrigação legal a todos imposta poderá ser privado de direito, caso se recuse, também, a cumprir a prestação alternativa.

Outro exemplo é o direito de propriedade. O inciso XXII do art. 5.º da Constituição garante o direito de propriedade, mas os incisos XXIV e XXV apresentam os elementos de sua limitação, permitindo a desapropriação por necessidade ou utilidade pública ou por interesse social, bem como a requisição de propriedade particular pela autoridade competente no caso de perigo público iminente. Com efeito, embora a Constituição Federal assegure a imediata eficácia do direito de propriedade (art. 5.º, XXII), o mesmo texto constitucional já autoriza a imposição de restrição ao seu gozo, por meio de conceitos jurídicos de larga aceitação, tais como "necessidade ou utilidade pública" e "interesse social" (na hipótese de desapropriação – art. 5.º, inciso XXIV) ou "iminente perigo público" (na hipótese de requisição administrativa – art. 5.º, XXV).

7.1.3. Normas de eficácia limitada

As normas constitucionais de eficácia limitada são aquelas que não produzem, com a simples entrada em vigor, os seus efeitos essenciais, porque o legislador constituinte, por qualquer motivo, não estabeleceu, sobre a matéria, uma normatividade para isso bastante, deixando essa tarefa ao legislador ordinário ou a outro órgão do Estado.

São de aplicabilidade **indireta**, **mediata** e **reduzida**, porque somente incidem totalmente a partir de uma normação infraconstitucional ulterior que lhes desenvolva a eficácia. Enquanto não editada essa legislação infraconstitucional integrativa, não têm o condão de produzir todos os seus efeitos.

O Professor José Afonso da Silva ainda classifica as normas de eficácia limitada em dois grupos distintos:

a) as definidoras de princípio institutivo ou organizativo;

b) as definidoras de princípio programático.

As normas definidoras de princípio institutivo ou organizativo são aquelas pelas quais o legislador constituinte traça esquemas gerais de estruturação e atribuições de órgãos, entidades ou institutos, para que, em um momento posterior, sejam estruturados em definitivo, mediante lei. São exemplos: "a lei disporá sobre a organização administrativa e judiciária dos Territórios" (art. 33); "lei disporá sobre a criação e extinção de Ministérios e órgãos da administração pública" (art. 88); "a lei regulará a organização e o funcionamento do Conselho de Defesa Nacional" (art. 91, § 2.º); "a lei disporá sobre a constituição, investidura, jurisdição, competência, garantias e condições de exercício dos órgãos da Justiça do Trabalho" (art. 113).

Por sua vez, essas normas constitucionais definidoras de princípio institutivo ou organizativo podem ser **impositivas** ou **facultativas**.

São **impositivas** aquelas que determinam ao legislador, em termos peremptórios, a emissão de uma legislação integrativa (*e.g.*, art. 20, § 2.º; art. 32, § 4.º; art. 33; art. 88; art. 91, § 2.º).

São **facultativas** ou permissivas quando não impõem uma obrigação, mas se limitam a dar ao legislador ordinário a possibilidade de instituir ou regular a situação nelas delineada (*e.g.*, art. 22, parágrafo único; art. 125, § 3.º; art. 195, § 4.º; art. 25, § 3.º; art. 154, I).

As normas constitucionais definidoras de princípios programáticos são aquelas em que o constituinte, em vez de regular, direta e imediatamente, determinados interesses, limitou-se a lhes traçar os princípios e diretrizes, para serem cumpridos pelos órgãos integrantes dos poderes constituídos (legislativos, executivos, jurisdicionais e administrativos), como programas das respectivas atividades, visando à realização dos fins sociais do Estado.

Constituem programas a serem realizados pelo Poder Público, disciplinando interesses econômico-sociais, tais como: realização da justiça social; valorização do trabalho; amparo à família; combate ao analfabetismo etc. Esse grupo é composto pelas normas que a doutrina constitucional denomina **normas programáticas**, de que são exemplos o art. 7.º, XX e XXVII; o art. 173, § 4.º; o art. 216, § 3.º.

Finalizando, sintetizamos, abaixo, as principais distinções entre normas constitucionais de eficácia **contida** e normas constitucionais de eficácia **limitada**:

a) com a promulgação da Constituição, as normas de eficácia contida têm aplicação direta e imediata, isto é, o direito nelas previsto é imediatamente exercitável; as normas de eficácia limitada têm aplicação indireta e mediata, o que significa que o exercício do direito nelas previsto depende da edição de regulamentação ordinária;

b) ambas requerem normatização legislativa, mas a finalidade dessa normatização ordinária é distinta – nas normas de eficácia contida, a normatização ordinária imporá limites ao exercício do direito (que, até então, desde a promulgação da Constituição, era amplamente exercitável); nas normas de eficácia limitada, a regulação ordinária virá para assegurar, para tornar viável o pleno exercício do direito, até então não efetivo;

c) a ausência de regulamentação tem consequências distintas – no caso das normas de eficácia contida, enquanto não houver regulamentação ordinária, o exercício do direito é amplo (a legislação ordinária virá para impor restrições ao exercício desse direito); em se tratando de norma de eficácia limitada, enquanto não houver regulamentação ordinária, não há efetivo exercício do direito (a legislação ordinária virá para tornar pleno o exercício desse direito).

7.1.4. Eficácia das normas programáticas

Vimos que as normas constitucionais programáticas são aquelas de **eficácia limitada** que requerem dos órgãos estatais uma determinada atuação, na consecução de um objetivo traçado pelo legislador constituinte. Como a própria denominação indica, estabelecem um programa, um rumo inicialmente traçado pela Constituição – e que deve ser perseguido pelos órgãos estatais (exemplos: arts. 23, 205, 211, 215 e 218 da Constituição).

As normas programáticas não são normas voltadas para o indivíduo, e sim para os órgãos estatais, exigindo destes a consecução de determinados programas nelas traçados. São as denominadas **normas de eficácia limitada definidoras de princípios programáticos**, características de uma constituição do tipo **dirigente**, que exigem do Estado certa atuação futura, em um determinado rumo predefinido.

Essas normas não produzem seus plenos efeitos com a mera promulgação da Constituição. Afinal, como estabelecem programas a serem concretizados no futuro, é certo que só produzirão seus plenos efeitos ulteriormente, quando esses programas forem, efetivamente, concretizados.

Entretanto, não se pode afirmar que as normas programáticas sejam desprovidas de eficácia jurídica enquanto não regulamentadas ou implementados os respectivos programas. As normas que integram uma Constituição do tipo rígida são jurídicas e, sendo jurídicas, têm normatividade. Afirmar que essas normas não produzem os seus plenos efeitos com a entrada em vigor da Constituição, antes da exigida regulamentação e implementação, não significa que sejam elas desprovidas de qualquer eficácia jurídica.

Com efeito, no constitucionalismo moderno há consenso no sentido de que as normas programáticas, embora não produzam seus plenos efeitos antes da exigida regulamentação ordinária, já são dotadas, desde a promulgação da Constituição, da chamada **eficácia negativa**, isto é:

a) revogam as disposições contrárias ou incompatíveis com os seus comandos (o direito infraconstitucional anterior à norma constitucional programática não é recepcionado; diz-se que ela tem eficácia paralisante); e

b) impedem que sejam produzidas normas ulteriores que contrariem os programas por elas estabelecidos (a norma programática é paradigma para declaração de inconstitucionalidade do direito ordinário superveniente que lhe seja contrário; diz-se que ela tem eficácia impeditiva).

Além dessa eficácia negativa (paralisante e impeditiva), a norma programática também serve de parâmetro para a **interpretação** do texto constitucional, uma vez que o intérprete da Constituição deve levar em conta todos os seus comandos, com o fim de harmonizar o conjunto dos valores constitucionais como integrantes de uma unidade.

Com efeito, o Prof. José Afonso da Silva esclarece que as normas programáticas têm eficácia jurídica imediata, direta e vinculante quanto aos seguintes aspectos:

a) estabelecem um dever para o legislador ordinário;

b) condicionam a legislação futura, com a consequência de serem inconstitucionais as leis ou atos que as ferirem;

c) informam a concepção do Estado e da sociedade e inspiram sua ordenação jurídica, mediante a atribuição de fins sociais, proteção dos valores da justiça social e revelação dos componentes do bem comum;

d) constituem sentido teleológico para a interpretação, integração e aplicação das normas jurídicas;

e) condicionam a atividade discricionária da Administração e do Judiciário;

f) criam situações jurídicas subjetivas, de vantagem ou de desvantagem.

7.2. Classificação de Maria Helena Diniz

A Professora Maria Helena Diniz propõe uma classificação que combina os critérios da intangibilidade e da produção de efeitos concretos das normas constitucionais, segundo a qual temos as seguintes categorias de normas na Constituição:

a) normas com eficácia absoluta;

b) normas com eficácia plena;

c) normas com eficácia relativa restringível;

d) normas com eficácia relativa dependente de complementação legislativa.

As normas de **eficácia absoluta** (ou supereficazes) são normas constitucionais intangíveis, que não poderão ser contrariadas nem mesmo por meio de emenda constitucional. É o caso das cláusulas pétreas, previstas no art. 60, § 4.º, da Constituição Federal de 1988.

As normas com **eficácia plena** são aquelas plenamente eficazes desde a entrada em vigor da Constituição, por conterem todos os elementos imprescindíveis para que haja a produção imediata dos efeitos previstos. Diferem das normas de eficácia absoluta porque, ao contrário destas, poderão ser atingidas por emenda constitucional.

As normas com **eficácia relativa restringível** correspondem, em sua descrição, às que o Prof. José Afonso da Silva denomina normas de eficácia contida, e o Prof. Michel Temer, normas de eficácia redutível ou restringível. Têm aplicabilidade imediata, embora sua eficácia possa ser reduzida, restringida nos casos e na forma que a lei estabelecer.

As normas com **eficácia relativa complementável** (ou dependente de complementação legislativa) não têm aplicação imediata, por dependerem de norma posterior que lhes desenvolva a eficácia, para então permitir o exercício do direito ou do benefício nelas consagrado. Sua possibilidade de produção de efeitos é mediata, pois, enquanto não for promulgada a legislação regulamentadora, não produzirão efeitos positivos, mas terão eficácia **paralisante** de efeitos de normas precedentes incompatíveis e **impeditiva** de qualquer conduta contrária ao que estabelecerem.

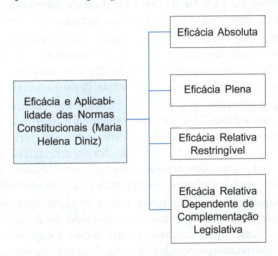

8. INTERPRETAÇÃO DA CONSTITUIÇÃO

Interpretar as normas constitucionais significa compreender, investigar o conteúdo semântico dos enunciados linguísticos que formam o texto constitucional.

No direito constitucional moderno, **o Poder Judiciário não detém o monopólio da interpretação constitucional**, que também deve ser concretizada pelos demais agentes políticos (parlamentares, administradores públicos, sociedade civil etc.), naquilo que se convencionou denominar **sociedade aberta aos intérpretes da Constituição**, expressão cunhada pelo alemão Peter Häberle.[22]

Para Häberle, a interpretação constitucional não pode ser reduzida exclusivamente ao domínio judicial, cabendo falar em interpretação constitucional realizada pelo legislador, pelo administrador público e por agentes privados da comunidade, os quais também poderão desempenhar papel fundamental e de significativa participação democrática – já que se amplia o debate em meio a interlocutores plurais, incluídos os titulares de representatividade popular (legisladores e administradores públicos) e a própria sociedade civil – na concretização do conteúdo das normas constitucionais. Para ele, se a Constituição determina o comportamento de toda a sociedade, não é justo (nem democrático) que apenas alguns tenham o direito de interpretá-la.

Daí a noção de **sociedade aberta aos intérpretes**, conforme trabalhada por Häberle: a interpretação constitucional é um processo aberto, que deve apresentar contornos democráticos, de modo a propiciar a participação de toda a comunidade na sua concretização, e não somente de órgãos estatais.

Sabe-se que a Constituição protege, simultaneamente, diferentes bens e direitos (integridade física e moral, liberdade de imprensa, liberdade de crença religiosa, propriedade etc.), espelhando valores que poderão conflitar ou colidir em determinadas relações. Diante de um caso concreto, poderão entrar em confronto, por exemplo, o direito à liberdade de imprensa e a garantia da inviolabilidade da intimidade do indivíduo; ou, ainda, a liberdade de pensamento e a vedação ao racismo – e assim por diante.

Em situações como essas, torna-se indispensável a aplicação das técnicas de interpretação constitucional, não somente para solucionar, no caso concreto, o conflito entre os bens constitucionalmente protegidos, mas, sobretudo, para conferir eficácia e aplicabilidade a todas as normas constitucionais.

A interpretação constitucional não tem natureza substancialmente diferente da que se opera em outras áreas. São, portanto, aplicáveis à interpretação constitucional os mesmos métodos de interpretação das demais normas jurídicas – gramatical, teleológico, sistemático, histórico etc. Ao lado destes, entretanto, como decorrência da superioridade hierárquica das normas constitucionais, existem alguns princípios e métodos próprios, que norteiam a interpretação das Constituições.

O Constitucionalismo moderno refuta a tese *in claris cessat interpretatio*,[23] que entendia ser desnecessária a interpretação se o conteúdo do dispositivo a ser aplicado fosse por demais evidente. Modernamente, é reconhecida a **imprescindibilidade da interpretação em todos os casos**, especialmente quando se trata de normas constitucionais.

---

[22] A concepção de "**sociedade aberta dos intérpretes**", de Peter Häberle, aqui examinada, não pode ser confundida com a definição de "**Constituição aberta**", proposta pelo português J. J. Gomes Canotilho. Para Canotilho, a Constituição é um "sistema aberto", já que as normas constitucionais estão aptas a captar as mudanças da realidade e abertas às concepções cambiantes da verdade e da justiça. Afinal, se a Constituição não estivesse "aberta" para captar a evolução da sociedade, o texto constitucional ficaria rapidamente desconectado da realidade, fora de seu tempo e, nessa hipótese, perderia parte de sua força normativa.

[23] O velho brocardo *in claris cessat interpretatio* pressupõe a existência de leis cuja redação, se bem cuidada, impediria dúvidas, obscuridades ou contradições, tornando dispensável a atividade interpretativa.

Cap. 1 • DIREITO CONSTITUCIONAL E CONSTITUIÇÃO

Conforme nos ensina o constitucionalista Canotilho, "toda a norma é significativa, mas o significado não constitui um dado prévio; é, sim, o resultado da tarefa interpretativa".

8.1. Correntes interpretativistas e não interpretativistas

O Prof. J. J. Gomes Canotilho destaca duas correntes que polarizam a problemática da interpretação constitucional nos Estados Unidos da América, quais sejam: a interpretativista e a não interpretativista.

As **correntes interpretativistas** consideram que os juízes, ao interpretarem a Constituição, devem limitar-se a captar o sentido dos preceitos expressos na Constituição, ou, pelo menos, nela claramente implícitos. O interpretativismo, embora não se confunda com o literalismo – segundo o qual a competência interpretativa dos juízes vai apenas até onde o texto claro da interpretação lhes permite –, aponta como limites de competência interpretativa a textura semântica e a vontade do legislador. Enfim, para os interpretativistas, o controle judicial dos atos legislativos tem dois limites claros: o da própria Constituição escrita e o da vontade do poder político democrático.

As **correntes não interpretativistas** defendem a possibilidade e a necessidade de os juízes invocarem e aplicarem valores e princípios substantivos – princípios da liberdade e da justiça – contra atos da responsabilidade do Legislativo em desconformidade com o projeto da Constituição. Deve-se, portanto, apelar para os valores substantivos – justiça, igualdade, liberdade – e não apenas ou prevalentemente para o princípio democrático, a fim de permitir aos juízes uma competência interpretativa.

8.2. Métodos de interpretação

Nos dias atuais, a interpretação das normas constitucionais realiza-se pela aplicação de um conjunto de métodos desenvolvidos pela doutrina e pela jurisprudência com base em critérios ou premissas diferentes, mas, em geral, reciprocamente complementares, o que confirma a natureza unitária da atividade interpretativa.

O constitucionalista português J. J. Gomes Canotilho, não obstante reconheça o caráter holístico da atividade de interpretação constitucional, descreve seis diferentes métodos pelos quais ela pode se desenvolver, quais sejam: o método jurídico, o método tópico-problemático, o método hermenêutico-concretizador, o método científico-espiritual, a metódica jurídica normativo-estruturante e a interpretação comparativa.

Apresentamos, a seguir, uma síntese da lição do renomado constitucionalista luso acerca das características dos diferentes métodos.

8.2.1. O método jurídico (método hermenêutico clássico)

O método jurídico adota a premissa de que a Constituição é, para todos os efeitos, uma lei. Logo, interpretar a Constituição é interpretar uma lei. Para captar o sentido da lei constitucional devem ser utilizados os cânones ou regras tradicionais da hermenêutica.

O sentido das normas constitucionais desvenda-se através da utilização, como elementos interpretativos: (a) do elemento filológico (literal, gramatical, textual); (b) do elemento lógico (sistemático); (c) do elemento histórico (análise do contexto em que se desenrolaram os trabalhos do constituinte e dos registros dos debates então travados); (d) do elemento teleológico (perquirição da finalidade da norma); (e) do elemento genético (investigação das origens dos conceitos empregados no texto constitucional).

Por esse método, atribui-se grande importância ao texto da Constituição, uma vez que este é adotado como ponto de partida para a tarefa do intérprete, e, sobretudo, como limite de sua atuação: a função do intérprete é desvendar o sentido do texto, sem ir além do teor literal dos seus preceitos, menos ainda contrariá-los.

8.2.2. O método tópico-problemático

O método tópico-problemático, no âmbito do direito constitucional, parte das seguintes premissas: (1) a interpretação constitucional deve ter um caráter prático, buscando resolver problemas concretos; (2) as normas constitucionais têm caráter fragmentário (não abrangem todas as situações passíveis de ocorrer na realidade social, mas só as mais relevantes) e indeterminado (possuem elevado grau de abstração e generalidade); (3) as normas constitucionais são abertas, por isso, não podem ser aplicadas mediante simples operações de subsunção (enquadramento direto de casos concretos nas hipóteses nelas descritas), o que implica deva ser dada preferência à discussão do problema.

Esse método, então, propõe a interpretação da Constituição mediante um processo aberto de argumentação entre os vários participantes (pluralismo de intérpretes), tentando adaptar ou adequar a norma constitucional ao problema concreto. Em síntese, procura-se solucionar o problema "encaixando" em uma norma constitucional, ou conjunto de normas, a solução que se pretende adotar.

Para J. J. Gomes Canotilho, a adoção desse método merece sérias reticências, pois, além de poder conduzir a um casuísmo sem limites, a interpretação não deveria partir do problema para a norma, mas desta para os problemas.

8.2.3. O método hermenêutico-concretizador

O método hermenêutico-concretizador reconhece a importância do aspecto subjetivo da interpretação, ou seja, da pré-compreensão que o intérprete possui acerca dos elementos envolvidos no texto a ser por ele interpretado.

Essa pré-compreensão faz com que o intérprete, na primeira leitura do texto, extraia dele um determinado conteúdo, que deve ser comparado com a realidade existente. Desse confronto, resulta a reformulação, pelo intérprete, de sua própria pré-compreensão, no intuito de harmonizar os conceitos por ele preconcebidos àquilo que deflui do texto constitucional, com base na observação da realidade social. Essa reformulação da pré-compreensão e consequente releitura do texto, cotejando cada novo conteúdo obtido com a realidade social, deve repetir-se sucessivamente, até que se chegue à solução mais harmoniosa para o problema.

Cap. 1 • DIREITO CONSTITUCIONAL E CONSTITUIÇÃO   **63**

Impõe-se, assim, um "movimento de ir e vir", do subjetivo para o objetivo – e, deste, de volta para aquele –, mediante comparação entre os diversos conteúdos que se extraem do texto, decorrentes de sucessivas reformulações da pré-compreensão do intérprete, e o contexto em que a norma deve ser aplicada (realidade social). Esse "movimento de ir e vir" é denominado "círculo hermenêutico".

Esse método reconhece que a interpretação implica um preenchimento de sentido juridicamente criador, em que o intérprete efetua uma atividade prático--normativa, concretizando a norma, a partir de uma situação histórica concreta, para a esta aplicá-la. Não autoriza, entretanto, uma criação de sentido livre, exclusivamente a partir da pré-compreensão de conceitos que o intérprete traz consigo. Exige o método que o intérprete, paulatinamente, encontre o sentido do texto, comparando o resultado que advém de diversas leituras – cada qual baseada na sua pré-compreensão, sucessivamente reformulada – com a realidade a que ele deve ser aplicado.

No fundo, esse método vem realçar e iluminar vários pressupostos da tarefa interpretativa: (1) os pressupostos subjetivos, dado que o intérprete desempenha um papel criador (pré-compreensão) na tarefa de obtenção do sentido do texto constitucional; (2) os pressupostos objetivos, isto é, o contexto, atuando o intérprete como operador de mediações entre o texto e a situação em que se aplica; (3) relação entre o texto e o contexto com a mediação criadora do intérprete, transformando a interpretação em "movimento de ir e vir" (círculo hermenêutico).

O método hermenêutico-concretizador afasta-se do método tópico-problemáti-co, porque enquanto o último pressupõe ou admite o primado do problema sobre a norma, o primeiro reconhece a prevalência do texto constitucional, ou seja, que se deve partir da norma constitucional para o problema.

8.2.4. O método científico-espiritual

Este método baseia-se na premissa de que o intérprete deve levar em conta os valores subjacentes ao texto constitucional, integrando o sentido de suas normas a partir da "captação espiritual" da realidade da comunidade. Adota-se a ideia de que a interpretação visa não tanto a dar resposta ao sentido dos conceitos do texto constitucional, mas fundamentalmente a compreender o sentido e a realidade da Constituição, em sua articulação com a integração espiritual real da comunidade.

Em síntese, o método científico-espiritual é um método de cunho sociológico, que analisa as normas constitucionais não tanto pelo seu sentido textual, mas pre-cipuamente a partir da ordem de valores subjacente ao texto constitucional, a fim de alcançar a integração da Constituição com a realidade espiritual da comunidade.

8.2.5. O método normativo-estruturante

Este método dá relevância ao fato de não haver identidade entre norma jurídica e texto normativo. A norma constitucional abrange um "pedaço da realidade social"; ela é conformada não só pela atividade legislativa, mas também pela jurisdicional e pela administrativa.

DIREITO CONSTITUCIONAL DESCOMPLICADO • *Vicente Paulo & Marcelo Alexandrino*

Consequentemente, o intérprete deve identificar o conteúdo da norma constitucional mediante a análise de sua concretização normativa em todos os níveis. A tarefa de investigação compreende a interpretação do texto da norma (elemento literal da doutrina clássica), e também a verificação dos modos de sua concretização na realidade social.

Pretende-se que o conteúdo da norma, assim determinado, exatamente por levar em conta a concretização da Constituição na realidade social, seja aplicável à tomada de decisões na resolução de problemas práticos.

8.2.6. A interpretação comparativa

A interpretação comparativa pretende captar a evolução de institutos jurídicos, normas e conceitos nos vários ordenamentos jurídicos, identificando suas semelhanças e diferenças, com o intuito de esclarecer o significado que deve ser atribuído a determinados enunciados linguísticos utilizados na formulação de normas constitucionais.

Por meio dessa comparação, é possível estabelecer uma comunicação entre várias Constituições e descobrir critérios aplicáveis na busca da melhor solução para determinados problemas concretos.

8.3. Princípios de interpretação

Ao lado dos métodos acima descritos – e como diretrizes de sua aplicação –, a doutrina identifica a existência de determinados princípios específicos de interpretação constitucional. Mais uma vez adotamos como referência a doutrina do constitucionalista lusitano J. J. Gomes Canotilho, para quem os seguintes princípios merecem nota: princípio da unidade da Constituição, princípio do efeito integrador, princípio da máxima efetividade, princípio da justeza, princípio da concordância prática e princípio da força normativa da Constituição.

8.3.1. Princípio da unidade da Constituição

Segundo este princípio, o texto de uma Constituição deve ser interpretado de forma a evitar contradições (antinomias) entre suas normas e, sobretudo, entre os princípios constitucionalmente estabelecidos. O princípio da unidade obriga o intérprete a considerar a Constituição na sua globalidade e a procurar harmonizar os espaços de tensão existentes entre as normas constitucionais a concretizar.

Enfim, o intérprete, os juízes e as demais autoridades encarregadas de aplicar os comandos constitucionais devem considerar a Constituição na sua globalidade, procurando harmonizar suas aparentes contradições. Deverão sempre tratar as normas constitucionais não como normas isoladas e dispersas, mas como preceitos integrados num sistema interno unitário de normas e princípios, compreendendo-os, na medida do possível, como se fossem obra de um só autor, expressão de uma unidade harmônica e sem contradições.

Como decorrência do princípio da unidade da Constituição, temos que:

a) todas as normas contidas numa Constituição formal têm igual dignidade – não há hierarquia, relação de subordinação entre os dispositivos da Lei Maior;

b) não existem normas constitucionais originárias inconstitucionais – devido à ausência de hierarquia entre os diferentes dispositivos constitucionais, não se pode reconhecer a inconstitucionalidade de uma norma constitucional em face de outra, ainda que uma delas constitua cláusula pétrea;

c) não existem antinomias normativas verdadeiras entre os dispositivos constitucionais – o texto constitucional deverá ser lido e interpretado de modo harmônico e com ponderação de seus princípios, eliminando-se com isso eventuais antinomias aparentes.

8.3.2. Princípio do efeito integrador

Corolário do princípio da unidade da Constituição, o princípio integrador significa que, na resolução dos problemas jurídico-constitucionais, deve-se dar primazia aos critérios ou pontos de vista que favoreçam a integração política e social e o reforço da unidade política.

8.3.3. Princípio da máxima efetividade

O princípio da máxima efetividade (ou princípio da eficiência, ou princípio da interpretação efetiva) reza que o intérprete deve atribuir à norma constitucional o sentido que lhe dê maior eficácia, mais ampla efetividade social.

Embora sua origem esteja ligada à eficácia das normas programáticas, é hoje princípio operativo em relação a todas e quaisquer normas constitucionais, sendo, sobretudo, invocado no âmbito dos direitos fundamentais (em caso de dúvida, deve-se preferir a interpretação que lhes reconheça maior eficácia).

8.3.4. Princípio da justeza

O princípio da justeza (ou da conformidade funcional) estabelece que o órgão encarregado de interpretar a Constituição não pode chegar a um resultado que subverta ou perturbe o esquema organizatório-funcional estabelecido pelo legislador constituinte.

Assim, a aplicação das normas constitucionais proposta pelo intérprete não pode implicar alteração na estrutura de repartição de poderes e exercício das competências constitucionais estabelecidas pelo poder constituinte originário.

8.3.5. Princípio da harmonização

Este princípio é decorrência lógica do princípio da unidade da Constituição, exigindo que os bens jurídicos constitucionalmente protegidos possam coexistir harmoniosamente, sem predomínio, em abstrato, de uns sobre outros.

O princípio da harmonização (ou da concordância prática) impõe a coordenação e combinação dos bens jurídicos – quando se verifique conflito ou concorrência entre eles – de forma a evitar o sacrifício (total) de uns em relação aos outros.

Fundamenta-se na ideia de igualdade de valor dos bens constitucionais (ausência de hierarquia entre dispositivos constitucionais) que, no caso de conflito ou concorrência, impede, como solução, a aniquilação de uns pela aplicação de outros, e impõe o estabelecimento de limites e condicionamentos recíprocos de forma a conseguir uma harmonização ou concordância prática entre esses dispositivos.

8.3.6. Princípio da força normativa da Constituição

Concebido por Konrad Hesse, esse princípio impõe que, na interpretação constitucional, seja dada prevalência aos pontos de vista que, tendo em conta os pressupostos da Constituição (normativa), possam contribuir para uma eficácia ótima da Lei Fundamental.

Segundo esse postulado, o intérprete deve valorizar as soluções que possibilitem a atualização normativa, a eficácia e a permanência da Constituição.

Enfim, o intérprete não deve negar eficácia ao texto constitucional, mas sim lhe conferir a máxima aplicabilidade.

8.3.7. Interpretação conforme a Constituição

O princípio da interpretação conforme a Constituição impõe que, no caso de normas polissêmicas ou plurissignificativas (que admitem mais de uma interpretação), dê-se preferência à interpretação que lhes compatibilize o sentido com o conteúdo da Constituição.

Como decorrência desse princípio, temos que:

a) dentre as várias possibilidades de interpretação, deve-se escolher a que não seja contrária ao texto da Constituição;

b) a regra é a conservação da validade da lei, e não a declaração de sua inconstitucionalidade; uma lei não deve ser declarada inconstitucional quando for possível conferir a ela uma interpretação em conformidade com a Constituição.

Porém, a doutrina e a jurisprudência apontam limites à utilização da interpretação conforme a Constituição:

a) o intérprete não pode contrariar o texto literal e o sentido da norma interpretada, a fim de obter concordância da lei com a Constituição;

b) a interpretação conforme a Constituição só é admitida quando existe, de fato, um espaço de decisão (espaço de interpretação) em que sejam admissíveis várias propostas interpretativas, estando pelo menos uma delas em conformidade com a Constituição, que deve ser preferida às outras, em desconformidade com ela;

c) no caso de se chegar a um resultado interpretativo de uma lei inequivocamente em contradição com a Constituição, não se pode utilizar a interpretação con-

Cap. 1 • DIREITO CONSTITUCIONAL E CONSTITUIÇÃO

forme a Constituição; nessa hipótese, impõe-se a declaração da inconstitucionalidade da norma;

d) deve o intérprete zelar pela manutenção da vontade do legislador, devendo ser afastada a interpretação conforme a Constituição, quando dela resultar uma regulação distinta daquela originariamente almejada pelo legislador. Se o resultado interpretativo conduz a uma regra em manifesta dissintonia com os objetivos pretendidos pelo legislador, há que ser afastada a interpretação conforme a Constituição, sob pena de transformar o intérprete em ilegítimo legislador positivo.

8.4. Teoria dos poderes implícitos

Para finalizar o assunto "interpretação da Constituição", cabe mencionar, brevemente, a denominada "teoria dos poderes implícitos" (*implied powers*).

Essa doutrina, desenvolvida pelo constitucionalismo norte-americano, adota a premissa de que a atribuição, pela Constituição, de uma determinada competência a um órgão, ou o estabelecimento de um fim a ser por ele atingido, implicitamente confere os poderes necessários à execução dessa competência ou à consecução desse fim (se a Constituição pretende o fim, entende-se que tenha assegurado os meios para a satisfação desse fim).

Segundo esse postulado, a atribuição de competências constitucionais implica a correspondente atribuição de capacidade para o seu exercício. Dessa forma, na interpretação da abrangência ou do conteúdo de um poder constitucionalmente atribuído, todos os meios ordinários e apropriados a executá-lo devem ser vistos como parte desse próprio poder. Vale dizer, sempre que a Constituição outorga um poder, uma competência, ou indica um fim a ser atingido, incluídos estão, implicitamente, todos os meios necessários à sua efetivação, desde que guardada uma relação de adequação entre os meios e o fim (princípio da proporcionalidade).

Em resumo, para os que propugnam essa doutrina, a outorga constitucional de uma competência, ou a indicação de um objetivo a ser atingido, deve ser interpretada presumindo-se que às autoridades públicas foram, simultânea e implicitamente, conferidos os poderes necessários e suficientes para o desempenho daquela competência ou para a concretização material daquele objetivo.

A jurisprudência do Supremo Tribunal Federal tem reconhecido, em importantes julgados, a aplicabilidade da teoria dos poderes implícitos no Brasil. Com fundamento nessa teoria, por exemplo, nossa Corte Suprema reconheceu ao Tribunal de Contas da União competência para a **concessão de medidas cautelares** no desempenho de suas atribuições constitucionais, estabelecidas no art. 71 da Carta da República. Conforme o entendimento do STF, o fato de o art. 71 da Constituição Federal outorgar explicitamente diversas atribuições ao Tribunal de Contas da União implica reconhecer **a outorga implícita dos meios necessários à integral e eficiente realização de tais atribuições**, dentre os quais a concessão de medidas cautelares, quando tal providência for indispensável para garantir a efetividade de suas decisões de mérito.

Capítulo 2

PODER CONSTITUINTE

1. CONCEITO

Nos Estados que adotam Constituição do tipo rígida, há uma nítida distinção entre o processo legislativo de elaboração de normas constitucionais e o processo legislativo de elaboração das demais normas do ordenamento.

Nesses Estados, identificam-se duas categorias de legisladores, a saber: o legislador constituinte, com competência para elaborar normas constitucionais, e o legislador ordinário, com competência para elaborar as normas infraconstitucionais do ordenamento.

O poder constituinte é aquele exercido pelo primeiro dos legisladores mencionados, ou seja, é o poder de elaborar e modificar normas constitucionais. É, assim, o poder de estabelecer a Constituição de um Estado, ou de modificar a Constituição já existente.

A teoria do poder constituinte foi inicialmente esboçada pelo abade francês Emmanuel Sieyès, alguns meses antes da Revolução Francesa, em sua obra "Qu'est-ce que le Tiers-État?" ("O que é o Terceiro Estado?"). Inspirou-se nas ideias iluministas em voga no século XVIII, e foi aperfeiçoada pelos constitucionalistas franceses posteriores, com destaque para Carré de Malberg (que incorporou a ela a ideia de soberania popular, preconizada por Rousseau).

O ponto fundamental dessa teoria – que explica a afirmação de que ela somente se aplica a Estados que adotam Constituição escrita e rígida, e faz com que ela alicerce o princípio da supremacia constitucional – é a distinção entre poder constituinte e poderes constituídos. O poder constituinte é o poder que cria a Constituição. Os poderes constituídos são o resultado dessa criação, isto é, são os poderes estabelecidos pela Constituição.

2. TITULARIDADE

A teoria do poder constituinte está relacionada com a legitimidade do poder, com a soberania nacional e a soberania popular em um dado Estado. Nasceu do fortalecimento do racionalismo, em oposição ao poder absoluto das monarquias de direito divino, com a substituição de *Deus* pela *nação*, como titular da soberania. Para Sieyès, o titular legítimo do poder constituinte seria unicamente a Nação.

Contemporaneamente, porém, é hegemônico o entendimento de que o titular do poder constituinte é o povo (e não mais a nação), pois só este tem legitimidade para determinar quando e como deve ser elaborada uma nova Constituição, ou modificada a já existente. A soberania popular, que é, na essência, o poder constituinte do povo, é a fonte única de que procedem todos os poderes públicos do Estado. Mesmo nos regimes ditatoriais é o povo o único e legítimo titular do poder constituinte (o que se dá, nesse caso, conforme será explicado no item seguinte, é a usurpação desse poder).

3. FORMAS DE EXERCÍCIO

O poder constituinte originário pode manifestar-se na criação de um novo Estado (por exemplo, as desintegrações do Império Otomano, da União Soviética, da Iugoslávia deram origem a vários novos Estados), ou na refundação de um Estado, com a substituição de uma Constituição por outra, como ocorre no caso de golpe, revolução, desagregação social, ou mesmo, se assim desejar o povo, em períodos de normalidade social. No primeiro caso – criação do Estado –, temos o denominado poder constituinte histórico e, nos demais, o poder constituinte revolucionário.

Conquanto na atualidade haja um consenso teórico em afirmar que é o povo o titular do poder constituinte, o seu exercício nem sempre tem se realizado democraticamente. De fato, em diversos países o poder constituinte tem sido exercido por ditadores ou por grupos que se alçam ao poder mediante a ruptura da ordem democrática, resultando na criação autocrática da Constituição. Trata-se de uma forma de exercício do poder constituinte pela única vontade do detentor do poder, sem nenhuma representação nem participação do povo.

Observa-se, assim, que, não obstante a titularidade do poder constituinte seja sempre do povo, temos duas formas distintas para o seu exercício: democrática (poder constituinte legítimo) ou autocrática (poder constituinte usurpado).

O exercício autocrático do poder constituinte caracteriza-se pela denominada outorga: estabelecimento da Constituição pelo indivíduo, ou grupo, líder do movimento revolucionário que o alçou ao poder, sem a participação popular. É ato unilateral do governante, que autolimita o seu poder e impõe as normas constitucionais ao povo (e, teoricamente, a si mesmo).

A outorga constitui, portanto, a criação autocrática da Constituição, um exercício do poder constituinte pela única vontade do detentor do poder, sem representação ou participação dos governados, do povo, destinatários do poder. Temos, nesse caso, o que se denomina poder constituinte usurpado.

O exercício democrático do poder constituinte ocorre pela **assembleia nacional constituinte** ou **convenção**: o povo escolhe seus representantes (democracia representativa), que formam o órgão constituinte, incumbido de elaborar a Constituição do tipo **promulgada**.

A atuação do poder constituinte por meio de uma **assembleia nacional constituinte** ou **convenção** composta de representantes do povo democraticamente eleitos é a forma típica de exercício democrático do poder constituinte, desde as origens do constitucionalismo (Convenção de Filadélfia de 1787 e Assembleia Nacional Francesa de 1789). Com a utilização desse sistema, o povo, legítimo titular do poder constituinte, democraticamente, confere poderes a seus representantes especialmente eleitos para a elaboração e promulgação da Constituição.

No exercício democrático do poder constituinte pode, ainda, haver maior participação popular do que a verificada na mera eleição de representantes para compor o órgão constituinte (democracia representativa). Com efeito, é possível a participação direta do povo no processo de elaboração ou de aprovação da Constituição (democracia participativa), por meio de plebiscito ou referendo, ou mediante apresentação, ao órgão constituinte, de propostas populares de dispositivos constitucionais para serem apreciadas e, se aprovadas (com ou sem modificações), incorporadas ao texto da Constituição (uma espécie de "iniciativa popular constitucional").

Na história constitucional do Brasil, o poder constituinte nem sempre se exercitou segundo o princípio da legitimidade democrática. Além disso, nenhuma de nossas Constituições teve seu texto, elaborado pelo órgão constituinte formalmente incumbido dessa tarefa, aprovado em referendo popular (somente a Constituição de 1937, autoritária, outorgada, previa um plebiscito para a aprovação de seu texto, mas esse plebiscito nunca chegou a ser convocado – caso tivesse ocorrido, teria sido um caso típico de Constituição cesarista). Todas as nossas Constituições democráticas foram promulgadas diretamente pela assembleia constituinte, sem qualquer participação popular direta no ato de promulgação.

Apesar disso, podemos apontar como resultantes do exercício legítimo (democrático) do poder constituinte as Constituições de 1891, de 1934, de 1946, e a vigente, de 1988. Foram outorgadas, resultando de usurpação do poder constituinte, as Cartas de 1824, 1937, 1967 e 1969.

Seja qual for a forma de **exercício** do poder constituinte – legítima ou mediante usurpação – um ponto deve ficar claro: sempre que houver ruptura da ordem constitucional estabelecida, e sua substituição por uma outra, ocorre **manifestação do poder constituinte**, ou seja, a nova Constituição será sempre obra do poder constituinte, mesmo que imposta mediante exercício ilegítimo desse poder.

O fato de residir no povo a titularidade do poder constituinte não tem relevância para determinar quando há manifestação do poder constituinte, vale dizer, mesmo nos casos em que há usurpação desse poder, e uma nova Constituição é outorgada por um ato autoritário, não democrático, o só fato de substituir-se o ordenamento constitucional vigente por um outro consubstancia manifestação do poder constituinte; essa criação e imposição de uma nova ordem constitucional é obra do poder constituinte originário.

4. ESPÉCIES

São duas as clássicas espécies de poder constituinte identificadas pela doutrina: o **originário** e o **derivado**.

Embora pouco estudados pela doutrina pátria, alguns autores têm destacado, também, a existência do poder constituinte **difuso** e do poder constituinte **supra-nacional**.

4.1. Poder constituinte originário

Poder constituinte originário (inaugural, fundacional, primogênito, genuíno, primário, de primeiro grau ou inicial) é o poder de elaborar uma Constituição.

No procedimento de elaboração de uma nova Constituição, podemos identificar dois momentos de atuação do poder constituinte originário, que se sucedem: um momento material e um momento formal, de onde decorrem as noções de **poder constituinte material** e **poder constituinte formal**.

Num primeiro momento, temos o **poder constituinte material**, que é o poder de autoconformação do Estado, segundo certa ideia de Direito. É a decisão política de criação de um novo Estado.

Posteriormente, temos o **poder constituinte formal**, que transforma essa "ideia de Direito" (momento material) em "regra de Direito", dotada de forma e força jurídica, mediante a elaboração da Constituição (momento formal). O poder constituinte formal, portanto, é responsável pela elaboração da Constituição em si, momento em que se dá juridicidade e forma à ideia de Direito.

Enfim, há sempre dois momentos no processo constituinte: o do triunfo de certa ideia de Direito ou do nascimento de certo regime (momento material) e o da for-malização dessa ideia ou desse regime no texto da Constituição (momento formal).

São cinco as tradicionais características apontadas pela doutrina para o poder constituinte originário: trata-se de um poder **político**, **inicial**, **incondicionado**, **permanente** e **ilimitado** (ou **autônomo**).

É um poder essencialmente **político**, fático, metajurídico, extrajurídico ou pré--jurídico, pois faz nascer a ordem jurídica, isto é, a ordem jurídica começa com ele, e não antes dele. É o poder de criar uma Constituição, quando o Estado é novo (poder constituinte originário **histórico**), ou quando uma Constituição é substituída por outra, em um Estado já existente (poder constituinte originário **revolucionário**).

É um poder **inicial**, porque representa a base da ordem jurídica, pois cria um novo Estado, rompendo completamente com a ordem anterior. Logo, não tem ele como referência nenhuma norma jurídica precedente; ao contrário, todo o ordena-mento jurídico nasce a partir do momento em que ele cria a Constituição.

É um poder **incondicionado** porque não está sujeito a qualquer forma prefixada para manifestar sua vontade, isto é, não está obrigado a seguir qualquer procedi-mento predeterminado para realizar a sua obra. Não sabemos, hoje, por exemplo, por meio de que processo legislativo seria elaborada eventual Constituição brasileira futura, que viesse a substituir a atual.

É **permanente**, pois não se esgota no momento do seu exercício, isto é, na elaboração da Constituição. Ele subsiste fora da Constituição e está apto para manifestar-se novamente a qualquer tempo, quando convocado pelo povo. Mesmo depois de elaborada uma nova Constituição, o poder constituinte permanece em estado de dormência, de latência, na titularidade do povo, aguardando um momento ulterior oportuno para nova manifestação, por meio de um movimento revolucionário, que convoque uma nova assembleia nacional constituinte ou outorgue uma nova Carta Política.

O poder constituinte originário é também um poder **ilimitado** ou **autônomo** porque não tem que respeitar limites postos pelo direito anterior, isto é, a ordem jurídica anterior não limita a sua atividade de criar uma nova Constituição.

Quando se afirma que o poder constituinte originário é ilimitado (ou autônomo), tal natureza diz respeito ao **aspecto jurídico**, isto é, à liberdade de atuação do poder constituinte originário em relação a imposições da ordem jurídica que existia anteriormente. Assim, por exemplo, na eventual convocação de uma Assembleia Nacional Constituinte para elaborar nova Constituição Federal, em substituição à atual, de 1988, o poder constituinte originário poderia mudar completamente a estrutura constitucional do Estado brasileiro, em seus aspectos mais elementares, sem necessidade de obediência a qualquer limite imposto pelo atual ordenamento constitucional. Poderia o poder constituinte originário abolir até mesmo as cláusulas pétreas hoje existentes (art. 60, § 4.º), haja vista que estas constituem limitação, apenas, à atuação do poder constituinte derivado, ao modificar o atual texto constitucional.

O caráter ilimitado do poder constituinte originário faz com que, entre nós, não seja juridicamente possível fiscalizar a validade de sua obra, vale dizer, não é juridicamente possível ao Poder Judiciário fiscalizar a validade das normas inseridas na Constituição, no momento de sua elaboração, pelo poder constituinte originário. A jurisprudência do Supremo Tribunal Federal é mansa a respeito, visto que o poder constituinte não se encontra sujeito a quaisquer limites impostos pela ordem jurídica interna, tampouco a limitações de ordem suprapositiva.

Alguns constitucionalistas fazem a ressalva de que o poder constituinte originário deve ser visto como ilimitado e incondicionado somente no âmbito do ordenamento jurídico pátrio, porque, no plano externo, não estaria legitimado a violar regras mínimas de convivência com outros Estados soberanos, estabelecidas no Direito Internacional. O Direito Internacional funcionaria, pois, como uma limitação ao poder constituinte originário, visto que seria juridicamente inaceitável, contemporaneamente, por exemplo, a elaboração de uma Constituição que contivesse normas frontalmente contrárias às regras internacionais de proteção aos direitos humanos.

Além da observância aos princípios de direito internacional (princípios da independência, da autodeterminação e da observância de direitos humanos), o Prof. Gomes Canotilho anota que o poder constituinte originário deve obediência, também, a padrões e modelos de conduta espirituais, culturais, éticos e sociais radicados na consciência jurídica geral da comunidade e, nesta medida, considerados como "vontade do povo".

Na mesma linha, há autores que propugnam a existência de limites impostos pelo direito natural à atuação do poder constituinte originário. Para eles, imperativos de direito suprapositivo, de valores éticos superiores, de uma consciência jurídica coletiva imporiam limites ao conteúdo das normas constitucionais postas pelo constituinte originário.

Existe, ainda, uma terceira espécie de objeção, de ordem lógica, ao caráter ilimitado do poder constituinte originário. Importantes constitucionalistas afirmam que não poderiam ser estabelecidas na Constituição normas que impliquem a aniquilação ou o desaparecimento do Estado, a abdicação à sua soberania ou à sua identidade (seria inválido, por exemplo, dispositivo constitucional que previsse a anexação do Estado por outro).

Em que pesem essas ressalvas – algumas, como a última, inegavelmente congruentes com a própria natureza do poder constituinte – no Brasil predomina a doutrina positivista, segundo a qual não há limites à atuação do poder constituinte originário. Com isso, pode-se dizer que, teoricamente, o poder constituinte originário, em nosso País, é ilimitado na sua função de iniciar a ordem jurídica do novo Estado, não devendo obediência ao direito internacional, tampouco a considerações de ordem suprapositiva, advindas do direito natural, ou a quaisquer outras.

4.2. Poder constituinte derivado

O poder constituinte derivado (instituído, constituído, secundário ou de segundo grau) é o poder de modificar a Constituição Federal e, também, de elaborar as Constituições estaduais.

Esse poder é criado pelo poder constituinte originário, está previsto e regulado no texto da própria Constituição, conhece limitações constitucionais expressas e implícitas e, por isso, é passível de controle de constitucionalidade.

Tem como características ser um poder jurídico, derivado, limitado (ou subordinado) e condicionado.

É um poder jurídico porque integra o Direito, está presente e regulado no texto da Constituição Federal. Na Constituição Federal de 1988, por exemplo, o poder de emenda está expressamente indicado e regrado no art. 60 do texto constitucional.

É derivado porque é instituído pelo poder constituinte originário, para modificar e complementar a sua obra.

É limitado ou subordinado porque encontra limitações constitucionais expressas e implícitas, não podendo desrespeitá-las, sob pena de inconstitucionalidade. É por força dessa característica que identificamos, na vigente Constituição Federal de 1988, a presença de cláusulas pétreas, expressas e implícitas (núcleo inabolível da Constituição, adiante estudado nesta obra).

É condicionado porque a sua atuação deve observar fielmente as regras predeterminadas pelo texto constitucional. Na aprovação de uma emenda à Constituição Federal, por exemplo, deverá ser estritamente observado o procedimento estabelecido no art. 60 da Constituição Federal, sob pena de inconstitucionalidade.

O poder constituinte derivado subdivide-se em poder constituinte reformador e poder constituinte decorrente.

O poder constituinte derivado reformador é o poder de modificar a Constituição Federal de 1988, desde que respeitadas as regras e limitações impostas pelo poder constituinte originário. Esse poder de modificação do texto constitucional baseia-se na ideia de que o povo tem sempre o direito de rever e reformar a Constituição.

Na Constituição Federal de 1988, o exercício do poder constituinte derivado foi atribuído ao Congresso Nacional para alteração do texto constitucional mediante dois procedimentos distintos: procedimentos de emenda (art. 60) e de revisão constitucional (ADCT, art. 3.º).

Com efeito, o poder constituinte originário estabeleceu dois procedimentos distintos para modificação do texto constitucional pelo poder constituinte derivado reformador, a saber: o procedimento rígido de **emenda constitucional**, previsto no art. 60 da Constituição, e o procedimento simplificado de **revisão constitucional**, previsto no art. 3.º do Ato das Disposições Constitucionais Transitórias – ADCT (esses procedimentos e limitações serão examinados em momento futuro, no estudo das regras de modificação da CF/1988).

A doutrina classifica as limitações que podem ser impostas pelo poder constituinte originário à atuação do poder constituinte derivado reformador, ao modificar o texto constitucional, em quatro grupos, a saber:

a) **temporais** – quando a Constituição estabelece um período durante o qual o seu texto não pode ser modificado;

b) **circunstanciais** – quando a Constituição veda a sua modificação durante certas circunstâncias excepcionais, de conturbação da vida do Estado;

c) **materiais** – quando a Constituição enumera certas matérias que não poderão ser abolidas do seu texto pelo reformador;

d) **processuais ou formais** – quando a Constituição estabelece certas exigências no processo legislativo de aprovação de sua modificação, tornando este distinto e mais laborioso do que aquele estabelecido para a elaboração das demais leis do ordenamento (é a existência dessas limitações que caracteriza uma Constituição como rígida).

O poder constituinte derivado decorrente é o poder que a Constituição Federal de 1988 atribui aos estados-membros para se auto-organizarem, por meio da elaboração de suas próprias Constituições (CF, art. 25 c/c ADCT, art. 11). É, portanto, a competência atribuída pelo poder constituinte originário aos estados-membros para criarem suas próprias Constituições, desde que observadas as regras e limitações impostas pela Constituição Federal.

Entendemos que a Constituição Federal também atribui ao Distrito Federal o poder constituinte derivado decorrente, consistente na competência para elaborar sua Lei Orgânica.

Com efeito, considerando que o Distrito Federal é ente federado dotado de autonomia política (CF, art. 18), titular de competências legislativas dos estados-

-membros (CF, art. 32, § 1.º), e, especialmente, que a sua competência para elaborar a Lei Orgânica deriva diretamente da Constituição Federal (art. 32), não vemos razões para lhe negar a titularidade do poder constituinte derivado decorrente.

Ademais, corroborando o entendimento acima exposto, cabe ressaltar que o Supremo Tribunal Federal tem se pronunciado em reiterados julgados no sentido de que a Lei Orgânica do Distrito Federal é norma equiparada à Constituição Estadual, possuindo natureza de "verdadeira Constituição local".[1]

Já os municípios, embora dotados de autonomia política, administrativa e financeira, com competência para elaborar suas próprias Leis Orgânicas (CF, art. 29), não dispõem de poder constituinte derivado decorrente.

Assim entendemos porque a competência que foi outorgada aos municípios para elaboração de suas Leis Orgânicas é condicionada à observância não só da Constituição Federal, mas também da Constituição do respectivo estado-membro ("respeitado o disposto na Constituição Federal e na Constituição Estadual", estabelece o parágrafo único do art. 11 do ADCT), com o que temos que sua capacidade de auto-organização não deriva direta e exclusivamente do constituinte originário federal.

Enfim, feitas essas considerações, podemos concluir que o poder constituinte derivado decorrente é aquele atribuído aos estados-membros para elaboração de suas próprias Constituições (CF, art. 25), bem como ao Distrito Federal, para elaboração de sua Lei Orgânica (CF, art. 32). Esse poder, porém, não foi estendido aos municípios.

4.3.   Poder constituinte difuso

Poder constituinte difuso é o poder de fato que atua na etapa da mutação constitucional, meio informal de alteração da Constituição. Cabe a ele, portanto, alterar o conteúdo, o alcance e o sentido das normas constitucionais, mas de modo informal, sem qualquer modificação na literalidade do texto da Constituição.

É chamado de difuso porque não vem formalizado (positivado) no texto das Constituições. É um poder de fato porque nascido do fato social, político e econômico. É meio informal porque se manifesta por intermédio das mutações constitucionais, modificando o sentido das Constituições, mas sem nenhuma alteração do seu texto expresso.

Nas precisas palavras do Professor Uadi Lammêgo Bulos, "enquanto o poder originário é a potência, que faz a Constituição, e o poder derivado, a competência, que a reformula, o poder difuso é a força invisível que a altera, mas sem mudar-lhe uma vírgula sequer".

As mutações constitucionais (vicissitudes constitucionais tácitas, mudanças silenciosas da Constituição, transições constitucionais, processos de fato, processos indiretos, processos não formais, processos informais, processos oblíquos) serão objeto de estudo mais aprofundado no Capítulo 9 desta obra, no qual abordamos os processos de modificação da Constituição Federal de 1988.

---

[1]   RE 577.025, rel. Min. Ricardo Lewandowski, 11.12.2008.

4.4. Poder constituinte supranacional

Poder constituinte supranacional (transnacional ou global) é o poder **de fato** encarregado de fazer e reformular as **Constituições transnacionais, supranacionais ou globais**.

O poder constituinte supranacional tem sua fonte de validade na cidadania universal, na multiplicidade de ordenamentos jurídicos, no desejo dos povos de se integrarem e interagirem, propondo um redimensionamento no conceito clássico de soberania, com o fim de elaborar Constituições que ultrapassem fronteiras domésticas de um Estado, em nome de uma integração maior, com vistas a alcançar uma comunidade de nações.

O exemplo prático do intento de concretização do poder constituinte supranacional é o que se prenuncia na Europa, em que os diferentes Estados soberanos integrantes da União Europeia têm analisado a viabilidade da adoção de uma Constituição transnacional democrática.[2]

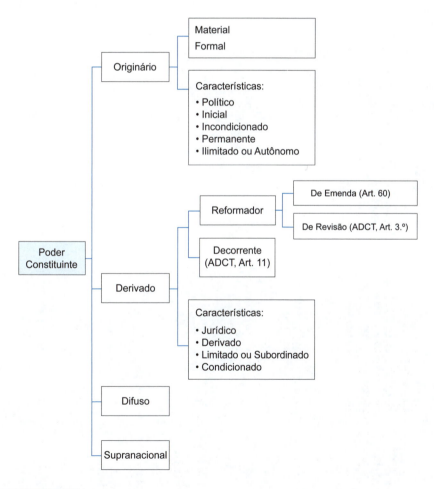

---

[2] O projeto da chamada "Constituição Europeia", entretanto, foi rejeitado em 2005.

Capítulo 3

PRINCÍPIOS, DIREITOS E GARANTIAS FUNDAMENTAIS

1. PRINCÍPIOS FUNDAMENTAIS

O Título I da Constituição brasileira de 1988, composto por quatro artigos, é dedicado aos denominados "princípios fundamentais" do Estado brasileiro. O nosso constituinte utilizou essa expressão genérica para traduzir a ideia de que nesses primeiros quatro artigos já se estabelecem a forma do nosso Estado e de seu governo, proclama-se o regime político democrático fundado na soberania popular e institui-se a garantia da separação de funções entre os poderes. Também neles encontram-se os valores e os fins mais gerais orientadores de nosso ordenamento constitucional, funcionando como diretrizes para todos os órgãos mediante os quais atuam os poderes constituídos.

O art. 1.º da Constituição, em seu *caput*, resume a um só tempo, em uma única sentença, as características mais essenciais do Estado brasileiro: trata-se de uma **federação** (forma de Estado), de uma **república** (forma de governo), que adota o regime político **democrático** (traz ínsita a ideia de soberania assentada no povo); constitui, ademais, um **Estado de Direito** (implica a noção de limitação do poder e de garantia de direitos fundamentais aos particulares).

Todas essas noções nucleares acerca da estrutura do Estado e do funcionamento do poder político encontram-se assim sintetizadas (grifamos):

> Art. 1.º A **República Federativa** do Brasil, formada pela união indissolúvel dos Estados e Municípios e do Distrito Federal, constitui-se em **Estado Democrático de Direito**...
>
> ....
>
> Parágrafo único. Todo o poder emana do povo, que o exerce por meio de representantes eleitos ou diretamente, nos termos desta Constituição.

A **forma de Estado** adotada no Brasil é a de uma **federação**, o que significa a coexistência, no mesmo território, de unidades dotadas de autonomia política, que possuem competências próprias discriminadas diretamente no texto constitucional.

A Federação brasileira é composta pela União, estados-membros, Distrito Federal e municípios (CF, art. 1.º e art. 18). Todos eles são pessoas jurídicas de direito público autônomas e encontram-se sujeitos ao **princípio da indissolubilidade do vínculo federativo** (não existe em nosso País o direito de secessão).

Essas pessoas políticas descentralizadas possuem poder de auto-organização, competências legislativas e administrativas e autonomia financeira (têm competências tributárias próprias). Além disso, os estados e o Distrito Federal são representados no órgão formador da vontade política geral do Estado (têm representação no Congresso Nacional – CF, art. 46) e podem propor emendas à Constituição (CF, art. 60, III).

Deve-se anotar, por fim, que a forma federativa de Estado é, no Brasil, **cláusula pétrea**, não podendo ser nem mesmo objeto de deliberação qualquer proposta de emenda constitucional tendente a aboli-la (CF, art. 60, § 4.º, I).

O Brasil é uma **república**. Essa é a **forma de governo** adotada em nosso País desde 15 de novembro de 1889, consagrada na Constituição de 1891 e em todas as Constituições subsequentes.

A Constituição de 1988 não erigiu a forma republicana de governo ao *status* de cláusula pétrea. Entretanto, o desrespeito ao princípio republicano pelos estados--membros ou pelo Distrito Federal constitui motivo ensejador de medida drástica: a intervenção federal (art. 34, VII, "a").

O conceito de **forma de governo** relaciona-se à maneira como se dá a instituição do poder na sociedade e como se dá a relação entre governantes e governados. O intuito do conceito é, portanto, estabelecer **quem** deve exercer o poder e **como** este se exerce.

A mais notória característica formal das repúblicas é a necessidade de **alternância no poder**. Entretanto, como assinala a mais abalizada doutrina, não é suficiente essa formalidade para que tenhamos uma república em seu sentido mais nobre, de "coisa pública". O conceito de república, hoje, encontra-se irremediavelmente imbricado com o **princípio democrático** e com o **princípio da igualdade** (ausência de privilégios em razão de estirpe).

Em suma, a república é a **forma de governo** fundada na igualdade jurídica das pessoas, em que os detentores do poder político exercem-no em caráter eletivo, representativo, transitório e com responsabilidade.

Quanto ao **regime político**, o *caput* do art. 1.º da Constituição afirma que o Brasil constitui-se em **Estado Democrático de Direito**. Em suas origens, o conceito de "Estado de Direito" estava ligado tão somente à ideia de limitação do poder e sujeição do governo a leis gerais e abstratas. A noção de "Estado democrático" é posterior, e relaciona-se à necessidade de que seja assegurada a participação popular no exercício do poder, que deve, ademais, ter por fim a obtenção de uma igualdade material entre os indivíduos.

Atualmente, a concepção de "Estado de Direito" é indissociável do conceito de "Estado Democrático", o que faz com que a expressão "Estado Democrático de Direito" traduza a ideia de um Estado em que todas as pessoas e todos os poderes estão sujeitos ao império da lei e do Direito e no qual os poderes públicos sejam exercidos por representantes do povo visando a assegurar a todos uma igualdade material (condições materiais mínimas necessárias a uma existência digna).

Reforça o **princípio democrático** o parágrafo único do art. 1.º da CF/1988, ao declarar que "todo o poder emana do povo, que o exerce por meio de representantes eleitos ou diretamente, nos termos desta Constituição".

Democracia, na célebre conceituação de Lincoln, é o governo do povo, pelo povo e para o povo. Tradicionalmente, identificam-se como elementos essenciais do regime democrático: o princípio da maioria, o princípio da liberdade e o princípio da igualdade.

O parágrafo único do art. 1.º da Carta da República permite concluir que em nosso Estado vigora a denominada democracia **semidireta**, ou participativa, na qual são conjugados o princípio representativo com os institutos da democracia direta (plebiscito, referendo, iniciativa popular).

O art. 1.º da Constituição de 1988, a par de estabelecer a forma do Estado brasileiro (federação), a forma de seu governo (república) e o regime de governo (democracia participativa fundada na soberania popular), enumera, em seus cinco incisos, os valores maiores que orientam nosso Estado.

O constituinte denominou esses valores mais gerais de "fundamentos da República Federativa do Brasil", exatamente para transmitir a noção de alicerces, de vigas mestras de nossa ordenação político-jurídica.

Os fundamentos da República Federativa do Brasil são: (1) a soberania; (2) a cidadania; (3) a dignidade da pessoa humana; (4) os valores sociais do trabalho e da livre-iniciativa; e (5) o pluralismo político.

A **soberania** significa que o poder do Estado brasileiro, na ordem interna, é superior a todas as demais manifestações de poder, não é superado por nenhuma outra forma de poder, ao passo que, em âmbito internacional, encontra-se em igualdade com os demais Estados independentes.

Ao alçar a **cidadania** a fundamento de nosso Estado, o constituinte está utilizando essa expressão em sentido abrangente, e não apenas técnico-jurídico. Não se satisfaz a cidadania aqui enunciada com a simples atribuição formal de direitos políticos ativos e passivos aos brasileiros que atendam aos requisitos legais. É necessário que o Poder Público atue, concretamente, a fim de incentivar e oferecer condições propícias à efetiva participação política dos indivíduos na condução dos negócios do Estado, fazendo valer seus direitos, controlando os atos dos órgãos públicos, cobrando de seus representantes o cumprimento de compromissos assumidos em campanha eleitoral, enfim, assegurando e oferecendo condições materiais para a integração irrestrita do indivíduo na sociedade política organizada.

A **dignidade da pessoa humana** como fundamento da República Federativa do Brasil consagra, desde logo, nosso Estado como uma organização centrada no ser humano, e não em qualquer outro referencial. A razão de ser do Estado brasileiro não se funda na propriedade, em classes, em corporações, em organizações religiosas, tampouco no próprio Estado (como ocorre nos regimes totalitários), mas sim na pessoa humana. São vários os valores constitucionais que decorrem diretamente da ideia de dignidade humana, tais como, dentre outros, o direito à vida, à intimidade, à honra e à imagem.

A dignidade da pessoa humana assenta-se no reconhecimento de duas posições jurídicas ao indivíduo. De um lado, apresenta-se como um **direito** de proteção individual, não só em relação ao Estado, mas, também, frente aos demais indivíduos. De outro, constitui **dever** fundamental de tratamento igualitário dos próprios semelhantes.

Conforme veremos ao longo desta obra, o postulado da **dignidade da pessoa humana** tem sido reiteradamente invocado pelo Supremo Tribunal Federal como fundamento para o reconhecimento de relevantíssimos direitos e garantias de índole individual, tais como: (a) a ilicitude do uso desnecessário de algemas em réus; (b) a invalidade da condução coercitiva de investigados e réus para o fim de interrogatório; (c) a igualdade entre as uniões estáveis homoafetivas e heteroafetivas para os fins de constituição de família e respectivos direitos sucessórios; (d) o direito de os indivíduos transgêneros promoverem a alteração de prenome e gênero diretamente no registro civil, sem necessidade de autorização judicial e independentemente de cirurgia; (e) a autorização para interrupção da gestação de feto com anencefalia; (f) a invalidade da duração prolongada, abusiva e desarrazoada de prisão cautelar; e (g) o reconhecimento ao Poder Judiciário da competência para impor à administração pública a obrigação de realizar obras ou reformas emergenciais em presídios.

É fundamento do nosso Estado, ainda, o **valor social do trabalho e da livre-iniciativa**. Assim dispondo, nosso constituinte configura o Brasil como um Estado obrigatoriamente capitalista e, ao mesmo tempo, assegura que, nas relações entre capital e trabalho será reconhecido o valor social deste último. No art. 170, a Constituição reforça esse fundamento, ao estatuir que "a ordem econômica, fundada na valorização do trabalho humano e na livre-iniciativa, tem por fim assegurar a todos existência digna, conforme os ditames da justiça social".

Por último, nossa Carta arvora o **pluralismo político** em fundamento da República Federativa do Brasil, implicando que nossa sociedade deve reconhecer e garantir a inclusão, nos processos de formação da vontade geral, das diversas correntes de pensamento e grupos representantes de interesses existentes no seio do corpo comunitário.

O art. 2.º da Constituição de 1988 define como Poderes da República Federativa do Brasil, independentes e harmônicos entre si, o Legislativo, o Executivo e o Judiciário. Esse artigo consagra o **princípio da separação dos Poderes**, ou princípio da divisão funcional do poder do Estado.

O critério de divisão funcional consiste em atribuir a órgãos independentes entre si o exercício precípuo das funções estatais essenciais. Assim, ao Poder Executivo incumbe, tipicamente, exercer as funções de Governo e Administração (execução não contenciosa das leis); ao Poder Legislativo cabe precipuamente a elaboração

Cap. 3 • PRINCÍPIOS, DIREITOS E GARANTIAS FUNDAMENTAIS

das leis (atos normativos primários); ao Poder Judiciário atribui-se, como função típica, o exercício da jurisdição (dizer o direito aplicável aos casos concretos, na hipótese de litígio).

Além dos fundamentos da República Federativa do Brasil, o constituinte de 1988 explicitou, no art. 3.º de nossa Carta Política, **objetivos fundamentais** a serem perseguidos pelo Estado Brasileiro.

Os objetivos fundamentais do Estado brasileiro arrolados no art. 3.º da Constituição são:

> I – construir uma sociedade livre, justa e solidária;
>
> II – garantir o desenvolvimento nacional;
>
> III – erradicar a pobreza e a marginalização e reduzir as desigualdades sociais e regionais;
>
> IV – promover o bem de todos, sem preconceitos de origem, raça, sexo, cor, idade e quaisquer outras formas de discriminação.

Constata-se que esses objetivos têm em comum assegurar a igualdade material entre os brasileiros, possibilitando a todos iguais oportunidades para alcançar o pleno desenvolvimento de sua personalidade, bem como para autodeterminar e lograr atingir suas aspirações materiais e espirituais, condizentes com a dignidade inerente a sua condição humana.

O art. 4.º, que finaliza o Título I da Constituição de 1988, enumera dez **princípios fundamentais orientadores das relações do Brasil na ordem internacional**. É esta a sua redação:

> Art. 4.º A República Federativa do Brasil rege-se nas suas relações internacionais pelos seguintes princípios:
>
> I – independência nacional;
>
> II – prevalência dos direitos humanos;
>
> III – autodeterminação dos povos;
>
> IV – não intervenção;
>
> V – igualdade entre os Estados;
>
> VI – defesa da paz;
>
> VII – solução pacífica dos conflitos;
>
> VIII – repúdio ao terrorismo e ao racismo;
>
> IX – cooperação entre os povos para o progresso da humanidade;
>
> X – concessão de asilo político.
>
> Parágrafo único. A República Federativa do Brasil buscará a integração econômica, política, social e cultural dos povos da América Latina, visando à formação de uma comunidade latino-americana de nações.

De um modo geral, esses princípios consubstanciam o reconhecimento da soberania, no plano internacional, como elemento igualador dos Estados, além de reconhecer, também nesse âmbito, o ser humano como centro das preocupações da nossa República.

Assim, reforça-se a **independência nacional** como princípio (art. 4.º, I), que nada mais é do que a manifestação da soberania na ordem internacional. Como corolário, tem-se a **igualdade entre os Estados** (art. 4.º, V), consagração do princípio da não subordinação no plano internacional. Trata-se, aqui, de uma igualdade formal, essencialmente jurídica, uma vez que na esfera econômica são absurdamente desiguais as condições existentes entre os Estados. De toda sorte, uma noção de busca de igualdade material se manifesta no princípio da colaboração entre os Estados. A Constituição de 1988 agrega ao princípio da colaboração o fim a ser perseguido mediante essa cooperação mútua, qual seja, o progresso da humanidade (**cooperação entre os povos para o progresso da humanidade** – art. 4.º, IX).

O princípio da **não intervenção** (art. 4.º, IV) e seu correlato, a **autodeterminação dos povos** (art. 4.º, III), também têm origem no reconhecimento da igualdade entre os Estados. Respeita-se a soberania de cada um, assegurando-se que, no âmbito interno, os Estados não devem sofrer ingerência na condução de seus assuntos. Vale lembrar que não existem princípios absolutos, devendo sua convivência seguir a lógica da ponderação. Assim, o inciso II do art. 4.º enuncia como princípio fundamental internacional a **prevalência dos direitos humanos**, o que, em casos extremos de afronta a esses direitos por um Estado, pode levar o Brasil a apoiar a interferência de outros Estados naquele, a fim de impedir a continuação de situações de profunda degradação da dignidade humana. Nesses casos, de que são inúmeros os exemplos concretamente ocorridos, os direitos humanos prevalecem à própria soberania.

Em respeito ao mencionado princípio da **prevalência dos direitos humanos nas relações internacionais da República Federativa do Brasil**, o Supremo Tribunal Federal firmou o entendimento de que a imunidade de jurisdição de Estado estrangeiro **não alcança atos de império ofensivos ao direito internacional da pessoa humana praticados no território brasileiro**, tais como aqueles que resultem na morte de civis em período de guerra.[1,2] Essa orientação da Corte Máxima restou fixada na seguinte **tese de repercussão geral**:

> Os atos ilícitos praticados por Estados estrangeiros em violação a direitos humanos não gozam de imunidade de jurisdição.

Na esteira da prevalência dos direitos humanos, o constituinte consignou ainda como princípios de nosso Estado na ordem internacional o **repúdio ao terrorismo e ao racismo** (art. 4.º, VIII) e a **concessão de asilo político** (art. 4.º, X) a quem esteja sendo perseguido, em outro Estado, por motivos políticos ou de opinião.

---

[1] ARE 954.858/RJ, rel. Min. Edson Fachin, 20.08.2021.

[2] Na hipótese, cuidava-se de ação de ressarcimento de danos materiais e morais de autoria de netos ou de viúvas de netos de cidadão brasileiro não combatente que morreu em decorrência de ataque feito por submarino alemão a barco pesqueiro localizado no mar territorial brasileiro, durante a II Guerra Mundial. Em decorrência dessa tese, restou afastada, no caso concreto, a imunidade de jurisdição da República Federal da Alemanha.

São, por último, princípios internacionais, que se complementam, a **defesa da paz** (art. 4.º, VI) e a **solução pacífica dos conflitos** (art. 4.º, VII).

Ao lado dos dez princípios que regem as relações do Estado brasileiro na ordem internacional, o parágrafo único do art. 4.º enuncia um **objetivo** a ser perseguido pelo Brasil no plano internacional: a integração econômica, política, social e cultural dos povos da **América Latina**, visando à formação de uma comunidade latino-americana de nações.

2. DIREITOS E GARANTIAS FUNDAMENTAIS – TEORIA GERAL E REGIME JURÍDICO

O Título II da Constituição de 1988 trata, em cinco capítulos (arts. 5.º a 17), dos "Direitos e Garantias Fundamentais" assegurados em nossa Federação pelo nosso ordenamento jurídico. As diferentes categorias de direitos fundamentais foram assim agrupadas: direitos individuais e coletivos (Capítulo I), direitos sociais (Capítulo II), direitos de nacionalidade (Capítulo III), direitos políticos (Capítulo IV) e direitos relacionados à participação em partidos políticos e à sua existência e organização (Capítulo V).

Antes de adentrarmos o estudo específico dos direitos e garantias fundamentais discriminados no texto constitucional, é importante esboçarmos algumas noções gerais acerca da origem, evolução e regime jurídico desses direitos e garantias.

2.1. Origem

Alguns autores apontam como marco inicial dos direitos fundamentais a Magna Carta inglesa (1215). Os direitos ali estabelecidos, entretanto, não visavam a garantir uma esfera irredutível de liberdades aos indivíduos em geral, mas sim, essencialmente, a assegurar poder político aos barões mediante a limitação dos poderes do rei.

O Constitucionalista J. J. Gomes Canotilho ensina que a positivação dos direitos fundamentais deu-se a partir da Revolução Francesa, com a Declaração dos Direitos do Homem (*Déclaration dês Droits de l'Homme et du Citoyen*, em 1789), e das declarações de direitos formuladas pelos Estados Americanos, ao firmarem sua independência em relação à Inglaterra (*Virginia Bill of Rights*, em 1776). Originam-se, assim, as Constituições liberais dos Estados ocidentais dos séculos XVIII e XIX.

Os primeiros direitos fundamentais têm o seu surgimento ligado à necessidade de se impor limites e controles aos atos praticados pelo Estado e suas autoridades constituídas. Nasceram, pois, como uma proteção à liberdade do indivíduo frente à ingerência abusiva do Estado. Por esse motivo – por exigirem uma abstenção, um **não fazer** do Estado em respeito à liberdade individual – são denominados **direitos negativos**, **liberdades negativas**, ou **direitos de defesa**.

Em suma, os direitos fundamentais surgiram como **normas que visavam a restringir a atuação do Estado**, exigindo deste um comportamento omissivo (abstenção) em favor da liberdade do indivíduo, ampliando o domínio da autonomia individual frente à ação estatal.

Somente no século XX, com o reconhecimento dos direitos fundamentais de segunda dimensão – direitos sociais, culturais e econômicos –, os direitos fundamentais passaram a ter **feição positiva**, isto é, passaram a exigir, também, a atuação comissiva do Estado, prestações estatais em favor do bem-estar do indivíduo.

2.2. Os quatro *status* de Jellinek

Os direitos fundamentais desempenham as mais variadas funções na ordem jurídica, a depender do seu campo específico de proteção. Com efeito, os direitos fundamentais ora asseguram aos indivíduos o direito de defesa frente à ingerência abusiva do Estado, ora legitimam a exigência de atuação positiva do Estado e, ainda, podem assegurar ao indivíduo o chamado direito de participação.

Com o fim de auxiliar na compreensão do conteúdo e alcance dos direitos fundamentais, tendo em conta o papel por eles desempenhado na ordem jurídica, o Professor alemão Georg Jellinek desenvolveu, no final do século XIX, a doutrina dos quatro *status* em que o indivíduo pode encontrar-se diante do Estado. São eles: *status* passivo, *status* negativo, *status* positivo e *status* ativo.

Temos o ***status* passivo** (ou *status subjectionis*), quando o indivíduo encontra-se em posição de subordinação aos poderes públicos, caracterizando-se como detentor de deveres para com o Estado; nessa situação, o Estado pode obrigar o indivíduo, mediante mandamentos e proibições.

Em outras situações, reconhece-se que o indivíduo, possuidor de personalidade, tem o direito de desfrutar de um espaço de liberdade com relação a ingerências dos Poderes Públicos. Enfim, faz-se necessário que o Estado não tenha ingerência na autodeterminação do indivíduo, que tem direito a gozar de algum âmbito de ação desvencilhado da ingerência estatal. Temos, nessa situação, o ***status* negativo**.

O ***status* positivo** (ou *status civitatis*) está presente naquelas situações em que o indivíduo tem o direito de exigir do Estado que atue positivamente em seu favor, que realize prestações, ofertando serviços ou bens.

Por fim, Jellinek aponta o ***status* ativo**, em que o indivíduo desfruta de competências para influir sobre a formação da vontade estatal, correspondendo essa posição ao exercício dos direitos políticos, manifestados, especialmente, por meio do voto.

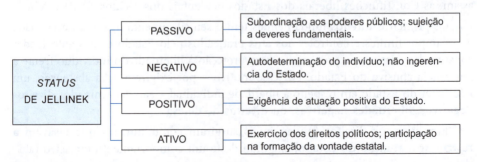

Cap. 3 • PRINCÍPIOS, DIREITOS E GARANTIAS FUNDAMENTAIS

2.3. Distinção entre direitos humanos e direitos fundamentais

Embora as expressões direitos humanos e direitos fundamentais sejam comumente utilizadas com idêntico significado, há um traço distintivo entre elas.

A expressão direitos humanos é reservada para aquelas reivindicações de perene respeito a certas posições essenciais ao homem. São direitos postulados em bases jusnaturalistas, possuem índole filosófica e não têm como característica básica a positivação numa ordem jurídica particular. Essa expressão é empregada, também, para designar pretensões de respeito à pessoa humana, inseridas em documentos de direito internacional.

Já a expressão direitos fundamentais é utilizada para designar os direitos relacionados às pessoas, inscritos em textos normativos de cada Estado. São direitos que vigoram numa determinada ordem jurídica, sendo, por isso, garantidos e limitados no espaço e no tempo, pois são assegurados na medida em que cada Estado os estabelece.

Enfim, a expressão "direitos humanos" é utilizada para designar direitos pertencentes ao homem, universalmente considerado, sem referência a determinado ordenamento jurídico ou limitação geográfica. Já os direitos fundamentais são aqueles reconhecidos como tais em determinado ordenamento jurídico, de certo Estado.

2.4. Distinção entre direitos e garantias

A doutrina diferencia direitos fundamentais de garantias fundamentais.

Os direitos fundamentais são os bens em si mesmo considerados, declarados como tais nos textos constitucionais.

As garantias fundamentais são estabelecidas pelo texto constitucional como instrumentos de proteção dos direitos fundamentais. As garantias possibilitam que os indivíduos façam valer, frente ao Estado, os seus direitos fundamentais. Assim, ao direito à vida corresponde a garantia de vedação à pena de morte; ao direito à liberdade de locomoção corresponde a garantia do *habeas corpus*; ao direito à liberdade de manifestação do pensamento, a garantia da proibição da censura etc.

Enfim, os direitos fundamentais são bens jurídicos em si mesmos considerados, conferidos às pessoas pelo texto constitucional, enquanto as garantias são os instrumentos por meio dos quais é assegurado o exercício desses direitos, bem como a devida reparação, nos casos de violação. Enquanto aqueles nos asseguram direitos, as garantias conferem proteção a esses direitos nos casos de eventual violação.

2.5. Características

O Professor Alexandre de Moraes sintetiza como principais características dos direitos fundamentais as seguintes:

a) imprescritibilidade (os direitos fundamentais não desaparecem pelo decurso do tempo);

b) **inalienabilidade** (não há possibilidade de transferência dos direitos fundamentais a outrem);

c) **irrenunciabilidade** (em regra, os direitos fundamentais não podem ser objeto de renúncia);

d) **inviolabilidade** (impossibilidade de sua não observância por disposições infraconstitucionais ou por atos das autoridades públicas);

e) **universalidade** (devem abranger todos os indivíduos, independentemente de sua nacionalidade, sexo, raça, credo ou convicção político-filosófica);

f) **efetividade** (a atuação do Poder Público deve ter por escopo garantir a efetivação dos direitos fundamentais);

g) **interdependência** (as várias previsões constitucionais, apesar de autônomas, possuem diversas intersecções para atingirem suas finalidades; assim, a liberdade de locomoção está intimamente ligada à garantia do *habeas corpus*, bem como à previsão de prisão somente por flagrante delito ou por ordem da autoridade judicial);

h) **complementaridade** (os direitos fundamentais não devem ser interpretados isoladamente, mas sim de forma conjunta com a finalidade de alcançar os objetivos previstos pelo legislador constituinte);

i) **relatividade** ou **limitabilidade** (os direitos fundamentais não têm natureza absoluta).

Para mais dessas características, deve-se registrar que Canotilho enfatiza o fato de serem os direitos fundamentais **normas abertas** (princípio da não tipicidade dos direitos fundamentais), o que permite que se insiram novos direitos, não previstos pelo constituinte por ocasião da elaboração do Texto Maior, no âmbito de direitos já existentes.

Enfim, deve-se entender que **não existe uma lista taxativa de direitos fundamentais**, constituindo eles um **conjunto aberto**, **dinâmico**, **mutável no tempo**. Essa característica dos direitos fundamentais encontra-se expressa no § 2.º do art. 5.º da CF/1988, nos termos seguintes: "os direitos e garantias expressos nesta Constituição não excluem outros decorrentes do regime e dos princípios por ela adotados, ou dos tratados internacionais em que a República Federativa do Brasil seja parte".

2.6. Dimensões objetiva e subjetiva

Os direitos fundamentais podem ser enxergados a partir de duas perspectivas: **subjetiva** e **objetiva**.

A primeira dimensão é a **subjetiva**, relativa aos sujeitos da relação jurídica. Diz respeito aos direitos de proteção (negativos) e de exigência de prestação (positivos) por parte do indivíduo em face do Poder Público.

A segunda dimensão é a **objetiva**, em que os direitos fundamentais são compreendidos também como o conjunto de valores objetivos básicos de conformação do Estado Democrático de Direito. Nessa perspectiva (objetiva), eles estabelecem diretrizes para a atuação dos Poderes Executivo, Legislativo e Judiciário e, ainda, para as relações entre particulares.

Essa última feição (**objetiva**) é também denominada **eficácia irradiante** dos direitos fundamentais, vale dizer, o efeito irradiante dos direitos fundamentais decorre da dimensão objetiva – capacidade que eles têm de alcançar os poderes públicos e orientar o exercício de suas atividades principais.

Em outras palavras: como consequência de sua dimensão **objetiva**, os direitos fundamentais conformam o comportamento do Poder Público, criando para o Estado um dever de proteção desses direitos contra agressões (advindas do próprio Estado ou de particulares); enfim, a feição **objetiva** obriga o Estado a adotar medidas que, efetivamente, promovam e protejam os direitos fundamentais.

Examinemos, com um exemplo, a presença dessas duas dimensões. Quando a Constituição Federal estabelece que o Estado prestará assistência jurídica integral e gratuita aos que comprovarem insuficiência de recursos (art. 5.º, LXXIV), identificamos, de pronto, um direito **subjetivo** à exigência de tal prestação – o necessitado poderá exigir do Poder Público tal assistência jurídica integral e gratuita –, mas também uma vertente **objetiva** – que impõe ao Estado o dever de implementar medidas que façam valer esse direito fundamental, tais como a criação e a estruturação de uma Defensoria Pública efetiva.

Em suma, numa perspectiva **subjetiva**, os direitos fundamentais possibilitam ao indivíduo (sujeito) obter do Estado a satisfação de seus interesses juridicamente protegidos; já na perspectiva **objetiva**, os direitos fundamentais sintetizam os valores básicos da sociedade e seus efeitos irradiam-se por todo o ordenamento jurídico, alcançando e direcionando a atuação dos órgãos estatais.

2.7. Classificação

Os direitos fundamentais são tradicionalmente classificados em gerações (ou dimensões), levando-se em conta o momento de seu surgimento e reconhecimento pelos ordenamentos constitucionais.

Os direitos de **primeira geração** realçam o princípio da **liberdade**. São os **direitos civis** e **políticos**, reconhecidos nas Revoluções Francesa e Americana. Caracterizam-se por impor ao Estado um dever de abstenção, de não fazer, de não interferência, de não intromissão no espaço de autodeterminação de cada indivíduo. São as chamadas liberdades individuais, que têm como foco a liberdade do homem individualmente considerado, sem nenhuma preocupação com as desigualdades sociais. Surgiram no final do século XVIII, como uma resposta do Estado liberal ao Estado absoluto. Dominaram todo o século XIX, haja vista que os direitos de segunda dimensão só floresceram no século XX.

Representam os meios de defesa das liberdades do indivíduo, a partir da exigência da não ingerência abusiva dos Poderes Públicos na esfera privada do indivíduo. Limitam-se a impor restrições à atuação do Estado, em favor da esfera de liberdade do indivíduo. Por esse motivo são referidos como **direitos negativos**, **liberdades negativas** ou **direitos de defesa** do indivíduo frente ao Estado.

São exemplos de direitos fundamentais de primeira dimensão o direito à vida, à liberdade, à propriedade, à liberdade de expressão, à participação política e religiosa, à inviolabilidade de domicílio, à liberdade de reunião, entre outros.

Os direitos de **segunda geração** identificam-se com as liberdades positivas, reais ou concretas, e acentuam o princípio da **igualdade** entre os homens (igualdade material). São os **direitos econômicos, sociais** e **culturais**.

Foram os movimentos sociais do século XIX que ocasionaram, no início do século XX, o surgimento da segunda geração de direitos fundamentais, responsável pela gradual passagem do Estado liberal, de cunho individualista, para o Estado social, centrado na proteção dos hipossuficientes e na busca da igualdade material entre os homens (não meramente formal, como se assegurava no Liberalismo).

Os direitos fundamentais de segunda geração correspondem aos direitos de participação, sendo realizados por intermédio da implementação de políticas e serviços públicos, exigindo do Estado prestações sociais, tais como saúde, educação, trabalho, habitação, previdência social, assistência social, entre outras. São, por isso, denominados **direitos positivos, direitos do bem-estar, liberdades positivas** ou **direitos dos desamparados**.

Há que se destacar, porém, que nem todos os direitos fundamentais de segunda geração consubstanciam **direitos positivos**, vale dizer, prestações positivas a serem adimplidas pelo Estado. Existem, também, direitos sociais negativos, como o de liberdade sindical (CF, art. 8.º) e o de liberdade de greve (CF, art. 9.º).

Em face dessa realidade, o critério para distinguir **direitos fundamentais de segunda dimensão** de **direitos fundamentais de primeira dimensão** não pode ser, unicamente, a natureza do dever do Estado, positivo (atuação) ou negativo (abstenção). A identificação da finalidade dos institutos parece constituir o melhor critério para a distinção. Assim, os **direitos sociais** são aqueles que têm por objeto a necessidade da promoção da igualdade substantiva, por meio do intervencionismo estatal em defesa do mais fraco, enquanto os **direitos individuais** são os que visam a proteger as liberdades públicas, a impedir a ingerência abusiva do Estado na esfera da autonomia privada.

Os direitos de **terceira geração** consagram os princípios da **solidariedade** e da **fraternidade**. São atribuídos genericamente a todas as formações sociais, protegendo interesses de titularidade coletiva ou difusa. São exemplos de direitos fundamentais de terceira dimensão, que assistem a todo o gênero humano, o direito ao meio ambiente ecologicamente equilibrado, à defesa do consumidor, à paz, à autodeterminação dos povos, ao patrimônio comum da humanidade, ao progresso e desenvolvimento, entre outros. O Estado e a própria coletividade têm a especial incumbência de defender e preservar, em benefício das presentes e futuras gerações, esses direitos de titularidade coletiva e de caráter transindividual.

É interessante constatar que o núcleo da esfera de proteção dos direitos fundamentais de primeira, segunda e terceira gerações corresponde ao lema da Revolução Francesa – **liberdade, igualdade** e **fraternidade**.

Modernamente, muito se discute sobre o reconhecimento de uma **quarta geração** de direitos fundamentais, em complementação às três dimensões já consagradas. Há autores que se referem, até mesmo, ao surgimento da **quinta geração** de direitos fundamentais. Entretanto, não há consenso entre os constitucionalistas quanto aos bens protegidos exatamente por essas novas gerações de direitos fundamentais.

No tocante aos direitos fundamentais de **quarta dimensão**, por exemplo, o Prof. Paulo Bonavides entende que constituem o direito à democracia, o direito à informação e o direito ao pluralismo jurídico, dos quais depende a concretização da sociedade aberta ao futuro, em sua dimensão da máxima universalidade.

Já para o Prof. Norberto Bobbio, a quarta dimensão decorre dos avanços da engenharia genética, que colocam em risco a própria existência humana, pela manipulação do patrimônio genético.

Finalmente, vale ressaltar que **uma nova dimensão de direitos fundamentais não implica substituição ou caducidade dos direitos das gerações antecedentes**. Ao revés, os direitos das gerações antecedentes permanecem plenamente eficazes, e atuam como infraestruturais das gerações seguintes. O que acontece, na maioria das vezes, é que os direitos integrantes de uma geração antecedente ganham outra dimensão, novo conteúdo e alcance, com o surgimento de uma geração sucessiva. Os direitos da geração posterior se transformam em pressupostos para a compreensão e realização dos direitos da geração anterior. Por exemplo: o direito individual de propriedade, de primeira dimensão, nasceu no Estado liberal, com feição tipicamente privada, portanto; com o surgimento da segunda dimensão de direitos fundamentais, adquiriu feição tipicamente social, a partir da exigência dos textos constitucionais de que a propriedade atenda à sua função social; modernamente, com o reconhecimento dos direitos fundamentais de terceira dimensão, a propriedade deverá respeitar, também, as leis ambientais.

2.8. Destinatários

Os direitos fundamentais surgiram tendo como titulares as pessoas naturais, haja vista que, na sua origem, representam limitações impostas ao Estado em favor do indivíduo.

Com o passar dos tempos, os ordenamentos constitucionais passaram a reconhecer direitos fundamentais, também, às pessoas jurídicas.

Modernamente, as Constituições asseguram, ainda, direitos fundamentais às pessoas estatais, isto é, o próprio Estado passou a ser considerado titular de direitos fundamentais.

Não significa afirmar, porém, que todos os direitos fundamentais têm como titulares as pessoas naturais, as pessoas jurídicas e as pessoas estatais. Há direitos fundamentais que podem ser usufruídos por todos, mas há direitos restritos a determinadas classes.

Na Constituição Federal de 1988, quanto aos destinatários de direitos fundamentais, mencionamos, em caráter meramente exemplificativo:

a) direitos fundamentais destinados às pessoas naturais, às pessoas jurídicas e ao Estado – direito da legalidade e de propriedade (art. 5.º, II e XXII);

b) direitos fundamentais extensíveis às pessoas naturais e às pessoas jurídicas – inviolabilidade do domicílio e assistência jurídica gratuita e integral (art. 5.º, XI e LXXIV);

c) direitos fundamentais exclusivamente voltados para a pessoa natural – direito de locomoção e inviolabilidade da intimidade (art. 5.º, XV e X);

d) direitos fundamentais restritos aos cidadãos – ação popular e iniciativa popular (arts. 5.º, LXXIII, e 14, III);

e) direitos fundamentais voltados exclusivamente para a pessoa jurídica – direito de existência das associações, direitos fundamentais dos partidos políticos (arts. 5.º, XIX, e 17);

f) direitos fundamentais voltados exclusivamente para o Estado – direito de requisição administrativa no caso de iminente perigo público e autonomia política das entidades estatais (arts. 5.º, XXV, e 18).

2.9. Relações privadas

Os direitos fundamentais regulam, precipuamente, as relações entre o Estado e o particular. Como regra, representam direitos – de índole positiva ou negativa – conferidos ao particular frente ao Estado. Regulam, dessarte, as chamadas relações verticais.

Questão enfrentada pela doutrina e jurisprudência pátrias diz respeito à incidência, ou não, dos direitos fundamentais nos negócios celebrados entre particulares, haja vista que nestes, em regra, prepondera o princípio da autonomia da vontade. Trata-se do exame da chamada eficácia horizontal (privada ou externa) dos direitos fundamentais.

A Constituição Federal de 1988 não foi expressa no tocante à incidência dos direitos fundamentais nas relações horizontais, isto é, nos negócios privados.[3] Limitou-se, o atual texto constitucional, a estabelecer que os direitos e garantias fundamentais têm aplicação imediata (art. 5.º, § 1.º).

---

[3] Diferentemente, a Constituição Portuguesa, de 1976, dispõe expressamente, em seu art. 18: "Os preceitos constitucionais respeitantes aos direitos, liberdades e garantias são directamente aplicáveis e vinculam as entidades públicas e privadas."

Há hipóteses, porém, em que resta clara a incidência dos direitos fundamentais nas relações privadas no vigente texto constitucional, como no caso dos direitos dos trabalhadores, arrolados no art. 7.º da Constituição da República. Com efeito, como os destinatários dos direitos constitucionais trabalhistas são, por excelência, os empregados e empregadores privados, resulta indiscutível, nesse caso, a vinculação deles aos direitos fundamentais. Diga-se de passagem, é de suma importância essa vinculação, tendo em conta o histórico de medidas discriminatórias e de condutas violadoras de direitos constitucionais fundamentais dos trabalhadores, adotadas por empresas privadas em relação a seus empregados.

Assim, na celebração de um contrato de trabalho entre empresa privada e empregado, os sujeitos atuam sob o princípio da autonomia da vontade, no ajuste das respectivas cláusulas. Entretanto, não poderão afastar os direitos fundamentais incidentes sobre o negócio, por exemplo, estabelecendo cláusula em que o obreiro renuncie ao exercício do seu direito fundamental à liberdade de greve (CF, art. 9.º). Caso ocorresse tal ajuste, o contrato de trabalho seria válido, mas a cláusula obstativa do direito de greve não teria nenhuma validade frente ao ordenamento jurídico.

Além dos direitos fundamentais dos trabalhadores, há, ainda, outras situações em que a própria Constituição expressamente impõe aos indivíduos, nas relações entre eles (privadas), o respeito a direitos fundamentais. É o que se observa, por exemplo, no inciso V do art. 5.º, que assegura o direito de resposta, proporcional ao agravo (o sujeito passivo será o órgão de imprensa, privado).

Ademais, mesmo naquelas situações em que não há uma expressa imposição constitucional, o entendimento doutrinário dominante, no constitucionalismo pátrio, é de que **os direitos fundamentais aplicam-se, também, às relações privadas**. Segundo essa orientação, não podem os particulares, com amparo no princípio da autonomia da vontade, afastar livremente os direitos fundamentais.

Enfim, o entendimento dominante em nosso país é de que **não só o Estado deve respeitar os direitos fundamentais, mas também os particulares**, nas relações entre si. Desse modo, os direitos fundamentais vinculam o Estado – incluindo o legislador, os órgãos administrativos e o Poder Judiciário –, bem como os particulares.

Por fim, é oportuno destacar que, embora modernamente os direitos fundamentais possam ter como sujeito passivo não só o Estado, mas também os particulares, certo é que há direitos e garantias fundamentais que, pela sua natureza, têm como obrigado somente o Estado, a exemplo do direito de petição aos Poderes Públicos (CF, art. 5.º, XXXIV, "a") e do direito à assistência jurídica integral e gratuita (CF, art. 5.º, LXXIV).

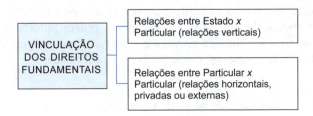

2.10. Natureza relativa

Os direitos fundamentais **não dispõem de caráter absoluto**, visto que encontram limites nos demais direitos igualmente consagrados pelo texto constitucional.

É essa a orientação adotada pelo Supremo Tribunal Federal, didaticamente sintetizada pelo Ministro Celso de Mello nestes termos:[4]

> Não há, no sistema constitucional brasileiro, direitos ou garantias que se revistam de caráter absoluto, mesmo porque razões de relevante interesse público ou exigências derivadas do princípio de convivência das liberdades legitimam, ainda que excepcionalmente, a adoção, por parte dos órgãos estatais, de medidas restritivas das prerrogativas individuais ou coletivas, desde que respeitados os termos estabelecidos pela própria Constituição.
>
> O estatuto constitucional das liberdades públicas, ao delinear o regime jurídico a que estas estão sujeitas – e considerado o substrato ético que as informa – permite que sobre elas incidam limitações de ordem jurídica, destinadas, de um lado, a proteger a integridade do interesse social e, de outro, a assegurar a coexistência harmoniosa das liberdades, pois nenhum direito ou garantia pode ser exercido em detrimento da ordem pública ou com desrespeito aos direitos e garantias de terceiros.

Enfim, **não podem os direitos fundamentais ser utilizados como escudo protetivo da prática de atividades ilícitas,** tampouco para afastamento ou diminuição da responsabilidade civil ou penal por atos criminosos, sob pena da consagração do desrespeito a um verdadeiro Estado de Direito. Assim, a liberdade de pensamento não será oponível ante a prática do crime de racismo; a garantia da inviolabilidade das correspondências não poderá ser invocada para acobertar determinada prática criminosa, e assim por diante.

2.11. Restrições legais

Conforme exposto no item precedente, a Constituição Federal **não possui direitos ou garantias que se revistam de caráter absoluto**, uma vez que razões de interesse público legitimam a adoção, por parte dos órgãos estatais, de medidas restritivas a essas liberdades, na proteção de outros valores constitucionalmente protegidos.

Nesse sentido, a doutrina e a jurisprudência têm enfatizado que os direitos e garantias fundamentais expõem-se a restrições autorizadas, expressa ou implicitamente, pelo texto da própria Constituição, já que não podem servir como manto para acobertar abusos do indivíduo em prejuízo à ordem pública. Assim, normas infraconstitucionais – lei, medida provisória e outras – podem impor restrições ao exercício de direito fundamental consagrado na Constituição.

---

[4] MS 23.452/RJ, rel. Min. Celso de Mello, *DJ* 12.05.2000.

Cap. 3 • PRINCÍPIOS, DIREITOS E GARANTIAS FUNDAMENTAIS

As restrições impostas ao exercício de direitos constitucionais são doutrinariamente classificadas em **reservas legais simples** e **reservas legais qualificadas**.

A **reserva legal simples** ocorre quando a Constituição limita-se a estabelecer que eventual restrição do legislador ordinário seja prevista em **lei**. São exemplos os incisos VI ("na forma da lei"), VII ("nos termos da lei") e XV ("nos termos da lei") do art. 5.º da Carta Política. Anote-se que, nesses casos, a única exigência imposta pelo texto constitucional para que ocorra a restrição é que esta seja veiculada em lei.

A **reserva legal qualificada** ocorre quando a Constituição, além de exigir que seja a restrição prevista em **lei**, estabelece as condições ou os fins que devem ser perseguidos pela norma restritiva. É o caso do inciso XII do art. 5.º da Constituição Federal, que, além de exigir lei para a autorização da interceptação telefônica, só permite esta para fins de investigação criminal ou instrução processual penal.

Entretanto, cabe enfatizar que os direitos e garantias constitucionais **não** são passíveis de **ilimitada restrição**. Quer seja hipótese de restrição legal simples, quer seja caso de restrição legal qualificada, as restrições impostas pelo legislador ordinário encontram limites, especialmente no princípio da razoabilidade, da proporcionalidade ou da proibição de excesso, que impõem ao legislador o dever de não estabelecer limitações inadequadas, desnecessárias ou desproporcionais aos direitos fundamentais.

Essa limitação à atuação do legislador ordinário no tocante à imposição de restrições a direito constitucional é denominada **teoria dos limites dos limites** (refere-se aos limites ao estabelecimento de limitações legais aos direitos constitucionais).

Assim, se por um lado é inaceitável a ideia de um direito constitucional absoluto, intocável mesmo diante de situações de interesse público, por outro, seria absurdo admitir-se que a lei pudesse restringir ilimitadamente os direitos fundamentais, afetando o seu núcleo essencial, extirpando o conteúdo essencial da norma constitucional, suprimindo o cerne da garantia originariamente outorgada pela Constituição.

2.12. Conflito (ou colisão)

Ocorre conflito (ou colisão) entre direitos fundamentais quando, em um caso concreto, uma das partes invoca um direito fundamental em sua proteção, enquanto a outra se vê amparada por outro direito fundamental.

Por exemplo, em determinada relação jurídica, pode haver conflito entre a liberdade de comunicação (CF, art. 5.º, IX) e a inviolabilidade da intimidade do indivíduo (CF, art. 5.º, X). Outra relação jurídica pode contrapor liberdade de manifestação de pensamento (CF, art. 5.º, IV) e vedação ao racismo (art. 5.º, XLII), e assim por diante. Em situações como essas temos a chamada **colisão entre direitos fundamentais**.

Desde logo, deve-se anotar que **não existe hierarquia entre direitos fundamentais**, o que impossibilita cogitar-se de invariável aplicação integral de um deles (o direito suposto "hierarquicamente superior"), resultando na aniquilação total do outro (o direito suposto "hierarquicamente inferior").

Segundo a lição da doutrina, na hipótese de conflito entre direitos fundamentais, o intérprete deverá realizar um juízo de ponderação, consideradas as características do caso concreto. Conforme as peculiaridades da situação concreta com que se depara o aplicador do Direito, um ou outro direito fundamental prevalecerá. É possível que, em um caso em que haja conflito entre os direitos "X" e "Y", prevaleça a aplicação do direito "X" e, em outra ocasião, presentes outras características, a colisão dos mesmos direitos "X" e "Y" resolva-se pela prevalência do direito "Y".

No caso de conflito entre dois ou mais direitos fundamentais, **o intérprete deverá lançar mão do princípio da concordância prática ou da harmonização**, de forma a coordenar e combinar os bens jurídicos em conflito, evitando o sacrifício total de uns em relação aos outros, realizando uma redução proporcional do âmbito de alcance de cada qual, sempre em busca do verdadeiro significado da norma e da harmonia do texto constitucional com suas finalidades precípuas.

Em síntese: na solução de conflito entre direitos fundamentais, deverá o intérprete buscar a conciliação entre eles (adoção do princípio da harmonização), considerando as circunstâncias do caso concreto, pesando os interesses em jogo, com o objetivo de firmar qual dos valores conflitantes prevalecerá. Não existe um critério para solução de colisão entre valores constitucionais que seja válido em termos abstratos; o conflito só pode ser resolvido a partir da análise das peculiaridades do caso concreto, que permitirão decidir qual direito deverá sobrepujar os demais, sem, contudo, anular por completo o conteúdo destes.

Com o fim de clarear o entendimento, vejamos um importante julgado do Supremo Tribunal Federal em que a questão discutida envolvia, explicitamente, um conflito (ou colisão) entre direitos fundamentais: de um lado, o direito fundamental à liberdade política, de pensamento e comunicação, vedada a censura (CF, arts. 5.º, IV e IX, e 220, § 2.º); de outro, o direito fundamental à inviolabilidade da intimidade e privacidade (CF, art. 5.º, X). Nesse contexto, foi impugnada perante o Supremo Tribunal Federal norma eleitoral que proíbe a realização de propaganda eleitoral via "telemarketing", em qualquer horário.[5] Em tal situação concreta, entendeu o STF que o direito à intimidade e à privacidade deve prevalecer diante da liberdade política e de expressão, razão pela qual a norma eleitoral foi declarada constitucional, válida.[6]

Segundo o Tribunal, a medida restritiva contida na norma eleitoral é apta a salvaguardar o direito à intimidade, haja vista que protege os indivíduos contra transtornos em seus locais de descanso, que, certamente, seriam invadidos por chamadas telefônicas indesejáveis, provenientes de centenas de candidatos, no curto espaço de tempo das campanhas eleitorais. Ademais, apesar da proibição do "telemarketing", a propaganda eleitoral pode ser feita por outros meios menos invasivos e igualmente eficazes, de modo que permanece assegurada a liberdade política dos candidatos. Enfim, entendeu o STF que a proibição do "telemarketing" imposta pela norma eleitoral é razoável, uma vez que o custo da limitação à liberdade política e de expressão é insignificante, nesse caso, quando comparado com os benefícios da proteção à intimidade dos indivíduos.

---

[5] Art. 25, § 2.º, da Resolução 23.404/2014 do Tribunal Superior Eleitoral (TSE).

[6] ADI 5.122/DF, rel. Min. Edson Fachin, 03.05.2018.

Cap. 3 • PRINCÍPIOS, DIREITOS E GARANTIAS FUNDAMENTAIS

É evidente que essa decisão não anulou o direito à liberdade de expressão e de comunicação política, tampouco aniquilou a sua dignidade constitucional. Cuidou--se, apenas, de um juízo de ponderação entre valores constitucionais conflitantes ("colisão entre direitos fundamentais"), em que, consideradas as características do caso concreto, decidiu-se pela prevalência (neste caso concreto!) da proteção constitucional à intimidade e à privacidade.

2.13. Renúncia

Os direitos fundamentais são irrenunciáveis. Significa dizer que o titular de um direito fundamental não tem poder de disposição sobre ele, não pode abrir mão de sua titularidade.

Entretanto, o constitucionalismo moderno admite, diante de um caso concreto, a renúncia temporária e excepcional a direito fundamental. Assim, a renúncia voluntária ao exercício de um direito fundamental é admitida, desde que em um caso concreto (a renúncia geral de exercício é inadmissível).

Um exemplo de renúncia temporária a direito fundamental individual é o que ocorre nos programas de televisão conhecidos como *reality shows* (Big Brother Brasil, por exemplo), em que as pessoas participantes, por desejarem receber o prêmio oferecido, renunciam, durante a exibição do programa, à inviolabilidade da imagem, da privacidade e da intimidade (CF, art. 5.º, X).

Cabe ressaltar, ainda, que é assegurada a faculdade de não fruir a posição jurídica decorrente de uma norma constitucional que estabeleça uma liberdade fundamental. Assim, por exemplo, o direito à liberdade de crença religiosa (art. 5.º, VIII) implica o direito de não possuir religião; o direito de reunião (art. 5.º, XVI) assegura, também, o direito de não se reunir; o direito de associação (art. 5.º, XVII) implica, igualmente, o direito de não se associar.

3. OS DIREITOS FUNDAMENTAIS NA CONSTITUIÇÃO FEDERAL DE 1988 – ASPECTOS GERAIS

A Constituição Federal de 1988, ao arrolar os direitos fundamentais no seu Título II (arts. 5.º a 17), classificou-os em cinco grupos distintos: direitos individuais e coletivos, direitos sociais, direitos de nacionalidade, direitos políticos e direitos relacionados à existência, organização e participação em partidos políticos.

Os direitos individuais correspondem aos direitos diretamente ligados ao conceito de pessoa humana e de sua própria personalidade, como, por exemplo, o direito à vida, à dignidade, à liberdade. Estão previstos no art. 5.º da Constituição, que alberga, especialmente, os direitos fundamentais de primeira geração, as chamadas liberdades negativas. Nesse mesmo art. 5.º, temos direitos fundamentais coletivos, como são exemplos os previstos nos incisos XVI (direito de reunião); XVII, XVIII, XIX e XXI (direito à associação); LXX (mandado de segurança coletivo).

Os direitos sociais constituem as liberdades positivas, de observância obrigatória em um Estado Social de Direito, tendo por objetivo a melhoria das condições de vida aos hipossuficientes, visando à concretização da igualdade material ou substancial. Estão arrolados no art. 6.º e seguintes da Carta Política, e são disciplinados em diversos outros dispositivos constitucionais (por exemplo, direito à saúde – art. 196; direito à previdência – art. 201; direito à educação – art. 206).

Os **direitos de nacionalidade** cuidam do vínculo jurídico-político que liga um indivíduo a um determinado Estado, capacitando-o a exigir sua proteção e sujeitando-o ao cumprimento de determinados deveres. Estão enumerados no art. 12 da Constituição.

Os **direitos políticos** cuidam do conjunto de regras que disciplinam as formas de atuação da soberania popular, com o fim de permitir ao indivíduo o exercício concreto da liberdade de participação nos negócios políticos do Estado, conferindo-lhe os atributos da cidadania. Estão enumerados no art. 14 da Constituição.

Os **direitos à existência, organização e participação em partidos políticos** regulamentam os partidos políticos como instrumentos necessários à preservação do Estado Democrático de Direito, assegurando-lhes autonomia e plena liberdade de atuação, para concretizar o sistema representativo (CF, art. 17).

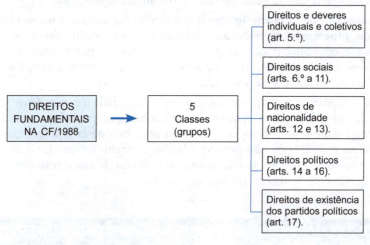

3.1. Aplicabilidade imediata

Determina a Constituição que as normas definidoras dos direitos e garantias fundamentais têm aplicação imediata (art. 5.º, § 1.º).

Esse comando tem por fim explicitar que as normas que estabelecem direitos e garantias fundamentais são de caráter preceptivo, e não meramente programático. Significa dizer que os aplicadores do direito deverão conferir aplicabilidade imediata aos direitos e garantias fundamentais, conferindo-lhes a maior eficácia possível, independentemente de regulamentação pelo legislador ordinário.

Há, entretanto, normas constitucionais relativas a direitos e garantias fundamentais que não são autoaplicáveis, isto é, que carecem de regulamentação para a produção de seus integrais efeitos (eficácia limitada). Os direitos sociais, em grande parte, têm a sua plena eficácia condicionada a uma regulamentação mediante lei, como, por exemplo, os incisos X, XI, XII, XX, XXI, XXIII, XXVII do art. 7.º da

Constituição Federal. Mesmo no art. 5.º da Constituição temos normas que exigem a complementação legislativa para a produção de seus efeitos integrais, como, por exemplo, os incisos VII, XXXII e XXXVIII.

Enfim, **embora a regra seja a aplicabilidade imediata dos direitos e garantias fundamentais, alguns deles encontram-se previstos em normas constitucionais de eficácia limitada**, dependentes de regulamentação para a produção de seus efeitos essenciais.

Importante destacar, também, que o comando constitucional em exame – § 1.º do art. 5.º – não tem sua aplicação restrita aos direitos e garantias fundamentais individuais e coletivos arrolados no art. 5.º da Constituição da República. Sua incidência alcança as diferentes classes de direitos e garantias fundamentais de nossa Carta Magna, ainda que indicados fora do catálogo próprio a eles destinado (arts. 5.º a 17).

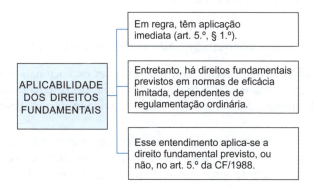

3.2. Enumeração aberta e interpretação

Os direitos fundamentais não são estanques, não podem ser reunidos em um elenco fixo, mas sim constituem uma categoria jurídica aberta. Além disso, a compreensão de seu conteúdo é variável, conforme os diferentes períodos históricos nos quais se estabeleceram e desenvolveram.

O surgimento dos diversos direitos fundamentais ao longo da história comprova serem eles uma categoria aberta e potencialmente ilimitada, que pode ser permanentemente ampliada pelo reconhecimento de novos direitos, à medida que se constate sua importância para o desenvolvimento pleno da sociedade.

Ademais, ao lado das transformações quantitativas, pela inserção de novos direitos dentro dessa categoria jurídica, os direitos fundamentais sofrem também alterações qualitativas, em função da diversidade de significado e alcance que passam a apresentar no decorrer da evolução histórica.

Um caso ilustrativo de modificação qualitativa, ou seja, concernente à interpretação do significado de um direito fundamental, temos no direito de propriedade. Conforme foi originalmente estabelecido, no Estado liberal, fortemente individualista, o direito de propriedade não possuía índole social, não ensejava quaisquer considerações de ordem coletiva; com o surgimento do Estado social, passou o direito de propriedade a ter caráter marcadamente social, como realça nossa Carta Política, ao exigir da propriedade o atendimento de sua função social (CF, art. 5.º, XXIII), prevendo até mesmo a sua perda, quando essa função social não estiver sendo observada (CF, arts. 5.º, XXIV, e 243).

Do exposto, fica patente serem os direitos fundamentais uma categoria **aberta**, pois incessantemente completada por novos direitos; e **mutável**, pois os direitos que a constituem têm alcance e sentido distintos conforme a época que se leve em consideração. Com isso, **a enumeração dos direitos fundamentais na Constituição da República de 1988 não é exaustiva**, fechada, podendo ser estabelecidos outros direitos fundamentais no próprio texto constitucional ou em outras normas.

O art. 5.º, § 2.º, da CF/1988 é expresso a respeito, prescrevendo que "os direitos e garantias expressos nesta Constituição não excluem outros decorrentes do regime e dos princípios por ela adotados, ou dos tratados internacionais em que a República Federativa do Brasil seja parte".

3.3. Restrições e suspensões admitidas constitucionalmente

A Constituição Federal reconhece, nas situações excepcionais e gravíssimas de **estado de defesa** e **estado de sítio**, a possibilidade de **restrições** ou **suspensões** temporárias de direitos fundamentais, sem necessidade de autorização prévia do Poder Judiciário.

No caso de **estado de defesa**, poderão ser impostas **restrições** ao direito de reunião, ainda que exercida no seio das associações, ao sigilo de correspondência, ao sigilo de comunicação telegráfica e telefônica, entre outros (CF, art. 136, § 1.º, I).

Mitigações ainda maiores são admitidas na vigência do **estado de sítio**, conforme dispõe o art. 139 da Constituição Federal. Esse dispositivo constitucional estabelece uma importante distinção entre as medidas que poderão ser adotadas, levando-se em conta o fundamento autorizador da decretação do estado de sítio, conforme se passa a expor.

Se o estado de sítio for decretado com fundamento no **inciso I** do art. 137 da Constituição (comoção grave de repercussão nacional ou ocorrência de fatos que comprovem a ineficácia de medida tomada durante o estado de defesa), **só poderão** ser tomadas contra as pessoas as **seguintes medidas** (art. 139):

a) obrigação de permanência em localidade determinada;

b) detenção em edifício não destinado a acusados ou condenados por crimes comuns;

c) restrições relativas à inviolabilidade da correspondência, ao sigilo das comunicações, à prestação de informações e à liberdade de imprensa, radiodifusão e televisão, na forma da lei;

d) suspensão da liberdade de reunião;

e) busca e apreensão em domicílio;

f) intervenção nas empresas de serviços públicos;

g) requisição de bens.

Cap. 3 • PRINCÍPIOS, DIREITOS E GARANTIAS FUNDAMENTAIS

Se o estado de sítio for decretado com fundamento no inciso II do art. 137 (declaração de estado de guerra ou resposta a agressão armada estrangeira), a conclusão a que se chega – pela interpretação *contrario sensu* do art. 139 – é que poderão ser impostas restrições e suspensões temporárias a quaisquer direitos ou garantias fundamentais. Com efeito, o texto constitucional não explicitou qualquer limite à autoridade administrativa nessa hipótese de decretação de estado de sítio (afinal, estaremos em situação de guerra, circunstância em que o texto constitucional admite, até mesmo, a pena de morte – art. 5.º, XLVII, *a*).

Importante ressaltar que essas medidas – restrições ou suspensões a direitos fundamentais – poderão ser adotadas pela autoridade administrativa competente (executora da medida), sem necessidade de autorização prévia do Poder Judiciário. Entretanto, nada impede que tais medidas sejam submetidas, posteriormente, ao controle do Poder Judiciário, com o fim de reparar eventuais abusos ou excessos cometidos na sua execução. Enfim, na adoção de tais medidas pela autoridade administrativa competente não há controle judicial preventivo; porém, por força do princípio da inafastabilidade de jurisdição (art. 5.º, XXXV), o Poder Judiciário sempre pode ser ulteriormente provocado para fiscalizar a validade delas, com o fim de coibir eventuais abusos cometidos pela autoridade administrativa (controle repressivo, *a posteriori*).

3.4. Tratados e convenções internacionais com força de emenda constitucional

Estabelece a Constituição Federal que os tratados e convenções internacionais sobre direitos humanos que forem aprovados, em cada Casa do Congresso Nacional, em dois turnos, por três quintos dos votos dos respectivos membros, serão equivalentes às emendas constitucionais (CF, art. 5.º, § 3.º, introduzido pela Emenda Constitucional 45/2004).

Portanto, os tratados e convenções internacionais sobre direitos humanos que forem aprovados de acordo com o rito estabelecido para a aprovação das emendas à Constituição (três quintos dos membros das Casas do Congresso Nacional, em dois turnos de votação) passarão a gozar de *status* constitucional, situando-se no mesmo plano hierárquico das demais normas constitucionais. Significa dizer que seus termos deverão ser respeitados por toda a legislação infraconstitucional superveniente, sob pena de inconstitucionalidade; além disso, somente poderão ser modificados segundo o procedimento legislativo rígido antes mencionado, observada, ainda, a limitação estabelecida pelo art. 60, § 4.º, da Lei Maior (cláusulas pétreas).

No segundo semestre de 2008 tivemos a incorporação ao ordenamento jurídico brasileiro da primeira norma internacional sobre direitos humanos com força de emenda constitucional. Trata-se da Convenção sobre os Direitos das Pessoas com Deficiência, assinada em 30 de março de 2007, em Nova Iorque, aprovada, nos termos do § 3.º do art. 5.º da Constituição Federal, pelo Decreto Legislativo 186/2008 (*DOU* de 10.07.2008) e promulgada pelo Decreto 6.949/2009 (*DOU* de 26.08.2009).

A tramitação do referido decreto legislativo seguiu o rito prescrito pelo § 3.º do art. 5.º da Constituição Federal – aprovação, em cada Casa do Congresso Nacional, em dois turnos, por três quintos dos votos dos respectivos membros – e, por essa razão, foi outorgado *status* de emenda constitucional à mencionada Convenção sobre os Direitos das Pessoas com Deficiência, incorporada por aquele decreto legislativo ao nosso ordenamento jurídico.

É muito relevante destacar, ainda, que, em razão do seu *status* de emenda constitucional, essa convenção internacional representa uma ampliação do parâmetro para controle de constitucionalidade das leis em nosso País (bloco de constitucionalidade). Significa dizer que, atualmente, além do texto da Constituição Federal, também o texto dessa convenção internacional constitui parâmetro para a aferição da validade das leis pelo Poder Judiciário brasileiro.

Cabe ressaltar, porém, que, mesmo quando incorporados ao ordenamento pátrio com força de emenda constitucional – na forma do art. 5.º, § 3.º, da Constituição –, **os tratados e convenções internacionais sobre direitos humanos poderão ser ulteriormente objeto de controle de constitucionalidade**, por alegada ofensa aos valores constitucionais gravados como cláusulas pétreas, previstos no art. 60, § 4.º, da Constituição da República.

3.5. Tribunal Penal Internacional

Estabelece a Constituição que o Brasil se submete à jurisdição de Tribunal Penal Internacional a cuja criação tenha manifestado adesão (CF, art. 5.º, § 4.º, introduzido pela Emenda Constitucional 45/2004).

Em regra, o princípio da soberania não permite que um Estado se obrigue a acatar decisão judicial proferida por órgão integrante de outro Estado. Para que uma decisão judicial estrangeira tenha validade no Brasil é necessário que ela seja homologada pelo nosso Poder Judiciário. A competência para a homologação de sentenças estrangeiras é do Superior Tribunal de Justiça – STJ (CF, art. 105, I, "i").

O acatamento de decisão judicial proferida por um Tribunal Penal Internacional representa, portanto, um abrandamento da noção de soberania do Estado, em respeito aos direitos humanos, à proteção da humanidade (vale lembrar, ademais, que não se trata, propriamente, de decisão proferida por "outro Estado", porque o Tribunal Internacional constitui um organismo internacional, não subordinado a nenhum Estado e, em tese, independente).

O texto originário da Constituição Federal de 1988 já consagrava disposição a respeito da jurisdição internacional, em que se afirmava que "o Brasil propugnará pela formação de um tribunal internacional dos direitos humanos" (ADCT, art. 7.º).

No ano de 2002, surgiu a primeira corte internacional permanente com jurisdição sobre pessoas acusadas de cometerem graves violações aos direitos humanos: o Tribunal Penal Internacional, criado pelo Estatuto de Roma.

O Tribunal Penal Internacional é competente para julgar os crimes de genocídio, os crimes contra a humanidade, os crimes de guerra e o crime de agressão de um país a outro.

Cap. 3 • PRINCÍPIOS, DIREITOS E GARANTIAS FUNDAMENTAIS

A jurisdição do Tribunal Penal Internacional submete-se ao chamado **princípio da complementaridade**, segundo o qual a competência da corte internacional não se sobrepõe à jurisdição penal dos Estados soberanos. Significa dizer que o Tribunal Penal Internacional destina-se a intervir somente nas situações gravíssimas, em que o Estado soberano se mostre incapaz ou sem disposição política para processar os crimes apontados no Estatuto de Roma.

O Estatuto de Roma foi assinado pelo Brasil em 07.02.2000, e aprovado pelo Congresso Nacional mediante o Decreto Legislativo n. 112, de 06.06.2002. Depois disso, o Presidente da República efetuou sua promulgação por meio do Decreto 4.388, de 25.09.2002, publicado no Diário Oficial da União em 26.09.2002, data em que iniciou sua vigência interna.

Portanto, o Brasil se submete ao Tribunal Penal Internacional, criado pelo Estatuto de Roma, haja vista sua adesão expressa a esse ato internacional.

Alguns constitucionalistas propugnam pela inconstitucionalidade do Estatuto de Roma, entre outros motivos, em face da previsão, nesse ato internacional, da prisão perpétua (art. 77), em contradição com o que estabelece a Carta Política de 1988 (art. 5.º, XLVII, "b"). Apontam, também, a ausência de tipificação dos crimes e de prévio estabelecimento das penalidades no Estatuto. Ainda, enxergam incompatibilidade entre a previsão de entrega de brasileiros para julgamento pelo Tribunal Penal Internacional e a vedação constitucional à extradição de brasileiros natos (art. 5.º, LI).

O Prof. André Ramos Tavares registra que a EC 45/2004 introduziu o § 4.º no art. 5.º da Constituição exatamente com a intenção de contornar a inconstitucionalidade, ou reforçar a validade da adesão do Brasil ao Estatuto de Roma (note-se que a vigência interna desse tratado iniciou antes da EC 45/2004). Entende ele, entretanto, que nem mesmo uma emenda constitucional tem possibilidade de afastar as inconstitucionalidades apontadas, caso elas venham a ser reconhecidas pelo Judiciário, uma vez que todas dizem respeito a matérias protegidas por cláusulas pétreas. Segundo suas palavras, "este é o risco que se corre ao se adotar uma Constituição com cláusulas mais do que rígidas". Sobre os problemas do Estatuto de Roma, merecem transcrição estas palavras do autor:

> É que todos os pontos de inconstitucionalidade que afrontavam cláusulas pétreas continuam passíveis de infirmar a novel previsão constitucional especificamente quanto ao Estatuto de Roma. Assim ocorre com: (i) a "entrega" ou extradição de nacionais; (ii) a "entrega" ou extradição de estrangeiros por crimes políticos ou de opinião; (iii) a falta de tipificação dos crimes no Estatuto; (iv) a falta de prévia previsão das punições cabíveis; (v) a imprescritibilidade dos crimes; e (vi) as penas perpétuas admitidas.

Especificamente acerca do problema da harmonização entre a previsão de "entrega" de brasileiros ao Tribunal Penal Internacional e a vedação à extradição de brasileiros natos constante do inciso LI do art. 5.º da Constituição, os autores têm defendido que a entrega seria algo diferente da "extradição". A "entrega" seria o envio de um indivíduo para um organismo internacional, não vinculado a nenhum

DIREITO CONSTITUCIONAL DESCOMPLICADO • *Vicente Paulo & Marcelo Alexandrino*

Estado específico, ao passo que a "extradição" seria sempre para um determinado Estado estrangeiro soberano. Para esses autores, a Constituição vedaria somente a extradição, não a entrega.[7]

Seja como for, a interpretação acima não resolverá as outras alegadas inconstitucionalidades, caso elas venham a ser reconhecidas pelo Poder Judiciário. O certo é que foram essas dúvidas sobre a legitimidade da adesão do Brasil ao Estatuto de Roma que ensejaram o acréscimo do § 4.º ao art. 5.º da Constituição pela EC 45/2004, muito embora, por óbvio, o novo dispositivo constitucional não se refira especificamente ao Estatuto de Roma, nem tenha sua aplicação teórica a ele restrita. É interessante observar que parece não ter sido considerada suficiente a existência do art. 7.º do ADCT, desde a promulgação do texto originário da Constituição de 1988, determinando que o Brasil propugne pela formação de um tribunal internacional dos direitos humanos, talvez porque este não tivesse que ser obrigatoriamente um tribunal penal. De toda forma, em nenhum dos dois dispositivos está dito, nem poderia estar, que os estatutos desse tribunal possam contrariar direitos e garantias individuais consagrados no texto constitucional.

4. DIREITOS E DEVERES INDIVIDUAIS E COLETIVOS PREVISTOS NA CONSTITUIÇÃO FEDERAL DE 1988 (ART. 5.º)

O art. 5.º da Constituição de 1988 enuncia a maior parte dos direitos fundamentais de primeira geração albergados em nosso ordenamento constitucional (embora nele não haja apenas direitos individuais, mas também alguns direitos de exercício coletivo).

O *caput* desse artigo enumera cinco direitos fundamentais básicos, dos quais os demais direitos enunciados nos seus incisos constituem desdobramentos: (1) direito à vida; (2) direito à liberdade; (3) direito à igualdade; (4) direito à segurança; e (5) direito à propriedade.

O texto do *caput* do art. 5.º somente assegura esses direitos, de forma expressa, aos "brasileiros e aos estrangeiros residentes no País". Há consenso, entretanto, pela própria natureza de tais direitos, que eles **valem igualmente para os estrangeiros que se encontrem em território nacional, submetidos às leis brasileiras, sejam eles residentes ou não no Brasil.**

Estudaremos, a seguir, discriminadamente, os direitos fundamentais constantes do art. 5.º da Carta de 1988.

4.1. Direito à vida

Expresso no *caput* do art. 5.º, o direito à vida é o mais elementar dos direitos fundamentais; sem vida, nenhum outro direito pode ser fruído, ou sequer cogitado.

---

[7] André Ramos Tavares discorda dessa construção, propugnando que "entrega" e "extradição" são, substancialmente, a mesma coisa, especialmente para efeito de interpretação da vedação constante do art. 5.º, inciso LI, de nossa Carta Política, o qual veicula verdadeira garantia fundamental insuprimível.

Cap. 3 • PRINCÍPIOS, DIREITOS E GARANTIAS FUNDAMENTAIS

A Constituição protege a vida de forma geral, não só a **extrauterina** como também a **intrauterina**. Corolário da proteção que o ordenamento jurídico brasileiro concede à vida intrauterina é a proibição da prática do aborto, somente permitindo o aborto terapêutico como meio de salvar a vida da gestante, ou o aborto humanitário, no caso de gravidez resultante de estupro (Código Penal, art. 128).

Não se resume o direito à vida, entretanto, ao mero direito à sobrevivência física. Lembrando que o Brasil tem como fundamento a dignidade da pessoa humana, resulta claro que o direito fundamental em apreço abrange o **direito a uma existência digna**, tanto sob o aspecto espiritual quanto material (garantia do mínimo necessário a uma existência digna, corolário do Estado Social Democrático).

Portanto, o direito individual fundamental à vida possui duplo aspecto: sob o prisma biológico traduz o direito à integridade física e psíquica (desdobrando-se no direito à saúde, na vedação à pena de morte, na proibição do aborto etc.); em sentido mais amplo, significa o direito a condições materiais e espirituais mínimas necessárias a uma existência condigna à natureza humana.

O postulado constitucional da dignidade da pessoa humana tem sido empregado pelo Supremo Tribunal Federal no enfrentamento de relevantes questões humanitárias. Nesse sentido, o Tribunal **declarou constitucional a criação do Cadastro de Empregadores que tenham submetido trabalhadores à condição análoga à de escravo, a chamada "lista suja do trabalho escravo"**,[8] deixando consignado que a publicidade da mencionada lista realiza direitos fundamentais relativos à dignidade da pessoa humana, compostos pela proibição de instrumentalização do indivíduo, e aos valores sociais do trabalho.[9]

Também em respeito ao postulado da dignidade humana, o Supremo Tribunal Federal firmou o entendimento de que a tese da legítima defesa da honra é inconstitucional, por violar os princípios constitucionais da dignidade da pessoa humana (art. 1º, III), da prote-ção à vida e da igualdade de gênero (art. 5º, *caput*).[10] Segundo o Relator, Ministro Dias Toffoli, o uso da tese de legítima defesa da honra em crimes de feminicídio – argumento "atécnico e extrajurídico", "odioso, desumano e cruel", "estratagema cruel, subversivo da dignidade da pessoa humana e dos direitos à igualdade e à vida" – é totalmente discriminatório e contribui para a naturalização e a perpetuação da cultura de violência contra a mulher no Brasil. Com base nesses fundamentos, o Tribunal decidiu, em síntese:

> (i) firmar o entendimento de que a tese da legítima defesa da honra é inconstitucional, por contrariar os princípios constitucionais da dignidade da pessoa humana (CF, art. 1.º, III), da proteção à vida e da igualdade de gênero (CF, art. 5.º, *caput*);

---

[8] A Portaria Interministerial 4/2016 estabelece que a inclusão do empregador no cadastro somente ocorrerá após decisão administrativa irrecorrível de procedência do auto de infração em que for constatada a exploração de trabalho em condições análogas à de escravo. O nome do empregador permanecerá no cadastro por dois anos, período durante o qual será realizado monitoramento para verificar a regularidade das condições de trabalho.

[9] ADPF 509/DF, rel. Min. Marco Aurélio, 16.09.2020.

[10] ADPF 779/DF, rel. Min. Dias Toffoli, 15.03.2021.

(ii) conferir interpretação conforme à Constituição aos arts. 23, II, e 25, *caput* e parágrafo único, do Código Penal (CP) e ao art. 65 do Código de Processo Penal (CPP), de modo a excluir a legítima defesa da honra do âmbito do instituto da legítima defesa e, por consequência;

(iii) obstar à defesa, à acusação, à autoridade policial e ao juízo que utilizem, direta ou indiretamente, a tese de legítima defesa da honra (ou qualquer argumento que induza à tese) nas fases pré-processual ou processual penais, bem como durante julgamento perante o tribunal do júri, sob pena de nulidade do ato e do julgamento.

O Supremo Tribunal Federal estabeleceu, ainda, orientação segundo a qual **é inconstitucional a prática de desqualificar a mulher vítima de violência durante a instrução e o julgamento de crimes contra a dignidade sexual e todos os crimes de violência contra a mulher**, proibindo eventual menção, inquirição ou fundamentação sobre a vida sexual pregressa ou o modo de vida da vítima em audiências e decisões judiciais.[11] Segundo o Tribunal, caso isso ocorra, o processo deve ser anulado, haja vista que perguntas desse tipo perpetuam o machismo estrutural, a discriminação e a violência de gênero e vitimizam duplamente a mulher, especialmente as que sofreram agressões sexuais.

Em outra oportunidade, também com fundamento na dignidade da pessoa humana, o Supremo Tribunal Federal, em julgamento de grande repercussão na sociedade, decidiu que **não constitui crime a interrupção da gravidez ("antecipação terapêutica do parto") na hipótese de gravidez de feto anencéfalo.**[12] Ocorre anencefalia quando um defeito no fechamento do tubo neural durante o desenvolvimento embrionário resulta na ausência parcial do encéfalo e do crânio; trata-se de doença congênita **sempre letal**, porquanto não há possibilidade de desenvolvimento de massa encefálica em momento posterior, e aquela que o nascido anencéfalo apresenta não é capaz de sustentar as suas funções vitais.

Prevaleceu entre os ministros de nossa Corte Excelsa (a decisão foi por maioria) o entendimento de que, na ponderação entre os direitos da mulher gestante – sobretudo o **direito à dignidade e à saúde** (incluída a integridade psíquica) – e a proteção à vida intrauterina, aqueles, **nesse caso**, deveriam prevalecer. Embora ressaltando a indefinição existente acerca dos conceitos, médico e jurídico, de vida e de morte, levou-se em conta, entre outros aspectos, o fato de a anencefalia mostrar-se **sempre** incompatível com a vida extrauterina, não se equiparando, portanto, a nenhuma outra espécie de deficiência. Vale frisar este ponto: a decisão de nosso Tribunal Maior aplica-se **exclusivamente à interrupção da gestação de feto portador de anencefalia, não se estendendo a nenhuma outra deficiência ou má-formação**.

É oportuno, ainda, destacar que o Supremo Tribunal Federal decidiu pela **legitimidade da realização de pesquisas com a utilização de células-tronco embrionárias obtidas de embriões humanos produzidos por fertilização in vitro e não utilizados**

---

[11] ADPF 1.107/DF, rel. Min. Cármen Lúcia, 23.05.2024.

[12] ADPF 54/DF, rel. Min. Marco Aurélio, 12.04.2012 (Informativo 661 do STF).

Cap. 3 • PRINCÍPIOS, DIREITOS E GARANTIAS FUNDAMENTAIS

no respectivo procedimento, atendidas as condições estipuladas no art. 5.º da Lei 11.105/2005. Entendeu a Corte Suprema que essas pesquisas não ofendem o direito à vida, tampouco violam a dignidade humana constitucionalmente assegurada.[13]

O Tribunal também realçou o postulado da dignidade da pessoa humana ao firmar o entendimento de que **lei municipal que proíbe ensino sobre questões de gênero é inconstitucional**.[14] Consignou que compete privativamente à União a edição de normas que tratem de currículos, conteúdos programáticos, metodologia de ensino ou modo de exercício da atividade docente (CF, art. 22, XXIV). Ademais, deixou assente que lei com tal conteúdo contraria o objetivo fundamental da República Federativa do Brasil de promover o bem de todos (art. 3.º, inciso IV) e, por consequência, o princípio segundo o qual todos são iguais perante a lei, sem distinção de qualquer natureza (art. 5.º, *caput*), além de afrontar o postulado da dignidade da pessoa humana, ao contribuir para a manutenção da discriminação com base na orientação sexual e na identidade de gênero. Conforme afirmou o Ministro Barroso, "não tratar de gênero e de orientação sexual no âmbito do ensino não suprime o gênero e a orientação sexual da experiência humana".

Com base nessa orientação, nossa Corte Suprema declarou a **inconstitucionali-dade** de lei municipal que: (a) proíbe a utilização em escolas públicas municipais de material didático que contenha o que chama de "ideologia de gênero";[15] (b) veda a adoção de políticas de ensino que tendam a aplicar a ideologia de gênero, o termo "gênero" ou "orientação sexual";[16] (c) proíbe o ensino sobre questões de gênero e sexualidade, veda que os professores incitem os alunos a participar de manifestações, atos públicos ou passeatas e proíbe manifestações políticas, religiosas ou filosóficas;[17] e (d) proíbe expressões relativas a "ideologia de gênero", "identidade de gênero" e "orientação de gênero" em qualquer documento complementar ao Plano Municipal de Educação, bem como nos currículos escolares da rede pública local.[18]

Ademais, o Supremo Tribunal Federal enfatizou que o Estado tem o dever constitucional de agir positivamente para concretizar políticas públicas, em especial as de natureza social e educativa, **voltadas à promoção de igualdade de gênero e de orientação sexual**, na medida em que o Estado Democrático de Direito é definido por um sentido expandido de igualdade, o qual também se materializa com o combate às desigualdades baseadas na construção social do gênero (CF, art. 3.º).[19] Nesse âmbito, o Tribunal deixou assente que **as escolas públicas e particulares têm a obrigação de coibir o bulimento e as discriminações por gênero, identidade de gênero e orientação sexual**, bem como as de cunho machista (contra meninas

---

[13] ADI 3.510/DF, rel. Min. Carlos Britto, 29.05.2008.

[14] ADIs 5.537/AL, 5.580/AL e 6.038/AL; ADPFs 461/PR, 465/TO e 600/PR, rel. Min. Roberto Barroso, 25.08.2020.

[15] ADPF 457/GO, rel. Min. Alexandre de Moraes, 27.04.2020.

[16] ADPF 460/PR, rel. Min. Luiz Fux, 29.06.2020.

[17] ADIs 5.537/AL, 5.580/AL e 6.038/AL; ADPFs 461/PR, 465/TO e 600/PR, rel. Min. Luís Roberto Barroso, 25.08.2020.

[18] ADPF 462/SC, rel. Min. Edson Fachin, 28.06.2024.

[19] ADI 5.668/DF, rel. Min. Edson Fachin, 28.06.2024.

cisgêneras e transgêneras) e homotransfóbicas (contra homossexuais, bissexuais, travestis e transexuais), em geral.

Por fim, ainda com fundamento no postulado da dignidade da pessoa humana – e também destacando a importância dos princípios constitucionais da isonomia e da inviolabilidade da intimidade, da vida privada, da honra e da imagem –, o Supremo Tribunal Federal **reconheceu aos indivíduos transgêneros, independentemente da cirurgia de transgenitalização, ou da realização de tratamentos hormonais ou patologizantes, o direito à alteração de prenome e gênero diretamente no registro civil, sem necessidade de autorização judicial.**[20]

Na oportunidade, deixou assente a Corte Suprema que a identidade de gênero é manifestação da própria personalidade da pessoa humana e, como tal, cabe ao Estado apenas o papel de reconhecê-la, nunca de constituí-la. Logo, a pessoa não deve provar o que é, e o Estado não deve condicionar a expressão da identidade a qualquer tipo de modelo, ainda que meramente procedimental. Nessa linha, pontuou o Tribunal que: (a) é desnecessário qualquer requisito atinente à maioridade, ou outros que limitem a adequada e integral proteção da identidade de gênero autopercebida; (b) os pedidos de mudança de nome podem estar baseados unicamente no consentimento livre e informado pelo solicitante, sem a obrigatoriedade de comprovar requisitos tais como certificações médicas ou psicológicas, ou outros que possam resultar desarrazoados ou patologizantes; (c) os pedidos devem ser confidenciais, e os documentos não podem fazer remissão a eventuais alterações; (d) os procedimentos devem ser céleres e, na medida do possível, gratuitos; e (e) não se exige a realização de qualquer tipo de operação ou intervenção cirúrgica ou hormonal, tampouco intermediação do Poder Judiciário.

Esse importantíssimo entendimento de nossa Corte Máxima restou consolidado na seguinte tese jurídica:

> I) O transgênero tem direito fundamental subjetivo à alteração de seu prenome e de sua classificação de gênero no registro civil, não se exigindo, para tanto, nada além da manifestação de vontade do indivíduo, o qual poderá exercer tal faculdade tanto pela via judicial como diretamente pela via administrativa;
>
> II) Essa alteração deve ser averbada à margem do assento de nascimento, vedada a inclusão do termo "transgênero";
>
> III) Nas certidões do registro não constará nenhuma observação sobre a origem do ato, vedada a expedição de certidão de inteiro teor, salvo a requerimento do próprio interessado ou por determinação judicial;
>
> IV) Efetuando-se o procedimento pela via judicial, caberá ao magistrado determinar de ofício ou a requerimento do interessado a expedição de mandados específicos para a alteração dos demais registros nos órgãos públicos ou privados pertinentes, os quais deverão preservar o sigilo sobre a origem dos atos.

---

[20] ADI 4.275/DF, red. p/ o acórdão Min. Edson Fachin, 01.03.2018.

Em outra oportunidade, o Supremo Tribunal Federal deixou assente que a alteração do nome e gênero no registro civil **não pode limitar o atendimento médico a pessoas transexuais e travestis nas especialidades médicas relativas a seu sexo biológico**.[21] Para preservar a dignidade e o direito à saúde dos transexuais e travestis, o Tribunal definiu que: (a) o Ministério da Saúde deve garantir atendimento médico a pessoas transexuais e travestis inclusive em especialidades relativas a seu sexo biológico; (b) as marcações de consultas e de exames de todas as especialidades médicas devem ser realizadas independentemente do sexo biológico registrado, com o fim de evitar procedimentos burocráticos que possam causar constrangimento ou dificuldade de acesso a pessoas transexuais; (c) todos os sistemas de informação do Sistema Único de Saúde (SUS) devem ser alterados para assegurar à população trans o acesso pleno, em condições de igualdade, a todos os serviços e ações de saúde, não somente a consultas e exames; e (d) o Ministério da Saúde deverá informar às secretarias estaduais e municipais de saúde, e aos demais órgãos ou instituições que integram o SUS, os ajustes realizados nos sistemas informacionais e dar suporte necessário para a migração dos sistemas locais.

O Supremo Tribunal Federal também consignou que a Declaração de Nascido Vivo (DNV) – expedida pelos hospitais no momento do parto de uma criança nascida viva, como o documento necessário para que um cartório emita a certidão de nascimento – deve **utilizar termos inclusivos para englobar a população transexual**.[22] Conforme definido pelo Tribunal, o termo "mãe", que constava na DNV, deverá ser substituído por "**parturiente/mãe**"; e o campo "pai", que é de preenchimento opcional, deverá ser alterado para "**responsável legal/pai**". Com essa adequação, evita-se, por exemplo, a expedição de uma DNV com o termo "mãe" quando um homem trans houver dado à luz.

4.2. Direito à liberdade

O direito à liberdade, de forma ampla e genérica, é afirmado no *caput* do art. 5.º da CF de 1988. Trata-se da própria essência dos direitos fundamentais de primeira geração (por isso mesmo também denominados **liberdades públicas**).

A ideia de liberdade de atuação do indivíduo perante o Estado traduz o cerne da ideologia liberal, de que resultaram as revoluções do final do século XVIII e início do XIX. A doutrina essencial do *laissez faire* exigia a redução da esfera de atuação do Estado e de sua ingerência nos negócios privados a um mínimo absolutamente necessário.

A liberdade assegurada no *caput* do art. 5.º deve ser tomada em sua mais ampla acepção. Compreende não só a liberdade física, de locomoção, mas também a liberdade de crença, de convicções, de expressão de pensamento, de reunião, de associação etc.

---

[21] ADPF 787/DF, rel. Min. Gilmar Mendes, 17.10.2024.
[22] ADPF 787/DF, rel. Min. Gilmar Mendes, 17.10.2024.

DIREITO CONSTITUCIONAL DESCOMPLICADO • Vicente Paulo & Marcelo Alexandrino

Sendo os direitos de primeira geração direitos de liberdade, resulta que grande parte dos incisos do art. 5.º da Constituição de 1988 refletem desdobramentos desse princípio, como veremos passos à frente.

4.3. Princípio da igualdade (art. 5.º, *caput*, e inciso I)

A igualdade é a base fundamental do princípio republicano e da democracia. Tão abrangente é esse princípio que dele inúmeros outros decorrem diretamente, como a proibição ao racismo (art. 5.º, XLII), a proibição de diferença de salários, de exercício de funções e de critério de admissão por motivo de sexo, idade, cor ou estado civil (art. 7.º, XXX), a proibição de qualquer discriminação no tocante a salário e critérios de admissão do trabalhador portador de deficiência (art. 7.º, XXXI), a exigência de aprovação prévia em concurso público para investidura em cargo ou emprego público (art. 37, II), o princípio da isonomia tributária (art. 150, II) etc.

O princípio da igualdade determina que seja dado tratamento igual aos que se encontram em situação equivalente e que sejam tratados de maneira desigual os desiguais, na medida de suas desigualdades. Ele obriga tanto o legislador quanto o aplicador da lei (igualdade **na** lei e igualdade **perante** a lei).

A **igualdade na lei** tem por destinatário precípuo o **legislador**, a quem é vedado valer-se da lei para estabelecer tratamento discriminatório entre pessoas que mereçam idêntico tratamento, enquanto a **igualdade perante a lei** dirige-se principalmente aos **intérpretes** e **aplicadores da lei**, impedindo que, ao concretizar um comando jurídico, eles dispensem tratamento distinto a quem a lei considerou iguais. Ademais, conforme já exposto anteriormente, os direitos fundamentais obrigam, também, as **relações privadas**. Com isso, podemos concluir que o princípio da igualdade impõe limitação numa tríplice dimensão: limitação ao legislador, ao intérprete/autoridade pública e ao particular.

Entretanto, o princípio constitucional da igualdade não veda que a **lei** estabeleça tratamento diferenciado entre pessoas que guardem distinções de grupo social, de sexo, de profissão, de condição econômica ou de idade, entre outras; o que não se admite é que o parâmetro diferenciador seja arbitrário, desprovido de razoabilidade, ou deixe de atender a alguma relevante razão de interesse público. Em suma, **o princípio da igualdade não veda o tratamento discriminatório entre indivíduos, quando há razoabilidade para a discriminação**.

Exemplo de tratamento discriminatório entre homens e mulheres, **criado por lei**, temos nas disposições da denominada **Lei Maria da Penha**, que estabelece mecanismos para coibir e prevenir a violência doméstica e familiar contra a mulher, já reconhecida como **constitucional** pelo STF, por se coadunar com o **princípio da igualdade**.[23]

O princípio da igualdade não impede, ainda, tratamento discriminatório em concurso público, desde que haja razoabilidade para a discriminação, em razão das exigências do cargo. Restrições como a fixação de idade mínima e máxima e de altura mínima (concurso para agente de polícia, por exemplo), previsão de vagas exclusivamente para determinado sexo (concurso para o cargo de agente peniten-

---

[23] ADC 19/DF, rel. Min. Marco Aurélio, 09.02.2012.

Cap. 3 • PRINCÍPIOS, DIREITOS E GARANTIAS FUNDAMENTAIS

ciário restrito às mulheres, numa prisão feminina, por exemplo) e outras podem ser previstas em concursos públicos, desde que as peculiaridades das atribuições do cargo justifiquem. É ilustrativo o teor da **Súmula 683** do STF:

> 683 – O limite de idade para a inscrição em concurso público só se legitima em face do art. 7.º, XXX, da Constituição, quando possa ser justificado pela natureza das atribuições do cargo a ser preenchido.

Essas restrições, porém, somente serão lícitas se previstas em **lei,** não sendo o edital meio idôneo para impor restrições a direito protegido constitucionalmente. Portanto, para que haja restrição no edital, é imprescindível prévia autorização fixada em **lei.**[24]

Deve-se observar que não se pode cogitar de ofensa ao princípio da igualdade quando as discriminações são previstas no próprio texto constitucional. Nessas hipóteses, o próprio legislador constituinte determinou, explicitamente, que um dado critério deve ser adotado para efeito de desigualamento jurídico entre as pessoas. Como exemplos em nossa Constituição, citamos: a lei deverá proteger o mercado de trabalho da mulher, mediante a concessão de incentivos específicos (CF, art. 7.º, XX); aposentadoria da mulher com menor tempo de contribuição (CF, art. 40); reserva de certos cargos públicos para brasileiros natos (CF, art. 12, § 3.º); previsão de tratamento favorecido às microempresas e empresas de pequeno porte (CF, art. 179).

É relevante registrar que, segundo orientação do Supremo Tribunal Federal, o princípio constitucional da isonomia **não autoriza** o Poder Judiciário a estender vantagens concedidas a um grupo determinado de indivíduos a outros grupos, não contemplados pela lei, sob pena de ofensa ao princípio da separação de Poderes (o Poder Judiciário, no exercício de sua função jurisdicional, não pode legislar positivamente, criando regras não pretendidas pelo Poder Legislativo; cabe ao Judiciário, tão somente, legislar negativamente, isto é, erradicar normas inconstitucionais do ordenamento jurídico).

Assim, não poderá o Poder Judiciário, por exemplo, sob o fundamento de conferir tratamento isonômico, estender aos servidores públicos da categoria "A" vantagem concedida pela lei apenas à categoria "B", ainda que tais categorias se encontrem em situação de plena igualdade jurídica.

Esse entendimento restou consolidado na **Súmula Vinculante 37**, nestes termos:

> 37 – Não cabe ao Poder Judiciário, que não tem função legislativa, aumentar vencimentos de servidores públicos sob o fundamento de isonomia.[25]

---

[24] ARE 640.284/SP, rel. Min. Gilmar Mendes, 16.05.2011.

[25] Em 2020, esse posicionamento jurisdicional foi reforçado – e a sua abrangência explicitada – com a aprovação, pelo STF, da seguinte **tese de repercussão geral** (RE 710.293/SC, rel. Min. Luiz Fux, 14.09.2020): "Não cabe ao Poder Judiciário, que não tem função legislativa, aumentar qualquer verba de servidores públicos de carreiras distintas sob o fundamento de isonomia, **tenham elas caráter remuneratório ou indenizatório**".

112 DIREITO CONSTITUCIONAL DESCOMPLICADO • Vicente Paulo & Marcelo Alexandrino

Uma discussão relevante diz respeito à compatibilidade, ou não, com nosso ordenamento jurídico da implementação das assim chamadas "políticas de ação afirmativa". Genericamente consideradas, traduzem-se estas em políticas públicas que implicam tratamento diferenciado em favor de minorias, sempre com o objetivo de compensar desvantagens que os integrantes de tais grupos enfrentam – pela sua maior vulnerabilidade, decorrente de preconceito e discriminação de que eles são vítimas – nas relações sociais em variadas áreas.

Os defensores da existência de base constitucional para a adoção de políticas de ação afirmativa argumentam que elas são um meio eficaz para que se possa reduzir, em nossa sociedade, a desigualdade material entre os indivíduos – redução almejada pelo constituinte originário –, em vez de nos limitarmos a garantir uma igualdade meramente formal (configuração original do princípio da igualdade, da época do surgimento do liberalismo e dos correspondentes direitos fundamentais de índole negativa, abstencionista).

De um modo geral, os críticos dessas medidas de ação afirmativa alertam que elas têm o potencial de aumentar a discriminação odiosa, gerando uma sociedade estratificada, algo semelhante, no limite, a uma sociedade de castas, com diversos grupos minoritários marcados (estigmatizados) mediante características estereotipadas, aos quais são atribuídos específicos direitos e regras de acesso favorecido a utilidades e benefícios, diferentes dos aplicáveis à população em geral.

Pois bem, em julgamento histórico, o Supremo Tribunal Federal, por unanimidade, apreciando atos da Universidade de Brasília que instituíram sistema de reserva de 20% de vagas no processo de seleção para ingresso de estudantes, com base em critério étnico-racial (as chamadas "cotas raciais" de acesso ao ensino superior), decidiu que tal política de ação afirmativa é constitucional, representando meio apto a efetivar a igualdade material e permitir a suplantação de desigualdades ocasionadas por situações históricas particulares.[26] Em outra oportunidade, o Tribunal também considerou constitucional a reserva a candidatos negros e pardos de 20% das vagas oferecidas nos concursos públicos para provimento de cargos efetivos e empregos públicos na Administração Pública direta e indireta, no âmbito dos três Poderes da União.[27]

---

[26] ADPF 186/DF, rel. Min. Ricardo Lewandowski, 26.04.2012 (Informativo 663 do STF). Seguindo a mesma linha de fundamentação, a Corte Suprema proferiu decisão, em 09.05.2012, com repercussão geral, no RE 597.285/RS, rel. Min. Ricardo Lewandowski, afirmando a constitucionalidade do programa de ação afirmativa estabelecido pela Universidade Federal do Rio Grande do Sul (UFRGS), que instituiu sistema de cotas – reserva de vagas a candidatos egressos de escolas públicas, a negros que também tenham estudado em escolas públicas e a indígenas – para ingresso em seus cursos de nível superior (Informativo 665 do STF). Merece citação, também, pela similaridade dos fundamentos aduzidos, o julgamento da ADI 3.330/DF, rel. Min. Ayres Britto, ocorrido em 03.05.2012, no qual se declarou constitucional o Programa Universidade para Todos (Prouni), disciplinado na Lei 11.096/2005 – em linhas gerais, por meio do Prouni são concedidas bolsas de estudos em universidades privadas a alunos com baixa renda familiar que tenham cursado o ensino médio completo em escolas públicas, ou como bolsistas integrais em escolas particulares, havendo cotas para negros, pardos, indígenas e pessoas com necessidades especiais (Informativo 664 do STF).

[27] ADC 41/DF, rel. Min. Roberto Barroso, 08.06.2017.

Cap. 3 • PRINCÍPIOS, DIREITOS E GARANTIAS FUNDAMENTAIS

A respeito de **ações afirmativas que propiciem acesso ao ensino público superior**, o Supremo Tribunal Federal fixou a seguinte **tese de repercussão geral**:[28]

> É constitucional o uso de ações afirmativas, tal como a utilização do sistema de reserva de vagas ("cotas") por critério étnico-racial, na seleção para ingresso no ensino superior público.

Outro exemplo de ação afirmativa também fundada no respeito à dignidade da pessoa humana – com o fim de mitigar a sub-representatividade de pessoas negras nos cargos eletivos do nosso país, decorrente do chamado "racismo estrutural" – são as medidas eleitorais que **determinam a distribuição dos recursos do Fundo Especial de Financiamento de Campanha (FEFC) e do tempo de propaganda eleitoral gratuita no rádio e na televisão de forma proporcional à quantidade de candidatos negros de cada partido**.[29] Conforme afirmou o Presidente do Tribunal Superior Eleitoral, Ministro Roberto Barroso, "ao endossar esse tipo de ação afirmativa, a Justiça Eleitoral está reparando injustiças históricas trazidas pela escravidão, assegurando a igualdade de oportunidade aos que começam a corrida para a vida em grande desvantagem, possibilitando que tenhamos negros em posições públicas de destaque e servindo de inspiração e de motivação para os jovens que com eles se identificam", haja vista que "o racismo no Brasil não é fruto apenas de comportamentos individuais pervertidos; é um fenômeno estrutural, institucional e sistêmico. E há toda uma geração, hoje, disposta a enfrentá-lo".

Na mesma linha – no julgamento em que o Supremo Tribunal Federal determinou que as mencionadas regras eleitorais **já tenham aplicação a partir das eleições municipais de 2020** –, destacou o Ministro Ricardo Lewandowski:

> Não há nenhuma dúvida de que políticas públicas tendentes a incentivar a apresentação de candidaturas de pessoas negras aos cargos eletivos, nas disputas eleitorais que se travam em nosso país, prestam homenagem aos valores constitucionais da cidadania e da dignidade humana, bem como à exortação, abrigada no preâmbulo do Texto Magno, de construirmos, todos, uma sociedade fraterna, pluralista e sem preconceitos, fundada na harmonia social, livre de quaisquer formas de discriminação.[30]

Com a promulgação da EC 111/2021, o texto constitucional passou a dispor que, para fins de distribuição entre os partidos políticos dos recursos do fundo partidário e do Fundo Especial de Financiamento de Campanha (FEFC), **os votos dados a candidatas mulheres ou a candidatos negros para a Câmara dos Deputados nas eleições realizadas de 2022 a 2030 serão contados em dobro**.[31] Anote-se que esse novo regramento constitucional é temporal (para eleições realizadas entre 2022 e 2030) e, ademais, somente se aplica a **deputados federais**.

---

[28] RE 597.285/RS, rel. Min. Ricardo Lewandowski, 09.05.2012.

[29] TSE, Consulta (11551) 0600306-47.2019.6.00.0000, rel. Min. Roberto Barroso, 25.08.2020.

[30] ADPF 738/DF, rel. Min. Ricardo Lewandowski, 05.10.2020.

[31] EC 111/2021, art. 2.º.

Cabe destacar, ainda, que, em respeito à não discriminação das pessoas em razão de sua orientação sexual – e considerando o postulado da dignidade da pessoa humana e o objetivo constitucional de promover o bem de todos –, o Supremo Tribunal Federal firmou o entendimento de que a Constituição de 1988 **não interdita a formação de família por pessoas do mesmo sexo.**[32] Para o Tribunal Maior, o avanço da Constituição Federal de 1988 no plano dos costumes impõe a interpretação de que o seu art. 226, ao empregar em seu texto a expressão "família", **não limita a formação desta a casais heteroafetivos, nem a formalidade cartorária, celebração civil ou liturgia religiosa.**

Com esse fundamento – de que, em respeito à não discriminação, para fazer jus à especial proteção do Estado, pouco importa estar a família formal ou informalmente constituída, ou integrada por casais heteroafetivos ou por pares homoafetivos –, o STF **igualou a união estável homoafetiva à união estável heteroafetiva**, conferindo "interpretação conforme à Constituição" ao art. 1.723 do Código Civil para excluir desse dispositivo qualquer significado que impeça o reconhecimento da união contínua, pública e duradoura entre pessoas do mesmo sexo como família.

Em outro importante julgado, o Supremo Tribunal Federal assentou que o direito à igualdade sem discriminações **abrange a identidade ou a expressão de gênero** e, nessa linha – reforçada pelos princípios da dignidade da pessoa humana, da inviolabilidade da intimidade, da vida privada, da honra e da imagem, bem como pelo Pacto de São José da Costa Rica –, **reconheceu aos transgêneros, independentemente da cirurgia de transgenitalização, ou da realização de tratamentos hormonais ou patologizantes, o direito à alteração de prenome e gênero diretamente no registro civil, sem necessidade de autorização judicial.**[33]

Esse importante entendimento da nossa Corte Máxima restou consolidado na seguinte **tese jurídica**:

> I – O transgênero tem direito fundamental subjetivo à alteração de seu prenome e de sua classificação de gênero no registro civil, não se exigindo para tanto nada além da manifestação de vontade do indivíduo, o qual poderá exercer tal faculdade tanto pela via judicial como diretamente pela via administrativa.
>
> II – Essa alteração deve ser averbada à margem do assento de nascimento, vedada a inclusão do termo "transgênero".
>
> III – Nas certidões do registro não constará nenhuma observação sobre a origem do ato, vedada a expedição de certidão de inteiro teor, salvo a requerimento do próprio interessado ou por determinação judicial.
>
> IV – Efetuando-se o procedimento pela via judicial, caberá ao magistrado determinar, de ofício ou a requerimento do interessado, a expedição de mandados específicos para a alteração dos demais registros nos órgãos públicos ou privados pertinentes, os quais deverão preservar o sigilo sobre a origem dos atos.

---

[32] ADI 4.277/DF, rel. Min. Ayres Britto, 05.05.2011.
[33] ADI 4.275/DF, red. p/ o acórdão Min. Edson Fachin, 01.03.2018.

Cap. 3 • PRINCÍPIOS, DIREITOS E GARANTIAS FUNDAMENTAIS

4.4. Princípio da legalidade (art. 5.º, II)

Afirma o inciso II do art. 5.º da Constituição que "ninguém será obrigado a fazer ou deixar de fazer alguma coisa senão em virtude de lei". Trata-se do princípio da legalidade, base direta da própria noção de Estado de Direito, implantada com o advento do constitucionalismo, porquanto acentua a ideia de "governo das leis", expressão da vontade geral, e não mais "governo dos homens", em que tudo se decidia ao sabor da vontade, dos caprichos, do arbítrio de um governante.

O enunciado desse inciso II do art. 5.º veicula a noção mais genérica do princípio da legalidade. No que respeita aos particulares, tem ele como corolário a afirmação de que somente a lei pode criar obrigações e, por outro lado, a asserção de que a inexistência de lei proibitiva de determinada conduta implica ser ela permitida.

Relativamente ao Poder Público, outro é o conteúdo do princípio da legalidade. Sendo ele a consagração da ideia de que o Estado se sujeita às leis e, ao mesmo tempo, de que governar é atividade cuja realização exige a edição de leis (governo *sub lege* e *per lege*), tem como corolário a confirmação de que o Poder Público não pode atuar, nem contrariamente às leis, nem na ausência de lei. Não se exclui, aqui, a possibilidade de atividade discricionária pela Administração Pública, mas a discricionariedade não é, em nenhuma hipótese, atividade desenvolvida na ausência de lei, e sim atuação nos limites da lei, quando esta deixa alguma margem para a Administração agir conforme critérios de oportunidade e conveniência, repita-se, segundo os parâmetros genéricos estabelecidos na lei. O princípio da legalidade, especificamente no que concerne à Administração Pública, é reiterado no *caput* do art. 37 da Constituição. Outro desdobramento importante do princípio da legalidade, tam-bém reiterado em ponto específico do texto constitucional, refere-se à atividade de tributação. O constituinte preocupou-se, no inciso I do art. 150 da Constituição, em afirmar que é vedado aos entes federados "exigir ou aumentar tributo sem lei que o estabeleça". Aqui é ainda maior a rigidez do princípio, porque não só fica proibida a atuação na ausência de lei, mas, ainda, é afastada a possibilidade de atuação discricionária no exercício das atividades de exigência de tributos.

Também específico é o inciso XXXIX do art. 5.º da Constituição, segundo o qual "não há crime sem lei anterior que o defina, nem pena sem prévia cominação legal". Nesse caso, tamanha é a rigidez que fica afastada até mesmo a possibilidade de atuação regulamentar do Poder Executivo, porquanto é exigido que a própria lei formal defina todos os elementos necessários à tipificação da conduta como crime e que a própria lei estabeleça, ela mesma, as penas aplicáveis.

Ponto relevante é o que tange à distinção entre princípio da legalidade e princípio da reserva legal.

De um modo geral, os autores prelecionam que devemos falar em "reserva legal" quando o texto constitucional exige expressamente regulação mediante lei para uma matéria específica.[34]

---

[34] Transcreve-se a lição de André Ramos Tavares:
"É preciso salientar, ainda, a distinção entre o princípio da legalidade e o princípio da reserva de lei.

Assim, seriam exemplos de "reserva legal" o inciso XIII do art. 5.º ("é livre o exercício de qualquer trabalho, ofício ou profissão, atendidas as qualificações profissionais que a lei estabelecer"), o inciso XVIII do art. 5.º ("a criação de associações e, na forma da lei, a de cooperativas independem de autorização, sendo vedada a interferência estatal em seu funcionamento"), o § 1.º do art. 9.º, sobre o direito de greve dos trabalhadores em geral ("a lei definirá os serviços ou atividades essenciais e disporá sobre o atendimento das necessidades inadiáveis da comunidade"); o inciso I do art. 37 ("os cargos, empregos e funções públicas são acessíveis aos brasileiros que preencham os requisitos estabelecidos em lei, assim como aos estrangeiros, na forma da lei"), o inciso XIX do art. 37 ("somente por lei específica poderá ser criada autarquia e autorizada a instituição de empresa pública, de sociedade de economia mista e de fundação, cabendo à lei complementar, neste último caso, definir as áreas de sua atuação"), o § 3.º do art. 37 ("a lei disciplinará as formas de participação do usuário na administração pública direta e indireta..."); o § 1.º do art. 173 ("a lei estabelecerá o estatuto jurídico da empresa pública, da sociedade de economia mista e de suas subsidiárias que explorem atividade econômica") e muitos outros.

De pronto, podemos observar que, em alguns casos, dependendo do entendimento que se dê à expressão "em virtude de lei", constante do enunciado do princípio da legalidade (art. 5.º, II), poderia haver sobreposição de comandos constitucionais, ou seja, teríamos simplesmente um comando geral (o princípio da legalidade) e outro específico (a cláusula de reserva legal contida em determinada norma constitucional), mas o conteúdo do comando específico já estaria inteiramente englobado no princípio geral.

Por exemplo, caso se entenda que a "lei" a que se refere o princípio da legalidade é, obrigatoriamente, a lei formal (atos primários emanados do Poder Legislativo, bem como as leis delegadas e as medidas provisórias), a cláusula de reserva legal constante do inciso XIII do art. 5.º seria somente uma espécie de reiteração ou de "reforço", mas, a rigor, seria desnecessária. Com efeito, dizer que alguém só será obrigado a atender a determinadas qualificações profissionais para poder exercer uma profissão se essas qualificações forem estabelecidas em lei formal (conteúdo da cláusula de reserva legal do inciso XIII do art. 5.º) não seria, a rigor, necessário, se se entender que qualquer obrigação a qualquer pessoa exige forçosamente lei formal para ser imposta (conteúdo do princípio da legalidade, se se considerar que a "lei" a que ele se refere seja, obrigatoriamente, a lei formal).

Acontece, entretanto, que há importantes juristas que entendem que a expressão "em virtude de lei", constante do inciso II do art. 5.º, aplica-se não só à lei formal, mas também a atos normativos infralegais (atos administrativos). Na opinião deles,

---

O princípio da legalidade reparte-se, como visto acima, em dois *fronts*. Em primeiro, exige o respeito à lei posta. Em segundo lugar, impõe que não se crie direito ou dever sem amparo legal; se não há lei, não há suporte para qualquer exigência ou benefício público.

Já a expressão 'reserva de lei' assume sentido próprio, que não se confunde com o princípio da legalidade, embora para ele aponte como seu horizonte mais próximo. Pela reserva legal estabelece-se a obrigatoriedade de tratamento de determinadas e específicas matérias por meio de lei. Enquanto o princípio da legalidade revela-se pela previsão geral, como visto, no sentido de que não se criam direitos ou deveres sem lei, no caso da reserva legal há a previsão expressa e pontual, para uma específica matéria, da necessidade da regulamentação por meio de lei."

Cap. 3 • PRINCÍPIOS, DIREITOS E GARANTIAS FUNDAMENTAIS 117

a existência de regras constitucionais específicas estabelecendo hipóteses expressas de reserva legal justifica-se, exatamente, pelo fato de que, só com base no princípio da legalidade (art. 5.º, II), não seria vedada a criação de determinadas obrigações para os particulares por meio de atos infralegais.

Seja como for, dois pontos devem ser frisados.

O primeiro é que não existe polêmica quanto ao fato de que o vocábulo "lei" utilizado nas diversas disposições constitucionais que veiculam hipóteses de "reserva legal" aplica-se exclusivamente à lei formal (atos primários emanados do Poder Legislativo, bem como as leis delegadas e as medidas provisórias, observadas as restrições constitucionais ao uso desses dois últimos atos normativos, vazadas no art. 68 e no art. 62 da Constituição, respectivamente).

O segundo é que, mesmo que se entendesse que a expressão "em virtude de lei" utilizada na redação do princípio geral da legalidade (art. 5.º, II) refere-se obrigatoriamente à lei formal, não seria verdadeiro que em todas as disposições constitucionais nas quais haja "reserva legal" esta seja um mero reforço do princípio da legalidade ou mesmo um comando desnecessário. Isso somente seria verdade nos casos em que a norma constitucional que contenha cláusula de "reserva legal" seja uma norma pertinente a conduta de particulares, isto é, seja uma norma da qual decorra a criação de obrigações de fazer ou não fazer para os particulares. Em todos os demais casos, não se poderia falar em sobreposição, mesmo que se entendesse que o princípio da legalidade implica a exigência de lei formal. Tomando alguns dos exemplos antes enumerados, observamos que nunca se poderia falar em "sobreposição", em "mero reforço", ou em "comando inútil" com referência à regra do inciso XIX do art. 37 ("somente por lei específica poderá ser criada autarquia e autorizada a instituição de empresa pública, de sociedade de economia mista e de fundação..."), ou à do § 1.º do art. 173 ("a lei estabelecerá o estatuto jurídico da empresa pública, da sociedade de economia mista e de suas subsidiárias que explorem atividade econômica"). Esses exemplos, nos quais indiscutivelmente temos dispositivos constitucionais com cláusula explícita de "reserva legal", não estão albergados no conteúdo do princípio da legalidade (art. 5.º, II), seja qual for a interpretação que se dê à palavra "lei" empregada em seu enunciado, haja vista que eles não contêm em seus comandos nenhuma obrigação de "fazer" ou "não fazer".

Não obstante, cumpre-nos registrar, e enfatizar, que a doutrina constitucionalista dominante tem propugnado, deveras, o reconhecimento de uma rigidez menor ao princípio da legalidade do que às hipóteses de reserva legal. Aquele significaria exigência não só de lei formal para instituir obrigações de fazer ou não fazer, ou seja, tais obrigações poderiam decorrer, também, de atos infralegais, desde que expedidos nos limites estabelecidos na lei.

Nessa esteira, o Prof. José Afonso da Silva afirma que "o primeiro (legalidade) significa a submissão e o respeito à lei, ou a atuação dentro da esfera estabelecida pelo legislador. O segundo (reserva legal) consiste em estatuir que a regulamentação de determinadas matérias há de fazer-se necessariamente por lei formal." Note-se que, para o renomado constitucionalista, o princípio da legalidade poderá ser satisfeito não somente com a expedição de lei formal, mas, também, pela "atuação dentro da esfera estabelecida pelo legislador", o que dá margem à expedição de atos infralegais, nos limites fixados pelo legislador, que estabeleçam obrigações de fazer ou não fazer.

Ainda nessa linha de pensamento, citamos o Prof. Alexandre de Moraes, para o qual a legalidade estabelece a necessidade de lei elaborada conforme as regras constitucionais do processo legislativo, a fim de que possa impor comportamentos forçados. Já a reserva legal incide tão somente sobre os campos materiais especificados pela Constituição, de modo que, "se todos os comportamentos humanos estão sujeitos ao princípio da legalidade, apenas alguns estão submetidos ao da reserva da lei, que é de menor abrangência, mas de maior densidade ou conteúdo, por exigir o tratamento de matéria exclusivamente pelo Legislativo, sem a participação normativa do Executivo." Interpretando essa lição do insigne autor, podemos inferir que, para ele, o princípio da legalidade (art. 5.º, II) pode ser satisfeito pela lei ou pela atuação normativa do Poder Executivo (atos infralegais editados nos termos e limites da lei), diferentemente do que ocorre nas hipóteses de reserva legal. Por isso, o princípio da legalidade é mais abrangente, porém menos denso, ao passo que a reserva legal, exatamente por ser mais específica, é mais rígida, tem maior densidade de conteúdo.

Legalidade	Reserva legal
Exige lei formal, ato com força de lei, ou atos expedidos nos limites destes.	Exige lei formal, ou atos com força de lei.
Maior abrangência.	Menor abrangência.
Menor densidade ou conteúdo.	Maior densidade ou conteúdo.

4.5. Liberdade de expressão (art. 5.º, IV, V, IX, XIV)

Neste tópico, analisaremos quatro incisos do art. 5.º da Constituição que estão, direta ou indiretamente, relacionados ao direito à liberdade de expressão.

Nos termos do inciso IV do art. 5.º, "é livre a manifestação do pensamento, sendo vedado o anonimato". Trata-se de regra ampla, e não dirigida a destinatários específicos. Qualquer pessoa, em princípio, pode manifestar o que pensa, desde que não o faça sob o manto do anonimato. A proteção engloba não só o direito de expressar-se, oralmente, ou por escrito, mas também o direito de ouvir, assistir e ler.

Em respeito à ampla liberdade de expressão, o Supremo Tribunal Federal **afastou a exigência do diploma de jornalismo e do registro profissional no Ministério da Economia como condição para o exercício da profissão de jornalista**. Para o Tribunal, essa exigência fere a liberdade de imprensa e contraria o direito à livre manifestação do pensamento inscrita no art. 13 da Convenção Americana dos Direitos Humanos, também conhecida como Pacto de San Jose da Costa Rica.[35]

Também em respeito à liberdade de expressão e de informação, o Supremo Tribunal Federal firmou o entendimento de que **o ordenamento jurídico brasileiro não consagra o denominado "direito ao esquecimento"**, entendido como a pretensão apta

---

[35] RE 511.961, rel. Min. Gilmar Mendes, 17.06.2009.

a impedir a divulgação de fatos ou dados verídicos e licitamente obtidos, mas que, em razão da passagem do tempo, teriam se tornado descontextualizados ou destituídos de interesse público relevante.[36] Segundo o Tribunal, eventuais excessos ou abusos no exercício da liberdade de expressão e de informação devem ser analisados caso a caso, com base em parâmetros constitucionais e na legislação penal e civil. Essa orientação da Suprema Corte – de que o **direito ao esquecimento** é incompatível com o ordenamento jurídico brasileiro – restou consolidada na seguinte **tese de repercussão geral:**

> É incompatível com a Constituição Federal a ideia de um direito ao esquecimento, assim entendido como o poder de obstar, em razão da passagem do tempo, a divulgação de fatos ou dados verídicos e licitamente obtidos e publicados em meios de comunicação social – analógicos ou digitais. Eventuais excessos ou abusos no exercício da liberdade de expressão e de informação devem ser analisados caso a caso, a partir dos parâmetros constitucionais, especialmente os relativos à proteção da honra, da imagem, da privacidade e da personalidade em geral, e as expressas e específicas previsões legais nos âmbitos penal e cível.

Ainda com fundamento nesse dispositivo constitucional – e realçando a relevância dos direitos fundamentais à liberdade de expressão da atividade intelectual, artística, científica e de comunicação –, o STF **afastou a exigência de autorização prévia (da pessoa biografada, ou de seus familiares, em caso de pessoas falecidas) para obras biográficas ou audiovisuais.**[37]

O Supremo Tribunal Federal declarou, também, a **invalidade de norma que proíbe o proselitismo de qualquer natureza na programação das emissoras de radiodifusão comunitária.**[38] Para o Tribunal, tal dispositivo constitui **censura prévia** e ofende o princípio constitucional da liberdade de expressão, o qual tornou **inadmissível** que o Estado exerça controle **prévio** sobre o que é veiculado por meios de comunicação.[39]

Na mesma linha – isto é, por violação às liberdades de expressão e de imprensa e ao direito de informação –, o Tribunal declarou a **inconstitucionalidade de legislação eleitoral que proíbe emissoras de rádio e televisão de veicular programas de humor envolvendo candidatos nos três meses anteriores ao pleito**, como forma de evitar que sejam ridicularizados ou satirizados.[40]

Em outra oportunidade, o Supremo Tribunal Federal firmou entendimento de que **retirar de circulação produto audiovisual disponibilizado em plataforma de "streaming" apenas porque seu conteúdo – sátiras a elementos religiosos inerentes ao Cristianismo – desagrada parcela da população, ainda que majoritária, não encontra fundamento em uma sociedade democrática e pluralista como a brasileira.**[41] Segundo o Tribunal, atos estatais de quaisquer de suas esferas de Poder

---

[36] RE 1.010.606, rel. Min. Dias Toffoli, 11.02.2021.
[37] ADI 4.815, rel. Min. Cármen Lúcia, 10.06.2015.
[38] Lei 9.612/1998, art. 4.º, § 1.º.
[39] ADI 2.566/DF, red. p/ o acórdão Min. Edson Fachin, 16.05.2018.
[40] ADI 4.451, rel. Min. Alexandre de Moraes, 20.06.2018.
[41] Rcl 38.782/RJ, rel. Min. Gilmar Mendes, 03.11.2020.

praticados sob o manto da moral e dos bons costumes ou do politicamente correto apenas servem para inflamar o sentimento de dissenso, de ódio ou de preconceito, afastando-se da aproximação e da convivência harmônica.

A **vedação ao anonimato**, que abrange todos os meios de comunicação, tem o intuito de possibilitar a responsabilização de quem cause danos a terceiros em decorrência da expressão de juízos ou opiniões ofensivos, levianos, caluniosos, difamatórios etc. Com a vedação ao anonimato, busca-se impedir a consumação de abusos no exercício da liberdade de manifestação do pensamento e na formulação de denúncias apócrifas, pois, ao exigir-se a identificação de seu autor, torna-se possível que eventuais excessos derivados de tal prática sejam tornados passíveis de posterior responsabilização, tanto na esfera civil quanto no âmbito penal.

A vedação ao anonimato impede, também, **como regra geral**, o acolhimento de denúncias anônimas (delação apócrifa), conforme se constata das seguintes conclusões do Min. Celso de Mello em importantíssimo julgado sobre o tema:[42]

> (a) os escritos anônimos não podem justificar, só por si, desde que isoladamente considerados, a imediata instauração da *persecutio criminis*, eis que peças apócrifas não podem ser incorporadas, formalmente, ao processo, salvo quando tais documentos forem produzidos pelo acusado, ou, ainda, quando constituírem, eles próprios, o corpo de delito (como sucede com bilhetes de resgate no delito de extorsão mediante sequestro, ou como ocorre com cartas que evidenciem a prática de crimes contra a honra, ou que corporifiquem o delito de ameaça ou que materializem o *crimen falsi*, p. ex.);

> (b) nada impede, contudo, que o Poder Público, provocado por delação anônima ("disque-denúncia", p. ex.), adote medidas informais destinadas a apurar, previamente, em averiguação sumária, "com prudência e discrição", a possível ocorrência de eventual situação de ilicitude penal, desde que o faça com o objetivo de conferir a verossimilhança dos fatos nela denunciados, em ordem a promover, então, em caso positivo, a formal instauração da *persecutio criminis*, mantendo-se, assim, completa desvinculação desse procedimento estatal em relação às peças apócrifas; e

> (c) o Ministério Público, de outro lado, independentemente da prévia instauração de inquérito policial, também pode formar a sua *opinio delicti* com apoio em outros elementos de convicção que evidenciem a materialidade do fato delituoso e a existência de indícios suficientes de sua autoria, desde que os dados informativos que dão suporte à acusação penal não tenham, como único fundamento causal, documentos ou escritos anônimos.

Em aresto ulterior, reiterou essa orientação o Supremo Tribunal Federal, ao deferir *habeas corpus* para trancar, por falta de justa causa, notícia-crime instaurada, por requisição do Ministério Público Federal, com base **unicamente** em denúncia

---

[42] Inq 1.957/PR, rel. Min. Carlos Velloso, 11.05.2005.

Cap. 3 • PRINCÍPIOS, DIREITOS E GARANTIAS FUNDAMENTAIS   121

anônima. Asseverou então a Corte Suprema que a instauração de procedimento criminal originada apenas em documento apócrifo seria contrária à ordem jurídica constitucional, que veda expressamente o anonimato, ofenderia a dignidade da pessoa humana, permitindo a prática do denuncismo inescrupuloso, e impossibilitaria eventual indenização por danos morais ou materiais, contrariando os princípios consagrados nos incisos V e X do art. 5.º da Carta da República.[43]

É muito importante destacar, entretanto, que o Poder Público não está obrigado a desconsiderar, de pronto e em definitivo, as denúncias anônimas que receba. O que a jurisprudência do STF não admite é a instauração de **procedimento formal** – processo administrativo disciplinar, processo penal etc. – com fundamento, **exclusivamente**, em delações apócrifas. Em outras palavras: as denúncias anônimas **não podem, por si, isoladamente**, fundamentar a instauração de procedimento formal contra o denunciado. Mas a autoridade competente deve adotar medidas investigativas informais – procedimentos administrativos internos, com a devida discrição – para apurar, sumariamente, a veracidade dos fatos denunciados. Ao final, se comprovada a plausibilidade dos eventos narrados, aí, sim, poderá ser instaurado o procedimento formal, com o fim de apurar a responsabilidade do possível infrator.

Para uma melhor compreensão, imaginemos a seguinte situação: a unidade de correição da Secretaria da Receita Federal do Brasil recebe denúncia anônima sobre vultoso e rápido enriquecimento de servidor do próprio órgão, provavelmente decorrente de ilicitude. De acordo com o entendimento do STF, neste primeiro momento, o órgão de correição não pode, com **fundamento único** em tal denúncia anônima, instaurar um procedimento administrativo formal (sindicância ou processo administrativo disciplinar) contra o servidor denunciado. A autoridade administrativa **deve** (é uma obrigação dela) adotar, primeiro, medidas **informais**, com discrição – pesquisas nos sistemas informatizados do órgão que registram a propriedade mobiliária e imobiliária, verificação do patrimônio adquirido pelo servidor, supostamente incompatível com a sua renda declarada etc. –, que confirmem a possível ocorrência dos fatos denunciados. Somente num momento posterior, se confirmada a existência de situação que configure **indício** de irregularidade, é que o órgão de correição deverá instaurar o regular procedimento formal de apuração dos fatos e responsabilização do servidor (sindicância ou processo administrativo disciplinar, conforme o caso). Observe-se que, na situação hipotética aqui descrita, poderia ocorrer que a verificação sumária e informal evidenciasse, desde logo, o descabimento da denúncia, ao constatar a existência de um fato não conhecido ou simplesmente não relatado pelo denunciante que a infirmasse (por exemplo, o recebimento recente, pelo servidor, de uma herança de elevado valor) – e, assim, o servidor não seria indevidamente constrangido com a instauração de formal procedimento disciplinar.

Os direitos da pessoa que sofra um dano em razão de manifestação indevida por parte de outrem estão explicitados no inciso V do art. 5.º da Constituição, nestes termos:

> V – é assegurado o direito de resposta, proporcional ao agravo, além da indenização por dano material, moral ou à imagem;

---

[43] HC 84.827/TO, rel. Min. Marco Aurélio, 07.08.2007.

O direito de resposta é orientado pelo critério da **proporcionalidade**, significa dizer, a resposta deve ser assegurada no mesmo meio de comunicação em que o agravo foi veiculado, deve ter o mesmo destaque e a mesma duração (se em meio sonoro ou audiovisual) ou tamanho (se em meio escrito). Há que se ressaltar, ademais, que o direito de resposta **não afasta o potencial direito à indenização**, se for o caso, nos termos do art. 5º, inciso X, da Constituição Federal. Ainda, segundo entendimento firmado pelo Supremo Tribunal Federal, a retratação espontânea do ofensor **não exime o veículo de comunicação de assegurar direito de resposta**, haja vista que ela pode não ter o mesmo ímpeto da matéria ofensiva ou não resgatar plenamente a verdade.[44]

O direito de resposta está regulamentado pela Lei 13.188, de 11 de novembro de 2015, que assegura a qualquer pessoa – física ou jurídica – ofendida em matéria divulgada, publicada ou transmitida por veículo de comunicação social o direito de resposta ou retificação, **gratuito** e **proporcional ao agravo**.

Para o fim de exercício do direito de resposta, a lei considera "matéria" qualquer reportagem, nota ou notícia divulgada por veículo de comunicação social, independentemente do meio ou da plataforma de distribuição, publicação ou transmissão que utilize, cujo conteúdo atente, ainda que por equívoco de informação, contra a honra, a intimidade, a reputação, o conceito, o nome, a marca ou a imagem de pessoa física ou jurídica identificada ou passível de identificação.

O **prazo decadencial** para o exercício do direito de resposta é de **sessenta dias**, contados da data de cada divulgação, publicação ou transmissão da matéria ofensiva.

Considerando esse dispositivo constitucional, entre outros, nossa Corte Suprema firmou entendimento de que **o Tribunal de Contas da União (TCU) não pode manter em sigilo a autoria de denúncia a ele apresentada contra administrador público**.[45]

Com efeito, apontando como fundamento os incisos IV, V, X, XXXIII e XXXV do art. 5.º da Constituição, o Supremo Tribunal Federal declarou a inconstitucionalidade da expressão "manter ou não o sigilo quanto ao objeto e à autoria da denúncia", constante do § 1.º do art. 55 da Lei Orgânica do TCU (Lei 8.443/1992)[46], bem como do disposto no Regimento Interno do TCU, no ponto em que estabelece a permanência do sigilo relativamente à autoria da denúncia. Considerou nossa Corte Maior que a manutenção do sigilo por parte do Poder Público impediria o denunciado de adotar as providências asseguradas pela Constituição na defesa de sua imagem, inclusive a de buscar a tutela judicial, salientando, ainda, o fato de que apenas em hipóteses excepcionais é obstado o direito das pessoas ao recebimento de informações perante os órgãos públicos (art. 5.º, XXXIII).[47]

---

[44] ADIs 5.415/DF, 5.418/DF e 5.436/DF, rel. Min. Dias Toffoli, 11.03.2021.

[45] MS 24.405/DF, rel. Min. Carlos Velloso, 03.12.2003.

[46] Posteriormente, essa expressão declarada inconstitucional pelo Supremo Tribunal Federal teve a sua execução suspensa pelo Senado Federal (Resolução SF 16/2006), com eficácia geral (*erga omnes*), nos termos do art. 52, inciso X, da Constituição da República.

[47] Cumpre alertar, porém, que, em data posterior a essa decisão do Supremo Tribunal Federal, a Lei 13.866/2019 alterou a Lei Orgânica do TCU (Lei 8.443/1992), com o fim de explicitar a possibilidade de manutenção do sigilo do objeto e da autoria da denúncia, quando esse sigilo for imprescindível à segurança da sociedade e do Estado. Literalmente, a Lei Orgânica do TCU passou a dispor que, "ao decidir, caberá ao Tribunal manter o sigilo do objeto e da autoria da denúncia quando imprescindível à segurança da sociedade e do Estado" (art. 55, § 3.º).

Outra questão relevante – ainda sobre o direito à liberdade de expressão e a eventual responsabilização por dano – foi enfrentada pelo Supremo Tribunal Federal, envolvendo a colisão entre a liberdade de expressão de agente político, quando manifestada no exercício de atribuição pública, e a suposta ofensa à honra de particular, objeto de tal manifestação. No caso concreto, empresário do ramo de comunicações requeria indenização por danos morais em razão de críticas proferidas por Ministro de Estado, veiculadas em diversos veículos de imprensa, supostamente ofensivas à honra daquele. Alegava-se que a conduta do Ministro de Estado, ao imputar ao empresário a responsabilidade pela divulgação de material obtido ilegalmente, teria provocado dano moral, indenizável na forma do art. 5.º, V, da Constituição Federal. No âmbito do Supremo Tribunal Federal, porém, ponderou-se – na linha de argumentação expendida pelo Ministro Marco Aurélio – que a Constituição Federal permite reconhecer aos servidores públicos, quando se pronunciam sobre fatos relacionados ao exercício da função pública, um campo de imunidade relativa, vinculada ao direito à liberdade de expressão, e relacionada à importância, para a coletividade, de esses servidores exprimirem a própria visão e o conhecimento sobre a condução dos negócios públicos. Nessa linha – **de prevalência do interesse coletivo frente ao particular, na condução da coisa pública** –, foi fixada a seguinte **tese de repercussão geral:**[48]

> Ante conflito entre a liberdade de expressão de agente político, na defesa da coisa pública, e honra de terceiro, há de prevalecer o interesse coletivo.

Complementando as normas antes vistas acerca do direito à liberdade de expressão, o inciso IX do art. 5.º estabelece a garantia de vedação à censura prévia, nestes termos: "é livre a expressão da atividade intelectual, artística, científica e de comunicação, independentemente de censura ou licença".

A liberdade de expressão, mesmo com o **fim da censura prévia**, não dispõe de caráter absoluto, visto que encontra limites em outros valores protegidos constitucionalmente, sobretudo, na inviolabilidade da privacidade e da intimidade do indivíduo e na vedação ao racismo. Assim, a liberdade de expressão deve ser exercida com responsabilidade e o seu desvirtuamento para o cometimento de fatos ilícitos, civil ou penalmente, possibilitará aos prejudicados plena e integral indenização por danos materiais e morais, além do efetivo direito de resposta.

Nesse sentido – de que o direito fundamental ora em foco deve ser exercido com responsabilidade –, o Supremo Tribunal Federal tem reiteradamente enfatizado que a liberdade de expressão **não alcança a prática de discursos dolosos**, com intuito manifestamente difamatório, de juízos depreciativos de mero valor, de injúrias em razão da forma ou de críticas aviltantes.[49] Segundo o Tribunal, **são inadmissíveis**

---

48 RE 685.493/SP, rel. Min. Marco Aurélio, 22.05.2020.

49 Pet 8.242 AgR/DF, rel. Min. Celso de Mello, red. p/ acórdão Min. Gilmar Mendes, 3.5.2022; Pet 8259 AgR/DF, rel. Min. Celso de Mello, red. p/acórdão Min. Gilmar Mendes, 3.5.2022; Pet 8262 AgR/DF, rel. Min. Celso de Mello, red. p/ acórdão Min. Gilmar Mendes, 3.5.2022; Pet 8263 AgR/DF, rel. Min. Celso de Mello, red. p/ acórdão Min. Gilmar Mendes, 3.5.2022; Pet 8267 AgR/DF, rel. Min. Celso de Mello, red. p/ acórdão Min. Gilmar Mendes, 3.5.2022; Pet 8366 AgR/DF, rel. Min. Celso de Mello, red. p/ acórdão Min. Gilmar Mendes, 3.5.2022

manifestações proferidas em redes sociais que objetivem a abolição do Estado de Direito e o impedimento, com graves ameaças, do livre exercício de seus poderes constituídos e de suas instituições, haja vista que a liberdade de expressão existe para a manifestação de opiniões contrárias, jocosas, satíricas e até mesmo errôneas, mas **não para opiniões criminosas, discurso de ódio ou atentados contra o Estado democrático de direito e a democracia.**[50]

O Supremo Tribunal Federal também enfrentou a controvérsia acerca da possibilidade de responsabilização civil de empresas jornalísticas por divulgação de conteúdo em que se atribua falsamente a outra pessoa a prática de crime. Segundo o Tribunal, nessa situação, **as empresas jornalísticas podem ser civilmente responsabilizadas** (condenadas ao pagamento de indenização), desde que se mostrem presentes os seguintes requisitos: (a) a comprovação de que, na época da divulgação da informação, havia indícios concretos da falsidade da acusação; e (b) a demonstração do descumprimento do dever de verificar a veracidade dos fatos e de divulgar a existência desses indícios. Essa orientação restou fixada na seguinte **tese de repercussão geral:**[51]

> 1. A plena proteção constitucional à liberdade de imprensa é consagrada pelo binômio liberdade com responsabilidade, vedada qualquer espécie de censura prévia. Admite-se a possibilidade posterior de análise e responsabilização, inclusive com remoção de conteúdo, por informações comprovadamente injuriosas, difamantes, caluniosas, mentirosas, e em relação a eventuais danos materiais e morais. Isso porque os direitos à honra, intimidade, vida privada e à própria imagem formam a proteção constitucional à dignidade da pessoa humana, salvaguardando um espaço íntimo intransponível por intromissões ilícitas externas.
>
> 2. Na hipótese de publicação de entrevista em que o entrevistado imputa falsamente prática de crime a terceiro, a empresa jornalística somente poderá ser responsabilizada civilmente se: (i) à época da divulgação, havia indícios concretos da falsidade da imputação; e (ii) o veículo deixou de observar o dever de cuidado na verificação da veracidade dos fatos e na divulgação da existência de tais indícios.

Ainda com fundamento nesse dispositivo constitucional, o Supremo Tribunal Federal considerou **integralmente revogada**, por incompatibilidade material com a Constituição Federal de 1988, a antiga **Lei de Imprensa**, editada ao tempo do regime militar (Lei 5.250, de 09.02.1967). Para o Tribunal, as disposições de tal lei eram incompatíveis com o padrão de democracia e liberdade de imprensa concebido pelo legislador constituinte de 1988, que se apoia em dois pilares: (a) informação em plenitude e de máxima qualidade; e (b) transparência ou visibilidade do poder, seja ele político, econômico ou religioso.[52]

O Supremo Tribunal Federal tem enfatizado, também, a relevância de se prestigiar os diferentes meios para a viabilização de direitos fundamentais constitucio-

---

[50] AP 1.044/DF, rel. Min. Alexandre de Moraes, 20.04.2022.
[51] RE 1.075.412, red. p/ o acórdão Min. Edson Fachin, 29.11.2023.
[52] ADPF 130, rel. Min. Carlos Ayres Britto, 30.04.2009.

Cap. 3 • PRINCÍPIOS, DIREITOS E GARANTIAS FUNDAMENTAIS

nalmente assegurados. Foi nesse âmbito que o Tribunal destacou que a imunidade tributária assegurada aos livros, jornais, periódicos e papel destinado à sua impressão também constitui meio para a viabilização de direitos e garantias fundamentais previstos na Constituição Federal, tais como a livre manifestação do pensamento, a livre manifestação da atividade intelectual, artística, científica e de comunicação, independente de censura ou licença (art. 5.º, IV e IX), e a liberdade de aprender, ensinar, pesquisar e divulgar o pensamento, a arte e o saber (art. 206, II).[53] Com esse fundamento, firmou-se o entendimento de que tal imunidade **se aplica também a livros digitais e seus componentes importados**. Essa orientação restou consolidada na **Súmula Vinculante 57**, nestes termos:

> 57 – A imunidade tributária constante do art. 150, VI, "d", da CF/88 aplica-se à importação e comercialização, no mercado interno, do livro eletrônico (*e-book*) e dos suportes exclusivamente utilizados para fixá-los, como leitores de livros eletrônicos (*e-readers*), ainda que possuam funcionalidades acessórias.

Por fim, merece nota o inciso XIV do art. 5.º, na dicção do qual "é assegurado a todos o acesso à informação e resguardado o sigilo da fonte, quando necessário ao exercício profissional".

Consoante afirmado acima, o direito fundamental de acesso à informação, como ocorre com todos os demais, **não é absoluto**. Ele se refere, essencialmente, a informações que possam ser de interesse público ou geral, não cabendo dele cogitar quando se trate de informações que digam respeito exclusivamente à intimidade e à vida privada do indivíduo, as quais são objeto de proteção constitucional expressa (art. 5.º, X). Por outras palavras, todos têm o direito de acesso a informações que possam ser de interesse geral, mas não existe um direito de acesso a informações que só interessem à esfera privada de determinada pessoa. Enfim, é necessário distinguir as informações de fatos de interesse público da vulneração de condutas íntimas e pessoais, protegidas pela inviolabilidade à vida privada.

A proteção ao sigilo da fonte, assegurada na parte final do inciso XIV do art. 5.º, tem como mais importantes destinatários os profissionais do jornalismo, uma vez que possibilita que estes obtenham informações que, sem essa garantia, certamente não seriam reveladas. Com efeito, o fato de o sigilo da fonte ser estabelecido como uma garantia fundamental permite que o indivíduo que possua informações que julgue devessem ser tornadas públicas, mas se reveladas diretamente por ele colocariam em risco sua segurança, ou trariam para ele qualquer outra espécie de prejuízo, transmita essas informações a um jornalista em quem confie, para que este as torne públicas, sem declinar o nome de sua fonte. Bastará que o informante confie na palavra do jornalista (ou em outro profissional que trabalhe com divulgação de informações), porque sabe que existe a garantia constitucional de que o Estado não terá possibilidade de impor qualquer sanção ao jornalista que se recuse a revelar a fonte de sua informação.

Note-se que a garantia do sigilo da fonte não conflita com a vedação ao anonimato. O jornalista (ou profissional que trabalhe com divulgação de informações)

---

[53] RE 330.817/RJ, rel. Min. Dias Toffoli, 08.03.2017.

veiculará a notícia em seu nome, e está sujeito a responder pelos eventuais danos indevidos que ela cause. Assim, embora a fonte possa ser sigilosa, a divulgação da informação não será feita de forma anônima, de tal sorte que não se frustra a eventual responsabilização de quem a tenha veiculado – e a finalidade da vedação ao anonimato é exatamente possibilitar a responsabilização da pessoa que ocasione danos em decorrência de manifestações indevidas.

4.6. Liberdade de crença religiosa e convicção política e filosófica (art. 5.º, VI, VII, VIII)

Assegura o inciso VIII do art. 5.º que "ninguém será privado de direitos por motivo de crença religiosa ou de convicção filosófica ou política, salvo se as invocar para eximir-se de obrigação legal a todos imposta e recusar-se a cumprir prestação alternativa, fixada em lei".

O dispositivo em comento consagra o direito à denominada **escusa de consciência**, **objeção de consciência**, ou, ainda, **alegação de imperativo de consciência**, possibilitando que o indivíduo recuse cumprir determinadas obrigações ou praticar atos que conflitem com suas convicções religiosas, políticas ou filosóficas, sem que essa recusa implique restrições a seus direitos.

A escusa de consciência não permite, entretanto, que a pessoa simplesmente deixe de cumprir a obrigação legal a todos imposta e nada mais faça. Nesses casos – de haver uma obrigação legal geral cujo cumprimento afronte convicção religiosa, filosófica ou política –, o Estado poderá impor a quem alegue imperativo de consciência uma prestação alternativa, compatível com suas crenças ou convicções, fixada em lei. Se o Estado estabelece a prestação alternativa e o indivíduo recusa o seu cumprimento, aí sim poderá ser privado de direitos.

Constata-se, portanto, que o inciso VIII do art. 5.º veicula uma norma constitucional de **eficácia contida**, na tradicional classificação de José Afonso da Silva. Com efeito, a escusa de consciência é plenamente exercitável, sem quaisquer consequências para o indivíduo, enquanto não for editada lei que estabeleça prestação alternativa ao cumprimento de determinada obrigação. Somente depois da edição da lei é que ninguém poderá alegar objeção de consciência e também se recusar a cumprir a prestação alternativa (que não é uma sanção). Caso o faça, isto é, caso se recuse a cumprir a obrigação legal a todos imposta e também a adimplir a prestação alternativa prevista em lei, então, e somente então, poderá ser privado de direitos.

O indivíduo que alegar imperativo de consciência para eximir-se de obrigação legal geral e também se recusar a cumprir a prestação alternativa estabelecida em lei estará sujeito à **suspensão de seus direitos políticos**, nos termos do art. 15, inciso IV, da Constituição.[54]

---

[54] Nos termos da Lei 8.239/1991, a hipótese é de **suspensão** dos direitos políticos. Cumpre-nos registrar, contudo, que importantes constitucionalistas entendem que se trata de caso de **perda** dos direitos políticos, como ilustra o excerto seguinte, de lavra do Prof. Alexandre de Moraes: "Apesar de a lei referir-se à suspensão, trata-se de perda, pois não configura uma sanção com prazo determinado para terminar. O que a lei possibilita é a reaquisição dos direitos políticos, a qualquer tempo, mediante o cumprimento das obrigações devidas."

Vale registrar, também, que, tratando de forma específica do serviço militar obrigatório, a Carta Política, em seu art. 143, § 1.º, assim dispõe: "às Forças Armadas compete, na forma da lei, atribuir serviço alternativo aos que, em tempo de paz, após alistados, alegarem imperativo de consciência, entendendo-se como tal o decorrente de crença religiosa e de convicção filosófica ou política, para se eximirem de atividades de caráter essencialmente militar".

Em importantíssimo julgado – envolvendo, de um lado, a liberdade de convicção filosófica e de crença (CF, art. 5.º, VI e VIII), e, de outro, a obrigação de vacinar filho menor[55] –, o Supremo Tribunal Federal firmou o entendimento de que **é ilegítima a recusa dos pais à vacinação compulsória de filho menor por motivo de convicção filosófica.**[56] Segundo o Tribunal, diversos fundamentos justificam a legitimidade do caráter compulsório de vacinas quando existentes consenso científico e registro nos órgãos de vigilância sanitária, entre os quais: a) o Estado pode, em situações excepcionais, proteger as pessoas mesmo contra a sua vontade (dignidade como valor comunitário); b) a vacinação é importante para a proteção de toda a sociedade, não sendo legítimas escolhas individuais que afetem gravemente direitos de terceiros (necessidade de imunização coletiva); e c) o poder familiar não autoriza que os pais, invocando convicção filosófica, coloquem em risco a saúde dos filhos (melhor interesse da criança).

Essa orientação restou consolidada na seguinte **tese de repercussão geral**:

> É constitucional a obrigatoriedade de imunização por meio de vacina que, registrada em órgão de vigilância sanitária, (i) tenha sido incluída no Programa Nacional de Imunizações ou (ii) tenha sua aplicação obrigatória determinada em lei ou (iii) seja objeto de determinação da União, estado, Distrito Federal ou município, com base em consenso médico-científico. Em tais casos, não se caracteriza violação à liberdade de consciência e de convicção filosófica dos pais ou responsáveis, nem tampouco ao poder familiar.

Duas outras decisões do Supremo Tribunal Federal também merecem menção, neste passo. Embora não se refiram a hipóteses de "obrigação legal a todos imposta", tampouco a cumprimento de "prestação alternativa, fixada em lei", elas têm como fundamento explícito o inciso VIII do art. 5.º da Constituição.

Nos julgados respectivos, decidiu nossa Corte Suprema que (a) a administração pública pode deferir pedido de candidato em concurso público que invoque **motivos religiosos** para realizar determinadas provas ou etapas do certame em datas ou horários diferentes daqueles estipulados no edital; e (b) é possível servidores públicos, inclusive durante o estágio probatório, pleitearem, por **motivos religiosos**, o estabelecimento de critérios alternativos para o exercício de seus deveres funcionais (por exemplo, não trabalharem aos sábados) – e terem o pleito deferido. Em qualquer caso, expressamente frisou-se que a exceção requerida deve ser "razoável" e que não pode acarretar "ônus desproporcional à administração pública"; ademais,

---

[55] Na hipótese, tratava-se de recurso em face de decisão que determinara que pais veganos submetessem o filho menor às vacinações qualificadas como obrigatórias pelo Ministério da Saúde, a despeito de suas convicções filosóficas.

[56] ARE 1.267.879/SP, rel. Min. Roberto Barroso, 16 e 17.12.2020.

certo é que o poder público pode negar o pedido, porquanto, nas decisões em apreço, restou consignado que ele "deverá decidir de maneira fundamentada" (significa dizer, o requerimento pode ser deferido ou denegado, desde que motivadamente, por escrito). As seguintes teses de repercussão geral foram enunciadas:

> Nos termos do artigo 5.º, VIII, da Constituição Federal é possível a realização de etapas de concurso público em datas e horários distintos dos previstos em edital, por candidato que invoca escusa de consciência por motivo de crença religiosa, desde que presentes a razoabilidade da alteração, a preservação da igualdade entre todos os candidatos e que não acarrete ônus desproporcional à administração pública, que deverá decidir de maneira fundamentada.[57]

> Nos termos do artigo 5.º, VIII, da Constituição Federal é possível à administração pública, inclusive durante o estágio probatório, estabelecer critérios alternativos para o regular exercício dos deveres funcionais inerentes aos cargos públicos, em face de servidores que invocam escusa de consciência por motivos de crença religiosa, desde que presentes a razoabilidade da alteração, não se caracterize o desvirtuamento do exercício de suas funções e não acarrete ônus desproporcional à administração pública, que deverá decidir de maneira fundamentada.[58]

A respeito da liberdade de convicção religiosa, é oportuno mencionar, como complemento, o inciso VI do art. 5.º, o qual declara que "é inviolável a liberdade de consciência e de crença, sendo assegurado o livre exercício dos cultos religiosos e garantida, na forma da lei, a proteção aos locais de culto e a suas liturgias".

Ainda, têm igualmente fundamento na liberdade religiosa o inciso VII do art. 5.º, o qual determina que "é assegurada, nos termos da lei, a prestação de assistência religiosa nas entidades civis e militares de internação coletiva", bem como o § 1.º do art. 210, segundo o qual "o ensino religioso, de **matrícula facultativa**, constituirá disciplina dos horários normais das escolas públicas de ensino fundamental".

Esses três dispositivos reportam ao fato de que o Brasil é um **Estado laico**, conforme explicitado no inciso I do art. 19 da Constituição, que veda à União, aos estados, ao Distrito Federal e aos municípios "estabelecer cultos religiosos ou igrejas, subvencioná-los, embaraçar-lhes o funcionamento ou manter com eles ou seus representantes relações de dependência ou aliança, ressalvada, na forma da lei, a colaboração de interesse público".

Em síntese, pode-se afirmar que um **Estado laico** pressupõe: (a) a inexistência de uma religião oficial; (b) a separação entre Estado e igreja; e (c) a tolerância religiosa.

Enfim, a **liberdade religiosa**, assegurada constitucionalmente, contempla não só a liberdade de **aderir** a qualquer religião ou seita religiosa, mas também a de **não aderir** a religião alguma, por absoluta descrença, e o direito de ser ateu ou agnóstico. Porém, **não protege a incitação ao ódio público contra quaisquer denominações religiosas e seus seguidores**, porquanto a intolerância religiosa não está protegida pela

---

[57] RE 611.874/DF, red. p/ o acórdão Min. Edson Fachin, 26.11.2020.
[58] ARE 1.099.099/SP, rel. Min. Edson Fachin, 26.11.2020.

cláusula constitucional que assegura a liberdade de expressão.[59] Ademais, essa liberdade de crença e de culto **não é absoluta**, admitindo-se a imposição de restrições à realização de cultos religiosos por meio de atos estatais (decretos municipais e estaduais, por exemplo), desde que estas se mostrem adequadas, necessárias e proporcionais (princípio da razoabilidade). Nesse sentido, o Supremo Tribunal Federal firmou o entendimento de que **é compatível com a Constituição Federal a imposição de restrições à realização de cultos, missas e demais atividades religiosas presenciais de caráter coletivo como medida de contenção do avanço de pandemia (Covid-19).**[60]

Ainda a respeito da **liberdade religiosa**, vale anotar que o Supremo Tribunal Federal já declarou a inconstitucionalidade de **norma estadual que demonstrava a predileção por determinada orientação religiosa** (designação de pastor evangélico para prestar assistência religiosa nas corporações militares do Estado), em detrimento da crença de outros grupos religiosos, por entendê-la incompatível com a regra constitucional de neutralidade e com o direito à liberdade de religião. Segundo o Tribunal, o direito constitucional à assistência religiosa (art. 5.º, VII) **impõe que o Estado se abstenha de qualquer predileção**, sob pena de ofensa ao art. 19, inciso I, da Carta da República.

Nessa mesma toada – de que o Estado laico coíbe o privilégio a determinada crença religiosa, em detrimento de outras –, o Supremo Tribunal Federal declarou a inconstitucionalidade de **lei estadual que obrigava as escolas e as bibliotecas públicas estaduais a manterem em seu acervo ao menos um exemplar da "Bíblia Sagrada" para livre consulta.**[61]

Ainda nessa seara, muito se discutiu sobre o modelo de ensino religioso que deveria ser ofertado aos alunos pelas escolas públicas, de forma a harmonizar o dispositivo constitucional que prevê o ensino religioso (CF, art. 210, § 1.º) com aqueles que asseguram a liberdade religiosa (CF, art. 5.º, VI) e o princípio da laicidade do Estado (CF, art. 19, I).

Para a compreensão do alcance de tal controvérsia, deve-se esclarecer que, em tese, o ensino religioso nas escolas públicas brasileiras poderia ser ministrado em três distintos modelos: **confessional**, que tem como objeto a promoção de uma (ou mais de uma) confissão religiosa; **interconfessional**, que corresponde ao ensino de valores e práticas religiosas com base em elementos comuns aos credos dominantes na sociedade; e **não confessional**, que é desvinculado de religiões específicas, hipótese em que a disciplina consiste na exposição neutra e objetiva das doutrinas práticas, história e dimensões sociais das diferentes religiões, incluindo posições não religiosas.[62]

Ao examinar essa relevante questão, o Supremo Tribunal Federal firmou o entendimento de que **o ensino religioso nas escolas públicas brasileiras pode ter natureza confessional**, ou seja, vinculado às diversas religiões.[63]

Entendeu o Tribunal que o Poder Público – observado o binômio laicidade do Estado (CF, art. 19, I) e consagração da liberdade religiosa no seu duplo aspecto (CF, art. 5.º, VI) – deverá atuar na regulamentação integral do cumprimento do preceito

---

[59] RHC 146.303/RJ, red. p/ o acórdão Min. Dias Toffoli, 06.03.2018.

[60] ADPF 811/SP, rel. Min. Gilmar Mendes, 08.04.2021.

[61] ADI 5.258/AM, rel. Min. Cármen Lúcia, 13.04.2021.

[62] Conforme lição do Ministro Luís Roberto Barroso, relator na ADI 4.439/DF, em seu voto (vencido).

[63] ADI 4.439/DF, red. p/ o acórdão Min. Alexandre de Moraes, 27.09.2017.

constitucional previsto no art. 210, § 1.º, da Constituição Federal, autorizando, na rede pública, em igualdade de condições e sempre com **matrícula facultativa**, o oferecimento de **ensino confessional das diversas crenças**, mediante requisitos formais de credenciamento, de preparo, previamente fixados pelo Ministério da Educação.

Dessa maneira, será permitido aos alunos se matricularem voluntariamente para que possam exercer o seu direito subjetivo ao ensino religioso (**confessional**) como disciplina dos horários normais das escolas públicas. O ensino deverá ser ministrado por **integrantes da confissão religiosa do próprio aluno** (isto é, por representantes das diferentes religiões), credenciados a partir de chamamento público estabelecido em lei para hipóteses semelhantes[64] – e, preferencialmente, sem qualquer ônus para o Poder Público.

Também em respeito à liberdade religiosa, o Supremo Tribunal Federal reconheceu **o direito de uso de trajes religiosos – vestimentas ou acessórios que representem manifestação da fé – em fotos de documentos oficiais**, desde que não cubram o rosto nem impeçam a plena identificação da pessoa.[65] Essa orientação restou fixada na seguinte **tese de repercussão geral**:

> É constitucional a utilização de vestimentas ou acessórios relacionados a crença ou religião nas fotos de documentos oficiais desde que não impeçam a adequada identificação individual, com rosto visível.

O Supremo Tribunal Federal também fixou o entendimento de que **é legítima a recusa, por motivos religiosos, a receber tratamento de saúde**, cabendo ao Estado, em respeito à fé religiosa do paciente, oferecer, no lugar da medida refutada em razão do credo, procedimento médico alternativo disponibilizado a todos no Sistema Único de Saúde (SUS).[66] Nesse contexto, o Tribunal deixou averbado que: (a) a liberdade religiosa de uma pessoa pode justificar o custeio de tratamento de saúde diferenciado pelo poder público; (b) Testemunhas de Jeová, adultas e capazes, têm o direito de recusar procedimento médico que envolva transfusão de sangue; (c) a opção pelo tratamento alternativo deve ser tomada de forma livre, consciente e informada sobre as consequências e abrange apenas o paciente; (d) o Estado tem a obrigação de oferecer procedimentos alternativos disponíveis no Sistema Único de Saúde (SUS), ainda que seja necessário recorrer a estabelecimentos em outras localidades; (e) quando estiver em jogo o tratamento de crianças e adolescentes, deve prevalecer o princípio do melhor interesse para a saúde e a vida desse grupo – ou seja, **a liberdade religiosa não autoriza que pais impeçam o tratamento médico de filhos menores de idade**. Na oportunidade, foram fixadas as seguintes **teses de repercussão geral**:

> 1 – Testemunhas de Jeová, quando maiores e capazes, têm o direito de recusar procedimento médico que envolva transfusão de sangue, com base na autonomia individual e na liberdade religiosa.

---

[64] Lei 13.204/2015.

[65] RE 859.376/PR, rel. Min. Luís Roberto Barroso, 17.04.2024.

[66] RE 979.742/AM, rel. Min. Luís Roberto Barroso, 25.09.2024; RE 1.212.272/AL, rel. Min. Gilmar Mendes, 25.09.2024.

Cap. 3 • PRINCÍPIOS, DIREITOS E GARANTIAS FUNDAMENTAIS

2 – Como consequência, em respeito ao direito à vida e à saúde, fazem jus aos procedimentos alternativos disponíveis no SUS podendo, se necessário, recorrer a tratamento fora de seu domicílio.

Em outra oportunidade, ainda em respeito à liberdade religiosa, o Supremo Tribunal Federal decidiu que **o uso de símbolos religiosos em prédios públicos está relacionado ao aspecto histórico-cultural do país, e que, portanto, a presença desses símbolos não fere a laicidade do Estado e a impessoalidade da administração pública,** desde que tenha o objetivo de manifestar a tradição cultural da sociedade brasileira. Essa orientação restou consolidada na seguinte tese de repercussão geral:[67]

> A presença de símbolos religiosos em prédios públicos, pertencentes a qualquer dos Poderes da União, dos Estados, do Distrito Federal e dos Municípios, desde que tenha o objetivo de manifestar a tradição cultural da sociedade brasileira, não viola os princípios da não discriminação, da laicidade estatal e da impessoalidade.

Na mesma linha, e destacando o respeito ao princípio da liberdade religiosa, o Supremo Tribunal Federal **declarou a constitucionalidade de lei estadual que permite sacrifício de animais em cultos (rituais) de religiões de matriz africana.**[68] Na fixação desse entendimento, ponderou-se que não se trata de autorizar o sacrifício com intuito de entretenimento, mas para fins de exercício de um direito fundamental, que é a liberdade religiosa. Enfatizou-se, ademais, que a ressalva específica quanto às religiões de matriz africana está diretamente vinculada à intolerância, ao preconceito e ao fato de tais religiões serem estigmatizadas em seus rituais de abate.

Essa orientação restou consolidada na seguinte **tese de repercussão geral**:

> É constitucional a lei de proteção animal que, a fim de resguardar a liberdade religiosa, permite o sacrifício ritual de animais em cultos de religiões de matriz africana.

4.7. Inviolabilidade da intimidade, da vida privada, da honra e da imagem das pessoas (art. 5.º, X)

Determina o texto constitucional que "são invioláveis a intimidade, a vida privada, a honra e a imagem das pessoas, assegurado o direito à indenização pelo dano material ou moral decorrente de sua violação" (art. 5.º, X).

A indenização, na hipótese de violação a um desses bens da pessoa, poderá ser **cumulativa**, vale dizer, poderá ser reconhecido o direito à indenização pelo dano material e moral, simultaneamente, se a situação ensejar.

---

[67] ARE 1.249.095, rel. Min. Cristiano Zanin, 27.11.2024.
[68] RE 494.601, red. p/ o acórdão Min. Edson Fachin, 28.03.2019.

Para a condenação por dano moral **não se exige a ocorrência de ofensa à reputação do indivíduo**. A mera publicação não consentida de fotografias gera o direito à indenização por dano moral, independentemente de ocorrência de ofensa à reputação da pessoa, porquanto o uso indevido da imagem, de regra, causa desconforto, aborrecimento ou constrangimento ao fotografado, que deve ser reparado.

A **dor sofrida com a perda de ente familiar** também é indenizável a título de danos morais, visto que a expressão "danos morais" não se restringe às hipóteses de ofensa à reputação, dignidade e imagem da pessoa.

Em relação às ações de investigação de paternidade, o Supremo Tribunal Federal firmou orientação **reconhecendo a impossibilidade de coação do possível pai para realizar o exame do DNA**, porque essa medida implicaria ofensa a diversas garantias constitucionais explícitas e implícitas, como a preservação da dignidade humana, da intimidade, da intangibilidade do corpo humano, do império da lei e da inexecução específica e direta de obrigação de fazer.[69]

O Estado também responde pelos atos ofensivos (morais) praticados pelos agentes públicos, inclusive por autoridade judiciária, no exercício de suas funções, assegurado ao Estado o direito de regresso contra o agente nas hipóteses de este haver atuado com dolo ou culpa.

Com fundamento na garantia constitucional da inviolabilidade da privacidade e da intimidade, o Supremo Tribunal Federal **considerou válida norma eleitoral que proíbe a realização de propaganda eleitoral via "telemarketing"**, em qualquer horário.[70] Entendeu o Tribunal que a proibição do "telemarketing" na propaganda eleitoral é razoável e assegura o direito à intimidade, haja vista que protege os indivíduos contra transtornos em seus locais de descanso, que, certamente, seriam invadidos por chamadas telefônicas indesejáveis, provenientes de centenas de candidatos, no curto espaço de tempo das campanhas eleitorais.[71]

Também com fundamento na especial proteção constitucionalmente conferida à intimidade, à vida privada, à honra e à imagem das pessoas, o Supremo Tribunal Federal **declarou a inconstitucionalidade de norma federal que previa o compartilhamento de dados de usuários por prestadoras de serviços de telecomunicações com o Instituto Brasileiro de Geografia e Estatística (IBGE)**, para dar suporte à produção estatística oficial durante a pandemia do novo coronavírus (Covid-19).[72]

Cabe anotar, ainda, que **pessoas jurídicas também têm direito a indenização por danos morais**, em razão de fato ofensivo a sua honra ou imagem. Porém, segundo orientação do STF, **pessoas jurídicas não podem ser sujeito passivo de crime de calúnia e injúria**.

---

[69] HC 71.373/RS, Pleno, rel. Min. Francisco Rezek, 22.11.1996.
[70] Art. 25, § 2.º, da Resolução 23.404/2014 do Tribunal Superior Eleitoral (TSE).
[71] ADI 5.122/DF, rel. Min. Edson Fachin, 03.05.2018.
[72] ADIs 6.387/DF, 6.388/DF, 6.390/DF e 6.393/DF, rel. Min. Rosa Weber, 07.05.2020.

Cap. 3 • PRINCÍPIOS, DIREITOS E GARANTIAS FUNDAMENTAIS

Por fim, cumpre destacar que, segundo a jurisprudência do Supremo Tribunal Federal, o sigilo bancário é espécie do direito à privacidade, inerente à personalidade das pessoas, sendo a sua inviolabilidade assegurada pelo inciso X do art. 5.º, ora em foco.[73] Não obstante, considerando a inexistência de direitos absolutos em nosso ordenamento constitucional, o STF mais de uma vez afirmou que o sigilo deve ceder diante do interesse público, do interesse social e do interesse da justiça, sendo, portanto, perfeitamente possível, desde que observados os procedimentos estabelecidos em lei, e respeitado o princípio da razoabilidade, a quebra e/ou transferência do sigilo bancário – por exemplo, uma ordem judicial pode determinar tal medida em face de investigação fundada em suspeita plausível de infração penal.[74]

Em síntese, tendo em vista o texto constitucional, a jurisprudência do Supremo Tribunal Federal e a lei específica que regulamenta a matéria (Lei Complementar 105/2001), são as seguintes as hipóteses em que, hoje, a garantia de inviolabilidade do sigilo bancário pode ser afastada:

a) por determinação judicial;

b) por determinação do Poder Legislativo, mediante aprovação pelo Plenário da Câmara dos Deputados, do Senado Federal, ou do plenário de suas respectivas comissões parlamentares de inquérito – CPI;[75]

c) por determinação das autoridades e agentes fiscais tributários da União, quando houver processo administrativo instaurado ou procedimento fiscal em curso e tais exames forem considerados indispensáveis pela autoridade administrativa competente;[76]

d) por requisição do Corregedor Nacional de Justiça, desde que no âmbito de processo regularmente instaurado para apuração de infração imputada a pessoa determinada, mediante decisão fundamentada (o Corregedor Nacional de Justiça é o ministro do Superior Tribunal de Justiça indicado para integrar o Conselho Nacional de Justiça – CNJ, nos termos do art. 103-B, II e § 5.º, da Constituição Federal);[77]

e) por determinação do Tribunal de Contas da União (TCU) e do Ministério Público, no caso de operações que envolvam recursos públicos;[78]

f) por força de regras de convênio do Conselho Nacional de Política Fazendária (Confaz), que obrigam as instituições financeiras a fornecer aos estados-

---

[73] RE 219.780/PE, rel. Min. Carlos Velloso, 13.04.1999; MS 22.801/DF, rel. Min. Carlos Alberto Menezes Direito, 17.12.2007. É oportuno referir que, em alguns julgados, o STF aponta como fundamento da proteção ao sigilo bancário, ao lado do inciso X aqui em foco, o inciso XII do art. 5.º da Constituição, que trata da inviolabilidade do sigilo da correspondência e das comunicações telegráficas, de dados e das comunicações telefônicas.

[74] RMS 23.002/RJ, rel. Min. Ilmar Galvão, 02.10.1998; AI-AgR 541.265/SC, rel. Min. Carlos Velloso, 04.10.2005.

[75] Lei Complementar 105/2001, art. 4.º, § 2.º.

[76] LC 105/2001, arts. 5.º e 6.º, declarados constitucionais pelo Supremo Tribunal Federal no julgamento das ADI 2.390/DF, ADI 2.386/DF e ADI 2.397/DF, rel. Min. Dias Toffoli, 24.02.2016.

[77] ADI 4.709/DF, rel. Min. Rosa Weber, 31.05.2022.

[78] MS 21.729/DF, red. p/ o acórdão Min. Francisco Rezek, 05.10.1995; MS 33.340/DF, rel. Min. Luiz Fux, 26.05.2015.

-membros informações sobre pagamentos e transferências feitos por clientes (pessoas físicas e jurídicas) em operações eletrônicas (como "pix" e cartões de débito e crédito) em que haja recolhimento do Imposto sobre Circulação de Mercadorias e Serviços (ICMS).[79]

Considerando a relevância do tema, apresentamos, nos parágrafos seguintes, algumas **orientações complementares**, estabelecidas pela jurisprudência do Supremo Tribunal Federal.

No tocante ao poder das comissões parlamentares de inquérito (CPI) para determinar a quebra do sigilo bancário, houve controvérsia acerca da extensão, ou não, dessa prerrogativa às CPI estaduais, tendo em vista que a Lei Complementar 105/2001 só outorga essa prerrogativa às CPI federais, constituídas pelas Casas do Congresso Nacional.[80] Enfrentando tal questão, o STF deixou assente que, apesar da omissão da Lei Complementar 105/2001, **as comissões parlamentares de inquérito estaduais também podem determinar a quebra de sigilo de dados bancários**, com base no art. 58, § 3.º, da Constituição Federal, dispositivo que, à luz do princípio federativo, é extensivo aos estados-membros.[81]

Em outra oportunidade – ao declarar a constitucionalidade dos dispositivos da Lei Complementar 105/2001 que autorizam o acesso, pelas autoridades fiscais da União, a informações financeiras protegidas pelo sigilo bancário –, o Supremo Tribunal Federal deixou assente que, nessa hipótese, **não se trata de "quebra" de sigilo bancário, mas sim de "transferência" de sigilo da órbita bancária para a fiscal**, ambas protegidas contra o acesso de terceiros, haja vista que a transferência de informações é feita dos bancos ao fisco, mas este passa a ter o dever de preservar o sigilo dos dados.[82]

Nesse mesmo julgado – acerca do acesso, pelo fisco, sem necessidade de autorização judicial, a informações financeiras protegidas pelo sigilo bancário –, o Supremo Tribunal Federal ressaltou que **o exercício de tal prerrogativa pela Secretaria da Receita Federal do Brasil pressupõe a observância dos requisitos estabelecidos pelo Decreto 3.724/2001** (que regulamenta a matéria), em respeito aos direitos fundamentais do contribuinte. Nessa esteira, restou consignado que **somente poderão obter as informações previstas no art. 6.º da LC 105/2001 os estados e municípios nos quais a matéria estiver regulamentada de forma análoga à que consta do Decreto Federal 3.724/2001**.[83]

---

[79] ADI 7.276/DF, rel. Min. Cármen Lúcia, 10.09.2024.

[80] Art. 4.º, § 2.º.

[81] ACO 730/RJ, rel. Min. Joaquim Barbosa, 22.09.2004.

[82] ADI 2.390/DF, ADI 2.386/DF e ADI 2.397/DF, rel. Min. Dias Toffoli, 24.02.2016.

[83] Conforme este trecho extraído do voto do Ministro Dias Toffoli, relator: "Os estados e municípios somente poderão obter as informações previstas no artigo 6.º da LC 105/2001, uma vez regulamentada a matéria, de forma análoga ao Decreto Federal 3.724/2001; tal regulamentação deve conter as seguintes garantias: pertinência temática entre a obtenção das informações bancárias e o tributo objeto de cobrança no procedimento administrativo instaurado; a prévia notificação do contribuinte quanto a instauração do processo e a todos os demais atos; sujeição do pedido de acesso a um superior hierárquico; existência de sistemas eletrônicos de segurança que sejam certificados e com registro de acesso; estabelecimento de instrumentos efetivos de apuração e correção de desvios."

Cap. 3 • PRINCÍPIOS, DIREITOS E GARANTIAS FUNDAMENTAIS

Também nessa linha, o Supremo Tribunal Federal declarou a constitucionalidade de normas editadas pelo Conselho Nacional de Política Fazendária (Confaz) que **obrigam instituições financeiras a fornecerem aos estados-membros (e ao Distrito Federal) informações relacionadas às transferências e aos pagamentos realizados por clientes em operações eletrônicas com recolhimento do ICMS** (como "pix" e cartões de débito e crédito). Segundo o Tribunal, tais regras não envolvem a quebra de sigilo bancário, mas a **mera transferência do sigilo** das instituições financeiras e bancárias à administração tributária estadual ou distrital, nem implicam violação do princípio da reserva legal nem dos direitos fundamentais à intimidade, à privacidade e ao sigilo de dados pessoais (CF, art. 5.º, X e XII).[84]

Em relação ao Ministério Público e ao Tribunal de Contas da União, é firme na jurisprudência das Cortes Superiores o entendimento de que esses órgãos, **em regra, não dispõem de competência para determinar a quebra do sigilo bancário**.[85] Assim, quando, no curso de persecução criminal, houver necessidade de quebra de sigilo bancário, o membro do *Parquet* deverá solicitar autorização ao Poder Judiciário. Do mesmo modo, o Tribunal de Contas da União não está autorizado a decretar, por ato próprio, a quebra de sigilo bancário de terceiros – será necessária a prévia anuência do Poder Judiciário.

Importantíssimo é registrar, entretanto, que o entendimento do STF é outro quando se está diante de **operações que envolvam recursos públicos**, hipótese em que o Ministério Público[86] e o Tribunal de Contas da União[87] poderão, independentemente de autorização judicial, ter acesso a informações acerca da conta bancária do ente público respectivo e, por extensão, das operações bancárias sucessivas, **ainda que realizadas por particulares**, com o objetivo de garantir o acesso ao real destino desses recursos públicos. Para o Tribunal Supremo, o tratamento jurídico, nessa situação, deve ser distinto, tendo em vista que "operações financeiras que envolvam recursos públicos **não estão abrangidas pelo sigilo bancário** a que alude a Lei Complementar 105/2001, visto que as operações dessa espécie estão submetidas aos princípios da administração pública insculpidos no art. 37 da Constituição Federal".[88]

Anote-se que, nesta última hipótese (operações que envolvam recursos públicos), não se está diante, propriamente, de "quebra" de sigilo bancário pelo Ministério Público ou Tribunal de Contas da União. De acordo com o entendimento do Pretório Excelso, o fato de haver **recursos públicos** envolvidos **afasta a natureza sigilosa** de tais operações, que passam a sujeitar-se aos princípios que orientam a atuação da administração pública (CF, art. 37), dentre eles o da **publicidade**. Não teríamos, portanto, hipótese de quebra de sigilo bancário, mas sim de **ausência de sigilo** (afinal, se tais operações se sujeitam ao princípio da publicidade, não há como, em relação a elas, falar em sigilo).

---

[84] ADI 7.276/DF, rel. Min. Cármen Lúcia, 10.09.2024.

[85] STF: MS 22.801/DF, rel. Min. Menezes Direito, 17.12.2007; e RE 22.934/MT, rel. Min. Joaquim Barbosa, 17.04.2012; STJ: HC 160.646/SP, rel. Min. Jorge Mussi, 01.09.2011.

[86] RHC 133.118/CE, rel. Min. Dias Toffoli, 26.09.2017; MS 21.729/DF, red. p/ o acórdão Min. Francisco Rezek, 05.10.1995.

[87] MS 33.340/DF, rel. Min. Luiz Fux, 26.05.2015.

[88] MS 33.340/DF, rel. Min. Luiz Fux, 26.05.2015.

Outro controvertido aspecto – também relacionado à inviolabilidade da vida privada, da intimidade e do sigilo de dados – diz respeito aos limites da prerrogativa de que dispõem os órgãos de administração tributária (Secretaria Especial da Receita Federal do Brasil – RFB) e de inteligência financeira (Conselho de Controle de Atividades Financeiras – Coaf) para o compartilhamento de relatórios e procedimentos de fiscalização de contribuintes – contendo dados financeiros, fiscais e/ou bancários – com os órgãos de persecução penal (Ministério Público e polícia judiciária), **sem necessidade de prévia autorização judicial**. O Supremo Tribunal enfrentou tal controvérsia e – reafirmando a doutrina segundo a qual os direitos fundamentais não podem servir como escudo protetivo à prática de atividades ilícitas e criminosas – delineou as condições para a efetivação do referido compartilhamento (de dados bancários e fiscais) nos seguintes termos, fixados em **tese de repercussão geral**:[89]

> 1. É constitucional o compartilhamento dos relatórios de inteligência financeira da UIF [atual Coaf] e da íntegra do procedimento fiscalizatório da Receita Federal do Brasil (RFB), que define o lançamento do tributo, com os órgãos de persecução penal para fins criminais, sem a obrigatoriedade de prévia autorização judicial, devendo ser resguardado o sigilo das informações em procedimentos formalmente instaurados e sujeitos a posterior controle jurisdicional.
>
> 2. O compartilhamento pela UIF [atual Coaf] e pela RFB, referente ao item anterior, deve ser feito unicamente por meio de comunicações formais, com garantia de sigilo, certificação do destinatário e estabelecimento de instrumentos efetivos de apuração e correção de eventuais desvios.

O Supremo Tribunal Federal firmou, ainda, o entendimento de que **o Corregedor Nacional de Justiça dispõe de competência para requisitar dados bancários e fiscais**, desde que no âmbito de processo regularmente instaurado para apuração de infração por pessoa determinada (fiscalização de integridade funcional do Poder Judiciário), mediante decisão fundamentada e baseada em indícios concretos da prática daquela infração.[90]

A derradeira questão enfrentada pelo Supremo Tribunal Federal a ser aqui registrada concerne aos limites para o fornecimento de dados e conhecimentos específicos no âmbito do Sistema Brasileiro de Inteligência (Sisbin), que tem a Agência Brasileira de Inteligência (Abin) como órgão central. O Tribunal fixou as balizas para esse fornecimento de dados e conhecimentos, estabelecendo que:[91]

> a) os órgãos componentes do Sistema Brasileiro de Inteligência (Sisbin) somente podem fornecer dados e conhecimentos específicos à Abin quando comprovado o interesse público da medida, afastada qualquer possibilidade de esses dados atenderem interesses pessoais ou privados;

---

[89] RE 1.055.941/SP, rel. Min. Dias Toffoli, 04.12.2019.

[90] ADI 4.709, rel. Min. Rosa Weber, 31.05.2022.

[91] ADI 6.529 MC/DF, rel. Min. Cármen Lúcia, 13.08.2020.

Cap. 3 • PRINCÍPIOS, DIREITOS E GARANTIAS FUNDAMENTAIS

b) toda e qualquer decisão que solicitar os dados deverá ser devidamente motivada para eventual controle de legalidade pelo Poder Judiciário;

c) mesmo quando presente o interesse público, os dados referentes a comunicações telefônicas ou dados sujeitos à reserva de jurisdição não podem ser compartilhados; e

d) nas hipóteses cabíveis de fornecimento de informações e dados à Abin, é imprescindível procedimento formalmente instaurado e existência de sistemas eletrônicos de segurança e registro de acesso, inclusive para efeito de responsabilização, em caso de eventuais omissões, desvios ou abusos.

4.8. Inviolabilidade domiciliar (art. 5.º, XI)

Determina o texto constitucional que "a casa é asilo inviolável do indivíduo, ninguém nela podendo penetrar sem consentimento do morador, salvo em caso de flagrante delito ou desastre, ou para prestar socorro, ou, durante o dia, por determinação judicial" (art. 5.º, XI).

A inviolabilidade não alcança somente a "casa", residência regular do indivíduo. Na verdade, **o conceito normativo de "casa" é abrangente** e se estende, inclusive, a **qualquer compartimento privado não aberto ao público**, onde alguém exerce profissão ou atividade, compreendendo, por exemplo, os escritórios e consultórios profissionais, as dependências privativas da empresa e o quarto de hotel. Com efeito, segundo a jurisprudência do Supremo Tribunal Federal, o conceito de "casa", para os fins da proteção jurídico-constitucional, **compreende**: (a) qualquer compartimento habitado; (b) qualquer aposento ocupado de habitação coletiva; e (c) qualquer compartimento privado onde alguém exerce profissão ou atividade.[92]

Por outro lado, entende o STF que o espaço compreendido dentro de **veículo automotor** – exceto se ele consistir na habitação de seu titular, permanente ou provisória, como, em algumas situações, pode ocorrer com *trailers*, cabines de caminhão, barcos, entre outros – não está abrangido no conceito jurídico de "casa", a que o ordenamento jurídico dispensa especial proteção (CF, art. 5.º, XI).[93] Logo, **apreensão de documentos realizada em automóvel** – salvo se ele constituir a habitação do seu titular – **não exige prévia autorização judicial**, quando presente fundada suspeita de que nele estão ocultados elementos de prova ou qualquer elemento de convicção relevante para a elucidação dos fatos investigados (a busca no veículo, nessa hipótese, é enquadrada juridicamente como busca pessoal).

Esse dispositivo pôs termo à possibilidade de determinações administrativas de busca e apreensão de documentos, práticas, hoje, absolutamente inconstitucionais. Sob a vigência do atual texto constitucional, buscas e apreensões só são legítimas se determinadas pelo Poder Judiciário ("reserva jurisdicional"). Assim, ressalvadas as situações excepcionais apontadas no art. 5.º, XI, da Constituição, se não houver consentimento, as autoridades administrativas (fiscais fazendários, trabalhistas,

---

[92] MS-MC 23.595/DF, rel. Min. Celso de Mello, 17.12.1999.
[93] RHC 117.767/DF, rel. Min. Teori Zavascki, 11.10.2016.

sanitários, ambientais e servidores congêneres) somente poderão adentrar nas dependências dos administrados se munidos de ordem judicial autorizativa (mandado de busca e apreensão judicial). Mesmo diante de fortes indícios de que, no interior do estabelecimento, haja provas contundentes da prática de ilícitos, se não houver consentimento, não poderá o agente administrativo executar a busca e apreensão, sem autorização do Poder Judiciário.

Ademais, mesmo nos casos de **cumprimento a ordem judicial**, o texto constitucional impõe importante limitação: só poderá haver ingresso na "casa" **durante o dia**. Vale dizer, ainda que a ordem judicial de ingresso tenha sido proferida por juízo competente, a diligência dela resultante será **inválida**, caso tal medida seja executada durante a **noite**.

Há, porém, situações em que o ingresso domiciliar poderá ocorrer em **qualquer hora do dia ou da noite**, sem necessidade de consentimento do morador ou de ordem judicial: para prestar **socorro**, diante de **desastre** ou em caso de flagrante delito.

As hipóteses de ingresso para prestar socorro ou motivado por desastre dispensam comentários. A possibilidade de ingresso no caso de **flagrante delito** tem por objeto a repressão à prática de crimes, especialmente daqueles de natureza permanente (tais como depósito ou porte de drogas, extorsão mediante sequestro, cárcere privado etc.), que exigem ação imediata da polícia.

A respeito dessa última hipótese (ingresso motivado por flagrante delito), a fim de evitar abusos por parte dos agentes policiais – tanto na tomada de decisão de entrada forçada quanto na execução da medida –, o Supremo Tribunal Federal definiu balizas para a entrada da polícia em domicílio sem autorização judicial, expressas na seguinte **tese de repercussão geral:**[94]

> A entrada forçada em domicílio sem mandado judicial só é lícita, mesmo em período noturno, quando amparada em fundadas razões, devidamente justificadas *a posteriori*, que indiquem que dentro da casa ocorre situação de flagrante delito, sob pena de responsabilidade disciplinar, civil e penal do agente ou da autoridade e de nulidade dos atos praticados.

Por fim, é oportuno mencionar que o STF considerou válido provimento judicial que autorizava o ingresso de autoridade policial em recinto profissional **durante a noite**, para o fim de instalar equipamentos de captação acústica (escuta ambiental) e de acesso a documentos no ambiente de trabalho do acusado.[95] Asseverou-se que tais medidas não poderiam jamais ser realizadas com publicidade, sob pena de sua frustração, o que ocorreria caso fossem praticadas durante o dia, mediante apresentação de mandado judicial. Com isso, tem-se que a escuta ambiental não se sujeita aos mesmos limites da busca domiciliar (CF, art. 5.º, XI), bastando, para sua legalidade, a existência de circunstanciada autorização judicial.

---

94 RE 603.616/RO, rel. Min. Gilmar Mendes, 05.11.2015.
95 Inq 2.424/RJ, rel. Min. Cezar Peluso, 19 e 20.11.2008.

Cap. 3 • PRINCÍPIOS, DIREITOS E GARANTIAS FUNDAMENTAIS

4.9. Inviolabilidade das correspondências e comunicações (art. 5.º, XII)

Reza o texto constitucional que "é inviolável o sigilo da correspondência e das comunicações telegráficas, de dados e das comunicações telefônicas, salvo, no último caso, por ordem judicial, nas hipóteses e na forma que a lei estabelecer para fins de investigação criminal ou instrução processual penal" (art. 5.º, XII).

Embora a autorização expressa para a violação excepcional refira-se, tão somente, às **comunicações telefônicas**, a garantia da inviolabilidade das correspondências **também não é absoluta**, visto que **não existem direitos e garantias fundamentais de caráter absoluto** no Estado brasileiro. Assim, numa situação concreta, em que estejam em jogo outros valores constitucionalmente protegidos (direito à vida, por exemplo), poderá ocorrer a violação das correspondências, para salvaguardar o direito à vida.

Nesse sentido, o STF deixou assente ser possível, respeitados certos parâmetros, a interceptação das correspondências e comunicações telegráficas e de dados sempre que tais liberdades públicas estiverem sendo utilizadas como instrumento de salvaguarda de práticas ilícitas.[96] Assim, por exemplo, uma "carta confidencial" remetida pelo sequestrador à família do sequestrado certamente poderá ser violada e utilizada em juízo como prova, sem se falar em desrespeito ao sigilo das correspondências, pois o sequestrador foi quem primeiro desrespeitou os direitos fundamentais do sequestrado e de sua família, merecendo, estes sim, a tutela da ordem jurídica.

Ainda sobre o sigilo das correspondências, o Supremo Tribunal Federal firmou o entendimento de que **é válida a abertura de encomenda postada nos Correios por funcionários da empresa**, sem necessidade de prévia autorização judicial, desde que haja indícios fundamentados da prática de atividade ilícita. O Tribunal assentou, ainda, que **nos estabelecimentos prisionais também é válida a abertura de correspondência**, quando houver indícios fundamentados da prática de atividades ilícitas. A **tese de repercussão geral** fixada foi a seguinte:[97]

> 1 – Sem autorização judicial ou fora das hipóteses legais, é ilícita a prova obtida mediante abertura de carta, telegrama, pacote ou meio análogo, salvo se ocorrida em estabelecimento penitenciário quando houver fundados indícios da prática de atividades ilícitas.
>
> 2 – Em relação à abertura de encomenda postada nos Correios, a prova somente será lícita quando houver fundados indícios da prática de atividade ilícita, formalizando-se as providências adotadas para fins de controle administrativo ou judicial.

Em outra oportunidade, o Supremo Tribunal Federal – sob o argumento de que a Constituição Federal assegura a inviolabilidade do sigilo das comunicações,

---

[96] HC 70.814/SP, rel. Min. Celso de Mello, 01.03.1994: "A administração penitenciária, com fundamento em razões de segurança pública, de disciplina prisional ou de preservação da ordem jurídica, pode, **sempre excepcionalmente**, proceder à interceptação da correspondência remetida pelos sentenciados, eis que a cláusula tutelar da inviolabilidade do sigilo epistolar **não pode** constituir instrumento de salvaguarda de práticas ilícitas."

[97] RE 1.116.949, rel. Min. Edson Fachin, 30.11.2023.

mas autoriza a edição de leis que afastem o sigilo para a realização de investigações criminais – declarou a constitucionalidade de normas do Código de Processo Penal (CPP)[98] que autorizam **delegados de polícia e membros do Ministério Público** a requisitarem o repasse de dados cadastrais a operadoras de celular, **mesmo sem autorização judicial.**[99] Ressaltou-se que os dados requisitados devem ser utilizados **exclusivamente em investigações sobre os crimes de cárcere privado, redução à condição análoga à de escravo, tráfico de pessoas, sequestro relâmpago, extorsão mediante sequestro e envio ilegal de criança ao exterior.**

Ademais, o próprio texto constitucional prevê circunstâncias excepcionais que admitem a restrição dessas garantias, como o estado de defesa e o estado de sítio (CF, arts. 136, § 1.º, e 139).[100]

O inciso em comento admite expressamente a possibilidade de **interceptação das comunicações telefônicas**, desde que após ordem judicial e nas hipóteses e na forma que a lei estabelecer para fins de investigação criminal ou instrução processual penal. São, portanto, três os requisitos necessários para a violação das comunicações telefônicas (interceptação telefônica):

a) uma lei que preveja as hipóteses e a forma em que pode ocorrer a interceptação telefônica, obrigatoriamente no âmbito de investigação criminal ou instrução processual penal;

b) a existência efetiva de investigação criminal ou instrução processual penal;

c) a ordem judicial específica para o caso concreto (trata-se da denominada "reserva de jurisdição"; nem mesmo comissão parlamentar de inquérito – CPI pode determinar interceptação telefônica).

Enfatize-se que mesmo a atuação do magistrado na autorização da interceptação telefônica é limitada pelo texto constitucional, uma vez que ele só poderá autorizar a escuta **para fins de investigação criminal ou instrução processual penal** e, ainda assim, nas estritas hipóteses e termos que a lei estabelecer. Se ocorrer uma autorização judicial para interceptação telefônica destinada a viabilizar uma investigação administrativa ou civil (em um processo administrativo disciplinar ou numa ação de improbidade administrativa, por exemplo), será ela flagrantemente inconstitucional, e a prova daí resultante estará contaminada pela ilicitude.

---

[98] CPP, art. 13-A.

[99] ADI 5.642/DF, rel. Min. Edson Fachin, 18.04.2024.

[100] Conforme a lição do Ministro Celso de Mello, na EExt 1.021, de 06.03.2007: "Essas hipóteses excepcionais, no entanto, que autorizam o afastamento da garantia da inviolabilidade das comunicações telefônicas – que não se reveste de caráter absoluto, como qualquer garantia de índole constitucional (RTJ 148/366 – RTJ 173/805-810 – RTJ 182/560, 567 – RTJ 190/139-143, *v.g.*) –, podem, ainda, estender-se, extraordinariamente, a outros casos, desde que o Estado, em situação de **anormalidade** (que se revele, por efeito de sua natureza mesma, derrogatória do regime de legalidade ordinária), venha a utilizar-se, apoiando-se nos mecanismos especiais de proteção de sua ordem institucional, dos denominados poderes de crise que a própria Constituição da República lhe outorga na vigência do **estado de defesa** (CF, art. 136, § 1.º, I, 'c') ou do **estado de sítio** (CF, art. 139, III)."

Cap. 3 • PRINCÍPIOS, DIREITOS E GARANTIAS FUNDAMENTAIS

Esse dispositivo constitucional foi regulamentado pela Lei 9.296/1996. Essa lei legitima a interceptação das comunicações telefônicas como meio de prova, e também estende a sua regulação à interceptação do fluxo de comunicações em **sistemas de informática etelemática** (combinação dos meios de comunicação com informática) – correio eletrônico (*e-mail*), fax e outros –, nos mesmos moldes em que autorizada constitucionalmente a interceptação da comunicação telefônica propriamente dita, e para os mesmos fins.

Por se tratar de medida excepcional, a Lei só permite a interceptação quando houver indícios razoáveis de autoria ou participação em infração penal punível com **reclusão** e, ainda assim, se a prova não puder ser feita por outros meios disponíveis. Entretanto, embora a Lei 9.296/1996 só autorize a interceptação telefônica para a apuração de crimes puníveis com a pena de **reclusão**, o Supremo Tribunal Federal firmou entendimento de que, uma vez realizada a interceptação telefônica de forma fundamentada, legal e legítima, as informações e provas coletadas dessa diligência podem subsidiar denúncia concernente a crimes puníveis com pena de **detenção**, desde que conexos aos primeiros tipos penais (puníveis com reclusão) que justificaram a interceptação.[101]

Com efeito, entende o Tribunal que os elementos probatórios colhidos por meio de interceptação telefônica autorizada pelo juízo competente no curso de instrução processual penal ou de investigação criminal de crime punível com reclusão podem ser compartilhados com processos criminais nos quais imputada a prática de crime punível com **detenção**, e até mesmo com **processos de natureza administrativa**.[102] No âmbito administrativo, tais informações poderão, por exemplo, ser compartilhadas para fins de instruir procedimento **disciplinar** ou **fiscal**.

A Lei permite ao magistrado autorizar a interceptação telefônica pelo período de **quinze dias**, renovável por igual tempo, uma vez comprovada a indispensabilidade do meio de prova. Entretanto, segundo a jurisprudência do Supremo Tribunal Federal, **é possível a prorrogação desse prazo, mesmo que por sucessivas vezes**, quando o fato for complexo e, por essa razão, exigir investigação diferenciada e contínua, e desde que demonstrada, **em cada renovação**, mediante **fundamentação juridicamente idônea**, a indispensabilidade de tal diligência – não havendo, em tais prorrogações, nenhuma ofensa ao art. 5.º, *caput*, da Lei 9.296/1996.[103] Esse entendimento restou fixado na seguinte **tese de repercussão geral**:[104]

> São lícitas as sucessivas renovações de interceptação telefônica, desde que, verificados os requisitos do artigo 2.º da Lei 9.296/1996 e demonstrada a necessidade da medida diante de elementos concretos e a complexidade da investigação, a decisão judicial inicial e as prorrogações sejam devidamente motivadas, com justificativa legítima, ainda que sucinta, a embasar a continuidade das investigações.

---

[101] HC 83.515/RS, rel. Min. Nelson Jobim, 19.09.2004.

[102] RMS 28.774/DF, red. p/ o acórdão Min. Roberto Barroso, 25.08.2016.

[103] HC 83.515/RS, rel. Min. Nelson Jobim, 19.09.2004.

[104] RE 625.263/PR, rel. Min. Gilmar Mendes, red. p/ acórdão Min. Alexandre de Moraes, 17.03.2022.

Ultimado o período de interceptação, exige-se a elaboração de relatório circunstanciado da polícia judiciária com a explicação das conversas e, se for o caso, da necessidade de continuação das investigações. **Não se exige a transcrição completa da interceptação**, pois essa medida, em alguns casos, poderia prejudicar a celeridade da investigação e a obtenção das provas necessárias. Não é exigida, portanto, a degravação de todas as conversas oriundas das interceptações telefônicas, bastando a reprodução dos excertos que subsidiaram a denúncia e a disponibilização do conteúdo integral das gravações realizadas. Porém, **é necessário transcrever o trecho completo da conversa**, a fim de permitir a sua contextualização, **vedada a edição**.[105] Ademais, caso entenda necessário, **o relator do processo poderá determinar que a transcrição seja integral**.[106]

É relevante destacar, ainda, que o Supremo Tribunal Federal entende que esse dispositivo constitucional não impede **o acesso aos dados em si**, mas protege, tão só, **a comunicação desses dados**.[107] Por exemplo, será legítima a apreensão de um computador, ou de equipamentos de informática que contenham dados do indivíduo, e a utilização desses dados em investigações ou instrução processual, desde que a apreensão seja feita regularmente, em cumprimento a mandado judicial fundamentado. Para o Tribunal, não se pode confundir: (i) violação do sigilo de comunicação eletrônica, em que há quebra da troca de dados (hipótese protegida constitucionalmente pelo inciso XII do art. 5.º), com (ii) acesso aos **dados já armazenados** nos computadores (hipótese **não** alcançada pela referida proteção constitucional).

Significa dizer que não cabe invocar a garantia constitucional do sigilo das comunicações quando o acesso não alcança a **troca de dados**, restringindo-se apenas às informações **já armazenadas** nos dispositivos eletrônicos. A proteção a que se refere o art. 5.º, XII, da Constituição é da "comunicação de dados" e não dos "dados em si mesmos", ainda quando armazenados em computador. Inexistindo quebra da **troca de dados**, mas, sim, **acesso aos dados que estavam registrados** em equipamentos de informática (nos discos rígidos de computadores, por exemplo), **não há invalidade**.

Por último, resta-nos esclarecer que a doutrina processualista distingue, para o fim de exame da licitude de prova nos autos de processo, os conceitos de interceptação telefônica, escuta telefônica e gravação telefônica.

A **interceptação telefônica** é a captação de conversa feita por um terceiro, sem o conhecimento dos interlocutores, situação que depende, sempre, de ordem judicial prévia, por força do art. 5.º, XII, da Constituição Federal. Por exemplo: no curso de uma instrução processual penal, a pedido do Ministério Público, o magistrado autoriza a captação do conteúdo da conversa entre dois traficantes de drogas ilícitas, sem o conhecimento destes.

A **escuta telefônica** é a captação de conversa feita por um terceiro, com o conhecimento de apenas um dos interlocutores. Por exemplo: João e Maria conversam e Pedro grava o conteúdo do diálogo, com o consentimento de Maria, mas sem que João saiba.

---

[105] ADI 4.263/DF, rel. Min. Roberto Barroso, 25.04.2018.
[106] AP-AgR 508/AP, rel. Min. Edson Fachin, 06.02.2019.
[107] RE 418.416/SC, rel. Min. Sepúlveda Pertence, 10.05.2006.

Cap. 3 • PRINCÍPIOS, DIREITOS E GARANTIAS FUNDAMENTAIS

A **gravação telefônica** é feita por um dos interlocutores do diálogo, sem o consentimento ou a ciência do outro. Por exemplo: Maria e João conversam e ela grava o conteúdo desse diálogo, sem que João saiba.

A relevância de tal distinção é que a **escuta** e a **gravação** telefônicas – por não constituírem interceptação telefônica em sentido estrito – não se sujeitam à inarredável necessidade de ordem judicial prévia e podem, a depender do caso concreto (situação de legítima defesa, por exemplo), ser utilizadas licitamente como prova no processo.

4.10. Liberdade de atividade profissional (art. 5.º, XIII)

Dispõe o texto constitucional que "é livre o exercício de qualquer trabalho, ofício ou profissão, atendidas as qualificações profissionais que a lei estabelecer" (art. 5.º, XIII).

Esse inciso constitucional consubstancia norma de **eficácia contida**, isto é, dotada de aplicabilidade imediata, porém sujeita a restrições a serem impostas pelo legislador ordinário. Assim, enquanto não estabelecidas em lei as qualificações para o exercício de determinada profissão, qualquer indivíduo poderá exercê-la. Quando estabelecidas as qualificações profissionais pelo legislador, somente aqueles que cumprirem tais qualificações poderão exercer a profissão.

Segundo entendimento do Supremo Tribunal Federal, essa norma constitucional socorre tanto a liberdade de escolha quanto a liberdade de exercício de uma atividade a título de trabalho, ofício ou profissão. Por isso, embora a Constituição Federal autorize limitações a essa liberdade pelo legislador infraconstitucional, essa atuação do legislador deve ser restrita apenas ao indispensável para viabilizar a proteção de outros bens jurídicos de interesse público igualmente resguardados pela própria Constituição, como a segurança, a saúde, a ordem pública, a incolumidade das pessoas e do patrimônio, a proteção especial da infância e outros.

Assim, somente quando a execução individual de determinada atividade puder implicar risco a algum desses valores, imprescindíveis para o bem-estar da coletividade, é que o legislador estará autorizado a restringir a liberdade de trabalho. Nesse sentido, foram enumeradas as seguintes diretrizes para que a atividade legislativa tendente a condicionar o exercício de alguma profissão seja legítima, pelo atendimento dos postulados da adequação e da razoabilidade:[108]

a) a lei não pode estabelecer limitações injustificadas, arbitrárias ou excessivas;

b) as limitações instituídas pela lei devem fundamentar-se em critérios técnicos capazes de atenuar os riscos sociais inerentes ao exercício de determinados ofícios; e

c) as limitações instituídas pela lei não podem dificultar o acesso a determinada categoria profissional apenas sob o pretexto de favorecer os seus atuais integrantes, mediante restrição exclusivamente corporativista do mercado de trabalho.

Importante registrar, ainda, que as referidas qualificações profissionais devem ser estabelecidas em **lei federal**, tendo em vista a competência privativa da União

---

[108] RE 1.263.641/RS (**repercussão geral**), red. p/ o acórdão Min. Alexandre de Moraes, 13.10.2020.

para legislar sobre condições para o exercício de profissões (CF, art. 22, XVI). Vale dizer, a disciplina para o exercício de determinada profissão exige **caráter nacional**, não se admitindo a existência de diferenças entre os entes federados quanto aos requisitos ou condições para o exercício de atividade profissional. Com esse fundamento, o Supremo Tribunal Federal declarou a inconstitucionalidade de lei estadual que regulamentava o exercício profissional das atividades de cabeleireiro, manicuro, pedicuro, esteticista e profissional de beleza.[109]

Em consonância com essas orientações – e enfatizando que a liberdade de exercício profissional não é um direito absoluto, devendo ser interpretada dentro do sistema constitucional como um todo –, nossa Corte Suprema considerou constitucional **a proibição do exercício da advocacia por parte dos servidores do Poder Judiciário e do Ministério Público.**[110]

4.11. Liberdade de reunião (art. 5.º, XVI)

Determina o texto constitucional que "todos podem reunir-se pacificamente, sem armas, em locais abertos ao público, independentemente de autorização, desde que não frustrem outra reunião anteriormente convocada para o mesmo local, sendo apenas exigido prévio aviso à autoridade competente" (art. 5.º, XVI).

O direito de reunião é meio de manifestação coletiva da liberdade de expressão, em que pessoas se associam **temporariamente** tendo por objeto um interesse comum, que poderá ser, por exemplo, o mero intercâmbio de ideias, a divulgação de problema da comunidade ou a reivindicação de alguma providência.

Essa proteção constitucional refere-se não só às reuniões estáticas, em específico local aberto ao público, como também às manifestações em percurso móvel, como as passeatas, os comícios, os desfiles etc.

Nesse sentido – e realçando que o exercício dos direitos fundamentais de reunião e de livre manifestação do pensamento deve ser garantido a todas as pessoas –, o Supremo Tribunal Federal considerou válidos manifestações e eventos públicos na defesa da descriminalização do uso de drogas, ou de qualquer substância entorpecente específica (tratava-se da realização da chamada "marcha da maconha", em que os cidadãos defendiam a descriminalização dessa droga).[111]

Para o Tribunal Constitucional, a mera proposta de descriminalização de determinado ilícito penal não se confunde com o ato de incitação à prática do crime, nem com o de apologia de fato criminoso (CP, art. 287). Logo, a defesa, em espaços públicos, da legalização das drogas, ou de proposta de abolição de algum outro tipo penal, não significaria ilícito penal, mas, ao contrário, representa o exercício legítimo do direito à livre manifestação do pensamento, propiciada pelo exercício do direito de reunião.

O direito constitucional de reunião protege, de outra parte, a pretensão do indivíduo de não se reunir a outros.

---

[109] ADI 3.953/DF, rel. Min. Ricardo Lewandowski, 27.04.2020.

[110] ADI 5.454/DF, rel. Min. Alexandre de Moraes, 15.04.2020; ADI 5.235/DF, rel. Min. Rosa Weber, 11.06.2021.

[111] ADPF 187/DF, rel. Min. Celso de Mello, 15.06.2011.

Cap. 3 • PRINCÍPIOS, DIREITOS E GARANTIAS FUNDAMENTAIS

São as seguintes as características do direito de reunião assegurado na Constituição Federal de 1988:

a) **finalidade pacífica**;

Existe direito de reunião, desde que esta seja meio de expressão coletiva com intuito lícito e pacífico. Não há direito à realização de reuniões que tenham por fim praticar quaisquer espécies de atos de violência.

b) **ausência de armas**;

Os participantes da reunião não poderão portar armas. Assim, por exemplo, uma reunião de policiais civis grevistas portando armas constitui flagrante desrespeito à Constituição.

Porém, se algum dos manifestantes, isoladamente, estiver portando arma, esse fato não autoriza a dissolução da reunião pelo Poder Público. Nesse caso, a autoridade policial competente deverá desarmar ou afastar o indivíduo infrator, prosseguindo a reunião com os demais participantes desarmados.

Em suma, o que é vedado é a realização de uma "reunião armada". Na hipótese de um indivíduo presente em uma reunião estar armado, isoladamente, não se há de falar em uma "reunião com armas". O porte da arma, isoladamente, por um indivíduo presente à reunião, não a transforma em uma "reunião armada", cabendo à autoridade policial competente apenas adotar, relativamente a esse indivíduo, as mesmas providências que adotaria se o encontrasse armado em qualquer outro local público.

c) **locais abertos ao público**;

O direito de reunião deve ser exercido em local aberto ao público, ainda que em percurso móvel, evitando-se com isso a perturbação da ordem pública, ou mesmo a lesão a eventual direito de propriedade. Um exemplo exagerado de infração ao direito de reunião seria a tentativa de realização de uma reunião de manifestantes no recinto do Palácio do Planalto, ambiente de trabalho do Presidente da República.

d) **não frustração de outra reunião anteriormente convocada para o mesmo local**;

O direito de reunião de um grupo não pode atrapalhar reunião anteriormente convocada para o mesmo local por outros indivíduos, já previamente avisada à autoridade competente.

e) **desnecessidade de autorização**;

O direito de reunião independe de autorização. Significa dizer que as autoridades públicas não dispõem de competência e discricionariedade para decidirem pela conveniência, ou não, da realização da reunião, tampouco para interferirem indevidamente nas reuniões lícitas e pacíficas, em que não haja lesão ou perturbação à ordem pública.

f) **necessidade de prévio aviso à autoridade competente**.

A exigência constitucional de prévia notificação não pode se confundir com a necessidade de **autorização prévia**. O sentido para essa exigência de aviso prévio é, tão somente, o de permitir que o poder público zele para que o exercício do direito se dê de forma pacífica e com segurança, e que não frustre outra reunião no mesmo local. Para tanto, basta que a notificação seja efetiva, isto é, que permita ao poder público realizar a segurança da manifestação ou reunião.

De igual modo, não se depreende do texto constitucional **qualquer exigência relativamente à organização do evento**, tendo em vista que a liberdade de expressão e reunião pode assumir feição plural e igualitária, não sendo possível estabelecer, como regra, a necessidade de uma organização prévia. Assim, **não se exige que a notificação seja pessoal ou de algum modo registrada**, porque isso implicaria reconhecer como necessária uma organização que a própria Constituição não impôs.

Nesse sentido, a orientação do Supremo Tribunal Federal, fixada na seguinte **tese jurídica de repercussão geral**:[112]

> A exigência constitucional de aviso prévio relativamente ao direito de reunião é satisfeita com a veiculação de informação que permita ao poder público zelar para que seu exercício se dê de forma pacífica ou para que não frustre outra reunião no mesmo local.

Ademais, vale lembrar que a própria Constituição Federal, em circunstâncias excepcionais, admite expressamente a restrição e até a suspensão do direito de reunião. Assim, na hipótese de decretação do estado de defesa (CF, art. 136, § 1.º, I, "a") e do estado de sítio (CF, art. 139, IV) o direito de reunião, ainda que exercida no seio das associações, poderá sofrer restrições, permitindo-se, até, no caso do estado de sítio, a suspensão temporária desse importante direito constitucional.

Um último relevante apontamento sobre o direito de reunião diz respeito ao instrumento jurídico adequado à sua tutela. Caso ocorra lesão ou ameaça de lesão ao direito de reunião, ocasionada por alguma ilegalidade ou arbitrariedade por parte do Poder Público, o remédio constitucional cabível é o **mandado de segurança**, e **não** o *habeas corpus* (este, como se sabe, destina-se à proteção do direito de locomoção, nos termos do art. 5.º, LXVIII, da Constituição).

4.12. Liberdade de associação (art. 5.º, XVII a XIX)

Dispõe a Constituição que "é plena a liberdade de associação para fins lícitos, vedada a de caráter paramilitar" (art. 5.º, XVII) e também que "a criação de associações e, na forma da lei, a de cooperativas independem de autorização, sendo vedada a interferência estatal em seu funcionamento" (art. 5.º, XVIII).

As associações pressupõem coligação de pessoas, mas se diferenciam das meras reuniões, tratadas em tópico precedente, porque aquelas têm caráter de permanência, de continuidade, ao passo que estas são sempre temporárias, ocasionais, eventuais. Ademais, as reuniões nunca são entidades personificadas, enquanto as associações têm possibilidade de adquirir personalidade jurídica.

A Constituição Federal assegura ampla liberdade de associação, independentemente de autorização dos poderes públicos, além de vedar a interferência estatal no

---

[112] RE 806.339/SE, rel. Min. Marco Aurélio, redator p/ acórdão Min. Edson Fachin, 14.12.2020.

Cap. 3 • PRINCÍPIOS, DIREITOS E GARANTIAS FUNDAMENTAIS

funcionamento das associações. Tal liberdade, porém, só alcança as associações para fins lícitos, proibidas expressamente as de caráter paramilitar. Além disso, "ninguém poderá ser compelido a associar-se ou a permanecer associado" (CF, art. 5.º, XX). Acerca deste último comando, o Supremo Tribunal Federal firmou o entendimento de que **a existência de débitos em nome do associado não constitui motivação para o indeferimento do seu pedido de desfiliação**, haja vista que "condicionar a desfiliação de associado à quitação de débitos e/ou multas constitui ofensa à dimensão negativa do direito à liberdade de associação (direito de não se associar), cuja previsão constitucional é expressa".[113] Essa orientação restou consolidada na seguinte **tese de repercussão geral**:

> É inconstitucional o condicionamento da desfiliação de associado à quitação de débito referente a benefício obtido por intermédio da associação ou ao pagamento de multa.

Uma vez criadas, as associações só poderão ser compulsoriamente dissolvidas ou ter suas atividades suspensas por decisão judicial, exigindo-se, no primeiro caso (dissolução compulsória), o trânsito em julgado (art. 5.º, XIX). Portanto, em qualquer caso, é exigida uma decisão judicial, nunca administrativa. Para a **suspensão** de atividade, não é necessário que a decisão judicial seja definitiva; para a **dissolução compulsória**, a decisão judicial deve ser definitiva, transitada em julgado.

As associações tratadas nesses dispositivos devem ser entendidas em sentido amplo (os partidos políticos e as associações sindicais foram, ainda, tratados em outros artigos específicos). A regra é a plena liberdade de associação, o que se assegura basicamente pela desnecessidade de autorização estatal para sua constituição, pela proibição da interferência estatal em seu funcionamento e pela exigência de sentença judicial transitada em julgado para a dissolução compulsória de uma associação quando seu objeto for ilícito (a suspensão das atividades de uma associação, entretanto, é possível mediante sentença judicial ainda pendente de recurso). As únicas restrições constitucionais referem-se ao objeto da associação, que deve ser lícito, e à proibição expressa de associações paramilitares, qualquer que seja o seu fim.

4.13. Associações e defesa de direitos dos associados: representação processual (art. 5.º, XXI)

Uma ação judicial é um meio de obter reparação ou mesmo de prevenir uma lesão ou ameaça de lesão a um direito que o autor da ação entenda existir.

Usualmente, a pessoa que pode ajuizar a ação, isto é, aquele que tem legitimidade ativa, é o próprio titular do direito. O titular do direito pode, ele próprio, buscar a tutela do direito, ou conferir a alguém a atribuição de representá-lo. Se o titular do direito for representado, o **representante**, ao ajuizar a ação, estará atuando em nome do representado, e na defesa de alegado direito do representado (portanto, estará atuando em nome alheio e na defesa de interesse alheio). Nesta hipótese, restará caracterizado o instituto denominado **representação processual (legitimação ativa ordinária)**.

---

[113] RE 820.823/DF, rel. Min. Dias Toffoli, 30.09.2022.

O inciso XXI do art. 5.º da Constituição Federal versa sobre o poder de atuação das associações na qualidade de **representantes processuais** de seus associados, estabelecendo que "as entidades associativas, quando expressamente autorizadas, têm legitimidade para representar seus filiados judicial ou extrajudicialmente".

Note-se que, por exigência explícita do texto constitucional, para que a associação atue como representante dos seus associados – seja em juízo, por meio das ações coletivas ordinárias pertinentes, seja extrajudicialmente –, é necessária a **expressa autorização** deles. Segundo o entendimento do Supremo Tribunal Federal, a mera autorização estatutária genérica conferida à associação não é suficiente para legitimar a sua atuação em juízo na defesa de direitos de seus associados, sendo indispensável que a **declaração expressa e específica** seja manifestada por **ato individual** do associado **ou** por **assembleia geral da entidade**.[114]

Esse entendimento restou fixado no item I da seguinte **tese de repercussão geral** (o item II será exposto subsequentemente):[115]

> I – A previsão estatutária genérica não é suficiente para legitimar a atuação, em Juízo, de associações na defesa de direitos dos filiados, sendo indispensável autorização expressa, ainda que deliberada em assembleia, nos termos do artigo 5.º, inciso XXI, da Constituição Federal;

O Supremo Tribunal Federal entende, também, que, ante o conteúdo do art. 5.º, XXI, da Constituição Federal, a exigência de autorização expressa **pressupõe associados identificados, com rol determinado, aptos à deliberação**.[116] Isso porque, conforme anteriormente explicado, ao atuar como representante processual, a associação, além de não agir em nome próprio, persegue o reconhecimento de interesses dos filiados, e somente se legitima a isso depois de ser por eles expressamente autorizada. Se a associação só poderá atuar como representante processual dos seus associados depois de expressamente (por eles) autorizada, entende o Tribunal que **a comprovação da condição de filiado até o momento imediatamente anterior ao do ajuizamento da ação de conhecimento é pressuposto de validade da submissão da controvérsia ao Judiciário.**

Para tanto, a associação deverá instruir a **peça inicial do processo de conhecimento com a relação nominal dos seus associados**, pois essa enumeração é que delineará, desde logo, aqueles que serão alcançados (beneficiados) pelos efeitos do futuro provimento judicial.

A esse respeito, o item II da **tese de repercussão geral**, anteriormente mencionada, estabelece:[117]

> II – As balizas subjetivas do título judicial, formalizado em ação proposta por associação, são definidas pela representação no processo de conhecimento, limitada a execução aos associados apontados na inicial.

---

[114] RMS 23.566/DF, rel. Min. Moreira Alves, 19.02.2002.
[115] RE 573.232/SC, red. p/ o acórdão Min Marco Aurélio, 14.05.2014.
[116] RE 612.043/PR, rel. Min. Marco Aurélio, 10.05.2017.
[117] RE 573.232/SC, red. p/ o acórdão Min Marco Aurélio, 14.05.2014.

Cap. 3 • PRINCÍPIOS, DIREITOS E GARANTIAS FUNDAMENTAIS

E, na mesma linha, merece registro a seguinte **tese de repercussão geral:**[118]

> A eficácia subjetiva da coisa julgada formada a partir de ação coletiva, de rito ordinário, ajuizada por associação civil na defesa de interesses dos associados, somente alcança os filiados, residentes no âmbito da jurisdição do órgão julgador, que o fossem em momento anterior ou até a data da propositura da demanda, constantes da relação jurídica juntada à inicial do processo de conhecimento.

Por fim, é importante destacar que a atuação da associação aqui examinada – como **representante processual (legitimação ativa ordinária)**, na defesa de interesses de seus associados mediante ações coletivas de rito ordinário, quando por eles expressamente autorizada, nos termos do inciso XXI do art. 5.º da Constituição Federal – não se confunde com o instituto da **substituição processual (legitimação ativa extraordinária)**. Nas hipóteses de substituição processual – que examinaremos adiante, em item específico, ao abordar o mandado de segurança coletivo (CF, art. 5.º, LXX) –, a entidade também defenderá direito alheio (dos seus associados), mas atuará em seu próprio nome. Por esse motivo, veremos que **não será exigida a autorização expressa e específica dos associados** para a impetração da ação coletiva, bastando a autorização genérica constante dos atos constitutivos da entidade.

4.14. Direito de propriedade (art. 5.º, XXII a XXXI)

O direito de propriedade, tendo em vista o fato de nossa Constituição consagrar o Brasil como um **Estado capitalista**, encontra-se assegurado já no *caput* do art. 5.º, ao lado dos outros direitos individuais mais elementares, como a vida, a liberdade e a igualdade.

A par disso, o inciso XXII do art. 5.º, a fim de estremar de dúvida o seu caráter de direito autônomo (e não de mera função), peremptoriamente declara: "é garantido o direito de propriedade". Da mesma forma, o inciso II do art. 170 enumera como princípio fundamental da ordem econômica do País a "propriedade privada".

A propriedade privada era considerada um dos mais importantes direitos fundamentais na época do Liberalismo Clássico. Era o direito de propriedade, então, visto como um direito absoluto – consubstanciado nos poderes de usar, fruir, dispor da coisa (*jus utendi, jus fruendi* e *jus abutendi*), bem como reivindicá-la de quem

---

[118] RE 612.043/PR, rel. Min. Marco Aurélio, 10.05.2017. Com base nesse entendimento, foi declarada a constitucionalidade do art. 2.º-A da Lei 9.494/1997, que assim dispõe:
"Art. 2.º-A. A sentença civil prolatada em ação de caráter coletivo proposta por entidade associativa, na defesa dos interesses e direitos dos seus associados, abrangerá apenas os substituídos que tenham, na data da propositura da ação, domicílio no âmbito da competência territorial do órgão prolator.
Parágrafo único. Nas ações coletivas propostas contra a União, os Estados, o Distrito Federal, os Municípios e suas autarquias e fundações, a petição inicial deverá obrigatoriamente estar instruída com a ata da assembleia da entidade associativa que a autorizou, acompanhada da relação nominal dos seus associados e indicação dos respectivos endereços."

indevidamente a possuísse – e oponível a todas as demais pessoas que de alguma forma não respeitassem o domínio do proprietário.

No âmbito do nosso Direito Constitucional positivo, não mais é cabível essa concepção da propriedade como um direito absoluto. Deveras, nossa Constituição consagra o Brasil como um **Estado Democrático Social de Direito**, o que implica afirmar que também a propriedade **deve atender a uma função social**. Essa exigência está explicitada logo no inciso XXIII do art. 5.º, e reiterada no inciso III do art. 170 (que estabelece os princípios fundamentais de nossa ordem econômica).

Por esse motivo, ao lado dos direitos assegurados ao proprietário, o ordenamento constitucional impõe a ele deveres essencialmente sintetizáveis como dever de uso adequado da propriedade (mormente no que concerne a sua exploração econômica). Assim, não pode o proprietário de terreno urbano mantê-lo não edificado ou subutilizado (CF, art. 182, § 4.º), sob pena de sofrer severas sanções administrativas; não pode o proprietário de imóvel rural mantê-lo improdutivo, devendo atender às condições estabelecidas no art. 186 da Carta Política.[119] O desatendimento da função social da propriedade pode dar ensejo a uma das formas de intervenção do Estado no domínio privado: a desapropriação (nesse caso dita desapropriação por interesse social).

Além disso, o direito de propriedade deverá ceder quando isso for necessário à tutela do interesse público, como ocorre nas hipóteses de desapropriação por utilidade ou necessidade pública, de requisição administrativa (art. 5.º, XXV), de requisição de bens no estado de sítio (art. 139, inciso VII). Ainda, quando a utilização da propriedade for feita de forma altamente lesiva à sociedade, o Estado poderá impor sua perda, tanto na esfera penal, quanto na administrativa (CF, art. 5.º, XLVI, alínea "b"; CF, art. 243).[120]

Todas essas disposições permitem afirmar que o direito de propriedade está delineado em nossa Constituição como uma típica norma constitucional de **eficácia contida**, na consagrada classificação do Prof. José Afonso da Silva.

Deveras, o renomado constitucionalista define as normas de eficácia contida como aquelas em que o legislador constituinte regulou suficientemente os interesses relativos a determinada matéria, mas deixou margem à atuação restritiva por parte da competência discricionária do Poder Público, nos termos que a lei estabelecer

---

[119] "Art. 186. A função social é cumprida quando a propriedade rural atende, simultaneamente, segundo critérios e graus de exigência estabelecidos em lei, aos seguintes requisitos:
I – aproveitamento racional e adequado;
II – utilização adequada dos recursos naturais disponíveis e preservação do meio ambiente;
III – observância das disposições que regulam as relações de trabalho;
IV – exploração que favoreça o bem-estar dos proprietários e dos trabalhadores."

[120] "Art. 243. As propriedades rurais e urbanas de qualquer região do País onde forem localizadas culturas ilegais de plantas psicotrópicas ou a exploração de trabalho escravo na forma da lei serão expropriadas e destinadas à reforma agrária e a programas de habitação popular, sem qualquer indenização ao proprietário e sem prejuízo de outras sanções previstas em lei, observado, no que couber, o disposto no art. 5.º.
Parágrafo único. Todo e qualquer bem de valor econômico apreendido em decorrência do tráfico ilícito de entorpecentes e drogas afins e da exploração de trabalho escravo será confiscado e reverterá a fundo especial com destinação específica, na forma da lei."

ou nos termos de conceitos gerais enunciados na própria Constituição. São de aplicabilidade direta, imediata, mas não integral, porque sujeitas a restrições que limitem sua eficácia e aplicabilidade.

Assim, embora o inciso XXII do art. 5.º afirme peremptoriamente que "é garantido o direito de propriedade", sem conter nenhuma cláusula do tipo "nos termos da lei", a própria Constituição, em outros dispositivos, aduz os elementos que permitem afirmar que a norma é de eficácia contida. Por exemplo, ao estatuir que "a propriedade atenderá a sua função social" (art. 5.º, XXIII), a Constituição utiliza um conceito jurídico de larga difusão no direito público – "função social" – que autoriza a imposição, pelo Poder Público, de restrições ao direito de propriedade. O mesmo ocorre quando dispõe acerca da desapropriação, da requisição administrativa, quando trata, na "Ordem Econômica", da propriedade urbana (art. 182) e da propriedade rural (arts. 184 e 186) etc.

O direito de propriedade assegurado na Constituição como direito fundamental abrange tanto os bens corpóreos quanto os incorpóreos. Quanto à propriedade de bens incorpóreos merece específica proteção constitucional a denominada "propriedade intelectual". A propriedade intelectual abrange os "direitos de autor" e os direitos relativos à "propriedade industrial", como a proteção de marcas e patentes.

Os direitos autorais são referidos nos incisos XXVII e XXVIII do art. 5.º, nestes termos:

> XXVII – aos autores pertence o direito exclusivo de utilização, publicação ou reprodução de suas obras, transmissível aos herdeiros pelo tempo que a lei fixar;
>
> XXVIII – são assegurados, nos termos da lei:
>
> a) a proteção às participações individuais em obras coletivas e à reprodução da imagem e voz humanas, inclusive nas atividades desportivas;
>
> b) o direito de fiscalização do aproveitamento econômico das obras que criarem ou de que participarem aos criadores, aos intérpretes e às respectivas representações sindicais e associativas;

Os direitos autorais têm sua proteção regulamentada, essencialmente, na Lei 9.610/1998, que, no seu art. 7.º, define "obras intelectuais protegidas" como "as criações do espírito, expressas por qualquer meio ou fixadas em qualquer suporte, tangível ou intangível, conhecido ou que se invente no futuro", citando como exemplos "os textos de obras literárias, artísticas ou científicas", "as composições musicais", "as obras audiovisuais", "os programas de computador", dentre muitos outros.

A proteção à propriedade industrial é tratada no inciso XXIX do art. 5.º, consoante a seguir transcrito:

> XXIX – a lei assegurará aos autores de inventos industriais privilégio temporário para sua utilização, bem como proteção às criações industriais, à propriedade das marcas, aos nomes de empresas e a outros signos distintivos, tendo em vista o interesse social e o desenvolvimento tecnológico e econômico do País;

A regulamentação desse direito está, basicamente, na Lei 9.279/1996, que, no seu art. 2.º, assegura a "proteção dos direitos relativos à propriedade industrial" mediante "concessão de patentes de invenção", "concessão de registro de marca", "repressão à concorrência desleal", dentre outras medidas.

A Constituição enumera expressamente como direito individual, ainda, o direito de herança (art. 5.º, XXX – "é garantido o direito de herança"). Trata-se de um reforço do direito de propriedade, pelo qual o proprietário tem a garantia de que o patrimônio que acumulou durante toda sua vida poderá ser transmitido conforme sua vontade (desde que respeitadas as disposições legais pertinentes), não representando sua morte oportunidade para o Estado apropriar-se de seus bens. O direito de herança não impede, entretanto, a incidência de tributo sobre o valor dos bens transferidos, haja vista que os estados e o DF têm competência para instituir imposto sobre "transmissão *causa mortis*" (CF, art. 155, I).

Ainda, no intuito de proteger especificamente os filhos e o cônjuge do falecido, quando este fosse estrangeiro e possuísse bens no Brasil, o inciso XXXI do art. 5.º determina que "a sucessão de bens de estrangeiros situados no País será regulada pela lei brasileira em benefício do cônjuge ou dos filhos brasileiros, sempre que não lhes seja mais favorável a lei pessoal do *de cujus*". Por outras palavras, entre a lei brasileira e a lei estrangeira (do país do falecido), **deverá sempre ser aplicada a mais favorável ao cônjuge e aos filhos brasileiros, quanto aos bens situados no Brasil**.

Proteção especial foi conferida pela Constituição de 1988 **à pequena propriedade rural produtiva**. Além de conceder a ela imunidade ao imposto territorial rural (atendidas as condições previstas no art. 153, § 4.º, inciso II), a Carta vigente determina que "**a pequena propriedade rural**, assim definida em lei, desde que trabalhada pela família, **não será objeto de penhora para pagamento de débitos decorrentes de sua atividade produtiva**, dispondo a lei sobre os meios de financiar o seu desenvolvimento" (art. 5.º, XXVI). Segundo entendimento do Supremo Tribunal Federal, essa garantia de impenhorabilidade de que goza a pequena propriedade rural – com área entre 1 e 4 módulos fiscais, ainda que constituída de mais de 1 imóvel, desde que contínuos[121] – **é indisponível, e não cede ante gravação do bem com hipoteca**, por se tratar de direito fundamental de proteção da família e de seu mínimo existencial.[122] Essa orientação da Suprema Corte restou consolidada na seguinte tese de **repercussão geral**:

> É impenhorável a pequena propriedade rural familiar constituída de mais de 1 (um) terreno, desde que contínuos e com área total inferior a 4 (quatro) módulos fiscais do município de localização.

4.15. Desapropriação (art. 5.º, XXIV)

Conforme mencionado acima, no Estado constitucional de cunho democrático social, o direito de propriedade não é um direito absoluto. Além da exigência genérica de que a propriedade atenda a uma função social, há diversas hipóteses em que o

---

[121] Lei 8.629/1993, art. 4.º, II, "a".
[122] ARE 1.038.507/PR, rel. Min. Edson Fachin, 18.12.2020.

Cap. 3 • PRINCÍPIOS, DIREITOS E GARANTIAS FUNDAMENTAIS

interesse público pode justificar a imposição de limitações ao direito de propriedade. A Constituição de 1988, no inciso XXIV do art. 5.º, trata de uma das mais importantes formas de intervenção do Estado na propriedade privada: a desapropriação.

São os seguintes os termos do mencionado preceito:

> XXIV – a lei estabelecerá o procedimento para desapropriação por necessidade ou utilidade pública, ou por interesse social, mediante justa e prévia indenização em dinheiro, ressalvados os casos previstos nesta Constituição;

Pode-se definir desapropriação como o procedimento de direito público pelo qual o Poder Público transfere para si a propriedade de terceiro, por razões de utilidade pública, de necessidade pública, ou de interesse social, normalmente mediante o pagamento de justa e prévia indenização.

A doutrina classifica a desapropriação como forma **originária** de aquisição de propriedade, porque não provém de nenhum título anterior, e, por isso, o bem expropriado torna-se insuscetível de reivindicação e libera-se de quaisquer ônus que sobre ele incidissem precedentemente.

A desapropriação é efetivada mediante um procedimento administrativo, na maioria das vezes acompanhado de uma fase judicial. Esse procedimento tem início com a fase administrativa, em que o Poder Público declara seu interesse na desapropriação e dá início às medidas visando à transferência do bem. Se houver acordo entre o Poder Público e o proprietário do bem, o que não é frequente, o procedimento esgota-se nessa fase. Na ausência de acordo, o procedimento entra na sua fase judicial, em que o magistrado solucionará a controvérsia.

Além da norma genérica acerca da desapropriação, constante do inciso XXIV do art. 5.º, acima reproduzido, temos ainda no texto constitucional outras três hipóteses de desapropriação disciplinadas de forma específica.[123]

A primeira delas está no art. 182, § 4.º, III, denominada pela doutrina **desapropriação urbanística**. Essa hipótese de desapropriação possui caráter sancionatório e pode ser aplicada ao proprietário de solo urbano que não atenda à exigência de promover o adequado aproveitamento de sua propriedade, nos termos do plano diretor do município. O expropriante será o **município**, estando adstrito às regras gerais de desapropriação estabelecidas em lei federal. A indenização será paga mediante **títulos da dívida pública** de emissão previamente aprovada pelo Senado Federal, com prazo de resgate de até dez anos, em parcelas anuais, iguais e sucessivas, assegurados o valor real da indenização e os juros legais.

A segunda hipótese configura a denominada **desapropriação rural**, que incide sobre imóveis rurais destinados à reforma agrária (CF, art. 184). Cuida-se, em verdade, de desapropriação por interesse social com finalidade específica (reforma agrária),

---

[123] As regras constitucionais sobre desapropriação são regulamentadas por meio de algumas leis específicas, a saber: Decreto-lei 3.365/1941 (lei geral da desapropriação, que cuida especificamente da desapropriação por utilidade pública); Lei 4.132/1962 (desapropriação por interesse social); Lei 8.629/1993 (desapropriação rural); Lei Complementar 76/1993 (desapropriação rural para fins de reforma agrária); Lei 10.257/2001 (denominada Estatuto da Cidade, cuida da desapropriação urbanística).

incidente sobre imóveis rurais que não estejam cumprindo sua função social. O expropriante aqui é **exclusivamente a União**, e a indenização será em **títulos da dívida agrária**, com cláusula de preservação do valor real, resgatáveis no prazo de até vinte anos, a partir do segundo ano de sua emissão, cuja utilização será definida em lei.

A terceira espécie de desapropriação encontra-se prevista no art. 243 da Constituição Federal, denominada **desapropriação confiscatória** (ou, simplesmente, **confisco constitucional**), porque **não assegura ao proprietário qualquer direito a indenização** (sempre devida nas típicas hipóteses de desapropriação). Essa expropriação incide sobre propriedades rurais e urbanas de qualquer região do País onde forem localizadas **culturas ilegais de plantas psicotrópicas** ou a **exploração de trabalho escravo** na forma da lei, que serão, após a transferência de propriedade, destinadas à reforma agrária e a programas de habitação popular – **sem qualquer indenização ao proprietário** e sem prejuízo de outras sanções previstas em lei.

A desapropriação confiscatória de que trata o art. 243 da Constituição **não se aplica a bens públicos**, conforme orientação firmada pelo Supremo Tribunal Federal. Nessa modalidade de expropriação, não cabe cogitar a existência de primazia da União sobre os estados. Se o imóvel já é público, sua expropriação para mera alteração de titularidade em nada contribui para o alcance da finalidade prevista no art. 243 da Constituição – na didática lição da Ministra Rosa Weber, "não há justificativa plausível para tornar público algo que já o é".[124]

A respeito da natureza jurídica da responsabilidade do proprietário de terras nas quais seja localizada cultura ilegal de plantas psicotrópicas, o Supremo Tribunal Federal firmou o entendimento de que a expropriação prevista no art. 243 da Carta Política **pode ser afastada, desde que o proprietário comprove que não incorreu em culpa**, ainda que *in vigilando* ou *in elegendo*.[125] O proprietário poderá afastar a expropriação caso comprove, por exemplo, que foi esbulhado,[126] ou até enganado, por possuidor ou detentor.

Assentou o Tribunal que o instituto do art. 243 da Constituição Federal não é verdadeira modalidade de desapropriação, mas espécie de **confisco constitucional**, de **caráter sancionatório**, ou seja, uma **penalidade** imposta ao proprietário que praticou a atividade de cultivar plantas psicotrópicas sem autorização prévia do órgão competente. Daí, justamente por esse motivo (tratar-se de medida sancionatória), exige-se algum grau de culpa para sua caracterização, um nexo mínimo de imputação da atividade ilícita ao atingido pela sanção (responsabilidade do tipo **subjetiva**, portanto).[127]

---

[124] ACO-AgR 2.187/PE, rel. Min. Rosa Weber, 20.10.2020.

[125] RE 635.336/PE, rel. Min. Gilmar Mendes, 14.12.2016.

[126] Ocorre o esbulho, referido no art. 1.210 do Código Civil, quando uma pessoa perde a posse de um bem em decorrência de atuação ilegítima de terceiro (invasão forçada de um imóvel, por exemplo).

[127] Em seu voto, o Ministro Gilmar Mendes, relator, clareou o alcance dessa **responsabilidade subjetiva** do proprietário, nestes termos: "A responsabilidade do proprietário, embora subjetiva, é bastante próxima da objetiva. Dessa forma, a função social da propriedade impõe ao proprietário o dever de zelar pelo uso lícito de seu terreno, ainda que não esteja na posse direta. Entretanto, esse dever não é ilimitado, e somente se pode exigir do proprietário que evite o ilícito quando evitá-lo esteja razoavelmente ao seu alcance. Ou seja, o proprietário pode afastar sua responsabilidade se demonstrar que não incorreu em culpa, que foi esbulhado ou

Cap. 3 • PRINCÍPIOS, DIREITOS E GARANTIAS FUNDAMENTAIS

O Supremo Tribunal Federal também firmou entendimento acerca do confisco previsto no parágrafo único do mesmo art. 243 da Constituição Federal ("Todo e qualquer bem de valor econômico apreendido em decorrência do tráfico ilícito de entorpecentes e drogas afins e da exploração de trabalho escravo será confiscado e reverterá a fundo especial com destinação específica, na forma da lei"), resumido na seguinte **tese de repercussão geral:**[128]

> É possível o confisco de todo e qualquer bem de valor econômico apreendido em decorrência do tráfico de drogas, sem a necessidade de se perquirir a habitualidade, reiteração do uso do bem para tal finalidade, a sua modificação para dificultar a descoberta do local do acondicionamento da droga ou qualquer outro requisito além daqueles previstos expressamente no art. 243, parágrafo único, da Constituição Federal.

Voltando às disposições acerca da desapropriação em geral, é relevante mencionar o quadro geral das competências a ela relativas.

A competência para legislar sobre desapropriação é **privativa da União**, nos termos do art. 22, inciso II, da Constituição. Essa competência privativa, porém, poderá ser delegada aos estados e ao Distrito Federal, para o trato de **questões específicas**, desde que a delegação seja efetivada por meio de **lei complementar** (CF, art. 22, parágrafo único).

A competência para declarar a necessidade ou utilidade pública, ou o interesse social do bem, com vistas à futura desapropriação, é **da União, dos estados, do Distrito Federal e dos municípios**, pois a eles cabe proceder à valoração dos casos concretos e, com base nela, considerar configurado um dos referidos pressupostos (necessidade ou utilidade pública, ou o interesse social). Esses casos, por óbvio, podem ser de interesse federal, estadual ou municipal, razão pela qual todos os entes federativos podem declarar a necessidade ou utilidade pública, ou o interesse social.

Entretanto, há um caso de desapropriação por interesse social em que a competência para a sua declaração é **privativa da União**: a hipótese de desapropriação por interesse social para o fim específico de promover a **reforma agrária** (CF, art. 184). Mas, repita-se, somente para a reforma agrária a competência da União é privativa; nos demais casos de desapropriação, ainda que por interesse social, a competência para a declaração é de **todos os entes federativos.**

A competência executória, isto é, para promover efetivamente a desapropriação, providenciando todas as medidas e exercendo as atividades que culminarão na transferência da propriedade, **é mais ampla, alcançando, além das entidades da Administração direta e indireta, os agentes delegados do Poder Público, a exemplo dos concessionários e permissionários.**

---

até enganado por possuidor ou detentor. Nessas hipóteses, tem o ônus de demonstrar que não incorreu em culpa, ainda que *in vigilando* ou *in elegendo*".

[128] RE 638.491/PR, rel. Min. Luiz Fux, 17.05.2017.

Portanto, além da União, dos estados, do Distrito Federal, dos municípios e das entidades da Administração indireta desses entes políticos (autarquias, fundações públicas, sociedades de economia mista e empresas públicas), **as empresas que prestam serviços públicos por meio de concessão ou permissão podem executar a desapropriação**, figurando no processo com todas as prerrogativas, direitos, obrigações, deveres e respectivos ônus, inclusive o relativo ao pagamento da indenização.

4.16. Requisição administrativa (art. 5.º, XXV)

Determina a Constituição Federal que, "no caso de iminente perigo público, a autoridade competente poderá usar de propriedade particular, assegurada ao proprietário indenização ulterior, se houver dano" (art. 5.º, XXV).

Trata o inciso da denominada **requisição administrativa**. A requisição administrativa constitui uma restrição ao direito de propriedade; a propriedade do bem requisitado, entretanto, não é retirada do particular, não é transferida para o Estado; apenas a utilização do bem pelo Poder Público é ao particular imposta, por ato direto, autoexecutório. Trata-se de um exemplo típico de **direito fundamental cujo titular é o Estado**: em caso de iminente perigo público, ao Estado é outorgada a prerrogativa de utilizar propriedade privada, de forma compulsória e gratuita.

Cabe enfatizar que a requisição administrativa **somente poderá recair sobre bens de propriedade particular**, vale dizer, a Constituição Federal **não admite a requisição administrativa de bens e serviços públicos de titularidade de outros entes federativos** (por exemplo: não pode a União requisitar administrativamente bens públicos de titularidade dos estados, do Distrito Federal ou dos municípios).[129]

A requisição administrativa pode ser civil ou militar. A requisição militar objetiva o resguardo da segurança interna e a manutenção da soberania nacional, diante de conflito armado, comoção interna etc.; a requisição civil visa a evitar danos à vida, à saúde e aos bens da coletividade, diante de inundação, incêndio, sonegação de gêneros de primeira necessidade, epidemias, catástrofes etc.

Se por um lado esse dispositivo constitucional outorga ao Estado um direito fundamental – o direito fundamental de requisição de propriedade particular em caso de iminente perigo público –, por outro, é certo que ele assegura ao particular uma garantia fundamental, que é a garantia de ser indenizado, caso da utilização estatal decorra dano à propriedade. Porém, essa indenização pelo uso dos bens alcançados pela requisição é condicionada: **o proprietário só fará jus à indenização se houver dano**; inexistindo dano, não há que se falar em indenização; existindo indenização, será ela **sempre ulterior**.

Compete privativamente à União legislar sobre "requisições civis e militares, em caso de iminente perigo e em tempo de guerra" (CF, art. 22, III).

---

[129] ADI 3.454/DF, rel. Min. Dias Toffoli, 21.06.2022.

4.17. Defesa do consumidor (art. 5.º, XXXII)

O inciso XXXII do art. 5.º da Constituição determina: "o Estado promoverá, na forma da lei, a defesa do consumidor".

Tão patente foi a preocupação do constituinte originário com esse tema, a defesa do consumidor, que, em reforço, no art. 170, inciso V, estabeleceu como um princípio fundamental de nossa ordem econômica a "defesa do consumidor". Não bastasse essa ênfase, no art. 48 do ADCT foi estipulado um prazo de cento e vinte dias, contados da promulgação da Constituição, para o Congresso Nacional elaborar um código de defesa do consumidor.[130]

A ideia central do texto constitucional, concretizada pelo Código, é que, nas relações de consumo, é presumida a existência de uma disparidade econômica entre as partes, de sorte que ao consumidor, que representa o lado mais fraco, hipossuficiente, deve ser assegurado um arcabouço jurídico que compense essa desigualdade fática. Assim, instituem-se medidas de proteção jurídica, como atribuição de responsabilidade objetiva ao fornecedor por danos ocasionados por seus produtos ao consumidor, inversão de ônus de prova em determinadas ações contra o fornecedor em que o consumidor seja parte etc.

4.18. Direito de informação (art. 5.º, XXXIII)

A Constituição Federal assegura a todos o "direito a receber dos órgãos públicos informações de seu interesse particular, ou de interesse coletivo ou geral, que serão prestadas no prazo da lei, sob pena de responsabilidade, ressalvadas aquelas cujo sigilo seja imprescindível à segurança da sociedade e do Estado" (art. 5.º, XXXIII).

O indivíduo pode, por exemplo, ingressar com um requerimento solicitando informações para atender a interesse seu ou a interesse coletivo ou geral (Por quanto foi contratado este serviço público? Quais as cláusulas do contrato administrativo celebrado com esta empresa?).

É um instrumento de natureza administrativa, derivado do princípio da publicidade da atuação da Administração Pública, na acepção de exigência de atuação transparente, decorrência da própria indisponibilidade do interesse público. Trata-se de um dos meios tendentes a viabilizar o controle popular sobre a coisa pública, corolário da cidadania, além de reforçar o princípio da ampla defesa, nos casos em que a informação solicitada seja do interesse de alguém que esteja sofrendo algum tipo de acusação ou seja parte em algum litígio.

O Supremo Tribunal Federal reconheceu esse direito constitucional à informação – para o fim de obter de órgãos públicos, mediante petição administrativa, informações de interesse particular, ou de interesse coletivo ou geral – aos **congressistas, na qualidade de cidadãos**. Ressaltou a Corte Máxima que o fato de as Casas do Congresso Nacional, em determinadas situações, agirem de forma colegiada, por intermédio de seus órgãos (Comissões, Plenário etc.), **não afasta**, tampouco restringe,

---

[130] Não obstante o prazo objetivamente assinalado pelo constituinte, nosso Código de Defesa do Consumidor – Lei 8.078/1990 – somente foi publicado em setembro de 1990, quase dois anos depois da promulgação de nossa Carta.

o direito à informação inerente ao parlamentar **como indivíduo**. Esse entendimento restou fixado na seguinte **tese de repercussão geral**:[131]

> O parlamentar, na condição de cidadão, pode exercer plenamente seu direito fundamental de acesso a informações de interesse pessoal ou coletivo, nos termos do art. 5.º, inciso XXXIII, da Constituição Federal (CF) e das normas de regência desse direito.

O direito de informação não é absoluto: o Poder Público pode limitar o acesso a determinadas informações, porém, unicamente, quando o sigilo for imprescindível à segurança da sociedade e do Estado.[132]

4.19. Direito de petição (art. 5.º, XXXIV, "a")

A Constituição Federal assegura a todos, independentemente do pagamento de taxas, "o direito de petição aos poderes públicos em defesa de direitos ou contra ilegalidade ou abuso de poder" (art. 5.º, XXXIV, "a").

O direito de petição, de natureza eminentemente democrática e informal, assegura ao indivíduo, ao mesmo tempo, participação política e possibilidade de fiscalização na gestão da coisa pública, sendo um meio para tornar efetivo o exercício da cidadania. É o instrumento de que dispõe qualquer pessoa para levar ao conhecimento dos poderes públicos fato ilegal ou abusivo, contrário ao interesse público, para que sejam adotadas as medidas necessárias. Poderá, também, ser o instrumento para a defesa de direitos perante os órgãos do Estado.

É importante destacar as duas situações distintas que podem ensejar a petição aos poderes públicos: (a) defesa de direitos; (b) reparação de ilegalidade ou abuso de poder.

Nesta segunda finalidade, o direito de petição pode ser exercido em prol do interesse coletivo ou geral, absolutamente desvinculado da comprovação da existência de qualquer lesão a interesses próprios do peticionário.

A legitimação é **universal**: qualquer pessoa, física ou jurídica, nacional ou estrangeira (ou mesmo um interessado que não possua personalidade jurídica, como uma sociedade de fato), pode – **sem necessidade de assistência advocatícia** – peticionar aos poderes públicos, Legislativo, Executivo ou Judiciário, bem como ao Ministério Público, contra ilegalidade ou abuso de poder, ou, se for o caso, em defesa de direitos.

Apresentada a petição, a autoridade pública está obrigada constitucionalmente ao recebimento, ao exame e à expedição de resposta em tempo razoável – em respeito ao postulado da celeridade processual, previsto no art. 5.º, LXXVIII, da Constituição –, sob pena de implicar ofensa ao direito líquido e certo do peticionário, sanável pela via do **mandado de segurança**.

---

[131] RE 865.401/MG, rel. Min. Dias Toffoli, 25.04.2018.

[132] O exercício do direito de acesso à informação, bem como as hipóteses em que ele pode ser restringido, está disciplinado na Lei 12.527/2011, denominada Lei de Acesso à Informação – LAI.

Cap. 3 • PRINCÍPIOS, DIREITOS E GARANTIAS FUNDAMENTAIS 159

O direito de petição, entretanto, **não se confunde com o direito de ação**, nem o substitui, vale dizer, o direito de petição a que alude o art. 5.º, XXXIV, "a", da Carta Magna, não torna apto o interessado a postular em juízo, em nome próprio. Para isso, há de estar devidamente habilitado, na forma da lei. Não é possível, com fundamento nesse direito, garantir a qualquer pessoa o ajuizamento de ação perante o Poder Judiciário, sem a presença de advogado. **São distintos o direito de petição e o de postular em juízo.**[133]

Enfim, **o exercício do direito de petição aos Poderes Públicos não se confunde com o de obter decisão judicial a respeito de qualquer pretensão**, pois para este fim é imprescindível a representação do peticionário por advogado. Constituem exceções as hipóteses em que o cidadão, embora não advogado inscrito na OAB, pode postular em nome próprio, perante juízos e tribunais. Essas hipóteses excepcionais devem estar expressamente consignadas em lei, como já ocorre no *habeas corpus,* na revisão criminal e nos juizados especiais cíveis.

4.20. Direito de certidão (art. 5.º, XXXIV, "b")

A Constituição Federal assegura a todos, independentemente do pagamento de taxas, "a obtenção de certidões em repartições públicas, para defesa de direitos e esclarecimento de situações de interesse pessoal" (art. 5.º, XXXIV, "b").

Cuida-se de garantia constitucional de natureza individual, sendo obrigatória a expedição da certidão quando se destine **à defesa de direitos e esclarecimento de situações de interesse pessoal do requerente**. Desse modo, tal garantia **não pode ser invocada** por quem pretenda obter cópia de documentos a respeito de terceiro, a menos que este lhe tenha conferido mandato de representação.

O Estado está obrigado a prestar as informações solicitadas, ressalvadas as hipóteses de proteção por sigilo, sob pena de ofensa a direito líquido e certo do requerente, por ilegalidade ou abuso de poder, reparável na via do **mandado de segurança**.

Para fazer jus à certidão, **não se exige** do administrado a demonstração da finalidade específica do pedido.

O não fornecimento das informações englobadas no pedido de certidão, ressalvadas as hipóteses de sigilo, poderá ensejar a responsabilização civil do Estado, bem como a responsabilização pessoal da autoridade que a denegou.

Vale repisar que, uma vez registrado o pedido de certidão, não sendo ele atendido por ilegalidade ou abuso de poder, o remédio cabível para a devida reparação será o **mandado de segurança**, e **não** o *habeas data.*

4.21. Princípio da inafastabilidade de jurisdição (art. 5.º, XXXV)

Dispõe o texto constitucional que a lei não excluirá da apreciação do Poder Judiciário lesão ou ameaça a direito (art. 5.º, XXXV), princípio conhecido como **inafastabilidade de jurisdição** ou de **amplo acesso ao Poder Judiciário**.

---

[133] STF, Petição 1.127/SP.

Estabelece esse postulado que, entre nós, somente o Poder Judiciário decide definitivamente, com força de coisa julgada (sistema de jurisdição única). Trata-se de princípio relacionado à própria estrutura jurídico-política do Estado brasileiro, especialmente à independência entre os Poderes, obstando que o Legislativo ou o Executivo reduzam o campo de atuação do Judiciário, mediante a edição de leis, medidas provisórias, enfim, de atos que pretendessem excluir determinadas matérias ou controvérsias da apreciação judicial.

Consubstancia, outrossim, uma das mais relevantes garantias aos indivíduos (e também às pessoas jurídicas), que têm assegurada, sempre que entendam estar sofrendo uma lesão ou ameaça a direito de que se julguem titulares, a possibilidade de provocar e obter decisão de um Poder independente e imparcial. Por essa razão, não só a lei está impedida de excluir determinadas matérias ou controvérsias da apreciação do Judiciário; a inafastabilidade de jurisdição, sendo garantia individual fundamental, está gravada como cláusula pétrea (CF, art. 60, § 4.º, IV), insuscetível de abolição, nem mesmo mediante emenda à Constituição.

Não é correto, porém, com fundamento nesse princípio, afirmar que toda controvérsia, que qualquer matéria possa ser submetida ao Poder Judiciário. Com efeito, **existem situações que fogem à apreciação judicial**, tais como a prática de atos *interna corporis* (de competência privativa das Casas Legislativas), o mérito administrativo (valoração administrativa, nos limites da lei, quanto à oportunidade e conveniência para a prática de um ato administrativo, no que respeita aos elementos "motivo" e "objeto" do ato) – dentre outras.

Importante decorrência do princípio da inafastabilidade de jurisdição é que, no Brasil, **em regra, o esgotamento da via administrativa não é condição indispensável para a busca da tutela perante o Poder Judiciário** (a regra é a inexistência da denominada "jurisdição condicionada" ou da "instância administrativa de curso forçado"). Significa dizer que o indivíduo não precisa, necessariamente, valer-se do processo administrativo para, somente depois de indeferida administrativamente sua pretensão, recorrer ao Poder Judiciário. Poderá, de pronto, sem necessidade de exaurir (ou mesmo de utilizar) a via administrativa, ingressar com a ação judicial cabível.

Nessa linha, o Supremo Tribunal Federal firmou o entendimento de que a Comissão de Conciliação Prévia – prevista no âmbito do processo do trabalho – constitui meio legítimo, **mas não obrigatório**, de solução de conflitos trabalhistas, resguardado o amplo acesso à Justiça para os que venham a ajuizar demandas diretamente no órgão judiciário competente da Justiça do Trabalho.[134] Na prática, com o afastamento da obrigatoriedade de submissão prévia à referida comissão, o empregado pode escolher entre a conciliação e ingressar diretamente com reclamação trabalhista perante a Justiça do Trabalho.

É oportuno, não obstante, anotar a existência de pelo menos quatro hipóteses nas quais se exige o exaurimento, ou a utilização inicial da via administrativa, como condição para acesso ao Poder Judiciário, a saber:

a) só são admitidas pelo Poder Judiciário ações relativas à disciplina e às competições desportivas depois de **esgotadas as instâncias** da "justiça desportiva"

---

[134] ADI 2.139/DF, ADI 2.160/DF e ADI 2.237/DF, rel. Min. Cármen Lúcia, 01.08.2018.

Cap. 3 • PRINCÍPIOS, DIREITOS E GARANTIAS FUNDAMENTAIS

(CF, art. 217, § 1.º); apesar do nome "justiça desportiva", trata-se de órgãos de natureza administrativa;

b) o ato administrativo, ou a omissão da administração pública, que contrarie súmula vinculante só pode ser alvo de reclamação ao Supremo Tribunal Federal depois de **esgotadas as vias administrativas** (Lei 11.417/2006, art. 7.º, § 1.º);

c) segundo a jurisprudência do Supremo Tribunal Federal, "a prova do anterior indeferimento do pedido de informação de dados pessoais, ou da omissão em atendê-lo, constitui requisito indispensável para que se concretize o interesse de agir no *habeas data*. Sem que se configure situação prévia de pretensão resistida, há carência da ação constitucional do *habeas data*";[135] observe-se que, aqui, basta a existência de um requerimento administrativo prévio, sem necessidade de esgotamento das instâncias administrativas;

d) o Supremo Tribunal Federal firmou também a orientação de que, **em regra**, para restar caracterizado o interesse de agir em ações judiciais contra o Instituto Nacional do Seguro Social (INSS) relativas a **concessão de benefícios previdenciários**, é necessário o **prévio requerimento administrativo** do benefício, deixando assente que tal exigência "é compatível com o art. 5.º, XXXV, da Constituição" e "não se confunde com o exaurimento das vias administrativas".[136]

Em qualquer caso, havendo o ingresso do particular na via judicial, somente quando ela restar exaurida é que a questão controvertida estará **definitivamente** solucionada.

Quanto à utilização simultânea das vias administrativa e judicial, o Supremo Tribunal Federal considerou constitucional previsão legal que estabelece que **a opção pela via judicial implica renúncia tácita ao processo administrativo**.[137] Entendeu a Corte Suprema que a presunção de renúncia tácita à possibilidade de recorrer administrativamente ou de desistência do recurso já interposto na esfera administrativa **não implica** afronta à garantia constitucional da jurisdição, mas sim regra de economia processual, que informa tanto o processo judicial quanto o administrativo.

Desse modo, caso o administrado esteja questionando certa matéria no âmbito de um processo administrativo e decida, simultaneamente, ajuizar ação perante o Poder Judiciário a fim de discutir a mesma matéria, essa opção **implicará renúncia tácita à via administrativa**, com extinção imediata de seu processo administrativo, na fase em que estiver.

Vale ainda anotar que, segundo o Supremo Tribunal Federal, **viola a garantia constitucional de acesso à jurisdição a taxa judiciária calculada sem limite sobre o valor da causa**.[138] O fundamento para esse entendimento da Corte Maior é que, caso fosse permitida a fixação de taxa judiciária incidente sobre o valor da causa, **sem limite**, essa medida terminaria por quebrar a relativa equivalência que deve existir entre o valor cobrado pelo Estado e o custo da prestação juris-

---

[135] RHD 22/DF, red. p/ o acórdão Min. Celso de Mello, 19.09.1991.
[136] RE 631.240/MG (**repercussão geral**), rel. Min. Roberto Barroso, 03.09.2014 (Informativos 756 e 757 do STF).
[137] RE 233.582/RJ, rel. orig. Min. Marco Aurélio, rel. p/ o acórdão Min. Joaquim Barbosa, 16.08.2007.
[138] STF, Súmula 667.

dicional, criando restrição desarrazoada ao acesso à tutela do Poder Judiciário. Como exemplo, suponha-se uma taxa judiciária fixada em percentual incidente sobre o valor de uma causa estimada em dez bilhões de reais. Certamente, o valor apurado – resultante da aplicação do percentual da taxa sobre o valor da causa – seria demasiado vultoso, inviabilizando o acesso ao Poder Judiciário – além de não guardar correspondência razoável com o custo estimado da prestação jurisdicional oferecida pelo Estado.

Por último, é importante registrar que o Supremo Tribunal Federal consagrou o entendimento de que viola o inciso XXXV do art. 5.º da Constituição (e também a garantia de ampla defesa) a exigência de depósito como condição para o ajuizamento de ação em que se discuta a imposição de tributo. Tal orientação está sedimentada na **Súmula Vinculante 28**, abaixo transcrita:

> **28** – É inconstitucional a exigência de depósito prévio como requisito de admissibilidade de ação judicial na qual se pretenda discutir a exigibilidade de crédito tributário.

4.22. Proteção ao direito adquirido, à coisa julgada e ao ato jurídico perfeito (art. 5.º, XXXVI)

Determina a Constituição Federal que "a lei não prejudicará o direito adquirido, o ato jurídico perfeito e a coisa julgada" (art. 5.º, XXXVI).

Essa limitação tenciona obstar, em homenagem à **segurança jurídica**, leis que incidam retroativamente sobre situações atinentes à esfera jurídica do indivíduo, já consolidadas na vigência da lei pretérita.

Portanto, trata-se de direito de defesa do indivíduo ante o Estado, em face de uma nova lei, que pretendesse prejudicar situações já consolidadas sob a vigência de lei pretérita. Assim, essa garantia **não impede que o Estado adote leis retroativas**, desde que essas leis estabeleçam situações mais favoráveis ao indivíduo do que as consolidadas sob as leis anteriores. O que esse dispositivo veda é a ação do Estado em desfavor do indivíduo, afrontando, em uma lei nova, situações constituídas na vigência da lei antiga.

Ademais, por esse motivo (tratar-se de uma proteção outorgada ao indivíduo frente ao Estado), **a garantia da irretroatividade da lei, prevista no art. 5.º, XXXVI, da Constituição da República, não é invocável pela entidade estatal que a tenha editado**. Como exemplo de aplicação dessa regra, sedimentada na Súmula 654 do STF, imaginemos uma situação em que não exista bom relacionamento político entre o Poder Executivo e o Poder Legislativo de um determinado estado. Suponhamos que o Poder Legislativo, em agosto de 2006, vote e aprove uma lei, de sua iniciativa, concedendo um benefício tributário a determinadas pessoas jurídicas, retroativo a primeiro de janeiro daquele ano. Consideremos que essa lei fosse vetada, mas o veto fosse rejeitado, e a lei publicada. Nessa situação, seria inadmissível a Administração tributária recusar-se a reconhecer o benefício previsto na lei, sob alegação de ofensa ao art. 5.º, XXXVI, da Constituição (invocando, por exemplo, a intangibilidade dos "atos jurídicos perfeitos").

Cap. 3 • PRINCÍPIOS, DIREITOS E GARANTIAS FUNDAMENTAIS

A doutrina conceitua **direito adquirido** como aquele que se aperfeiçoou, que reuniu todos os elementos necessários à sua formação sob a vigência de determinada lei. Cumpridos todos os requisitos para a satisfação de um direito sob a vigência da lei que os exige, protegido estará o indivíduo de alterações futuras, provocadas por nova lei, que estabeleça disciplina diversa para a matéria (desfavorável ao indivíduo).

Assim, se a lei "A" exige trinta anos de contribuição para a aposentadoria, e o indivíduo cumpre esse requisito sob a sua vigência, tem ele direito adquirido à aposentadoria – ainda que não haja ingressado com o respectivo pedido –, não podendo ser prejudicado por uma lei "B", que passe a exigir um tempo de trinta e cinco anos de contribuição para a aquisição do mesmo direito.

É importante salientar que a proteção constitucional não alcança a chamada **mera expectativa de direito**, caracterizada quando a lei nova alcança o indivíduo que está na iminência de atender os requisitos para a aquisição do direito, mas eles ainda não estão integralmente cumpridos. Assim, se a lei "A" exige trinta anos de contribuição para a aposentação, e a lei "B", que passa a exigir trinta e cinco anos, é publicada quando o indivíduo havia completado vinte e nove anos e onze meses de contribuição, ele estará sujeito às novas regras, isto é, deverá contribuir por mais cinco anos e um mês para adquirir o direito de se aposentar. Na data de publicação da lei "B" não havia direito adquirido, mas **mera expectativa de direito**, não protegida constitucionalmente.

O ato **jurídico perfeito** é aquele já efetivamente realizado, sob as regras da lei vigente na época de sua prática. Representa, pois, um adicional ao direito adquirido: não apenas foram atendidas todas as condições legais para a aquisição do direito; mais do que isso, o ato que esse direito possibilita já foi realizado, o direito já foi efetivamente exercido. Isso é particularmente identificável quando se trata da realização de um contrato. Um contrato devidamente celebrado constitui ato jurídico perfeito, insuscetível de ser prejudicado por lei superveniente.

Assim, na situação antes descrita, aquele que, na data da publicação da lei "B", já houvesse efetivamente exercido o seu direito à aposentação estaria protegido pelo manto do ato jurídico perfeito; da mesma forma, se o indivíduo celebra um contrato de financiamento de imóvel de acordo com a lei "A", então vigente, a celebração desse contrato constitui ato jurídico perfeito, que não poderá ser prejudicado posteriormente pela lei "B", que traga novas regras a ele desfavoráveis.

A **coisa julgada** é a decisão judicial irrecorrível, contra a qual não caiba mais recurso. Ocorre no âmbito de um processo judicial, quando a decisão não mais for passível de impugnação, tornando-se imutável. A coisa julgada nem sempre é proveniente de decisão dos tribunais superiores do Poder Judiciário; poderá decorrer de uma decisão de magistrado de primeiro grau, na hipótese de não ser interposto no prazo previsto em lei o recurso cabível contra a sua decisão.

Em que pese a regra de imutabilidade da coisa julgada por **lei posterior**, vale lembrar a existência de excepcionais situações em que o próprio ordenamento jurídico admite o intento de ação própria perante o Poder Judiciário com vistas ao desfazimento de decisão judicial anterior já transitada em julgado – **ação rescisória**, regulada nos arts. 966 a 975 do Código de Processo Civil (CPC).

Julgamos relevante apresentar, também, entendimento consolidado na jurisprudência do Supremo Tribunal Federal admitindo a **relativização da coisa julgada na investigação de paternidade**, nos casos em que, na demanda anterior, já atingida pela coisa julgada, **não tenha sido realizado exame de DNA**. Essa orientação da Corte está fixada na seguinte **tese de repercussão geral**:[139]

> I – É possível a repropositura de ação de investigação de paternidade, quando anterior demanda idêntica, entre as mesmas partes, foi julgada improcedente, por falta de provas, em razão da parte interessada não dispor de condições econômicas para realizar o exame de DNA e o Estado não ter custeado a produção dessa prova;
>
> II – Deve ser relativizada a coisa julgada estabelecida em ações de investigação de paternidade em que não foi possível determinar-se a efetiva existência de vínculo genético a unir as partes, em decorrência da não realização do exame de DNA, meio de prova que pode fornecer segurança quase absoluta quanto à existência de tal vínculo.

Segundo a jurisprudência do STF, esse preceito constitucional (art. 5.º, XXXVI) se aplica a **todo e qualquer ato normativo infraconstitucional**, sem qualquer distinção entre lei de direito público e lei de direito privado, ou entre lei de ordem pública e lei dispositiva.[140]

Por outro lado, entende o Supremo Tribunal Federal que **não existe direito adquirido em face de**: (a) uma nova Constituição (texto originário); (b) mudança do padrão monetário (mudança de moeda); (c) criação ou aumento de tributos;[141] (d) mudança de regime jurídico estatutário.

Esse último entendimento – não há direito adquirido frente à mudança de regime jurídico estatutário – significa que o servidor público, ao ser investido no cargo público, no momento da posse, **não adquire direito às vantagens então existentes**, isto é, não adquire o direito de mantê-las ao longo de toda a sua vida funcional.

Por exemplo, imaginemos um servidor público que ingressou em um cargo público estadual em janeiro de 1997, estando na data de sua posse vigente a lei estadual "X", que previa um adicional por tempo de serviço à razão de 1% de seu vencimento para cada ano de efetivo exercício. Caso, em outubro do ano de sua posse, seja publicada a lei estadual "Y", revogando o artigo da lei "X" que estabelecia

---

[139] RE 363.889/DF, rel. Min. Dias Toffoli, 02.06.2011.

[140] RE 204.769/RS, rel. Min. Celso de Mello.

[141] Exemplo dessa hipótese tivemos com a instituição de contribuição previdenciária sobre os proventos dos servidores públicos inativos, baseada na EC 41/2003. A nova contribuição incidiu inclusive sobre os proventos dos servidores que já estavam aposentados quando foi publicada essa emenda. O STF, no julgamento das ADI 3.105/DF e 3.128/DF, considerou legítima a tributação, sob o fundamento de inexistência de direito adquirido à não incidência de novos tributos sobre proventos ou quaisquer rendimentos. Só haveria óbice à exigência do novo tributo se existisse regra constitucional de imunidade tributária dos proventos do servidor inativo, o que não ocorre.

Cap. 3 • PRINCÍPIOS, DIREITOS E GARANTIAS FUNDAMENTAIS

o referido adicional por tempo de serviço, nenhum direito existirá para o servidor; não cabe invocar o direito à manutenção do regime jurídico existente no momento de sua posse, que previa o adicional por tempo de serviço.

Se o artigo da Lei "X" fosse revogado só depois que o servidor tivesse completado um ano de serviço, ele não teria direito a receber nenhum novo adicional dali para frente; o adicional correspondente ao ano de exercício já concluído (um por cento) continuaria a incidir sobre os vencimentos recebidos mês a mês pelo servidor, mas não porque ele faça jus à manutenção do regime jurídico anterior, e sim porque aquela situação jurídica individual consolidou-se sob a lei pretérita (a incidência do adicional relativo ao ano de serviço concluído integra a esfera jurídica do servidor como direito adquirido àquela incidência; a inexistência de direito adquirido ao regime jurídico estatutário impede que se pretenda adquirir direito à incidência de adicionais futuros, que corresponderiam ao segundo, terceiro, quarto ano de serviço).

Essa posição do Supremo Tribunal Federal está consolidada no item II da seguinte **tese de repercussão geral** (o item I versa sobre matéria estranha ao presente tópico):[142]

> II – Não há direito adquirido a regime jurídico, notadamente à forma de composição da remuneração de servidores públicos, observada a garantia da irredutibilidade de vencimentos.

No tocante à atuação do poder constituinte derivado, entendemos que **as emendas constitucionais não podem ofender direito adquirido**, uma vez que os direitos e garantias individuais foram gravados como cláusula pétrea (CF, art. 60, § 4.º, IV).[143]

4.23. Juízo natural (art. 5.º, XXXVII e LIII)

Reza o texto constitucional que "não haverá juízo ou tribunal de exceção" (art. 5.º, XXXVII) e que "ninguém será processado nem sentenciado senão pela autoridade competente" (art. 5.º, LIII), comandos que, em conjunto, consubstanciam o postulado do **juízo natural**.

Esse princípio assegura ao indivíduo a atuação imparcial do Poder Judiciário na apreciação das questões postas em juízo. Obsta que, por arbitrariedade ou casuísmo, seja estabelecido tribunal ou juízo excepcional (tribunais instituídos *ad hoc*, ou seja, para o julgamento de um caso específico, e *ex post facto*, isto é, criados depois do caso que será julgado), ou que seja conferida competência não prevista constitucionalmente a quaisquer órgãos julgadores.

---

[142] RE 563.708, rel. Min. Cármen Lúcia, 06.02.2013.

[143] A jurisprudência do STF tem firmado essa orientação, de que as emendas à Constituição não podem desconstituir direitos que tenham sido adquiridos sob a égide do texto constitucional a elas anterior, como se verifica, por exemplo, no julgamento das ADI 3.133/DF, 3.143/DF e 3.184/DF, rel. Min. Cármen Lúcia, 21.09.2011.

Exemplificando: suponha que, recentemente, tenha sido praticado no Brasil um ato terrorista de graves consequências e que o Congresso Nacional, pressionado pela opinião pública, resolva criar, às pressas, por meio de emenda à Constituição, um tribunal especial para o julgamento das pessoas que praticaram aquele ato. Essa emenda seria flagrantemente inconstitucional, por afrontar o princípio do juízo natural, que veda a criação de juízo ou tribunal de exceção, casuisticamente.

Esse princípio alcança não só os juízes do Poder Judiciário, mas também os demais julgadores previstos constitucionalmente (Senado Federal, por exemplo, que julga crimes de responsabilidade), implicando a vedação à usurpação de suas competências por outros órgãos.

Ademais, o princípio do juiz natural deve ser interpretado em sua plenitude, de forma a proibir-se não só a criação de tribunais ou juízos de exceção, mas também de respeito absoluto às regras objetivas de determinação de competência, para que não sejam afetadas a independência e a imparcialidade do órgão julgador. Logo, afronta esse princípio não só a criação de tribunais ou juízos de exceção, mas também o descumprimento das regras de competência, relativas aos tribunais e juízos constitucionalmente previstos.

Por fim, destacamos que, segundo entendimento do Supremo Tribunal Federal, **não implica ofensa aos princípios do juiz natural, do duplo grau de jurisdição e da ampla defesa** a excepcional convocação de juízes de primeiro grau para atuar em Tribunal, se observados os requisitos legais.[144]

4.24. Júri popular (art. 5.º, XXXVIII)

A Constituição Federal reconhece expressamente a instituição do júri popular, nos seguintes termos (art. 5.º, XXXVIII):

> XXXVIII – é reconhecida a instituição do júri, com a organização que lhe der a lei, assegurados:
>
> a) a plenitude de defesa;
>
> b) o sigilo das votações;
>
> c) a soberania dos veredictos;
>
> d) a competência para o julgamento dos crimes dolosos contra a vida;

A instituição do júri assenta-se no princípio democrático, pois confere ao cidadão o direito de ser julgado por seus semelhantes, escolhidos aleatoriamente entre os cidadãos da localidade.

No Brasil, o Tribunal do Júri é composto por **um juiz togado,** seu presidente, e por **vinte e cinco jurados** que serão sorteados dentre os alistados, **sete dos quais** constituirão o Conselho de Sentença em cada sessão de julgamento.[145]

---

[144] RE 597.133, rel. Min. Ricardo Lewandowski, 17.11.2010.
[145] CPP, art. 447, com a redação dada pela Lei 11.689/2008.

Os jurados têm assegurado o sigilo de seu voto, o que permite que eles sejam imparciais e que decidam de acordo com a convicção que tenham formado a partir do acompanhamento de todo o procedimento.

A garantia de plenitude de defesa, que obviamente diz respeito ao réu, não difere do direito à ampla defesa assegurado aos acusados em geral, mormente na área penal.

A soberania dos veredictos traduz a ideia de que, como regra, a decisão do tribunal do júri não pode ser substituída por outra, proferida pelos tribunais do Poder Judiciário. Não obstante, o Supremo Tribunal Federal firmou orientação de que **a soberania do veredicto do júri não exclui a recorribilidade de suas decisões**.[146]

Significa dizer que **há casos em que a decisão do tribunal do júri é passível de recurso para os tribunais do Poder Judiciário**, especialmente quando se tratar de decisão manifestamente contrária à prova constante dos autos. Ocorrendo tal situação, poderá ser interposto recurso de apelação contra a decisão proferida pelo tribunal do júri. Essa orientação do Supremo Tribunal Federal foi fixada na seguinte **tese de repercussão geral**:[147]

> É cabível recurso de apelação, com base no art. 593, III, "d", do Código de Processo Penal, nas hipóteses em que a decisão do Tribunal do Júri, amparada em quesito genérico, for considerada pela acusação como manifestamente contrária à prova dos autos.

A decisão do júri pode, ainda, ser objeto de **revisão criminal**, hipótese em que poderá resultar, até mesmo, a absolvição do réu definitivamente condenado, se a decisão tiver sido arbitrária.

No tocante à execução da condenação imposta pelo tribunal do júri, o Supremo Tribunal Federal firmou o entendimento de que **a execução imediata da pena imposta ao réu condenado por decisão do Tribunal do Júri, ainda que sujeita a recurso, não viola o princípio constitucional da presunção de inocência ou não culpabilidade**.[148] Segundo a Corte Máxima, a soberania das decisões do tribunal do júri justifica a prisão imediata dos condenados, **independentemente da pena aplicada**, tendo em vista que a culpa do réu já foi reconhecida pelos jurados. A **tese de repercussão geral** fixada foi a seguinte:

> A soberania dos veredictos do Tribunal do Júri autoriza a imediata execução de condenação imposta pelo corpo de jurados, independentemente do total da pena aplicada.

No que respeita à competência do tribunal do júri, a doutrina dominante entende **não** ser possível ao legislador ordinário ampliá-la, para incluir outras matérias além do julgamento dos crimes dolosos contra a vida. Não seria possível,

---

[146] HC 71.617-2, rel. Min. Francisco Rezek, 22.11.1994.

[147] ARE 1.225.185/MG, red. p/ o acórdão Min. Edson Fachin, 03.10.2024.

[148] RE 1.235.340/SC, rel. Min. Luís Roberto Barroso, 12.09.2024.

por exemplo, estabelecer em lei competência para o tribunal do júri julgar todos os crimes definidos em lei como hediondos.

Também sobre a competência do tribunal do júri, houve controvérsia doutrinária acerca do julgamento do **crime de latrocínio**, em que se tem um roubo seguido de morte.[149] Considerando que esse tipo penal constitui crime contra o patrimônio (e **não** contra a vida, haja vista que sua finalidade principal é o roubo, e não o assassinato com dolo), nossa Corte Suprema firmou o entendimento de que **não está ele (o delito de latrocínio) abrangido pela competência do tribunal do júri**. Essa orientação restou consolidada na Súmula 603 do STF, cujo enunciado dispõe:

> **603** – A competência para o processo e julgamento de latrocínio é do juiz singular e não do Tribunal do Júri.

Entendimento semelhante foi fixado pelo Supremo Tribunal Federal no caso de crime de remoção ilegal de órgãos com resultado morte. Segundo o Tribunal, **é do juízo criminal singular a competência para julgar o crime de remoção ilegal de órgãos, praticado em pessoa viva e que resulta em morte**, haja vista que o objeto jurídico tutelado pelo tipo penal em questão é a incolumidade pública, a ética e a moralidade, no contexto da doação e do transplante de órgãos e tecidos, e a preservação da integridade física das pessoas e respeito à memória dos mortos.[150,151] Ponderou-se que a proteção da vida se apresenta como objeto de tutela do tipo penal de forma mediata, indireta, razão pela qual **não se cuida de crime doloso contra a vida a fixar a competência do Júri**, tal como posto no art. 5º, XXXVIII, "d", da Constituição Federal.

Deve-se ressaltar, ainda, que a competência do tribunal do júri para o julgamento dos crimes dolosos contra a vida não é absoluta, pois **não abrange os crimes dolosos contra a vida praticados por detentores de foro especial por prerrogativa de função**, que são julgados originariamente por certos tribunais do Poder Judiciário, conforme previsto na Constituição Federal.

Exemplificando: se um Ministro do Superior Tribunal de Justiça praticar um crime doloso contra a vida, será ele julgado pelo Supremo Tribunal Federal (CF, art. 102, I, "c"), e **não** pelo tribunal do júri; se o prefeito de um município cometer um crime doloso contra a vida, **não** será ele submetido a julgamento perante o tribunal do júri, e sim perante o Tribunal de Justiça, por força do art. 29, X, da Constituição Federal.

4.25. Princípio da legalidade penal e da retroatividade da lei penal mais favorável (art. 5.º, XXXIX e XL)

Conforme visto anteriormente, legalidade é postulado indissociável da noção de Estado de Direito e de Estado democrático. Com efeito, se um Estado tem o povo como titular do poder, a consequência lógica é de que somente o povo, conforme

---

[149] Código Penal, art. 157, § 3.º, II.

[150] RE 1.313.494/MG, red. p/ o acórdão Min. Dias Toffoli, 14.09.2021.

[151] Esse delito está previsto no art. 14, § 4.º, da Lei 9.434/1997 (Lei de Transplantes).

Cap. 3 • PRINCÍPIOS, DIREITOS E GARANTIAS FUNDAMENTAIS   169

sua vontade, possa obrigar a si mesmo, estabelecer como sofrerá tributação, determinar como e quando atuará a Administração Pública etc. E essa vontade, como se sabe, o povo manifesta por intermédio de seus representantes, os parlamentares, na elaboração das leis. Por essa razão, encontramos no texto constitucional diversos desdobramentos ou acepções específicas do princípio da legalidade.

Exatamente para tratar de modo específico das condutas objeto de maior reprovabilidade social – os crimes e as contravenções –, e para atribuir, àqueles que as pratiquem, as mais drásticas sanções que o Direito possibilita, o texto constitucional traz um enunciado próprio para o princípio da legalidade em matéria penal. É o que consta do inciso XXXIX do art. 5.º da Constituição, abaixo, transcrito:

> XXXIX – não há crime sem lei anterior que o defina, nem pena sem prévia cominação legal;

Dessarte, esse princípio, consubstanciado no brocardo *nullum crimem, nulla poena sine praevia lege*, representa um detalhamento do princípio da legalidade enunciado de forma genérica no inciso II do art. 5.º da CF/1988, no âmbito do Direito Penal.

Observa-se que, além da exigência expressa de lei formal para tipificar crimes e cominar sanções penais, deflui do dispositivo que a lei somente se aplicará, para qualificar como crime, aos atos praticados depois que ela tenha sido publicada. Da mesma forma, a previsão legal abstrata da pena (cominação da pena) deve existir, estar publicada, antes da conduta que será apenada. Trata-se do denominado princípio da anterioridade penal, aplicável aos delitos e às penas.

É importante observar que tão rígido é o princípio da legalidade em matéria penal que a Constituição, a partir da EC 32/2001, **passou a proibir o uso de medidas provisórias sobre matéria relativa a Direito Penal e Processual Penal** (CF, art. 62, § 1.º, I, "b").

É competência privativa da União legislar sobre Direito Penal (CF, art. 22, I), e deverá fazê-lo por meio de leis, vedada a utilização de outras espécies de atos normativos. Como consequência, é interditado aos outros entes federados tipificar condutas como crimes ou contravenções, ou dispor sobre qualquer assunto concernente ao Direito Penal, reservando-se estritamente à lei federal esse mister.

O acima reproduzido inciso XXXIX do art. 5.º, que, como visto, representa importante garantia para os indivíduos, é complementado pelo inciso XL do mesmo artigo. O inciso XL do art. 5.º detalha uma das regras implícitas no inciso anterior, acerca da irretroatividade da lei penal. Diz ele:

> XL – a lei penal não retroagirá, salvo para beneficiar o réu;

Decorrem da leitura desse inciso uma regra geral – a irretroatividade da lei penal – e uma regra específica, que constitui ressalva à primeira: a retroatividade da lei penal mais favorável.

Se a nova lei penal for favorável (*lex mitior*), ela sempre retroagirá para beneficiar o réu, ainda que já tenha ocorrido a sua condenação definitiva, transitada em julgado, com base na lei antiga, mesmo que ele já esteja cumprindo a pena. Lei penal benigna é sempre lei retroativa. Se a lei nova reduzir a pena cominada a determinado crime, ou deixar de tratar o fato como crime (*abolitio criminis*), será retroativa, beneficiando o réu, ainda que já em fase de cumprimento da pena.

A lei nova desfavorável ao réu (*lex gravior*) não será retroativa, somente alcançando delitos praticados após o início da sua vigência.

Não se pode, porém, combinar a lei nova com a lei antiga para "criar" uma regra mais favorável ao réu, não prevista em nenhuma das duas leis. Com efeito, o STF **não admite a combinação de leis penais conflitantes no tempo para se extrair uma regra mais favorável ao réu**. Nessa hipótese, ou se aplica integralmente a regra prevista na lei antiga, ou se aplica integralmente a regra prevista na lei nova. Não se podem aplicar partes da regra estabelecida na lei velha e partes da regra constante da lei nova, criando uma regra não prevista em nenhuma das duas leis, com o escopo de beneficiar o réu.

Merece registro, ainda, a jurisprudência do STF acerca da aplicação aos **crimes continuado e permanente** da nova lei penal mais **desfavorável** ao réu, consolidada na **Súmula 711**, cujo enunciado assim dispõe:

> 711 – A lei penal mais grave aplica-se ao crime continuado ou ao crime permanente, se a sua vigência é anterior à cessação da continuidade ou da permanência.

Crime continuado é aquele em que o agente, mediante mais de uma ação ou omissão, pratica dois ou mais crimes da mesma espécie, os quais, pelas semelhantes condições de tempo, lugar, modo de execução e outras, são considerados pela lei um como extensão do outro, ou seja, um contínuo ato delitivo.

Crime permanente é o ato delituoso **unitário** que se prolonga no tempo, atingindo continuamente o bem jurídico. O exemplo típico é o crime de **sequestro**, em que o ato delituoso se prolonga, perdurando enquanto não for encontrada a vítima (ela pode permanecer dias, ou meses, em poder dos criminosos).

Para nossa Corte Suprema, se o agente iniciou a prática do crime continuado, ou do crime permanente, quando a este se aplicava determinada lei (mais branda), que vem a ser revogada por outra, mais severa, e esta entrou em vigor enquanto ainda estava sendo praticado o crime (isto é, em data anterior à cessação da continuidade ou da permanência), **a lei a ser aplicada será a nova, desfavorável ao agente**.

4.26. Vedação ao racismo (art. 5.º, XLII)

A Constituição Federal define o crime de racismo como inafiançável e imprescritível, sujeito à pena de reclusão, nos termos da lei (art. 5.º, XLII).

Não há, porém, no texto constitucional de 1988, um claro delineamento acerca das condutas que, no Estado brasileiro, poderão ser enquadradas na definição de **racismo**, para o fim de aplicação dos comandos do citado dispositivo, especialmente no tocante à imprescritibilidade desse grave delito.

Cap. 3 • PRINCÍPIOS, DIREITOS E GARANTIAS FUNDAMENTAIS

O Supremo Tribunal Federal enfrentou essa questão em julgado histórico, no qual se discutiu se a publicação de obra discriminatória em relação aos judeus enquadrava-se no conceito constitucional de racismo.[152]

Refutando a alegação de que não se poderia cogitar de racismo porque os judeus não seriam uma raça, decidiu o STF que a edição e publicação de obras escritas veiculando ideias antissemitas, que buscam resgatar e dar credibilidade à concepção racial definida pelo regime nazista, **constitui crime de racismo sujeito às cláusulas de inafiançabilidade e imprescritibilidade.**

Entendeu a Corte que não existe, biologicamente, distinção de raças entre seres humanos e que a expressão racismo, empregada no art. 5.º, XLII, da Constituição, **abrange todas as formas de discriminações que impliquem distinções entre os homens por restrições ou preferências oriundas de raça, cor, credo, descendência ou origem nacional ou étnica, inspiradas na pretensa superioridade de um povo sobre outro**, de que são exemplos a xenofobia, a negrofobia, a islamafobia e o antissemitismo.

Em outro importantíssimo julgado, o Supremo Tribunal Federal firmou, ainda, o entendimento de que, **enquanto não sobrevier lei específica editada pelo Congresso Nacional, as condutas homofóbicas e transfóbicas se enquadram na tipificação da Lei do Racismo.**[153] Deixou assente o Tribunal que, por força desse entendimento, a ofensa contra grupos LGBTQIAPN+ configura racismo, e a ofensa à honra de pessoas pertencentes a esses grupos vulneráveis configura o crime de injúria racial. Reconheceu a Corte Suprema, ademais, que **o Congresso Nacional se encontra em situação de omissão inconstitucional**, por não editar lei que criminalize atos de homofobia e de transfobia, em desobediência ao comando dos incisos XLI e XLII do art. 5.º da Constituição da República. Essas orientações restaram consolidadas nos itens da seguinte **tese jurídica**:

> 1. Até que sobrevenha lei emanada do Congresso Nacional destinada a implementar os mandados de criminalização definidos nos incisos XLI e XLII do art. 5.º da Constituição da República, as condutas homofóbicas e transfóbicas, reais ou supostas, que envolvem aversão odiosa à orientação sexual ou à identidade de gênero de alguém, por traduzirem expressões de racismo, compreendido este em sua dimensão social, ajustam-se, por identidade de razão e mediante adequação típica, aos preceitos primários de incriminação definidos na Lei n.º 7.716, de 08/01/1989, constituindo, também, na hipótese de homicídio doloso, circunstância que o qualifica, por configurar motivo torpe (Código Penal, art. 121, § 2.º, I, "in fine");
>
> 2. A repressão penal à prática da homotransfobia não alcança nem restringe ou limita o exercício da liberdade religiosa, qualquer que seja a denominação confessional professada, a cujos fiéis e ministros (sacerdotes, pastores, rabinos, mulás ou clérigos muçulmanos e líderes ou celebrantes das religiões afro-brasileiras, entre outros) é assegurado o direito de pregar e de divulgar, livremente, pela pa-

---

[152] HC 82.424/RS, rel. p/ acórdão Min. Maurício Corrêa.
[153] ADO 26/DF, rel. Min. Celso de Mello, 13.06.2019.

lavra, pela imagem ou por qualquer outro meio, o seu pensamento e de externar suas convicções de acordo com o que se contiver em seus livros e códigos sagrados, bem assim o de ensinar segundo sua orientação doutrinária e/ou teológica, podendo buscar e conquistar prosélitos e praticar os atos de culto e respectiva liturgia, independentemente do espaço, público ou privado, de sua atuação individual ou coletiva, desde que tais manifestações não configurem discurso de ódio, assim entendidas aquelas exteriorizações que incitem a discriminação, a hostilidade ou a violência contra pessoas em razão de sua orientação sexual ou de sua identidade de gênero;

3. O conceito de racismo, compreendido em sua dimensão social, projeta-se para além de aspectos estritamente biológicos ou fenotípicos, pois resulta, enquanto manifestação de poder, de uma construção de índole histórico-cultural motivada pelo objetivo de justificar a desigualdade e destinada ao controle ideológico, à dominação política, à subjugação social e à negação da alteridade, da dignidade e da humanidade daqueles que, por integrarem grupo vulnerável (LGBTI+) e por não pertencerem ao estamento que detém posição de hegemonia em uma dada estrutura social, são considerados estranhos e diferentes, degradados à condição de marginais do ordenamento jurídico, expostos, em consequência de odiosa inferiorização e de perversa estigmatização, a uma injusta e lesiva situação de exclusão do sistema geral de proteção do direito.

Mais recentemente, o Tribunal firmou o entendimento de que **o crime de injúria racial configura um dos tipos penais de racismo e é imprescritível**.[154] Ponderou-se que o art. 5.º, inciso XLII, da Constituição Federal é explícito ao declarar que o **racismo** é crime **inafiançável e imprescritível**, sem fazer distinção entre os diversos tipos penais que configuram essa prática.[155] Como a injúria racial traz em seu bojo o elemento ofensa à dignidade ou ao decoro, em razão de **raça, cor**, etnia ou procedência nacional,[156] a sua prática **constitui espécie do gênero racismo**, delito inafiançável e imprescritível, nos termos do art. 5º, inciso XLII, da Constituição Federal.

O Supremo Tribunal Federal – mencionando a necessidade de enfrentamento do "racismo estrutural" em nosso país – também fixou entendimento de que **a abordagem policial e a revista pessoal motivadas por raça, sexo, orientação sexual, cor da pele ou aparência física são ilegais**.[157] Segundo o Tribunal, a busca pessoal sem mandado judicial deve estar fundamentada em indícios de que a pessoa esteja na posse de arma proibida ou de objetos ou papéis que possam representar indícios da ocorrência de crime. Essa orientação restou averbada na seguinte **tese jurídica**:

---

[154] HC 154.248/DF, rel. Min. Edson Fachin, 28.10.2021.

[155] Com base nesse entendimento, o STF afastou a alegação de prescrição do delito e manteve a condenação de mulher que ofendeu uma trabalhadora frentista de posto de combustíveis, chamando-a de "negrinha nojenta, ignorante e atrevida".

[156] Art. 2º-A da Lei 7.716, de 05.01.1989 (Lei do Crime Racial), com a redação dada pela Lei 14.532, de 11.01.2023.

[157] HC 208.240/SP, rel. Min. Edson Fachin, 11.04.2024.

Cap. 3 • PRINCÍPIOS, DIREITOS E GARANTIAS FUNDAMENTAIS

A busca pessoal independente de mandado judicial deve estar fundada em elementos indiciários objetivos de que a pessoa esteja na posse de arma proibida ou de objetos ou papéis que constituam corpo de delito, não sendo lícita a realização da medida com base na raça, sexo, orientação sexual, cor da pele ou aparência física.

4.27. Tortura, tráfico de entorpecentes, terrorismo, crimes hediondos e ação de grupos armados contra a ordem constitucional (art. 5.º, XLIII e XLIV)

Não só o crime de racismo mereceu especial preocupação de nosso constituinte originário. Nos incisos XLIII e XLIV do art. 5.º da Constituição também são relacionadas condutas às quais o texto constitucional atribui reprovação particularmente intensa. São os seguintes os termos desses dispositivos:

> XLIII – a lei considerará crimes inafiançáveis e insuscetíveis de graça ou anistia a prática da tortura, o tráfico ilícito de entorpecentes e drogas afins, o terrorismo e os definidos como crimes hediondos, por eles respondendo os mandantes, os executores e os que, podendo evitá-los, se omitirem;
>
> XLIV – constitui crime inafiançável e imprescritível a ação de grupos armados, civis ou militares, contra a ordem constitucional e o Estado Democrático;

Observa-se que os crimes de **tortura**, **tráfico ilícito de drogas**, **terrorismo** e a **ação de grupos armados contra a ordem constitucional e o Estado Democrático** foram expressamente discriminados pelo texto constitucional (embora a sua tipificação deva ser feita mediante lei ordinária).[158] Diferentemente, no caso dos "**crimes hediondos**", a enumeração das condutas que devam ser assim consideradas foi deixada a critério do legislador, sem que sequer tenha o constituinte indicado parâmetros a serem adotados. É claro que nesse mister deverão ser respeitados todos os princípios constitucionais pertinentes, sobretudo os da razoabilidade e proporcionalidade.

Ao enumerar os crimes hediondos, a Lei 8.072/1990 continha, em sua redação originária, disposição segundo a qual a pena pela prática de crimes hediondos "será cumprida **integralmente** em regime fechado" (art. 2.º, § 1.º), ou seja, tal preceito legal estabelecia uma proibição absoluta de progressão de regime. Consoante se verá no estudo do princípio da individualização da pena (art. 5.º, XLVI), o STF considerou inconstitucional essa vedação absoluta à progressão de regime.[159] Posteriormente, o referido dispositivo legal teve a sua redação alterada pela Lei 11.464/2007, passando a

---

[158] A Lei 13.260, de 13.03.2016, regulamentou o disposto no inciso XLIII do art. 5.º da Constituição Federal no que diz respeito ao terrorismo, tratando de disposições investigatórias e processuais e reformulando o conceito de organização terrorista.

[159] HC 82.959, rel. Min. Marco Aurelio, 23.02.2006.

estabelecer que a pena pela prática de crimes hediondos será cumprida inicialmente em regime fechado, isto é, passou-se a admitir a progressão para regime mais brando.

A anistia é um perdão concedido mediante lei, aplicável a crimes coletivos, em geral políticos, que produz efeitos retroativos, ou seja, desfaz todos os efeitos penais da condenação (mas não eventual ação civil de indenização por danos eventualmente causados pelo anistiado).

A competência para "conceder indulto e comutar penas" é privativa do Presidente da República (art. 84, XII), delegável aos Ministros de Estado, ao Procurador-Geral da República e ao Advogado-Geral da União (art. 84, parágrafo único). A anistia, consoante acima expusemos, exige lei do Congresso Nacional (art. 48, VIII).

4.28.   Pessoalidade da pena (art. 5.º, XLV)

O denominado princípio da intransmissibilidade da pena, ou, simplesmente, da pessoalidade da pena, encontra-se vazado no inciso XLV do art. 5.º, nestes termos:

> XLV – nenhuma pena passará da pessoa do condenado, podendo a obrigação de reparar o dano e a decretação do perdimento de bens ser, nos termos da lei, estendidas aos sucessores e contra eles executadas, até o limite do valor do patrimônio transferido;

Em razão dessa norma fica afastada a possibilidade de a condenação penal estender-se a parentes, amigos ou sucessores do condenado, que não tenham participado da conduta por ele praticada. Ao mesmo tempo, a morte do agente, antes ou depois da condenação, implica automática extinção da punibilidade ou da execução da pena.

Não fica excluída, entretanto, a possibilidade de a obrigação de reparar o dano e o perdimento de bens alcançarem os sucessores, desde que a respectiva execução não ultrapasse o valor do patrimônio a eles transferido pela sucessão.

4.29.   Princípio da individualização da pena; penas admitidas e penas vedadas (art. 5.º, XLVI e XLVII)

Estabelece a Constituição Federal que a lei regulará a individualização da pena, e adotará, entre outras, as seguintes: privação de liberdade, perda de bens, multa, prestação social alternativa, suspensão ou interdição de direitos ou, excepcionalmente, de morte, no caso de guerra declarada (CF, art. 5.º, XLVI e XLVII, *a*).

A enumeração das penas constitucionalmente admitidas não é exaustiva. Dessarte, a lei poderá adotar outras modalidades de pena, desde que não incida nas proibições expressas do art. 5.º, XLVII, da Constituição Federal, que não permite a instituição de penas: de morte, salvo em caso de guerra declarada; de caráter perpétuo; de trabalhos forçados; de banimento ou cruéis.

A parte inicial do inciso XLVI determina que a lei regulará a individualização da pena. Significa dizer que o legislador ordinário deverá, ao regular a imposição da pena, levar em conta as características pessoais do infrator, tais como o fato de ser o réu primário, de ter bons antecedentes etc.

Cap. 3 • PRINCÍPIOS, DIREITOS E GARANTIAS FUNDAMENTAIS

Com fundamento neste dispositivo constitucional, o Supremo Tribunal Federal declarou a inconstitucionalidade do § 1.º do art. 2.º da Lei 8.072/1990, em sua redação originária, segundo o qual a pena pela prática de crimes hediondos seria cumprida **integralmente** em regime fechado.[160] Entendeu o Tribunal que a proibição absoluta de progressão de regime nos crimes hediondos implicava violação ao princípio da individualização da pena, pois as características pessoais do infrator não tinham possibilidade de ser consideradas.

Posteriormente, o referido dispositivo legal teve a sua redação alterada pela Lei 11.464/2007, passando a estabelecer que a pena pela prática de crimes hediondos será cumprida **inicialmente** em regime fechado (e não mais integralmente, conforme dispunha a redação anterior), isto é, passou-se a admitir a progressão para regime mais brando.

Pertinente a essa matéria, editou o Supremo Tribunal Federal a **Súmula Vinculante 26**, com o seguinte enunciado:

> 26 – Para efeito de progressão de regime no cumprimento de pena por crime hediondo, ou equiparado, o juízo da execução observará a inconstitucionalidade do art. 2.º da Lei n. 8.072, de 25 de julho de 1990, sem prejuízo de avaliar se o condenado preenche, ou não, os requisitos objetivos e subjetivos do benefício, podendo determinar, para tal fim, de modo fundamentado, a realização de exame criminológico.

Posteriormente, embora mantido o referido entendimento no âmbito do STF – de que é inviável a fixação do regime inicial fechado exclusivamente em razão da hediondez do crime –, o Tribunal decidiu reexaminar a matéria no âmbito da sistemática de repercussão geral, com o objetivo de pôr fim ao descumprimento da sua decisão anterior por alguns juízos inferiores, que alegavam que aquela decisão pretérita, por ter se dado de forma incidental (controle difuso), não teria eficácia geral. A mesma orientação foi, então, reafirmada pela Corte, agora com **repercussão geral**, restando fixada a seguinte **tese**:[161]

> É inconstitucional a fixação *ex lege*, com base no artigo 2.º, parágrafo 1.º, da Lei 8.072/1990, do regime inicial fechado, devendo o julgador, quando da condenação, ater-se aos parâmetros previstos no artigo 33 do Código Penal.

Cinco outros entendimentos do STF, acerca de aspectos relacionados à dosimetria e aplicação das penas, merecem registro.

O primeiro é que a proibição de penas de caráter perpétuo – prevista no art. 5.º, XLVII, "b", da Constituição Federal – tem aplicação **não só na esfera penal**, mas **alcança também as sanções administrativas**.[162] Segundo o Tribunal, não é ad-

---

[160] HC 82.959, rel. Min. Marco Aurélio, 23.02.2006.

[161] ARE 1.052.700/MG, rel. Min. Edson Fachin, 16.11.2017.

[162] RE 154.134/SP, rel. Min. Sydney Sanches, 15.12.1998.

missível a imposição de sanções administrativas mais graves que as penas aplicadas pela pratica de crimes, já que o ilícito administrativo constitui um *minus* em relação às infrações penais. Com base nessa orientação – inconstitucionalidade de sanção administrativa de caráter perpétuo –, o Tribunal **declarou a inconstitucionalidade do parágrafo único do art. 137 da Lei 8.112/1990, que estabelece hipóteses em que o servidor não poderá retornar ao serviço público federal.**[163]

O segundo é que o limite de **quarenta anos**, previsto no art. 75 do Código Penal, **não é considerado para o cálculo de benefícios da execução penal.**[164] Esse dispositivo do Código Penal estabelece que o tempo de cumprimento das penas privativas de liberdade não pode ser superior a quarenta anos. Significa dizer que, se o indivíduo for condenado em determinado processo à pena privativa de liberdade por sessenta anos (pela soma das penas de uma multiplicidade de delitos, por exemplo), incidirá a redução prevista no art. 75 do Código Penal, e ele terá de cumprir, no máximo, quarenta anos dessa pena; porém, para o cálculo de benefícios da execução penal, essa redução **não** é considerada. Assim, nesse exemplo, para a obtenção da progressão de regime, na hipótese em que se exige o cumprimento de um sexto da pena, o cálculo levará em conta os sessenta anos, e **não** os quarenta anos (ou seja, o réu terá direito à progressão de regime quando cumprir 10 anos de pena = 1/6 de sessenta anos).

O terceiro entendimento é o de que condenações criminais extintas há mais de cinco anos **podem ser consideradas como maus antecedentes para a fixação da pena-base em novo processo criminal.**[165] Segundo o STF, em síntese, temos o seguinte: (*i*) o julgador **não é obrigado** a considerar condenações criminais extintas há mais de cinco anos como maus antecedentes para a fixação da pena-base em novo processo criminal; (*ii*) cuida-se de uma **faculdade ao julgador**, já que este poderá avaliar que as condenações anteriores têm pouca importância, ou são muito antigas, e, portanto, desnecessárias à prevenção e repressão do crime; e (*iii*) a decisão do julgador – tanto pela consideração quanto pela desconsideração das condenações criminais extintas há mais de cinco anos – deve ser devidamente **fundamentada**. Essa orientação restou consolidada na seguinte **tese de repercussão geral**:

> Não se aplica ao reconhecimento dos maus antecedentes o prazo quinquenal de prescrição da reincidência, previsto no artigo 64, inciso I, do Código Penal, podendo o julgador, fundamentada e eventualmente, não promover qualquer incremento da pena-base em razão de condenações pretéritas, quando as considerar desimportantes, ou demasiadamente distanciadas no tempo, e, portanto, não necessárias à prevenção e repressão do crime, nos termos do comando do artigo 59 do Código Penal.

---

[163] MS 23.242/SP, rel. Min. Carlos Velloso, 10.04.2002; MS 24.013/DF, rel. Min. Sepúlveda Pertence, 1.º.07.2005; RE 154.134/SP, rel. Min. Sydney Sanches, 29.10.1999; ADI 2.975, rel. Min. Gilmar Mendes, 04.12.2020.

[164] HC 100.612/SP, red. p/ o acórdão Min. Roberto Barroso, 13.10.2015.

[165] RE 593.818, rel. Min. Roberto Barroso, 02.05.2023.

Ainda sobre esse terceiro entendimento do Supremo Tribunal Federal, é importante registrar que, na situação descrita, o instituto dos maus antecedentes não seria utilizado para a formação da culpa, mas para subsidiar a discricionariedade do julgador na fase de dosimetria da pena, quando já houve a condenação. Em outras palavras, os maus antecedentes não podem ser utilizados para a **formação da culpa criminal** (condenação), mas somente para a **definição da pena a ser imposta** (dosimetria da pena), depois de já formada a culpa, caso o julgador decida, fundamentadamente, nesse sentido (trata-se de **faculdade** conferida ao julgador, vale repetir).

O quarto entendimento é o de que a disposição do Código de Processo Penal que concede o **direito a prisão especial para pessoas com diploma superior**[166] **não é compatível com a Constituição Federal de 1988** (não foi recepcionada).[167] Segundo o Supremo Tribunal Federal, tal privilégio constitui medida discriminatória, que promovia a categorização de presos e que, com isso, ainda fortalecia desigualdades, especialmente em uma nação na qual apenas 11,30% da população geral têm ensino superior completo e somente 5,65% dos pretos ou pardos conseguem graduar-se em uma universidade. Ponderou-se, ainda, que tal legislação beneficiava exatamente aqueles que já eram mais favorecidos socialmente, que já obtiveram um privilégio inequívoco de acesso a uma universidade.

O quinto entendimento diz respeito à aplicação de **medidas alternativas** para assegurar o cumprimento de ordem judicial. Para nossa Corte Suprema,o dispositivo do Código de Processo Civil (CPC)[168] que autoriza o juiz a determinar medidas coercitivas necessárias para assegurar o cumprimento de ordem judicial – como a apreensão da Carteira Nacional de Habilitação (CNH) e de passaporte, a suspensão do direito de dirigir e a proibição de participação em concurso e licitação pública – **é constitucional**.[169]

Cabe ressaltar, ainda, que, segundo orientação do Supremo Tribunal Federal, admite-se a progressão de regime de cumprimento da pena ou a aplicação imediata de regime menos severo nela determinada, **antes do trânsito em julgado da sentença condenatória**.[170]

Esse entendimento do Supremo Tribunal Federal veio fazer justiça aos milhares de presos do País que, em virtude da morosidade da Justiça, permaneciam indefinidamente cumprindo a pena em regime fechado, sem direito a progressão, diante da ausência do trânsito em julgado da sentença condenatória. Agora, mesmo antes do trânsito em julgado, o juiz competente poderá autorizar a progressão de regime, ou, se for o caso, a imediata aplicação do regime determinado na sentença recorrida, quando este for menos severo.

Por fim, destacamos relevante entendimento do Supremo Tribunal Federal acerca do regime prisional a ser adotado para o cumprimento da pena, segundo o qual **a falta de estabelecimento penal adequado não autoriza a manutenção do condenado**

---

[166] CPP, art. 295, inciso VII.

[167] ADPF 334, rel. Min. Alexandre de Moraes, 30.03.2023.

[168] CPC, art. 139, inciso IV.

[169] ADI 5.941, rel. Min. Luiz Fux, 09.02.2023.

[170] STF, Súmula 716.

em regime prisional mais gravoso. Para o STF, diante da impossibilidade de o Estado fornecer vagas no regime prisional originariamente estabelecido na condenação penal, o condenado deve cumprir pena em **regime menos gravoso** (em prisão domiciliar, em vez de regime semiaberto, se não houver vagas neste último regime, por exemplo). Essa orientação restou consolidada na **Súmula Vinculante 56**, nestes termos:

> 56 – A falta de estabelecimento penal adequado não autoriza a manutenção do condenado em regime prisional mais gravoso, devendo-se observar, nesta hipótese, os parâmetros fixados no Recurso Extraordinário (RE) 641.320.

Como se extrai da parte final do enunciado dessa súmula vinculante, o STF fez remissão a parâmetros (teses) que firmara em outro julgado, em sede de recurso extraordinário (RE) com repercussão geral. Em suma, ao aprovar a Súmula Vinculante 56, o STF fez remissão aos parâmetros fixados no RE 641.320, que são os seguintes:[171]

a) a falta de estabelecimento penal adequado não autoriza a manutenção do condenado em regime prisional mais gravoso;

b) os juízes da execução penal poderão avaliar os estabelecimentos destinados aos regimes semiaberto e aberto, para qualificação como adequados a tais regimes. São aceitáveis estabelecimentos que não se qualifiquem como "colônia agrícola, industrial" (regime semiaberto) ou "casa de albergado ou estabelecimento adequado" (regime aberto). No entanto, não deverá haver alojamento conjunto de presos dos regimes semiaberto e aberto com presos do regime fechado;

c) havendo déficit de vagas, deverá determinar-se: (i) a saída antecipada de sentenciado no regime com falta de vagas; (ii) a liberdade eletronicamente monitorada ao sentenciado que sai antecipadamente ou é posto em prisão domiciliar por falta de vagas; (iii) o cumprimento de penas restritivas de direito e/ou estudo ao sentenciado que progride ao regime aberto. Até que sejam estruturadas as medidas alternativas propostas, poderá ser deferida a prisão domiciliar ao sentenciado.

4.30. Extradição (art. 5.º, LI e LII)

Assevera o texto constitucional que nenhum brasileiro será extraditado, salvo o naturalizado, em caso de crime comum, praticado antes da naturalização, ou de comprovado envolvimento em tráfico ilícito de entorpecentes e drogas afins, na forma da lei, estabelecendo, também, que não será concedida extradição de estrangeiro por crime político ou de opinião (art. 5.º, LI e LII).[172]

A **extradição** é a medida de cooperação internacional entre o Estado brasileiro e outro Estado pela qual se concede ou solicita a entrega de pessoa sobre quem

---

[171] RE 641.320, rel. Min. Gilmar Mendes, 11.05.2016.

[172] No âmbito infraconstitucional, a extradição é disciplinada pela Lei 13.445, de 24.05.2017 ("Lei de Migração").

recaia condenação criminal definitiva, ou para fins de instrução de processo penal em curso.

Classifica-se a extradição em **ativa** ou **passiva**.

A extradição é **ativa** quando o Estado brasileiro é quem pede ao Estado estrangeiro a entrega de pessoa sobre quem recaia condenação criminal definitiva, ou para fins de instrução de processo penal em curso no Brasil. Na extradição ativa, portanto, o Estado brasileiro é o requerente e o delinquente não se encontra em território nacional.

A extradição **passiva** é aquela em que o Estado estrangeiro pede ao Brasil a entrega do criminoso. A extradição passiva inicia com o requerimento do Estado estrangeiro, que deve ser examinado pelo Poder Judiciário brasileiro, a quem cabe decidir sobre o atendimento dos pressupostos para a entrega da pessoa requerida, e se completa no plano administrativo, com o atendimento do pedido, se for o caso.

Faz-se oportuno destacar, sucintamente, as diferenças entre a extradição, cujo conceito foi exposto acima, e três outros institutos que com ela não se confundem: a deportação, a expulsão e a repatriação.

A **deportação** é medida decorrente de procedimento administrativo que consiste na retirada compulsória de pessoa que se encontre em situação migratória irregular em território nacional. Não se trata de prática de delito em qualquer território, mas sim do não atendimento dos requisitos para entrar ou permanecer no território nacional. A deportação não exige requerimento do outro país; pode ser feita para o país de origem do estrangeiro ou para outro Estado qualquer, que aceite receber o deportado.

A **expulsão** consiste em medida administrativa de retirada compulsória de migrante ou visitante do território nacional, conjugada com o impedimento de reingresso por prazo determinado. É medida coercitiva tomada pelo Estado, para retirar forçadamente de seu território um estrangeiro que praticou atentado à ordem jurídica do país em que se encontra. A expulsão é medida de caráter político--administrativo, não dependente de requisição do país estrangeiro, sendo medida de exclusiva conveniência e discricionariedade do Presidente da República.

A respeito da expulsão, o Supremo Tribunal Federal firmou o entendimento de que **estrangeiro com filho brasileiro – nascido antes ou depois do fato criminoso – não pode ser expulso do país.**[173] Para o Tribunal, a expulsão de estrangeiro com filho brasileiro nascido depois do fato criminoso que motivou o ato expulsório – prevista na antiga "Lei do Estrangeiro" (Lei 6.815/1980, revogada pela Lei 13.445/2017) – é incompatível com os princípios constitucionais da proteção à criança e à família. Essa orientação restou consolidada na seguinte **tese jurídica:**

> O § 1.º do art. 75 da Lei 6.815/1980 não foi recepcionado pela Constituição Federal de 1988, sendo vedada a expulsão de estrangeiro cujo filho brasileiro foi reconhecido ou adotado posteriormente ao fato ensejador do ato expulsório, uma vez comprovado estar a criança sob guarda do estrangeiro e deste depender economicamente.

---

[173] RE 608.898/DF, rel. Min. Marco Aurélio, 25.06.2020.

A **repatriação** consiste em medida administrativa de devolução de pessoa em situação de impedimento ao país de procedência ou de nacionalidade. Em regra, ocorre quando o estrangeiro é impedido de ingressar em território nacional pelo serviço de migrações brasileiro (por não possuir documentação e/ou visto para ingressar no país, ou por apresentar visto divergente da finalidade para a qual veio ao Brasil).

A competência para **processar e julgar** o pedido de extradição feito por Estado estrangeiro é do **Supremo Tribunal Federal** (CF, art. 102, I, "g"), mas a **entrega** do extraditando ao Estado requerente é atribuição do **Presidente da República**, na condição de chefe de Estado (CF, art. 84, VII).

O Supremo Tribunal Federal somente dispõe de competência originária para processar e julgar as **extradições passivas**, que são aquelas requeridas, ao Governo do Brasil, por Estados estrangeiros (CF, art. 102, I, "g"). Não cabe ao Pretório Excelso atuar nas hipóteses de extradições ativas, pois estas independem de apreciação do Poder Judiciário e deverão ser requeridas, diretamente, pelo Estado brasileiro, aos governos estrangeiros, em cujo território esteja a pessoa reclamada pelas autoridades nacionais.

O brasileiro nato jamais será extraditado. O brasileiro naturalizado, em regra, também não será extraditado, feitas exceções, porém, no caso de crime comum, praticado antes da naturalização, e na hipótese de comprovação do seu envolvimento, a qualquer tempo, em tráfico ilícito de entorpecentes ou drogas afins.

Na extradição passiva, quando houver possibilidade de o indivíduo ser condenado no país solicitante à **prisão perpétua** ou à **pena de morte**, só será concedida extradição se o país previamente comprometer-se a realizar a **comutação**, isto é, **a substituição** da prisão perpétua ou da pena de morte por pena privativa de liberdade, respeitado o limite máximo de cumprimento estabelecido na legislação brasileira (**quarenta anos**, nos termos do art. 75 do Código Penal).

Em nenhuma hipótese haverá extradição de estrangeiro por **crime político ou de opinião** (CF, art. 5.º, LII).

4.31. Devido processo legal (art. 5.º, LIV)

Reza a Carta Política que "ninguém será privado da liberdade ou de seus bens sem o devido processo legal" (art. 5.º, LIV).

O princípio do devido processo legal (*due process of law*) consubstancia uma das mais relevantes garantias constitucionais do processo, garantia essa que deve ser combinada com o princípio da inafastabilidade de jurisdição (CF, art. 5.º, XXXV) e com a plenitude do contraditório e da ampla defesa (CF, art. 5.º, LV). Esses três postulados, conjuntamente, afirmam as garantias processuais do indivíduo no nosso Estado Democrático de Direito. Do devido processo legal derivam, ainda, outros princípios pertinentes às garantias processuais, como o princípio do juiz natural, a só admissibilidade de provas lícitas no processo, a publicidade do processo, a motivação das decisões.

Acerca do conteúdo do postulado em análise, cumpre transcrever esta magistral lição, de lavra do Ministro Celso de Mello:

> O exame da garantia constitucional do *due process of law* permite nela identificar alguns elementos essenciais à sua própria configura-

Cap. 3 • PRINCÍPIOS, DIREITOS E GARANTIAS FUNDAMENTAIS

ção, destacando-se, dentre eles, por sua inquestionável importância, as seguintes prerrogativas: (a) direito ao processo (garantia de acesso ao Poder Judiciário); (b) direito à citação e ao conhecimento prévio do teor da acusação; (c) direito a um julgamento público e célere, sem dilações indevidas; (d) direito ao contraditório e à plenitude de defesa (direito à autodefesa e à defesa técnica); (e) direito de não ser processado e julgado com base em leis *ex post facto*; (f) direito à igualdade entre as partes; (g) direito de não ser processado com fundamento em provas revestidas de ilicitude; (h) direito ao benefício da gratuidade; (i) direito à observância do princípio do juiz natural; (j) direito ao silêncio (privilégio contra a autoincriminação); (l) direito à prova; e (m) direito de presença e de "participação ativa" nos atos de interrogatório judicial dos demais litisconsortes penais passivos, quando existentes.[174]

Em sua feição principal, o princípio do devido processo legal deve ser entendido como garantia material de proteção ao direito de liberdade do indivíduo, mas também é garantia de índole formal, num dado processo restritivo de direito. Significa dizer que deve ser assegurada ao indivíduo paridade de condições em face do Estado, quando este intentar restringir a liberdade ou o direito aos bens jurídicos constitucionalmente protegidos daquele.

O Supremo Tribunal Federal deixou assente, também, que **o princípio da proporcionalidade (ou da razoabilidade) tem sua sede material no princípio do devido processo legal** (CF, art. 5.º, LIV), considerado em sua acepção substantiva, não meramente formal.

4.31.1. Princípio da razoabilidade ou proporcionalidade

O princípio da razoabilidade (da proporcionalidade, da proibição de excesso ou do devido processo legal em sentido substantivo) não se encontra expressamente previsto no texto da Carta Política de 1988, tratando-se, portanto, de postulado constitucional implícito.

O desenvolvimento da ideia de proporcionalidade deu-se com sua reiterada utilização pelo Tribunal Constitucional da Alemanha, no período do segundo pós-guerra, que passou a adotar como fundamento de suas decisões expressões do tipo "excessivo", "inadequado", "necessariamente exigível", para depois reconhecê-lo como princípio constitucional, sob a denominação de princípio da proporcionalidade ou de proibição de excesso.

Com base nesse princípio, o Tribunal Constitucional alemão passou a controlar o excesso de poder, ampliando seu espectro para além do controle legislativo, abrangendo inclusive os atos executivos e judiciais. Sua adoção pelo Direito germânico como princípio inscrito no plano constitucional irradiou-se para vários países da Europa, integrando os seus sistemas constitucionais, seja como norma expressa ou implícita.

---

[174] HC 94.016, rel. Min. Celso de Mello, 07.04.2008.

A doutrina reconhece que o princípio da proporcionalidade é constituído de três subprincípios ou elementos: **adequação, necessidade** e **proporcionalidade em sentido estrito**.

O subprincípio da **adequação**, também denominado da idoneidade ou pertinência, significa que qualquer medida que o Poder Público adote deve ser adequada à consecução da finalidade objetivada, ou seja, a adoção de um meio deve ter possibilidade de resultar no fim que se pretende obter; o meio escolhido há de ser apto a atingir o objetivo pretendido. Se, com a utilização de determinado meio, não for possível alcançar a finalidade desejada, impende concluir que o meio é inadequado ou impertinente.

O pressuposto da **necessidade** ou exigibilidade significa que a adoção de uma medida restritiva de direito só é válida se ela for indispensável para a manutenção do próprio ou de outro direito, e somente se não puder ser substituída por outra providência também eficaz, porém menos gravosa. Em outras palavras, só será válida a restrição de direito se não for possível adotar outra medida menos restritiva que seja capaz de atingir o mesmo objetivo, de alcançar o mesmo resultado.

Como terceiro subprincípio, o juízo de **proporcionalidade em sentido estrito** somente é exercido depois de verificada a adequação e necessidade da medida restritiva de direito. Confirmada a configuração dos dois primeiros elementos, cabe averiguar se os resultados positivos obtidos superam as desvantagens decorrentes da restrição a um ou a outro direito. Como a medida restritiva de direito contrapõe o princípio que se tenciona promover e o direito que está sendo restringido, a proporcionalidade em sentido estrito traduz a exigência de que haja um equilíbrio, uma relação ponderada entre o grau de restrição e o grau de realização do princípio contraposto.

Portanto, em essência, o princípio da razoabilidade significa que, ao se analisar uma lei restritiva de direitos, deve-se ter em vista o fim a que ela se destina, os meios adequados e necessários para atingi-lo e o grau de limitação e de promoção que ela acarretará aos princípios constitucionais que estejam envolvidos (adequação, necessidade e proporcionalidade em sentido estrito). Se os meios porventura não forem adequados ao fim colimado, ou se sua utilização acarretar cerceamento de direitos em um grau maior do que o necessário, ou ainda se as desvantagens da adoção da medida (restrição a princípios constitucionais) suplantarem as vantagens (realização ou promoção de outros princípios constitucionais), deve a lei ser invalidada por ofensa à Constituição, especificamente, por violação ao princípio da razoabilidade ou proporcionalidade.

Conforme antes afirmado, o STF já deixou assente que **o princípio da proporcionalidade (da razoabilidade ou da proibição de excesso) tem sua sede material no princípio do devido processo legal (CF, art. 5.º, LIV), considerado em sua acepção substantiva, não meramente formal**. Assim, segundo o entendimento da Corte, dentro da perspectiva de um Estado Democrático de Direito, no qual todas as leis têm que ir ao encontro dos anseios do povo, o princípio do devido processo legal não se limita a assegurar a observância do processo na forma descrita na lei, mas impede também a permanência no ordenamento de leis desprovidas de razoabilidade.

O Supremo Tribunal Federal tem dado aplicação, em reiteradas decisões no âmbito do controle de constitucionalidade das leis, ao princípio constitucional da razoabilidade. Embora haja referência à sua utilização para realização do controle de atos executivos e jurisdicionais, tem a Suprema Corte utilizado o postulado da proporcionalidade principalmente como **parâmetro para aferição da constitucionalidade de leis, pronunciando a inconstitucionalidade daquelas que contêm limitações inadequadas, desnecessárias ou desproporcionais.**[175]

Um exemplo de aplicação do princípio da proporcionalidade deu-se no importante julgado em que o Supremo Tribunal Federal **descriminalizou o porte de maconha para consumo pessoal**, e fixou um rol de critérios orientadores para a atuação das autoridades públicas sobre o assunto.[176] Entre esses critérios, destaca-se a presunção legal de "usuário" de *cannabis sativa*, nestes termos: **até que sobrevenha legislação a respeito, será presumido usuário quem adquirir, guardar, depositar ou transportar até 40 (quarenta) gramas de *cannabis sativa* ou seis plantas fêmeas.** Enfatizou o Tribunal que a criminalização do porte de maconha para o uso próprio[177] afronta o **princípio da proporcionalidade**, pois (*i*) versa sobre lesividade que se restringe à esfera pessoal dos usuários; e (*ii*) produz crescente estigmatização, ofuscando os principais objetivos do Sistema Nacional de Políticas de Drogas, quais sejam, a política de redução de danos e a prevenção do uso abusivo de drogas. Os critérios fixados pela Corte Suprema, em **teses jurídicas de repercussão geral**, foram os seguintes:

1. Não comete infração penal quem adquirir, guardar, tiver em depósito, transportar ou trouxer consigo, para consumo pessoal, a substância *cannabis sativa*, sem prejuízo do reconhecimento da ilicitude extrapenal da conduta, com apreensão da droga e aplicação de sanções de advertência sobre os efeitos dela (art. 28, I) e medida educativa de comparecimento a programa ou curso educativo (art. 28, III);

2. As sanções estabelecidas nos incisos I e III do art. 28 da Lei 11.343/2006 serão aplicadas pelo juiz em procedimento de natureza não penal, sem nenhuma repercussão criminal para a conduta;

3. Em se tratando da posse de *cannabis* para consumo pessoal, a autoridade policial apreenderá a substância e notificará o autor do fato para comparecer em Juízo, na forma do regulamento a ser aprovado pelo CNJ. Até que o CNJ delibere a respeito, a competência para julgar as condutas do art. 28 da Lei 11.343/2006 será dos Juizados Especiais Criminais, segundo a sistemática atual, vedada a atribuição de quaisquer efeitos penais para a sentença;

4. Nos termos do § 2.º do art. 28 da Lei 11.343/2006, será presumido usuário quem, para consumo próprio, adquirir, guardar, tiver em depósito, transportar ou trouxer consigo, até 40 gramas

---

[175] ADI 1.969, rel. Min. Gilmar Mendes, 28.06.2007.
[176] RE 635.659/SP, rel. Min. Gilmar Mendes, 26.06.2024.
[177] Lei 11.343/2006, art. 28.

de *cannabis sativa* ou seis plantas-fêmeas, até que o Congresso Nacional venha a legislar a respeito;

5. A presunção do item anterior é relativa, não estando a autoridade policial e seus agentes impedidos de realizar a prisão em flagrante por tráfico de drogas, mesmo para quantidades inferiores ao limite acima estabelecido, quando presentes elementos que indiquem intuito de mercancia, como a forma de acondicionamento da droga, as circunstâncias da apreensão, a variedade de substâncias apreendidas, a apreensão simultânea de instrumentos como balança, registros de operações comerciais e aparelho celular contendo contatos de usuários ou traficantes;

6. Nesses casos, caberá ao Delegado de Polícia consignar, no auto de prisão em flagrante, justificativa minudente para afastamento da presunção do porte para uso pessoal, sendo vedada a alusão a critérios subjetivos arbitrários;

7. Na hipótese de prisão por quantidades inferiores à fixada no item 4, deverá o juiz, na audiência de custódia, avaliar as razões invocadas para o afastamento da presunção de porte para uso próprio;

8. A apreensão de quantidades superiores aos limites ora fixados não impede o juiz de concluir que a conduta é atípica, apontando nos autos prova suficiente da condição de usuário.

Por último, registramos que, na esfera infraconstitucional federal, o princípio da razoabilidade e proporcionalidade **passou a ter previsão expressa** com a edição da Lei 9.784/1999, a qual, ao fixar normas de atuação da Administração Pública federal no âmbito do processo administrativo, determina que se observe adequação entre meios e fins, vedada a imposição de obrigações, restrições e sanções em medida superior àquelas estritamente necessárias ao atendimento do interesse público.[178]

4.32. Contraditório e ampla defesa (art. 5.º, LV)

Os princípios do contraditório e da ampla defesa estão prescritos expressamente na Constituição Federal, nos termos seguintes (art. 5.º, LV):

LV – aos litigantes, em processo judicial ou administrativo, e aos acusados em geral são assegurados o contraditório e ampla defesa, com os meios e recursos a ela inerentes;

As garantias constitucionais do contraditório e ampla defesa são indissociáveis, caminhando paralelamente no processo administrativo ou judicial. Estão, também, intimamente ligadas ao princípio do devido processo legal (*due process of law*), pois não há como se falar em devido processo legal sem a outorga da plenitude de defesa (direito de defesa técnica, direito à publicidade dos atos processuais, direito à citação, direito à produção de provas, direito de recurso, direito de contestação etc.).

---

[178] Art. 2.º, IV.

Cap. 3 • PRINCÍPIOS, DIREITOS E GARANTIAS FUNDAMENTAIS

Por ampla defesa entende-se o direito que é dado ao indivíduo de trazer ao processo, administrativo ou judicial, todos os elementos de prova licitamente obtidos para provar a verdade, ou até mesmo de omitir-se ou calar-se, se assim entender, para evitar sua autoincriminação.

Por contraditório entende-se o direito que tem o indivíduo de tomar conhecimento e contraditar tudo o que é levado pela parte adversa ao processo. É o princípio constitucional do contraditório que impõe a condução dialética do processo (*par conditio*), significando que, a todo ato produzido pela acusação, caberá igual direito da defesa de opor-se, de apresentar suas contrarrazões, de levar ao juiz do feito uma versão ou uma interpretação diversa daquela apontada inicialmente pelo autor.

Com isso, podemos afirmar que o postulado da ampla defesa e do contraditório inclui: (a) direito de as partes obterem informação de todos os atos praticados no processo; (b) direito de manifestação, oral ou escrita, das partes acerca dos elementos fáticos e jurídicos constantes do processo; (c) direito das partes de ver seus argumentos considerados.

Ademais, por abarcar também o processo administrativo, o vocábulo **litigante** há de ser compreendido em sentido amplo, ou seja, aplica-se a qualquer situação em que estejam envolvidos interesses contrapostos, não possuindo o sentido processual de parte (estrito), a pressupor uma lide judicial ou administrativa. Na esfera administrativa, por exemplo, o contraditório e a ampla defesa assegurados constitucionalmente não se restringem aos processos de natureza disciplinar, nos quais o indivíduo encontra-se na condição de acusado, haja vista que o dispositivo constitucional não contempla especificidade.

Segundo a jurisprudência do Supremo Tribunal Federal, no âmbito do processo criminal, a garantia constitucional do contraditório **não é exigível** na fase do **inquérito policial**. Isso porque, no sistema jurídico brasileiro, o inquérito policial afigura-se como mera fase investigatória, de natureza administrativa, destinado a subsidiar a atuação do titular da ação penal, que é o Ministério Público.

Consideramos oportuno registrar, porém, que identificamos uma propensão à mitigação, por parte do Supremo Tribunal Federal, dessa orientação pela inaplicabilidade da ampla defesa e do contraditório à fase de inquérito policial dos processos criminais. Com efeito, nossa Corte Suprema tem caminhado na direção de assegurar aos investigados e indiciados a máxima efetividade constitucional no que concerne à proteção dos direitos fundamentais do devido processo legal, da ampla defesa e do contraditório, mesmo em sede de inquéritos policiais.[179]

Em corroboração a essa vertente, o STF aprovou a **Súmula Vinculante 14**, cujo enunciado dispõe:

> 14 – É direito do defensor, no interesse do representado, ter acesso amplo aos elementos de prova que, já documentados em proce-

---

[179] HC 92.599/BA, rel. Min. Gilmar Mendes, 06.11.2007; HC 88.190/RJ, rel. Min. Cezar Peluso, 2.ª T., 06.10.2006; HC 87.827/RJ, rel. Min. Sepúlveda Pertence, 1.ª T., 23.06.2006; HC 88.520, rel. Min. Cármen Lúcia, Pleno, 23.11.2006.

dimento investigatório realizado por órgão com competência de polícia judiciária, digam respeito ao exercício do direito de defesa.

Segundo o Tribunal, esse "acesso amplo", descrito pelo verbete da Súmula Vinculante 14, engloba a possibilidade de obtenção de cópias, por quaisquer meios, de todos os elementos de prova já documentados, **inclusive mídias que contenham gravação de depoimentos em formato audiovisual.**[180] Veja-se, ademais, que o texto assegura ao advogado o direito de pleno acesso ao inquérito, mesmo quando sujeito a **regime de sigilo**, desde que se trate de provas **já produzidas e formalmente incorporadas** ao procedimento investigatório (o advogado **só não tem acesso** às informações e providências investigatórias em curso de execução, **ainda não documentadas** no próprio inquérito).

Outro importante entendimento da Corte Suprema que reforça o direito constitucional ao contraditório diz respeito ao momento da apresentação das alegações finais pelo réu, naqueles processos penais em que há **delação premiada**. Segundo o Tribunal, em ações penais com réus colaboradores ("delatores") e não colaboradores ("delatados"), **é direito dos delatados apresentar as alegações finais depois dos réus que firmaram acordo de colaboração**. Ponderou-se que, para se beneficiar do acordo de delação, o colaborador é obrigado a falar contra o réu delatado (o qual apenas formalmente compartilha com o delator a condição de corréu). Tal circunstância, na prática, equipara a posição processual do réu colaborador à de uma testemunha de acusação. Com isso, o exercício do contraditório só será exercido plenamente se o delatado se manifestar nos autos por último (e não no mesmo momento processual de manifestação do delator), com a possibilidade de contradizer as acusações aduzidas pelo colaborador que possam levar à sua condenação.[181] Essa orientação restou fixada na seguinte **tese de repercussão geral:**

> Havendo pedido expresso da defesa no momento processual adequado (CPP artigo 403 e Lei 8.038/1990 artigo 11), os réus têm o direito de apresentar as suas alegações finais após a manifestação das defesas dos colaboradores, sob pena de nulidade.

4.32.1. Ampla defesa e duplo grau de jurisdição

O princípio do duplo grau de jurisdição significa a obrigatoriedade de que exista a possibilidade de uma causa ser reapreciada por um órgão judiciário (ou administrativo, se for o caso de processo administrativo) de instância superior, mediante a interposição de recurso contra a decisão do órgão de instância inferior. Em termos mais simples, significa que devem existir ao menos duas instâncias na via em que corre o processo (judicial ou administrativa) e deve haver um recurso à disposição de ambas as partes que implique a devolução da matéria apreciada e decidida em primeira instância a uma segunda instância, que novamente a apreciará e decidirá, podendo confirmar ou modificar a primeira decisão.

---

[180] Rcl 23.101/PR, rel. Min. Ricardo Lewandowski, 22.11.2016.
[181] HC 166.373/PR, red. p/ o acórdão Min. Alexandre de Moraes, 02.10.2019.

Cap. 3 • PRINCÍPIOS, DIREITOS E GARANTIAS FUNDAMENTAIS

Representa importante garantia para o indivíduo que seja parte em um dado processo, pois assegura que a sua lide será apreciada, no mínimo, por dois juízos diferentes, por duas instâncias distintas. No Brasil, considerando que, em regra, o primeiro grau da Justiça é composto de órgãos singulares e as demais instâncias são tribunais colegiados, o duplo grau de jurisdição significa, também, que a questão posta em juízo será apreciada, pelo menos, por um órgão colegiado.

O duplo grau de jurisdição, quando obrigatório, afasta a possibilidade da existência de processos com instância única, com as chamadas decisões irrecorríveis. Nos ordenamentos constitucionais que adotam o duplo grau de jurisdição como obrigatório, não pode o legislador ordinário criar processos, de índole administrativa ou judicial, com uma única instância, sem direito à revisão por uma instância superior.

Após muita controvérsia doutrinária e jurisprudencial, o Supremo Tribunal Federal firmou orientação de que **o princípio do duplo grau de jurisdição não é uma garantia constitucional na vigente Carta.**[182]

A fundamentação do STF para essa decisão repousa no art. 102, I, "b", da Constituição Federal, que outorga competência originária para aquele Tribunal processar e julgar as mais altas autoridades da República (Presidente da República, deputados, senadores etc.), sem possibilidade de recurso por parte dos réus contra a decisão condenatória. Assim, ponderou a Corte Suprema, se a própria Constituição admite a existência de instância única, é porque ela não consagrou o princípio do duplo grau de jurisdição como garantia constitucional do indivíduo.

Não obstante esse entendimento, o Supremo Tribunal Federal já decidiu ser inconstitucional a exigência, mesmo que estabelecida em lei, de depósito prévio, arrolamento de bens e qualquer outra imposição onerosa, ou que implique constrição patrimonial, como condição de admissibilidade de recursos em processos administrativos. Considerou a Corte Suprema, basicamente, que exigências dessa ordem configuram ofensa ao art. 5.º, inciso LV, da Constituição, ora em comento, e também ao seu art. 5.º, XXXIV, "a", que garante, independentemente do pagamento de taxas, o direito de petição – gênero no qual reclamações, impugnações e recursos administrativos estão inseridos.[183] Essa orientação está explicitada na **Súmula Vinculante 21**, cujo enunciado reproduzimos abaixo:

21 – É inconstitucional a exigência de depósito ou arrolamento prévios de dinheiro ou bens para admissibilidade de recurso administrativo.

---

[182] Embora o Plenário do Supremo Tribunal Federal tenha firmado entendimento de que o duplo grau de jurisdição **não** constitui princípio constitucional na vigência da Carta da República de 1988, ressaltamos que, atualmente, há, no Tribunal, ministros que defendem a tese segundo a qual a garantia do duplo grau de jurisdição integra o ordenamento pátrio por força do art. 8.º, 2, "h", do Pacto de São José da Costa Rica, tratado internacional incorporado ao nosso ordenamento jurídico, sem ressalva, com fundamento no § 2.º do art. 5.º da Constituição Federal (HC 88.420/PR, rel. Min. Ricardo Lewandowski, 17.04.2007).

[183] RREE 388.359/PE, 389.383/SP, 390.513/SP, rel. Min. Marco Aurélio, 28.03.2007; AI 398.933 AgR/RJ e AI 408.914 AgR/RJ, rel. Min. Sepúlveda Pertence, 28.03.2007; ADI 1.922/DF e ADI 1.976/DF, rel. Min. Joaquim Barbosa, 28.03.2007.

4.33. Vedação à prova ilícita (art. 5.º, LVI)

Estabelece o inciso LVI do art. 5.º da Constituição:

> LVI – são inadmissíveis, no processo, as provas obtidas por meios
> ilícitos;

O primeiro ponto relevante diz respeito à distinção que a doutrina faz entre provas ilícitas, provas ilegais e provas ilegítimas.

As **provas ilegais** são o gênero, que inclui as espécies **provas ilícitas** e **provas ilegítimas**.

A **prova ilícita** é aquela obtida com infringência ao direito material. Constitui prova ilícita, por exemplo, a obtida mediante escuta telefônica clandestina, ou a confissão obtida mediante tortura.

A **prova ilegítima** é a que se obtém em afronta ao direito processual. Será prova ilegítima qualquer elemento trazido ao processo que contrarie determinada norma processual, como seria, na esfera cível, em regra, a produção de uma prova a destempo, isto é, depois de preclusa a oportunidade para a produção de provas.

A prova ilícita **não pode ser utilizada** nem no processo judicial, nem nos processos administrativos (para punição de um servidor público, por exemplo), e é **irrelevante** indagar se o ilícito foi cometido por agente público ou por particulares, porque, em ambos os casos, a prova terá sido obtida com infringência aos princípios constitucionais que garantem os direitos da personalidade.

Há que se pontuar, ainda, que são **inadmissíveis**, em **processos administrativos** de qualquer espécie, **provas consideradas ilícitas** pelo Poder Judiciário. Segundo o entendimento do Supremo Tribunal Federal, para ser admitida em processos administrativos, a prova emprestada do processo judicial deve ser produzida de forma legítima e regular, com observância das regras inerentes ao devido processo legal.[184] Logo, as provas reconhecidas como ilícitas em processos judiciais não podem ser valoradas e aproveitadas, em desfavor do indivíduo, em qualquer âmbito ou instância decisória. Sobre esse tema, foi aprovada a seguinte **tese de repercussão geral**:

> São inadmissíveis, em processos administrativos de qualquer espécie,
> provas consideradas ilícitas pelo Poder Judiciário.

A simples presença de prova ilícita nos autos **não invalida, necessariamente, o processo**, se existirem nele outras provas lícitas e autônomas, isto é, colhidas sem necessidade dos elementos informativos revelados pela prova ilícita.[185] Em verdade, quando constatada a presença de provas ilícitas nos autos de um processo, faz-se, apenas, a separação das provas lícitas das ilícitas, podendo o processo ter o seu curso continuado, com base nas provas lícitas nele presentes.

---

[184] ARE 1.316.369/DF, red. p/ o acórdão Min. Gilmar Mendes, 09.12.2022.
[185] HC 76.231/RJ, rel. Min. Nelson Jobim, 16.06.1998.

Cap. 3 • PRINCÍPIOS, DIREITOS E GARANTIAS FUNDAMENTAIS   **189**

Porém, **a prova ilícita originária contamina todas as demais provas obtidas a partir dela**, todas as provas decorrentes da ilícita são também ilícitas. É a aplicação, entre nós, da denominada **teoria dos frutos da árvore envenenada** (*fruits of the poisonous tree*).

Desse modo, se a partir de uma escuta telefônica clandestina forem levantadas provas contra o acusado, todas estas estarão contaminadas por aquela, todas serão ilícitas e deverão ser retiradas do processo. Se, em decorrência de uma escuta clandestina, forem levantados elementos que venham a permitir a realização de uma prisão em flagrante, esta será ilegítima, haja vista que a prisão em flagrante estará contaminada pela ilicitude da anterior escuta clandestina. Se o réu é preso ilegalmente e, durante a sua prisão, são levantadas provas mediante a realização de um interrogatório, estas são ilícitas, pois, afinal, o interrogatório só foi realizado em razão da prisão ilegal.

Cabe repetir, contudo, que, se nos mesmos autos o órgão da persecução penal demonstrar que obteve, legitimamente, novos elementos de informação a partir de uma fonte autônoma de prova – que não guarde qualquer relação de dependência nem decorra da prova originariamente ilícita, com esta não mantendo vinculação causal –, tais dados probatórios revelar-se-ão plenamente admissíveis, porque não contaminados pela mácula da ilicitude originária.

Destacamos, a seguir, algumas orientações do Supremo Tribunal Federal a respeito da ilicitude de prova:

a) é lícita a prova obtida por meio de gravação de conversa própria, feita por um dos interlocutores, se quem está gravando está sendo vítima de proposta criminosa do outro;[186]

Preliminarmente, esclarece-se que, no caso de gravação de conversa própria, não cabe cogitar de incidência da garantia do sigilo da comunicação telefônica, prevista no inciso XII do art. 5.º da Constituição, porque tal garantia só pode ser violada quando há ciência do conteúdo da conversa por **terceiro**. Nesse caso, a eventual afronta seria ao disposto no art. 5.º, X, da Carta Magna, que se refere ao direito fundamental da inviolabilidade da honra, da privacidade ou da intimidade, mas esta não ocorre se o autor da gravação é vítima ou destinatário de proposta criminosa do outro.

Temos, nesse caso, a chamada **ponderação de valores constitucionais em conflito**, com a aplicação do princípio da razoabilidade. Como já examinado, a ordem jurídica não admite que uma garantia constitucional seja invocada para acobertar uma prática criminosa. Dessa forma, aquele que praticar um ato ilícito, desrespeitando os direitos fundamentais de terceira pessoa, não poderá invocar, posteriormente, a ilicitude de determinadas provas a fim de afastar a sua responsabilidade civil ou criminal. Seria um absurdo, por exemplo, considerar como violação do direito à privacidade a gravação pela própria vítima de atos criminosos, como o diálogo com sequestradores ou estelionatários. Isso porque, em situações que tais, a conduta do infrator representou, antes de tudo, uma intromissão ilícita na vida privada do ofendido, esta sim merecedora

---

[186] HC 80.949/RJ, rel. Min. Sepúlveda Pertence, 30.10.2001.

de tutela pela ordem jurídica. Assim, se um dos interlocutores está praticando um delito, não poderá invocar, frente ao outro interlocutor, vítima da investida criminosa, a sua garantia à inviolabilidade da intimidade ou da vida privada.

b) é lícita a gravação de conversa realizada por terceiro, com a autorização de um dos interlocutores, sem o consentimento do outro, desde que para ser utilizada em legítima defesa;[187]

Situação semelhante à anterior, também fundada na **ponderação de valores constitucionais em conflito**, com a única distinção de que a gravação, agora, não é realizada por um dos interlocutores, mas sim por terceiro, que não participa do diálogo. João (terceiro) grava a conversa entre Pedro e Paulo, com autorização de Pedro, sem o consentimento de Paulo, para que Pedro possa usar a gravação em legítima defesa contra Paulo (Pedro pode estar sendo vítima do crime de extorsão por parte de Paulo, por exemplo).

A ilicitude da prova é excluída caso sua utilização caracterize exercício de legítima defesa de quem a está utilizando, e desde que a pessoa que esteja utilizando a prova seja um dos interlocutores na conversa gravada, e não um terceiro.

c) é válida a prova de um crime descoberta acidentalmente durante a escuta telefônica autorizada judicialmente para apuração de crime diverso, desde que haja conexão entre os delitos;[188]

Imagine-se que, no curso de uma investigação criminal, o Poder Judiciário autorize a interceptação das comunicações telefônicas de João, suspeito do cometimento do crime "x". Em seguida, na execução da medida, durante a gravação das conversas telefônicas, aparece, num dos diálogos, Pedro, como praticante do crime "y". Observe-se que, nessa situação, Pedro aparece como um terceiro, estranho, que até então não era alvo da investigação. Porém, a prova levantada contra ele será considerada **lícita**, válida, **desde que haja conexão** entre os delitos "x" e "y" (afinal, embora a autorização judicial tenha recaído sobre o telefone de João, ela alcança as ligações ativas e passivas deste). Essa hipótese é comumente denominada **crime achado**, ou seja, infração penal desconhecida e não investigada até o momento em que se descobre o delito (a interceptação telefônica, apesar de investigar o crime "x" praticado por João, acabou por revelar – "achar" – o crime "y" praticado por Pedro). Por evidente, **guardada a exigida conexão**, a prova também seria **lícita** se o crime "y" ("achado") houvesse sido cometido pelo próprio João.

d) a confissão sob prisão ilegal é prova ilícita e, portanto, inválida a condenação nela fundada;[189]

---

[187] RE 212.081/RO, rel. Min. Octavio Gallotti, 05.12.1997; HC 74.356, rel. Min. Octavio Gallotti, 10.12.1996; HC 75.338, rel. Min. Nelson Jobim, 11.03.1998.

[188] HC 78.098/SC, rel. Min. Moreira Alves, 01.12.1998, de cuja ementa se extrai o seguinte trecho: "É lícita a prova obtida mediante escuta telefônica que incrimina outra pessoa, e não o investigando em cujo nome constava o telefone objeto da autorização judicial prevista na Lei n.º 9.296/1996."

[189] HC 70.277/MG, rel. Min. Sepúlveda Pertence, 14.12.1993.

Cap. 3 • PRINCÍPIOS, DIREITOS E GARANTIAS FUNDAMENTAIS

Nesse caso, tem-se a aplicação direta da **teoria dos frutos da árvore envenenada**. Se a prisão é ilegal, as provas levantadas em confissão durante o respectivo período são ilícitas, porque contaminadas pela ilegalidade da prisão. Enfim, como a confissão do preso só ocorreu em razão da prisão ilegal, as provas resultantes dessa confissão são ilícitas, porque estão contaminadas por aquela ilegalidade.

e) é ilícita a prova obtida por meio de conversa informal do indiciado com policiais, por constituir "interrogatório" sub-reptício, sem as formalidades legais do interrogatório no inquérito policial e sem que o indiciado seja advertido do seu direito ao silêncio;

f) é lícita a prova obtida mediante gravação de diálogo transcorrido em local público;[190]

Nessa hipótese, como o diálogo se deu em local público (durante debate ocorrido em evento franqueado ao público, por exemplo), não há que se falar em ilicitude da gravação, porquanto inexiste ofensa à intimidade ou à vida privada do sujeito (CF, art. 5.º, X), tampouco à inviolabilidade das comunicações (CF, art. 5.º, XII).

g) é ilícita a prova obtida em interrogatório resultante de condução coercitiva do depoente (investigado ou réu);

Por evidente, desde que o Supremo Tribunal Federal passou a entender que a previsão legal de **condução coercitiva** de investigados e réus à presença da autoridade policial ou judicial **para serem interrogados não foi recepcionada** pela Constituição Federal de 1988, por incompatibilidade material com princípios nela estabelecidos, a eventual **prova obtida em interrogatório precedido de condução coercitiva** (inválida, portanto) **do interrogando** também **passou a constituir prova ilícita**.

h) em processos eleitorais, é ilícita a prova obtida por meio de gravação ambiental clandestina, sem autorização judicial, ainda que produzida por um dos interlocutores, e sem o conhecimento dos demais.

Nessa hipótese, considerou o Supremo Tribunal Federal que, no acirrado ambiente das disputas político-eleitorais, a gravação ambiental em **espaço privado** reveste-se de intenções espúrias e deriva de um arranjo prévio para induzir ou instigar um flagrante preparado, o que enseja a imprestabilidade desse meio de prova no âmbito do processo eleitoral, pois, além do induzimento ao ilícito por parte de um dos interlocutores, há a violação da intimidade e da privacidade. Segundo o Tribunal, no âmbito do processo eleitoral, **a prova será lícita unicamente quando a gravação ocorrer em local público,** sem qualquer controle de acesso, porque, nesse caso, não há violação à intimidade ou quebra da expectativa de privacidade.

---

[190] HC 74.356/SP, rel. Min. Octávio Gallotti, 10.12.1996.

Esse entendimento restou consolidado na seguinte **tese de repercussão geral**:[191]

> No processo eleitoral, é ilícita a prova colhida por meio de gravação ambiental clandestina, sem autorização judicial e com violação à privacidade e à intimidade dos interlocutores, ainda que realizada por um dos participantes, sem o conhecimento dos demais. A exceção à regra da ilicitude da gravação ambiental feita sem o conhecimento de um dos interlocutores e sem autorização judicial ocorre na hipótese de registro de fato ocorrido em local público desprovido de qualquer controle de acesso, pois, nesse caso, não há violação à intimidade ou quebra da expectativa de privacidade.

4.34. Princípio da presunção da inocência (art. 5.º, LVII)

O **princípio da presunção da inocência** (ou da **não culpabilidade**) está previsto no art. 5.º, LVII, da Carta Política, nos seguintes termos: "ninguém será considerado culpado até o trânsito em julgado de sentença penal condenatória".

Essa garantia processual penal tem por fim tutelar a liberdade do indivíduo, que é presumido inocente, cabendo ao Estado, sendo o caso, provar a sua culpabilidade. Constitui importante conquista dos cidadãos na luta contra a opressão estatal, erigida nos ordenamentos constitucionais modernos como direito fundamental decorrente do postulado do respeito à dignidade da pessoa humana.

Da garantia da presunção da inocência decorre, também, o princípio de hermenêutica aplicável às leis penais conhecido como *in dubio pro reo*, segundo o qual, existindo dúvida na interpretação da lei, ou na capitulação do fato, adota-se aquela que for mais favorável ao réu. Nessa esteira, em 2012, o STF firmou o entendimento de que no julgamento de matéria criminal, **havendo empate na votação, a decisão beneficiará o réu**.[192] Em momento posterior, o legislador positivou essa determinação no Código de Processo Penal (CPP), que passou a dispor que "em todos os julgamentos em matéria penal ou processual penal em órgãos colegiados, havendo empate, prevalecerá a decisão mais favorável ao indivíduo imputado, proclamando-se de imediato esse resultado, ainda que, nas hipóteses de vaga aberta a ser preenchida, de impedimento, de suspeição ou de ausência, tenha sido o julgamento tomado sem a totalidade dos integrantes do colegiado".[193]

Não são poucos os aspectos relacionados à aplicação do princípio da presunção da inocência que têm sido objeto de controvérsia, e que, portanto, merecem ser clareados, tendo em conta a farta jurisprudência do Supremo Tribunal Federal sobre o tema.

O primeiro aspecto relevante diz respeito ao momento do início da execução da pena, em caso de condenação criminal. Segundo a mais recente orientação do Supremo Tribunal Federal, o princípio da presunção da inocência **impede a execução**

---

[191] RE 1.040.515/SE, rel. Min. Dias Toffoli, 26.04.2024.

[192] AP 470/MG, rel. Min. Joaquim Barbosa, 23.10.2012.

[193] CPP, art. 615, § 1.º, com a redação dada pela Lei 14.836/2024.

da pena antes do trânsito em julgado da sentença penal condenatória, ressalvada a possibilidade da decretação de prisão cautelar, caso satisfeitos os requisitos autorizadores dessa medida.

Com efeito, em julgado sobremaneira relevante, a Corte Máxima reformou sua anterior jurisprudência e passou a entender que **a prisão com fundamento em condenação penal só pode ser decretada após esgotadas todas as possibilidades de recurso**, isto é, depois do trânsito em julgado da decisão penal condenatória.[194] Nesse julgado, restou consignado que o art. 283 do Código de Processo Penal (CPP)[195] – que exige o esgotamento de todas as possibilidades de recurso (trânsito em julgado da sentença condenatória) para o início do cumprimento da pena – **é constitucional**, dada a sua compatibilidade com o princípio da presunção da inocência, garantia fundamental prevista no art. 5.º, LVII, da Constituição Federal.

Considerando a relevância dessa matéria, julgamos oportuno tecer um breve histórico da evolução da jurisprudência do Supremo Tribunal Federal no que diz respeito, especificamente, ao momento legítimo para o início do cumprimento da pena (prisão do réu). Da promulgação da Constituição Federal de 1988 até 2009, entendia o STF que a prisão do réu após a condenação de segundo grau não implicava ofensa ao postulado da presunção da inocência.[196] Em 2009, o Tribunal mudou sua posição e passou a condicionar a execução da pena ao trânsito em julgado da sentença penal condenatória, vale dizer, passou a reconhecer ao réu, já condenado em primeira e/ou segunda instâncias, o direito de recorrer em liberdade até o trânsito em julgado da sentença penal condenatória.[197] Em 2016, em dois importantes julgados, nossa Corte Constitucional mudou novamente de orientação e voltou a adotar aquela que vigorara até 2009, qual seja, a de que é legítima a execução provisória da pena após a confirmação da condenação de primeira instância por tribunal de segundo grau, independentemente do trânsito em julgado da sentença penal condenatória.[198] Essa última posição – de permitir o início da execução provisória da pena tão logo a decisão de primeira instância seja confirmada por tribunal de segundo grau – vigorou somente por novos três anos (2016-2019). Com efeito, em novembro de 2019, o Tribunal reexaminou uma vez mais a questão, declarou a constitucionalidade do art. 283 do Código de Processo Penal em face do art. 5.º, LVII, da Constituição Federal

---

[194] ADC 43/DF, ADC 44/DF e ADC 54/DF, rel. Min. Marco Aurélio, 07.11.2019.

[195] "Art. 283. Ninguém poderá ser preso senão em flagrante delito ou por ordem escrita e fundamentada da autoridade judiciária competente, em decorrência de prisão cautelar ou em virtude de condenação criminal transitada em julgado".

[196] HC 85.886/RJ, rel. Min. Ellen Gracie, 06.09.2005. Nesse julgado, a Ministra Ellen Gracie destacou em seu voto que "em país nenhum do mundo, depois de observado o duplo grau de jurisdição, a execução de uma condenação fica suspensa aguardando referendo da Suprema Corte".

[197] HC 84.078/MG, rel. Min. Eros Grau, 05.02.2009.

[198] HC 126.292/SP, rel. Min. Teori Zavascki, 17.02.2016; ARE 964.246/SP, rel. Min. Teori Zavascki, 11.11.2016. Em decorrência desses julgados, restou fixada, na época, a seguinte tese de repercussão geral: "A execução provisória de acórdão penal condenatório proferido em grau recursal, ainda que sujeito a recurso especial ou extraordinário, não compromete o princípio constitucional da presunção de inocência afirmado pelo artigo 5.º, inciso LVII, da Constituição Federal".

e, com isso, **voltou a exigir o esgotamento dos recursos (trânsito em julgado da sentença penal condenatória) para o início do cumprimento da pena**.

Vale lembrar que **as prisões cautelares** (em flagrante, temporária e preventiva) **sempre foram admitidas – e continuam sendo – pelo Supremo Tribunal Federal**, independentemente de condenação em qualquer grau, desde que fundamentadas concretamente nos pressupostos previstos na legislação penal pertinente. Assim, por exemplo, é legítima a decretação da prisão preventiva processual, antes ou depois da condenação de primeira instância, desde que fundamentada em algum dos pressupostos previstos no art. 312 do Código de Processo Penal (garantia da ordem pública, da ordem econômica, por conveniência da instrução criminal ou para assegurar a aplicação da lei penal, quando houver prova da existência do crime e indício suficiente de autoria e de perigo gerado pelo estado de liberdade do imputado).[199]

As prisões cautelares, porém, têm caráter **excepcionalíssimo**, e não devem ser confundidas com execução provisória (antecipada) da pena, haja vista que têm finalidade e pressupostos diversos, conforme mencionado no parágrafo anterior. Nessa linha, o Supremo Tribunal Federal tem ressaltado que **a duração prolongada, abusiva e desarrazoada da prisão cautelar de alguém ofende, de modo frontal, o postulado da dignidade da pessoa humana**. Para o Tribunal, a prisão cautelar – seja qual for a modalidade (prisão em flagrante, prisão temporária, prisão preventiva ou prisão decorrente de sentença de pronúncia) – não pode transmudar-se, mediante subversão dos fins que a autorizam, em (inconstitucional) meio de antecipação executória da própria sanção penal.[200]

Especificamente em relação à **prisão temporária**, o Supremo Tribunal Federal fixou as condições, **obrigatórias e cumulativas**, para a sua decretação, deixando assente que essa modalidade de prisão somente é cabível quando: (*i*) for imprescindível para as investigações do inquérito policial; (*ii*) houver fundadas razões de autoria ou participação do indiciado; (*iii*) for justificada em fatos novos ou contemporâneos; (*iv*) for adequada à gravidade concreta do crime, às circunstâncias do fato e às condições pessoais do indiciado; e (*v*) não for suficiente a imposição de medidas cautelares diversas.[201]

Nesse mesmo sentido – da excepcionalidade das prisões preventivas –, o Tribunal firmou o entendimento de que na audiência de custódia **o juiz não pode converter prisão em flagrante em prisão preventiva sem prévia e expressa provocação formal do Ministério Público ou da autoridade policial**.[202] Foi reconhecida, também, a impos-

---

[199] "Art. 312. A prisão preventiva poderá ser decretada como garantia da ordem pública, da ordem econômica, por conveniência da instrução criminal ou para assegurar a aplicação da lei penal, quando houver prova daexistência do crime e indício suficiente de autoria e de perigo gerado pelo estado de liberdade do imputado. § 1º A prisão preventiva também poderá ser decretada em caso de descumprimento de qualquer das obrigações impostas por força de outras medidas cautelares (art. 282, § 4º)."

[200] HC 142.177/RS, rel. Min. Celso de Mello, 06.06.2017.

[201] ADI 3.360/DF, red. p/ o acórdão Min. Edson Fachin, 11.02.2022; ADI 4.109/DF, red. p/ o acórdão Min. Edson Fachin, 11.02.2022.

[202] HC 188.888/MG, rel. Min. Celso de Mello, 06.10.2020.

Cap. 3 • PRINCÍPIOS, DIREITOS E GARANTIAS FUNDAMENTAIS **195**

sibilidade jurídica de o juiz, mesmo fora do contexto da audiência de custódia, **decretar, de ofício, a prisão preventiva de qualquer pessoa submetida a atos de persecução criminal** (inquérito policial, procedimento de investigação criminal ou processo judicial).

Ainda a respeito da prisão preventiva, um aspecto relevante deve ser examinado. Em sua redação atual, o Código de Processo Penal (CPP) determina que, "decretada a prisão preventiva, deverá o órgão emissor da decisão revisar a necessidade de sua manutenção a cada 90 (noventa) dias, mediante decisão fundamentada, de ofício, sob pena de tornar a prisão ilegal".[203] Em simples palavras, a nova redação do CPP estabelece a necessidade de, a cada noventa dias, o órgão emissor da prisão preventiva revisar, de ofício, a necessidade de manutenção do réu preso, sob pena de tornar a prisão ilegal. O Supremo Tribunal Federal examinou o alcance desse dispositivo, e firmou o entendimento de que **a ausência de reavaliação da prisão preventiva a cada 90 (noventa) dias não implica a revogação automática da prisão preventiva, tampouco autoriza a soltura automática de réus**, devendo o juízo competente ser instado a reavaliar a legalidade e a atualidade de seus fundamentos.[204]

Concluindo o exame desse importante aspecto relacionado ao postulado da presunção de não culpabilidade, podemos afirmar que, a partir desse novel entendimento do Supremo Tribunal Federal, firmado em novembro de 2019, passamos a ter o seguinte: (a) a execução da pena ocorrerá somente após o trânsito em julgado da sentença penal condenatória, nos termos do art. 5.º, LVII, da Constituição Federal e do art. 283 do Código de Processo Penal; e (b) excepcionalmente, a qualquer tempo, mesmo antes da decisão condenatória de primeira instância, poderá haver prisão cautelar – em flagrante, temporária ou preventiva –, desde que obedecidos os pressupostos específicos exigidos pela legislação penal respectiva.

Nossa Corte Constitucional entende, ainda, que o **princípio da presunção da não culpabilidade**:

a) **não impede** que a chamada "Lei da Ficha Limpa" (Lei Complementar 135/2010) considere como **inelegíveis** para determinados cargos eletivos os que forem **condenados** por qualquer órgão judicial colegiado, pelos crimes nessa lei especificados, **independentemente do trânsito em julgado** da sentença condenatória;[205]

b) **impede o lançamento do nome do réu no rol dos culpados antes do trânsito em julgado da sentença penal condenatória** (o lançamento do nome do réu no rol dos culpados é o ato de registro da decisão condenatória, destinado a possibilitar que ela produza os seus diversos efeitos secundários, tais como caracterizar a reincidência, impedir o benefício da suspensão condicional da pena, acarretar a revogação de sursis, acarretar a revogação de reabilitação);[206]

c) não permite que processos penais em curso, inquéritos policiais em andamento ou até mesmo condenações criminais ainda sujeitas a recurso **sejam considerados para caracterizar maus antecedentes do réu**, tampouco para **justificar a**

---

[203] Art. 316, parágrafo único, com a redação dada pela Lei 13.964/2020 ("Pacote Anticrime").
[204] SL 1.395/SP, rel. Min. Luiz Fux, 15.10.2020.
[205] ADC 29/DF, rel. Min. Luiz Fux, 16.02.2012.
[206] HC 69.696/SP, rel. Min. Celso de Mello, 18.12.1992.

exasperação da pena ou denegação de benefícios que a própria lei estabelece em favor daqueles que sofrem uma condenação criminal;[207]

d) impede que, **sem previsão constitucionalmente adequada e instituída por lei**, cláusula de edital de concurso público restrinja a participação de candidato pelo simples fato de **responder a inquérito ou a processo penal**;[208]

e) não impede que uma pessoa investigada em inquérito policial ou que responda a ação penal em andamento **realize matrícula e participe de curso de reciclagem de vigilantes**, tendo em vista que "violam o princípio da presunção de inocência o indeferimento de matrícula em cursos de reciclagem de vigilante e a recusa de registro do respectivo certificado de conclusão, em razão da existência de inquérito ou ação penal sem o trânsito em julgado de sentença condenatória";[209]

f) permite que lei estadual institua **cadastro de pessoas com condenação definitiva** (já transitada em julgado) por crimes contra a dignidade sexual praticados contra criança ou adolescente, ou por crimes de violência contra a mulher, desde que não haja publicização dos nomes das vítimas ou de informações que permitam a sua identificação.[210]

O Supremo Tribunal Federal também firmou a orientação de que, **a condução coercitiva de investigados e réus à presença da autoridade policial ou judicial para serem interrogados não foi recepcionada pela Constituição Federal de 1988**, por afronta material aos princípios da presunção da não culpabilidade (CF, art. 5.º, LVII), do direito ao silêncio (CF, art. 5.º, LXIII), da liberdade de locomoção (CF, art. 5.º, LIV) e, sobretudo, ao postulado fundamental da dignidade da pessoa humana (CF, art. 1.º, III).[211] Na oportunidade, foi declarada a revogação (não recepção) da expressão "para o interrogatório" constante do art. 260 do Código de Processo Penal,[212] e **a incompatibilidade substancial (material) com a Constituição Federal de 1988 da condução coercitiva de investigados ou de réus para interrogatório**, sob pena de responsabilidade disciplinar, civil e penal do agente ou da autoridade e de **ilicitude das provas obtidas**, sem prejuízo da responsabilidade civil do Estado.

Por fim, nossa Suprema Corte firmou o entendimento de que **regra legal que proíbe, genericamente, a concessão de liberdade provisória a presos é inconstitucional**, por violar, entre outros, os postulados da presunção da inocência e do devido processo legal. Conforme destacou o Ministro Gilmar Mendes, a norma, ao afastar a concessão de liberdade provisória **de forma genérica**, retiraria do juiz competente a oportunidade de, no caso concreto, analisar os pressupostos da necessidade do

---

[207] HC 97.665/RS, rel. Min. Celso de Mello, 04.05.2010.

[208] RE 560.900/DF (**repercussão geral**), rel. Min. Roberto Barroso, 06.02.2020 (Informativo 965 do STF).

[209] RE 1.307.053/PE, rel. Min. Luiz Fux, 24.09.2021.

[210] ADI 6.620/MT, rel. Min. Alexandre de Moraes, 18.04.2024.

[211] ADPF 395/DF e ADPF 444/DF, rel. Min. Gilmar Mendes, 14.06.2018.

[212] CPP, Art. 260: "Se o acusado não atender à intimação para o interrogatório, reconhecimento ou qualquer outro ato que, sem ele, não possa ser realizado, a autoridade poderá mandar conduzi-lo à sua presença".

Cap. 3 • PRINCÍPIOS, DIREITOS E GARANTIAS FUNDAMENTAIS

cárcere cautelar, em inequívoca antecipação de pena, indo de encontro a diversos dispositivos constitucionais.[213]

4.35. Identificação criminal do civilmente identificado (art. 5.º, LVIII)

Assegura o inciso LVIII do art. 5.º da Constituição que "o civilmente identificado não será submetido a identificação criminal, salvo nas hipóteses previstas em lei".

Trata-se de norma constitucional de **eficácia contida**, conforme a classificação do Prof. José Afonso da Silva. Significa dizer que **a lei pode estabelecer hipóteses em que será exigida a identificação criminal do indivíduo que já foi civilmente identificado**, mas, se não houver lei que assim disponha, tal exigência não será admissível.

O dispositivo constitucional ora em comento foi regulamentado pela Lei 12.037/2009, a qual, em seu art. 2.º, estabelece que a identificação civil é atestada por carteira de identidade, carteira de trabalho, carteira profissional, passaporte, carteira de identificação funcional ou outro documento público que permita a identificação do indiciado. E, no seu art. 3.º, traz uma lista de situações em que o civilmente identificado poderá ser submetido, também, à identificação criminal. A identificação criminal inclui o processo **datiloscópico** ("tocar piano") e o **fotográfico**, podendo, ainda, em **hipóteses específicas**, incluir a **coleta de material biológico para a obtenção do perfil genético**.

Ainda sobre a identificação civil, vale anotar que o STF considerou válida lei estadual que tornou **obrigatória a inclusão** na carteira de identidade, pelo órgão responsável pela sua emissão, **dos dados sanguíneos** – tipo sanguíneo e fator RH –, desde que requerido pelo interessado.[214]

4.36. Ação penal privada subsidiária da pública (art. 5.º, LIX)

A possibilidade de iniciativa privada subsidiária em crimes de ação penal pública está assim prevista no art. 5.º, LIX:

> LIX – será admitida ação privada nos crimes de ação pública, se esta não for intentada no prazo legal;

Uma breve digressão faz-se necessária para que possamos situar o assunto.

Numa conceituação simplificada do direito de ação penal, diz-se que ele corresponde ao direito de pedir ao Estado-juiz a aplicação do direito penal objetivo (as leis penais, que tipificam os crimes em tese).

Como regra, é o Ministério Público quem ingressa em juízo exercendo o direito de ação para obter do Estado-juiz, não a condenação do réu, mas sim o julgamento

---

[213] HC 104.339/SP, rel. Min. Gilmar Mendes, 10.05.2012. Com base nesse entendimento, o STF declarou a inconstitucionalidade do art. 44 da Lei 11.343/2006 (Lei de Drogas), que proibia a concessão de liberdade provisória nos casos de tráfico de entorpecentes.

[214] ADI 4.007/SP, rel. Min. Rosa Weber, 13.08.2014.

da pretensão punitiva. Nesses casos, diz-se que o Ministério Público exerce o *jus persequendi* (direito de persecução criminal) ou *jus accusationis*.

Embora a regra geral seja a legitimação do Ministério Público para o ajuizamento da ação penal, casos há em que o particular poderá diretamente exercer o *jus accusationis*.

Por esse critério subjetivo, as ações penais são públicas, quando a titularidade de seu exercício é do Ministério Público, ou privadas (mais adequadamente ações penais de iniciativa privada), quando seu titular é o particular ofendido ou seu representante legal.

As ações penais públicas comportam, ainda, uma subdivisão, conforme esteja ou não presente uma condição específica de procedibilidade: a representação do ofendido ou requisição do Ministro da Justiça. Quando exigido esse requisito, a ação diz-se pública condicionada; nos demais casos a ação será pública incondicionada (que são a regra geral em nosso ordenamento jurídico).

A Constituição de 1988, em seu art. 129, I, estabelece como função institucional do Ministério Público promover, privativamente, a ação penal pública, na forma da lei. Essa regra abrange as ações penais públicas incondicionadas e as condicionadas.

Embora se diga que a iniciativa nas ações públicas é privativa do Ministério Público, há uma única exceção, que, como não poderia deixar de ser, encontra-se expressamente prevista no próprio texto constitucional: trata-se exatamente da ação penal privada subsidiária da pública, assegurada como direito fundamental no ora estudado art. 5.º, LIX.

Esse dispositivo garante aos particulares a ação privada nos crimes de ação pública, se esta não for intentada no prazo legal. Essa possibilidade de iniciativa do particular, decorrente da inércia do Ministério Público em ação de iniciativa originalmente pública, consubstancia a denominada ação penal privada subsidiária.

Na ação penal privada subsidiária, portanto, a titularidade do direito de persecução criminal originariamente pertencia ao Ministério Público. Por isso, após o oferecimento da queixa (o particular oferece queixa-crime; quem oferece denúncia é somente o Ministério Público) e instauração da ação penal privada subsidiária, o Ministério Público atuará no processo com as mesmas prerrogativas que possui relativamente às ações penais públicas, conforme explicita o art. 29 do CPP, transcrito:

> Art. 29. Será admitida ação privada nos crimes de ação pública, se esta não for intentada no prazo legal, cabendo ao Ministério Público aditar a queixa, repudiá-la e oferecer denúncia substitutiva, intervir em todos os termos do processo, fornecer elementos de prova, interpor recurso e, a todo tempo, no caso de negligência do querelante, retomar a ação como parte principal.

A jurisprudência é pacífica quanto à impossibilidade de propositura de ação penal privada subsidiária da pública nos casos em que o Ministério Público deixa de oferecer a denúncia em razão de haver requerido ao juiz o arquivamento do inquérito policial por entender inexistentes elementos indiciários suficientes para a persecução *in*

Cap. 3 • PRINCÍPIOS, DIREITOS E GARANTIAS FUNDAMENTAIS

judicio. Em resumo, quando o inquérito é arquivado por requerimento do Ministério Público não cabe ação penal privada subsidiária. Esta somente é cabível quando o não oferecimento da denúncia decorre de inércia injustificada do Ministério Público.

Em síntese, podemos afirmar que só será admissível a ação penal privada subsidiária da pública – nos termos do art. 5.º, LIX, da CF – diante da **inércia do Ministério Público** em adotar, no prazo legal, uma das seguintes providências: **oferecer a denúncia, requerer o arquivamento do inquérito policial** ou **requisitar diligências**.

4.37. Hipóteses constitucionais em que é possível a prisão (art. 5.º, LXI, LXVI)

Nos termos do inciso LXI do art. 5.º, "ninguém será preso senão em flagrante delito ou por ordem escrita e fundamentada de autoridade judiciária competente, salvo nos casos de transgressão militar ou crime propriamente militar, definidos em lei".

Sendo o direito de liberdade um dos mais elementares direitos fundamentais, é natural que a Constituição, como uma de suas garantias, considere a prisão de um indivíduo medida marcadamente excepcional, restrita a casos determinados, ou somente passível de ser imposta por autoridade específica. Assegura, outrossim, a Carta Política, em reforço, que "ninguém será levado à prisão ou nela mantido, quando a lei admitir a liberdade provisória, com ou sem fiança" (CF, art. 5.º LXVI).

A Constituição de 1988 limitou às autoridades judiciárias a competência para determinar a prisão, salvo quando se trate de prisão em flagrante ou militar. Assim, a ordem de prisão terá que partir do Poder Judiciário, ficando extintas, não recepcionadas, todas as normas pretéritas que previam decretação de prisão por autoridades administrativas.

Observe-se que mesmo no caso da decretação de prisão por autoridades judiciais não há ampla liberdade, isto é, faz-se necessária a existência de expressa previsão constitucional ou legal para que seja legítima a atuação do Judiciário ao expedir uma ordem de prisão. Inexistindo expressa previsão na Constituição ou nas leis, nem mesmo o Judiciário pode, a seu alvedrio, "criar" hipóteses de prisão.

As prisões em flagrante delito podem ser efetuadas por qualquer pessoa, sendo uma faculdade para o popular e um dever para a autoridade policial. Vale lembrar que até mesmo a inviolabilidade do domicílio é afastada no caso de flagrante delito, conforme preceitua o inciso XI do art. 5.º da Carta Magna.

As prisões militares podem ser disciplinares, caso em que são decretadas administrativamente, pela autoridade militar de hierarquia superior à do infrator, ou decorrerem de crimes militares, caso em que a prisão deve ser decretada pela Justiça Militar. Deve-se notar que, embora as prisões disciplinares militares obedeçam normas próprias, não se tem, de modo nenhum, autorização para prisões arbitrárias, cabendo, desde que haja provocação, o controle judicial da medida, que será declarada ilegal sempre que tenha sido contrária ao Direito.

Duas importantes disposições constitucionais relacionadas a esse comando merecem menção.

A primeira é que, **durante o estado de defesa e o estado de sítio, a própria Constituição Federal admite a prisão administrativa**, a ser decretada pelo executor dessas medidas excepcionais, **sem necessidade de prévia autorização judicial** (arts. 136, § 1.º, e 139).

A segunda é que, embora a Constituição autorize genericamente a prisão em flagrante de qualquer pessoa, essa medida **não poderá ser adotada contra o Presidente da República**, haja vista que este não se sujeita a nenhuma prisão de natureza cautelar, em razão da imunidade processual de que dispõe, segundo a qual, "enquanto não sobrevier sentença condenatória, nas infrações comuns, o Presidente da República não estará sujeito à prisão" (CF, art. 86, § 3.º). Também não se sujeitam irrestritamente à prisão os congressistas e os deputados estaduais, pois eles, desde a expedição do diploma, **só poderão ser presos em flagrante de crime inafiançável**, em face da imunidade processual de que também dispõem (CF, art. 53, § 2.º, c/c art. 27, § 1.º).

4.38. Respeito à integridade física e moral, direito de permanecer calado e outros direitos do preso (art. 5.º, XLIX, LXII, LXIII, LXIV e LXV)

A vigente Carta Política assegura aos presos, explicitamente, o respeito à **integridade física e moral** (art. 5.º, XLIX). No intuito de concretizar esse comando – bem como outros direitos fundamentais correlatos, a exemplo do postulado da dignidade da pessoa humana –, a jurisprudência do Supremo Tribunal Federal **admite** que o Poder Judiciário estabeleça para a administração pública a **obrigação de realizar obras ou reformas emergenciais em presídios**, quando as instalações respectivas representem manifesta violação às garantias constitucionais dos detentos. Essa orientação restou sedimentada com a fixação da seguinte **tese de repercussão geral**:[215]

> É lícito ao Judiciário impor à administração pública obrigação de fazer, consistente na promoção de medidas ou na execução de obras emergenciais em estabelecimentos prisionais para dar efetividade ao postulado da dignidade da pessoa humana e assegurar aos detentos o respeito à sua integridade física e moral, nos termos do que preceitua o artigo 5.º (inciso XLIX) da Constituição Federal, não sendo oponível à decisão o argumento da reserva do possível nem o princípio da separação dos Poderes.

Ademais, o fato de o ordenamento jurídico atribuir ao Poder Público esse **dever específico** de garantir a incolumidade física e moral do detento implica reconhecer que eventuais danos que ele venha a sofrer, estando sob custódia do Estado, acarretarão para este a obrigação de indenizá-los, mesmo que a lesão – física ou moral – tenha sido ocasionada por **mera omissão** estatal. Para o Supremo Tribunal Federal, em tais hipóteses, a responsabilidade civil (a obrigação de indenizar) do Estado é **objetiva**, isto é, independe de comprovação de que o dano tenha decor-

---

[215] RE 592.581/RS, rel. Min. Ricardo Lewandowski, 13.08.2016.

Cap. 3 • PRINCÍPIOS, DIREITOS E GARANTIAS FUNDAMENTAIS **201**

rido de dolo ou de culpa a ele imputável. São desdobramentos desse entendimento **duas teses de repercussão geral** exaradas pela nossa Corte Constitucional, a saber:

> Em caso de inobservância do seu dever específico de proteção previsto no art. 5.º, inciso XLIX, da Constituição Federal, o Estado é responsável pela morte de detento.[216]
>
> Considerando que é dever do Estado, imposto pelo sistema normativo, manter em seus presídios os padrões mínimos de humanidade previstos no ordenamento jurídico, é de sua responsabilidade, nos termos do art. 37, § 6.º da Constituição, a obrigação de ressarcir os danos, inclusive morais, comprovadamente causados aos detentos em decorrência da falta ou insuficiência das condições legais de encarceramento.[217]

O preso tem o **direito de permanecer calado**, para não incriminar a si próprio com as declarações prestadas, seja no inquérito policial, seja perante a autoridade judiciária (CF, art. 5.º, LXIII). Esse privilégio contra a **autoincriminação** (*nemo tenetur se detegere*) é um direito público subjetivo, assegurado a qualquer pessoa que, na condição de indiciado ou de réu, deva prestar depoimento perante órgãos do Poder Judiciário, do Poder Executivo, ou do Poder Legislativo (sendo plenamente invocável perante as comissões parlamentares de inquérito).

Com efeito, conquanto referida especificamente ao preso, essa garantia constitucional **abrange toda e qualquer pessoa, perante qualquer esfera do Estado**, pois, diante da presunção de inocência, que também constitui garantia fundamental do indivíduo (art. 5.º, LVII), a prova da culpabilidade incumbe exclusivamente à acusação. Assim, conforme tem sido reiteradamente afirmado pelo STF, **qualquer pessoa que seja objeto de investigações administrativas, policiais, penais ou parlamentares, ostentando, ou não, a condição formal de indiciado – ainda que convocada como testemunha –, possui o direito de permanecer em silêncio e de não produzir provas contra si própria.**[218]

É importante destacar que o direito constitucional à não autoincriminação é um instrumento de defesa e, portanto, **pode ser exercido pelo acusado da forma que considerar conveniente, escolhendo as perguntas que serão respondidas e aquelas em que se manterá em silêncio.**[219] Vale dizer, o interrogado tem o direito de responder a todas ou somente a algumas perguntas, ou não responder a nenhuma, bem como o de escolher responder somente a perguntas de determinado ator processual (poderá, por exemplo, optar por responder exclusivamente a perguntas formuladas por sua defesa).

De outro lado, o exercício do direito de permanecer em silêncio **não autoriza** os órgãos estatais a perpetrarem qualquer tratamento que implique restrição à esfera jurídica daquele que regularmente invocou essa prerrogativa fundamental. O

---

[216] RE 841.526/RS, rel. Min. Luiz Fux, 30.03.2016.

[217] RE 580.252/MS, red. p/ o acórdão Min. Gilmar Mendes, 16.02.2017.

[218] HC 94.082/RS, rel. Min. Celso de Mello, 14.03.2008.

[219] RHC 213.849/SC, red. p/ o acórdão Min. Edson Fachin, 15.04.2024.

direito ao silêncio – poder jurídico reconhecido a qualquer pessoa, relativamente a perguntas cujas respostas possam incriminá-la – **impede, quando concretamente exercido, que aquele que o invocou venha a ser preso, ou ameaçado de prisão, sob esse fundamento, pelos agentes ou pelas autoridades do Estado**.

Esse privilégio contra a autoincriminação impõe ao inquiridor **o dever de advertir o interrogado do seu direito ao silêncio**. Em simples palavras, significa dizer que o preso **deve** ser previamente informado de que faz jus a essa garantia constitucional (manter-se em silêncio), sob pena de **nulidade absoluta** do interrogatório. Logo, a falta de tal advertência – e da sua documentação formal – faz **ilícita** a prova que, contra si mesmo, forneça o acusado, ainda quando observadas as demais formalidades procedimentais do interrogatório.

Nesse sentido, o Supremo Tribunal Federal absolveu acusado que havia fornecido, de próprio punho, os padrões gráficos necessários à realização de exame pericial, mediante a comparação com os endereços escritos em encomenda interceptada pela Receita Federal, **sem ser advertido de que tinha o direito de não produzir prova contra si próprio, nos termos do art. 5.º, inciso LXIII, da Constituição Federal** (a prova foi considerada **ilícita**, pela ausência de expressa advertência ao acusado quanto ao seu direito de não produzir provas contra si mesmo).[220] Em outra oportunidade, o Tribunal deixou assente, ainda, que **não se admite condenação baseada exclusivamente em declarações informais prestadas a policiais no momento da prisão em flagrante**, pois o privilégio contra a autoincriminação impõe ao Estado **a obrigação de informar ao preso seu direito ao silêncio não apenas no interrogatório formal, mas logo no momento da abordagem, quando ele recebe voz de prisão por policial, em situação de flagrante delito**.[221]

Nessa mesma linha de raciocínio, o Supremo Tribunal Federal passou a entender que a **condução coercitiva de investigados e réus** à presença da autoridade policial ou judicial **para serem interrogados não foi recepcionada pela Constituição Federal de 1988**, por afronta material aos princípios do direito ao silêncio (CF, art. 5.º, LXIII), da presunção da não culpabilidade (CF, art. 5.º, LVII), da liberdade de locomoção (CF, art. 5.º, LIV) e, sobretudo, ao postulado fundamental da dignidade da pessoa humana (CF, art. 1.º, III).[222] Com isso, restou **afastada** do nosso ordenamento jurídico **a possibilidade de condução coercitiva de investigados ou de réus para interrogatório**, sob pena de responsabilidade disciplinar, civil e penal do agente ou da autoridade e de **ilicitude das provas obtidas**, sem prejuízo da responsabilidade civil do Estado.

Ainda acerca da incidência do privilégio contra a autoincriminação, o Supremo Tribunal Federal também firmou importante entendimento sobre a legitimidade da imposição de sanções administrativas a motoristas que se recusem a fazer **teste do bafômetro, exames clínicos ou perícias visando a aferir eventual influência de álcool ou outra substância psicoativa**. Segundo o Tribunal, a imposição de sanções administrativas – aplicação de multa, retenção da Carteira Nacional de Habilitação

---

[220] HC 186.797/RJ, rel. Min. Celso de Mello, 21.10.2020.

[221] RHC 170.843 AgR/SP, rel. Min. Gilmar Mendes, 04.05.2021.

[222] ADPF 395/DF e ADPF 444/DF, rel. Min. Gilmar Mendes, 14.06.2018.

Cap. 3 • PRINCÍPIOS, DIREITOS E GARANTIAS FUNDAMENTAIS

(CNH) e apreensão da CNH por um ano – em face de tal recusa **é constitucional**, não havendo violação ao princípio da não autoincriminação.223 Essa orientação restou fixada na seguinte **tese de repercussão geral:**

> Não viola a Constituição a previsão legal de imposição das sanções administrativas ao condutor de veículo automotor que se recuse à realização dos testes, exames clínicos ou perícias voltados a aferir a influência de álcool ou outra substância psicoativa (art. 165-A e art. 277, §§ 2.º e 3.º, todos do Código de Trânsito Brasileiro, na redação dada pela Lei 13.281/2016).

A Constituição de 1988 também confere ao preso, expressamente: (a) a garantia de que a sua prisão e o local em que se encontra serão comunicados imediatamente ao juiz competente e à sua família, ou a pessoa por ele indicada (art. 5.º, LXII); (b) o direito de receber assistência de sua família e de advogado (art. 5.º, LXIII); (c) o direito à identificação dos responsáveis por sua prisão ou por seu interrogatório policial (art. 5.º, LXIV); e (d) a garantia de que a prisão ilegal será imediatamente relaxada pela autoridade judiciária (art. 5.º, LXV).

É importante ressaltar, entretanto, que, segundo entendimento do Supremo Tribunal Federal, **o preso não tem direito à percepção do salário mínimo**, constitucionalmente previsto (CF, art. 7.º, IV).224 Segundo o Tribunal, o preso já tem atendida pelo Estado boa parte das necessidades vitais básicas que o salário mínimo almeja satisfazer, tais como educação, alojamento, saúde, alimentação, vestuário e higiene, razão pela qual o patamar mínimo diferenciado de remuneração (inferior ao salário mínimo) previsto na Lei de Execução Penal não representa violação aos princípios da dignidade humana e da isonomia, sendo inaplicável à hipótese a garantia de salário mínimo prevista no art. 7.º, inciso IV, da Constituição Federal.

Por fim, vem a propósito consignar dois importantes entendimentos do Supremo Tribunal Federal acerca do **uso de algemas**. Segundo o Tribunal, a utilização de algemas deve ter **caráter excepcional**, e o seu uso abusivo configura violação ao princípio da dignidade da pessoa humana, e mesmo à presunção de inocência, sobretudo quando o objetivo manifesto da atuação policial excessiva for a exposição do preso à execração pública, representando uma verdadeira "condenação sem julgamento".225 Fundada nessas diretrizes, a Corte Maior editou a **Súmula Vinculante 11**, nestes termos:

> 11 – Só é lícito o uso de algemas em caso de resistência e de fundado receio de fuga ou de perigo à integridade física própria ou alheia, por parte do preso ou de terceiros, justificada a excepcionalidade por escrito, sob pena de responsabilidade disciplinar civil e penal do agente ou da autoridade e de nulidade da prisão

---

223 RE 1.224.374/RS, rel. Min. Luiz Fux, 19.05.2022.
224 ADPF 336/DF, rel. Min. Luiz Fux, 27.02.2021.
225 HC 91.952/SP, rel. Min. Marco Aurélio, 07.08.2008.

ou do ato processual a que se refere, sem prejuízo da responsabilidade civil do Estado.

Em outra oportunidade, o Supremo Tribunal Federal considerou **válida a utilização de algemas em menor de idade**, desde que atendidos específicos pressupostos para essa medida. Segundo o Tribunal, em se tratando de menor de idade, além das balizas fixadas na Súmula Vinculante 11, a necessidade de utilização de algemas apresentada pela autoridade policial deve ser avaliada pelo **Ministério Público** e submetida ao **Conselho Tutelar**, que se manifestará a respeito das providências relatadas. Em síntese, o Tribunal assentou que **as seguintes condições devem obrigatoriamente ser observadas quando se tratar de utilização de algemas em adolescente menor de dezoito anos:**[226]

> (*i*) uma vez apreendido e não sendo o caso de liberação, o menor será encaminhado ao representante do Ministério Público competente (ECA/1990, art. 175), que deverá avaliar e opinar sobre a eventual necessidade de utilização de algemas apontada pela autoridade policial que estiver realizando a diligência em questão;
>
> (*ii*) não sendo possível a apresentação imediata do menor ao órgão ministerial, ele será encaminhado à entidade de atendimento especializada, que deverá apresentá-lo em vinte e quatro horas ao representante do *Parquet* (ECA/1990 art. 175, § 1.º);
>
> (*iii*) nas localidades em que não houver entidade de atendimento especializada para receber o menor apreendido, ele ficará aguardando a apresentação ao representante do Ministério Público em repartição policial especializada e, na falta desta, em dependência separada da destinada a maiores (ECA/1990, art. 175, § 2.º), não podendo assim permanecer por mais de vinte e quatro horas;
>
> (*iv*) apresentado o menor ao representante do *Parquet* e emitido o parecer sobre a eventual necessidade de utilização das algemas, essa questão será submetida à autoridade judiciária que deverá se manifestar de forma motivada sobre a matéria no momento da audiência de apresentação do menor; e
>
> (*v*) o Conselho Tutelar deverá ser instado a se manifestar sobre as providências relatadas pela autoridade policial, para decisão final do Ministério Público.

4.39. Prisão civil por dívida (art. 5.º, LXVII)

Reza a Constituição Federal que "não haverá prisão civil por dívida, salvo a do responsável pelo inadimplemento voluntário e inescusável de obrigação alimentícia e a do depositário infiel" (art. 5.º, LXVII).

---

[226] Rcl 61.876/RJ, rel. Min. Cármen Lúcia, 07.05.2024.

Cap. 3 • PRINCÍPIOS, DIREITOS E GARANTIAS FUNDAMENTAIS **205**

Esse dispositivo estabelece a regra no nosso sistema, que é a inexistência de prisão civil por dívida, permitida unicamente em duas hipóteses: (a) inadimplemento voluntário e inescusável de obrigação alimentícia; e (b) depositário infiel.

A respeito da obrigação alimentícia, cabe ressaltar que se o não pagamento se der em razão de um motivo de força maior (o desemprego, quando o indivíduo não possuir nenhuma outra fonte de renda, por exemplo), não há que se falar em prisão do devedor. Em situações assim, perdurará a dívida, mas a prisão **não** poderá ser utilizada como meio coercitivo para sua cobrança.

A figura do depositário infiel surgiu a partir do contrato de depósito, originário do direito privado. Nesse contrato, uma pessoa (o depositante) deixa determinada coisa (bem móvel) sob a custódia de outra (o depositário), que deverá devolvê-la quando aquele exigir. Ocorrendo de o depositante, no momento em que for requisitar a retirada do bem, não o encontrar na posse do depositário, estará este na situação de depositário infiel, podendo ser determinada sua prisão civil.

Desde a ratificação, pelo Brasil, do Pacto Internacional dos Direitos Civis e Políticos (art. 11) e da Convenção Americana sobre Direitos Humanos – Pacto de San José da Costa Rica (art. 7.º, 7), ambos no ano de 1992, é grande a controvérsia quanto à possibilidade de haver prisão civil, com fundamento no inciso LXVII do art. 5.º da Lei Maior, do depositário infiel.

Isso porque os referidos diplomas internacionais – ratificados, sem ressalva, pelo Brasil – só permitem a prisão civil na hipótese de não pagamento de obriga-ção alimentícia. Considerando que esses tratados internacionais foram ratificados, sem ressalva, pelo Brasil, e que os direitos e garantias expressos na Constituição Federal não excluem outros decorrentes dos tratados internacionais de que a República Federativa do Brasil seja parte (art. 5.º, § 2.º), desenvolveu-se a tese segundo a qual tais normas internacionais teriam afastado, do direito brasileiro, a possibilidade de prisão civil do depositário infiel.

Apreciando a questão, especificamente no tocante à aplicação do Pacto de San José da Costa Rica, o Supremo Tribunal Federal firmou entendimento de que a prisão civil por dívida, prevista no inciso LXVII do art. 5.º da Lei Maior, **é aplicável apenas ao responsável pelo inadimplemento voluntário e inescusável de obrigação alimentícia**, e **não** ao depositário infiel.[227]

Com efeito, a mais recente jurisprudência do STF é de que os tratados e con-venções internacionais sobre direitos humanos celebrados pelo Brasil têm **status supralegal, situando-se abaixo da Constituição, mas acima da legislação interna**. Para o Tribunal, os tratados internacionais sobre direitos humanos são atos normativos **infraconstitucionais** (abaixo da Constituição Federal), porém, diante de seu caráter especial em relação aos demais atos normativos internacionais, também são dotados de um atributo de **supralegalidade** (acima das leis). Por força dessa supralegalidade, o Pacto Internacional dos Direitos Civis e Políticos e a Convenção Americana sobre Direitos Humanos – Pacto de San José da Costa Rica, ratificados pelo Brasil em 1992, **tornaram inaplicável a legislação infraconstitucional sobre a prisão do depositário**

---

[227] RE 466.343-1/SP, rel. Min. Cezar Peluso, 03.12.2008.

infiel com eles conflitante, seja ela anterior ou posterior ao ato de ratificação de tais normas internacionais, e, com isso, afastaram a possibilidade de prisão do depositário infiel, prevista no inciso LXVII do art. 5.º da Constituição Federal.

Anote-se que a força paralisante do tratado internacional não incide diretamente sobre o texto da Constituição Federal (e nem poderia fazê-lo, em razão da supremacia desta!), mas sim sobre a legislação infraconstitucional que o regulamenta. Em outras palavras, o texto constitucional não é revogado pelo tratado internacional, apenas se torna inaplicável em razão da ausência de normas infraconstitucionais regulamentadoras, estas, sim, paralisadas pela norma internacional.

Assim, a previsão constitucional da prisão civil do depositário infiel (art. 5.º, inciso LXVII) não foi revogada pela ratificação, pelo Brasil, do Pacto Internacional dos Direitos Civis e Políticos (art. 11) e da Convenção Americana sobre Direitos Humanos – Pacto de San José da Costa Rica (art. 7.º, 7), mas deixou de ter aplicabilidade diante do efeito paralisante desses tratados em relação à legislação infraconstitucional que disciplina a matéria, seja essa legislação anterior (art. 1.287 do Código Civil de 1916; Decreto-lei 911, de 1.º de outubro de 1969) ou posterior (art. 652 do Código Civil atual) à data de ratificação de tais normas internacionais.

Em suma, ao passar a reconhecer *status* de supralegalidade aos tratados internacionais sobre direitos humanos, o Supremo Tribunal Federal firmou entendimento de que desde a ratificação pelo Brasil, no ano de 1992, do Pacto Internacional dos Direitos Civis e Políticos e da Convenção Americana sobre Direitos Humanos – Pacto de San José da Costa Rica, não há base legal para aplicação da parte final do art. 5.º, inciso LXVII, da Constituição, ou seja, para a prisão civil do depositário infiel.

É importante observar, ainda, que durante o período em que o Supremo Tribunal Federal admitiu a prisão civil do depositário infiel, o tribunal também placitava a prisão civil de outros devedores, em contratos distintos, por equiparação à figura jurídica do depositário infiel. Admitia-se, por exemplo, a prisão do devedor nos contratos de alienação fiduciária em garantia, de penhor mercantil, de penhor agrícola e de depósito de imóvel. Com o afastamento da prisão civil do depositário infiel, todas essas hipóteses de prisão civil por equiparação também resultaram afastadas (afinal, se elas eram decretadas por equiparação ao depositário infiel, e a prisão deste não mais é aceita, aqueles devedores, por óbvio, também não poderão mais ser presos).

Atualmente, portanto, a única prisão civil por dívida admitida no Brasil é a do devedor de alimentos.

Apresentamos a seguir uma síntese das conclusões que podemos extrair desse importante julgado do STF:

a) os tratados internacionais sobre direitos humanos celebrados pelo Brasil têm *status* de supralegalidade, situando-se hierarquicamente abaixo da Constituição, mas acima das leis internas; esses tratados poderão passar a ter *status* de norma constitucional caso venham a ser aprovados pelo rito especial previsto no § 3.º do art. 5.º da Constituição Federal (se forem aprovados, em cada Casa do Congresso Nacional, em dois turnos, por três quintos dos votos dos respectivos membros);

Cap. 3 • PRINCÍPIOS, DIREITOS E GARANTIAS FUNDAMENTAIS **207**

b) o *status* supralegal dos tratados internacionais sobre direitos humanos cele-brados pelo Brasil torna inaplicável a legislação infraconstitucional com eles conflitante, seja ela posterior ou anterior ao ato de ratificação;

c) o Pacto Internacional dos Direitos Civis e Políticos (art. 11) e a Conven-ção Americana sobre Direitos Humanos – Pacto de San José da Costa Rica (art. 7.º, 7), ratificados pelo Brasil em 1992, ao paralisar a eficácia da legislação infraconstitucional com eles conflitante, tornaram inaplicável a parte final do inciso LXVII do art. 5.º da Constituição Federal, que se refere à prisão civil do depositário infiel;

d) não é mais possível, tampouco, a prisão civil de outros devedores (nos con-tratos de alienação fiduciária em garantia, de penhor mercantil, de penhor agrícola, de depósito de imóvel etc.), haja vista que a prisão deles só ocorria por equiparação à figura do depositário infiel;

e) permanece inalterada a possibilidade de prisão civil do responsável pelo ina-dimplemento voluntário e inescusável de obrigação alimentícia, prevista na parte inicial do inciso LXVII do art. 5.º da Constituição Federal.

Por fim, cabe mencionar que, em decorrência desse novo entendimento – inaplicabilidade da prisão civil ao depositário infiel –, o Supremo Tribunal Federal revogou a sua Súmula 619, que versava sobre o assunto.[228] A orientação atual de nossa Corte Suprema é objeto da **Súmula Vinculante 25**, cujo enunciado transcrevemos:

> 25 – É ilícita a prisão civil de depositário infiel, qualquer que seja a modalidade do depósito.

4.40. Assistência jurídica gratuita (art. 5.º, LXXIV)

Determina a Constituição Federal que o Estado prestará assistência jurídica integral e gratuita aos que comprovarem insuficiência de recursos (art. 5.º, LXXIV).

No intuito de facilitar o acesso de todos à Justiça, conferiu o legislador cons-tituinte a todo aquele que comprovar que sua situação econômica não lhe permite pagar os honorários advocatícios e custas judiciais, sem prejuízo para seu sustento e de sua família, um direito público subjetivo, qual seja, a assistência jurídica in-tegral e gratuita, contemplando o pagamento de honorários de **advogado** e **perito**.

Ademais, ao assegurar o acesso pleno à Justiça, são concretizados, também, ou-tros relevantes direitos fundamentais previstos na Carta Política, tais como igualdade (art. 5.º, I), devido processo legal (art. 5.º, LIV), ampla defesa e contraditório (art. 5.º, LV), juiz natural (art. 5.º, XXXVII c/c LIII) e, especialmente, inafastabilidade de jurisdição (art. 5.º, XXXV).

Essa assistência jurídica integral e gratuita aos que comprovarem insuficiência de recursos será prestada, em todos os graus, pela **Defensoria Pública**, instituição

---

[228] Súmula 619 (**revogada**): "A prisão do depositário judicial pode ser decretada no próprio processo em que se constituiu o encargo, independentemente da propositura de ação de depósito."

permanente, essencial à função jurisdicional do Estado, à qual incumbe, como expressão e instrumento do regime democrático, fundamentalmente, a orientação jurídica, a promoção dos direitos humanos e a defesa, em todos os graus, judicial e extrajudicial, dos direitos individuais e coletivos, de forma integral e gratuita, aos necessitados (CF, art. 134).

Compete ao Congresso Nacional, por meio de **lei complementar**, organizar a Defensoria Pública da União e dos Territórios, bem como prescrever **normas gerais** para sua organização nos estados e no Distrito Federal (CF, art. 134, § 1.º). Com observância dessas normas gerais fixadas pela União, **caberá a cada estado e ao Distrito Federal organizar a sua própria Defensoria Pública.**[229]

Porém, mesmo antes da criação da Defensoria Pública, os entes federados já estavam obrigados à prestação de assistência jurídica integral e gratuita aos que comprovassem insuficiência de recursos, haja vista que o art. 5.º, inciso LXXIV, da Lei Maior é norma constitucional de **eficácia plena**, de aplicabilidade imediata, produtora de todos os seus efeitos desde a promulgação da Constituição Federal de 1988, o que impõe ao Estado a obrigatoriedade de pagamento de advogado e perito contratados pelo hipossuficiente quando inexistir órgão estatal de assistência jurídica.[230]

A simples declaração feita pelo próprio interessado, pessoa natural, de que sua situação econômica não lhe permite vir a juízo sem prejuízo de sua manutenção ou de sua família basta para viabilizar-lhe o acesso ao benefício da assistência judiciária gratuita.

Considerando que a assistência jurídica integral e gratuita prestada pelo Estado **compreende os honorários de advogado e perito**, o STF firmou entendimento de que **cabe ao Estado o custeio do exame de DNA** para os beneficiários da assistência judiciária gratuita, em virtude da autoexecutoriedade do art. 5.º, LXXIV, da CF, possibilitando o amplo acesso à Justiça e a igualdade no litígio para os menos favorecidos.[231]

O STF decidiu, ainda, que **o beneficiário da justiça gratuita que sucumbe é condenado ao pagamento de custas**, que, entretanto, só lhe serão exigidas se, até cinco anos contados da decisão final, puder satisfazê-las sem prejuízo do sustento próprio ou da família.[232]

Por fim, cabe ressaltar que esse benefício da gratuidade constitui direito público subjetivo reconhecido tanto à pessoa física quanto à **pessoa jurídica** de direito privado, independentemente de esta possuir, ou não, fins lucrativos, desde que devidamente comprovada a insuficiência de recursos para suportar as despesas do processo e o pagamento da verba honorária. Entretanto, segundo a jurisprudência do Supremo Tribunal Federal, tratando-se de pessoa jurídica – com ou sem fins lucrativos –, impõe-se-lhe, para efeito de acesso ao benefício da gratuidade, o ônus de comprovar a sua alegada incapacidade financeira, **não** sendo suficiente, portanto,

---

[229] A EC 69/2012 transferiu da União para o Distrito Federal as atribuições de organizar e manter a Defensoria Pública do Distrito Federal.

[230] RE 192.715-1, rel. Min. Celso de Mello, 21.11.2006.

[231] RE 224.775, rel. Min. Néri da Silveira, 09.04.2002.

[232] RE 184.841/DF, rel. Min. Sepúlveda Pertence, 21.03.1995.

Cap. 3 • PRINCÍPIOS, DIREITOS E GARANTIAS FUNDAMENTAIS

ao contrário do que sucede com a pessoa natural, a mera afirmação de que não está em condições de pagar as custas do processo e os honorários advocatícios.[233]

Assim, com relação às pessoas jurídicas, a exigência para o cumprimento do requisito "insuficiência de recursos" é diversa, pois o ônus da prova sobre elas recai. Em suma, admite-se a concessão da justiça gratuita às pessoas jurídicas – com ou sem fins lucrativos –, mas somente se essas comprovarem, de modo satisfatório, a impossibilidade de arcarem com os encargos processuais, sem comprometer a existência da entidade. A comprovação da miserabilidade jurídica poderá ser feita, pelas pessoas jurídicas, por documentos públicos ou particulares, tais como: declaração de imposto de renda; livros contábeis registrados na junta comercial; balanços aprovados pela assembleia, ou subscritos pelos diretores etc.

4.41. Indenização por erro judiciário e excesso na prisão (art. 5.º, LXXV)

O inciso LXXV do art. 5.º da Constituição assegura que "o Estado indenizará o condenado por erro judiciário, assim como o que ficar preso além do tempo fixado na sentença". Trata-se de hipóteses de responsabilidade civil do Estado.

A responsabilidade civil, genericamente, traduz-se em uma obrigação de indenizar e, em regra, surge quando uma pessoa, atuando com culpa ou dolo, ocasiona um dano, patrimonial ou moral, a outra pessoa.

As normas acerca da responsabilidade civil do Estado, isto é, das situações em que o Poder Público é obrigado a indenizar alguém a quem causou dano, diferem daquelas aplicáveis aos particulares, podendo-se afirmar que a regra geral é serem mais rigorosas, em favor do particular. Entretanto, outra regra geral é só haver responsabilidade civil do Estado quando ele está atuando como Administração Pública (em qualquer dos três Poderes). Nas atividades legislativa e jurisdicional, diversamente, a regra é a inexistência de responsabilidade civil do Estado.[234]

Em sua primeira parte, o inciso LXXV do art. 5.º da Constituição, ora em comento, traz uma importante exceção à irresponsabilidade por atos jurisdicionais. Com efeito, no caso de erro judiciário (o erro judiciário a que se refere o dispositivo é exclusivo da esfera penal, ou seja, é a condenação penal indevida), há responsabilidade civil do Estado, podendo a pessoa que foi injustamente condenada pleitear judicialmente indenização pelos danos morais e materiais decorrentes dessa condenação.

É mister esclarecer que, primeiro, o condenado terá que obter invalidação de sua condenação mediante revisão criminal. Julgada procedente a revisão, então deverá ser proposta ação própria no juízo cível, pleiteando a indenização pelos danos morais e materiais decorrentes da condenação penal indevida.

Na hipótese de um indivíduo ficar preso além do tempo fixado na sentença, a responsabilidade civil do Estado não decorre de algum ato jurisdicional, mas sim de atuação administrativa. A pessoa que tenha sofrido o dano, patrimonial e moral, decorrente dessa atuação (ou omissão) indevida do Estado deverá pleitear a indenização diretamente mediante ação cível específica.

---

[233] RE 192.715-1, rel. Min. Celso de Mello, 21.11.2006.

[234] O princípio da irresponsabilidade por atos jurisdicionais tem a finalidade de assegurar a liberdade e a independência dos magistrados e, assim, do próprio Poder Judiciário.

4.42. Gratuidade do Registro Civil de Nascimento, da Certidão de Óbito, do *Habeas Corpus*, do *Habeas Data* e, na forma da lei, dos atos necessários ao exercício da cidadania (art. 5.º, LXXVI e LXXVII)

Estabelece a Constituição Federal que os serviços notariais e de registro são exercidos em caráter privado, porém mediante **delegação do Poder Público** (art. 236). Em decorrência desse caráter privado da atividade, admite-se a cobrança de emolumentos relativos aos atos praticados pelos serviços notariais e de registro, os quais reverterão em benefício do próprio titular da serventia, cujo ingresso **depende de concurso público de provas e títulos** (CF, art. 236, § 3.º).[235]

Não obstante os titulares da serventia fazerem jus aos emolumentos pela prestação dos respectivos serviços, determina a Constituição que **são gratuitos para os reconhecidamente pobres**, na forma da lei, o **registro civil de nascimento** e a **certidão de óbito** (art. 5.º, LXXVI).

Sem prejuízo dessa disposição constitucional, o Supremo Tribunal Federal considerou válida previsão legal de gratuidade do registro civil de nascimento, do assento de óbito, bem como da primeira certidão respectiva, para **todos os cidadãos** (e **não** somente para os reconhecidamente pobres), sob o fundamento de que o fato de a Constituição assegurar tais direitos apenas aos reconhecidamente pobres não impede o legislador de estendê-los a outros cidadãos.[236]

A Constituição Federal assegura, também, a gratuidade das ações de *habeas corpus* e *habeas data*, e, na forma da lei, dos atos necessários ao exercício da cidadania (art. 5.º, LXXVII). Com fundamento nesse dispositivo constitucional – e reafirmando a garantia da gratuidade dos atos necessários ao exercício da cidadania –, o Supremo Tribunal Federal firmou o entendimento de que estrangeiro sem recursos **tem imunidade de taxas para regularização migratória**.[237] Essa orientação restou consolidada na seguinte **tese de repercussão geral:**[238]

> É imune ao pagamento de taxas para registro da regularização migratória o estrangeiro que demonstre sua condição de hipossuficiente, nos termos da legislação de regência.

---

[235] Conforme lição extraída de voto do Ministro Gilmar Mendes, "os titulares de serventias judiciais podem ser divididos, atualmente, em três espécies: os titulares de serventias oficializadas, que ocupam cargo ou função pública e são remunerados exclusivamente pelos cofres públicos; os titulares de serventias não estatizadas, remunerados exclusivamente por custas e emolumentos; e por último os titulares também de serventias não estatizadas, mas que são remunerados em parte pelos cofres públicos e em parte por custas e emolumentos" (RE 647.827/PR, rel. Min. Gilmar Mendes, 15.02.2017).

[236] Lei 9.534/1997.

[237] RE 1.018.911/RR, rel. Min. Luiz Fux, 16.11.2021.

[238] Em verdade, a atual Lei de Migração (Lei 13.445/2017) já garante ao migrante a isenção de taxas, mediante declaração de hipossuficiência econômica, na forma de regulamento. O referido entendimento do Supremo Tribunal Federal foi firmado para assegurar tal isenção ao migrante mesmo durante o regime jurídico anterior, disciplinado pelo Estatuto do Estrangeiro (Lei 6.815/1980), no qual não havia disposição semelhante.

4.43. Celeridade processual (art. 5.º, LXXVIII)

Dispõe a Constituição Federal que "a todos, no âmbito judicial e administrativo, são assegurados a razoável duração do processo e os meios que garantam a celeridade de sua tramitação" (art. 5.º, LXXVIII, introduzido pela EC 45/2004).

Sabe-se que no Brasil a morosidade dos processos judiciais e a baixa efetividade de suas decisões, dentre outros males, retardam o desenvolvimento nacional, desestimulam investimentos, propiciam a inadimplência, geram impunidade e solapam a crença dos cidadãos no regime democrático.

Diante dessa realidade, é indiscutível a importância que assume a consagração, em favor dos cidadãos, do direito de ver julgados, em prazo razoável, sem demora excessiva ou dilações indevidas, os litígios submetidos à apreciação do Poder Judiciário (e também da Administração Pública, no âmbito dos processos administrativos).

A relevância do reconhecimento desse direito, mesmo antes do acréscimo do inciso em comento pela EC 45/2004, vinha sendo assentada pela jurisprudência do Supremo Tribunal Federal, que, em mais de um julgado, teve oportunidade de afirmar a necessidade de acelerar a prestação jurisdicional, de neutralizar retardamentos abusivos ou dilações indevidas na resolução dos litígios, por parte de magistrados e Tribunais.[239]

Esse princípio vazado no inciso LXXVIII do art. 5.º da Carta Magna, que visa a garantir a todos os litigantes, na esfera judicial ou administrativa, a celeridade na tramitação dos processos, veio complementar e dotar de maior eficácia outras garantias já previstas na Constituição Federal, tais como: o direito de petição aos poderes públicos (art. 5.º, XXXIV); a inafastabilidade de jurisdição (art. 5.º, XXXV); o contraditório e ampla defesa (art. 5.º, LV) e o devido processo legal (art. 5.º, LIV).

A inserção, no rol do art. 5.º da Constituição Federal, do princípio da celeridade processual, pela EC 45/2004, realça, ademais, a natureza **não exaustiva** dos direitos e garantias fundamentais constitucionais, aspecto explicitado no § 2.º do art. 5.º da Carta da República.

4.44. Proteção dos dados pessoais (art. 5.º, LXXIX)

Estabelece a Constituição Federal que "é assegurado, nos termos da lei, o direito à proteção dos dados pessoais, inclusive nos meios digitais" (art. 5.º, LXXIX, acrescentado pela EC 115/2022).

---

[239] "O JULGAMENTO SEM DILAÇÕES INDEVIDAS CONSTITUI PROJEÇÃO DO PRINCÍPIO DO DEVIDO PROCESSO LEGAL.

– O direito ao julgamento, sem dilações indevidas, qualifica-se como prerrogativa fundamental que decorre da garantia constitucional do *due process of law*. O réu (...) tem o direito público subjetivo de ser julgado, pelo Poder Público, dentro de prazo razoável, sem demora excessiva nem dilações indevidas. Convenção Americana sobre Direitos Humanos (Art. 7.º, n.os 5 e 6). Doutrina. Jurisprudência.

– O excesso de prazo, quando exclusivamente imputável ao aparelho judiciário (...), traduz situação anômala que compromete a efetividade do processo, pois, além de tornar evidente o desprezo estatal pela liberdade do cidadão, frustra um direito básico que assiste a qualquer pessoa: o direito à resolução do litígio, sem dilações indevidas e com todas as garantias reconhecidas pelo ordenamento constitucional" (*RTJ* 187/933-934, rel. Min. Celso de Mello).

Com a inclusão desse inciso ao art. 5.º do texto constitucional (em fevereiro de 2022), o legislador constituinte derivado conferiu especial relevância à **proteção dos dados pessoais, inclusive no formato digital**, gravando-a como **cláusula pétrea**, nos termos do art. 60, § 4.º, IV, da Constituição Federal. Esse novo tratamento constitucional dado à matéria retrata a preocupação do legislador com a proteção dos dados das pessoas, em especial no contexto em que vivemos, de grande exposição perante a chamada "vida digital" (internet, redes sociais etc.). Com efeito, se na data da promulgação da Constituição Federal de 1988 o texto constitucional já enumerava a inviolabilidade da intimidade, da vida privada, da honra, da imagem (art. 5.º, X) e dos dados das pessoas (art. 5.º, XII) como garantias individuais, é certo que, nos dias atuais, a proteção dos dados pessoais, inclusive nos meios digitais, constitui elemento inerente à dignidade da pessoa humana.

Vale lembrar, também, que o texto constitucional passou a dispor que **compete à União** organizar e fiscalizar a proteção e o tratamento de dados pessoais, nos termos da lei (art. 21, XXVI), bem como legislar privativamente sobre proteção e tratamento de dados pessoais (art. 22, XXX). Esse novo regramento constitucional visa conferir uniformidade no tratamento da matéria, de modo a assegurar maior segurança jurídica na aplicação e interpretação das normas ordinárias pertinentes.

Por fim, há que se ressaltar que a proteção de dados já se encontrava disciplinada pelo legislador ordinário em nosso país, por meio da chamada **Lei Geral de Proteção de Dados Pessoais (LGPD)**,[240] cujas normas gerais alcançam a União, os Estados, o Distrito Federal e os Municípios.[241] Essa lei – que, doravante, deverá ser interpretada em consonância com o art. 5.º, LXXIX, da Constituição Federal – dispõe sobre o tratamento de dados pessoais, inclusive nos meios digitais, por pessoa natural ou jurídica, de direito público ou privado, com o objetivo de proteger os direitos fundamentais de liberdade e de privacidade e o livre desenvolvimento da personalidade da pessoa natural.

4.45. *Habeas corpus* (art. 5.º, LXVIII)

A Constituição Federal, seguindo a tendência das Constituições contemporâneas, consagra um grande conjunto de direitos ao indivíduo. Com o intuito de assegurar efetividade a esses direitos, institui, paralelamente, as denominadas **garantias**, sendo que, entre essas garantias, destacam-se os **remédios constitucionais**.

A expressão **remédios constitucionais** designa determinadas garantias que consubstanciam meios colocados à disposição do indivíduo para salvaguardar seus direitos diante de ilegalidade ou abuso de poder cometido pelo Poder Público. Não se trata de meras proibições endereçadas ao Estado, como ocorre com a maioria das demais garantias; os denominados remédios são instrumentos à disposição do indivíduo para que ele possa atuar quando os direitos e as próprias garantias são violadas.

---

[240] Lei 13.709, de 14 de agosto de 2018.
[241] Lei 13.709/2018, art. 1.º, parágrafo único.

Cap. 3 • PRINCÍPIOS, DIREITOS E GARANTIAS FUNDAMENTAIS

Na vigente Constituição, temos **remédios administrativos** (direito de petição e direito de certidão) e **remédios judiciais** (*habeas data*, *habeas corpus*, mandado de segurança, mandado de injunção e ação popular).

Os remédios administrativos (direito de petição e direito de certidão) já foram estudados, em tópicos precedentes. Nos itens a seguir, examinaremos os aspectos constitucionais e legais dos denominados remédios constitucionais de natureza judicial, iniciando pelo remédio heroico (*habeas corpus*).

Estabelece a Constituição, no inciso LXVIII de seu art. 5.º: "conceder-se-á 'habeas-corpus' sempre que alguém sofrer ou se achar ameaçado de sofrer violência ou coação em sua liberdade de locomoção, por ilegalidade ou abuso de poder;".

O *habeas corpus* é o remédio a ser utilizado contra ilegalidade ou abuso de poder no tocante ao **direito de locomoção**, que alberga o direito de ir, vir e permanecer do indivíduo.

O *habeas corpus* é remédio constitucional destinado a proteger o direito de locomoção de **pessoa natural**, **não** podendo ser impetrado em favor de **pessoa jurídica**.[242]

O *habeas corpus* é ação de **natureza penal**, de procedimento especial e **isenta de custas** (é gratuito), com objeto específico, constitucionalmente delineado – liberdade de locomoção –, não podendo ser utilizado para a correção de qualquer ilegalidade que não implique coação ou iminência de coação, direta ou indireta, à liberdade de ir, vir e permanecer.

Em respeito ao direito fundamental de locomoção, nos julgamentos de *habeas corpus* no âmbito dos tribunais do Poder Judiciário, **sempre que houver empate na votação, decide-se favoravelmente ao réu**.[243]

O *habeas corpus* pode ser:

a) **repressivo** (liberatório), quando o indivíduo já teve desrespeitado o seu direito de locomoção (já foi ilegalmente preso, por exemplo); ou

b) **preventivo** (salvo-conduto), quando há apenas uma ameaça de que o seu direito de locomoção venha a ser desrespeitado (o indivíduo está na iminência de ser preso, por exemplo).

Desde que presentes os seus pressupostos (probabilidade de ocorrência de dano irreparável e indicação razoável da ilegalidade no constrangimento), **é possível a concessão de medida liminar em *habeas corpus***, seja ele preventivo ou repressivo (a medida liminar é uma ordem judicial proferida prontamente, mediante um juízo sumário, porém precário, ou seja, não definitivo, de plausibilidade das alegações e de risco de dano de difícil reparação, se houvesse demora na prestação jurisdicional).

A legitimação ativa no *habeas corpus* é **universal**: qualquer do povo, nacional ou estrangeiro, independentemente de capacidade civil, política ou profissional, de idade, de sexo, profissão, estado mental, pode ingressar com *habeas corpus*, em benefício

---

[242] HC 92.921/BA, rel. Min. Ricardo Lewandowski, 19.08.2008.
[243] HC 111.498/SP, rel. Min. Marco Aurélio, 01.03.2013.

próprio ou alheio (*habeas corpus* de terceiro). Não há impedimento algum para que uma pessoa menor de idade, analfabeta, doente mental, mesmo sem representação ou assistência de terceiro, ingresse com *habeas corpus*. A jurisprudência admite, inclusive, a impetração de *habeas corpus* por **pessoa jurídica**, em favor de pessoa física a ela ligada (um diretor da empresa, por exemplo).

Não se admite, porém, a impetração de *habeas corpus* em favor de **pessoas indeterminadas**, não identificadas pela parte impetrante.[244] Seria inviável, por exemplo, a impetração de *habeas corpus* "em favor da coletividade formada por todas as pessoas que se encontram na situação 'Y'".

Sem prejuízo da restrição mencionada no parágrafo anterior, é muito relevante registrar que a jurisprudência do Supremo Tribunal Federal passou a reconhecer a possibilidade de impetração de *habeas corpus* **coletivo** como meio de garantir a grupos socioeconomicamente vulneráveis o acesso à Justiça.

Com efeito, em importantíssimo julgado, o Tribunal conheceu de *habeas corpus* coletivo impetrado em favor de mães presas, no qual se pleiteava a substituição da prisão preventiva pela domiciliar, e, no mérito, depois de fixar as condições para a fruição do direito, **concedeu a ordem** em favor de **todas as mulheres presas preventivamente** que ostentem a condição de **gestantes**, de **puérperas** ou de **mães de crianças de até 12 anos e deficientes sob sua guarda**.[245]

Na oportunidade, a Corte Suprema assentou que, se o bem jurídico ofendido é o direito de ir e vir, quer pessoal, quer de **um grupo determinado de pessoas**, o instrumento processual para resgatá-lo é o *habeas corpus*, individual **ou coletivo**. Pontuou-se, ademais, que o fato de as autoridades públicas terem apresentado listas contendo nomes e demais dados das mulheres presas preventivamente tornou superada qualquer alegação de que as pacientes seriam indeterminadas ou indetermináveis. Vale dizer, a impetração é coletiva, mas tem por objeto um grupo **determinado** de pessoas (conforme exposto anteriormente, o Pretório Excelso não admite a impetração de *habeas corpus* em favor de pessoas indeterminadas).

O Supremo Tribunal Federal passou a entender, ainda, que situações excepcionais podem autorizar a **concessão de** *habeas corpus* **substitutivo de revisão criminal**.[246] Segundo essa orientação, mesmo com o trânsito em julgado da condenação, é admissível, **excepcionalmente**, a impetração de *habeas corpus* como sucedâneo de revisão criminal naqueles casos em que os fatos sejam incontroversos, líquidos e certos, sem qualquer dúvida objetiva sobre a sua veracidade.

Para o ajuizamento do *habeas corpus* é irrelevante, também, a nacionalidade do impetrante, podendo **qualquer estrangeiro** se valer da ação em defesa do seu direito de locomoção em território nacional. Entretanto, **exige-se que a ação seja redigida em língua portuguesa**, sob pena de não conhecimento pelo Poder Judiciário, por força do art. 13 da Constituição Federal.[247]

---

[244] HC 143.704/PR, rel. Min. Celso de Mello, 10.05.2017.
[245] HC 143.641/SP, rel. Min. Ricardo Lewandowski, 20.02.2018.
[246] HC 139.741/DF (2.ª Turma), rel. Min. Dias Toffoli, 06.03.2018.
[247] STF, HC-QO 7.2391/DF, rel. Min. Celso de Mello, 07.03.1995.

Cap. 3 • PRINCÍPIOS, DIREITOS E GARANTIAS FUNDAMENTAIS

Ademais, **não há necessidade de advogado para a impetração de** *habeas corpus*. Não se exige, tampouco, a subscrição de advogado para a interposição de recurso ordinário contra decisão proferida em habeas corpus.[248] Caso o impetrante opte pela (facultativa) assistência advocatícia, a prova de instrumento do mandato (procuração) **é inexigível** tanto para a impetração quanto para a interposição de recursos, independentemente da instância.[249]

O *habeas corpus* será impetrado contra um ato do sujeito coator, que tanto poderá ser **autoridade pública** (delegado de polícia, promotor de justiça, juiz, tribunal etc.), quanto **particular**, para fazer cessar uma coação ilegal. Assim, **é possível a impetração de** *habeas corpus* **contra ato de agente privado** (contra o agente de um hospital, que esteja ilegalmente impedindo a saída do paciente, por exemplo).

4.45.1. *Ofensa indireta ao direito de locomoção*

Segundo a jurisprudência do STF, o *habeas corpus* é cabível não só em caso de ameaça direta ao direito de ir e vir, mas também nas hipóteses **de ameaça indireta, reflexa, potencial ou até remota ao direito fundamental de locomoção.**

Temos ofensa indireta (ou ameaça de ofensa indireta) ao direito de locomoção quando o ato que se esteja impugnando possa resultar em um procedimento que, ao final, acarrete detenção ou reclusão do impetrante. Um exemplo frequente e bastante ilustrativo é o da utilização do *habeas corpus* para atacar (ou impedir) a **quebra de sigilo bancário**.

Em regra, o instrumento idôneo para atacar a quebra do sigilo bancário supostamente ilegal é o **mandado de segurança**. Entretanto, há uma situação em que o STF admite, alternativamente, a impetração de *habeas corpus*: quando a quebra do sigilo bancário implicar ofensa indireta ou reflexa ao direito de locomoção.

Essa situação pode ocorrer, por exemplo, com uma pessoa que esteja respondendo a um processo criminal por sonegação fiscal, crime apenado com **reclusão**, sendo que, nesse processo, foi determinada pelo magistrado competente a quebra do sigilo bancário dessa pessoa. Se tal pessoa entender que essa medida determinada pelo juiz é arbitrária (por falta de fundamentação, por exemplo), poderá impetrar *habeas corpus* contra a medida, **por representar uma ofensa indireta ao seu direito de locomoção**.

Nesse caso, fala-se que a quebra do sigilo bancário representa uma ofensa indireta ao direito de locomoção porque, posteriormente, a pessoa processada poderia ser condenada à pena privativa de liberdade (reclusão) com base nas provas levantadas durante a quebra do seu sigilo bancário. Logo, a quebra do sigilo bancário representa, desde já, uma ofensa indireta e potencial ao seu direito de locomoção (no futuro).

E se a quebra do sigilo bancário houvesse sido determinada pela autoridade fiscal, no curso de um processo administrativo tributário, poderia ser impetrado *habeas corpus* contra ela? Nessa hipótese, o *habeas corpus* seria incabível, porque

---

[248] HC 84.716/MG, rel. Min. Marco Aurélio, 19.10.2004.
[249] HC 199.322/SP, rel. Min. Gilmar Mendes, 19.04.2021.

em um processo administrativo tributário a quebra do sigilo bancário **não implica ofensa indireta ao direito de locomoção**, uma vez que não existe nenhuma possibilidade de imposição de pena privativa de liberdade em um processo administrativo tributário. Seria o caso, então, para utilização do **mandado de segurança** contra a quebra do sigilo bancário (desde que presentes os pressupostos para impetração do mandado de segurança, obviamente).

Além do antes visto exemplo da quebra de sigilo bancário, será também cabível a impetração de *habeas corpus* contra outras medidas supostamente ilegais (quebra dos sigilos fiscal e telefônico, produção de provas ilícitas, cerceamento do direito de defesa etc.), desde que tais medidas tenham sido adotadas no âmbito de processo criminal em que esteja sendo imputado ao processado crime apenado com pena privativa de liberdade (situação que, conforme vimos, caracteriza a ofensa indireta ao direito de locomoção).

Nessa mesma linha, o indivíduo convocado para depor como testemunha perante comissão parlamentar de inquérito (CPI) **poderá impetrar** *habeas corpus* **para afastar a convocação**, se entendê-la arbitrária, pois a mera convocação implica ofensa indireta ao direito de locomoção.

4.45.2. Descabimento

Segundo a jurisprudência do STF, será incabível *habeas corpus* para:

a) impugnar decisões do Plenário, de qualquer das Turmas ou de Ministro (decisões monocráticas) do Supremo Tribunal Federal, visto que, quando decidem, representam o próprio Tribunal;[250]

b) impugnar determinação de suspensão dos direitos políticos;

c) impugnar penalidade imposta mediante decisão administrativa de caráter disciplinar (advertência, suspensão, demissão, destituição de cargo em comissão, cassação de aposentadoria etc.), ou trancar o andamento do correspondente processo administrativo, porque nessas hipóteses não está em jogo a liberdade de ir e vir;[251]

d) discutir crime que não enseja pena privativa de liberdade,[252] ou impugnar decisão condenatória à pena de multa, ou relativa a processo em curso por infração penal a que a pena pecuniária seja a única cominada;[253]

e) impugnar a determinação de quebra de sigilo telefônico, bancário ou fiscal, se desta medida não puder resultar condenação à pena privativa de liberdade;

f) discutir o mérito das punições disciplinares militares;

Reza o texto constitucional que não caberá *habeas corpus* contra **punições disciplinares militares** (CF, art. 142, § 2.º). A razão dessa vedação é que, como

---

[250] HC 115.787/RJ, red. p/ o acórdão Min. Dias Toffoli, 18.05.2017.

[251] HC 100.664/DF, rel. Min. Marco Aurélio, 02.12.2010.

[252] HC 127.834/MG, red. p/ o acórdão Min. Alexandre de Moraes, 05.12.2017.

[253] Súmula 693 do STF.

Cap. 3 • PRINCÍPIOS, DIREITOS E GARANTIAS FUNDAMENTAIS

vimos, o meio militar segue regras próprias de conduta, de hierarquia e disciplina, bem mais rígidas do que as que imperam no âmbito civil, e, portanto, não faria sentido o magistrado, estranho às peculiaridades das corporações militares, substituir o juízo de conveniência da autoridade militar na imposição de uma punição disciplinar.

Entretanto, segundo a jurisprudência do Supremo Tribunal Federal, essa vedação há que ser interpretada com certo abrandamento, no sentido de que não caberá *habeas corpus* **em relação ao mérito das punições disciplinares militares.**[254] Significa dizer que a Constituição não impede a impetração de *habeas corpus* para que o Poder Judiciário examine os pressupostos de legalidade da medida adotada pela autoridade militar, tais como a competência da autoridade militar, o cumprimento dos procedimentos estabelecidos no regulamento militar, a pena suscetível de ser aplicada ao caso concreto – dentre outros.

g) questionar afastamento ou perda de cargo público e impugnar a imposição de pena de exclusão de militar ou de perda de patente ou de função pública;

Em que pese o fato de o entendimento exposto na letra "g" encontrar-se sumulado (Súmula 694 do STF), o Supremo Tribunal Federal tem, **excepcionalmente**, admitido a impetração de habeas corpus para impugnar **medidas cautelares de natureza criminal diversas da prisão** (admitiu-se habeas corpus, por exemplo, para determinar a revogação da suspensão do exercício da função pública de conselheiro de tribunal de contas e das demais medidas cautelares pessoais a ele impostas por tribunal do Poder Judiciário).[255] Nessas hipóteses **excepcionais**, perfilha-se o argumento de que tais medidas, embora diversas da prisão, afetam interesses não patrimoniais importantes da pessoa física e, ademais, se descumpridas, podem ser convertidas em imediata prisão processual.

h) dirimir controvérsia sobre a guarda de filhos menores;

i) discutir matéria objeto de processo de extradição, quando os fatos não são líquidos quanto à definição do crime;

j) o questionamento de condenação criminal quando já extinta a pena privativa de liberdade (STF, Súmula 695);

k) impedir o cumprimento de decisão que determina o sequestro de bens imóveis;

l) discutir a condenação imposta em processo de *impeachment*, pela prática de crime de responsabilidade, visto que tal condenação, de natureza política, não põe em risco a liberdade de ir e vir da autoridade (somente poderá advir a perda do cargo público e a inabilitação, por oito anos, para o exercício de função pública – CF, art. 52, parágrafo único);

m) impugnar o mero indiciamento em inquérito policial, desde que presentes indícios de autoria de fato que configure crime em tese;

---

[254] STF, 1.ª T., HC 70.648/RJ, rel. Min. Moreira Alves, *DJU* 04.03.1994.

[255] HC 147.303/AP (2.ª Turma), rel. min. Gilmar Mendes, 18.12.2017.

218 DIREITO CONSTITUCIONAL DESCOMPLICADO • Vicente Paulo & Marcelo Alexandrino

n) impugnar omissão de relator de extradição, se fundado em fato ou direito estrangeiro cuja prova não constava dos autos, nem foi ele provocado a respeito;[256]

o) tutelar o direito de receber visita íntima ou social em estabelecimento prisional, por não estar envolvido o direito de ir e vir, nem implicar efetiva restrição à liberdade do custodiado.[257]

4.46. Mandado de segurança (art. 5.º, LXIX e LXX)

Reza a Constituição Federal de 1988, em seu art. 5.º, inciso LXIX:

> LXIX – conceder-se-á mandado de segurança para proteger direito líquido e certo, não amparado por *habeas corpus* ou *habeas data*, quando o responsável pela ilegalidade ou abuso de poder for autoridade pública ou agente de pessoa jurídica no exercício de atribuições do Poder Público;

Incorporado ao texto constitucional desde a Constituição Federal de 1934, atualmente o mandado de segurança é regulamentado pela Lei 12.016, de 07.08.2009. Nos parágrafos seguintes, sem a pretensão de esgotar o assunto, destacamos os principais aspectos desse regramento legal, complementando-os com entendimentos doutrinários e da jurisprudência dominante do Supremo Tribunal Federal.

4.46.1. *Natureza jurídica*

O mandado de segurança é ação judicial, de rito sumário especial, a ser utilizada quando direito líquido e certo do indivíduo for violado por ato de **autoridade governamental** ou de **agente de pessoa jurídica privada que esteja no exercício de atribuição do Poder Público**.

O mandado de segurança é ação de natureza **residual, subsidiária**, pois somente é cabível quando o direito líquido e certo a ser protegido não for amparado por outros remédios judiciais (*habeas corpus* ou *habeas data*, ação popular etc.).

É sempre ação de **natureza civil**, ainda quando impetrado contra ato de juiz criminal, praticado em processo penal.

4.46.2. *Cabimento*

Conceder-se-á mandado de segurança para proteger direito líquido e certo, não amparado por *habeas corpus* ou *habeas data*, sempre que, ilegalmente ou com abuso de poder, qualquer pessoa física ou jurídica sofrer violação ou houver justo

---

[256] STF, Súmula 692: "Não se conhece de *habeas corpus* contra omissão de relator de extradição, se fundado em fato ou direito estrangeiro cuja prova não constava dos autos, nem foi ele provocado a respeito".

[257] HC 115.542/DF, rel. Min. Celso de Mello, 09.04.2013; HC 128.057/SP, red. p/ o acórdão Min. Alexandre de Moraes, 01.08.2017; HC 148.119/DF, rel. Min. Gilmar Mendes, 06.10.2017.

Cap. 3 • PRINCÍPIOS, DIREITOS E GARANTIAS FUNDAMENTAIS

receio de sofrê-la por parte de autoridade, seja de que categoria for e sejam quais forem as funções que exerça.

Como se vê, o mandado de segurança é cabível contra o chamado **ato de autoridade**, entendido como qualquer manifestação ou omissão do Poder Público, no desempenho de suas atribuições. Ressalte-se que não só as manifestações positivas, comissivas, são consideradas atos de autoridade, pois **as omissões das autoridades também podem violar direito líquido e certo do indivíduo**, legitimando a impetração do mandado de segurança.

Equiparam-se às autoridades públicas, quanto à prática de atos reparáveis via mandado de segurança, os representantes ou órgãos de partidos políticos e os administradores de entidades autárquicas, bem como os dirigentes de pessoas jurídicas ou as pessoas naturais no exercício de atribuições do Poder Público, somente no que disser respeito a essas atribuições.

4.46.3. Descabimento

Não se concederá mandado de segurança quando se tratar:

I – de ato do qual caiba recurso administrativo com efeito suspensivo, independentemente de caução;

II – de decisão judicial da qual caiba recurso com efeito suspensivo;

III – de decisão judicial transitada em julgado.

A vedação constante do inciso I foi abrandada pela jurisprudência pátria. Com efeito, entendem os nossos tribunais que o que é vedado é o administrado **impetrar o mandado de segurança enquanto está pendente de decisão o recurso administrativo com efeito suspensivo que ele próprio apresentou**. Entretanto, mesmo que seja cabível o recurso administrativo com efeito suspensivo, se o administrado simplesmente deixar escoar o prazo sem apresentar esse recurso, não fica impedido de ajuizar o mandado de segurança (desde que, evidentemente, não tenha transcorrido o prazo decadencial de cento e vinte dias para a impetração).

É interessante observar que, na hipótese de o mandado de segurança ser impetrado contra uma **omissão** ilegal, descabe por completo a aplicação da restrição vazada nesse inciso, uma vez que não pode ser cogitada a existência de um recurso administrativo com "efeito suspensivo" de um ato que justamente deixou de ser praticado.

Quanto ao inciso III, é oportuno registrar que a impossibilidade de ajuizar mandado de segurança contra decisão judicial com trânsito em julgado é ponto há muito consagrado pela jurisprudência.[258] Decisões judiciais transitadas em julgado, na esfera cível, devem ser atacadas, se for o caso, mediante ação própria: a ação rescisória (Código de Processo Civil, arts. 966 a 975). Já na esfera penal, a ação adequada para desfazer uma decisão transitada em julgado, se for o caso, é a revisão criminal (Código de Processo Penal, arts. 621 a 631).

---

[258] STF, Súmula 268: "Não cabe mandado de segurança contra decisão judicial com trânsito em julgado."

Também **não cabe** mandado de segurança contra os **atos de gestão comercial** praticados pelos administradores de empresas públicas, de sociedade de economia mista e de concessionárias de serviço público. O Supremo Tribunal Federal já apreciou e considerou legítima essa norma, que está expressa no § 2.º do art. 1.º da Lei 12.016/2009. Frisou o Tribunal, na ocasião, que o ajuizamento do mandado de segurança é cabível apenas contra atos praticados no desempenho de atribuições do Poder Público, conforme estabelece o inciso LXIX do art. 5.º da Constituição da República, e que os referidos atos de gestão comercial "se destinam à satisfação de interesses privados na exploração de atividade econômica, submetendo-se a regime jurídico próprio das empresas privadas".[259]

Por fim, **não cabe mandado de segurança contra lei em tese**, salvo se produtora de efeitos concretos.[260] Somente **as leis de efeitos concretos são passíveis de impugnação mediante mandado de segurança**, pois estas equivalem a atos administrativos, e, por terem destinatários certos, podem violar, diretamente, direitos subjetivos. Para a fiscalização da constitucionalidade das "leis em tese" existe a via própria – ação direta de inconstitucionalidade –, no âmbito do nosso sistema de controle abstrato de normas.

4.46.4. Direito líquido e certo

Nem todo o direito é amparado pela via do mandado de segurança: a Constituição Federal exige que o direito invocado seja **líquido e certo**.

Direito líquido e certo é aquele demonstrado de plano, de acordo com o direito, e sem incerteza, a respeito dos fatos narrados pelo impetrante. É o que se apresenta manifesto na sua existência, delimitado na sua extensão e apto a ser exercitado no momento da impetração. Se a existência do direito for duvidosa; se sua extensão ainda não estiver delimitada; se seu exercício depender de situações e fatos ainda indeterminados, não será cabível o mandado de segurança. Esse direito incerto, indeterminado, poderá ser defendido por meio de outras ações judiciais, mas não na via especial e sumária do mandado de segurança.

Por essa razão, **não há dilação probatória no mandado de segurança**; as provas devem ser pré-constituídas, em regra, documentais, levadas aos autos do processo no momento da impetração.

Segundo a orientação dominante, **a exigência de liquidez e certeza recai sobre a matéria de fato**, sobre os fatos alegados pelo impetrante para o ajuizamento do mandado de segurança. Estes, sim, necessitam de comprovação inequívoca, de plano. A matéria de direito, por mais complexa e difícil que se apresente, pode ser apreciada em mandado de segurança. Desse modo, se os fatos alegados pelo autor estiverem inequivocamente comprovados (matéria de fato), a alegação de grande complexidade jurídica do direito invocado (matéria de direito) não será motivo para obstar a utilização da via do mandado de segurança.

---

[259] ADI 4.296/DF, red. p/ o acórdão Min. Alexandre de Moraes, 09.06.2021 (Informativo 1.021 do STF).
[260] STF, Súmula 266: "Não cabe mandado de segurança contra lei em tese."

Cap. 3 • PRINCÍPIOS, DIREITOS E GARANTIAS FUNDAMENTAIS

4.46.5. Legitimação ativa

Têm **legitimidade ativa** para impetrar mandado de segurança (sujeito ativo):

a) as pessoas físicas ou jurídicas, nacionais ou estrangeiras, domiciliadas ou não no Brasil;

b) as universalidades reconhecidas por lei, que, embora sem personalidade jurídica, possuem capacidade processual para defesa de seus direitos (o espólio, a massa falida, o condomínio de apartamentos, a herança, a sociedade de fato, a massa do devedor insolvente etc.);

c) os órgãos públicos de grau superior, na defesa de suas prerrogativas e atribuições;

d) os agentes políticos (governador de estado, prefeito municipal, magistrados, deputados, senadores, vereadores, membros do Ministério Público, membros dos tribunais de contas, ministros de estado, secretários de estado etc.), na defesa de suas atribuições e prerrogativas;

e) o Ministério Público, competindo a impetração, perante os tribunais locais, ao promotor de justiça, quando o ato atacado emanar de juiz de primeiro grau de jurisdição.

Quando o direito ameaçado ou violado couber a várias pessoas, qualquer delas poderá requerer o mandado de segurança.

4.46.6. Legitimação passiva

Têm **legitimidade passiva** em mandado de segurança:

a) autoridades públicas de quaisquer dos Poderes da União, dos estados, do Distrito Federal e dos municípios, sejam de que categoria forem e sejam quais forem as funções que exerçam;

b) os representantes ou órgãos de partidos políticos e os administradores de entidades autárquicas (incluídas as fundações governamentais com personalidade jurídica de direito público);

c) os dirigentes de pessoas jurídicas de direito privado, integrantes ou não da administração pública formal, e as pessoas naturais, desde que eles estejam no exercício de atribuições do Poder Público, e somente no que disser respeito a essas atribuições.

Considera-se autoridade coatora aquela que tenha praticado o ato impugnado ou da qual emane a ordem para a sua prática.

Em mandado de segurança, em se tratando de atribuição delegada, a autoridade coatora será **o agente delegado** (que recebeu a atribuição), e **não** a autoridade delegante (que efetivou a delegação).[261]

---

[261] STF, Súmula 510: "Praticado o ato por autoridade, no exercício de competência delegada, contra ela cabe o mandado de segurança ou a medida judicial."

Desse modo, a competência para o processo e julgamento do mandado de segurança, quando se tratar de ato praticado por autoridade delegada, tendo sido a delegação efetivada no próprio âmbito das entidades políticas – União, estados e municípios –, será do **juízo ou tribunal competente para apreciar os atos da autoridade delegada**. Assim, se Ministro de Estado pratica um ato por delegação recebida do Presidente da República, o tribunal competente para apreciar mandado de segurança impetrado contra tal ato do ministro será o Superior Tribunal de Justiça (CF, art. 105, I, "b"), não o Supremo Tribunal Federal (que seria o tribunal competente se o ato tivesse sido praticado pelo próprio Presidente da República, nos termos do art. 102, I, "d", da Constituição).

Cabe à **autoridade coatora** a atribuição de **prestar as informações ao magistrado**, carreando a este elementos e informações que auxiliem na formação de sua convicção sobre o conflito. Com efeito, ao despachar a petição inicial, o juiz ordenará a notificação da autoridade coatora do conteúdo da petição inicial, enviando-lhe a segunda via apresentada com as cópias dos documentos, a fim de que, no prazo de 10 (dez) dias, preste as informações.

Além da notificação da autoridade coatora, para que sejam prestadas as informações, o juiz ordenará também que se dê **ciência do feito ao órgão de representação judicial da pessoa jurídica interessada**, enviando-lhe cópia da inicial sem documentos, para que, querendo, ingresse no feito. Desse modo, por exemplo, caso seja impetrado um mandado de segurança em face de ato coator praticado por Delegado da Polícia Federal (autoridade federal), além da notificação a este para que, no prazo de dez dias, preste as informações, será também dada ciência ao Advogado-Geral da União (representante judicial da União, nos termos do art. 131 da Constituição Federal) para que, querendo, ingresse no processo.

4.46.7. Medida liminar

Medida liminar é uma ordem judicial proferida prontamente, mediante um juízo sumário, porém precário, ou seja, não definitivo, de plausibilidade das alegações e de risco de dano de difícil reparação, se houvesse demora na prestação jurisdicional.

Os pressupostos de uma liminar, portanto, são a **plausibilidade jurídica do pedido** (*fumus boni juris*) e o **risco de dano irreparável** ou **de difícil reparação** em decorrência da demora na prestação jurisdicional definitiva (*periculum in mora*). Presentes esses pressupostos, a medida liminar deve ser concedida, mas isso não impede, de maneira nenhuma, que a decisão judicial definitiva (decisão de mérito), ainda que prolatada pelo mesmo juiz que antes concedeu a liminar, seja contrária ao impetrante, isto é, seja pela improcedência do pedido (ou mesmo que a liminar seja revogada ou cassada ainda antes de ser julgado o mérito da causa).

Ao despachar a inicial, o magistrado **apreciará o pedido de medida liminar**, a qual, como visto, será concedida quando: (a) houver fundamento relevante; e (b) do ato impugnado puder resultar a ineficácia da ação judicial, caso venha a ser acolhida ao final, com a decisão de mérito. Nessa hipótese – deferimento do pedido de medida liminar –, o juiz ordenará que se suspenda a execução do ato impugnado,

sendo facultado exigir do impetrante caução, fiança ou depósito, com o objetivo de assegurar eventual ressarcimento à pessoa jurídica.

Essa possibilidade de o juiz exigir do impetrante caução, fiança ou depósito (**medidas de contracautela**) está prevista no inciso III do art. 7.º da Lei 12.016/2009 e já foi declarada compatível com a Constituição de 1988 pelo Supremo Tribunal Federal, especialmente porque se trata de mera **faculdade** conferida ao magistrado – e não de um obstáculo ao seu poder geral de cautela, imposto pelo legislador.[262]

Deferida a medida liminar, o processo terá **prioridade para julgamento**. Assegura-se, aqui, prioridade de julgamento àqueles mandados de segurança em que tenha sido deferida a medida liminar, com o fim de evitar que o conflito permaneça regido durante longo período por uma medida precária (medida liminar).

Os efeitos da medida liminar persistirão **até a prolação da sentença de mérito**, salvo se **revogada** (pelo próprio magistrado que a concedeu) ou **cassada** (por instância superior).

O § 2.º do art. 7.º da Lei 12.016/2009 proibia a concessão de medida liminar que tivesse por objeto: (a) a compensação de créditos tributários; (b) a entrega de mercadorias e bens provenientes do exterior; (c) a reclassificação ou equiparação de servidores públicos; e (d) a concessão de aumento ou a extensão de vantagens ou pagamento de qualquer natureza. Em 2021, entretanto, esse dispositivo foi invalidado pelo Supremo Tribunal Federal, sob o fundamento de que "é **inconstitucional** ato normativo que vede ou condicione a concessão de medida liminar na via mandamental".[263] Dessa forma, vale enfatizar: atualmente, **não é vedada** a concessão de liminares em mandados de segurança que versem sobre as matérias referidas no § 2.º do art. 7.º da Lei 12.016/2009 – esse parágrafo foi retirado do mundo jurídico por decisão de nossa Corte Suprema proferida em ação integrante do controle abstrato de normas.

4.46.8. *Prazo para impetração*

O prazo para impetração do mandado de segurança é de **cento e vinte dias**, a contar da data em que o interessado tiver conhecimento oficial do ato a ser impugnado (publicação do ato na imprensa oficial, por exemplo).

Trata-se, conforme orientação do STF, de prazo **decadencial**, não passível de suspensão ou interrupção. Nem mesmo o pedido de reconsideração administrativo interrompe a contagem desse prazo.[264]

Se o ato impugnado é de trato sucessivo (pagamento periódico de vencimentos, prestações mensais de determinado contrato etc.), o prazo de cento e vinte dias **renova-se a cada ato**.

---

[262] ADI 4.296/DF, red. p/ o acórdão Min. Alexandre de Moraes, 09.06.2021 (Informativo 1.021 do STF).

[263] ADI 4.296/DF, red. p/ o acórdão Min. Alexandre de Moraes, 09.06.2021 (Informativo 1.021 do STF).

[264] STF, Súmula 430: "Pedido de reconsideração na via administrativa não interrompe o prazo para o mandado de segurança."

Se o mandado de segurança é do tipo **preventivo** (impetrado preventivamente, com o fim de evitar a prática de um ato ilegal ou arbitrário), não há que se falar em prazo decadencial de cento e vinte dias para sua impetração, porque não há um ato coator apto a marcar o termo inicial de contagem.

Uma vez denegado o mandado de segurança, o pedido poderá ser renovado dentro do prazo decadencial, **se a decisão denegatória não lhe houver apreciado o mérito.**

4.46.9. Competência

A competência para julgar mandado de segurança é definida **pela categoria da autoridade coatora e pela sua sede funcional**. Desse modo, se a autoridade coatora é federal e desempenha suas atribuições em Fortaleza – CE, o juízo competente será a Justiça Federal nessa cidade, seja qual for a matéria discutida. É irrelevante, para fixação da competência, a matéria a ser discutida em mandado de segurança, uma vez que é em razão da autoridade coatora da qual emanou o ato dito lesivo que se determina o juízo a que deve ser submetida a ação.

Segundo o STF, não lhe cabe julgar, originariamente, mandados de segurança contra atos praticados por outros tribunais e seus órgãos.[265] Os próprios tribunais é que têm competência para julgar, originariamente, os mandados de segurança contra os seus atos, os dos respectivos presidentes e os de suas câmaras, turmas ou seções. Assim, mandado de segurança contra ato do Superior Tribunal de Justiça (STJ), do seu Presidente e de seus órgãos (turmas, seções) será julgado pelo próprio STJ; se o mandado de segurança é contra ato do Tribunal Superior do Trabalho (TST), do seu Presidente ou de suas Turmas, a competência para o julgamento será do próprio TST, e assim sucessivamente.

No âmbito da Justiça Estadual, caberá aos próprios estados-membros cuidar da competência para a apreciação do mandado de segurança contra ato de suas autoridades, por força do art. 125 da Constituição Federal.

4.46.10. Duplo grau de jurisdição

Concedida a segurança, a sentença estará sujeita obrigatoriamente ao **duplo grau de jurisdição** (reexame necessário).

Significa que, no mandado de segurança, a sentença de primeira instância, quando concessiva da ordem, **fica sujeita a reexame obrigatório pelo tribunal respectivo**. Se a pessoa de direito público vencida não apelar, ou se o seu recurso não for admissível, porque intempestivo, ou por não atender a qualquer formalidade, haverá a remessa dos autos, de ofício, para o tribunal.

A obrigatoriedade de duplo grau de jurisdição, todavia, **não impede que a sentença de primeiro grau seja executada provisoriamente**, salvo nos casos em que for vedada a concessão da medida liminar.

---

[265] STF, Súmula 624: "Não compete ao supremo tribunal federal conhecer originariamente de mandado de segurança contra atos de outros tribunais."

Cap. 3 • PRINCÍPIOS, DIREITOS E GARANTIAS FUNDAMENTAIS 225

Ademais, **não há duplo grau de jurisdição obrigatório** se a decisão foi proferida por tribunal do Poder Judiciário, no uso de **competência originária**.

4.46.11. Pagamento a servidor

O pagamento de vencimentos e vantagens pecuniárias assegurados em sentença concessiva de mandado de segurança a servidor público da administração direta ou autárquica federal, estadual e municipal somente será efetuado relativamente às prestações que se vencerem a contar da data do ajuizamento da inicial.

Evita-se, com essa regra, que o mandado de segurança seja utilizado como ação substitutiva de cobrança.[266] Significa dizer que a concessão de mandado de segurança não produz efeitos patrimoniais, em relação a período pretérito, os quais deverão ser reclamados administrativamente, ou pela via judicial própria.[267]

Exemplificando: imagine-se que o Poder Público esteja realizando desconto indevido na remuneração mensal do servidor Antônio desde o mês de dezembro de 2004. Antônio, porém, só ajuizou o mandado de segurança em março de 2005. Em setembro de 2005, é prolatada a sentença, reconhecendo a ilegitimidade de tal desconto.

Nessa situação, embora a sentença tenha reconhecido a ilegalidade do ato, a ordem mandamental, em relação aos efeitos pecuniários (descontos indevidamente realizados), somente alcançará as prestações relativas ao período posterior à impetração (de março a setembro). Os descontos realizados em período anterior ao ajuizamento do *writ* (dezembro a fevereiro) deverão ser reclamados na via própria, judicial ou administrativa.

4.46.12. Descabimento de honorários advocatícios

No processo de mandado de segurança **não há condenação ao pagamento dos honorários advocatícios** (ônus de sucumbência),[268] sem prejuízo da aplicação de sanções no caso de litigância de má-fé.

4.46.13. Desistência

O mandado de segurança **admite desistência em qualquer tempo e em qualquer grau de jurisdição**, independentemente do consentimento do impetrado, mesmo que já tenha sido proferida decisão de mérito, desde que, evidentemente, ainda não tenha ocorrido o trânsito em julgado.[269]

---

[266] STF, Súmula 269: "O mandado de segurança não é substitutivo de ação de cobrança."

[267] STF, Súmula 271: "Concessão de mandado de segurança não produz efeitos patrimoniais em relação a período pretérito, os quais devem ser reclamados administrativamente ou pela via judicial própria."

[268] STF, Súmula 512: "Não cabe condenação em honorários de advogado na ação de mandado de segurança."

[269] MS-AgR 24.584/DF, red. p/ o acórdão Min. Ricardo Lewandowski, 09.08.2007; RE-AgR 231.509/SP, rel. Min. Cármen Lúcia, 13.10.2009; RE 669.367/RJ, red. p/ o acórdão Min. Rosa Weber, 02.05.2013 – **repercussão geral** (Informativo 704 do STF).

4.46.14. Mandado de segurança coletivo

O mandado de segurança coletivo constitui remédio constitucional previsto no art. 5.º, LXX, da Constituição Federal direcionado à defesa de direitos coletivos e individuais homogêneos, contra ato, omissão ou abuso de poder por parte de autoridade.

O mandado de segurança coletivo pode ser impetrado por:

a) partido político com representação no Congresso Nacional, na defesa de seus interesses legítimos relativos a seus integrantes ou à finalidade partidária; ou

b) organização sindical, entidade de classe ou associação legalmente constituída e em funcionamento há, pelo menos, 1 (um) ano, em defesa de direitos líquidos e certos da totalidade, ou de parte, dos seus membros ou associados, na forma dos seus estatutos e desde que pertinentes às suas finalidades, dispensada, para tanto, autorização especial.

Anote-se que a exigência de um ano de constituição e funcionamento destina-se apenas às **associações, não** se aplicando às entidades sindicais e entidades de classe.

No mandado de segurança coletivo, o interesse invocado pertence a uma categoria, agindo o impetrante – partido político, organização sindical, entidade de classe ou associação – como **substituto processual** na relação jurídica. Com efeito, a legitimação das entidades acima enumeradas, para a segurança coletiva, é extraordinária, ocorrendo, em tal caso, **substituição processual**. Por isso, **não se exige a autorização expressa dos titulares do direito**,[270] diferentemente do que ocorre no caso do inciso XXI do art. 5.º da Carta Política, que contempla caso de representação (e não de substituição).

Assim, se uma associação pleitear judicialmente determinado direito em favor de seus associados por meio de outras **ações coletivas, de rito ordinário**, será necessária a autorização expressa, prescrita no art. 5.º, XXI, da Constituição (caso de **representação processual**). Entretanto, na hipótese de esse mesmo direito vir a ser defendido pela associação por meio do **mandado de segurança coletivo** (desde que observados os demais requisitos para a impetração deste), não haverá necessidade de autorização expressa dos associados (porquanto se trata de hipótese de **substituição processual**).

Em consonância com essa orientação, o Supremo Tribunal Federal aprovou a seguinte **tese jurídica de repercussão geral**, a respeito da cobrança, por associados, de valores reconhecidos em mandado de segurança coletivo impetrado por entidade associativa de caráter civil:[271]

> É desnecessária a autorização expressa dos associados, a relação nominal destes, bem como a comprovação de filiação prévia, para a cobrança de valores pretéritos de título judicial decorrente de mandado de segurança coletivo impetrado por entidade associativa de caráter civil.

---

[270] STF, Súmula 629: "A impetração de mandado de segurança coletivo por entidade de classe em favor dos associados independe da autorização destes."

[271] RE 1.293.130, rel. Min. Luiz Fux, 05.01.2021.

Cap. 3 • PRINCÍPIOS, DIREITOS E GARANTIAS FUNDAMENTAIS

É importante anotar, entretanto, que a Corte Suprema firmou o entendimento de que essa desnecessidade de autorização para a proposição de ação coletiva se restringe às **entidades representantes de categorias profissionais ou econômicas.**[272] Segundo o Tribunal, a desnecessidade de autorização **não se aplica às associações genéricas** – que não representam categoria econômica ou profissional específica –, sendo insuficiente a mera regularidade registral da entidade para sua atuação em sede de mandado de segurança coletivo, pois passível de causar prejuízo aos interesses dos beneficiários supostamente defendidos. Esse entendimento foi firmado diante de ação coletiva proposta pela Associação Brasileira de Contribuintes Tributários (ABCT), então reconhecida como "associação genérica" pelo STF, porquanto poderia ela, em tese, representar qualquer contribuinte brasileiro.

Os direitos protegidos pelo mandado de segurança coletivo podem ser:

I – coletivos, assim entendidos os transindividuais, de natureza indivisível, de que seja titular grupo ou categoria de pessoas ligadas entre si ou com a parte contrária por uma relação jurídica básica;

II –individuais homogêneos, assim entendidos os decorrentes de origem comum e da atividade ou situação específica da totalidade ou de parte dos associados ou membros do impetrante.

Os partidos políticos podem defender, mediante mandado de segurança coletivo, **direitos relativos a seus integrantes** ou **direitos relacionados à finalidade partidária**. A legitimação das demais entidades é **mais restrita**, uma vez que elas só podem defender **direitos dos seus membros ou associados** – e desde que esses direitos **sejam pertinentes às finalidades da entidade** (exigência esta introduzida pela lei, não expressa no texto constitucional).

É importante frisar que os direitos defendidos por organização sindical, entidade de classe ou associação **não precisa ser um direito de todos os seus membros**; pode ser um direito de apenas parte dos membros da entidade.[273] Assim, o sindicato dos Delegados de Polícia Federal, que congrega servidores ativos e inativos, poderá ajuizar um mandado de segurança coletivo na defesa de interesse exclusivo dos Delegados inativos (parte da categoria, portanto).

A Lei 12.016/2009 exigia, no § 2.º do art. 22, que, antes de o juiz conceder liminar em mandado de segurança coletivo, fosse ouvido o representante judicial da **pessoa jurídica de direito público**, que deveria pronunciar-se em até setenta e duas horas. Em 2021, o Supremo Tribunal Federal declarou a **inconstitucionalidade** do § 2.º do art. 22 da Lei 12.016/2009, sob o fundamento de que "impedir ou condicionar a concessão de medida liminar caracteriza verdadeiro obstáculo à efetiva prestação jurisdicional e à defesa do direito líquido e certo do impetrante".[274]

---

[272] ARE 1.339.496, red. p/ o acórdão Min. André Mendonça, 07.02.2023.

[273] STF, Súmula 630: "A entidade de classe tem legitimação para o mandado de segurança ainda quando a pretensão veiculada interesse apenas a uma parte da respectiva categoria."

[274] ADI 4.296/DF, red. p/ o acórdão Min. Alexandre de Moraes, 09.06.2021 (Informativo 1.021 do STF).

DIREITO CONSTITUCIONAL DESCOMPLICADO • *Vicente Paulo & Marcelo Alexandrino*

Por fim, vale observar que o **mandado de segurança coletivo não é sucedâneo da ação popular.**[275]

Com efeito, o mandado de segurança coletivo **deve defender direito subjetivo, líquido e certo, que, embora seja tutelado coletivamente, é de titularidade definida** – o direito tutelado, seja um direito coletivo, seja um direito individual homogêneo, é de titularidade dos substituídos processuais, significa dizer, das pessoas determinadas cujos interesses o autor da ação, na qualidade de substituto processual, está defendendo. A ação popular, diversamente, **visa a anular ato administrativo lesivo ao patrimônio público, à moralidade administrativa, ao meio ambiente ou ao patrimônio histórico e cultural, independentemente de o ato impugnado ocasionar lesão direta a quem quer que seja.** Os direitos defendidos mediante ação popular pertencem, em regra, a **titulares indeterminados,** isto é, são **direitos difusos,** os quais não foram contemplados pela lei para tutela mediante mandado de segurança coletivo.

4.47. Mandado de injunção

A vigente Constituição, no intento de assegurar a plena eficácia e aplicabilidade de seus dispositivos, instituiu um novo remédio constitucional, a ação denominada **mandado de injunção,** prevista no art. 5.º, inciso LXXI, nos seguintes termos:

> LXXI – conceder-se-á mandado de injunção sempre que a falta de norma regulamentadora torne inviável o exercício dos direitos e liberdades constitucionais e das prerrogativas inerentes à nacionalidade, à soberania e à cidadania;

Trata-se de um **remédio constitucional** colocado à disposição de qualquer pessoa que se sinta prejudicada pela **falta de norma regulamentadora,** sem a qual resulte **inviabilizado o exercício dos direitos, liberdades e garantias constitucionais** referidos no inciso supratranscrito. A preocupação, portanto, é conferir efetiva aplicabilidade e eficácia ao texto constitucional, para que este não se torne "letra morta", em razão de omissão do legislador ordinário na sua regulamentação.

O atual texto constitucional reconhece, portanto, que o desrespeito à Constituição tanto pode ocorrer mediante ação estatal quanto mediante **inércia governamental,** configurada esta quando **o Estado deixa de adotar as medidas necessárias à realização concreta dos preceitos da Constituição** – incidindo na denominada **violação negativa do texto constitucional.**[276]

A competência para o julgamento do mandado de injunção é determinada **em razão da pessoa obrigada a elaborar a norma regulamentadora** (*ratione personae*), e que permanece inerte.[277]

---

[275] STF, Súmula 101: "O mandado de segurança não substitui a ação popular."

[276] MI 542/SP, rel. Min. Celso de Mello, 28.08.2001.

[277] A Constituição Federal fixa a competência para julgamento de mandado de injunção nos seguintes dispositivos: art. 102, I, "q"; art. 102, II, "a"; art. 105, I, "h"; art. 121, § 4.º, V.

Cap. 3 • PRINCÍPIOS, DIREITOS E GARANTIAS FUNDAMENTAIS

O mandado de injunção **não é gratuito** e, para sua impetração, é necessária a **assistência de advogado**.

Somente em junho de 2016 – quase três décadas após a promulgação da Constituição Federal de 1988! – foi editada a **lei regulamentadora do processo e do julgamento dos mandados de injunção individual e coletivo**,[278] nos termos examinados nos subitens seguintes.

4.47.1. Cabimento

Conceder-se-á mandado de injunção sempre que a falta **total ou parcial** de norma regulamentadora torne inviável o exercício dos direitos e liberdades constitucionais e das prerrogativas inerentes à nacionalidade, à soberania e à cidadania.

São, portanto, **três** os **pressupostos legais** do mandado de injunção:

a) falta – total ou parcial – de norma regulamentadora de um preceito constitucional de natureza mandatória;

b) inviabilização, para o impetrante, do exercício de um direito ou liberdade constitucional, ou prerrogativa inerente à nacionalidade, à soberania e à cidadania, decorrente (a inviabilização) dessa falta da norma regulamentadora; e

c) o transcurso de razoável prazo para a elaboração da norma regulamentadora, sem que ela seja editada.

Por força do primeiro requisito, tem-se que o direito à legislação só pode ser invocado pelo interessado quando também existir – simultaneamente imposta pelo próprio texto constitucional – a previsão do **dever estatal** de produzir normas legais. Ausente a obrigação jurídico-constitucional de emitir provimentos legislativos, não se tornará possível imputar comportamento moroso ao Estado, nem pretender acesso legítimo à via injuncional.[279]

Observa-se, assim, que não é qualquer omissão do Poder Público que enseja o ajuizamento do mandado de injunção, mas apenas as omissões relacionadas a normas constitucionais de eficácia limitada de **caráter mandatório**, ou seja, normas constitucionais que devem ter a sua plena aplicabilidade assegurada, exigindo-se, para tanto, a edição de norma infraconstitucional regulamentadora (não se trata de simples faculdade conferida pela Constituição ao Poder Público).

Significa que, de acordo com a tradicional classificação das normas constitucionais quanto ao grau de eficácia e aplicabilidade elaborada pelo Prof. José Afonso da Silva, só dará ensejo à propositura do mandado de injunção:

a) a falta de norma regulamentadora de normas constitucionais de eficácia limitada definidoras de princípios programáticos (normas programáticas propriamente ditas); e

---

[278] Lei 13.300, de 23 de junho de 2016.
[279] MI 542/SP, rel. Min. Celso de Mello, 29.08.2001.

b) a falta de norma regulamentadora de normas constitucionais definidoras de princípios institutivos ou organizativos de natureza impositiva.

As normas constitucionais definidoras de princípios institutivos ou organizativos de **natureza facultativa**, por outorgarem mera faculdade ao legislador, **não autorizam o ajuizamento do mandado de injunção**.

Pelo segundo requisito, percebe-se que o impetrante não pode ajuizar o mandado de injunção diante de toda e qualquer omissão do Poder Público, sendo pressuposto para tanto a **existência de nexo de causalidade entre a omissão do Poder Público e a inviabilidade do exercício, pelo impetrante, do direito, liberdade ou prerrogativa constitucional**. Enfim, para o conhecimento do mandado de injunção, **é necessário que o impetrante comprove a titularidade direta do direito constitucional em questão**; se o impetrante não é o titular direto do bem reclamado (isto é, se não é ele o beneficiário direto do direito previsto na Constituição e ainda não regulamentado), o mandado de injunção não terá cabimento.

O terceiro requisito para o acolhimento do mandado de injunção diz respeito à abusividade da inércia do órgão ou autoridade responsável pela regulamentação de determinado direito constitucional, vale dizer, somente **depois de esgotado um prazo que se possa considerar razoável**, sem a edição da norma concretizadora do direito, é que, então, terá cabimento o mandado de injunção.

Consideramos conveniente observar que essa terceira condição – transcurso de razoável prazo sem que tenha ocorrido a elaboração da norma regulamentadora – já se encontra sobejamente atendida, no que respeita aos direitos previstos em normas constitucionais originárias, tendo em vista o largo espaço de tempo transcorrido desde a promulgação da Constituição Federal, ocorrida em 5 de outubro de 1988. Entretanto, a referida condição continua sendo importante para o exame de admissibilidade de mandado de injunção ajuizado diante da falta de norma regulamentadora de direito acrescentado ao texto constitucional mediante emenda à Constituição, por obra do poder constituinte derivado.

Anote-se que não só a falta **total** (inexistência) de norma regulamentadora autoriza a impetração de mandado de injunção; também a falta **parcial** (existe uma norma, mas ela não regulamentou completamente o exercício do direito) legitima a ação injuncional.

Por fim, ainda sobre o tema em foco, é importante registrar que o Supremo Tribunal Federal **reconheceu o cabimento de mandado de injunção para pleitear direito previsto em Constituição Estadual (ou na Lei Orgânica do Distrito Federal)**.[280] O caso concreto envolvia controvérsia sobre o direito dos militares estaduais ao recebimento de adicional noturno, e o Tribunal entendeu que, embora a Constituição Federal não preveja esse direito para os militares estaduais, **é cabível mandado de injunção para reivindicá-lo**, desde que o recebimento da parcela pelos servidores públicos civis esteja expressamente previsto na Constituição Estadual ou, no caso do Distrito Federal, na sua Lei Orgânica. Ponderou-se que, enquanto

---

[280] RE 970.823/RS, rel. Min. Marco Aurélio, 18.08.2020.

Cap. 3 • PRINCÍPIOS, DIREITOS E GARANTIAS FUNDAMENTAIS   231

não houver regulamentação específica, caberá mandado de injunção para pleitear a extensão do referido adicional aos militares, segundo as mesmas regras dispostas pelo ente federado para os servidores públicos civis. A **tese de repercussão geral** fixada foi a seguinte:

> I – A Constituição Federal não prevê adicional noturno aos Militares Estaduais ou Distritais.
>
> II – Mandado de Injunção será cabível para que se apliquem, aos militares estaduais, as normas que regulamentam o adicional noturno dos servidores públicos civis, desde que o direito a tal parcela remuneratória esteja expressamente previsto na Constituição Estadual ou na Lei Orgânica do Distrito Federal.

4.47.2.   Descabimento

Segundo a jurisprudência do Supremo Tribunal Federal, não caberá mandado de injunção:

a) para discutir a **constitucionalidade de norma regulamentadora** do direito previsto na Constituição (mandado de injunção é remédio para reparar a falta – total ou parcial – de norma regulamentadora de direito previsto na Constituição; se o que se pretende é discutir a constitucionalidade de norma regulamentadora, não será hipótese de cabimento do mandado de injunção; nesse caso, a validade da norma poderá ser discutida em outras ações, mas não mais na via do mandado de injunção);

b) diante da falta de norma regulamentadora de direito previsto em **normas infraconstitucionais** (mandado de injunção é remédio para reparar falta de norma regulamentadora de direito previsto na **Constituição Federal**, e não para os casos de falta de norma regulamentadora que esteja obstando o exercício de direito previsto em normas infraconstitucionais, tais como as leis – sejam ordinárias ou complementares –, tratados internacionais ou decretos publicados no exercício do poder regulamentar do Chefe do Poder Executivo);

c) diante da falta de regulamentação dos efeitos de **medida provisória** não convertida em lei pelo Congresso Nacional, nos termos do art. 62, § 3.º, da Constituição Federal (pelo mesmo motivo explicado no item anterior);

d) se a Constituição Federal outorga **mera faculdade** ao legislador para regulamentar direito previsto em algum de seus dispositivos (se a Constituição Federal simplesmente faculta ao legislador a regulamentação de um direito nela previsto, sem mandar que ele o faça, entende o STF que compete ao legislador, discricionariamente, decidir se e quando estabelecerá a regulamentação facultada).

Por fim, destacamos que, segundo a jurisprudência do Supremo Tribunal Federal, **é incabível a concessão de medida liminar em mandado de injunção**, uma vez que esse remédio constitucional se destina à verificação da ocorrência, ou não, de mora da autoridade ou do Poder de que depende a elaboração da norma regulamentadora do texto constitucional.[281]

4.47.3. Legitimação no mandado de injunção individual

São **legitimados** para o mandado de injunção:

a) como **impetrantes** (legitimação **ativa**): as pessoas naturais ou jurídicas que se afirmam titulares dos direitos e das liberdades constitucionais ou das prerrogativas inerentes à nacionalidade, à soberania e à cidadania; e

b) como **impetrado** (legitimação **passiva**): o Poder, o órgão ou a autoridade com atribuição para editar a norma regulamentadora.

Considerando o entendimento já sedimentado de que as pessoas jurídicas de direito público podem ser titulares de direitos e garantias fundamentais, entendemos que até mesmo **as pessoas estatais podem impetrar mandado de injunção**, diante de omissão legislativa inconstitucional que impeça o exercício de direito constitucional de sua titularidade (por exemplo: o município poderia impetrar mandado de injunção diante da omissão da União em regulamentar, por lei federal, direito do ente municipal, previsto na Constituição Federal).[282]

No **polo passivo** do mandado de injunção, deverá figurar o Poder, o órgão ou a autoridade com atribuição para editar a norma regulamentadora, mas que esteja omisso. Assim, se a omissão for quanto ao dever de edição de lei federal, o mandado de injunção deverá ser ajuizado em face do Congresso Nacional, **salvo se a iniciativa da lei for privativamente reservada a outro Poder, órgão ou autoridade**, hipótese em que o mandado de injunção deverá ser ajuizado em face do detentor de tal iniciativa privativa. Por exemplo, nas hipóteses enumeradas no art. 61, § 1.º, da Carta Política, o mandado de injunção deverá ser ajuizado em face do Presidente da República.

Ainda sobre a **sujeição passiva**, o Supremo Tribunal Federal firmou o entendimento de que **os particulares não se revestem de legitimidade passiva ad causam para o processo de mandado de injunção**, pois somente ao Poder Público é imputável o dever constitucional de produção legislativa para dar efetividade aos direitos, liberdades e prerrogativas constitucionais (afinal, não há hipótese em que a Constituição outorgue ao particular o dever-poder de regulamentar direito nela estabelecido!). Dessa forma, **só entes públicos podem ser sujeitos passivos no mandado de injunção**, não admitindo o STF a formação de litisconsórcio passivo, necessário ou facultativo, entre autoridades públicas e pessoas privadas.[283]

---

[281] MI-MC 4.060/DF, rel. Min. Celso de Mello, 30.06.2011.

[282] Inicialmente, a jurisprudência do Supremo Tribunal Federal não admitia a impetração de mandado de injunção por pessoas políticas (MI 537/SC); entretanto, parece-nos que o Tribunal alterou a sua posição, passando a admitir a impetração de mandado de injunção por município, nos termos do voto vencedor do Ministro Gilmar Mendes, relator do MI 725/RO, em 10.05.2007.

[283] MI 323/DF, rel. Min. Moreira Alves, 08.04.1994.

Cap. 3 • PRINCÍPIOS, DIREITOS E GARANTIAS FUNDAMENTAIS

4.47.4. Efeitos da decisão

Um dos temas polêmicos do constitucionalismo brasileiro, após a promulgação da vigente Carta Política, concerne à eficácia da decisão de mérito proferida em mandado de injunção.

A partir de didática síntese de lavra do Prof. Alexandre de Moraes, apresentamos, a seguir, as **teses jurídicas** acerca dos **efeitos da decisão de mérito** que reconhece a inconstitucionalidade por omissão no mandado de injunção.

Com a promulgação da Constituição Federal, formaram-se duas grandes teses jurídicas acerca dos efeitos da decisão do Poder Judiciário que acolha o pedido no mandado de injunção: a **posição concretista** e a **posição não concretista**.

Pela posição **concretista**, sempre que presentes os requisitos constitucionais exigidos para o mandado de injunção, o Poder Judiciário deveria reconhecer a existência da omissão legislativa ou administrativa e possibilitar efetivamente a concretização do exercício do direito, até que fosse editada a regulamentação pelo órgão competente.

Essa posição concretista divide-se em duas espécies: (a) **concretista geral**; e (b) **concretista individual**.

Pela posição **concretista geral**, a decisão do Poder Judiciário deveria ter efeito geral (eficácia *erga omnes*), possibilitando, mediante um provimento judicial revestido de normatividade, a concretização do exercício do direito, alcançando todos os titulares daquele direito, até que fosse expedida a norma regulamentadora pelo órgão competente.

Pela posição **concretista individual**, a decisão do Poder Judiciário deveria produzir efeitos somente para o autor do mandado de injunção (eficácia *inter partes*), isto é, a decisão deveria possibilitar a concretização do exercício do direito constitucional apenas para o autor da ação.

Por sua vez, essa posição concretista individual divide-se em duas espécies: (a) **concretista individual direta**; e (b) **concretista individual intermediária**.

Pela **concretista individual direta**, o Poder Judiciário, ao julgar procedente o mandado de injunção, concretiza direta e imediatamente a eficácia da norma constitucional para o autor da ação, sem prévia concessão de prazo ao órgão omisso para a edição da norma regulamentadora faltante.

Pela posição **concretista individual intermediária**, após julgar procedente o mandado de injunção, o Poder Judiciário não concretiza imediatamente a eficácia da norma constitucional para o autor da ação. Em vez disso, o Poder Judiciário dá ciência ao órgão omisso, fixando-lhe um prazo para a expedição da norma regulamentadora (prazo de 180 dias, por exemplo). Ao término desse prazo, se a omissão do órgão competente para expedir a norma regulamentadora permanecer, o Poder Judiciário então fixará as condições necessárias ao exercício do direito por parte do autor do mandado de injunção.

Pela posição **não concretista**, deveria o Poder Judiciário, apenas, reconhecer formalmente a inércia do Poder Público e dar ciência da sua decisão ao órgão competente, para que este edite a norma faltante. Estribada no **princípio da separação dos Poderes**, essa corrente entende que não deve o Poder Judiciário suprir a lacuna, nem assegurar ao impetrante o exercício do direito carente de norma regulamentadora, tampouco obrigar o Poder Legislativo a legislar. O Poder Judiciário apenas reconheceria formalmente a inconstitucionalidade da omissão e daria ciência da sua decisão ao órgão omisso, para que este editasse a norma faltante.

Essa última – não concretista – foi inicialmente a posição seguida pela jurisprudência dominante do Supremo Tribunal Federal.[284] Na prática, essa tímida orientação conferia pouca efetividade ao mandado de injunção: o STF apenas reconhecia a existência da omissão inconstitucional e dela dava ciência ao órgão competente, requerendo a edição da norma. A adoção dessa acanhada diretriz pela Corte Suprema recebeu sérias críticas da doutrina, que propugnava por uma atuação concretizadora do direito pelo Poder Judiciário, na hipótese de reconhecimento da inconstitucionalidade omissiva do legislador.

Ulteriormente, porém, o STF reformulou o entendimento sobre a eficácia de suas decisões em mandado de injunção, abandonou sua anterior posição (não concretista) e passou a adotar a corrente concretista, a fim de viabilizar o exercício do direito constitucional carente de regulamentação ordinária, afastando as consequências da inércia do legislador.[285]

Nota-se, porém, que, a despeito dessa importante mudança de entendimento, não há consenso entre os membros do STF sobre o alcance da decisão proferida no mandado de injunção, vale dizer, se será adotada a posição concretista geral (eficácia *erga omnes*) ou a concretista individual (eficácia *inter partes*). De fato, há registro de julgado em que foi perfilhada a posição concretista individual direta, possibilitando-se o efetivo exercício do direito exclusivamente para a impetrante.[286] Já em outras oportunidades, em julgados envolvendo a regulamentação do direito de greve do servidor público, adotou-se a posição concretista geral, determinando-se a aplicação da lei de greve do setor privado a todo o setor público (e não apenas aos servidores representados pelas entidades impetrantes dos mandados de injunção).[287]

Em plena consonância com a novel jurisprudência do Supremo Tribunal Federal, a lei regulamentadora do mandado de injunção adotou a posição concretista, estabelecendo que, reconhecido o estado de mora legislativa, será deferida a injunção para:[288]

a) determinar prazo razoável para que o impetrado promova a edição da norma regulamentadora;

b) estabelecer as condições em que se dará o exercício dos direitos, das liberdades ou das prerrogativas reclamados ou, se for o caso, as condições em que poderá o interessado promover ação própria visando a exercê-los, caso não seja suprida a mora legislativa no prazo determinado.

---

[284] MI 107/DF, rel. Min. Moreira Alves, 23.11.1990.

[285] MI 721/DF, rel. Min. Marco Aurélio, 30.08.2007.

[286] MI 721/DF, rel. Min. Marco Aurélio, 30.08.2007, em que se discutia o direito à aposentadoria especial dos servidores públicos, previsto no § 4.º do art. 40 da Constituição Federal.

[287] MI 670/ES e MI 708/DF, rel. Min. Gilmar Mendes, 25.10.2007; MI 712/PA, rel. Min. Eros Grau, 25.10.2007.

[288] Lei 13.300/2016, art. 8.º.

Cap. 3 • PRINCÍPIOS, DIREITOS E GARANTIAS FUNDAMENTAIS

Especificamente quanto ao alcance da decisão, estabelece a Lei que a decisão proferida no mandado de injunção terá, **como regra**, eficácia subjetiva limitada às partes (eficácia *inter partes*).[289]

Adotou-se, portanto, **como regra**, a posição **concretista individual interme-diária**, tendo em vista que: (a) a decisão judicial estabelecerá as condições para o exercício do direito, mas com eficácia limitada às partes do processo (eficácia *inter partes*); e (b) antes da fixação de tais condições para a fruição do direito pelos beneficiários, o Poder Judiciário fixará prazo razoável para que o Poder, o órgão ou a autoridade edite a norma regulamentadora faltante.

Entretanto, **poderá ser conferida eficácia *ultra partes* ou *erga omnes*** à decisão proferida no mandado de injunção, quando isso for inerente ou indispensável ao exercício do direito, da liberdade ou da prerrogativa objeto da impetração.[290] Ocorrendo essa situação, estaremos, **excepcionalmente**, diante da adoção da posição **concretista geral**.

Por fim, cabe ressaltar que **será dispensada a determinação de prazo razoável** para a edição da norma regulamentadora quando comprovado que o impetrado deixou de atender, **em mandado de injunção anterior**, ao prazo estabelecido para esse mesmo fim. Em tal situação, a decisão judicial já estabelecerá, de pronto – sem a determinação prévia de (um segundo) prazo razoável para que o impetrado edite a norma regulamentadora –, as condições em que se dará o exercício do direito, das liberdades ou das prerrogativas.

4.47.5. Alcance temporal da decisão

A decisão proferida em mandado de injunção dispõe de **eficácia temporária**, já que produzirá efeitos somente **até o advento da norma regulamentadora**. Editada a norma regulamentadora faltante, expira-se a eficácia da decisão judicial que até então fixava (temporariamente) as condições para o exercício do correspondente direito.

Nesse ponto, uma questão pode ser suscitada: uma vez editada a norma regulamentadora faltante, como ficam aqueles até então beneficiários de uma decisão proferida em anterior mandado de injunção, já transitada em julgado, que lhes assegurava determinadas condições para o exercício do direito (agora, regulamentado pela norma supervenientemente editada)?

Nesse caso, estabelece o art. 11 da Lei 13.300/2016 que a norma regulamentadora superveniente produzirá efeitos **não retroativos** (*ex nunc*) em relação aos até então beneficiados por anterior decisão judicial transitada em julgado, salvo se a aplicação de tal norma lhes for mais favorável. Em simples palavras: em relação aos beneficiários de anterior decisão transitada em julgado, a norma regulamentadora superveniente só gerará efeitos a partir da sua edição (efeitos *ex nunc*) – exceto se a nova regulamentação trouxer condições mais favoráveis ao exercício do correspondente direito do que

---

[289] Lei 13.300/2016, art. 9.º.

[290] Lei 13.300/2016, art. 9.º, § 1.º.

aquelas que haviam sido judicialmente fixadas, caso em que os beneficiários da decisão judicial menos favorável poderão aplicar retroativamente (*ex tunc*) a norma sobrevinda.

A Lei estabelece que a decisão proferida em mandado de injunção **poderá ser revista pelo Poder Judiciário**, a pedido de qualquer interessado, quando sobrevierem relevantes modificações das circunstâncias de fato ou de direito, resguardados os efeitos por ela já produzidos.[291]

Por fim, indaga-se: o que acontecerá com o mandado de injunção impetrado se, antes do julgamento deste, houver a edição da norma regulamentadora reclamada? Bem, se a norma regulamentadora for editada antes da decisão judicial, a impetração do mandado de injunção **restará prejudicada**, caso em que **o processo será extinto sem resolução de mérito**.

4.47.6. *Mandado de injunção coletivo*

Os direitos, as liberdades e as prerrogativas **pertencentes, indistintamente, a uma coletividade indeterminada de pessoas ou determinada por grupo, classe ou categoria** poderão ser protegidos via mandado de injunção coletivo, em caso de inviabilização do seu exercício, por falta – total ou parcial – de norma regulamentadora.

O mandado de injunção coletivo pode ser promovido:[292]

> I – pelo Ministério Público, quando a tutela requerida for especialmente relevante para a defesa da ordem jurídica, do regime democrático ou dos interesses sociais ou individuais indisponíveis;
>
> II – por partido político com representação no Congresso Nacional, para assegurar o exercício de direitos, liberdades e prerrogativas de seus integrantes ou relacionados com a finalidade partidária;
>
> III – por organização sindical, entidade de classe ou associação legalmente constituída e em funcionamento há pelo menos 1 (um) ano, para assegurar o exercício de direitos, liberdades e prerrogativas em favor da totalidade ou de parte de seus membros ou associados, na forma de seus estatutos e desde que pertinentes a suas finalidades, dispensada, para tanto, autorização especial;
>
> IV – pela Defensoria Pública, quando a tutela requerida for especialmente relevante para a promoção dos direitos humanos e a defesa dos direitos individuais e coletivos dos necessitados, na forma do inciso LXXIV do art. 5.º da Constituição Federal.

No mandado de injunção coletivo, **em regra**, a sentença fará coisa julgada **limitadamente às pessoas integrantes da coletividade, do grupo, da classe ou da categoria** substituídas pelo impetrante (eficácia *inter partes*). Portanto, assim como no mandado de injunção individual, a regra no mandado de injunção coletivo é a adoção da posição **concretista individual intermediária**.

---

[291] Lei 13.300/2016, art. 10.
[292] Lei 13.300/2016, art. 12.

Entretanto, também no mandado de injunção coletivo poderá ser conferida eficácia *ultra partes* ou *erga omnes* à decisão, quando isso for inerente ou indispensável ao exercício do direito, da liberdade ou da prerrogativa objeto da impetração – situação em que, excepcionalmente, adota-se a posição **concretista geral**.

4.47.7. Mandado de injunção individual versus Mandado de injunção coletivo

O mandado de injunção coletivo **não induz litispendência em relação aos individuais**, mas os efeitos da coisa julgada não beneficiarão o impetrante que não requerer a desistência da demanda individual no prazo de **trinta dias** a contar da ciência comprovada da impetração coletiva.[293]

Exemplificando: João e Maria, membros da organização sindical "Delta", impetraram mandados de injunção **individuais**, pleiteando que lhes fosse assegurado o exercício de determinado direito carente de norma regulamentadora; ulteriormente, a organização sindical "Delta" impetra mandado de injunção **coletivo** em favor de todos os seus membros, tendo como pretensão o mesmo direito a que se referem as ações individuais de seus filiados João e Maria; nessa situação, a impetração da ação coletiva por "Delta" não prejudica os mandados de injunção individuais impetrados por João e Maria (as ações – coletiva e individuais – tramitarão paralelamente no Poder Judiciário); entretanto, caso pretendam se beneficiar da decisão que será proferida na ação coletiva, João e Maria **terão que requerer a desistência de suas ações individuais**, no prazo de **trinta dias, contados da ciência comprovada da impetração coletiva**.

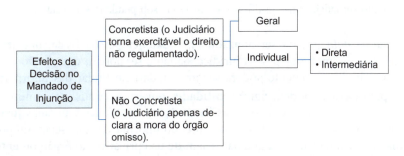

4.48. Habeas data

O remédio constitucional *habeas data* está previsto no inciso LXXII do art. 5.º da Constituição Federal, nestes termos:

> LXXII – conceder-se-á *habeas data*:
>
> a) para assegurar o conhecimento de informações relativas à pessoa do impetrante, constantes de registros ou bancos de dados de entidades governamentais ou de caráter público;
>
> b) para a retificação de dados, quando não se prefira fazê-lo por processo sigiloso, judicial ou administrativo;

---

[293] Lei 13.300/2016, art. 13, parágrafo único.

Trata-se de ação colocada à disposição do indivíduo para que ele **tenha acesso, retifique ou justifique registros de sua pessoa**, constantes de banco de dados de caráter público.

O *habeas data* é remédio constitucional, de natureza civil, submetido a rito sumário, que se destina a garantir, em favor da pessoa interessada, o exercício de pretensão jurídica discernível em seu tríplice aspecto: a) direito de acesso aos registros relativos à pessoa do impetrante; b) direito de retificação desses registros e c) direito de complementação dos registros.

O *habeas data* encontra-se regulado pela Lei 9.507, de 12 de novembro de 1997, que, no inciso III do seu art. 7.º, **acrescentou uma outra hipótese de cabimento da medida**, além das constitucionalmente previstas, a saber: "para a anotação nos assentamentos do interessado, de contestação ou explicação sobre dado verdadeiro mas justificável e que esteja sob pendência judicial ou amigável".

Portanto, o *habeas data* poderá ser impetrado:

a) para assegurar o conhecimento de informações relativas à pessoa do impetrante, constantes de registros ou bancos de dados de entidades governamentais ou de caráter público;

b) para a retificação desses dados, quando não se prefira fazê-lo por processo sigiloso, judicial ou administrativo;

c) para a anotação nos assentamentos do interessado, de contestação ou explicação sobre dado verdadeiro, mas justificável e que esteja sob pendência judicial ou amigável.

O *habeas data* poderá ser ajuizado por qualquer pessoa física, brasileira ou estrangeira, bem como por pessoa jurídica. Saliente-se, porém, que a ação é personalíssima, vale dizer, somente poderá ser impetrada pelo titular das informações.

No polo passivo, podem figurar **entidades governamentais**, da administração pública direta e indireta, bem como as **instituições, entidades e pessoas jurídicas privadas** detentoras de banco de dados contendo informações que sejam ou possam ser transmitidas a terceiros ou que não sejam de uso privativo do órgão ou entidade produtora ou depositária das informações.

Observe que é irrelevante a natureza jurídica da entidade, que **poderá ser pública ou privada**. O aspecto que determinará o cabimento da ação será o fato de **o banco de dados ser de caráter público**. Assim, por exemplo, o Serviço de Proteção ao Crédito – SPC, entidade privada, pode figurar no polo passivo de *habeas data*, para que forneça informações constantes do seu banco de dados. Anote-se que, nesse caso, a entidade é de natureza privada, mas o seu banco de dados é de caráter público (as informações sobre os consumidores podem ser acessadas por terceiros).

O *habeas data* somente pode ser impetrado **diante da negativa da autoridade administrativa** de fornecimento (ou de retificação ou de anotação da contestação ou explicação) das informações solicitadas. Portanto, para que o interessado tenha interesse de agir, para o fim de impetrar o *habeas data*, **é imprescindível que tenha havido o requerimento administrativo e a negativa pela autoridade administrativa de atendê-lo**.

No *habeas data*, **não há necessidade** de que o impetrante revele as causas do requerimento ou demonstre que as informações são imprescindíveis à defesa de eventual direito seu, pois o direito de acesso lhe é garantido, independentemente de motivação.

O Supremo Tribunal Federal já decidiu que o *habeas data* **é instrumento adequado para a obtenção de informações fiscais do impetrante em poder dos órgãos de arrecadação tributária**. Poderá o contribuinte, por exemplo, impetrar *habeas data* perante o Juízo competente para obter informações fiscais de sua pessoa constantes dos sistemas informatizados da Secretaria da Receita Federal do Brasil (RFB). Esse entendimento da nossa Corte Maior encontra-se consolidado na seguinte **tese de repercussão geral**:[294]

> O *habeas data* é a garantia constitucional adequada para a obtenção, pelo próprio contribuinte, dos dados concernentes ao pagamento de tributos constantes de sistemas informatizados de apoio à arrecadação dos órgãos da administração fazendária dos entes estatais.

De outro lado, entende o Supremo Tribunal Federal que o *habeas data* **não é instrumento jurídico adequado** para: (a) pleitear o acesso a autos de processos administrativos, tampouco para a obtenção de cópia destes;[295] e (b) solicitar informações **relativas a terceiros**, pois sua impetração deve ter por objetivo assegurar o conhecimento de informações relativas à pessoa do impetrante.[296]

A impetração do *habeas data* **não está sujeita a prazo prescricional ou decadencial**, podendo a ação ser proposta a qualquer tempo.

Tanto o procedimento administrativo quanto a ação judicial de *habeas data* **são gratuitos**. Estão vedadas pela lei quaisquer cobranças de custas ou taxas judiciais dos litigantes, bem como de quaisquer valores para o atendimento do requerimento administrativo. Ademais, **não há ônus de sucumbência** (honorários advocatícios) em *habeas data*. Para o ajuizamento do habeas data, porém, exige-se advogado.

4.49. Ação popular

A Carta da República, valorizando a participação popular no controle da gestão da coisa pública, que deve ser pautada pelos princípios constitucionais administrativos da legalidade e moralidade, dispõe que (CF, art. 5.º, LXXIII):

> LXXIII – qualquer cidadão é parte legítima para propor ação popular que vise anular ato lesivo ao patrimônio público ou de entidade de que o Estado participe, à moralidade administrativa, ao meio ambiente e ao patrimônio histórico e cultural, ficando o autor, salvo comprovada má-fé, isento de custas judiciais e do ônus da sucumbência;

---

[294] RE 673.707/MG, rel. Min. Luiz Fux, 17.06.2015.
[295] HD 90/DF, rel. Min. Ellen Gracie, 18.02.2010, no qual se pretendia ter acesso aos autos de um processo em tramitação no Tribunal de Contas da União.
[296] HD 87-AgR, rel. Min. Cármen Lúcia, 25.11.2009.

A ação popular não é ação destinada à defesa de interesse subjetivo individual, mas sim de natureza coletiva, visando a anular ato lesivo ao patrimônio público, à moralidade administrativa, ao meio ambiente e ao patrimônio histórico e cultural. Destina-se, assim, à concretização do **princípio republicano**, que impõe ao administrador público o dever de prestar contas a respeito da gestão da coisa pública.

Enfim, é o meio constitucional posto à disposição de qualquer cidadão para obter a invalidação de atos ou contratos administrativos – ou figuras jurídicas a estes equiparadas – ilegais e lesivos ao patrimônio federal, estadual e municipal, ou das respectivas autarquias, entidades paraestatais e pessoas jurídicas subvencionadas com dinheiros públicos.

A ação poderá ser utilizada de modo preventivo ou repressivo. Será preventiva quando visar a impedir a consumação de um ato lesivo ao patrimônio público, quando for ajuizada antes da prática do ato ilegal ou imoral. Será repressiva quando já há um dano causado ao patrimônio público, ou seja, quando a ação é proposta após a ocorrência da lesão.

Somente o **cidadão** pode propor ação popular. Para esse fim, entende-se por **cidadão** a pessoa humana no gozo dos seus direitos cívicos e políticos, isto é, que seja **eleitor** (possível a partir dos dezesseis anos de idade, portanto). Somente a pessoa natural possuidora de título de eleitor, no gozo da chamada **capacidade eleitoral ativa**, poderá propor ação popular. Poderá, então, ser o brasileiro – nato ou naturalizado –, desde que no gozo de seus direitos políticos. Em tese, seria possível, também, ao português equiparado ao brasileiro naturalizado propor ação popular, caso houvesse reciprocidade por parte de Portugal (CF, art. 12, § 1.º). Na prática, contudo, nos dias atuais, essa possibilidade inexiste, porque, em face de vedação contida na Constituição portuguesa, não há possibilidade de ser atendida a exigência de reciprocidade.

Não poderá, portanto, ser ajuizada ação popular por pessoa jurídica; pelo Ministério Público; pelos inalistados (indivíduos que poderiam ter se alistado, mas não o fizeram); pelos inalistáveis (aqueles que não podem alistar-se como eleitores, a saber: os menores de dezesseis anos; os conscritos, durante o período do serviço militar obrigatório); pelos estrangeiros, ressalvada a hipótese do português equiparado a brasileiro naturalizado, conforme acima exposto, nos termos do art. 12, § 1.º, da CF/1988.

Na sujeição passiva de ação popular devem figurar:

a) todas as pessoas jurídicas, públicas ou privadas, em nome das quais foi praticado o ato ou contrato a ser anulado;

b) todas as autoridades, os funcionários e administradores que houverem autorizado, aprovado, ratificado ou praticado pessoalmente o ato ou firmado o contrato a ser anulado, ou que, por omissos, permitiram a lesão;

c) todos os beneficiários diretos do ato ou contrato ilegal.

O Ministério Público atuará na ação popular como parte pública autônoma, incumbindo-lhe, nesse papel, velar pela regularidade do processo e correta aplicação da lei, podendo opinar pela procedência ou improcedência da ação. Além disso, poderá atuar como substituto e sucessor do autor, na hipótese de este se omitir ou abandonar a ação, caso repute de interesse público o seu prosseguimento, até o julgamento. Ainda, caberá ao Ministério Público promover a responsabilização dos réus, se for o caso, na esfera civil ou criminal.

A Constituição Federal **isenta o autor da ação popular de custas e de ônus de sucumbência** (honorários advocatícios, no caso de improcedência da ação), **salvo comprovada má-fé**. Anote-se que essa gratuidade beneficia o **autor da ação**, e **não** os réus; se julgada procedente a ação popular, serão estes condenados ao ressarcimento das despesas havidas pelo autor da ação.

4.49.1. *Objeto*

O âmbito de proteção da ação popular, na vigente Constituição, é bastante amplo: abrange tanto o patrimônio material quanto o patrimônio moral, o estético, o histórico, o ambiental.

O cabimento de ação popular **independe de comprovação de prejuízo aos cofres públicos**, vale dizer, não é necessária a comprovação de prejuízo material aos cofres públicos como condição para a propositura de ação popular. Ainda que inexista lesividade material ao patrimônio público, a ilegalidade (ou imoralidade) do ato poderá legitimar a propositura da ação.[297]

Em verdade, a finalidade constitucional da ação popular vai muito além da mera anulação de atos lesivos ao patrimônio público material, de índole meramente pecuniária. Seu âmbito de proteção alcança também valores não econômicos, como a moralidade administrativa, o meio ambiente, o patrimônio histórico e cultural, desde que haja uma ilegalidade no agir do Poder Público.

Assim, tem sido comum a utilização da ação popular para: (a) anulação de concessão de aumento abusivo de subsídios dos vereadores pela respectiva câmara municipal; (b) anulação de venda fraudulenta de bem público; (c) anulação de contratação superfaturada de obras e serviços; (d) anulação de edital de licitação pública que apresente flagrante favoritismo a determinada empresa; (e) anulação de isenção fiscal concedida ilegalmente; (f) anulação de autorização de desmatamento em área protegida pelo patrimônio ambiental; (g) anulação de nomeação fraudulenta de servidores para cargo público etc.

Ademais, a ação popular **constitui meio idôneo para a fiscalização da constitucionalidade das leis, desde que incidentalmente, diante de caso concreto**. Não se admite, porém, o uso da ação popular para o ataque de lei em tese (sem vinculação a caso concreto), em substituição à ação direta de inconstitucionalidade – ADI.

Da mesma forma, **mandado de segurança não substitui ação popular**. Com efeito, cada um desses remédios tem objeto próprio e específico: o mandado de segurança presta-se a invalidar atos de autoridade ofensivos de direito subjetivo, individual ou coletivo, líquido e certo; a ação popular destina-se à anulação de atos ilegítimos e lesivos ao patrimônio público; enfim, pela via do mandado de segurança, defende-se direito subjetivo próprio; por meio da ação popular, protege-se o interesse da comunidade.

---

[297] ARE 824.781, rel. Min. Dias Toffoli, 04.09.2015.

Segundo orientação do STF, **não cabe ação popular contra ato de conteúdo jurisdicional**, praticado por membro do Poder Judiciário no desempenho de sua função típica (decisões judiciais).[298] Assim, ainda que a sentença de um magistrado cause dano, por exemplo, ao meio ambiente, esse ato **não poderá ser atacado na via da ação popular**; deverá ser atacado na via recursal própria, prevista nas leis processuais, se a decisão ainda não transitou em julgado; ou, dentro do prazo, mediante ação rescisória, se a decisão já transitou em julgado.

Em face desse entendimento do STF, temos que a ação popular restringe-se, quanto ao seu âmbito de incidência, à esfera de **atuação administrativa** de qualquer dos Poderes do Estado, abrangendo, apenas, os atos administrativos, os contratos administrativos, os fatos administrativos e as resoluções que veiculem conteúdo materialmente administrativo.[299]

Por fim, cabe destacar que **a sentença que julga improcedente a ação popular está sujeita ao duplo grau de jurisdição**, vale dizer, a decisão do magistrado que declara a improcedência da ação popular será necessariamente reexaminada pelo tribunal competente. Trata-se, como se vê, de um reforço garantidor do controle dos atos alegadamente lesivos à coisa pública. Com efeito, não basta o magistrado de primeiro grau afirmar que o ato não foi lesivo; é obrigatório que um tribunal reexamine a questão e confirme que, realmente, não cabe a anulação do ato impugnado.

4.49.2. Competência

A competência para processar e julgar a ação popular é definida pela origem do ato a ser anulado:

a) se o ato impugnado foi praticado, aprovado ou ratificado por autoridade, funcionário ou administrador de órgão da União e de suas entidades, ou entidades por ela subvencionadas, a competência será do juiz federal da seção judiciária em que se consumou o ato;

b) se o ato impugnado foi produzido por órgão, repartição, serviço ou entidade de estado-membro, ou entidade por ele subvencionada, a competência será do juiz estadual que a organização judiciária do estado indicar;

c) se o ato impugnado foi produzido por órgão, repartição, serviço ou entidade de município, ou entidade por ele subvencionada, a competência será do juiz estadual da comarca a que o município interessado pertencer, de acordo com a organização judiciária do respectivo estado;

d) se a ação interessar simultaneamente à União e a qualquer outra pessoa ou entidade, será competente o juiz das causas da União (Justiça Federal).

Ademais, o juízo da ação popular é **universal**, impondo-se a reunião de todas as ações conexas, com fundamentos jurídicos iguais ou assemelhados. Assim, a propositura da ação popular prevenirá a jurisdição do juízo para todas

---

[298] Ação Originária 672/DF, rel. Min. Celso de Mello, 09.03.2000.
[299] Ação Originária 672/DF, rel. Min. Celso de Mello, 09.03.2000.

Cap. 3 • PRINCÍPIOS, DIREITOS E GARANTIAS FUNDAMENTAIS

as ações que forem posteriormente intentadas contra as mesmas partes e sob os mesmos fundamentos.

É importante destacar que **o foro especial por prerrogativa de função não alcança as ações populares ajuizadas contra as autoridades detentoras dessa prerrogativa**. Significa dizer que os tribunais do Poder Judiciário (STF, STJ, TJ etc.) **não têm competência originária para o julgamento de ação popular**, ainda quando proposta contra atos de autoridades que dispõem de foro por prerrogativa de função perante tais tribunais (Presidente da República, congressistas, governador de estado, prefeito etc.).

A respeito dessa matéria, o Supremo Tribunal Federal tem, reiteradamente, confirmado o seu entendimento de que **não se incluem na esfera de competência originária da Corte Suprema o processo e o julgamento de ações populares**, ainda que ajuizadas contra atos de seus próprios Ministros, do Procurador-Geral da República, do Presidente da República, das Mesas da Câmara dos Deputados e do Senado Federal ou de quaisquer outras autoridades cujas resoluções estejam sujeitas à jurisdição imediata do STF.[300]

Caberá ao Supremo Tribunal Federal, porém, processar e julgar, originaria-mente, ação popular nos casos de incidência das alíneas "f" (causa que implique "conflito federativo" envolvendo as pessoas políticas e administrativas ali arroladas) e "n" (causa de interesse dos membros da magistratura) do inciso I do art. 102 da Constituição Federal.[301]

5. DIREITOS SOCIAIS

5.1. Noções

Estabelece o art. 6.º da Constituição Federal:

> Art. 6.º São direitos sociais a educação, a saúde, a alimentação, o trabalho, a moradia, o transporte, o lazer, a segurança, a previdên-cia social, a proteção à maternidade e à infância, a assistência aos desamparados, na forma desta Constituição.[302]

Os direitos sociais constituem as liberdades positivas, de observância obrigatória em um Estado Social de Direito, tendo por objetivo a melhoria das condições de vida dos hipossuficientes, visando à concretização da igualdade social.

Os direitos sociais – direitos fundamentais de segunda geração – encontram--se catalogados nos arts. 6.º a 11 da Constituição Federal, e estão disciplinados ao longo do texto constitucional (a saúde é regulada no art. 200, a previdência social é tratada no art. 201 etc.).

---

[300] PET 7.054/DF, rel. Min. Celso de Mello, 09.06.2017.

[301] Rcl 3.331/RR e Rcl 3.813/RR, rel. Min. Carlos Britto, 28.06.2006.

[302] Redação dada pela EC 90, de 15.09.2015.

Com a promulgação da EC 114/2021, a Constituição Federal passou a prever, também como direito social, que **todo brasileiro em situação de vulnerabilidade social** terá direito a uma **renda básica familiar**, a ser garantida pelo poder público em **programa permanente de transferência de renda**. É o que dispõe o parágrafo único do art. 6.º da Constituição, acrescentado pela referida Emenda Constitucional 114/2021, nos termos seguintes:

> Todo brasileiro em situação de vulnerabilidade social terá direito a uma renda básica familiar, garantida pelo poder público em programa permanente de transferência de renda, cujas normas e requisitos de acesso serão determinados em lei, observada a legislação fiscal e orçamentária.

Dentre os direitos sociais expressamente indicados no art. 6.º da Constituição Federal encontra-se o **direito à moradia**, incluído pela Emenda Constitucional 26/2000. Em que pese essa proteção constitucional outorgada ao direito à moradia, o Supremo Tribunal Federal sustenta que o **bem de família**, instituído na forma da lei civil, de uma pessoa que assume a condição de **fiador** em contrato de **aluguel residencial** pode, **sim**, em caso de inadimplência do locatário, ser **penhorado**.[303]

Frise-se que, num primeiro momento, o Tribunal fez questão de esclarecer que essa orientação só se aplicaria à fiança de **contrato residencial**.[304] Entretanto, em assentada posterior, a Corte Suprema alterou a sua posição e passou a entender que o bem de família do fiador **também é penhorável no caso de contratos de locação comercial**, conforme explicitado nesta **tese de repercussão geral**:[305]

> É constitucional a penhora de bem de família pertencente a fiador de contrato de locação, seja residencial, seja comercial.

Não há unanimidade doutrinária quanto a serem os direitos sociais cláusulas pétreas, visto que o legislador constituinte, no art. 60, § 4.º – dispositivo no qual estão enumeradas as limitações materiais expressas ao poder de reforma constitucional – referiu-se, tão somente, a "direitos e garantias **individuais**" (inciso IV). O Plenário do Supremo Tribunal Federal ainda não apreciou essa questão. De todo modo, nos parece que, pelo menos os direitos e garantias que, embora denominados sociais pela Constituição, sejam direitos ou garantias de índole individual, que possam ser referidos a indivíduos determinados e por eles invocados, como o são muitos dos arrolados nos incisos do art. 7.º da Carta Política, deveriam ser considerados cláusulas pétreas, sem maiores controvérsias. A polêmica maior, a ser futuramente decidida pelo STF, a nosso ver, deveria restringir-se àqueles direitos que não são referíveis a indivíduos determinados, ou que não possam ser traduzidos em prestações específicas passíveis de serem exigidas por uma dada pessoa, como o direito ao lazer, o direito ao trabalho, o direito de greve etc.

---

[303] RE 407.688/SP, rel. Min. Cezar Peluso, 08.02.2006.
[304] RE 605.709/SP, red. p/ o acórdão Min. Rosa Weber, 12.06.2018.
[305] RE 1.307.334/SP, rel. Min. Alexandre de Moraes, 08.03.2022.

Deve-se anotar que os direitos sociais relacionados às relações de trabalho constantes do art. 7.º da Constituição aplicam-se aos trabalhadores urbanos e aos rurais (art. 7.º, *caput*), bem como aos avulsos (art. 7.º, XXXIV). Já para os domésticos, foram assegurados apenas alguns desses direitos, conforme explicita o parágrafo único do art. 7.º. Os servidores públicos estão sujeitos a regime jurídico próprio, estatutário, no qual não há um contrato de trabalho. Não obstante a substancial diferença de regime jurídico, aplicam-se aos servidores públicos alguns dos direitos enumerados no art. 7.º, consoante determina o art. 39, § 3.º, da Constituição.

Por fim, os direitos sociais coletivos tratados no art. 8.º da Constituição "aplicam-se à organização de sindicatos rurais e de colônias de pescadores, atendidas as condições que a lei estabelecer" (CF, art. 8.º, parágrafo único).

5.2. Enumeração constitucional dos direitos sociais individuais dos trabalhadores (art. 7.º)

A enumeração constitucional dos direitos sociais dos trabalhadores não é exaustiva; outros poderão ser reconhecidos por meio de normas subconstitucionais, visando à melhoria da condição social dos brasileiros (CF, art. 7.º, *caput*).

Do capítulo constitucional dos direitos fundamentais sociais, entendemos oportuno transcrever a íntegra do art. 7.º, dispositivo que, conforme referido anteriormente, enumera alguns dos mais importantes direitos sociais individuais dos trabalhadores. A leitura direta do artigo permite a obtenção de uma visão geral que consideramos útil, neste passo. Logo em seguida, reforçaremos aqueles preceitos que pensamos serem de maior relevância, ou que entendamos merecerem algum comentário adicional. É esta a redação, literal, do art. 7.º da Constituição vigente:

> Art. 7.º São direitos dos trabalhadores urbanos e rurais, além de outros que visem à melhoria de sua condição social:
>
> I – relação de emprego protegida contra despedida arbitrária ou sem justa causa, nos termos de lei complementar, que preverá indenização compensatória, dentre outros direitos;
>
> II – seguro-desemprego, em caso de desemprego involuntário;
>
> III – fundo de garantia do tempo de serviço;
>
> IV – salário mínimo, fixado em lei, nacionalmente unificado, capaz de atender a suas necessidades vitais básicas e às de sua família com moradia, alimentação, educação, saúde, lazer, vestuário, higiene, transporte e previdência social, com reajustes periódicos que lhe preservem o poder aquisitivo, sendo vedada sua vinculação para qualquer fim;
>
> V – piso salarial proporcional à extensão e à complexidade do trabalho;
>
> VI – irredutibilidade do salário, salvo o disposto em convenção ou acordo coletivo;
>
> VII – garantia de salário, nunca inferior ao mínimo, para os que percebem remuneração variável;

VIII – décimo terceiro salário com base na remuneração integral ou no valor da aposentadoria;

IX – remuneração do trabalho noturno superior à do diurno;

X – proteção do salário na forma da lei, constituindo crime sua retenção dolosa;

XI – participação nos lucros, ou resultados, desvinculada da remuneração, e, excepcionalmente, participação na gestão da empresa, conforme definido em lei;

XII – salário-família pago em razão do dependente do trabalhador de baixa renda nos termos da lei;

XIII – duração do trabalho normal não superior a oito horas diárias e quarenta e quatro semanais, facultada a compensação de horários e a redução da jornada, mediante acordo ou convenção coletiva de trabalho;

XIV – jornada de seis horas para o trabalho realizado em turnos ininterruptos de revezamento, salvo negociação coletiva;

XV – repouso semanal remunerado, preferencialmente aos domingos;

XVI – remuneração do serviço extraordinário superior, no mínimo, em cinquenta por cento à do normal;

XVII – gozo de férias anuais remuneradas com, pelo menos, um terço a mais do que o salário normal;

XVIII – licença à gestante, sem prejuízo do emprego e do salário, com a duração de cento e vinte dias;

XIX – licença-paternidade, nos termos fixados em lei;

XX – proteção do mercado de trabalho da mulher, mediante incentivos específicos, nos termos da lei;

XXI – aviso prévio proporcional ao tempo de serviço, sendo no mínimo de trinta dias, nos termos da lei;

XXII – redução dos riscos inerentes ao trabalho, por meio de normas de saúde, higiene e segurança;

XXIII – adicional de remuneração para as atividades penosas, insalubres ou perigosas, na forma da lei;

XXIV – aposentadoria;

XXV – assistência gratuita aos filhos e dependentes desde o nascimento até 5 (cinco) anos de idade em creches e pré-escolas;

XXVI – reconhecimento das convenções e acordos coletivos de trabalho;

XXVII – proteção em face da automação, na forma da lei;

XXVIII – seguro contra acidentes de trabalho, a cargo do empregador, sem excluir a indenização a que este está obrigado, quando incorrer em dolo ou culpa;

XXIX – ação, quanto aos créditos resultantes das relações de trabalho, com prazo prescricional de cinco anos para os trabalhadores urbanos e rurais, até o limite de dois anos após a extinção do contrato de trabalho;

XXX – proibição de diferença de salários, de exercício de funções e de critério de admissão por motivo de sexo, idade, cor ou estado civil;

XXXI – proibição de qualquer discriminação no tocante a salário e critérios de admissão do trabalhador portador de deficiência;

XXXII – proibição de distinção entre trabalho manual, técnico e intelectual ou entre os profissionais respectivos;

XXXIII – proibição de trabalho noturno, perigoso ou insalubre a menores de dezoito e de qualquer trabalho a menores de dezesseis anos, salvo na condição de aprendiz, a partir de quatorze anos;

XXXIV – igualdade de direitos entre o trabalhador com vínculo empregatício permanente e o trabalhador avulso.

Parágrafo único. São assegurados à categoria dos trabalhadores domésticos os direitos previstos nos incisos IV, VI, VII, VIII, X, XIII, XV, XVI, XVII, XVIII, XIX, XXI, XXII, XXIV, XXVI, XXX, XXXI e XXXIII e, atendidas as condições estabelecidas em lei e observada a simplificação do cumprimento das obrigações tributárias, principais e acessórias, decorrentes da relação de trabalho e suas peculiaridades, os previstos nos incisos I, II, III, IX, XII, XXV e XXVIII, bem como a sua integração à previdência social.

Ao disciplinar os direitos sociais, a Constituição Federal **equiparou os direitos do trabalhador rural aos direitos do trabalhador urbano** (art. 7.º, *caput*), bem como estabeleceu a **igualdade de direitos entre o trabalhador com vínculo empregatício permanente e o trabalhador avulso** (CF, art. 7.º, XXXIV).

De outro lado, os trabalhadores domésticos e os servidores ocupantes de cargo público receberam tratamento diferenciado no tocante aos direitos sociais. Com efeito, apenas determinados direitos sociais foram outorgados aos **trabalhadores domésticos** (art. 7.º, parágrafo único) e aos **servidores ocupantes de cargo público** (art. 39, § 3.º).

Estabelece a Constituição Federal que **lei complementar** deverá prever a indenização compensatória para o trabalhador que vier a ser dispensado sem justa causa ou arbitrariamente. Enquanto não for publicada essa lei complementar, referida indenização está restrita ao pagamento de **40% sobre os depósitos do Fundo de Garantia do Tempo de Serviço – FGTS** realizados em favor do empregado (CF, art. 7.º, I, c/c art. 10, I, do ADCT).

Até que seja publicada referida lei complementar a que se refere o art. 7.º, inciso I, da Constituição, **fica vedada a dispensa arbitrária ou sem justa causa** (ADCT, art. 10):

a) do empregado eleito para cargo de direção de comissões internas de prevenção de acidentes, desde o registro de sua candidatura até um ano após o final de seu mandato;

b) da empregada gestante, desde a confirmação da gravidez até cinco meses após o parto.

O seguro-desemprego só é devido no desemprego **involuntário**. Se o empregado voluntariamente pede dispensa, não há que se falar em direito ao seguro-desemprego (CF, art. 7.º, II). O seguro-desemprego é devido ao empregado **urbano** e **rural** e, nos termos em que estabelecido em lei, também ao **trabalhador doméstico** (CF, art. 7.º, parágrafo único). Constitui benefício de natureza previdenciária, custeado com parte da arrecadação da Contribuição para o PIS/PASEP, nos termos do art. 239 da Carta da República.

O Fundo de Garantia do Tempo de Serviço – FGTS é devido ao empregado **rural** e **urbano** e, nos termos em que estabelecido em lei, ao **trabalhador doméstico** (CF, art. 7.º, parágrafo único). O FGTS não é direito dos servidores públicos estatutários.

Estabelece a Constituição Federal que o salário mínimo é **fixado por lei**, em valor nacionalmente unificado (art. 7.º, IV). Entretanto, segundo entendimento do Supremo Tribunal Federal, **pode a lei prever que a mera declaração do valor do salário mínimo seja feita por decreto do Presidente da República**, desde que a lei estabeleça critérios e parâmetros objetivos e bem definidos a serem observados para o cálculo desse valor.[306]

Ainda sobre o salário mínimo (art. 7.º, IV), o texto constitucional **veda a sua vinculação para qualquer fim**. Entretanto, segundo entendimento do Supremo Tribunal Federal, **a utilização do salário mínimo como base de cálculo do valor da pensão alimentícia não ofende a Constituição**, uma vez que a prestação tem por objetivo a preservação da subsistência humana e o resguardo do padrão de vida daquele que a percebe, o qual é hipossuficiente e, por isso mesmo, dependente do alimentante.[307]

A jornada normal máxima de trabalho permitida é de **oito horas por dia** e **quarenta e quatro semanais**. Poderá ser prestado mais trabalho, mas será em jornada extraordinária, o que implica o pagamento do adicional de hora-extra, de no mínimo 50%, ou compensação. Essa jornada constitucional poderá ser reduzida, mediante **negociação coletiva** (CF, art. 7.º, XIII).

Se o trabalho é prestado em **turnos ininterruptos de revezamento**, caracterizado pela realização, de forma alternada, de atividades nos períodos diurno e noturno, com frequência diária, semanal, quinzenal ou mensal, a jornada será de **seis horas** diárias; mas essa jornada poderá ser alterada (para mais ou para menos), mediante **negociação coletiva** (CF, art. 7.º, XIV). Os intervalos fixados para descanso e alimentação durante a jornada de seis horas **não descaracterizam** o sistema de turnos ininterruptos de revezamento para o efeito de incidência do art. 7.º, XIV, da Constituição.[308]

---

[306] ADI 4.568/DF, rel. Min. Cármen Lúcia, 03.11.2011 (Informativos 646 e 660 do STF).

[307] ARE 842.157, rel. Min. Dias Toffoli, 19.06.2015.

[308] STF, Súmula 675.

Anote-se que o texto constitucional confere especial relevância à **negociação coletiva**, ao prescrever que é direito dos trabalhadores urbanos e rurais o "reconhecimento das convenções e acordos coletivos de trabalho" (art. 7.º, XXVI). Essa relevância é materializada em diversos outros dispositivos constitucionais, como os que estabelecem a obrigatoriedade da participação dos sindicatos nas negociações coletivas de trabalho (art. 8.º, III), a possibilidade de redução do salário mediante convenção ou acordo coletivo (art. 7.º VI), a faculdade de flexibilização da jornada de trabalho (art. 7.º, XIII e XIV) e a negociação coletiva como fase preliminar ao ajuizamento do dissídio coletivo (art. 114, § 2.º). Nesse contexto, o Supremo Tribunal Federal firmou o entendimento de que é constitucional norma oriunda de negociação coletiva que, apesar de limitar ou afastar direitos trabalhistas, assegura aos trabalhadores os direitos absolutamente indisponíveis. Segundo o Tribunal, **é possível a redução dos direitos trabalhistas em acordos e convenções coletivos, desde que resguardado um patamar mínimo civilizatório**, o qual é composto, em linhas gerais, pelas normas constitucionais, pelas normas de tratados e convenções internacionais incorporados ao direito brasileiro e pelas normas que, mesmo infraconstitucionais, asseguram garantias mínimas de cidadania aos trabalhadores. Esse entendimento foi fixado na seguinte **tese de repercussão geral**:[309]

> São constitucionais os acordos e as convenções coletivos que, ao considerarem a adequação setorial negociada, pactuam limitações ou afastamentos de direitos trabalhistas, independentemente da explicitação especificada de vantagens compensatórias, desde que respeitados os direitos absolutamente indisponíveis.

A Constituição Federal assegura às trabalhadoras a **licença à gestante**, sem prejuízo do emprego e do salário, com a duração de **cento e vinte dias** (art. 7.º, XVIII), e aos trabalhadores a **licença-paternidade**, nos termos fixados em lei (art. 7.º, XIX).

Anote-se que a Constituição Federal estabeleceu, no seu próprio texto, a duração da licença à gestante, fixando-a em **cento e vinte dias**. Não fez o mesmo, porém, em relação à licença-paternidade, optando por: (a) delegar à lei a competência para fixar a sua duração – "nos termos fixados em lei", reza o comando –, em típica norma de eficácia limitada; e (b) estabelecer, em dispositivo de cunho transitório, que, enquanto não regulamentada por lei, a licença-paternidade seria de **cinco dias** (ADCT, art. 10, § 1.º).

Atualmente, os prazos de duração dessas duas licenças poderão ser prorrogados, desde que cumpridos certos requisitos fixados em lei.[310] Para os trabalhadores em geral, regidos pela Consolidação das Leis do Trabalho (CLT), foi assegurada a possibilidade de prorrogação da licença-paternidade por **mais quinze dias**, e da licença-maternidade por **mais sessenta dias**, desde que a empresa empregadora adira ao Programa Empresa Cidadã (art. 1.º, I e II). Portanto, se efetivadas tais prorrogações, a duração da licença-paternidade será de vinte dias (5 dias assegurados

---

[309] ARE 1.121.633/GO, rel. Min. Gilmar Mendes, 02.06.2022.

[310] Lei 11.770/2008 (com a redação dada pela Lei 13.257/2016).

pela Constituição Federal + 15 dias decorrentes da prorrogação), e a da licença à gestante, de cento e oitenta dias (120 dias assegurados pela Constituição Federal + 60 dias decorrentes da prorrogação).[311]

Cabe destacar, ainda, que o Supremo Tribunal Federal firmou o entendimento de que a legislação infraconstitucional **não pode prever prazos diferenciados para concessão de licença-maternidade conforme se trate de gestantes ou de adotantes**. Essa orientação restou consolidada na seguinte **tese de repercussão geral**:[312]

> Os prazos da licença adotante não podem ser inferiores ao prazo da licença gestante, o mesmo valendo para as respectivas prorrogações. Em relação à licença adotante, não é possível fixar prazos diversos em função da idade da criança adotada.

Ainda sobre a licença à gestante, quatro outros julgados do Supremo Tribunal Federal merecem registro.

O primeiro diz respeito ao direito à licença no caso da chamada **"paternidade solo"** (ou "pai solo", de família monoparental, em que não há a presença materna). Segundo o Tribunal, não obstante o fato de inexistir previsão legal, **o direito à licença-maternidade deve ser excepcionalmente estendido aos casos de paternidade solo, tanto biológica quanto adotante**, em atenção ao postulado da isonomia de direitos entre o homem e a mulher (art. 5.º) e ao princípio constitucional da proteção integral à criança (art. 227), o qual tem por escopo assegurar o melhor interesse do menor, cujos laços de afetividade com o responsável por sua criação e educação são formados ainda nos primeiros dias de vida. Esse entendimento foi sedimentado na seguinte **tese de repercussão geral**:[313]

> À luz do art. 227 da Constituição Federal, que confere proteção integral da criança com absoluta prioridade, e do princípio da paternidade responsável, a licença-maternidade, prevista no art. 7.º, XVIII, da CF/88 e regulamentada pelo art. 207 da Lei 8.112/1990, estende-se ao pai genitor monoparental.

O segundo julgado versa sobre o direito à licença parental na hipótese de **união homoafetiva**. Segundo o STF, na hipótese de **gravidez em união homoafetiva, a mãe servidora pública ou trabalhadora do setor privado não gestante faz jus à licença-maternidade ou, quando a sua companheira já tenha utilizado o benefício, a prazo análogo ao da licença-paternidade**. É irrelevante, para fazer jus às

---

[311] Os servidores públicos federais, regidos pela Lei 8.112/1990, também têm o direito de requerer a prorrogação do prazo da licença-paternidade por mais quinze dias, desde que tal benefício seja requerido no prazo de dois dias úteis após o nascimento ou adoção (Decreto 8.737/2016), bem como da licença à gestante por mais sessenta dias, desde que tal prorrogação seja requerida até o final do primeiro mês após o parto (Decreto 6.690/2008).

[312] RE 778.889/PE, rel. Min. Roberto Barroso, 10.03.2016.

[313] RE 1.348.854/SP, rel. Min. Alexandre de Moraes, 12.05.2022.

licenças, o fato de o filho ser biológico ou adotado. Essa orientação foi fixada na seguinte **tese de repercussão geral**:[314]

> A mãe servidora ou trabalhadora não gestante em união homoafetiva tem direito ao gozo de licença-maternidade. Caso a companheira tenha utilizado o benefício, fará jus à licença pelo período equivalente ao da licença-paternidade.

O terceiro entendimento diz respeito à **data de início do gozo da licença-maternidade**. Segundo o STF, **o marco inicial da licença-maternidade e do salário-maternidade é a alta hospitalar da mãe ou do recém-nascido – o que ocorrer por último**. Consignou a Corte que a previsão legal segundo a qual o início do afastamento da gestante pode ocorrer entre o 28.º dia antes do parto e a data do nascimento do bebê[315] implica **proteção deficiente** tanto às mães quanto às crianças prematuras, que, embora demandem mais atenção ao terem alta, têm esse período encurtado, porque o tempo de permanência no hospital seria descontado do período da licença. Vale transcrever, por sua clareza, este excerto da ementa do acórdão em questão:[316]

> A fim de que seja protegida a maternidade e a infância e ampliada a convivência entre mães e bebês, em caso de internação hospitalar que supere o prazo de duas semanas, previsto no art. 392, § 2.º, da CLT, e no art. 93, § 3.º, do Decreto 3.048/1999 [Regulamento da Previdência Social], o termo inicial aplicável à fruição da licença-maternidade e do respectivo salário-maternidade deve ser o da alta hospitalar da mãe ou do recém-nascido, o que ocorrer por último, prorrogando-se ambos os benefícios por igual período ao da internação.

O quarto entendimento é o de que a gestante contratada pela administração pública **por prazo determinado** ou ocupante de **cargo em comissão** tem direito à licença-maternidade (CF, art. 7.º, XVIII) e à estabilidade provisória desde a confirmação da gravidez até cinco meses após o parto (ADCT, art. 10, II, "b").[317] Ressaltou o Tribunal que as garantias constitucionais de proteção à gestante e à criança **devem prevalecer independentemente da natureza do vínculo funcional, do prazo do contrato de trabalho ou da forma de provimento**. Essa orientação foi fixada na seguinte **tese de repercussão geral**:

> A trabalhadora gestante tem direito ao gozo de licença maternidade e à estabilidade provisória, independentemente do regime jurídico aplicado, se contratual ou administrativo, ainda que ocupe cargo em comissão ou seja contratada por tempo determinado.

---

[314] RE 1.211.446/SP, rel. Min. Luiz Fux, 13.03.2024.

[315] CLT, art. 392, § 1.º, e Lei 8.213/1991, art. 71.

[316] ADI 6.327/DF, rel. Min. Edson Fachin, 24.10.2022.

[317] RE 842.844, rel. Min. Luiz Fux, 05.10.2023.

O inciso XXI do art. 7.º do Texto Magno assegura aviso prévio proporcional ao tempo de serviço, sendo no mínimo de trinta dias, nos termos da lei. Observe--se que esse dispositivo constitucional evidencia duas regras distintas a respeito da duração do aviso prévio: a **proporcionalidade** do aviso prévio ao tempo de serviço do empregado e a **duração mínima** do aviso prévio, que é fixada em **trinta dias**, independentemente do tempo de serviço do empregado.

A **duração mínima** do aviso prévio é regra constitucional de **eficácia plena**, de imediata aplicação aos contratos de trabalho firmados a partir da promulgação da Carta Política, e também àqueles em curso na data de sua promulgação. Enfim, desde a promulgação da Constituição Federal, nenhum aviso prévio pôde mais ser concedido com duração inferior a trinta dias.

A **proporcionalidade** da duração do aviso prévio ao tempo de serviço do empregado, porém, não foi prevista em regra constitucional de eficácia plena. Trata-se de norma de **eficácia limitada**, dependente de regulamentação pelo legislador ordinário. Essa regulamentação legal só foi efetivada em 2011,[318] com o seguinte regramento: o empregado com menos de um ano de serviço na mesma empresa terá direito a **trinta dias** de aviso prévio; uma vez completado um ano de serviço na mesma empresa, serão acrescidos **três dias por ano de serviço prestado**, até o atingimento de sessenta dias, perfazendo, portanto, um limite máximo de **noventa dias**.

Desse modo, além dos trinta dias mínimos assegurados pela Constituição Federal, o empregado fará jus a outros **três dias** por ano de serviço prestado na mesma empresa, isto é: um ano completo de serviço gera 33 dias de aviso prévio; dois anos de serviço geram direito a 36 dias de aviso prévio; três anos de serviço dão direito a 39 dias de aviso prévio – e assim sucessivamente, até atingir a duração máxima de noventa dias (aos 20 anos de serviço). Atingida a duração máxima de noventa dias, o aviso prévio será, daí por diante, invariavelmente, de noventa dias.

A prescrição quanto a créditos resultantes das relações de trabalho é a mesma para os trabalhadores urbanos e rurais: cinco anos durante o contrato de trabalho, até o limite de dois anos após a extinção do contrato (CF, art. 7.º, XXIX).

Assim, durante o vínculo de emprego, se o empregado ajuizar uma reclamação trabalhista contra seu empregador, poderá requerer os créditos trabalhistas relativos aos últimos cinco anos do contrato de trabalho. Quando é extinto o contrato de trabalho, ele também poderá pleitear na Justiça do Trabalho os direitos dos últimos cinco anos, mas só poderá ingressar com a reclamação trabalhista até dois anos após a extinção do contrato de trabalho. A partir da cessação do contrato de trabalho, o prazo começa a correr contra o empregado: cada dia em que permanece inerte, ele perde um dia de direito (se ele ingressar com a ação no último dia dos dois anos, só poderá pleitear direitos relativos aos últimos três anos do contrato de trabalho).

Deve-se enfatizar que, em razão de importantíssima decisão do Supremo Tribunal Federal, esse prazo prescricional de cinco anos, aplicável aos créditos resultantes das relações de trabalho, **passou a alcançar, também, as ações de cobrança de valores referentes ao Fundo de Garantia do Tempo de Serviço (FGTS)**, no tocante à falta de depósitos perpetrada a partir de 13 de novembro de 2014. Significa dizer

---

[318] Lei 12.506, de 11 de outubro de 2011.

Cap. 3 • PRINCÍPIOS, DIREITOS E GARANTIAS FUNDAMENTAIS

que, para os depósitos que deixaram de ser efetuados a partir de 13 de novembro de 2014, a prescrição trintenária (de trinta anos) do FGTS – anteriormente prevista na Súmula 362 do Tribunal Superior do Trabalho – não será aplicada, e sim a prescrição quinquenal estabelecida no inciso XXIX do art. 7.º da Constituição da República.[319]

Com a promulgação da Constituição Federal, em 5 de outubro de 1988, foram conferidos ao trabalhador doméstico os seguintes direitos sociais (CF, art. 7.º, parágrafo único, **em sua redação originária**):

- salário mínimo, fixado em lei, nacionalmente unificado, capaz de atender a suas necessidades vitais básicas e às de sua família com moradia, alimentação, educação, saúde, lazer, vestuário, higiene, transporte e previdência social, com reajustes periódicos que lhe preservem o poder aquisitivo, sendo vedada sua vinculação para qualquer fim;
- irredutibilidade do salário, salvo o disposto em convenção ou acordo coletivo;
- décimo terceiro salário com base na remuneração integral ou no valor da aposentadoria;
- repouso semanal remunerado, preferencialmente aos domingos;
- gozo de férias anuais remuneradas com, pelo menos, um terço a mais do que o salário normal;
- licença à gestante, sem prejuízo do emprego e do salário, com duração de cento e vinte dias;
- licença-paternidade, nos termos fixados em lei;
- aviso prévio proporcional ao tempo de serviço, sendo no mínimo de trinta dias, nos termos da lei;
- aposentadoria;
- integração à previdência social.

Posteriormente, em abril de 2013, **os direitos sociais do trabalhador doméstico foram significativamente ampliados pela EC 72/2013**, a qual deu nova redação ao parágrafo único do art. 7.º da Constituição Federal, que passou a ser a seguinte:

> Parágrafo único. São assegurados à categoria dos trabalhadores domésticos os direitos previstos nos incisos IV, VI, VII, VIII, X, XIII, XV, XVI, XVII, XVIII, XIX, XXI, XXII, XXIV, XXVI, XXX, XXXI e XXXIII e, atendidas as condições estabelecidas em lei e observada a simplificação do cumprimento das obrigações tributárias, principais e acessórias, decorrentes da relação de trabalho e suas peculiaridades, os previstos nos incisos I, II, III, IX, XII, XXV e XXVIII, bem como a sua integração à previdência social.

Como se vê, a EC 72/2013 **acrescentou** ao rol dos direitos que foram originalmente assegurados pela Constituição de 1988 ao trabalhador doméstico diversos outros direitos, enumerados em grande parte dos incisos do art. 7.º da Carta Política.

---

[319] ARE 709.212/DF, rel. Min. Gilmar Mendes, 13.11.2014.

Entretanto, ao efetivar esse acréscimo, a EC 72/2013 classificou os novos direitos, por ela reconhecidos ao doméstico, em dois grupos, a saber: (a) **direitos de exercício imediato** (eficácia plena) e (b) **direitos de exercício diferido** (eficácia limitada), dependente do atendimento de condições estabelecidas em lei, bem como da observância à simplificação do cumprimento das obrigações tributárias, principais e acessórias, decorrentes da relação de trabalho e suas peculiaridades.

Foram os seguintes os direitos reconhecidos ao trabalhador doméstico pela EC 72/2013:

a) de **exercício imediato**:

- garantia de salário, nunca inferior ao mínimo, para os que percebem remuneração variável;

- proteção do salário na forma da lei, constituindo crime sua retenção dolosa;

- duração do trabalho normal não superior a oito horas diárias e quarenta e quatro semanais, facultada a compensação de horários e a redução da jornada, mediante acordo ou convenção coletiva de trabalho;

- remuneração do serviço extraordinário superior, no mínimo, em cinquenta por cento à do normal;

- redução dos riscos inerentes ao trabalho, por meio de normas de saúde, higiene e segurança;

- reconhecimento das convenções e acordos coletivos de trabalho;

- proibição de diferença de salários, de exercício de funções e de critério de admissão por motivo de sexo, idade, cor ou estado civil;

- proibição de qualquer discriminação no tocante a salário e critérios de admissão do trabalhador portador de deficiência;

- proibição de trabalho noturno, perigoso ou insalubre a menores de dezoito e de qualquer trabalho a menores de dezesseis anos, salvo na condição de aprendiz, a partir de quatorze anos.

b) de **exercício diferido**, condicionado ao atendimento de condições estabelecidas em lei, e observada a simplificação do cumprimento das obrigações tributárias, principais e acessórias, decorrentes da relação de trabalho e suas peculiaridades:

- relação de emprego protegida contra despedida arbitrária ou sem justa causa, nos termos de lei complementar, que preverá indenização compensatória, dentre outros direitos;

- seguro-desemprego, em caso de desemprego involuntário;

- fundo de garantia do tempo de serviço;

- remuneração do trabalho noturno superior à do diurno;

- salário-família pago em razão do dependente do trabalhador de baixa renda nos termos da lei;

- assistência gratuita aos filhos e dependentes desde o nascimento até 5 (cinco) anos de idade em creches e pré-escolas;

- seguro contra acidentes de trabalho, a cargo do empregador, sem excluir a indenização a que este está obrigado, quando incorrer em dolo ou culpa.

Cap. 3 • PRINCÍPIOS, DIREITOS E GARANTIAS FUNDAMENTAIS

É importante esclarecer que, mesmo depois da EC 72/2013, **não é correto afirmar que o empregado doméstico tenha todos os direitos sociais** previstos no art. 7.º da Constituição. De fato, não estão na lista do parágrafo único desse artigo, com a redação dada pela EC 72/2013, os incisos V, XI, XIV, XX, XXIII, XXVII, XXIX, XXXII e XXXIV; vale dizer, as normas do art. 7.º da Constituição estabelecidas em tais incisos continuam não se aplicando ao trabalhador doméstico.

5.3. Direitos sociais coletivos dos trabalhadores (arts. 8.º a 11)

É livre a criação de sindicatos, mas eles deverão ser registrados no órgão competente,[320] cabendo aos trabalhadores ou empregadores interessados estabelecer a base territorial respectiva (CF, art. 8.º, II).

Essa liberdade de associação sindical é ampla, alcançando, sem distinção, todas as categorias profissionais (sindicatos de trabalhadores) e econômicas (sindicatos de empregadores). Segundo entendimento do Supremo Tribunal Federal, a liberdade associativa **contempla, inclusive, a criação de associação sindical de empregados de entidades sindicais**, vale dizer, os empregados de entidades sindicais podem associar-se entre si para a criação de entidade de representação sindical própria.[321]

Essa liberdade, porém, não é absoluta, pois a representatividade encontra limite expresso no **princípio constitucional da unicidade sindical** (CF, art. 8.º, II), segundo o qual a base territorial não poderá ser inferior à área de um município e na mesma base territorial é vedada a criação de mais de uma organização sindical, em qualquer grau, representativa da mesma categoria profissional (trabalhadores) ou econômica (empregadores). Em caso de conflito, resolve-se pela aplicação do **princípio da anterioridade**, isto é, a representação da categoria caberá à entidade que primeiro realizou o seu registro no órgão competente.

Acerca do **princípio da unicidade sindical**, o Supremo Tribunal Federal firmou o entendimento de que **o número de funcionários ou o porte da instituição não podem ser utilizados como critérios para a constituição de sindicatos de micro e pequenas empresas**, pois o parâmetro constitucional para a criação de sindicatos é a categoria econômica (empregadores) ou profissional (trabalhadores), a qual é caracterizada pela similitude ou complementariedade das atividades exercidas.[322] Essa orientação restou consolidada na seguinte **tese de repercussão geral:**

> Em observância ao princípio da unicidade sindical, previsto no art. 8.º, inciso II, da Constituição Federal de 1988, a quantidade de empregados, ou qualquer outro critério relativo à dimensão da empresa, não constitui elemento apto a embasar a definição de categoria econômica ou profissional para fins de criação de sindicatos de micros e pequenas empresas.

---

[320] Atualmente, o órgão competente para o registro dos sindicados é o Ministério da Economia.

[321] ADI 3.890/DF, rel. Min. Rosa Weber, 08.06.2021.

[322] RE 646.104/SP, rel. Min. Dias Toffoli, 29.05.2024.

Ao estatuir que é livre a associação profissional ou sindical, estabelece a Constituição Federal que **a assembleia geral fixará a contribuição** que, em se tratando de categoria profissional, será descontada em folha, para custeio do sistema confederativo da representação sindical respectiva, **independentemente da contribuição prevista em lei** (art. 8.°, IV).

Como se vê, esse dispositivo constitucional prevê duas contribuições destinadas à entidade sindical – que, quando instituídas, poderão alcançar as ditas categorias profissionais (de trabalhadores) e econômicas (de empregadores): a **contribuição confederativa** e a **contribuição sindical**.

A primeira (contribuição confederativa) – destinada ao financiamento do sistema confederativo de representação sindical – é fixada pela assembleia geral, não tem natureza tributária (tributo só pode ser criado por lei) e **é devida somente pelos filiados ao sindicato**. Há muito, o Supremo Tribunal Federal sedimentou a orientação de que a contribuição confederativa – que, por não ser instituída por lei, não tem caráter tributário – **não pode ser cobrada de não sindicalizados**, por ferir o direito à livre associação sindical.[323] Nos dias atuais, a natureza jurídica da contribuição confederativa está explicitada no enunciado da **Súmula Vinculante 40**, nestes termos:

> **40** – A contribuição confederativa de que trata o artigo 8.°, IV, da Constituição Federal, só é exigível dos filiados ao sindicato respectivo.

Já no tocante à **contribuição sindical** (art. 8.°, parte final do inciso IV), criada em prol dos interesses das categorias profissionais, o entendimento consagrado na jurisprudência do Supremo Tribunal foi diverso. Para o Tribunal, a contribuição sindical, por ter sido instituída por lei, **possuía natureza tributária e era devida por todo trabalhador, filiado ou não ao sindicato**.[324] Originalmente chamada de **imposto sindical**, essa contribuição sindical foi instituída pela CLT (Consolidação das Leis do Trabalho), mais precisamente em seu art. 578 e seguintes, que previam a obrigatoriedade de todos os participantes de determinada categoria, sindicalizados ou não, recolherem determinado valor em favor do sindicato representativo da correspondente categoria (profissional ou econômica, já que tal contribuição alcança, também, os empregadores).

Cumpre-nos ressaltar, entretanto, que os mencionados artigos da CLT sofreram importantes alterações legislativas, dentre as quais se destaca o afastamento da natureza compulsória (obrigatória) da contribuição sindical neles prevista, passando o desconto dessa contribuição a estar condicionado à **autorização prévia e expressa** dos que participarem de uma determinada categoria econômica (empregadores) ou

---

[323] Inicialmente, esse entendimento foi pacificado pelo Tribunal no julgamento do RE 171.905, rel. Min. Néri da Silveira, em 20.10.1997. Posteriormente, esse julgado foi indicado como paradigma para a elaboração da Súmula 666 do Supremo Tribunal Federal, aprovada em 24.09.2003. Finalmente, em 20.03.2015, tivemos a conversão da Súmula 666 na Súmula Vinculante 40.

[324] Esse entendimento foi reafirmado pelo Tribunal em 03.03.2017, no julgamento do ARE 1.018.459/PR, rel. Min. Gilmar Mendes.

Cap. 3 • PRINCÍPIOS, DIREITOS E GARANTIAS FUNDAMENTAIS

profissional (trabalhadores), ou de uma profissão liberal – ou seja, deixou de existir a contribuição compulsória, de natureza tributária. Para não restar dúvida, veja-se, com grifos nossos, a nova redação dos arts. 578 e 579 da CLT (redação dada pela Lei 13.467/2017):

> Art. 578. As contribuições devidas aos sindicatos pelos participantes das categorias econômicas ou profissionais ou das profissões liberais representadas pelas referidas entidades serão, sob a denominação de contribuição sindical, pagas, recolhidas e aplicadas na forma estabelecida neste Capítulo, **desde que prévia e expressamente autorizadas.**
>
> Art. 579. O desconto da contribuição sindical **está condicionado à autorização prévia e expressa** dos que participarem de uma determinada categoria econômica ou profissional, ou de uma profissão liberal, em favor do sindicato representativo da mesma categoria ou profissão ou, inexistindo este, na conformidade do disposto no art. 591 desta Consolidação.

O Supremo Tribunal Federal já declarou constitucional (**válida**) essa nova legislação.[325] Restou **superado**, assim, o seu entendimento anterior acerca da **natureza compulsória** da contribuição sindical prevista na CLT, que **legitimava** (repita-se: **antes** das alterações trazidas pela Lei 13.467/2017) a sua exigência de todos os participantes de determinada categoria, filiados ou não ao sindicato dela representativo.

Anote-se que as sobrecitadas inovações legislativas em nada alteraram a natureza jurídica da **contribuição confederativa**, que, conforme mencionado anteriormente, não é fixada em lei (mas pela assembleia geral) e, por esse motivo, somente é exigível dos filiados à entidade sindical, nos termos da Súmula Vinculante 40 do Supremo Tribunal Federal, em pleno vigor.

Consideramos oportuno mencionar, ainda, a existência de uma terceira espécie de contribuição devida às entidades sindicais, que, embora não prevista na Constituição Federal, teve a sua natureza jurídica delineada pelo Supremo Tribunal Federal. Cuida-se da denominada **contribuição assistencial** (também chamada de **taxa assistencial**), comumente criada com fundamento no art. 513, "e", da CLT, para custear as atividades assistenciais do sindicato, principalmente no curso de negociações coletivas.

Em sua mais recente jurisprudência, o Supremo Tribunal Federal passou a entender que a **contribuição assistencial** pode ser instituída por acordo ou convenção coletivos, para todos os empregados de uma categoria, **ainda que não sejam sindicalizados**, desde que assegurado o direito de oposição pelo trabalhador.[326] Ou seja, de acordo com esse novo entendimento do Tribunal, as contribuições assistenciais, instituídas por acordo ou convenção coletivos, **podem ser exigidas indistintamente**

---

[325] ADI 5.794/DF, red. p/ o acórdão Min. Luiz Fux, 29.06.2018.
[326] ARE 1.018.459, rel. Min. Gilmar Mendes, 12.09.2023.

de todos aqueles que participem da categoria profissional, ainda que não filiados ao sindicato respectivo, desde que seja assegurado ao trabalhador o direito de recusar expressamente a cobrança. Essa nova orientação restou consolidada na seguinte tese de repercussão geral:

> É constitucional a instituição, por acordo ou convenção coletivos, de contribuições assistenciais a serem impostas a todos os empregados da categoria, ainda que não sindicalizados, desde que assegurado o direito de oposição.

Ninguém será obrigado a filiar-se ou a manter-se filiado a sindicato (CF, art. 8.º, V).

Aos sindicatos cabe a defesa dos direitos e interesses coletivos ou individuais da categoria, inclusive em questões judiciais ou administrativas, sendo obrigatória a sua participação nas negociações coletivas de trabalho (CF, art. 8.º, III e VI). Com fundamento nesses dispositivos constitucionais, o Supremo Tribunal Federal firmou entendimento de que o sindicato pode atuar na defesa de todos e quaisquer direitos subjetivos, individuais e coletivos, dos integrantes da categoria por ele representada.[327] Significa dizer que o sindicato poderá defender o empregado nas ações coletivas ou individuais para a garantia de qualquer direito relacionado ao vínculo empregatício, tanto nas ações de conhecimento como na liquidação de sentenças ou na execução forçada das sentenças.

O Supremo Tribunal Federal também firmou o entendimento de que a dispensa em massa de empregados deve ser precedida da tentativa de diálogo entre a empresa e o sindicato dos trabalhadores. Assentou o Tribunal que, em respeito ao postulado da representatividade dos sindicatos e da valorização da negociação coletiva, as entidades sindicais obreiras devem ser ouvidas antes da demissão coletiva ("em massa") de empregados, o que se revela como requisito procedimental indispensável, possibilitando a abertura de diálogo entre os polos antagônicos, com vistas a alcançar soluções alternativas, menos drásticas e danosas. Essa orientação está fixada na seguinte tese de repercussão geral:[328]

> A intervenção sindical prévia é exigência procedimental imprescindível para a dispensa em massa de trabalhadores, que não se confunde com autorização prévia por parte da entidade sindical ou celebração de convenção ou acordo coletivo.

É vedada a dispensa do empregado sindicalizado a partir do registro da candidatura a cargo de direção ou representação sindical e, se eleito, ainda que suplente, até um ano após o final do mandato, salvo se cometer falta grave nos termos da lei (CF, art. 8.º, VIII).

É assegurado o direito de greve, competindo aos trabalhadores decidir sobre a oportunidade de exercê-lo e sobre os interesses que devam por meio dele defender (CF,

---

[327] RE 210.029, rel. Min. Carlos Velloso, 12.06.2006.
[328] RE 999.435/SP, red. p/ o acórdão Min. Edson Fachin, 08.06.2022.

art. 9.º). O direito de greve dos trabalhadores da iniciativa privada está estabelecido em **norma de aplicação imediata**, isto é, não demanda regulamentação infraconstitucional alguma, pode ser exercido desde logo.

O direito de greve, porém, não é absoluto: cabe à lei definir os serviços ou atividades essenciais e dispor sobre o atendimento das necessidades inadiáveis da comunidade. Além disso, aqueles que abusarem desse direito durante o movimento paredista estarão sujeitos às penas da lei (CF, art. 9.º, §§ 1.º e 2.º). O direito de greve dos trabalhadores da iniciativa privada está regulamentado na Lei 7.783/1989.

É assegurada a participação dos trabalhadores e empregadores nos colegiados dos órgãos públicos em que seus interesses profissionais ou previdenciários sejam objeto de discussão e deliberação (CF, art. 10).

Nas empresas de mais de duzentos empregados, é assegurada a eleição de um representante destes com a finalidade exclusiva de promover-lhes o entendimento direto com os empregadores (CF, art. 11).

5.4. A problemática da concretização dos direitos sociais: reserva do possível, garantia do mínimo existencial e implementação de políticas públicas pelo Poder Judiciário

Os direitos sociais, por exigirem disponibilidade financeira do Estado para sua efetiva concretização, estão sujeitos à denominada **cláusula de reserva do financeiramente possível**, ou, simplesmente, **reserva do possível**. Essa cláusula, ou princípio implícito, tem como consequência o reconhecimento de que os direitos sociais assegurados na Constituição devem, sim, ser efetivados pelo Poder Público, mas na medida exata em que isso seja possível.

É importante entender que esse princípio não significa um "salvo conduto" para o Estado deixar de cumprir suas obrigações sob uma alegação genérica de que "não existem recursos suficientes". A não efetivação, ou efetivação apenas parcial, de direitos constitucionalmente assegurados somente se justifica se, em cada caso, for possível demonstrar a **impossibilidade** financeira (ou econômica) de sua concretização pelo Estado.

Um exemplo sobremodo ilustrativo temos na previsão constitucional relativa ao salário mínimo. Diz o inciso IV do art. 7.º da Carta Política que o salário mínimo deve ser capaz de atender às necessidades vitais básicas do trabalhador e às de sua família com moradia, alimentação, educação, saúde, lazer, vestuário, higiene, transporte e previdência social.

Supondo que se chegasse à conclusão de que, para cumprir o desiderato constitucional, seria necessário dobrar o valor do salário mínimo, poderia ser efetivamente exigida do Poder Público a adoção dessa medida?

A resposta é negativa, exatamente pela incidência da cláusula de "reserva do possível". Ora, se o Poder Público simplesmente editasse lei dobrando o valor do salário mínimo, isso certamente desorganizaria toda a economia nacional, sendo possível demonstrar, objetivamente, que tal fato inviabilizaria as contas da previdência social, que acarretaria um quadro agudo de informalidade no mercado de trabalho (trabalhadores sem "carteira assinada"), que profligaria as contas dos municípios e estados pelo gasto com o funcionalismo, que todo esse desequilíbrio implicaria descontrole inflacionário etc.

Assim, embora seja evidente que o valor atual do salário mínimo não cumpre a determinação constitucional vazada no inciso IV do art. 7.º, não se pode exigir um reajuste vultoso e imediato de seu valor, porque essa providência esbarra na **cláusula de reserva do possível**.

De outro lado, temos o **princípio da garantia do mínimo existencial**, também postulado implícito na Constituição Federal de 1988, que **atua como um limite à cláusula da reserva do financeiramente possível**.

Objetivamente, significa dizer que a dificuldade estatal decorrente da limitação dos recursos financeiros disponíveis (**reserva do financeiramente possível**) não afasta o dever do Estado de garantir, em termos de direitos sociais, um mínimo necessário para a existência digna da população (**garantia do mínimo existencial**).

Corolário direto do **princípio da dignidade da pessoa humana**, o postulado constitucional (implícito) da **garantia do mínimo existencial** não permite que o Estado negue – nem mesmo sob a invocação da insuficiência de recursos financeiros – o direito a prestações sociais mínimas, capazes de assegurar, à pessoa, condições adequadas de existência digna, com acesso efetivo ao direito geral de liberdade e, também, a prestações positivas estatais viabilizadoras da plena fruição de direitos sociais básicos, tais como o direito à educação, o direito à proteção integral da criança e do adolescente, o direito à saúde, o direito à assistência social, o direito à moradia, o direito à alimentação e o direito à segurança.

Sabe-se, ademais, que no âmbito das funções institucionais do Poder Judiciário não se inclui – em homenagem ao postulado da separação de Poderes – a atribuição de formular e implementar políticas públicas, função típica dos Poderes Legislativo e Executivo.

Não obstante, o STF tem reiterado em seus julgados que o caráter programático das normas sociais inscritas no texto da Carta Política não autoriza o Poder Público a invocar de forma irresponsável a "reserva do possível", fraudando justas expectativas nele depositadas pela coletividade. Assim, a cláusula da "reserva do possível" não pode ser invocada levianamente pelo Estado com o intuito de exonerar-se do cumprimento de suas obrigações constitucionais, salvo quando possa ser objetivamente demonstrado que inexiste disponibilidade financeira do Estado para tornar efetivas as prestações positivas dele reclamadas, ou que falta razoabilidade à pretensão individual ou coletiva deduzida em face do Poder Público.

Especificamente naquelas situações em que a inércia do Poder Público impede a realização de direitos fundamentais, o Supremo Tribunal Federal tem admitido a interferência do Poder Judiciário, por meio de decisões que determinam aos administradores públicos a implementação de determinadas políticas públicas, sob o argumento de que, nessas situações, tal intervenção não viola o princípio da separação dos Poderes. Em razão da reiteração de ações judiciais com esse objetivo, perante juízes e tribunais do Poder Judiciário, o STF optou por fixar parâmetros para nortear decisões a respeito de políticas públicas, prescrevendo aos julgadores,

Cap. 3 • PRINCÍPIOS, DIREITOS E GARANTIAS FUNDAMENTAIS

em especial: (*i*) a adoção de critérios de razoabilidade e eficiência; (*ii*) o respeito ao espaço de discricionariedade do administrador público; e (*iii*) que procurem evitar a imposição de medidas concretas específicas, dando preferência ao apontamento das finalidades a serem alcançadas e à determinação à administração pública para que apresente um plano ou os meios adequados ao atingimento dos resultados indicados. Essas orientações restaram consolidadas na seguinte **tese de repercussão geral**:[329]

> 1. A intervenção do Poder Judiciário em políticas públicas voltadas à realização de direitos fundamentais, em caso de ausência ou deficiência grave do serviço, não viola o princípio da separação dos poderes.
>
> 2. A decisão judicial, como regra, em lugar de determinar medidas pontuais, deve apontar as finalidades a serem alcançadas e determinar à Administração Pública que apresente um plano e/ou os meios adequados para alcançar o resultado;
>
> 3. No caso de serviços de saúde, o déficit de profissionais pode ser suprido por concurso público ou, por exemplo, pelo remanejamento de recursos humanos e pela contratação de organizações sociais (OS) e organizações da sociedade civil de interesse público (OSCIP).

Em consonância com essa orientação, o Supremo Tribunal Federal reconheceu que há um **estado de coisas inconstitucional no sistema carcerário brasileiro**, responsável pela **violação maciça de direitos fundamentais dos presos**, e que demanda a atuação cooperativa das diversas autoridades, instituições e comunidade para a construção de uma solução satisfatória.[330] Depois de reconhecida a situação de grave violação em massa de direitos fundamentais dos presos – e de enfatizar que a proteção dos direitos fundamentais é inerente à condição humana –, o Tribunal concedeu um prazo de seis meses para que o governo federal elabore um plano de intervenção para resolver a situação, com diretrizes para reduzir a superlotação dos presídios, o número de presos provisórios e a permanência em regime mais severo ou por tempo superior ao da pena.[331] Esse entendimento restou consolidado na seguinte **tese jurídica**:

> 1. Há um estado de coisas inconstitucional no sistema carcerário brasileiro, responsável pela violação massiva de direitos fundamentais dos presos. Tal estado de coisas demanda a atuação cooperativa das diversas autoridades, instituições e comunidade para a construção de uma solução satisfatória.
>
> 2. Diante disso, União, Estados e Distrito Federal, em conjunto com o Departamento de Monitoramento e Fiscalização do Conselho Nacional de Justiça (DMF/CNJ), deverão elaborar planos a serem submetidos à homologação do Supremo Tribunal Federal,

---

[329] RE 684.612, rel. Min. Roberto Barroso, 10.07.2023.
[330] ADPF 347, rel. Min. Roberto Barroso, 04.10.2023.
[331] ADPF 347, rel. Min. Roberto Barroso, 04.10.2023.

nos prazos e observadas as diretrizes e finalidades expostas no presente voto, especialmente voltados para o controle da superlotação carcerária, da má qualidade das vagas existentes e da entrada e saída dos presos.

3. O CNJ realizará estudo e regulará a criação de número de varas de execução penal proporcional ao número de varas criminais e ao quantitativo de presos.

Nessa mesma linha, o Supremo Tribunal Federal reconheceu a um paciente portador do vírus HIV/AIDS o direito à distribuição gratuita de medicamentos, firmando entendimento de que tal medida – distribuição gratuita de medicamentos a pessoas carentes – é dever constitucional do Poder Público, a fim de dar "efetividade a preceitos fundamentais da Constituição da República (arts. 5.º, *caput*, e 196)".[332]

Em outra oportunidade, e nesse mesmo sentido – de que o Poder Judiciário não pode se omitir quando os órgãos competentes comprometem a eficácia dos direitos fundamentais individuais e coletivos, haja vista que questões de ordem orçamentária não podem impedir a implementação de políticas públicas que visem a garanti-los, a fim de assegurar condições minimamente dignas a quem se encontra privado de liberdade –, o Supremo Tribunal Federal decidiu que **o Poder Judiciário pode determinar que a administração pública realize obras ou reformas emergenciais em presídios para garantir os direitos fundamentais dos presos**, como sua integridade física e moral.[333] Nesse julgado, considerando a péssima situação dos presídios brasileiros – que impõem aos presos indevido sofrimento físico, psicológico e moral no cumprimento da pena privativa de liberdade –, nossa Corte Suprema houve por bem fixar, por unanimidade, a seguinte **tese de repercussão geral**:

> É lícito ao Judiciário impor à administração pública obrigação de fazer, consistente na promoção de medidas ou na execução de obras emergenciais em estabelecimentos prisionais para dar efetividade ao postulado da dignidade da pessoa humana e assegurar aos detentos o respeito à sua integridade física e moral, nos termos do que preceitua o artigo 5.º (inciso XLIX) da Constituição Federal, não sendo oponível à decisão o argumento da reserva do possível nem o princípio da separação dos Poderes.

A verdade é que o Supremo Tribunal Federal confere tamanha relevância ao desiderato constitucional de tornar efetivos os direitos sociais fundamentais que, em inúmeros casos, tem determinado até mesmo o **bloqueio de verbas públicas** do ente federado, em favor de pessoas hipossuficientes, a fim de lhes assegurar o fornecimento gratuito de medicamentos, como corolário dos direitos à saúde e à vida.[334]

---

[332] RE-AgR 273.834/RS, rel. Min. Celso de Mello, 31.10.2000.

[333] RE 592.581/RS, rel. Min. Ricardo Lewandowski, 13.08.2016.

[334] RE 580.167/RS, rel. Min. Eros Grau, 11.03.2008 (DJE-54, de 26.03.2008); RE 562.528/RS, rel. Min. Ellen Gracie, 28.04.2009 (DJE-87, de 12.05.2009); AI-AgR 553.712/RS, rel. Min. Ricardo

Cap. 3 • PRINCÍPIOS, DIREITOS E GARANTIAS FUNDAMENTAIS

A doutrina constitucionalista e o próprio Poder Judiciário reconhecem perfeitamente que decisões como essas envolvem amiúde um dilema de muito difícil solução, sobretudo quando se trata de determinar ao Estado que custeie tratamentos médicos extremamente dispendiosos e de reduzidas chances de sucesso. Nessas situações, afirma-se que o Judiciário enfrenta as chamadas "**escolhas trágicas**" (*tragic choices*), expressão empregada com o escopo de traduzir a tensão dialética existente entre o desejo de atender um pedido de concretização de direito social (muitas vezes, de alto custo), de um lado, e as dificuldades governamentais de viabilizar a alocação racional dos seus escassos recursos financeiros, de outro.

5.5. Direitos sociais e o princípio da proibição de retrocesso social (*effet cliquet*)

É sabido que os direitos sociais vinculam o legislador infraconstitucional, exigindo deste um comportamento positivo para a concretização do desiderato constitucional, traduzido na regulamentação dos serviços e políticas públicas. Exigem, também, que, ao regulamentar tais direitos, o legislador o faça respeitando o denominado "núcleo essencial", isto é, sem impor condições desarrazoadas ou que tornem impraticável o direito previsto pelo constituinte, sob pena de inconstitucionalidade. Seria flagrantemente inconstitucional, por exemplo, uma lei ordinária que, editada para regulamentar o direito de greve, tornasse impraticável o exercício desse direito social.

Questão polêmica no constitucionalismo moderno diz respeito ao chamado **princípio da proibição de retrocesso social**, que, embora ainda não esteja expressamente previsto no nosso atual texto constitucional, tem encontrado crescente acolhida no âmbito da doutrina mais afinada com a concepção do Estado democrático de Direito (e social), consagrado pela nossa ordem constitucional.

Esse princípio da vedação de retrocesso (também conhecido pela expressão francesa *effet cliquet*) visa a impedir que o legislador venha a desconstituir pura e simplesmente o grau de concretização que ele próprio havia dado às normas da Constituição, especialmente quando se cuida de normas constitucionais que, em maior ou menor escala, acabam por depender dessas normas infraconstitucionais para alcançarem sua plena eficácia e efetividade. Significa que, **uma vez regulamentado determinado dispositivo constitucional, de índole social, o legislador não poderia, ulteriormente, retroceder no tocante à matéria, revogando ou prejudicando o direito já reconhecido ou concretizado.**

Em suma: com base no princípio da proibição de retrocesso, especialmente em matéria de direitos fundamentais sociais, o que se pretende é evitar que o legislador venha a revogar (no todo ou em parte essencial) um ou mais diplomas infraconstitucionais que já concretizaram, normativamente, um direito social constitucionalmente consagrado. Nessas situações, de retrocesso no tocante à disciplina de determinado direito social (por exemplo, revogação pura e simples de uma lei

---

Lewandowski, 19.05.2009 (DJE-104, de 04.06.2009); RE 607.582/RS, rel. Min. Ellen Gracie, 02.09.2010 (DJE-171, de 14.09.2010).

que houvesse regulamentado um direito social constitucional, implementando-o normativamente), defendem os ideólogos do postulado da vedação de retrocesso que o procedimento poderia ser impugnado perante o Poder Judiciário, invocando--se a sua inconstitucionalidade.

Por fim, é relevante observar que os autores que propõem a necessidade de observância do princípio da vedação de retrocesso social enfatizam estar também a ele adstrito o legislador constituinte derivado (na elaboração de emendas à Constituição), e não apenas o legislador infraconstitucional (na elaboração das leis). Dessa forma, afrontaria o postulado da proibição de retrocesso, por exemplo, uma emenda à atual Constituição que pretendesse simplesmente suprimir algum dos direitos sociais do rol constante do seu art. 6.º.

6. NACIONALIDADE

6.1. Noções

Nacionalidade é o vínculo jurídico-político de direito público interno, que faz da pessoa um dos elementos componentes da dimensão do Estado.

Cada Estado é livre para dizer quais são os seus nacionais. Serão nacionais de um Estado, portanto, aqueles que o seu Direito definir como tais; os demais serão estrangeiros: todos aqueles que não são tidos por nacionais em um determinado Estado são, perante ele, estrangeiros.

Nação é o agrupamento humano cujos membros, fixados num território, são ligados por laços históricos, culturais, econômicos e linguísticos; o fato de possuírem as mesmas tradições e costumes, bem como a consciência coletiva dão os contornos ao conceito de nação.

Povo é o conjunto de pessoas que fazem parte de um Estado, é o elemento humano do Estado, ligado a este pelo vínculo da nacionalidade.

População é conceito meramente demográfico, mais amplo que o conceito de povo, utilizado para designar o conjunto de residentes de um território, quer sejam nacionais, quer sejam estrangeiros.

Nacionais são todos aqueles que o Direito de um Estado define como tais; são todos aqueles que se encontram presos ao Estado por um vínculo jurídico que os qualifica como seus integrantes.

Cidadão é conceito restrito, para designar os nacionais (natos ou naturalizados) no gozo dos direitos políticos e participantes da vida do Estado.

Estrangeiros são todos aqueles que não são tidos por nacionais, em relação a um determinado Estado, isto é, as pessoas a que o Direito do Estado não atribuiu a qualidade de nacionais.

Polipátrida é aquele que possui mais de uma nacionalidade, em razão de o seu nascimento o enquadrar em distintas regras de aquisição de nacionalidade. Dois ou mais Estados reconhecem uma determinada pessoa como seu nacional, dando origem à multinacionalidade. Essa situação ocorre, por exemplo, com os

Cap. 3 • PRINCÍPIOS, DIREITOS E GARANTIAS FUNDAMENTAIS   **265**

filhos oriundos de Estado que adota o critério *ius sanguinis* (nacionalidade determinada pela ascendência), quando nascem em um Estado que acolhe o critério *ius solis* (nacionalidade determinada pelo local do nascimento).

Situação de polipátrida ocorre com os filhos de italianos nascidos no Brasil. Como o Brasil adota o critério do *ius solis*, os filhos de italianos aqui nascidos, desde que seus pais não estejam a serviço da Itália, adquirirão, de pronto, necessária e automaticamente, a nacionalidade brasileira. Como a Itália adota o critério *ius sanguinis*, os filhos de italianos, nascidos onde quer que seja, são, para aquele país, italianos. Logo, os filhos de italianos nascidos no Brasil adquirem, por força da legislação italiana, dupla nacionalidade.

Apátrida ("sem pátria" ou *heimatlos*) é aquele que, dada a circunstância de seu nascimento, não adquire nacionalidade, por não se enquadrar em nenhum critério estatal que lhe atribua nacionalidade.

É o que ocorre, em princípio, com um filho de brasileiro nascido na Itália, se seus pais não estiverem a serviço do Brasil. Não será ele italiano, porque a Itália adota o critério *ius sanguinis*, segundo o qual somente será italiano o descendente de italiano. Por outro lado, não será brasileiro, porque, como o Brasil adota o critério *ius solis*, ninguém será considerado automaticamente brasileiro pelo simples fato de ter pais brasileiros, se nascido em outro Estado.

6.2. Espécies de nacionalidade

A nacionalidade pode ser primária (de origem ou originária) ou secundária (adquirida).

A nacionalidade primária resulta de fato natural (nascimento), a partir do qual, de acordo com os critérios adotados pelo Estado (sanguíneos ou territoriais), será estabelecida. Cuida-se de aquisição involuntária de nacionalidade, decorrente do simples nascimento ligado a um critério estabelecido pelo Estado.

A nacionalidade secundária é a que se adquire por ato volitivo, depois do nascimento (em regra, pela naturalização). Cuida-se de aquisição voluntária de nacionalidade, resultante da manifestação de um ato de vontade.

6.3. Critérios de atribuição de nacionalidade

São dois os critérios para a atribuição da nacionalidade primária, ambos partindo do nascimento da pessoa: o de origem sanguínea – *ius sanguinis* – e o de origem territorial – *ius solis*.

O critério *ius sanguinis* funda-se no vínculo do sangue, segundo o qual será nacional todo aquele que for filho de nacionais, independentemente do local de nascimento.

O critério *ius solis* atribui a nacionalidade a quem nasce no território do Estado que o adota, independentemente da nacionalidade dos ascendentes.

A Constituição Federal de 1988 adotou, como regra, o critério *ius solis*, admitindo, porém, ligeiras atenuações. Portanto, no Brasil, não só o critério *ius solis* determina a nacionalidade; existem situações de preponderância do critério *ius sanguinis*.

6.4. Brasileiros natos (aquisição originária)

São brasileiros natos:

a) os nascidos na República Federativa do Brasil, ainda que de pais estrangeiros, desde que estes não estejam a serviço de seu país;

Nessa hipótese, adotou a Constituição o critério *ius solis* (origem territorial), considerando nato aquele nascido no território brasileiro, independentemente da nacionalidade dos ascendentes.

A Constituição, porém, estabelece uma exceção ao critério *ius solis*, excluindo da nacionalidade brasileira os filhos de pais estrangeiros que estejam a serviço de seu país.

São dois, portanto, os requisitos para o afastamento do critério *ius solis*: (i) ambos os pais estrangeiros; (ii) pelo menos um deles estar a serviço de seu país de origem (se aqui estiverem a passeio, ou a serviço de empresa privada, ou de outro país que não o seu de origem, o filho aqui nascido será brasileiro nato).

b) os nascidos no estrangeiro, de pai brasileiro ou mãe brasileira, desde que qualquer deles esteja a serviço da República Federativa do Brasil;

Nessa hipótese, o legislador constituinte adotou o critério *ius sanguinis*, combinado com um requisito adicional, qual seja, a necessidade de que o pai ou a mãe brasileiros (ou ambos, evidentemente), natos ou naturalizados, estejam a serviço da República Federativa do Brasil (critério funcional).

São dois, portanto, os requisitos: (i) ser filho de pai brasileiro ou mãe brasileira; (ii) o pai ou a mãe (ou ambos) devem estar a serviço da República Federativa do Brasil, abrangendo qualquer serviço público prestado pelos órgãos e entidades da Administração Direta ou Indireta da União, dos estados, do Distrito Federal ou dos municípios.

c) os nascidos no estrangeiro de pai brasileiro ou de mãe brasileira, desde que sejam registrados em repartição brasileira competente ou venham a residir na República Federativa do Brasil e optem, em qualquer tempo, depois de atingida a maioridade, pela nacionalidade brasileira.[335]

Essa hipótese de aquisição originária da nacionalidade brasileira, constante do art. 12, inciso I, alínea "c", sofreu duas modificações em seu regramento constitucional inicial, estabelecido pela Assembleia Nacional Constituinte, em 1988.

Com efeito, o texto originário da Constituição, promulgado em 05.10.1988, em seu art. 12, I, "c", considerava brasileiros natos "os nascidos no estrangeiro, de pai brasileiro ou de mãe brasileira, desde que sejam registrados em repartição brasileira competente, ou venham a residir na República Federativa do Brasil antes da maioridade e, alcançada esta, optem, em qualquer tempo, pela nacionalidade brasileira".

---

[335] Redação dada pela EC 54, de 20.09.2007.

Cap. 3 • PRINCÍPIOS, DIREITOS E GARANTIAS FUNDAMENTAIS

Posteriormente, a Emenda Constitucional de Revisão 3/1994, suprimiu a possibilidade de aquisição da nacionalidade brasileira pelo registro em repartição brasileira competente, passando a dispor que são brasileiros natos "os nascidos no estrangeiro, de pai brasileiro ou mãe brasileira, desde que venham a residir na República Federativa do Brasil e optem, em qualquer tempo, pela nacionalidade brasileira".

Finalmente, a Emenda Constitucional 54/2007, voltou a permitir a aquisição da nacionalidade brasileira pelo registro em repartição brasileira competente, considerando brasileiros natos "os nascidos no estrangeiro de pai brasileiro ou de mãe brasileira, desde que sejam registrados em repartição brasileira competente ou venham a residir na República Federativa do Brasil e optem, em qualquer tempo, depois de atingida a maioridade, pela nacionalidade brasileira" (art. 12, I, "c").[336]

Essa hipótese aplica-se àquele que tenha nascido no estrangeiro, de pai brasileiro ou mãe brasileira, quando estes – pai brasileiro e mãe brasileira – **não** estejam a serviço do Brasil (caso estivessem, o filho seria, de pronto, brasileiro nato, por enquadramento na hipótese precedente).

Percebe-se que há duas possibilidades distintas de aquisição de nacionalidade com base nesse art. 12, I, "c", da Constituição, em sua redação atual (assim como havia pela redação originária): (a) registro em repartição brasileira; e (b) vir o nascido no estrangeiro residir no Brasil e optar, quando atingida a maioridade.

A segunda possibilidade é hipótese de nacionalidade originária **potestativa**, uma vez que, manifestada a opção, **não** se pode recusar o reconhecimento da nacionalidade ao interessado. É ato que depende exclusivamente da vontade do interessado.

Anote-se que ambas as possibilidades são fundadas no critério *ius sanguinis*, exigindo-se, porém, alternativamente:

a) o registro em repartição brasileira competente; ou

b) a residência no território brasileiro e, uma vez adquirida a maioridade, expressa opção pela nacionalidade brasileira.

Na primeira situação – registro em repartição brasileira competente –, o mero registro já assegura, por si só, a nacionalidade brasileira.

Na segunda possibilidade, são dois os requisitos para a aquisição da nacionalidade brasileira: (a) vir o nascido no estrangeiro a residir no Brasil, a qualquer tempo; (b) depois de atingida a maioridade, efetuar a opção, em qualquer tempo, pela nacionalidade brasileira.

---

[336] A fim de possibilitar a regularização dos nascidos no estrangeiro entre 7 de junho de 1994 e a data da promulgação da Emenda Constitucional 54/2007 (período em que o texto constitucional não assegurava a estes a aquisição da nacionalidade brasileira mediante registro em repartição brasileira competente), o legislador constituinte derivado acrescentou o art. 95 ao Ato das Disposições Constitucionais Transitórias – ADCT, permitindo que eles sejam registrados em repartição diplomática ou consular brasileira competente ou em ofício de registro, se vierem a residir na República Federativa do Brasil.

A respeito dessa segunda possibilidade de aquisição da nacionalidade – aquisição potestativa (que já existia no texto originário de 1988 e não foi suprimida pela ECR 3/1994) –, o Supremo Tribunal Federal firmou entendimento de que, embora seja potestativa, sua forma **não** é livre: a opção há de ser feita em juízo, em processo de jurisdição voluntária, que finda com a sentença que homologa a opção e lhe determina a transcrição, uma vez acertados os requisitos objetivos e subjetivos dela.

Desse modo, enquanto pendente o reconhecimento judicial da opção pela nacionalidade brasileira, **não se pode considerar o optante brasileiro nato**, cuidando-se, portanto, de condição suspensiva, sem prejuízo – como é próprio das condições suspensivas –, de gerar efeitos *ex tunc*, uma vez realizada.[337]

Por fim, deve-se frisar que o texto constitucional **só permite a manifestação pela opção da nacionalidade brasileira depois de alcançada a maioridade**. É que a opção, por decorrer da vontade, tem caráter personalíssimo. Exige-se, então, que o optante tenha capacidade plena para manifestar a sua vontade, capacidade que se adquire com a maioridade. Logo, no caso de o nascido no estrangeiro, de pai brasileiro ou de mãe brasileira, vir a residir no Brasil, **ainda menor**, passa, desde logo, a ser considerado brasileiro nato, mas estará sujeita essa nacionalidade à ulterior manifestação da vontade do interessado, mediante a opção, depois de atingida a maioridade. **Atingida a maioridade**, enquanto não manifestada a opção, esta passa a constituir-se em condição suspensiva da nacionalidade brasileira.[338]

Dessarte, o menor, nascido no estrangeiro, de pai brasileiro ou de mãe brasileira, que venha residir no Brasil ainda menor, será, durante a menoridade, considerado brasileiro nato, sem restrições, porque ele, enquanto for menor, não tem como efetuar a opção. Assim que ele atingir a maioridade, passa a estar suspensa a sua condição de brasileiro nato, ou seja, a partir da data em que atingiu a maioridade, enquanto ele não manifestar a sua vontade, não será considerado brasileiro nato.

6.5. Brasileiros naturalizados (aquisição secundária)

A Constituição Federal prevê a aquisição da nacionalidade secundária por meio da naturalização, sempre mediante manifestação de vontade do interessado.

Em regra, não há direito subjetivo à obtenção da naturalização: a plena satisfação das condições e dos requisitos **não** assegura ao estrangeiro o direito à nacionalização, visto que a concessão da nacionalidade brasileira é ato de soberania nacional, discricionário do Chefe do Poder Executivo.

A naturalização poderá ser tácita ou expressa.

A **naturalização tácita** é aquela adquirida independentemente de manifestação expressa do naturalizando, por força das regras jurídicas de nacionalização adotadas por determinado Estado.

---

[337] QO AC 70/RS, rel. Min. Sepúlveda Pertence, 25.09.2003.
[338] RE 418.096/RS, rel. Min. Carlos Velloso, 22.03.2005.

A **naturalização expressa** depende de requerimento do interessado, demonstrando sua intenção de adquirir nova nacionalidade.

A Constituição Federal **só contempla hipóteses de naturalização expressa**, sempre dependente de manifestação de vontade expressa do interessado.

São brasileiros naturalizados:

a) os que, na forma da lei, adquiram a nacionalidade brasileira, exigidas aos originários de países de língua portuguesa apenas residência por um ano ininterrupto e idoneidade moral (**naturalização ordinária**);

Nessa hipótese (naturalização ordinária), é concedida a naturalização aos estrangeiros, residentes no país, que cumpram os requisitos previstos na lei brasileira de naturalização (capacidade civil de acordo com a lei brasileira; visto permanente no país; saber ler e escrever em português; exercício de profissão etc.).

No caso dos estrangeiros originários de países de língua portuguesa (Portugal, Angola, Moçambique, Guiné Bissau, Açores, Cabo Verde, Príncipe, Goa, Macau e Timor Leste), somente são exigidos dois requisitos: (i) residência no Brasil por um ano ininterrupto; (ii) idoneidade moral.

Em suma, podemos afirmar que a naturalização **ordinária** ocorre em duas hipóteses:

I) no caso dos estrangeiros originários de países de língua portuguesa, exigem-se apenas: (i) residência por um ano ininterrupto; e (ii) idoneidade moral;

II) já para os estrangeiros não originários de países de língua portuguesa a naturalização ordinária ocorrerá **conforme dispuser a lei**.

A principal característica da **naturalização ordinária** é que ela é **discricionária**. Ou seja, ainda que tenha cumprido os requisitos, o interessado **não dispõe de direito subjetivo à aquisição da nacionalidade brasileira**, uma vez que a concessão dependerá de avaliação de conveniência e oportunidade do Chefe do Poder Executivo.

b) os estrangeiros de qualquer nacionalidade residentes na República Federativa do Brasil há mais de quinze anos ininterruptos e sem condenação penal, desde que requeiram a nacionalidade brasileira (**naturalização extraordinária**).

São três os requisitos para aquisição da **naturalização extraordinária**: (i) residência ininterrupta no Brasil há mais de quinze anos; (ii) ausência de condenação penal; (iii) requerimento do interessado.

Nessa espécie de naturalização, ao contrário da ordinária, **não há discricionariedade para o Chefe do Poder Executivo**, tendo o interessado direito subjetivo à nacionalidade brasileira, desde que preenchidos os pressupostos. Cumpridos os quinze anos de residência no Brasil sem condenação penal, efetivado o requerimento, o Chefe do Poder Executivo **não pode negar a naturalização**.

6.6. Portugueses residentes no Brasil

A Constituição Federal confere tratamento favorecido aos portugueses residentes no Brasil, ao dispor que "aos portugueses com residência permanente no país, se houver reciprocidade em favor dos brasileiros, serão atribuídos os direitos inerentes ao brasileiro, salvo os casos previstos nesta Constituição" (CF, art. 12, § 1.º).

Nessa hipótese, **não se trata de concessão aos portugueses da nacionalidade brasileira** (se assim o desejarem, deverão instaurar o processo de naturalização ordinária, valendo-se da condição de estrangeiro originário de país de língua portuguesa). Os portugueses residentes no Brasil continuam portugueses e os brasileiros que vivem em Portugal continuam com a nacionalidade brasileira. O que acontece é que, uns e outros, recebem direitos que, no geral, somente poderiam ser concedidos aos nacionais de cada país.

São dois os pressupostos para que os portugueses possam gozar dos direitos de brasileiro naturalizado: (i) que tenham residência permanente no Brasil; (ii) que haja reciprocidade, ou seja, que o ordenamento jurídico português outorgue ao brasileiro com residência permanente em Portugal o mesmo direito.

Satisfeitos esses dois pressupostos, o português não precisa naturalizar-se brasileiro para auferir os direitos correspondentes à condição de brasileiro naturalizado. Se um português tiver residência permanente no Brasil, e Portugal reconhecer ao brasileiro com residência permanente em Portugal determinado direito não reconhecido a estrangeiro, o português poderá reivindicar igual tratamento aqui, salvo se privativo de brasileiro nato.

É relevante notar que a Constituição Federal concede aos portugueses aqui residentes a condição de brasileiro **naturalizado**, **não** de brasileiro nato.

6.7. Tratamento diferenciado entre brasileiro nato e naturalizado

A Constituição de 1988 **não permite que a lei estabeleça distinção entre brasileiro nato e naturalizado**. Os únicos casos de tratamento diferenciado admitidos são aqueles expressamente constantes do próprio texto constitucional, a saber:

a) **cargos**: são privativos de brasileiro nato os cargos de Presidente da República e Vice-Presidente da República, Presidente da Câmara dos Deputados, Presidente do Senado Federal, Ministro do Supremo Tribunal Federal, Carreira Diplomática, Oficial das Forças Armadas e de Ministro de Estado de Defesa (CF, art. 12, § 3.º);

b) **função no Conselho da República**: no Conselho da República, órgão superior de consulta do Presidente da República, foram constitucionalmente reservadas seis vagas a cidadãos brasileiros natos (CF, art. 89, VII);

c) **extradição**: o brasileiro nato não pode ser extraditado, o que pode ocorrer com o naturalizado, em caso de crime comum, praticado antes da naturalização,

Cap. 3 • PRINCÍPIOS, DIREITOS E GARANTIAS FUNDAMENTAIS **271**

ou de comprovado envolvimento em tráfico ilícito de entorpecentes e drogas afins, na forma da lei (CF, art. 5.º, LI);

d) **direito de propriedade**: o brasileiro naturalizado há menos de dez anos não pode ser proprietário de empresa jornalística e de radiofusão sonora de sons e imagens, tampouco ser sócio com mais de 30% (trinta por cento) do capital total e do capital votante e participar da gestão dessas empresas (CF, art. 222).

6.8. Perda da nacionalidade

A perda da nacionalidade **só poderá ocorrer nas hipóteses expressamente previstas na Constituição Federal**, não podendo o legislador ordinário ampliar tais hipóteses, sob pena de manifesta inconstitucionalidade.

Será declarada a perda da nacionalidade do brasileiro que (CF, art. 12, § 4.º):

> I – tiver cancelada sua naturalização, por sentença judicial, em virtude de fraude relacionada ao processo de naturalização ou de atentado contra a ordem constitucional e o Estado Democrático;[339]
>
> II – fizer pedido expresso de perda da nacionalidade brasileira perante autoridade brasileira competente, ressalvadas situações que acarretem apatridia.[340]

É importante registrar que a Emenda Constitucional 131, de 3 de outubro de 2023, promoveu modificações substanciais nas hipóteses de perda da nacionalidade do brasileiro, a seguir indicadas:

a) supressão da perda da nacionalidade brasileira em razão da mera aquisição de outra nacionalidade (no regime anterior, com a aquisição de outra nacionalidade, a regra era a perda da nacionalidade brasileira, só admitida a cumulação de nacionalidades em duas situações excepcionais então previstas);

b) acréscimo da possibilidade de a pessoa requerer a perda da própria nacionalidade (essa hipótese de renúncia voluntária à nacionalidade brasileira não existia no regime anterior à EC 131/2023);

c) inclusão da exceção para situações de apatridia (ao disciplinar a renúncia, o novo texto constitucional ressalva a hipótese em que a perda da nacionalidade brasileira implique apatridia, nos termos do inciso II do § 4.º do art. 12); e

d) previsão de posterior reaquisição da nacionalidade brasileira, na hipótese de renúncia (dispõe o § 5.º do art. 12 que a renúncia da nacionalidade não impede o interessado de readquirir sua nacionalidade brasileira originária, nos termos da lei).

---

[339] Redação dada pela EC 131/2023.
[340] Redação dada pela EC 131/2023.

7. DIREITOS POLÍTICOS

7.1. Noções

Nos termos expressos da Constituição Federal, a soberania popular será exercida pelo sufrágio universal e pelo voto direto e secreto, com igual valor para todos e, nos termos da lei, mediante plebiscito, referendo e iniciativa popular (CF, art. 14).

São esses, portanto, os direitos políticos expressamente consignados na Carta da República de 1988:

a) direito ao sufrágio;

b) direito ao voto nas eleições, plebiscitos e referendos;

c) direito à iniciativa popular de lei.

7.2. Direito ao sufrágio

O direito ao sufrágio é materializado pela capacidade de votar e de ser votado, representando, pois, a essência dos direitos políticos. O direito ao sufrágio deve ser visto sob dois aspectos: capacidade eleitoral ativa e capacidade eleitoral passiva.

A capacidade eleitoral **ativa** representa o direito de votar, o direito de alistar-se como eleitor (alistabilidade).

A capacidade eleitoral **passiva** consiste no direito de ser votado, de eleger-se para um cargo político (elegibilidade).

O direito ao sufrágio poderá ser: universal ou restrito.

O sufrágio é **universal** quando assegurado o direito de votar a todos os nacionais, independentemente da exigência de quaisquer requisitos, tais como condições culturais ou econômicas etc.

O sufrágio será **restrito** quando o direito de votar for concedido tão somente àqueles que cumprirem determinadas condições fixadas pelas leis do Estado. O sufrágio restrito, por sua vez, poderá ser censitário ou capacitário.

O sufrágio **censitário** é aquele que somente outorga o direito de voto àqueles que preencherem certas qualificações econômicas. Seria o caso, por exemplo, de não se permitir o direito de voto àqueles que auferissem renda mensal inferior a um salário mínimo.

O sufrágio **capacitário** é aquele que só outorga o direito de voto aos indivíduos dotados de certas características especiais, notadamente de natureza intelectual. Seria o caso, por exemplo, de se exigir para o direito ao voto a apresentação de diploma de conclusão do curso fundamental, ou médio ou superior.

A Constituição de 1988 consagra o sufrágio **universal**, não exigindo para o exercício do direito de voto a satisfação de nenhuma condição econômica, profissional, intelectual etc.

A vigente Carta Política impõe, ainda, que o voto direto seja **periódico** e **secreto**. Em respeito à determinação constitucional de que o voto seja secreto, o Supremo Tribunal Federal considerou **inconstitucional** artigo de lei que estabelecia a **obrigatoriedade de impressão do voto** nas eleições.[341] O dispositivo determinava que, na votação eletrônica (urna eletrônica), o registro de cada voto deveria ser impresso e depositado, de forma automática e sem contato manual do eleitor, em local previamente lacrado.[342] Deixou assente a Corte Máxima que a impressão do registro põe em risco o sigilo e a liberdade de voto, assegurados constitucionalmente como direitos fundamentais eleitorais.

7.3. Capacidade eleitoral ativa

A capacidade eleitoral ativa é a que garante ao nacional o direito de votar nas eleições, nos plebiscitos ou nos referendos.

No Brasil, a aquisição dessa capacidade dá-se com o alistamento realizado perante os órgãos competentes da Justiça Eleitoral, **a pedido do interessado** (não há inscrição mediante iniciativa de ofício no Brasil). É, pois, com o **alistamento eleitoral** que o nacional adquire a capacidade eleitoral ativa (capacidade de votar).

Se, de um lado, o alistamento eleitoral é condição indispensável para o exercício do direito de votar, de outro, a apresentação do título de eleitor (documento) no dia da eleição não é obrigatória. Com efeito, segundo o entendimento do Supremo Tribunal Federal, **a ausência do título de eleitor no momento da votação não impede o exercício do voto**, sendo suficiente que o eleitor apresente documento oficial de identificação com foto.[343] Destacou o Tribunal que esse entendimento assume relevância, em especial, naquelas hipóteses em que os eleitores são identificados pelo modo tradicional, mediante apresentação de documento com foto, em razão de ainda não terem realizado o cadastramento biométrico no Programa de Identificação Biométrica da Justiça Eleitoral ou, ainda, quando, já cadastrados, não puderem utilizar a biometria no dia da votação (em razão da indisponibilidade do sistema, da impossibilidade de leitura da impressão digital ou de situações excepcionais e imprevisíveis, como se deu com as eleições municipais de 2020, quando não se permitiu o uso da biometria, em razão da pandemia do novo coronavírus).

O alistamento é feito uma única vez ao longo da vida, porém é comum (e necessário) que haja revisões periódicas, porquanto vicissitudes várias podem interferir no direito de votar e na regularidade do título (mudança de domicílio, condenação criminal, falecimento etc.). Caso o eleitor não atenda ao chamado da Justiça Eleitoral para a revisão (ou atualização) do alistamento, o seu título eleitoral poderá ser cancelado, na forma prevista em lei. O Supremo Tribunal Federal já teve oportunidade de declarar a **constitucionalidade** (validade) de normas que autorizam o **cancelamento do título** do eleitor que não atendeu ao chamado para **cadastramento biométrico obrigatório**.[344]

---

[341] ADI-MC 5.889/DF, red. p/ o acórdão Min. Alexandre de Moraes, 06.06.2018; ADI 5.889/DF, rel. Min. Gilmar Mendes, 16.09.2020.
[342] Art. 59-A da Lei 9.504/1997, incluído pela Lei 13.165/2015.
[343] ADI 4.467/DF, rel. Min. Rosa Weber, 20.10.2020.
[344] ADPF 541/DF, rel. Min. Roberto Barroso, 26.09.2018.

Ademais, a obtenção da qualidade de eleitor, comprovada por meio da obtenção do título de eleitor, dá ao nacional a condição de cidadão, tornando-o apto ao exercício de direitos políticos, tais como votar, propor ação popular, dar início ao processo legislativo das leis (iniciativa popular) etc.

Entretanto, a obtenção do título de eleitor não permite ao cidadão o exercício de todos os direitos políticos. O gozo integral de tais direitos depende do preenchimento de outras condições que só gradativamente se incorporam ao cidadão. É o que acontece, por exemplo, com o direito de ser votado (capacidade eleitoral passiva), que não é adquirido com o mero alistamento eleitoral.

Assim, ao alistar-se, o cidadão passa a atender apenas uma das condições para a aquisição da capacidade eleitoral passiva (elegibilidade). O simples alistamento não lhe garante, necessariamente, a capacidade eleitoral passiva (de ser votado), pois, conforme veremos adiante, para ser elegível o cidadão dependerá do preenchimento de outras condições.

Enfim, **todo elegível é obrigatoriamente eleitor**; porém, **nem todo eleitor é elegível**. Em outras palavras: todo aquele que possui a capacidade eleitoral passiva (elegibilidade) possui, também, a capacidade eleitoral ativa (alistabilidade). Porém, nem todo aquele que dispõe da capacidade eleitoral ativa é detentor da capacidade eleitoral passiva. Por exemplo, o analfabeto e o menor entre dezesseis e dezoito anos possuem a capacidade eleitoral ativa (alistabilidade); porém, não dispõem da capacidade eleitoral passiva (elegibilidade).

O alistamento eleitoral e o voto são obrigatórios para os maiores de dezoito anos e facultativos para os analfabetos, os maiores de setenta anos e os maiores de dezesseis e menores de dezoito anos.

A Constituição brasileira não permite o alistamento dos estrangeiros e, durante o serviço militar, dos conscritos.

O Professor Alexandre de Moraes sintetiza as características do voto conforme garantido na vigente Constituição:

a) direito político subjetivo (que não pode ser abolido, sequer por emenda à Constituição, por força do art. 60, § 4.º, II, da CF);

b) personalidade (só pode ser exercido pessoalmente, não há possibilidade de se outorgar procuração para votar);

c) obrigatoriedade formal do comparecimento (ressalvados os maiores de setenta anos e os menores de dezoito anos, é obrigatório o comparecimento às eleições, sob pena do pagamento de multa);

d) liberdade (comparecendo às eleições, o cidadão é livre para a escolha do candidato, ou, se desejar, para anular o seu voto ou votar em branco);

e) sigilosidade (o voto não deve ser revelado nem por seu autor, tampouco por terceiro fraudulentamente);

f) direto (os eleitores elegerão, no exercício do direito de sufrágio, por meio do voto, por si, sem intermediários, seus representantes e governantes);

g) periodicidade (a Constituição, ao consagrar o voto como cláusula pétrea, no seu art. 60, § 4.º, II, garante a periodicidade de sua manifestação, assegurando, com isso, a temporalidade dos mandatos no nosso Estado);

Cap. 3 • PRINCÍPIOS, DIREITOS E GARANTIAS FUNDAMENTAIS

h) igualdade (o voto de cada cidadão tem o mesmo valor no processo eleitoral, independentemente de sexo, cor, credo, idade, posição intelectual, social ou econômica – "um homem, um voto").

Cabe destacar que, no nosso Estado democrático de Direito, **ainda existe uma hipótese de eleição indireta para governante**. Cuida-se do disposto no art. 81, § 2.º, da Constituição Federal, segundo o qual, se houver vacância dos cargos de Presidente e Vice-Presidente da República nos dois últimos anos do mandato, haverá eleição para ambos os cargos, pelo **Congresso Nacional**, em trinta dias depois da última vaga, na forma da lei.

7.4. Plebiscito e referendo

A Constituição Federal prevê que uma das formas de exercício da soberania popular será a realização de consultas à população, por meio de plebiscito e referendo (CF, art. 14), que deverão ser autorizados pelo Congresso Nacional (CF, art. 49, XV).

Plebiscito e referendo são consultas formuladas ao povo para que delibere sobre matéria de acentuada relevância, de natureza constitucional, legislativa ou administrativa.

O plebiscito é convocado com **anterioridade** a ato legislativo ou administrativo, cabendo ao povo, pelo voto, aprovar ou denegar o que lhe tenha sido submetido.

O referendo é convocado com **posterioridade** a ato legislativo ou administrativo, cumprindo ao povo a respectiva ratificação ou rejeição.

A distinção entre os institutos é feita levando-se em conta o momento da manifestação dos cidadãos: se a consulta à população é **prévia**, temos o plebiscito; se a consulta à população sobre determinada matéria é **posterior** à edição de um ato governamental, temos o referendo.

Por fim, o texto constitucional passou a dispor que serão realizadas concomitantemente às eleições municipais as **consultas populares sobre questões locais aprovadas pelas Câmaras Municipais e encaminhadas à Justiça Eleitoral até noventa dias antes da data das eleições**, observados os limites operacionais relativos ao número de quesitos. Estabelece, ainda, que as manifestações favoráveis e contrárias a essas questões submetidas às consultas populares ocorrerão **durante as campanhas eleitorais, sem a utilização de propaganda gratuita no rádio e na televisão**.[345]

7.5. Capacidade eleitoral passiva

Assim como a capacidade eleitoral ativa diz respeito ao direito de votar (alistabilidade), a capacidade eleitoral passiva diz respeito ao direito de ser votado, de ser eleito (elegibilidade).

---

[345] Art. 14, §§ 12 e 13, incluídos pela EC 111/2021.

Conforme vimos anteriormente, no Brasil a elegibilidade não coincide com a alistabilidade (não basta ser eleitor para ser elegível; nem todo eleitor é elegível).

É verdade que a condição de eleitor é indispensável para ser alcançada a condição de elegível (todo elegível é eleitor; não há elegível que não seja, também, eleitor). Porém, não basta ser eleitor para ser elegível, porquanto é exigido o cumprimento de outros requisitos para a elegibilidade.

Assim, para que alguém possa concorrer a um mandato eletivo nos Poderes Executivo ou Legislativo (ser elegível), é necessário o cumprimento de alguns requisitos gerais, denominados **condições de elegibilidade**, e a não incidência em nenhuma das **inelegibilidades**, que consistem em impedimentos à capacidade eleitoral passiva.

As condições de elegibilidade são as seguintes:

a) nacionalidade brasileira ou condição de equiparado a português, sendo que para Presidente e Vice-Presidente da República exige-se a condição de brasileiro nato (CF, art. 12, § 3.º);

b) pleno exercício dos direitos políticos (aquele que teve suspensos ou perdeu seus direitos políticos não dispõe de capacidade eleitoral passiva);

c) alistamento eleitoral (comprovado pela apresentação do título de eleitor, regularmente inscrito perante a Justiça Eleitoral);

d) domicílio eleitoral na circunscrição (o eleitor deverá ser domiciliado no local pelo qual se candidata, pelo período mínimo exigido pela legislação eleitoral subconstitucional);

e) idade mínima, que deverá ser verificada tendo por referência a data da **posse**[346] (e não a data do alistamento ou do registro), sendo as seguintes: trinta e cinco anos, para os cargos de Presidente e Vice-Presidente da República e senador da República; trinta anos, para os cargos de Governador e Vice-Governador de Estado e do Distrito Federal; vinte e um anos, para os cargos de deputado federal, deputado estadual ou distrital, Prefeito, Vice-Prefeito e juiz de paz; dezoito anos, para vereador;

f) filiação partidária (não se admite, no Brasil, a denominada candidatura **autônoma** ou **avulsa**, sem filiação a partido político).

Em relação aos partidos políticos, dispõe a Constituição que é livre a criação, fusão, incorporação e extinção de partidos políticos, resguardados a soberania nacional, o regime democrático, o pluripartidarismo, os direitos fundamentais da pessoa humana e observados os seguintes preceitos: (a) caráter nacional; (b) proibição de recebimento de recursos financeiros de entidade ou governo estrangeiros ou de subordinação a eles; (c) prestação de contas à Justiça Eleitoral; e (d) funcionamento parlamentar de acordo com a lei (CF, art. 17).

Especificamente quanto à exigência de "caráter nacional" – contida no art. 17, inciso I, da Constituição Federal –, há que se pontuar que tal exigência **não impede que a agremiação partidária opte por estrutura que contemple diretórios**

---

[346] Lei 9.504/1997, art. 11, § 2.º.

partidários nacionais, estaduais e municipais. Em tais situações, segundo entendimento do Supremo Tribunal Federal, **não há responsabilidade solidária entre os diretórios partidários municipais, estaduais e nacionais pelo inadimplemento de suas respectivas obrigações ou por dano causado, violação de direito ou qualquer ato ilícito.**[347] Significa dizer que cada esfera deve responder apenas pelas obrigações que separadamente assumir, ou pelos danos que causar, sem que isso resvale na esfera jurídica de outro diretório, de nível superior – ou mesmo no partido político, unidade central dotada de personalidade.

É assegurada aos partidos políticos autonomia para definir sua estrutura interna e estabelecer regras sobre escolha, formação e duração de seus órgãos permanentes e provisórios e sobre sua organização e funcionamento e para adotar os critérios de escolha e o regime de suas coligações nas eleições majoritárias, **vedada a sua celebração nas eleições proporcionais, sem obrigatoriedade de vinculação entre as candidaturas em âmbito nacional, estadual, distrital ou municipal,** devendo seus estatutos estabelecer normas de disciplina e fidelidade partidária.[348]

Observe-se que o texto constitucional permite a celebração de **coligações partidárias** para as **eleições majoritárias** (Presidente da República, senadores, governadores e prefeitos), sem necessidade de observância da chamada "**verticalização**" (isto é, o mesmo partido político poderá integrar distintas coligações nas candidaturas nacional, estaduais, distrital e municipais).[349] Entretanto, a Constituição passou a vedar a celebração de coligações nas **eleições proporcionais** (deputados e vereadores), proibição válida desde as eleições de 2020.[350]

Os partidos políticos, após adquirirem personalidade jurídica, na forma da lei civil, registrarão seus estatutos no Tribunal Superior Eleitoral (CF, art. 17, § 2.º). A partir de 2021, a legislação eleitoral passou a permitir que dois ou mais partidos políticos reúnam-se em **federação de partidos**, a qual, após sua constituição e respectivo registro perante o Tribunal Superior Eleitoral, **atuará como se fosse uma única agremiação partidária.**[351]

Ainda acerca da autonomia dos partidos políticos, outro aspecto relevante a ser examinado diz respeito à chamada "candidatura nata". Consoante o instituto da "candidatura nata", o **detentor de mandato eletivo (deputado federal, por exemplo) teria o direito de ser indicado pelo respectivo partido político como candidato nas eleições subse-quentes, sem necessidade de aprovação por convenção partidária.** Segundo entendimento do Supremo Tribunal Federal, **o instituto da "candidatura nata" é incompatível com a Constituição Federal de 1988,** tanto

---

[347] ADC 31/DF, rel. Min. Dias Toffoli, 22.09.2021.

[348] CF, art. 17, § 1.º, com a redação dada pela EC 97/2017.

[349] A regulamentação das coligações partidárias está estabelecida na Lei 4.737, de 1965 (Código Eleitoral), e na Lei 9.504, de 1997 (Lei das Eleições).

[350] EC 97/2017, art. 2.º.

[351] Lei 9.096, de 19.09.1995 (Lei dos Partidos Políticos), art. 11-A, incluído pela Lei 14.208, de 28.09.2021.

por violar a isonomia entre os postulantes a cargos eletivos como, sobretudo, por atingir a autonomia partidária (CF, arts. 5.º, *caput*, e 17).[352]

Os partidos políticos, após adquirirem personalidade jurídica, na forma da lei civil, registrarão seus estatutos no Tribunal Superior Eleitoral (CF, art. 17, § 2.º). A partir de 2021, a legislação eleitoral passou a permitir que dois ou mais partidos políticos reúnam-se em **federação de partidos**, a qual, após sua constituição e respectivo registro perante o Tribunal Superior Eleitoral, **atuará como se fosse uma única agremiação partidária**.

Ainda acerca da autonomia dos partidos políticos, outro aspecto relevante a ser examinado diz respeito à chamada "candidatura nata". Consoante o instituto da "candidatura nata", o **detentor de mandato eletivo (deputado federal, por exemplo) teria o direito de ser indicado pelo respectivo partido político como candidato nas eleições subsequentes, sem necessidade de aprovação por convenção partidária**. Segundo entendimento do Supremo Tribunal Federal, **o instituto da "candidatura nata" é incompatível com a Constituição Federal de 1988**, tanto por violar a isonomia entre os postulantes a cargos eletivos como, sobretudo, por atingir a autonomia partidária (CF, arts. 5.º, *caput*, e 17).

O texto originário da Constituição Federal assegurava aos partidos políticos **recursos do fundo partidário**, bem como **acesso gratuito ao rádio e à televisão** ("direito de antena"). A EC 97/2017 – ao dar nova redação ao § 3.º do art. 17 – impôs requisitos específicos para o exercício desses direitos, passando a dispor que **somente terão direito a recursos do fundo partidário e acesso gratuito ao rádio e à televisão**, na forma da lei, **os partidos políticos que alternativamente**:

a) obtiverem, nas eleições para a Câmara dos Deputados, no mínimo, três por cento dos votos válidos, distribuídos em pelo menos um terço das unidades da Federação, com um mínimo de dois por cento dos votos válidos em cada uma delas; **ou**

b) tiverem elegido pelo menos quinze deputados federais distribuídos em pelo menos um terço das unidades da Federação.

Caso algum candidato seja eleito por **partido que não preencha esses requisitos,** ser-lhe-á assegurado o mandato e facultada a filiação, sem perda do mandato, a outro partido que os tenha atingido, não sendo essa filiação considerada para fins de distribuição dos recursos do fundo partidário e de acesso gratuito ao tempo de rádio e de televisão.[353]

Entretanto, esses requisitos específicos necessários ao acesso dos partidos políticos aos recursos do fundo partidário e à propaganda gratuita no rádio e na televisão (direito de antena) aplicar-se-ão somente a partir das **eleições de 2030**.[354] Para as legislaturas anteriores às eleições de 2030 – resultantes das eleições de 2018,

---

[352] ADI 2.530/DF, rel. Min. Nunes Marques, 18.08.2021.

[353] CF, art. 17, § 5.º, incluído pela EC 97/2017.

[354] EC 97/2017, art. 3.º.

Cap. 3 • PRINCÍPIOS, DIREITOS E GARANTIAS FUNDAMENTAIS

2022 e 2026 – foram estabelecidos critérios mais brandos, na forma dos incisos I, II e III do parágrafo único do art. 3.º da EC 97/2017.

É vedada a utilização pelos partidos políticos de organização paramilitar (CF, art. 17, § 4.º).

O montante do Fundo Especial de Financiamento de Campanha e da parcela do fundo partidário destinada a campanhas eleitorais, bem como o tempo de propaganda gratuita no rádio e na televisão a ser distribuído pelos partidos às respectivas **candidatas**, deverão ser de **no mínimo 30% (trinta por cento), proporcional ao número de candidatas,** e a distribuição deverá ser realizada conforme critérios definidos pelos respectivos órgãos de direção e pelas normas estatutárias, considerados a autonomia e o interesse partidário.[355]

Dos recursos oriundos do Fundo Especial de Financiamento de Campanha e do fundo partidário destinados às campanhas eleitorais, **os partidos políticos devem, obrigatoriamente, aplicar 30% (trinta por cento) em candidaturas de pessoas pretas e pardas**, nas circunscrições que melhor atendam aos interesses e às estratégias partidárias.[356]

Por fim, além do cumprimento das condições de elegibilidade, para que o cidadão possa ser eleito **é indispensável que ele não se enquadre em nenhuma das hipóteses de inelegibilidade**, a seguir comentadas.

7.6. Inelegibilidades

A inelegibilidade consiste na ausência de capacidade eleitoral passiva, incidindo como impedimento à candidatura a mandato eletivo nos Poderes Executivo e Legislativo.

A própria Constituição Federal estabelece certas hipóteses de inelegibilidade (CF, art. 14, §§ 4.º ao 7.º). Porém, essas hipóteses de inelegibilidade constitucionalmente previstas **não** são exaustivas (*numerus clausus*), porque a Constituição expressamente permite que **lei complementar** venha a estabelecer outras hipóteses de inelegibilidade (CF, art. 14, § 9.º).

A doutrina distingue as hipóteses de inelegibilidade em absoluta e relativa.

7.6.1. Inelegibilidade absoluta

A inelegibilidade **absoluta** impede que o cidadão concorra em qualquer eleição, a qualquer mandato eletivo.

São os seguintes os casos de inelegibilidade absoluta:

1) os analfabetos, que, embora possam alistar-se e votar (capacidade eleitoral ativa), não dispõem de capacidade eleitoral passiva (não poderão ser eleitos);

2) os não alistáveis, uma vez que a elegibilidade tem por pressuposto a alistabilidade, isto é, para ser elegível é imprescindível ser, antes, alistável; logo, os

---

[355] CF, art. 17, § 8.º, incluído pela EC 117/2022.
[356] CF, art. 17, § 9.º, incluído pela EC 133/2024.

280   DIREITO CONSTITUCIONAL DESCOMPLICADO • *Vicente Paulo & Marcelo Alexandrino*

estrangeiros e os conscritos, durante o período do serviço militar obrigatório, são não alistáveis e, como tais, inelegíveis.

As hipóteses de inelegibilidade **absoluta**, em virtude de sua natureza excepcionalíssima, **somente podem ser expressamente estabelecidas na Constituição Federal**, sendo inconstitucionais quaisquer leis tendentes a ampliar esse rol.

7.6.2.   Inelegibilidade relativa

A inelegibilidade relativa, ao contrário da inelegibilidade absoluta, não está relacionada com a condição pessoal daquele que pretende candidatar-se.

A inelegibilidade relativa consiste em restrições impostas à elegibilidade para alguns cargos eletivos, em razão de situações especiais em que se encontra o cidadão-candidato no momento da eleição.

A inelegibilidade relativa poderá decorrer: (1) de motivos funcionais; (2) de motivos de casamento, parentesco ou afinidade; (3) da condição de militar; (4) de previsões em lei complementar.

7.6.2.1.   Motivos funcionais

Dispõe a Constituição Federal que "o Presidente da República, os Governadores de Estado e do Distrito Federal, os Prefeitos e quem os houver sucedido, ou substituído no curso dos mandatos poderão ser reeleitos para um único período subsequente" (CF, art. 14, § 5.º).

Percebe-se, assim, que o legislador constituinte, ao passar a permitir a reeleição para **um único período subsequente**, está vedando a reeleição para um terceiro mandato sucessivo.

Impende destacar que a Constituição Federal não proíbe que uma mesma pessoa venha a exercer a chefia do Executivo por mais de duas vezes (três, quatro, cinco vezes); o que se veda é a eleição **sucessiva** ao terceiro mandato para o mesmo cargo. Logo, uma pessoa pode vir a exercer um terceiro mandato eletivo para o mesmo cargo, desde que **não seja sucessivo**. Assim, após o exercício de dois mandatos sucessivos de Presidente da República, Governador de Estado ou do Distrito Federal ou de Prefeito, há obrigatoriedade de um intervalo de um período para que se possa candidatar **ao mesmo cargo**.

Cabe destacar, também, que a Constituição Federal não exige a denominada **desincompatibilização** do Chefe do Poder Executivo que pretenda candidatar-se à reeleição, isto é, não se exige que o Chefe do Executivo renuncie, ou que se afaste temporariamente do cargo, para que possa candidatar-se à reeleição.

Logicamente, nada obsta que o Chefe do Executivo solicite ao Poder Legislativo uma licença para poder concorrer à reeleição, ou mesmo que ele renuncie com esse objetivo; não há inelegibilidade nessas situações. Enfim, a Constituição não exige a desincompatibilização para a candidatura à reeleição; porém, nada impede que o Chefe do Executivo opte por "desincompatibilizar-se".

Cap. 3 • PRINCÍPIOS, DIREITOS E GARANTIAS FUNDAMENTAIS   281

Ainda a respeito dessa hipótese – possibilidade de reeleição do Chefe do Executivo para um único período subsequente –, destacamos os seguintes pontos:

a) o Vice-Presidente da República, os Vice-Governadores e os Vice-Prefeitos poderão, também, ser reeleitos para os mesmos cargos, por um único período subsequente;

b) o Vice-Presidente da República, os Vice-Governadores e os Vice-Prefeitos, reeleitos ou não, poderão candidatar-se ao cargo do titular, mesmo tendo substituído este no curso do mandato;

c) não pode o Chefe do Executivo, que esteja exercendo o segundo mandato eletivo (por reeleição), renunciar antes do término desse com o intuito de pleitear nova recondução para o período subsequente (reeleição para um terceiro mandato subsequente);

Nessa situação, a renúncia, evidentemente, será plenamente válida. Porém, não terá o condão de afastar a inelegibilidade para um terceiro mandato subsequente, sob pena de completa fraude ao disposto no art. 14, § 5.º, da Constituição Federal.

d) não pode aquele que foi titular de dois mandatos sucessivos na chefia do Executivo vir a candidatar-se, no período subsequente (terceiro período), ao cargo de vice-chefia do Executivo;

Essa vedação decorre do próprio texto constitucional, que estabelece que o Vice-Presidente substituirá o Presidente, no caso de impedimento, e suceder-lhe-á, no caso de vaga (CF, art. 79). Essa mesma regra é aplicável às esferas estadual, distrital e municipal, no tocante ao respectivo Chefe do Executivo local. Observe-se que, se fosse possível àquele que já exerceu duas chefias sucessivas do Executivo candidatar-se ao cargo de vice na terceira eleição subsequente, estaria aberta uma via para, indiretamente, a mesma pessoa lograr o exercício de três mandatos sucessivos (bastaria, por exemplo, o titular renunciar, com a consequente assunção da titularidade pelo vice), implicando fraude ao disposto no art. 14, § 5.º, da Constituição Federal.

e) não poderá aquele que foi titular de dois mandatos sucessivos na chefia do Executivo candidatar-se, durante o período imediatamente subsequente, à eleição prevista no art. 81 da Constituição Federal, que determina que, vagando os cargos de Presidente e Vice-Presidente, far-se-á nova eleição direta, noventa dias após a abertura da última vaga, ou eleição indireta pelo Congresso Nacional, trinta dias depois de aberta a última vaga, se a vacância ocorrer nos últimos dois anos do mandato presidencial;

O motivo dessa vedação é o mesmo, qual seja, a vedação constitucional de exercício de mais de dois mandatos eletivos sucessivos na chefia do Executivo (CF, art. 14, § 5.º).

f) não pode o prefeito que já esteja exercendo o segundo mandato sucessivo candidatar-se novamente ao cargo de prefeito, ainda que, dessa vez, em município diferente;

Sabemos que o instituto da reeleição guarda relação não somente com o postulado da **continuidade administrativa**, mas também com **princípio republicano**, que impõe a temporariedade e a alternância no exercício do poder, visando a impedir a perpetuação de uma mesma pessoa ou grupo no poder. Em razão desta última restrição (necessidade de respeito ao princípio republicano), a reeleição para a chefia do Executivo é permitida **uma única vez**, restando vedada a terceira eleição não apenas no mesmo município, mas em qualquer outro município da Federação. Vale dizer: o cidadão que exerce dois mandatos consecutivos como prefeito de determinado município fica **inelegível** para o cargo de prefeito em **qualquer outro município da Federação**.

Com efeito, a jurisprudência do STF **não admite terceiro mandato consecutivo de prefeito, ainda que em municípios distintos**. Assim, um prefeito que já foi **reeleito** – isto é, já está no seu segundo mandato consecutivo – em determinado município (Município "A") não pode transferir seu domicílio eleitoral e concorrer ao cargo de prefeito em município diverso (Município "B"), a fim de exercer um terceiro mandato consecutivo. Para o STF, a inelegibilidade prevista no art. 14, § 5.º, da Constituição Federal impede essa hipótese – proíbe o assim chamado **prefeito itinerante ou prefeito profissional**.[357]

g) na hipótese de ocorrer a vacância **definitiva** do cargo de Presidente da República, Governador ou Prefeito, o vice assumirá **efetiva e definitivamente** o exercício da chefia do Executivo, e somente poderá candidatar-se a um único período subsequente.

Na hipótese de o vice exercer efetiva e definitivamente a chefia do Executivo, em função de vacância definitiva, esse mandato (decorrente da substituição) deverá ser considerado como o primeiro, para fins de reeleição, permitindo-se somente a candidatura a um único período subsequente, sob pena de infringir a vedação do art. 14, § 5.º, da Lei Maior.

Diversa é a candidatura do Chefe do Executivo **para outros cargos**, cuja regra está fixada no art. 14, § 6.º, da Carta Federal, nos seguintes termos:

> § 6.º Para concorrerem a outros cargos, o Presidente da República, os Governadores de Estado e do Distrito Federal e os Prefeitos devem renunciar aos respectivos mandatos até seis meses antes do pleito.

São, pois, inelegíveis para concorrerem **a outros cargos**, o Presidente da República, os Governadores de Estado e do Distrito Federal e os Prefeitos que **não** renunciarem aos respectivos mandatos até seis meses antes do pleito. Essa inelegibilidade aplica-se a qualquer outro cargo eletivo, inclusive a suplente de senador.

O Vice-Presidente da República, o Vice-Governador e o Vice-Prefeito poderão candidatar-se a outros cargos, preservando os seus mandatos respectivos, desde que, nos seis meses anteriores ao pleito, não tenham sucedido ou substituído o titular.

---

[357] RE 637.485/RJ, rel. Min. Gilmar Mendes, 01.08.2012.

Cap. 3 • PRINCÍPIOS, DIREITOS E GARANTIAS FUNDAMENTAIS   **283**

Da mesma forma, o STF admitiu a elegibilidade de ex-prefeito do município-
-mãe que, renunciando seis meses antes do pleito eleitoral, candidatou-se a prefeito
do município desmembrado.[358]

7.6.2.2. Motivos de casamento, parentesco ou afinidade

Dispõe a Constituição Federal que (art. 14, § 7.º):

> § 7.º São inelegíveis, no território de jurisdição do titular, o cônjuge
> e os parentes consanguíneos ou afins, até o segundo grau ou por
> adoção, do Presidente da República, de Governador de Estado ou
> Território, do Distrito Federal, de Prefeito ou de quem os haja
> substituído dentro dos seis meses anteriores ao pleito, salvo se já
> titular de mandato eletivo e candidato à reeleição.

Essa hipótese é denominada **inelegibilidade reflexa** (ou "**por parentesco**"), porque
incide sobre terceiros.

Observa-se que a inelegibilidade reflexa alcança, tão somente, o território de
jurisdição do titular. Assim, temos:

a) o cônjuge, parentes e afins até segundo grau do Prefeito não poderão candi-
    datar-se a vereador ou Prefeito do mesmo Município;

b) o cônjuge, parentes e afins até segundo grau do Governador não poderão can-
    didatar-se a qualquer cargo no Estado (vereador, deputado estadual, deputado
    federal e senador pelo próprio Estado e Governador do mesmo Estado);

c) o cônjuge, parentes e afins até segundo grau do Presidente da República não
    poderão candidatar-se a qualquer cargo eletivo no País.

A inelegibilidade reflexa, inclusive quanto ao prazo de seis meses, é também
aplicável às **eleições suplementares**. Como a própria denominação indica, eleições
suplementares são aquelas realizadas em razão da vacância do cargo no curso do
mandato (cassação do chefe do Executivo originariamente eleito, por exemplo).
Assim, hipoteticamente, se determinado prefeito no exercício do mandato é cassado
(pela prática de abuso do poder econômico, por exemplo),[359] e a Justiça Eleitoral
convoca eleições suplementares para o preenchimento do respectivo cargo para daí
a quatro meses, os parentes desse prefeito atingidos pela inelegibilidade reflexa (CF,
art. 14, § 7.º) não poderão concorrer, haja vista não ter sido cumprido o interstício

---

[358] *RTJ* 112/791.

[359] Vale lembrar que, no caso de vacância decorrente de causas eleitorais, haverá convocação de
novas eleições para o cargo de prefeito, mesmo naqueles municípios com menos de duzentos
mil eleitores. Esse é o entendimento do STF, consolidado nesta tese jurídica: "É constitucional
legislação federal que estabeleça novas eleições para os cargos majoritários simples – isto é,
prefeitos de municípios com menos de duzentos mil eleitores e senadores da República – em
casos de vacância por causas eleitorais" (ADI 5.619/DF, rel. Min. Roberto Barroso, 08.03.2018).

mínimo de seis meses estabelecido no dispositivo constitucional. É esse o entendimento do Pretório Excelso, consolidado na seguinte **tese de repercussão geral**:[360]

> As hipóteses de inelegibilidade previstas no art. 14, § 7.º, da Constituição Federal, inclusive quanto ao prazo de seis meses, são aplicáveis às eleições suplementares.

É importante notar, também, que as regras de inelegibilidade impostas aos chefes do Executivo se aplicam, igualmente, **àqueles que os tenham substituído dentro dos seis meses anteriores ao pleito eleitoral** (vice-prefeito, por exemplo).

Essa inelegibilidade não se aplica à viúva do Chefe do Executivo, visto que, com a morte, dissolve-se a sociedade conjugal, não mais se podendo considerar cônjuge a viúva.[361]

Porém, a inelegibilidade reflexa alcança a pessoa que vive maritalmente com o Chefe do Poder Executivo, ou mesmo com seu irmão (afim de segundo grau), pois a Constituição Federal estende o conceito de entidade familiar (CF, art. 226, § 3.º).

Essa inelegibilidade alcança, ainda, o casamento religioso, uma vez que esse tem relevância na esfera da ordem jurídica, justificando a incidência da inelegibilidade reflexa.[362]

Importante, ainda, é anotar o entendimento do Supremo Tribunal Federal segundo o qual nem mesmo a dissolução da relação conjugal, quando ocorrida no curso do mandato, tem o dom de afastar a inelegibilidade reflexa ora em foco. Tal orientação está consolidada na **Súmula Vinculante 18**, abaixo transcrita:

> **18 –** A dissolução da sociedade ou do vínculo conjugal, no curso do mandato, não afasta a inelegibilidade prevista no § 7.º do artigo 14 da Constituição Federal.

Entretanto, esse enunciado da Súmula Vinculante 18 do STF **não se aplica** aos casos de extinção do vínculo conjugal pela **morte** de um dos cônjuges.[363]

Na hipótese de criação de município por desmembramento, incorporação ou fusão, as regras de inelegibilidade se aplicam, com reflexos **limitados à eleição imediatamente seguinte**, nestes termos (grifos nossos):[364]

> O cônjuge e os parentes de prefeito em segundo mandato são elegíveis em outra circunscrição eleitoral, ainda que em município vizinho, desde que este não resulte de desmembramento, incorporação ou fusão realizada **na legislatura imediatamente anterior ao pleito**.

---

[360] RE 843.455/GO, rel. Min. Teori Zavascki, 07.10.2015.

[361] TSE, Rec 10.245.

[362] RE 106.043/BA, rel. Min. Djaci Falcão, 09.03.1988.

[363] RE 758.461/PB, rel. Min. Teori Zavascki, 22.05.2014.

[364] ARE 768.043/DF, rel. Min. Celso de Mello, 02.12.2016.

Nos casos de desmembramento de municípios, não é possível ao titular de chefia do Poder Executivo, **no pleito imediatamente seguinte**, candidatar-se a idêntico ou diverso cargo no município desmembrado daquele em que está a exercer o mandato, bem como seu cônjuge ou parentes.

Porém, por disposição expressa da Constituição Federal, a inelegibilidade reflexa **não** é aplicável na hipótese de o cônjuge, parente ou afim já possuir mandato eletivo, caso em que poderá candidatar-se à **reeleição**, ou seja, candidatar-se ao mesmo cargo, mesmo que dentro da circunscrição de atuação do Chefe do Executivo. É o caso, por exemplo, de parente ou afim de Governador de Estado, que poderá disputar a reeleição ao cargo de deputado ou de senador por esse Estado, **se já for titular desse mandato nessa mesma jurisdição**.

No entanto, caso o parente ou afim seja titular do mandato de deputado ou senador por outro Estado e pretenda, após transferir seu domicílio eleitoral, disputar novamente as eleições à Câmara dos Deputados ou ao Senado Federal pelo Estado onde seu cônjuge, parente ou afim até segundo grau seja Governador de Estado, incidirá a inelegibilidade reflexa (CF, art. 14, § 7.°), uma vez que **não se tratará juridicamente de reeleição**, mas de uma nova e primeira eleição para o Congresso Nacional por uma nova circunscrição eleitoral.

Faz-se oportuno examinar outra relevante hipótese de afastamento da aplicação da inelegibilidade reflexa, em decorrência de interpretação do Tribunal Superior Eleitoral – TSE, referendada pelo Supremo Tribunal Federal – STF, conforme a seguir exposto.

Segundo o Tribunal Superior Eleitoral, se o Chefe do Executivo renunciar **seis meses** antes da eleição, seu cônjuge, parentes ou afins até segundo grau poderão candidatar-se a **todos** os cargos eletivos da circunscrição.

Anote-se que nessa hipótese – renúncia do Chefe do Executivo até seis meses antes da eleição – fica totalmente afastada a inelegibilidade reflexa. Exemplificando, irmão do Governador de Estado poderá candidatar-se a deputado federal, senador da República, deputado estadual, Prefeito ou vereador, desde que haja renúncia do Governador ao seu mandato nos seis meses anteriores ao pleito eleitoral.

Ademais, segundo orientação do Tribunal Superior Eleitoral, o cônjuge, os parentes e afins são elegíveis até mesmo para o próprio cargo do titular (chefe do Executivo), **quando este tiver direito à reeleição e houver renunciado até seis meses antes do pleito eleitoral**.

O raciocínio seguido pela corte eleitoral é que, se ao titular do cargo seria permitido um mandato a mais, não se poderia vetar a possibilidade de os parentes concorrerem a esse mesmo cargo, em caso de renúncia do titular no tempo hábil. Conforme didaticamente resumido pelo saudoso Ministro Teori Zavascki, o Supremo Tribunal Federal mantém o entendimento segundo o qual "quem pode reeleger-se pode ser sucedido por quem mantenha com ele vínculo conjugal. E assim o contrário, quem não pode reeleger-se, não pode por ele ser sucedido".[365]

---

[365] RE 843.455/GO, rel. Min. Teori Zavascki, 07.10.2015.

Essa tese foi referendada pelo STF, com vistas a harmonizar o § 7.º do art. 14 com o novo sistema jurídico imposto pela EC 16/1997, que passou a permitir a reeleição do chefe do Executivo.[366]

Assim, por exemplo, a esposa do Chefe do Executivo Estadual poderá candidatar-se ao cargo de Governador do mesmo Estado quando o seu marido tiver direito à reeleição (quando estiver cumprindo o primeiro mandato), desde que haja renúncia deste até seis meses antes do pleito. Essa situação ocorreu concretamente, nas eleições para Governador do Estado do Rio de Janeiro em 2002. O então Governador ("Garotinho"), que tinha direito à reeleição, afastou-se do cargo nos seis meses anteriores ao pleito eleitoral, para assegurar a legitimidade da candidatura, para o período subsequente, de sua esposa, que veio a ser eleita Governadora do Estado ("Rosinha").

Segundo a jurisprudência do Supremo Tribunal Federal, a vedação ao exercício de três mandatos consecutivos de prefeito pelo mesmo núcleo familiar **aplica-se na hipótese em que tenha havido a convocação do segundo colocado nas eleições para o exercício de mandato-tampão**, por força das proibições impostas pelo art. 14, §§ 5.º e 7.º, da Constituição Federal (inelegibilidade por motivos funcionais e inelegibilidade reflexa, respectivamente).[367]

No caso examinado pelo Tribunal Maior, o candidato "A", cunhado[368] do candidato "B", obteve o segundo lugar nas eleições municipais de 2008 para o cargo de prefeito, mas acabou assumindo a função de forma definitiva em 2009, em decorrência de decisão na qual a Justiça Eleitoral cassou o mandato de "B", que obtivera a primeira colocação. Posteriormente, "B" disputou as eleições municipais de 2012, ocasião em que foi eleito para o mandato de prefeito. Entretanto, quando "B" se candidatou, na eleição seguinte, para o mesmo cargo (reeleição), a sua candidatura foi impugnada, ante o reconhecimento de que ela implicaria o exercício da chefia do Poder Executivo local por integrantes do **mesmo núcleo familiar** pela **terceira vez consecutiva** (mandato de "A" + mandato de "B" + mandato de "B"), em ofensa ao disposto no art. 14, §§ 5.º e 7.º, da Constituição Federal.

Por fim, é importante destacar que, segundo entendimento do Supremo Tribunal Federal, a inelegibilidade por parentesco **não impede que cônjuges, companheiros ou parentes em linha reta, colateral ou por afinidade, até o segundo grau, ocupem, concomitantemente e na mesma unidade da Federação, os cargos de chefe do Poder Executivo e de presidente da Casa Legislativa.**[369] Com efeito, decidiu o Tribunal que políticos que tenham alguma relação familiar entre si – cônjuges, companheiros ou parentes até segundo grau – podem ocupar, ao mesmo tempo, os cargos de chefia dos Poderes Legislativo (assembleia legislativa ou câmara municipal) e Executivo (governador ou prefeito) no mesmo município ou estado ou na esfera federal.

---

[366] RE 344.882/BA, rel. Min. Sepúlveda Pertence, 07.04.2003.
[367] RE 1.128.439/RN (2.ª Turma), rel. Min. Celso de Mello, 23.10.2018.
[368] Parente por afinidade, irmão de um dos cônjuges em relação ao outro.
[369] ADPF 1.089/DF, rel. Min. Cármen Lúcia, 05.06.2024.

Cap. 3 • PRINCÍPIOS, DIREITOS E GARANTIAS FUNDAMENTAIS

7.6.2.3. Condição de militar

O militar é alistável, podendo ser eleito (CF, art. 14, § 8.º). Porém, é vedado ao militar, enquanto estiver em serviço ativo, estar filiado a partido político (CF, art. 142, § 3.º, V).

Assim, em face da vedação à filiação partidária do militar, o Tribunal Superior Eleitoral firmou entendimento de que, nessa situação, suprirá a ausência da prévia filiação partidária o registro da candidatura apresentada pelo partido político e autorizada pelo candidato.

Atendida essa formalidade, o militar alistável é elegível, atendidas as seguintes condições:

a) se contar menos de dez anos de serviço, deverá afastar-se da atividade;

b) se contar mais de dez anos de serviço, será agregado pela autoridade superior e, se eleito, passará automaticamente, no ato da diplomação, para a inatividade.

7.6.2.4. Previsões em lei complementar

A Constituição Federal deixa expresso que as hipóteses de inelegibilidade relativa previstas no texto constitucional **não são exaustivas**, podendo ser criadas outras, desde que por meio de **lei complementar nacional**, editada pelo Congresso Nacional.

É o que dispõe o art. 14, § 9.º, *verbis*:

> § 9.º Lei complementar estabelecerá outros casos de inelegibilidade e os prazos de sua cessação, a fim de proteger a probidade administrativa, a moralidade para exercício de mandato considerada vida pregressa do candidato, e a normalidade e legitimidade das eleições contra a influência do poder econômico ou o abuso do exercício de função, cargo ou emprego na administração direta ou indireta.

Para que sejam estabelecidas novas hipóteses de inelegibilidade relativa, portanto, é exigida a edição, pelo Congresso Nacional, de **lei complementar** (emenda à Constituição Federal também poderia fazê-lo); caso se pretenda estabelecer outras hipóteses de inelegibilidade relativa por qualquer outro meio (lei ordinária federal, leis estaduais, distritais ou municipais, Constituições estaduais, ou leis orgânicas de municípios ou do Distrito Federal), haverá flagrante inconstitucionalidade.

Com fundamento nesse dispositivo constitucional, a Lei Complementar 64/1990 estabeleceu casos de **inelegibilidade relativa**, fixando o prazo desta em três anos. Posteriormente, novas hipóteses de inelegibilidade foram acrescentadas pela Lei Complementar 135/2010, norma que restou nacionalmente conhecida como "**Lei da Ficha Limpa**". Esta última Lei – que passou a vigorar efetivamente a partir das eleições de 2012 – também aumentou de três para **oito anos** o prazo de inelegibilidade nos casos de condenação por abuso do poder econômico ou político.[370]

---

[370] LC 64/1990, art. 1.º, I, "d" c/c art. 22, XIV, com a redação dada pela LC 135/2010.

Em síntese, a Lei da Ficha Limpa estabelece cinco grupos de inelegibilidades, a saber: (1) condenações judiciais (eleitorais, criminais ou por improbidade administrativa) proferidas por órgão colegiado; (2) rejeição de contas relativas ao exercício do cargo ou função pública; (3) perda de cargo (eletivo ou de provimento efetivo), incluindo-se as aposentadorias compulsórias de magistrados e membros do Ministério Público e, para os militares, a indignidade ou incompatibilidade com o oficialato; (4) renúncia a cargo político eletivo diante da iminência da instauração de processo capaz de ocasionar a perda do cargo; e (5) exclusão do exercício de profissão regulamentada, por decisão do órgão profissional respectivo, por violação de dever ético-profissional.

A **Lei da Ficha Limpa** foi objeto de relevante controvérsia jurídica, por entenderem alguns que parte de seus comandos violaria princípios constitucionais, tais como o da presunção da inocência (ao considerar inelegíveis aqueles que tenham sido condenados em decisão proferida por órgão judicial colegiado, independentemente do trânsito em julgado) e o da irretroatividade da lei (por alcançar condutas – por ela definidas como hipóteses de inelegibilidade – praticadas em data anterior à sua vigência). Entretanto, em julgamento histórico, o Supremo Tribunal Federal firmou o entendimento de que **a Lei da Ficha Limpa é compatível com a Constituição Federal, não ofende o princípio da presunção da inocência e pode ser aplicada a atos e fatos ocorridos anteriormente ao início de sua vigência.**[371]

Em outra oportunidade, o Tribunal deixou assente que o novo prazo de inelegibilidade de **oito anos** – introduzido pela Lei da Ficha Limpa – é aplicável, inclusive, a candidatos condenados anteriormente pela Justiça Eleitoral em **sentença já transitada em julgado**, no período em que vigorava a inelegibilidade de apenas três anos.[372] Essa orientação da nossa Corte Suprema restou consolidada na seguinte tese jurídica de repercussão geral:[373]

> A condenação por abuso de poder econômico ou político em ação de investigação judicial eleitoral transitada em julgado, ex vi do art. 22, inciso XIV, da Lei Complementar 64/1990, em sua redação primitiva, é apta a atrair a incidência da inelegibilidade do art. 1.º, inciso I, alínea d, na redação dada pela Lei Complementar 135/2010, aplicando-se a todos os processos de registro de candidatura em trâmite.

Por fim, três importantíssimos entendimentos do Supremo Tribunal Federal a respeito de doações para candidatos e partidos políticos devem ser ressaltados.

---

[371] ADC 29/DF, rel. Min. Luiz Fux, 09.11.2011; ADC 30/DF, rel. Min. Luiz Fux, 09.11.2011; ADI 4.578/DF, rel. Min. Luiz Fux, 09.11.2011.

[372] RE 929.670/DF, red. p/ o acórdão Min. Luiz Fux, 04.10.2017. No caso concreto examinado, o candidato havia sido declarado inelegível, por três anos, em **decisão transitada em julgado em 2004**, com fundamento na redação originária do art. 1.º, I, "d", da LC 64/1990 (que estabelecia o prazo de inelegibilidade de apenas três anos). Posteriormente, teve seu registro indeferido, em razão do aumento do prazo da inelegibilidade para oito anos, decorrente da alteração promovida pela LC 135/2010.

[373] RE 929.670/DF, red. p/ o acórdão Min. Luiz Fux, 01.03.2018.

Cap. 3 • PRINCÍPIOS, DIREITOS E GARANTIAS FUNDAMENTAIS

Primeiro, sob o argumento de indevida interferência do poder econômico nas eleições, **foi declarada a inconstitucionalidade dos dispositivos legais que autorizavam as contribuições de empresas (pessoas jurídicas) a campanhas eleitorais e partidos políticos** (essa vedação a doações de pessoas jurídicas para candidatos e partidos políticos aplica-se às eleições de 2016 e seguintes).[374]

Em outra oportunidade, a Corte Maior **afastou a aplicação de dispositivo da Lei Eleitoral**[375] **que possibilitava doações anônimas (ocultas) a candidatos** (permitia que os valores transferidos pelos partidos políticos aos candidatos, oriundos de doações, fossem registrados na prestação de contas dos candidatos sem identificação dos doadores), por entender que elas retiram transparência do processo eleitoral e dificultam o controle de contas pela Justiça Eleitoral.[376]

Nessa mesma linha – de se assegurar a igualdade de condições aos candidatos ("paridade de armas") e coibir atos de abuso do poder econômico –, o Tribunal **declarou válida a proibição de showmícios** em campanhas eleitorais (shows de artistas para animar comícios e reuniões eleitorais),[377] mas **admitiu a realização de eventos de arrecadação** (participação não remunerada de artistas em eventos de arrecadação de recursos para campanhas eleitorais).[378] Para legitimar a proibição de realização dos primeiros (showmícios), e permitir a realização dos segundos (eventos de arrecadação), ponderou-se que tais eventos não se confundem, tendo em vista que aqueles **são para o público em geral**, o que pode ser considerado como o oferecimento de uma vantagem ao eleitor, enquanto estes são frequentados **por pessoas que já têm simpatia pela campanha que pretendem financiar**, não restando configurada, dessa forma, qualquer interferência à livre consciência do eleitor.

7.7. Privação dos direitos políticos

O cidadão pode, em situações excepcionais, ser privado, definitivamente ou temporariamente, dos direitos políticos, o que importará, como efeito imediato, na perda da cidadania política.

A privação definitiva denomina-se **perda** dos direitos políticos.

---

[374] ADI 4.650/DF, rel. Min. Luiz Fux, 17.09.2015.

[375] O STF suspendeu a eficácia da expressão "sem individualização dos doadores", contida no § 12 do art. 28 da Lei Eleitoral (Lei 9.504/1997), acrescentado pela Lei 13.165/2015. Era esta a redação do dispositivo em questão (riscamos a expressão cuja eficácia foi suspensa): "Os valores transferidos pelos partidos políticos oriundos de doações serão registrados na prestação de contas dos candidatos como transferência dos partidos e, na prestação de contas dos partidos, como transferência aos candidatos, ~~sem individualização dos doadores~~". Posteriormente, a Lei 13.877/2019 deu nova redação ao referido § 12, que passou a ter o seguinte comando: "Os valores transferidos pelos partidos políticos oriundos de doações serão registrados na prestação de contas dos candidatos como transferência dos partidos e, na prestação de contas anual dos partidos, como transferência aos candidatos."

[376] ADI-MC 5.394/DF, rel. Min. Teori Zavascki, 12.11.2015.

[377] A proibição da realização de shows de artistas para animar comícios e reuniões eleitorais consta do art. 39, § 7.º, da Lei das Eleições (Lei 9.504/1997), acrescentado pela Lei 11.300/2006 (Minirreforma Eleitoral).

[378] ADI 5.970/DF, rel. Min. Dias Toffoli, 07.10.2021.

A privação temporária denomina-se **suspensão** dos direitos políticos.

A Constituição Federal **não permite, em nenhuma hipótese, a cassação dos direitos políticos**. A vedação expressa à **cassação** de direitos políticos tem por fim evitar a supressão arbitrária, normalmente motivada por perseguições ideológicas, dos direitos políticos, prática presente em outros momentos, antidemocráticos, da vida política brasileira.

Essa matéria está disciplinada no art. 15 da Lei Maior, que dispõe:

> Art. 15. É vedada a cassação de direitos políticos, cuja perda ou suspensão só se dará nos casos de:
>
> I – cancelamento da naturalização por sentença transitada em julgado;
>
> II – incapacidade civil absoluta;
>
> III – condenação criminal transitada em julgado, enquanto durarem seus efeitos;
>
> IV – recusa de cumprir obrigação a todos imposta ou prestação alternativa, nos termos do art. 5.º, VIII;
>
> V – improbidade administrativa, nos termos do art. 37, § 4.º.

A Constituição Federal não indica, entre os incisos do art. 15, quais são os casos de perda e quais os de suspensão. Para o Professor Alexandre de Moraes, temos o seguinte:

a) são hipóteses de **perda** dos direitos políticos os casos previstos nos incisos I e IV do art. 15 da CF (cancelamento da naturalização por sentença transitada em julgado; recusa de cumprir obrigação a todos imposta ou prestação alternativa, nos termos do art. 5.º, VIII);[379]

b) são hipóteses de **suspensão** dos direitos políticos os casos previstos nos incisos II, III e V do art. 15 da CF (incapacidade civil absoluta; condenação criminal transitada em julgado, enquanto durarem seus efeitos; improbidade administrativa, nos termos do art. 37, § 4.º).

Especificamente quanto à suspensão dos direitos políticos nos casos de condenação criminal transitada em julgado (art. 15, III), entende o Supremo Tribunal Federal que **tal hipótese aplica-se, também, nos casos de substituição da pena privativa de liberdade pela restritiva de direitos**.[380] Vale dizer, a suspensão decorre da sentença penal condenatória transitada em julgado, independentemente do tipo de crime ou da natureza da condenação imposta – se pena privativa de liberdade, restritiva de direitos ou suspensão condicional da pena.

O Supremo Tribunal Federal também firmou o entendimento de que **é possível a nomeação e a posse de condenado criminalmente, de forma definitiva,**

---

[379] Ressaltamos, porém, que a Lei 8.239, de 04.10.1991, ao regulamentar a prestação alternativa ao serviço militar obrigatório, determina que a recusa ou cumprimento incompleto do serviço alternativo implicará hipótese de suspensão dos direitos políticos (e não perda, como entende a doutrina).

[380] RE 601.182/MG, red. p/ o acórdão Min. Alexandre de Moraes, 08.05.2019.

devidamente aprovado em concurso público. Segundo o Tribunal, a suspensão dos direitos políticos decorrente da condenação criminal transitada em julgado (CF, art. 15, III) visa a impedir que o condenado participe da **vida política do Estado**, com a consequente restrição da **capacidade eleitoral ativa e passiva**, e não deve ser interpretada como restritiva de outros direitos senão daqueles em relação aos quais se cumpre a finalidade da suspensão dos **direitos políticos.** Assentou-se, ainda, que a condenação criminal transitada em julgado **não impede, por si só, a nomeação e posse do condenado regularmente aprovado em concurso**, tendo em vista que os seus direitos civis e sociais permanecem assegurados e, portanto, o direito de trabalhar e de ter acesso aos cargos públicos. Essa orientação foi fixada na seguinte **tese de repercussão geral:**[381]

> A suspensão dos direitos políticos prevista no artigo 15, III, da Constituição Federal ("condenação criminal transitada em julgado, enquanto durarem seus efeitos") não impede a nomeação e posse de candidato aprovado em concurso público, desde que não incompatível com a infração penal praticada, em respeito aos princípios da dignidade da pessoa humana e do valor social do trabalho (CF, art. 1.º, III e IV) e do dever do Estado em proporcionar as condições necessárias para a harmônica integração social do condenado, objetivo principal da execução penal, nos termos do artigo 1.º da LEP (Lei 7.210/1984). O início do efetivo exercício do cargo ficará condicionado ao regime da pena ou à decisão judicial do juízo de execuções, que analisará a compatibilidade de horários.

O nacional que tiver seus direitos políticos afastados, por perda ou suspensão, poderá, assim que cessados os motivos que ensejaram tal privação, pleitear perante a Justiça Eleitoral a regularização de sua situação política.

7.8. Princípio da anterioridade eleitoral

Nos termos do art. 16 da Constituição, com a redação dada pela EC 4/1993, "a lei que alterar o processo eleitoral entrará em vigor na data de sua publicação, não se aplicando à eleição que ocorra até 1 (um) ano da data de sua vigência", norma conhecida como **princípio da anterioridade eleitoral** ou **princípio da anualidade eleitoral.**

Com base nesse dispositivo constitucional, o Supremo Tribunal Federal declarou a inconstitucionalidade do art. 2.º da Emenda Constitucional 52, de 08.03.2006, no tocante à determinação de aplicação da regra introduzida por essa emenda (fim da verticalização nas coligações partidárias) às eleições de 2006.[382] Entendeu o Tribunal que a aplicação imediata dessa nova regra, introduzida pela EC 52/2006, afrontaria o princípio da anterioridade da lei eleitoral, gravado como **cláusula pétrea** pela atual

---

[381] RE 1.282.553/RR, rel. Min. Alexandre de Moraes, 04.10.2023.

[382] ADI 3.685, rel. Min. Ellen Gracie, 22.03.2006.

Constituição, por "representar uma garantia individual do cidadão-eleitor, detentor originário do poder exercido pelos representantes eleitos e a quem assiste o direito de receber, do Estado, o necessário grau de segurança e de certeza jurídicas contra alterações abruptas das regras inerentes à disputa eleitoral".

Por força desse entendimento do Supremo Tribunal Federal, a inovação trazida pela Emenda Constitucional 52/2006 (afastamento da obrigatoriedade de adoção da verticalização nas coligações partidárias, estabelecida no art. 17, § 1.º, da Constituição Federal) só pode produzir efeitos depois de um ano da sua promulgação, não se aplicando às eleições de 2006.

A chamada **verticalização** (afastada pela EC 52/2006, para futuras eleições) exigia a vinculação entre as candidaturas em âmbito nacional, estadual, distrital ou municipal, isto é, as coligações realizadas pelos partidos políticos no âmbito nacional (para as eleições nacionais) deveriam ser obrigatoriamente observadas pelos mesmos partidos políticos nas eleições estaduais, distritais e municipais. Essa regra de verticalização, repita-se, deixou de ser aplicável para os pleitos posteriores às eleições de 2006, por força da nova redação do § 1.º do art. 17 da Carta Política, abaixo transcrito:

> § 1.º É assegurada aos partidos políticos autonomia para definir sua estrutura interna, organização e funcionamento e para adotar os critérios de escolha e o regime de suas coligações eleitorais, sem obrigatoriedade de vinculação entre as candidaturas em âmbito nacional, estadual, distrital ou municipal, devendo seus estatutos estabelecer normas de disciplina e fidelidade partidária.

Capítulo 4

ORGANIZAÇÃO POLÍTICO-ADMINISTRATIVA

1. INTRODUÇÃO

Estabelece a Constituição Federal que a organização político-administrativa da República Federativa do Brasil compreende a União, os Estados, o Distrito Federal e os Municípios, todos autônomos, nos termos do texto constitucional (art. 18).

Esse dispositivo constitucional indica a opção do legislador constituinte pela **forma federativa de Estado** para a repartição territorial de poderes. Aponta, também, a adoção da **forma republicana de governo**, para a regulação dos meios de aquisição e exercício do poder pelos governantes. Apresenta, ainda, a **enumeração dos entes federativos** que compõem a federação brasileira – União, estados, Distrito Federal e municípios –, todos dotados de **autonomia política**, nos termos em que delineada pela própria Constituição.

Esses aspectos da organização político-administrativa do Estado serão o núcleo do estudo deste Capítulo, no qual examinaremos a configuração dada pela Constituição Federal de 1988 à forma de Estado, à forma de governo, ao sistema de governo, ao regime de governo, bem como à autonomia política dos entes federados integrantes da República Federativa do Brasil.

2. FORMAS DE ESTADO

O conceito de **forma de Estado** está relacionado com o modo de exercício do poder político em função do território de um dado Estado. A existência (ou não) da repartição regional de poderes autônomos é, pois, o núcleo caracterizador do conceito de forma de Estado.

O Estado será **federado** (federal, complexo ou composto) se o poder político estiver repartido entre diferentes entidades governamentais autônomas, gerando uma multiplicidade de organizações governamentais que coexistem em um mesmo território. Portanto, o Estado federado é caracterizado por ser um **modelo de descentralização política**, a partir da repartição constitucional de competências entre as entidades federadas autônomas que o integram. O poder político, em vez de permanecer concentrado na entidade central, é dividido entre as diferentes entidades federadas dotadas de autonomia.

O Estado federado – nascido nos Estados Unidos, em 1789, com a promulgação da Constituição dos Estados Unidos da América – compõe-se, pois, de **diferentes entidades políticas autônomas** que, em um **vínculo indissolúvel**, formam uma unidade, diversa das entidades componentes, que é o Estado soberano. **Não há subordinação hierárquica entre as entidades políticas que compõem o Estado federado**. Todas elas encontram-se no mesmo patamar hierárquico, para o exercício autônomo das competências que lhes são atribuídas pela Constituição Federal. Porém, **a nenhuma delas é reconhecido o direito de secessão**, pois não poderão dissolver a unidade, imprescindível para a mantença do próprio Estado soberano.

O Estado será **unitário** (ou simples) se existir um único centro de poder político no respectivo território. A **centralização política em uma só unidade de poder** é, pois, a marca dessa forma de Estado. É o que ocorre no Uruguai, por exemplo, em que só existe um centro de poder político (nacional), que se estende por todo o território e sobre toda a população, controlando todas as coletividades regionais e locais.

O Estado unitário pode assumir a feição de **Estado unitário puro, Estado unitário descentralizado administrativamente** ou **Estado unitário descentralizado administrativa e politicamente**.

O **Estado unitário puro** (ou centralizado) é aquele em que as competências estatais são exercidas de maneira centralizada pela unidade que concentra o poder político. A centralização do exercício do poder é, pois, a característica dessa forma de Estado unitário.

O **Estado unitário descentralizado administrativamente** (ou regional) é aquele em que as decisões políticas estão concentradas no poder central, mas a execução das políticas adotadas é delegada por este a pessoas e órgãos criados para esse fim administrativo.

O **Estado unitário descentralizado administrativa e politicamente** é aquele em que ocorre não só a descentralização administrativa, mas também a política, sendo esta última caracterizada pela autonomia de que dispõem os entes descentralizados para, no momento da execução das decisões adotadas pelo governo central, decidir no caso concreto a mais conveniente e oportuna atitude a tomar.

No Estado unitário, a opção por exercer suas atribuições de maneira centralizada (sem divisão administrativa) ou descentralizada (com divisão administrativa) cabe unicamente ao poder central, que poderá, portanto, promover a descentralização ou regredir para a centralização absoluta, com a extinção das unidades administrativas criadas, na forma e no momento em que entender conveniente.

Modernamente, predominam os **Estados unitários descentralizados administrativa e politicamente**, em que temos a outorga de certa autonomia política às entidades e aos órgãos de execução, para que eles, no momento da execução das decisões políticas do poder central, tenham alguma discricionariedade para avaliar a melhor solução a ser dada ao caso concreto. Entretanto, essa descentralização, por mais ampla que seja, não confere aos entes de execução plena autonomia política, como se dá em uma federação. Temos, no máximo, uma descentralização do **tipo autárquico** (em contraposição ao **tipo federativo**), formando-se uma autarquia territorial, em que as coletividades internas, responsáveis pela execução, ficam na dependência do poder unitário, nacional e central.

Outra forma de organização de Estado reconhecida é a denominada **confederação**, consistente numa **união dissolúvel de Estados soberanos**, que se vinculam, mediante a celebração de um tratado, sob a regência do Direito Internacional, no qual estabelecem obrigações recíprocas e podem chegar, mesmo, a criar um órgão central encarregado de levar a efeito as decisões tomadas.

O Estado confederado assenta-se, pois, na aderência de Estados soberanos interessados a um dado tratado internacional, que o disciplina. A principal característica dessa forma de Estado é a denominada **dissolubilidade**, isto é, cada Estado aderente mantém o direito de, a qualquer momento, retirar-se da confederação, de acordo, exclusivamente, com seus interesses e conveniências. Reconhece-se, pois, aos Estados integrantes da confederação o **direito de secessão**.

Federação	Confederação
Constituição	Tratado
Autonomia	Soberania
Indissolubilidade (vedada a secessão)	Dissolubilidade (direito de secessão)

A Constituição Federal de 1988 adotou como forma de Estado o federado, integrado por diferentes centros de poder político. Assim, temos um poder político central (União), poderes políticos regionais (estados) e poderes políticos locais (municípios), além do Distrito Federal, que, em virtude da vedação constitucional à sua divisão em municípios, acumula os poderes regionais e locais (CF, art. 32, § 1.º).

3. FORMAS DE GOVERNO

O conceito de **forma de governo** refere-se à maneira como se dá a instituição do poder na sociedade, e como se dá a relação entre governantes e governados.

Caso a instituição do poder se dê por meio de eleições, por um período certo de tempo, e o governante represente o povo, bem como tenha o dever de prestar contas de seus atos, teremos a forma de governo **republicana** (*res publica*, coisa do povo).

Portanto, são as seguintes as características básicas da república:

a) eletividade, seja ela direta ou indireta;

b) temporalidade no exercício do poder;

c) representatividade popular;

d) responsabilidade do governante (dever de prestar contas).

Se a forma de governo for marcada pela hereditariedade, vitaliciedade e ausência de representação popular, teremos a **monarquia**.

Na monarquia, a instituição do poder não se dá por meio de eleições (e sim pela hereditariedade), o mandato é vitalício (e não temporário) e o monarca não representa o povo (e sim a linhagem de alguma família), tampouco responde perante o povo pelos atos de governo (não há o dever de prestar contas).

Logo, são as seguintes as principais características da monarquia:

a) hereditariedade;

b) vitaliciedade;

c) inexistência de representação popular;

d) irresponsabilidade do governante.

O Brasil não nasceu república. A primeira forma de governo adotada no País foi a monarquia, com a chegada da família real portuguesa. Somente com a Constituição de 1891 implantou-se a forma republicana de governo.

República	Monarquia
Eletividade	Hereditariedade
Temporalidade	Vitaliciedade
Representatividade popular	Não representatividade popular
Responsabilidade (dever de prestar contas)	Irresponsabilidade (ausência de prestação de contas)

4. SISTEMAS DE GOVERNO

O conceito de **sistema de governo** está ligado ao modo como se relacionam os Poderes Legislativo e Executivo no exercício das funções governamentais.

Se há uma maior independência entre esses Poderes, temos o **presidencialismo**. Se há maior colaboração, uma corresponsabilidade entre esses Poderes na condução das funções governamentais, estaremos diante do sistema **parlamentarista**.

O **presidencialismo** é um sistema de governo que tem as seguintes características:

a) o Presidente da República exerce o Poder Executivo em toda a sua inteireza, acumulando as funções de Chefe de Estado (quando representa o Estado frente a outros Estados soberanos), Chefe de Governo (quando cuida da política interna) e Chefe da Administração Pública (quando exerce a chefia superior da Administração Pública). Entre nós, por exemplo, a chefia do Executivo é monocrática, concentrada na figura do Presidente da República, porquanto os Ministros são meros auxiliares, de livre nomeação e exoneração;

b) o Presidente da República cumpre mandato autônomo, por tempo certo, não dependendo do Legislativo, nem para sua investidura, nem para sua permanência no poder;

Cap. 4 • ORGANIZAÇÃO POLÍTICO-ADMINISTRATIVA

c) o órgão do Legislativo (Congresso, Assembleia, Câmara) não é propriamente Parlamento, sendo seus membros eleitos por período fixo de mandato;

d) o órgão do Legislativo não está sujeito à dissolução, porque os seus membros são eleitos para um período certo de mandato;

e) as relações entre os Poderes são mais rígidas, vigorando o princípio da divisão de Poderes, que são independentes e autônomos entre si (embora não mais com a clássica rigidez; modernamente fala-se em harmonia);

f) a responsabilidade pela execução dos planos de governo, mesmo quando aprovados por lei, cabe exclusivamente ao Executivo (significa que, bem ou mal executados tais planos, ou mesmo não executados, o Chefe do Executivo tem assegurado o direito à permanência no poder até o término do mandato);

g) é sistema típico das repúblicas.

No sistema **parlamentarista**, a relação entre os Poderes Executivo e Legislativo é bem diferente. Em vez de independência, fala-se em **colaboração entre os Poderes Executivo e Legislativo** no exercício do poder, isto é, a manutenção do poder no âmbito de um depende da vontade do outro. Em resumo, temos o seguinte: (a) o Chefe do Executivo, que exerce a chefia de Estado, escolhe o Primeiro Ministro, para que exerça a chefia de Governo; (b) uma vez escolhido, o Primeiro Ministro elabora um plano de governo e o submete à apreciação do Parlamento; (c) a partir de então, o Primeiro Ministro somente permanecerá no poder enquanto o seu plano de governo obtiver apoio do Parlamento, condição que poderá ser verificada mediante uma "moção de desconfiança";[1] (d) por outro lado, o governo poderá, em certas circunstâncias, dissolver o Parlamento, convocando novas eleições, como forma de renovar a composição parlamentar e, em consequência, aumentar o apoio ao seu plano de governo.

Assim, o **parlamentarismo** é um sistema de governo que tem as seguintes características:

a) o Poder Executivo se divide em duas frentes distintas: chefia de Estado (exercida pelo Monarca ou Presidente da República) e chefia de Governo (exercida pelo Primeiro Ministro); por isso, ao contrário do presidencialismo, em que o Executivo é monocrático, no parlamentarismo, diz-se que sua chefia é dual;

b) o Primeiro Ministro é indicado pelo Presidente da República (feita a indicação, cabe a ele elaborar um plano de governo e submetê-lo à aprovação do Legislativo, a fim de obter apoio da maioria; aprovado o plano de governo, aprovada estará sua indicação; constata-se, dessarte, que o Legislativo assume responsabilidade de governo, vinculando-se politicamente perante o povo);

c) o Legislativo (Parlamento) assume função político-governamental mais ampla, uma vez que compreende o próprio Governo, na figura do Primeiro Ministro;

---

[1] Temos a **moção de desconfiança** – originária do Reino Unido, no século XVII – quando um bloco parlamentar entende que o chefe de governo (Primeiro-Ministro) está fragilizado politicamente e suscita uma moção, na qual os parlamentares manifestarão a sua confiança ou desconfiança em relação ao governo. Caso o voto da maioria indique "desconfiança", tem-se a substituição do chefe de governo, de acordo com as regras pertinentes (convocação de novas eleições, por exemplo).

DIREITO CONSTITUCIONAL DESCOMPLICADO • Vicente Paulo & Marcelo Alexandrino

d) o Governo é responsável ante o Parlamento, dependendo de seu apoio e confiança para manter-se (assim, se o Parlamento suscitar uma "moção de desconfiança", e a maioria parlamentar retirar a confiança no Governo (isto é, se aprovada a "moção de desconfiança"), ele cai, exonera-se, para dar lugar à constituição de um novo Governo);

e) o Parlamento é responsável perante o povo (forma-se, então, a seguinte cadeia: há responsabilidade política do Governo para com o Parlamento e deste para com os eleitores; se o Governo perde a confiança no Parlamento, poderá dissolvê-lo e convocar novas eleições para a formação de um novo Parlamento);

f) classicamente é sistema típico das monarquias, embora atualmente seja muito adotado nas repúblicas da Europa.

Com base nessa enumeração das características dos sistemas presidencialista e parlamentarista, extraímos facilmente as suas diferenças essenciais, que podem ser assim resumidas:

a) no presidencialismo, existe independência entre os Poderes no exercício das funções governamentais, ao passo que no parlamentarismo há colaboração, corresponsabilidade entre o Legislativo e o Executivo na condução da política governamental;

b) no presidencialismo, os governantes possuem mandatos com prazo certo, enquanto no parlamentarismo não há prazo determinado para o exercício do poder (o Primeiro Ministro permanecerá na chefia de Governo somente enquanto possuir maioria parlamentar, o que pode ocorrer durante vários anos, ou por apenas alguns meses; por outro lado, é possível que os mandatos dos parlamentares sejam abreviados, mediante a dissolução do Parlamento e a convocação de novas eleições);

c) no presidencialismo, a chefia do Executivo é monocrática (unipessoal, concentrada em uma só pessoa), diversamente do que ocorre no parlamentarismo, em que a chefia do Executivo é dual (o Chefe do Executivo exerce a chefia de Estado; o Primeiro Ministro exerce a chefia de Governo);

d) no presidencialismo, há responsabilidade de governo diretamente perante o povo, enquanto no parlamentarismo a responsabilidade ocorre ante o parlamento (se o plano de governo perde o apoio parlamentar, o Primeiro Ministro exonera-se imediatamente).

Presidencialismo	Parlamentarismo
Independência entre os Poderes	Interdependência entre os Poderes
Chefia monocrática	Chefia dual
Mandatos por prazo certo	Mandatos por prazo indeterminado
Responsabilidade do governo perante o povo	Responsabilidade do governo perante o parlamento

O sistema adotado pela Constituição Federal de 1988 é o **presidencialismo**. Entretanto, vale notar que o Brasil já viveu, na sua história política, **duas experiências parlamentaristas**: uma, na época do Império; outra, de curta duração, às vésperas do golpe militar de 1964 (1961-1963).

5. REGIMES DE GOVERNO

Distinguem-se os **regimes de governo** em **democrático** e **autocrático**, com base na existência, ou não, de **participação do povo** – destinatário das ações governamentais – na escolha dos governantes, na elaboração e controle da execução das políticas públicas e na elaboração das normas a que o Estado e o próprio povo estarão sujeitos.

Na **autocracia**, os destinatários das normas e da política governamental não participam da sua produção. Trata-se de regime estruturado de cima para baixo, de imposição da vontade do governante ao povo, sem o direito de manifestação deste.

Na **democracia**, temos a participação dos destinatários das normas e políticas públicas na escolha dos titulares de cargos políticos, na produção do ordenamento jurídico e no controle das ações governamentais, formando o governo de baixo para cima – **governo do povo**. Na democracia, prevalece a vontade da maioria, conquanto sejam reconhecidos e protegidos os direitos das minorias. Suas principais características são: a liberdade do povo para votar, a divisão de poderes e o controle popular da autoridade dos governantes.

A democracia poderá ser exercida de diferentes formas, originando: **democracia direta**, **democracia indireta ou representativa**, e **democracia semidireta ou participativa**.

Na **democracia direta** o povo exerce, por si mesmo, os poderes governamentais, elaborando diretamente as leis, administrando e julgando as questões do Estado.

A **democracia indireta** ou **democracia representativa** é aquela na qual o povo, fonte primária do poder, não podendo dirigir os negócios do Estado diretamente, em face da extensão territorial, da densidade demográfica e da complexidade dos problemas sociais, outorga as funções de governo aos seus representantes, que elege periodicamente (José Afonso da Silva).

A **democracia semidireta** ou **participativa** combina a democracia representativa com alguns institutos de participação direta do povo nas funções do governo, tais como o referendo e o plebiscito. Essa a forma adotada pela Constituição Federal de 1988 (art. 1.º, parágrafo único, c/c art. 14).

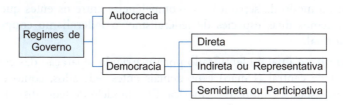

6. A FEDERAÇÃO NA CONSTITUIÇÃO DE 1988

O Brasil não surgiu como Estado federado. Inicialmente, adotou-se no País a forma unitária de Estado, a qual foi substituída pelo modelo federativo com a Constituição de 1891.

A formação da nossa Federação ocorreu, portanto, a partir de um Estado originalmente unitário, com a centralização política dando lugar à descentralização regional de poderes políticos.

O art. 1.º da Constituição Federal dispõe que a República Federativa do Brasil é formada pela união indissolúvel dos Estados e Municípios e do Distrito Federal, preceito complementado pelo seu art. 18, no qual se explicita que a organização político-administrativa do nosso País compreende a União, os Estados, o Distrito Federal e os Municípios, todos autônomos, nos termos em que estabelecido no texto constitucional.

A Federação brasileira **não é um típico Estado federado**, porque nas federações clássicas só há um poder político central (União) e os centros regionais de poder (estados). A República Federativa do Brasil é composta de quatro espécies de entes federados dotados de autonomia, duas delas de entes federados típicos (União e estados) e duas de entes federados atípicos ou anômalos (Distrito Federal e municípios).

Com efeito, o federalismo brasileiro se desdobra em três ordens – União, estados e municípios –, e não em duas apenas – União e estados –, como é o normal no Estado federal. Em razão desse desdobramento, entre três ordens, ensina-nos a doutrina que, além do federalismo de primeiro grau, que declina da União para os estados, a Constituição de 1988 consagra um **federalismo de segundo grau**, que avança dos estados para os municípios.

O Estado federado pode formar-se **por agregação** ou **por desagregação**.

A federação é formada **por agregação** quando antigos Estados independentes ou soberanos abrem mão de sua soberania e se unem para a formação de um único Estado federal, indissolúvel, no qual gozarão, apenas, de autonomia. Ocorre um movimento **centrípeto**, de fora para dentro, isto é, diferentes Estados soberanos unitários cedem parcela de sua soberania para a criação de um único Estado federal. É o modelo clássico de federação, como a dos Estados Unidos da América.

A federação é formada **por desagregação** (ou **por segregação**) quando um Estado unitário descentraliza-se, instituindo uma repartição de competências entre entidades federadas autônomas, criadas para exercê-las. Ocorre um movimento **centrífugo**, de dentro para fora, isto é, um Estado unitário centralizado descentraliza-se mediante a criação de entes federados autônomos. É o caso, por exemplo, da Federação brasileira.

Quanto ao modo de separação de competências entre os entes que compõem a federação, temos duas espécies de federalismo: o **federalismo cooperativo** e o **federalismo dual**.

O **federalismo dual** é identificado por uma rígida separação das competências entre a entidade central (União) e os demais entes federados, como é o caso da federação dos Estados Unidos da América. Esse modelo de federalismo vem sendo

Cap. 4 • ORGANIZAÇÃO POLÍTICO-ADMINISTRATIVA

gradativamente substituído pelo federalismo de cooperação, em razão das pressões e exigências impostas ao novo modelo de Estado do bem-estar social.

O **federalismo cooperativo** é caracterizado por uma divisão não rígida de competências entre a entidade central e os demais entes federados, vale dizer, há uma proximidade maior entre os entes federativos, que deverão atuar em conjunto, de modo **comum** ou **concorrente**. É o caso, por exemplo, da Federação brasileira. Corolário do federalismo do tipo cooperativo é o **princípio da lealdade à Federação**, que tem por fim fomentar uma relação construtiva, amistosa e de colaboração entre os entes federados, evitando-se que medidas legislativas adotadas por um ente federativo impliquem desarrazoado prejuízo aos demais.[2]

Fala-se, ainda, em **federalismo simétrico** e **federalismo assimétrico**, tendo em vista fatores como o equilíbrio de competências estabelecido na Constituição, a cultura, o desenvolvimento social e a língua adotada pelos entes federativos.

O **federalismo simétrico** é caracterizado pelo equilíbrio (ou homogeneidade) na repartição das competências aos entes federados, de modo que (i) cada estado-membro mantenha, essencialmente, o mesmo relacionamento com a autoridade central, (ii) a divisão de poderes entre o governo central e o governo dos estados-membros seja efetivada nos mesmos termos para cada estado-membro e (iii) o suporte das atividades do governo central seja igualmente repartido, sem privilégio a algum (ou a alguns) estados-membros.

Com isso, busca-se **conferir igualdade de tratamento** na relação entre a União e os estados-membros e também nas relações destes uns com os outros. Essa igualdade é intentada, por exemplo, mediante a fixação constitucional de tratamento igualitário aos entes federados no tocante à repartição de competências, ao regime tributário, ao direito de representação dos estados-membros nos órgãos federais, ao direito de participação estadual no processo de elaboração de emenda à Constituição Federal etc.

Por esse motivo, o federalismo simétrico constitui modelo que pressupõe homogeneidade cultural, de grau de desenvolvimento e também de língua adotada pelos integrantes da federação, como ocorre nos Estados Unidos da América.

Já no **federalismo assimétrico**, estabelece-se constitucionalmente um **tratamento diferenciado** aos entes federados, em determinadas matérias, tendo por fim a manutenção do equilíbrio e a redução das desigualdades regionais.

Desse modo, uma vez reconhecida a existência de uma realidade heterogênea entre os entes federados, busca-se minorar essas diferenças por meio da inserção de normas na Constituição, que, conferindo tratamento desigual aos desiguais, auxiliam no atingimento do equilíbrio, da cooperação e do entendimento entre as forças regionais (estados-membros, marcados pela heterogeneidade), e também entre essas e a União.

---

[2] Com fundamento nesse princípio, o STF declarou a invalidade de lei do Estado do Rio de Janeiro que estabelecia a obrigatoriedade de constarem informações adicionais nas embalagens dos produtos alimentícios comercializados em seu território, por entender que a exigência fluminense criaria dificuldades a produtos provenientes de outros estados-membros (ADI 750/RJ, rel. Min. Gilmar Mendes, 03.08.2017).

O federalismo acentua o seu caráter de **assimétrico** naqueles Estados caracterizados pela diversidade econômica, social, política, cultural e de língua falada, como é o caso do Canadá, país bilíngue e multicultural.

Na Constituição Federal de 1988 encontramos **expressivas características de federalismo assimétrico**, destinadas a reduzir as desigualdades sociais e regionais, um dos objetivos fundamentais da República Federativa do Brasil (CF, art. 3.º, III).

Com efeito, são exemplos de **federalismo assimétrico** presentes na Constituição Federal de 1988, dentre outros: art. 45, § 1.º (que fixa limites mínimo e máximo de deputados federais por estado-membro); art. 43 (que prevê ações destinadas a reduzir as desigualdades regionais, tais como juros favorecidos, isenções, reduções ou diferimento de tributos federais); art. 151, I (que permite à União conceder incentivos fiscais regionais, destinados a promover o equilíbrio do desenvolvimento socioeconômico entre as diferentes regiões do país); art. 155, § 2.º, VI e XII, "g" (que disciplina a concessão de incentivos fiscais relativos ao ICMS); art. 159, I, "c" (que fixa critérios para a repartição de receitas tributárias da União a programas regionais de desenvolvimento do setor produtivo das Regiões Norte, Nordeste e Centro-Oeste).

Seja qual for a espécie de federalismo, deve-se ressaltar que **somente o Estado é soberano,** não os entes federados, separadamente considerados; estes possuem apenas autonomia. Assim, é o Estado federado, a República Federativa do Brasil, **pessoa jurídica reconhecida pelo Direito Internacional**, o único titular de **soberania**. Os entes federados – União, estados, Distrito Federal e municípios – são **pessoas jurídicas de direito público interno** que gozam, apenas, de **autonomia**, traduzida na tríplice capacidade de auto-organização e legislação própria, autogoverno e autoadministração.

Os entes federados são todos autônomos (nunca soberanos), nos termos estabelecidos na Constituição Federal, inexistindo subordinação entre eles. Todos os entes federados retiram sua autonomia do texto da Constituição, isto é, das competências que lhes são por ela outorgadas. Não há precedência de um ente federado sobre outro, mas sim distribuição de competências, em caráter privativo ou concorrente. No exercício de suas atribuições fixadas constitucionalmente, o município é tão autônomo quanto, por exemplo, a União, quando esta atua no desempenho de suas competências próprias. Se qualquer um dos entes federados extrapolar suas competências constitucionais, invadindo as atribuições de outro ente, estará agindo inconstitucionalmente, em flagrante desrespeito à Constituição Federal.

Embora a regra seja a autonomia dos entes federados, **há situações em que uma entidade federada poderá intervir em outra**, afastando temporariamente sua autonomia. Nas excepcionalíssimas hipóteses permitidas pela Constituição Federal, a União poderá intervir nos estados, no Distrito Federal e nos municípios localizados em Territórios (arts. 34 e 35), e os estados poderão intervir nos municípios localizados em seu território (art. 35).

A Constituição Federal não admite nenhuma pretensão de separação de um estado-membro, do Distrito Federal ou de qualquer município da Federação, ou seja, inexiste, entre nós, o denominado **direito de secessão**. Movimentos de um dado estado-membro que tendam à secessão poderão ensejar a decretação de intervenção federal para manter a integridade nacional (CF, art. 34, I).

Ainda que não houvesse vedação expressa na Constituição Federal (nossa Federação é **indissolúvel**, reza o art. 1.º), entende-se, doutrinariamente, que nos Estados federados não existe o direito de secessão. Uma vez efetivada a adesão de um Estado a uma federação,[3] este não pode mais se retirar por meios legais. Haveria, portanto, uma vedação implícita ao direito de secessão.

Na República Federativa do Brasil, **nem todos os entes federados participam da formação da vontade nacional**. Os estados-membros e o Distrito Federal têm efetiva participação, por meio dos seus representantes no Senado Federal (CF, art. 46) e da possibilidade de apresentação de proposta de emenda à Constituição Federal (CF, art. 60, III). Os Municípios, diferentemente, não participam de nenhum modo na formação da ordem jurídica nacional, pois não possuem representação no Poder Legislativo federal, nem atuam no processo legislativo de modificação da Constituição Federal.

A República Federativa do Brasil enquadra-se no tipo **federação de equilíbrio**, o que significa que está fundada no equilíbrio entre as competências e a autonomia conferidas aos entes federados pela Constituição Federal. Esse equilíbrio está consubstanciado, também, nas regras constitucionais de criação de regiões de desenvolvimento entre os estados (CF, art. 43) e de regiões metropolitanas entre os municípios (CF, art. 25, § 3.º), de concessão de benefícios fiscais (CF, art. 151, I) e da repartição de receitas tributárias (CF, arts. 157 a 159).

Assim, preocupado em assegurar a autonomia dos entes federativos, núcleo do equilíbrio federativo, o legislador constituinte originário estabeleceu, no próprio texto constitucional, mecanismos que visam a estabelecer proteção ao pacto federativo por ele desenhado. São vários os dispositivos constitucionais que, em maior ou menor grau, têm essa preocupação. Enumeramos abaixo alguns comandos constitucionais que, segundo a doutrina publicista pátria, representam as mais expressivas garantias constitucionais da nossa Federação:

a) **repartição de competências** – ao distribuir as competências públicas entre os diferentes entes políticos, a Constituição Federal outorga-lhes autonomia para a atuação no âmbito das respectivas áreas, assim assegurando o equilíbrio federativo;

b) **rigidez da Constituição** – o fato de a Constituição Federal ser rígida dificulta a modificação da repartição de competências entre os entes políticos, haja vista que esta somente será possível mediante a aprovação de emenda à Constituição, pelo procedimento especial e árduo, exigido constitucionalmente;

c) **controle de constitucionalidade** – a atribuição ao Poder Judiciário da competência para exercer o controle de constitucionalidade possibilita que ele fiscalize o exercício pelos entes federados das competências delineadas no texto constitucional, porquanto a atuação de qualquer um dos entes federados fora de suas competências próprias configura atuação inconstitucional, passível de anulação pelo Poder Judiciário, por meio dos mecanismos de controle de constitucionalidade;

---

3   Essa menção à "adesão" de um Estado originalmente soberano a uma federação só faz sentido nas federações formadas por agregação.

304 DIREITO CONSTITUCIONAL DESCOMPLICADO • Vicente Paulo & Marcelo Alexandrino

d) **o processo de intervenção**, previsto nos arts. 34 a 36 da CF/1988 – em certas hipóteses, a intervenção de um ente federado sobre outro tem por fim específico assegurar a manutenção e o equilíbrio de nossa Federação;

e) **imunidade recíproca de impostos**, prevista no art. 150, VI, "a", da CF/1988 – forma de expressão do princípio federativo que, além de explicitar a isonomia política entre os entes federados, impõe a vedação constitucional à exigência de impostos uns dos outros, impedindo que a autonomia de um ente político seja prejudicada por outro, mediante a imposição gravosa de impostos, com o que resultam afastadas eventuais pressões que umas e outras poderiam exercer entre si de forma recíproca, comprometendo a unidade política essencial ao perfeito funcionamento do regime federativo;

f) **repartição das receitas tributárias**, prevista nos arts. 157 a 159 da CF/1988 – ao estabelecer a obrigatoriedade da repartição das receitas de certos tributos entre os entes federados, buscou o legislador constituinte assegurar uma relativa equivalência econômico-financeira entre eles, aspecto fundamental para o equilíbrio federativo.

Com base no que até aqui foi visto, podemos sintetizar os principais elementos presentes na nossa Federação: (a) descentralização política; (b) formação por desagregação; (c) autonomia dos entes federados; (d) soberania do Estado federal; (e) formalização e repartição das competências em uma Constituição do tipo rígida; (f) inexistência do direito de secessão; (g) representação dos estados e do Distrito Federal no Legislativo federal (Senado Federal); (h) fiscalização da autonomia federativa por meio do controle de constitucionalidade.

A Federação **é cláusula pétrea no Brasil**. Com efeito, a Constituição da República veda a possibilidade de proposta de emenda constitucional tendente a abolir a forma federativa de Estado (CF, art. 60, § 4.º, I).

É interessante observar que a Constituição Federal de 1988 somente gravou como cláusula pétrea a forma federativa de Estado (CF, art. 60, § 4.º, I), não fazendo o mesmo em relação à forma de governo (república) e ao sistema de governo (presidencialismo). Porém, a forma de governo republicana constitui "princípio sensível" da ordem federativa, autorizando a intervenção federal no ente federado que a desrespeitar (CF, art. 34, VII, *a*).

Por fim, vale lembrar que **os Territórios Federais não são entes federativos**. Eles integram a União, como mera divisão administrativo-territorial, **sem nenhuma autonomia política** (CF, art. 18, § 2.º).

6.1. União

A União é entidade federativa autônoma em relação aos estados-membros e municípios. É pessoa jurídica de direito público interno, com competências administrativas e legislativas enumeradas no texto constitucional. Cabe à União, também, exercer as prerrogativas da soberania do Estado brasileiro, quando representa a República Federativa do Brasil nas relações internacionais. Trata-se de atribuição exclusiva da União, pois os demais entes integrantes da Federação não dispõem de competência para representar o Estado federal brasileiro frente a outros Estados soberanos.

Porém, **a União não se confunde com o Estado federal**. A União, **pessoa jurídica de direito público interno**, é uma das entidades que integram a República Federativa. A República Federativa é o todo, o Estado federal brasileiro, **pessoa jurídica de direito público internacional**, integrada pela União, estados, Distrito Federal e municípios. Ocorre que é por intermédio da União que a República Federativa do Brasil se apresenta nas suas relações internacionais, vale dizer, é a União que representa o nosso Estado federal perante outros Estados soberanos.

Mas, frise-se, a União somente **representa** o Estado federal nos atos de Direito Internacional. Quem efetivamente pratica atos de Direito Internacional é a República Federativa do Brasil, juridicamente representada por um órgão da União, que é o Presidente da República. O Estado federal – a República Federativa do Brasil – é que é a pessoa jurídica de direito público internacional. A União, pessoa jurídica de direito público interno, é somente uma das entidades que formam esse todo, o Estado federal, e que, por determinação constitucional (CF, art. 21, I), tem a competência exclusiva para representá-lo nas suas relações internacionais.

Desse modo, a União ora atua em nome próprio, internamente, na sua relação com os demais entes federados, ora atua em nome de toda a Federação, quando representa a República Federativa do Brasil perante outros Estados soberanos.

Os bens pertencentes à União estão enumerados no art. 20 da Constituição Federal, nestes termos:

> Art. 20. São bens da União:
>
> I – os que atualmente lhe pertencem e os que lhe vierem a ser atribuídos;
>
> II – as terras devolutas indispensáveis à defesa das fronteiras, das fortificações e construções militares, das vias federais de comunicação e à preservação ambiental, definidas em lei;
>
> III – os lagos, rios e quaisquer correntes de água em terrenos de seu domínio, ou que banhem mais de um Estado, sirvam de limites com outros países, ou se estendam a território estrangeiro ou dele provenham, bem como os terrenos marginais e as praias fluviais;
>
> IV – as ilhas fluviais e lacustres nas zonas limítrofes com outros países; as praias marítimas; as ilhas oceânicas e as costeiras, excluídas, destas, as que contenham a sede de Municípios, exceto aquelas áreas afetadas ao serviço público e a unidade ambiental federal, e as referidas no art. 26, II; (redação dada pela EC 46/2005)
>
> V – os recursos naturais da plataforma continental e da zona econômica exclusiva;
>
> VI – o mar territorial;
>
> VII – os terrenos de marinha e seus acrescidos;
>
> VIII – os potenciais de energia hidráulica;
>
> IX – os recursos minerais, inclusive os do subsolo;
>
> X – as cavidades naturais subterrâneas e os sítios arqueológicos e pré-históricos;
>
> XI – as terras tradicionalmente ocupadas pelos índios.

É assegurada, nos termos da lei, à União, aos estados, ao Distrito Federal e aos municípios a **participação no resultado da exploração** de petróleo ou gás natural, de recursos hídricos para fins de geração de energia elétrica e de outros recursos minerais no respectivo território, plataforma continental, mar territorial ou zona econômica exclusiva, ou compensação financeira por essa exploração.[4]

Observe-se que, a partir da promulgação da EC 46/2005 – que deu nova redação ao inciso IV do art. 20 da Constituição –, as **ilhas costeiras em que sediados municípios** deixaram de pertencer à **União**, e passaram a constituir propriedade do respectivo **ente municipal**. Essa alteração, entretanto, **não interferiu** na propriedade da União sobre os demais bens integrantes de seu acervo patrimonial, indicados nos demais incisos do art. 20 da Constituição – tais como os terrenos de marinha e seus acrescidos (inciso VII), os potenciais de energia hidráulica (inciso VIII), os recursos minerais, inclusive os do subsolo (inciso IX) etc. Vale dizer, esses outros bens – arrolados nos demais incisos do art. 20 da Constituição – **continuam pertencendo à União**, mesmo quando situados em ilha costeira que contenha sede de município.

Com efeito, o Supremo Tribunal Federal deixou assente que os terrenos de marinha[5] e seus acrescidos situados em ilha costeira com sede de município – caso de Vitória/ES, por exemplo – continuam pertencendo à **União**. Esse entendimento restou fixado na seguinte **tese de repercussão geral:**[6]

> A Emenda Constitucional n.º 46/2005 não interferiu na propriedade da União, nos moldes do art. 20, VII, da Constituição da República, sobre os terrenos de marinha e seus acrescidos situados em ilhas costeiras sede de Municípios.

As competências da União – administrativas e legislativas – serão estudadas oportunamente, no capítulo destinado especificamente ao exame da repartição de competências.

6.2. Estados-membros

Os estados-membros são os entes típicos do estado Federal; são eles que dão a estrutura conceitual da forma de Estado federado, como uma união de estados autônomos.

A autonomia dos estados-membros caracteriza-se pela sua capacidade de auto-organização e autolegislação, de autogoverno e de autoadministração (CF, arts. 18, 25 a 28).

6.2.1. Auto-organização e autolegislação

A capacidade de **auto-organização** e **autolegislação** está expressa no *caput* do art. 25 da Constituição da República, que dispõe que os estados organizam-se e regem-se pelas Constituições e leis que adotarem, observados os princípios da Constituição Federal.

---

4 CF, art. 20, § 1.º, com a redação dada pela EC 102, de 26.09.2019.
5 Os terrenos de marinha são aqueles localizados numa faixa de 33 metros a partir do mar em direção ao continente.
6 RE 636.199/ES, rel. Min. Rosa Weber, 27.04.2017.

Os estados se auto-organizam mediante a elaboração de suas Constituições, resultado da atuação do poder constituinte derivado decorrente (exercido pelas respectivas assembleias legislativas). Também autolegislam, vale dizer, editam leis próprias, fruto da atuação do legislador ordinário estadual (as respectivas assembleias legislativas).

No exercício da capacidade de auto-organização e de autolegislação os estados devem obediência aos princípios estabelecidos na Constituição Federal. Esses princípios são tradicionalmente denominados princípios constitucionais sensíveis, extensíveis e estabelecidos.

Os **princípios constitucionais sensíveis** da ordem federativa são aqueles cuja observância é obrigatória, sob pena de intervenção federal. Estão enumerados no art. 34, VII, da Constituição Federal:

a) forma republicana, sistema representativo e regime democrático;

b) direitos da pessoa humana;

c) autonomia municipal;

d) prestação de contas da administração pública, direta e indireta;

e) aplicação do mínimo exigido da receita resultante de impostos estaduais, compreendida a proveniente de transferências, na manutenção e desenvolvimento do ensino e nas ações e serviços públicos de saúde.

A ofensa a esses princípios sensíveis poderá provocar a representação interventiva do Procurador-Geral da República perante o Supremo Tribunal Federal, visando à declaração de inconstitucionalidade, e decretação da intervenção federal, caso não tenha eficácia a simples suspensão da execução do ato impugnado, nos termos do art. 36, III, e § 3.º, da Constituição Federal.

Os **princípios constitucionais extensíveis** consistem nas regras de organização que a Constituição estendeu aos estados-membros, ao Distrito Federal e aos municípios. São, portanto, de observância obrigatória no exercício do poder de auto-organização do estado (CF, arts. 1.º, I ao IV; 3.º, I ao IV; 6.º a 11; 93, I a XI; 95, I, II e III).

Os **princípios constitucionais estabelecidos** são aqueles que, dispersos ao longo do texto constitucional, limitam a autonomia organizatória do estado, estabelecendo preceitos centrais de observância obrigatória. Alguns geram **limitações expressas vedatórias** (CF, arts. 19, 150, 152), outros **limitações expressas mandatórias** (CF, arts. 37 a 41, 125), outros **limitações implícitas** (CF, arts. 21, 22, 30) e outros, ainda, **limitações decorrentes do sistema constitucional adotado**, que são limitações que defluem naturalmente, como consequência lógica, dos princípios constitucionais adotados pela Constituição Federal de 1988, a exemplo do princípio federativo, dos princípios do Estado democrático de direito, dos princípios da ordem econômica e social etc.

6.2.2. Autogoverno

A capacidade de **autogoverno** está assentada nos arts. 27, 28 e 125 da Constituição Federal, que outorgam competência aos estados-membros para organizar os poderes Executivo, Legislativo e Judiciário locais.

Em relação ao autogoverno, a própria Constituição Federal estabelece importantes regras que incidirão sobre o governo estadual, dentre as quais destacamos as apresentadas a seguir.

O Poder Legislativo estadual é **unicameral**, formado pela assembleia legislativa, composta de deputados estaduais eleitos pelo sistema proporcional, para mandatos de quatro anos, **aplicando-se-lhes as regras da Constituição Federal sobre sistema eleitoral, inviolabilidade, imunidades, remuneração, perda de mandato, licença, impedimentos e incorporação às Forças Armadas** (CF, art. 27, § 1.º).

Com fundamento nesse dispositivo constitucional, o Supremo Tribunal Federal firmou entendimento de que **as regras da Constituição Federal relativas à imunidade dos deputados federais são igualmente aplicáveis aos deputados estaduais.** Para o Tribunal, **os deputados estaduais têm direito – sem distinção quanto ao alcance – às imunidades formal e material e à inviolabilidade conferidas pelo constituinte aos congressistas**, nos termos em que estendidas, expressamente, pelo § 1.º do art. 27 da Carta da República.[7]

O número de deputados estaduais, no geral, corresponderá ao triplo da representação do estado na Câmara dos Deputados, fixada em lei complementar, na forma do art. 27, *caput*, da Constituição Federal (Regra: n.º de deputados estaduais = 3 x n.º de deputados federais). Porém, se atingido o número de 36 (trinta e seis) deputados estaduais, serão acrescidos tantos deputados quantos forem os deputados federais acima de doze (Exceção: n.º de deputados estaduais = 36 + n.º de deputados federais – 12). Assim, por exemplo, o Estado de São Paulo tem 70 (setenta) deputados federais, portanto, encaixa-se na exceção prevista no art. 27 (n.º de deputados estaduais = 36 + n.º de deputados federais – 12). Logo, o número de deputados estaduais do Estado de São Paulo é 94 (36 + 70 – 12 = 94 deputados estaduais).

É obrigatória a existência de iniciativa popular de lei no processo legislativo estadual, devendo a lei dispor a respeito do seu exercício pelos cidadãos (CF, art. 27, § 4.º).

A eleição do Governador e do Vice-Governador de Estado, para **mandato de quatro anos**, realizar-se-á no **primeiro domingo de outubro**, em primeiro turno, e no **último domingo de outubro**, em segundo turno, se houver, do ano anterior ao do término do mandato de seus antecessores, e **a posse ocorrerá em 6 de janeiro do ano subsequente**, observado, quanto ao mais, o disposto no art. 77 da Constituição.[8]

Vale lembrar que, pelo texto originário da Constituição Federal de 1988, a posse dos governadores eleitos ocorria em primeiro de janeiro do ano subsequente, o que gerava dificuldades de logística, tendo em vista as festividades do réveillon (dificultava, por exemplo, o comparecimento de chefes de Estado de outros continentes, que seriam obrigados a abdicarem das festividades de 31 de dezembro para chegarem a tempo ao Brasil). Com a promulgação da Emenda Constitucional 111/2021, a data

---

[7] ADI-MC 5.823/RN, rel. Min. Marco Aurélio, 08.05.2019; ADI-MC 5.824/RJ, red. p/ o acórdão Min. Marco Aurélio, 08.05.2019; ADI-MC 5.825/MT, red. p/ o acórdão Min. Marco Aurélio, 08.05.2019.

[8] CF, art. 28, com a redação dada pela EC 111/2021.

Cap. 4 • ORGANIZAÇÃO POLÍTICO-ADMINISTRATIVA

da posse dos governadores foi alterada para **6 de janeiro do ano subsequente**, mas somente a partir das **eleições de 2026**. Vale dizer, os governadores de Estado e do Distrito Federal eleitos em 2022 ainda tomarão posse em 1.º de janeiro de 2023, e seus mandatos durarão até a posse de seus sucessores (eleitos em 2026), em 6 de janeiro de 2027.

Anote-se que, também por uma questão de logística, a data de posse dos governadores foi fixada em **dia distinto da posse do Presidente da República** (esta última ocorrerá no dia 5 de janeiro, nos termos do art. 82 da Constituição Federal). Esse novo regramento, com datas distintas para as referidas posses, permitirá, por exemplo, que governadores prestigiem a posse do Presidente da República (no dia 5 de janeiro), e que este prestigie a posse de determinados governadores no dia seguinte (6 de janeiro).

Perderá o mandato o Governador que assumir outro cargo ou função na Administração Pública Direta ou Indireta, ressalvada a posse em virtude de concurso público, hipótese em que será afastado do seu cargo, emprego ou função, mantendo-se a contagem do tempo de serviço para todos os efeitos legais, exceto para promoção por merecimento (CF, art. 28, § 1.º).

O subsídio dos deputados estaduais é fixado por lei de iniciativa da assembleia legislativa, na razão de, no máximo, 75% (setenta e cinco por cento) daquele estabelecido, em espécie, para os deputados federais. Note-se que o subsídio **não** é mais fixado por resolução da assembleia legislativa, mas sim por lei, a partir de projeto apresentado pela assembleia legislativa, que, portanto, se sujeita ao poder de veto do Governador (CF, art. 27, § 2.º).

O subsídio do Governador, do Vice-Governador e dos secretários de estado é fixado por lei de iniciativa da assembleia legislativa (CF, art. 28, § 2.º).

Os subsídios dos deputados estaduais serão o limite remuneratório (teto) no âmbito do Poder Legislativo estadual (CF, art. 37, XI).

O subsídio mensal do Governador do estado será o limite remuneratório (teto) para todo o Poder Executivo estadual, exceto para os procuradores e defensores públicos, cujo teto salarial será 90,25% do subsídio de Ministro do Supremo Tribunal Federal (CF, art. 37, XI).

Não obstante os limites remuneratórios aludidos nos dois parágrafos precedentes, é facultado "aos Estados e ao Distrito Federal fixar, em seu âmbito, mediante emenda às respectivas Constituições e Lei Orgânica, como limite único, o subsídio mensal dos Desembargadores do respectivo Tribunal de Justiça, limitado a noventa inteiros e vinte e cinco centésimos por cento do subsídio mensal dos Ministros do Supremo Tribunal Federal" (CF, art. 37, § 12). Esse teto único, caso adotado, não se aplicará aos subsídios dos deputados estaduais e distritais, nem dos vereadores, pois eles possuem limites próprios previstos em outros dispositivos da Constituição (art. 27, § 2.º; art. 29, incisos VI e VII; art. 32, § 3.º).

Compete às assembleias legislativas dispor sobre seu regimento interno, polícia e serviços administrativos de sua secretaria, e prover os respectivos cargos (CF, art. 27, § 3.º).

Ao dispor sobre a composição de suas Mesas, **poderão as assembleias legislativas permitir a recondução do deputado estadual para o mesmo cargo na eleição imediatamente subsequente**, pois, segundo a jurisprudência do Supremo Tribunal Federal, a vedação à recondução para o mesmo cargo da Mesa na eleição imediatamente subsequente, prevista no art. 57, § 4.º, da Constituição Federal, **não é de observância obrigatória para os estados, Distrito Federal e municípios**.

Os estados organizarão sua Justiça, observados os princípios estabelecidos na Constituição Federal, cabendo à Constituição do estado definir a competência dos tribunais, e ao Tribunal de Justiça a iniciativa da lei de organização judiciária (CF, art. 125, *caput* e § 1.º).

No âmbito desse poder para organizar sua própria Justiça, poderão os estados instituir o controle de constitucionalidade abstrato, para a fiscalização de leis ou atos normativos estaduais ou municipais em face da Constituição Estadual, vedada a atribuição da legitimação para agir a um único órgão (CF, art. 125, § 2.º).

A lei estadual poderá, ainda, criar, mediante proposta do Tribunal de Justiça, a Justiça Militar estadual, constituída, em primeiro grau, pelos juízes de direito e pelos Conselhos de Justiça e, em segundo grau, pelo próprio Tribunal de Justiça, ou por Tribunal de Justiça Militar nos estados em que o efetivo militar seja superior a vinte mil integrantes (CF, art. 125, § 3.º).

6.2.3.   *Autoadministração*

A capacidade de **autoadministração** decorre das normas que distribuem as competências entre União, estados, Distrito Federal e municípios, especialmente do art. 25, § 1.º, segundo o qual são reservadas aos estados as competências que não lhes sejam vedadas pela Constituição. Assim, os estados-membros se autoadministram no exercício de suas competências administrativas, legislativas e tributárias definidas constitucionalmente.

Os Estados poderão, mediante lei complementar, instituir regiões metropolitanas, aglomerações urbanas e microrregiões, constituídas por agrupamentos de municípios limítrofes, para integrar a organização, o planejamento e a execução de funções públicas de interesse comum (CF, art. 25, § 3.º).

São três, portanto, os requisitos constitucionais para a atuação dos estados nas três hipóteses (criação de regiões metropolitanas, de aglomerações urbanas e de microrregiões):

a) lei complementar estadual;

b) tratar-se de um conjunto de municípios limítrofes;

c) ter por fim a organização, planejamento e execução de funções públicas de interesse comum.

As **regiões metropolitanas** são conjuntos de municípios limítrofes, com certa continuidade urbana, que se reúnem em torno de um município-polo.

Cap. 4 • ORGANIZAÇÃO POLÍTICO-ADMINISTRATIVA

As **aglomerações urbanas** são áreas urbanas de municípios limítrofes, sem um polo, ou mesmo uma sede. Caracterizam-se pela grande densidade demográfica e continuidade urbana.

As **microrregiões** são também municípios limítrofes, que apresentam características homogêneas e problemas em comum, mas que não se encontram ligados por certa continuidade urbana.

Cabe ressaltar que a criação de regiões metropolitanas, aglomerações urbanas e microrregiões é **competência exclusiva** do estado-membro, não havendo nenhuma ingerência dos municípios envolvidos nessa matéria.[9]

Essa competência dos estados-membros não deve ser confundida com a competência outorgada aos municípios para criar, organizar e suprimir **distritos**, desde que observada a legislação estadual (CF, art. 30, IV).

6.2.4. *Vedações ao poder constituinte decorrente*

A Constituição Federal de 1988, ao atribuir aos estados a capacidade de auto-organização e autolegislação, de autogoverno, e de autoadministração (arts. 18, 25 a 28), impõe limitações a esses poderes e determina que sejam respeitados os princípios nela estabelecidos.

Vimos que alguns desses princípios podem ser descobertos com facilidade, como os denominados **princípios sensíveis**, que são taxativamente enumerados no art. 34, VII, da Lei Maior. Mas, além desses, temos os **princípios constitucionais extensíveis** e os **princípios constitucionais estabelecidos**, que, espalhados pelo texto constitucional, limitam, explícita ou implicitamente, a autonomia organizatória dos estados.

Os estados-membros, na sua capacidade de auto-organização, deverão observar todos esses princípios previstos na Constituição Federal – sensíveis, estabelecidos e extensíveis –, sob pena de absoluta inconstitucionalidade da regra da Constituição Estadual que contrarie algum deles.

Entretanto, como vimos, a Constituição Federal nem sempre é expressa no tocante à competência dos entes federados, surgindo, em consequência, dúvidas sobre a competência dos estados para dispor acerca de certas matérias. Apresentamos, a seguir, algumas matérias que **não** poderão ser disciplinadas na Constituição do estado.

A **Constituição do estado não pode** estabelecer hipóteses de foro especial por prerrogativa de função para autoridades estaduais, além daquelas já previstas na Constituição Federal.

Questão reiteradamente debatida no âmbito do Supremo Tribunal Federal diz respeito à competência dos estados-membros para, nas suas Constituições, estabelecerem hipóteses de prerrogativa de foro para autoridades estaduais. Inicialmente, a Corte Suprema entendia que os estados poderiam estabelecer – com fundamento na competência a eles outorgada pelo art. 125, § 1.º, da Constituição Federal – hipóteses de prerrogativa de foro não previstas na Carta de 1988, desde que respeitada

---

[9] ADI 1.841/RJ, rel. Min. Marco Aurélio, 28.08.1998.

a competência constitucional do Tribunal do Júri para o julgamento dos crimes dolosos contra a vida, indicada no art. 5.º, XXXVIII, do Texto Magno.[10]

No entanto, mesmo durante a vigência desse entendimento, o STF já **não admitia** a outorga de foro especial para certas categorias de agentes (delegados de polícia, por exemplo), por vislumbrar incompatibilidade entre a concessão dessa prerrogativa e o exercício das correspondentes atividades funcionais.[11]

Mais recentemente, a Corte Suprema alterou a sua posição e passou a entender que **as Constituições Estaduais não podem, de forma discricionária, estabelecer hipóteses de foro especial para autoridades não apontadas pela Constituição Federal.**[12] Ao firmar essa nova orientação, o Tribunal asseverou que o regramento referente ao foro por prerrogativa de função encontra-se plenamente disciplinado na Constituição Federal, inclusive para os âmbitos estadual e municipal, não comportando ampliação. Logo, os Estados-membros só podem conferir foro por prerrogativa de função a autoridades cujos similares na esfera federal também o detenham, em respeito ao princípio da simetria.[13] Ou, em outras palavras, a autonomia dos Estados para dispor sobre autoridades submetidas a foro privilegiado **não é ilimitada, pois deve obrigatoriamente seguir, por simetria, o modelo federal**.

A **Constituição do estado não pode** estabelecer reserva de iniciativa legislativa além dos casos previstos na Constituição Federal, tampouco exigir lei complementar para dispor sobre matéria reservada constitucionalmente à lei ordinária.

Sabemos que a Constituição Federal estabelece, em relação a diversas matérias, a chamada iniciativa privativa (ou reservada) de lei, indicando explicitamente a autoridade e/ou o órgão que poderá dar início ao processo legislativo de elaboração de leis (por exemplo: o art. 61, § 1.º, enumera as matérias de iniciativa privativa do Presidente da República). Nesses casos, por evidente, a deflagração do processo legislativo de elaboração normativa depende da "iniciativa" do detentor de tal prerrogativa, indicado pela Constituição Federal.

Matéria objeto de controvérsia é a existência, ou não, de autonomia do legislador constituinte decorrente para estabelecer, no texto da Constituição Estadual, hipóteses de iniciativa reservada (ou privativa) não previstas na Constituição Federal. Segundo entendimento do Supremo Tribunal Federal, o legislador constituinte decorrente **não dispõe de tal autonomia**, vale dizer, **se não há previsão para a reserva de iniciativa legislativa na Constituição Federal, não poderá haver no texto da Constituição Estadual.**[14] Assim, por exemplo, se a Constituição Federal não reserva ao Presidente da República a iniciativa de leis sobre a concessão de

---

[10] Nesse período, tivemos a aprovação da Súmula Vinculante 45, com este conteúdo: "A competência constitucional do Tribunal do Júri prevalece sobre o foro por prerrogativa de função estabelecido exclusivamente pela Constituição Estadual".

[11] ADI 2.587/GO, rel. Min. Maurício Corrêa, 01.12.2004.

[12] ADIs 6.501/PA, 6.502/PE, 6.508/RO e 6.515/AM, rel. Min. Luís Roberto Barroso, 07 e 08.10.2020; ADIs 6.512/GO e 6.513/BA, rel. Min. Edson Fachin, 21.12.2020.

[13] Com base nesse novo entendimento, foi declarada a invalidade de normas de Constituições Estaduais que outorgavam, por exemplo, foro por prerrogativa de função a procuradores estaduais, delegados de polícia, procuradores da Assembleia Legislativa, defensores públicos e membros do Conselho da Justiça Militar.

[14] ADI 5.768/CE, rel. Min. Marco Aurélio, 11.09.2019.

benefícios fiscais (matéria tributária), não pode a Constituição Estadual reservar tal matéria à iniciativa do Governador do Estado.

Na mesma linha, **não pode a Constituição Estadual ampliar as hipóteses de reserva à lei complementar para além daquelas demandadas no texto da Constituição Federal**, sob pena de restringir indevidamente o arranjo democrático--representativo desenhado pelo legislador constituinte da República. Assim, por exemplo, se a Constituição Federal permite que o tema "regime jurídico de servidores públicos" seja disciplinado por lei ordinária, **não pode a Constituição Estadual reservar (restringir) o tratamento de tal matéria à lei complementar**.

A **Constituição do estado não pode** condicionar a nomeação, a exoneração e a destituição dos secretários de estado à prévia aprovação da assembleia legislativa.

Os secretários de estado são os auxiliares do Governador de Estado, assim como os ministros de estado são os auxiliares do Presidente da República. A nomeação, exoneração e destituição de ministros de estado são matérias de competência privativa do Presidente da República (CF, art. 84, I), sem nenhuma participação do Congresso Nacional. Esse modelo deverá ser seguido no âmbito estadual. Caso a Constituição do estado pretenda condicionar a nomeação, exoneração e destituição de secretários de estado à prévia aprovação da Assembleia Legislativa, haverá indevida ingerência do Poder Legislativo na esfera de competência do Executivo, em ofensa ao princípio da separação de Poderes.

Essa mesma vedação aplica-se à Lei Orgânica do Distrito Federal e dos municípios, no tocante à nomeação, exoneração e destituição dos respectivos auxiliares do Chefe do Executivo local.

A **Constituição do estado não pode** fixar em quatro quintos dos membros da assembleia legislativa o *quorum* para aprovação de emendas à Constituição do estado.

Ao estabelecer o processo legislativo de modificação da Constituição Estadual, os estados-membros deverão observar as regras previstas na Constituição Federal para sua reforma (CF, art. 60).

As diferentes regras do art. 60 da Constituição Federal são, no que couber, de observância obrigatória pelos estados-membros, dentre elas: votação em dois turnos e *quorum* de três quintos para deliberação (§ 2.º); não sujeição a veto do Chefe do Executivo e promulgação direta da emenda pelo Poder Legislativo (§ 3.º); irrepetibilidade, na mesma sessão legislativa, da matéria rejeitada ou havida por prejudicada (§ 5.º).

Portanto, não poderá a Constituição do estado estabelecer *quorum* para modificação do seu texto distinto daquele estipulado pelo legislador constituinte para a reforma da Constituição Federal, que é de **três quintos** (CF, art. 60, § 2.º). Não poderá o estado-membro adotar *quorum* mais rígido (quatro quintos, por exemplo), nem menos rígido (maioria absoluta, por exemplo). Segundo entendimento do Supremo Tribunal Federal, essa limitação é também aplicável ao Distrito Federal, no tocante à aprovação, pela Câmara Legislativa, de **emendas à Lei Orgânica do Distrito Federal**.[15]

---

[15] ADI 7.205, rel. Min. Dias Toffoli, 06.12.2022.

A **Constituição do estado não pode** tratar de matérias de iniciativa privativa do Chefe do Executivo, a partir de proposta de emenda apresentada por parlamentar.[16]

A Constituição Federal estabelece certas matérias cuja iniciativa de lei é privativa do Presidente da República (art. 61, § 1.º). Entre essas matérias destacam-se aquelas relativas à Administração Pública e aos servidores públicos do Poder Executivo, tais como: criação de cargos, funções ou empregos públicos na Administração Direta e autárquica ou aumento de sua remuneração; servidores públicos da União, seu regime jurídico, provimento de cargos, estabilidade e aposentadoria; criação e extinção de ministérios e órgãos da Administração Pública.

Em relação a essas matérias, portanto, só o Presidente da República poderá desencadear o processo legislativo, isto é, apresentar projeto de lei perante o Poder Legislativo.

Por força do princípio federativo, o Supremo Tribunal Federal firmou entendimento de que essa iniciativa privativa do Presidente da República é de observância obrigatória pelos estados, Distrito Federal e municípios, adequando-se a iniciativa, conforme o caso, ao Governador ou ao Prefeito. Assim, as matérias que são de iniciativa privativa do Presidente da República na esfera federal, são de iniciativa privativa do Governador, no âmbito estadual, e do Prefeito, na esfera municipal.

Em razão desse entendimento do Supremo Tribunal Federal, algumas assembleias legislativas começaram a constitucionalizar essas matérias, levando-as para a Constituição Estadual a partir de proposta de emenda apresentada por parlamentares.

Desenvolveram os deputados estaduais, em resumo, a seguinte tese jurídica: "não podemos apresentar **projeto de lei** sobre as matérias de iniciativa privativa do Governador, por força do entendimento do Supremo Tribunal Federal; porém, nada impede que apresentemos **proposta de emenda à Constituição do estado** sobre essas matérias, pois o texto da Constituição Federal refere-se, tão somente, à iniciativa privativa em **projeto de lei**; caso apresentemos a proposta de emenda à Constituição do estado, será ela aprovada e promulgada por nós, deputados, sem nenhuma participação do Governador, haja vista que a emenda à Constituição não se submete à sanção ou a veto; desse modo, burlaremos a iniciativa privativa do Governador e trataremos das respectivas matérias no texto da Constituição do estado, sem necessidade da iniciativa do Chefe do Executivo, e impedindo qualquer participação deste".

Em face dessa flagrante tentativa de fraude à Constituição da República, o Supremo Tribunal Federal firmou entendimento de que as matérias que são previstas na Carta Federal como de iniciativa privativa do Chefe do Executivo (CF, art. 61, § 1.º) não podem, a partir de iniciativa de parlamentar, ser disciplinadas mediante emenda à Constituição do estado, sob pena de desrespeito à iniciativa privativa do Governador.

Significa dizer que, no âmbito estadual, tais matérias só poderão ser disciplinadas a partir de iniciativa do chefe do Executivo, seja em projeto de lei, seja mediante a apresentação de proposta de emenda à Constituição Estadual.

Essa mesma vedação aplica-se à Lei Orgânica do Distrito Federal e dos municípios, vale dizer, as matérias ora em foco só podem ser disciplinadas nos respectivos

---

[16] ADI 858, rel. Min. Ricardo Lewandowski, 13.02.2008.

âmbitos a partir de iniciativa do chefe do Executivo, jamais mediante proposta de emenda à Lei Orgânica apresentada por parlamentar.

A **Constituição do estado não pode** subordinar a nomeação do Procurador-Geral da Justiça do estado à prévia aprovação do seu nome pela assembleia legislativa.

O Procurador-Geral de Justiça é o Chefe do Ministério Público dos estados e do Distrito Federal e territórios, assim como o Procurador-Geral da República é o Chefe do Ministério Público da União.

A Constituição Federal condicionou a nomeação do Procurador-Geral da República à prévia aprovação do Senado Federal, por maioria absoluta (CF, art. 128, § 1.º).

Certamente com a intenção de guardar simetria com a Carta Federal, algumas Constituições estaduais copiaram essa mesma regra para o processo de nomeação do Procurador-Geral de Justiça, isto é, determinaram a obrigatoriedade da aprovação prévia do seu nome pela assembleia legislativa, por maioria absoluta de votos.

Entretanto, segundo a jurisprudência do Supremo Tribunal Federal, é inconstitucional norma da Constituição de estado que condicione a nomeação do Procurador-Geral de Justiça à prévia aprovação da assembleia legislativa, visto que a Constituição Federal estabelece regra específica sobre o assunto, distinta daquela estabelecida para a nomeação do Procurador-Geral da República.

De fato, ao tratar do processo de nomeação dos Procuradores-Gerais de Justiça, a Constituição Federal estabeleceu regra própria, em que não é prevista participação do Poder Legislativo, nos termos seguintes (CF, art. 128, § 3.º):

> § 3.º Os Ministérios Públicos dos Estados e o do Distrito Federal e Territórios formarão lista tríplice dentre integrantes da carreira, na forma da lei respectiva, para escolha de seu Procurador-Geral, que será nomeado pelo Chefe do Poder Executivo, para mandato de dois anos, permitida uma recondução.

Portanto, o processo de nomeação do Procurador-Geral de Justiça nos estados-membros é distinto daquele estabelecido para a nomeação do Procurador-Geral da República; naquele, não há qualquer participação do Poder Legislativo. O próprio Ministério Público do Estado elaborará lista tríplice dentre integrantes da carreira e o Governador escolherá e nomeará um dos três, sem nenhuma participação da assembleia legislativa.

Anote-se, porém, que a assembleia legislativa participará, se for o caso, **da destituição do Procurador-Geral de Justiça**, por deliberação de maioria absoluta, na forma da lei complementar respectiva (CF, art. 128, § 4.º).

A **Constituição do estado não pode** estender ao Governador do estado as imunidades constitucionalmente outorgadas ao Presidente da República, a saber: (a) necessidade de prévia autorização legislativa para sua responsabilização criminal (art. 86, *caput*); (b) vedação à prisão em flagrante, à prisão preventiva e à prisão temporária (art. 86, § 3.º); e (c) irresponsabilidade, na vigência do mandato, pelos atos estranhos ao exercício de suas funções (art. 86, § 4.º).[17]

---

[17] ADI 1.021/SP, red. p/ o acórdão Min. Celso de Mello, 19.10.1995; ADI 4.764/AC, rel. Min. Celso de Mello, red. p/ o acórdão Min. Roberto Barroso, 04.05.2017; ADI 4.797/MT, red. p/

Essas imunidades foram expressamente conferidas pela Constituição Federal ao Presidente da República (CF, art. 86, *caput* e §§ 3.º e 4.º), com o fim de assegurar-lhe determinados privilégios processuais no curso de sua responsabilização. Porém, segundo a jurisprudência do Supremo Tribunal Federal, são elas exclusivas do Presidente da República, **não podendo ser estendidas aos Governadores de estado**.

Ainda a esse respeito, cabe ressaltar que **a Constituição Federal também não outorgou ao Prefeito imunidade alguma**, nem poderá ser estendida a ele – seja em norma da Constituição do estado, seja em previsão na Lei Orgânica do município – qualquer das imunidades do Presidente da República.

A **Constituição do estado não pode** condicionar a eficácia de convênio celebrado pelo Poder Executivo à prévia aprovação do Poder Legislativo.

A celebração de convênios administrativos é matéria da competência do Chefe do Executivo, responsável pelo exercício da direção superior da Administração Pública (CF, art. 84, II).

Logo, os Chefes do Executivo de dois estados-membros poderão celebrar convênios para a consecução de determinada atividade de interesse comum. Acontece, porém, que algumas Constituições estaduais estabeleceram regra segundo a qual esses convênios só seriam válidos depois de aprovados pela assembleia legislativa.

Diante dessa situação, o Supremo Tribunal Federal proferiu orientação de que a Constituição do Estado não pode condicionar a eficácia desses convênios à prévia aprovação da assembleia legislativa, sob pena de ofensa ao princípio da separação de Poderes.

Essa mesma vedação aplica-se à Lei Orgânica do Distrito Federal e dos municípios, no tocante aos convênios celebrados pelos respectivos Chefes do Executivo.

A **Constituição do estado não pode** estabelecer prazo para que os detentores de iniciativa privativa (reservada ou exclusiva) apresentem projeto de lei ao Poder Legislativo.

Não pode a Constituição do Estado fixar prazo limite para que o detentor de iniciativa reservada – Chefe do Executivo, por exemplo – apresente projeto de lei sobre as respectivas matérias, sob pena de ofensa ao princípio da separação de Poderes. Cabe ao detentor da iniciativa privativa a decisão sobre o momento, a oportunidade e a conveniência de apresentar o projeto de lei ao Legislativo.

Essa mesma vedação aplica-se à Lei Orgânica do Distrito Federal e dos municípios, no tocante aos detentores de iniciativa reservada de lei no seu âmbito.

A **Constituição do estado não pode** outorgar competência para que a assembleia legislativa julgue as próprias contas e as dos administradores dos Poderes Executivo e Judiciário.

Estabelece a Constituição Federal que o controle externo é incumbência do Congresso Nacional, que o exercerá com o auxílio do Tribunal de Contas da União (CF, art. 71).

---

o acórdão Min. Roberto Barroso, 04.05.2017; ADI 4.798/PI, red. p/ o acórdão Min. Roberto Barroso, 04.05.2017; ADI 4.777/BA, red. p/ o acórdão Min. Roberto Barroso, 09.08.2017; ADI 4.674/RS, red. p/ o acórdão Min. Roberto Barroso, 09.08.2017; ADI 4.362/DF, red. p/ o acórdão Min. Roberto Barroso, 09.08.2017.

Cap. 4 • ORGANIZAÇÃO POLÍTICO-ADMINISTRATIVA

Entretanto, em que pese a natureza de órgão auxiliar do Legislativo, o Tribunal de Contas da União possui atribuições próprias, enumeradas nos incisos do art. 71 da Constituição Federal.

Especificamente a respeito do controle das contas públicas, a Carta de 1988 delineou claramente a competência do Tribunal de Contas da União, conforme explicado a seguir.

No tocante às contas do Presidente da República, não cabe ao Tribunal de Contas da União **julgá-las**. Cabe a este órgão, apenas, **apreciá-las**, mediante parecer prévio, que deverá ser elaborado em sessenta dias do recebimento (CF, art. 71, I). Ulteriormente, quem as **julgará** será o Congresso Nacional, por força do art. 49, IX, da CF/1988.

Quanto às contas dos demais administradores públicos, a competência para o **julgamento** é do próprio Tribunal de Contas da União (art. 71, II), e **não** do Congresso Nacional.

Esse modelo é de observância obrigatória no âmbito dos estados, do Distrito Federal e dos municípios, em relação às suas Cortes de Contas (CF, art. 75).

Assim, na esfera estadual, a competência para julgar as contas do Governador será da assembleia legislativa, após a apreciação, mediante parecer prévio, no prazo de sessenta dias, do Tribunal de Contas do estado. A competência para o julgamento das contas dos demais administradores públicos estaduais, **no âmbito dos três Poderes**, será do Tribunal de Contas do estado.

Logo, a Constituição do estado não pode outorgar à Assembleia Legislativa a competência para julgar as suas próprias contas, tampouco as contas dos administradores dos Poderes Executivo, Legislativo e Judiciário, pois essa competência, por força da Constituição Federal, é do Tribunal de Contas do estado.

Essa mesma regra é válida para o julgamento das contas públicas no âmbito do município, adequando-se as competências à câmara municipal (para o julgamento das contas do Prefeito) e ao Tribunal de Contas competente (para o julgamento das contas dos demais administradores municipais).

Enfim, o seguinte modelo deve, obrigatoriamente, ser observado pelas Constituições estaduais: os **tribunais de contas** têm competência para **julgar** as contas – e **não** apenas **opinar** sobre a regularidade delas – de **todos** os administradores públicos, **excepcionadas**, **unicamente**, as **contas apresentadas pelos chefes do Poder Executivo** (CF, art. 49, IX, art. 71, I e II, e art. 75).[18] Além disso, não se admite que a decisão adotada pelo tribunal de contas no exercício da sua competência para **julgar** as contas dos administradores públicos seja reformada, ou de algum modo alterada, pelo respectivo Poder Legislativo. Consoante já deixou assente o Supremo Tribunal Federal, "**o exercício da competência de julgamento pelo Tribunal de Contas não fica subordinado ao crivo posterior do Poder Legislativo**".[19]

A **Constituição do estado não pode** estabelecer a monarquia como forma de governo, nem o parlamentarismo como sistema de governo.

---

[18] ADI 849/MT, rel. Min. Sepúlveda Pertence, 11.02.1999; ADI 1.964/ES, rel. Min. Dias Toffoli, 04.09.2014 (Informativo 757 do STF).

[19] ADI 3.715/TO, rel. Min. Gilmar Mendes, 21.08.2014 (Informativo 755 do STF).

Sabe-se que a Constituição Federal somente gravou como cláusula pétrea a forma federativa de Estado (CF, art. 60, § 4.º, I). A forma de governo (república) e o sistema de governo (presidencialismo) não são cláusulas pétreas na vigência da Constituição Política de 1988.

Entretanto, não poderão os estados, o Distrito Federal e os municípios adotar outra forma de governo (monarquia) ou outro sistema de governo (parlamentarismo), desgarrando-se do modelo federal, previsto na Constituição Federal.

Embora não seja cláusula pétrea, o modelo determinado pela Constituição Federal deverá, obrigatoriamente, ser seguido pelos estados, Distrito Federal e municípios.

A **Constituição do estado não pode** adotar outros sistemas eleitorais distintos daqueles previstos na Constituição Federal.

A Constituição Federal prevê dois sistemas eleitorais: o majoritário (para eleição dos Chefes do Executivo e senadores da República) e o proporcional (para eleição dos deputados federais, deputados estaduais e vereadores).

Esses sistemas eleitorais são de observância obrigatória pelos estados-membros, por força do disposto no art. 27, § 1.º, da Constituição Federal, não podendo os entes federados adotar um sistema eleitoral distinto (o distrital misto, por exemplo) para a eleição dos deputados estaduais.

Essa mesma vedação aplica-se à Lei Orgânica do Distrito Federal e dos municípios, no tocante aos sistemas eleitorais em seu âmbito.

A **Constituição do estado não pode** estabelecer os casos em que as disponibilidades de caixa dos estados poderão ser depositadas em instituições financeiras não oficiais.

Estabelece a Constituição Federal que as disponibilidades de caixa dos estados, do Distrito Federal, dos municípios e dos órgãos ou entidades do Poder Público e das empresas por ele controladas serão depositadas em instituições financeiras oficiais, ressalvados os casos **previstos em lei** (CF, art. 164, § 3.º).

A **lei** poderá, então, prever casos em que as disponibilidades de caixa dos estados, do Distrito Federal e dos municípios poderão ser depositadas em instituições financeiras não oficiais. É importante, porém, enfatizar que o Supremo Tribunal Federal decidiu que essa lei deve ser uma **lei ordinária federal**, isto é, uma lei editada pelo Congresso Nacional, não pelo próprio ente federado (estado, DF ou município).

Portanto, a competência para prever os casos em que os recursos desses entes federados poderão ser depositados em instituições privadas é da União, exercida mediante **lei ordinária federal**.

A **Constituição do estado não pode** definir os crimes de responsabilidade do Governador, tampouco cominar as respectivas penas.

No modelo de repartição de competências legislativas estabelecido pela Constituição Federal, **compete privativamente à União legislar sobre direito penal** (art. 22, I). Segundo entendimento do Supremo Tribunal Federal, tal competência para legislar sobre direito penal, privativa da União, **alcança a definição dos crimes de responsabilidade** de autoridades públicas. Essa orientação encontra-se consolidada na **Súmula Vinculante 46** da Corte Máxima, nestes termos:

Cap. 4 • ORGANIZAÇÃO POLÍTICO-ADMINISTRATIVA

46 – A definição dos crimes de responsabilidade e o estabelecimento das respectivas normas de processo e julgamento são de competência legislativa privativa da União.

Portanto, não poderão os estados, o Distrito Federal e os municípios definir os crimes de responsabilidade das respectivas autoridades locais (governadores, prefeitos etc.), sob pena de invasão da competência privativa da União para legislar sobre Direito Penal.

A Constituição do Estado não pode legislar sobre a concessão de porte de arma de fogo e os possíveis titulares de tal direito.

Compete à União legislar privativamente sobre direito penal, bem como autorizar e fiscalizar a produção e o comércio de material bélico, o que alcança a concessão do porte de arma de fogo e os possíveis titulares de tal direito (CF, arts. 21, VI, e 22, I). Segundo entendimento do Supremo Tribunal Federal, a legislação sobre porte de arma de fogo e seus possíveis titulares deve ser de **âmbito nacional**, porque está relacionada a políticas de segurança pública, cujo tratamento deve ser uniforme em todo o território nacional. Assim, **os estados, o Distrito Federal e os municípios não podem legislar sobre tais matérias – porte de arma e titulares desse direito –, inclusive no que concerne a servidores públicos estaduais, distritais ou municipais.**

6.3. Municípios

A Constituição Federal de 1988 consagrou o município como entidade federativa, integrante da organização político-administrativa da República Federativa do Brasil, outorgando-lhe plena autonomia (CF, arts. 18, 29 e 30).

Reforçando a posição de ente federativo do município, a autonomia municipal foi arrolada como **princípio constitucional sensível**, a ser respeitada pelo estado--membro, sob pena de sujeitar-se ele à intervenção federal (CF, art. 34, VII, *c*).

Assim como ocorre com os estados-membros, a autonomia municipal está assentada na capacidade de auto-organização e normatização própria (elaboração da Lei Orgânica e das leis municipais), autogoverno (eleição do Prefeito, Vice-Prefeito e vereadores sem ingerência da União e do estado) e autoadministração (exercício de suas competências administrativas, tributárias e legislativas).

O município reger-se-á por Lei Orgânica, votada em dois turnos, com o interstício mínimo de dez dias, e aprovada por dois terços dos membros da câmara municipal, que a promulgará, atendidos os princípios estabelecidos na Constituição Federal, na Constituição do respectivo estado e os seguintes preceitos (CF, art. 29):

a) eleição do Prefeito, do Vice-Prefeito e dos vereadores, para mandato de quatro anos, mediante pleito direto e simultâneo realizado em todo o País;

b) eleição do Prefeito e do Vice-Prefeito realizada no primeiro domingo de outubro do ano anterior ao término do mandato dos que devam suceder, aplicadas as regras para eleição do Presidente da República, no caso de municípios com mais de duzentos mil eleitores;[20]

c) posse do Prefeito e do Vice-Prefeito no dia 1.º de janeiro do ano subsequente ao da eleição;

d) perderá o mandato o Prefeito que assumir outro cargo ou função na Administração Pública Direta ou Indireta, ressalvada a posse em virtude de concurso público, hipótese em que será afastado do seu cargo, emprego ou função, sendo-lhe facultado optar pela sua remuneração, mantendo-se a contagem do tempo de serviço para todos os efeitos legais, exceto para promoção por merecimento (CF, art. 29, XIV);

e) os subsídios do Prefeito, do Vice-Prefeito e dos secretários municipais devem ser fixados por lei de iniciativa da câmara municipal;

f) o total da despesa com a remuneração dos vereadores não poderá ultrapassar o montante de cinco por cento (5%) da receita do município;

g) inviolabilidade dos vereadores por suas opiniões, palavras e votos no exercício do mandato e na circunscrição do município;

h) as proibições e incompatibilidades, no exercício da vereança, devem ser similares, no que couber, ao disposto na Constituição Federal para os membros do Congresso Nacional e na Constituição do respectivo estado para os membros da assembleia legislativa;

i) organização das funções legislativas e fiscalizadoras da câmara municipal;

j) cooperação das associações representativas no planejamento municipal;

k) deve ser prevista iniciativa popular de projetos de lei de interesse específico do município, da cidade ou de bairros, mediante manifestação de, pelo menos, cinco por cento do eleitorado.

O subsídio dos vereadores será fixado pelas respectivas câmaras municipais em cada legislatura para a subsequente, observado o que dispõe a Constituição Federal, os critérios estabelecidos na respectiva Lei Orgânica e os seguintes limites máximos, fixados como percentuais do subsídio dos deputados estaduais:

N.º de habitantes do Município	Subsídio máximo do Vereador (em % do subsídio dos deputados estaduais)
Até 10.000	20%
De 10.001 a 50.000	30%
50.001 a 100.000	40%
100.001 a 300.000	50%
300.001 a 500.000	60%
Acima de 500.000	75%

---

[20] Registre-se que, em razão da pandemia da Covid-19, as eleições municipais de outubro de 2020 e os prazos eleitorais respectivos foram adiados, por meio da Emenda Constitucional 107, de 2 de julho de 2020.

A Câmara Municipal não gastará mais de setenta por cento de sua receita com folha de pagamento, incluído o gasto com o subsídio de seus vereadores.

A EC 58/2009 deu nova redação ao inciso IV do art. 29 da Constituição Federal, aumentando o número de vereadores por municipalidade, mediante a criação de vinte e quatro novos limites máximos para a composição das Câmaras Municipais. De acordo com o novo regramento constitucional, passaram a ser os seguintes os limites máximos para a composição das Câmaras Municipais, considerada a população local:

N.º de habitantes do Município	Limite máximo de vereadores
Até 15.000	9
De 15.001 a 30.000	11
De 30.001 a 50.000	13
De 50.001 a 80.000	15
De 80.001 a 120.000	17
De 120.001 a 160.000	19
De 160.001 a 300.000	21
De 300.001 a 450.000	23
De 450.001 a 600.000	25
De 600.001 a 750.000	27
De 750.001 a 900.000	29
De 900.001 a 1.050.000	31
De 1.050.001 a 1.200.000	33
De 1.200.001 a 1.350.000	35
De 1.350.001 a 1.500.000	37
De 1.500.001 a 1.800.000	39
De 1.800.001 a 2.400.000	41
De 2.400.001 a 3.000.000	43
De 3.000.001 a 4.000.000	45
De 4.000.001 a 5.000.000	47
De 5.000.001 a 6.000.000	49
De 6.000.001 a 7.000.000	51
De 7.000.001 a 8.000.000	53
Mais de 8.000.000	55

A Emenda Constitucional 109/2021 deu nova redação ao art. 29-A da Constituição Federal, no tocante aos percentuais máximos do total de despesas para as Câmaras Municipais, de modo que o total da despesa do Poder Legislativo municipal, **incluídos os subsídios dos vereadores e os demais gastos com pessoal inativo e pensionistas**, não poderá ultrapassar os seguintes percentuais, relativos ao somatório da receita tributária e das transferências constitucionais tributárias, efetivamente realizado no **exercício anterior**:

N.º de habitantes	Percentual máximo de despesa
Até 100.000	7%
De 100.001 a 300.000	6%
De 300.001 a 500.000	5%
De 500.001 a 3.000.000	4,5%
De 3.000.001 a 8.000.000	4%
Acima de 8.000.001	3,5%

Anote-se que, com a nova redação dada pela Emenda Constitucional 109/2021 ao art. 29-A da Constituição Federal, as despesas com **pessoal inativo e pensionistas** passaram a ser incluídas no cômputo dos limites de despesa total com pessoal do Poder Legislativo municipal (na redação anterior, tais despesas eram expressamente **excluídas** do cálculo).[21]

Estabelece a Constituição Federal que o Prefeito será julgado perante o **Tribunal de Justiça** (CF, art. 29, X).

Entretanto, segundo a jurisprudência do Supremo Tribunal Federal, a competência do Tribunal de Justiça para julgar prefeitos **restringe-se aos crimes de competência da justiça comum estadual**. Nos demais casos, a competência originária caberá ao **respectivo tribunal de segundo grau**.[22]

Assim, se a prática for de crime eleitoral, a competência para o julgamento do Prefeito será do Tribunal Regional Eleitoral – TRE. Nos crimes praticados contra bens, serviços ou interesses da União, de suas autarquias ou de empresas públicas federais, a competência para julgar o Prefeito será do Tribunal Regional Federal – TRF.

Entretanto, compete ao Tribunal de Justiça, e não à Justiça Federal, o julgamento de Prefeito municipal por má aplicação de verbas federais repassadas ao patrimônio da municipalidade, pois o seu desvio ou emprego irregular é crime contra o município, em cujo patrimônio elas se incorporaram.[23]

---

[21] Essa alteração, entretanto, só entrará em vigor a partir do início da primeira legislatura municipal após a data de publicação da Emenda Constitucional 109/2021 – isto é, a partir de 1º de janeiro de 2025 (EC 109/2021, art. 7.º).

[22] Súmula 702.

[23] RE 205.773, rel. Min. Octavio Gallotti, 29.04.1997.

Cap. 4 • ORGANIZAÇÃO POLÍTICO-ADMINISTRATIVA

No caso de crime doloso contra a vida praticado por Prefeito, a competência originária será do Tribunal de Justiça, afastando-se a competência do Tribunal do Júri (CF, art. 5.º, XXXVIII).

Em relação aos crimes de responsabilidade, é necessário diferenciar os denominados delitos próprios (infrações político-administrativas, cuja sanção é a perda do mandato e a suspensão dos direitos políticos) dos delitos impróprios (infrações penais propriamente ditas, apenadas com penas privativas de liberdade).

Essa distinção se faz necessária porque o Decreto-lei 201/1967 (recepcionado pela Constituição Federal de 1988 com força de lei ordinária), ao enumerar tais crimes de responsabilidade, fez o seguinte: no seu art. 1.º, indicou condutas que, na verdade, são típicos "crimes comuns"; já no seu art. 4.º, indicou condutas político-administrativas que, tradicionalmente, caracterizam os ditos "crimes de responsabilidade". Diante dessa imprecisão legislativa, o Supremo Tribunal Federal firmou o entendimento de que: (a) nos casos do art. 4.º, temos crimes de responsabilidade "próprios" ("próprios" porque se está diante de condutas político-administrativas, caracterizadoras de delito de responsabilidade); e (b) nos casos do art. 1.º, temos crimes de responsabilidade "impróprios" ("impróprios" porque estamos diante de condutas que, materialmente, caracterizam crimes comuns).

No primeiro caso – crimes de responsabilidade próprios – a competência para julgamento é da câmara municipal, uma vez que se trata de responsabilização de índole política.

No segundo caso – crimes de responsabilidade impróprios – o Prefeito será julgado perante o Tribunal de Justiça.

Em resumo, a competência para o julgamento de Prefeito está assim estabelecida:

a) crime comum da competência da Justiça Estadual: Tribunal de Justiça (TJ);

b) crime comum da competência da Justiça Federal: Tribunal Regional Federal (TRF) ou Tribunal Regional Eleitoral (TRE), conforme o caso;

c) crime de responsabilidade "próprio": Câmara Municipal;

d) crime de responsabilidade "impróprio": Tribunal de Justiça (TJ).

Ainda sobre o julgamento de prefeito por crime de responsabilidade, é importante destacar a seguinte orientação do Supremo Tribunal Federal, fixada em tese de repercussão geral:[24]

> O processo e julgamento de prefeito municipal por crime de responsabilidade (Decreto-lei 201/67) não impede sua responsabilização por atos de improbidade administrativa previstos na Lei 8.429/1992, em virtude da autonomia das instâncias.

A Constituição Federal não outorgou foro especial aos vereadores perante o Tribunal de Justiça, assegurando a eles, apenas, a imunidade material, ao dispor que são

---

[24] RE 976.566/PA, rel. Min. Alexandre de Moraes, 12.09.2019.

DIREITO CONSTITUCIONAL DESCOMPLICADO • *Vicente Paulo & Marcelo Alexandrino*

invioláveis por suas opiniões, palavras e votos no exercício do mandato e na circunscrição do Município (CF, art. 29, VIII). Ademais, segundo a jurisprudência do Supremo Tribunal Federal, a Constituição do Estado **não poderá outorgar aos vereadores dos Municípios situados em seu território foro especial perante o Tribunal de Justiça**, sob pena de invadir a competência privativa da União para legislar sobre direito penal (CF, art. 22, I) e crimes de responsabilidade (STF, Súmula Vinculante 46).[25]

6.4. Distrito Federal

A Constituição Federal assegurou ao Distrito Federal a natureza de ente federativo autônomo, assentada na sua capacidade de auto-organização e normatização própria, autogoverno e autoadministração (CF, arts. 18, 32 e 34).

Compete ao Distrito Federal se auto-organizar por lei orgânica, votada em dois turnos com interstício mínimo de dez dias, e aprovada por dois terços da Câmara Legislativa, que a promulgará, atendidos os princípios estabelecidos na Constituição Federal; a auto-organização do Distrito Federal completa-se pelas leis distritais editadas no uso de sua competência legislativa (CF, art. 32).

O autogoverno do Distrito Federal materializa-se na eleição do Governador e Vice-Governador, segundo as regras da eleição para Presidente da República, e dos deputados distritais, integrantes do Poder Legislativo local (Câmara Legislativa), segundo as regras da eleição para deputados estaduais. O Distrito Federal só não dispõe de competência para organizar e manter o Poder Judiciário local, haja vista que essa competência foi atribuída à União (CF, art. 21, XIII).

O Distrito Federal se autoadministra, ao exercer as competências administrativas, legislativas e tributárias constitucionalmente a ele atribuídas.

O Distrito Federal não pode ser dividido em municípios (art. 32). Em respeito a essa vedação constitucional, o Supremo Tribunal Federal declarou a inconstitucionalidade de lei distrital (Lei 1.713/1997) que facultava a administração das quadras residenciais do Plano Piloto, em Brasília, por prefeituras comunitárias ou associações de moradores. Entendeu a Corte Suprema que tal lei promovia, em afronta à Constituição Federal, uma subdivisão do território do Distrito Federal em entidades relativamente autônomas.[26]

O Distrito Federal não é um estado, nem um município. Em regra, em razão da vedação à sua divisão em municípios, foram-lhe atribuídas as competências legislativas e tributárias reservadas aos estados e aos municípios (CF, arts. 32, § 1.º, e 147). Porém, não se pode afirmar que o Distrito Federal tenha sido, em tudo, equiparado aos estados-membros, pois nem todas as competências legislativas estaduais foram a ele estendidas. Com efeito, compete privativamente à União legislar sobre organização judiciária e do Ministério Público do Distrito Federal, bem como sobre organização administrativa destes (CF, art. 22, XVII).

---

[25] Súmula Vinculante 46: "A definição dos crimes de responsabilidade e o estabelecimento das respectivas normas de processo e julgamento são da competência legislativa privativa da União."

[26] ADI 1.706/DF, rel. Min. Eros Grau, 09.04.2008.

Cap. 4 • ORGANIZAÇÃO POLÍTICO-ADMINISTRATIVA

Ademais, ao contrário dos estados-membros, o Distrito Federal não dispõe de competência para organizar e manter, no seu âmbito, o Ministério Público, o Poder Judiciário, a polícia civil, a polícia penal, a polícia militar e o corpo de bombeiros militar. É da **União** a competência para organizar e manter esses órgãos no Distrito Federal (CF, art. 21, XIII e XIV).

Por esse motivo, cabe à **lei federal** (e **não** distrital) dispor sobre a utilização, pelo Governo do Distrito Federal, da polícia civil, da polícia penal, da polícia militar e do corpo de bombeiros militar.[27] Pela mesma razão, os vencimentos dos membros das polícias civil, penal e militar e do corpo de bombeiros militar do Distrito Federal **são disciplinados pela União**, e **não** pelo próprio Distrito Federal, conforme explicita a **Súmula Vinculante 39** do STF, nestes termos:[28]

> 39 – Compete privativamente à União legislar sobre vencimentos dos membros das polícias civil e militar e do corpo de bombeiros militar do Distrito Federal.

Ao contrário do que ocorre com os demais entes federados, **não** há previsão constitucional para alteração dos limites territoriais do Distrito Federal (CF, art. 18, §§ 3.º e 4.º).

Brasília é a capital federal (CF, art. 18, § 1.º). Houve, nesse ponto, uma distinção em relação ao regramento da Constituição pretérita (CF/1969), que estabelecia o Distrito Federal (e não Brasília) como a capital da União.

6.5. Territórios Federais

Os Territórios Federais integram a União, e sua criação, transformação em estado ou reintegração ao estado de origem serão reguladas em lei complementar (CF, art. 18, § 2.º).

Na vigência da Constituição Federal de 1988 os Territórios Federais **não são entes federados**, **não dispõem de autonomia política**, **não integram o Estado Federal**. São meras descentralizações administrativo-territoriais pertencentes à União.

Na vigência da Constituição anterior (CF/1969), os Territórios Federais eram considerados entes federativos. De fato, dispunha a pretérita Constituição Federal que a República Federativa do Brasil era constituída pela união indissolúvel dos estados, do Distrito Federal e **dos Territórios** (art. 1.º). A Constituição Federal de 1988 suprimiu os Territórios Federais como entes federativos e outorgou essa qualidade aos Municípios (art. 1.º).

Não existem, atualmente, Territórios Federais, porque a própria Constituição transformou em estados os de Roraima e Amapá, e extinguiu o de Fernando de

---

[27] CF, art. 32, § 4.º, com a redação dada pela EC 104/2019.

[28] Cumpre observar que o verbete da Súmula Vinculante 39 não faz referência à polícia penal. A razão é que a introdução da polícia penal em nosso ordenamento jurídico foi obra da Emenda Constitucional 104/2019, promulgada em data posterior à aprovação da súmula vinculante em questão.

Noronha, reincorporando a sua área ao Estado de Pernambuco, únicos Territórios que ainda existiam.[29]

Mas o texto constitucional reconhece a possibilidade de criação de Territórios Federais, sua ulterior transformação em estado ou sua reintegração ao estado de origem, consoante regulamentação que deve ser estabelecida em lei complementar federal (CF, art. 18, § 2.º). Caso venha a ser criado um Território, lei ordinária do Congresso Nacional disporá sobre sua organização administrativa e judiciária (CF, art. 33).

Na hipótese de virem a ser criados Territórios Federais, deverão ser observadas, dentre outras, as seguintes regras constitucionais:

a) os Territórios poderão, ou não, ser divididos em municípios; caso sejam divididos em municípios, estes gozarão de autonomia política e poderão, inclusive, ser objeto de intervenção federal (CF, arts. 33, § 1.º, e 35);

b) as contas do Governo do Território serão submetidas ao Congresso Nacional, com parecer prévio do Tribunal de Contas da União (CF, art. 33, § 2.º);

c) nos Territórios Federais com mais de cem mil habitantes, além do Governador, haverá órgãos judiciários de primeira e segunda instância, membros do Ministério Público e defensores públicos federais; a lei disporá sobre as eleições para a Câmara Territorial e sua competência deliberativa (CF, art. 33, § 3.º);

d) o governador do Território será escolhido pelo Presidente da República e seu nome deverá ser aprovado previamente, por voto secreto, após arguição pública, pelo Senado Federal (CF, art. 52, III, "c");

e) competem à União, em Território Federal, os impostos estaduais e, se o Território não for dividido em municípios, cumulativamente, os impostos municipais (CF, art. 147);

f) nos Territórios Federais, a jurisdição e as atribuições cometidas aos juízes federais caberão aos juízes da justiça local, na forma da lei (CF, art. 110, parágrafo único);

g) compete à União organizar e manter o Poder Judiciário, o Ministério Público e a Defensoria Pública dos Territórios (CF, art. 21, XIII);

h) cada Território elegerá quatro deputados federais (CF, art. 45, § 2.º);

i) caberá ao Congresso Nacional, por lei complementar, dispor sobre incorporação, subdivisão ou desmembramento de áreas de Territórios, ouvidas as assembleias legislativas dos estados envolvidos (CF, arts. 18, § 2.º, e 48, VI);

j) deputado ou senador poderá ser nomeado governador ou secretário de Território sem perda do mandato eletivo (CF, art. 56, I);

k) é de iniciativa privativa do Presidente da República, nos Territórios Federais, as leis que disponham sobre organização administrativa e judiciária, normas gerais para a organização do Ministério Público e da Defensoria Pública, matéria tributária e orçamentária, serviços públicos e servidores públicos, seu regime jurídico, provimento de cargos, estabilidade e aposentadoria de civis, reforma e transferência de militares para a inatividade (CF, art. 61, § 1.º).

---

[29] ADCT, arts. 14 e 15.

6.6. Formação dos estados

Vimos anteriormente que em um Estado federal os entes que o compõem **não dispõem do direito de secessão**, isto é, os entes federados não podem se desgarrar do todo, do Estado Federal, para formar um novo Estado soberano. Essa preocupação, na Constituição Federal de 1988, está manifesta no seu art. 1.º, que dispõe que a República Federativa do Brasil é **indissolúvel**.

Entretanto, internamente, a divisão político-administrativa da República Federativa do Brasil não é imutável, perpétua. A estrutura territorial interna poderá ser modificada, por meio da alteração dos limites territoriais dos diferentes entes federados existentes, na forma em que prevista no art. 18 da Lei Maior.

A Constituição Federal prevê a possibilidade de alteração da estrutura territorial interna dos estados-membros (CF, art. 18, § 3.º) e dos municípios (CF, art. 18, § 4.º). Embora não constituam entidades federadas, os Territórios Federais também poderão ser criados, transformados em estados ou reintegrados ao estado de origem (CF, art. 18, § 2.º). Não há previsão constitucional para a alteração territorial do Distrito Federal.

Estabelece a Constituição Federal que os estados podem incorporar-se entre si, subdividir-se ou desmembrar-se para se anexarem a outros, ou formarem novos estados ou Territórios Federais, mediante aprovação da população diretamente interessada, por plebiscito, e do Congresso Nacional, pela edição de lei complementar (CF, art. 18, § 3.º).

Esse dispositivo constitucional deve ser combinado com o inciso VI do art. 48, que faz referência à obrigatoriedade de manifestação das assembleias legislativas envolvidas.

São, portanto, três os requisitos para a incorporação, a subdivisão e o desmembramento de estado:

a) consulta prévia às populações diretamente interessadas, por meio de plebiscito;

b) oitiva das assembleias legislativas dos estados interessados;

c) edição de lei complementar pelo Congresso Nacional.

Conforme antes exposto, o **plebiscito** é convocado **anteriormente** a ato legislativo ou administrativo, cabendo ao povo, pelo voto, aprovar ou denegar o que lhe tenha sido submetido, enquanto o **referendo** é convocado **posteriormente** a ato legislativo ou administrativo, cumprindo ao povo a respectiva ratificação ou rejeição. Para a alteração dos limites territoriais do estado, a consulta às populações interessadas deverá, obrigatoriamente, ser prévia, por meio de **plebiscito**, vedada a realização de consulta ulterior, por meio de referendo, mesmo que a Constituição do estado tenha previsto este meio de consulta.

Segundo a jurisprudência do Supremo Tribunal Federal, a expressão "população diretamente interessada" constante do § 3.º do art. 18 da Constituição da República **não** deve ser entendida como **somente** a população da área a ser destacada, mas,

sim, como **toda a população do estado-membro**, tanto da área desmembranda, quanto da área remanescente.[30]

No tocante à oitiva das assembleias legislativas, temos o seguinte: (a) no caso de incorporação de estados entre si, devem ser ouvidas as assembleias dos estados que desejam incorporar-se; (b) no caso de subdivisão, para formação de novos estados, só há uma assembleia a ser ouvida (a do Estado que pretende subdividir--se). Porém, se a subdivisão destinar-se à anexação a outro ou outros estados, as assembleias destes também deverão ser ouvidas, para dizerem se aceitam ou não a anexação; (c) no caso de desmembramento para formação de novo estado, só há uma assembleia a ser ouvida (a do Estado que se desmembra). Porém, se o desmembramento for para anexação a outro ou outros estados, as assembleias destes também deverão ser ouvidas.

Caso o resultado do plebiscito seja desfavorável, estará impossibilitado o procedimento, pois a aprovação das populações interessadas é condição indispensável para a modificação territorial. Porém, se o resultado do plebiscito for favorável, o Congresso Nacional decidirá, com plena soberania, pela aprovação ou não da lei complementar. Enfim, a reprovação no plebiscito impede o processo legislativo no Congresso Nacional, mas a aprovação plebiscitária não obriga o Congresso Nacional, que poderá, ainda assim, decidir pela não aprovação da lei complementar formalizando a incorporação, a subdivisão ou o desmembramento.

A consulta às assembleias legislativas tem função **meramente opinativa**, isto é, a opinião negativa ou positiva das assembleias legislativas **não obriga o Congresso Nacional**. Mesmo com manifestação negativa das assembleias legislativas poderá o Congresso Nacional editar a lei complementar aprovando a incorporação, a subdivisão ou o desmembramento. Da mesma forma, a manifestação positiva das assembleias legislativas não obriga o Congresso Nacional, que poderá, soberanamente, decidir pela não aprovação da respectiva lei complementar.

Ocorre a **incorporação entre si** (fusão) quando dois ou mais estados se unem com outro nome, perdendo os estados incorporados sua personalidade, por integrarem um novo estado. Na fusão entre dois, três ou mais estados, eles perderão a sua personalidade e surgirá um novo estado. Seria o caso, por exemplo, da fusão dos Estados do Paraná, Santa Catarina e Rio Grande do Sul, desaparecendo estes e surgindo o novo *Estado do Sul*.

Ocorre a **subdivisão** quando um estado divide-se em vários novos estados--membros, todos com personalidades diferentes, desaparecendo por completo o estado-originário. Seria o caso, por exemplo, da divisão do Estado de São Paulo, que desapareceria, surgindo os novos Estados de *São Paulo do Sul* e *São Paulo do Norte*.

O **desmembramento** consiste em separar uma ou mais partes de um estado--membro, sem que ocorra a perda da identidade do ente federado originário. O estado originário perderá parte do seu território e de sua população, mas continuará existindo juridicamente. O desmembramento poderá ser de dois tipos: **desmembramento-anexação** ou **desmembramento-formação**.

---

[30] ADI 2.650/DF, rel. Min. Dias Toffoli, 24.08.2011.

Cap. 4 • ORGANIZAÇÃO POLÍTICO-ADMINISTRATIVA   **329**

No **desmembramento-anexação**, a parte desmembrada será anexada a outro estado-membro, hipótese em que não haverá criação de um novo ente federado, mas tão somente alteração dos limites territoriais dos estados envolvidos. Seria o caso, por exemplo, de parte do território do Estado de São Paulo desmembrar-se para se anexar ao Estado de Minas Gerais. Nesse caso, não haveria criação de um novo estado, mas sim alteração dos limites territoriais dos estados envolvidos, qual seja, o Estado de São Paulo teria o seu território reduzido e o Estado de Minas Gerais teria o seu território ampliado.

No **desmembramento-formação**, a parte desmembrada do estado-originário constituirá um novo estado ou Território Federal. Seria o caso, por exemplo, de desmembramento de parte do Estado do Rio Grande do Sul para a criação do novo *Estado do Extremo Sul*.

O procedimento de alteração dos limites territoriais obedecerá, em síntese, aos seguintes passos.[31] O plebiscito será convocado mediante decreto legislativo, por proposta de um terço, no mínimo, dos membros que compõem qualquer das Casas do Congresso Nacional, e deverá ser realizado na mesma data e horário em cada um dos estados. Proclamado o resultado da consulta plebiscitária, sendo favorável à alteração territorial, o projeto de lei complementar respectivo será proposto perante qualquer das Casas do Congresso Nacional. Caberá à Casa perante a qual tenha sido apresentado o projeto de lei complementar proceder à audiência das respectivas assembleias legislativas, que opinarão, sem caráter vinculativo, sobre a matéria, e fornecerão ao Congresso Nacional os detalhamentos técnicos concernentes aos aspectos administrativos, financeiros, sociais e econômicos da área geopolítica afetada.[32] Ao final, uma vez aprovado o projeto de lei complementar pelas duas Casas do Congresso Nacional, será ele encaminhado ao Presidente da República, para sanção ou veto.

Em decorrência da criação do novo Estado, é **vedado à União**, direta ou indiretamente, assumir encargos referentes a despesas com pessoal inativo e com encargos e amortizações da dívida interna ou externa da administração pública, inclusive da indireta (CF, art. 234).

Em complemento às disposições anteriormente expostas, o art. 235 da Constituição Federal estabelece, ainda, importantes regras que deverão ser observadas pelo novo ente federado **nos dez primeiros anos da sua criação**, como, por exemplo, a de que a Assembleia Legislativa será composta de dezessete deputados se a população do estado for inferior a seiscentos mil habitantes.

6.7.   Formação dos municípios

A EC 15/1996 passou a exigir novos requisitos para a alteração dos limites territoriais dos municípios, estabelecendo que a criação, a incorporação, a fusão e o desmembramento de municípios far-se-ão por **lei estadual**, dentro do período determinado por **lei complementar federal**, e dependerão de consulta prévia, mediante

---

[31]   Lei 9.709, de 18.11.1998.
[32]   Lei 9.709/1998, arts. 3.º e 4.º

plebiscito, às populações dos municípios envolvidos, após divulgação dos **estudos de viabilidade municipal**, apresentados e publicados na forma da lei.

Atualmente, portanto, são cinco as medidas necessárias para a criação, a incorporação, a fusão e o desmembramento de municípios:

a) aprovação de lei complementar federal fixando genericamente o período dentro do qual poderá ocorrer a criação, a incorporação, a fusão e o desmembramento de municípios;

b) aprovação de lei ordinária federal prevendo os requisitos genéricos exigíveis e a forma de divulgação, apresentação e publicação dos estudos de viabilidade municipal;

c) divulgação dos estudos de viabilidade municipal, na forma estabelecida pela lei ordinária federal acima mencionada;

d) consulta prévia, mediante plebiscito, às populações dos municípios envolvidos;

e) aprovação de lei ordinária estadual formalizando a criação, a incorporação, a fusão ou o desmembramento do município, ou dos municípios.

A consulta às populações interessadas deverá, obrigatoriamente, ser prévia, por meio de **plebiscito**, vedada a realização de consulta ulterior, por meio de referendo, mesmo que a Constituição do estado tenha previsto este meio de consulta.

O plebiscito destinado à criação, à incorporação, à fusão e ao desmembramento de municípios será convocado pela **assembleia legislativa**, em conformidade com a legislação federal e estadual.[33] Ressalte-se que a alteração dos limites geográficos de municípios jamais prescinde da consulta plebiscitária, **qualquer que seja a extensão da alteração territorial verificada**.[34]

No plebiscito municipal será consultada **toda a população** dos municípios envolvidos, isto é, tanto a do território que se pretende desmembrar quanto a do que sofrerá desmembramento; ou, em caso de fusão ou anexação, tanto a população da área que se quer anexar quanto a da que receberá o acréscimo.[35]

Note-se que, desde a promulgação da Emenda Constitucional 15/1996, a modificação dos limites territoriais dos municípios passou a depender da vontade do Congresso Nacional, haja vista que a alteração do território municipal passou a exigir a edição de **lei complementar federal**, que determinará o período, e a divulgação prévia, **também por norma (ordinária) federal**, dos Estudos de Viabilidade Municipal. Logo, não havendo legislação federal que discipline o período em que será autorizada a criação e a alteração de municípios e os requisitos indispensáveis à realização dos referidos estudos, **são inadmissíveis normas estaduais que possibilitem o surgimento de novos entes locais e invadam a competência da União Federal para disciplinar tais temas**. Ou, em outras palavras, enquanto não editadas as referidas leis federais pelo Congresso

---

[33] Lei 9.709/1998, art. 5.º

[34] ADI 1.825/RJ, rel. Min. Luiz Fux, 15.04.2020.

[35] Lei 9.709/1998, art. 7.º

Cap. 4 • ORGANIZAÇÃO POLÍTICO-ADMINISTRATIVA

Nacional,[36] não poderá ocorrer nenhuma criação, incorporação, fusão ou desmembramento de município no Brasil. Essa orientação encontra-se consolidada na seguinte tese jurídica do Supremo Tribunal Federal:[37]

> É inconstitucional lei estadual que permita a criação, incorporação, fusão e desmembramento de municípios sem a edição prévia das leis federais previstas no art. 18, § 4.º, da CF/1988, com redação dada pela Emenda Constitucional 15/1996.

6.8. Formação dos Territórios Federais

Os Territórios Federais integram a União e, embora não sejam entes federados, poderão ser criados, transformados em estado ou reintegrados ao estado de origem, nos termos de lei complementar (CF, art. 18, § 2.º).

A Constituição prevê, ainda, que os estados poderão desmembrar-se para formarem novos Territórios Federais, desde que mediante aprovação da população diretamente interessada, por plebiscito (CF, art. 18, § 3.º).

De seu turno, o inciso VI do art. 48 da Carta da República estabelece que cabe ao Congresso Nacional dispor sobre incorporação, subdivisão ou desmembramento de áreas de Territórios ou Estados, ouvidas as respectivas assembleias legislativas.

Da combinação desses três dispositivos constitucionais, podemos concluir que a criação de um Território federal a partir do desmembramento de Estado depende de três requisitos:

a) aprovação da população diretamente interessada, por plebiscito;

b) manifestação da assembleia legislativa interessada;

c) edição de lei complementar pelo Congresso Nacional.

Nos demais aspectos do procedimento legislativo perante o Congresso Nacional, aplicam-se as disposições estudadas sobre a modificação territorial dos estados--membros, no que couber.

6.9. Vedações constitucionais aos entes federados

Determina a Constituição Federal que é vedado à União, aos estados, ao Distrito Federal e aos municípios estabelecer cultos religiosos ou igrejas, subvencioná-los, embaraçar-lhes o funcionamento ou manter com eles ou seus representantes relações de dependência ou aliança, ressalvada, na forma da lei, a colaboração de interesse público (CF, art. 19, I).

---

[36] Até o fechamento desta edição, em que pese o longo tempo transcorrido desde a promulgação da Emenda Constitucional 15/1996, o Congresso Nacional ainda não havia editado as leis pertinentes.

[37] ADI 4.711/RS, rel. Min. Roberto Barroso, 08.09.2021.

Conclui-se, portanto, que a República Federativa do Brasil é leiga, laica ou não confessional, isto é, não podem a União, os estados, o Distrito Federal e os municípios estabelecer uma religião oficial. Em razão desse fato, por exemplo, não pode ser adotada determinada fé religiosa em escola pública, nem pode ser estabelecida disciplina religiosa como obrigatória para todos os alunos de escola pública.

Todavia, o Brasil não é um Estado ateu. Com efeito, o próprio preâmbulo da Constituição refere-se a Deus, e há dispositivos constitucionais resguardando o direito à convicção religiosa (CF, arts. 5.º, VI; 150, VI, "b").

É, também, vedado à União, aos estados, ao Distrito Federal e aos municípios recusar fé aos documentos públicos (CF, art. 19, II). Os entes federativos compõem um único Estado, que é a República Federativa do Brasil, e, em consequência, não poderá um ente federativo recusar fé a documentos públicos reconhecidos como tais por órgão ou entidade competentes de outra entidade federativa, em razão de sua procedência. Esse dispositivo visa a garantir a unidade do Estado Federal, estabelecendo que a fé pública é instituto nacional, que deverá ser respeitado por todos os entes que integram a Federação.

É vedado à União, aos estados, ao Distrito Federal e aos municípios criar distinções entre brasileiros ou preferências entre si (CF, art. 19, III). Em respeito à paridade jurídica existente entre os diferentes entes federativos, veda-se, aqui, a criação de preferências entre a União, os estados, o Distrito Federal e os municípios. Se não há subordinação, se não existe relação de hierarquia entre eles, não há razões para o estabelecimento de preferências entre si. Esse preceito é reforçado pela imunidade tributária recíproca, que veda aos entes federados a cobrança de impostos uns dos outros (CF, art. 150, VI, "a"), e pelo princípio da não discriminação tributária em razão da procedência ou destino de bens e serviços (CF, art. 152).

A disposição em comento (CF, art. 19, III) veda, também, a adoção de distinções entre brasileiros, em razão de sua naturalidade. O fato de o brasileiro ser natural de determinado estado, do Distrito Federal ou de certo município não autoriza a adoção de tratamento jurídico distinto, sob pena de ofensa, dentre outros, ao postulado da isonomia. Reforçam esse princípio, dentre outros, os seguintes comandos constitucionais: art. 5.º, I; art. 5.º, XV; art. 5.º, XLI; art. 150, II; art. 150, V.

7. INTERVENÇÃO FEDERAL

Vimos que o Estado Federal fundamenta-se no princípio da autonomia política das entidades que o compõem. Portanto, numa Federação, a regra é o exercício da autonomia pelos entes estatais (União, estados, Distrito Federal e municípios), com a existência de governo próprio e posse de competências constitucionais exclusivas, como bem preceitua o art. 18 da Carta Política.

Porém, a Constituição brasileira admite o excepcional afastamento dessa autonomia política, por meio da intervenção de uma entidade política sobre outra, diante do interesse maior de preservação da própria unidade da Federação. Por isso, o processo de intervenção atua como antítese da autonomia, haja vista que, por meio dele, afasta-se temporariamente a atuação autônoma do estado, Distrito Federal ou município que a tenha sofrido.

Cap. 4 • ORGANIZAÇÃO POLÍTICO-ADMINISTRATIVA

Em nosso País somente podem ser sujeitos ativos de intervenção a União e os estados-membros. Não existe intervenção praticada por município ou pelo Distrito Federal. Cabe observar que, quando a União atua como sujeito ativo de intervenção, ela não está somente agindo na qualidade e no interesse da pessoa jurídica União, ordem jurídica parcial, mas, sim, no interesse e na defesa do Estado federal, como ordem jurídica global.

A União tem competência para intervir nos estados e no Distrito Federal. **Em hipótese nenhuma a União intervirá em municípios localizados em estado-membro**. A União só dispõe de competência para intervir diretamente em município **se este estiver localizado em Território Federal** (CF, art. 35).

Os estados são competentes unicamente para a intervenção nos municípios situados em seu território.

A intervenção – seja ela federal ou estadual – **somente poderá efetivar-se nas hipóteses taxativamente descritas na Constituição Federal**. Com efeito, uma vez que a Constituição outorga às entidades federadas a autonomia como princípio básico da forma de Estado federado, decorre daí que a intervenção é medida excepcional, e só poderá ser efetivada nas hipóteses taxativamente estabelecidas pela Constituição como exceção ao princípio da não intervenção (arts. 34 e 35).

A intervenção funciona como **meio de controle de constitucionalidade**, uma vez que consubstancia medida coercitiva última para o restabelecimento da obediência à Carta da República por parte dos entes federativos.

A decretação da intervenção é um ato político, executado sempre, exclusivamente, pelo Chefe do Poder Executivo (Presidente da República ou Governador de Estado).

A intervenção federal poderá efetivar-se de maneira **espontânea** (de ofício) ou **provocada**, conforme explicitado nos itens seguintes.

7.1. Intervenção federal espontânea

Há intervenção **espontânea** (de ofício) nas hipóteses em que a Constituição autoriza que a intervenção seja efetivada diretamente, e por iniciativa própria, pelo Chefe do Executivo. O Chefe do Executivo, dentro de seu juízo de discricionariedade, decide pela intervenção e, de ofício, a executa, **independentemente de provocação de outros órgãos**.

São hipóteses de intervenção federal espontânea:

a) para a defesa da unidade nacional (CF, art. 34, I e II);

b) para a defesa da ordem pública (CF, art. 34, III);

c) para a defesa das finanças públicas (CF, art. 34, V).

Portanto, nessas hipóteses de intervenção espontânea (ou de ofício), previstas no art. 34, I, II, III e V, da Constituição Federal, **o próprio Presidente da República poderá tomar a iniciativa e decretar a intervenção federal**.[38]

---

[38] Em 2018, tivemos a decretação de duas intervenções federais espontâneas, com fundamento no art. 34, III, da Constituição Federal ("pôr termo a grave comprometimento da ordem públi-

7.2. Intervenção federal provocada

Há intervenção provocada quando a medida **depende de provocação de algum órgão ao qual a Constituição conferiu tal competência**. Nessas hipóteses, **não poderá o Chefe do Executivo tomar a iniciativa e executar, de ofício, a medida**. A intervenção dependerá da manifestação de vontade do órgão que recebeu tal incumbência constitucional.

Segundo a Constituição, a provocação poderá dar-se mediante **solicitação** ou **requisição**.

Nos casos de **solicitação**, entende-se que o Chefe do Executivo **não estará obrigado** a decretar a intervenção. Ao contrário, diante de **requisição**, o Chefe do Poder Executivo não dispõe de discricionariedade, isto é, **estará obrigado** a decretar a intervenção.

A provocação mediante **requisição** está prescrita nos seguintes dispositivos constitucionais: art. 34, IV (requisição do STF), art. 34, VI (requisição do STF, STJ ou TSE), e art. 34, VII (requisição do STF).

A provocação mediante **solicitação** está prevista no art. 34, IV, na defesa dos Poderes Executivo ou Legislativo.

Conforme dito antes, nas intervenções provocadas, a Carta Política estabelece quem poderá dar início ao procedimento interventivo. O Chefe do Executivo não poderá, por si, dar início ao processo interventivo, baixando o competente decreto. Depende ele de iniciativa de algum órgão, conforme estabelecido na Constituição.

São os seguintes os órgãos que receberam a incumbência constitucional de iniciar o processo de intervenção:

a) Poder Legislativo (assembleia legislativa estadual ou Câmara Legislativa do Distrito Federal) ou Poder Executivo local (Governador de Estado ou do Distrito Federal);

Na hipótese do art. 34, IV, da Constituição ("garantir o livre exercício de qualquer dos Poderes nas unidades da Federação"), esses Poderes locais solicitarão ao Presidente da República a intervenção federal, a fim de que a União venha garantir o livre exercício de suas funções. Nessas hipóteses, a solicitação do Poder Legislativo ou Executivo local não vincula o Presidente da República, haja vista tratar-se de **solicitação** (e não de **requisição**).

Exemplificando, se o Poder Executivo no Estado de São Paulo estivesse sendo coagido ou ameaçado no exercício de suas atribuições, o Presidente da República não poderia, por sua iniciativa, decretar a intervenção federal nesse Estado. Dependeria ele de provocação do Poder Executivo estadual coacto ou impedido (o Governador do Estado teria que solicitar a intervenção). Nessa hipótese, como a provocação se dá por meio de **solicitação**, o Presidente da República **não** está obrigado a decretar a intervenção, decidindo com plena discricionariedade.

---

ca"): no Estado do Rio de Janeiro (Decreto 9.288, de 16.02.2018) e no Estado de Roraima (Decreto 9.602, de 08.12.2018). Na vigência da Constituição Federal de 1988, foram essas as primeiras intervenções federais formalmente decretadas pelo Presidente da República.

Cap. 4 • ORGANIZAÇÃO POLÍTICO-ADMINISTRATIVA   335

Esse mesmo exemplo é válido para a hipótese de ameaça ou coação ao Poder Legislativo local, fazendo-se a devida adequação quanto à autoridade solicitante (a solicitação será efetuada pela assembleia legislativa).

b) Supremo Tribunal Federal (STF);

Caso o Poder Judiciário local esteja sendo coagido (CF, art. 34, IV), o Tribunal de Justiça respectivo deverá solicitar ao STF que requisite a intervenção. O STF, se entender cabível, requisitará a intervenção federal ao Presidente da República, que estará obrigado a decretá-la, pois se cuida de hipótese de requisição.

Note-se que no caso de coação contra o Poder Judiciário local, o procedimento é absolutamente distinto daquele acima explicitado, aplicável à coação contra os Poderes Executivo e Legislativo. Primeiro, porque a provocação do Presidente da República não será feita pelo Poder Judiciário local, mas sim pelo Supremo Tribunal Federal. Segundo, porque a provocação não se dará por meio de solicitação, mas sim por requisição, o que implica dizer que o Presidente da República estará obrigado a decretar a intervenção, não dispondo de nenhuma discricionariedade.

Na prática, em caso de coação contra o Poder Judiciário estadual, cabe ao Tribunal de Justiça local provocar o Supremo Tribunal Federal, que, se assim entender, requisitará a intervenção ao Presidente da República. Conforme aludido acima, diferentemente das hipóteses de coação ou impedimento dos demais Poderes – Executivo e Legislativo –, o Poder Judiciário local não tem competência para provocar, diretamente, o Presidente da República.

c) STF, STJ ou TSE;

No caso de desobediência à ordem ou decisão judicial (CF, art. 34, VI), a intervenção dependerá da requisição de um desses tribunais ao Presidente da República, de acordo com a origem da decisão descumprida.

Se o descumprimento for de ordem ou decisão da Justiça Eleitoral, caberá ao Tribunal Superior Eleitoral – TSE a requisição.

Se o descumprimento for de ordem ou decisão do Superior Tribunal de Justiça – STJ, caberá a ele a requisição.

Se o descumprimento for de ordem ou decisão do Supremo Tribunal Federal – STF, da Justiça do Trabalho ou da Justiça Militar, caberá ao STF a requisição.

Quando o descumprimento for de ordem ou decisão da Justiça Federal ou da Justiça Estadual, estando envolvidas exclusivamente questões legais (infraconstitucionais), caberá a requisição ao STJ (porque essas decisões, em tese, somente estariam sujeitas a recurso especial ao STJ, não a recurso extraordinário ao STF). Diferentemente, caso o descumprimento seja de ordem ou decisão da Justiça Federal ou da Justiça Estadual, mas envolva matéria constitucional, a competência para a requisição será do STF (porque caberia recurso extraordinário dessas decisões ao STF).

Vale repisar que, conforme antes exposto, nas hipóteses de descumprimento de ordem ou decisão da Justiça do Trabalho e da Justiça Militar a requisição cabe ao STF, mesmo que haja unicamente questões infraconstitucionais envolvidas (porque as decisões da Justiça do Trabalho e da Justiça Militar em nenhuma circunstância estão sujeitas a Recurso especial perante o STJ).

336 DIREITO CONSTITUCIONAL DESCOMPLICADO • *Vicente Paulo & Marcelo Alexandrino*

d) Procurador-Geral da República.

No caso de recusa à execução de lei federal (CF, art. 34, VI) e de ofensa aos "princípios sensíveis" (CF, art. 34, VII), a intervenção dependerá de representação interventiva do Procurador-Geral da República perante o Supremo Tribunal Federal (CF, art. 36, III, com a redação dada pela Emenda Constitucional 45/2004).

Na primeira hipótese – recusa à execução de lei federal – teremos a chamada **ação de executoriedade de lei federal**, porquanto não se visa à declaração da inconstitucionalidade do ato, mas sim de obrigar o ente federado ao cumprimento da lei.

No segundo caso – ofensa aos princípios sensíveis – teremos a denominada **representação interventiva** ou **ação direta de inconstitucionalidade interventiva**, pois a provocação do Poder Judiciário tem por fim a declaração da inconstitucionalidade do ato ilegítimo praticado pelo ente federado.

Cabe ressaltar que, nessas hipóteses de representação do Procurador-Geral da República, o Supremo Tribunal Federal não decretará a intervenção. Decretar e executar a intervenção são competências privativas do Chefe do Poder Executivo (CF, art. 84, X). Cabe ao Poder Judiciário, tão somente, realizar o controle de constitucionalidade da pretendida medida de afastamento da autonomia do ente federado. Então, teremos o seguinte: (a) caso seja negado provimento à representação, o Supremo Tribunal Federal determinará o arquivamento do processo, encerrando-se o intento de decretação de intervenção pelo Presidente da República, sem que ela ocorra; (b) se for dado provimento à representação, o Presidente do Supremo Tribunal Federal dará conhecimento da decisão ao Presidente da República para, **no prazo improrrogável de até 15 (quinze) dias**, expedir o decreto interventivo, na forma dos §§ 1.º e 3.º do art. 36 da Constituição Federal.[39]

É importante esclarecer, ainda, que, nessa hipótese, a atuação do Presidente da República é **vinculada**, cabendo a ele a mera formalização de uma decisão tomada pelo Poder Judiciário, que reconheceu a procedência do pedido de intervenção formulado pelo Procurador-Geral da República. Deverá o Chefe do Executivo, portanto, no prazo improrrogável de 15 (quinze) dias, expedir o decreto interventivo.

Entretanto, se por um lado é certo que a atuação do Presidente da República, nessa hipótese, é vinculada, por outro não é correto afirmar que de sua atuação sempre redundará intervenção efetiva no ente federado. De fato, o Presidente da República deverá, obrigatoriamente, expedir o decreto interventivo – que nem precisará ser submetido ao Congresso Nacional (afinal, a questão já foi apreciada pelo STF) –, mas tal decreto não necessariamente implicará o afastamento da autonomia do ente federado. Isso porque, consoante o § 3.º do art. 36, se a mera suspensão da execução do ato impugnado for suficiente para assegurar o restabelecimento da normalidade, o decreto interventivo editado pelo Chefe do Executivo limitar-se-á a esta providência – suspender a execução do ato local impugnado. Não se terá, dessarte, uma efetiva intervenção, com afastamento da autonomia do ente federado, mas tão só a suspensão do ato local impugnado, isto é, o decreto interventivo será, a rigor, um decreto meramente suspensivo da execução de um ato local. Assim, se a suspensão da execução do ato local bastar ao restabelecimento da normalidade, evita-se a decretação

---

[39] Lei 12.562/2011, art. 11.

da efetiva intervenção no ente federado, em respeito à sua autonomia política (afinal, o objetivo último de todo o procedimento é o restabelecimento da normalidade no âmbito do ente federado, e não o afastamento de sua autonomia). Entretanto, caso o decreto meramente suspensivo não seja suficiente ao restabelecimento da normalidade, o Presidente da República estará obrigado a executar uma efetiva intervenção, pois se trata de hipótese de requisição, e não de simples solicitação.

Por fim, cabe mencionar que a decisão do Supremo Tribunal Federal que julgar procedente ou improcedente o pedido da representação interventiva formulado pelo Procurador-Geral da República é irrecorrível, não podendo, sequer, ser desconstituída por ação rescisória.[40]

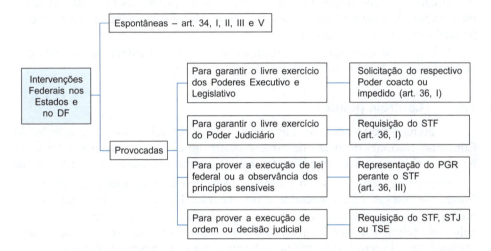

7.3. Decreto interventivo

A intervenção federal será implementada mediante decreto expedido pelo Presidente da República, que, uma vez publicado, terá eficácia imediata, legitimando os demais atos do chefe do Executivo na execução da medida.

O decreto interventivo especificará a amplitude, o prazo e as condições de execução da intervenção e, se for o caso, nomeará temporariamente o interventor, com o consequente afastamento das autoridades locais de suas funções (CF, art. 36, I).

Note-se que a intervenção pode, ou não, implicar necessidade de nomeação de interventor. Com efeito, a intervenção poderá atingir diferentes órgãos do ente federado. Assim, se a intervenção ocorrer no Poder Executivo, a nomeação do interventor será necessária, para que ele exerça as funções do governador. Diferentemente, caso a intervenção restrinja-se ao Poder Legislativo, tornar-se-á desnecessário haver um interventor, desde que o ato de intervenção atribua, desde logo, as funções legislativas ao chefe do Poder Executivo local. Se a intervenção abranger os Poderes Executivo e Legislativo, a nomeação de interventor será necessária, para que ele assuma as funções executivas e legislativas.

---
[40] Lei 12.562/2011, art. 12.

Nas hipóteses de intervenção **não vinculada** (espontâneas e provocadas mediante **solicitação**), o Presidente da República ouvirá os Conselhos da República (CF, art. 90, I) e de Defesa Nacional (CF, art. 91, § 1.º, II), que opinarão a respeito.

A manifestação dos Conselhos **não obriga o Presidente da República**. Ouvidos tais Conselhos, decidirá o Presidente da República, discricionariamente, sobre a decretação da intervenção.

A intervenção será sempre temporária e, cessados os seus motivos, as autoridades afastadas de seus cargos a estes voltarão, salvo impedimento legal (CF, art. 36, § 4.º). O impedimento legal das autoridades locais poderá advir, dentre outros motivos, do término normal dos mandatos, da cassação dos mandatos ou da suspensão ou perda dos direitos políticos, o que impede a reassunção do cargo. Nesses casos, cessada a intervenção, deverão assumir os cargos as autoridades que a Constituição do ente federado indicar como sucessor.

Vale lembrar que, durante a execução da intervenção federal, **a Constituição Federal não poderá ser emendada** (CF, art. 60, § 1.º).

7.4. Controle político

O decreto presidencial de intervenção deverá ser submetido à apreciação do Congresso Nacional no prazo de vinte e quatro horas. Se o Congresso estiver em recesso, será convocado extraordinariamente, no mesmo prazo de vinte e quatro horas.

Importante destacar que o chefe do Executivo **não solicita autorização ao Congresso Nacional para decretar a intervenção**. Ele decreta a intervenção e as medidas interventivas já começam a ser praticadas desde a decretação. Em seguida, ele submete a medida adotada à apreciação do Congresso Nacional, que a aprovará, por decreto legislativo, ou determinará a sua suspensão. Por isso o texto constitucional diz que compete ao Congresso Nacional "aprovar" ou "suspender" a intervenção federal (art. 49, IV).

Como se vê, a apreciação do Congresso Nacional envolve julgamento de aprovação ou rejeição. A aprovação é efetivada mediante a expedição de um **decreto legislativo** pelo Congresso Nacional. Caso o Congresso Nacional não aprove a decretação da intervenção, esta passará a ser ato inconstitucional, e deverá cessar imediatamente, porque, se for mantida, constituirá atentado contra a autonomia do ente federado, caracterizando crime de responsabilidade do Presidente da República.

Porém, **nem todo decreto interventivo será apreciado pelo Poder Legislativo**. Não há controle político do Congresso Nacional naquelas hipóteses de intervenção decididas pelo Poder Judiciário, em que o Presidente da República é provocado mediante **requisição**, cabendo-lhe meramente adotar a medida interventiva (atividade vinculada). Com efeito, conforme visto anteriormente, nas hipóteses previstas no art. 34, VI (prover a execução de lei federal, ordem ou decisão judicial) e VII (ofensa aos princípios sensíveis), o controle político pelo Legislativo **será dispensado**, e **o decreto de intervenção limitar-se-á a suspender a execução do ato impugnado, se essa medida bastar ao restabelecimento da normalidade**, isto é, se for suficiente para eliminar a ofensa aos princípios constitucionais indicados (CF, art. 36, § 3.º).

Contudo, se a normalidade não puder ser restabelecida pela simples suspensão do ato, o decreto não se limitará a essa providência, devendo especificar quantas forem necessárias ao restabelecimento da normalidade. Não se trata de faculdade do Presidente da República, mas de obrigação a ele imposta, porquanto as hipóteses citadas são de **requisição** feita por tribunal do Poder Judiciário.

Note-se que a Constituição Federal só dispensa a apreciação do Congresso Nacional nas hipóteses do art. 34, VI (prover a execução de lei federal, ordem ou decisão judicial) e VII (ofensa aos princípios sensíveis), que são casos de intervenção provocada a partir de requisição do Poder Judiciário. Porém, entendemos que a desnecessidade de apreciação do decreto interventivo pelo Congresso Nacional alcança, também, a hipótese do art. 34, IV ("garantir o livre exercício de qualquer dos Poderes nas unidades da Federação"), quando a coação for contra o **Poder Judiciário local**. Isso porque, nessa situação, a decretação da intervenção dependerá de **requisição** do Supremo Tribunal Federal, não fazendo sentido, portanto, falar-se em ulterior controle da decisão da Corte Maior pelo Congresso Nacional. Essa nos parece ser a correta interpretação, diante da omissão do legislador constituinte.

7.5. Controle jurisdicional

Não existe, propriamente, controle jurisdicional sobre o ato de intervenção, tampouco sobre esta, haja vista tratar-se de ato de natureza eminentemente política, insuscetível de apreciação pelo Poder Judiciário.

Entretanto, poderá haver fiscalização do Poder Judiciário nas hipóteses de manifesta violação às normas constitucionais que regulam o procedimento (arts. 34 a 36), e também quando a suspensão da intervenção tenha sido determinada pelo Congresso Nacional mas ela permaneça sendo executada, pois, nesse caso, conforme visto acima, o ato perde sua legitimidade e se torna inconstitucional.

Poderá ocorrer, ainda, controle pelo Poder Judiciário dos atos praticados pelo interventor, quando prejudiquem interesses de terceiros.

8. INTERVENÇÃO NOS MUNICÍPIOS

Os estados-membros poderão intervir **nos municípios localizados em seu território**, mediante a expedição de decreto pelo Governador.

A intervenção em **município localizado em Território Federal** é da competência da União, que o fará por meio de decreto do Presidente da República.

Ressalvada a hipótese de intervenção federal em município localizado em Território Federal, todas as intervenções em município serão decretadas e executadas pelos estados. **Em nenhuma hipótese haverá intervenção da União em município localizado em Estado-membro**.

Aplicam-se à intervenção nos municípios as mesmas regras atinentes à intervenção federal (decreto do chefe do Executivo, controle político pelo Legislativo, temporalidade etc.), com a ressalva, tão somente, de que as hipóteses autorizativas são distintas, e estão previstas nos incisos I a IV do art. 35 da Constituição Federal, nestes termos:

> Art. 35. O Estado não intervirá em seus Municípios, nem a União nos Municípios localizados em Território Federal, exceto quando:
>
> I – deixar de ser paga, sem motivo de força maior, por dois anos consecutivos, a dívida fundada;
>
> II – não forem prestadas contas devidas, na forma da lei;
>
> III – não tiver sido aplicado o mínimo exigido da receita municipal na manutenção e desenvolvimento do ensino e nas ações e serviços públicos de saúde;
>
> IV – o Tribunal de Justiça der provimento a representação para assegurar a observância de princípios indicados na Constituição Estadual, ou para prover a execução de lei, de ordem ou de decisão judicial.

Importante ressaltar que essas hipóteses autorizativas **são exaustivas** (*numerus clausus*) e, portanto, **não admitem alteração pelos Estados-membros**. Com efeito, segundo entendimento do Supremo Tribunal Federal, não cabe às Constituições estaduais alterar os casos de intervenção nos municípios, com o intuito de acrescentar ou restringir as hipóteses de intervenção pelo Estado, tendo em vista que estas estão, expressa e taxativamente, elencadas no art. 35, I a IV, da Constituição Federal. Em outras palavras, **não há qualquer possibilidade de alteração, pelas Constituições estaduais, das hipóteses previstas no art. 35 da Constituição Federal, seja para ampliar, seja para reduzir o alcance de tal regramento**.

Na hipótese de intervenção prevista no inciso IV do art. 35,[41] a decretação da intervenção dependerá de provimento pelo Tribunal de Justiça de representação interventiva do Procurador-Geral de Justiça (Chefe do Ministério Público do estado), e, nos termos do art. 36, § 3.º, será dispensada a apreciação pela assembleia legislativa.

A decisão do Tribunal de Justiça na representação interventiva para viabilizar a intervenção estadual no Município **reveste-se de caráter político-administrativo, sendo, portanto, definitiva**. Significa dizer que contra a decisão do Tribunal de Justiça, proferida na representação interventiva, **não cabe recurso extraordinário perante o Supremo Tribunal Federal**. É esse o entendimento do Supremo Tribunal Federal, consolidado no enunciado da **Súmula 637** nestes termos:

> 637 – Não cabe recurso extraordinário contra acórdão de Tribunal de Justiça que defere pedido de intervenção estadual em Município.

---

[41] "IV – o Tribunal de Justiça der provimento a representação para assegurar a observância de princípios indicados na Constituição Estadual, ou para prover a execução de lei, de ordem ou de decisão judicial."

Capítulo 5

REPARTIÇÃO DE COMPETÊNCIAS

1. NOÇÕES

Em um Estado do tipo federado, a autonomia dos entes federativos pressupõe repartição, constitucionalmente estabelecida, de competências administrativas, legislativas e tributárias.

Repartição de competências é, pois, a técnica que a Constituição utiliza para partilhar entre os entes federados as diferentes atividades do Estado federal. Trata-se do **ponto nuclear do conceito jurídico de Estado federal**, haja vista que a autonomia dos entes federativos assenta-se, precisamente, na existência de competências que lhes são atribuídas como próprias diretamente pela Constituição da Federação.

Com efeito, o constituinte originário, quando decide fundar um Estado do tipo federado, estabelece um determinado equilíbrio entre os entes que o integrarão mediante a outorga a cada qual de um conjunto de atribuições próprias, de modo que a esfera de atuação dos entes federados e as relações de coordenação e colaboração entre eles esteja, desde logo, bem delineada na Constituição do Estado. Essa estruturação confere autonomia política aos entes federativos, e assegura isonomia entre eles, uma vez que nenhum ente federado dependerá da decisão de outro quanto ao que lhe cabe, ou não, fazer; o conjunto de atribuições de cada um está delineado desde o momento de fundação do Estado, compondo a própria estrutura política deste; cada ente federado atua não por decisão, favor ou delegação[1] de quaisquer outros, mas, sim, por lhe haver a própria Constituição do Estado outorgado, diretamente, um conjunto definido de competências.

---

[1] Como veremos à frente, existe, sim, possibilidade de delegação de atribuições específicas de um ente a outro, mas em nenhuma hipótese a totalidade das atribuições de um ente federado pode depender de delegação de outro; em um Estado federado é necessário que cada ente federativo tenha atribuições originárias conferidas pela própria Constituição do Estado.

No Brasil, a repartição de competências está prevista no texto constitucional, o que consubstancia uma importante garantia, em virtude da rigidez da Constituição da República. Porém, o modelo delineado pelo legislador constituinte originário **não é perpétuo**, pois não integra o núcleo inabolível da Constituição, isto é, **não está protegido com o manto de cláusula pétrea**.

De fato, o modelo de repartição de competências estabelecido pelo poder constituinte originário **pode ser modificado por meio de emenda à Constituição**, desde que essa modificação não seja de tal magnitude que implique tendência à abolição da forma federativa de Estado; apenas se uma emenda à Constituição intentasse um rearranjo de competências tão abrangente que viesse a configurar ruptura do equilíbrio federativo incorrer-se-ia em violação de cláusula pétrea (CF, art. 60, § 4.º, I).

1.1. Modelos de repartição

A doutrina constitucionalista aponta a existência de diferentes modelos de repartição de competências, a saber: **modelo clássico** e **modelo moderno**; **modelo horizontal** e **modelo vertical**.

O **modelo clássico** – nascido com o surgimento da forma federativa de Estado, nos Estados Unidos da América, em 1787 – tem por característica enumerar as competências da União (competência enumerada) e reservar as demais, não enumeradas, aos estados-membros (competência remanescente ou residual).

O **modelo moderno** – adotado após a primeira guerra mundial – tem por característica descrever no texto constitucional não só as atribuições da União (competências enumeradas), mas também as hipóteses de competência comum e(ou) concorrente entre a União e os estados.

O traço marcante da **repartição horizontal** é a inexistência de subordinação ou hierarquização entre os entes federados no exercício da competência. Cada ente é dotado de plena autonomia para exercer, sem ingerência dos demais, a competência quanto às matérias que a Constituição lhe atribui. É o caso das competências estabelecidas nos arts. 21, 22, 23, 25 e 30 da Constituição Federal.

Ocorre a **repartição vertical** quando a Constituição outorga a diferentes entes federativos a competência para atuar sobre as mesmas matérias, mas estabelece uma relação de subordinação entre o tipo de atuação previsto para cada um. Os entes federados atuam sobre as mesmas matérias – formando o que se denomina **condomínio legislativo** entre a União e os Estados –, mas não dispõem dos mesmos poderes nessa tarefa.

Dessa forma, o traço característico da **repartição vertical** é a existência de uma relação de subordinação entre os níveis de atuação atribuídos aos diferentes entes federados quanto às matérias situadas em seu âmbito. É o caso da **competência legislativa concorrente**, outorgada à União, aos estados e ao Distrito Federal (CF, art. 24). Nos parágrafos do art. 24 da Constituição Federal está definido o campo de atuação de cada um dos entes federados aos quais foi atribuída essa competência concorrente: à União compete editar normas gerais, normas de abrangência geral, que estabelecerão as grandes linhas de orientação normativa acerca das matérias arroladas nos incisos do citado art. 24; aos estados e ao DF, caso existam as normas gerais, compete unicamente complementá-las, mediante edição de normas específicas, sem possibilidade de contrariar as diretrizes estabelecidas pela União com a edição das normas gerais.

De uma forma geral, o modelo horizontal leva a uma rigidez mais acentuada no que concerne à esfera de atuação das entidades políticas. A distribuição vertical de competências proporciona maior proximidade e colaboração entre os entes federados, uma vez que eles devem atuar no âmbito da mesma matéria, de forma complementar.[2] Em que pese essa constatação, na Constituição Federal de 1988, conquanto tenham sido adotados os dois modelos de repartição de competência, **predomina o modelo horizontal**. A competência legislativa concorrente, disciplinada no art. 24, é o exemplo de repartição vertical de competências em nosso ordenamento constitucional atual.

Conforme vimos no capítulo anterior – ao examinarmos a forma federativa de Estado –, ao longo da evolução do federalismo, passou-se de uma ideia inicial caracterizada por três campos de poder mutuamente exclusivos e limitadores – no qual a União, os estados e os municípios teriam suas áreas exclusivas de autoridade – para um **novo modelo baseado, principalmente, na cooperação entre as unidades federativas**.

Observaremos nos subitens seguintes que o legislador constituinte de 1988, atento a essa evolução (e sabedor da tradição centralizadora brasileira), instituiu regras **descentralizadoras** na distribuição de competências, ampliou as hipóteses de **competências concorrentes** e, ademais, **fortaleceu o município** como polo gerador de normas de interesse local.

1.2. Espécies de competências

As competências são tradicionalmente classificadas em **competências administrativas**, **competências legislativas** e **competências tributárias**.

As **competências administrativas** (materiais ou não legislativas) especificam o campo de atuação político-administrativa do ente federado. São competências para a atuação efetiva, para executar tarefas, para a realização de atividades concernentes às matérias nelas consignadas. Por exemplo, a Constituição Federal outorga à União competência exclusiva para a emissão de moeda (CF, art. 21, VII), bem como competência comum a todos os entes federados para proteger as florestas, a flora e a fauna (CF, art. 23, VII).

As **competências legislativas**, como a própria denominação indica, estabelecem o poder para normatizar, para estabelecer normas sobre as respectivas matérias. Não dizem respeito à atuação em si, à execução de uma atividade, mas sim à edição das normas que regularão determinada atuação. Um exemplo auxilia a compreensão. A Constituição Federal estabelece a competência privativa da União para legislar sobre

---

[2] Na legislação concorrente, os Estados e o Distrito Federal têm competência para suplementar as normas gerais expedidas pela União.

trânsito e transporte (CF, art. 22, XI). Não significa que somente a União atuará, administrativamente, sobre essa matéria. Os demais entes federados também exploram serviços de transporte, porém, não podem legislar sobre trânsito e transporte. Enfim, os demais entes federados também atuam na prestação de serviços de transporte (competência administrativa), mas não podem editar normas sobre essa matéria. Deverão eles, ao prestar esses serviços, observar as regras editadas pela União, com base na sua competência legislativa privativa (CF, art. 22, XI).

A repartição de competências legislativas funciona, dessarte, como verdadeiro alicerce do modelo federativo, ao atribuir a cada um dos entes federados a prerrogativa de disciplinar determinadas matérias – estabelecendo, assim, distintos centros de poder político. Nessa linha, veremos adiante que o texto constitucional brasileiro, ao presumir a predominância do interesse para o trato de determinada matéria, ora privilegia a centralização de poder na União (art. 22), ora permite maior descentralização nos Estados e Municípios (arts. 24, 25 e 30).

A competência tributária diz respeito ao poder de instituir tributos, que é outorgado a todos os entes federativos, como uma das formas de assegurar sua autonomia. Com efeito, a autonomia política dos entes federados resultaria sobremaneira enfraquecida, caso desacompanhada de autonomia financeira, a qual é efetivamente assegurada pela fixação constitucional de competências tributárias próprias. A competência tributária está disciplinada em capítulo próprio da Constituição Federal (Capítulo I do Título VI).

1.3. Técnica adotada pela Constituição Federal de 1988

Na Constituição Federal de 1988, o legislador constituinte adotou como critério ou fundamento para a repartição de competências entre os diferentes entes federativos o denominado princípio da predominância do interesse.

Esse princípio impõe a outorga de competência de acordo com o interesse predominante quanto à respectiva matéria. Parte-se da premissa de que há assuntos que, por sua natureza, devem, essencialmente, ser tratados de maneira uniforme em todo o País e outros em que, no mais das vezes, é possível ou mesmo desejável a diversidade de regulação e atuação do Poder Público, ou em âmbito regional, ou em âmbito local.

Na República Federativa do Brasil temos um ente federado nacional (União), entes federados regionais (estados) e entes federados locais (municípios). Logo, se a matéria é de interesse predominantemente geral, a competência é outorgada à União. Aos estados são reservadas as matérias de interesse predominantemente regional. Cabe aos municípios a competência sobre as matérias de interesse predominantemente local.

Um exemplo que facilita a compreensão da aplicação do princípio da predominância do interesse é o que ocorre com a prestação de serviços de transporte público de passageiros. Se o transporte é intramunicipal, de interesse nitidamente local, a competência para sua exploração é do respectivo município. Caso o transporte seja intermunicipal (intraestadual), a competência será do estado-membro,

Cap. 5 • REPARTIÇÃO DE COMPETÊNCIAS

por envolver interesse predominantemente regional. Se o transporte é interestadual ou internacional, há predominância do interesse geral, cabendo sua exploração, portanto, à União.

Ao Distrito Federal, em razão da vedação à sua divisão em municípios, foram outorgadas, em regra, as competências legislativas, tributárias e administrativas dos estados e dos municípios (CF, art. 32, § 1.º).

Norteado pelo **princípio da predominância do interesse**, o legislador constituinte repartiu as competências entre os entes federados da seguinte forma:

a) enumerou taxativa e expressamente a competência da União – a denominada **competência enumerada expressa** (arts. 21 e 22, principalmente);

b) enumerou taxativamente a competência dos municípios (art. 30, principalmente), mediante arrolamento de competências expressas e indicação de um critério de determinação das demais, qual seja, o interesse local (legislar sobre assuntos de interesse local; organizar e prestar os serviços públicos de interesse local – art. 30, I e V);[3]

c) outorgou ao Distrito Federal, em regra, as competências dos estados e dos municípios (art. 32, § 1.º);

d) não enumerou expressamente as competências dos estados-membros, reservando a estes as competências que não lhes forem vedadas na Constituição – a denominada **competência remanescente**, **não enumerada** ou **residual** (art. 25, § 1.º);

e) fixou uma competência administrativa comum – em que todos os entes federados poderão atuar paralelamente, em situação de igualdade (art. 23);

f) fixou uma competência legislativa concorrente – estabelecendo uma concorrência vertical legislativa entre a União, os estados e o Distrito Federal (art. 24).

Esse modelo de partilha constitui a regra para a distribuição de competências entre as pessoas políticas na Federação brasileira. Não deve, porém, ser entendido como inflexível, absoluto.

Assim, embora a regra seja a outorga da competência sobre as matérias de interesse local aos municípios, não se pode afirmar que todos os assuntos de interesse local tenham sido outorgados a esses entes federativos. A exploração do gás

---

[3] A técnica adotada para a fixação das competências dos municípios é nitidamente diversa da utilizada para a União. No caso da União, as competências administrativas e legislativas foram, uma a uma, enumeradas de forma expressa, com explicitação da matéria que constitui o respectivo objeto. No caso dos municípios, ao lado da discriminação de matérias explícitas, há indicação de critério para determinação das demais competências legislativas e administrativas, cujas matérias não estão explicitadas; simplesmente indica-se o critério "interesse local", como ocorre nos incisos I e V do art. 30. Apesar dessa diferença incontroversa, há autores que se referem à técnica constitucional de outorga de competências aos municípios como "competência enumerada expressa", expressão idêntica à utilizada para descrever a discriminação constitucional de competências da União.

canalizado, por exemplo, constitui matéria de interesse predominantemente local que, porém, foi outorgada aos estados-membros (CF, art. 25, § 2.º).

Em regra, a competência dos estados-membros não foi expressamente enumerada no texto constitucional, sendo-lhes atribuída a denominada **competência residual**, **reservada** ou **remanescente** (CF, art. 25, § 1.º). Porém, é incorreto asseverar que a Constituição Federal não tenha enumerado expressamente nenhuma competência dos estados. Com efeito, a eles foi conferida, expressamente, a competência para a criação, incorporação, fusão e desmembramento de municípios (CF, art. 18, § 4.º); para a exploração direta, ou mediante concessão, dos serviços locais de gás canalizado (CF, art. 25, § 2.º); para a instituição de regiões metropolitanas, aglomerações urbanas e microrregiões (CF, art. 25, § 3.º); para a organização da sua própria Justiça (CF, art. 125); e para estruturar a segurança viária, a ser exercida para a preservação da ordem pública e da incolumidade das pessoas e do seu patrimônio nas vias públicas (CF, art. 144, § 10).

Deve-se anotar, ainda, que, conquanto a regra seja a enumeração expressa das competências da União e dos municípios e a outorga da competência reservada, residual ou remanescente aos estados-membros, não foi esse o modelo adotado pela Constituição Federal de 1988 quando se trata de **competência tributária**.

Em matéria de competência tributária, a técnica adotada foi a **enumeração expressa das competências de todas as entidades federativas**, vale dizer, a Constituição Federal indicou expressamente quais os tributos que cada ente federado poderá instituir, com **competência residual para a União**.

Portanto, para a **competência tributária** a regra é a **enumeração expressa das competências de todos os entes federados**, com reserva de **competência residual para a União** para a instituição de novos impostos (CF, art. 154, I) e de novas contribuições de seguridade social (CF, art. 195, § 4.º).

Com efeito, no que respeita à competência tributária, a Constituição Federal arrola, **expressa e taxativamente**, a competência dos estados para a instituição de tributos (arts. 149, § 1.º, e 155), bem como a dos municípios (arts. 149, § 1.º, 149-A e 156) e a do Distrito Federal (arts. 147, 149, § 1.º, 149-A e 155). Significa dizer que esses entes federados só poderão instituir esses tributos, expressamente enumerados na Constituição Federal.

Já a União, além de competência para instituir impostos discriminados (art. 153) e contribuições de seguridade social discriminadas (art. 195, I a IV), recebeu da Constituição da República a **competência tributária residual** (arts. 154, I, e 195, § 4.º), vale dizer, o poder de editar leis (leis complementares, nessa hipótese) que abstratamente criem outros impostos e contribuições de seguridade social além daqueles que o texto constitucional expressamente enumera.

Por fim, cabe ressaltar que o Estado federal brasileiro tem por marca uma forte **centralização de competências na União**, conforme examinaremos nos itens seguintes. Vale dizer, embora tenha sido adotado o modelo moderno de partilha de competências – enunciando expressamente as competências da União e reservando as remanescentes aos estados, além de prever competências comuns e concorrentes –, o fato é que as competências enumeradas da União, especialmente nos arts. 21 e

22 da Constituição, praticamente aniquilam a denominada competência remanescente dos estados, estabelecida no § 1.º do art. 25.[4]

De fato, nas federações clássicas a regra é os estados receberem o máximo de competências legislativas e administrativas, enumerando-se à União somente aquelas imprescindíveis à manutenção da unidade do próprio Estado federal. É o caso, por exemplo, da federação dos Estados Unidos da América, em que os estados-membros dispõem de ampla competência legislativa, podendo regular importantes ramos do direito, como o civil, o eleitoral e o penal. Por força dessa larga competência legislativa conferida aos estados norte-americanos é que temos, dentre eles, alguns que admitem a pena de morte, enquanto outros não; alguns que impõem restrições ao divórcio, enquanto outros o permitem incondicionalmente etc.

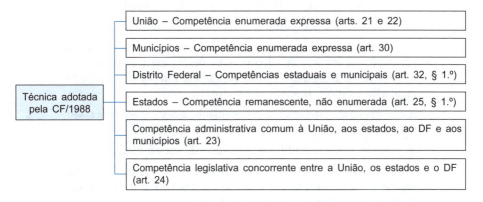

2. COMPETÊNCIAS DA UNIÃO

As principais competências enumeradas da União estão previstas nos arts. 21 e 22 da Constituição Federal.

O art. 21 da Constituição Federal estabelece a denominada **competência exclusiva da União**, ao dispor que compete à União:

> I – manter relações com Estados estrangeiros e participar de organizações internacionais;
>
> II – declarar a guerra e celebrar a paz;
>
> III – assegurar a defesa nacional;

---

[4] Essa forte concentração de competências na União leva o professor Celso Bastos a afirmar que a outorga de competência remanescente aos estados-membros ganhou, na vigente Constituição, "ares de verdadeira irrisão, provocando mesmo a mofa e a galhofa. Isso porque são tão amplas as competências atribuídas a títulos diversos à União, que a participação do Estado se torna evanescente".

IV – permitir, nos casos previstos em lei complementar, que forças estrangeiras transitem pelo território nacional ou nele permaneçam temporariamente;

V – decretar o estado de sítio, o estado de defesa e a intervenção federal;

VI – autorizar e fiscalizar a produção e o comércio de material bélico;

VII – emitir moeda;

VIII – administrar as reservas cambiais do País e fiscalizar as operações de natureza financeira, especialmente as de crédito, câmbio e capitalização, bem como as de seguros e de previdência privada;

IX – elaborar e executar planos nacionais e regionais de ordenação do território e de desenvolvimento econômico e social;

X – manter o serviço postal e o correio aéreo nacional;

XI – explorar, diretamente ou mediante autorização, concessão ou permissão, os serviços de telecomunicações, nos termos da lei, que disporá sobre a organização dos serviços, a criação de um órgão regulador e outros aspectos institucionais;

XII – explorar, diretamente ou mediante autorização, concessão ou permissão:

a) os serviços de radiodifusão sonora, e de sons e imagens;

b) os serviços e instalações de energia elétrica e o aproveitamento energético dos cursos de água, em articulação com os estados onde se situam os potenciais hidroenergéticos;

c) a navegação aérea, aeroespacial e a infraestrutura aeroportuária;

d) os serviços de transporte ferroviário e aquaviário entre portos brasileiros e fronteiras nacionais, ou que transponham os limites de estado ou Território;

e) os serviços de transporte rodoviário interestadual e internacional de passageiros;

f) os portos marítimos, fluviais e lacustres;

XIII – organizar e manter o Poder Judiciário, o Ministério Público do Distrito Federal e dos Territórios e a Defensoria Pública dos Territórios;

XIV – organizar e manter a polícia civil, a polícia penal, a polícia militar e o corpo de bombeiros militar do Distrito Federal, bem como prestar assistência financeira ao Distrito Federal para a execução de serviços públicos, por meio de fundo próprio;[5]

XV – organizar e manter os serviços oficiais de estatística, geografia, geologia e cartografia de âmbito nacional;

---

[5] Redação dada pela EC 104/2019.

XVI – exercer a classificação, para efeito indicativo, de diversões públicas e de programas de rádio e televisão;

XVII – conceder anistia;

XVIII – planejar e promover a defesa permanente contra as calamidades públicas, especialmente as secas e as inundações;

XIX – instituir sistema nacional de gerenciamento de recursos hídricos e definir critérios de outorga de direitos de seu uso;

XX – instituir diretrizes para o desenvolvimento urbano, inclusive habitação, saneamento básico e transportes urbanos;

XXI – estabelecer princípios e diretrizes para o sistema nacional de viação;

XXII – executar os serviços de polícia marítima, aeroportuária e de fronteiras;

XXIII – explorar os serviços e instalações nucleares de qualquer natureza e exercer monopólio estatal sobre a pesquisa, a lavra, o enriquecimento e reprocessamento, a industrialização e o comércio de minérios nucleares e seus derivados, atendidos os seguintes princípios e condições: (a) toda atividade nuclear em território nacional somente será admitida para fins pacíficos e mediante aprovação do Congresso Nacional; (b) sob regime de permissão, são autorizadas a comercialização e a utilização de radioisótopos para pesquisa e uso agrícolas e industriais; (c) sob regime de permissão, são autorizadas a produção, a comercialização e a utilização de radioisótopos para pesquisa e uso médicos;[6] (d) a responsabilidade civil por danos nucleares independe da existência de culpa;

XXIV – organizar, manter e executar a inspeção do trabalho;

XXV – estabelecer as áreas e as condições para o exercício da atividade de garimpagem, em forma associativa;

XXVI – organizar e fiscalizar a proteção e o tratamento de dados pessoais, nos termos da lei.

Trata-se de competências administrativas, nas quais a União deverá atuar com absoluta exclusividade, não havendo, sequer, autorização constitucional para a delegação a outros entes federativos. Sua principal característica é, pois, a **indelegabilidade**.

Com efeito, não há previsão constitucional para que a União delegue o exercício de sua **competência exclusiva** aos estados, ao Distrito Federal ou aos municípios. Os demais entes federativos não poderão, tampouco, atuar no âmbito das respectivas matérias no caso de omissão da União. Assim, se a União não executar os serviços de polícia marítima (CF, art. 21, XXII), não há possibilidade de que os demais entes federados supram essa omissão; se a União não autorizar a produção e o comércio de material bélico (CF, art. 21, VI), não poderão os demais entes federativos fazê-lo a pretexto de suprir a inércia federal; e assim por diante.

---

[6] Alíneas "b" e "c" com redação dada pela EC 118/2022.

O art. 22 da Constituição Federal estabelece a **competência privativa da União**, ao dispor que compete privativamente à União legislar sobre:

I – direito civil, comercial, penal, processual, eleitoral, agrário, marítimo, aeronáutico, espacial e do trabalho;

II – desapropriação;

III – requisições civis e militares, em caso de iminente perigo e em tempo de guerra;

IV – águas, energia, informática, telecomunicações e radiodifusão;

V – serviço postal;

VI – sistema monetário e de medidas, títulos e garantias dos metais;

VII – política de crédito, câmbio, seguros e transferência de valores;

VIII – comércio exterior e interestadual;

IX – diretrizes da política nacional de transportes;

X – regime dos portos, navegação lacustre, fluvial, marítima, aérea e aeroespacial;

XI – trânsito e transporte;

XII – jazidas, minas, outros recursos minerais e metalurgia;

XIII – nacionalidade, cidadania e naturalização;

XIV – populações indígenas;

XV – emigração e imigração, entrada, extradição e expulsão de estrangeiros;

XVI – organização do sistema nacional de emprego e condições para o exercício de profissões;

XVII – organização judiciária, do Ministério Público do Distrito Federal e dos Territórios e da Defensoria Pública dos Territórios, bem como organização administrativa destes;

XVIII – sistema estatístico, sistema cartográfico e de geologia nacionais;

XIX – sistemas de poupança, captação e garantia da poupança popular;

XX – sistemas de consórcios e sorteios;

XXI – normas gerais de organização, efetivos, material bélico, garantias, convocação, mobilização, inatividades e pensões das polícias militares e dos corpos de bombeiros militares;[7]

XXII – competência da polícia federal e das polícias rodoviária e ferroviária federais;

XXIII – seguridade social;

XXIV – diretrizes e bases da educação nacional;

XXV – registros públicos;

---

[7] Redação dada pela EC 103/2019.

XXVI – atividades nucleares de qualquer natureza;

XXVII – normas gerais de licitação e contratação, em todas as modalidades, para as administrações públicas diretas, autárquicas e fundacionais da União, estados, Distrito Federal e municípios, obedecido o disposto no art. 37, XXI, e para as empresas públicas e sociedades de economia mista, nos termos do art. 173, § 1.º, III;

XXVIII – defesa territorial, defesa aeroespacial, defesa marítima, defesa civil e mobilização nacional;

XXIX – propaganda comercial;

XXX – proteção e tratamento de dados pessoais.

Como se vê, o texto constitucional enumera, nos trinta incisos do art. 22, a competência legislativa privativa da União, indicando um largo rol de matérias sobre as quais somente normas federais poderão dispor.

Em relação a todas essas matérias, a União dispõe de competência privativa para a edição de normas, vale dizer, os estados, o Distrito Federal e os municípios não dispõem de competência para legislar sobre as matérias arroladas no art. 22, sob pena de inconstitucionalidade. A razão subjacente a essa disciplina constitucional é que, em relação a essas matérias, há necessidade de **tratamento legislativo uniforme**, em todo o território nacional.

Um bom exemplo para entendermos essa teleologia constitucional – necessidade de tratamento uniforme a determinada matéria, em todo o território nacional – é a legislação federal ("nacional") sobre sistemas de consórcios e sorteios (art. 22, XX). Em consonância com esse dispositivo constitucional, o Supremo Tribunal Federal editou a **Súmula Vinculante 2**, cujo enunciado reproduzimos a seguir:

> **2** – É inconstitucional a lei ou ato normativo estadual ou distrital que disponha sobre sistemas de consórcios e sorteios, inclusive bingos e loterias.

Posteriormente, porém, a Suprema Corte deixou assente que o disposto na Súmula Vinculante 2 **não impede que os estados e o Distrito Federal explorem a atividade de loterias em seu âmbito**. Com efeito, esclareceu o Tribunal que **a União não possui exclusividade para explorar loterias**, haja vista que, por constituírem espécie de serviço público, podem também ser exploradas pelos estados-membros.[8]

Anote-se, porém, que o tratamento legislativo uniforme (nacional) para a referida matéria foi mantido, por força do art. 22, XX, da Constituição Federal, que estabelece ser da competência privativa da União **legislar** sobre sistemas de consórcios e sorteios. Na prática, portanto, temos o seguinte: (*i*) os estados-membros **podem explorar** loterias (competência material ou administrativa), mas **não** têm competência para **legislar** sobre as modalidades de loterias a serem por eles exploradas (competência legislativa); (*ii*) logo, os estados-membros só podem explorar aquelas modalidades de atividades lotéricas já definidas pela União, em lei de abrangência nacional.

---

[8] ADPFs 492/RJ e 493/DF, rel. Min. Gilmar Mendes, 30.09.2020.

Ou, ainda, em outras palavras: (a) a competência privativa da União para legislar sobre sistema de consórcios e sorteios (competência legislativa, prevista no art. 22, XX, da Constituição) não prejudica a competência dos estados para explorar as atividades lotéricas, tampouco para regulamentar essa exploração no seu âmbito (competência material ou administrativa); (b) entretanto, essa regulamentação estadual das loterias regionais deve, tão somente, viabilizar o exercício de sua competência material de instituição de serviço público, sem contrariar o tratamento legislativo uniforme (nacional) estabelecido pela União.

Ainda sobre o assunto, é importante registrar que o Supremo Tribunal Federal firmou o entendimento de que os concursos de loterias têm a natureza de "serviço público", de titularidade do Estado e, consequentemente, a sua exploração por agentes privados depende de autorização estatal precedida de **licitação**. Esse entendimento restou fixado na seguinte **tese de repercussão geral**:[9]

> A execução do serviço público de loteria por agentes privados depende de delegação estatal precedida de licitação.

Mesmo diante da omissão da União na expedição de normas sobre as matérias de sua competência privativa, **os demais entes federativos não podem editar leis visando a suprir a inércia legislativa federal**. Assim, se a União não edita lei estabelecendo as hipóteses e os procedimentos para desapropriação, não poderão os estados-membros ou os municípios suprir essa lacuna; as leis que eles eventualmente editassem com esse conteúdo seriam inconstitucionais, por invasão da competência privativa da União (CF, art. 22, II).

Porém, é possível que os estados e o Distrito Federal venham a legislar sobre **questões específicas** das matérias enumeradas no art. 22 da Constituição Federal, desde que a União delegue competência, por meio de **lei complementar** (CF, art. 22, parágrafo único). Ao contrário da competência administrativa exclusiva, a marca da competência legislativa privativa da União é a sua **delegabilidade** aos estados e ao Distrito Federal.

Para a União delegar aos estados e ao Distrito Federal a competência para legislar sobre as matérias de sua competência privativa é necessário, entretanto, o atendimento dos seguintes requisitos:

a) a delegação deverá ser efetivada por **lei complementar federal**, editada pelo Congresso Nacional;

b) a União somente poderá autorizar os estados-membros e o Distrito Federal a legislar sobre **questões específicas**, não podendo a delegação conferir competência para o regramento pleno das matérias de competência privativa da União;

c) a delegação, se houver, deverá contemplar todos os estados-membros e o Distrito Federal, sob pena de ofensa à proibição de estabelecimento de preferências entre os entes federados (CF, art. 19, III), garantia do equilíbrio federativo;

---

[9]   RE 1.498.128/CE, rel. Min. Luís Roberto Barroso, 28.09.2024.

Cap. 5 • REPARTIÇÃO DE COMPETÊNCIAS

d) a delegação deverá, obrigatoriamente, contemplar o Distrito Federal, porquanto as competências estaduais são estendidas constitucionalmente a este ente federativo (CF, art. 32, § 1.º).

Exemplo de delegação da União aos estados e ao Distrito Federal, com fundamento nesse dispositivo constitucional, temos na Lei Complementar 103, de 14.7.2000,[10] que autorizou esses entes políticos a instituir, mediante lei de iniciativa do Poder Executivo de cada qual, o piso salarial de que trata o inciso V do art. 7.º da Constituição Federal para os empregados que não tenham piso salarial definido em lei federal, convenção ou acordo coletivo de trabalho.

Cabe ressaltar, entretanto, que o regime anteriormente exposto – necessidade de delegação formal por parte da União para que os estados e o Distrito Federal legislem sobre "questões específicas" – não se aplica àquelas matérias indicadas nos incisos do art. 22 em que a competência privativa da União está limitada à fixação de "normas gerais". Com efeito, quando a competência privativa conferida à União é restrita à instituição de "normas gerais", os demais entes federados, a toda evidência, podem, independentemente de delegação formal, legislar sobre **normas específicas** acerca das respectivas matérias.

É o que ocorre, por exemplo, com a matéria indicada no inciso XXVII do art. 22. Esse dispositivo constitucional estabelece que compete privativamente à União legislar sobre **normas gerais** de licitação e contratação para as administrações públicas, nas diferentes esferas da Federação. Ora, se a competência privativa da União, nessa matéria, é limitada à elaboração de **normas gerais**, resulta que **os demais entes federados podem editar normas específicas**, sem que caiba, para tanto, cogitar delegação formal da União, por lei complementar, a que alude o parágrafo único do mesmo art. 22.

Competências da União	
Art. 21	Art. 22
Administrativa	Legislativa
Exclusiva	Privativa
Indelegável	Delegável

Além das competências enumeradas nos arts. 21 e 22 – **competência administrativa exclusiva** e **competência legislativa privativa** –, a União dispõe de outras competências indicadas em diversos dispositivos constitucionais, dentre as quais destacamos as seguintes:

---

[10] Estabelece o art. 1.º da Lei Complementar 103, de 14.07.2000: "Os Estados e o Distrito Federal ficam autorizados a instituir, mediante lei de iniciativa do Poder Executivo, o piso salarial de que trata o inciso V do art. 7.º da Constituição Federal para os empregados que não tenham piso salarial definido em lei federal, convenção ou acordo coletivo de trabalho."

- **competência administrativa comum, paralela ou cumulativa** – na qual, em condições de igualdade com os demais entes federativos, poderá atuar na concretização dos respectivos comandos constitucionais (art. 23);

- **competência legislativa concorrente** – na qual é estabelecida uma concorrência legislativa entre a União, os estados e o Distrito Federal (art. 24);

- **competência tributária expressa** – destinada à instituição das diferentes espécies tributárias: impostos, taxas, contribuições de melhoria, contribuições e empréstimos compulsórios (arts. 145, 148, 149 e 153);

- **competência tributária residual** – para a instituição de novos impostos e novas contribuições de seguridade social, além daqueles discriminados no texto constitucional (arts. 154, I, e 195, § 4.º);

- **competência tributária extraordinária** – para, na iminência ou no caso de guerra externa, instituir impostos extraordinários (art. 154, II).

Compete privativamente à União legislar sobre o **trânsito de veículos, motorizados ou não, que transportem cargas vivas nas áreas urbanas e de expansão urbana**, por força do art. 22, VIII, IX, X e XI, da Constituição Federal – vale frisar que os municípios não têm competência para legislar sobre essa matéria.[11]

Compete privativamente à União legislar sobre regulação do mercado de **títulos de capitalização**, por se tratar de tema afeto ao direito comercial, nos termos do art. 22, I, da Constituição Federal.[12]

Compete à União a fixação do **horário de funcionamento bancário** nas municipalidades, uma vez que se entende que essa medida extrapola os interesses locais do município, por repercutir no funcionamento do Sistema Financeiro Nacional.

Compete privativamente à União legislar sobre vencimentos dos membros das polícias civil e militar e do corpo de bombeiros militar do Distrito Federal (STF, Súmula Vinculante 39).

Compete privativamente à União legislar sobre **crimes de responsabilidade**, ainda que relacionados a autoridades estaduais e municipais, pois somente a União dispõe de competência para legislar sobre Direito Penal (CF, art. 22, I). Esse o entendimento do Supremo Tribunal Federal, consolidado na **Súmula Vinculante 46**, nestes termos:

> 46 – A definição dos crimes de responsabilidade e o estabelecimento das respectivas normas de processo e julgamento são da competência legislativa privativa da União.

Por fim, é importante registrar que, segundo a jurisprudência do Supremo Tribunal Federal, **compete privativamente à União autorizar e fiscalizar a produção e a comercialização de material bélico**, nos termos dos arts. 21, VI, e 22, XXI,

---

[11] ADPF 514/SP e ADPF 516/SP, rel. Min. Edson Fachin, 11.10.2018.
[12] ADI 2.905, rel. Min. Eros Grau, 16.11.2016.

da Constituição Federal.[13] Por força desse entendimento, **não podem os estados-membros**, por exemplo, **legislar sobre o acesso a porte de armas de fogo**, porquanto estas integram o gênero "material bélico".

3. COMPETÊNCIA COMUM

O art. 23 da Constituição Federal enumera as matérias integrantes da denominada **competência comum** (**paralela** ou **cumulativa**), dispondo que é competência comum da União, dos Estados, do Distrito Federal e dos Municípios:

> I – zelar pela guarda da Constituição, das leis e das instituições democráticas e conservar o patrimônio público;
>
> II – cuidar da saúde e assistência pública, da proteção e garantia das pessoas portadoras de deficiência;
>
> III – proteger os documentos, as obras e outros bens de valor histórico, artístico e cultural, os monumentos, as paisagens naturais notáveis e os sítios arqueológicos;
>
> IV – impedir a evasão, a destruição e a descaracterização de obras de arte e de outros bens de valor histórico, artístico ou cultural;
>
> V – proporcionar os meios de acesso à cultura, à educação, à ciência, à tecnologia, à pesquisa e à inovação;
>
> VI – proteger o meio ambiente e combater a poluição em qualquer de suas formas;
>
> VII – preservar as florestas, a fauna e a flora;
>
> VIII – fomentar a produção agropecuária e organizar o abastecimento alimentar;
>
> IX – promover programas de construção de moradias e a melhoria das condições habitacionais e de saneamento básico;
>
> X – combater as causas da pobreza e os fatores de marginalização, promovendo a integração social dos setores desfavorecidos;
>
> XI – registrar, acompanhar e fiscalizar as concessões de direitos de pesquisa e exploração de recursos hídricos e minerais em seus territórios;
>
> XII – estabelecer e implantar política de educação para a segurança do trânsito.

A **competência comum** é uma competência **administrativa**, consubstanciada na outorga à União, aos estados, ao Distrito Federal e aos municípios de poder para atuar, paralelamente, sobre as respectivas matérias. Todos os

---

[13] ADIs 7.188/AC e 7.189/AM, rel. Min. Cármen Lúcia, 26.09.2022.

entes federativos exercem-na em condições de igualdade, sem nenhuma relação de subordinação. Por essa razão é que se fala em **atuação paralela** dos entes federados, porque eles atuam em condições de igualdade, e a atuação de um não exclui a dos outros.

A principal característica da competência administrativa **comum**, **paralela** ou **cumulativa** é, pois, a **inexistência de subordinação** na atuação dos diferentes entes federativos: todos agem em condições de **plena igualdade**, sem que a atuação de um afaste a dos demais.

Observe-se que as matérias contempladas pela competência comum são tipicamente de interesse da coletividade – os chamados **interesses difusos** –, razão pela qual se justifica a atuação comum de todos os entes da Federação.

A fim de evitar conflitos e superposição de esforços no âmbito da competência comum, a Constituição Federal determina que **leis complementares fixarão normas para a cooperação entre a União e os estados, o Distrito Federal e os municípios**, tendo em vista o equilíbrio do desenvolvimento e do bem-estar em âmbito nacional (CF, art. 23, parágrafo único).

4. COMPETÊNCIA LEGISLATIVA CONCORRENTE

O art. 24 da Constituição Federal estabelece a **competência legislativa concorrente**, ao dispor que compete à União, aos estados e ao Distrito Federal legislar concorrentemente sobre:

> I – direito tributário, financeiro, penitenciário, econômico e urbanístico;
>
> II – orçamento;
>
> III – juntas comerciais;
>
> IV – custas dos serviços forenses;
>
> V – produção e consumo;
>
> VI – florestas, caça, pesca, fauna, conservação da natureza, defesa do solo e dos recursos naturais, proteção do meio ambiente e controle da poluição;
>
> VII – proteção ao patrimônio histórico, cultural, artístico, turístico e paisagístico;
>
> VIII – responsabilidade por dano ao meio ambiente, ao consumidor, a bens e direitos de valor artístico, estético, histórico, turístico e paisagístico;
>
> IX – educação, cultura, ensino, desporto, ciência, tecnologia, pesquisa, desenvolvimento e inovação;
>
> X – criação, funcionamento e processo do juizado de pequenas causas;
>
> XI – procedimentos em matéria processual;

XII – previdência social, proteção e defesa da saúde;

XIII – assistência jurídica e defensoria pública;

XIV – proteção e integração social das pessoas portadoras de deficiência;

XV – proteção à infância e à juventude;

XVI – organização, garantias, direitos e deveres das polícias civis.

Observa-se que os municípios **não foram explicitamente contemplados com a possibilidade de legislar concorrentemente** com os demais entes federativos, na regulação das matérias enumeradas no art. 24 da Constituição.

Tem-se, aqui, **repartição vertical de competência legislativa**, em que diferentes entes federados poderão, de forma legítima, legislar sobre as respectivas matérias, desde que obedecidas certas regras de atuação, estabelecidas nos parágrafos do mesmo art. 24 da Constituição Federal, comentadas abaixo.

No âmbito da legislação concorrente, a competência da União limitar-se-á a estabelecer normas gerais (CF, art. 24, § 1.º).

A atuação da União, fixando as normas gerais, não exclui a atuação suplementar dos estados e do Distrito Federal (CF, art. 24, § 2.º). Assim, fixadas as normas gerais pela União, caberá aos estados e ao Distrito Federal complementar a legislação federal, tendo em vista as peculiaridades regionais, por meio da expedição de normas específicas estaduais e distritais. É a chamada *competência suplementar* dos estados-membros e do Distrito Federal.

É importante observar que **há uma relação de subordinação entre a atuação da União na edição de normas gerais e a dos estados e Distrito Federal na complementação mediante normas específicas**, porquanto estas não poderão contrariar aquelas. Todavia, na hipótese de a União estabelecer normas específicas que pretenda ver aplicadas aos estados e ao Distrito Federal, sua atuação será inconstitucional, por invasão da competência desses entes federativos. Nesse caso, prevalecerão as normas específicas editadas pelo próprio estado ou pelo Distrito Federal, restando afastadas, por inconstitucionalidade, as normas específicas federais que se pretendessem aplicáveis aos estados e ao Distrito Federal.

Portanto, é mister diferenciar as situações: quando a União, no âmbito da competência concorrente, edita normas gerais sobre as respectivas matérias, essas normas devem ser observadas pelos estados e pelo Distrito Federal, que somente podem complementá-las, não contrariá-las; por outro lado, se a União, no exercício da competência concorrente, pretender editar normas específicas a serem aplicadas aos estados e ao Distrito Federal, estes não estarão a elas sujeitos, e as normas específicas que eles mesmos editarem sobre as matérias listadas nos incisos do art. 24 prevalecerão, em seu âmbito, sobre as eventuais normas específicas editadas pela União concernentes às mesmas matérias.

Entretanto, o acima exposto não significa que a União não possa, em relação aos seus próprios órgãos e entidades, estabelecer, além das normas gerais, as correspondentes normas específicas.

Por exemplo, estatui a Constituição Federal que compete à União, aos estados e ao Distrito Federal legislar concorrentemente sobre educação (CF, art. 24, IX). Por sua vez, determina o texto constitucional que, no âmbito da legislação concorrente, a competência da União limitar-se-á a estabelecer normas gerais (CF, art. 24, § 1.º). Portanto, em relação aos estabelecimentos de ensino dos estados e do Distrito Federal, a União só dispõe de competência para a fixação de normas gerais. Caso, em relação a esses entes federativos, a União extrapole essa competência, fixando, também, normas específicas, estará, nesse ponto, desrespeitando a Constituição Federal. Porém, em relação aos estabelecimentos de ensino da União, certamente caberá a ela própria estabelecer não só as normas gerais como também as normas específicas. Afinal, não faria o menor sentido os estados e o Distrito Federal fixarem as normas específicas sobre educação direcionadas para os estabelecimentos de ensino federais.

Assim, o funcionamento típico da competência legislativa concorrente seria o seguinte: a União edita inicialmente a lei de normas gerais e os estados-membros e o Distrito Federal suplementam essa legislação federal, editando suas normas específicas, em conformidade com as normas gerais da União.

Entretanto, deve-se anotar que a atuação dos estados-membros e do Distrito Federal **não é dependente da expedição das normas gerais pela União**. Caso a União não edite suas leis de normas gerais, os estados e o Distrito Federal exercerão a **competência legislativa plena**, para atender a suas peculiaridades (CF, art. 24, § 3.º).

Observa-se, assim, que a atuação dos Estados e do Distrito Federal não está condicionada à atuação prévia da União. Ao contrário, se a União for omissa, poderão esses entes federados legislar plenamente sobre a matéria, estabelecendo tanto normas gerais quanto normas específicas, para o atendimento de suas peculiaridades. Por outras palavras, **a omissão da União implica outorga tácita de competência legislativa plena aos estados e ao Distrito Federal**, o que significa poderem eles estabelecer, no seu âmbito, normas gerais e normas específicas sobre a respectiva matéria, para o atendimento de suas peculiaridades.

Observa-se, ainda, que a aquisição da competência legislativa plena pelos estados-membros e Distrito Federal dá-se de maneira automática, sem necessidade de nenhuma delegação por parte da União, sem a necessidade da edição de qualquer ato autorizativo. É decorrência direta e imediata do texto constitucional (CF, art. 24, § 3.º), que confere a esses entes federativos, independentemente de qualquer ato de delegação, a competência legislativa plena para o tratamento da respectiva matéria diante da omissão federal.

A competência legislativa plena dos estados, porém, não é definitiva, tampouco o seu exercício afasta o poder da União para a ulterior fixação de normas gerais sobre a matéria. Determina a Constituição que a superveniência de lei federal sobre normas gerais suspende a eficácia da lei estadual, no que esta for contrária àquela (CF, art. 24, § 4.º).

Significa dizer que a competência legislativa plena dos estados e do Distrito Federal, adquirida em razão da omissão da União, é temporária, porque ela não exclui a possibilidade de a União vir a exercer a sua competência para estabelecer normas gerais em momento futuro. Se isso acontecer, **a lei federal superveniente suspenderá a eficácia da lei estadual naquilo em que esta lhe contrariar**.

Anote-se que não haverá, necessariamente, suspensão da eficácia de toda a lei estadual, mas somente dos seus dispositivos de normas gerais que contrariarem a superveniente lei de normas gerais da União. Os dispositivos da lei estadual que forem compatíveis com a lei federal que lhe sobrevenha continuarão com plena eficácia, em complementação às normas gerais da União. Ademais, conforme observado anteriormente, somente as normas gerais editadas pela União prevalecerão sobre as normas estaduais e distritais; caso a União, a título de normas gerais, edite normas que, na verdade, sejam específicas, estas não serão aplicáveis no âmbito dos estados e do Distrito Federal, e não suspenderão a eficácia das normas específicas que eles tenham editado.

É importante ressaltar que a lei federal de normas gerais superveniente **suspenderá a eficácia** dos dispositivos de normas gerais da lei estadual que lhe forem contrários, não os revogará.

A **suspensão de eficácia** não se confunde com a **revogação**.

Na **revogação**, a norma revogada é retirada do ordenamento jurídico. Se a *Lei 2* revoga a *Lei 1*, esta é retirada do ordenamento jurídico, daí por diante (eficácia *ex nunc*).

Na **suspensão de eficácia**, a norma permanece no ordenamento jurídico, mas tem a sua incidência, os seus efeitos suspensos. Se a *Lei 2* suspende a eficácia da *Lei 1*, esta permanece no ordenamento jurídico, porém, sem incidir, sem produzir seus efeitos, enquanto perdurar a suspensão.

No âmbito da legislação concorrente, o conflito entre a lei estadual e a lei federal de normas gerais superveniente é resolvido pela **suspensão da eficácia** daquela por esta (CF, art. 24, § 4.º). Os dispositivos da lei estadual não são retirados do ordenamento jurídico (não são revogados), têm apenas os seus efeitos suspensos, enquanto viger a lei federal. Com isso, se a lei federal fosse posteriormente revogada, a aplicação dos dispositivos da lei estadual, que estavam com a eficácia suspensa, seria automaticamente restaurada. Com a revogação da lei federal de normas gerais, a lei estadual que estava com a eficácia suspensa só não voltará a produzir efeitos se, antes disso, houver sido revogada por outra lei estadual.

Essas ocorrências – suspensão de eficácia da lei estadual, revogação da lei federal de normas gerais, revigoramento da eficácia da legislação estadual – produzirão efeitos meramente prospectivos, daí por diante (*ex nunc*), não afetando os atos praticados com base na legislação anterior.

É oportuno notar, em síntese, que os estados e o Distrito Federal podem atuar de duas maneiras no âmbito da competência legislativa concorrente: ora complementam a lei federal de normas gerais, ora legislam plenamente em razão da inexistência dessa legislação federal. Em face dessa peculiaridade, a doutrina divide a **competência suplementar** dos estados e do Distrito Federal em **competência complementar** e **competência supletiva**.

Os estados e o Distrito Federal exercem a **competência suplementar complementar** quando editam normas específicas, após a edição da lei de normas gerais pela União (CF, art. 24, § 2.º). Nessa hipótese, portanto, a atuação complementar dos estados e do Distrito Federal pressupõe a prévia existência de lei federal de normas gerais e está a ela adstrita.

Especificamente sobre essa atuação dos estados-membros – desempenho de sua competência para editar normas específicas em complementação às normas gerais federais (CF, art. 24, § 2.º) –, cabe destacar importantíssimo entendimento do Supremo Tribunal, segundo o qual **os estados e o Distrito Federal não podem renunciar à competência suplementar (complementar) que lhes foi outorgada pela Carta Política para o fim de atenderem, em harmonia com a legislação federal, às suas peculiaridades regionais.**[14]

Para o Pretório Supremo, tal "renúncia" resta configurada quando o ente regional, em vez de adotar legislação própria (estadual), suplementando a legislação federal sobre o assunto, recusa-se a fazê-lo e opta por editar **lei meramente remissiva**, isto é, que se limita a remeter o regramento da respectiva matéria à regência da legislação federal.[15] Pontuou nossa Corte Máxima, ainda, que, sendo o nosso federalismo do tipo **cooperativo**, à União compete tão somente estabelecer normas gerais, fazendo-se necessária a atuação suplementar (complementar) dos estados-membros, para o atendimento das peculiaridades regionais. Enfim, no âmbito da legislação concorrente, os estados-membros não podem abdicar da sua competência legislativa suplementar, tendo em vista que a banalização de normas estaduais remissivas fragiliza a estrutura federativa descentralizada e consagra o monopólio da União, sem atentar para nuances locais.

De outro lado, os estados e o Distrito Federal exercem a **competência suplementar supletiva** ao legislar plenamente, quando a União permanece omissa, sem estabelecer as normas gerais sobre determinada matéria integrante do rol das competências concorrentes (CF, art. 24, § 3.º). Portanto, essa atuação supletiva dos estados e do Distrito Federal pressupõe a inércia da União em editar a legislação federal de normas gerais, e o conteúdo das leis estaduais e distritais editadas nessas circunstâncias só está limitado à observância das regras e dos princípios contidos na própria Constituição da República.

Cabe repisar que **os municípios não foram explicitamente contemplados na competência concorrente**, vale dizer, os municípios não concorrem com a União e os estados no âmbito das matérias sujeitas à legislação concorrente (CF, art. 24, *caput*). No entanto, os municípios possuem competência constitucional genérica para "suplementar a legislação federal e a estadual no que couber" (CF, art. 30, II) e, também, podem "legislar sobre assuntos de interesse local" (CF, art. 30, I).

Desse modo, se buscarmos uma interpretação que harmonize o regramento da legislação concorrente (art. 24) com essas duas competências municipais (art. 30, I e II), chegaremos à conclusão de que, embora não integrem formalmente o *caput* do

---

[14] ADI 2.303/RS, rel. Min. Marco Aurélio, 05.09.2018.
[15] No caso examinado, o Estado do Rio Grande do Sul – em vez de elaborar legislação própria estabelecendo o regramento do cultivo comercial com organismos geneticamente modificados (transgênicos) – aprovou lei estadual determinando, pura e simplesmente, que essa atividade, no âmbito daquele Estado, obedeceria ao disposto na legislação federal.

art. 24, os municípios, na prática, terminam legislando sobre as matérias abarcadas pela competência concorrente, com fundamento nos incisos I e II do art. 30. É o que acontece, por exemplo, com o regramento legislativo sobre **proteção ao meio ambiente**: embora a matéria relativa à proteção do meio ambiente e ao controle da poluição seja de competência legislativa concorrente entre União, estados e Distrito Federal (CF, art. 24, VI), aos municípios é também reconhecida a competência para legislar sobre tais matérias, em caráter suplementar à legislação federal e à estadual, no trato de assuntos de interesse local (CF, art. 30, I e II).

De fato, embora seja certo que o art. 24, VI, da Constituição estabelece que legislar sobre **proteção ao meio ambiente** é de competência concorrente da União, dos estados e do Distrito Federal, é igualmente incontroverso que aos municípios compete legislar sobre assuntos de interesse local (art. 30, I) e suplementar a legislação federal ou estadual, no que couber (art. 30, II). Da combinação de tais disposições constitucionais, temos que **o município é competente para legislar sobre meio ambiente com a União e o estado, no limite de seu interesse local, e desde que as normas municipais editadas estejam em harmonia com a disciplina estabelecida pelos outros entes federativos.**[16]

Caso presente a harmonia de tratamento, **podem os municípios adotar legislação ambiental mais restritiva** (de "maior proteção", isto é, regras ampliativas da proteção ao meio ambiente, como, por exemplo, controles locais dos níveis de poluição mais rígidos) em relação aos estados-membros e à União, **desde que o façam fundamentadamente.**[17]

Entretanto – considerando que, em matéria de meio ambiente, prevalece o **princípio da maior proteção** –, o município extrapolará os limites da sua competência suplementar na hipótese de a lei ambiental municipal conferir **proteção deficitária** (de "menor proteção", isto é, regras menos severas no tocante à preocupação ambiental) em comparação ao regramento estadual e/ou nacional.[18]

Em suma, em matéria de meio ambiente, o município pode, sem incorrer em inconstitucionalidade, editar normas **mais severas** (de "maior proteção" ao meio ambiente). Porém, caso edite lei municipal ambiental conferindo **proteção menos rígida** (de "menor proteção" ao meio ambiente) em comparação à legislação estadual e/ou nacional, incorrerá em inconstitucionalidade, por extrapolar os limites da competência legislativa suplementar, prevista no art. 30, inciso II, da Constituição Federal. Vale dizer, salvo na hipótese de estabelecimento de normas **mais protetivas ao meio ambiente** (mais severas), é vedado aos municípios divergir da sistemática de caráter geral, definida pela União, e/ou regional, quando adotada pelo respectivo estado.

Esse entendimento tem sido adotado pelo Supremo Tribunal Federal em reiterados julgados. Com fundamento nele, já foram julgadas válidas, por exemplo: (a) lei municipal que proíbe o uso de sacolas plásticas à base de polietileno ou de derivados de petróleo pelo comércio local;[19] (b) lei municipal que proíbe a queima

---

[16]   RE 586.224/SP (**repercussão geral**), rel. Min. Luiz Fux, 05.03.2015.

[17]   ARE-AgR 748.206/SC, rel. Min. Celso de Mello, 14.03.2017.

[18]   ADI 4.988/TO, rel. Min. Alexandre de Moraes, 19.09.2018.

[19]   RE 729.731/SP, rel. Min. Dias Toffoli, 28.12.2016.

de palha de cana-de-açúcar em seu território;[20] e (c) lei municipal objetivando o controle da poluição, inclusive atmosférica (esta geralmente agravada pela emissão de dióxido de carbono produzida pelo serviço de transporte coletivo urbano), que estabeleceu a aplicação de multas aos proprietários de veículos automotores que emitem fumaça acima de padrões considerados aceitáveis.[21]

Vale ressaltar, entretanto, que essa atuação legislativa dos municípios não significa, propriamente, **concorrência com a União e os estados-membros**. É claro que, nas matérias sujeitas à competência concorrente (CF, art. 24), caso exista a lei federal de normas gerais, e também determinada lei estadual sobre aspectos específicos, a eventual atuação legislativa suplementar de um município situado naquele estado, baseada no art. 30, inciso II, será bastante semelhante à sistemática típica de concorrência descrita nos §§ 1.º e 2.º do art. 24 da Carta Política. Mas essa semelhança não nos autoriza a afirmar que haveria, propriamente, em tal hipótese, exemplo da atuação legislativa concorrente a que alude o art. 24, e seus parágrafos, do Texto Magno. A rigor, o município estaria exercendo sua competência **suplementar** (art. 30, II) e relativa a **assuntos de interesse local** (CF, art. 30, I), **em harmonia com a competência legislativa concorrente da União e dos estados** (art. 24).

Outro tema que também foi definido em relevante posicionamento do Supremo Tribunal Federal foi o concernente à competência dos diferentes entes federados no tocante à adoção de medidas de combate à pandemia do novo coronavírus (Covid-19), iniciada em 2020. Ao examinar aparente conflito de competência entre os entes federados, o Tribunal reconheceu a **competência concorrente da União, dos estados, do Distrito Federal e dos municípios na adoção de medidas de combate à pandemia**, deixando assente que os entes, nos três níveis da Federação, devem se unir e se coordenar para tentar diminuir os efeitos nefastos de uma pandemia.[22]

Para o Tribunal, essa atuação integrada dos entes federados tem ampla previsão na Constituição Federal, haja vista que o texto constitucional consagra (*i*) a **competência administrativa comum** entre União, estados, Distrito Federal e municípios em relação à saúde e assistência pública, inclusive quanto à organização do abastecimento alimentar (art. 23, II e IX), (*ii*) a **competência normativa concorrente** entre União, estados e Distrito Federal para legislar sobre proteção e defesa da saúde (art. 24, XII), e, ainda, (*iii*) a permissão aos municípios para **suplementar a legislação federal e a estadual**, sempre que presente interesse local (art. 30, II).

Nessa linha, restou assentado que, no combate à pandemia, a adoção de medidas, de alcance nacional, pelo governo federal **não afasta a tomada de providências normativas e administrativas pelos estados, pelo Distrito Federal e pelos municípios**. Vale dizer, a atuação do governo federal não afasta a competência dos governos estaduais, distrital e municipais, no exercício de suas atribuições e no âmbito de seus respectivos territórios, para a adoção de medidas restritivas durante o estado de pan-

---

[20] RE 586.224/SP, rel. Min. Luiz Fux, 05.03.2015.

[21] RE 194.704/MG, red. p/ o acórdão Min. Edson Fachin, 29.06.2017.

[22] ADI-MC 6.341/DF, red. p/ o acórdão Min. Edson Fachin, 15.04.2020.

demia, tais como a imposição de distanciamento social, suspensão de atividades de ensino, restrições de comércio, atividades culturais, circulação de pessoas, entre outras.

Conforme destacou o Ministro Alexandre de Moraes, "o Estado federal repousa sobre o princípio de inexistência de hierarquia entre os seus integrantes, de modo a não permitir que se cogite da prevalência da União sobre os estados-membros, tampouco destes sobre os municípios. Ademais, como o modelo federativo promove a descentralização de poder e facilita a aproximação do povo com os governantes, é natural que os municípios e os estados-membros sejam os primeiros a serem instados a reagir numa emergência de saúde, sobretudo quando se trata de pandemia".

Nesse mesmo sentido – de que os entes federados têm competência concorrente para adotar as providências necessárias ao combate da pandemia –, o Tribunal firmou o entendimento de que **a decisão de promover a imunização contra a Covid-19 em adolescentes acima de doze anos, observadas as evidências científicas e análises estratégicas pertinentes, insere-se na competência dos Estados, do Distrito Federal e dos Municípios**.[23]

Por fim, cabe ressaltar que, especificamente no tocante ao **Sistema Nacional de Ciência, Tecnologia e Inovação (SNCTI)**, que deverá ser organizado em regime de colaboração entre os entes, tanto públicos quanto privados, com vistas a promover o desenvolvimento científico e tecnológico e a inovação, o texto constitucional passou a prescrever que, uma vez estabelecidas em lei federal as normas gerais que disciplinarão tal Sistema, **os estados, o Distrito Federal e os municípios legislarão concorrentemente sobre suas peculiaridades**.[24]

4.1. Presunção a favor da competência do ente menor

Especificamente no que respeita à legislação concorrente, o Supremo Tribunal Federal tem reiteradamente manifestado a orientação de que, no exame dos conflitos sobre o alcance das competências dos entes federados – especialmente diante de leis que abrangem mais de um tema –, sejam adotadas interpretações que realcem as competências de um ente federado menor (estado ou município) em face de outro ente maior (União), para que o resultado interpretativo não tolha a alçada que detêm os entes menores para dispor sobre determinada matéria.[25]

Cuida-se da aplicação da tese *presumption against preemption*, desenvolvida pela jurisprudência norte-americana, segundo a qual, na resolução dos conflitos sobre o alcance das competências dos entes num Estado Federado, deve haver uma **presunção a favor da competência dos entes menores da Federação**.[26] Essa presunção a favor da competência dos entes menores somente será afastada quando a lei do ente maior claramente indicar que os efeitos da sua aplicação excluem o poder de complementação que possuem os entes menores (*clear statement rule*). Se não

---

[23] ADPF 756/DF, rel. Min. Ricardo Lewandowski, 11.10.2021.

[24] CF, art. 219-B, § 2.º, introduzido pela EC 85/2015.

[25] ADI 4.306/DF, rel. Min. Edson Fachin, 20.12.2019.

[26] ADI 6.066/SP, rel. Min. Edson Fachin, 30.04.2020; ADI 6.097/AM, red. p/ o acórdão Min. Edson Fachin, 05.06.2020.

existir, na lei do ente maior, uma clara exclusão (*clear statement rule*), essa lacuna deve ser interpretada como possibilidade de atuação dos demais entes federativos.

Um exemplo de aplicação dessa *presunção a favor da competência dos entes menores da Federação* nos auxilia na compressão dos contornos dessa importante orientação do Supremo Tribunal Federal. Em um típico conflito legislativo envolvendo lei federal e lei estadual editadas no uso da competência legislativa concorrente,[27] tivemos o seguinte:

a) com fundamento no art. 24, V e XII, da Constituição Federal, a União editou sua lei federal de normas gerais sobre restrições ao uso de produtos fumígenos, que, entre outros aspectos, **permite o consumo de produtos fumígenos em ambientes coletivos públicos**, desde que em local apropriado para esse fim ("fumódromo");

b) posteriormente – com fundamento no art. 24, §§ 2.º e 3.º, da Constituição Federal –, o Estado do Rio de Janeiro editou norma suplementar mais restritiva, **proibindo totalmente o consumo de produtos fumígenos em ambientes coletivos públicos ou privados de seu território;**

c) a lei estadual foi impugnada em ação direta de inconstitucionalidade perante o Supremo Tribunal Federal, sob o argumento de que ela, em vez de suplementar, teria contrariado a lei federal, no momento em que excluiu a possiblidade (prevista na lei federal) de consumo de fumígenos em ambientes públicos, nos chamados "fumódromos";

d) o Supremo Tribunal Federal, porém, declarou a lei estadual válida, tendo em vista que a lei federal, ao estabelecer as normas gerais sobre a matéria, não excluiu claramente a possibilidade de complementação que possui o estado-membro (*clear statement rule*), no exercício de sua atribuição concorrente de proteção e defesa da saúde (CF, art. 24, XII) – e, conforme visto anteriormente, inexistindo essa explícita exclusão na lei federal, há de se reconhecer (presumir) a possibilidade de atuação suplementar do ente menor (*presumption against preemption*).

Nesse mesmo sentido – de que, no âmbito da legislação concorrente, sempre que não houver expressa e categórica proibição, devem ser privilegiadas as iniciativas normativas regionais e locais[28] –, o Supremo Tribunal Federal reconheceu a constitucionalidade das leis estaduais que disciplinam as matérias a seguir indicadas:

a) lei estadual que dispõe sobre **regras de postagem de boletos referentes a pagamento de serviços prestados por empresas públicas e privadas** é constitucional, haja vista que a prestação exclusiva de serviço postal pela União restringe-se ao conceito de carta, cartão-postal e correspondência agrupada, não englobando a distribuição de boletos bancários, de contas telefônicas, de luz e água e de encomendas (CF, art. 21, X);[29]

---

[27] ADI 4.306/DF, rel. Min. Edson Fachin, 20.12.2019.

[28] ADI 6.193/MT, rel. Min. Alexandre de Moraes, 06.03.2020.

[29] ARE 649.379/RJ, red. p/ o acórdão Min. Alexandre de Moraes, 13.11.2020.

Cap. 5 • REPARTIÇÃO DE COMPETÊNCIAS

b) lei estadual que dispõe sobre a **instalação de itens de segurança em caixas eletrônicos de instituições financeiras,**[30] bem como sobre **medidas de conforto e rapidez no atendimento aos usuários de serviços bancários** é constitucional, por representar medida em defesa e proteção dos consumidores (CF, art. 24, V);[31]

c) lei estadual que **permite o consumo de bebidas alcoólicas não destiladas em estádios de futebol** é constitucional, haja vista que o fato de lei federal estabelecer normas gerais para o acesso e a permanência no recinto esportivo – proibindo ao torcedor portar objetos, bebidas ou substâncias proibidas ou que possam gerar a prática de atos de violência[32] – não impede que o Estado-membro, no âmbito da legislação concorrente para dispor sobre consumo (CF, art. 24, V), edite lei que especifique quais seriam essas bebidas (não destiladas);[33] em outras palavras, a autorização e a regulamentação, por Estado-membro, da venda e do consumo de bebidas alcoólicas em eventos esportivos **não invade a competência da União** para o estabelecimento de normas gerais sobre consumo e desporto;

d) lei estadual que **impõe a obrigação de informar o consumidor acerca da identidade de funcionários que prestarão serviços em sua residência ou sede** é constitucional, por constituir norma reguladora de obrigações e responsabilidades referentes à relação de consumo, inserindo-se na competência legislativa concorrente (CF, art. 24, V e VIII);[34]

e) lei estadual que **fixa tempo máximo de atendimento presencial a consumidores por parte de empresas de telefonia fixa e móvel** é constitucional, por constituir norma reguladora de obrigações e responsabilidades referentes à relação de consumo, inserindo-se na competência legislativa concorrente (CF, art. 24, V e VIII);[35]

f) lei estadual que fixa o **limite de tempo proporcional e razoável para o atendimento de consumidores em estabelecimentos públicos e privados**, bem como prevê a cominação de sanções progressivas na hipótese de descumprimento, é constitucional, pois essa matéria se insere no âmbito dos direitos do consumidor, cuja legislação é concorrente (CF, art. 24, VIII);[36]

g) lei estadual que dispõe sobre **rotulagem de transgênicos** é constitucional, haja vista versar sobre produção, consumo e defesa do consumidor, com conteúdo relativo à proteção e à defesa da saúde, matérias da competência legislativa concorrente (CF, art. 24, V e XII);[37]

---

[30] ADI 3.155/SP, rel. Min. Marco Aurélio, 14.09.2020.

[31] RE 432.789, rel. Min. Ellen Gracie, 17.03.2010.

[32] Lei 10.671/2003 ("Estatuto do Torcedor").

[33] ADI 6.193/MT, rel. Min. Alexandre de Moraes, 06.03.2020 (no caso, examinava-se a validade da Lei 10.524/2017, do Estado de Mato Grosso, que permite o consumo de bebidas alcoólicas nos estádios, proibindo apenas o consumo de bebidas destiladas ou com teor alcoólico superior a quatorze por cento).

[34] ADI 5.940/ES, red. p/ o acórdão Min. Edson Fachin, 06.12.2019.

[35] ADI 6.066/SP, rel. Min. Edson Fachin, 30.04.2020.

[36] ADI 2.879/SC, rel. Min. Nunes Marques, 15.09.2023.

[37] ADI 4.619/SP, rel. Min. Rosa Weber, 13.10.2020.

h) lei estadual que dispõe sobre a **exposição de produtos orgânicos em estabelecimentos comerciais** é constitucional, tendo em vista a competência legislativa concorrente para legislar sobre produção e consumo (CF, art. 24, V);[38]

i) lei estadual que obriga as concessionárias de serviços públicos essenciais, entre eles os de telecomunicações, a informar aos usuários a **interrupção do serviço**, com a especificação do motivo e a previsão do restabelecimento, é constitucional, por versar sobre consumo e responsabilidade por dano ao consumidor (CF, art. 24, V e VIII);[39]

j) lei estadual que determina que as prestadoras de serviço telefônico são obrigadas a fornecer, sob pena de multa, **os dados pessoais dos usuários de terminais utilizados para passar trotes aos serviços de emergência** é constitucional, por versar sobre segurança pública, tema que está dentro da competência legislativa dos estados;[40]

k) lei estadual que **proíbe a utilização de animais para desenvolvimento, experimento e teste de produtos cosméticos, higiene pessoal, perfumes, limpeza e seus componentes** é constitucional, pois, ao estabelecer um patamar de proteção à fauna superior ao da União, insere-se legitimamente no âmbito da competência dos estados para legislar sobre proteção ao meio ambiente e ao consumidor (CF, art. 24, V e VI e § 3.º);[41]

l) legislação estadual que **proíbe toda e qualquer atividade de comunicação comercial (regulamentação de publicidade) dirigida às crianças nos estabelecimentos de educação básica** é constitucional, haja vista que os estados-membros têm competência legislativa para dispor sobre proteção da saúde de crianças e adolescentes, dever que a própria Constituição Federal define como sendo de absoluta prioridade (CF, art. 227);[42]

m) lei estadual que estabelece a **proibição** de que instituições financeiras, correspondentes bancários e sociedades de arrendamento mercantil façam **telemarketing, oferta comercial, proposta, publicidade ou qualquer tipo de atividade tendente a convencer aposentados e pensionistas a celebrarem contratos de empréstimo** é constitucional, por versar sobre proteção do consumidor e do idoso (CF, art. 24, V, e art. 230);[43]

n) lei estadual que **proíbe a caça em seu respectivo território**, sem contrariar as normas gerais estabelecidas pela União, é constitucional, pois se insere no âmbito da competência concorrente para legislar sobre caça (CF, art. 24, VI);[44]

o) lei estadual que obriga as empresas prestadoras de serviços de internet móvel e banda larga na modalidade pós-paga a **apresentarem, na fatura mensal, gráficos sobre o registro médio diário de entrega da velocidade de recebimento**

---

[38] ADI 5.166/SP, rel. Min. Gilmar Mendes, 04.11.2020.

[39] ADI 6.095/RJ, rel. Min. Ricardo Lewandowski, 08.02.2021.

[40] ADI 4.924/DF, rel. Min. Gilmar Mendes, 04.11.2021.

[41] ADI 5.996/AM, rel. Min. Alexandre de Moraes, 15.04.2020; ADI 5.995/RJ, rel. Min. Gilmar Mendes, 27.05.2021.

[42] ADI 5.631/DF, rel. Min. Edson Fachin, 25.03.2021.

[43] ADI 6.727/PR, rel. Min. Cármen Lúcia, 12.05.2021.

[44] ADI 350/SP, rel. Min. Dias Toffoli, 21.06.2021.

e envio de dados pela internet é constitucional, por versar sobre direitos do consumidor (CF, art. 24, V);[45]

p) lei estadual que limita ligações de telemarketing é constitucional, por versar sobre proteção ao consumidor (CF, art. 24, V);[46]

q) lei estadual que proíbe, no âmbito do seu território, a fabricação, a venda e a comercialização de armas de brinquedo que simulam armas de fogo reais é constitucional, por se tratar de matéria afeta ao direito do consumidor e à proteção à infância e à juventude, no âmbito da competência legislativa concorrente (CF, art. 24, V, VIII e XV, e art. 227).[47]

5. COMPETÊNCIAS DOS ESTADOS

Como regra, a Constituição Federal não enumerou taxativamente as matérias de competência dos estados-membros, reservando a eles a denominada competência remanescente (CF, art. 25, § 1.º).

Inclui-se no âmbito da competência remanescente dos estados, por exemplo, a exploração do serviço de transporte intermunicipal de passageiros (entre municípios, no mesmo estado), bem assim o poder de legislar sobre essa matéria.[48] Com efeito, a Constituição Federal estabeleceu expressamente a competência exclusiva da União para explorar os transportes terrestres rodoviários interestadual e internacional de passageiros (art. 21, XII, "e"). Dispôs, também, que compete aos municípios a exploração do transporte coletivo no âmbito local (art. 30, V). Nada disse, porém, acerca da competência para a exploração do serviço de transporte intermunicipal. Diante dessa realidade constitucional, concluiu o Supremo Tribunal Federal que compete aos estados-membros a exploração e, consequentemente, a regulamentação do serviço de transporte intermunicipal, por força do que dispõe o § 1.º do art. 25 da Constituição Federal.[49]

Nesse sentido, o Supremo Tribunal Federal firmou o entendimento de que lei estadual que regulamenta serviço de táxi em região metropolitana (entre distintos municípios) é constitucional, tendo em vista a competência remanescente dos estados e a competência estadual para a criação de regiões metropolitanas (CF, art. 25, §§ 1.º e 3.º).

A competência remanescente dos Estados inclui, ainda, a competência para legislar sobre a comercialização, por farmácias e drogarias, de artigos de conveniência. Segundo o STF, autorizar a venda de produtos lícitos, de consumo comum e rotineiro, em farmácias e drogarias não atrai a aplicação da regra de competência da União para legislar sobre saúde – tampouco existe implicação lógica entre a

---

[45] ADI 6.893/ES, rel. Min. Cármen Lúcia, 11.10.2021.
[46] ADI 5.962/RJ, rel. Min. Marco Aurélio, 25.02.2021.
[47] ADI 5.126/SP, rel. Min. Gilmar Mendes, 16.12.2022.
[48] ADI 845/AP, rel. Min. Eros Grau, 22.11.2007.
[49] ADI 2.349/ES, rel. Min. Eros Grau, 31.08.2005.

proibição, ou a autorização, à venda de produtos de conveniência e a prevenção ao uso indiscriminado de medicamentos.[50]

De outro lado, vejam-se, a seguir, importantes entendimentos do Supremo Tribunal Federal acerca de leis que **não podem ser editadas pelo legislador estadual**, em razão de as respectivas matérias não se encontrarem abrangidas pela competência remanescente dos estados (e, sim, pela competência legislativa privativa da União) e/ou por violarem outros princípios constitucionais:

a) lei estadual que regulamenta a **prestação de serviço de estacionamento privado de veículos** no estado-membro é inconstitucional, por invasão da competência privativa da União para legislar sobre direito civil (CF, art. 22, I);[51]

b) lei estadual que dispõe sobre **bloqueadores de sinal de celular em presídio** é inconstitucional, por ofensa à competência privativa da União para legislar sobre telecomunicações (CF, art. 22, IV);

c) lei estadual que impõe a **utilização de empregados próprios na entrada e saída de estacionamento, impedindo a terceirização**, é inconstitucional, por violar a competência privativa da União para legislar sobre direito do trabalho;[52]

d) lei estadual que torna obrigatória a **prestação de serviços de empacotamento (acondicionamento ou embalagem das compras) nos supermercados** é inconstitucional, por afrontar o princípio constitucional da livre-iniciativa;[53]

e) lei estadual que dispõe sobre a **obrigatoriedade de informações nas embalagens dos produtos alimentícios** comercializados no correspondente estado (e as respectivas sanções por descumprimento) é inconstitucional,[54] por ofensa ao art. 22, VIII, e ao art. 24, V, ambos da Constituição Federal;[55]

f) lei estadual que **proíbe a propaganda de medicamentos (remédios)** no estado respectivo é inconstitucional, por ofensa ao art. 22, XXIX, da Constituição Federal, que estabelece competência privativa da União para legislar sobre propaganda comercial;[56]

g) lei estadual que **dispõe sobre direitos autorais** é inconstitucional, por ofensa à competência privativa da União para legislar sobre direito civil, direito de

---

[50] ADI 4.954/AC, rel. Min. Marco Aurélio, 20.08.2014.

[51] ADI 4.862/PR, rel. Min. Gilmar Mendes, 18.08.2016.

[52] ADI 451/RJ, rel. Min. Luís Roberto Barroso, 01.08.2017.

[53] ADI 907/RJ, red. p/ o acórdão Min. Luís Roberto Barroso, 01.08.2017; RE 839.950/RS, rel. Min. Luiz Fux, 24.10.2018 – no qual restou fixada a seguinte tese de repercussão geral: "São inconstitucionais as leis que obrigam os supermercados ou similares à prestação de serviços de acondicionamento ou embalagem das compras, por violação ao princípio da livre-iniciativa (arts. 1.º, IV, e 170 da Constituição)".

[54] A Lei 1.939/1991, do Estado do Rio de Janeiro, obrigava que os rótulos contivessem informações tais como composição do produto, aditivos, quantidade de calorias, proteínas, açúcares, gordura, presença de conservantes, corantes, aromatizantes e formas de esterilização, estabelecendo sanções por eventual descumprimento.

[55] ADI 750/RJ, rel. Min. Gilmar Mendes, 03.08.2017.

[56] ADI 5.424/SC e ADI 5.432/SC, rel. Min. Dias Toffoli, 19.09.2018.

propriedade e estabelecer regras substantivas de intervenção no domínio econômico (CF, art. 22, I);[57]

h) lei estadual que dispõe sobre **prazo de desbloqueio de linha telefônica**, obrigando as operadoras de telefonia fixa e móvel a desbloquearem as linhas telefônicas no prazo de 24 horas após o pagamento de fatura em atraso, é inconstitucional, por invasão da competência privativa da União para legislar sobre telecomunicações (CF, art. 22, IV);[58]

i) lei estadual que dispõe sobre **proibição da cobrança de tarifas de assinatura básica pelas concessionárias prestadoras de serviços de telefonia fixa e móvel** é inconstitucional, por ofensa à competência privativa da União para legislar sobre telecomunicações (CF, art. 22, IV);[59]

j) lei estadual que **obriga empresas prestadoras de serviços de televisão por assinatura e de internet a manter escritórios com o fim de prestar atendimento pessoal nas microrregiões, para cada grupo de cem mil habitantes**, é inconstitucional, por ofensa à competência privativa da União para legislar sobre telecomunicações (CF, art. 22, IV);[60]

k) lei estadual que **cria feriado bancário** é inconstitucional, por invadir a competência privativa da União para legislar sobre direito do trabalho (CF, art. 22, I) e sobre o funcionamento das instituições financeiras (CF. art. 21, VII e VIII, e art. 192);[61]

l) lei estadual que **proíbe construção de usinas nucleares** no respectivo território é inconstitucional, por violar a competência privativa da União para legislar sobre atividades nucleares de qualquer natureza (CF, art. 22, XXVI);[62]

m) lei estadual que **disciplina a concessão de serviços de inspeção veicular a empresas privadas credenciadas** é inconstitucional, por ofensa à competência privativa da União para legislar sobre trânsito e transporte (CF, art. 22, XI);

n) lei estadual que **cria Cadastro Estadual de Usuários e Dependentes de Drogas** a partir de ocorrência policial ou outra fonte oficial é inconstitucional, por violar a competência privativa da União para legislar sobre matéria processual (CF, art. 22, I);[63]

o) lei estadual que impõe às concessionárias de telefonia a **obrigação de compartilhamento de dados com órgãos de segurança pública** é inconstitucional, por configurar ofensa à competência privativa da União para legislar sobre telecomunicações (CF, arts. 21, XI, e 22, IV);[64]

---

[57] ADI 5.800/AM, rel. Min. Luiz Fux, 08.05.2019.

[58] ADI 6.065/RJ, red. p/ o acórdão Min. Dias Toffoli, 13.10.2020.

[59] ADI 4.907/RS, rel. Min. Edson Fachin, 14.02.2020.

[60] ADI 5.722/PB, rel. Min. Edson Fachin, 14.02.2020.

[61] ADI 5.396/PI, rel. Min. Celso de Mello, 05.10.2020.

[62] ADI 4.973/SE, rel. Min. Celso de Mello, 05.10.2020.

[63] ADI 6.561/TO, rel. Min. Edson Fachin, 13.10.2020.

[64] ADI 5.040/PI, rel. Min. Rosa Weber, 04.11.2020.

p) lei estadual que dispõe sobre **suspensão e interrupção do fornecimento de energia elétrica** é inconstitucional, por ofensa à competência privativa da União para legislar sobre energia elétrica (CF, art. 22, IV);[65]

q) lei estadual que **concede descontos aos idosos para aquisição de medicamentos em farmácias localizadas no respectivo estado** é formalmente inconstitucional, por invadir a competência da União para legislar sobre normas gerais de proteção e defesa da saúde (CF, art. 24, XII);[66]

r) lei local que estabeleça **limitações à instalação de sistemas transmissores de telecomunicações** é inconstitucional, por afronta à competência privativa da União para legislar sobre telecomunicações (CF, arts. 21, XI, e 22, IV);[67]

s) lei estadual que **veda ao consumidor, pessoa física, o abastecimento de veículos em local diverso do posto de combustível** é inconstitucional, por violar a competência privativa da União para legislar sobre energia (CF, art. 22, IV);[68]

t) lei estadual que dispõe sobre **autorização e exploração de serviço de radiodifusão comunitária (rádios comunitárias)** é inconstitucional, por invadir a competência privativa da União para legislar sobre radiodifusão, bem como para explorar os serviços de radiodifusão sonora (CF, art. 21, XII, e art. 22, IV);[69]

u) norma estadual que dispõe sobre **o depósito de resíduos ou lixo atômico e a instalação de usinas nucleares no estado** é inconstitucional, por invadir a competência privativa da União para legislar sobre atividades nucleares de qualquer natureza (CF, art. 22, XXVI);[70]

v) lei estadual que **fixa prazo para autorização de exames e cirurgias em idosos** é inconstitucional, por usurpar a competência privativa da União para legislar sobre direito civil e política de seguros (CF, art. 22, I e VII);[71]

w) normas estaduais que proíbem a comercialização, no estado, de produtos derivados de testes animais **vindos de outras unidades da Federação** e exigem que os **rótulos informem que não houve testagem em animais** são inconstitucionais, por invadirem a competência da União para legislar sobre comércio interestadual e sobre a discriminação de informações nos rótulos dos produtos (CF, arts. 22, VIII, e 24, V);[72]

x) lei estadual que regula **corte de energia elétrica, telefonia fixa e móvel e internet por falta de pagamento** é inconstitucional, por invadir a competência privativa da União para legislar sobre energia elétrica e telecomunicações (CF, art. 22, IV);[73]

---

[65] ADI 5.798/TO, rel. Min. Rosa Weber, 03.11.2021.

[66] ADI 2.435/RJ, red. p/ o acórdão Min. Gilmar Mendes, 18.12.2020.

[67] ADPF 732/SP, rel. Min. Ricardo Lewandowski, 26.04.2021.

[68] ADI 6.580/RJ, rel. Min. Cármen Lúcia, 11.05.2021.

[69] ADPF 335/MG, rel. Min. Roberto Barroso, 27.08.2021.

[70] ADI 6.905, rel. Min. Cármen Lúcia, 18.10.2021; ADIs 6.909/PI e 6.913/DF, rel. Min. Alexandre de Moraes, 17.09.2021.

[71] ADI 6.452, rel. Min. Alexandre de Moraes, 24.06.2021.

[72] ADI 5.995/RJ, rel. Min. Gilmar Mendes, 27.05.2021.

[73] ADI 5.877/DF, red. p/ o acórdão Min. Roberto Barroso, 17.02.2021.

y) lei estadual que obriga operadoras a informar **localização de celular** é inconstitucional, por invadir competência privativa da União para legislar sobre telecomunicações (CF, art. 22, IV);[74]

z) lei estadual que regulamenta a **profissão de despachante** é inconstitucional, por violar a competência privativa da União para legislar sobre Direito do Trabalho e condições para o exercício de profissões (CF, art. 22, I e XVI).[75]

Conquanto os estados-membros, como visto, detenham a genérica competência remanescente, residual ou reservada, estabelecida no § 1.º do art. 25 da Constituição, não é verdadeiro que eles não disponham de nenhuma competência constitucionalmente enumerada. Com efeito, **encontramos no texto constitucional algumas poucas competências expressamente conferidas aos estados**, como a competência para a criação, incorporação, fusão e desmembramento de municípios (CF, art. 18, § 4.º); para a exploração direta, ou mediante concessão, dos serviços locais de gás canalizado (CF, art. 25, § 2.º); para a instituição de regiões metropolitanas, aglomerações urbanas e microrregiões (CF, art. 25, § 3.º); para a organização da sua própria Justiça (CF, art. 125); e para estruturar a segurança viária, a ser exercida para a preservação da ordem pública e da incolumidade das pessoas e do seu patrimônio nas vias públicas (CF, art. 144, § 10).

A Constituição Federal outorga, ainda, aos estados outras competências, a saber:

- **competência comum, paralela ou cumulativa** – em que, em condições de igualdade com os demais entes federativos, poderão os estados atuar sobre as respectivas matérias (art. 23);
- **competência legislativa delegada pela União** – em decorrência da qual poderão os estados, desde que autorizados por lei complementar federal, legislar sobre *questões específicas* das matérias da competência privativa da União (art. 22, parágrafo único);
- **competência legislativa concorrente** – em que os estados poderão legislar, em concorrência com a União, sobre as respectivas matérias (art. 24);
- **competência tributária** – para a instituição de diferentes espécies tributárias: impostos, taxas, contribuições de melhoria e contribuições previdenciárias (arts. 145; 149, § 1.º; 155).

6. COMPETÊNCIAS DO DISTRITO FEDERAL

Ao Distrito Federal são atribuídas as competências legislativas, administrativas e tributárias reservadas aos estados e aos municípios (CF, art. 32, § 1.º).

Entretanto, **nem todas as competências dos estados foram outorgadas ao Distrito Federal**. Com efeito, no âmbito do Distrito Federal, compete à União organizar e manter o Poder Judiciário, o Ministério Público, a polícia civil, a polícia penal, a polícia militar e o corpo de bombeiros militar (CF, art. 21, XIII e XIV).

---

[74] ADI 4.739/DF, rel. Min. Marco Aurélio, 17.02.2021.

[75] ADI 5.251/AL, rel. Min. Marco Aurélio, 08.04.2021; ADI 5.412/RS, rel. Min. Rosa Weber, 17.05.2021.

Anote-se que, conforme disciplinado na Constituição Federal, a polícia civil, a polícia penal, a polícia militar e o corpo de bombeiros militar do Distrito Federal são instituições **subordinadas ao Governador do Distrito Federal** (art. 144, § 6.º), porém, não pertencem, propriamente, ao Distrito Federal, haja vista que **são organizadas e mantidas pela União** (art. 21, XIV) e sua utilização pelo Distrito Federal deverá ser disciplinada por **lei federal** (art. 32, § 4.º).

O Distrito Federal ocupa, assim, posição anômala em relação aos demais entes federativos. Não foi equiparado aos municípios, porque dispõe, além das competências municipais, de parcela das competências estaduais. Não foi equiparado em tudo aos estados, porque, como visto, nem todas as competências estaduais lhe foram outorgadas.

Podemos, então, enumerar as seguintes competências constitucionais do Distrito Federal:

- **competência remanescente dos estados-membros** (CF, art. 25, § 1.º);
- **competência enumerada dos municípios** (CF, art. 30);
- **competência comum, paralela ou cumulativa** – na qual, em condições de igualdade com os demais entes federativos, poderá o Distrito Federal atuar sobre as respectivas matérias (art. 23);
- **competência legislativa delegada pela União** – em decorrência da qual poderá o Distrito Federal, desde que autorizado por lei complementar federal, legislar sobre questões específicas das matérias da competência privativa da União (art. 22, parágrafo único);
- **competência legislativa concorrente** – em que o Distrito Federal poderá legislar, em concorrência com a União, sobre as respectivas matérias (art. 24);
- **competência tributária expressa dos estados e municípios** – para a instituição das diferentes espécies tributárias de competência dos estados e dos municípios, a saber: impostos, taxas, contribuições de melhoria, contribuições previdenciárias e contribuição de iluminação pública (arts. 145; 149, § 1.º; 149-A; 155; 156).

7. COMPETÊNCIAS DOS MUNICÍPIOS

A Constituição Federal de 1988 conferiu aos municípios natureza de ente federativo autônomo, dotado da capacidade de auto-organização e autolegislação, autogoverno e autoadministração.

As competências municipais estão enumeradas, sobretudo, no art. 30 da Constituição Federal, a saber:

I – legislar sobre assuntos de interesse local;

II – suplementar a legislação federal e a estadual no que couber;

III – instituir e arrecadar os tributos de sua competência, bem como aplicar suas rendas, sem prejuízo da obrigatoriedade de prestar contas e publicar balancetes nos prazos fixados em lei;

IV – criar, organizar e suprimir distritos, observada a legislação estadual;

Cap. 5 • REPARTIÇÃO DE COMPETÊNCIAS

V – organizar e prestar, diretamente ou sob regime de concessão ou permissão, os serviços públicos de interesse local, incluído o de transporte coletivo, que tem caráter essencial;

VI – manter, com a cooperação técnica e financeira da União e do Estado, programas de educação infantil e de ensino fundamental;

VII – prestar, com a cooperação técnica e financeira da União e do estado, serviços de atendimento à saúde da população;

VIII – promover, no que couber, adequado ordenamento territorial, mediante planejamento e controle do uso, do parcelamento e da ocupação do solo urbano;

IX – promover a proteção do patrimônio histórico-cultural local, observada a legislação e a ação fiscalizadora federal e estadual.

A competência dos municípios pode ser dividida em **competência legislativa** e **competência administrativa**.

A **competência legislativa** corresponde à **competência exclusiva** para legislar sobre assuntos de interesse local (CF, art. 30, I) e à **competência suplementar**, para suplementar a legislação federal ou estadual, no que couber (CF, art. 30, II).

A **competência administrativa** autoriza o município a atuar sobre os assuntos de interesse local, identificados a partir do **princípio da predominância do interesse**, especialmente sobre as matérias expressamente consignadas nos incisos III ao IX do art. 30 da Constituição Federal.

No uso da **competência suplementar**, podem os municípios suprir as lacunas da legislação federal e estadual, regulamentando as respectivas matérias para ajustar a sua execução às peculiaridades locais. Entretanto, no uso dessa competência suplementar, não poderão os municípios contraditar a legislação federal e estadual existente, tampouco extrapolar a sua competência para disciplinar, apenas, assuntos de interesse local.

Não há uma enumeração constitucional, expressa e taxativa, dos chamados **assuntos de interesse local**, de competência do ente municipal. Deverão eles ser identificados caso a caso, a partir da aplicação do **princípio da predominância do interesse**.

Cabe ao município disciplinar a exploração da atividade de estabelecimento comercial, mediante a expedição de alvarás ou licenças para funcionamento.

Da mesma forma, cabe ao município a fixação do **horário de funcionamento do comércio local** (lojas, *shopping centers* e outros), bem como de drogarias e farmácias e dos plantões obrigatórios destas (STF, Súmula Vinculante 38).

Entretanto, vale lembrar, **cabe à União**, e **não** ao município, a competência para a fixação do **horário de funcionamento de agências bancárias,** haja vista que o horário de funcionamento bancário extrapola o interesse local da municipalidade.

O município é competente, também, para, dispondo sobre segurança de sua população, **impor a estabelecimentos bancários a obrigação de instalarem portas eletrônicas, com detector de metais, travamento e retorno automático e vidros à prova de balas.**[76]

---

[76] STF, RE 240.406/RS, rel. Min. Carlos Velloso, 25.11.2003.

Na mesma esteira, decidiu o STF que os municípios podem editar legislação própria, com fundamento na autonomia constitucional que lhes é inerente, com o objetivo de determinar, às instituições financeiras, que instalem, em suas agências, em favor dos usuários dos serviços bancários (clientes ou não), **equipamentos destinados a proporcionar-lhes segurança** (tais como portas eletrônicas e câmaras filmadoras) ou a **propiciar-lhes conforto**, mediante oferecimento de instalações sanitárias, ou fornecimento de cadeiras de espera, ou colocação de bebedouros, ou, ainda, **prestação de atendimento em prazo razoável, com a fixação de tempo máximo de permanência dos usuários em fila de espera.**[77]

O STF já decidiu que o município é competente para legislar sobre **limite de tempo de espera em fila dos usuários dos serviços prestados pelos cartórios localizados no seu respectivo território**, sem que isso represente ofensa à competência privativa da União para legislar sobre registros públicos (CF, art. 22, XXV), porquanto não se trata de matéria relativa à disciplina dos registros públicos, mas de assunto de interesse local, cuja competência legislativa a Constituição atribui aos municípios, nos termos do inciso I do seu art. 30.[78] Também nessa linha, considerou válida norma municipal sobre a definição do **tempo máximo de espera de clientes em filas de supermercados.**[79]

Compete aos municípios a exploração dos **serviços funerários**, dado que dizem respeito a necessidades imediatas do município, em consonância com o art. 30, inciso V, da Constituição da República.[80]

É também competência dos municípios legislar sobre os **serviços de água e esgoto e de energia elétrica aos consumidores residenciais, industriais e comerciais de seu território**, por constituir assunto de interesse predominantemente local (CF, art. 30, I e V).[81] Nesse sentido, cabe aos municípios dispor sobre a obrigatoriedade de instalação de **hidrômetros individuais** em edifícios e condomínios, conforme o entendimento do Supremo Tribunal Federal fixado na seguinte **tese de repercussão geral:**[82]

> Compete aos municípios legislar sobre a obrigatoriedade de instalação de hidrômetros individuais nos edifícios e condomínios, em razão do preponderante interesse local envolvido.

Cabe ao município estabelecer a política de desenvolvimento urbano, mediante aprovação do chamado plano diretor, aprovado pela câmara municipal, obrigatório para as municipalidades com mais de vinte mil habitantes, com o fim de ordenar o pleno desenvolvimento das funções sociais da cidade e garantir o bem-estar de seus habitantes (CF, art. 182).

O município é competente para legislar sobre **meio ambiente**, com a União e o estado, no limite de seu interesse local, e desde que esse regramento

---

[77] RE 251.542/SP, rel. Min. Celso de Mello, 01.07.2005.

[78] RE 397.094/DF, rel. Min. Sepúlveda Pertence, 29.08.2006.

[79] ARE-AgR 809.489/SP, rel. Min. Rosa Weber, 28.05.2019.

[80] STF, RE 387.990/SP, rel. Min. Carlos Velloso, 13.05.2004.

[81] ADI 6.912/MG, rel. Min. Alexandre de Moraes, 16.08.2022.

[82] RE 738.481/SE, rel. Min. Edson Fachin, 17.08.2021.

municipal esteja em harmonia com a disciplina estabelecida pelos outros entes federativos.[83] Desde que observada a harmonia de tratamento, **podem os municípios adotar legislação ambiental mais restritiva** (regras ampliativas da proteção ao meio ambiente, como, por exemplo, controles locais dos níveis de poluição mais rígidos) em relação aos estados-membros e à União, **desde que o façam fundamentadamente.**[84]

Com fundamento nessa orientação, o Supremo Tribunal Federal julgou válidas, por exemplo: (a) lei municipal que proíbe o **uso de sacolas plásticas** à base de polietileno ou de derivados de petróleo pelo comércio local,[85] exigindo a sua substituição por outras de material biodegradável;[86] (b) lei municipal que proíbe a **queima de palha de cana-de-açúcar** em seu território;[87] e (c) lei municipal objetivando o controle da poluição, inclusive atmosférica (esta geralmente agravada pela emissão de dióxido de carbono produzido pelo serviço de transporte coletivo urbano), que estabeleceu a aplicação de multas aos proprietários de veículos automotores que emitem **fumaça acima de padrões considerados aceitáveis.**[88]

Ainda nessa linha – de que o município é competente para legislar, de forma concorrente, sobre meio ambiente, no limite de seu interesse local e desde que a norma esteja de acordo com a disciplina estabelecida pelos demais entes federados –, o Supremo Tribunal Federal firmou o entendimento de que os municípios têm legitimidade para aprovar leis que **proíbam a soltura de fogos de artifício ruidosos e artefatos pirotécnicos que produzam estampido**, quando o objetivo é promover um padrão mais elevado de proteção à saúde e ao meio ambiente.[89] Nesse caso, asseverou-se que a proibição se mostra adequada e proporcional, pois, de um lado, o legislador busca evitar os malefícios causados pelos efeitos ruidosos da queima de fogos a pessoas com hipersensibilidade auditiva no transtorno do espectro autista, crianças, idosos e pessoas com deficiência, além de diversas espécies de animais, e, de outro, não inviabiliza o exercício de atividade econômica, pois a restrição se aplica apenas aos artefatos que produzam efeitos ruidosos, permitindo espetáculos de pirotecnia silenciosos. Esse entendimento restou fixado na seguinte **tese de repercussão geral**:[90]

> É constitucional – formal e materialmente – lei municipal que proíbe a soltura de fogos de artifício e artefatos pirotécnicos produtores de estampidos.

---

[83] RE 586.224/SP, rel. Min. Luiz Fux, 05.03.2015.

[84] ARE-AgR 748.206/SC, rel. Min. Celso de Mello, 14.03.2017.

[85] RE 729.731/SP, rel. Min. Dias Toffoli, 28.12.2016.

[86] No RE 732.686/SP, rel. Min. Luiz Fux, 19.10.2022, foi fixada a seguinte tese de repercussão geral: "É constitucional – formal e materialmente – lei municipal que obriga à substituição de sacos e sacolas plásticos por sacos e sacolas biodegradáveis".

[87] RE 586.224/SP, rel. Min. Luiz Fux, 05.03.2015.

[88] RE 194.704/MG, rel. Min. Carlos Velloso, 29.06.2017.

[89] ADPF 567, rel. Min. Alexandre de Moraes, 01.03.2021.

[90] RE 1.210.727, rel. Min. Luiz Fux, 26.06.2023.

Os municípios **não têm competência** para legislar sobre o **trânsito de veículos, motorizados ou não, que transportem cargas vivas nas áreas urbanas e de expansão urbana da municipalidade**, por ofensa à competência privativa da União para legislar sobre a matéria (CF, art. 22, VIII, IX, X, XI).[91] Sob tal fundamento, o Supremo Tribunal Federal firmou o entendimento de que **cabe à legislação federal disciplinar o serviço de mototáxi**, em razão da necessidade de estabelecimento de normas uniformes sobre segurança e saúde pública.[92] Segundo o Tribunal, embora sejam admitidas regulamentações municipais complementares para atender às peculiaridades locais, no que se refere à delegação do serviço de mototáxi, condições de sua execução e exercício do poder de polícia sobre os delegatários, essas normas devem observar as disposições gerais nacionais, à semelhança do que ocorre com o serviço de táxi tradicional.

Os municípios poderão constituir **guardas municipais** destinadas à proteção de seus bens, serviços e instalações, conforme dispuser a lei (CF, art. 144, § 8.º), bem como estruturar a **segurança viária**, a ser exercida para a preservação da ordem pública e da incolumidade das pessoas e do seu patrimônio nas vias públicas (CF, art. 144, § 10).

Uma vez instituídas por lei, as guardas municipais poderão – além de proteger os bens, serviços e instalações municipais – **fiscalizar o trânsito, lavrar auto de infração de trânsito e impor multas**. É esse o entendimento do Supremo Tribunal Federal, fixado na seguinte **tese de repercussão geral**:[93]

> É constitucional a atribuição às guardas municipais do exercício de poder de polícia de trânsito, inclusive para imposição de sanções administrativas legalmente previstas.

É importante consignar que as guardas municipais (nos municípios em que tenham sido instituídas, evidentemente) **integrarão a estrutura de segurança pública** constitucionalmente estabelecida, em que pese o fato de esses órgãos municipais não constarem da enumeração indicada no art. 144, I a VI, da Constituição Federal. É esse o novo entendimento do Supremo Tribunal Federal, segundo o qual o deslocamento topográfico da disciplina das guardas municipais no texto constitucional não implica a sua desconfiguração como órgão de segurança pública, de modo que não prevalece o argumento da simples falta de menção a elas em pretenso rol taxativo do art. 144 da Constituição Federal.[94] Para o Tribunal Supremo, as guardas municipais, sob o aspecto material, **desempenham atividade típica de segurança pública exercida na tutela do patrimônio municipal**, consubstanciada na proteção de bens, serviços e instalações municipais (CF, art. 144, § 8.º), e que se afigura essencial ao atendimento de necessidades inadiáveis da comunidade (CF, art. 9.º, § 1.º).

---

[91] ADPF 514/SP e ADPF 516/SP, rel. Min. Edson Fachin, 11.10.2018.

[92] ADPF 539/GO, rel. Min. Luiz Fux, 26.10.2020.

[93] RE 658.570/MG, rel. Min. Marco Aurélio, 06.08.2015.

[94] ADPF 995/DF, rel. Min. Alexandre de Moraes, 25.08.2023.

Nessa linha – de que as guardas municipais executam atividade de segurança pública essencial ao atendimento de necessidades inadiáveis da comunidade –, o Supremo Tribunal Federal firmou o entendimento de que os guardas municipais **não têm direito de greve**, mesmo quando trabalhem em regime celetista.[95] Também nesse diapasão, nossa Corte Suprema autorizou que os integrantes de todas as guardas municipais do país tenham direito ao **porte de armas de fogo**, independentemente do tamanho da população do município.[96]

Os municípios **não podem instituir taxa de combate a sinistros relativos a incêndio**, tendo em vista que esse serviço público é de competência estadual, a ser custeado por impostos.[97]

Ao assentar essa orientação, o Supremo Tribunal Federal deixou consignado que a prevenção e o combate a incêndios se fazem mediante a atuação da polícia retratada no corpo de bombeiros, sendo **atividade essencial dos estados-membros** e, por isso, remunerada por meio de impostos. Desse modo, é inconcebível que, a pretexto de prevenir sinistro relativo a incêndio, venha o município a substituir-se ao estado-membro, com a criação de tributo sob o rótulo de taxa. Ademais, por constituir atividade precípua do estado-membro, viabilizada mediante arrecadação de impostos, no âmbito da segurança pública, no tocante à preservação e ao combate a incêndios, **nem mesmo o estado poderia instituir validamente taxa dessa natureza**.

Esse entendimento restou consolidado na seguinte **tese de repercussão geral**:

> A segurança pública, presentes a prevenção e o combate a incêndios, faz-se, no campo da atividade precípua, pela unidade da federação, e, porque serviço essencial, tem como a viabilizá-la a arrecadação de impostos, não cabendo ao município a criação de taxa para tal fim.

Vale repetir que as competências atribuídas aos municípios foram igualmente conferidas pela Constituição ao Distrito Federal, o que permite concluir que os julgados do STF que afirmam ser dos municípios determinada competência aplicam-se, também, ao Distrito Federal.

Além das competências acima vistas, cabe aos municípios:

- **competência comum, paralela ou cumulativa** – na qual, em condições de igualdade com os demais entes federativos, poderá o município atuar sobre as respectivas matérias (art. 23);

- **competência tributária expressa** – para a instituição das diferentes espécies tributárias de competência dos municípios, a saber: impostos, taxas, contribuições de melhoria, contribuições previdenciárias e contribuição de iluminação pública (arts. 145; 149, § 1.º; 149-A; 156).

---

[95] RE 846.854/SP, red. p/ o acórdão Min. Alexandre de Moraes, 25.05.2017.

[96] ADI 5.948/DF e ADI 5.538/DF, rel. Min. Alexandre de Moraes, 01.03.2021.

[97] RE 643.247/SP, rel. Min. Marco Aurélio, 24.05.2017.

Capítulo 6

ADMINISTRAÇÃO PÚBLICA

1. NOÇÕES INTRODUTÓRIAS

A Constituição de 1988 cuidou pormenorizadamente da administração pública, estabelecendo regras gerais e diversos preceitos bastante específicos, em seus arts. 37 a 41, principalmente. Trata-se de normas acerca das diretrizes de atuação dos agentes administrativos, remuneração de servidores, acesso a cargos e empregos públicos, acumulação de cargos e empregos, regime de previdência, obrigatoriedade de licitação, responsabilidade civil do Estado etc.

Não existe um único conceito de **administração pública**. O que há são acepções da expressão, conforme o enfoque adotado.

Assim, fala-se em administração pública em **sentido material** ou objetivo quando se adota como referência tão somente a natureza da atividade e o regime jurídico sob o qual é exercida, não importa quem a exerça.

A doutrina enumera quatro atividades como próprias da **administração pública em sentido material**, a saber:

a) **serviço público** (prestações concretas que representam, em si mesmas, diretamente, utilidades ou comodidades materiais para a população em geral, oferecidas pela administração pública formal ou por particulares delegatários, sob regime jurídico de direito público);

b) **polícia administrativa** (restrições ou condicionamentos impostos ao exercício de atividades privadas em benefício do interesse público; exemplo típico são as atividades de fiscalização);

c) **fomento** (incentivo à iniciativa privada de utilidade pública, por exemplo, mediante a concessão de subvenções e benefícios fiscais);

d) **intervenção** (abrangendo toda intervenção do Estado no setor privado, exceto a sua atuação direta como agente econômico; está incluída a intervenção na propriedade privada, a exemplo da desapropriação e do tombamento, e a intervenção no domínio econômico como agente normativo e regulador, por exemplo, mediante a atuação das agências reguladoras, a adoção de medidas de repressão às práticas tendentes à eliminação da concorrência, a formação de estoques reguladores etc.).

A acepção material tem relevância meramente acadêmica ou doutrinária, porquanto no ordenamento jurídico brasileiro é adotado o critério formal de administração pública.

Administração pública em **sentido formal** ou subjetivo é o conjunto de órgãos e pessoas jurídicas que o nosso ordenamento jurídico identifica como administração pública, não importa a atividade que exerçam. No Brasil, só é administração pública: (a) os **órgãos** integrantes da denominada **administração direta** (são os órgãos que, em uma pessoa política, exercem função administrativa); e (b) as **entidades** da **administração indireta**, que são, **exclusivamente**, as **autarquias**, as **fundações públicas**, as **empresas públicas** e as **sociedades de economia mista**.

Em razão da adoção, em nosso ordenamento, do **critério formal** para enquadramento de um órgão ou entidade como administração pública, temos que, em determinados casos, mesmo **atividades econômicas em sentido estrito** podem ser exercidas por entidades integrantes da administração pública.

É o que ocorre com sociedades de economia mista e empresas públicas **exploradoras de atividades econômicas**, como o Banco do Brasil e a Petrobras (sociedades de economia mista) e a Caixa Econômica Federal (empresa pública). Conquanto a Constituição, em seu art. 173, literalmente afirme que essas entidades exploradoras de atividades econômicas estão sujeitas "ao regime jurídico próprio das **empresas privadas**", o certo é que tal sujeição **não é integral**, uma vez que, em diversos pontos, o texto constitucional, desde logo, estabelece regras de **direito público** aplicáveis a **todos** os órgãos e entidades da administração pública, sem exceção, como são exemplos a necessidade de concurso público para o acesso a cargos ou empregos públicos, a vedação à acumulação remunerada de cargos ou empregos públicos, o controle pelos tribunais de contas, as sanções aos atos de improbidade administrativa etc.

Em suma, embora em menor medida, mesmo as entidades da administração pública exploradoras de atividades econômicas sujeitam-se ao regime jurídico administrativo, ao menos em parte de suas atividades.

Os princípios apontados como caracterizadores do denominado **regime jurídico administrativo**, que é um regime de direito público, aplicável aos órgãos e entidades que compõem a administração pública – com a observação feita acima quanto às entidades da administração pública exploradoras de atividades econômicas –, são a **supremacia do interesse público** e a **indisponibilidade do interesse público**.

O princípio da **supremacia do interesse público** fundamenta a existência das prerrogativas e dos poderes da administração pública, a denominada **verticalidade** nas relações administração-particular. Toda atuação administrativa em que existe imperatividade, em que são impostas, unilateralmente, obrigações para o administrado, ou em que são restringidos direitos dos particulares é respaldada pelo princípio da supremacia do interesse público.

Exemplos são o exercício do poder de polícia, as chamadas cláusulas exorbitantes dos contratos administrativos, que possibilitam à administração, dentre outras prerrogativas, modificar unilateralmente o contrato, as hipóteses de intervenção na propriedade privada, como a desapropriação, a presunção de legitimidade dos atos administrativos, a autoexecutoriedade, entre outros.

A ideia central desse princípio é: havendo conflito entre o interesse público e os interesses de particulares, aquele deve prevalecer. Cumpre, todavia, ressalvar sempre o respeito aos direitos e garantias fundamentais e a necessidade de que a atuação da administração ocorra, invariavelmente, nos termos e limites da lei e do direito (o que inclui a **razoabilidade** e a **proporcionalidade** de sua atuação).

O segundo princípio, o da **indisponibilidade do interesse público**, faz contraponto ao primeiro. Ao mesmo tempo em que tem poderes especiais, exorbitantes do direito comum, a administração sofre restrições em sua atuação que não existem para os particulares. Essas restrições decorrem do fato de que a administração não é proprietária da coisa pública, mas sim o povo. Por isso, para a administração, a coisa pública é **indisponível**.

Em decorrência do **princípio da indisponibilidade do interesse público**, a administração somente pode atuar quando houver lei que determine sua atuação, e nos limites estipulados por essa lei. Não existe a ideia de "vontade" da administração, mas sim de "vontade" da lei, instrumento que legitimamente traduz a vontade geral, a vontade do povo, manifestada pelos seus representantes no Poder Legislativo. Além disso, toda a atuação da administração deve ter possibilidade de ser controlada pelo povo, seja diretamente, seja por meio de órgãos com essa função de controle.

Dessa forma, são decorrências típicas do **princípio da indisponibilidade do interesse público** a necessidade de realizar concurso público para admissão de pessoal permanente (empregados e servidores públicos efetivos), a necessidade, em regra, de realizar licitação prévia para a celebração de contratos administrativos, a exigência de motivação dos atos administrativos (regra geral), as restrições à alienação de bens públicos etc.

A Constituição, ao tratar da administração pública, não traz expressos os princípios da supremacia do interesse público e da indisponibilidade do interesse público. Entretanto, no *caput* de seu art. 37, enumera alguns dos mais importantes princípios administrativos que diretamente deles decorrem: **legalidade**, **impessoalidade**, **moralidade**, **publicidade** e **eficiência**. É o que estudaremos a seguir.

2. PRINCÍPIOS ADMINISTRATIVOS

Neste tópico será feita uma breve exposição do conteúdo dos cinco princípios administrativos enumerados no *caput* do art. 37 da Constituição, e de alguns outros princípios expressos. Antes disso, entretanto, é oportuno mencionar que os princípios implícitos da **razoabilidade** e da **proporcionalidade**, derivados do princípio do devido processo legal em sua acepção substantiva, têm sido largamente utilizados no âmbito do direito administrativo, especialmente para controle da discricionariedade administrativa pelo Poder Judiciário.

Com efeito, não são raras as decisões judiciais que anulam atos administrativos por serem desproporcionais ou desarrazoados. Deve-se enfatizar que se trata de anulação, ou seja, controle de legalidade ou legitimidade, e não de controle de mérito administrativo; o controle de mérito implicaria revogação de um ato inconveniente, mas válido, conforme critério exclusivo da administração, o que nada tem com razoabilidade ou proporcionalidade; no exercício de atividade jurisdicional o Poder Judiciário jamais controla mérito administrativo, ou seja, nunca revoga atos administrativos.

No âmbito do direito administrativo, esses princípios – da razoabilidade e da proporcionalidade – possuem conteúdo análogo ao que lhes empresta o direito constitucional quando os utiliza no controle da constitucionalidade das leis, razão pela qual remetemos o leitor, para uma análise pormenorizada, ao tópico específico, inserido no estudo dos direitos fundamentais.

Em linhas gerais, um ato administrativo é anulado por ofensa aos princípios da razoabilidade e da proporcionalidade quando não é adequado à obtenção do resultado que se pretende, ou quando, embora adequado, não seja necessário, por existir outro meio viável que seja menos restritivo de direitos e permita atingir o mesmo fim, ou, ainda, se não houver correspondência entre a lesividade da conduta que se tenciona sancionar ou prevenir e a intensidade da sanção administrativa aplicada (proporcionalidade em sentido estrito).

Vejamos os princípios expressos no *caput* do art. 37 da Constituição.

O princípio da legalidade administrativa tem, para a administração pública, um conteúdo muito mais restritivo do que a legalidade geral aplicável à conduta dos particulares (CF, art. 5.º, II). Por outro lado, para o administrado, o princípio da legalidade administrativa representa uma garantia constitucional, exatamente porque lhe assegura que a atuação da administração estará limitada estritamente ao que dispuser a lei.

O fato de estar a administração pública sujeita ao princípio da indisponibilidade do interesse público, e de não ser ela quem estabelece o que é de interesse público, mas somente a lei, única expressão legítima da vontade geral, acarreta a necessidade de que a atuação administrativa esteja previamente determinada ou autorizada na lei. Vale dizer, para que haja atuação administrativa não é suficiente a mera inexistência de proibição legal; é imprescindível que a lei preveja ou autorize aquela atuação.

Em suma, a administração, além de não poder atuar contra a lei ou além da lei, somente pode agir segundo a lei (a atividade administrativa não pode ser *contra legem* nem *praeter legem*, mas apenas *secundum legem*). Os atos eventualmente praticados em desobediência a tais parâmetros são atos inválidos e podem ter a sua ilegalidade ou ilegitimidade decretada pela própria administração que os haja editado (autotutela administrativa), ou, desde que provocado, pelo Poder Judiciário.

Observe-se, ainda, que, em sua atuação, a administração está obrigada à observância não apenas do disposto nas leis, mas também dos princípios jurídicos. Ademais, a administração está sujeita a seus próprios atos normativos, expedidos para assegurar o fiel cumprimento das leis, nos termos do art. 84, IV, da Constituição. Assim, na prática de um ato individual, o agente público está obrigado a observar não só a lei e os princípios jurídicos, mas também os decretos, as portarias, as instruções normativas, os pareceres normativos, em suma, os atos administrativos gerais que sejam pertinentes àquela situação concreta com que ele se depara.

O princípio da impessoalidade, no direito administrativo, possui dupla acepção: finalidade da atuação administrativa, que deve sempre ser a satisfação do interesse público, e vedação à promoção pessoal do administrador público.

Na acepção mais comumente citada, de finalidade da atuação administrativa, o princípio da impessoalidade traduz a ideia de que toda atuação da administração deve visar ao interesse público, deve ter como finalidade a satisfação do interesse público.

Qualquer ato praticado com objetivo que não seja atender ao interesse público, enunciado na lei de forma explícita ou implícita, será nulo por desvio de finalidade.

Impede o princípio da impessoalidade, portanto, que o ato administrativo seja praticado a fim de atender a interesses do agente público ou de terceiros, devendo visar, tão somente, à "vontade" da lei, comando geral e abstrato, logo, impessoal. Dessarte, são obstadas perseguições ou favorecimentos e quaisquer discriminações, benéficas ou prejudiciais, aos administrados ou mesmo aos agentes públicos.

Conforme se constata, analisado sob esse prisma, o princípio da impessoalidade identifica-se em larga medida com o princípio da isonomia (ou igualdade). Desses postulados – impessoalidade e igualdade – derivam diversas normas constitucionais, a exemplo da vazada no art. 37, II, que impõe o concurso público como condição para ingresso em cargo efetivo ou emprego público (oportunidades iguais para todos), e da norma constante do art. 37, XXI, a qual exige que as licitações públicas assegurem "igualdade de condições a todos os concorrentes".

A segunda acepção do princípio da impessoalidade está ligada à ideia de proibição de pessoalização das realizações da administração ou de proibição de promoção pessoal do agente público às custas das realizações da administração pública. Está consagrada no § 1.º do art. 37 da Constituição, segundo o qual:

> § 1.º A publicidade dos atos, programas, obras, serviços e campanhas dos órgãos públicos deverá ter caráter educativo, informativo ou de orientação social, dela não podendo constar nomes, símbolos ou imagens que caracterizem promoção pessoal de autoridades ou servidores públicos.

Nossa Corte Constitucional já teve ensejo de explicitar que é autoaplicável a norma em comento, vazada no § 1.º do art. 37 da Carta da República, considerando inválida a pretensão do legislador infraconstitucional de autorizar que órgãos ou Poderes do respectivo ente federativo estabeleçam critérios ou hipóteses em que a divulgação de ato, programa, obra ou serviços públicos não seria considerada promoção pessoal.[1]

O **princípio da moralidade** torna jurídica a exigência de atuação ética dos agentes da administração pública. A denominada **moral administrativa** difere da moral comum, justamente por ser **jurídica** e pela possibilidade de **invalidação** dos atos administrativos que sejam praticados com inobservância desse princípio.

É importante compreender que o fato de a Constituição haver erigido a moral administrativa em **princípio jurídico expresso** afasta qualquer dúvida que pudesse ainda subsistir acerca de sua natureza de **condição de validade** da atuação estatal, e **não** de aspecto atinente ao mérito administrativo. Assim, um ato contrário à moral administrativa **não** está sujeito a um exame de oportunidade e conveniência, mas a uma análise de **legitimidade**, ou seja, um ato praticado em desacordo com a moral administrativa **é nulo**, e **não meramente inoportuno ou inconveniente**.

Em consequência, o ato que viole a moral administrativa **não** deve ser revogado, e **sim** declarado **nulo**. Mais importante, como se trata de controle de legalidade ou legitimidade, este pode ser efetuado pela administração e, **também**, pelo Poder Judiciário (desde que provocado).

Como se trata de um princípio **jurídico**, a moralidade administrativa **independe da concepção subjetiva** (pessoal) de moral que o agente possa ter, isto é, nenhuma relevância para o direito têm as convicções íntimas do agente público acerca da conduta administrativa que deva ser considerada moral, ética.

A moral **jurídica** exigida do agente público em sua conduta (**moral administrativa**) deve ter o seu conteúdo elaborado a partir dos valores que podem ser extraídos do conjunto de **normas de direito** concernentes à atuação da administração pública e à conduta dos agentes públicos, incluídos princípios expressos e implícitos, regras legais e infralegais, normas de disciplina interna da administração e até mesmo práticas lícitas reiteradamente observadas no âmbito de seus órgãos e entidades (praxe administrativa).

É, portanto, uma noção **objetiva** de moral, isto é, um conceito em que não têm importância alguma as convicções de foro íntimo do sujeito, aquilo que ele, subjetivamente, pessoalmente, considera uma atuação moral. Sendo extraída do **ordenamento jurídico** – que é **externo ao sujeito** –, a moral administrativa é **objetiva**, muito embora, evidentemente, traduza um **conceito jurídico caracterizado por um elevado grau de indeterminação**. Mas é exatamente por não depender absolutamente das opiniões do agente que a observância, ou não, da moralidade administrativa pode ser objeto de controle pela própria administração pública e, se provocado, pelo Poder Judiciário.

Um meio de controle judicial da moral administrativa é a ação popular, remédio constitucional previsto no inciso LXXIII do art. 5.º da Constituição nestes termos:

> LXXIII – qualquer cidadão é parte legítima para propor **ação popular** que vise a **anular ato lesivo** ao patrimônio público ou de entidade de que o Estado participe, **à moralidade administrativa**, ao meio am-

---

[1] ADI 6.522/DF, rel. Min. Cármen Lúcia, 15.05.2021 (Informativo 1.017 do STF).

biente e ao patrimônio histórico e cultural, ficando o autor, salvo comprovada má-fé, isento de custas judiciais e do ônus da sucumbência;

Como se vê, o ato contrário à moral administrativa é nulo.

O § 4.º do art. 37 da Carta Política vigente trata de uma hipótese de lesão qualificada ao princípio da moralidade – mais especificamente ao **dever de probidade** que se impõe a todos os agentes públicos. Versa o citado dispositivo constitucional sobre a prática de **atos de improbidade administrativa**, com a previsão de aplicação de severas sanções aos responsáveis, consoante abaixo se lê:

> § 4.º Os atos de improbidade administrativa importarão a suspensão dos direitos políticos, a perda da função pública, a indisponibilidade dos bens e o ressarcimento ao erário, na forma e gradação previstas em lei, sem prejuízo da ação penal cabível.

A exigência de **probidade** na atuação dos agentes públicos perpassa todos os demais postulados administrativos, porque, conforme as circunstâncias, a afronta a qualquer dos princípios balizadores da atividade da administração pública, expressos ou implícitos, pode configurar **ato de improbidade administrativa**.

Vale registrar, ainda, que a Constituição tipifica como **crime de responsabilidade** os atos do Presidente da República que atentem contra a **probidade administrativa** (art. 85, V).

O **princípio da publicidade**, no direito administrativo, possui dupla acepção, a saber:

a) exigência de **publicação** em órgão oficial, como requisito de eficácia, dos atos administrativos que devam produzir efeitos externos e dos atos que impliquem ônus para o patrimônio público;

A doutrina usualmente sustenta que, nessa acepção, a publicidade é um pressuposto de **eficácia** do ato, e **não** um requisito de **validade**. Significa dizer, enquanto não for publicado, o ato que deva sê-lo fica, tão somente, **impossibilitado de produzir os efeitos que lhe são próprios**.

b) exigência de **transparência** da atuação administrativa.

Essa vertente do princípio da publicidade, derivada do postulado da indisponibilidade do interesse público, diz respeito à exigência de que seja possibilitado, da forma mais ampla possível, o controle da administração pública pelos administrados.

Uma decorrência da imposição ao Poder Público de que sua atuação seja transparente é a regra geral segundo a qual os atos administrativos devem ser motivados. Isso porque a **motivação** – declaração escrita dos pressupostos fáticos e jurídicos que determinaram a prática do ato – possibilita a aferição da legitimidade do ato pelos órgãos de controle e pelo povo em geral. O princípio da motivação dos atos administrativos não é um princípio que esteja expresso no texto da Constituição para toda a administração pública. Contudo, especificamente no tocante à atuação administrativa dos tribunais do Poder Judiciário, a motivação está explicitamente exigida no texto constitucional (art. 93, X).

Um dispositivo que deixa bem clara a exigência de atuação transparente de toda a administração pública é o inciso XXXIII do art. 5.º da Constituição, reproduzido abaixo (observe-se que o direito à informação não é absoluto, como, aliás, acontece com todos os direitos fundamentais):

> XXXIII – todos têm direito a receber dos órgãos públicos informações de seu interesse particular, ou de interesse coletivo ou geral, que serão prestadas no prazo da lei, sob pena de responsabilidade, ressalvadas aquelas cujo sigilo seja imprescindível à segurança da sociedade e do Estado;

Na mesma linha, o inciso II do § 3.º do art. 37 da Carta Política determina que a lei discipline as formas de participação do usuário na administração pública direta e indireta, regulando "o acesso dos usuários a registros administrativos e a informações sobre atos de governo", observadas as restrições que o próprio Texto Magno impõe.

Merece também menção o § 2.º do art. 216 da Constituição, nos termos do qual "cabem à administração pública, na forma da lei, a gestão da documentação governamental e as providências para franquear sua consulta a quantos dela necessitem".

Os três últimos dispositivos constitucionais citados – inciso XXXIII do art. 5.º, inciso II do § 3.º do art. 37 e § 2.º do art. 216 – têm a sua aplicação disciplinada pela Lei 12.527/2011, que é uma importante lei de normas gerais, de caráter nacional (isto é, obriga todos os entes da Federação), conhecida como Lei de Acesso à Informação (LAI), também chamada, por vezes, de Lei da Transparência Pública.

O princípio da eficiência tornou-se expresso em nosso ordenamento constitucional por obra da EC 19/1998, que o acrescentou à enumeração constante no caput do art. 37 da Carta Política. A inserção da eficiência nesse dispositivo como postulado explícito – não por coincidência no artigo que trata de forma mais abrangente do exercício de atividade administrativa em todos os Poderes e níveis da Federação – está vinculada à implantação no Brasil, verificada especialmente a partir de 1995, do esquema teórico de administração pública correspondente à assim chamada "administração gerencial". Pretendia-se que esse modelo substituísse, ao menos parcialmente, o padrão tradicional da nossa administração pública, dita "administração burocrática", cuja ênfase maior recai sobre o princípio da legalidade.

A noção básica subjacente é de que os controles a que está sujeita a administração pública, e os métodos de gestão que utiliza, acarretam morosidade, desperdícios, desmotivação, baixa produtividade, enfim, resultam em marcada ineficiência, em comparação com a administração de empreendimentos particulares. Propõe-se, por essa razão, que, na esfera pública, as atividades de gestão se aproximem o máximo possível daquelas observadas nas empresas do setor produtivo privado.

É esse paradigma de administração pública, em que se privilegia a aferição de resultados, com ampliação de autonomia dos entes administrativos e **redução dos controles de atividades-meio** (controles de procedimentos), que se identifica com o modelo teórico de "**administração gerencial**" – cujo postulado central é exatamente o **princípio da eficiência**.

Um instrumento tipicamente ilustrativo de tal desiderato é o contrato previsto no § 8.º do art. 37 da Carta Política (dispositivo também incluído pela EC 19/1998), a seguir reproduzido:

> § 8.º A autonomia gerencial, orçamentária e financeira dos órgãos e entidades da administração direta e indireta poderá ser ampliada mediante contrato, a ser firmado entre seus administradores e o Poder Público, que tenha por objeto a fixação de metas de desempenho para o órgão ou entidade, cabendo à lei dispor sobre:
>
> I – o prazo de duração do contrato;
>
> II – os controles e critérios de avaliação de desempenho, direitos, obrigações e responsabilidade dos dirigentes;
>
> III – a remuneração do pessoal.

A doutrina administrativista, de modo uniforme, refere-se à figura prevista nesse § 8.º do art. 37 da Constituição como **contrato de gestão**. No entanto, no ocaso de 2019 (mais de duas décadas depois da promulgação da EC 19/1998), foi publicada a Lei 13.934/2019, que regulamentou o aludido dispositivo constitucional "no âmbito da administração pública federal direta de qualquer dos Poderes da União e das autarquias e fundações públicas federais". Essa lei, literalmente, intitulou de "**contrato de desempenho**" o instrumento tratado no § 8.º do art. 37 do Texto Magno.

Mudou apenas o nome (e os demais entes da Federação não estão obrigados a adotar a nova denominação): o instrumento em questão continua sendo um meio formal para se estabelecerem metas a serem atingidas por órgãos e entidades administrativos em contrapartida à ampliação da autonomia de gestão deles.

O princípio da eficiência pode ser desmembrado em duas facetas:

a) relativamente à qualidade da atuação do agente público, procura-se obter um padrão de excelência no desempenho de suas atribuições e em sua produtividade;

b) quanto ao modo de organizar e estruturar os órgãos e entidades integrantes da administração pública, e disciplinar o seu funcionamento, exige-se a maior racionalidade possível, no intuito de se alcançar ótimos resultados na prestação dos serviços públicos.

Exemplos de normas derivadas do princípio da eficiência, quanto ao primeiro aspecto, ambas introduzidas pela EC 19/1998, são a que prevê uma avaliação especial de desempenho como condição para aquisição da estabilidade pelo servidor público estatutário e a que determina a **perda do cargo** do servidor estável "mediante procedimento de **avaliação periódica de desempenho**, na forma de lei complementar, assegurada ampla defesa" (CF, art. 41).

A eficiência integra o conceito de **serviço público adequado** (Lei 8.987/1995, art. 6.º, § 1.º). Ademais, a noção de eficiência vincula-se à de **economicidade**, princípio expresso no art. 70, *caput*, da Carta de 1988, acerca do controle financeiro da administração pública. Deve-se buscar que a prestação de serviços públicos (em sentido amplo) ocorra do modo mais simples, mais rápido e mais econômico, melhorando a **relação custo/benefício** da atividade da administração. O administrador deve sempre procurar a solução que atenda da melhor maneira o interesse público, levando em conta o ótimo aproveitamento dos recursos disponíveis, conforme essa análise de custos e dos benefícios correspondentes.

Note-se que, por ser a eficiência um **princípio expresso** balizador de toda a atividade da administração pública, a sua aferição configura **controle de legalidade ou legitimidade**, e não uma questão de mérito administrativo. Deveras, a atuação eficiente não pode decorrer de um juízo de conveniência ou oportunidade administrativas, porque se trata de uma **obrigação** do administrador. Não é facultado à administração pública alegar que, dentre diversas atuações teoricamente possíveis, deixou de escolher a mais eficiente porque achou conveniente ou oportuno adotar uma outra, menos eficiente.

Dessarte, o Poder Judiciário, desde que provocado, e a própria administração pública têm competência para apreciar a **eficiência** de atuações administrativas – os atos que contrariem o princípio da eficiência são ilegais ou ilegítimos, o que, teoricamente, enseja a sua **anulação** e, salvo se isso trouxer um prejuízo ainda maior ao interesse público, o desfazimento das medidas administrativas que deles decorreram; ademais, sendo dolosa ou culposa a conduta dos agentes públicos envolvidos, deverá ser promovida a sua **responsabilização** nas instâncias cabíveis.

Finalizando este tópico, convém frisar que existem, ainda, no texto constitucional, inúmeros princípios implícitos – além da razoabilidade e da proporcionalidade – e outros princípios expressos aplicáveis diretamente à administração pública. Dentre os expressos, mencionamos, a título ilustrativo, o princípio do **contraditório e ampla defesa** (CF, art. 5.º, LV) e o princípio da **celeridade processual** (CF, art. 5.º, LXXVIII), ambos aludindo explicitamente aos processos administrativos.

3. NORMAS CONSTITUCIONAIS SOBRE ORGANIZAÇÃO DA ADMINISTRAÇÃO PÚBLICA

A doutrina administrativista designa como **princípio da organização legal do serviço público** a regra segundo a qual cargos, empregos e funções públicas, bem como ministérios e órgãos públicos, devem ser criados e extintos por meio de **lei**. É importante alertar que essa regra **não é absoluta**, uma vez que há hipóteses em que a Constituição confere a **decretos** a atribuição de dispor sobre organização da administração pública e até de extinguir funções e cargos públicos, conforme será visto a seguir.

O Supremo Tribunal Federal já teve oportunidade de explicitar que se exige lei formal não só para a definição das atribuições de cargo público, mas também para eventuais alterações dessas atribuições.[2] Por outras palavras, as competências inerentes e caracterizadoras de um cargo público somente podem ser estabelecidas e modificadas por meio de lei formal (ou de ato com força de lei, como é o caso da medida provisória), sendo inválida a pretensão de utilizar, para tanto, meros atos administrativos, a exemplo de um decreto ou uma portaria.[3]

Não obstante o reconhecimento do princípio da organização legal do serviço público em nosso sistema jurídico, a partir da EC 32/2001 o Presidente da República, por força do inciso VI do art. 84 da Carta Política, passou a ter competência para dispor, mediante decreto, sobre: (a) organização e funcionamento da administração federal, desde que não implique aumento de despesa nem criação ou extinção de órgãos públicos; e (b) extinção de funções ou cargos públicos, quando vagos. Em ambos os casos, a competência é exercida por meio de decreto autônomo, diretamente lastreado no texto constitucional (e não como regulamentação de alguma lei prévia).

O quadro geral do princípio da organização legal do serviço público, em nosso ordenamento constitucional, pode ser assim sistematizado (as regras endereçadas à administração federal aplicam-se às demais esferas, por simetria):

a) a criação, a transformação e a extinção de cargos, funções e empregos públicos são de competência do Congresso Nacional, exercida por meio de lei, ressalvados os da Câmara dos Deputados e os do Senado Federal, que são criados, transformados e extintos mediante resolução da própria Casa Legislativa (CF, arts. 48, X, 51, IV, e 52, XIII);

b) a iniciativa das leis que disponham sobre criação de cargos, funções ou empregos públicos na administração direta e autárquica é privativa do Presidente da República (CF, art. 61, § 1.º, II, "a");

c) a extinção de funções ou cargos públicos vagos é de competência privativa do Presidente da República, exercida por meio de decreto autônomo (CF, art. 84, VI, "b");

d) a criação e a extinção de ministérios e órgãos da administração federal são de competência do Congresso Nacional, exercida por meio de lei de iniciativa privativa do Presidente da República (CF, arts. 48, XI, e 61, § 1.º, II, "e");

---

[2] Convém registrar que, embora não se trate de cargos públicos, o STF também entende que se encontram sob reserva legal a criação e a extinção de serviços notariais e de registro (serventias extrajudiciais), bem como a sua reorganização mediante desmembramento, desdobramento, anexação, desanexação, modificação de áreas territoriais, acumulação e desacumulação de unidades. Significa dizer, quaisquer dessas alterações somente podem ser efetuadas por meio de lei em sentido formal, e não por atos de natureza administrativa, a exemplo de resoluções de Tribunais de Justiça (ADI 2.415/SP, rel. Min. Ayres Britto, 22.09.2011; ADIMC 4.657/DF, rel. Min. Marco Aurélio, 29.02.2012).

[3] Vejam-se, entre outros: MS 26.955/DF, rel. Min. Cármen Lúcia, 01.12.2010 (Informativo 611 do STF); MS 26.740/DF, rel. Min. Ayres Britto, 30.08.2011 (Informativo 638 do STF).

e) dispor sobre a **organização** e o **funcionamento** da administração federal, quando **não implicar aumento de despesa nem criação ou extinção de órgãos públicos**, é competência privativa do Presidente da República, exercida por meio de **decreto autônomo** (CF, art. 84, VI, "a");

f) a criação e a extinção dos cargos do Poder Judiciário são efetuadas por meio de **lei** de iniciativa privativa do Supremo Tribunal Federal, dos Tribunais Superiores e dos Tribunais de Justiça, conforme o caso (CF, art. 96, II, "b").

Deve-se apontar, ainda, que a **criação** das **entidades da administração indireta** pressupõe sempre a edição de uma **lei específica**. Com efeito, o inciso XIX do art. 37 da Constituição, com a redação dada pela EC 19/1998, assim estabelece:

XIX – somente por lei específica poderá ser criada autarquia e autorizada a instituição de empresa pública, de sociedade de economia mista e de fundação, cabendo à lei complementar, neste último caso, definir as áreas de sua atuação;

Identificam-se, nesse dispositivo, duas distintas modalidades de criação de entidades da administração indireta:

a) criação diretamente operada pela edição da lei específica, prevista para as autarquias; e

b) autorização para a criação dada por lei específica, prevista para as empresas públicas, sociedades de economia mista e fundações públicas; nesse caso, o nascimento da entidade, ou seja, a aquisição da personalidade jurídica, ocorre posteriormente, com a inscrição no registro público competente dos atos constitutivos editados pelo Poder Executivo.

A primeira forma de instituição dá origem a entidades com **personalidade jurídica de direito público**, como, de fato, são todas as autarquias.

O segundo modo de criação dá surgimento a entidades com **personalidade jurídica de direito privado**.

No que tange especificamente às fundações públicas, o Supremo Tribunal Federal entende que é possível a sua criação como pessoas jurídicas de direito público ou como pessoas jurídicas de direito privado (muito embora, evidentemente, não seja isso o que literalmente consta do inciso XIX do art. 37). No primeiro caso, teremos **fundações públicas de direito público**, instituídas diretamente por lei específica, sujeitas a um regime jurídico igual ao das autarquias – a rigor, elas são uma espécie de autarquia, por isso chamadas, também, de **fundações autárquicas** ou de **autarquias fundacionais**. No segundo caso, teremos **fundações públicas de direito privado**, submetidas a um regime jurídico similar ao das empresas públicas prestadoras de serviços públicos.

Seja qual for a espécie de fundação pública, o texto constitucional, com a EC 19/1998, passou a prever que uma **lei complementar** deverá definir as áreas de sua atuação (até hoje não editada).

Cap. 6 • ADMINISTRAÇÃO PÚBLICA

Cabe mencionar que o Código Civil, no seu art. 41, IV, arrola como espécie de autarquia as denominadas **associações públicas**. São exemplo de autarquia da espécie associação pública os consórcios públicos, previstos no art. 241 da Constituição e regulados pela Lei 11.107/2005, quando os entes federados que instituam o consórcio público atribuam a ele personalidade jurídica de direito público. Nesse caso, tem-se uma autarquia integrante da administração indireta de mais de uma pessoa política – denominadas **autarquias interfederativas**, ou **multifederadas** (ou, ainda, **multifederativas**).

A regra do inciso XIX do art. 37 é complementada pela do inciso XX, nestes termos:

> XX – depende de autorização legislativa, em cada caso, a criação de subsidiárias das entidades mencionadas no inciso anterior, assim como a participação de qualquer delas em empresa privada;

O Supremo Tribunal Federal já deixou assente que, muito embora o texto constitucional exija autorização legislativa "em cada caso" para a **criação de subsidiárias** das entidades da administração indireta, essa autorização pode ser dada em caráter genérico, na própria lei que autorizou a instituição daquela entidade. Na dicção de nossa Corte Suprema, "é dispensável a autorização legislativa para a criação de empresas subsidiárias, desde que haja previsão para esse fim na própria lei que instituiu a empresa de economia mista matriz, tendo em vista que a lei criadora é a própria medida autorizadora" (o julgado envolvia uma sociedade de economia mista).[4]

Além disso, nosso Tribunal Maior firmou o entendimento de que **não é necessária autorização legislativa para a alienação do controle de subsidiárias e controladas** das empresas públicas e sociedades de economia mista. Decidiu, ainda, que, "nesse caso, a operação pode ser realizada sem a necessidade de licitação, desde que siga procedimentos que observem os princípios da administração pública inscritos no art. 37 da Constituição, respeitada, sempre, a exigência de necessária competitividade".[5] Acrescente-se que essa posição foi reafirmada ulteriormente, em decisão proferida em arguição de descumprimento de preceito fundamental, na qual restou assente que "**é dispensável a autorização legislativa para a alienação de controle acionário de empresas subsidiárias** de empresas públicas e de sociedades de economia mista".[6]

4. NORMAS CONSTITUCIONAIS SOBRE INGRESSO NO SERVIÇO PÚBLICO

Estabelece a Constituição Federal que "os cargos, empregos e funções públicas são acessíveis aos brasileiros que preencham os requisitos estabelecidos em lei, assim como aos estrangeiros, na forma da lei" (art. 37, I).

---

[4] ADI 1.649/DF, rel. Min. Maurício Corrêa, 24.03.2004.
[5] ADI-MC 5.624/DF, rel. Min. Ricardo Lewandowski, 06.06.2019 (Informativo 943 do STF); Rcl-MC 42.576/DF, red. p/ o acórdão Min. Alexandre de Moraes, 01.10.2020 (Informativo 993 do STF).
[6] ADPF 794/DF, rel. Min. Gilmar Mendes, 24.05.2021 (Informativo 1.018 do STF).

Portanto, para os brasileiros, natos ou naturalizados, poderem ter acesso aos cargos, empregos e funções públicas, **basta atenderem os requisitos previstos em lei**. Se for um cargo efetivo ou um emprego público, será ainda necessária a prévia aprovação em concurso público. Não há essa exigência para o preenchimento de cargos em comissão e de funções de confiança. Na contratação temporária, prevista no inciso IX do art. 37 da Constituição, há, em regra, um processo seletivo simplificado entre os interessados que satisfaçam as condições legais.

A situação dos **estrangeiros** é diferente. O acesso deles aos cargos, empregos e funções públicas deve ocorrer "**na forma da lei**", significa dizer, os estrangeiros somente poderão ter acesso aos cargos, empregos e funções públicas se houver prévia lei que autorize e estabeleça a forma de ingresso. Temos, portanto, uma norma constitucional de **eficácia limitada** (na tradicional classificação do Prof. José Afonso da Silva).

Vale lembrar que existem **cargos privativos de brasileiro nato**, enumerados no art. 12, § 3.º, da Carta Política, a saber: Presidente e Vice-Presidente da República; Presidente da Câmara dos Deputados; Presidente do Senado Federal; Ministro do Supremo Tribunal Federal; carreira diplomática; oficial das forças armadas; Ministro de Estado da Defesa.

Importante decorrência do inciso I do art. 37, citado no início deste tópico, é a proibição de que editais de concursos públicos estabeleçam exigências que não tenham **base legal**.[7] Assim, a administração pública, na elaboração dos editais dos concursos para ingresso em cargos ou empregos públicos, **não pode** impor condições para a participação no certame, e menos ainda para o ulterior acesso dos aprovados ao cargo ou emprego, com fundamento **exclusivo** em atos normativos **infralegais**, tais como regulamentos, instruções normativas, portarias etc.

Exemplo dessa orientação, na jurisprudência do STF, temos na **Súmula Vinculante 44**, cujo enunciado estabelece que **somente a lei** pode sujeitar a **exame psicotécnico** a habilitação de candidato a cargo público.

Vem a propósito abrir um parêntese para anotar uma orientação relevante estabelecida pelo Supremo Tribunal Federal. Na hipótese de o exame psicotécnico ministrado a um determinado candidato vir a ser considerado **nulo** (por uma decisão judicial, por exemplo), estando prevista em lei e no edital do concurso a exigência de tal avaliação, não pode o candidato ser simplesmente dela dispensado. Ele **deverá ser submetido a um novo teste**, desta vez escoimado dos vícios que acarretaram a invalidação do primeiro. Fecha-se o parêntese.[8] Essa é a jurisprudência do Supremo Tribunal Federal, cristalizada na seguinte **tese de repercussão geral**:

> No caso de declaração de nulidade de exame psicotécnico previsto em lei e em edital, é indispensável a realização de nova avaliação, com critérios objetivos, para prosseguimento no certame.

---

[7] MS 20.973/DF, rel. Min. Paulo Brossard, 06.12.1989.

[8] RE 1.133.146/DF (**repercussão geral**), rel. Min. Luiz Fux, 20.09.2018. Com fulcro nessa decisão, foi fixada a seguinte **tese de repercussão geral**: "No caso de declaração de nulidade de exame psicotécnico previsto em lei e em edital, é indispensável a realização de nova avaliação, com critérios objetivos, para prosseguimento no certame".

Cap. 6 • ADMINISTRAÇÃO PÚBLICA

Deve-se enfatizar que **nem mesmo a lei dispõe de total liberdade** ao estipular requisitos para a participação em concursos ou o ingresso em cargos e empregos públicos, uma vez que sempre deverão ser respeitados princípios constitucionais tais como os da isonomia, da razoabilidade e da impessoalidade. Ou seja, os requisitos legais a que se refere o inciso I do art. 37 da Constituição devem, obrigatoriamente, mostrar-se imprescindíveis ao adequado desempenho da função pública correspondente, sendo **vedada à própria lei** a imposição de exigências **desnecessárias, desarrazoadas, desproporcionalmente restritivas** ou **injustificadamente discriminatórias.**

Nessa linha, já asseverou o Supremo Tribunal Federal que "a imposição de discrímen de gênero para fins de participação em concurso público somente é compatível com a Constituição nos excepcionais casos em que demonstradas a fundamentação proporcional e a legalidade da imposição, sob pena de ofensa ao princípio da isonomia".[9]

Decidiu também, em outra ocasião, que "é razoável a exigência de altura mínima para cargos da área de segurança, **desde que prevista em lei** no sentido formal e material, **bem como no edital** que regule o concurso".[10] Não obstante, considerou **inconstitucional** a exigência legal de altura mínima para acesso aos **quadros de saúde e de capelães** do corpo de bombeiros militar de determinada unidade da Federação, uma vez que as funções específicas desses profissionais podem ser apropriadamente exercidas independentemente da sua estatura.[11]

Durante muitos anos, o Supremo Tribunal Federal sustentou, em sua jurisprudência, que a administração pública **não pode recusar a inscrição**, ou **excluir do certame público** um candidato, ou, ainda, se ele for aprovado, **impedir a sua nomeação** para o cargo ou emprego, sob alegação de "inidoneidade moral", de "não atendimento a requisito de bons antecedentes", ou de "ausência de capacitação moral", baseada no mero fato de o candidato estar respondendo a inquérito policial ou a ação penal. O fundamento dessa orientação é o **princípio da presunção de inocência** ou da presunção de não culpabilidade (CF, art. 5.º, LVII), que não está restrito ao âmbito penal, devendo ser igualmente observado na esfera administrativa.[12]

Pois bem, a posição descrita no parágrafo precedente permanece em vigor, como **regra geral**. É muito importante alertar, porém, que, em 2020, a Corte Suprema decidiu, com **repercussão geral**, que é possível, sim, em alguns casos, **desde que haja lei** que assim disponha, restringir a participação, em concurso público

---

9 RE 528.684/MS, rel. Min. Gilmar Mendes, 03.09.2013.

10 ARE 640.284/SP, rel. Min. Gilmar Mendes, 16.05.2011. No mesmo sentido: RE-AgR 586.511/SE, rel. Min. Marco Aurélio, 30.10.2012; AI-AgR 764.423/SE, rel. Min. Marco Aurélio, 23.04.2013.

11 ADI 5.044/DF, rel. Min. Alexandre de Moraes, 11.10.2018.

12 RE 194.872/RS, rel. Min. Marco Aurélio, 07.11.2000; ARE-AgR 733.957/CE, rel. Min. Celso de Mello, 06.12.2013. Deve ficar claro que esse entendimento jurisprudencial **não conflita** com o inciso V do art. 47 do Código Penal, que estabelece como uma das possíveis **penas** de interdição temporária de direitos a "**proibição de inscrever-se em concurso, avaliação ou exame públicos**". Afinal, nessa hipótese, tem-se a aplicação de uma **sanção penal**, determinada pelo Poder Judiciário (jamais por um órgão administrativo), nos expressos termos da lei, cuja consequência é exatamente restringir o direito a que ela se refere.

para ingresso em **determinados cargos**, de candidatos que estejam respondendo a inquérito ou a ação penal.

Na mencionada decisão, restou fixada a seguinte **tese de repercussão geral**:[13]

> Sem previsão constitucionalmente adequada e instituída por lei, não é legítima a cláusula de edital de concurso público que restrinja a participação de candidato pelo simples fato de responder a inquérito ou ação penal.

No julgamento em que se deu a fixação dessa tese jurídica, o STF deixou assente que – além da necessária ponderação entre os princípios constitucionais da presunção de inocência (art. 5º, LVII), da liberdade profissional (art. 5º, XIII) e da ampla acessibilidade aos cargos públicos (art. 37, I), de um lado, e, de outro, o postulado da moralidade administrativa (art. 37, *caput*) –, **há de se considerar a natureza do cargo público a ser ocupado**, para o fim de se admitir, ou não, a imposição da aludida restrição, observadas as seguintes **diretrizes**:

a) em regra, só será legítima a imposição de restrição à participação de candidato em concurso público na hipótese de condenação criminal por órgão colegiado ou de condenação transitada em julgado – e, ainda assim, desde que observada a relação de incompatibilidade entre a natureza do crime e as atribuições do cargo (isto é, nem toda condenação penal deve ter por consequência direta e imediata impedir alguém de se candidatar a concurso público);

b) excepcionalmente, porém, para concorrer a determinados cargos públicos, pela natureza deles, será possível, **por meio de lei**, a fixação de exigência de qualificações mais restritas e rígidas ao candidato (como, por exemplo, para o ingresso nas carreiras da magistratura, das funções essenciais à justiça – Ministério Público, Advocacia Pública e Defensoria Pública – e da segurança pública); para cargos dessa natureza, portanto, até mesmo o simples fato de responder a inquérito ou ação penal poderá constituir hipótese de impedimento à participação em concurso público, **desde que haja previsão em lei**.

Por outro lado, mesmo no caso de condenação transitada em julgado, nossa Corte Suprema já deixou assente que, **em regra**, é possível o candidato aprovado em concurso público ser nomeado e empossado no cargo. O exercício, evidentemente, dependerá do regime de cumprimento da pena, ou de decisão do juízo de execuções. Essa orientação está averbada na seguinte tese de repercussão geral:[14]

> A suspensão dos direitos políticos prevista no artigo 15, III, da Constituição Federal ("condenação criminal transitada em julgado, enquanto durarem seus efeitos") não impede a nomeação e posse de candidato aprovado em concurso público, desde que não incom-

---

[13] RE 560.900/DF (**repercussão geral**), rel. Min. Roberto Barroso, 06.02.2020 (Informativo 965 do STF).

[14] RE 1.282.553/RR (**repercussão geral**), rel. Min. Alexandre de Moraes, 04.10.2023 (Informativo 1.111 do STF).

patível com a infração penal praticada, em respeito aos princípios da dignidade da pessoa humana e do valor social do trabalho (CF, art. 1.º, III e IV) e do dever do Estado em proporcionar as condições necessárias para a harmônica integração social do condenado, objetivo principal da execução penal, nos termos do artigo 1.º da LEP (Lei 7.210/1984). O início do efetivo exercício do cargo ficará condicionado ao regime da pena ou à decisão judicial do juízo de execuções, que analisará a compatibilidade de horários.

Está consolidada, no âmbito de nossa Corte Suprema, a orientação segundo a qual **não pode** um candidato ser impedido de participar de concurso público, ou de tomar posse no cargo ou emprego respectivo, **pela simples razão de ter uma tatuagem**. Ainda que estivesse contida em lei, tal restrição seria inconstitucional, por ofensa, dentre outros direitos fundamentais, às liberdades de expressão e de manifestação de pensamento. Não obstante, é legítima a vedação a tatuagens "que façam apologia a ideias discriminatórias ou ofensivas aos valores constitucionais, que expresse ideologias terroristas, extremistas, incitem a violência e a criminalidade, ou incentivem a discriminação de raça e sexo ou qualquer outra força de preconceito, mormente porque evocam ideais e representações **diretamente contrárias à Constituição, às leis e às atividades e valores das Instituições**". Sobre essa matéria, restou fixada, para efeito de **repercussão geral**, a seguinte tese:[15]

> Editais de concurso público não podem estabelecer restrição a pessoas com tatuagem, salvo situações excepcionais em razão de conteúdo que viole valores constitucionais.

Muito relevante consideramos a posição firmada pelo Supremo Tribunal Federal acerca da possibilidade de ser empossada em cargo público a pessoa que, embora tenha passado por uma situação de doença grave, esteja curada, ou não apresente alterações que lhe impeçam o exercício das atribuições daquele cargo. No dizer da Corte Máxima, o risco futuro e incerto de recidiva, licenças de saúde e aposentadoria não pode impedir a fruição do direito ao trabalho, que é indispensável para propiciar a subsistência, a emancipação e o reconhecimento social. A pretensão de impedir a posse nesse caso desrespeitaria também a dignidade humana, pois representaria uma pecha de incapacidade tendente a destruir a autoestima de qualquer pessoa. Sobre o tema, fixou-se esta **tese de repercussão geral**:[16]

> É inconstitucional a vedação à posse em cargo público de candidato(a) aprovado(a) que, embora tenha sido acometido(a) por doença grave, não apresenta sintoma incapacitante nem possui restrição relevante que impeça o exercício da função pretendida (CF, arts. 1.º, III, 3.º, IV, 5.º, *caput*, 37, *caput*, I e II).

---

[15] RE 898.450/SP (**repercussão geral**), rel. Min. Luiz Fux, 17.08.2016 (Informativo 835 do STF).

[16] RE 886.131/MG (**repercussão geral**), rel. Min. Luís Roberto Barroso, 30.11.2023 (Informativo 1.119 do STF).

Como derradeiro apontamento sobre esse tema cabe mencionar a **Súmula 683 do STF**, cujo enunciado explicita que "o limite de idade para a inscrição em concurso público só se legitima em face do art. 7.º, XXX, da Constituição, quando possa ser justificado pela natureza das atribuições do cargo a ser preenchido".

Dois entendimentos do Supremo Tribunal Federal, concernentes a **testes físicos** em concursos públicos, precisam, neste passo, ser trazidos a lume.

Nossa Corte Maior decidiu, com **repercussão geral**, que o candidato em concurso público **não tem direito** de que seja marcada para ele prova de **segunda chamada** nos **testes de aptidão física**, motivada por circunstâncias pessoais, ainda que de **caráter fisiológico** ou de **força maior** – **salvo disposição expressa em sentido contrário no respectivo edital**.[17]

Por outras palavras, caso um candidato em determinado concurso público que inclua testes físicos tenha o infortúnio de ser acometido de alguma condição que atrapalhe o seu rendimento, ou mesmo impossibilite fazer as provas físicas no dia aprazado, **não terá direito de que seja marcada uma nova data** para realizar os testes, **a menos que o edital expressamente preveja essa possibilidade** – nada importa que a disfunção ou limitação física (doença, trauma físico, dor ou transtorno orgânico de qualquer origem) decorra de força maior, e não de alguma razão que pudesse ser imputada ao candidato.

A segunda orientação a merecer registro sobre o tema, também exarada na sistemática da **repercussão geral**, refere-se, especificamente, às **candidatas gestantes**. Nessa hipótese, o Supremo Tribunal Federal entende que **há direito à remarcação dos testes físicos**, isto é, se a candidata, em razão da sua gravidez, não puder submeter-se às provas de aptidão física no dia originalmente marcado no edital, tem direito de fazê-las em outra data.[18]

Quando **candidatas gestantes** não puderem realizar os testes físicos na data inicialmente prevista no edital, **o andamento do certame não deve ser interrompido**. Serão **reservadas** tantas vagas quantas forem as candidatas em tal situação e elas farão as provas de aptidão física ulteriormente. A candidata que lograr aprovação e classificação depois de ter sido submetida ao teste físico remarcado poderá tomar posse. Caso contrário, deverá ser empossado o candidato remanescente na lista de classificação em posição imediatamente subsequente.

Com base nessa decisão, fixou-se esta **tese de repercussão geral**:

> É constitucional a remarcação do teste de aptidão física de candidata que esteja grávida à época de sua realização, independentemente da previsão expressa em edital do concurso público.

---

[17] RE 630.733/DF (**repercussão geral**), rel. Min. Gilmar Mendes, 15.05.2013 (Informativo 706 do STF). Com fulcro nessa decisão, aprovou-se a seguinte **tese de repercussão geral**: "Inexiste direito dos candidatos em concurso público à prova de segunda chamada nos testes de aptidão física, salvo contrária disposição editalícia, em razão de circunstâncias pessoais, ainda que de caráter fisiológico ou de força maior, mantida a validade das provas de segunda chamada realizadas até 15.05.2013, em nome da segurança jurídica".

[18] RE 1.058.333/PR (**repercussão geral**), rel. Min. Luiz Fux, 21.11.2018.

Convém pontuar que o Supremo Tribunal Federal, invocando explicitamente o inciso VIII do art. 5.º da Constituição – "ninguém será privado de direitos por motivo de crença religiosa ou de convicção filosófica ou política, salvo se as invocar para eximir-se de obrigação legal a todos imposta e recusar-se a cumprir prestação alternativa, fixada em lei" –, decidiu que a administração pública pode deferir pedido de candidato em concurso público que invoque **motivos religiosos** para realizar determinadas provas ou etapas do certame em datas ou horários diferentes daqueles estipulados no edital. A exceção requerida deve ser "razoável" e não pode acarretar "ônus desproporcional à administração pública"; ademais, certo é que o poder público pode negar o pleito, porquanto, na decisão em apreço, restou consignado que ele "deverá decidir de maneira fundamentada" (significa dizer, o pedido pode ser deferido ou denegado, desde que motivadamente, por escrito). A seguinte **tese de repercussão geral** foi enunciada:[19]

> Nos termos do artigo 5.º, VIII, da Constituição Federal é possível a realização de etapas de concurso público em datas e horários distintos dos previstos em edital, por candidato que invoca escusa de consciência por motivo de crença religiosa, desde que presentes a razoabilidade da alteração, a preservação da igualdade entre todos os candidatos e que não acarrete ônus desproporcional à administração pública, que deverá decidir de maneira fundamentada.

A Constituição de 1988 tornou obrigatória a aprovação prévia em concurso público – que deve ser de provas, ou de provas e títulos – para o provimento de quaisquer cargos efetivos ou empregos permanentes na administração direta e indireta, inclusive para o preenchimento de empregos nas empresas públicas e sociedades de economia mista (CF, art. 37, II).

O Supremo Tribunal Federal já deixou assente que "as **provas de títulos** em concursos públicos para provimento de cargos efetivos no seio da administração pública brasileira, qualquer que seja o Poder de que se trate ou o nível federativo de que se cuide, **não podem ostentar natureza eliminatória**, prestando-se **apenas para classificar** os candidatos, sem **jamais justificar sua eliminação** do certame".[20] Impende repetir: as **provas de títulos** em concursos públicos devem ter **caráter exclusivamente classificatório**, nunca eliminatório.

Às pessoas com deficiência deve ser reservado, por lei, um percentual dos cargos e empregos públicos oferecidos nos certames públicos (CF, art. 37, VIII). Esses candidatos estão sujeitos ao concurso, mas haverá vagas específicas reservadas para eles. A Constituição determina que a lei estabeleça os critérios de sua admissão.

Embora devesse ser considerado um tanto óbvio, o Supremo Tribunal Federal já precisou esclarecer que **não** se pode estipular, como critério para permitir que

---

[19] RE 611.874/DF (**repercussão geral**), red. p/ o acórdão Min. Edson Fachin, 26.11.2020.

[20] MS 31.176/DF, rel. Min. Luiz Fux, 02.09.2014 (Informativo 757 do STF). No mesmo sentido: AI-AgR 194.188/RS, rel. Min. Marco Aurélio, 30.03.1998; MS 32.074/DF, rel. Min. Luiz Fux, 02.09.2014.

a pessoa concorra às vagas reservadas, a exigência de que a deficiência por ela apresentada dificulte o desempenho das funções inerentes ao cargo. Em outras palavras, para poder postular as vagas reservadas no certame, **basta que o candidato realmente apresente alguma deficiência**, ainda que esta não implique absolutamente nenhum embaraço ao desempenho das atribuições do cargo para o qual ele esteja concorrendo.[21]

Ao lado desse entendimento, é importante saber que o Supremo Tribunal Federal, mais de uma vez, já considerou haver afronta ao inciso VIII do art. 37 da Constituição quando o edital de concurso público para determinado cargo (dos quadros da Polícia Federal ou das polícias civis, por exemplo) **não reserva** vaga alguma para candidatos com deficiência, fundado no raciocínio apriorístico de que a atividade respectiva **não é compatível com nenhum tipo de deficiência**.

No dizer de nossa Corte Maior, **deve** a administração pública **reservar vagas** para candidatos que tenham deficiências e, **depois de realizado o concurso**, "examinar, com critérios objetivos, se a deficiência apresentada é, ou não, compatível com o exercício do cargo ou da função oferecidos no edital, assegurando a ampla defesa e o contraditório ao candidato, **sem restringir a participação no certame de todos e de quaisquer candidatos portadores de deficiência**".[22]

Por outras palavras, **o STF não tem admitido**, ainda quando se trate de cargos dos quadros das polícias civis e da Polícia Federal, **que o edital deixe de reservar vaga para pessoas com deficiência**, baseado na implícita presunção, abstratamente estabelecida, de que o exercício das atribuições do cargo não seria compatível com deficiência de espécie alguma. Conforme inspirada dicção da Ministra Cármen Lúcia, "a presunção de que nenhuma das atribuições inerentes aos cargos de natureza policial pode ser desempenhada por pessoas portadoras de uma ou outra necessidade especial é incompatível com o ordenamento jurídico brasileiro, marcadamente assecuratório de direitos fundamentais voltados para a concretização da dignidade da pessoa humana".[23]

A exigência de concurso público não abrange a nomeação para cargos em comissão, os quais, por definição, são de livre nomeação e exoneração com base exclusiva em critérios subjetivos de confiança da autoridade competente. Não há obrigatoriedade de aprovação em concurso público, também, nos casos de contratação temporária previstos no inciso IX do art. 37 da Constituição.

O § 2.º do art. 37 da Carta de 1988 estabelece, de forma categórica, que o desrespeito à exigência de concurso público ou ao seu prazo de validade implicará a **nulidade** do ato e a punição da autoridade responsável, nos termos da lei. Não importa a que título tenha a administração admitido o agente público – ele pode ter sido nomeado para um cargo público, ter celebrado um contrato de trabalho para assumir um emprego público efetivo ou mesmo ter sido contratado de forma temporária sob alegação de necessidade de excepcional interesse público –, certo é que, se,

---

[21] RMS-AgR 32.732/DF, rel. Min. Celso de Mello, 03.06.2014.

[22] RE-AgR 606.728/DF, rel. Min. Cármen Lúcia, 02.12.2010; RE 676.335/MG, rel. Min. Cármen Lúcia, 21.03.2012; Rcl 14.145/MG, rel. Min. Cármen Lúcia, 28.11.2012.

[23] RE 676.335/MG, rel. Min. Cármen Lúcia, 26.02.2013.

no caso concreto, incidia a exigência de concurso público e esta foi burlada mediante qualquer expediente, **o ato de admissão do agente será anulado e a autoridade que o praticou será punida**.

Dessa forma, sob a Constituição vigente, **não é possível** a convalidação de ato de nomeação ou de contratação para cargo ou emprego público que não tenha sido precedido de aprovação em concurso público, quando este fosse exigido. Nem mesmo a estabilização da relação jurídica por decurso de tempo é possível, uma vez que o Supremo Tribunal Federal entende que **não ocorre jamais a decadência** quando se trata de anulação de ato que contrarie frontalmente **exigência expressa na Constituição da República**.[24]

Nesse diapasão, **não admite** nosso Pretório Supremo a aplicação da assim chamada "**teoria do fato consumado**" para que se mantenha no cargo a pessoa que, **sem ter sido devidamente aprovada no concurso público** correspondente – por ter sido reprovada em alguma de suas fases, ou não ter concluído todas as etapas previstas no edital –, tenha **tomado posse por força de decisão judicial de caráter provisório**, posteriormente revogada, cassada ou, de algum modo, desconstituída ou tornada ineficaz. Em tal hipótese, aquela pessoa **será desligada** do cargo, **mesmo que já esteja no seu exercício há vários anos** e, em todo esse período, tenha demonstrado possuir indiscutível aptidão para o desempenho das respectivas atribuições.[25]

Vale observar que a pessoa nomeada ou contratada sem concurso público, quando ele fosse exigido, será **obrigatoriamente desligada** do serviço público, mas a **remuneração** que tiver recebido pelo trabalho efetivamente prestado **não será devolvida**, para não proporcionar ao Estado enriquecimento sem causa. Além da remuneração pelos serviços prestados, o agente público cuja admissão tenha sido anulada por inobservância da exigência de concurso público faz jus ao depósito do Fundo de Garantia do Tempo de Serviço (FGTS) na respectiva conta vinculada. De fato, o art. 19-A da Lei 8.036/1990, que assegura o **direito ao FGTS**, desde que reconhecido o direito ao salário, à pessoa que tenha indevidamente ingressado no serviço público **sem concurso**, foi declarado compatível com a Carta da República pelo Supremo Tribunal Federal.[26]

O prazo de validade dos concursos públicos será de **até dois anos,** podendo ser prorrogado uma única vez, por **igual período**. Cabe à administração pública, **discricionariamente**, estabelecer a validade de cada concurso público que promova, a qual constará do respectivo edital.[27] É também **discricionária** a decisão da administração quanto a **prorrogar ou não** o prazo de validade do concurso.[28] Note-se que, segundo o Supremo Tribunal Federal, o ato de prorrogação, se houver, deve obrigatoriamente ser editado enquanto o prazo inicial de validade ainda não tiver

---

24 MS 28.279/DF, rel. Min. Ellen Gracie, 16.12.2010.
25 RE 608.482/RN (repercussão geral), rel. Min. Teori Zavascki, 07.08.2014 (Informativo 753 do STF).
26 RE 596.478/RR (repercussão geral), red. p/ o acórdão Min. Dias Toffoli, 13.06.2012 (Informativo 670 do STF). No mesmo sentido: ADI 3.127/DF, rel. Min. Teori Zavascki, 26.03.2015 (Informativo 779 do STF).
27 RMS 28.911/RJ, rel. Min. Cármen Lúcia, 13.11.2012.
28 RMS 28.911/RJ, rel. Min. Cármen Lúcia, 13.11.2012.

expirado, vale dizer, **não é possível prorrogar o prazo de validade do concurso depois que ele já expirou.**[29]

O **prazo de validade** de um concurso corresponde ao período que a administração tem para nomear ou contratar os aprovados para o cargo ou emprego público a que o certame se destinava.

O prazo de validade é **contado da homologação** do concurso. Homologação é o ato administrativo mediante o qual a autoridade competente certifica que o procedimento do concurso foi regular e validamente concluído. A nomeação ou a contratação dos aprovados somente pode ocorrer após a homologação do concurso e durante o período de validade deste.

Durante o prazo improrrogável previsto no edital de convocação, aquele aprovado em concurso público de provas ou de provas e títulos será convocado com prioridade sobre novos concursados para assumir cargo ou emprego, na carreira (CF, art. 37, IV).

Está sedimentado na jurisprudência do Supremo Tribunal Federal o entendimento de que o **candidato aprovado em concurso público dentro do número de vagas indicado no edital tem direito subjetivo de ser nomeado**, observado o prazo de validade do certame.[30]

Dito de outro modo, quando a administração pública **fixa no edital** de um concurso o **número certo de vagas** a serem preenchidas pelos candidatos aprovados, ela tem a **obrigação** – passível de ser exigida judicialmente, se não cumprida de forma espontânea – de nomear esses candidatos, obedecida a ordem de classificação, **até o preenchimento completo das vagas previstas** (desde que haja suficientes candidatos aprovados, é claro).

Ela não é obrigada a nomear imediatamente, nem de uma só vez. Pode efetuar fracionadamente as nomeações, durante o período de validade do concurso, em tantas parcelas quantas julgue convenientes ao interesse público. Não obstante, certo é que, antes de terminar o prazo de validade do certame – que pode ser prorrogado uma única vez –, a administração tem a obrigação de nomear os candidatos aprovados, até preencher o número de vagas consignado no edital (ou até não mais haver aprovados, caso o número deles seja inferior ao de vagas previstas).

A rigor, cumpre abrir um parêntese para mencionar que, ao firmar a jurisprudência ora em foco, nossa Corte Suprema esclareceu que **situações excepcionalíssimas**, ocasionadas por fatos **supervenientes** à publicação do edital em que houvesse número certo de vagas a serem preenchidas, podem vir a desobrigar a administração de nomear os aprovados, desde que ela apresente adequadamente a motivação para tanto – e a decisão de não nomear estará, por óbvio, sujeita ao controle judicial, se provocado, no qual pode acontecer de a fundamentação aduzida não ser considerada legítima.

---

[29] RE 201.634/BA, rel. Min. Ilmar Galvão, 15.02.2000; RE 352.258/BA, rel. Min. Ellen Gracie, 27.04.2004.

[30] RE 598.099/MS (**repercussão geral**), rel. Min. Gilmar Mendes, 10.08.2011 (Informativo 635 do STF).

Convém frisar que, para os **candidatos aprovados além do número de vagas certo fixado no edital**, o simples fato de surgirem novos cargos vagos durante o prazo de validade do certame ou, até mesmo, de ser aberto um novo concurso para o mesmo cargo **não origina**, por si só, **direito subjetivo à nomeação**. Na dicção de nossa Corte Constitucional, "o surgimento de novas vagas ou a abertura de novo concurso para o mesmo cargo, durante o prazo de validade do certame anterior, não gera automaticamente o direito à nomeação dos candidatos aprovados fora das vagas previstas no edital, ressalvadas as hipóteses de preterição arbitrária e imotivada por parte da administração, caracterizadas por comportamento tácito ou expresso do Poder Público capaz de revelar a inequívoca necessidade de nomeação do aprovado durante o período de validade do certame, a ser demonstrada de forma cabal pelo candidato".[31]

A decisão do Supremo Tribunal Federal antes mencionada, que reconheceu o **direito subjetivo à nomeação** dos candidatos aprovados **dentro do número de vagas previsto no edital** de um concurso público, consolidou uma virada jurisprudencial. Até então, o Pretório Excelso só admitia pacificamente a existência de direito adquirido à nomeação no caso do candidato que fosse **preterido** em razão de desrespeito, por parte da administração pública, à ordem de classificação dos aprovados no certame. É o que consta da **Súmula 15 do STF**:

> 15 – Dentro do prazo de validade do concurso, o candidato aprovado tem direito à nomeação, quando o cargo for preenchido sem observância da classificação.

Portanto, surge **direito adquirido** à nomeação para o candidato mais bem classificado se a administração nomear antes dele outro candidato que tenha obtido colocação inferior no certame.

Exemplificando, se a administração nomeia o quinto colocado em um concurso, sem haver nomeado o quarto, este passa a ter direito subjetivo à nomeação, porque o descumprimento da ordem de classificação acarretou a sua preterição indevida.

A Súmula 15 do STF tem aplicação em qualquer caso, **haja ou não vagas certas definidas no edital**, tenham ou não as nomeações ocorrido dentro do número inicialmente previsto de vagas (se houver).

Por exemplo, se um edital fixou em vinte o número de vagas, mas a administração resolveu nomear trinta aprovados, tendo, entretanto, preterido o vigésimo sexto colocado, surgirá para este o direito de ser nomeado, pelo simples fato de ter sido indevidamente "pulado", com violação da ordem de classificação.

Enfatizamos que só se pode falar em **preterição** quando a administração pública efetua nomeações sem observância da ordem de classificação por **decisão dela própria**. É pacífico no âmbito de nosso Tribunal Constitucional o reconhecimento de que **não há preterição** de candidato, nem desrespeito à ordem de classificação em concurso público, quando a administração, **cumprindo determinação judicial**,

---

[31] RE 837.311/PI (**repercussão geral**), rel. Min. Luiz Fux, 09.12.2015 (Informativo 803 do STF).

nomeia candidatos menos bem colocados.[32] Significa dizer, o simples fato de um candidato em concurso público ser nomeado em virtude de **decisão judicial** que tenha imposto tal providência ao órgão ou à entidade administrativa competente não faz surgir direito algum para os candidatos que, no mesmo certame, obtiveram classificação melhor do que a daquele.

É importante, ainda, registrar que é uniforme na jurisprudência do Supremo Tribunal Federal o entendimento de que, **havendo vaga** para provimento de cargo efetivo, configura **preterição** a nomeação ou a **contratação** de pessoal **a título precário** (por exemplo, como comissionados, temporários ou terceirizados) para exercício de atribuições do cargo em questão, quando existirem **candidatos aprovados e não nomeados** em **concurso público**, ainda **dentro do prazo de validade**, destinado àquele **provimento efetivo**.

A consequência é o surgimento de **direito adquirido à nomeação** para os candidatos preteridos. Por exemplo, se foram contratados trinta temporários, e há trinta ou mais cargos efetivos vagos, e trinta candidatos aprovados não nomeados no concurso vigente, esses candidatos terão direito subjetivo de ser nomeados.

Nesse caso, **não importa** perquirir se havia, ou não, **número certo de vagas a serem preenchidas previsto no edital**. Basta que exista **cargo efetivo vago e nomeação precária** para exercício de funções próprias do cargo, com candidatos aprovados e ainda não nomeados, estando o concurso dentro do prazo de validade.[33]

Sobre o tema, aprovou a Corte Excelsa a seguinte **tese de repercussão geral**:[34]

> A ação judicial visando ao reconhecimento do direito à nomeação de candidato aprovado fora das vagas previstas no edital (cadastro de reserva) deve ter por causa de pedir preterição ocorrida na vigência do certame.

Em síntese, sobre as situações em que candidatos aprovados em concursos públicos **adquirem o direito de serem nomeados**, o Supremo Tribunal Federal, ao fixar tese em recurso extraordinário julgado na sistemática de repercussão geral, deixou averbado que o **direito subjetivo à nomeação** do candidato aprovado em concurso público surge em **três hipóteses**: (a) quando a aprovação ocorrer dentro do número de vagas estabelecido no edital; (b) quando houver preterição na nomeação por não observância da ordem de classificação; e (c) quando surgirem novas vagas, ou for aberto novo concurso durante a validade do certame anterior, e ocorrer a preterição de candidatos de forma arbitrária e imotivada por parte da administração, caracterizada por comportamento tácito ou expresso

---

[32] AI-AgR 620.992/GO, rel. Min. Cármen Lúcia, 22.05.2007; RE-AgR 594.917/ES, rel. Min. Ricardo Lewandowski, 09.11.2010; AI-AgR 698.618/SP, rel. Min. Dias Toffoli, 14.05.2013.

[33] RMS-AgR 29.915/DF, rel. Min. Dias Toffoli, 04.09.2012. No mesmo sentido, dentre muitos outros: RE-AgR 739.426/MA, rel. Min. Rosa Weber, 17.09.2013; RE-AgR 733.596/MA, rel. Min. Luiz Fux, 11.02.2014.

[34] RE 766.304/RS (**repercussão geral**), red. p/ o acórdão Min. Edson Fachin, 02.05.2024 (Informativo 1.135 do STF).

do Poder Público capaz de revelar a inequívoca necessidade de nomeação do aprovado durante o período de validade do certame, a ser demonstrada de forma cabal pelo candidato.[35]

Uma discussão importante concerne à possibilidade de **impugnação judicial** dos gabaritos oficiais divulgados em um determinado concurso público – se estão ou não corretos, se deveriam ser alterados, se uma ou outra questão deveria ser anulada –, bem como dos critérios de correção das questões e de atribuição de notas adotados pela respectiva banca examinadora.

O Supremo Tribunal Federal, há muito, considera **controle de mérito administrativo** – e **não** controle de legalidade – a apreciação do ato administrativo que divulga os gabaritos finais do concurso, com as respectivas alterações ou mesmo anulações de questões. Por essa razão, entende que **não podem ser acolhidas** demandas judiciais que pretendam impugnar os gabaritos oficiais indicados para as questões objetivas – sob a alegação, por exemplo, de que foi considerada verdadeira uma assertiva que seria falsa, ou de que determinada questão deveria ter sido anulada por não conter alternativa que a torne correta –, tampouco ações que tencionem contestar os critérios de avaliação de questões subjetivas, ou de atribuição de notas, entre outras que envolvam discussões dessa natureza.

Inúmeras vezes nossa Corte Constitucional repisou a orientação segundo a qual o Poder Judiciário não pode agir como instância revisora da banca examinadora do concurso público, substituindo-a para rever os critérios de correção das provas, haja vista que tal atuação **não caracteriza controle jurisdicional de legalidade**, e sim de mérito administrativo.[36]

Pois bem, muito embora seja essa, realmente, a posição sustentada pelo Pretório Excelso desde tempos imemoriais, ela foi posta em discussão no âmbito de um recurso extraordinário que teve a sua **repercussão geral** reconhecida a fim de que, no mérito, se reafirmasse, ou não, a jurisprudência sobre a matéria.

Em abril de 2015, ocorreu o julgamento definitivo do citado recurso, com a corroboração do entendimento já consagrado e a **fixação da tese**, para efeito de **repercussão geral**, de que "**os critérios adotados por banca examinadora de um concurso não podem ser revistos pelo Poder Judiciário**".

Nessa ocasião, frisou-se que não pode uma decisão judicial "aferir a correção dos critérios da banca examinadora, a formulação das questões ou a avaliação das respostas". Isso porque não compete ao Poder Judiciário "substituir a banca examinadora para reexaminar o conteúdo das questões e os critérios de correção utilizados, salvo ocorrência de ilegalidade e inconstitucionalidade". Esclareceu-se que apenas se exige que a banca examinadora dê **tratamento igual a todos os candidatos**, ou seja, que aplique a eles, indistintamente, a mesma orientação. Asseverou-se, ainda, que um provimento jurisdicional que pretenda efetuar, ele mesmo, uma nova correção de questões de concurso público, substituindo a banca examinadora, **viola o princípio da**

---

[35] RE 837.311/PI (**repercussão geral**), rel. Min. Luiz Fux, 09.12.2015 (Informativo 803 do STF).

[36] Vejam-se, dentre muitos outros: RE-AgR 243.056/CE, rel. Min. Ellen Gracie, 06.03.2001; AI-AgR 500.416/ES, rel. Min. Gilmar Mendes, 24.08.2004; RE-AgR 560.551/RS, rel. Min. Eros Grau, 17.06.2008; AI-AgR 805.328/CE, rel. Min. Cármen Lúcia, 25.09.2012.

separação de Poderes e a reserva de administração. Foi expressamente **ressalvada**, contudo, a possibilidade de o Poder Judiciário **verificar se as questões formuladas estariam no programa do certame**, dado que o edital é a lei do concurso.

Por sua relevância, transcrevemos, na íntegra, a ementa do acórdão (grifamos):[37]

> Recurso extraordinário com **repercussão geral**. 2. Concurso público. Correção de prova. **Não compete ao Poder Judiciário**, no controle de legalidade, substituir banca examinadora para **avaliar respostas dadas pelos candidatos e notas a elas atribuídas**. Precedentes. 3. Excepcionalmente, **é permitido ao Judiciário juízo de compatibilidade do conteúdo das questões do concurso com o previsto no edital do certame**. Precedentes. 4. Recurso extraordinário provido.

Não é demasiado reiterar, a decisão ora em tela deixou explícito que, como exceção à proibição de apreciação pelo Poder Judiciário das questões do concurso, é admitida a verificação judicial da compatibilidade do conteúdo delas com o edital. Essa tese já fora perfilhada diversas vezes pelo STF, sob o fundamento de que a **anulação judicial** de questões de concurso nas quais tenham sido cobradas **matérias não previstas no respectivo edital** insere-se no campo do **controle de legalidade** – e não de mérito administrativo.[38]

O inciso V do art. 37 da Constituição disciplina o preenchimento de cargos em comissão e de funções de confiança. São as seguintes as regras ali contidas:

a) as funções de confiança e os cargos em comissão destinam-se **exclusivamente** às atribuições de direção, chefia e assessoramento;

b) as funções de confiança devem ser exercidas **exclusivamente** por servidores ocupantes de cargo efetivo;

c) os cargos em comissão podem ser preenchidos por pessoas que não tenham ingressado no serviço público mediante concurso, mas a lei deve estabelecer percentuais mínimos de vagas de cargos em comissão que deverão ser preenchidas por servidores de carreira (um percentual mínimo das nomeações para cargo em comissão deve recair sobre servidores que já sejam titulares de cargo efetivo).

O Supremo Tribunal Federal firmou a orientação de que **compete a cada ente federativo** definir, em lei própria, as condições e percentuais mínimos para o preenchimento dos cargos em comissão por servidores de carreira, deixando assente que "a competência legislativa referida no inciso V do art. 37 da Constituição pertence à unidade federativa em que se insere o cargo, inclusive no que concerne à definição de parâmetros para a reserva de cargos em comissão a servidores de carreira. Cabe

---

[37] RE 632.853/CE (**repercussão geral**), rel. Min. Gilmar Mendes, 23.04.2015 (Informativo 782 do STF).

[38] RE 434.708/RS, rel. Min. Sepúlveda Pertence, 21.06.2005; RE-AgR 440.335/RS, rel. Min. Eros Grau, 17.06.2008; MS 30.894/DF, rel. Min. Ricardo Lewandowski, 08.05.2012 (Informativo 665 do STF).

a cada unidade federativa definir os parâmetros para a ocupação de acordo com suas peculiaridades". Na mesma oportunidade, restou ainda averbado que "eventual lei nacional dispondo sobre os casos, condições e percentuais mínimos de cargos em comissão pode afrontar a autonomia e competência de cada um dos entes da Federação para dispor sobre o tema e adequar a matéria a suas necessidades".[39]

Em inúmeras ocasiões, o Supremo Tribunal Federal declarou **inconstitucionais** leis estaduais e municipais que pretenderam criar cargos em comissão para o exercício de atividades **rotineiras** da administração, ou de atribuições de **natureza técnica, operacional** ou **meramente administrativa**, as quais **não pressupõem a existência de uma relação de confiança** entre a autoridade nomeante e o servidor nomeado.[40]

Em 2018, em decisão proferida na sistemática da **repercussão geral**, nosso Pretório Constitucional **reafirmou a sua jurisprudência** acerca da natureza e das características das atribuições para cujo exercício podem ser criados e preenchidos cargos em comissão, bem como dos requisitos para que a instituição deles – sempre mediante lei – seja validamente efetuada, fixando a seguinte **tese**:[41]

> a) a criação de cargos em comissão somente se justifica para o exercício de funções de direção, chefia e assessoramento, não se prestando ao desempenho de atividades burocráticas, técnicas ou operacionais;
>
> b) tal criação deve pressupor a necessária relação de confiança entre a autoridade nomeante e o servidor nomeado;
>
> c) o número de cargos comissionados criados deve guardar proporcionalidade com a necessidade que eles visam a suprir e com o número de servidores ocupantes de cargos efetivos no ente federativo que os criar; e
>
> d) as atribuições dos cargos em comissão devem estar descritas, de forma clara e objetiva, na própria lei que os instituir.

Vale abrir um parêntese para anotar que, embora não haja previsão expressa na Constituição Federal, o Decreto 11.443/2023, aplicável no âmbito da administração pública direta, autárquica e fundacional do Poder Executivo da União, estabelece **percentuais mínimos** para o preenchimento de **cargos em comissão** e de **funções de confiança** por **pessoas negras** (as disposições do decreto não se aplicam quando houver lei específica que trate do procedimento de escolha de ocupante de cargo em comissão ou de função de confiança; também não alcançam os cargos privativos de militares das Forças Armadas). Para os fins do Decreto 11.443/2023, "consideram-se

---

[39] ADO 44/DF, rel. Min. Gilmar Mendes, 18.04.2023 (Informativo 1.091 do STF).

[40] Vejam-se, entre muitos outros: ADI 3.706/MS, rel. Min. Gilmar Mendes, 15.08.2007; ADI 4.125/TO, rel. Min. Cármen Lúcia, 10.06.2010; RE 376.440/DF, rel. Min. Dias Toffoli, 17.06.2010; ADI 3.602/GO, rel. Min. Joaquim Barbosa, 14.04.2011; AI-AgR 309.399/SP, rel. Min. Dias Toffoli, 20.03.2012.

[41] RE 1.041.210/SP (**repercussão geral**), rel. Min. Cármen Lúcia, 28.09.2018.

pessoas negras as que se autodeclararem pretas e pardas, conforme o quesito cor ou raça usado pela Fundação Instituto Brasileiro de Geografia e Estatística (IBGE) e que possuem traços fenotípicos que as caracterizem como de cor preta ou parda". Fecha-se o parêntese.

É relevante registrar que o Supremo Tribunal Federal, em decisão histórica, prestigiando sobremaneira os princípios constitucionais que orientam a atuação da administração pública, sobretudo os postulados da moralidade administrativa e da impessoalidade, considerou ofensiva à Constituição a prática do denominado nepotismo (nomeação de parentes, consanguíneos ou por afinidade, para cargos em comissão e funções de confiança).[42] Conforme o entendimento de nossa Corte Suprema, a vedação ao nepotismo, inclusive ao chamado **nepotismo cruzado** (dois agentes públicos, em conluio, nomeiam familiares um do outro), não depende de lei formal para ser implementada; tal proibição decorre, diretamente, dos princípios expressos no art. 37, *caput*, da Carta de 1988, devendo ser observada por todos os Poderes da República e por todos os entes da Federação. A partir dessa orientação, editou a **Súmula Vinculante 13**, cuja redação transcrevemos:

> 13 – A nomeação de cônjuge, companheiro ou parente em linha reta, colateral ou por afinidade, até o terceiro grau, inclusive, da autoridade nomeante ou de servidor da mesma pessoa jurídica, investido em cargo de direção, chefia ou assessoramento, para o exercício de cargo em comissão ou de confiança, ou, ainda, de função gratificada na Administração Pública direta e indireta, em qualquer dos Poderes da União, dos Estados, do Distrito Federal e dos municípios, compreendido o ajuste mediante designações recíprocas, viola a Constituição Federal.

Esclareceu ainda o STF, em decisão ulterior, que "**não é privativa do Chefe do Poder Executivo** a competência para a iniciativa legislativa de lei sobre nepotismo na administração pública". Reiterou-se, na oportunidade, que "leis com esse conteúdo normativo dão concretude aos princípios da moralidade e da impessoalidade do art. 37, *caput*, da Constituição da República, que, ademais, têm **aplicabilidade imediata**, ou seja, **independente de lei**".[43]

Em outra oportunidade, nossa Corte Suprema deixou assente que os diversos entes federativos dispõem de competência para estabelecer regras restritivas fundadas nos princípios constitucionais que ensejam a vedação ao nepotismo. Especificamente, considerou válida lei municipal que proíbe a celebração de contratos do município com agentes públicos municipais e respectivos parentes, até o terceiro grau (excluiu da proibição somente as pessoas ligadas – por matrimônio ou parentesco, afim ou consanguíneo, até o terceiro grau, inclusive, ou por adoção – a servidores municipais **não ocupantes de cargo em comissão ou função de confiança**, sob pena de

---

[42] ADC 12/DF, rel. Min. Carlos Britto, 20.08.2008; RE 579.951/RN, rel. Min. Ricardo Lewandowski, 20.08.2008.

[43] RE 570.392/RS (**repercussão geral**), rel. Min. Cármen Lúcia, 11.12.2014 (Informativo 771 do STF).

Cap. 6 • ADMINISTRAÇÃO PÚBLICA

infringência ao princípio da proporcionalidade). Sobre o tema, restou averbada a seguinte **tese de repercussão geral**:[44]

> É constitucional o ato normativo municipal, editado no exercício de competência legislativa suplementar, que proíba a participação em licitação ou a contratação: (a) de agentes eletivos; (b) de ocupantes de cargo em comissão ou função de confiança; (c) de cônjuge, companheiro ou parente em linha reta, colateral ou por afinidade, até o terceiro grau, inclusive, de qualquer destes; e (d) dos demais servidores públicos municipais.

O inciso IX do art. 37 da Constituição prevê uma outra forma de admissão de pessoal pela administração pública, diversa do preenchimento de cargos efetivos e empregos públicos mediante concurso público, e diversa da nomeação para cargos em comissão. Trata-se da **contratação por tempo determinado**, para atender necessidade temporária de excepcional interesse público.

O pessoal contratado com base no inciso IX do art. 37 do Texto Magno **não ocupa cargo público**. Eles não estão sujeitos ao regime estatutário a que se submetem os servidores públicos titulares de cargos efetivos e os servidores públicos ocupantes de cargos em comissão.

Embora os agentes públicos temporários vinculem-se à administração pública por um contrato, **não é** este o **contrato de trabalho** propriamente dito, de que trata a Consolidação das Leis do Trabalho (CLT).

Vale frisar: o regime jurídico dos agentes públicos contratados por tempo determinado **não é trabalhista**, isto é, eles não são empregados celetistas, **não têm emprego público**. Todavia, não podem tais agentes, tampouco, ser enquadrados como servidores públicos estatutários típicos, pois não têm cargo público, embora estejam vinculados à administração pública por um regime funcional de direito público, de **caráter jurídico-administrativo**.

Podemos dizer que os agentes públicos contratados por tempo determinado exercem **função pública** remunerada temporária e têm uma relação funcional com o Poder Público de natureza jurídico-administrativa – e **não trabalhista**. Conquanto celebrem um contrato com a administração pública, é este um **contrato de direito público**, e **não** o **contrato de trabalho** que gera relação de emprego, previsto na CLT.

Por **não estarem** os agentes públicos temporários contratados com base no inciso IX do art. 37 da Constituição sujeitos a **regime trabalhista**, o Supremo Tribunal Federal já pacificou o entendimento de que as lides entre eles e o Poder Público contratante **não são da competência da Justiça do Trabalho**.[45] Os agentes temporários federais, nas causas relacionadas à sua relação funcional com a admi-

---

[44] RE 910.552/MG (**repercussão geral**), red. p/ o acórdão Min. Roberto Barroso, 04.07.2023 (Informativo 1.101 do STF).

[45] Vejam-se, entre muitos outros: RE 573.202/AM (**repercussão geral**), rel. Min. Ricardo Lewandowski, 21.08.2008; Rcl 4.464/GO, rel. p/ o acórdão Min. Cármen Lúcia, 20.05.2009; Rcl 4.772/SE, rel. Min. Joaquim Barbosa, 02.12.2010.

nistração pública federal, têm foro na Justiça Federal; os temporários estaduais e municipais, nas demandas atinentes à sua relação funcional com a administração pública respectiva, têm foro na Justiça Estadual.

Não obstante o fato de **não serem** os agentes públicos contratados por tempo determinado **regidos pela CLT**, a jurisprudência do Supremo Tribunal Federal firmou-se pela aplicabilidade, a eles, dos direitos sociais constitucionais previstos no art. 7.º da Carta de 1988.[46]

O **regime de previdência social** a que estão sujeitos os agentes públicos contratados por tempo determinado é o **regime geral** (RGPS), aplicável a todos os trabalhadores civis, com exceção dos titulares de cargos públicos efetivos.

Na esfera federal, a contratação por prazo determinado encontra-se disciplinada na Lei 8.745/1993, bastante alterada por diversas leis posteriores. O âmbito de aplicação dessa lei restringe-se aos órgãos da administração direta federal, às autarquias e às fundações públicas federais.

A contratação temporária na esfera federal não é feita mediante concurso público, mas sim por meio de **processo seletivo simplificado** sujeito a ampla divulgação. É **dispensado processo seletivo** nas hipóteses de contratação para atender às necessidades decorrentes de **risco iminente** à saúde animal, vegetal ou humana, de calamidade pública e de emergência ambiental, fitossanitária, zoossanitária ou em saúde pública. Em alguns casos, como no de contratação de professor e pesquisador visitante estrangeiro, a Lei 8.745/1993 permite a seleção baseada somente em **análise de currículo** que demonstre notória capacidade técnica ou científica do profissional.

O Supremo Tribunal Federal reiteradamente tem asseverado que o inciso IX do art. 37 da Constituição **deve ser interpretado restritivamente**, porque configura exceção à regra geral – corolário do princípio republicano – de que o concurso público é o meio idôneo de ingresso no serviço público.[47]

Para nossa Corte Constitucional, devem ser atendidos cinco requisitos, cumulativamente, a fim de que se possa reconhecer a validade da contratação temporária fundada no inciso IX do art. 37 da Carta Política, seja qual for o ente federado contratante: (i) os casos excepcionais devem estar **previstos em lei**; (ii) o **prazo** de contratação deve ser **predeterminado**; (iii) a **necessidade** deve ser **temporária**; (iv) o **interesse público** deve ser **excepcional**; e (v) a necessidade de contratação deve ser indispensável, "sendo **vedada** a contratação para os **serviços ordinários permanentes** do Estado, **e** que **devam estar** sob o espectro das **contingências normais** da administração".[48]

---

[46] ARE-AgR 642.822/PE, rel. Min. Dias Toffoli, 21.08.2012. No mesmo sentido: ARE-AgR 649.393/MG, rel. Min. Cármen Lúcia, 22.11.2011; ARE-AgR 663.104/PE, rel. Min. Ayres Britto, 20.02.2012.

[47] ADI 1.500/ES, rel. Min. Carlos Velloso, 19.06.2002; ADI 2.229/ES, rel. Min. Carlos Velloso, 09.06.2004; ADI 3.210/PR, rel. Min. Carlos Velloso, 11.11.2004; ADI 3.430/ES, rel. Min. Ricardo Lewandowski, 12.08.2009; ADI 3.649/RJ, rel. Min. Luiz Fux, 28.05.2014.

[48] RE 658.026/MG (**repercussão geral**), rel. Min. Dias Toffoli, 09.04.2014 (Informativo 742 do STF). No mesmo sentido: ADI 3.247/MA, rel. Min. Cármen Lúcia, 26.03.2014 (Informativo 740 do STF).

Cap. 6 • ADMINISTRAÇÃO PÚBLICA

5. NORMAS CONSTITUCIONAIS SOBRE O REGIME JURÍDICO DOS AGENTES PÚBLICOS

5.1. Noções gerais

Não há consenso doutrinário sobre nomes e classificações das pessoas que mantêm vínculo de natureza funcional com o Estado.

Apresentaremos, abaixo, uma classificação que entendemos ser útil, sobretudo, para estabelecermos um uso homogêneo de designações nesta obra.

Utilizamos a expressão **agente público** como a mais genérica, abrangendo todos aqueles que tenham algum vínculo, mesmo que temporário e não remunerado, com o Poder Público. As seguintes categorias de agentes públicos interessam ao nosso estudo:

a) **agentes políticos**;

Embora existam divergências, classificamos como agentes políticos os chefes do Poder Executivo (Presidente da República, governadores e prefeitos) e seus auxiliares imediatos (ministros, secretários estaduais e municipais), os membros do Poder Legislativo (senadores, deputados e vereadores), os membros da magistratura (juízes, desembargadores e ministros de tribunais superiores), os membros do Ministério Público (promotores de justiça e procuradores da República) e os ministros ou conselheiros dos tribunais de contas e dos conselhos de contas.

b) **agentes administrativos**;

Os **agentes administrativos** são todos aqueles que exercem uma atividade pública de natureza **profissional** e **remunerada**, sujeitos à **hierarquia** funcional e ao regime jurídico estabelecido pelo ente federado ao qual pertencem. São os ocupantes de cargos públicos, de empregos públicos e de funções públicas nas administrações direta e indireta das diversas unidades da Federação, nos três Poderes. Podem ser assim classificados:

b.1) **servidores públicos**;

São os agentes administrativos sujeitos a regime jurídico-administrativo, de caráter estatutário (isto é, de natureza legal, e não contratual); são os titulares de cargos públicos de provimento efetivo e de provimento em comissão.

b.2) **empregados públicos**;

São os ocupantes de empregos públicos, sujeitos a regime jurídico contratual trabalhista; têm **contrato de trabalho** em sentido próprio e sua relação funcional com a administração pública é regida, basicamente, pela Consolidação das Leis do Trabalho (CLT) – são chamados, por isso, de "celetistas";

b.3) **temporários.**

São os agentes administrativos contratados por tempo determinado para atender a necessidade temporária de excepcional interesse público (CF, art. 37, IX); não têm cargo nem emprego público; exercem uma **função pública** remunerada temporária e o seu vínculo funcional com a administração pública é contratual, mas se trata de um contrato de direito público, e **não de natureza trabalhista** (eles não têm o contrato de trabalho previsto na CLT); em síntese, são agentes públicos que têm com a administração pública uma relação funcional de direito público, de natureza jurídico-administrativa (e **não trabalhista**).

Convém pontuar que a expressão "**servidores públicos**" frequentemente é empregada em um **sentido amplo**, englobando os servidores públicos em sentido estrito (estatutários) e os empregados públicos (celetistas).

Os agentes públicos **estatutários** (servidores públicos em sentido estrito, titulares de cargos públicos efetivos e ocupantes de cargos públicos em comissão) da administração direta **federal** e das autarquias e fundações públicas **federais** têm seu regime jurídico estabelecido pela Lei 8.112/1990.

Não existe na Constituição Federal de 1988 o termo "**funcionário público**". Atualmente, essa expressão só é usada no direito penal – e engloba praticamente todos os agentes públicos, podendo incluir até mesmo particulares que prestem serviços públicos por delegação do Poder Público (Código Penal, art. 327).

Outras definições devem ser aqui fixadas, ainda, por reportarem-se a vocábulos ou expressões utilizados no texto constitucional. São elas:

a) **cargos públicos**;

Cargo público é o conjunto de atribuições e responsabilidades previstas na estrutura organizacional da administração que devem ser cometidas a um servidor. Os cargos públicos são **criados por lei**, com denominação própria e vencimento pago pelos cofres públicos, para **provimento em caráter efetivo ou em comissão** (Lei 8.112/1990, art. 3.º). Em qualquer hipótese, os titulares de cargos públicos submetem-se ao regime **estatutário** ou institucional. Trata-se de um regime legal (não contratual), podendo ser, por essa razão, modificado unilateralmente, sempre que se modifique a lei correspondente (não há direito adquirido a manutenção do regime jurídico). Cargos públicos são próprios de **pessoas jurídicas de direito público**.

b) **empregos públicos**;

Conforme a definição do Prof. Celso Antônio Bandeira de Mello, empregos públicos são núcleos de encargos de trabalho permanentes a serem preenchidos por agentes contratados para desempenhá-los, sob relação trabalhista.

O regime jurídico é contratual de natureza **trabalhista** (Consolidação das Leis do Trabalho), com as derrogações diretamente decorrentes da Constituição. Por isso, o vínculo jurídico entre o ocupante de um emprego público e a administração é bilateral e as condições ou os termos do **contrato de trabalho** não podem ser modificados unilateralmente. É a forma de contratação própria das **pessoas jurídicas de direito privado**.

c) **funções públicas**.

As funções públicas podem ser autônomas – funções temporárias destinadas ao atendimento de necessidades excepcionais ou transitórias, a exemplo das desempenhadas no caso de contratação por prazo determinado. Ao lado destas, temos as **funções de confiança**, previstas no art. 37, V, da Constituição, que obrigatoriamente devem ser exercidas por servidores ocupantes de cargos efetivos. Em nenhum caso há concurso público para o preenchimento de funções públicas.

O *caput* do art. 39 da Constituição de 1988, em sua **redação originária**, exigia que cada um dos entes federados adotasse um **único regime jurídico** para o pessoal de sua administração direta, suas autarquias e suas fundações públicas – denominado, por essa razão, **regime jurídico único** (**RJU**). Dez anos mais tarde, a EC 19/1998 **extinguiu** a obrigatoriedade de adoção de regime jurídico único, passando cada pessoa política a ser, em tese, livre para admitir pessoal permanente pelo regime estatutário ou pelo de emprego público na sua administração direta e nas suas autarquias e fundações públicas.

É **muito relevante registrar** que a modificação do *caput* do art. 39 perpetrada pela EC 19/1998 **teve sua eficácia suspensa** pelo Supremo Tribunal Federal, por meio de medida cautelar **deferida em 2 agosto de 2007** na ADI 2.135/DF, sob o fundamento de inconstitucionalidade formal (considerou-se plausível, nessa análise da medida cautelar, a alegação de que, na tramitação da emenda, a Câmara dos Deputados não teria observado o processo legislativo estabelecido no art. 60, § 2.º, da Constituição, especificamente quanto ao *caput* do art. 39, que não teria sido submetido a aprovação em dois turnos).[49]

Ao deferir a medida cautelar, a Corte Suprema **conferiu expressamente efeitos prospectivos (*ex nunc*) à decisão**, isto é, toda a legislação editada durante a vigência do art. 39, *caput*, com a redação dada pela EC 19/1998, continuou em vigor, assim como os atos praticados até então com base nessa legislação.

Em **6 de novembro de 2024**, a ADI 2.135/DF foi julgada **improcedente**, significa dizer, foi considerada **válida** a alteração do *caput* do art. 39 da Constituição introduzida pela EC 19/1998.[50] O STF também atribuiu expressamente **efeitos prospectivos** (*ex nunc*) a essa decisão.

Portanto, a exigência de que cada ente da Federação institua regime jurídico único para o pessoal de sua administração direta e de suas autarquias e fundações públicas vigorou entre a promulgação da Carta de 1988 e a publicação da EC 19/1998, e entre 2 de agosto de 2007 e 6 de novembro de 2024.

Cumpre repisar que a legislação editada, antes de 2 de agosto de 2007, sob a vigência da redação dada pela EC 19/1998 ao *caput* do art. 39 da Carta Política, não foi revogada pela medida cautelar deferida na ADI 2.135/DF.

Especificamente na esfera federal, não foi afetada a vigência da Lei 9.962/2000, que estabelece o regime jurídico dos **empregados públicos** (regime contratual) da administração direta **federal** e das autarquias e fundações públicas **federais**. Eventuais contratações de empregados públicos efetuadas com fundamento nessa lei antes de 2 de agosto de 2007 permaneceram válidas e, desde 6 de novembro de 2024, voltaram a ser possíveis novas contratações, com base na Lei 9.962/2000, de

---

[49] ADIMC 2.135/DF, red. p/ o acórdão Min. Ellen Gracie, 02.08.2007.

[50] ADI 2.135/DF, red. p/ o acórdão Min. Gilmar Mendes, 06.11.2024 (Informativo 1.158 do STF).

pessoal permanente para atuar, sob regime de **emprego público**, na administração direta **federal** e nas autarquias e fundações públicas **federais**.

Vale registrar, por fim, que, no julgamento do mérito da ADI 2.135/DF, ocorrido em 6 de novembro de 2024, a Corte Suprema, além de conferir expressamente efeitos apenas prospectivos à sua decisão, esclareceu, "ainda, ser **vedada a transmudação de regime dos atuais servidores**, como medida de evitar tumultos administrativos e previdenciários".

5.2. Direito de associação sindical dos servidores públicos

O inciso VI do art. 37 da Constituição de 1988 garante ao servidor público o direito à livre associação sindical, nos mesmos moldes em que é assegurado esse direito aos trabalhadores em geral, pelo art. 8.º da Carta Política. A norma do art. 37, VI, é autoaplicável, diferentemente, como veremos, da que trata do direito de greve dos servidores públicos.

É relevante observar que existe disposição diametralmente oposta endereçada aos **militares**: a eles são **vedadas** a **sindicalização** e a **greve**, proibição vazada em norma constitucional autoaplicável (art. 142, § 3.º, IV), que não comporta qualquer exceção.

Outra anotação importante diz respeito ao direito de negociação coletiva e ao ajuizamento de ações coletivas perante a **Justiça do Trabalho**, que se encontravam assegurados pelas alíneas "d" e "e" do art. 240 da Lei 8.112/1990. Ambas as alíneas, atualmente revogadas pelo art. 18 da Lei 9.527/1997, foram declaradas inconstitucionais pelo STF no julgamento da ADI 492/DF, em 1993. É firme a jurisprudência de nossa Corte Suprema segundo a qual as lides entre servidores públicos federais e a administração pública federal são de competência da **Justiça Federal**.

Ademais, entende o Supremo Tribunal Federal que a negociação coletiva é incompatível com o regime jurídico estatutário, orientação que deu origem à **Súmula 679**, com este enunciado:

> **679** – A fixação de vencimentos dos servidores públicos não pode ser objeto de convenção coletiva.

5.3. Direito de greve dos servidores públicos

Estabelece o inciso VII do art. 37 da Constituição de 1988 que o **direito de greve** dos **servidores públicos** "será exercido nos termos e nos limites definidos em lei específica" (originariamente, a Carta Política requeria **lei complementar** para a regulamentação do direito de greve dos servidores públicos; a alteração para **lei ordinária** específica foi introduzida pela EC 19/1998).

Os **servidores públicos** passaram a ter o **direito de greve** constitucionalmente reconhecido a partir da Carta de 1988. O dispositivo em que a matéria é tratada alberga uma típica norma constitucional de **eficácia limitada** (consoante a classificação de José Afonso da Silva). Portanto, para que possa produzir a integralidade de seus efeitos, é **necessária** a sua **regulamentação** pelo legislador ordinário.

A lei regulamentadora do direito de greve dos servidores públicos, exigida pela Carta da República, até hoje não foi editada. Em face dessa prolongada inércia de nosso legislador, o Supremo Tribunal Federal, em 2007, no julgamento de importantes **mandados de injunção**, determinou a **aplicação temporária** ao setor público, **no que couber**, da **lei de greve vigente no setor privado** (Lei 7.783/1989), até que o Congresso Nacional cumpra a sua obrigação constitucional.[51]

Contudo, mesmo depois dessa orientação, permaneceu controversa, durante muito tempo, a possibilidade de a administração pública descontar, por ato próprio, a remuneração de seus servidores relativa aos dias em que eles tenham paralisado as suas atividades por participação em movimento grevista. A dúvida residia no cabimento, ou não, de se invocar o art. 7.º da Lei 7.783/1989, nos termos do qual "a participação em greve **suspende o contrato de trabalho**" – e, por conseguinte, o pagamento da remuneração relativa ao período correspondente. Vale lembrar que servidores públicos não têm contrato de trabalho – e sim uma relação estatutária, não contratual, com o Poder Público.

Em 2016, afinal, nossa Corte Suprema decidiu, com **repercussão geral**, que a administração pública **deve** efetuar, ela mesma, sem necessidade de autorização judicial, o **desconto da remuneração** dos dias de paralisação por motivo de greve de seus servidores. Foram **excepcionadas**, tão somente, as situações em que a greve tenha sido provocada por uma **conduta ilícita do Poder Público**. O desconto da remuneração **pode** ser evitado, caso os servidores e a administração pública entrem em **acordo** para a **compensação dos dias parados**. Para fins de repercussão geral, restou fixada a seguinte **tese:**[52]

> A administração pública deve proceder ao desconto dos dias de paralisação decorrentes do exercício do direito de greve pelos servidores públicos, em virtude da suspensão do vínculo funcional que dela decorre, permitida a compensação em caso de acordo. O desconto será, contudo, incabível se ficar demonstrado que a greve foi provocada por conduta ilícita do Poder Público.

Quanto aos destinatários, entendemos que o art. 37, VII, **não se aplica aos empregados públicos**. O direito de greve do empregado público (celetista), a nosso ver, é regido pelas disposições do art. 9.º da Constituição. Isso porque a restrição constante do art. 37, VII, é justificada pelo **regime de direito público** a que se submetem os **servidores estatutários**. Os empregados públicos, por serem regidos predominantemente pelo direito privado, sujeitam-se às regras aplicáveis aos trabalhadores em geral. Reconhecemos que o tema é controverso, principalmente em relação a empregados públicos vinculados a pessoas jurídicas de direito público.

Sem prejuízo da opinião exposta no parágrafo anterior, é mister trazer a lume acórdão do Supremo Tribunal Federal – a nosso ver um tanto surpreendente –,

---

[51] MI 670/ES e MI 708/DF, rel. Min. Gilmar Mendes, 25.10.2007; MI 712/PA, rel. Min. Eros Grau, 25.10.2007.

[52] RE 693.456/RJ (**repercussão geral**), rel. Min. Dias Toffoli, 27.10.2016.

prolatado na sistemática de repercussão geral, segundo o qual a **abusividade de greves** realizadas por agentes públicos da **administração direta**, de **autarquias** e de **fundações públicas** submetidos a **regime celetista** deve ser julgada pela **Justiça Federal ou pela Justiça Estadual** – e **não pela Justiça do Trabalho**.[53]

Conquanto, em regra, os agentes públicos das administrações diretas, das autarquias e das fundações públicas dos diversos entes integrantes da Federação sejam servidores públicos em sentido estrito (isto é, **estatutários**), existem, sobretudo nos municípios, muitos agentes contratados sob regime celetista (**empregados públicos**). Pois bem, o julgado em comento, exclusivamente para o efeito de determinar a Justiça competente em ações que versem sobre abuso no exercício do direito de greve, igualou aos servidores estatutários os referidos agentes celetistas (deve-se enfatizar que a decisão **não incluiu** os empregados públicos das **empresas públicas e sociedades de economia mista**). Para fins de **repercussão geral**, foi fixada a seguinte **tese**:

> A Justiça Comum, Federal ou Estadual, é competente para julgar a abusividade de greve de servidores públicos celetistas da administração pública direta, autarquias e fundações públicas.

O direito de greve é **vedado aos militares,** sem nenhuma exceção, nos termos do art. 142, § 3.º, IV, da Carta Política.

Ademais, o Supremo Tribunal Federal consolidou em sua jurisprudência o entendimento de que **também são proibidos de fazer greve os membros das polícias civis e todos os servidores que atuem diretamente na área de segurança pública** – muito embora nenhum desses agentes esteja enquadrado no art. 142 da Constituição (eles **não são militares**).

No intuito de amenizar os evidentes efeitos deletérios dessa orientação aos interesses corporativos dos servidores por ela atingidos, nossa Corte Constitucional complementou-a com a determinação (cuja eficácia prática nos parece assaz duvidosa) de que o Poder Público participe de procedimento de mediação instaurado pelos órgãos de classe respectivos, visando a discutir as reivindicações de seus membros.

Na decisão em que se assentou o entendimento ora em foco, a seguinte **tese de repercussão geral** restou consignada:[54]

> 1 – O exercício do direito de greve, sob qualquer forma ou modalidade, é vedado aos policiais civis e a todos os servidores públicos que atuem diretamente na área de segurança pública.
>
> 2 – É obrigatória a participação do Poder Público em mediação instaurada pelos órgãos classistas das carreiras de segurança pública, nos termos do art. 165 do CPC, para vocalização dos interesses da categoria.

---

[53] RE 846.854/SP (**repercussão geral**), red. p/ o acórdão Min. Alexandre de Moraes, 01.08.2017 (Informativo 871 do STF).

[54] ARE 654.432/GO (**repercussão geral**), red. p/ o acórdão Min. Alexandre de Moraes, 05.04.2017 (Informativo 860 do STF). Decisões anteriores do STF no mesmo sentido: Rcl 6.568/SP, rel. Min. Eros Grau, 21.05.2009; AC 3.034/DF, rel. Ministro Cezar Peluso, 16.11.2011; MI-AgR 774/DF, rel. Min. Gilmar Mendes, 28.05.2014.

Cap. 6 • ADMINISTRAÇÃO PÚBLICA

5.4. Regras constitucionais pertinentes à remuneração dos agentes públicos

5.4.1. Fixação da remuneração e revisão geral anual

Estabelece o inciso X do art. 37 da Constituição, com a redação dada pela EC 19/1998:

> X – a remuneração dos servidores públicos e o subsídio de que trata o § 4.º do art. 39 somente poderão ser fixados ou alterados por lei específica, observada a iniciativa privativa em cada caso, assegurada revisão geral anual, sempre na mesma data e sem distinção de índices;

A mais importante alteração trazida a esse dispositivo pela EC 19/1998 foi a exigência de **lei específica** para que se fixe ou altere a remuneração (em sentido amplo) dos servidores públicos. Isso quer dizer que cada alteração de remuneração de qualquer cargo público deverá ser feita por meio da edição de uma **lei ordinária** que somente trate desse assunto – a mesma lei pode cuidar da remuneração de um ou de mais de um cargo, ou ainda de todos os cargos do respectivo ente federado, como ocorre nos casos da revisão geral anual exigida pelo dispositivo constitucional ora em foco.

Faz-se necessário esclarecer que o denominado "**subsídio**", a que o texto do inciso X do art. 37 alude, é uma espécie remuneratória introduzida em nosso ordenamento pela EC 19/1998, obrigatória para determinados cargos e facultativa para outros. Nos termos do § 4.º do art. 39 da Constituição, o **subsídio** deve ser "fixado em **parcela única**, vedado o acréscimo de qualquer gratificação, adicional, abono, prêmio, verba de representação ou outra espécie remuneratória". O subsídio é **espécie** do gênero "**remuneração**" (em sentido amplo).

O Supremo Tribunal Federal firmou em sua jurisprudência o entendimento de que "o regime de subsídio é incompatível com outras parcelas remuneratórias de natureza mensal, o que não é o caso do **décimo terceiro salário** e do **terço constitucional de férias**".[55] Essas verbas – o **décimo terceiro salário** e o **terço adicional de férias** –, embora tenham **caráter remuneratório** (e não indenizatório), **podem** ser pagas a agentes públicos remunerados sob a forma de **subsídio**, desde que assim estabeleça **lei** editada pelo ente federativo a que eles estejam vinculados. Na dicção da Corte Maior, "a definição sobre a adequação de percepção dessas verbas está inserida no espaço de liberdade de conformação do legislador infraconstitucional".[56]

Cabe registrar que nossa Corte Constitucional decidiu, em diversas oportunidades, que os **advogados públicos**, não obstante serem remunerados por meio de subsídio, **podem receber**, em acréscimo, **honorários de sucumbência** – embora se trate de verba paga mensalmente e com evidente caráter remuneratório (não indenizatório). Exige o Tribunal Maior, tão somente, que a soma dos valores res-

---

[55] RE 650.898/RS (**repercussão geral**), red. p/ o acórdão Min. Roberto Barroso, 01.02.2017 (Informativo 852 do STF).

[56] Rcl-AgR 32.483/SP, rel. Min. Roberto Barroso, 03.09.2019 (Informativo 950 do STF).

peite os tetos de remuneração estipulados no inciso XI do art. 37 da Carta Política, conforme se lê nesta **tese jurídica**:[57]

> É constitucional o pagamento de honorários sucumbenciais aos advogados públicos, observando-se, porém, o limite remuneratório previsto no art. 37, XI, da Constituição.

Em outra decisão – dessa vez, em nossa opinião, absolutamente razoável –, apreciando dispositivos da Lei 11.358/2006 (a qual, entre outros assuntos, trata da carreira de policial rodoviário federal), reconheceu o Supremo Tribunal Federal que o regime de subsídio não impede o pagamento das assim chamadas "**horas extras**", uma vez que, por óbvio, a remuneração dessas horas trabalhadas além da jornada legal ordinária não está incluída no valor da parcela única correspondente ao subsídio mensal do servidor. Acerca desse ponto, foi averbada esta **tese de julgamento**:[58]

> O regime de subsídio não é compatível com a percepção de outras parcelas inerentes ao exercício do cargo, mas não afasta o direito à retribuição pelas horas extras realizadas que ultrapassem a quantidade remunerada pela parcela única.

Vale registrar que, no mesmo julgado acerca da carreira dos policiais rodoviários federais, tratada na Lei 11.358/2006, asseverou a Corte Suprema que a percepção de subsídios **não afasta o direito ao recebimento do abono de permanência** previsto no § 19 do art. 40 da Constituição.[59] Por outro lado, declarou **constitucional** a **vedação**, constante na Lei 11.358/2006, ao pagamento de **adicional noturno** aos servidores em questão.

Embora a redação do inciso X do art. 37 não tenha usado o vocábulo "**vencimentos**", convém anotar que este é frequentemente adotado para indicar a remuneração dos servidores estatutários que não recebem subsídio. Os **vencimentos**, nessa acepção, também constituem **espécie** do gênero "**remuneração**" (em sentido amplo). Eles são compostos pelo **vencimento básico** do cargo **acrescido** das **vantagens pecuniárias** de caráter permanente estabelecidas em lei. Não é raro, quando se esteja versando sobre servidores públicos estatutários, que a palavra "**remuneração**" seja usada em um **sentido estrito**, como sinônimo de "**vencimentos**", conforme aqui definidos (para piorar, é comum, ainda, o termo "**vencimento**", no singular, ser usado como sinônimo de "**vencimento básico**").

---

[57] Vejam-se, dentre outros: ADI 6.165/TO, rel. Min. Alexandre de Moraes, 24.06.2020; ADPF 597/AM, red. p/ o acórdão Min. Edson Fachin, 21.08.2020; ADI 6.159/PI, rel. Min. Roberto Barroso, 21.08.2020; ADI 6.162/SE, rel. Min. Roberto Barroso, 21.08.2020.

[58] ADI 5.404/DF, rel. Min. Roberto Barroso, 06.03.2023 (Informativo 1.085 do STF).

[59] "§ 19. Observados critérios a serem estabelecidos em lei do respectivo ente federativo, o servidor titular de cargo efetivo que tenha completado as exigências para a aposentadoria voluntária e que opte por permanecer em atividade poderá fazer jus a um abono de permanência equivalente, no máximo, ao valor da sua contribuição previdenciária, até completar a idade para aposentadoria compulsória." (Redação dada pela EC 103/2019.)

Vale observar que o § 9.º do art. 39 da Carta Política, incluído pela EC 103/2019, proíbe, de forma categórica, "a **incorporação** de **vantagens** de **caráter temporário** ou vinculadas ao exercício de **função de confiança ou de cargo em comissão** à remuneração do cargo efetivo".

O enunciado do inciso X do art. 37 da Constituição, ora em análise, ao mencionar "a remuneração dos servidores públicos e o subsídio", engloba as duas espécies remuneratórias que os servidores públicos estatutários podem perceber (vencimentos e subsídios). Não alcança, porém, o "**salário**", nome dado ao pagamento de serviços profissionais prestados em uma **relação de emprego**, sujeita ao **regime trabalhista**, regulado pela Consolidação das Leis do Trabalho (os **empregados públicos** recebem salário).

A iniciativa privativa das leis que fixem ou alterem remunerações e subsídios dependerá do cargo (ou cargos) a que a lei se refira. Uma leitura sistemática da Constituição, atinente às principais hipóteses de iniciativa de leis que tratem de remuneração de cargos públicos, fornece-nos o seguinte quadro:

a) para os cargos da estrutura do Poder Executivo federal, a iniciativa é privativa do Presidente da República (CF, art. 61, § 1.º, II, "a");

b) para os cargos da estrutura da Câmara dos Deputados, a iniciativa é privativa dessa Casa (CF, art. 51, IV);

c) para os cargos da estrutura do Senado Federal, a iniciativa é privativa dessa Casa (CF, art. 52, XIII);

d) ao Supremo Tribunal Federal, aos Tribunais Superiores e aos Tribunais de Justiça compete privativamente propor ao Poder Legislativo respectivo a remuneração dos seus serviços auxiliares e dos juízos que lhes forem vinculados, bem como a fixação do subsídio de seus membros e dos juízes, inclusive dos tribunais inferiores, onde houver (CF, art. 48, XV, e art. 96, II, "b").

Cabe registrar que a fixação do subsídio dos deputados federais, dos senadores, do Presidente e do Vice-Presidente da República e dos Ministros de Estado é da competência exclusiva do Congresso Nacional, não sujeita a sanção ou veto do Presidente da República (CF, art. 49, VII e VIII). Ou seja, nesse caso, em decorrência de previsão constitucional específica, a determinação dos citados subsídios **não é feita por lei**, e sim por **decreto legislativo** do Congresso Nacional.

O Supremo Tribunal Federal entende que a concessão da "revisão **geral anual**" a que se refere o inciso X do art. 37 da Constituição deve ser efetivada mediante lei de **iniciativa privativa** do Chefe do Poder Executivo de cada ente federado. Segundo a Corte Maior, essa "revisão geral anual" enquadra-se no disposto no art. 61, § 1.º, II, "a", da Carta Política (iniciativa privativa do Presidente da República que, simetricamente, é de observância obrigatória para os demais integrantes da Federação).[60]

---

[60] ADI 3.539/RS, rel. Min. Ricardo Lewandowski, 04.10.2019; ADI 3.968/PR, rel. Min. Luiz Fux, 28.11.2019; ADI 3.538/RS, rel. Min. Gilmar Mendes, 21.05.2020; ADI 3.840/RO, rel. Min. Gilmar Mendes, 28.05.2020.

Diferente é a situação quando, por exemplo, o Poder Legislativo pretende conceder aumento de remuneração aos servidores de seus respectivos quadros. Nessa hipótese, a iniciativa será da própria Casa legislativa, porque uma alteração como essa, de abrangência limitada, não configura "revisão geral" de remuneração.[61]

A parte final do inciso X do art. 37 da Carta Política assegura "revisão geral anual" da remuneração e do subsídio dos servidores públicos sempre na mesma data e sem distinção de índices.

A periodicidade anual para a revisão geral de remuneração dos servidores públicos foi novidade trazida pela EC 19/1998. Na redação original, o inciso X do art. 37 não fazia menção a periodicidade alguma.

De um modo geral, a doutrina preleciona que a revisão geral anual em comento tem o objetivo, pelo menos teórico, de recompor o poder de compra da remuneração do servidor, corroído em variável medida pela inflação. Não se trata de aumento real da remuneração ou do subsídio, mas apenas de um aumento nominal – por isso chamado, às vezes, "aumento impróprio".

Deve ficar claro que a revisão geral de remuneração e subsídio mencionada no dispositivo constitucional em exame não se implementa mediante a reestruturação de algumas carreiras. As reestruturações de carreiras não são "anuais" nem "gerais" (pois se limitam a cargos específicos), além de não guardarem ligação lógica, sequer em tese, com a perda de valor relativo da moeda nacional – elas podem implicar, ou não, aumento real da remuneração ou subsídio (quase sempre implicam). Já a revisão geral, diferentemente das reestruturações de carreiras, tem de alcançar todos os servidores públicos estatutários de todos os Poderes do ente federado que a esteja efetuando – e, segundo o texto constitucional, deve ocorrer a cada ano.

A observação destacada ao final do parágrafo precedente nada mais faz, a nosso ver, do que reiterar aquilo que textualmente está averbado no art. 37, X, da Lei Fundamental: é "assegurada revisão geral anual" das remunerações e subsídios dos servidores públicos.

Pois bem, em que pese a literalidade desse comando, o Supremo Tribunal Federal firmou a orientação, com repercussão geral, de que, em qualquer ente da Federação, o Chefe do Poder Executivo pode deixar de encaminhar o projeto de lei destinado a conceder a revisão geral de remuneração assegurada pela Constituição, desde que ele justifique a sua omissão, isto é, aponte, por escrito, os motivos que o levaram a não propor a revisão – para efeito de repercussão geral, foi fixada a seguinte tese:[62]

> O não encaminhamento de projeto de lei de revisão anual dos vencimentos dos servidores públicos, previsto no inciso X do art. 37 da CF/1988, não gera direito subjetivo a indenização. Deve o Poder Executivo, no entanto, se pronunciar, de forma fundamentada, acerca das razões pelas quais não propôs a revisão.

---

[61] ADI 3.599/DF, rel. Min. Gilmar Mendes, 21.05.2007.

[62] RE 565.089/SP (repercussão geral), red. p/ o acórdão Min. Roberto Barroso, 25.09.2019 (Informativo 953 do STF).

Em decisão ulterior, nossa Corte Excelsa explicitou que também não é cabível a pretensão de obter ordem judicial a fim de obrigar o Chefe do Poder Executivo a apresentar o projeto de lei concernente à revisão geral de remuneração dos servidores. Na oportunidade, foi fixada a seguinte **tese de repercussão geral**:[63]

> O Poder Judiciário não possui competência para determinar ao Poder Executivo a apresentação de projeto de lei que vise a promover a revisão geral anual da remuneração dos servidores públicos, tampouco para fixar o respectivo índice de correção.

Ao lado dessas restrições, o Pretório Maior já deixou assente a necessidade de **previsão orçamentária** como condição para a concessão da revisão de remuneração ora em foco, ao asseverar, invocando o disposto no § 1.º do art. 169 da Constituição,[64] que "não há direito à revisão geral anual da remuneração dos servidores públicos, quando se encontra prevista unicamente na lei de diretrizes orçamentárias, pois é necessária, também, a dotação na lei orçamentária anual". Tal orientação restou cristalizada nesta **tese de repercussão geral**:[65]

> A revisão geral anual da remuneração dos servidores públicos depende, cumulativamente, de dotação na Lei Orçamentária Anual e de previsão na Lei de Diretrizes Orçamentárias.

5.4.2. Limites de remuneração dos servidores públicos

O inciso XI do art. 37 estabelece limites – conhecidos como "**tetos**" – às remunerações dos servidores públicos, genericamente considerados, bem como aos proventos e pensões correspondentes. Esse inciso foi alterado pela EC 19/1998 e, apenas cinco anos depois, foi novamente modificado com a promulgação da EC 41/2003. É o seguinte o longo texto atual do inciso XI:

> XI – a remuneração e o subsídio dos ocupantes de cargos, funções e empregos públicos da administração direta, autárquica e fundacional, dos membros de qualquer dos Poderes da União, dos Estados, do Distrito Federal e dos Municípios, dos detentores de mandato eletivo e dos demais agentes políticos e os proventos, pensões ou outra espécie remuneratória, percebidos cumulativamente ou não,

---

[63] RE 843.112/SP (**repercussão geral**), rel. Min. Luiz Fux, 21.09.2020.

[64] "§ 1.º A concessão de qualquer vantagem ou aumento de remuneração, a criação de cargos, empregos e funções ou alteração de estrutura de carreiras, bem como a admissão ou contratação de pessoal, a qualquer título, pelos órgãos e entidades da administração direta ou indireta, inclusive fundações instituídas e mantidas pelo poder público, só poderão ser feitas: I – se houver prévia dotação orçamentária suficiente para atender às projeções de despesa de pessoal e aos acréscimos dela decorrentes; II – se houver autorização específica na lei de diretrizes orçamentárias, ressalvadas as empresas públicas e as sociedades de economia mista."

[65] RE 905.357/RR (**repercussão geral**), rel. Min. Alexandre de Moraes, 28.11.2019.

incluídas as vantagens pessoais ou de qualquer outra natureza, não poderão exceder o subsídio mensal, em espécie, dos Ministros do Supremo Tribunal Federal, aplicando-se como limite, nos Municípios, o subsídio do Prefeito, e nos Estados e no Distrito Federal, o subsídio mensal do Governador no âmbito do Poder Executivo, o subsídio dos Deputados Estaduais e Distritais no âmbito do Poder Legislativo e o subsídio dos Desembargadores do Tribunal de Justiça, limitado a noventa inteiros e vinte e cinco centésimos por cento do subsídio mensal, em espécie, dos Ministros do Supremo Tribunal Federal, no âmbito do Poder Judiciário, aplicável este limite aos membros do Ministério Público, aos Procuradores e aos Defensores Públicos;

O texto original da Constituição previa um teto de remuneração para cada Poder e para cada esfera da Federação. A EC 19/1998 unificou todos os tetos, estabelecendo como limite único o subsídio dos ministros do Supremo Tribunal Federal. A EC 41/2003 novamente modificou o dispositivo em análise, dando a ele o conteúdo hoje em vigor.

Atualmente, há um **teto geral**, que é o **subsídio dos ministros do Supremo Tribunal Federal**, e outros limites nos estados, Distrito Federal e municípios, cujos valores não podem superar o daquele subsídio.

A EC 47/2005, embora não tenha modificado diretamente a redação do inciso XI do art. 37, acrescentou a esse artigo os §§ 11 e 12, com reflexos relevantes na aplicação daquele dispositivo.

Nossa Corte Suprema já deixou assente que é a **remuneração bruta** que deve servir de referência para se verificar a adequação dos valores percebidos pelo agente público aos limites previstos no inciso XI do art. 37. Dessarte, para um teto **hipotético** de trinta mil reais, um servidor com a remuneração bruta de quarenta mil reais sofreria um "abate-teto" de dez mil reais, e só depois dessa redução é que incidiriam (sobre os trinta mil reais restantes) os tributos pertinentes.[66] Enfim, o teto constitucional aplicável a determinado agente público refere-se à sua **remuneração bruta**, antes da incidência de tributos. Os tributos a que a sua remuneração está sujeita – imposto de renda e contribuição previdenciária – incidem após a aplicação do "abate-teto", isto é, têm como base de cálculo o valor que restar depois da redução feita para adequar a remuneração do agente ao **teto constitucional** a ele aplicável (que **também** é estabelecido em um **valor bruto**).

O § 11 do art. 37 determina que **não serão computadas** na aplicação do teto de remuneração "**as parcelas de caráter indenizatório previstas em lei**". O art. 4.º da mesma emenda constitucional cuidou de dar aplicação imediata a esse novo dispositivo, mediante regra de transição, segundo a qual, "enquanto não editada a lei a que se refere o § 11 do art. 37 da Constituição Federal, não será computada, para efeito dos limites remuneratórios de que trata o inciso XI do *caput* do mesmo

---

[66] RE 675.978/SP (**repercussão geral**), rel. Min. Cármen Lúcia, 15.04.2015 (Informativo 781 do STF).

artigo, qualquer parcela de caráter indenizatório, assim definida pela legislação em vigor na data de publicação da EC 41, de 2003".

O segundo acréscimo trazido pela EC 47/2005 relacionado ao inciso XI do art. 37 está no § 12 do mesmo artigo, que faculta "aos Estados e ao Distrito Federal fixar, em seu âmbito, mediante emenda às respectivas Constituições e Lei Orgânica, como limite único, o subsídio mensal dos Desembargadores do respectivo Tribunal de Justiça, limitado a noventa inteiros e vinte e cinco centésimos por cento do subsídio mensal dos Ministros do Supremo Tribunal Federal". Esse limite único, caso adotado, não se aplicará aos subsídios dos deputados estaduais e distritais, nem dos vereadores, pois eles possuem limites próprios previstos em outros dispositivos da Constituição (art. 27, § 2.º; art. 29, VI, "a" a "f", e VII; art. 32, § 3.º).

Convém anotar que o Supremo Tribunal Federal já decidiu que é privativa do Chefe do Poder Executivo estadual a iniciativa da emenda à respectiva Constituição cujo escopo seja fixar o limite único de remuneração de que trata o § 12 do art. 37. Invocou o Pretório Excelso a sua orientação, há muito consagrada, segundo a qual toda norma estadual (ou do Distrito Federal) que verse sobre regime jurídico de servidores públicos deve ter o seu processo legislativo iniciado pelo Governador, em razão da obrigatoriedade de os estados observarem, por simetria, o disposto no art. 61, § 1.º, II, "c", da Constituição Federal.[67]

Também deixou assente o Pretório Supremo que "a faculdade conferida aos Estados para a regulação do teto aplicável a seus servidores (art. 37, § 12, da CF) não permite que a regulamentação editada com fundamento nesse permissivo inove no tratamento do teto dos servidores municipais, para quem o art. 37, XI, da CF, já estabelece um teto único". Com base nesse entendimento – e afirmando que "o teto remuneratório aplicável aos servidores municipais, excetuados os vereadores, é o subsídio do prefeito municipal" –, julgou inconstitucional emenda à Constituição do Estado do Pará na parte em que, ao estabelecer o limite único previsto no § 12 do art. 37 do Texto Magno para os servidores estaduais, pretendeu incluir, na regra, os servidores dos municípios paraenses.[68]

As principais observações, que entendemos pertinentes, acerca dos tetos de remuneração previstos no texto constitucional, após a EC 41/2003 e a EC 47/2005, são as seguintes:

a) há um teto geral, correspondente ao subsídio dos ministros do STF, a ser fixado em lei de iniciativa do STF, estando o projeto de lei resultante, como qualquer outro projeto de lei, sujeito à sanção ou veto do Presidente da República. Esse teto não pode ser ultrapassado por nenhum Poder em nenhuma esfera da Federação;

b) sem prejuízo do teto geral, representado pelo subsídio dos ministros do STF, o texto constitucional estabelece, cumulativamente, para os estados, o DF e os municípios, outros limites (às vezes chamados de "subtetos"), a saber: (i) nos

---

[67] ADI 4.154/MT, rel. Min. Ricardo Lewandowski, 26.05.2010.
[68] ADI-MC 6.221/PA, red. p/ o acórdão Min. Alexandre de Moraes, 19.12.2019.

municípios, o limite é o subsídio percebido pelo Prefeito; (ii) nos estados e no DF há um teto diferenciado por Poder, correspondendo ao subsídio mensal do Governador, para o Poder Executivo, ao subsídio dos deputados estaduais e distritais, no Poder Legislativo, e ao subsídio dos desembargadores do Tribunal de Justiça, no âmbito do Poder Judiciário (esse último limite é também aplicável aos membros do Ministério Público, aos Procuradores e aos Defensores Públicos, embora eles não integrem o Poder Judiciário);

c) os estados e o Distrito Federal têm a faculdade de fixar, em seu âmbito, mediante emenda, de iniciativa do Governador, às respectivas Constituições e Lei Orgânica, como **limite único**, o subsídio mensal dos desembargadores do respectivo Tribunal de Justiça. O referido limite único não poderá ultrapassar o valor correspondente a 90,25% do subsídio mensal dos ministros do Supremo Tribunal Federal e não se aplicará aos subsídios dos deputados estaduais e distritais, nem dos vereadores (CF, art. 37, § 12);

d) os limites incluem todas as espécies remuneratórias e todas as parcelas integrantes do valor total percebido, incluídas as vantagens pessoais ou quaisquer outras, **excetuadas as parcelas de caráter indenizatório previstas em lei (CF, art. 37, § 11)**;

e) relativamente ao salário dos empregados públicos das empresas públicas e das sociedades de economia mista, e suas subsidiárias, os tetos somente se aplicam àquelas que **receberem recursos da União, dos estados, do Distrito Federal ou dos municípios para pagamento de despesas de pessoal ou de custeio em geral** (CF, art. 37, § 9.º).

É muito importante destacar, acerca das situações em que há **recebimento de mais de uma remuneração** em decorrência de **acumulação lícita** de cargos, funções ou empregos públicos, que o Supremo Tribunal Federal, em dois julgados decididos na sistemática de repercussão geral, firmou o entendimento de que, nessas hipóteses, o teto remuneratório aplicável deve incidir **separadamente**, considerando-se, de forma **isolada**, a remuneração correspondente a cada um dos vínculos, e **não o somatório** dos estipêndios percebidos. Dessarte, incidentalmente, declarou **inconstitucional**, no inciso XI do art. 37, a expressão "**percebidos cumulativamente ou não**", tanto na redação dada pela EC 19/1998, quanto na atual, conferida pela EC 41/2003. Para efeito de **repercussão geral**, restou consignada a seguinte **tese:**[69]

> Nos casos autorizados constitucionalmente de acumulação de cargos, empregos e funções, a incidência do art. 37, inciso XI, da Constituição Federal pressupõe consideração de cada um dos vínculos formalizados, afastada a observância do teto remuneratório quanto ao somatório dos ganhos do agente público.

Na mesma oportunidade, a Corte Constitucional explicitou que idêntica orientação deve ser observada nos casos de recebimento concomitante regular de **pro-**

---

[69] RE 602.043/MT (**repercussão geral**), rel. Min. Marco Aurélio, 27.04.2017; RE 612.975/MT (**repercussão geral**), rel. Min. Marco Aurélio, 27.04.2017 (Informativo 862 do STF).

Cap. 6 • ADMINISTRAÇÃO PÚBLICA

ventos decorrentes de mais de um vínculo, bem como nas hipóteses de percepção cumulativa legítima de **proventos de inatividade com remuneração** pelo exercício de cargo, função ou emprego público.[70] Assim, de forma incidental, considerou **inconstitucional** a norma concernente a tais acumulações vazada no § 11 do art. 40 da Carta Política (introduzido pela EC 20/1998), a seguir transcrito:

> § 11. Aplica-se o limite fixado no art. 37, XI, à soma total dos proventos de inatividade, inclusive quando decorrentes da acumulação de cargos ou empregos públicos, bem como de outras atividades sujeitas a contribuição para o regime geral de previdência social, e ao montante resultante da adição de proventos de inatividade com remuneração de cargo acumulável na forma desta Constituição, cargo em comissão declarado em lei de livre nomeação e exoneração, e de cargo eletivo.

Por exemplo, caso um professor de universidades públicas aposentado receba licitamente proventos decorrentes de duas aposentadorias, a incidência, ou não, do teto remuneratório aplicável (determinado em conformidade com as regras previstas no inciso XI do art. 37) deverá ser verificada com base no valor de cada benefício, **separadamente** – e **não no somatório** dos dois proventos percebidos. Ainda exemplificando, um médico que tenha se aposentado do cargo que exercia em um hospital público e permaneça em atividade em outra instituição da mesma natureza **não** terá o teto de remuneração calculado **sobre a soma** dos seus proventos com a sua remuneração; para verificar se haverá, ou não, incidência do teto, o valor de cada um desses recebimentos – proventos de aposentadoria e remuneração da atividade – deverá ser tomado **isoladamente**.

Faz-se oportuno, ainda, mencionar que o Supremo Tribunal Federal julgou **inconstitucional** – por ofensa ao princípio da isonomia – o estabelecimento de **limites diferentes de remuneração para os magistrados estaduais e federais**. Com isso, **excluiu** do subteto de remuneração – 90,25% do subsídio mensal, em espécie, dos ministros do Supremo Tribunal Federal – **os membros da magistratura estadual, inclusive os desembargadores do Tribunal de Justiça**.[71]

Frise-se que só foi considerada ilegítima a distinção de limites remuneratórios entre os **magistrados** federais e estaduais. Vale dizer, o subteto de 90,25% do subsídio mensal, em espécie, dos ministros do Supremo Tribunal Federal, não se aplica aos desembargadores do Tribunal de Justiça, nem aos demais juízes estaduais, mas a esse limite estão sujeitos, sim, os servidores do Poder Judiciário estadual, os membros do Ministério Público estadual e os procuradores e defensores públicos estaduais. Por essa razão, **não** foi suprimida nenhuma parte das disposições constitucionais relativas às regras de teto de remuneração. O que a Corte Excelsa fez foi **dar interpretação conforme a Constituição** ao art. 37, inciso XI, e seu § 12, para **excluir** a aplicação do subteto de remuneração aos **membros da magistratura estadual**.

---

[70] RE 612.975/MT (**repercussão geral**), rel. Min. Marco Aurélio, 27.04.2017 (Informativo 862 do STF).

[71] ADI 3.854/DF, rel. Min. Gilmar Mendes, 08.12.2020.

Por fim, merecem registro, ainda, três outros dispositivos constitucionais que seguem a mesma diretriz desse inciso XI do art. 37, traduzida no escopo de reduzir distorções que resultem em remunerações de servidores públicos excessivamente elevadas.

O primeiro deles é o inciso XII do art. 37, que determina que "os vencimentos dos cargos do Poder Legislativo e do Poder Judiciário não poderão ser superiores aos pagos pelo Poder Executivo". Evidentemente, essa regra somente pode se referir a cargos assemelhados nos três Poderes.

O segundo é o inciso XIII do mesmo artigo, que proíbe "a vinculação ou equiparação de quaisquer espécies remuneratórias para o efeito de remuneração de pessoal do serviço público". O campo de incidência da norma é muito abrangente: ela se aplica a quaisquer cargos, empregos ou funções públicas e a todas as espécies remuneratórias; alcança, ademais, conforme já deixou assente o Supremo Tribunal Federal, não só os servidores públicos como também os militares.[72]

É uma vedação dirigida ao legislador. Evitam-se, assim, reajustes automáticos de remuneração, bem como aumentos em cascata, como ocorreriam, por exemplo, no caso de vinculação de remunerações a indexadores cuja variação fosse atrelada à inflação, ou no de igualamento, pela lei, de remunerações de cargos com funções desiguais.

Como exemplo de aplicação dessa vedação, mencionamos decisão do STF que fulminou, por afronta ao art. 37, XIII, do Texto Magno, lei de determinado estado-membro que estabelecia reajuste periódico automático do vencimento básico dos seus servidores públicos em percentual igual ao da variação acumulada do Índice de Preços ao Consumidor (IPC).[73] Na **Súmula Vinculante 42**, o STF trata especificamente dessa questão, nestes termos:

> **42 –** É inconstitucional a vinculação do reajuste de vencimentos de servidores estaduais ou municipais a índices federais de correção monetária.

O terceiro dispositivo é o inciso XIV do art. 37 da Carta da República, segundo o qual "os acréscimos pecuniários percebidos por servidor público não serão computados nem acumulados para fins de concessão de acréscimos ulteriores".

O intuito da norma é impedir que gratificações, adicionais e outras vantagens pecuniárias quaisquer, não importa o nome ou o fundamento, incidam uns sobre outros, cumulando-se. Vale dizer, ela veda o chamado "**repique**", ou incidência "**em cascata**" de acréscimos pecuniários integrantes das remunerações dos servidores públicos.

---

[72] ARE 665.632/RN (**repercussão geral**), rel. Min. Teori Zavascki, 16.04.2015.

[73] ADI 285/RO, rel. Min. Cármen Lúcia, 04.02.2010. A notícia desse julgado veiculada no **Informativo 573 do STF** textualmente afirma que "o reajuste automático de vencimentos de servidores públicos, tomando-se como base a variação de indexadores de atualização monetária, desrespeita a autonomia dos Estados-membros e a vedação constitucional de vinculação, para efeito de remuneração de servidores públicos, nos termos dos artigos 25 e 37, XIII, da CF".

Cap. 6 • ADMINISTRAÇÃO PÚBLICA

A nosso ver, a redação poderia ter sido mais clara, simplesmente estabelecendo, sem deixar margem a exceções, que todo acréscimo pecuniário componente da remuneração dos servidores públicos deve incidir exclusivamente sobre o vencimento básico, sendo proibida a inclusão de qualquer adicional na base de cálculo de outro. Essa é, evidentemente, a interpretação do inciso XIV do art. 37 que se mostra consentânea com a moralidade administrativa e com a indisponibilidade da coisa pública.

Interessa saber que, **antes da EC 19/1998**, o inciso XIV do art. 37 proibia tão somente que os acréscimos fossem computados ou acumulados para concessão de acréscimos ulteriores "**sob o mesmo título ou idêntico fundamento**". Com base nessa **redação originária**, o Supremo Tribunal Federal, em diversas oportunidades, considerou legítima a incidência de um adicional sobre outro, desde que tivessem fundamentos diferentes.[74]

Não obstante, já deixou assente o Pretório Excelso que a alteração do inciso XIV do art. 37 operada pela EC 19/1998 tem **eficácia plena**.[75] Em consequência da **aplicação imediata** da nova redação dada a esse dispositivo constitucional, restaram não recepcionadas todas as leis, de qualquer ente federado, anteriores à EC 19/1998, que estabeleciam incidência cumulativa de adicionais ou gratificações, ainda que pagos sob fundamentos diferentes. Também, a partir da EC 19/1998, passou a estar constitucionalmente obstada a edição de quaisquer leis que pretendam incluir, na base de cálculo de acréscimos pecuniários percebidos pelo servidor, gratificações e adicionais ulteriores, sejam idênticos ou não a denominação e os fundamentos.

5.4.3. Irredutibilidade dos vencimentos e subsídios

O inciso XV do art. 37 da Constituição estabelece a regra de **irredutibilidade dos vencimentos** de servidores públicos, há muito consagrada em nosso ordenamento jurídico. É o seguinte o seu texto atual:

> XV – o subsídio e os vencimentos dos ocupantes de cargos e empregos públicos são irredutíveis, ressalvado o disposto nos incisos XI e XIV deste artigo e nos arts. 39, § 4.º, 150, II, 153, III, e 153, § 2.º, I;

Incontroverso é o entendimento de que a **irredutibilidade não impede** a criação ou a majoração de **tributos** incidentes sobre os vencimentos ou os subsídios, ou sobre os correspondentes proventos de aposentadoria ou de pensão.[76]

É pacífica, também, a **inexistência de direito adquirido à forma como são calculados os vencimentos** dos servidores públicos, pois isso implicaria reconhecer direito adquirido a **regime jurídico**, possibilidade há tempo rechaçada pela sua

---

[74] RE 231.164/CE, rel. Min. Sepúlveda Pertence, 14.03.2000.

[75] RE 563.708/MS, rel. Min. Cármen Lúcia, 06.02.2013 (Informativo 694 do STF).

[76] ADI 3.105/DF e ADI 3.128/DF, red. p/ o acórdão Min. Joaquim Barbosa, 18.08.2004.

jurisprudência.[77] O que a irredutibilidade assegura é a manutenção do **valor final** dos vencimentos, **sem decesso** algum, ainda que mudem as parcelas componentes, a forma pela qual esse valor final é alcançado. Em razão dessa orientação, nada impede que uma lei modifique por completo a composição remuneratória de um cargo público, extinguindo ou reduzindo gratificações e adicionais, ou alterando a maneira de calculá-los, desde que o valor final da remuneração seja preservado.

Exemplificando, uma remuneração integrada por vencimento básico de R$ 2.000,00, um adicional "X" de 20% sobre o vencimento e um adicional "Y" de 30% sobre o vencimento (total de R$ 3.000,00), pode ser alterada por lei, sem qualquer inconstitucionalidade, passando, por hipótese, à seguinte composição: vencimento básico de R$ 2.600,00, extinção do adicional "X" e alteração do adicional "Y", que deixa de ser um percentual calculado sobre o vencimento e passa a ter o valor fixo de R$ 400,00. Note-se que o valor final da remuneração permanece em R$ 3.000,00, o que é suficiente para que se considere respeitada a irredutibilidade, não obstante tenha havido supressão de um adicional e modificação no valor (redução) e na forma de cálculo de outro.

Examinando a literalidade do inciso XV do art. 37, constata-se que nele está dito que a irredutibilidade de vencimentos e subsídios é **ressalvada** pela regra dos **tetos constitucionais de remuneração**, contida no inciso XI do art. 37 (cuja redação atual é dada pela EC 41/2003). Quanto a esse aspecto, o Supremo Tribunal Federal já deixou consignado, na sistemática de **repercussão geral**, que "o teto de retribuição estabelecido pela Emenda Constitucional 41/2003 possui **eficácia imediata**, submetendo às referências de valor máximo nele discriminadas **todas as verbas de natureza remuneratória** percebidas pelos servidores públicos da União, estados, Distrito Federal e municípios, **ainda que adquiridas de acordo com regime legal anterior**".[78]

Em oportunidade ulterior, a Suprema Corte achou por bem, novamente com **repercussão geral**, explicitar que **devem ser computados**, para o fim de observância dos tetos de remuneração estabelecidos pela EC 41/2003, os valores percebidos a título de **vantagens pessoais** pelo servidor público – **inclusive** as que estivessem sendo regularmente pagas **antes do início da vigência** da EC 41/2003. Conforme restou averbado, a garantia da irredutibilidade de vencimentos somente se aplica até os limites fixados no art. 37, XI, do texto constitucional; as quantias excedentes a tais patamares devem ser suprimidas, sem que essa medida implique ofensa à referida garantia.[79] Vale lembrar que **não se sujeitam** aos limites ora em apreço "as parcelas de **caráter indenizatório** previstas em lei" (CF, art. 37, § 11).

---

[77] RE 563.965/RN, rel. Min. Cármen Lúcia, 11.02.2009; RE 596.542/DF, rel. Min. Cezar Peluso, 16.06.2011 (repercussão geral reconhecida, com reafirmação, no mérito, da jurisprudência do STF sobre a matéria).

[78] RE 609.381/GO (**repercussão geral**), rel. Min. Teori Zavascki, 02.10.2014 (Informativo 761 do STF).

[79] RE 606.358/SP (**repercussão geral**), rel. Min. Rosa Weber, 18.11.2015 (Informativo 808 do STF).

Cap. 6 • ADMINISTRAÇÃO PÚBLICA

Sem prejuízo do esclarecimento dessa **específica questão** concernente à relação entre os tetos remuneratórios constitucionais e a garantia da irredutibilidade de vencimentos, é importante alertar que nossa Corte Suprema **não enfrentou** a controvérsia muito mais ampla, até hoje pendente de pacificação, acerca da possibilidade de uma emenda à Constituição prejudicar **direitos adquiridos** – sejam quais forem. Mais detalhadamente: o entendimento de que os tetos de remuneração fixados pela EC 41/2003 devem ser aplicados imediatamente para reduzir todas as verbas de natureza remuneratória que os excedam, alcançando inclusive as vantagens pessoais percebidas licitamente em observância a leis anteriores à EC 41/2003, **não significa**, de forma nenhuma, que o Pretório Excelso tenha decidido que emendas à Constituição prevaleçam sobre a **garantia do direito adquirido**.

Por fim, ressaltamos que a jurisprudência de nossa Alta Corte considera que a irredutibilidade refere-se ao **valor nominal** dos vencimentos.[80] Não decorre do inciso XV do art. 37, portanto, direito a reajustamento de remuneração de servidores em decorrência de perda de poder aquisitivo da moeda. Dessa forma, não importam os índices de inflação; desde que mantido inalterado o valor numérico dos vencimentos ou subsídios, respeitado estará o princípio da irredutibilidade. Em poucas palavras: **inexiste** garantia de irredutibilidade do **valor real** de vencimentos e subsídios.

5.5. Vedação à acumulação de cargos, empregos e funções públicos

Os incisos XVI e XVII do art. 37 da Constituição estabelecem a regra geral de **vedação à acumulação remunerada** de cargos, funções e empregos públicos. Somente nas hipóteses expressamente previstas no próprio **texto constitucional** – e desde que haja **compatibilidade de horários** – será lícita a acumulação. É a seguinte a redação dos dispositivos:

> XVI – é vedada a acumulação remunerada de cargos públicos, exceto, quando houver compatibilidade de horários, observado em qualquer caso o disposto no inciso XI:
>
> a) a de dois cargos de professor;
>
> b) a de um cargo de professor com outro, técnico ou científico;
>
> c) a de dois cargos ou empregos privativos de profissionais de saúde, com profissões regulamentadas;
>
> XVII – a proibição de acumular estende-se a empregos e funções e abrange autarquias, fundações, empresas públicas, sociedades de economia mista, suas subsidiárias, e sociedades controladas, direta ou indiretamente, pelo Poder Público;

É interessante registrar que o Supremo Tribunal Federal já decidiu que, apesar de os **titulares de serventias extrajudiciais** (cartórios) não ocuparem cargo público efetivo, eles **exercem função pública**. Assim, por força do disposto no inciso XVII

---

[80] AI-AgR 853.892/DF, rel. Min. Rosa Weber, 07.05.2013; RE-AgR 449.427/PR, rel. Min. Teori Zavascki, 06.08.2013.

do art. 37 da Constituição, **não podem acumular** a titularidade do cartório com outras funções públicas, ou com cargos e empregos públicos, **ainda que estejam em licença não remunerada**. No dizer do Pretório Maior, "a concessão de qualquer licença, ainda que não remunerada, não descaracteriza o vínculo jurídico do servidor com a administração".[81]

Diferentemente, nossa Corte Excelsa firmou a orientação de que a participação remunerada de servidores públicos em "conselhos de administração e fiscal das empresas públicas e sociedades de economia mista, suas subsidiárias e controladas, bem como entidades sob controle direto ou indireto da União **não contraria a vedação à acumulação remunerada de cargos, empregos e funções públicas** trazida nos incisos XVI e XVII do artigo 37 da Constituição, uma vez que essa atuação como conselheiro não representa exercício de cargo ou função pública em sentido estrito".[82]

Observe-se que o texto constitucional não estabelece, no caso de acumulação **lícita**, um limite numérico para o somatório das horas semanais trabalhadas – é exigida tão somente a "**compatibilidade de horários**".

O Supremo Tribunal Federal firmou o posicionamento de que normas infraconstitucionais, ou decisões administrativas ou judiciais, **não podem estipular requisitos não previstos na Carta Política** para a caracterização da licitude da acumulação – e, portanto, desde que haja **compatibilidade de horários** para o exercício dos cargos, será **lícita** a sua **acumulação**. Posto de outro modo: segundo a orientação sedimentada pelo STF, o **único requisito** imposto para que se considere **lícita** a acumulação, nas hipóteses constitucionalmente autorizadas, é a **compatibilidade de horários** no exercício das funções, cujo cumprimento efetivo deverá ser aferido, em cada caso concreto, pela administração pública.[83] Essa posição está consignada na seguinte **tese de repercussão geral**:[84]

> As hipóteses excepcionais autorizadoras de acumulação de cargos públicos previstas na Constituição Federal sujeitam-se, unicamente, a existência de compatibilidade de horários, verificada no caso concreto, ainda que haja norma infraconstitucional que limite a jornada semanal.

Há outras hipóteses de acumulação remunerada **lícita** previstas na Carta Política, além daquelas enumeradas no inciso XVI do art. 37, a saber:

1) a permissão de acumulação para os vereadores, prevista no art. 38, III;

2) a permissão para os juízes exercerem o magistério, conforme o art. 95, parágrafo único, inciso I;

---

[81] RE-AgR 382.389/MG, rel. Min. Ellen Gracie, 14.02.2006; MS-AgR 27.955/DF, rel. Min. Roberto Barroso, 16.08.2018.

[82] ADI 1.485/DF, rel. Min. Rosa Weber, 20.02.2020.

[83] RE 351.905/RJ, rel. Min. Ellen Gracie, 24.05.2005; RE 1.176.440/DF, rel. Min. Alexandre de Moraes, 09.04.2019 (Informativo 937 do STF).

[84] ARE 1.246.685/RJ, rel. Min. Dias Toffoli, 20.03.2020.

Cap. 6 • ADMINISTRAÇÃO PÚBLICA   **429**

3) a permissão para os membros do Ministério Público exercerem o magistério, estabelecida no art. 128, § 5.º, II, "d";

4) a permissão de acumulação para os profissionais de saúde das Forças Armadas, na forma da lei e com prevalência da atividade militar, nos termos do art. 142, § 3.º, II, III e VIII, com a redação dada pela EC 77/2014.

A proibição estende-se à acumulação de proventos de aposentadoria pagos pelos regimes próprios de previdência social (RPPS) dos servidores estatutários titulares de cargos efetivos e dos militares com remuneração da atividade. Trata-se, todavia, de uma vedação menos abrangente, porque não inclui os cargos eletivos nem os cargos em comissão (além de não incluir proventos e remunerações de cargos cuja acumulação seja lícita).

Também não se enquadram na proibição de acumulação de proventos com remuneração os proventos recebidos em decorrência de aposentadoria obtida sob o Regime Geral de Previdência Social (RGPS), tratado no art. 201 da Constituição.

Essas regras encontram-se no § 10 do art. 37, incluído pela EC 20/1998, abaixo transcrito:

> § 10. É vedada a percepção simultânea de proventos de aposentadoria decorrentes do art. 40 ou dos arts. 42 e 142 com a remuneração de cargo, emprego ou função pública, ressalvados os cargos acumuláveis na forma desta Constituição, os cargos eletivos e os cargos em comissão declarados em lei de livre nomeação e exoneração.

O § 6.º do art. 40 complementa a vedação acima, proibindo a percepção de mais de uma aposentadoria à conta de regime próprio de previdência social (dos servidores estatutários efetivos), ressalvadas as aposentadorias decorrentes dos cargos acumuláveis previstos na Constituição, devendo ser observadas, ainda, quaisquer outras vedações, regras e condições para a acumulação de benefícios previdenciários estabelecidas no RGPS.

5.6. Disposições constitucionais relativas aos servidores em exercício de mandatos eletivos

O art. 38 da Constituição de 1988 trata especificamente de situações relacionadas à acumulação de cargos e remunerações de servidores públicos das administrações diretas, autarquias e fundações públicas, eleitos para o exercício de mandatos nos Poderes Executivo ou Legislativo. As regras encontram-se enumeradas nos cinco incisos do art. 38 e são todas de fácil compreensão, conforme a seguir expomos:

a) o servidor público que seja eleito para qualquer cargo, do Executivo ou do Legislativo, federal, estadual ou distrital (Presidente da República, governador de estado ou do Distrito Federal, senador, deputado federal, deputado estadual ou distrital) será, obrigatoriamente, afastado do seu cargo (efetivo ou em comissão), função ou emprego público. A remuneração percebida será, obrigatoriamente, a do cargo eletivo;

b) o servidor público investido no mandato de **prefeito** será, obrigatoriamente, afastado de seu cargo, emprego ou função pública. Nesse caso, o servidor poderá optar entre a remuneração do cargo de prefeito e a remuneração do cargo, emprego ou função de que foi afastado. Cabe observar que, segundo a jurisprudência do Supremo Tribunal Federal, essas regras igualmente se aplicam, **por analogia**, ao servidor público investido no mandato de **vice-prefeito**;[85]

c) o servidor eleito para o cargo de **vereador** poderá, caso haja compatibilidade de horários, acumular o exercício da vereança com o de seu cargo, função ou emprego público. Nessa hipótese, o servidor receberá as duas remunerações: a de vereador e a de seu outro cargo, emprego ou função pública, obedecidos, evidentemente, os limites de remuneração fixados no inciso XI do art. 37 da Constituição. Não existindo compatibilidade de horários, o servidor será afastado de seu cargo, exercendo apenas o de vereador; poderá, entretanto, optar entre a remuneração de vereador e a remuneração do cargo, emprego ou função de que foi afastado.

Finalizando, o art. 38 determina que, nas hipóteses em que seja exigido o afastamento do servidor para o exercício de mandato eletivo, o seu tempo de serviço seja contado para todos os efeitos legais, exceto para promoção por merecimento. Ademais, se o servidor for segurado de regime próprio de previdência social, permanecerá filiado a esse regime, no ente federativo de origem.

5.7. Estabilidade

A **estabilidade** está disciplinada no art. 41 da Constituição de 1988. Trata-se de instituto aplicável aos **servidores públicos (estatutários) ocupantes de cargos efetivos**. Em **nenhuma hipótese** o exercício de **cargos em comissão** gera direito a essa estabilidade. Não há controvérsia relevante, tampouco, quanto à **não aquisição de estabilidade** pelos ocupantes de **empregos públicos** (regime contratual celetista) nas **empresas públicas e sociedades de economia mista**.

Há divergência quanto à aplicabilidade do art. 41 da Constituição aos **empregados públicos** eventualmente existentes nas **administrações diretas, nas autarquias e nas fundações públicas** dos diversos entes da Federação. Perfilhamos a corrente, a nosso ver majoritária entre os publicistas, segundo a qual **não fazem jus à estabilidade** regulada no art. 41 da Lei Fundamental os empregados públicos (celetistas), estejam eles na administração direta, estejam em quaisquer das entidades integrantes da administração indireta.

Estabilidade **não** se confunde com **efetividade**. Esta última diz respeito à natureza do cargo público – o cargo pode ser **efetivo**, ou de provimento em comissão. O servidor será titular do cargo efetivo desde o momento da sua posse, ocorrida após aprovação em concurso público e nomeação. A **estabilidade** ocorre no **serviço**

---

[85] RE 140.269/RJ, rel. Min. Néri da Silveira, 01.10.1996; ARE-AgR 659.543/RS, rel. Min. Cármen Lúcia, 30.10.2012.

público (e não em um cargo determinado) e só é adquirida depois de cumpridos todos os requisitos constitucionalmente estipulados.

São **quatro** os **requisitos cumulativos** para aquisição de estabilidade, a saber:

1) concurso público;
2) nomeação para cargo público efetivo;
3) três anos de efetivo exercício do cargo;
4) avaliação especial de desempenho por comissão instituída para essa finalidade (art. 41, § 4.º).

Se qualquer desses requisitos não for atendido, **não há possibilidade de o servidor adquirir estabilidade**.

O servidor estável somente perderá o cargo em uma dessas hipóteses:

a) sentença judicial transitada em julgado;
b) processo administrativo disciplinar, assegurada ampla defesa;
c) mediante procedimento de avaliação periódica de desempenho, na forma de lei complementar, assegurada ampla defesa;
d) excesso de despesa com pessoal, nos termos do art. 169, § 4.º.

Evidentemente, existe, ainda, a hipótese de o servidor pedir exoneração, mas não se trata, nesse caso, de perda do cargo, e sim de desligamento voluntário.

O art. 169 da Constituição assim dispõe:

> Art. 169. A despesa com pessoal ativo e inativo da União, dos Estados, do Distrito Federal e dos Municípios não poderá exceder os limites estabelecidos em lei complementar.
>
> ....
>
> § 3.º Para o cumprimento dos limites estabelecidos com base neste artigo, durante o prazo fixado na lei complementar referida no *caput*, a União, os Estados, o Distrito Federal e os Municípios adotarão as seguintes providências:
>
> I – redução em pelo menos vinte por cento das despesas com cargos em comissão e funções de confiança;
>
> II – exoneração dos servidores não estáveis.
>
> § 4.º Se as medidas adotadas com base no parágrafo anterior não forem suficientes para assegurar o cumprimento da determinação da lei complementar referida neste artigo, o servidor estável poderá perder o cargo, desde que ato normativo motivado de cada um dos Poderes especifique a atividade funcional, o órgão ou unidade administrativa objeto da redução de pessoal.
>
> § 5.º O servidor que perder o cargo na forma do parágrafo anterior fará jus a indenização correspondente a um mês de remuneração por ano de serviço.

§ 6.º O cargo objeto da redução prevista nos parágrafos anteriores será considerado extinto, vedada a criação de cargo, emprego ou função com atribuições iguais ou assemelhadas pelo prazo de quatro anos.

§ 7.º Lei federal disporá sobre as normas gerais a serem obedecidas na efetivação do disposto no § 4.º.

Os limites de despesa com pessoal estão disciplinados na Lei Complementar 101/2001 (Lei de Responsabilidade Fiscal), no seu art. 19, nestes termos:

Art. 19. Para os fins do disposto no *caput* do art. 169 da Constituição, a despesa total com pessoal, em cada período de apuração e em cada ente da Federação, não poderá exceder os percentuais da receita corrente líquida, a seguir discriminados:

I – União: 50% (cinquenta por cento);

II – Estados: 60% (sessenta por cento);

III – Municípios: 60% (sessenta por cento).

5.7.1. Vedação à dispensa imotivada de empregados públicos de empresas públicas e sociedades de economia mista

Vimos que a estabilidade prevista no art. 41 da Constituição da República somente se aplica a servidores públicos em sentido estrito, vale dizer, submetidos a regime jurídico funcional estatutário – e, além disso, exclusivamente aos servidores estatutários titulares de cargo público de provimento efetivo.

Os empregados públicos (celetistas) de empresas públicas e sociedades de economia mista não têm direito à estabilidade de que trata o art. 41 da Carta Política. Esse ponto é incontroverso.

Havia dúvida, entretanto, acerca da possibilidade de tais empregados públicos serem dispensados sem motivação alguma, sem exposição escrita de qualquer justificativa para a dispensa por parte da pessoa jurídica empregadora.

Essa questão foi levada ao Supremo Tribunal Federal, em um caso concreto envolvendo a Empresa Brasileira de Correios e Telégrafos (ECT), e nossa Corte Suprema decidiu, com repercussão geral, que é vedada a dispensa imotivada de empregados das empresas públicas e sociedades de economia mista prestadoras de serviços públicos, por representar afronta aos princípios constitucionais da impessoalidade e da isonomia. Transcrevemos este excerto da ementa do acórdão (grifamos):[86]

II – Em atenção, no entanto, aos princípios da impessoalidade e isonomia, que regem a admissão por concurso público, a dispensa do empregado de empresas públicas e sociedades de economia mista que prestam serviços públicos deve ser motivada, assegurando-

---

[86] RE 589.998/PI, rel. Min. Ricardo Lewandowski, 20.03.2013 (Informativo 699 do STF).

-se, assim, que tais princípios, observados no momento daquela admissão, sejam também respeitados por ocasião da dispensa.

III – A motivação do ato de dispensa, assim, visa a **resguardar o empregado de uma possível quebra do postulado da impessoalidade** por parte do agente estatal investido do poder de demitir.

IV – Recurso extraordinário parcialmente provido para afastar a aplicação, ao caso, do art. 41 da CF, **exigindo-se, entretanto, a motivação para legitimar a rescisão unilateral do contrato de trabalho**.

Convém frisar que nessa decisão do Pretório Excelso ficou estabelecido que a dispensa do empregado público deve se materializar em um ato formal, no qual sejam explicitados os motivos da rescisão unilateral do contrato de trabalho, mas **não se trata de exigir a instauração de um processo administrativo**. O ato de dispensa é que, nesse aspecto, foi equiparado a um ato administrativo de motivação obrigatória, mas não foi estipulada a necessidade de processo administrativo para o desligamento do empregado.

Deixou-se também assente que os motivos apontados pela pessoa jurídica empregadora **não se restringem àqueles autorizadores da dispensa por justa causa** previstos na Consolidação das Leis do Trabalho (CLT). Significa dizer, **o empregado público pode ser dispensado fora das hipóteses que a CLT descreve como justa causa**, desde que o ato de dispensa explicite os motivos que ensejaram a rescisão do contrato de trabalho.

É relevante anotar, ainda, que o acórdão ora em comento – o qual consubstancia a decisão que existe hoje, com repercussão geral, no âmbito do Supremo Tribunal Federal – **somente** se refere de forma **explícita** às **empresas públicas e sociedades de economia mista prestadoras de serviços públicos**. Quanto à possibilidade de dispensa imotivada nas empresas públicas e sociedades de economia mista que exploram atividade econômica em sentido estrito, não se pronunciou a Corte Suprema, ou seja, não se pode dizer que a sua jurisprudência considere-a válida, tampouco asseverar o contrário.

5.8. Disponibilidade remunerada, reintegração, recondução, aproveitamento e readaptação

O art. 41 da Constituição de 1988, além das disposições concernentes à estabilidade, contém ainda referência à denominada **disponibilidade remunerada** e a determinadas formas de **provimento derivado** – reintegração, recondução e aproveitamento –, sendo todas essas figuras aplicáveis **unicamente** aos **servidores estáveis**.

Nos termos do texto constitucional, a **reintegração** é a forma de provimento ocorrida quando o servidor estável é **demitido** e retorna ao cargo que anteriormente ocupava porque teve a **demissão invalidada por sentença judicial**. Se a vaga do servidor que está sendo reintegrado estiver ocupada por um servidor estável, será este reconduzido ao cargo de origem, sem direito a indenização, aproveitado em outro cargo ou posto em disponibilidade com remuneração proporcional ao tempo de serviço. A recondução, portanto, na Constituição, só é prevista em uma hipótese: quando o servidor estável retorna ao seu cargo de origem porque estava ocupando a vaga de um outro servidor que foi reintegrado.

A Carta da República regula a **disponibilidade** no § 3.º do art. 41, dispondo, tão somente, que, "extinto o cargo ou declarada a sua desnecessidade, o servidor estável ficará em disponibilidade, com **remuneração proporcional ao tempo de serviço**, até seu adequado aproveitamento em outro cargo". Dessarte, conforme a previsão constitucional, o **aproveitamento** é forma de provimento derivado aplicável ao servidor que foi posto em disponibilidade (portanto, estável) ou ao servidor estável que estivesse ocupando a vaga de um outro servidor que foi reintegrado. Observe-se que a remuneração da disponibilidade é proporcional ao **tempo de serviço**, diferentemente do que ocorre em todas as hipóteses de aposentadorias proporcionais, nas quais os proventos são proporcionais ao tempo de contribuição.

A **readaptação** é uma figura existente há muito em nosso ordenamento jurídico, disciplinada em diversas leis, de variados entes federativos, concernentes aos regimes jurídicos dos servidores públicos estatutários respectivos. A Constituição de 1988, originalmente, não previa a readaptação de servidores públicos. A partir da EC 103/2019, essa hipótese passou a constar expressamente no § 13 do art. 37, nestes termos:

> § 13. O servidor público titular de cargo efetivo poderá ser readaptado para exercício de cargo cujas atribuições e responsabilidades sejam compatíveis com a limitação que tenha sofrido em sua capacidade física ou mental, enquanto permanecer nesta condição, desde que possua a habilitação e o nível de escolaridade exigidos para o cargo de destino, mantida a remuneração do cargo de origem.

A mesma EC 103/2019 alterou a redação do dispositivo constitucional que versa sobre a aposentadoria por invalidez (ou incapacidade) permanente, deixando expresso que, antes de passar o servidor para a inatividade, deve a administração procurar readaptá-lo. Veja-se o teor do inciso I do § 1.º do art. 40 da Carta da República (grifamos):

> § 1º O servidor abrangido por regime próprio de previdência social será aposentado:
>
> I – por incapacidade permanente para o trabalho, no cargo em que estiver investido, **quando insuscetível de readaptação**, hipótese em que será obrigatória a realização de avaliações periódicas para verificação da continuidade das condições que ensejaram a concessão da aposentadoria, na forma de lei do respectivo ente federativo;

É interessante observar que os preceitos constitucionais concernentes à readaptação introduzidos pela EC 103/2019 não afirmam, em ponto algum, que ela configura modalidade de provimento de cargo público. A rigor, literalmente, a Constituição parece tratar a readaptação como uma hipótese de mero exercício em cargo diverso daquele em que o servidor foi investido, e não de novo provimento. Pensamos ser necessário aguardar o desenvolvimento doutrinário e, eventualmente, jurisprudencial sobre a matéria, à luz das novas disposições constitucionais. Enquanto isso não acontece, continuaremos considerando a readaptação uma forma de provimento, consoante tradicionalmente o fazem a doutrina e o legislador ordinário pátrios.

Dessarte, definimos a **readaptação** como modalidade de **provimento derivado** mediante a qual o servidor, **estável ou não**, tendo sofrido uma limitação física ou mental em suas habilidades, torna-se inapto para o exercício do cargo que ocupa, mas, não configurada a invalidez (ou incapacidade) permanente, passa a exercer outro cargo para o qual a limitação sofrida não o incapacita. O cargo provido por readaptação deverá ter atribuições afins às do anterior. O servidor deve possuir a habilitação e o nível de escolaridade exigidos para o cargo de destino. Nos expressos termos da EC 103/2019, o servidor readaptado **perceberá a remuneração do cargo de origem** (e não a do novo cargo).

5.9. Extensão aos servidores públicos de direitos constitucionalmente assegurados aos trabalhadores da iniciativa privada

O art. 7.º da Carta de 1988 contém, nos seus trinta e quatro incisos, a lista dos principais direitos fundamentais sociais a que fazem jus os "trabalhadores urbanos e rurais". São **estendidos** aos "servidores ocupantes de cargo público" – ou seja, aos **servidores públicos estatutários** –, pelo § 3.º do art. 39 da Constituição Federal, os direitos previstos no seu art. 7.º, incisos IV, VII, VIII, IX, XII, XIII, XV, XVI, XVII, XVIII, XIX, XX, XXII e XXX, "podendo a lei estabelecer requisitos diferenciados de admissão quando a natureza do cargo o exigir". Vale dizer, o § 3.º do art. 39 confere aos **servidores públicos estatutários** os seguintes direitos:

a) salário mínimo;

b) garantia de salário, nunca inferior ao mínimo, para os que percebem remuneração variável;

c) décimo terceiro;

d) remuneração do trabalho noturno superior à do diurno;

e) salário-família;

f) duração do trabalho normal não superior a oito horas diárias e quarenta e quatro semanais;

g) repouso semanal remunerado;

h) remuneração do serviço extraordinário superior, no mínimo, em cinquenta por cento à do normal;

i) férias anuais remuneradas com, pelo menos, um terço a mais do que a remuneração normal;

j) licença à gestante;

k) licença-paternidade;

l) proteção do mercado de trabalho da mulher, mediante incentivos específicos, nos termos da lei;

m) redução dos riscos inerentes ao trabalho, por meio de normas de saúde, higiene e segurança;

n) proibição de diferença de salários, de exercício de funções e de critério de admissão por motivo de sexo, idade, cor ou estado civil, "podendo a lei estabelecer requisitos diferenciados de admissão quando a natureza do cargo o exigir".

Conforme a jurisprudência do Supremo Tribunal Federal, o direito dos servidores públicos à percepção de pelo menos um **salário mínimo** (letra "a") refere-se à **remuneração** deles, e **não** ao **vencimento básico**. Por outras palavras, **não** é necessário que o vencimento básico corresponda ao salário mínimo; basta que a remuneração do servidor (vencimento básico + vantagens pecuniárias permanentes) alcance o valor do salário mínimo.

Essa orientação está, hoje, sedimentada na **Súmula Vinculante 16**, cuja redação segue transcrita:

> **16** – Os artigos 7.º, IV, e 39, § 3.º (redação da EC 19/98), da Constituição, referem-se ao total da remuneração percebida pelo servidor público.

De outra banda, o Tribunal Constitucional decidiu que, mesmo na hipótese de servidor que exerça as suas atividades em regime de **jornada reduzida**, a **remuneração** por ele percebida **não poderá ser inferior ao salário mínimo**. Vale a leitura deste trecho do Informativo 1.063 do STF, em que foi veiculada a notícia do julgado em foco:

> O direito fundamental ao salário mínimo é previsto constitucionalmente para garantir a dignidade da pessoa humana por meio da melhoria de suas condições de vida (CF/1988, art. 7º, IV), garantia que foi estendida aos servidores públicos sem qualquer sinalização no sentido da possibilidade de flexibilizá-la no caso de jornada reduzida ou previsão em legislação infraconstitucional (CF/1988, art. 39, § 3.º).
>
> A leitura conjunta dos dispositivos constitucionais atinentes ao tema, somado ao postulado da vedação do retrocesso de direitos sociais, denota a finalidade de assegurar o mínimo existencial aos integrantes da administração pública direta e indireta com a fixação do menor patamar remuneratório admissível, especialmente se consideradas as limitações inerentes ao regime jurídico dos servidores públicos, cujas características se distinguem do relativo às contratações temporárias ou originadas de vínculos decorrentes das recentes reformas trabalhistas.

Sobre o tema, restou fixada a seguinte **tese de repercussão geral**:[87]

> É defeso o pagamento de remuneração em valor inferior ao salário mínimo ao servidor público, ainda que labore em jornada reduzida de trabalho.

A respeito da letra "h" da enumeração acima, nossa Corte Suprema já teve oportunidade de decidir que o direito de os **servidores ocupantes de cargo público** receberem pelo **serviço extraordinário** ("horas extras") remuneração superior à normal em pelo menos cinquenta por cento **não depende de regulamentação legal**. Para o Supremo Tribunal Federal, a norma constitucional que assegura esse direito (resultante da conjugação do art. 7.º, XVI, com o art. 39, § 3.º) tem **eficácia plena**, isto é, não depende de lei do ente federado para produzir os seus integrais efeitos.[88] Em suma, todos os servidores estatutários da administração pública brasileira fazem jus ao pagamento de "horas extras" em valor cinquenta por cento superior, no mínimo, ao da hora normal, mesmo que esse direito não esteja explicitado na lei (estatuto) respectiva.

Merece também um comentário o direito a **férias** anuais remuneradas com, pelo menos, um terço a mais do que a remuneração normal (letra "i"). Conforme a jurisprudência do Supremo Tribunal Federal, o servidor que fique **impossibilitado de gozar suas férias**, seja em razão do rompimento do vínculo com a administração, seja porque passou para a inatividade, tem **direito à conversão** das férias não gozadas em **indenização pecuniária**, com fundamento na vedação ao enriquecimento sem causa da administração.[89] Observe-se que essa orientação **não se aplica** ao servidor que **permaneça em atividade**, no exercício de seu cargo, pois ele ainda tem a possibilidade de gozar as férias – direito constitucionalmente assegurado –, estando a administração obrigada à sua concessão, não se lhe facultando substituí-las, a seu arbítrio, por uma indenização em pecúnia.[90]

Enfatizamos que o direito do servidor de **converter em dinheiro** as férias que ele não tem mais possibilidade de gozar **não precisa estar previsto em lei** e independe de perquirição sobre a existência de culpa pela não fruição das férias na época em que elas poderiam ou deveriam ter sido gozadas. Ademais, nossa Corte Suprema já deixou assente que a indenização pelas férias não usufruídas deve contemplar, obrigatoriamente, o **acréscimo de pelo menos um terço** sobre a remuneração normal, direito que não pode ser restringido pelo legislador dos diversos entes federativos, uma vez que diretamente decorre da Constituição da República.[91]

---

[87] RE 964.659/RS (**repercussão geral**), rel. Min. Dias Toffoli, 08.08.2022 (Informativo 1.063 do STF).

[88] AI-AgR 642.528/RJ, rel. Min. Dias Toffoli, 25.09.2012.

[89] ARE 721.001/RJ (**repercussão geral**), rel. Min. Gilmar Mendes, 28.02.2013. No mesmo sentido: ARE-AgR 731.803/RJ, rel. Min. Ricardo Lewandowski, 14.05.2013; AI-AgR 836.957/MA, rel. Min. Dias Toffoli, 11.03.2014.

[90] ARE-ED 721.001/RJ (**repercussão geral**), rel. Min. Gilmar Mendes, 28.08.2014.

[91] RE 570.908/RN (**repercussão geral**), rel. Min. Cármen Lúcia, 16.09.2009 (Informativo 559 do STF).

É interessante observar que o Texto Magno **não estipula a duração das férias**, apenas estabelece que elas devem ser anuais e remuneradas (e que a remuneração das férias deve ser acrescida de, pelo menos, um terço do seu valor normal). Nos termos da jurisprudência do Supremo Tribunal Federal, **o acréscimo de (pelo menos) um terço à remuneração das férias deve ter por base de cálculo o valor normal da remuneração correspondente a todo o período de férias**. Assim, se a lei de determinado ente federativo fixa em 45 dias o período de férias anuais dos seus servidores públicos, o adicional de (pelo menos) um terço deve incidir sobre a remuneração relativa a 45 dias, obrigatoriamente. A respeito dessa questão, a seguinte tese de repercussão geral foi fixada:[92]

> O adicional de 1/3 (um terço) previsto no art. 7.º, XVII, da Constituição Federal incide sobre a remuneração relativa a todo período de férias.

Como a extensão aos servidores públicos do direito a férias tem **fundamento direto na Carta Política** (art. 39, § 3.º), não pode a **lei** (federal, estadual, distrital ou municipal) impedir o exercício desse direito, ou estabelecer limitações que o inviabilizem. Deveras, o Supremo Tribunal Federal, ao apreciar lei do Município de Betim (MG) que impunha a perda do direito de férias ao servidor que gozasse, no período aquisitivo, mais de dois meses de licença médica, declarou a inconstitucionalidade dessa restrição, fixando a seguinte **tese de repercussão geral:**[93]

> No exercício da autonomia legislativa municipal, não pode o município, ao disciplinar o regime jurídico de seus servidores, restringir o direito de férias a servidor em licença saúde de maneira a inviabilizar o gozo de férias anuais previsto no art. 7.º, XVII, da Constituição Federal de 1988.

Além dos direitos listados acima, o Supremo Tribunal Federal já deixou assente que é aplicável a **todas as servidoras públicas**, inclusive às ocupantes de cargo em comissão (e também às agentes públicas vinculadas ao Poder Público mediante contratação temporária), a **estabilidade provisória** prevista no art. 10, II, "b", do Ato das Disposições Constitucionais Transitórias (ADCT), a saber: "fica **vedada a dispensa arbitrária ou sem justa causa da empregada gestante**, desde a confirmação da gravidez até cinco meses após o parto".[94] A incidência dessa estabilidade **somente exige a anterioridade da gravidez à dispensa sem justa causa**, sendo irrelevante que o empregador desconheça essa condição da empregada no momento da dispensa

---

[92] RE 1.400.787/CE (**repercussão geral**), rel. Min. Rosa Weber, 15.12.2022 (Informativo 1.080 do STF).

[93] RE 593.448/MG (**repercussão geral**), rel. Min. Edson Fachin, 05.12.2022 (Informativo 1.078 do STF)

[94] RE-AgR 634.093/DF, rel. Min. Celso de Mello, 22.11.2011; MS 30.519/DF, rel. Min. CármenLúcia, 20.06.2012.

Cap. 6 • ADMINISTRAÇÃO PÚBLICA

(isto é, o direito da gestante à estabilidade não depende de conhecimento prévio da gravidez pelo empregador).[95]

Em 2023, em decisão proferida na sistemática de **repercussão geral**, o Pretório Excelso cristalizou o entendimento de que, em qualquer hipótese, as agentes públicas gestantes têm direito à **licença-maternidade** de 120 dias e **também**, desde a confirmação da gravidez até 5 meses após o parto, à **estabilidade provisória**. Fixou sobre o tema a seguinte **tese jurídica**:[96]

> A trabalhadora gestante tem direito ao gozo de licença-maternidade e à estabilidade provisória, independentemente do regime jurídico aplicável, se contratual ou administrativo, ainda que ocupe cargo em comissão ou seja contratada por tempo determinado.

Por derradeiro, vem a propósito pontuar que, segundo a jurisprudência do Supremo Tribunal Federal, a Constituição não estabelece para agentes públicos contratados por tempo determinado para atender a necessidade temporária de excepcional interesse público (CF, art. 37, IX) direito automático a décimo terceiro salário e a férias remuneradas (uma vez que eles não são regidos pela Consolidação das Leis do Trabalho). Esses trabalhadores somente farão jus a tais direitos se houver previsão legal ou contratual expressa, ou se a temporariedade da contratação for desnaturada por renovações ou prorrogações sucessivas por parte do poder público. Essa orientação está fixada na seguinte **tese de repercussão geral**:[97]

> Servidores temporários não fazem jus a décimo terceiro salário e férias remuneradas acrescidas do terço constitucional, salvo (I) expressa previsão legal e/ou contratual em sentido contrário, ou (II) comprovado desvirtuamento da contratação temporária pela administração pública, em razão de sucessivas e reiteradas renovações e/ou prorrogações.

5.10. Regime de previdência dos servidores públicos

A Constituição trata, em seu art. 40, do "**regime próprio de previdência social dos servidores titulares de cargos efetivos**".

É importante frisar que somente os servidores públicos titulares de **cargos efetivos** fazem jus a esse regime de previdência, chamado **regime próprio**, justamente por ser diferente do regime de previdência denominado **regime geral**, a que se sujeitam os demais trabalhadores, não só os da iniciativa privada regidos pela Consolidação das Leis do Trabalho (CLT), autônomos e outros, mas também

---

[95] RE 629.053/SP, red. p/ o acórdão Min. Alexandre de Moraes, 10.10.2018, no qual restou fixada a seguinte **tese de repercussão geral**: "A incidência da estabilidade prevista no art. 10, inciso II, do ADCT, somente exige a anterioridade da gravidez à dispensa sem justa causa".

[96] RE 842.844/SC (**repercussão geral**), rel. Min. Luiz Fux, 05.10.2023 (Informativo 1.111 do STF).

[97] RE 1.066.677/MG, red. p/ o acórdão Min. Alexandre de Moraes, 21.05.2020.

os servidores ocupantes, exclusivamente, de cargo em comissão, de outro cargo temporário, inclusive mandato eletivo, e de emprego público. O § 13 do art. 40 não deixa margem a dúvida:

> § 13. Aplica-se ao agente público ocupante, exclusivamente, de cargo em comissão declarado em lei de livre nomeação e exoneração, de outro cargo temporário, inclusive mandato eletivo, ou de emprego público, o Regime Geral de Previdência Social.

É **obrigatória** para todos os entes da Federação a observância da regra vazada nesse § 13 do art. 40, significa dizer, todos os agentes públicos que não sejam titulares de cargos efetivos submetem-se ao Regime Geral de Previdência Social (RGPS), da mesma forma que os trabalhadores da iniciativa privada. O Supremo Tribunal Federal já declarou que **não há espaço para os entes subnacionais criarem regime próprio de previdência para agentes públicos que não sejam titulares de cargos efetivos**.[98]

O regime de previdência próprio dos servidores estatutários efetivos (RPPS) foi profundamente alterado, desde a promulgação da Carta de 1988, mediante emendas constitucionais que ficaram conhecidas como **reformas da previdência**. A primeira dessas reformas operou-se por meio da EC 20/1998, a qual modificou significativamente não só o RPPS, mas também o Regime Geral de Previdência Social (RGPS). A segunda reforma, cujo instrumento foi a EC 41/2003, concentrou-se quase exclusivamente no RPPS. Houve modificações menores trazidas pelas EC 47/2005 e EC 70/2012. Por último, a terceira reforma da previdência, perpetrada pela EC 103/2019, introduziu inúmeras e muito relevantes alterações no RPPS e no RGPS.

É importante destacar que nenhuma dessas reformas logrou unificar por completo os regimes de previdência social. Continuam existindo, no Brasil, dois regimes distintos de previdência, um aplicável aos servidores públicos estatutários efetivos (**RPPS**) e outro aplicável aos demais trabalhadores, dito, por isso, regime geral (**RGPS**).

O RGPS está disciplinado no art. 201 da Constituição e se aplica, **subsidiariamente**, aos servidores públicos submetidos ao regime próprio, ou seja, inexistindo preceito específico no RPPS relativo a determinada situação, utilizam-se as normas do regime geral que dela tratem (desde que tais normas não sejam incompatíveis com outros preceitos do regime próprio). É explícito quanto a esse aspecto o § 12 do art. 40, ao estatuir que, além das disposições nesse mesmo artigo constantes, devem ser observados, em regime próprio de previdência social, **no que couber**, os requisitos e critérios fixados para o RGPS. Não cuidaremos do RGPS nesta obra.

Essencialmente, as características do atual regime previdenciário dos servidores públicos titulares de cargos efetivos – já incorporadas as alterações introduzidas pela EC 103/2019 – são as que expendemos a seguir.

---

[98] ADI 3.106/MG, rel. Min. Eros Grau, 14.04.2010; ADI 7.198/PA, rel. Min. Alexandre de Moraes, 31.10.2022 (Informativo 1.074 do STF).

O regime tem caráter **contributivo** e **solidário**. Têm obrigação de contribuir: o respectivo **ente federativo**, os **servidores ativos**, os **aposentados** e os **pensionistas**. As contribuições devem observar critérios que preservem o equilíbrio financeiro e atuarial do sistema (art. 40, *caput*).

Vem a propósito consignar, de passagem, que a EC 109/2019 acrescentou ao art. 37 da Carta Magna o § 14, segundo o qual "a aposentadoria concedida com a utilização de tempo de contribuição decorrente de cargo, emprego ou função pública, inclusive do Regime Geral de Previdência Social, acarretará o **rompimento do vínculo** que gerou o referido tempo de contribuição".

É **vedada** a existência de mais de um regime próprio de previdência social e de mais de um órgão ou entidade gestora desse regime em cada ente federativo, abrangidos todos os Poderes, órgãos e entidades autárquicas e fundacionais, que serão responsáveis pelo seu financiamento, observados os critérios, os parâmetros e a natureza jurídica definidos em **lei complementar** (art. 40, § 20).

O § 22 do art. 40, incluído pela EC 103/2019, versa sobre a lei complementar referida no parágrafo anterior. Além disso, ele **proibiu a criação de novos regimes próprios de previdência social**. Convém reproduzi-lo:

> § 22. Vedada a instituição de novos regimes próprios de previdência social, lei complementar federal estabelecerá, para os que já existam, normas gerais de organização, de funcionamento e de responsabilidade em sua gestão, dispondo, entre outros aspectos, sobre:
>
> I – requisitos para sua extinção e consequente migração para o Regime Geral de Previdência Social;
>
> II – modelo de arrecadação, de aplicação e de utilização dos recursos;
>
> III – fiscalização pela União e controle externo e social;
>
> IV – definição de equilíbrio financeiro e atuarial;
>
> V – condições para instituição do fundo com finalidade previdenciária de que trata o art. 249 e para vinculação a ele dos recursos provenientes de contribuições e dos bens, direitos e ativos de qualquer natureza;
>
> VI – mecanismos de equacionamento do déficit atuarial;
>
> VII – estruturação do órgão ou entidade gestora do regime, observados os princípios relacionados com governança, controle interno e transparência;
>
> VIII – condições e hipóteses para responsabilização daqueles que desempenhem atribuições relacionadas, direta ou indiretamente, com a gestão do regime;
>
> IX – condições para adesão a consórcio público;
>
> X – parâmetros para apuração da base de cálculo e definição de alíquota de contribuições ordinárias e extraordinárias.

É **proibida** a percepção de **mais de uma aposentadoria** à conta de **regime próprio** de previdência social, **ressalvadas** as aposentadorias decorrentes dos **cargos acumuláveis** previstos na Constituição. Além disso, aplicam-se ao RPPS quaisquer outras vedações, regras e condições para a acumulação de benefícios previdenciários estabelecidas no RGPS (art. 40, § 6.º).

É **vedada** a adoção de **requisitos ou critérios diferenciados** para concessão de benefícios em regime próprio de previdência social, com as seguintes **exceções**:

a) poderão ser estabelecidos por **lei complementar** do respectivo ente federativo idade e tempo de contribuição diferenciados para aposentadoria de **servidores com deficiência**, previamente submetidos a avaliação biopsicossocial realizada por equipe multiprofissional e interdisciplinar (art. 40, § 4.º-A);

b) poderão ser estabelecidos por **lei complementar** do respectivo ente federativo idade e tempo de contribuição diferenciados para aposentadoria de ocupantes dos cargos de **agente penitenciário**, de **agente socioeducativo** e de **policial** das polícias legislativas da Câmara dos Deputados e do Senado Federal, da Polícia Federal, da Polícia Rodoviária Federal, da Polícia Ferroviária Federal e das polícias civis (art. 40, § 4.º-B);[99]

c) poderão ser estabelecidos por **lei complementar** do respectivo ente federativo idade e tempo de contribuição diferenciados para aposentadoria de servidores cujas atividades sejam exercidas com **efetiva exposição a agentes químicos, físicos e biológicos prejudiciais à saúde, ou associação desses agentes**, vedada a caracterização por categoria profissional ou ocupação (art. 40, § 4.º-C);

d) os ocupantes do cargo de **professor** terão **idade mínima reduzida em cinco anos** em relação às idades mínimas exigidas para a aposentadoria voluntária, desde que comprovem tempo de efetivo exercício das funções de magistério na educação infantil e no ensino fundamental e médio fixado em **lei complementar do respectivo ente federativo** (art. 40, § 5.º).

Os proventos de aposentadoria **não poderão ser inferiores ao valor do salário mínimo ou superiores ao limite máximo estabelecido para o RGPS** (art. 40, § 2.º). Está prevista, no § 14 do art. 40, a instituição, pelos entes federativos, de regime de previdência complementar, conforme será estudado mais à frente neste tópico.

As **regras para cálculo** de proventos de aposentadoria serão disciplinadas em **lei do respectivo ente federativo** (art. 40, § 3.º).

---

[99] A EC 104/2019 **incluiu** no art. 144 da Constituição (artigo em que estão enumerados os órgãos responsáveis pela segurança pública no Brasil) o inciso VI, no qual foram arroladas como órgãos integrantes do sistema de segurança pública as "polícias penais federal, estaduais e distrital". Acrescentou, também, ao mesmo artigo, o § 5.º-A, com esta redação: "Às **polícias penais**, vinculadas ao órgão administrador do sistema penal da unidade federativa a que pertencem, **cabe a segurança dos estabelecimentos penais**". Conforme estabelece o art. 4.º da EC 104/2019 (dispositivo que não está incorporado topicamente ao texto constitucional), "o preenchimento do quadro de servidores das polícias penais será feito, exclusivamente, por meio de concurso público e por meio da **transformação dos cargos isolados, dos cargos de carreira dos atuais agentes penitenciários e dos cargos públicos equivalentes**".

O § 17 do art. 40 também diz respeito ao cálculo dos proventos a que o servidor inicialmente fará jus ao se aposentar. Estabelece esse dispositivo que **todos os valores de remuneração considerados para o cálculo do valor inicial dos proventos serão devidamente atualizados**, na forma da lei.

É assegurado o **reajustamento** dos benefícios para preservar-lhes, em caráter permanente, o **valor real**, segundo **critérios estabelecidos em lei** (art. 40, § 8.º).

O **benefício de pensão por morte** será concedido nos termos de **lei do respectivo ente federativo** (art. 40, § 7.º). Caso esse benefício seja a única fonte de renda formal auferida pelo dependente, não poderá ser inferior ao salário mínimo.

O texto constitucional estatui que a lei deve conceder tratamento diferenciado ao benefício de pensão na hipótese de óbito decorrente de agressão sofrida no exercício, ou em razão da função, de servidores ocupantes dos cargos de **agente penitenciário**, de **agente socioeducativo** e de **policial** das polícias legislativas da Câmara dos Deputados e do Senado Federal, da Polícia Federal, da Polícia Rodoviária Federal, da Polícia Ferroviária Federal e das polícias civis.

O § 14 do art. 40 determina que a União, os estados, o Distrito Federal e os municípios instituam, por **lei de iniciativa do respectivo Poder Executivo**, regime de **previdência complementar** para servidores públicos ocupantes de cargo efetivo. Assim, as aposentadorias e as pensões recebidas pelo regime próprio de previdência social não podem ser superiores ao limite máximo dos benefícios do RGPS, mas, além delas, o servidor poderá receber um valor adicional, proveniente do regime de previdência complementar em questão.

Esse regime de previdência complementar será operado por intermédio de **entidade fechada ou aberta de previdência complementar**, oferecerá plano de benefícios somente na modalidade **contribuição definida** e deverá observar o disposto no art. 202 da Constituição (que trata do regime de previdência privada, de caráter complementar e facultativo, organizado de forma autônoma em relação ao RGPS e regulado por lei complementar).

O § 16 do art. 40 garante que o servidor que tenha ingressado no serviço público até a data da publicação do ato de instituição do correspondente regime de previdência complementar somente a ele estará sujeito se prévia e expressamente assim optar.

A EC 103/2019 acrescentou ao art. 37 da Carta da República o § 15, segundo o qual "é vedada a complementação de aposentadorias de servidores públicos e de pensões por morte a seus dependentes que não seja decorrente do disposto nos §§ 14 a 16 do art. 40 ou que não seja prevista em lei que extinga regime próprio de previdência social".

O § 18 do art. 40 (incluído pela EC 41/2003 e não alterado pela EC 103/2019) contém a **regra geral** acerca da exigência de **contribuição previdenciária dos aposentados e pensionistas**: incide contribuição previdenciária sobre os proventos de aposentadorias e pensões concedidas por regime próprio de previdência que **superem o limite máximo fixado para os benefícios do RGPS**. A **alíquota** da contribuição deve ser **igual** à estabelecida para os **servidores em atividade**.

O Supremo Tribunal Federal considerou constitucional a exigência da contribuição previdenciária ora em apreço, inclusive de quem, antes da publicação da EC 41/2003, já era aposentado ou pensionista do regime próprio de previdência social de que trata o art. 40 da Carta Política.[100]

No art. 149 da Constituição, com a redação dada pela EC 103/2019, estão as regras detalhadas sobre a contribuição previdenciária ora em foco, tanto acerca de sua exigência dos servidores ativos quanto dos aposentados e pensionistas. Vale transcrevê-las:

> Art. 149. Compete exclusivamente à União instituir contribuições sociais, de intervenção no domínio econômico e de interesse das categorias profissionais ou econômicas, como instrumento de sua atuação nas respectivas áreas, observado o disposto nos arts. 146, III, e 150, I e III, e sem prejuízo do previsto no art. 195, § 6.º, relativamente às contribuições a que alude o dispositivo.
>
> § 1.º A União, os Estados, o Distrito Federal e os Municípios instituirão, por meio de lei, contribuições para custeio de regime próprio de previdência social, cobradas dos servidores ativos, dos aposentados e dos pensionistas, que poderão ter alíquotas progressivas de acordo com o valor da base de contribuição ou dos proventos de aposentadoria e de pensões.
>
> § 1.º-A. Quando houver déficit atuarial, a contribuição ordinária dos aposentados e pensionistas poderá incidir sobre o valor dos proventos de aposentadoria e de pensões que supere o salário mínimo.
>
> § 1.º-B. Demonstrada a insuficiência da medida prevista no § 1.º-A para equacionar o déficit atuarial, é facultada a instituição de contribuição extraordinária, no âmbito da União, dos servidores públicos ativos, dos aposentados e dos pensionistas.
>
> § 1.º-C. A contribuição extraordinária de que trata o § 1.º-B deverá ser instituída simultaneamente com outras medidas para equacionamento do déficit e vigorará por período determinado, contado da data de sua instituição.

Cabe anotar que, nos termos da jurisprudência de nossa Corte Maior, "não incide contribuição previdenciária sobre verba não incorporável aos proventos de aposentadoria do servidor público, tais como terço de férias, serviços extraordinários, adicional noturno e adicional de insalubridade".[101]

O tempo de contribuição federal, estadual, distrital ou municipal será contado para fins de aposentadoria e o tempo de serviço correspondente será contado para fins de disponibilidade (art. 40, § 9.º). Essa norma expressamente se conjuga com o disposto nos §§ 9.º e 9.º-A do art. 201. O primeiro assegura, para fins de

---

[100] ADI 3.105/DF e ADI 3.128/DF, red. p/ acórdão Min. Joaquim Barbosa, 18.08.2004.

[101] RE 593.068/SC (repercussão geral), rel. Min. Roberto Barroso, 11.10.2018 (Informativo 919 do STF).

aposentadoria, a contagem recíproca do tempo de contribuição entre o RGPS e os regimes próprios de previdência social, e destes entre si, e determina que haja compensação financeira entre uns e outros, de acordo com critérios estabelecidos em lei. O § 9.º-A do art. 201, concernente aos militares, versa, no mesmo diapasão, sobre "contagem recíproca para fins de inativação militar ou aposentadoria".

É mister destacar que somente será computado para efeito de **aposentadoria** o tempo de efetiva **contribuição** do beneficiário – e **não**, simplesmente, o **tempo de serviço**. É **vedado** ao legislador estabelecer qualquer forma de contagem de **tempo de contribuição fictício** (art. 40, § 10).

O servidor titular de cargo efetivo que tenha completado as exigências para a aposentadoria voluntária e opte por permanecer em atividade poderá fazer jus, observados critérios a serem estabelecidos em lei do respectivo ente federativo, ao assim chamado **abono de permanência**. Trata-se de uma quantia paga ao servidor equivalente, no máximo, ao valor da sua contribuição previdenciária. O abono poderá ser recebido enquanto o servidor permanecer em atividade – até completar a idade para aposentadoria compulsória, evidentemente (art. 40, § 19).

As hipóteses de concessão de aposentadoria ao servidor abrangido por regime próprio de previdência social estão descritas no § 1.º do art. 40 da Constituição, a seguir transcrito:

> § 1.º O servidor abrangido por regime próprio de previdência social será aposentado:
>
> I – por incapacidade permanente para o trabalho, no cargo em que estiver investido, quando insuscetível de readaptação, hipótese em que será obrigatória a realização de avaliações periódicas para verificação da continuidade das condições que ensejaram a concessão da aposentadoria, na forma de lei do respectivo ente federativo;
>
> II – compulsoriamente, com proventos proporcionais ao tempo de contribuição, aos 70 (setenta) anos de idade, ou aos 75 (setenta e cinco) anos de idade, na forma de lei complementar;
>
> III – no âmbito da União, aos 62 (sessenta e dois) anos de idade, se mulher, e aos 65 (sessenta e cinco) anos de idade, se homem, e, no âmbito dos estados, do Distrito Federal e dos municípios, na idade mínima estabelecida mediante emenda às respectivas Constituições e Leis Orgânicas, observados o tempo de contribuição e os demais requisitos estabelecidos em lei complementar do respectivo ente federativo.

A Lei Complementar 152/2015 – de **abrangência nacional** – determina, em seu art. 2.º, que a aposentadoria compulsória prevista no inciso II do § 1.º do art. 40 ocorrerá aos setenta e cinco anos de idade para: (a) os servidores titulares de cargos efetivos da União, dos estados, do Distrito Federal e dos municípios, incluídas suas autarquias e fundações; (b) os membros do Poder Judiciário; (c) os membros do Ministério Público; (d) os membros das Defensorias Públicas; e (e) os membros dos tribunais e dos conselhos de contas.

A EC 103/2019 incluiu no art. 201 da Constituição o § 16, cujo texto preceitua que "os empregados dos consórcios públicos, das empresas públicas, das sociedades de economia mista e das suas subsidiárias serão aposentados compulsoriamente, observado o cumprimento do tempo mínimo de contribuição", ao atingirem a idade de 75 anos, "na forma estabelecida em lei". Note-se que se trata de uma regra aplicável a empregados públicos (celetistas) – e não a servidores estatutários.

Ainda sobre a aposentadoria compulsória, cumpre averbar que, durante certo tempo, grassou alguma controvérsia quanto à aplicabilidade, ou não, dessa modalidade de aposentadoria aos servidores ocupantes exclusivamente de cargos em comissão. O Supremo Tribunal Federal decidiu a questão afastando a sujeição desses servidores à aposentadoria compulsória prevista no inciso II do § 1.º do art. 40 da Carta Política – e, sobre o tema, fixou a seguinte tese de repercussão geral:[102]

> 1 – Os servidores ocupantes de cargo exclusivamente em comissão não se submetem à regra da aposentadoria compulsória prevista no art. 40, § 1.º, II, da Constituição Federal, a qual atinge apenas os ocupantes de cargo de provimento efetivo, inexistindo, também, qualquer idade limite para fins de nomeação a cargo em comissão;
>
> 2 – Ressalvados impedimentos de ordem infraconstitucional, não há óbice constitucional a que o servidor efetivo aposentado compulsoriamente permaneça no cargo comissionado que já desempenhava ou a que seja nomeado para cargo de livre nomeação e exoneração, uma vez que não se trata de continuidade ou criação de vínculo efetivo com a Administração.

Finalizando este tópico, convém pontuar que a EC 103/2019 estabeleceu diferentes regras de transição para quem já se encontrava no serviço público na data da sua publicação (13 de novembro de 2019). As disposições aplicáveis às diversas hipóteses previstas na EC 103/2019 variam conforme a data de ingresso ou a situação jurídica do servidor. Por sua especificidade, tais regras não serão estudadas nesta obra.

6. ADMINISTRAÇÃO TRIBUTÁRIA

O texto vigente da Constituição Federal traz duas regras específicas acerca da administração tributária.

A primeira delas, obra do constituinte originário, estabelece que "a administração fazendária e seus servidores fiscais terão, dentro de suas áreas de competência e jurisdição, precedência sobre os demais setores administrativos, na forma da lei" (art. 37, XVIII).

Nesse dispositivo, o texto constitucional explicita a importância da administração fazendária e dos seus servidores fiscais para o Estado, uma vez que é por meio dela que são arrecadados os recursos indispensáveis ao custeio das atividades deste. É, contudo, um inciso dependente de regulamentação pelo legislador ordinário.

---

[102] RE 786.540/DF (repercussão geral), rel. Min. Dias Toffoli, 15.12.2016 (Informativo 851 do STF).

A segunda disposição acerca da atuação da administração tributária é mais incisiva, e os seus efeitos são bastante relevantes, ao menos teoricamente. Trata-se do inciso XXII do art. 37 da Constituição, incluído pela EC 42/2003, a saber:

> XXII – as administrações tributárias da União, dos Estados, do Distrito Federal e dos Municípios, atividades essenciais ao funcionamento do Estado, exercidas por servidores de carreiras específicas, terão recursos prioritários para a realização de suas atividades e atuarão de forma integrada, inclusive com o compartilhamento de cadastros e de informações fiscais, na forma da lei ou convênio.

Os recursos prioritários para a realização das atividades das administrações tributárias podem ser assegurados, inclusive, por meio de vinculação de receitas de impostos, conforme previsão expressa introduzida no inciso IV do art. 167 da Constituição, também pela EC 42/2003.

Com esse inciso XXII do art. 37, ainda, passou a ter assento constitucional a autorização para os fiscos das diferentes esferas permutarem informações protegidas por sigilo fiscal, na forma da lei ou de convênio, previsão antes constante somente do art. 199 do Código Tributário Nacional.

7. OBRIGATORIEDADE DE LICITAR

Nos termos do inciso XXI do art. 37 da Constituição Federal, a administração pública, em regra, **antes de celebrar contratos**, deve adotar um procedimento formal denominado **licitação**. É a seguinte a redação do dispositivo:

> XXI – ressalvados os casos especificados na legislação, as obras, serviços, compras e alienações serão contratados mediante processo de licitação pública que assegure igualdade de condições a todos os concorrentes, com cláusulas que estabeleçam obrigações de pagamento, mantidas as condições efetivas da proposta, nos termos da lei, o qual somente permitirá as exigências de qualificação técnica e econômica indispensáveis à garantia do cumprimento das obrigações;

Conforme se constata, esse dispositivo constitucional admite a possibilidade de a legislação estabelecer **hipóteses excepcionais** de celebração de contratos administrativos **sem a realização de licitação** (a denominada **contratação direta**). Diferentemente, quando cuida, em disposição específica, dos **contratos de concessão e permissão de serviços públicos**, a Constituição não abre qualquer possibilidade de ser afastada a licitação. Com efeito, nos termos do art. 175 da Carta Política, "incumbe ao Poder Público, na forma da lei, diretamente ou sob regime de concessão ou permissão, **sempre** através de licitação, a prestação de serviços públicos".

A exigência de que a administração pública faça licitação antes de celebrar contratos decorre do princípio da indisponibilidade do interesse público. Como a administração não dispõe da coisa pública (é mera gestora), impõe-se que, nas suas contratações, dê a todos quantos possam desejar com ela realizar negócios a oportunidade de oferecerem propostas, em condições de isonomia e objetividade. Pela mesma razão, é necessário que a administração, observando critérios objetivos e de forma transparente, selecione a proposta mais vantajosa dentre as oferecidas, sujeitando-se aos mais amplos controles, não só pelos órgãos que possuam específicas atribuições dessa natureza, mas também controle direto pelo povo, único titular da coisa pública.

A competência para legislar sobre **normas gerais** aplicáveis a licitações e contratos administrativos é **privativa da União**, prevista no inciso XXVII do art. 22 da Constituição Federal. Trata-se de competência para editar normas de **caráter nacional**, isto é, que obrigam todos os entes da Federação.

É interessante frisar que o citado inciso só atribui à União a edição de **normas gerais**. Por esse motivo, não se aplica a essa hipótese de competência privativa o parágrafo único do mesmo art. 22, vale dizer, **não** cabe falar em necessidade de autorização em lei complementar para que os estados legislem sobre **questões específicas** relacionadas a licitações públicas e contratos administrativos.

Portanto, os estados, o Distrito Federal e os municípios **têm competência** própria para legislar sobre **questões específicas** acerca de licitações públicas e contratos administrativos – desde que as leis que eles produzam não contrariem as **normas gerais** editadas pela União, com fundamento no art. 22, XXVII, da Constituição. A rigor, a própria União pode editar normas específicas sobre licitações públicas e contratos administrativos, caso em que tais normas impor-se-ão apenas a ela mesma (serão meras normas federais de direito administrativo, **sem caráter nacional**).

A Lei 8.666/1993 – mais tarde complementada pela Lei 10.520/2002, que instituiu uma importante modalidade de licitação denominada **pregão** – foi, de 1993 a 2021, a nossa principal lei de normas gerais sobre licitações e contratos administrativos. A Lei 8.666/1993 e a Lei 10.520/2020, embora revogadas, ainda regem muitos contratos administrativos atualmente em vigor; ambas são leis de **caráter nacional**, isto é, suas disposições alcançam todos os entes da Federação (União, estados, Distrito Federal e municípios).

Ao lado das duas leis citadas no parágrafo anterior, deve ser mencionada a Lei 12.462/2011, também já revogada, que instituiu o denominado **Regime Diferenciado de Contratações Públicas** (**RDC**).

Entre outras hipóteses, o RDC podia ser adotado em licitações e contratos relacionados: a obras e serviços de engenharia no âmbito do Sistema Único de Saúde (SUS) e dos sistemas públicos de ensino e de pesquisa, ciência e tecnologia; a obras e serviços de engenharia para construção, ampliação, reforma e administração de estabelecimentos penais e de unidades de atendimento socioeducativo; a obras e serviços de engenharia destinados a melhorar a mobilidade urbana ou à ampliação de infraestrutura logística; a ações em órgãos e entidades dedicados à ciência, à tecnologia e à inovação.

Em 1.º de abril de 2021, foi publicada a Lei 14.133/2021, para substituir a Lei 8.666/1993, a Lei 10.520/2002 e os arts. 1º a 47-A da Lei 12.462/2011 (os arts. 48 e seguintes da Lei 12.462/2011 versam sobre matérias estranhas a licitações e contratos). Entretanto, **essa substituição somente ocorreu, por completo, a partir de 30 de dezembro de 2023.**[103]

De 1.º de abril de 2021 a 29 de dezembro de 2023, a administração pública – na União, nos estados, no Distrito Federal e nos municípios – pôde decidir, em cada licitação, se adotaria os procedimentos e seguiria as disposições previstos naquelas leis **ou** na Lei 14.133/2021. A **opção** feita precisava ser **indicada expressamente** no edital ou no instrumento de contratação direta (arts. 191 e 193, II).

Em qualquer hipótese, **é vedada a combinação da Lei 14.133/2021 com as leis antes citadas** (Lei 8.666/1993, Lei 10.520/2002 e Lei 12.462/2011). Significa dizer: **não pode** uma mesma licitação seguir um **procedimento híbrido**, no qual ora se pratiquem atos previstos na Lei 14.133/2021, ora se adote a tramitação estabelecida em alguma daquelas três leisde licitações e contratações.

Nos casos em que a administração tenha **optado** por licitar ou efetuar contratação direta de acordo com a Lei 8.666/1993, a Lei 10.520/2002 ou a Lei 12.462/2011, o **contrato** resultante, **durante toda a sua vigência**, será **regido pelas regras nelas previstas**. Isso significa que, **mesmo depois de revogadas**, essas leis ainda serão aplicadas a tais contratos, **até o fim da vigência deles**.

Os contratos de concessão e de permissão de serviços públicos, assim como o procedimento licitatório que **sempre** os deve anteceder, estão jungidos às normas gerais, aplicáveis a todos os entes da Federação, estipuladas na Lei 8.987/1995.

Cabe mencionar, ainda, a Lei 11.079/2004, que veicula normas gerais, também de abrangência nacional, sobre parcerias público-privadas (PPP), as quais se consubstanciam em peculiares contratos de concessão – que podem, inclusive, ter por objeto a prestação de serviços públicos.

Voltando à Constituição Federal, é relevante observar que o § 1.º do seu art. 173, com a redação dada pela EC 19/1998, determina que o legislador ordinário estabeleça "o estatuto jurídico da empresa pública, da sociedade de economia mista e de suas subsidiárias que explorem **atividade econômica** de produção ou comercialização de bens ou de prestação de serviços".

Em julho de 2016, foi publicada a Lei 13.303/2016, que dispõe acerca do estatuto jurídico das empresas públicas e sociedades de economia mista (e suas subsidiárias) que **explorem atividades econômicas, incluída a prestação de serviços públicos** (de natureza econômica).

Conforme se constata, a Lei 13.303/2016 **não limitou** sua abrangência às entidades dedicadas à exploração de atividades econômicas em sentido estrito, haja vista terem sido inseridas em seu escopo aquelas cujo objeto seja a prestação de **serviços públicos** que configurem **atividade econômica em sentido amplo**.

A Lei 13.303/2016 contém normas próprias sobre licitações e contratações aplicáveis às entidades sujeitas a suas disposições.

---

[103] O texto original da Lei 14.133/2021 estipulava, no art. 193, que a revogação total da Lei 8.666/1993 e da Lei 10.520/2002 e a revogação dos arts. 1º a 47-A da Lei 12.462/2011 ocorreriam após decorridos dois anos, contados da data da sua publicação (1º de abril de 2021). A Lei Complementar 198, de 28.06.2023, alterou nesse ponto o art. 193 da Lei 14.133/2021, adiando as referidas revogações para 30 de dezembro de 2023.

8. RESPONSABILIDADE CIVIL DA ADMINISTRAÇÃO PÚBLICA

O § 6.º do art. 37 da Constituição contém a regra geral de atribuição de responsabilidade civil à administração pública brasileira, pelos danos que seus agentes, atuando nessa qualidade, causem a terceiros. A rigor, o dispositivo não se aplica somente à administração pública, mas, **também**, a **pessoas privadas** que prestem **serviços públicos**, como as delegatárias de serviços públicos (que prestam tais serviços mediante concessão, permissão ou autorização). De outra parte, convém observar que nem todos os integrantes da administração pública sujeitam-se ao § 6.º do art. 37 da Constituição. Com efeito, a norma de responsabilidade extracontratual nele vazada **não** alcança as empresas públicas e as sociedades de economia mista que explorem **atividades econômicas** em sentido estrito, regidas pelo art. 173 da Carta Política. É a seguinte a redação do § 6.º do art. 37, ora em comento:

> § 6.º As pessoas jurídicas de direito público e as de direito privado prestadoras de serviços públicos responderão pelos danos que seus agentes, nessa qualidade, causarem a terceiros, assegurado o direito de regresso contra o responsável nos casos de dolo ou culpa.

Esse dispositivo estabelece a denominada **responsabilidade civil objetiva** pelos danos causados a terceiros em decorrência da **atuação** de agentes da administração pública (e das delegatárias de serviços públicos). O Supremo Tribunal Federal firmou na sua jurisprudência o entendimento de que esse é também o preceito aplicável em relação a prejuízos ocasionados a particulares por **omissão** da administração pública (conforme será exposto adiante neste tópico, em subitem específico).[104] A doutrina e a jurisprudência entendem que essa modalidade de responsabilidade extracontratual objetiva é aquela proposta pela **teoria do risco administrativo**.

Segundo a **teoria do risco administrativo**, a fim de ter reconhecido o direito à indenização, basta à pessoa que sofreu o dano demonstrar a ocorrência deste e de um **nexo direto de causalidade** – isto é, uma relação **direta** de causa e efeito – entre a atuação (ou omissão) administrativa e o dano sofrido. É essa a razão de tal forma de responsabilidade ser considerada **objetiva**: não há necessidade de que a pessoa que sofreu o prejuízo adentre considerações acerca de culpa, seja da eventual existência de culpa individual do agente público, seja de uma culpa genérica da administração pela falha na prestação de um serviço público (chamada culpa administrativa).

Em resumo, presentes o fato do serviço e o **nexo direto de causalidade** entre o fato e o dano, nasce para o Poder Público (ou para a delegatária de serviço público) a obrigação de indenizar – **inclusive se a lesão tiver decorrido de uma atuação estatal lícita**, perfeitamente regular. Do particular que suportou o dano não é exigida demonstração de culpa alguma, nem do Estado, nem do agente público. A administração é que, na sua defesa, poderá, se for o caso, visando a afastar ou

---

[104] RE 385.943/SP, rel. Min. Celso de Mello, 05.10.2009; AI 299.125/SP, rel. Min. Celso de Mello, 05.10.2009; RE-AgR 543.469/RJ, rel. Min. Ellen Gracie, 16.03.2010; RE 608.880/MT (**repercussão geral**), red. p/ o acórdão Min. Alexandre de Moraes, 04.09.2020; RE 662.405/AL (**repercussão geral**), rel. Min. Luiz Fux, 26.06.2020.

Cap. 6 • ADMINISTRAÇÃO PÚBLICA **451**

a atenuar a sua responsabilidade, comprovar – **e o ônus da prova é dela** – a ocorrência de alguma das chamadas **excludentes**. Embora haja divergência na doutrina, são usualmente aceitos como excludentes a culpa exclusiva da vítima, a força maior e o caso fortuito. Se a administração pública lograr demonstrar que houve **culpa recíproca** – isto é, dela e do terceiro prejudicado, concomitantemente –, a sua obrigação de indenizar será **proporcionalmente atenuada**.

O Supremo Tribunal Federal já pacificou o entendimento de que as prestadoras de serviços públicos, incluídas as pessoas privadas que os prestam mediante delegação do Poder Público, estão sujeitas à responsabilidade civil objetiva prevista no § 6.º da Constituição pelos danos que a atuação (ou a omissão) de seus agentes cause não só a usuários do serviço público, **mas também a terceiros não usuários**.[105] Portanto, é irrelevante perquirir se a vítima de lesão causada pelo prestador de serviço público é, ou não, usuária do serviço, bastando que o dano seja produzido pela atuação (ou omissão) do sujeito na qualidade de prestador de serviço público, mesmo que se trate de prestação efetuada mediante delegação (realizada por pessoa privada detentora de concessão, permissão ou autorização de serviço público).

Em todas as hipóteses de aplicação do § 6.º do art. 37 da Carta Política, o Estado (ou a delegatária de serviço público), depois de condenado a indenizar, tem a possibilidade de ajuizar ação contra o agente causador do dano, desde que consiga provar dolo ou culpa na conduta dele. Vale dizer, o agente pode ter de responder à administração pública, em **ação regressiva**, mas a sua responsabilidade é **subjetiva**, na modalidade **culpa comum** – o autor da ação regressiva (Estado ou delegatária de serviço público) tem o ônus de provar que o agente, ao causar o dano, incorreu em culpa (em sentido amplo) que lhe possa ser individualmente imputada.

De acordo com o entendimento reiterado de nossa Corte Suprema, a ação de reparação movida pelo terceiro que sofreu a lesão tem de ser ajuizada **somente** contra a **pessoa jurídica** sujeita à regra constitucional de responsabilidade civil objetiva. Posto de outro modo: a pessoa a quem o dano foi infligido **não pode** ajuizar a ação indenizatória diretamente **contra o agente público** – e **não podem**, tampouco, figurar no polo passivo dessa ação, conjuntamente, como **litisconsortes**, a pessoa jurídica e o seu agente, pessoa natural. A pessoa jurídica, se condenada, terá, então, ação regressiva contra o seu agente que, atuando nessa qualidade, causou a lesão – e precisará provar que ele agiu com dolo ou culpa. Sintetiza essa orientação a seguinte **tese de repercussão geral**:[106]

> A teor do disposto no art. 37, § 6.º, da Constituição Federal, a ação por danos causados por agente público deve ser ajuizada contra o Estado ou a pessoa jurídica de direito privado prestadora de serviço público, sendo parte ilegítima para a ação o autor do ato, assegurado o direito de regresso contra o responsável nos casos de dolo ou culpa.

---

[105] RE 591.874/MS, rel. Min. Ricardo Lewandowski, 26.08.2009.

[106] RE 1.027.633/SP (**repercussão geral**), rel. Min. Marco Aurélio, 14.08.2019 (Informativo 947 do STF).

8.1. Responsabilidade por danos decorrentes de omissão estatal

A Constituição de 1988 não trata explicitamente da responsabilidade extracontratual por danos que os particulares venham a sofrer em decorrência de omissão estatal. De fato, o § 6.º do art. 37 da Carta da República somente se refere, textualmente, à responsabilidade civil das pessoas jurídicas de direito público e de direito privado prestadoras de serviços públicos pelos danos que os seus agentes causarem a terceiros. Pela literalidade do preceito constitucional, para restar configurada a responsabilidade em hipótese de omissão estatal, seria necessário identificar um agente público específico (ou mais de um) que, em uma situação determinada, deveria ter agido e, não o tendo feito, a sua inação causou, de forma direta e imediata, alguma lesão a um administrado. A prova em juízo de tais elementos ou circunstâncias será, na maior parte dos casos, demasiado complexa para o particular prejudicado.

Alguns de nossos mais respeitados administrativistas prelecionam que, em face de danos ensejados por omissão estatal, a responsabilidade extracontratual segue, em regra, a teoria da culpa administrativa.

Assim, na hipótese de danos advindos de omissões estatais, a regra geral seria a sujeição do poder público a uma modalidade subjetiva de responsabilidade civil em que a pessoa que sofreu a lesão deveria provar (o ônus da prova é dela) a falta ou a deficiência de um serviço público a cuja prestação o Estado estava obrigado e demonstrar a existência de um efetivo nexo de causalidade entre a lesão por ela sofrida e a omissão havida.

É importante frisar que, diferentemente do que ocorre na responsabilização extracontratual fundada em "culpa comum", não há necessidade, para a caracterização da "culpa administrativa", de individualizar os agentes aos quais a falta do serviço possa ser imputada (por prescindir de identificação de agentes públicos relacionados à omissão estatal, a expressão "culpa anônima" é também utilizada em referência a essa modalidade de responsabilidade subjetiva).

Dessarte, nos termos da teoria da culpa administrativa, o particular que sofreu o dano não necessita comprovar que a falta do serviço público decorreu de omissão culposa de um agente público determinado; basta-lhe demonstrar que o serviço público deveria ter sido prestado e que foi a sua ausência ou deficiência que efetivamente implicou a ocorrência do dano.

Observe-se que estamos tratando de situações em que não há uma atuação estatal que seja, ela própria, concretamente, a causadora do dano. Este é produzido diretamente por elementos estranhos à atividade administrativa, no mais das vezes, por atos de terceiros, não agentes públicos – por exemplo, delinquentes ou multidões –, ou por fenômenos da natureza – por exemplo, uma enchente ou um vendaval.

Para que lhe seja reconhecido direito a indenização, o particular deverá demonstrar que a atuação estatal regular, normal, ordinária, teria sido suficiente para evitar o dano a ele infligido. É necessário que ele comprove que concorreu para o resultado lesivo determinada omissão culposa do Estado: este estava obrigado a agir, tinha possibilidade material de atuar e, se tivesse agido, poderia ter evitado o dano. Nisso consiste, quando estamos diante de um caso de responsabilidade civil subjetiva por culpa administrativa, o nexo de causalidade entre o dano e a falta na prestação do serviço público (que pode assumir as modalidades omissivas **inexistência do serviço**, **deficiência do serviço** ou **atraso na prestação do serviço**).

São exemplos das situações ora em foco um protesto de rua em que uma multidão (particulares, não agentes públicos) destrua propriedades privadas; ou a ocorrência de eventos da natureza, como vendavais e enchentes, que imponham prejuízos à população. Nessas hipóteses, a indenização estatal **só será devida se restar comprovado** – e o ônus da prova é de quem sofreu o dano – que determinada **omissão culposa da administração pública** contribuiu para o surgimento do resultado danoso, ou seja, que o dano não teria ocorrido se o poder público tivesse prestado adequadamente os serviços públicos de que o ordenamento jurídico lhe incumbe (responsabilidade **subjetiva**, na modalidade "**culpa administrativa**" ou "**culpa anônima**").

Assim, na contingência de uma enchente, se ficar comprovado que os serviços a que estava obrigada a administração pública deixaram de ser prestados, ou o foram insuficientemente, poderá ela ser responsabilizada (por exemplo, as galerias pluviais e os bueiros de escoamento das águas, cuja manutenção é obrigação do poder público, estavam entupidos ou sujos, propiciando o acúmulo das águas e os consequentes prejuízos).

Entretanto, se todo o sistema de escoamento de águas pluviais estivesse em perfeitas condições, houvesse sido previamente vistoriado e recuperado pela administração pública, mas, mesmo assim, devido a uma excepcional e imprevisível continuidade e intensidade das chuvas, a capacidade de vazão não tivesse sido suficiente, restaria descaracterizada a responsabilidade do Estado, porque os danos produzidos pela enchente teriam decorrido **exclusiva e diretamente de uma situação de caso fortuito ou de força maior**, sem qualquer parcela de culpa imputável ao poder público.

Em síntese, segundo a posição doutrinária exposta nos parágrafos precedentes, quando um dano causado a um particular não decorre de uma atuação de agentes públicos, e sim de outras circunstâncias, tais como atos de terceiros ou eventos climáticos, o Estado somente poderá ser obrigado a indenizar consoante os termos da **teoria da culpa administrativa**, isto é, se a vítima lograr comprovar que, para aquele resultado danoso, **concorreu determinada omissão culposa da administração pública** (não há necessidade de individualização de um agente público cuja conduta omissiva tenha ocasionado a falta do serviço). Caso se verifique que o dano foi produzido **por fatores que não consubstanciam atividade administrativa**, a exemplo de atos de terceiros ou intempéries, sem concurso de uma omissão culposa do poder público perfeitamente identificada, **não restará caracterizada a responsabilidade extracontratual estatal**.

Em alguns julgados, relativamente antigos, o Supremo Tribunal Federal perfilhou essa orientação. Em inúmeras outras decisões, porém – todas elas mais recentes –, nosso Tribunal Constitucional tem asseverado que a responsabilidade civil do poder público é do tipo **objetiva**, na modalidade **risco administrativo**, em qualquer hipótese, **inclusive nos casos de danos advindos de omissão estatal** (sem fazer distinção entre a omissão genérica e a omissão em que há descumprimento de um dever legal específico).[107]

Nessa linha, transcrevemos parte desta ementa de acórdão proferido em 2020, na sistemática de **repercussão geral** (grifamos):[108]

> 1. A responsabilidade civil do Estado subsume-se à **teoria do risco administrativo**, tanto para as condutas estatais comissivas quanto paras as omissivas, na forma do artigo 37, § 6.º, da Constituição Federal. 2. O Estado e as pessoas jurídicas de direito privado prestadoras de serviços públicos respondem pelos danos que seus agentes, nessa qualidade, causem a terceiros, quando comprovado o nexo de causalidade entre a conduta e o dano sofrido pelo particular. 3. **A pessoa jurídica de direito privado prestadora de serviço público responde de forma primária e objetiva por danos causados a terceiros**, visto possuir personalidade jurídica, patrimônio e capacidade próprios. 4. O cancelamento de provas de concurso público em virtude de indícios de fraude gera a responsabilidade direta da entidade privada organizadora do certame de restituir aos candidatos as despesas com taxa de inscrição e deslocamento para cidades diversas daquelas em que mantenham domicílio. **Ao Estado, cabe somente a responsabilidade subsidiária**, no caso de a instituição organizadora do certame se tornar insolvente.

Outro exemplo relevante de decisão, também de 2020, merece reprodução (negritos acrescentados, itálicos no original):[109]

> 1. A responsabilidade civil das pessoas jurídicas de direito público e das pessoas jurídicas de direito privado prestadoras de serviço público baseia-se no **risco administrativo**, sendo **objetiva**, exige os seguintes requisitos: *ocorrência do dano;* **ação ou omissão** *administrativa; existência de* **nexo causal** *entre o dano e a* **ação ou omissão** *administrativa e ausência de causa excludente da responsabilidade estatal.*
>
> 2. A jurisprudência desta Corte, inclusive, entende ser **objetiva a responsabilidade civil decorrente de omissão**, seja das pessoas

---

[107] Vejam-se, entre outros: RE 385.943/SP, rel. Min. Celso de Mello, 05.10.2009; AI 299.125/SP, rel. Min. Celso de Mello, 05.10.2009; RE-AgR 543.469/RJ, rel. Min. Ellen Gracie, 16.03.2010; RE 662.405/AL (**repercussão geral**), rel. Min. Luiz Fux, 26.06.2020.

[108] RE 662.405/AL (**repercussão geral**), rel. Min. Luiz Fux, 26.06.2020. Nesse julgado, foi fixada a seguinte tese de repercussão geral: "O Estado responde subsidiariamente por danos materiais causados a candidatos em concurso público organizado por pessoa jurídica de direito privado (art. 37, § 6.º, da CRFB/88), quando os exames são cancelados por indícios de fraude".

[109] RE 608.880/MT (**repercussão geral**), red. p/ o acórdão Min. Alexandre de Moraes, 04.09.2020. Nesse julgado, foi fixada a seguinte tese de repercussão geral: "Nos termos do artigo 37, § 6.º, da Constituição Federal, não se caracteriza a responsabilidade civil objetiva do Estado por danos decorrentes de crime praticado por pessoa foragida do sistema prisional, quando não demonstrado o nexo causal direto entre o momento da fuga e a conduta praticada".

jurídicas de direito público ou das pessoas jurídicas de direito privado prestadoras de serviço público.

3. Entretanto, o princípio da responsabilidade objetiva não se reveste de caráter absoluto, eis que admite o abrandamento e, até mesmo, a exclusão da própria responsabilidade civil do Estado, nas hipóteses excepcionais configuradoras de situações liberatórias como o caso fortuito e a força maior ou evidências de ocorrência de culpa atribuível à própria vítima.

4. A **fuga de presidiário** e o cometimento de crime, sem qualquer relação lógica com sua evasão, extirpa o elemento normativo, segundo o qual **a responsabilidade civil só se estabelece em relação aos efeitos diretos e imediatos causados pela conduta do agente**. Nesse cenário, em que **não há causalidade direta** para fins de atribuição de responsabilidade civil extracontratual do poder público, não se apresentam os requisitos necessários para a imputação da responsabilidade objetiva prevista na Constituição Federal – em especial, como já citado, por ausência do *nexo causal*.

Veja-se que, na hipótese de fuga de presos, não pode haver qualquer dúvida quanto a estarmos diante de uma **omissão** estatal. Precisa ocorrer uma falha na segurança carcerária, isto é, uma atuação que se esperava do poder público não se materializou, ou deu-se de forma insuficiente. Ademais, no acórdão, de forma explícita, o Supremo Tribunal Federal afirmou que, consoante a sua jurisprudência, a responsabilidade extracontratual estatal, na hipótese de danos ensejados por omissões, é **objetiva**, na modalidade **risco administrativo**. Entretanto, especificamente no caso de presidiários evadidos, a obrigação estatal de indenizar uma pessoa que venha a sofrer violência contra ela praticada pelo fugitivo somente existirá se a lesão for infligida na hora – e como decorrência direta – da fuga. Diferentemente, se, em um momento posterior, quando não mais estiver sendo perseguido, o foragido causar dano a alguém, não se há de cogitar responsabilidade civil do poder público, porque não existirá causalidade direta e imediata entre a sua omissão (deixar o presidiário fugir) e a violência ulteriormente perpetrada contra terceiro.[110]

É importante apontar que a divergência verificada entre parcela respeitável da doutrina administrativista e o Supremo Tribunal Federal acerca da responsabilidade civil em caso de omissão do Estado – aquela propugnando a aplicação da teoria da culpa administrativa (*faute de service*) e este reconhecendo a incidência do § 6.º do art. 37 da Carta Política – desaparece quando existe para o Estado um dever **específico** de agir e ele o descumpre (total ou parcialmente).

Em tais situações – como ocorre, entre outras hipóteses, quando pessoas ou coisas estão sob a guarda, a proteção direta ou a custódia do Estado (o poder

---

[110] Sobre o tema (danos causados por condenados foragidos), e perfilhando a mesma lógica enfim estabelecida com repercussão geral no RE 608.880/MT, vejam-se, entre outros: RE 130.764/PR, rel. Min. Moreira Alves, 12.05.1992; RE 172.025/RJ, rel. Min. Ilmar Galvão, 08.10.1996; RE 369.820/RS, rel. Min. Carlos Velloso, 04.11.2003; AI-AgR 463.531/RS, rel. Min. Ellen Gracie, 29.09.2009.

público encontra-se na posição de garante), quando o poder público tem o dever legal de assegurar a integridade de pessoas ou coisas que estejam a ele vinculadas por alguma condição específica –, a responsabilidade civil estatal por eventuais danos é, incontroversamente, do tipo objetiva, na modalidade risco administrativo.

Não é demasiado repetir: quando o Estado tem o dever jurídico específico de garantir a integridade de pessoas ou coisas que estejam sob sua proteção direta, ele responderá com base no art. 37, § 6.º, por danos a elas ocasionados, mesmo que a lesão não tenha sido concretamente causada por atuação de seus agentes. Nessas situações, o só fato de haver possibilitado a ocorrência do dano levará o Estado a responder por uma omissão específica (deixou de cumprir um dever específico, legal ou constitucional, a ele atribuído) – e, para efeito de responsabilidade extra-contratual do poder público, tal omissão equipara-se a uma conduta comissiva, a uma atuação estatal.[111]

Seria o caso, por exemplo, de uma criança, aluno de uma escola pública, que sofresse uma lesão no horário de aula, nas dependências da escola, por agressão perpetrada por outro aluno, ou um paciente internado em um hospital público que fosse agredido e ferido por alguma pessoa não integrante dos seus quadros funcionais. Em situações que tais, o dano sofrido pela criança ou pelo paciente evidentemente não terá decorrido de uma atuação de um agente público da escola ou do hospital, mas o Estado terá responsabilidade civil objetiva, na modalidade risco administrativo.

Outro exemplo teríamos na hipótese de ferimento sofrido por um preso, dentro da penitenciária, em uma briga com um companheiro de cela. Da mesma forma, não terá sido a atuação de um agente público a causa do dano, e sim uma omissão do Estado, que não atuou diligentemente a fim de impedir a lesão infligida contra uma pessoa que estava sob sua custódia.

Aliás, especificamente acerca de danos causados a detentos dentro de estabele-cimentos prisionais, merecem registro duas orientações firmadas na jurisprudência do Supremo Tribunal Federal.

A primeira delas estabelece que, em caso de morte do detento, o Estado tem responsabilidade civil objetiva, com fundamento no § 6.º do art. 37 da Carta Política. Sobre essa questão, foi exarada a seguinte tese de repercussão geral:[112]

> Em caso de inobservância do seu dever específico de proteção previsto no artigo 5.º, inciso XLIX, da Constituição Federal, o Estado é responsável pela morte do detento.

Consoante a segunda orientação, a omissão do poder público em adotar providências destinadas a solucionar problemas como a superlotação e a falta de condições mínimas de saúde e de higiene em presídios pode acarretar a obrigação

---

[111] AI-AgR 799.789/GO, rel. Min. Ricardo Lewandowski, 02.12.2010; RE-AgR 633.138/DF, rel. Min. Luiz Fux, 04.09.2012; ARE-AgR 697.326/RS, rel. Min. Dias Toffoli, 05.03.2013.

[112] RE 841.526/RS (repercussão geral), rel. Min. Luiz Fux, 30.03.2016 (Informativo 819 do STF).

Cap. 6 • ADMINISTRAÇÃO PÚBLICA

de indenizar os detentos mantidos em situação degradante. A matéria é objeto da **tese de repercussão geral** a seguir reproduzida:[113]

> Considerando que é dever do Estado, imposto pelo sistema normativo, manter em seus presídios os padrões mínimos de humanidade previstos no ordenamento jurídico, é de sua responsabilidade, nos termos do art. 37, § 6.º, da Constituição, a obrigação de ressarcir os danos, inclusive morais, comprovadamente causados aos detentos em decorrência da falta ou insuficiência das condições legais de encarceramento.

Outra decisão relevante em que a Corte Suprema asseverou expressamente que a caracterização, ou não, da responsabilidade extracontratual do Estado em hipóteses de **omissão** no cumprimento de um dever jurídico específico é **objetiva**, na modalidade **risco administrativo** – e deve ser verificada com base no § 6.º do art. 37 da Constituição –, envolveu o **comércio de fogos de artifício** (na situação concreta, danos a terceiros foram causados por uma explosão havida em estabelecimento que vendia tais artefatos de forma clandestina). Dessa vez, porém, o entendimento perfilhado pelo Tribunal Maior acabou favorecendo sobremaneira o poder público, porquanto se decidiu que, sendo clandestinas as operações, não caberia cogitar omissão estatal, haja vista que as autoridades administrativas competentes não tinham conhecimento das atividades praticadas. A responsabilização, segundo a Corte Máxima, somente ocorreria se o poder público soubesse da existência do referido comércio e não tomasse providências, ou se, no caso de atividade não clandestina, fosse negligente na concessão de licença para o funcionamento do estabelecimento, ou em sua fiscalização. Como corolário dessa orientação, fixou-se a seguinte **tese de repercussão geral**:[114]

> Para que fique caracterizada a responsabilidade civil do Estado por danos decorrentes do comércio de fogos de artifício, é necessário que exista a violação de um dever jurídico específico de agir, que ocorrerá quando for concedida a licença para funcionamento sem as cautelas legais ou quando for de conhecimento do poder público eventuais irregularidades praticadas pelo particular.

É sempre oportuno lembrar que a responsabilidade fundada na teoria do risco administrativo **admite excludentes**, tais como a comprovação de culpa exclusiva da pessoa que sofreu a lesão, ou da caracterização de caso fortuito ou força maior.

Assim, não haverá responsabilidade extracontratual estatal em relação a danos oriundos de um evento imprevisível e irresistível, sem relação com qualquer ação ou omissão da administração pública (hipótese de força maior ou caso fortuito).

---

[113] RE 580.252/MS (**repercussão geral**), red. p/ o acórdão Min. Gilmar Mendes, 16.02.2017 (Informativo 854 do STF).

[114] RE 136.861/SP (**repercussão geral**), red. p/ o acórdão Min. Alexandre de Moraes, 11.03.2020.

Por exemplo, se ocorreu uma invasão imprevisível, inevitável e absolutamente excepcional de uma escola pública, por um bando armado, que causou ferimentos em diversos estudantes, poderá a administração, provando essa excludente de força maior ou caso fortuito desvinculada de qualquer omissão culposa de sua parte, ver afastada a sua responsabilidade; porém, se um dano sofrido por determinado aluno deu-se em circunstâncias normais da escola, dentro da sala de aula, e a atuação eficaz e diligente da administração pudesse ter evitado a sua ocorrência, o Estado será responsabilizado.

Por fim, cabe fazer uma observação sobre o **dano nuclear**.

Consoante o art. 21, XXIII, da Constituição da República, compete exclusivamente à União "explorar os serviços e instalações **nucleares** de qualquer natureza e exercer **monopólio** estatal sobre a pesquisa, a lavra, o enriquecimento e reprocessamento, a industrialização e o comércio de minérios nucleares e seus derivados". Podem ser exercidas **por particulares**, entretanto, "**sob regime de permissão**" (*i*) "a comercialização e a utilização de radioisótopos para pesquisa e uso agrícolas e industriais", bem como (*ii*) "a produção, a comercialização e a utilização de radioisótopos para pesquisa e uso médicos".[115] Em qualquer hipótese, "a **responsabilidade civil** por danos nucleares **independe da existência de culpa**".

Não nos parece razoável considerar que essa regra constitucional sobre a responsabilidade civil por danos nucleares configure um mero reforço específico (e inócuo) do § 6.º do art. 37 – o qual, de forma ampla, atribui responsabilidade objetiva ao poder público (e às delegatárias de serviços públicos) pelos prejuízos que seus agentes causem a terceiros. Pensamos que, em relação ao **dano nuclear**, o constituinte pretendeu estabelecer que a responsabilidade extracontratual do poder público, ou de particulares permissionários que lidem com radioisótopos, será **sempre objetiva** – bastam o dano e o nexo causal para caracterizá-la, embora sejam admitidas as excludentes próprias da modalidade risco administrativo –, não só por atuação dos agentes respectivos, mas também em **quaisquer hipóteses de omissão**, específica ou genérica.

Alertamos que o assunto é controverso. Alguns autores simplesmente não fazem distinção entre a responsabilidade civil estatal por dano nuclear e as demais hipóteses de responsabilidade extracontratual do poder público. E outros entendem que a Constituição teria adotado, no caso do dano nuclear, a **teoria do risco integral**, isto é, a responsabilidade do Estado seria objetiva e não estaria sujeita a quaisquer excludentes.

---

[115] CF, art. 21, XXIII, "b" e "c", com redação dada pela EC 118/2022.

Capítulo 7

PODER LEGISLATIVO

1. TRIPARTIÇÃO DE PODERES

Antes de adentrarmos especificamente o estudo do Poder Legislativo na Constituição Federal de 1988, faz-se oportuno relembrar, em breve síntese, o surgimento e a evolução da teoria da **tripartição de poderes**.

Historicamente, o nascimento da noção teórica de "tripartição de poderes" pode ser situado na Antiguidade grega, com a publicação da obra "Política", por Aristóteles. Identificou o pensador grego a existência de três funções distintas exercidas pelo poder soberano: a função de elaborar normas gerais e abstratas (função legislativa), a função de aplicar essas normas gerais aos casos concretos (função executiva) e a função de dirimir os conflitos eventualmente havidos na aplicação de tais normas (função de julgamento).

Não se pode afirmar, contudo, que os gregos tenham pensado em um sistema político em que a tripartição tivesse o objetivo de reduzir os riscos de abusos no exercício do poder. Isso porque, na época em que Aristóteles escreveu sua obra, imperava a mais absoluta centralização política, com todo o governo sendo exercido por um único soberano, que detinha ilimitados e incontrastáveis poderes. Com isso, o eminente estagirita pregava o exercício das três funções – legislativa, executiva e julgamento – pela mesma pessoa, o soberano, que editava as leis gerais, determinava a sua aplicação aos casos concretos e, monocrática e unilateralmente, julgava os conflitos eventualmente surgidos.

Por essa razão, podemos asseverar que a contribuição de Aristóteles para a formação da teoria da tripartição do poder esgotou-se na identificação das três diferentes funções essenciais de governo, pois não havia no seu pensamento nenhuma preocupação com o elemento "limitação do poder". E nos dois milênios seguintes não foi modificada a concepção de exercício do poder de modo absoluto:[1] o monarca

---

[1] A única exceção parcial que se poderia apontar é a da Inglaterra, na qual, desde cedo, pelo menos a partir do século XIII, o exercício do poder passou a ser compartilhado entre o monarca e o Parlamento, sendo possível falar em algum grau de limitação do poder daquele por este.

continuou governando com poderes ilimitados, exercendo, de forma unipessoal, as três funções identificadas por Aristóteles.

Somente nos séculos XVII e XVIII começou a ser pensado, de forma racional, um sistema político-jurídico que possibilitasse uma eficaz contenção do exercício do poder. Nessa época de florescimento em todas as áreas do conhecimento humano – consubstanciando o movimento conhecido como Iluminismo –, já eram sobejamente conhecidas as mazelas do exercício do poder por uma única pessoa.

Em 1748, o francês Charles de Montesquieu publicou a obra "Do Espírito das Leis", na qual propugnou que as três funções – administrativa, legislativa e judiciária – não podem ser exercidas pelo mesmo órgão, pois o poder tende a corromper-se sempre que não encontra limites.[2] A partir dessa ideia-chave, Montesquieu estruturou de forma racional a concepção de que o poder só pode ser eficazmente contido se o seu exercício for distribuído por diferentes centros independentes entre si, de tal sorte que se obtenha a "limitação do poder pelo poder". Como foram identificadas três funções nucleares na atividade de governo, propôs o pensador francês que cada uma delas fosse atribuída a um órgão, sem que qualquer deles prevalecesse sobre o outro. Desse modo, pregava ele, há de existir um órgão encarregado do exercício de cada uma dessas funções e, ademais, não deverá existir nenhuma subordinação entre eles, o que permitirá um controle recíproco e automático de cada qual pelos demais.

Deve-se frisar que o ponto relevante da teoria de Montesquieu não está na identificação das três funções (elas já haviam sido indigitadas por Aristóteles, na Antiguidade), mas, sim, na ideia de dividir o exercício dessas funções entre órgãos independentes, evitando a concentração de todo o poder do Estado nas mãos de uma única pessoa (ou de um único centro de poder), o que, segundo seu raciocínio, ensejaria um controle automático do exercício do poder estatal. Com efeito, argumentava ele que o simples fato de cada poder (órgão) autônomo exercer suas funções próprias, sem qualquer ingerência dos demais poderes (órgãos), implicaria o automático e recíproco controle de toda a atividade estatal.

A teoria de Montesquieu surgiu como vigorosa contraposição ao Absolutismo (pois neste as três funções estavam concentradas nas mãos do soberano) e se consolidou definitivamente na Revolução Francesa, mediante a inclusão, na Declaração de Direitos do Homem e do Cidadão, da asserção de que **um Estado cuja Constituição não consagrasse a teoria da separação de poderes era um Estado sem Constituição** (*"Toute société dans laquelle la garantie des droits n'est pás assurée ni la séparation des pouvoirs déterminée, n'a point de constitution."*). Desde então, o **princípio da separação de poderes** passou a estar vinculado ao **constitucionalismo**, transformando-se, em praticamente todo o Ocidente, no cerne da estrutura organizacional do Estado.

Utilizada com sectarismo nas revoluções americana e francesa, a separação **rígida** de poderes mostrou-se inviável na prática, restando, nos dias atuais, superada. Isso porque, opostamente ao que se propugnava originalmente, a separação rígida termi-

---

[2] O pensador John Locke também sistematizou a tripartição de poderes na obra "Segundo Tratado de Direito Civil", mas foi em Montesquieu que a separação dos poderes consolidou-se como doutrina política.

Cap. 7 • PODER LEGISLATIVO **461**

nou por ensejar o arbítrio por parte de cada um dos poderes (órgãos) em razão da completa independência com que exerciam suas funções. Assim, o motivo precípuo para a superação da rigidez da separação de poderes foi a necessidade de impedir que os órgãos respectivos se tornassem tão independentes que, arbitrariamente, se afastassem da vontade política central, da unidade política.

Em face desse quadro, hodiernamente se exige uma maior interpenetração, coordenação e harmonia entre os poderes. Com isso, eles passaram a desempenhar não só as suas funções próprias, mas também, de modo acessório, funções que, em princípio, seriam características de outros poderes. A divisão **rígida** foi, aos poucos, substituída por uma divisão **flexível** das funções estatais, na qual cada poder termina por exercer, em certa medida, as três funções do Estado: uma em caráter predominante (por isso denominada **típica**), e outras de natureza acessória, denominadas **atípicas** (porque, em princípio, são próprias de outros poderes).

Esse modelo – **separação de poderes flexível** – foi o adotado pela Constituição Federal de 1988, de sorte que **todos os poderes não exercem exclusivamente as funções estatais que lhes seriam típicas, mas também desempenham funções denominadas atípicas**, isto é, assemelhadas às funções típicas de outros poderes. Assim, tanto o Judiciário quanto o Legislativo desempenham, além de suas funções próprias ou típicas (judiciária e legislativa, respectivamente), funções atípicas administrativas, quando, por exemplo, exercem a gestão de seus bens, pessoal e serviços. Por outro lado, o Executivo e o Judiciário desempenham, também, função atípica legislativa (este, na elaboração dos regimentos dos tribunais – CF, art. 96, I, "a"; aquele, quando expede, por exemplo, medidas provisórias e leis delegadas – CF, arts. 62 e 68). Finalmente, o Executivo e o Legislativo também exercem, além de suas funções próprias, a função atípica de julgamento (o Executivo, quando profere decisões nos processos administrativos; o Legislativo, quando julga autoridades nos crimes de responsabilidade, na forma do art. 52, I, II, e parágrafo único, da Constituição).

Tendo em conta essa nova feição do princípio da separação de poderes, a doutrina americana consolidou o mecanismo de controles recíprocos entre os poderes, denominado **sistema de freios e contrapesos** (*checks and balances*).

Esse mecanismo visa a garantir o equilíbrio e a harmonia entre os poderes, por meio do estabelecimento de controles recíprocos, isto é, mediante a previsão de interferências legítimas de um poder sobre outro, nos limites admitidos na Constituição. Não se trata de subordinação de um poder a outro, mas, sim, de mecanismos limitadores específicos impostos pela própria Constituição, de forma a propiciar o equilíbrio necessário à realização do bem da coletividade e indispensável para evitar o arbítrio e o desmando de um poder em detrimento do outro.

Alguns exemplos permitem visualizar o funcionamento desse sistema.

Sabemos que ao Poder Legislativo incumbe, como função precípua, a elaboração das leis. Entretanto, o Legislativo não é livre para elaborar leis; ele deve obedecer, formal e materialmente, às disposições constitucionais. Por isso, a própria Constituição prevê que um outro Poder, o Executivo, aprecie o projeto votado no Legislativo e, caso entenda que ele não se coaduna com a Constituição, vete o projeto, impedindo (como regra) que ele venha a tornar-se lei. Além disso, a mesma Constituição confere a outro Poder, o Judiciário, a atribuição de declarar uma lei inconstitucional, afastando sua aplicação em determinado caso, ou mesmo retirando-a do ordenamento jurídico.

Sabemos que é ao Poder Executivo que compete, precipuamente, exercer a administração pública. Entretanto, o exercício da administração pública deve dar-se conforme determina a Constituição, e com vistas à satisfação do interesse público. Por isso, a própria Constituição, no inciso X do seu art. 49, atribui ao Congresso Nacional (Poder Legislativo) a competência para "fiscalizar e controlar, diretamente, ou por qualquer de suas Casas, os atos do Poder Executivo, incluídos os da administração indireta". Além disso, todo e qualquer ato do Poder Executivo pode ser objeto de questionamento e, se ilegal, ser anulado pelo Poder Judiciário, em razão do disposto no inciso XXXV do art. 5.º ("a lei não excluirá da apreciação do Poder Judiciário lesão ou ameaça a direito").

Como se vê, adotado o mecanismo de freios e contrapesos, abandona-se a ideia de uma separação rígida entre os poderes, na qual cada um deles teria funções exclusivas, exercidas sem nenhuma possibilidade de interferência dos demais, e passa-se a adotar uma concepção de atuação harmoniosa e equilibrada entre os poderes, sem independência absoluta ou exclusividade de qualquer função. É importante frisar que não se trata de uma permissão genérica para que um poder interfira no funcionamento de outro quando bem entenda, nem de existência de subordinação entre eles, mas sim de procedimentos específicos estabelecidos expressamente no próprio texto da Constituição, destinados a assegurar a harmonia e o equilíbrio entre os poderes.

Em síntese, podemos afirmar que a doutrina da separação dos poderes traduz--se, hodiernamente, em fórmula de organização da estrutura política do Estado, mediante a qual as funções de governo são atribuídas a órgãos autônomos, porém de modo não exclusivo, de sorte que é assegurado mútuo controle e um funcionamento harmonioso, tendente à realização da vontade política geral.

Por fim, anotamos que a expressão "separação de poderes" tem sido frequentemente criticada, com base na ideia de que o poder do Estado é sempre **uno e indivisível**, qualquer que seja a forma de sua manifestação, isto é, o **poder** não se triparte. Poderá, apenas, manifestar-se por meio de diferentes **órgãos**, que exercem **funções** estatais. A divisão repousaria, portanto, nas denominadas **funções estatais**. A realização dessas funções por meio de diferentes órgãos nada mais é do que o modo de o Estado exercer a sua vontade (poder). Nessa linha, o que tradicionalmente se denomina "separação de poderes" representa, na realidade, a distribuição de certas funções a diferentes órgãos do Estado, ou seja, a "**divisão de funções estatais**".

Note-se que, ao pé da letra, não seria correto, portanto, falar-se em "separação", "divisão" ou "tripartição" de **poder**, tendo em vista a sua unidade e indivisibilidade. Porém, o fato é que a expressão "separação de poderes" consagrou-se ao longo do tempo e, até nos dias atuais, é largamente empregada, sem observância desse rigor terminológico propugnado pela doutrina.[3]

---

[3] A própria Constituição Federal de 1988, no seu art. 2.º, emprega o vocábulo "poderes", em vez de "órgãos", ao consagrar o princípio em comento.

2. FUNÇÕES

Conforme visto, ao consagrar o princípio da separação dos poderes, a Constituição Federal de 1988 **atribuiu funções determinadas a cada um dos três poderes (órgãos), mas não de forma exclusiva**. Todos eles possuem, pois, funções próprias ou típicas e, também, funções atípicas, que ora são exercidas para a consecução de suas finalidades precípuas, ora o são para impor limites à atuação dos demais poderes, no âmbito do mecanismo de freios e contrapesos (*checks and balances*).

As **funções típicas** do Poder Legislativo são **legislar e fiscalizar**. No desempenho da função legislativa, cabe a ele, obedecidas as regras constitucionais do processo legislativo, elaborar as normas jurídicas gerais e abstratas. Em cumprimento à função fiscalizadora, cabe ao Congresso Nacional realizar a fiscalização contábil, financeira, orçamentária, operacional e patrimonial do Poder Executivo (CF, art. 70), "fiscalizar e controlar, diretamente, ou por qualquer de suas Casas, os atos do Poder Executivo, incluídos os da administração indireta" (CF, art. 49, X), bem como investigar fato determinado, por meio da criação de comissões parlamentares de inquérito – CPI (CF, art. 58, § 3.º).

É importante destacar que essas duas funções típicas do Poder Legislativo dispõem da mesma dignidade, do mesmo grau de importância, vale dizer, não há hierarquia entre elas. As duas foram atribuídas pelo constituinte originário ao Poder Legislativo, sem nenhuma relação de subordinação entre elas.

As funções atípicas do Poder Legislativo são administrar e julgar. O Legislativo exerce função atípica administrativa quando, por exemplo, dispõe sobre a sua organização interna ou sobre a criação dos cargos públicos de suas Casas, a nomeação, a promoção e a exoneração de seus servidores. O desempenho da função atípica de julgamento ocorre, especialmente, quando o Senado Federal julga certas autoridades da República nos crimes de responsabilidade (CF, art. 52, I, II, e parágrafo único).

3. COMPOSIÇÃO

3.1. Congresso Nacional

O Poder Legislativo **federal é bicameral** (composto de duas Câmaras), exercido pelo Congresso Nacional, que se compõe da Câmara dos Deputados e do Senado Federal.

Essa forma de composição do Legislativo federal está diretamente ligada à opção do legislador constituinte pela forma federativa de Estado, que fez nascer, entre nós, o chamado **bicameralismo federativo**. Diz-se bicameralismo federativo porque uma das Casas Legislativas, o Senado Federal, é composta de representantes dos estados e do Distrito Federal, de forma paritária (três representantes de cada entidade federativa), assegurando-se com isso o equilíbrio entre eles.

De fato, um dos pontos nucleares da teoria federalista clássica é a exigência de que todos os entes federados **participem da formação da vontade nacional**, o que é assegurado por meio de representação deles no órgão legislativo central. No Brasil, a participação dos estados e do Distrito Federal no processo legislativo nacional dá-se por meio da representação paritária desses entes no **Senado Federal**. Os **municípios**, ao contrário, **não participam da formação da vontade nacional**, haja vista que não dispõem de representação no Legislativo federal, sendo, por isso, denominados entes federados **anômalos** ou **atípicos**.

A Câmara dos Deputados é composta de **representantes do povo**, proporcionalmente à população de cada ente federado, valorizando o princípio republicano-democrático.

Impende lembrar que, diferentemente do que se verifica no plano federal, **nos estados, no Distrito Federal e nos municípios o Legislativo é unicameral**, composto por uma única Casa integrada de representantes do povo. Assim é porque os entes federados menores não precisam ter uma segunda Casa destinada a garantir o equilíbrio federativo, uma vez que tal equilíbrio já é obtido por meio da representação paritária de estados e do Distrito Federal no Senado Federal. Com efeito, não faria sentido, por exemplo, imaginar uma segunda Casa no Poder Legislativo do estado-membro "X", na qual fossem representados os demais estados da Federação, porque não há razão para que outros estados-membros participem do processo legislativo que dará origem a leis que somente vigorarão em "X". Tampouco se poderia cogitar de uma segunda Casa no Poder Legislativo do estado-membro "Y", na qual fossem representados os municípios situados em seu território, porque a estrutura do federalismo adotado pelo nosso constituinte originário não comporta participação de municípios nos processos legislativos de quaisquer outros entes federados. Dessa forma, **nos estados, no Distrito Federal e nos municípios o Legislativo é formado por uma só Casa** – assembleia legislativa, Câmara Legislativa e câmara municipal, respectivamente.

Em regra, o Congresso Nacional atua por meio da manifestação das duas Casas Legislativas, em separado, situação em que as proposições tramitam pelas duas Casas e essas, de forma autônoma e sem subordinação, sobre elas deliberam. Nesse caso, as sessões desenrolam-se, separadamente, em cada Casa Legislativa, de acordo com o regimento interno de cada uma delas. É o que ocorre, por exemplo, na aprovação de um projeto de lei ordinária.

Mas há situações excepcionais em que a Constituição exige o trabalho simultâneo das duas Casas, hipótese em que temos a denominada **sessão conjunta**. Na sessão conjunta, como a própria denominação indica, as Casas atuam ao mesmo tempo, embora as deliberações sejam em separado, isto é, a contagem de votos se dá entre os pares de cada Casa. Nesse caso, os trabalhos dos congressistas são orientados pelas regras do Regimento Comum do Congresso Nacional.

O § 3.º do art. 57 da Constituição estabelece que, além de outros casos previstos no texto constitucional, a Câmara dos Deputados e o Senado Federal reunir-se-ão em sessão conjunta para:

> I – inaugurar a sessão legislativa;
>
> II – elaborar o regimento comum e regular a criação de serviços comuns às duas Casas;

Cap. 7 • PODER LEGISLATIVO

III – receber o compromisso do Presidente e do Vice-Presidente da República;

IV – conhecer do veto e sobre ele deliberar.

Dentre os outros casos previstos no texto constitucional em que as Casas atuarão em sessão conjunta, merece destaque a reunião para discussão e votação da lei orçamentária (art. 166).

Há no texto constitucional, ainda, uma hipótese (**já exaurida**) de atuação do Congresso Nacional em **sessão unicameral**, para a aprovação de emendas constitucionais pelo processo simplificado de **revisão**, realizado cinco anos após a promulgação da Constituição (ADCT, art. 3.º). Observe-se que, nesse caso, o Congresso Nacional atuou, na realidade, como órgão **unicameral**, composto de 594 congressistas, sendo as deliberações tomadas pelo voto desses 594 congressistas, indistintamente.

A sessão conjunta não pode ser confundida com a sessão unicameral.

Na **sessão conjunta**, o Congresso Nacional atua **bicameralmente**. Assim, embora as discussões e votações ocorram no mesmo recinto, ao mesmo tempo, a maioria pretendida deverá ser computada entre os membros de cada uma das Casas, **separadamente**. Vale dizer, maioria absoluta em sessão conjunta do Congresso Nacional é maioria absoluta apurada na Câmara dos Deputados (entre deputados) e no Senado Federal (entre senadores), **separadamente**. Exemplificando: o veto do chefe do Executivo a projeto de lei é apreciado em sessão conjunta do Congresso Nacional, e só pode ser rejeitado pelo voto de maioria absoluta; assim, se todos os 513 Deputados votarem a favor da rejeição, mas dos 81 Senadores apenas 30 votarem a favor da rejeição, o veto não será rejeitado, pois a exigida maioria absoluta da sessão conjunta não foi alcançada (afinal, embora 543 congressistas tenham votado a favor da rejeição, a maioria absoluta não foi alcançada entre os integrantes do Senado Federal).

Na **sessão unicameral**, o Congresso Nacional **atua como uma só Casa**, composta de 594 congressistas, e a maioria pretendida será atingida pelo voto desses parlamentares **em conjunto**. Significa dizer que maioria absoluta em sessão unicameral é maioria apurada entre os 594 congressistas,[4] independentemente da Casa Legislativa a que pertençam. Exemplificando: na revisão constitucional, as emendas à Constituição eram aprovadas por maioria absoluta, em sessão unicameral; assim, se 300 Deputados votassem a favor da aprovação da matéria, a emenda estaria aprovada, ainda que nenhum Senador votasse favoravelmente.

3.2. Câmara dos Deputados

A Câmara dos Deputados compõe-se de **representantes do povo**, eleitos pelo **sistema proporcional**, para mandatos de **quatro anos**, permitidas **sucessivas reeleições**.

---

4   Note-se que, na sessão unicameral, não temos propriamente a atuação de "deputados" e "senadores", mas sim de "congressistas", haja vista que o Congresso Nacional está funcionando como uma só Casa.

A representação de cada estado e do Distrito Federal é proporcional à população, isto é, quanto mais populoso, maior será o número de representantes do ente federado na Câmara dos Deputados.

A Constituição Federal atribui à **lei complementar** a fixação do número total de Deputados, bem como a representação por estado e pelo Distrito Federal, proporcionalmente à população, procedendo-se aos ajustes necessários, no ano anterior às eleições, para que nenhuma daquelas unidades da Federação tenha **menos de oito** ou **mais de setenta** Deputados (art. 45, § 1.º).[5]

Importante ressaltar que, segundo a jurisprudência do STF, esses números deverão ser estabelecidos **pela própria lei complementar editada pelo Congresso Nacional**, não dispondo a Justiça Eleitoral (Tribunal Superior Eleitoral) de competência para proceder aos mencionados ajustes.[6]

Como se vê, a proporcionalidade à população não é absoluta, porquanto a Constituição estabelece o limite mínimo de oito e o máximo de setenta deputados por entidade federativa. Assim, por mais populoso que seja o ente federado (São Paulo, por exemplo), não disporá ele de mais de setenta representantes na Câmara dos Deputados. Da mesma forma, por menor que seja a população da entidade federativa (Acre, por exemplo), terá ela direito a eleger oito representantes.

Nos Territórios Federais não se optou pelo critério da proporcionalidade à população. Deveras, caso algum venha a existir, elegerá o número fixo de quatro deputados, independentemente da sua população.

A Constituição Federal **não disciplinou** o funcionamento do **sistema proporcional**, utilizado nas eleições de deputados – federais e estaduais – e vereadores, deixando essa incumbência para o legislador ordinário. Atualmente, a matéria é regulada pelo Código Eleitoral e, dada a sua especificidade, não nos cabe, no âmbito do Direito Constitucional, sobre ela discorrer.

Entretanto, podemos afirmar que a principal característica do sistema eleitoral proporcional é o **princípio da valorização da força dos partidos políticos**, isto é, nesse sistema eleitoral valoriza-se, precipuamente, **o voto nos partidos políticos** (e **não**, propriamente, no candidato, na pessoa natural), no intuito de que a Casa Legislativa reflita, proporcionalmente, a força de cada agremiação partidária.

Em razão dessa característica do sistema proporcional – princípio da valorização dos partidos políticos –, assume relevo a discussão acerca da **fidelidade partidária**, isto é, da obrigatoriedade de um deputado (ou vereador) eleito pelo partido "X" nele permanecer durante todo o mandato.

Diante da omissão do texto constitucional acerca da fidelidade partidária, tornou-se prática corriqueira no Legislativo brasileiro a chamada "troca de partido", em que o parlamentar eleito pelo partido "X" troca, na vigência do mandato, uma, duas ou mais vezes de partido político, de acordo com as conveniências do momento. Essa prática era corroborada pela jurisprudência dos tribunais, que a consideravam legítima, exatamente em virtude da inexistência de vedação constitucional expressa.

---

[5] Atualmente, a Lei Complementar 78/1993 estabelece o número de 513 deputados federais.
[6] ADIs 4.963 e 4.965, rel. Min. Rosa Weber, 18.06.2014.

Em março de 2007, entretanto, o Tribunal Superior Eleitoral firmou entendimento pela **obrigatoriedade da fidelidade partidária no âmbito do sistema proporcional**, passando a entender que "os partidos políticos e as coligações partidárias têm o direito de preservar a vaga obtida pelo sistema eleitoral proporcional, se, não ocorrendo razão legítima que o justifique, registrar-se ou o cancelamento de filiação partidária ou a transferência para legenda diversa, do candidato eleito por outro partido".[7]

Essa tese foi ratificada pelo Supremo Tribunal Federal, que asseverou que a **fidelidade partidária representa emanação direta da própria Constituição**, notadamente dos fundamentos e dos princípios estruturantes em que se apoia o Estado Democrático de Direito (CF, art. 1.º, I, II e V).[8]

O Supremo Tribunal Federal deixou assente, porém, que há situações excepcionais – mudança significativa de orientação programática do partido ou comprovada perseguição política – que tornam legítimo o desligamento voluntário do filiado. Com isso, assegura-se ao parlamentar o direito de instaurar, perante o órgão competente da Justiça Eleitoral, procedimento no qual – em observância ao princípio do devido processo legal, bem como à garantia de contraditório e ampla defesa – seja a ele possível demonstrar a ocorrência dessas circunstâncias justificadoras de sua desfiliação partidária, caso em que manterá a titularidade do seu mandato legislativo.[9]

É importante ressaltar que essa regra de perda do mandato em favor do partido, por infidelidade partidária (mudança de partido), **não se aplica aos candidatos eleitos pelo sistema majoritário** (prefeito, governador, senador e Presidente da República). A perda do mandato em decorrência de troca de partido **tem a sua aplicação restrita aos cargos do sistema proporcional** (vereadores, deputados estaduais, distritais e federais), pois em tal sistema o mandato pertence ao partido.[10]

Posteriormente, com a promulgação da EC 111/2021, o próprio texto constitucional passou a dispor explicitamente acerca da **fidelidade partidária** para os mandatos eletivos decorrentes do **sistema proporcional**, ao prescrever que os deputados federais, os deputados estaduais, os deputados distritais e os vereadores que se desligarem do partido pelo qual tenham sido eleitos **perderão o mandato**, salvo nos casos de anuência do partido ou de outras hipóteses de justa causa estabelecidas em lei, não computada, em qualquer caso, a migração de partido para fins de distribuição de recursos do fundo partidário ou de outros fundos públicos e de acesso gratuito ao rádio e à televisão.[11]

Ainda acerca do **sistema proporcional**, o Supremo Tribunal Federal enfrentou outra relevante questão: em se tratando de candidato eleito por coligação partidária, se houver vacância, deverá ser convocado para ocupar a vaga o candidato mais votado

---

[7] TSE, Consulta 1.398/DF, 27.03.2007.

[8] MS 26.602/DF, rel. Min. Eros Grau, 04.10.2007; MS 26.603/DF, rel. Min. Celso de Mello, 04.10.2007; MS 26.604/DF, rel. Min. Cármen Lúcia, 04.10.2007.

[9] Ademais, em 2016, os congressistas se valeram, também, da aprovação de emenda à Constituição Federal para estabelecer a denominada "janela para desfiliação", criando-se uma possibilidade – excepcional e pelo período determinado de trinta dias a contar da data da promulgação da emenda – de desfiliação partidária, sem prejuízo do mandato e **independentemente de qualquer motivação** (EC 91, de 18 de fevereiro de 2016).

[10] ADI 5.081/DF, rel. Min. Luís Roberto Barroso, 27.05.2015.

[11] Art. 17, § 6.º, incluído pela EC 111/2021.

da coligação (independentemente do partido a que pertença) ou do partido político daquele candidato que originou a vacância?

Suponha-se que em determinada eleição para o cargo de deputado federal uma coligação partidária composta pelos partidos A, B e C tenha obtido direito a uma vaga na Câmara dos Deputados, ocupada pelo candidato Pedro, o mais votado, do partido C. Para sua suplência, restaram três outros candidatos da coligação, com as seguintes votações: João, do partido A (50.000 votos); Antônio, do partido B (30.000 votos); e Maria, do partido C (20.000 votos). Meses após a sua posse, Pedro renuncia ao mandato. Nessa situação, a quem caberia a vaga, decorrente da renúncia de Pedro? Ao próximo da lista do partido de Pedro, ou da lista da coligação partidária?

De acordo com o entendimento do STF, **a vaga pertence à coligação** (e **não** ao partido político do candidato que deu origem à vaga), razão pela qual, no nosso exemplo, o candidato convocado seria João.[12]

Em outro aspecto relevante sobre esse sistema eleitoral, o Supremo Tribunal Federal reconheceu a constitucionalidade de dispositivo da legislação eleitoral que estabelece o **limite mínimo de votação individual de 10% (dez por cento) do quociente eleitoral para preenchimento das vagas em disputa nas eleições submetidas ao sistema proporcional (deputados e vereadores).**[13] Essa inovação legislativa veio pôr fim à possibilidade de os assim chamados candidatos "puxadores de voto" proporcionarem a eleição de outros candidatos, da mesma legenda, que, individualmente, obtiveram no pleito um número irrisório de votos.[14]

3.3.   Senado Federal

O Senado Federal é composto por **representantes dos estados e do Distrito Federal**, de **forma paritária**, assegurando-se, com isso, o equilíbrio federativo.

É correto afirmar, portanto, que no Brasil os senadores não representam o povo, mas sim os estados e o Distrito Federal, como meio de fazer valer a vontade deles na formação da vontade nacional, característica marcante da forma Federativa de Estado. É por esse motivo que afirmamos antes que o nosso bicameralismo é do tipo federativo, haja vista que a existência dessa segunda Casa tem por fim assegurar a representatividade dos estados e do Distrito Federal na formação da ordem jurídica nacional.

Cada estado e o Distrito Federal elegem o **número fixo de três senadores**, com mandato de **oito anos**. Diferentemente da Câmara dos Deputados, na qual há renovação integral dos seus representantes a cada quatro anos, no Senado Federal a representação de cada Estado e do Distrito Federal **é sempre renovada parcialmente, de quatro em quatro anos, alternadamente, por um e dois terços.** Assim, numa eleição são eleitos dois senadores; na eleição subsequente (quatro anos depois), elege-se um senador; na eleição ulterior (quatro anos depois), dois senadores – e assim sucessivamente.

Os senadores são eleitos pelo **princípio majoritário simples**, ou seja, considera-se eleito o candidato que obtiver o maior número de votos nas eleições, excluídos os em branco e os nulos, sempre em um só turno de votação. É o chamado princípio

---

[12]   MS 30.260/DF, rel. Min. Cármen Lúcia, 27.04.2011.

[13]   Art. 108 do Código Eleitoral, com a redação dada pela Lei 13.165, de 2015.

[14]   ADI 5.920/DF, rel. Min. Luiz Fux, 04.03.2020.

Cap. 7 • PODER LEGISLATIVO

majoritário simples ou puro, em que o candidato mais votado é eleito em um só turno, sem necessidade de alcançar qualquer maioria qualificada.[15] Assim, nas eleições para uma cadeira no Senado Federal, será eleito em cada estado e no Distrito Federal o candidato mais votado, ainda que a diferença de votos entre ele e o segundo colocado seja de apenas um voto.

Cada senador é eleito com dois suplentes, vale dizer, ao elegermos um senador estamos, na realidade, elegendo três candidatos, o titular e o primeiro e segundo suplentes. Esses últimos só exercerão efetivamente a cadeira em caso de afastamentos ou impedimentos, temporários ou definitivos, do titular.

4. ÓRGÃOS

4.1. Mesas diretoras

O órgão administrativo de direção das Casas Legislativas é sua Mesa.

A Mesa é o órgão responsável pelas funções meramente administrativas, bem como pela condução dos trabalhos legislativos que se desenvolvem em cada Casa. Temos, então, a Mesa da Câmara dos Deputados, a Mesa do Senado Federal e, também, a Mesa do Congresso Nacional, que atua nas sessões conjuntas deste.

A Mesa do Congresso Nacional será presidida pelo Presidente do Senado Federal, e os demais cargos serão exercidos, alternadamente, pelos ocupantes de cargos equivalentes na Câmara dos Deputados e no Senado Federal (CF, art. 57, § 5.º). Assim, a Mesa do Congresso Nacional será composta pelo Presidente do Senado, 1.º Vice-Presidente da Câmara, 2.º Vice-Presidente do Senado, 1.º Secretário da Câmara, 2.º Secretário do Senado, 3.º Secretário da Câmara e 4.º Secretário do Senado.

As Mesas da Câmara dos Deputados e do Senado Federal são eleitas, respectivamente, pelos deputados e senadores, devendo ser assegurada, tanto quanto possível, a representação proporcional dos partidos ou dos blocos parlamentares que participam da respectiva Casa (CF, art. 58, § 1.º).

Os membros das Mesas são eleitos para mandato de dois anos. Com isso, temos duas eleições para a Mesa em cada legislatura. A primeira eleição, no primeiro ano da legislatura, é realizada na chamada sessão preparatória, que se inicia em 1.º de fevereiro (CF, art. 57, § 4.º). A segunda eleição ocorre no início do terceiro ano da legislatura, em sessão anterior ao início dos trabalhos legislativos ordinários.

A Constituição Federal veda a recondução de membro da Mesa para o mesmo cargo na eleição imediatamente subsequente (CF, art. 57, § 4.º).

---

[15] No Brasil, o princípio majoritário simples ou puro é adotado para as eleições de senadores e prefeitos dos municípios com até duzentos mil eleitores. Para as eleições de Presidente da República, governadores dos estados e do Distrito Federal e prefeitos de municípios com mais de duzentos mil eleitores é adotado o chamado princípio majoritário em dois turnos, que exige a obtenção de maioria absoluta dos votos, excluídos os em branco e os nulos. Nesse caso, se a maioria absoluta dos votos não for alcançada no primeiro turno por nenhum candidato, far-se-á um segundo turno entre os dois candidatos mais votados, considerando-se eleito o que obtiver a maioria dos votos válidos.

Note-se que a vedação é à recondução ao **mesmo cargo**, nada impedindo que o congressista seja reconduzido no período subsequente, desde que em cargo diferente (o Vice-Presidente da Mesa pode, por exemplo, ser reconduzido como Presidente no período subsequente).

Ademais, a proibição **só alcança a eleição realizada no âmbito da mesma legislatura**, no início do terceiro ano desta. Terminada a legislatura, os membros da Mesa poderão ser reconduzidos, para o mesmo cargo, na primeira eleição da nova legislatura que se inicia. Assim, iniciada a legislatura, serão eleitos os membros da Mesa, para mandatos de dois anos; no início do terceiro ano da legislatura, haverá eleição de nova Mesa, para os dois últimos anos da legislatura, momento em que **não poderá ocorrer recondução para o mesmo cargo**; na eleição subsequente, para a Mesa dos dois primeiros anos da nova legislatura que se inicia, **poderá ocorrer recondução para o mesmo cargo**, não incidindo a proibição do § 4.º do art. 57 da Constituição Federal.

Com efeito, segundo a jurisprudência do Supremo Tribunal Federal, não é possível a recondução dos membros das mesas das casas legislativas do Congresso Nacional para o mesmo cargo na eleição imediatamente subsequente, **dentro da mesma legislatura**; entretanto, admite-se a possibilidade de reeleição em caso de **nova legislatura**.[16]

Ainda sobre essa questão – vedação à recondução, para o mesmo cargo, dos membros das mesas das Casas Legislativas do Congresso Nacional –, cabe-nos destacar a evolução da jurisprudência do Supremo Tribunal Federal acerca da possibilidade de recondução dos membros da mesa das Casas Legislativas nos âmbitos estadual e distrital.

Inicialmente, o Tribunal entendia que a regra do § 4.º do art. 57 da Constituição Federal – que, cuidando da eleição das mesas das Casas Legislativas do Congresso Nacional, veda a recondução para o mesmo cargo na eleição imediatamente subsequente – não era de reprodução obrigatória pelas Constituições dos Estados-membros e pela Lei Orgânica do Distrito Federal.[17] Sob a égide dessa orientação, portanto, a Constituição do estado-membro (e a Lei Orgânica do Distrito Federal) poderia autorizar a recondução dos membros da mesa da assembleia legislativa (e da Câmara Legislativa do Distrito Federal) para a eleição imediatamente subsequente, sem que isso configurasse ofensa à Constituição Federal.

Mais recentemente, porém, a Corte Suprema alterou o seu entendimento e passou a **vedar a previsão de reeleições sucessivas para os mesmos cargos nas Mesas Diretoras dos órgãos legislativos estaduais (assembleias legislativas) e distrital (Câmara Legislativa)**.[18] Em outras palavras, o Tribunal passou a entender que os estados e o Distrito Federal têm autonomia para vedar ou não a reeleição dos membros das Mesas das Assembleias Legislativas, mas, caso a autorizem, essa possibilidade se **limita a apenas uma recondução, na mesma legislatura ou na subsequente**.

Anote-se que, diferentemente do modelo federal, fixado para os cargos das Mesas das Casas do Congresso Nacional – em que a única reeleição só poderá ocorrer em legislaturas distintas –, no âmbito estadual ou distrital **a recondução poderá ocorrer tanto**

---

[16] ADI 6.524/DF, rel. Min. Gilmar Mendes, 14.12.2020.

[17] ADI 793, rel. Min. Carlos Velloso, 03.04.1997; ADI 1.528-MC, rel. Min. Octavio Gallotti, 27.11.1996; ADI 792, rel. Min. Moreira Alves, 26.05.1997.

[18] ADI 6.654/RR, rel. Min. Alexandre de Moraes, 25.01.2021; ADI 6.674/MT, rel. Min. Alexandre de Moraes, 22.02.2021.

na mesma legislatura como na seguinte, cabendo essa decisão ao legislador estadual ou distrital.[19] Essa nova orientação se encontra plasmada nas seguintes **teses jurídicas:**[20]

> (i) a eleição dos membros das Mesas das Assembleias Legislativas estaduais deve observar o limite de uma única reeleição ou recondução, limite cuja observância independe de os mandatos consecutivos referirem-se à mesma legislatura;

> (ii) a vedação à reeleição ou recondução aplica-se somente para o mesmo cargo da mesa diretora, não impedindo que membro da mesa anterior se mantenha no órgão de direção, desde que em cargo distinto;

> (iii) o limite de uma única reeleição ou recondução, acima veiculado, deve orientar a formação da Mesa da Assembleia Legislativa no período posterior à data de publicação da ata de julgamento da ADI 6.524, de modo que não serão consideradas, para fins de inelegibilidade, as composições eleitas antes de 07.01.2021, salvo se configurada a antecipação fraudulenta das eleições como burla ao entendimento do Supremo Tribunal Federal.

Em outras oportunidades, o Supremo Tribunal Federal deixou assente que esse entendimento é aplicável, também, à reeleição para cargos de direção da **Câmara Municipal**[21] e do **Tribunal de Contas do Estado**.[22] Segundo o STF, se o chefe do Poder Executivo pode ser reeleito apenas uma vez, por simetria e dever de integridade, o mesmo limite deve ser aplicado em relação aos órgãos diretivos das Casas Legislativas, como forma de permitir alternância de poder.[23]

4.2. Comissões

As Casas Legislativas, para o bom desempenho de seus trabalhos legislativos, constituem comissões, que são órgãos colegiados, compostos por número restrito de membros.

A atuação do Legislativo por meio de comissões visa, na realidade, a facilitar o trabalho do Plenário das Casas, pois caberá às comissões estudar e examinar as diversas proposições legislativas e apresentar pareceres que orientarão as discussões e deliberações plenárias. Foram o grande número e a diversidade de matérias submetidas à apreciação do Legislativo que determinaram a necessidade de criação das comissões, visto que elas conferem maior celeridade à tramitação das proposições. Nos dias atuais, a regra, nos mais diferentes Países, é a atuação do Legislativo por meio das comissões, orientando e facilitando a tarefa do Plenário.

---

[19] ADIs 6.720/AL, 6.721/RJ e 6.722/RO, rel. Min. Luís Roberto Barroso, 27.09.2021; ADIs 6.700, 6.712 e 6.708, rel. Min. Nunes Marques, 27.05.2022.

[20] ADIs 6.684/ES, ADI 6.707/ES, ADI 6.709/TO, ADI 6.709/TO e ADI 6.710/SE, red. p/ o acórdão Min. Gilmar Mendes, 21.09.2021.

[21] ADPF 871/DF, rel. Min. Cármen Lúcia, 23.11.2021.

[22] ADI 5.692/CE, rel. Min. Rosa Weber, 16.11.2021.

[23] ADPF 959, rel. Min. Nunes Marques, 24.11.2023.

A previsão genérica das atribuições das comissões parlamentares está no § 2.º do art. 58 da Constituição Federal, nos termos seguintes:

§ 2.º Às comissões, em razão da matéria de sua competência, cabe:

I – discutir e votar projeto de lei que dispensar, na forma do regimento, a competência do Plenário, salvo se houver recurso de um décimo dos membros da Casa;

II – realizar audiências públicas com entidades da sociedade civil;

III – convocar Ministros de Estado para prestar informações sobre assuntos inerentes a suas atribuições;

IV – receber petições, reclamações, representações ou queixas de qualquer pessoa contra atos ou omissões das autoridades ou entidades públicas;

V – solicitar depoimento de qualquer autoridade ou cidadão;

VI – apreciar programas de obras, planos nacionais, regionais e setoriais de desenvolvimento e sobre eles emitir parecer.

As comissões do Congresso Nacional, da Câmara dos Deputados e do Senado Federal são criadas pelas Casas correspondentes, na forma e com atribuições definidas no regimento interno respectivo. Percebe-se que as comissões podem ser constituídas no âmbito de cada Casa, hipótese em que serão compostas por deputados ou por senadores, ou, ainda, podem ser integradas por deputados e por senadores, caso em que teremos as chamadas Comissões Mistas do Congresso Nacional.

A própria Constituição Federal determina a criação de importantes comissões mistas do Congresso Nacional, como a Comissão Mista destinada a apreciar as medidas provisórias adotadas pelo Presidente da República (art. 62, § 9.º) e a Comissão Mista do Orçamento, prevista no seu art. 166, à qual compete, dentre outras funções, e sem prejuízo da atuação das demais comissões do Congresso Nacional e de suas Casas: (a) examinar e emitir parecer sobre os projetos de lei do plano plurianual, de lei de diretrizes orçamentárias, de lei orçamentária anual e de créditos adicionais; (b) examinar e emitir parecer sobre as contas apresentadas anualmente pelo Presidente da República; (c) examinar e emitir parecer sobre planos e programas nacionais, regionais e setoriais previstos na Constituição; e (d) exercer o acompanhamento e a fiscalização orçamentária.

Na constituição das comissões deverá ser assegurada, tanto quanto possível, a representação proporcional dos partidos ou dos blocos parlamentares que participam da respectiva Casa (CF, art. 58, § 1.º). Essa exigência visa a assegurar que, em todas as comissões, haja representatividade das diferentes forças políticas que atuam no parlamento. A observância dessa regra é sobremaneira relevante, tendo em vista o fato de que muitos projetos de lei não chegam a ser votados em Plenário, sujeitando-se a votação terminativa nas próprias comissões (salvo se houver recurso de um décimo dos membros da Casa – CF, art. 58, § 2.º, inciso I).

As comissões podem ser permanentes ou temporárias.

As comissões permanentes são aquelas de caráter técnico legislativo ou especializado, integrantes da estrutura institucional da Casa, copartícipes e agentes do

Cap. 7 • PODER LEGISLATIVO

processo legiferante, que têm por finalidade apreciar os assuntos ou proposições, submetidos ao seu exame, e sobre eles deliberar, assim como exercer o acompanhamento dos planos e programas governamentais e a fiscalização orçamentária da União, no âmbito dos respectivos campos temáticos e áreas de atuação.[24]

As comissões permanentes são, portanto, órgãos técnicos criados pelo regimento interno, com a finalidade de discutir e votar as proposições e projetos que são apresentados à respectiva Casa. Com relação a determinadas proposições ou projetos, essas Comissões se manifestam emitindo opinião técnica sobre o assunto, por meio de pareceres, antes de o assunto ser levado ao Plenário. Com relação a outras proposições, elas decidem, aprovando-as ou rejeitando-as, sem a necessidade de passarem pelo Plenário da Casa. Na ação fiscalizadora, as comissões atuam, em síntese, como mecanismos de controle dos programas e projetos executados ou em execução, a cargo do Poder Executivo. Essas comissões perduram enquanto constarem do regimento interno e têm a sua composição renovada na forma estabelecida no regimento, assegurada, tanto quanto possível, a representação proporcional dos partidos ou dos blocos parlamentares que participam da respectiva Casa.

As comissões temporárias são aquelas criadas para apreciar determinado assunto, e se extinguem ao término da legislatura, ou antes, quando alcançado o fim a que se destinavam ou expirado o seu prazo de duração. São exemplos de comissões temporárias as **comissões representativas**, destinadas a representar a Casa Legislativa em congressos, solenidades ou atos públicos, e as **comissões parlamentares de inquérito** (CPI), criadas para investigar fato determinado de interesse público.

Um outro exemplo de comissão temporária é a chamada **Comissão Mista Representativa do Congresso Nacional**, prevista no § 4.º do art. 58 da Constituição, nos termos seguintes:

> § 4.º Durante o recesso, haverá uma Comissão representativa do Congresso Nacional, eleita por suas Casas na última sessão ordinária do período legislativo, com atribuições definidas no regimento comum, cuja composição reproduzirá, quanto possível, a proporcionalidade da representação partidária.

Essa comissão mista é constituída para atuar **somente nos períodos de recesso do Congresso Nacional**, a ela competindo zelar pelo cumprimento das prerrogativas e da competência legislativa do Congresso Nacional. Como a sessão legislativa ordinária é composta de dois períodos legislativos (02/02 a 17/07 e 1.º/08 a 22/12), essa comissão mista é composta, durante a mesma sessão legislativa, em dois momentos distintos: na última sessão ordinária do primeiro período legislativo (para atuar no recesso de 18/07 a 31/07) e na última sessão ordinária do segundo período legisla-

---

[24] A título de exemplificação, atualmente a Câmara dos Deputados possui 22 (vinte e duas) comissões permanentes: a de Agricultura, Pecuária, Abastecimento e Desenvolvimento Rural – CAPADR; a da Amazônia, Integração Nacional e de Desenvolvimento Regional – CAINDR; a de Ciência e Tecnologia, Comunicação e Informática – CCTCI; a de Constituição e Justiça e de Cidadania – CCJC; a de Defesa do Consumidor – CDC; a de Desenvolvimento Econômico, Indústria e Comércio – CDEIC; a de Desenvolvimento Urbano – CDU; a de Direitos Humanos e Minorias – CDHM etc.

tivo (para atuar no recesso de 23/12 a 1.º/02, salvo no primeiro ano da legislatura, quando sua atuação terminará em 31/01, em razão do início da sessão preparatória).

4.2.1. Comissões parlamentares de inquérito

As comissões parlamentares de inquérito (CPIs) são comissões temporárias, criadas pela Câmara dos Deputados, pelo Senado Federal ou pelo Congresso Nacional, com o fim de investigar fato determinado de interesse público.

Vale lembrar que a atuação das comissões parlamentares de inquérito consubstancia **atuação típica do Poder Legislativo**, no desempenho da sua atribuição fiscalizatória de atos conexos ao Poder Público.

Em verdade, a **função fiscalizatória** do Poder Legislativo pode ser classificada em **controle políticoadministrativo** e **controle financeiro-orçamentário**. Pelo primeiro controle, o Legislativo poderá fiscalizar e questionar os atos da Administração Pública, tendo acesso ao funcionamento de sua máquina burocrática, a fim de avaliar a gestão da coisa pública e, consequentemente, tomar as medidas que entenda necessárias. Pelo segundo, o Legislativo realiza a fiscalização contábil, financeira, orçamentária, operacional e patrimonial da União e das entidades da Administração Direta e Indireta, quanto à legalidade, legitimidade e economicidade, tudo isso nos termos dos arts. 70 a 75 da Constituição.

A fiscalização por meio da criação de **comissões parlamentares de inquérito** enquadra-se, portanto, no chamado **controle político-administrativo**, exercido pelo Poder Legislativo. É também um dos mecanismos integrantes do **sistema de freios e contrapesos** adotado pela Constituição Federal, uma vez que configura hipótese em que é atribuída ao Legislativo competência para fiscalizar atos praticados pelos demais Poderes.

A previsão constitucional para a criação das comissões parlamentares de inquérito está no § 3.º do art. 58, nos termos seguintes:

> § 3.º As comissões parlamentares de inquérito, que terão poderes de investigação próprios das autoridades judiciais, além de outros previstos nos regimentos das respectivas Casas, serão criadas pela Câmara dos Deputados e pelo Senado Federal, em conjunto ou separadamente, mediante requerimento de um terço de seus membros, para a apuração de fato determinado e por prazo certo, sendo suas conclusões, se for o caso, encaminhadas ao Ministério Público, para que promova a responsabilidade civil ou criminal dos infratores.

No âmbito legal, merecem destaque as disposições da Lei 1.579, de 18 de março de 1952 – objeto de importantes alterações posteriores, introduzidas, em especial, pela Lei 13.367, de 5 de dezembro de 2016 –, que versa especificamente sobre comissões parlamentares de inquérito, disciplinando o funcionamento dessas comissões no âmbito do Congresso Nacional. Em seu art. 1.º, estabelece a referida lei que (grifo nosso):

> Art. 1.º As Comissões Parlamentares de Inquérito, criadas na forma do § 3.º do art. 58 da Constituição Federal, terão poderes de investigação próprios das autoridades judiciais, além de outros

Cap. 7 • PODER LEGISLATIVO

previstos nos regimentos da Câmara dos Deputados e do Senado Federal, **com ampla ação nas pesquisas** destinadas a apurar fato determinado e por prazo certo.

Com fundamento no texto constitucional, nas mencionadas disposições legais e na rica jurisprudência do Supremo Tribunal Federal sobre a atuação das comissões parlamentares de inquérito, passemos ao exame, separadamente, dos aspectos mais relevantes sobre essas comissões temporárias de investigação.

4.2.1.1. Criação

Para a criação de uma comissão parlamentar de inquérito é indispensável o cumprimento de três requisitos constitucionais, a saber: (a) requerimento de **um terço dos membros** da Casa Legislativa; (b) indicação de **fato determinado** a ser objeto de investigação; (c) fixação de um **prazo certo** para a conclusão dos trabalhos (temporalidade).

O requerimento será de um terço dos membros da Câmara dos Deputados, se a comissão parlamentar de inquérito a ser criada for dessa Casa Legislativa. Se a comissão for criada no Senado Federal, o requerimento deverá ser firmado por um terço dos senadores. No caso de comissão parlamentar mista de inquérito – CPMI, o requerimento deverá ser de um terço dos membros de ambas as Casas Legislativas.

É condição indispensável para criação de comissão parlamentar de inquérito o apontamento de um **fato determinado** a ser investigado. Não se admite a criação de uma CPI para uma investigação de objeto genérico, inespecífico, abstrato. Seria, por exemplo, flagrantemente inconstitucional a criação de uma CPI para investigar "a corrupção no Poder Executivo", ou "os desvios de conduta dos membros do Poder Judiciário".

A indicação do fato determinado tem, também, a função de atuar como garantia para os indivíduos atingidos pela investigação, haja vista que eles não estarão obrigados a prestar à comissão nenhuma informação sobre assunto não conexo com o fato apontado como motivador da sua criação. Com efeito, há decisões do Supremo Tribunal Federal desobrigando convocados por CPI de prestarem depoimentos, sob o argumento de que a convocação havia sido expedida tendo por fim a investigação de fato absolutamente estranho àquele especificado inicialmente como objeto das investigações.

É certo que o fato determinado não precisa ser único. Nada impede que a comissão parlamentar investigue mais de um fato, desde que eles sejam determinados. Ademais, a indicação do fato determinado no momento da criação da comissão parlamentar **não impede a apuração de outros fatos conexos a ele**, ou, ainda, de **outros fatos inicialmente desconhecidos, que surgirem durante a investigação**, bastando, para que isso ocorra, que haja um aditamento do objeto inicial da CPI.[25] Com efeito, o Supremo Tribunal Federal tem ressaltado que as CPIs não estão impedidas de investigar fatos novos que se vinculem, intimamente, ao fato principal.[26]

---

[25] HC 71.039/RJ, rel. Min. Paulo Brossard, 07.04.1994.

[26] HC 71.231, rel. Min. Carlos Velloso, 05.05.1994.

A comissão parlamentar de inquérito deve ser criada por **prazo certo**, vale dizer, é obrigatória a indicação de um prazo certo para a conclusão dos seus trabalhos. Essa indicação de um prazo certo, porém, não é peremptória, haja vista que **são permitidas sucessivas prorrogações, desde que no âmbito da mesma legislatura**, observados os requisitos regimentais para essa postergação.[27]

Segundo a jurisprudência do Supremo Tribunal Federal, uma vez cumpridos esses três requisitos, a criação da comissão parlamentar de inquérito é determinada no ato mesmo da apresentação do requerimento ao Presidente da Casa Legislativa, independentemente de deliberação plenária. Assim, se o requerimento para a abertura da CPI preencheu os três requisitos previstos na Constituição Federal – assinatura de 1/3 dos integrantes da Casa, indicação de fato determinado a ser apurado e definição de prazo certo para duração –, **não cabe a omissão ou a análise de conveniência ou oportunidade políticas pela Presidência da Casa Legislativa, ou pelo Plenário desta**.[28] Em outras palavras: cumpridos os três requisitos constitucionais precitados, impõe-se a criação da CPI, cuja instalação não pode ser obstada pela vontade da maioria parlamentar ou dos órgãos diretivos das casas legislativas; portanto, **não cabe ao Presidente da Casa, tampouco ao Plenário desta, qualquer apreciação de mérito sobre o objeto da investigação parlamentar**, sob pena de desrespeito ao direito da minoria parlamentar.

Cabe-nos destacar, ainda, uma relevante orientação fixada pela jurisprudência do Supremo Tribunal Federal acerca da criação de comissões parlamentares de inquérito nos estados. Segundo o Tribunal, por força do pacto federativo, o modelo federal de criação e instauração das comissões parlamentares de inquérito **constitui matéria a ser compulsoriamente observada pelas casas legislativas estaduais**.[29]

Deixou assente o Pretório Excelso que os requisitos indispensáveis e suficientes à criação de comissões parlamentares de inquérito encontram-se dispostos, estritamente, no art. 58, § 3.º, da Constituição Federal, preceito de observância compulsória pelas casas legislativas estaduais (princípio da simetria). Significa dizer que **os estados não poderão estabelecer outros requisitos para a criação de comissões parlamentares de inquérito, além dos previstos no art. 58, § 3.º, da Constituição da República**.

Por outro lado, deixou assente o Supremo Tribunal Federal que **não há vedação constitucional a que as Casas Legislativas estabeleçam regimentalmente limites para a criação simultânea de CPIs**. Com base nessa orientação, o Tribunal considerou constitucional regra do Regimento Interno da Câmara dos Deputados que

---

[27] Essa previsão de que as prorrogações de prazo da CPI ocorram dentro da mesma legislatura decorre do fato de que o término da legislatura implica encerramento obrigatório de todas as comissões temporárias, entre as quais se incluem as CPIs. Dessa forma, estabelece a Lei 1.579/1952 que a incumbência da CPI termina com a sessão legislativa em que tiver sido outorgada, salvo deliberação da respectiva Câmara, prorrogando-a **dentro da legislatura em curso** (art. 5.º, § 2.º).

[28] MS 24.831/DF, rel. Min. Celso de Mello, 22.06.2005; MS 37.760/DF, rel. Min. Roberto Barroso, 14.04.2021.

[29] ADI 3.619/SP, rel. Min. Eros Grau, 01.08.2006.

Cap. 7 • PODER LEGISLATIVO

veda a criação de mais de cinco CPIs simultâneas naquela Casa Legislativa, salvo mediante projeto de resolução nos termos do art. 35, § 4.º, do citado Regimento.[30]

Por fim, vale anotar que, em tese, **podem ser criadas CPIs simultâneas, pelas duas Casas do Congresso Nacional, para investigar o mesmo fato determinado**. Com efeito, em razão da autonomia das Casas do Congresso Nacional, é plenamente possível a criação simultânea de uma CPI da Câmara dos Deputados e outra CPI do Senado Federal para investigar idêntico fato.

4.2.1.2. Poderes de investigação

Determina a Constituição Federal que as comissões parlamentares de inquérito **dispõem de poderes de investigação próprios das autoridades judiciais, além de outros previstos nos regimentos das respectivas Casas** (art. 58, § 3.º). Em complemento, destacou o legislador ordinário que as CPIs **atuarão com ampla ação nas pesquisas** destinadas a apurar fato determinado e por prazo certo.[31]

É certo, porém, que esses poderes não são ilimitados, tampouco alcançam todas as matérias de competência dos membros do Poder Judiciário. Com efeito, veremos, adiante, que há medidas determináveis pelos membros do Poder Judiciário que não podem ser adotadas pelas comissões parlamentares de inquérito, tais como a autorização para interceptação das comunicações telefônicas e a decretação da indisponibilidade de bens do investigado. É que, segundo a jurisprudência do Supremo Tribunal Federal, há, no ordenamento constitucional brasileiro, certas medidas que só podem ser adotadas por membros do Poder Judiciário. Nenhum outro órgão da República, nem mesmo as comissões parlamentares de inquérito, que são dotadas de poderes de investigação próprios das autoridades judiciais, poderá determiná--las. São as medidas protegidas pela cláusula de **reserva de jurisdição**, há muito assentada pela jurisprudência do Supremo Tribunal Federal.[32]

A investigação realizada por comissão parlamentar de inquérito qualifica-se como procedimento jurídico-constitucional revestido de autonomia e dotado de finalidade própria, não se confundindo com a investigação realizada pela polícia judiciária e pelos ministérios públicos. Essa natureza autônoma da investigação parlamentar **permite a criação de comissão parlamentar de inquérito para investigar fato determinado que já esteja sendo investigado em inquéritos policiais ou processos judiciais regularmente instalados**, situação em que as investigações correrão paralelamente.

Os poderes de investigação das comissões parlamentares de inquérito criadas pelas Casas do Congresso Nacional **não alcançam fatos ligados estritamente à competência dos estados, do Distrito Federal e dos municípios**. Em respeito ao pacto federativo, esses assuntos não poderão ser investigados por comissão parlamentar das Casas do Congresso Nacional, pois essa medida implicaria interferência indevida

---

[30] ADI 1.635/DF, rel. Min. Maurício Corrêa, 05.03.2004.
[31] Lei 1.579/1952, art. 1.º, com a redação dada pela Lei 13.367/2016.
[32] Sobre a cláusula "reserva de jurisdição", consultar MS 23.452/RJ, rel. Min. Celso de Mello, 19.09.1999.

da União na esfera de autonomia desses entes federados, mas sim por comissões parlamentares criadas no âmbito das respectivas Casas (Assembleia Legislativa, Câmara Legislativa do DF e Câmara Municipal, respectivamente). Por evidente, o respeito ao pacto federativo aqui mencionado **não impede que CPI do Congresso Nacional tome o depoimento de quaisquer autoridades estaduais ou municipais** no curso de investigação de fato em que esteja presente a competência da União.

Da mesma forma, os poderes da investigação parlamentar **não alcançam os chamados atos de natureza jurisdicional**, assim entendidos aqueles praticados por membros do Poder Judiciário no desempenho de sua atividade típica (decisões judiciais). É que, segundo a jurisprudência do Supremo Tribunal Federal, a intimação de magistrado para prestar esclarecimentos perante comissão parlamentar de inquérito sobre ato jurisdicional praticado ofenderia o princípio constitucional da separação de Poderes, haja vista que a atuação do magistrado no exercício profissional é intangível, não podendo sofrer ingerências de outros Poderes.[33]

Dessa forma, os membros do Poder Judiciário não estão obrigados a comparecer perante comissão parlamentar de inquérito para prestar depoimento a respeito da **função jurisdicional**, isto é, sobre sentenças judiciais por eles proferidas. O magistrado poderá ser convocado para depor perante comissão parlamentar, **mas não sobre sua atuação jurisdicional** (poderá ser convocado para depor sobre sua atuação como administrador público, na prática de atos administrativos, por exemplo); se a convocação for para depoimento a respeito de suas decisões judiciais, será ilegítima, por ofensa ao princípio da separação de Poderes, que não autoriza o controle externo da atividade jurisdicional. Essa mesma ressalva é aplicável aos membros do **Ministério Público**, que também não poderão ser convocados por CPI para depor acerca de sua atuação institucional típica.[34]

O poder de investigação das comissões parlamentares **pode incidir sobre integrantes da população indígena**. Porém, em respeito à proteção constitucional outorgada aos índios (CF, arts. 215, 216 e 231), a comissão parlamentar não dispõe de poderes para convocar integrante de população indígena para depor em audiência a ser realizada fora da área indígena. O índio poderá ser ouvido pela comissão parlamentar, mas somente no âmbito da área indígena, em dia e hora previamente acordados com a comunidade, e com a presença de representante da Fundação Nacional do Índio – FUNAI e de um antropólogo com conhecimento da mesma comunidade.[35]

Por fim, esclarecemos que os poderes de investigação das comissões parlamentares de inquérito alcançam somente fatos determinados relacionados ao **interesse público**. Se o fato ou negócio é de interesse exclusivamente privado, sem nenhum nexo causal com a gestão da coisa pública, sua investigação poderá ser realizada por outros órgãos do Estado, tais como as polícias, mas não por comissão parlamentar. Entretanto, a investigação parlamentar poderá incidir sobre negócios privados, desde que desses advenha repercussão de interesse público.

---

[33] HC 80.089/RJ, HC 79.441/DF, HC 80.539/PA, dentre outros.
[34] MS 35.354, rel. Min. Dias Toffoli, 20.11.2017.
[35] HC 80.240/RR, rel. Min. Sepúlveda Pertence, 20.06.2001.

4.2.1.3. Direitos dos depoentes

As comissões parlamentares de inquérito poderão determinar diligências que reputarem necessárias e requerer a convocação de Ministros de Estado, tomar o depoimento de quaisquer autoridades federais, estaduais ou municipais, ouvir os indiciados, inquirir testemunhas sob compromisso, requisitar da administração pública direta, indireta ou fundacional informações e documentos, e transportar-se aos lugares onde se fizer mister a sua presença.[36]

No exercício dessas atribuições, entretanto, as comissões parlamentares têm o dever de respeitar os direitos constitucionais dos depoentes durante as sessões de trabalho, sob pena de invalidade de seus atos.

O primeiro direito daquele que é convocado por CPI é o de **não comparecer à comissão** (recusa ao comparecimento), desde que a convocação se dê na condição de **investigado**. Segundo a jurisprudência do Supremo Tribunal Federal, o convocado por CPI na condição de **investigado** não está obrigado a comparecer ao depoimento, tendo em vista que o direito à não autoincriminação abrange a faculdade de comparecer ao ato.[37] Essa faculdade, porém, **não alcança as pessoas convocadas na condição de testemunha** – para estas, o comparecimento à CPI é uma imposição.

O depoente tem o **direito de permanecer calado** durante o interrogatório, negando-se a responder àquelas indagações formuladas pelos integrantes da comissão parlamentar que, no seu entender, possam incriminá-lo, pois ninguém pode ser obrigado a depor contra si mesmo. O STF tem enfatizado, porém, que esse direito atinge **apenas as perguntas que, se respondidas, podem levar à autoincriminação do investigado.**[38] Ou seja, com relação aos fatos que não envolvam autoincriminação, persiste a obrigação de o depoente prestar informações. Não há, portanto, direito a deixar de responder a questões sobre a própria qualificação e a outras perguntas que não possam importar produção de prova contra si.

A condição de **testemunha** não afasta do depoente o direito constitucional ao silêncio. Com efeito, segundo a jurisprudência do Supremo Tribunal Federal, o **direito ao silêncio** alcança o depoente na condição de **investigado** e, **também**, na condição de **testemunha**, independentemente da formalização, ou não, do compromisso de dizer a verdade, sempre que a resposta à pergunta formulada, a critério dele, depoente, ou de seu advogado, possa atingir a garantia constitucional de não autoincriminação (*nemo tenetur se detegere*).[39]

O depoente pode, também, invocar o seu **direito ao sigilo profissional**, negando-se a responder às indagações relacionadas ao exercício de sua atividade profissional. Alguns profissionais têm o dever legal de manter sigilo sobre o que sabem a respeito de seus clientes, prerrogativa que poderão invocar perante qualquer juízo, cível, criminal, administrativo ou parlamentar, como é o caso da comissão parlamentar de inquérito.

---

[36] Lei 1.579/1952, art. 2.º, com a redação dada pela Lei 13.367/2016.

[37] HC 232.643, rel. Min. André Mendonça, 18.09.2023.

[38] HC 150.411, rel. Min. Gilmar Mendes, 24.11.2017.

[39] HC 79.589/DF, rel. Min. Octávio Gallotti, 05.04.2000.

Também é direito do depoente **fazer-se acompanhar de advogado em seus depoimentos nas sessões de CPI, ainda que em reunião secreta**.[40] Assim, seja na condição de investigado, seja na condição de testemunha, os depoentes poderão se orientar com seus advogados durante as sessões, antes de responderem às indagações dos parlamentares. Logo, não poderão as comissões parlamentares de inquérito impedir que os depoentes façam-se acompanhar de seus advogados, tampouco impedir, dificultar ou frustrar o exercício, pelo advogado, das suas prerrogativas profissionais, dentre as quais a de se comunicar com seus clientes durante as sessões de depoimento.

Vale lembrar que, por evidente, os depoentes podem, a qualquer momento, **recorrer ao Poder Judiciário**, se entenderem que seus direitos estão sendo violados pelas comissões parlamentares de inquérito. Nesse caso, se se tratar de uma CPI federal, e o paciente optar pelas ações de **mandado de segurança** ou **habeas corpus**, deverão elas ser ajuizadas **diretamente perante o Supremo Tribunal Federal**, pois cabe a esse Tribunal processar e julgar, originariamente, tais remédios constitucionais quando impetrados contra atos praticados pelo Congresso Nacional, suas Casas e, também, por seus órgãos, como é o caso das comissões parlamentares de inquérito (CF, art. 102, I, "i").

Em resumo, podemos assim sintetizar os direitos assegurados pela jurisprudência do Supremo Tribunal Federal[41] àqueles que se veem na condição de investigados por CPI: (a) direito de não comparecimento ao ato, quando convocado na condição de investigado; (b) direito de permanecer em silêncio, diante de perguntas que impliquem autoincriminação; (c) direito de não responder a perguntas que impliquem violação ao sigilo profissional, quando for o caso; (d) direito de ser assistido por advogado e com ele se comunicar durante as sessões; (e) direito de ter acesso aos documentos que instruem o inquérito parlamentar, inclusive os sigilosos; e (f) direito de recorrer ao Poder Judiciário diante de ameaça ou lesão a direito.

Por fim, vale lembrar que os trabalhos da comissão parlamentar de inquérito têm caráter meramente inquisitório, de preparação para a futura acusação, a cargo do Ministério Público, razão pela qual **não é assegurado aos depoentes o direito ao contraditório na fase da investigação parlamentar**.

4.2.1.4. Competência

Conforme vimos, o texto constitucional outorgou às comissões parlamentares de inquérito poderes de investigação próprios das autoridades judiciais, para o bom desempenho da função fiscalizatória própria do Poder Legislativo.

São amplos os poderes de investigação das comissões parlamentares. Ressalvadas as medidas restritivas de direito protegidas pela cláusula de **reserva de jurisdição**, que só podem ser determinadas pelos membros do Poder Judiciário, a investigação parlamentar dispõe de importantes instrumentos para a concretização da sua missão constitucional de fiscalização de fatos de interesse público.

---

[40] Lei 1.579/1952, art. 3.º, § 2.º, com a redação dada pela Lei 10.679/2003.
[41] HC 150.411, rel. Min. Gilmar Mendes, 24.11.2017.

Diante do silêncio do texto da Constituição da República, no tocante ao delineamento específico das competências das comissões parlamentares de inquérito, coube à jurisprudência do Supremo Tribunal Federal fixar os precisos limites da investigação parlamentar, diante de cada caso concreto submetido à sua apreciação, nos termos a seguir examinados.

As comissões parlamentares de inquérito podem **intimar particulares e autoridades públicas para depor**, na condição de testemunhas ou como investigados.

A intimação de indiciados e testemunhas por CPI deverá ser efetivada de acordo com as prescrições estabelecidas na **legislação penal**. Em caso de não comparecimento da testemunha sem motivo justificado, a sua intimação **será solicitada ao juiz criminal da localidade em que resida ou se encontre**, situação em que – nos termos dos arts. 218 e 219 do Código de Processo Penal – o juiz poderá: (a) requisitar à autoridade policial a sua apresentação; (b) determinar que seja conduzida por oficial de justiça, que poderá solicitar o auxílio da força pública; (c) aplicar multa à testemunha faltosa, sem prejuízo do processo penal por crime de desobediência; e (d) condená-la ao pagamento das custas da diligência.[42]

Mais recentemente, o Supremo Tribunal Federal tem negado às CPIs o poder de **condução coercitiva** de convocado para depoimento. Segundo o Tribunal, tal como ocorre com os órgãos do Poder Judiciário no curso de investigação criminal, **as comissões parlamentares de inquérito não podem valer-se do instrumento da condução coercitiva com o fim de constranger qualquer pessoa a comparecer (compulsoriamente) para responder a interrogatório e a produzir provas contra si própria**. Conforme tem ponderado o Ministro Gilmar Mendes, em diferente julgados, "se o investigado não é obrigado a falar, não faz qualquer sentido que seja obrigado a comparecer ao ato, a menos que a finalidade seja de registrar as perguntas que, de antemão, todos já sabem que não serão respondidas, apenas como instrumento de constrangimento e intimidação".[43]

Note-se que o poder de convocação das comissões parlamentares de inquérito alcança não só quaisquer particulares, mas também autoridades públicas – federais, estaduais, distritais e municipais –, inclusive Ministro de Estado e membros do Ministério Público e do Poder Judiciário. Por isso, o privilégio de que gozam certas autoridades de, no processo penal, marcar dia e hora para serem inquiridas **deve ser observado** pelas CPIs.[44]

Podem as CPIs, também, **determinar as diligências, as perícias e os exames** que entenderem necessários, bem como requisitar informações e buscar todos os meios de prova legalmente admitidos.

Na obtenção de documentos e informações necessárias à comprovação do fato investigado, poderão as comissões **determinar a busca e apreensão de documentos**, desde que essa medida **não implique violação do domicílio das pessoas**,

---

[42] Lei 1.579/1952, art. 3.º, *caput* e § 1.º.

[43] HC 171.438/DF, rel. Min. Gilmar Mendes, 28.05.2019; Rcl 39.449/PR, rel. Min. Gilmar Mendes, 02.03.2020.

[44] HC 80.153, rel. Min. Maurício Corrêa, 09.05.2000.

porquanto a busca e apreensão domiciliar é medida da competência exclusiva do Poder Judiciário, em razão da reserva de jurisdição constitucionalmente estabelecida (art. 5.º, inciso XI).[45]

As comissões parlamentares de inquérito podem, ainda, **determinar a quebra dos sigilos fiscal, bancário e telefônico do investigado**.

Cabe ressaltar que a quebra do sigilo telefônico não se confunde com a interceptação das comunicações telefônicas.

A quebra do sigilo telefônico incide sobre os **registros telefônicos da pessoa**. Determinar a quebra do sigilo telefônico implica afastar a inviolabilidade dos registros pertinentes às comunicações telefônicas pretéritas, já realizadas pela pessoa, e que são armazenados pela companhia telefônica, tais como: data da chamada telefônica, horário da chamada, número do telefone chamado, duração do uso, valor da chamada etc. Na realidade, os dados obtidos por meio da quebra do sigilo telefônico são aqueles constantes das denominadas "contas telefônicas" do assinante da linha telefônica. Esses dados integram a ampla garantia da privacidade do indivíduo, prevista no art. 5.º, inciso X, da Constituição Federal. A quebra desse sigilo pode ser determinada pelas comissões parlamentares de inquérito.

A interceptação das comunicações telefônicas ("escuta") incide sobre o **conteúdo da conversa**, vale dizer, é medida que corresponde à gravação, pela autoridade policial competente, do conteúdo da conversa, no momento em que ela ocorre. Determinar a interceptação telefônica é autorizar a autoridade policial competente a gravar o conteúdo da conversa, para posterior degravação e utilização como prova em determinado processo criminal. As comunicações telefônicas **não** podem ser violadas por determinação das comissões parlamentares de inquérito, haja vista que o art. 5.º, inciso XII, da Constituição Federal só permite a sua violação por ordem judicial, para fins de investigação criminal ou de instrução processual penal. Cuida-se, portanto, de medida abrangida pela cláusula de "reserva de jurisdição", que só pode ser determinada por ordem judicial.

Cabe ressaltar que todas as decisões proferidas pelas comissões parlamentares de inquérito que impliquem restrição de direito – tais como a quebra dos sigilos bancário, fiscal e telefônico – só serão legítimas se **forem pertinentes e imprescindíveis à investigação, devidamente fundamentadas, limitadas no tempo** e **tomadas pela maioria absoluta de seus membros**.[46]

Assim, a comissão parlamentar **tem a obrigação de motivar todas as suas decisões que impliquem restrição de direito**, comprovando a pertinência temática e a imprescindibilidade da medida excepcional para a investigação, sob pena de absoluta nulidade do seu ato. Deverá, ainda, indicar o lapso temporal alcançado pela medida, isto é, durante que período incidirá a violação do sigilo (quebra do sigilo bancário relativamente aos dois últimos anos, por exemplo). A decisão, com o atendimento de todos esses requisitos, deverá ser tomada obedecendo-se ao **princípio da colegialidade**, isto é, a medida só poderá ser adotada por deliberação da

---

[45] MS 33.663, rel. Min. Celso de Mello, 22.06.2015.
[46] MS 25.966, rel. Min. Cezar Peluso, 18.05.2006.

maioria absoluta dos membros da comissão parlamentar (e não isoladamente, pelo seu presidente, por exemplo).

Por fim, sob o fundamento de que a regra do § 3.º do art. 58 da Constituição Federal, à luz do princípio federativo, é extensível aos estados-membros, o Supremo Tribunal Federal firmou entendimento de que **as comissões parlamentares estaduais dispõem de competência para determinar a quebra do sigilo bancário.**[47]

4.2.1.5. Incompetência

Os poderes de investigação das comissões parlamentares de inquérito não são absolutos. Eles encontram limites, sobretudo, na cláusula **reserva de jurisdição** que, segundo a sedimentada jurisprudência do Supremo Tribunal Federal, reserva a competência para a prática de certas medidas exclusivamente aos membros do Poder Judiciário, conforme abaixo expendemos.

As comissões parlamentares de inquérito **não podem determinar qualquer espécie de prisão, ressalvada a possibilidade de prisão em flagrante.** Com efeito, as comissões parlamentares de inquérito não dispõem de competência para decretar as prisões temporárias, preventivas ou quaisquer outras hipóteses, **salvo as prisões em flagrante delito,** pois a Constituição Federal reservou essa prerrogativa exclusivamente ao Poder Judiciário.

As comissões parlamentares de inquérito **não podem determinar medidas cautelares de ordem penal ou civil.** No âmbito da investigação parlamentar, a determinação de **medidas cautelares** – de que são exemplos as prisões preventivas e temporárias, a indisponibilidade de bens, o arresto, o sequestro, a hipoteca judiciária, a proibição de ausentar-se do país ou da comarca etc. – caberá ao Poder Judiciário (**reserva de jurisdição**), vale dizer, tais medidas, caso se mostrem presentes os requisitos para a sua decretação, deverão ser requeridas pela CPI ao órgão competente do Poder Judiciário. Nesse sentido, dispõe a Lei que, quando se verificar a existência de indícios veementes da proveniência ilícita de bens, **caberá ao presidente da CPI,** por deliberação desta, **solicitar,** em qualquer fase da investigação, **ao juízo criminal competente a medida cautelar necessária.**[48]

As comissões parlamentares **não podem determinar a busca e apreensão domiciliar de documentos,** haja vista que, em respeito à inviolabilidade constitucional do domicílio (art. 5.º, inciso XI), essa medida só poderá ser determinada por ordem judicial. Conforme anteriormente visto, as CPIs só estarão legitimadas a determinar medidas de busca e apreensão de caráter **não domiciliar.**

As comissões parlamentares de inquérito, qualquer que seja o resultado de suas investigações, **não podem determinar a anulação de atos do Poder Executivo.**

As comissões parlamentares de inquérito também **não dispõem de poderes para determinar a quebra de sigilo judicial** (segredo de justiça). Se o processo

---

[47] ACO 730/RJ, rel. Min. Joaquim Barbosa, 22.09.2004.
[48] Lei 1.579/1952, art. 3.º-A, incluído pela Lei 13.367/2016.

judicial tramita sob segredo de justiça, as comissões parlamentares não poderão ter acesso ao respectivo conteúdo protegido.[49]

Vale lembrar, ainda, que as comissões parlamentares de inquérito **não podem autorizar a interceptação das comunicações telefônicas** ("escuta"). Deveras, essa excepcional medida só pode ser determinada por ordem judicial, para fins de investigação criminal ou instrução processual penal, nos estritos termos do art. 5.º, inciso XII, da Constituição da República.

Pelo até aqui exposto, verifica-se que o papel das comissões parlamentares de inquérito é o de **investigação**. Não dispõem elas de competência para processar e julgar os investigados, com o fim de apurar a sua responsabilidade civil ou penal. Não lhes cabe, sequer, o papel de acusar os investigados, por meio da formulação da competente denúncia. Sua função é somente investigar, produzir provas acerca do fato determinado que fundamentou a sua criação. Vale dizer, CPI **não acusa, não processa, não julga, não condena, não impõe pena**!

Com efeito, o papel da comissão parlamentar **esgota-se na elaboração do relatório final dos seus trabalhos**, apresentado à respectiva Casa Legislativa, concluindo por projeto de **resolução**.[50] Encerradas as investigações, a CPI encaminhará relatório circunstanciado, com suas conclusões, para as devidas providências, **entre outros órgãos**, ao Ministério Público ou à Advocacia-Geral da União, com cópia da documentação, para que promovam a responsabilidade civil ou criminal por infrações apuradas e adotem outras medidas decorrentes de suas funções institucionais.[51] Note-se que o relatório poderá também, se for o caso, ser encaminhado a outros órgãos de Estado (à Secretaria da Receita Federal do Brasil ou ao Tribunal de Contas da União, por exemplo), para a adoção de providências de sua alçada.

4.2.1.6. Controle judicial

A atuação das comissões parlamentares de inquérito submete-se à fiscalização do Poder Judiciário, sempre que qualquer pessoa invoque a proteção deste, diante de lesão ou ameaça a direito que entenda existir.

Em se tratando de comissão de inquérito das Casas do Congresso Nacional, o foro para o ajuizamento dos remédios constitucionais mandado de segurança e *habeas corpus* é o **Supremo Tribunal Federal**, pois cabe à Corte Maior apreciar, originariamente, essas ações quando impetradas contra atos do Congresso Nacional, de suas Casas e seus respectivos órgãos, como são as comissões parlamentares de inquérito (CF, art. 102, I, "i").

Nessa esteira, a Corte Constitucional tem, amiúde, exercido efetivo controle sobre a atuação abusiva de CPIs, cabendo mencionar, como causas especialmente recorrentes de invalidação de atos, a ausência de motivação e a falta de razoabilidade. São situações em que as CPIs convocam pessoas para depor sem qualquer

---

[49] MS 27.483, rel. Min. Cezar Peluso, 14.08.2008.
[50] Lei 1.579/1952, art. 5.º.
[51] Lei 1.579/1952, art. 6.º-A, incluído pela Lei 13.367/2016.

comprovação da pertinência temática (pessoas que não possuem nenhum nexo comprovado com os fatos investigados), ou determinam quebra dos sigilos bancário, fiscal e telefônico sem demonstração da sua imprescindibilidade para as investigações, ou determinam arbitrariamente a prisão de investigado ou testemunha, entre outras. Em todos esses casos, o Poder Judiciário, quando provocado, pode e deve invalidar a atuação arbitrária da CPI, sem que isso possa ser considerado ofensa ao princípio da separação dos Poderes ou ingerência de um Poder em atos *interna corporis* de outro Poder (a atuação da CPI, embora seja uma atuação político-jurídica, não é assunto interno do Poder Legislativo, mas sim exercício da atribuição constitucional de fiscalização, típica deste Poder, de interesse de toda a sociedade e sujeita aos mais amplos mecanismos de controle, como é próprio de atividades dessa ordem).

Mostra-se comum, também, a impetração de *habeas corpus* perante o Supremo Tribunal Federal por convocado por comissões de investigação criadas no âmbito das Casas do Congresso Nacional, com o intuito de que lhe seja assegurado o direito de usufruir de todas as garantias constitucionais e processuais reconhecidas pela jurisprudência daquela Corte àqueles que se veem na condição de investigados por CPIs, tais como: (a) direito de permanecer em silêncio sem sofrer medidas restritivas ou privativas de liberdade; (b) direito de não responder a eventuais perguntas que impliquem autoincriminação; (c) direito de não responder a perguntas que impliquem violação ao sigilo profissional, quando for o caso; (d) direito de não assinar termo de compromisso como testemunha; (e) direito de ser assistido por advogado e com ele se comunicar durante as sessões; e (f) direito de acesso aos documentos que instruem o inquérito parlamentar, inclusive os sigilosos.[52]

4.2.1.7. Publicidade

Conforme vimos, as comissões parlamentares de inquérito dispõem de amplos poderes de acesso a documentos e informações sigilosos, especialmente quando determinam a quebra dos sigilos bancário, fiscal e telefônico.

A violação dos dados sigilosos visa a assegurar êxito à investigação, sempre que essas medidas excepcionais se mostrarem imprescindíveis à comprovação dos fatos. Obtidos os dados sigilosos, poderão eles ser licitamente utilizados pela comissão parlamentar para a elaboração do relatório final dos seus trabalhos, bem como para a realização das comunicações destinadas ao Ministério Público ou a outros órgãos do Poder Público, para os fins a que se refere o art. 58, § 3.º, da Constituição (promoção da responsabilidade civil ou criminal dos infratores).

Entretanto, de acordo com entendimento sedimentado na jurisprudência do Supremo Tribunal Federal, os dados obtidos por comissão parlamentar de inquérito mediante quebra dos sigilos bancário, telefônico e fiscal **devem ser mantidos sob reserva**, vale dizer, a comissão parlamentar e seus respectivos membros **não poderão conferir publicidade indevida aos dados sigilosos obtidos em razão das**

---

[52] HC 150.411, rel. Min. Gilmar Mendes, 24.11.2017.

investigações de sua competência.[53] Segundo o Tribunal, o acesso a dados sigilosos por parte das comissões parlamentares de inquérito é medida excepcional, autorizada nos exatos limites da necessidade de esclarecimento dos fatos investigados, de modo que à autoridade que a decrete impõe-se o dever jurídico de manter íntegros os dados sigilosos, em relação às pessoas destituídas de interesse jurídico no teor das informações respectivas e no desenvolvimento da investigação ou do processo.

Assim, como depositária legal dos dados sigilosos, a comissão parlamentar não os pode desvelar nem revelar a outrem, de modo direto nem indireto, em sessão pública, violando-lhes o segredo que remanesce para todas as demais pessoas estranhas aos fatos objeto da investigação, mas poderá, como é óbvio, deles usar e dispor sem restrições, em sessão reservada, cuja presença seja limitada a seus membros, ao ora impetrante e a seu defensor.[54]

4.3. Plenário

O Plenário é o órgão de deliberação máxima de cada Casa Legislativa, composto por todos os parlamentares que a integram.[55]

5. REUNIÕES

O Congresso Nacional reunir-se-á, anualmente, na Capital Federal, de 2 de fevereiro a 17 de julho e de 1.º de agosto a 22 de dezembro.[56]

Esse período em que ordinariamente o Congresso Nacional se reúne recebe a denominação de **sessão legislativa ordinária** (SLO). Cada sessão legislativa ordinária é composta de **dois períodos legislativos**, um em cada semestre (02.02 a 17.07 e 1.º.08 a 22.12). Os **intervalos** entre os períodos legislativos são chamados de **períodos de recesso parlamentar**.

Cada **legislatura** tem a duração de **quatro anos**, compreendendo quatro sessões legislativas ordinárias ou oito períodos legislativos.

O conceito de legislatura não deve ser confundido com o de sessão legislativa. **Sessão legislativa** é o período anual de trabalho das Casas do Poder Legislativo. **Legislatura** é o período quadrienal em que ocorre mudança da composição das Casas Legislativas, por meio de novas eleições. Como a legislatura tem a duração de quatro anos, diz-se que ela corresponde a quatro sessões legislativas ordinárias. Mas, juridicamente, são conceitos distintos: um ligado ao período de trabalho das Casas Legislativas, outro ligado à mudança da composição dessas Casas.

---

[53] MS 25.940/DF, rel. Min. Marco Aurélio, 26.04.2018. Com base nesse entendimento, a Corte Máxima exarou ordem para o Senado Federal retirar de sua página na internet os dados obtidos com a quebra de sigilo determinada por CPI dessa Casa Legislativa.

[54] MS 23.452/RJ, rel. Min. Celso de Mello, 16.09.1999.

[55] Atualmente, a Câmara dos Deputados é composta por 513 deputados e o Senado Federal por 81 senadores.

[56] As reuniões marcadas para essas datas serão transferidas para o primeiro dia útil subsequente, quando recaírem em sábados, domingos ou feriados (CF, art. 57, § 1.º).

Determina a Constituição que **a sessão legislativa não será interrompida sem a aprovação do projeto de lei de diretrizes orçamentárias – LDO** (art. 57, § 2.º). Como o texto constitucional impõe a aprovação e devolução do projeto de lei de diretrizes orçamentárias para sanção do Presidente da República até o encerramento do primeiro período da sessão legislativa (ADCT, art. 35, § 2.º, II), temos que, se até 17 de julho ele não for aprovado, a sessão legislativa será automaticamente prorrogada, até que ocorra a referida aprovação. Note-se que se o projeto de lei não for aprovado até o mês de agosto, não haverá recesso no mês de julho, mas sim continuidade da sessão legislativa ordinária neste período.

Durante os períodos de recesso, a Constituição prevê a possibilidade de convocação extraordinária do Congresso Nacional, hipótese em que temos a denominada **sessão legislativa extraordinária – SLE**.

A convocação extraordinária do Congresso Nacional poderá ser efetivada, a depender da hipótese autorizadora, pelo Presidente da República, pelo Presidente do Senado Federal, pelo Presidente da Câmara dos Deputados ou a requerimento da maioria dos membros de ambas as Casas Legislativas (CF, art. 57, § 6.º).

O Presidente do Senado Federal poderá convocar extraordinariamente o Congresso Nacional nas hipóteses de decretação de estado de defesa ou de intervenção federal, de pedido de autorização para a decretação de estado de sítio e para o compromisso e a posse do Presidente e do Vice-Presidente da República.

Em caso de urgência ou interesse público, a convocação poderá ser feita pelo Presidente da República, pelos Presidentes da Câmara dos Deputados e do Senado Federal ou a requerimento da maioria dos membros de ambas as Casas, mas, nestas hipóteses, a convocação dependerá de aprovação da maioria absoluta de cada uma das Casas do Congresso Nacional.

Note-se que somente a convocação feita pelo Presidente do Senado Federal tem a força de, por si, forçar a reunião extraordinária do Congresso Nacional, haja vista que sua manifestação de vontade não dependerá de aprovação da maioria absoluta de cada uma das Casas do Congresso Nacional. As convocações realizadas pelos demais legitimados dependerão de aprovação da maioria absoluta de cada uma das Casas do Congresso Nacional.

Determina a Constituição que na sessão legislativa extraordinária **o Congresso Nacional somente deliberará sobre a matéria para a qual foi convocado** (CF, art. 57, § 7.º). Essa regra, porém, não impede a apreciação de matérias variadas, constantes de medidas provisórias em vigor na data da convocação. Isso porque, **se houver medidas provisórias em vigor na data de convocação extraordinária do Congresso Nacional, serão elas automaticamente incluídas na pauta da convocação**, independentemente da matéria por elas disciplinada (art. 57, § 8.º). Portanto, ainda que o motivo invocado para a convocação extraordinária do Congresso Nacional seja outro, absolutamente distinto, as medidas provisórias em vigor na data da convocação deverão ser, obrigatoriamente, incluídas na pauta.

Não há mais nenhum pagamento extra para os parlamentares em razão da convocação extraordinária do Congresso Nacional. Em resposta ao clamor popular, o legislador constituinte derivado incluiu disposição expressa no texto constitucional, vedando o pagamento de parcela indenizatória em razão da convocação extraordinária (art. 57, § 7.º). Os pagamentos extras, que eram conhecidos como jetons, não mais existem. Atualmente, portanto, durante a sessão legislativa extraordinária os parlamentares só recebem os seus subsídios, pura e simplesmente, tal como os recebem durante os trabalhos da sessão legislativa ordinária, e tal como os receberiam durante o recesso. Segundo o entendimento do Supremo Tribunal Federal, essa vedação ao pagamento de *jetons* **estende-se aos legisladores estaduais** – apesar de o art. 57, § 7.º da Constituição Federal referir-se textualmente ao Congresso Nacional –, por força do dispositivo constitucional que regulamenta o subsídio para deputados estaduais (CF, art. 27, § 2.º).[57]

No primeiro ano da legislatura, os trabalhos das Casas Legislativas começam mais cedo, em 1.º de fevereiro, com as **sessões preparatórias, para a posse de seus membros e a eleição das respectivas Mesas**. As sessões preparatórias ocorrem nas duas Casas Legislativas e, na prática, já integram a sessão legislativa ordinária.

Vimos que, normalmente, os períodos de recesso parlamentar são de 18 a 31 de julho e de 23 de dezembro a 1.º de fevereiro, ressalvada a prorrogação da sessão legislativa ordinária em virtude da não aprovação do projeto de lei de diretrizes orçamentárias. Mas, em razão da reunião das Casas para as sessões preparatórias, no primeiro ano da legislatura o recesso termina em 31 de janeiro.

Vale lembrar que durante os períodos de recesso funciona a **Comissão Mista Representativa do Congresso Nacional**, que, porém, não dispõe de competência legislativa, mas sim de preservar as competências do Congresso Nacional e representá-lo oficialmente, na forma estabelecida no regimento comum (CF, art. 58, § 4.º).

6. ATRIBUIÇÕES

6.1. Atribuições do Congresso Nacional

O Congresso Nacional é o órgão legislativo federal, cabendo a ele, nos termos do *caput* do art. 48 da Constituição Federal, dispor sobre todas as matérias de competência da União.

Dito isso, o legislador constituinte arrolou, em caráter meramente exemplificativo, as atribuições do Congresso Nacional, nos incisos dos arts. 48 e 49 da Constituição, nos termos seguintes:

> Art. 48. Cabe ao Congresso Nacional, com a sanção do Presidente da República, não exigida esta para o especificado nos arts. 49, 51 e 52, dispor sobre todas as matérias de competência da União, especialmente sobre:
>
> I – sistema tributário, arrecadação e distribuição de rendas;
>
> II – plano plurianual, diretrizes orçamentárias, orçamento anual, operações de crédito, dívida pública e emissões de curso forçado;

---

[57] ADPF 836/RR, rel. Min. Cármen Lúcia, 03.08.2021.

Cap. 7 • PODER LEGISLATIVO

III – fixação e modificação do efetivo das Forças Armadas;

IV – planos e programas nacionais, regionais e setoriais de desenvolvimento;

V – limites do território nacional, espaço aéreo e marítimo e bens do domínio da União;

VI – incorporação, subdivisão ou desmembramento de áreas de Territórios ou Estados, ouvidas as respectivas Assembleias Legislativas;

VII – transferência temporária da sede do Governo Federal;

VIII – concessão de anistia;

IX – organização administrativa, judiciária, do Ministério Público e da Defensoria Pública da União e dos Territórios e organização judiciária e do Ministério Público do Distrito Federal;

X – criação, transformação e extinção de cargos, empregos e funções públicas, observado o que estabelece o art. 84, VI, *b*;

XI – criação e extinção de Ministérios e órgãos da administração pública;

XII – telecomunicações e radiodifusão;

XIII – matéria financeira, cambial e monetária, instituições financeiras e suas operações;

XIV – moeda, seus limites de emissão, e montante da dívida mobiliária federal;

XV – fixação do subsídio dos Ministros do Supremo Tribunal Federal, observado o que dispõem os arts. 39, § 4.º; 150, II; 153, III; e 153, § 2.º, I.

Art. 49. É da competência exclusiva do Congresso Nacional:

I – resolver definitivamente sobre tratados, acordos ou atos internacionais que acarretem encargos ou compromissos gravosos ao patrimônio nacional;

II – autorizar o Presidente da República a declarar guerra, a celebrar a paz, a permitir que forças estrangeiras transitem pelo território nacional ou nele permaneçam temporariamente, ressalvados os casos previstos em lei complementar;

III – autorizar o Presidente e o Vice-Presidente da República a se ausentarem do País, quando a ausência exceder a quinze dias;

IV – aprovar o estado de defesa e a intervenção federal, autorizar o estado de sítio, ou suspender qualquer uma dessas medidas;

V – sustar os atos normativos do Poder Executivo que exorbitem do poder regulamentar ou dos limites de delegação legislativa;

VI – mudar temporariamente sua sede;

VII – fixar idêntico subsídio para os Deputados Federais e os Senadores, observado o que dispõem os arts. 37, XI, 39, § 4.º, 150, II, 153, III, e 153, § 2.º, I;

VIII – fixar os subsídios do Presidente e do Vice-Presidente da República e dos Ministros de Estado, observado o que dispõem os arts. 37, XI, 39, § 4.º, 150, II, 153, III, e 153, § 2.º, I;

IX – julgar anualmente as contas prestadas pelo Presidente da República e apreciar os relatórios sobre a execução dos planos de governo;

X – fiscalizar e controlar, diretamente, ou por qualquer de suas Casas, os atos do Poder Executivo, incluídos os da administração indireta;

XI – zelar pela preservação de sua competência legislativa em face da atribuição normativa dos outros Poderes;

XII – apreciar os atos de concessão e renovação de concessão de emissoras de rádio e televisão;

XIII – escolher dois terços dos membros do Tribunal de Contas da União;

XIV – aprovar iniciativas do Poder Executivo referentes a atividades nucleares;

XV – autorizar referendo e convocar plebiscito;

XVI – autorizar, em terras indígenas, a exploração e o aproveitamento de recursos hídricos e a pesquisa e lavra de riquezas minerais;

XVII – aprovar, previamente, a alienação ou concessão de terras públicas com área superior a dois mil e quinhentos hectares;

XVIII – decretar o estado de calamidade pública de âmbito nacional previsto nos arts. 167-B, 167-C, 167-D, 167-E, 167-F e 167-G desta Constituição.[58]

As matérias do art. 48 **deverão ser disciplinadas por meio de lei** (ordinária ou complementar, conforme o caso), haja vista que, em relação a elas, o texto constitucional exige a **sanção do Presidente da República**. Com efeito, como as leis ordinárias e complementares são as espécies do processo legislativo federal que, depois de aprovadas pelo Congresso Nacional, submetem-se à sanção do Presidente da República, conclui-se que as matérias enumeradas nos incisos do art. 48 da Constituição só poderão ser disciplinadas por essas espécies normativas. Há que se ressaltar, entretanto, que, no caso das matérias que podem ser disciplinadas mediante lei ordinária poderá, em caso de relevância e urgência, ser utilizada a medida provisória, desde que não se trate de matéria vedada a esta espécie normativa. Neste caso, se a medida provisória sofrer alterações em seu texto no Congresso Nacional, o resultante projeto de lei de conversão deverá, igualmente, depois de aprovado em ambas as Casas do Congresso Nacional, ser submetido à **sanção do Presidente da República**, nos termos do art. 62, § 12, da Constituição Federal.

No tocante às matérias arroladas no art. 49 da Constituição, a conclusão é distinta, porque o *caput* desse dispositivo implicitamente **dispensa a sanção do Presidente da**

---

[58] Inciso XVIII do art. 49 incluído pela EC 109/2021.

República, o que induz à conclusão de que elas deverão ser reguladas por meio de **decreto legislativo**, ato privativo do Congresso Nacional, sem qualquer participação do chefe do Executivo. Com efeito, se o texto constitucional dispensa a sanção, pode-se concluir que a espécie normativa a ser adotada é o decreto legislativo, que é ato de competência exclusiva do Congresso Nacional, aprovado pelas duas Casas Legislativas, por deliberação de maioria simples, promulgado pelo presidente da Mesa do Congresso Nacional (e que, repita-se, **não se submete à sanção ou veto do Presidente da República**).

Conforme vimos anteriormente, uma das funções típicas do Poder Legislativo é a **fiscalizatória**, expressa no inciso X do art. 49 da Constituição, segundo o qual é da competência exclusiva do Congresso Nacional "fiscalizar e controlar, diretamente, ou por qualquer de suas Casas, os atos do Poder Executivo, incluídos os da administração indireta". Sobre o alcance dessa prerrogativa, o Supremo Tribunal Federal firmou o entendimento de que a competência fiscalizatória do Legislativo foi outorgada constitucionalmente somente às **Casas Legislativas** (e **não** aos parlamentares, individualmente, na qualidade de agentes políticos). Ademais, segundo a Corte, por se tratar de fiscalização de um Poder (Legislativo) sobre atos de outro (Executivo), **não pode o legislador infraconstitucional ampliar a referida competência**, sob pena de ofensa ao postulado da separação dos Poderes (CF, art. 2.º). Nessa linha, o Tribunal declarou a inconstitucionalidade de normas estaduais que outorgavam competência para que parlamentar estadual (deputado estadual), **individualmente**, exercesse a fiscalização de atos do Poder Executivo.[59]

Por fim, vale lembrar que o Congresso Nacional, por ser o Poder Legislativo nacional, edita não só normas em nome do ente federado central (União), mas também normas que vinculam todos os entes federados.

Assim, situações há em que o Congresso Nacional atua como legislador **federal**, restritamente, isto é, edita normas que só alcançam os órgãos, entidades e agentes **federais**. É o que ocorre, por exemplo, quando o Congresso Nacional edita uma lei versando sobre regime jurídico dos servidores públicos federais, ou quando edita uma lei que estabeleça a hipótese de incidência de um tributo federal, como uma contribuição de intervenção no domínio econômico. Diz-se, nesses casos, que o Congresso Nacional está editando **leis federais** (em sentido estrito), vale dizer, leis que **somente dizem respeito à pessoa jurídica União**.

Mas o Congresso Nacional atua, também, como legislador **nacional**, quando edita leis que vinculam **todos os entes federados**. Por exemplo, quando o Congresso Nacional produz uma lei de normas gerais no desempenho da competência concorrente (CF, art. 24, § 1.º), tal norma obriga todos os entes federados, que não poderão contrariá-la, sob pena de inconstitucionalidade. Ainda exemplificando, no uso da competência para editar lei que veicule normas gerais de licitações e contratos administrativos (CF, art. 22, inciso XXVII) ou da competência para editar lei que contenha normas gerais sobre concessão e permissão de serviços públicos (CF, art. 175, parágrafo único), o Congresso Nacional está atuando como legislador **nacional**,

---

[59] ADI 4.700/DF, rel. Min. Gilmar Mendes, 13.12.2021.

pois essas leis obrigam **todos os entes federados**. Nessas situações, costuma-se dizer que houve a edição de **leis nacionais** (em contraposição às leis federais em sentido estrito, que só se aplicam ao ente federado União).

Vale lembrar-se, ainda, de uma terceira atuação do Congresso Nacional, como **poder constituinte derivado reformador**, quando modifica a Constituição Federal por meio da elaboração de **emendas constitucionais**, segundo os processos constitucionais de **revisão** (ADCT, art. 3.º) ou **reforma** (CF, art. 60), casos em que, evidentemente, há vinculação de **todos os entes federados**.

6.2. Atribuições da Câmara dos Deputados

As matérias da competência privativa da Câmara dos Deputados estão enumeradas no art. 51 da Constituição, nos termos seguintes:

> Art. 51. Compete privativamente à Câmara dos Deputados:
>
> I – autorizar, por dois terços de seus membros, a instauração de processo contra o Presidente e o Vice-Presidente da República e os Ministros de Estado;
>
> II – proceder à tomada de contas do Presidente da República, quando não apresentadas ao Congresso Nacional dentro de sessenta dias após a abertura da sessão legislativa;
>
> III – elaborar seu regimento interno;
>
> IV – dispor sobre sua organização, funcionamento, polícia, criação, transformação ou extinção dos cargos, empregos e funções de seus serviços, e a iniciativa de lei para fixação da respectiva remuneração, observados os parâmetros estabelecidos na lei de diretrizes orçamentárias;
>
> V – eleger membros do Conselho da República, nos termos do art. 89, VII.

Afirmar que essas matérias são da competência privativa da Câmara dos Deputados significa dizer que serão elas disciplinadas por **resolução** dessa Casa Legislativa, promulgada pelo presidente de sua Mesa, sem nenhuma interferência do Senado Federal ou do Presidente da República.

Há, porém, uma exceção a essa regra. De fato, dispõe o inciso IV do art. 51 da Constituição que compete privativamente à Câmara dos Deputados "a **iniciativa de lei** para fixação da respectiva remuneração, observados os parâmetros estabelecidos na lei de diretrizes orçamentárias". Desse modo, a Câmara dos Deputados **não** mais dispõe de competência para a fixação da remuneração dos cargos, empregos e funções de seus serviços por meio de resolução. A Casa Legislativa tem, apenas, a **iniciativa de lei** sobre essa matéria, isto é, compete privativamente a ela apresentar o respectivo projeto de lei, mas este deverá, depois de aprovado pelas duas Casas Legislativas, ser submetido à sanção ou veto do Presidente da República.

Essa importante modificação – exigência de **lei** para a fixação da remuneração dos servidores da Câmara dos Deputados – foi introduzida pela Emenda Constitucional 19/1998, que retirou dela a competência privativa para fixar, por resolução própria, a remuneração dos seus cargos, empregos e funções públicos.

Por último, quatro observações importantes acerca do inciso I do art. 51 da Constituição Federal, que estabelece a competência privativa da Câmara dos Deputados para autorizar a instauração de processo contra Ministros de Estado, Presidente e Vice-Presidente da República.

A primeira diz respeito, especificamente, à exigência de autorização da Câmara dos Deputados para formação de processo contra os **Ministros de Estado**. Embora a Constituição não o tenha textualmente estabelecido, a jurisprudência do Supremo Tribunal Federal firmou o entendimento de que essa necessidade de autorização da Câmara dos Deputados, no tocante aos Ministros de Estado, **restringe-se aos crimes comuns e de responsabilidade conexos com os da mesma natureza imputados ao Presidente da República.**[60]

Significa dizer que só há que se falar em exigência de autorização prévia da Câmara dos Deputados, no tocante aos Ministros de Estado, se o crime a eles imputado, comum ou de responsabilidade, **guardar conexão com delito da mesma natureza imputado ao Presidente da República.** Inexistindo essa conexão, se os crimes de responsabilidade forem autônomos, não conexos com infrações da mesma natureza do Presidente da República, os Ministros serão processados e julgados pelo Supremo Tribunal Federal, sem necessidade de autorização prévia da Câmara dos Deputados.

A segunda observação diz respeito à hipótese em que a denúncia em face do Presidente da República ou do Ministro de Estado possui, também, outros denunciados. Segundo entendimento do STF, essa prerrogativa – necessidade de autorização da Câmara dos Deputados para instauração de processo – tem por finalidade tutelar o exercício regular dos cargos de Presidente da República e de Ministro de Estado, razão pela qual **não é extensível a codenunciados que não se encontram investidos em tais funções.**[61] Desse modo, caso haja negativa de autorização por parte da Câmara dos Deputados para instauração de processo penal em face do Presidente da República e de Ministros de Estado, será determinado o desmembramento dos autos em relação aos investigados não detentores de tal prerrogativa, para remessa ao competente juízo de primeira instância. Enfim, a negativa de autorização da Câmara dos Deputados não implicará prejuízo algum ao prosseguimento do processo em relação aos codenunciados que não dispõem da prerrogativa prevista no art. 51, I, da Constituição Federal.

A terceira observação diz respeito ao momento procedimental em que a Câmara dos Deputados deverá se manifestar, para o fim de autorizar, ou não, a instauração do processo de responsabilização criminal da autoridade perante o Supremo Tribunal Federal.

Segundo o entendimento firmado pelo Supremo Tribunal Federal, esse juízo político de admissibilidade exercido pela Câmara dos Deputados **precede a análise**

---

[60]   QCRQO 427/DF, rel. Min. Moreira Alves, 14.03.1990.

[61]   Inq 4.483 AgR-segundo/DF e Inq 4.327 AgR-segundo/DF, rel. Min. Edson Fachin, 19.12.2017.

jurídica pelo STF para conhecer e julgar qualquer questão ou matéria defensiva suscitada pelo denunciado.[62] Assim, somente após a autorização da Câmara dos Deputados é que se pode dar sequência à persecução penal no âmbito do STF, pela prática de crime comum, não cabendo a essa Corte proferir juízo de admissibilidade sobre a denúncia ou queixa-crime antes da autorização da Câmara dos Deputados.

Por fim, a quarta consideração diz respeito à natureza jurídica da autorização da Câmara dos Deputados em relação aos órgãos julgadores.

Sabemos que, após autorização da Câmara dos Deputados, o Presidente da República irá a julgamento perante o Senado Federal, nos crimes de responsabilidade, ou perante o Supremo Tribunal Federal, nas infrações penais comuns (CF, art. 86). Diferentemente, os Ministros de Estado são julgados pelo Supremo Tribunal Federal tanto nos crimes comuns quando nos crimes de responsabilidade (CF, art. 102, I, "c"), salvo se estes últimos guardarem conexão com delito da mesma natureza praticado pelo Presidente da República, hipótese em que a competência para o julgamento desloca-se para o Senado Federal (CF, art. 52, I).

A questão, então, é saber se a autorização da Câmara dos Deputados obriga os órgãos julgadores. Se houver autorização da Câmara dos Deputados, o Senado Federal estará obrigado a instaurar o processo de julgamento dos crimes de responsabilidade? Ou, diversamente, mesmo com a autorização da Câmara dos Deputados, o Senado teria discricionariedade para decidir se julga ou não a autoridade? A autorização da Câmara dos Deputados impõe ao Supremo Tribunal Federal a obrigação de aceitar a denúncia ou queixa-crime contra a autoridade?

Segundo entendimento do Supremo Tribunal Federal, a autorização prévia da Câmara dos Deputados **não obriga a instauração do processo pelo órgão julgador.**[63] Cabe à Câmara dos Deputados, tanto em relação aos crimes de responsabilidade quanto em relação aos crimes comuns, **apenas autorizar a instauração do processo**. Assim, o Senado Federal possui discricionariedade para abrir ou não o processo de julgamento dos crimes de responsabilidade, bem como o STF tem discricionariedade para aceitar ou não denúncia ou queixa-crime por infrações comuns.

Em suma: tanto nos crimes comuns (de competência do Supremo Tribunal Federal) quanto nos crimes de responsabilidade (de competência do Senado Federal), a autorização prévia da Câmara dos Deputados **não obriga** o órgão julgador.

6.3. Atribuições do Senado Federal

As competências privativas do Senado Federal estão enumeradas no art. 52 da Constituição Federal, nos termos seguintes:

> Art. 52. Compete privativamente ao Senado Federal:
>
> I – processar e julgar o Presidente e o Vice-Presidente da República nos crimes de responsabilidade, bem como os Ministros de Estado

---

[62] Inq-QO 4.483/DF, rel. Min. Edson Fachin, 21.09.2017.

[63] ADPF 378/DF, red. p/ o acórdão Min. Roberto Barroso, 17.12.2015.

Cap. 7 • PODER LEGISLATIVO

e os Comandantes da Marinha, do Exército e da Aeronáutica nos crimes da mesma natureza conexos com aqueles;

II – processar e julgar os Ministros do Supremo Tribunal Federal, os membros do Conselho Nacional de Justiça e do Conselho Nacional do Ministério Público, o Procurador-Geral da República e o Advogado-Geral da União nos crimes de responsabilidade;

III – aprovar previamente, por voto secreto, após arguição pública, a escolha de:

a) Magistrados, nos casos estabelecidos nesta Constituição;

b) Ministros do Tribunal de Contas da União indicados pelo Presidente da República;

c) Governador de Território;

d) Presidente e diretores do banco central;

e) Procurador-Geral da República;

f) titulares de outros cargos que a lei determinar;

IV – aprovar previamente, por voto secreto, após arguição em sessão secreta, a escolha dos chefes de missão diplomática de caráter permanente;

V – autorizar operações externas de natureza financeira, de interesse da União, dos Estados, do Distrito Federal, dos Territórios e dos Municípios;

VI – fixar, por proposta do Presidente da República, limites globais para o montante da dívida consolidada da União, dos Estados, do Distrito Federal e dos Municípios;

VII – dispor sobre limites globais e condições para as operações de crédito externo e interno da União, dos Estados, do Distrito Federal e dos Municípios, de suas autarquias e demais entidades controladas pelo Poder Público federal;

VIII – dispor sobre limites e condições para a concessão de garantia da União em operações de crédito externo e interno;

IX – estabelecer limites globais e condições para o montante da dívida mobiliária dos Estados, do Distrito Federal e dos Municípios;

X – suspender a execução, no todo ou em parte, de lei declarada inconstitucional por decisão definitiva do Supremo Tribunal Federal;

XI – aprovar, por maioria absoluta e por voto secreto, a exoneração, de ofício, do Procurador-Geral da República antes do término de seu mandato;

XII – elaborar seu regimento interno;

XIII – dispor sobre sua organização, funcionamento, polícia, criação, transformação ou extinção dos cargos, empregos e funções de seus serviços, e a iniciativa de lei para fixação da respectiva remuneração, observados os parâmetros estabelecidos na lei de diretrizes orçamentárias;

XIV – eleger membros do Conselho da República, nos termos do art. 89, VII;

XV – avaliar periodicamente a funcionalidade do Sistema Tributário Nacional, em sua estrutura e seus componentes, e o desempenho das administrações tributárias da União, dos Estados e do Distrito Federal e dos Municípios.

Parágrafo único. Nos casos previstos nos incisos I e II, funcionará como Presidente o do Supremo Tribunal Federal, limitando-se a condenação, que somente será proferida por dois terços dos votos do Senado Federal, à perda do cargo, com inabilitação, por oito anos, para o exercício de função pública, sem prejuízo das demais sanções judiciais cabíveis.

Essas matérias da competência privativa do Senado Federal são disciplinadas por **resolução** dessa Casa Legislativa, promulgada pelo presidente de sua Mesa, sem nenhuma interferência da Câmara dos Deputados ou do Presidente da República.

Porém, assim como vimos em relação à Câmara dos Deputados, o Senado Federal não mais dispõe de competência para fixar, por resolução própria, a remuneração dos seus cargos, empregos e funções públicos. O Senado Federal dispõe, apenas, da **iniciativa de lei** sobre essa matéria, isto é, compete privativamente ao Senado Federal apresentar o respectivo projeto de lei, mas este deverá, depois de aprovado pelas duas Casas Legislativas, ser submetido à sanção ou veto do Presidente da República (art. 52, XIII).

Essa importante modificação – exigência de **lei** para a fixação da remuneração dos servidores do Senado Federal – foi introduzida pela Emenda Constitucional 19/1998, que retirou dessa Casa a competência privativa para fixar, por resolução própria, a remuneração dos seus cargos, empregos e funções públicos.

Quando o Senado Federal julga as autoridades enumeradas nos incisos I e II do art. 52 da Constituição, temos o denominado processo de *impeachment*, situação em que o Senado Federal, sob a presidência do Presidente do Supremo Tribunal Federal, atuará como verdadeiro "tribunal político".

O *impeachment* nada mais é do que o impedimento da autoridade para o exercício do cargo ou mandato, em razão da prática de crime de responsabilidade. Além da perda do mandato, que só poderá ser imposta por deliberação de dois terços dos membros do Senado Federal, a Constituição também prevê a inabilitação, por oito anos, para o exercício de qualquer função pública, sem prejuízo das demais sanções judiciais cabíveis (art. 52, parágrafo único).

Conforme vimos no subitem precedente, para que o Senado Federal processe e julgue o Presidente e o Vice-Presidente da República e os Ministros de Estado por crime de responsabilidade (CF, art. 52, I), é necessária a **prévia autorização da Câmara dos Deputados**, por decisão de dois terços dos seus membros (CF, art. 51, I).

Vimos, ainda, que, de acordo com entendimento firmado pelo Supremo Tribunal Federal, a autorização da Câmara dos Deputados **não obriga o Senado Federal a julgar as mencionadas autoridades**, podendo esta Casa Legislativa rejeitar a instauração do processo de julgamento.[64] Portanto, de acordo com o entendimento de nossa Corte Suprema, uma vez admitida a acusação pela Câmara dos Deputados (por dois terços de seus membros), caberá ainda ao Senado Federal, por **maioria simples** de seus membros, efetuar **juízo inicial de instalação**, ou **não**, do procedimento de julgamento.

Observe-se que, por força de tal entendimento do STF, no procedimento de *impeachment* das autoridades mencionadas no inciso I do art. 51 da Constituição Federal, o Plenário do Senado Federal proferirá **três decisões**, quais sejam: (i) num primeiro momento, por **maioria simples** de seus membros, decidirá pela instauração, ou não, do procedimento já admitido pela Câmara dos Deputados; (ii) se obtida a maioria simples dos votos, o procedimento é instaurado e passa-se, então, à fase de instrução/pronúncia, que culminará com nova deliberação plenária, também por **maioria simples**, que decidirá pela procedência, ou não, da acusação; e (iii) se a acusação for considerada procedente, passa-se à fase de julgamento da autoridade, que **só poderá ser condenada por decisão de dois terços dos senadores da República** (por óbvio, se, na primeira ou na segunda deliberação, não for obtida a maioria simples dos votos, a acusação admitida pela Câmara dos Deputados será arquivada, sem julgamento algum!).

Importante registar que o processo de *impeachment* não pode ser confundido com o instrumento revocatório de mandatos eletivos denominado *recall*, não previsto no Brasil. O *recall* – nos ordenamentos jurídicos em que admitido – constitui medida, eminentemente política, de **revogação de mandato eletivo naquelas situações em que os eleitores entendem que a atuação do eleito está aquém da aceitabilidade mínima.**[65] Anote-se que, como o *impeachment*, o *recall* constitui meio excepcional de afastamento de autoridades públicas eleitas antes do término do mandato. Entretanto, a motivação é juridicamente distinta: enquanto o *impeachment* pressupõe a prática de crime de responsabilidade (processo jurídico-político), o *recall* tem por fundamento, pura e simplesmente, o descontentamento dos eleitores com o mandatário (processo puramente político).

Destacamos que o art. 52, inciso II, da Constituição Federal, ao prever a possibilidade de o Senado Federal julgar os Ministros do Supremo Tribunal Federal nos crimes de responsabilidade, consagra uma situação excepcional no âmbito do sistema dos freios e contrapesos, em que um membro do Poder Judiciário é julgado pelo Poder Legislativo. Essa hipótese representa, também, uma ressalva à vitaliciedade dos magistrados (CF, art. 95, I), haja vista que eventual condenação imposta pelo Senado Federal a Ministro do Supremo Tribunal Federal implicará o *impeachment* deste para o exercício do cargo. Constitui, outrossim, uma ressalva à vitaliciedade dos magistrados e dos integrantes do Ministério Público que atuam como membros do Conselho Nacional de Justiça e do Conselho Nacional do Ministério Público,

---

[64] ADPF 378/DF, red. p/ o acórdão Min. Roberto Barroso, 17.12.2015.

[65] O conceito de *recall* **político** surgiu em 1911, no Estado da Califórnia, nos Estados Unidos da América. Nos dias atuais, mais de dez estados americanos adotam o *recall*, embora o instituto não seja previsto na esfera federal (para Presidente da República e/ou membros do Congresso). Em 2003, um procedimento de *recall* afastou do cargo o governador da Califórnia (Gray Davis), que foi substituído pelo famoso ator Arnold Schwarzenegger.

pois estes também podem perder seus cargos em decorrência de condenação, no Senado Federal, pela prática de crime de responsabilidade.

Por fim, ressaltamos que as iniciativas privativas reservadas às Casas do Congresso Nacional para iniciar o processo legislativo de elaboração das leis (arts. 51, IV, parte final, e 52, XIII, parte final) não podem ser confundidas com a competência privativa das mesmas Casas para o tratamento das matérias que lhes são próprias, enumeradas em todos os incisos dos citados arts. 51 e 52 da Constituição. Nas hipóteses de iniciativa privativa de lei (arts. 51, IV, parte final, e 52, XIII, parte final), as Casas Legislativas dispõem, apenas, do poder de apresentar o projeto de lei sobre a respectiva matéria, devendo esta ser disciplinada em texto de lei, sujeitando-se, portanto, à sanção ou veto do chefe do Executivo. Ao contrário, nas hipóteses de competência privativa para tratar das matérias de seu interesse (incisos dos arts. 51 e 52), a Casa Legislativa o fará por meio da aprovação de resoluções, ato legislativo que não se submete à sanção ou veto do chefe do Executivo.

O mesmo ocorre em relação à atribuição do Congresso Nacional para dispor, mediante lei, sobre as matérias de competência da União, arroladas no art. 48 da Constituição Federal. Em relação a essas matérias, caberá ao Congresso Nacional, como órgão legislativo federal, discipliná-las por lei, isto é, aprovando o respectivo projeto de lei e submetendo-o à apreciação do chefe do Executivo, para sanção ou veto.

Mas, quem terá a iniciativa de lei sobre essas matérias do art. 48 da Constituição? Bem, o projeto de lei poderá ser apresentado pelos próprios congressistas ou por quaisquer dos demais legitimados para tal (CF, art. 61), exceto no caso de matéria cuja iniciativa tenha sido reservada a certo órgão, hipótese em que o Congresso Nacional só poderá discipliná-la a partir da apresentação do respectivo projeto de lei pelo detentor da iniciativa. Por exemplo, cabe ao Congresso Nacional dispor, por meio de lei, sobre a criação e extinção de Ministérios (art. 48, XI); porém, ele só poderá legislar a partir da apresentação do respectivo projeto de lei pelo Presidente da República, porque essa matéria é de iniciativa privativa do chefe do Executivo (art. 61, § 1.º, inciso II, alínea "e").

6.4. Convocação e pedidos de informação a Ministro de Estado

Conforme vimos, o exercício da função típica fiscalizatória pelo Poder Legislativo materializa-se por meio dos controles político-administrativo e financeiro-orçamentário.

No âmbito do controle político-administrativo, além da investigação por meio das comissões parlamentares de inquérito, estabelece a Constituição a possibilidade de que órgãos do Legislativo **convoquem ou solicitem** informações a Ministros de Estado e a outras autoridades para **prestarem esclarecimentos**, pessoalmente ou por escrito, na forma prescrita no art. 50, a seguir transcrito:

> Art. 50. A Câmara dos Deputados e o Senado Federal, ou qualquer de suas Comissões, poderão convocar Ministro de Estado, quaisquer titulares de órgãos diretamente subordinados à Presidência da República ou o Presidente do Comitê Gestor do Imposto sobre Bens e

Serviços para prestarem, pessoalmente, informações sobre assunto previamente determinado, importando crime de responsabilidade a ausência sem justificação adequada.

Importante ressaltar que, segundo entendimento do Supremo Tribunal Federal, o art. 50, *caput* e § 2.º, da Constituição traduz **norma de observância obrigatória pelos estados-membros**, que, por imposição do princípio da simetria (CF, art. 25), **não podem ampliar o rol de autoridades sujeitas à fiscalização direta pelo Poder Legislativo e à sanção por crime de responsabilidade.**[66] Por força dessa orientação, o Tribunal declarou a inconstitucionalidade de norma estadual que ampliava as atribuições de fiscalização do Legislativo local e o rol de autoridades submetidas à solicitação de informações.

Nessa mesma linha, o Supremo Tribunal Federal também deixou assente que norma estadual ou municipal **não pode conferir a parlamentar (deputado estadual ou vereador, conforme o caso), individualmente, o poder de requisitar informações ao Poder Executivo,** haja vista que a Constituição Federal é taxativa quanto à atribuição exclusivamente conferida às Casas do Poder Legislativo para fiscalizar os atos do Poder Executivo (CF, art. 49, X).[67]

7. ESTATUTO DOS CONGRESSISTAS

A Constituição Federal estabelece um conjunto de prerrogativas e vedações aos parlamentares, para que o Poder Legislativo e os seus membros, individualmente, tenham condições de atuar com independência e liberdade no desempenho de suas funções constitucionais. Esse conjunto de regras – estabelecido nos arts. 53 a 56 da Constituição – é denominado **Estatuto dos Congressistas**.

Essas prerrogativas não devem ser vistas como privilégios pessoais dos ocupantes dos mandatos eletivos, mas sim como garantias destinadas à proteção da função por eles desempenhada, no intuito de resguardar o seu independente e livre exercício, sem ingerências dos demais Poderes da República. Atuam, por isso, como garantia da independência do Legislativo perante os outros Poderes, afastando, em relação aos parlamentares, o cerceamento da liberdade de pensamento, bem como a possibilidade de abusos, pressões, prisões e processos arbitrários.

Por esse motivo, as prerrogativas parlamentares, incluídas todas as espécies de imunidades, **são de ordem pública e não admitem renúncia**. Assim, ainda que o parlamentar queira abrir mão de suas imunidades, não poderá fazê-lo, pois **todas elas são irrenunciáveis**. Qualquer ato nesse sentido não produzirá nenhum efeito jurídico, nem perante a Casa Legislativa a que pertença, nem frente ao Poder Judiciário.[68]

---

[66] ADI 5.289/SP, rel. Min. Marco Aurélio, 07.06.2021.

[67] ADI 4.700/DF, rel. Min. Gilmar Mendes, 13.12.2021.

[68] Não têm sido raros os parlamentares que, diante de denúncia de irregularidades, discursam afirmando que, em prova de sua inocência, renunciarão a todas as imunidades processuais, para

Examinaremos, nos itens seguintes, o conjunto de regras que consubstancia o Estatuto dos Congressistas, a saber: (a) as imunidades, (b) as prerrogativas de foro, de serviço militar, de vencimentos e de isenção do dever de testemunhar e (c) as incompatibilidades.

Antes disso, e para encerrar estas noções introdutórias, faz-se oportuno registrar um relevante entendimento do Supremo Tribunal Federal acerca do exercício do **direito à informação** – para o fim de obter de órgãos públicos, mediante petição administrativa, informações de interesse particular, ou de interesse coletivo ou geral – por parte dos congressistas, **na qualidade de cidadãos**.

Segundo nossa Corte Maior, o fato de as Casas Legislativas, em determinadas situações, agirem de forma colegiada, por intermédio de seus órgãos (Comissões, Plenário etc.), **não afasta**, tampouco restringe, **os direitos inerentes ao parlamentar como indivíduo**. Nessa linha, especificamente a respeito do direito fundamental à informação constitucionalmente assegurado, fixou-se a seguinte **tese de repercussão geral**:[69]

> O parlamentar, na condição de cidadão, pode exercer plenamente seu direito fundamental de acesso a informações de interesse pessoal ou coletivo, nos termos do art. 5.º, inciso XXXIII, da Constituição Federal (CF) e das normas de regência desse direito.

7.1. Imunidades

As imunidades são prerrogativas, frente ao Direito comum, outorgadas constitucionalmente aos membros do Congresso Nacional, para que eles possam exercer suas funções constitucionais com independência e liberdade de manifestação, por meio de palavras, discussão, debate e votos.

As **imunidades parlamentares** são tradicionalmente classificadas em: imunidade **material** (também denominada **inviolabilidade material**) e imunidade **formal** (ou **processual**).

7.1.1. Imunidade material

A imunidade material está prevista no *caput* do art. 53 da Constituição, que determina que **os deputados e senadores são invioláveis, civil e penalmente, por quaisquer de suas opiniões, palavras ou votos**.

A imunidade material protege o congressista da incriminação civil, penal ou disciplinar em relação aos chamados "crimes de opinião" ou "crimes da palavra",

---

que sejam investigados e incriminados como cidadãos comuns. Trata-se de ato demagógico, sem nenhum respaldo jurídico. Se quisessem mesmo responder às denúncias como cidadãos comuns, sem o benefício de nenhuma prerrogativa parlamentar, seriam obrigados a renunciar aos mandatos. Caso contrário, os parlamentares somente poderão responder como cidadãos comuns após o término de seus mandatos, quando cessam as suas prerrogativas processuais.

[69] RE 865.401/MG, rel. Min. Dias Toffoli, 25.04.2018.

tais como a calúnia, a difamação e a injúria. Trata-se de prerrogativa concedida aos congressistas para o exercício de sua atividade legislativa com ampla liberdade de expressão, fomentando o debate de ideias, a discussão e o voto nas questões de interesse dos seus representados.

A imunidade material exclui a própria natureza delituosa do fato, que, de outro modo, tratando-se do cidadão comum, qualificar-se-ia como crime contra a honra. Opiniões e palavras que, ditas por qualquer pessoa, caracterizariam atitude delituosa, assim não se configuram quando pronunciadas por parlamentar.

Em decorrência da imunidade material, **não cabe responsabilização penal, civil ou administrativa do congressista por delitos contra a honra**, isto é, das manifestações do congressista – opiniões, palavras e votos – não poderá resultar nenhuma responsabilidade, seja na esfera penal, civil, administrativa ou política. Significa, em simples palavras, que sua conduta **não será crime**, não gerará obrigação de reparar o dano – material ou moral – eventualmente causado e não gerará nenhuma responsabilidade política, administrativa ou disciplinar perante a Casa Legislativa a que pertence.

Ademais, a imunidade material afasta, até mesmo, a possibilidade de pedido de explicações em relação aos congressistas, por meio de interpelação judicial. Isso porque o pedido de explicação tem sempre natureza cautelar, destinando-se a viabilizar o exercício de ulterior ação principal, de natureza cível ou penal. Desse modo, como a imunidade material torna inviável o ajuizamento da ação penal e da ação de indenização civil, ela afeta, também, a possibilidade jurídica de formulação do pedido de explicações, em face da natureza meramente acessória e preparatória de que se reveste tal providência de ordem cautelar.

A imunidade material é absoluta, permanente, de ordem pública. A inviolabilidade é total, haja vista que as palavras e opiniões sustentadas pelo congressista ficam excluídas de ação repressiva ou condenatória, **mesmo depois de extinto o mandato**. Se protegidas pela imunidade material, essas manifestações são lícitas e, portanto, o parlamentar não responderá por elas, não será investigado, incriminado ou responsabilizado, nem mesmo após a cessação do mandato.

Entretanto, a imunidade material **só protege os congressistas quando suas manifestações se derem no exercício do mandato**. Com efeito, o parlamentar, diante do Direito, pode agir como cidadão comum ou como titular de mandato. Agindo na primeira qualidade, não é coberto pela imunidade material. A inviolabilidade está ligada à ideia de exercício de mandato. Opiniões, palavras e votos proferidos sem nenhuma relação com o desempenho do mandato representativo não são alcançados pela inviolabilidade. Enfim, somente estão protegidas pela imunidade material as manifestações, orais ou escritas, motivadas pelo desempenho do mandato (prática *in officio*) ou externadas em razão deste (prática *propter officium*).[70]

Se as manifestações parlamentares guardarem conexão com o desempenho do mandato, ou tiverem sido proferidas em razão dele, estarão protegidas pela imunidade, qualquer que seja o local em que tenham sido proferidas, ainda que fora

---

[70] Inq 2.036/PA, rel. Min. Carlos Britto, 23.06.2004.

do recinto da própria Casa legislativa. Ao contrário, se o ato não foi praticado *in officio* ou *propter officium*, não incide a imunidade, e o parlamentar fica sujeito à aplicação do direito comum. Nesse sentido, o Supremo Tribunal Federal condenou deputado federal pelo crime de difamação, por ter realizado veiculação dolosa de vídeo com conteúdo fraudulento (sabidamente falso), para fins difamatórios, com ampla divulgação em rede social.[71]

Se as manifestações ocorrerem **no recinto da Casa Legislativa, estarão sempre protegidas, penal e civilmente, pela imunidade material**, pois, conforme tem assinalado o Supremo Tribunal Federal,[72] nessa situação há uma presunção absoluta de pertinência com o desempenho da atividade parlamentar, haja vista que nada se reveste de caráter mais intrinsecamente parlamentar do que os pronunciamentos feitos no âmbito do Poder Legislativo, a partir da própria tribuna do Parlamento.

Desse modo, para todos os pronunciamentos feitos no interior das Casas Legislativas, não cabe indagar sobre o conteúdo das alegadas ofensas ou a conexão com o mandato, dado que sempre estarão acobertados pelo manto da inviolabilidade. Se o congressista ocupar a tribuna, diga o que disser, profira as palavras que proferir, atinja a quem atingir, a imunidade o resguarda. Poderá injuriar, caluniar, atingir levianamente pessoas estranhas ao Poder Legislativo, tudo isso sem nenhuma responsabilidade criminal ou civil, pois, no interior da Casa, a inviolabilidade material é absoluta. No tocante às manifestações proferidas no interior da Casa, o parlamentar só estará sujeito, para correção dos excessos ou dos abusos, ao poder disciplinar previsto nos Regimentos Internos.

Assim, temos que distinguir as situações em que as supostas ofensas são proferidas dentro e fora do Parlamento. Somente no caso das ofensas irrogadas fora do Parlamento cabe perquirir da chamada "conexão com o exercício do mandato ou com a condição parlamentar". Se a manifestação se deu no recinto da Casa Legislativa, estará ela, sempre, automaticamente protegida pela imunidade material, sendo descabida a indagação sobre a sua pertinência com o exercício da atividade congressual, haja vista que, nessa situação, a inviolabilidade é absoluta.[73] Em tal seara, caberá à própria Casa a que pertencer o parlamentar coibir eventuais excessos, por quebra de decoro e outras transgressões regimentais.

É importante ressalvar, porém, que as prerrogativas e imunidades parlamentares **não se estendem ao corpo de servidores auxiliares da atividade parlamentar.**[74] Logo, a determinação judicial de busca e apreensão nas dependências das Casas Legislativas, desde que não direcionada a apurar conduta de congressista, não sofre óbice relacionado às imunidades parlamentares.

A inviolabilidade material abrange, dentre outras manifestações: os discursos pronunciados, em sessões ou nas comissões; os relatórios e pareceres lidos ou pu-

---

[71] AP 1.021/DF, rel. Min. Luiz Fux, 19.08.2020.

[72] Pet 3.686/DF, rel. Min. Celso de Mello, 28.08.2006.

[73] AI 473.092, rel. Min. Celso de Mello, 07.03.2005.

[74] Rcl 25.537/DF, rel. Min. Edson Fachin, 26.06.2019; AC 4.297/DF, rel. Min. Edson Fachin, 26.06.2019.

Cap. 7 • PODER LEGISLATIVO

blicados; os votos proferidos pelos deputados ou senadores; os atos praticados nas comissões parlamentares de inquérito; as entrevistas jornalísticas, em qualquer meio de comunicação, na imprensa televisiva, falada ou escrita; a transmissão, para a imprensa, do conteúdo de pronunciamentos ou de relatórios produzidos nas Casas Legislativas; e as declarações feitas aos meios de comunicação social.

A inviolabilidade material protege, ainda, a publicidade dos debates parlamentares, **afastando a possibilidade de responsabilização do jornalista que os tenha divulgado**, desde que se limite a reproduzir na íntegra, ou em extrato fiel, o que se passou nas Casas Legislativas. Afinal, se assim não fosse, se os meios de comunicação pudessem ser responsabilizados pela divulgação do que se passa nas Casas Legislativas, a transparência da atividade parlamentar ficaria seriamente comprometida.

Essa garantia só protege o congressista **no exercício da titularidade do mandato**. A condição político-partidária do suplente de congressista não lhe confere as garantias e prerrogativas constitucionais inerentes ao titular do mandato eletivo. Os senadores, por exemplo, são eleitos com dois suplentes. Com a diplomação, o titular do mandato passa a fazer jus à imunidade material, o mesmo não acontecendo com os suplentes. Estes só serão beneficiados com tal inviolabilidade se, algum dia, assumirem a titularidade do mandato, diante da renúncia, do afastamento ou do impedimento do titular.

Na verdade, o suplente, enquanto ostentar essa específica condição, **não** se qualifica como membro do Poder Legislativo, e, por isso, **não faz jus a qualquer prerrogativa de ordem parlamentar**. Desse modo, não dispõe da garantia constitucional da imunidade parlamentar (art. 53, *caput*, e §§ 2.º a 5.º), como também não se lhe estende a prerrogativa de foro prevista na Constituição Federal (art. 53, § 1.º). Por outro lado, não se lhe aplicam as incompatibilidades, previstas no texto da Carta Política (CF, art. 54).[75]

A imunidade só protege o congressista, **não se estendendo a outras pessoas que porventura participem dos trabalhos legislativos, mas não sejam detentoras de mandato eletivo**. Servidores públicos efetivos, assessores e consultores não têm suas manifestações protegidas pela imunidade material, ainda que participem ativamente dos trabalhos legislativos.

Ainda, segundo a mais recente jurisprudência do Supremo Tribunal Federal, a imunidade material constitucionalmente outorgada aos congressistas **não alcança**:

> a) as manifestações do parlamentar quando, **na condição de candidato a qualquer cargo eletivo**, vem a ofender, moralmente, a honra de terceira pessoa, inclusive a de outros candidatos, **em pronunciamento motivado por finalidade exclusivamente eleitoral**, que não guarda qualquer conexão com o exercício das funções congressuais;[76]

---

[75] Inq 2.800/RJ, rel. Min. Celso de Mello, 23.06.2010.

[76] Inq-QO 1.400, rel. Min. Celso de Mello, 04.12.2002; ARE 674.093, rel. Min. Gilmar Mendes, 20.03.2012; AI-ED 657.235, rel. Min. Joaquim Barbosa, 07.12.2010.

b) **as investigações instauradas pela Justiça Eleitoral com o objetivo de constatar a prática de alegado abuso de poder econômico na campanha,** haja vista que tais investigações eleitorais têm natureza extrapenal, cuja finalidade restringe-se à imposição de sanções típicas de direito eleitoral;[77]

c) as ações de congressista que **atentarem contra a democracia e o Estado de Direito,** porquanto tais ações **não configuram exercício legítimo da função parlamentar e implicam desrespeito à Constituição Federal,**[78] que não permite a propagação de ideias contrárias à ordem constitucional e ao Estado Democrático (arts. 5.º, XLIV; e 34, III e IV), tampouco a realização de manifestações nas redes sociais visando ao rompimento do Estado de Direito, com a extinção das cláusulas pétreas constitucionais – separação de Poderes (art. 60, § 4.º) –, e a consequente instalação do arbítrio.[79]

7.1.2. *Imunidade formal*

Primeiramente, cabe-nos esclarecer que as imunidades constitucionalmente previstas – de índole material e formal – protegem o parlamentar **desde a expedição do diploma pela Justiça Eleitoral competente.** A diplomação é ato anterior à posse. O diploma é o atestado expedido pela Justiça Eleitoral certificando a regular eleição do candidato. A posse é o ato público ulterior, realizado nas reuniões preparatórias das Casas Legislativas, por meio do qual o parlamentar investe-se oficialmente no mandato. Portanto, **desde a expedição do diploma** pela Justiça Eleitoral o parlamentar já está protegido pelas imunidades constitucionais (material e processuais).

A imunidade formal (ou processual) protege o parlamentar contra a prisão e, nos crimes praticados após a diplomação, torna possível a **sustação do andamento do processo penal** instaurado pelo Supremo Tribunal Federal.

É importante restar claro, desde já, que a imunidade processual **não afasta a ilicitude da conduta criminosa do parlamentar.** Na realidade, ressalvadas as situações protegidas pela imunidade material, anteriormente estudadas, nas quais há o afastamento dos crimes de opinião, os parlamentares respondem pelos crimes porventura praticados segundo as mesmas leis aplicáveis aos indivíduos em geral. Entretanto, como o interesse público recomenda que o parlamentar não seja afastado de sua atividade congressual em razão de processos arbitrários ou perseguições políticas, que poderiam trazer significativos prejuízos à atividade legislativa, a imunidade formal lhe outorga certos "privilégios" no curso de sua incriminação, seja em relação à prisão, seja em relação à possibilidade de sustação do andamento do processo perante o Poder Judiciário.

---

[77] RCL 13.286/RN, rel. Min. Celso de Mello, 17.02.2012.

[78] Inq-Ref 4.781, rel. Min. Alexandre de Moraes, 17.02.2021.

[79] Na hipótese, deputado federal publicou vídeo em rede social no qual, além de atacar frontalmente os ministros do Supremo Tribunal Federal, por meio de diversas ameaças e ofensas, expressamente propagou a adoção de medidas antidemocráticas contra o STF, bem como instigou a adoção de medidas violentas contra a vida e a segurança de seus membros.

Cap. 7 • PODER LEGISLATIVO

A imunidade formal relacionada com a prisão está estabelecida no art. 53, § 2.º, da Constituição Federal, nos termos seguintes:

> § 2.º Desde a expedição do diploma, os membros do Congresso Nacional não poderão ser presos, salvo em flagrante de crime inafiançável. Nesse caso, os autos serão remetidos dentro de vinte e quatro horas à Casa respectiva, para que, pelo voto da maioria de seus membros, resolva sobre a prisão.

Por força dessa imunidade formal, desde a expedição do diploma o parlamentar **não poderá mais ser preso**, nem mesmo na hipótese de prisão civil por dívida admitida pelo art. 5.º, LXVII, da Constituição Federal – inadimplemento voluntário e inescusável de obrigação alimentícia.

Alertamos que essa impossibilidade de prisão do parlamentar o protege não só em relação aos crimes praticados **após a diplomação**, mas, também, em relação aos crimes praticados **em data anterior a esta**. Assim, se, em data anterior à diplomação, o indivíduo havia cometido certo crime e estava respondendo por ele perante a Justiça comum, com possibilidade de ser preso, com a expedição de sua diplomação a prisão não poderá mais ser determinada pelo Poder Judiciário, em respeito ao art. 53, § 2.º, da Constituição.

A única situação em que a Constituição Federal explicitamente admite a prisão do parlamentar é a de **flagrante de crime inafiançável**. Mas, mesmo nesse caso, a manutenção da sua prisão dependerá de autorização da Casa Legislativa, e não da vontade do Poder Judiciário. Com efeito, determina a Constituição que, no caso de prisão em flagrante por crime inafiançável, os autos deverão ser remetidos dentro de vinte e quatro horas à Casa respectiva, para que, pelo voto da maioria de seus membros, **resolva sobre a prisão**. A manutenção da prisão dependerá, então, de formação de culpa pela Casa Legislativa, pelo voto ostensivo e nominal da maioria de seus membros (**maioria absoluta**). Se a Casa Legislativa não autorizar a formação de culpa, o parlamentar será posto em liberdade, independentemente da gravidade de sua conduta criminosa.

Há, entretanto, entendimento consagrado na jurisprudência do Supremo Tribunal Federal que admite a prisão de parlamentar em razão de condenação criminal privativa de liberdade **transitada em julgado** (sentença definitiva). É que, para o Tribunal, a imunidade formal do congressista diz respeito a prisões do tipo processual (provisória, preventiva e em flagrante delito de crime afiançável), vale dizer, ela **não veda** a **execução de penas privativas da liberdade** impostas **definitivamente** a membro do Congresso Nacional.[80]

Em importantíssimo julgado,[81] o Supremo Tribunal Federal enfrentou duas questões diretamente relacionadas ao alcance desse comando constitucional (art. 53, § 2.º), quais sejam: (a) se a previsão dessa única hipótese de prisão (flagrante delito de crime inafiançável) permite, ou não, a imposição a parlamentares – pelo

---

[80] SL 1.179/DF, rel. Min. Dias Toffoli, 10.10.2018.
[81] ADI 5.526/DF, red. p/ o acórdão Min. Alexandre de Moraes, 11.10.2017.

506　DIREITO CONSTITUCIONAL DESCOMPLICADO • *Vicente Paulo & Marcelo Alexandrino*

Poder Judiciário, por autoridade própria – das medidas cautelares previstas no art. 319 do Código de Processo Penal;[82] e (b) caso admitida a imposição de tais medidas cautelares pelo Poder Judiciário, se haveria, ou não, necessidade de posterior remessa à Casa Legislativa respectiva, para deliberação.

No tocante à primeira questão – competência do Poder Judiciário para a imposição de medidas cautelares a parlamentares –, o Tribunal decidiu que **o Poder Judiciário dispõe de competência para impor, por autoridade própria, as medidas cautelares a que se refere o art. 319 do Código de Processo Penal**.

Sobre a segunda questão – necessidade de deliberação da Casa Legislativa acerca de medida cautelar imposta pelo Poder Judiciário –, entendeu o Supremo Tribunal Federal que, **sempre que a execução da decisão que houver aplicado medida cautelar impossibilitar, direta ou indiretamente, o exercício regular do mandato legislativo**, o Poder Judiciário deverá encaminhar os autos dentro de vinte e quatro horas à Casa Legislativa respectiva, para que, pelo voto da maioria de seus membros, ela resolva sobre a medida, nos termos do art. 53, § 2.º, da Constituição Federal. Assim, ato emanado do Poder Judiciário que houver aplicado medida cautelar que impossibilite direta ou indiretamente o exercício regular do mandato legislativo deve ser submetido ao controle político da Casa Legislativa respectiva, nos termos do art. 53, § 2.º, da Constituição.

Ponderou-se que, se, mesmo diante da prisão em flagrante de crime inafiançável, é obrigatória a submissão do ato ao escrutínio da Casa Legislativa (CF, art. 53, § 2.º), o mesmo procedimento deverá ser observado no caso de imposição de medidas cautelares diversas da prisão, **sempre que elas dificultarem, embaraçarem ou impedirem o exercício regular do mandato eletivo**.[83]

É relevante destacar que, de acordo com o entendimento da Corte Suprema, **apenas no caso da imposição de medida que dificulte, embarace ou impeça, direta ou indiretamente, o exercício regular do mandato** (suspensão temporária

---

[82] CPP, "Art. 319. São medidas cautelares diversas da prisão: I – comparecimento periódico em juízo, no prazo e nas condições fixadas pelo juiz, para informar e justificar atividades; II – proibição de acesso ou frequência a determinados lugares quando, por circunstâncias relacionadas ao fato, deva o indiciado ou acusado permanecer distante desses locais para evitar o risco de novas infrações; III – proibição de manter contato com pessoa determinada quando, por circunstâncias relacionadas ao fato, deva o indiciado ou acusado dela permanecer distante; IV – proibição de ausentar-se da Comarca quando a permanência seja conveniente ou necessária para a investigação ou instrução; V – recolhimento domiciliar no período noturno e nos dias de folga quando o investigado ou acusado tenha residência e trabalho fixos; VI – suspensão do exercício de função pública ou de atividade de natureza econômica ou financeira quando houver justo receio de sua utilização para a prática de infrações penais; VII – internação provisória do acusado nas hipóteses de crimes praticados com violência ou grave ameaça, quando os peritos concluírem ser inimputável ou semi-imputável (art. 26 do Código Penal) e houver risco de reiteração; VIII – fiança, nas infrações que a admitem, para assegurar o comparecimento a atos do processo, evitar a obstrução do seu andamento ou em caso de resistência injustificada à ordem judicial; IX – monitoração eletrônica."

[83] Vale lembrar que a Constituição Federal já prevê, expressamente, que os parlamentares dispõem das prerrogativas de (i) decidir sobre prisão em flagrante de crime inafiançável (art. 53, § 2.º), (ii) sustar o andamento de ação penal em curso no Supremo Tribunal Federal (art. 53, § 3.º) e (iii) deliberar sobre perda de mandato em certas hipóteses (art. 55, § 2.º).

do mandato, por exemplo), a decisão judicial deverá ser remetida, em 24 horas, à respectiva Casa Legislativa para deliberação, nos termos do art. 53, § 2.º, da Constituição Federal. Vale dizer, se as medidas não revelarem nenhum cerceamento das atividades parlamentares, poderão ser determinadas pelo Poder Judiciário sem necessidade de ulterior deliberação da Casa Legislativa.

Em suma, podemos sintetizar desta forma os entendimentos firmados pelo Supremo Tribunal Federal acerca da possibilidade de imposição judicial de medidas cautelares a congressistas, tendo em vista o disposto no art. 53, § 2.º, da Constituição Federal: (a) o Poder Judiciário dispõe de competência para impor, por autoridade própria, as medidas cautelares a que se refere o art. 319 do Código de Processo Penal; (b) entretanto, sempre que a execução de tal decisão judicial dificultar, embaraçar ou impossibilitar, direta ou indiretamente, o exercício regular do mandato legislativo, os autos deverão ser encaminhados dentro de vinte e quatro horas à Casa Legislativa respectiva, para que, pelo voto da maioria de seus membros, ela resolva sobre a medida.

A imunidade formal **impede, ainda, a condução coercitiva do parlamentar que se negar a comparecer a interrogatório.**[84] Significa dizer que o congressista, quando ostentar a condição formal de indiciado ou de réu, não poderá sofrer condução coercitiva, se deixar de comparecer ao ato de seu interrogatório, pois essa medida restritiva, que lhe afeta o direito de locomoção, desrespeitaria a garantia constitucional do art. 53, § 2.º, da Constituição.

Além dessas garantias em relação à prisão, a imunidade formal incide, também, sobre o processo de incriminação do congressista, com a possibilidade de que a Casa Legislativa suste o andamento da ação perante o Supremo Tribunal Federal, na forma prevista no art. 53, §§ 3.º ao 5.º:[85]

> § 3.º Recebida a denúncia contra o Senador ou Deputado, por crime ocorrido após a diplomação, o Supremo Tribunal Federal dará ciência à Casa respectiva, que, por iniciativa de partido político nela representado e pelo voto da maioria de seus membros, poderá, até a decisão final, sustar o andamento da ação.
>
> § 4.º O pedido de sustação será apreciado pela Casa respectiva no prazo improrrogável de quarenta e cinco dias do seu recebimento pela Mesa Diretora.
>
> § 5.º A sustação do processo suspende a prescrição, enquanto durar o mandato.

A partir da promulgação da Emenda Constitucional 35/2001 **não há mais necessidade de prévia autorização da Casa Legislativa para que possa ser instaurado processo criminal contra congressista.** Com a promulgação dessa emenda constitucional, a imunidade formal em relação ao processo passou a assegurar ao congressista, apenas, a possibilidade de que a Casa Legislativa

---

[84] Inq 1.504/DF, rel. Min. Celso de Mello, 10.07.2000.
[85] Redação dada pela EC 35/2001.

venha, ulteriormente, em qualquer momento antes da decisão final do Supremo Tribunal Federal, sustar o andamento da ação referente aos crimes praticados após a diplomação do mandato em curso.

A imunidade formal em relação ao processo só alcança crimes praticados após a diplomação do mandato em curso. Se o crime foi praticado antes da diplomação do mandato em curso, não há que se falar em imunidade, isto é, não há nenhuma possibilidade de a Casa Legislativa sustar o andamento da ação.

Com isso, o trâmite da persecução criminal dos parlamentares por crimes comuns dependerá do momento da prática do delito, na forma examinada nos parágrafos seguintes.

Em relação aos crimes praticados antes da diplomação do mandato em curso, não há imunidade processual (ou formal).[86] A denúncia do Ministério Público (se ação pública) ou a queixa-crime do ofendido (se ação privada) será oferecida diretamente perante a Justiça Comum competente (e não perante o STF, pois a prerrogativa de foro perante este Tribunal também só alcança delitos praticados após a diplomação), que instaurará o processo-crime e processará normalmente o parlamentar durante o seu mandato, sem nenhuma comunicação à Casa Legislativa, sem possibilidade de ela sustar o andamento da ação. Se já havia processo criminal instaurado perante a Justiça Comum, mesmo com a diplomação essa Justiça prosseguirá normalmente no julgamento do parlamentar (não haverá remessa dos autos ao Supremo Tribunal Federal, pois não há direito à prerrogativa de foro nos crimes anteriores à diplomação), também sem nenhuma comunicação à Casa Legislativa, sem se cogitar de sustação da ação.

Quando o crime for praticado após a diplomação, se oferecida a denúncia ou a queixa-crime perante o Supremo Tribunal Federal (em razão da prerrogativa de foro perante essa Corte), o Tribunal poderá instaurar imediatamente o processo criminal contra o parlamentar, sem necessidade de autorização prévia da Casa Legislativa. Mas, nesse caso, haverá incidência da imunidade formal em relação ao processo, com a possibilidade de sustação do andamento da ação pela Casa Legislativa. Assim, após a instauração do processo criminal pelo Supremo Tribunal Federal, este comunicará à Casa Legislativa respectiva (Câmara ou Senado) para que ela, por iniciativa de partido político nela representado e pelo voto da maioria absoluta de seus membros, possa, a qualquer momento antes da decisão final do STF, sustar o andamento da ação.

Note-se que não é a comunicação do STF que autorizará a Casa Legislativa a dar início ao procedimento para a eventual sustação do andamento da ação penal em curso. A Casa Legislativa não poderá agir de ofício, a partir do simples

---

[86] É ilustrativa desse entendimento a ementa do RE-AgR 457.514/MT, rel. Min. Ricardo Lewandowski, julgado em 27.11.2007, abaixo transcrita:
"PROCESSUAL PENAL. AGRAVO REGIMENTAL EM AGRAVO DE INSTRUMENTO. IMUNIDADE PROCESSUAL. SUSPENSÃO DE AÇÃO PENAL. SOMENTE EM RELAÇÃO A CRIMES COMETIDOS NA LEGISLATURA VIGENTE. PRECEDENTES. AGRAVO IMPROVIDO. I – A Casa Legislativa somente pode suspender as ações contra parlamentares que tiverem como objeto de apuração crimes cometidos após a diplomação do mandato em curso, o mesmo não sendo possível em relação aos mandatos de legislaturas pretéritas. II – Agravo regimental improvido".

recebimento da comunicação do STF. Recebida essa comunicação – a respeito da instauração do processo criminal contra parlamentar referente a crime praticado após a diplomação do mandato em curso –, a Casa Legislativa nada poderá fazer de ofício, tampouco a pedido de seus membros. Há necessidade de provocação de partido político com representação na respectiva Casa. **Só os partidos políticos com representação na respectiva Casa receberam da Constituição a legitimação para dar início ao processo de sustação do andamento da ação penal**, em curso no Supremo Tribunal Federal, contra parlamentar.

Não há prazo para que o partido político desencadeie, perante a sua Casa, o procedimento de sustação do andamento da ação em curso perante o Supremo Tribunal Federal. Enquanto o Supremo Tribunal Federal não proferir a decisão final na ação, permanece a possibilidade de a Casa Legislativa determinar a sustação do seu andamento. Assim, a provocação poderá ocorrer a qualquer momento, desde o recebimento da denúncia ou queixa-crime pelo Supremo Tribunal Federal até a decisão final do Tribunal, ou até o término do mandato, se este ocorrer antes, haja vista que com o término do mandato cessarão todas as imunidades parlamentares.

Entretanto, uma vez apresentado o pedido de sustação pelo partido político, a Casa Legislativa deverá apreciá-lo no prazo improrrogável de quarenta e cinco dias, a contar do seu recebimento pela Mesa Diretora. Observe que esse prazo não é para que o partido político provoque a deliberação da Casa a respeito da sustação do andamento da ação. A provocação do partido político, conforme vimos, pode se dar a qualquer tempo, até a decisão final do Supremo Tribunal Federal. O prazo de quarenta e cinco dias é para que a Casa Legislativa delibere acerca da provocação do partido político. Recebido o pedido de sustação pela Mesa Diretora, a Casa terá somente esse prazo de quarenta e cinco dias para deliberar, sob pena de restar prejudicado o pedido.

Note-se, ainda, que o partido político apenas dará início ao procedimento de sustação do andamento da ação contra o parlamentar. Esta, a sustação, dependerá de aprovação da maioria absoluta dos membros da respectiva Casa Legislativa, em votação ostensiva e nominal.

Se a Casa Legislativa decidir pela sustação do andamento da ação contra o parlamentar, ocorrerá a suspensão da prescrição, enquanto perdurar o mandato. O marco inicial da suspensão da prescrição é, portanto, o momento em que a Casa Legislativa susta o andamento da ação penal, e o seu termo final é o término do mandato. Findo o mandato, volta a fluir normalmente o prazo prescricional, uma vez que a ação penal poderá ter o seu curso retomado. Essa suspensão da prescrição punitiva visa a evitar a impunidade, pois, com a suspensão do andamento da ação, o parlamentar somente poderá ser processado e julgado após o término do mandato. Se o Estado permanece impedido de processar o infrator nesse período, não há inércia indevida, no mesmo lapso temporal, e seria um contrassenso cogitar de fluência do prazo prescricional.

Na hipótese de crime cometido por **parlamentar em concurso com pessoas que não possuem prerrogativa de foro perante o Supremo Tribunal Federal**, não viola as garantias do juiz natural, da ampla defesa e do devido processo legal a atração por continência ou conexão do processo do corréu ao foro por prerrogativa de função de um dos denunciados.[87]

Portanto, é possível a atração do processo do corréu ao foro por prerrogativa de função, isto é, o corréu não detentor de prerrogativa de foro (que, portanto, normalmente seria julgado pela Justiça Comum) também poderá ser julgado pelo Supremo Tribunal Federal, em razão dos institutos processuais da **continência** ou **conexão**. Assim, se um congressista praticar um crime comum em coautoria com um indivíduo que não tenha qualquer prerrogativa de foro própria, poderá o Supremo Tribunal Federal julgar os dois infratores.

Porém, **em regra**, o STF decide pelo **desmembramento do processo**, mantendo consigo apenas o julgamento da autoridade com prerrogativa de foro; vale dizer, a manutenção no STF de pessoas sem prerrogativa de foro é **excepcional**, e tem ocorrido somente naquelas situações em que as condutas dos investigados estão de tal forma imbricadas (interligadas) que o desmembramento, por si só, implicaria inequívoco prejuízo ao esclarecimento dos fatos.[88] Enfim, o desmembramento do feito em relação àqueles que não possuam prerrogativa de foro **deve ser a regra**, ressalvadas as hipóteses em que a separação possa causar prejuízo relevante para a persecução penal ou para a defesa.

Entretanto, se houver concurso de agentes com indivíduo não parlamentar e a Casa Legislativa sustar o andamento da ação penal em relação ao parlamentar, o processo em curso no Supremo Tribunal Federal deverá ser separado, enviando-se os autos à justiça comum, para que esta prossiga no julgamento do coautor não parlamentar; evidentemente, em relação a este, não há suspensão da contagem do prazo prescricional. Deveras, a sustação do andamento da ação penal e a consequente suspensão da prescrição podem ocorrer tão somente em relação ao parlamentar, pois apenas ele é detentor de imunidade processual.

7.2.   Foro especial em razão da função

A prerrogativa de foro dos congressistas está prevista no art. 53, § 1.º, da Constituição Federal, o qual determina que **os deputados e senadores, desde a expedição do diploma, serão submetidos a julgamento perante o Supremo Tribunal Federal**.

Não há dúvida, portanto, de que, desde a **diplomação**, cabe ao STF processar e julgar, originariamente, os membros do Congresso Nacional pela prática de crimes comuns, conforme também estabelecido pelo art. 102, I, "b", da Carta Política. Com efeito, o texto constitucional é explícito ao demarcar a competência para o processo e julgamento dos congressistas (o Supremo Tribunal Federal), o termo inicial dessa competência (a diplomação) e os ilícitos penais aos quais ela se aplica (os crimes comuns).

Entretanto, sempre foi matéria controversa a delimitação do real alcance dessa competência do Supremo Tribunal Federal, seja no que diz respeito às espécies de

---

[87]   STF, Súmula 704.

[88]   Inq-AgR 4.506/DF, red. p/ o acórdão Min. Alexandre de Moraes, 14.11.2017.

Cap. 7 • PODER LEGISLATIVO   511

crimes alcançados pelas mencionadas normas constitucionais (que tipos de crimes comuns?), seja no tocante ao termo final do direito à prerrogativa de foro perante o STF (quando cessa esse direito?).

Quanto aos delitos alcançados pelo foro especial dos congressistas, a controvérsia sempre teve como cerne esta questão: a competência do Supremo Tribunal Federal para processar e julgar congressistas alcança somente crimes comuns relacionados ao exercício do mandato, ou alberga também outras espécies de delitos não relacionados à atividade parlamentar (contravenções penais, crimes dolosos contra a vida, crimes eleitorais etc.)?

De outro lado, no tocante ao aspecto temporal, estas duas indagações bem resumem a discórdia sobre o alcance da competência do Supremo Tribunal Federal ora em foco: (a) ela alcança somente condutas praticadas após a diplomação, ou também ilícitos praticados antes desta? (b) com o término do exercício do mandato parlamentar, esgota-se o direito ao foro especial, ou a competência do STF prorroga-se no tempo (para além da cessação do mandato eletivo)?

Diante da omissão do texto constitucional acerca dessas relevantes questões, coube ao Supremo Tribunal Federal dirimi-las, e podemos afirmar que, desde a promulgação da Constituição Federal de 1988, já tivemos três orientações jurisprudenciais da Corte Maior acerca do alcance da prerrogativa de foro dos congressistas, conforme breve histórico a seguir apresentado.

Na data da promulgação da Constituição Federal de 5 de outubro de 1988, vigorava na jurisprudência do Supremo Tribunal Federal a Súmula 394 (aprovada em 1964, sob a vigência da Constituição de 1946), segundo a qual, "cometido o crime durante o exercício funcional, prevalece a competência especial por prerrogativa de função, ainda que o inquérito ou a ação penal sejam iniciados após a cessação daquele exercício". Como se vê, sob a vigência da Súmula 394, o foro especial alcançava o julgamento de quaisquer delitos penais, relacionados ou não com o exercício da atividade congressual. Ademais, se o crime houvesse sido cometido no exercício do mandato eletivo, a competência do Supremo Tribunal Federal era prorrogada para além da cessação daquele exercício, isto é, o Tribunal continuava competente para processar e julgar o congressista, ainda que o inquérito ou a ação penal fossem iniciados após o término do mandato parlamentar. Essa orientação do Supremo Tribunal Federal vigorou até o mês de agosto de 1999, quando o Tribunal decidiu cancelar a Súmula 394, com o fim de restringir o alcance temporal da prerrogativa de foro dos congressistas, nos termos expendidos no parágrafo seguinte.

Em agosto de 1999, o Supremo Tribunal Federal reavaliou a questão e passou a entender que a Constituição Federal de 1988 não atribuiu foro especial aos mandatários que, por qualquer razão, deixarem de exercer o mandato. Desde então, o Tribunal passou a adotar o entendimento de que a prerrogativa de foro dos congressistas expira-se com a cessação do exercício do mandato (tese jurídica da "atualidade do mandato"), momento em que os eventuais processos em trâmite no STF deverão ser remetidos à Justiça ordinária competente.[89] Em outras palavras:

---

[89]   Inq (QO) 687/SP, rel. Min. Sydney Sanches, 25.08.1999.

na vigência dessa orientação (a partir de agosto de 1999), a prerrogativa de foro alcançava qualquer espécie de delito penal (crimes comuns, relacionados ou não com o exercício do mandato, crimes eleitorais, contravenções penais etc.), cometidos antes ou depois da diplomação, mas a competência do Supremo Tribunal Federal somente perdurava durante a vigência do mandato eletivo; expirado este, por qualquer motivo (cessação do prazo, renúncia, cassação etc.), os processos em curso no STF eram remetidos à Justiça ordinária competente. Essa segunda orientação do Supremo Tribunal Federal vigorou até maio de 2018, mês em que o Tribunal novamente alterou o seu entendimento, e decidiu impor à prerrogativa de foro dos congressistas importantíssima restrição, a seguir explicitada.

Em maio de 2018, chegamos à jurisprudência atual do STF, segundo a qual **o foro por prerrogativa de função dos deputados federais e senadores é restrito aos casos de crimes comuns cometidos após a diplomação e somente quando relacionados ao cargo.**[90] Em decorrência dessa nova orientação, temos que:

a) os congressistas só têm direito à prerrogativa de foro perante o Supremo Tribunal Federal para os delitos praticados após a diplomação (pelos delitos de qualquer natureza praticados **antes da diplomação**, o agora congressista continuará a responder perante a Justiça Comum competente); e

b) mesmo em relação aos crimes praticados **após a diplomação**, a competência do Supremo Tribunal Federal só alcança aqueles relacionados ao exercício da atividade parlamentar (os demais delitos de qualquer natureza, **não relacionados ao exercício do mandato**, serão também processados e julgados pela Justiça Comum competente).

Outro aspecto reexaminado pelo Supremo Tribunal Federal, na mesma oportunidade, foi o momento da cessação do direito ao foro especial dos congressistas. Assentou o Tribunal que a regra continua sendo a chamada tese da "**atualidade do mandato**", isto é, os congressistas só dispõem de foro especial perante o Supremo Tribunal Federal na vigência do mandato eletivo. **Encerrado o mandato, cessa a prerrogativa de foro** e, em consequência, não subsistirá a competência do Supremo Tribunal Federal para dar continuidade ao processo e julgamento do parlamentar. Por isso, com a cessação do mandato, **os processos em curso no Supremo Tribunal Federal serão remetidos à Justiça Comum competente**, para prosseguimento, sendo **válidos** todos os atos praticados pela Corte Maior até esse momento.

É oportuno registrar, entretanto, que há, na jurisprudência mais recente do Supremo Tribunal Federal, duas **situações excepcionais** em que a sua competência originária é continuada, mesmo após a cessação do mandato do congressista. A primeira hipótese – denominada "**mandatos cruzados**" – é aquela em que o parlamentar investigado ou processado por um suposto delito em razão do cargo que ocupa é eleito, durante a tramitação do inquérito ou da ação penal, para outra Casa do Congresso Nacional. Nesse caso, desde que não haja solução de continuidade (intervalo entre os mandatos), a competência do Supremo Tribunal Federal será

---

[90] AP (QO) 937/RJ, rel. Min. Roberto Barroso, 03.05.2018.

mantida (continuada).[91] É o caso, por exemplo, de um deputado federal que responde a ação penal perante o STF e, no curso dessa ação, vem a ser eleito para o cargo de senador da República. É importante ressaltar que esse entendimento da Suprema Corte – manutenção do foro especial após a cessação do mandato parlamentar – **só alcança os "mandatos cruzados" no âmbito das Casas do Congresso Nacional**, vale dizer, entre um ocupante de cargo eletivo na Câmara dos Deputados (deputado federal) que vem a ser eleito (sem solução de continuidade) para o Senado Federal (senador da República) – e vice-versa.

Na segunda hipótese, **de aplicação excepcional**, a competência do Tribunal também será continuada (prorrogada), para além do término do mandado parlamentar, em respeito ao caráter unitário do julgamento. Trata-se da situação excepcional em que a cessação do mandado parlamentar, qualquer que seja o motivo (cassação, renúncia, término do prazo etc.), dá-se **após o final da instrução processual** no âmbito do Supremo Tribunal Federal, com a publicação do despacho de intimação para apresentação de alegações finais. Nesse caso, **a perda superveniente do mandato eletivo, por qualquer motivo, não afastará a prerrogativa de foro**, vale dizer, a competência para processar e julgar a correspondente ação penal permanecerá com o Supremo Tribunal Federal, não haverá remessa dos autos à Justiça Comum (o julgamento prosseguirá na Corte Suprema, mesmo já tendo expirado o mandato do parlamentar).

Anote-se que a cessação do exercício da função pública pela autoridade não afasta a prerrogativa de foro perante o Supremo Tribunal Federal somente em relação aos processos **cuja instrução já tenha sido finalizada, com a publicação do despacho de intimação para apresentação de alegações finais**. Se existirem, no STF, outros processos cuja instrução ainda não tenha sido concluída (e a conclusão ocorre com a publicação do despacho de intimação para apresentação de alegações finais), a prerrogativa de foro em relação a eles será imediatamente afastada, como consequência do término do exercício da função pública. Enfim, nos dias atuais, a cessação do exercício da função pública implica o afastamento da prerrogativa de foro perante o STF, **exceto, unicamente, quanto aos processos cuja instrução já tenha sido finalizada, com a publicação do despacho de intimação para apresentação de alegações finais.**

Portanto, com a vigência dessa nova linha interpretativa,[92] no que respeita ao momento da cessação do direito dos deputados e senadores ao foro especial perante o Supremo Tribunal Federal, passamos a ter o seguinte:

a) em regra, com a cessação do mandato parlamentar, expira-se o direito à prerrogativa de foro ("atualidade do mandato"), hipótese em que os processos em curso serão remetidos à Justiça Comum competente;

---

[91] Inq 4.342 QO/PR, rel. Min. Edson Fachin, 1.º 04.2022.

[92] Registre-se que – em respeito ao instituto da **prospective overruling**, segundo o qual as revisões jurisprudenciais devem ter eficácia meramente prospectiva (*ex nunc*) – essa nova linha interpretativa passou a ser imediatamente aplicada aos processos em curso no STF em 3 de maio de 2018, mantendo-se a validade de todos os atos praticados e decisões proferidas pelo STF e pelos demais juízos com base na jurisprudência anterior, conforme precedente firmado no mencionado Inq (QO) 687/SP, de 25 de agosto de 1999.

b) entretanto, se a cessação do mandato parlamentar, por qualquer motivo (renúncia, cassação, término do prazo etc.), ocorrer após o final da instrução processual, com a publicação do despacho de intimação para apresentação de alegações finais, o Supremo Tribunal Federal prosseguirá no julgamento da correspondente ação penal, até a conclusão desta (isto é, nessa hipótese excepcional, a cessação do mandato do parlamentar, por qualquer motivo, não afastará a prerrogativa de foro).

Esses novos entendimentos do Supremo Tribunal Federal, em vigor a partir de maio de 2018, restaram consolidados com a aprovação das seguintes teses jurídicas:[93]

(i) O foro por prerrogativa de função aplica-se apenas aos crimes cometidos durante o exercício do cargo e relacionados às funções desempenhadas; e

(ii) Após o final da instrução processual, com a publicação do despacho de intimação para apresentação de alegações finais, a competência para processar e julgar ações penais não será mais afetada em razão de o agente público vir a ocupar outro cargo ou deixar o cargo que ocupava, qualquer que seja o motivo.

Em momento posterior, o Tribunal Maior assentou que a tese "b" é independente em relação à tese "a", ou seja, finalizada a instrução processual, com a publicação do despacho de intimação para serem apresentadas as alegações finais, será mantida a competência do Supremo Tribunal Federal (STF) para o julgamento de detentores de foro por prerrogativa de função, **ainda que se trate de crimes não relacionados ao cargo ou função desempenhada**. Enfim, a tese "b" – preservação da competência do STF após o final da instrução processual – deve ser aplicada mesmo quando não for o caso de aplicação da tese "a", ou seja, uma vez finalizada a instrução processual, será mantida a competência do STF, mesmo para o julgamento de congressista acusado da prática de crime cometido fora do período de exercício do mandato ou que não seja relacionado às funções desempenhadas.[94]

Deve-se destacar que essas últimas orientações firmadas em maio de 2018 – consolidadas nas duas teses jurídicas (i e ii) acima transcritas – **só se aplicam à prerrogativa de foro dos deputados federais e senadores perante o Supremo Tribunal Federal**. Significa dizer que tais orientações, pelo menos por ora, não têm incidência nas hipóteses de prerrogativas de foro constitucionalmente conferidas a outras autoridades (Ministros de Estado, membros do Poder Judiciário, membros do Ministério Público etc.).[95]

---

[93] AP (QO) 937/RJ, rel. Min. Roberto Barroso, 03.05.2018.

[94] AP 962/DF, red. p/ o acórdão Min. Roberto Barroso, 16.10.2018.

[95] A razão para esse alcance limitado da decisão é que, na Questão de Ordem da mencionada AP 937/RJ, discutia-se, tão somente, o alcance da prerrogativa de foro dos congressistas perante o Supremo Tribunal Federal. Na ocasião, os Ministros Dias Toffoli e Gilmar Mendes chegaram a propor orientações extensivas a todas as hipóteses de prerrogativa de foro previstas na Constituição Federal, mas restaram vencidos.

É importante ressaltar, ainda, que a prerrogativa de foro, quando aplicável (delitos praticados após a diplomação, e relacionados ao exercício da função parlamentar), impõe, também, que **os inquéritos policiais correspondentes contra congressista sejam instaurados perante o Supremo Tribunal Federal**, ao qual caberá, quanto à apuração dos supostos crimes atribuídos a parlamentares federais, ordenar toda e qualquer providência necessária à obtenção de dados probatórios essenciais à demonstração da alegada prática delituosa, inclusive a decretação da quebra do sigilo bancário, bem como determinar a adoção de quaisquer outras medidas com vistas à apuração dos ilícitos.[96]

Com efeito, por considerar que a prerrogativa de foro tem o escopo de garantir o livre exercício da função do agente político, entende o Supremo Tribunal Federal que a atividade de supervisão judicial do foro especial deve ser desempenhada durante toda a tramitação das investigações, ou seja, desde a abertura dos procedimentos investigatórios até o eventual oferecimento de denúncia pelo Ministério Público. Assim, sempre que aplicável a prerrogativa de foro perante o Supremo Tribunal Federal, a autoridade policial **não** pode sequer indiciar o agente político sem autorização prévia da Corte Máxima.[97]

Como se vê, nem toda medida judicial e/ou investigação executada no recinto das Casas do Congresso Nacional, tendo como investigado parlamentar, dependerá da condução pelo Supremo Tribunal Federal. Isso porque determinada medida executada no âmbito da Casa Legislativa (mandado de busca e apreensão, por exemplo) poderá recair sobre parlamentar no exercício do atual mandato, mas incidir sobre conduta não alcançada pelo foro especial perante o Supremo Tribunal Federal (isto é, pode incidir sobre conduta anterior ao mandato em curso, ou desconexa com o exercício do atual mandato). Vale dizer, eventuais medidas judiciais penais no recinto das Casas do Congresso Nacional devem ser submetidas ao Supremo Tribunal Federal **somente quando tiverem como alvo parlamentares federais cujos atos se amoldem aos critérios definidores da incidência do foro especial por prerrogativa de função**, quais sejam: crimes cometidos durante o exercício do mandato <u>e</u> com ele relacionados.[98] Em situações outras, não abrangidas pelo foro especial, as medidas judiciais penais poderão ser determinadas pela justiça ordinária competente, ainda que incidentes sobre parlamentar no exercício pleno do atual mandato.

Ademais, a prerrogativa de foro **não alcança as ações de natureza cível** ajuizadas contra congressistas. Isso porque, segundo a jurisprudência do Supremo Tribunal Federal, a competência do foro especial **restringe-se às ações de natureza penal, não abrangendo o julgamento de ações civis.**[99] Significa dizer que não cabe ao Supremo Tribunal Federal processar e julgar, originariamente, as causas de natureza civil – ações de improbidade administrativa, ações populares, ações civis públicas, ações cautelares, ações ordinárias, ações declaratórias e medidas cautelares –, mesmo que instauradas contra congressistas ou contra qualquer das autoridades que,

---

[96] Inq 1.504/DF, rel. Min. Celso de Mello, 17.06.1999.
[97] Inq (QO) 2.411/MT, rel. Min. Gilmar Mendes, 10.10.2007.
[98] Rcl 42.446, rel. Min. Marco Aurélio, 29.07.2020.
[99] Pet 3.240 AgR/DF, red. p/ o acórdão Min. Roberto Barroso, 10.05.2018.

em matéria penal, dispõem de prerrogativa de foro perante a Corte Suprema (CF, art. 102, I, "b" e "c") ou que, em sede de mandado de segurança, estão sujeitas à jurisdição imediata do STF (CF, art. 102, I, "d").[100]

Neste passo, cumpre esclarecer que os agentes políticos que se sujeitam a **crime de responsabilidade** – com exceção do Presidente da República, que possui regime constitucional peculiar, conforme examinaremos em momento oportuno – poderão responder, também, por atos de **improbidade administrativa**.

Deveras, segundo a jurisprudência do Supremo Tribunal Federal, **o fato de um agente político estar sujeito a responder por crime de responsabilidade não exclui a possibilidade de sua responsabilização, também, por improbidade administrativa.**[101] Vale dizer, além da esfera penal, os agentes políticos que respondem por crimes de responsabilidade, com exceção do Presidente da República, também se sujeitam à responsabilização por atos de improbidade administrativa.[102] Assim, por exemplo: os Ministros de Estado poderão responder tanto por crime de responsabilidade perante o Supremo Tribunal Federal (CF, art. 102, I, "c") quanto por improbidade administrativa, perante a Justiça Comum de primeiro grau, na forma da "Lei de Improbidade Administrativa" (Lei 8.429/1992); o Procurador-Geral da República poderá responder por crime de responsabilidade perante o Senado Federal (CF, art. 52, II) e, também, por improbidade administrativa, perante a Justiça Comum de primeiro grau; e assim por diante.

É importante anotar que a Lei 8.429/1992 foi profundamente alterada pela Lei 14.230/2021, a qual tornou **explícito**, ao modificar o *caput* do art. 2.º da Lei 8.429/1992, que as disposições dessa lei **alcançam os agentes políticos**. Como a matéria já estava pacificada no âmbito do Supremo Tribunal Federal, essa alteração não deverá ter efeitos práticos. Além disso, considerando que a posição firmada pela Corte Suprema quanto à **não sujeição** (unicamente) do **Presidente da República** à Lei 8.429/1992 tem **fundamento direto na Constituição** (CF, art. 85, V), nada deve mudar com a nova redação do *caput* do art. 2.º dada pela Lei 14.230/2021.

Por fim, cabe repisar que **o foro especial não se aplica aos suplentes de congressistas, nessa condição.** Entende o Supremo Tribunal Federal que o suplente,

---

[100] Excepcionalmente, porém, o STF reconhece sua competência originária para o julgamento de ações cíveis, inclusive de ação popular, no caso de incidência das alíneas "f" (causa que implique "conflito federativo" envolvendo as pessoas políticas e administrativas ali arroladas) e "n" (causa de interesse dos membros da magistratura) do inciso I do art. 102 da Constituição Federal (Rcl 3.331/RR e Rcl 3.813/RR, rel. Min. Carlos Britto, 28.06.2006).

[101] Pet 3.240 AgR/DF, red. p/ o acórdão Min. Roberto Barroso, 10.05.2018.

[102] A única exceção ao referido **duplo regime sancionatório** (sanção por crime de responsabilidade + responsabilização por atos de improbidade administrativa) diz respeito aos atos praticados pelo Presidente da República, haja vista que, especificamente para esse agente político, o cometimento de atos que atentem contra a "probidade na administração" constitui explícita hipótese de crime de responsabilidade (CF, art. 85, V). Logo, ao contrário dos demais agentes políticos, o Presidente da República, ao praticar um ato contrário à probidade administrativa, somente responderá por crime de responsabilidade, perante o Senado Federal, nos termos do art. 52, I, da Constituição Federal (isto é, ele **não se sujeita à ação de improbidade administrativa** prevista na "Lei de Improbidade Administrativa" – Lei 8.429/1992).

enquanto ostentar essa específica condição, não dispõe da garantia constitucional da imunidade parlamentar (art. 53, *caput* e §§ 2.º a 5.º), tampouco do foro especial por prerrogativa de função (art. 53, § 1.º).[103]

7.3. Afastamento do Poder Legislativo

Estabelece a Constituição que os congressistas **não perderão o mandato** se forem investidos no cargo de Ministro de Estado, Governador de Território, Secretário de Estado, do Distrito Federal, de Território, de Prefeitura de Capital ou chefe de missão diplomática temporária (art. 56, I).

Sabemos, também, que as imunidades parlamentares não são prerrogativas dirigidas à pessoa do deputado ou do senador, mas sim à função por eles exercida, em apoio à independência do Poder Legislativo.

Questão relevante é saber se o congressista que se licencia do Legislativo para exercer cargo no Poder Executivo, nas hipóteses constitucionalmente admitidas, preserva suas prerrogativas parlamentares. As imunidades protegerão as manifestações do parlamentar licenciado? Subsiste o direito à prerrogativa de foro perante o Supremo Tribunal Federal?

Segundo a jurisprudência do Supremo Tribunal Federal, o congressista afastado de suas funções parlamentares para exercer cargo no Poder Executivo **não dispõe de imunidades**. Considerando que as imunidades parlamentares são atribuídas ao Poder Legislativo, como elemento de sua independência funcional frente aos demais Poderes da República, elas **não protegem as manifestações do congressista afastado do Legislativo para exercer cargo no Poder Executivo**. Se um senador se afasta do Legislativo para, por exemplo, ocupar o cargo de Ministro de Estado, suas imunidades – material e processual – **ficarão suspensas, enquanto permanecer no desempenho dessa atribuição no Poder Executivo**. Na prática, durante esse período de afastamento, o seu suplente, que passará a exercer a titularidade do mandato legislativo, é que fará jus às referidas imunidades.

Situação distinta ocorre com o direito do congressista à prerrogativa de foro. O congressista que se afasta do Poder Legislativo para exercer cargo no Poder Executivo **mantém o direito à prerrogativa de foro perante o Supremo Tribunal Federal**, em relação aos crimes comuns, haja vista que a investidura no novo cargo, por disposição expressa da Constituição (art. 56, I), não lhe retira a condição de deputado ou senador.

Portanto, com o afastamento do Poder Legislativo para exercer cargo no Poder Executivo, o parlamentar não leva consigo o direito às imunidades – material e processual –, mas mantém o direito à prerrogativa de foro perante o Supremo Tribunal Federal, isto é, permanece com o direito de ser processado e julgado, originariamente, nas infrações penais comuns, quando praticadas após a diplomação e relacionadas com o exercício do seu ofício, pela Corte Maior, enquanto perdurar o seu mandato.

---

[103] Inq 2.639/SP, rel. Min. Celso de Mello, 21.11.2007.

DIREITO CONSTITUCIONAL DESCOMPLICADO • Vicente Paulo & Marcelo Alexandrino

Por fim, é mister ressaltar que, segundo a jurisprudência do Supremo Tribunal Federal, o afastamento do congressista para o exercício de cargo no Poder Executivo **não impede a instauração de processo disciplinar perante a respectiva Casa Legislativa**.[104] Esse importante entendimento da Corte Maior realçou o fato de que, mesmo afastado do Legislativo para o exercício de cargo no Poder Executivo – Ministro de Estado, por exemplo –, o parlamentar deve manter o devido decoro, sob pena de lhe ser imposta pela Casa a que pertence, até mesmo, a perda do mandato.

7.4. Desobrigação de testemunhar

Estabelece a Constituição que os deputados e senadores não serão obrigados a testemunhar sobre informações recebidas ou prestadas em razão do exercício do mandato, nem sobre as pessoas que lhes confiaram ou deles receberam informações (art. 53, § 6.º).

Como se vê, a norma constitucional não é impositiva, fixando, apenas, uma faculdade ao congressista, que poderá, se entender conveniente para o interesse público e para o bom desempenho de suas atribuições congressuais, ocultar as informações recebidas ou prestadas em razão do exercício do mandato, bem assim sobre as pessoas que lhes confiaram ou deles receberam informações. Nada o impede, portanto, de abrir mão dessa prerrogativa constitucional e revelar tais informações.

Essa prerrogativa não abrange a sua obrigação de testemunhar quando convocado na condição de cidadão comum, sobre fatos que nada tenham a ver com o exercício da atividade congressual, no interesse de instrução penal ou civil. Nessa hipótese, assim como qualquer do povo, terá o parlamentar o dever de testemunhar.

Os congressistas dispõem, ainda, da prerrogativa processual de serem inquiridos em local, dia e hora previamente ajustados entre eles e a autoridade competente, quando arrolados como testemunhas ou quando ostentarem a condição de ofendidos (vítimas).

O Supremo Tribunal Federal tem reiterado, no entanto, que essa prerrogativa não se estende ao parlamentar quando indiciado em inquérito policial ou quando figurar como réu em processo penal.[105] Assim, o congressista, na qualidade de indiciado ou réu, tem apenas, como qualquer outra pessoa, o direito à observância, por parte do Poder Público, das garantias individuais fundadas na cláusula do devido processo legal (*due process of law*), podendo, inclusive, invocar o privilégio constitucional contra a autoincriminação, a fim de recusar-se a responder ao interrogatório policial ou judicial.

Por fim, vale lembrar que, por força da imunidade processual de que dispõe (art. 53, § 2.º), o membro do Congresso Nacional, quando ostentar a condição formal de indiciado ou de réu, não poderá sofrer condução coercitiva, ainda que determinada pelo Supremo Tribunal Federal, se deixar de atender à convocação para responder a interrogatório.

---

[104] MS 25.579/DF, rel. p/ o acórdão Min. Joaquim Barbosa, 19.10.2005.

[105] Inq 2.839/SP, rel. Min. Celso de Mello, 05.10.2009.

7.5. Incorporação às Forças Armadas

A incorporação às Forças Armadas de deputados e senadores, ainda que militares, e mesmo em tempo de guerra, dependerá de prévia licença da Casa respectiva (CF, art. 53, § 7.º).

Trata-se de prerrogativa que afasta, em relação aos congressistas, a obrigação a todos imposta pelo art. 143 da Constituição Federal, relativamente ao serviço militar. Note-se que, mesmo na hipótese de congressista militar, ainda que em tempo de guerra, a Casa Legislativa poderá denegar a sua incorporação às Forças Armadas.

7.6. Subsistência das imunidades

As imunidades de deputados e senadores subsistirão durante o estado de sítio, só podendo ser suspensas mediante o voto de dois terços dos membros da Casa respectiva, nos casos de atos praticados fora do recinto do Congresso Nacional, que sejam incompatíveis com a execução da medida (CF, art. 53, § 8.º).

Como as imunidades constitucionais visam, precipuamente, ao funcionamento livre e independente do Poder Legislativo, a Constituição estabelece a sua permanência mesmo durante a execução do estado de sítio, que é medida excepcionalíssima, somente passível de ser decretada no caso de comoção grave de repercussão nacional, ou na ocorrência de fatos que comprovem a ineficácia de medida tomada durante o estado de defesa, ou, ainda, na hipótese de declaração de estado de guerra ou resposta a agressão armada estrangeira (CF, art. 139).

Note-se que a regra, mesmo durante o estado de sítio, é a subsistência das imunidades parlamentares. Elas só poderão ser suspensas por decisão de dois terços dos membros da Casa Legislativa respectiva e, ainda assim, **exclusivamente para os atos praticados fora do recinto do Congresso Nacional**, que sejam incompatíveis com a execução do estado de sítio. Vale dizer, **para os atos praticados no recinto do Congresso Nacional a manutenção das imunidades parlamentares é absoluta**.

7.7. Incompatibilidades

O art. 54 da Constituição estabelece algumas proibições aos parlamentares, denominadas **incompatibilidades**, nos termos seguintes:

> Art. 54. Os Deputados e Senadores não poderão:
>
> I – desde a expedição do diploma:
>
> a) firmar ou manter contrato com pessoa jurídica de direito público, autarquia, empresa pública, sociedade de economia mista ou empresa concessionária de serviço público, salvo quando o contrato obedecer a cláusulas uniformes;
>
> b) aceitar ou exercer cargo, função ou emprego remunerado, inclusive os de que sejam demissíveis *ad nutum*, nas entidades constantes da alínea anterior;

II – desde a posse:

a) ser proprietários, controladores ou diretores de empresa que goze de favor decorrente de contrato com pessoa jurídica de direito público, ou nela exercer função remunerada;

b) ocupar cargo ou função de que sejam demissíveis *ad nutum*, nas entidades referidas no inciso I, "a";

c) patrocinar causa em que seja interessada qualquer das entidades a que se refere o inciso I, "a";

d) ser titulares de mais de um cargo ou mandato público eletivo.

A leitura das incompatibilidades acima permite facilmente identificar a diretriz geral que orientou nosso constituinte. Trata-se de evitar situações em que poderia ser posta em risco a moralidade administrativa, pela possibilidade que tem o parlamentar de exercer pressões para obter contratos com a Administração Pública, ou para obter benefícios fiscais para empresas de que fosse sócio etc. Ainda, se o congressista pudesse aceitar cargos ou funções, é evidente que a impessoalidade no exercício de sua atividade parlamentar resultaria potencialmente comprometida, uma vez que o cargo ou função oferecidos poderiam estar justamente sendo usados como "moeda de troca" para obtenção de favores pelas autoridades que os ofereceram.

Em suma, trata-se de medidas que visam a, preventivamente, resguardar a moralidade administrativa, afastar conflitos de interesses, garantir a independência e a impessoalidade do parlamentar no exercício de suas funções, de tal sorte que o interesse público seja atendido da melhor maneira possível.

7.8.   Perda do mandato

O art. 55 da Constituição enumera as hipóteses de perda do mandato de deputado e senador, nos termos seguintes:

Art. 55. Perderá o mandato o Deputado ou Senador:

I – que infringir qualquer das proibições estabelecidas no artigo anterior;

II – cujo procedimento for declarado incompatível com o decoro parlamentar;

III – que deixar de comparecer, em cada sessão legislativa, à terça parte das sessões ordinárias da Casa a que pertencer, salvo licença ou missão por esta autorizada;

IV – que perder ou tiver suspensos os direitos políticos;

V – quando o decretar a Justiça Eleitoral, nos casos previstos nesta Constituição;

VI – que sofrer condenação criminal em sentença transitada em julgado.

Os §§ 2.º e 3.º desse artigo estabelecem os procedimentos para a decretação da perda do mandato do parlamentar que incorrer nas diferentes situações previstas nos supratranscritos incisos I a VI, na forma a seguir exposta.

De acordo com o § 2.º do art. 55, nas hipóteses dos incisos I, II e VI – infringência das incompatibilidades, quebra de decoro parlamentar e condenação criminal em sentença transitada em julgado –, a perda do mandato será decidida pela **Câmara dos Deputados ou pelo Senado Federal, por maioria absoluta**, mediante provocação da respectiva Mesa ou de partido político representado no Congresso Nacional, assegurada ampla defesa.

Anote-se que, nas hipóteses previstas nesses três incisos – I, II e VI –, a perda do mandato **não será automática**, pois dependerá de um juízo político de conveniência do Plenário da Casa Legislativa. Ou seja, nesses casos, a imposição da perda do mandato dependerá, primeiro, de **provocação** da Mesa da Casa ou de partido político com representação no Congresso Nacional, e, havendo tal provocação, de ulterior **decisão do Plenário da Casa Legislativa**, pelo voto da **maioria absoluta** dos seus membros, em **votação nominal** ("voto aberto").[106] Ademais, entre a provocação e a deliberação plenária, determina a Constituição que seja assegurado ao parlamentar o direito à **ampla defesa**. Somente após (1) a provocação, (2) o exercício da ampla defesa e (3) a deliberação da maioria absoluta dos membros da Casa, em votação nominal, é que ocorrerá a perda do mandato parlamentar.

Especificamente em relação ao inciso II (**procedimento incompatível com o decoro parlamentar**), estabelece o § 1.º do art. 55 da Constituição que é incompatível com o decoro parlamentar, além dos casos definidos no regimento interno, o abuso das prerrogativas asseguradas a membro do Congresso Nacional ou a percepção de vantagens indevidas. O decoro parlamentar representa o conjunto de regras que deve reger a conduta dos parlamentares, mesmo quando afastados do Legislativo para o desempenho de cargo no Poder Executivo. A competência para aferir eventual infringência do decoro parlamentar é exclusiva da respectiva Casa Legislativa, na forma do § 2.º do art. 55, cuidando-se de matéria insuscetível de apreciação pelo Poder Judiciário quanto ao seu mérito, isto é, quanto à valoração de determinada conduta do parlamentar como ofensiva, ou não, ao decoro.

Observe-se, ainda, que, pela literalidade do texto constitucional, a hipótese prevista no inciso VI do art. 55 – perda do mandato parlamentar diante da condenação criminal em sentença transitada em julgado – tem **exatamente o mesmo regramento das situações dos incisos I e II**, sem qualquer ressalva ou particularidade. Entretanto, cumpre-nos alertar que, em relação a essa hipótese do inciso VI – condenação criminal em sentença transitada em julgado –, o STF firmou entendimento de que, se tal condenação for à prisão em **regime fechado, por mais de 120 dias**, a perda do mandato será automática, por declaração da Mesa da Casa respectiva, sem necessidade de deliberação plenária, por força do art. 55, III e § 3.º, da Constituição Federal, que preveem essa punição ao parlamentar que, em cada sessão legislativa,

---

[106] Pela redação **originária** do § 2.º do art. 55 da Constituição, essa deliberação ocorria em **votação secreta**; entretanto, a EC 76/2013 **aboliu** a votação secreta nos casos de perda de mandato de deputado ou senador.

faltar a 1/3 (um terço) das sessões ordinárias.[107] Nesse caso, portanto, enfatize-se, **não há necessidade de deliberação do Plenário e a perda do mandato deve ser automaticamente declarada pela Mesa da Casa respectiva**, nos termos do § 3.º do art. 55 da Constituição Federal.

A fundamentação para esse entendimento da Suprema Corte é que, se o parlamentar for condenado à prisão em **regime fechado**, por **mais de 120 dias**, haverá, por consequência lógica e inafastável, infringência ao inciso III do art. 55 da Constituição Federal, que prevê a perda do mandato do parlamentar que deixar de comparecer, em cada sessão legislativa, à terça parte das sessões ordinárias da Casa a que pertencer (afinal, se o parlamentar está preso, em **regime fechado**, não terá como comparecer às sessões da Casa Legislativa no respectivo período!). E, conforme veremos adiante, na hipótese de infringência ao disposto no inciso III, determina a Constituição que a perda do mandato será automática, por declaração da Mesa (art. 55, § 3.º), e **não** por deliberação do Plenário.

Importante destacar que esse entendimento – quanto à perda automática do mandato na hipótese de condenação à prisão em **regime fechado**, por mais de 120 dias – **não se aplica** aos casos de condenação em **regime inicial aberto ou semiaberto**, tendo em vista que, nesses regimes, há possibilidade de autorização de trabalho externo.

Nos casos previstos nos incisos III a V – ausência, na mesma legislatura, à terça parte das sessões ordinárias da Casa; perda ou suspensão dos direitos políticos; e decretação pela Justiça Eleitoral –, a perda será declarada pela **Mesa da Casa respectiva**, de ofício ou mediante provocação de qualquer de seus membros, ou de partido político representado no Congresso Nacional, assegurada ampla defesa (CF, art. 55, § 3.º). Nessas situações, **não há espaço para juízo de conveniência** da Casa Legislativa. Se comprovada a ocorrência das situações previstas nos incisos III a V, a Mesa está **obrigada a declarar a perda do cargo**. Desse modo, quando a Constituição assegura ao parlamentar a ampla defesa, esse direito será exercido apenas no intuito de demonstrar a não ocorrência da situação descrita nos citados incisos. Se o parlamentar não lograr êxito nesse mister, a Mesa deverá decretar, obrigatoriamente, a perda do mandato.

Por fim, cumpre-nos alertar que, segundo a jurisprudência do Supremo Tribunal Federal, esses procedimentos estabelecidos pela Constituição Federal sobre a perda de mandato **são de observância obrigatória pelo Poder Legislativo dos estados- -membros e do Distrito Federal**, vale dizer, aplicam-se nos âmbitos estadual e distrital para a imposição da perda de mandato dos deputados locais.[108]

7.9.   Renúncia ao mandato

Consoante o § 4.º do art. 55 da Constituição, a renúncia de parlamentar submetido a processo que vise ou possa levar à perda do mandato terá seus efeitos

---

[107] AP 694/MT, rel. Min. Rosa Weber, 02.05.2017.
[108] ADI 5.007/RO, rel. Min. Cármen Lúcia, 11.04.2019.

Cap. 7 • PODER LEGISLATIVO

suspensos até as deliberações finais da Casa respectiva, de que tratam os §§ 2.º e 3.º do mesmo artigo.

Por força dessa regra constitucional, temos a situação abaixo expendida.

Se o parlamentar renunciar ao mandato antes do início do processo que vise à decretação da perda do seu mandato, a renúncia será plenamente válida, hipótese em que o referido processo sequer será iniciado.

Diferentemente, depois de iniciado o processo, a renúncia do parlamentar ficará com seus efeitos suspensos, até as deliberações finais da Casa, a respeito da perda, ou não, do mandato.

Ao final das deliberações, se a Casa Legislativa decidir pela perda do mandato, a renúncia do parlamentar não produzirá nenhum efeito, hipótese em que será simplesmente arquivada. Ao contrário, se a Casa Legislativa decidir pela manutenção do mandato, a renúncia produzirá seus efeitos, e o parlamentar perderá o mandato em virtude de sua própria manifestação de vontade, isto é, pela declaração de renúncia.

À primeira análise, poder-se-ia imaginar que, em face desse comando constitucional, não faria sentido o parlamentar antecipar-se e renunciar ao seu mandato antes da instauração do processo, haja vista que, ao final, de uma forma ou de outra, haveria a perda do mandato, fosse pela decisão da Casa Legislativa, fosse pelos efeitos produzidos pela renúncia posterior à instauração do processo. Acontece, porém, que, uma vez instaurado o processo – portanto, na hipótese de o parlamentar não haver renunciado antes da sua instauração –, a decisão da Casa Legislativa desfavorável ao parlamentar, que considere haver ele infringido o inciso I ou o inciso II do art. 55 da Constituição, implicará, além da perda do mandato, a decretação de sua inelegibilidade pelo prazo de oito anos, subsequentes ao término da legislatura em que deveria findar o seu mandato.[109]

Portanto, a prévia renúncia ao mandato, com o fim de impedir a instauração do respectivo processo que vise à sua perda, tem o fim de evitar a imposição da inelegibilidade por oito anos, contados do término da legislatura em que findaria o mandato, prevista para os casos de decisão da Casa Legislativa que considere ter o parlamentar infringido o inciso I ou o inciso II do art. 55 da Constituição. Com efeito, se o parlamentar renunciar antes da instauração do processo, ele simplesmente perderá seu mandato, podendo candidatar-se já nas eleições seguintes, sem que sua renúncia represente óbice a que seja empossado em um

---

[109] Estabelece o art. 1.º, inciso I, alínea "b", da Lei Complementar 64/1990:

"Art. 1.º São inelegíveis:

I – para qualquer cargo:

....

b) os membros do Congresso Nacional, das Assembleias Legislativas, da Câmara Legislativa e das Câmaras Municipais, que hajam perdido os respectivos mandatos por infringência do disposto nos incisos I e II do art. 55 da Constituição Federal, dos dispositivos equivalentes sobre perda de mandato das Constituições Estaduais e Leis Orgânicas dos Municípios e do Distrito Federal, para as eleições que se realizarem durante o período remanescente do mandato para o qual foram eleitos e nos oito anos subsequentes ao término da legislatura; (Redação dada pela LC 81/1994.)

........."

524 DIREITO CONSTITUCIONAL DESCOMPLICADO • *Vicente Paulo & Marcelo Alexandrino*

novo mandato. Diferentemente, se o processo for instaurado e a Casa Legislativa decidir pela perda do mandato do parlamentar em razão de infringência do inciso I ou do inciso II do art. 55 da Constituição, ele não só perderá seu mandato como ficará inelegível por oito anos, contados do término da legislatura em que findaria seu mandato.

A verdade é que, em cada caso, o parlamentar terá que avaliar os riscos de efetivamente vir a perder o seu mandato por decisão da sua Casa Legislativa, que considere haver ele infringido o inciso I ou o inciso II do art. 55 da Constituição, e decidir se renuncia ao mandato previamente à instauração do processo, ou não.

7.10. Manutenção do mandato

O art. 56 da Constituição enumera casos em que o congressista poderá ausentar-se do Poder Legislativo para o exercício de determinadas funções públicas ou solicitar certas licenças sem a perda do mandato, nos termos seguintes:

> Art. 56. Não perderá o mandato o Deputado ou Senador:
>
> I – investido no cargo de Ministro de Estado, Governador de Território, Secretário de Estado, do Distrito Federal, de Território, de Prefeitura de Capital ou chefe de missão diplomática temporária;
>
> II – licenciado pela respectiva Casa por motivo de doença, ou para tratar, sem remuneração, de interesse particular, desde que, neste caso, o afastamento não ultrapasse cento e vinte dias por sessão legislativa.

Na hipótese de afastamento para o exercício de uma das funções públicas previstas no inciso I, o parlamentar poderá optar pela remuneração do mandato eletivo.

Conforme visto antes, com o afastamento do parlamentar das atividades legislativas, suas imunidades – material e processual – serão suspensas, enquanto durar o seu afastamento. Permanece, porém, o direito à prerrogativa de foro perante o Supremo Tribunal, nas infrações penais comuns cometidas após a diplomação e relacionadas com o exercício do mandato, bem como a obrigação de manter o decoro parlamentar, sob pena de ser instaurado procedimento disciplinar pela Casa Legislativa respectiva, que poderá culminar na decretação da perda do mandato eletivo.

No caso de ocorrência de vaga (em virtude de perda do mandato, de falecimento etc.), de investidura nas funções enumeradas no inciso I do art. 56 ou de licença superior a cento e vinte dias, o suplente do parlamentar será convocado para a assunção do mandato eletivo. O suplente exercerá as atividades congressuais até que a hipótese de vacância cesse ou até o término do mandato. Ocorrendo vaga e não havendo suplente, far-se-á nova eleição para preenchê-la, se faltarem mais de quinze meses para o término do mandato. Porém, se faltarem menos de quinze meses para o término do mandato, não haverá nova eleição, hipótese em que a vaga não será preenchida na respectiva legislatura.

No tocante à licença para tratar, sem remuneração e sem perda do mandato, de interesse particular, o Supremo Tribunal Federal firmou o entendimento de que **o prazo máximo de 120 dias de afastamento por sessão legislativa (CF, art. 56, II) é de observância obrigatória pelos estados-membros**. Vale dizer, a previsão, em norma estadual, de afastamento superior a 120 dias para tratar de interesse particular, sem perda do mandato de deputado estadual, é **inconstitucional**.[110]

7.11. Deputados estaduais, distritais e vereadores

Os deputados estaduais e distritais **dispõem das mesmas prerrogativas atribuídas constitucionalmente aos congressistas**, por força do § 1.º do art. 27 da Constituição, que determina a aplicação a eles das regras previstas na Constituição Federal sobre sistema eleitoral, inviolabilidade, imunidades, remuneração, perda de mandato, licença, impedimentos e incorporação às Forças Armadas.

Dessa forma, as prerrogativas aqui estudadas em relação aos congressistas – inviolabilidade material, imunidade processual, desobrigação de testemunhar, incorporação às forças armadas, impedimentos e procedimentos para a perda do mandato – **são extensíveis aos deputados estaduais e distritais**, por determinação da própria Constituição Federal.

Na vigência da Constituição de 1946, a jurisprudência do Supremo Tribunal Federal havia deixado assente que a imunidade dos deputados estaduais só os protegia perante o Poder Judiciário do estado, entendimento que, à época, restou consolidado no enunciado da Súmula 3 do Tribunal, nos termos seguintes: "A imunidade concedida a deputados estaduais é restrita à justiça do estado."

Porém, com o advento do § 1.º do art. 27 da Constituição Federal de 1988 – que tornou aplicáveis, sem restrições, aos membros das Casas Legislativas dos estados e do Distrito Federal, as normas sobre imunidades parlamentares dos integrantes do Congresso Nacional –, o Supremo Tribunal Federal firmou entendimento de que restou superada a tese da Súmula 3.[111]

Desse modo, com a superação do enunciado da Súmula 3 do STF, as imunidades parlamentares passam a proteger os deputados estaduais e distritais **também perante outros órgãos do Poder Judiciário**, e **não** somente perante a justiça do estado ou do Distrito Federal, respectivamente.

Os vereadores **não dispõem das mesmas prerrogativas e imunidades asseguradas aos congressistas**. Os parlamentares da câmara municipal **só possuem imunidade material**, sendo invioláveis por suas palavras, opiniões e votos no exercício do mandato e na circunscrição do município (CF, art. 29, VIII). Ademais, segundo entendimento do Supremo Tribunal Federal, **não pode o constituinte estadual ampliar as imunidades constitucionalmente previstas para os vereadores**.[112]

---

[110] ADI 7.256/RO, rel. Min. Edson Fachin, 06.09.2024.

[111] RE 456.679/DF, rel. Min. Sepúlveda Pertence, 15.12.2005.

[112] ADI 558/RJ, rel. Min. Cármen Lúcia, 22.04.2021.

Portanto, os vereadores **não dispõem da prerrogativa concernente à imunidade formal**, ou seja, em relação ao processo, razão pela qual poderão sofrer persecução penal por quaisquer delitos,[113] sem possibilidade de sustação do andamento da ação pela câmara municipal. Da mesma forma, **poderão ser presos durante a vigência do mandato**, pois não são a eles aplicáveis as prerrogativas da imunidade processual em relação à prisão, prevista no § 2.º do art. 53 da Constituição Federal.

Por fim, cabe destacar que **a inviolabilidade material só protege as manifestações do vereador na circunscrição do município**, ficando suas manifestações expendidas fora do território municipal sujeitas normalmente à incriminação, ainda que diretamente relacionadas ao exercício da vereança. Assim, se um grupo de vereadores reúne-se em Brasília, na defesa de legítimos interesses das municipalidades, os parlamentares municipais deverão adotar cautela nos seus discursos, sob pena de responderem, civil e penalmente, pelas suas manifestações, ainda que, comprovadamente, estas guardem estreita relação com o exercício da vereança.

8. TRIBUNAIS DE CONTAS

8.1. Tribunal de Contas da União

Os tribunais de contas são órgãos **vinculados ao Poder Legislativo**, que o auxiliam no exercício do controle externo da administração pública, sobretudo o controle financeiro.

Não existe hierarquia entre as cortes de contas e o Poder Legislativo.

Os tribunais de contas não praticam atos de natureza legislativa, mas tão somente atos de fiscalização e controle, de natureza administrativa.

Não obstante recebam a denominação de "tribunais", as cortes de contas não exercem jurisdição, isto é, não dizem com definitividade o direito aplicável a um caso concreto litigioso; suas decisões não fazem "coisa julgada" em sentido próprio.

Acerca da posição constitucional dos tribunais de contas no Brasil, merece transcrição, pela sua marcante clareza, este excerto da decisão proferida pelo Ministro Celso de Mello, em 01.07.2009, na ADIMC 4.190/RJ, da qual é relator (grifamos):

> Cabe enfatizar, neste ponto, uma vez mais, na linha da jurisprudência do Supremo Tribunal Federal, que **inexiste qualquer vínculo de subordinação institucional dos Tribunais de Contas ao respectivo Poder Legislativo**, eis que esses órgãos que auxiliam o Congresso Nacional, as Assembleias Legislativas, a Câmara Legislativa do Distrito Federal e as Câmaras Municipais possuem, por expressa outorga constitucional, **autonomia** que lhes assegura o autogoverno, dispondo, ainda, os membros que os integram, de

---

[113] Desde que não se trate de alegados crimes contra a honra decorrentes de manifestações emitidas no exercício do mandato e na circunscrição do município, porque tais manifestações são protegidas pela inviolabilidade material.

prerrogativas próprias, como os predicamentos inerentes à magistratura, inclusive a vitaliciedade.

Revela-se inteiramente falsa e completamente destituída de fundamento constitucional a ideia, de todo equivocada, de que os Tribunais de Contas seriam meros órgãos auxiliares do Poder Legislativo.

Na realidade, os Tribunais de Contas ostentam posição eminente na estrutura constitucional brasileira, **não se achando subordinados, por qualquer vínculo de ordem hierárquica, ao Poder Legislativo**, de que **não são órgãos delegatários nem organismos de mero assessoramento técnico**.

Essa visão em torno da autonomia institucional dos Tribunais de Contas, dos predicamentos e garantias reconhecidos aos membros que os integram e da inexistência de qualquer subordinação hierárquica ao respectivo Poder Legislativo tem sido constante na jurisprudência constitucional do Supremo Tribunal Federal, como resulta claro deste excerto de voto do eminente Ministro Octavio Gallotti:[114]

> Creio ser hoje possível afirmar, sem receio de erro, que os Tribunais de Contas são órgãos do Poder Legislativo, sem, todavia se acharem subordinados às Casas do Congresso, Assembleias Legislativas ou Câmaras de Vereadores. Que não são subordinados, nem dependentes, comprovam-no o dispositivo da Constituição Federal que lhes atribui competência para realizar, por iniciativa própria, inspeções e auditorias nas unidades administrativas dos três Poderes (art. 71, IV), bem como as garantias da magistratura, asseguradas aos seus Membros (art. 73, § 3.º), além de extensão da autonomia inerente aos Tribunais do Poder Judiciário (art. 73, combinado com o art. 96).

O Tribunal de Contas da União, integrado por nove Ministros, tem sede no Distrito Federal, quadro próprio de pessoal e jurisdição em todo o território nacional, podendo exercer, no que couber, as atribuições administrativas do art. 96 da Constituição, outorgadas aos tribunais do Poder Judiciário.

Os Ministros do Tribunal de Contas da União gozam das mesmas garantias, prerrogativas, impedimentos, vencimentos e vantagens dos Ministros do **Superior Tribunal de Justiça (STJ)**, aplicando-se-lhes, no tocante à aposentadoria e pensão, as normas do art. 40 da Constituição. Os requisitos para a investidura no cargo de Ministro estão enumerados no § 1.º do art. 73 da Constituição, nos termos seguintes:

> § 1.º Os Ministros do Tribunal de Contas da União serão nomeados dentre brasileiros que satisfaçam os seguintes requisitos:
>
> I – mais de trinta e cinco e menos de **setenta anos** de idade;[115]

---

[114] ADI 375-MC/AM, rel. Min. Octávio Gallotti, 30.10.1991.
[115] Redação dada pela EC 122/2022.

II – idoneidade moral e reputação ilibada;

III – notórios conhecimentos jurídicos, contábeis, econômicos e financeiros ou de administração pública;

IV – mais de dez anos de exercício de função ou de efetiva atividade profissional que exija os conhecimentos mencionados no inciso anterior.

Caberá ao Presidente da República escolher um terço dos membros do Tribunal de Contas da União (três), com ulterior aprovação dos nomes pelo Senado Federal, e ao Congresso Nacional caberá a escolha dos outros dois terços (seis), na forma que dispuser seu regimento interno.

O Presidente da República **não é livre para escolher os três Ministros**, pois, dentre esses, dois deverão ser escolhidos alternadamente entre auditores e membros do Ministério Público junto ao Tribunal, indicados em lista tríplice pelo Tribunal de Contas da União, segundo os critérios de antiguidade e merecimento. Logo, dentre os três Ministros escolhidos pelo Presidente da República, **apenas um será de sua livre escolha**.

Desse modo, o Tribunal de Contas da União elaborará lista indicando, alternadamente, três auditores ou três membros do Ministério Público que atuam junto ao Tribunal, seja pelo critério da antiguidade, seja pelo critério de merecimento, para que o Presidente da República escolha, com plena discricionariedade, um deles, submetendo seu nome à aprovação da maioria simples do Senado Federal.

Importante destacar que, mesmo na hipótese de investidura segundo o critério de antiguidade, o Tribunal de Contas da União deverá elaborar lista tríplice, e não encaminhar ao chefe do Executivo somente o nome do auditor ou membro do Ministério Público mais antigo. A lista tríplice deverá indicar os três auditores ou os três membros do Ministério Público mais antigos para que o Presidente da República, com plena discricionariedade, escolha qualquer um deles, ainda que não seja o mais antigo dos três.

Em consonância com a função típica fiscalizatória do Poder Legislativo, dispõe a Constituição que a fiscalização contábil, financeira, orçamentária, operacional e patrimonial da União e das entidades da Administração Direta e Indireta, quanto à legalidade, legitimidade, economicidade, aplicação das subvenções e renúncia de receitas, será exercida pelo Congresso Nacional, mediante controle externo, sem prejuízo do sistema de controle interno de cada Poder (art. 70).

Determina, ainda, que está obrigada a prestar contas qualquer pessoa física ou jurídica, pública ou privada, que utilize, arrecade, guarde, gerencie ou administre dinheiros, bens e valores públicos ou pelos quais a União responda, ou que, em nome desta, assuma obrigações de natureza pecuniária (art. 70, parágrafo único).

Assim, o controle externo das contas públicas é incumbência constitucional do Congresso Nacional, que o exercerá com o auxílio do Tribunal de Contas da União (art. 71).

Cap. 7 • PODER LEGISLATIVO

Entretanto, cabe ressaltar que o Tribunal de Contas da União possui atribuições constitucionais próprias de apreciação, fiscalização e julgamento de contas públicas, enumeradas no art. 71 da Constituição Federal, nos termos seguintes:

> Art. 71. O controle externo, a cargo do Congresso Nacional, será exercido com o auxílio do Tribunal de Contas da União, ao qual compete:
>
> I – apreciar as contas prestadas anualmente pelo Presidente da República, mediante parecer prévio que deverá ser elaborado em sessenta dias a contar de seu recebimento;
>
> II – julgar as contas dos administradores e demais responsáveis por dinheiros, bens e valores públicos da administração direta e indireta, incluídas as fundações e sociedades instituídas e mantidas pelo Poder Público federal, e as contas daqueles que derem causa a perda, extravio ou outra irregularidade de que resulte prejuízo ao erário público;
>
> III – apreciar, para fins de registro, a legalidade dos atos de admissão de pessoal, a qualquer título, na administração direta e indireta, incluídas as fundações instituídas e mantidas pelo Poder Público, excetuadas as nomeações para cargo de provimento em comissão, bem como a das concessões de aposentadorias, reformas e pensões, ressalvadas as melhorias posteriores que não alterem o fundamento legal do ato concessório;
>
> IV – realizar, por iniciativa própria, da Câmara dos Deputados, do Senado Federal, de Comissão técnica ou de inquérito, inspeções e auditorias de natureza contábil, financeira, orçamentária, operacional e patrimonial, nas unidades administrativas dos Poderes Legislativo, Executivo e Judiciário, e demais entidades referidas no inciso II;
>
> V – fiscalizar as contas nacionais das empresas supranacionais de cujo capital social a União participe, de forma direta ou indireta, nos termos do tratado constitutivo;
>
> VI – fiscalizar a aplicação de quaisquer recursos repassados pela União mediante convênio, acordo, ajuste ou outros instrumentos congêneres, a Estado, ao Distrito Federal ou a Município;
>
> VII – prestar as informações solicitadas pelo Congresso Nacional, por qualquer de suas Casas, ou por qualquer das respectivas Comissões, sobre a fiscalização contábil, financeira, orçamentária, operacional e patrimonial e sobre resultados de auditorias e inspeções realizadas;
>
> VIII – aplicar aos responsáveis, em caso de ilegalidade de despesa ou irregularidade de contas, as sanções previstas em lei, que estabelecerá, entre outras cominações, multa proporcional ao dano causado ao erário;

IX – assinar prazo para que o órgão ou entidade adote as providências necessárias ao exato cumprimento da lei, se verificada ilegalidade;

X – sustar, se não atendido, a execução do ato impugnado, comunicando a decisão à Câmara dos Deputados e ao Senado Federal;

XI – representar ao Poder competente sobre irregularidades ou abusos apurados.

Observe-se que o Tribunal de Contas da União tem competência para efetuar o **julgamento** (administrativo) das contas dos administradores e demais responsáveis por recursos públicos, no âmbito dos três Poderes da União – Executivo, Legislativo e Judiciário (CF, art. 71, II). Porém, ele **não** dispõe de competência para **julgar** as **contas do Presidente da República**, cabendo-lhe, nesse caso, **apenas apreciá-las**, mediante a elaboração de parecer prévio, meramente opinativo, no prazo de **sessenta dias** (CF, art. 71, I). A competência para **julgar** as contas do Presidente da República é **exclusiva** do **Congresso Nacional** (CF, art. 49, IX).

Na realidade, a competência para o julgamento das contas do Chefe do Poder Executivo, nas esferas federal, estadual, distrital e municipal, é sempre **exclusiva** do respectivo **Poder Legislativo** (Congresso Nacional, Assembleia Legislativa, Câmara Legislativa e Câmara Municipal). Nessa hipótese, caberá às cortes de contas, apenas, a elaboração de um parecer prévio, como forma de auxílio à tarefa da Casa Legislativa.

Nesse sentido, o Supremo Tribunal Federal declarou a **inconstitucionalidade** de norma de Constituição estadual que atribuía à Assembleia Legislativa competência exclusiva para tomar e julgar as contas prestadas pelos Poderes Legislativo, Executivo e Judiciário, por **contrariar o princípio da simetria** (CF, art. 75).[116] Como no âmbito federal apenas as contas da Presidência da República são julgadas pelo Congresso Nacional, nas demais hipóteses, inclusive quanto aos **Poderes Legislativo e Judiciário, a competência é do Tribunal de Contas da União** (TCU). Logo, por força da simetria, no âmbito estadual **compete à Assembleia Legislativa, tão somente, o julgamento das contas do governador e a apreciação dos relatórios sobre a execução dos planos de governo**, cabendo o julgamento das contas dos demais administradores ao Tribunal de Contas local. Essa orientação restou consolidada na seguinte **tese jurídica**:

> É inconstitucional norma de Constituição Estadual que amplia as competências de Assembleia Legislativa para julgamento de contas de gestores públicos, sem observar a simetria com a Constituição Federal, por violação aos arts. 71, II, e 75 da CF/1988.

Outro aspecto que merece exame diz respeito à competência do Tribunal de Contas da União para a sustação de atos e contratos administrativos.

---

[116] ADI 6.981/SP, rel. Min. Roberto Barroso, 12.12.2022.

Se for verificada irregularidade em um **ato administrativo**, compete ao TCU fixar um prazo para que o órgão ou a entidade que o praticou adote as providências necessárias ao exato cumprimento da lei (CF, art. 71, IX). Não sendo atendida essa determinação, **dispõe o TCU de competência para sustar diretamente a execução do ato administrativo**, comunicando ulteriormente a sua decisão à Câmara dos Deputados e ao Senado Federal (CF, art. 71, X).

Porém, se for identificada irregularidade em um **contrato administrativo**, o ato de sustação será adotado diretamente pelo Congresso Nacional, que solicitará, de imediato, ao Poder Executivo as medidas cabíveis (CF, art. 71, § 1.º).

Vale frisar: no caso de **contrato administrativo**, o Tribunal de Contas da União **não tem competência para sustar diretamente a respectiva execução**. Constatada a irregularidade, deverá a Corte de Contas dar ciência ao Congresso Nacional, para que este determine a sustação e solicite ao Poder Executivo as medidas cabíveis para sanar a irregularidade. Entretanto, se o Congresso Nacional ou o Poder Executivo, no prazo de **noventa dias**, não promoverem as medidas necessárias à correção das irregularidades detectadas no contrato, o TCU adquirirá competência para decidir a respeito (CF, art. 71, § 2.º).

Ainda sobre esse tema, o Supremo Tribunal Federal já deixou consignado que o Tribunal de Contas da União, embora não tenha o poder de anular ou sustar **contratos administrativos**, tem competência para, nos termos do inciso IX do art. 71 da Constituição, **determinar** à autoridade administrativa que **promova a anulação** do contrato e, se for o caso, da licitação que o precedeu, sob pena de imediata comunicação ao Congresso Nacional (que é o órgão competente para adotar o ato de sustação de contratos administrativos em que tenham sido constatadas irregularidades). Conforme enfatiza nossa Suprema Corte, o TCU, no exercício dessa competência prevista no inciso IX do art. 71, tem o poder de **determinar** que a administração pública adote as medidas por ele estipuladas – **não se trata de uma simples recomendação** despida de caráter impositivo.[117]

O Tribunal de Contas da União tem legitimidade, ademais, para a expedição de **medidas cautelares**, no intuito de prevenir a ocorrência de lesão ao erário, ou a direitos que deva proteger, e de assegurar a efetividade das suas decisões. O provimento cautelar pode ser concedido até mesmo **antes de ser ouvida a outra parte** (*inaudita altera parte*), sem que isso caracterize ofensa ao contraditório e à ampla defesa – o exercício dessas garantias fundamentais ocorrerá em fase processual ulterior, sempre observado o devido processo legal. Nesse sentido, o Supremo Tribunal Federal tem afirmado a legitimidade do TCU para **bloquear bens de particulares responsáveis pela administração de dinheiro de origem pública**, se constatados indícios de prática de ilegalidades, ainda que eles também se submetam à fiscalização de outras instâncias administrativas.[118]

---

[117] MS 23.550/DF, red. p/ o acórdão Min. Sepúlveda Pertence, 04.04.2001; MS 26.547/DF, rel. Min. Celso de Mello, 23.05.2007.

[118] MS 35.506/DF, red. p/ o acórdão Min. Ricardo Lewandowski, 13.10.2022.

Entende o Supremo Tribunal Federal que, embora a possibilidade de concessão de medidas cautelares pelo TCU não esteja textualmente prevista na Carta Política, esta lhe outorgou os **poderes implícitos** necessários ao adequado atingimento de suas finalidades institucionais – dentre eles um **poder geral de cautela**. Dito de outro modo, o fato de o art. 71 da Constituição de 1988 haver conferido explicitamente ao TCU inúmeras competências próprias obriga ao reconhecimento de que também lhe foram, **implicitamente**, assegurados os meios necessários ao integral desempenho delas, dentre os quais a concessão de **medidas cautelares**, quando isso for indispensável à neutralização imediata de situações de lesividade ao interesse público ou à garantia da utilidade prática de suas deliberações finais.[119]

Outro aspecto que assume relevância no tocante aos poderes do Tribunal de Contas da União diz respeito à sua competência para, por ato próprio, determinar o afastamento do sigilo bancário. A jurisprudência do Supremo Tribunal é firme no sentido de que o Tribunal de Contas da União – e, por simetria, as demais cortes de contas – **não dispõe de competência para determinar a quebra do sigilo bancário**.[120]

Importantíssimo é registrar, entretanto, que o STF tem outro entendimento quando se está diante de **operações que envolvam recursos públicos**, hipótese em que o Tribunal de Contas da União, independentemente de autorização judicial, poderá ter acesso a informações acerca da conta bancária do ente público respectivo e, por extensão, das operações bancárias sucessivas, **ainda que realizadas por particulares**, com o objetivo de garantir o acesso ao real destino desses recursos públicos.[121] Para o Pretório Excelso, a esta hipótese deve ser conferido tratamento jurídico distinto, tendo em vista que "operações financeiras que envolvam recursos públicos **não estão abrangidas pelo sigilo bancário** a que alude a Lei Complementar 105/2001, visto que as operações dessa espécie estão submetidas aos princípios da administração pública insculpidos no art. 37 da Constituição Federal".[122] Enfim, na lapidar dicção de nossa Suprema Corte, há "inoponibilidade de sigilo bancário e empresarial ao TCU quando se está diante de operações fundadas em recursos de origem pública". Com suporte nesse entendimento, o STF assegurou ao TCU acesso às operações de crédito realizadas entre o Banco Nacional de Desenvolvimento Econômico e Social (BNDES) e um grupo empresarial privado (Grupo JBS/Friboi).

Não podem as cortes de contas alterar determinações constantes de **decisão judicial transitada em julgado**, ainda que a decisão judicial implique a concessão de benefício a servidor ou a administrado e destoe daquilo que venha sendo decidido, em casos análogos, pelo Supremo Tribunal Federal.[123] Assim é porque **a autoridade da coisa julgada não pode ser contrastada por nenhuma decisão administrativa** – e as decisões dos tribunais de contas têm natureza administrativa. Sentença judicial

---

[119] MS 33.092/DF, rel. Min. Gilmar Mendes, 24.03.2015.

[120] MS 22.801/DF, rel. Min. Menezes Direito, 17.12.2007; MS 22.934/DF, rel. Min. Joaquim Barbosa, 17.04.2012 (Informativo 662 do STF).

[121] RHC 133.118/CE, rel. Min. Dias Toffoli, 26.09.2017.

[122] MS 33.340/DF, rel. Min. Luiz Fux, 26.05.2015.

[123] MS 30.488/MA, rel. Min. Cármen Lúcia, 26.06.2012; MS-AgR 30.312/RJ, rel. Min. Dias Toffoli, 27.11.2012.

transitada em julgado, em matéria cível, só pode ser validamente desconstituída, se for o caso, mediante ação rescisória.

É oportuno registrar que o Supremo Tribunal Federal editou a **Súmula Vinculante 3**, acerca da abrangência do direito ao contraditório e ampla defesa nos processos que tramitam no TCU, cujo enunciado transcrevemos a seguir:

> 3 – Nos processos perante o Tribunal de Contas da União asseguram-se o contraditório e a ampla defesa quando da decisão puder resultar anulação ou revogação de ato administrativo que beneficie o interessado, excetuada a apreciação da legalidade do ato de concessão inicial de aposentadoria, reforma e pensão.

Essa ressalva constante da parte final da Súmula Vinculante 3 merece uma explicação, tendo em vista certa mitigação ao seu alcance imposta pela jurisprudência do Supremo Tribunal Federal.

Observe-se que, pela exceção indicada na parte final do enunciado da Súmula Vinculante 3, acima transcrita ("excetuada a apreciação da legalidade do ato de concessão inicial de aposentadoria, reforma e pensão"), o Tribunal de Contas da União **não está obrigado a assegurar o contraditório e a ampla defesa ao interessado**, nos processos de apreciação da legalidade do ato de concessão inicial de sua aposentadoria, reforma ou pensão, mesmo quando a decisão do Tribunal de Contas da União, em tais processos, seja a de que houve ilegalidade na referida concessão – decisão esta que implicará, portanto, anulação da aposentadoria, reforma ou pensão inicialmente concedida.

No que respeita ao prazo para a revisão de aposentadorias, reformas e pensões pelos Tribunais de Contas, tivemos importante evolução na jurisprudência do Supremo Tribunal Federal. Inicialmente, entendia o Tribunal que não havia prazo limite para que as Cortes de Contas examinassem a legalidade dos atos concessivos desses benefícios.[124] Mais recentemente, porém, o STF mudou de orientação e passou a entender que, em atenção aos princípios da segurança jurídica e da confiança legítima, os Tribunais de Contas **só podem realizar a revisão de aposentadoria, reforma ou pensão de servidor no prazo de cinco anos, contados a partir da chegada do ato de concessão à Corte de Contas**.[125] Ponderou-se que, se o administrado tem o prazo de cinco anos para buscar qualquer direito contra a Fazenda Pública, é razoável considerar que o Poder Público, no exercício do controle externo, dispõe do mesmo prazo para rever eventual ato administrativo favorável ao administrado.

Essa orientação restou consolidada na seguinte **tese jurídica de repercussão geral**:

> Os Tribunais de Contas estão sujeitos ao prazo de cinco anos para o julgamento da legalidade do ato de concessão inicial de aposentadoria, reforma ou pensão, a contar da chegada do pro-

---

[124] MS 25.116/DF, rel. Min. Ayres Britto, 09.02.2006; MS 24.448/DF, rel. Min. Ayres Britto, 27.09.2007; MS 26.053/DF, rel. Min. Ricardo Lewandowski, 18.11.2010.

[125] RE 636.553/RS, rel. Min. Gilmar Mendes, 19.02.2020.

cesso à respectiva Corte de Contas, em atenção aos princípios da segurança jurídica e da confiança legítima.

A fim de assegurar efetividade ao desempenho de suas atribuições, dispõe a Constituição que as decisões do Tribunal de Contas da União de que resulte imputação de débito ou multa **têm eficácia de título executivo**, isto é, consubstanciam instrumento idôneo para instruir e subsidiar o processo de execução do devedor perante o Poder Judiciário (art. 71, § 3.º). Entretanto, **não dispõe o TCU de competência para promover a execução judicial do devedor** (cobrança judicial do débito ou multa), devendo esta ser intentada pelo representante judicial da União, a Advocacia-Geral da União.

Com efeito, quanto a esse aspecto – eficácia de título executivo das decisões do TCU que resultem em imputação de débito ou multa e correspondente execução judicial do devedor –, a jurisprudência do Supremo Tribunal Federal é firme no sentido de que **somente o ente público beneficiário da condenação patrimonial** imposta pelos tribunais de contas **possui legitimidade processual** para ajuizar a correspondente ação de execução. **Não podem os Tribunais de Contas, nem o Ministério Público** – atuante ou não junto às cortes de contas, seja federal, seja estadual –, sob o argumento de que estariam promovendo a proteção do patrimônio público (CF, art. 129, III), **propor essa ação de execução** das multas ou débitos imputados pelos tribunais de contas.[126] Assim, repita-se, no caso de condenação patrimonial imposta pelo TCU, sendo beneficiária a União, a ação de execução poderá ser proposta tão somente por este ente federado (União), por intermédio do seu representante judicial, a Advocacia-Geral da União.

Nessa linha, o STF firmou o entendimento de que é constitucional a criação de órgãos jurídicos (procuradorias) na estrutura de tribunais de contas estaduais, com a atribuição de assegurar em juízo a autonomia e a independência da corte de contas, bem como de exercer as funções de consultoria e assessoramento jurídico internos, **vedada a atribuição de cobrança judicial de multas aplicadas pelo próprio tribunal de contas.**[127]

Significa dizer que os tribunais de contas **podem instituir procuradorias próprias**, mas estas **não dispõem de competência para cobrar judicialmente os débitos e multas** por eles aplicados e não saldados pelo devedor em tempo devido, haja vista que a Constituição Federal não outorgou aos tribunais de contas competência para executar títulos. Enfim, poderão os tribunais de contas criar procuradorias em sua estrutura orgânica, atribuindo-lhes competências concernentes à representação, consultoria e/ou assessoramento jurídico desses tribunais, mas **não poderão lhes outorgar atribuição para a execução judicial de multas e débitos por eles impostos**.

Ademais, segundo entendimento do Supremo Tribunal Federal, **as ações de ressarcimento ao erário fundadas em decisão de tribunal de contas da qual**

---

[126] ARE 823.347/MA (**repercussão geral**), rel. Min. Gilmar Mendes, 02.10.2014.
[127] ADI 4.070/RO, rel. Min. Cármen Lúcia, 19.12.2016.

resulte imputação de débito ou multa são prescritíveis.[128] Essa orientação está consolidada na seguinte tese de repercussão geral:

> É prescritível a pretensão de ressarcimento ao erário fundada em decisão de Tribunal de Contas.

No mesmo julgado, estabeleceu-se que, nessas ações de ressarcimento que tenham por base decisões de tribunais de contas: (a) o prazo de prescrição aplicável é aquele previsto no art. 174 do Código Tributário Nacional, significa dizer, é de **cinco anos**, contados da data da constituição do crédito em favor do erário; (b) a prescrição pode ser declarada de ofício pelo juiz, isto é, independentemente de provocação da parte interessada; e (c) admite-se a ocorrência de prescrição intercorrente, nas condições previstas no art. 40 da Lei de Execuções Fiscais (Lei 6.830/1980).

Cabe aqui abrir um parêntese para registrar que a discussão acerca da prescritibilidade, ou não, de ações de ressarcimento ao erário tem origem na redação (não muito clara) da parte final do § 5.º do art. 37 da Constituição Federal, que assim dispõe (grifamos):

> § 5.º A lei estabelecerá os **prazos de prescrição** para ilícitos praticados por qualquer agente, servidor ou não, que causem prejuízos ao erário, **ressalvadas as respectivas ações de ressarcimento**.

Pois bem, durante muito tempo, foi majoritária em nossos meios jurídicos a interpretação de que, por força desse dispositivo constitucional, seriam imprescritíveis todas e quaisquer ações de ressarcimento ao erário, fosse qual fosse o fundamento da lide.

Em fevereiro de 2016, no julgamento de um caso referente a um acidente de trânsito que provocara prejuízos à União, nossa Corte Suprema decidiu, com repercussão geral, que a parte final do § 5.º do art. 37 da Constituição não pode ser interpretada como uma regra de imprescritibilidade aplicável a ações de ressarcimento ao erário relativas a prejuízos ocasionados por todo e qualquer ilícito. Especificamente, nessa oportunidade, ficou estabelecido que **estão sujeitas a prescrição** as ações judiciais de ressarcimento de prejuízos ao erário causados por **ilícito civil comum** – isto é, por mero ilícito civil, por uma conduta que, além de não ser tipificada como crime, não se enquadra como ato de improbidade administrativa.[129]

Em 2018, nossa Corte Constitucional, novamente com repercussão geral, definiu que são **imprescritíveis** as ações de ressarcimento ao erário dos prejuízos causados por **atos dolosos de improbidade administrativa** tipificados na Lei de Improbidade Administrativa (Lei 8.429/1992).[130]

Essa orientação foi firmada antes das profundas alterações da Lei 8.429/1992 (**Lei de Improbidade Administrativa**) perpetradas pela Lei 14.230/2021, quando

---

[128] RE 636.886/AL, rel. Min. Alexandre de Moraes, 17.04.2020.

[129] RE 669.069/MG, rel. Min. Teori Zavascki, 03.02.2016.

[130] RE 852.475/SP, red. p/ o acórdão Min. Edson Fachin, 08.08.2018.

ainda era possível enquadrar determinadas condutas meramente **culposas** como ato de improbidade administrativa. A partir da Lei 14.230/2021, **deixaram de existir atos culposos de improbidade administrativa** – todos eles, atualmente, pressupõem, obrigatoriamente, condutas dolosas. Esse fato, contudo, não prejudica a sobredita jurisprudência: **ações de ressarcimento ao erário dos prejuízos causados por atos (dolosos) de improbidade administrativa são imprescritíveis.**

Finalmente, em 2020, foi estabelecida a orientação acerca da prescritibilidade das ações de ressarcimento ao erário derivadas de decisões proferidas por tribunais de contas.

Em suma, a pretensão de ressarcimento ao erário baseada em decisões de tribunal de contas que imputem débito ou multa **é prescritível**. Consoante destacou o Supremo Tribunal Federal, as cortes de contas, ao proferirem tais decisões, não examinam a existência ou não de ato doloso de improbidade administrativa. Ademais, como não há, nessa hipótese, decisão judicial caracterizando a existência de ato ilícito doloso, inexistem contraditório e ampla defesa plenos, em que o acusado pudesse discutir exaustivamente a presença ou não do elemento subjetivo (dolo) em sua conduta.

Outra prerrogativa do Tribunal de Contas da União que merece exame diz respeito à competência para realizar o controle de constitucionalidade das leis. A jurisprudência do Supremo Tribunal Federal, há muito, reconhece a competência dos tribunais de contas para, no desempenho de suas atribuições, realizar o controle de constitucionalidade das leis e atos normativos do Poder Público, com o fim de afastar a aplicação daqueles que considerem inconstitucionais. Essa prerrogativa das cortes de contas está consolidada no verbete da Súmula 347 do Supremo Tribunal Federal, aprovada em 1963, e que possui a seguinte redação:

> O Tribunal de Contas, no exercício de suas atribuições, pode apreciar a constitucionalidade das leis e dos atos do Poder Público.

O Supremo Tribunal Federal reconheceu a **compatibilidade** da Súmula 347 com a Constituição Federal de 1988. Entretanto, segundo o Tribunal, a referida Súmula **não pode ser interpretada com o alcance de conceder ampla licença para que as cortes de contas realizem o controle abstrato de constitucionalidade**, com o fim de retirar leis e atos normativos do ordenamento jurídico. A rigor, conforme manifestação do Ministro Gilmar Mendes, "o verbete confere aos tribunais de contas – caso imprescindível para o exercício do controle externo – a possibilidade de afastar (*incidenter tantum*) normas cuja aplicação no caso expressaria um resultado inconstitucional (seja por violação patente a dispositivo da Constituição ou por contrariedade à jurisprudência do Supremo Tribunal Federal sobre a matéria)".[131]

Por fim, cabe ressaltar que, em atenção ao direito de resposta, proporcional ao agravo, e à inviolabilidade da honra e da imagem das pessoas, cuja lesão enseja

---

[131] MS 25.888/DF, rel. Min. Gilmar Mendes, 29.08.2023.

Cap. 7 • PODER LEGISLATIVO

indenização por dano moral ou material (CF, art. 5.º, V e X), o Supremo Tribunal Federal firmou entendimento de que **o Tribunal de Contas da União (TCU) não pode manter em sigilo a autoria de denúncia a ele apresentada contra administrador público.**[132]

Com efeito, apontando como fundamento os incisos IV, V, X, XXXIII e XXXV do art. 5.º da Constituição Federal, o Supremo Tribunal Federal declarou a inconstitucionalidade da expressão "manter ou não o sigilo quanto ao objeto e à autoria da denúncia", constante do § 1.º do art. 55 da Lei Orgânica do TCU (Lei 8.443/1992),[133] bem como do disposto no Regimento Interno do TCU, no ponto em que estabelece a permanência do sigilo relativamente à autoria da denúncia. Considerou a nossa Corte Maior que a manutenção do sigilo por parte do Poder Público impediria o denunciado de adotar as providências asseguradas pela Constituição na defesa de sua imagem, inclusive a de buscar a tutela judicial, salientando, ainda, o fato de que apenas em hipóteses excepcionais é obstado o direito das pessoas ao recebimento de informações perante os órgãos públicos (art. 5.º, XXXIII).[134]

8.2. Tribunais de contas estaduais, distrital e municipais

O art. 31, § 1.º, da Constituição Federal estabelece que o controle externo da câmara municipal será exercido com o auxílio dos tribunais de contas dos estados ou do município ou dos conselhos ou tribunais de contas dos municípios, onde houver.

Note-se que esse dispositivo constitucional (art. 31, § 1.º) prevê a existência de três distintos órgãos de contas, a saber: (a) tribunais de contas dos estados (e, por extensão, do Distrito Federal); (b) tribunais de contas **do** município; e (c) tribunais de contas **dos** municípios, onde houver.

Passemos ao exame das peculiaridades desses distintos órgãos de contas.

Primeiro, o texto constitucional reconheceu, **sem ressalvas**, a existência dos tribunais de contas dos estados – instituídos, obrigatoriamente, em todos os estados da Federação – e do Distrito Federal, existência essa expressamente confirmada pelo art. 75.

Em seguida, no tocante aos tribunais de contas municipais, só foram reconhecidos aqueles **já existentes na data da promulgação da Constituição Federal de 1988**, uma vez que a própria Constituição passou a vedar aos municípios a criação de tribunais, conselhos ou órgãos de contas municipais (art. 31, § 4.º). Enfim, a

---

[132] MS 24.405/DF, rel. Min. Carlos Velloso, 03.12.2003.

[133] Posteriormente, essa expressão declarada inconstitucional pelo Supremo Tribunal Federal teve a sua execução suspensa pelo Senado Federal (Resolução SF 16/2006), com eficácia geral (*erga omnes*), nos termos do art. 52, X, da Constituição Federal.

[134] Cumpre alertar, porém, que, em data posterior a essa decisão do Supremo Tribunal Federal, a Lei 13.866/2019 alterou a Lei Orgânica do TCU (Lei 8.443/1992), com o fim de explicitar a possibilidade de manutenção do sigilo do objeto e da autoria da denúncia, quando esse sigilo for imprescindível à segurança da sociedade e do Estado. Literalmente, a Lei Orgânica do TCU passou a dispor que, "ao decidir, caberá ao Tribunal manter o sigilo do objeto e da autoria da denúncia quando **imprescindível** à segurança da sociedade e do Estado" (art. 55, § 3.º).

Constituição veda que os municípios criem tribunais, conselhos ou órgãos de contas, mas essa vedação **não implicou** a extinção do Tribunal de Contas do Município do Rio de Janeiro (TCM/RJ) e do Tribunal de Contas do Município de São Paulo (TCM/SP), criados sob a égide de regime constitucional anterior.

Por último, temos a previsão constitucional dos tribunais ou conselhos de contas "dos municípios", que poderão – discricionariamente – ser criados pelos **estados-membros** ("onde houver", reza a parte final do § 1.º do art. 31 da Constituição, explicitando que a competência para a criação desses órgãos é facultada aos estados-membros). Vale dizer, os tribunais ou conselhos de contas "dos municípios", se criados pelos estados-membros, **não serão órgãos municipais**, mas, sim, órgãos **integrantes da estrutura do estado-membro** que os criou, com a função de fiscalizar **os municípios** do seu território.

Com efeito, segundo entendimento do Supremo Tribunal Federal, a Constituição Federal não obriga a criação, nem proíbe a extinção de tribunais de contas dos municípios. Segundo o STF, **é possível juridicamente a extinção de tribunal de contas responsável pela fiscalização dos municípios por meio da promulgação de emenda à Constituição Estadual.**[135]

É importante, dessarte, diferenciar os tribunais de contas "dos municípios" dos tribunais de contas municipais. Os primeiros são órgãos estaduais criados por deliberação autônoma (e discricionária) dos respectivos **estados-membros**, com a finalidade de auxiliar as diferentes câmaras municipais na atribuição de exercer o controle externo, sendo estes **órgãos do tribunal de contas estadual**. Já os tribunais de contas municipais (existentes somente nos Municípios de São Paulo e do Rio de Janeiro) são órgãos independentes e autônomos, **pertencentes à estrutura da esfera municipal**, com a função de auxiliar a câmara municipal no controle externo da fiscalização financeira e orçamentária do respectivo município.

Determina a Constituição Federal que as normas estabelecidas no seu texto sobre a fiscalização contábil, financeira e orçamentária aplicam-se, no que couber, à organização, composição e fiscalização dos tribunais de contas dos estados e do Distrito Federal, bem como dos tribunais e conselhos de contas dos municípios (art. 75).

Por força desse dispositivo constitucional, **o modelo de composição e investidura dos Ministros do Tribunal de Contas da União deverá ser observado pelos estados-membros, na fixação do processo de escolha e investidura dos conselheiros dos respectivos tribunais de contas estaduais**, devendo ser resguardada a proporcionalidade de escolha entre o Poder Executivo (um terço) e o Poder Legislativo (dois terços).

Acontece, porém, que, como a Constituição determina que os tribunais de contas dos estados-membros serão integrados por sete conselheiros,[136] não é possível,

---

[135] ADI 5.763/CE, rel. Min. Marco Aurélio, 26.10.2017. Com base nesse entendimento, o STF declarou constitucional emenda à Constituição do Estado do Ceará que extinguiu o Tribunal de Contas dos Municípios desse ente federado.

[136] Reza o parágrafo único do art. 75 da Constituição Federal: "As Constituições estaduais disporão sobre os Tribunais de Contas respectivos, que serão integrados por sete Conselheiros."

aritmeticamente, adotar, na esfera estadual, o modelo federal da terça parte, pela singela razão de que sete não é divisível por três.

Em face dessa realidade, o Supremo Tribunal Federal firmou entendimento de que quatro conselheiros devem ser escolhidos pela Assembleia Legislativa e três pelo chefe do Poder Executivo estadual, cabendo a este escolher um dentre auditores e outro dentre membros do Ministério Público, alternadamente, e um terceiro à sua livre escolha.[137]

O Supremo Tribunal Federal tem enfatizado que essa regra de divisão proporcional deve ser fielmente observada pelos estados, sob pena de invalidade da nomeação – entendimento que restou consolidado na seguinte **tese de repercussão geral**:[138]

> É inconstitucional a nomeação, pelo Chefe do Executivo, de membro do Ministério Público especial para preenchimento de cargo vago de Conselheiro de Tribunal de Contas local quando se tratar de vaga reservada à escolha da Assembleia Legislativa, devendo-se observar a regra constitucional de divisão proporcional das indicações entre os Poderes Legislativo e Executivo.

A Constituição Federal nada dispôs acerca da composição do Tribunal de Contas de Município (de São Paulo e do Rio de Janeiro). Diante desse silêncio do constituinte federal, a Constituição do Estado de São Paulo – repetindo previsão idêntica constante na Lei Orgânica do Município de São Paulo – fixou em **cinco** o número de conselheiros do Tribunal de Contas do Município de São Paulo (TCM/SP). Esse tratamento conferido pela Constituição Estadual à composição do Tribunal de Contas do Município de São Paulo foi declarado válido pelo Supremo Tribunal Federal. Na fixação de tal entendimento, o Tribunal deixou assente que: (a) a Constituição do Estado de São Paulo não feriu a autonomia municipal ao dispor sobre o Tribunal de Contas do Município; e (b) é razoável que um tribunal de contas municipal tenha um número inferior de conselheiros ao dos tribunais de contas dos estados (estes, por força do parágrafo único do art. 75 da Constituição Federal, têm sete conselheiros).[139]

Ainda de acordo com a jurisprudência do Supremo Tribunal Federal, dentre as competências constitucionalmente outorgadas aos tribunais de contas dos estados (art. 70) **não se inclui a de atuar no âmbito de processo administrativo em que se discute matéria tributária**. Com base nesse entendimento, o Tribunal Maior declarou a inconstitucionalidade de dispositivo de Constituição Estadual que estabelecia que as decisões fazendárias de última instância no processo administrativo tributário, quando contrárias ao erário, seriam apreciadas, em grau de recurso, pelo tribunal de contas do estado.[140]

---

[137] STF, Súmula 653: "No Tribunal de Contas estadual, composto por sete conselheiros, quatro devem ser escolhidos pela Assembleia Legislativa e três pelo chefe do Poder Executivo estadual, cabendo a este indicar um dentre auditores e outro dentre membros do ministério público, e um terceiro a sua livre escolha."

[138] RE 717.424, rel. Min. Marco Aurélio, 21.08.2014.

[139] ADIs 346/SP e 4.776/SP, rel. Min. Gilmar Mendes, 03.06.2020.

[140] ADI 523/PR, rel. Min. Eros Grau, 03.04.2008.

Em relação à fiscalização das contas municipais, dispõe a Constituição que o parecer prévio, emitido pelo órgão competente, sobre as contas que o Prefeito deve anualmente prestar **só deixará de prevalecer por decisão de dois terços dos membros da câmara municipal** (art. 31, § 2.º). Anote-se que essa regra – exigência de decisão de dois terços dos membros da câmara municipal para o afastamento do parecer técnico do órgão de contas – é **especial**, pois outorga ao parecer emitido sobre as contas do Prefeito força distinta daquela de que se revestem os pareceres emitidos acerca das contas do Governador e do Presidente da República pelas respectivas cortes de contas (em relação a estes últimos pareceres, **não se exige decisão por maioria qualificada de dois terços** dos membros do Legislativo para o seu afastamento).

Entretanto, mesmo com essa exigência de quórum especial para sua rejeição, o fato é que o parecer emitido pelo órgão competente – tribunal de contas do estado ou órgão de contas do município, onde houver – sobre as contas do Prefeito, embora **imprescindível,**[141] é meramente **opinativo**, tendo em vista que a **competência para o julgamento das contas do Prefeito é das Câmaras Municipais.**

Ainda sobre o julgamento das contas do Prefeito, há um aspecto importante a ser examinado. Como é sabido, o texto constitucional estabelece dois regimes para controle das contas públicas, indicados nos incisos I e II do art. 71 da Constituição Federal: (a) o controle das **contas de governo**, relativo às contas do chefe do Executivo (inciso I), e (b) o controle incidente sobre as **contas de gestão**, aplicável aos demais administradores (inciso II). Há que se diferenciar, portanto, a competência constitucional para o exercício do controle, a depender do regime de contas, nestes termos:

a) regime das **contas de governo** – exclusivo para a gestão política do **chefe do Poder Executivo,** que prevê o julgamento político levado a efeito pelo Parlamento respectivo, mediante auxílio do Tribunal de Contas, que emitirá parecer prévio (CF, art. 71, I, conjugado com art. 49, IX);

b) regime das **contas de gestão** – para os **administradores de recursos públicos em geral**, que impõe o julgamento técnico realizado em caráter definitivo pela respectiva Corte de Contas (CF, art. 71, II), consubstanciado em acórdão que terá eficácia de título executivo (CF, art. 71, § 3.º), quando imputar débito (reparação de dano patrimonial) ou aplicar multa (punição).

Acontece, porém, que, por vezes, o chefe do Poder Executivo presta contas de governo e também atua como administrador de recursos públicos, propiciando também, neste último caso, a tomada de contas de gestão. Conforme recente entendimento do Supremo Tribunal Federal, no que respeita ao chefe do Executivo, **tanto as contas de governo quanto as contas de gestão devem ser julgadas pelo respectivo Poder Legislativo**, com base em parecer prévio do Tribunal de Contas competente. Essa orientação do Supremo Tribunal Federal,

---

[141] ADI 3.077/SE, rel. Min. Cármen Lúcia, 16.11.2016.

firmada ao examinar os efeitos do julgamento das contas municipais sobre a inelegibilidade prevista na "Lei da Ficha Limpa", restou sintetizada na seguinte **tese jurídica**:[142]

> Para os fins do artigo 1.º, inciso I, alínea *g*, da Lei Complementar 64/1990, a apreciação das contas de Prefeito, tanto as de governo quanto as de gestão, será exercida pelas Câmaras Municipais, com auxílio dos Tribunais de Contas competentes, cujo parecer prévio somente deixará de prevalecer por decisão de dois terços dos vereadores.

O Supremo Tribunal Federal também deixou assente que – considerando que o parecer do órgão de contas é meramente opinativo –, enquanto a Câmara Municipal não julgar as contas do Prefeito, não haverá incidência da inelegibilidade prevista na "Lei da Ficha Limpa", vale dizer, a existência de parecer técnico da corte de contas competente opinando pela rejeição das contas, enquanto ele estiver pendente de deliberação da Câmara Municipal, **não implica a inelegibilidade do Prefeito**. Esse entendimento restou consolidado na seguinte tese jurídica:[143]

> Parecer técnico elaborado pelo Tribunal de Contas tem natureza meramente opinativa, competindo exclusivamente à Câmara de Vereadores o julgamento das contas anuais do Chefe do Poder Executivo local, sendo incabível o julgamento ficto das contas por decurso de prazo.

Conforme exposto nos parágrafos precedentes, o Supremo Tribunal Federal firmou o entendimento de que o parecer técnico da corte de contas competente pela rejeição das contas, enquanto não houver o correspondente julgamento pelo Poder Legislativo, **não implica a inelegibilidade do chefe do Executivo**, tendo em vista a natureza meramente opinativa desse parecer. É importante lembrar, entretanto, que as cortes de contas exercem, para além daquelas desempenhadas em apoio efetivo ao Poder Legislativo, **competências exclusivas**, cuja realização e efetivação ocorrem **de forma plena, sem necessidade de ulterior manifestação do Poder Legislativo**. Assim, ao apreciarem as contas anuais do respectivo chefe do Poder Executivo, os tribunais de contas podem proceder à tomada de contas especial e, por conseguinte, condenar-lhe ao pagamento de multa ou do débito ou, ainda, aplicar-lhe outras sanções administrativas previstas em lei, **independentemente de posterior aprovação pelo Poder Legislativo local**. Esse entendimento foi fixado na seguinte **tese de repercussão geral**:[144]

---

[142] RE 848.826/DF, red. p/ o acórdão Min. Ricardo Lewandowski, 31.08.2016.

[143] RE 729.744/MG, rel. Min. Gilmar Mendes, 31.08.2016.

[144] ARE 1.436.197/RO, rel. Min. Luiz Fux, 18.12.2023.

No âmbito da tomada de contas especial, é possível a condenação administrativa de Chefes dos Poderes Executivos municipais, estaduais e distrital pelos Tribunais de Contas, quando identificada a responsabilidade pessoal em face de irregularidades no cumprimento de convênios interfederativos de repasse de verbas, sem necessidade de posterior julgamento ou aprovação do ato pelo respectivo Poder Legislativo.

Outra questão enfrentada pelo Supremo Tribunal Federal diz respeito à legitimidade para executar multa por danos causados a erário municipal, quando imposta por tribunal de contas estadual. Segundo o Tribunal, se a multa aplicada pelo tribunal de contas do estado decorre da prática de atos que causaram prejuízo ao erário municipal, **o legitimado ativo para a execução do crédito fiscal é o município lesado**, e **não** o estado.[145] Essa orientação restou fixada na seguinte **tese de repercussão geral**:

> O município prejudicado é o legitimado para a execução de crédito decorrente de multa aplicada por Tribunal de Contas estadual a agente público municipal, em razão de danos causados ao erário municipal.

Por fim, vale lembrar que junto aos tribunais de contas atuará um Ministério Público, cujos membros têm os mesmos direitos, vedações e forma de investidura dos membros do Ministério Público comum (CF, art. 130). Esse Ministério Público especial **integra a própria estrutura orgânica do correspondente tribunal de contas** e tem a sua organização formalizada por **lei ordinária, de iniciativa privativa da corte de contas respectiva**.

---

[145] RE 1.003.433/RJ, red. p/ o acórdão Min. Alexandre de Moraes, 15.09.2021.

Capítulo 8

PROCESSO LEGISLATIVO

1. CONCEITO

A expressão "processo legislativo" compreende o conjunto de atos (iniciativa, emenda, votação, sanção e veto, promulgação e publicação) realizados pelos órgãos competentes na produção das leis e outras espécies normativas indicadas diretamente pela Constituição.

As espécies normativas abrangidas pelo processo legislativo estão enumeradas no art. 59 da Carta da República de 1988: emendas à Constituição, leis complementares, leis ordinárias, leis delegadas, medidas provisórias, decretos legislativos e resoluções.

Os atos normativos integrantes do nosso processo legislativo veiculam as denominadas "normas primárias", assim chamadas porque retiram sua validade diretamente da Constituição; são o primeiro nível de normas derivadas da Constituição. Tais espécies normativas inovam o Direito, não são editadas para regulamentar algum outro ato infraconstitucional.[1] Em síntese, são espécies normativas só fundadas na Constituição e em nenhum outro ato. Ademais, conforme estudaremos adiante, todas elas situam-se no mesmo nível hierárquico, à exceção da emenda à Constituição.

A produção de espécies normativas com inobservância das regras do processo legislativo constitucionalmente previstas implica a **inconstitucionalidade formal** do ato resultante. Essa inconstitucionalidade – da lei ou do ato normativo produzido mediante processo legislativo que tenha desrespeitado as regras constitucionais – poderá ser reconhecida pelo Poder Judiciário no exercício do controle de constitucionalidade, seja no controle concreto, seja no controle abstrato.

---

[1] Os atos editados para regulamentar outros atos infraconstitucionais – chamados atos de segundo nível, secundários ou infralegais –, a exemplo dos decretos, das resoluções ministeriais, das portarias administrativas, não integram o processo legislativo.

Embora disciplinado no texto constitucional, o processo legislativo das leis **não é cláusula pétrea**, podendo ser modificado por meio de emenda à Constituição (a EC 32/2001, por exemplo, operou algumas modificações no processo legislativo concernente às medidas provisórias).

2. CLASSIFICAÇÃO

A doutrina classifica os processos legislativos quanto às formas de organização política em: a) autocrático; b) direto; c) indireto ou representativo; d) semidireto.

O processo legislativo é **autocrático** quando as leis são elaboradas pelo próprio governante, ficando excluída a participação dos cidadãos, seja de forma direta ou por meio de seus representantes.

Processo legislativo **direto** é aquele em que ocorre discussão e votação das leis pelo próprio povo, diretamente.

No processo legislativo **indireto** ou **representativo**, os cidadãos escolhem representantes e lhes conferem poderes para a elaboração das espécies normativas que o integram, segundo o procedimento previsto na Constituição.

Há processo legislativo **semidireto** quando a elaboração legislativa exige a concordância da vontade do órgão representativo e, também, da vontade do eleitorado, esta manifestada por meio de *referendum* (ou referendo) popular.

A maioria dos Estados contemporâneos, inclusive o Brasil, adota o **processo legislativo indireto ou representativo**, no qual as espécies normativas são elaboradas pelos parlamentares, representantes escolhidos pelo povo.

Quanto ao rito e aos prazos, os processos legislativos poderão ser: (a) ordinário; (b) sumário; (c) especiais.

O processo legislativo **ordinário** destina-se à elaboração das leis ordinárias, caracterizando-se pela inexistência de prazos rígidos para conclusão das diversas fases que o compõem.

O processo legislativo **sumário** segue as mesmas fases do processo ordinário, com a única diferença de que existem prazos para que o Congresso Nacional delibere sobre o assunto.

Os processos legislativos **especiais** seguem rito diferente do estabelecido para a elaboração das leis ordinárias, como é o caso, na Carta de 1988, dos processos especiais de elaboração das emendas à Constituição, das leis delegadas, das medidas provisórias etc.

3. PROCESSO LEGISLATIVO ORDINÁRIO

O processo legislativo ordinário é aquele destinado à elaboração de uma lei ordinária. Como é integrado por todas as fases e procedimentos – nem sempre presentes nos outros processos legislativos – que têm possibilidade de ser identificados em qualquer dos processos legislativos disciplinados pela Constituição Federal, ele

Cap. 8 • PROCESSO LEGISLATIVO

serve de base para a compreensão dos demais, razão pela qual será estudado em primeiro lugar.

O processo legislativo ordinário desdobra-se em três fases: fase introdutória, fase constitutiva e fase complementar.

A fase introdutória resume-se à iniciativa de lei, ato que desencadeia o processo de sua formação.

A fase constitutiva compreende a discussão e votação do projeto de lei nas duas Casas do Congresso Nacional, bem como a manifestação do Chefe do Executivo (sanção ou veto) e, se for o caso, a apreciação do veto pelo Congresso Nacional.

A fase complementar abrange a promulgação e a publicação da lei.

3.1. Fase introdutória

A fase introdutória dá início ao processo de formação do ato legal, por meio da denominada **iniciativa de lei**.

Iniciativa legislativa é a faculdade que se atribui a alguém ou a algum órgão para apresentar projetos de lei ao Poder Legislativo.

Na atual Constituição, essa faculdade foi atribuída a qualquer membro ou Comissão da Câmara dos Deputados, do Senado Federal ou do Congresso Nacional, ao Presidente da República, ao Supremo Tribunal Federal, aos Tribunais Superiores, ao Procurador-Geral da República e aos cidadãos (CF, art. 61).

Embora a Constituição Federal não contemple expressamente o Tribunal de Contas da União no rol dos legitimados à iniciativa das leis (CF, art. 61), firmou-se o entendimento de que o Tribunal de Contas detém a iniciativa da lei (ou leis) que regule seus cargos, serviços e funções, por força do disposto no art. 73, combinado com o art. 96, inciso II, ambos da Constituição da República. Essa prerrogativa do Tribunal de Contas da União contempla, também, o poder de iniciativa da lei de organização do Ministério Público que atua junto à Corte de Contas (CF, art. 130).

Ademais, cabe lembrar que a Câmara dos Deputados e o Senado Federal dispõem de iniciativa de lei para fixação da remuneração dos seus respectivos cargos, empregos e funções (CF, art. 51, IV, e art. 52, XIII).

Observa-se que a outorga de legitimação para a iniciativa das leis é bastante ampla e democrática, pois abarca, além dos próprios cidadãos, órgãos dos três poderes da República – Executivo, Legislativo e Judiciário –, constituindo elemento importante na manutenção do equilíbrio e harmonia entre eles.

O legitimado que apresentou o projeto de lei pode solicitar a sua **retirada**, o que implicará a desistência do prosseguimento da apreciação da respectiva matéria. Porém, a desistência não constitui ato unilateral. O requerimento de retirada poderá ser deferido ou indeferido pelas Casas Legislativas, de acordo com as regras regimentais.[2]

---

[2] Os Regimentos Internos da Câmara dos Deputados e do Senado Federal disciplinam a matéria nos arts. 104 e 256, respectivamente.

3.1.1. Espécies de iniciativa

A iniciativa é dita **parlamentar** quando outorgada a todos os membros do Congresso Nacional, deputados federais ou senadores da República.

A iniciativa é **extraparlamentar** quando conferida a órgãos e pessoas não integrantes do Congresso Nacional. Na vigente Constituição, possuem iniciativa extraparlamentar o Chefe do Executivo, os Tribunais do Poder Judiciário, o Procurador--Geral da República e os cidadãos, estes por meio da denominada iniciativa popular.

A iniciativa é dita **geral** quando outorgada a determinada autoridade ou órgão para a apresentação de projeto de lei sobre matérias diversas, indeterminadas. Na vigente Constituição, a iniciativa geral compete concorrentemente ao Presidente da República, a qualquer deputado ou senador, a qualquer comissão das Casas do Congresso Nacional e aos cidadãos, estes por meio da iniciativa popular.

A denominação "iniciativa geral" não significa, porém, que caiba aos legitimados com ela contemplados a competência para a iniciativa das leis sobre qualquer matéria. Na Constituição Federal de 1988, ninguém possui, propriamente, iniciativa geral, irrestrita. Isso porque devem ser respeitadas as hipóteses de iniciativa reservada, adiante examinadas. A expressão "iniciativa geral" deve ser entendida, portanto, como indicativa de que os legitimados com ela contemplados poderão dar início ao processo legislativo sobre quaisquer matérias, **ressalvadas as hipóteses de iniciativa reservada**.

A iniciativa é **restrita** quando outorgada a determinada autoridade ou órgão para a apresentação de projeto de lei sobre matérias especificamente apontadas na Constituição. É o caso da iniciativa conferida ao Procurador-Geral da República, que somente dispõe de competência para apresentação de projetos de lei concernentes às matérias expressamente indicadas no texto constitucional (CF, art. 128, §§ 2.º e 5.º). O mesmo ocorre com os Tribunais do Poder Judiciário, que somente dispõem de iniciativa para as matérias de sua alçada, conforme indicado na Constituição (CF, arts. 93 e 96, II).

A iniciativa é **reservada** (exclusiva ou privativa)[3] quando só determinado órgão ou autoridade tem o poder de propor leis sobre certa matéria.

São exemplos de iniciativa reservada na Constituição Federal:

a) do Chefe do Executivo, para as matérias arroladas nos arts. 61, § 1.º, e 165, I, II e III;

b) do Supremo Tribunal Federal, para a lei complementar do Estatuto da Magistratura (art. 93);

c) do Supremo Tribunal Federal e dos Tribunais Superiores, para a criação e extinção de cargos de seus membros ou de seus serviços auxiliares, bem como à fixação dos respectivos vencimentos, a alteração do número de membros dos tribunais inferiores, a criação ou extinção destes, a alteração da organização e da divisão judiciária (art. 96, II);

---

[3] Em se tratando de iniciativa de lei, as terminologias *privativas*, *reservadas* e *exclusivas* têm significado jurídico semelhante. O mesmo não acontece quando nos referimos ao estudo do tópico repartição de competências, em que a competência administrativa *exclusiva* da União (art. 21) não se confunde com a competência legislativa *privativa* da União (art. 22).

Cap. 8 • PROCESSO LEGISLATIVO

d) do Procurador-Geral da República, para a criação e extinção de cargos e serviços auxiliares (art. 127, § 2.º).

A iniciativa é dita **concorrente** quando pertence, simultaneamente, a mais de um legitimado. É o caso, por exemplo, da iniciativa de lei sobre organização do Ministério Público da União, concorrente entre o Presidente da República e o Procurador-Geral da República (CF, art. 61, § 1.º, II, *d* c/c art. 128, § 5.º).

Por fim, fala-se em iniciativa **vinculada** para designar aquelas situações em que o legitimado é obrigado a dar início ao processo legislativo, na forma e prazos estabelecidos pela Constituição.

Na vigente Constituição, são **vinculadas** as iniciativas das leis orçamentárias (Lei do Plano Plurianual – PPA, Lei de Diretrizes Orçamentárias – LDO e Lei do Orçamento Anual – LOA), cujos projetos deverão ser apresentados ao Legislativo, privativamente pelo Chefe do Executivo, nos prazos estabelecidos pela Constituição. O texto constitucional estabelece que os prazos para apresentação das leis orçamentárias deverão ser estabelecidos em lei complementar (art. 166, § 6.º). Enquanto não estabelecidos em lei complementar, deverão ser observados os prazos previstos no Ato das Disposições Constitucionais Transitórias – ADCT (art. 35, § 2.º).

3.1.2. Iniciativa e Casa iniciadora

A iniciativa de cada parlamentar ou de comissão é exercida perante sua respectiva Casa. Assim, a apreciação dos projetos de lei de iniciativa dos deputados ou de comissão integrante da Câmara dos Deputados terá início nesta Casa Legislativa, atuando o Senado Federal como casa revisora. Ao invés, se o projeto de lei é de iniciativa de senador ou de comissão do Senado Federal, esta Casa iniciará a sua apreciação e a revisão caberá à Câmara dos Deputados.

A iniciativa do Presidente da República, do Supremo Tribunal Federal, dos Tribunais Superiores, do Procurador-Geral da República e dos cidadãos (iniciativa popular) será exercida perante a Câmara dos Deputados.

Caso a iniciativa seja de Comissão Mista do Congresso Nacional (integrada por deputados e senadores), o projeto de lei deverá ser apresentado alternadamente na Câmara dos Deputados e no Senado Federal, conforme dispositivo do Regimento Comum do Congresso Nacional.[4]

3.1.3. Iniciativa popular

A iniciativa popular é um dos meios de participação direta do cidadão na vida do Estado, nos atos de governo. Além da faculdade de iniciativa popular, a soberania popular é exercida pelo sufrágio universal – sendo o voto direto, secreto e periódico –, e pode ser, ainda, exercida pelo plebiscito e pelo referendo (CF, art. 14).

---

4 "Art. 142. Os projetos elaborados por Comissão Mista serão encaminhados, alternadamente, ao Senado e à Câmara dos Deputados."

A iniciativa popular é uma iniciativa geral, isto é, o projeto de lei resultante de iniciativa popular poderá versar sobre quaisquer matérias, ressalvadas aquelas abrangidas pela iniciativa reservada.

A Constituição Federal não outorgou a iniciativa popular a qualquer do povo, mas tão somente ao **cidadão**, isto é, ao detentor da denominada capacidade eleitoral ativa (capacidade de votar), possuidor do título eleitoral, no pleno gozo dos direitos políticos.

Ademais, não é qualquer cidadão, individualmente, que poderá apresentar um projeto de lei à Câmara dos Deputados. A Constituição exige a subscrição do projeto por, no mínimo, um por cento do eleitorado nacional, distribuído pelo menos por cinco estados, com não menos de três décimos por cento dos eleitores de cada um deles (CF, art. 61, § 2.º).

No âmbito dos estados-membros e do Distrito Federal, a Constituição Federal **determina que lei do respectivo ente federado disponha sobre a iniciativa popular** no processo legislativo (CF, art. 27, § 4.º, e art. 32, § 3.º).

No âmbito dos municípios, a Constituição Federal também estabelece a **obrigatoriedade de iniciativa popular no processo legislativo municipal**, prescrevendo que essa iniciativa deverá se efetivar mediante a apresentação à Câmara Municipal de projetos de lei de interesse específico do município, da cidade ou de bairros, através de manifestação de, pelo menos, cinco por cento do eleitorado (CF, art. 29, XIII).

O projeto de lei de iniciativa popular deverá circunscrever-se a um só assunto, e não poderá ser rejeitado por vício de forma, cabendo à Câmara dos Deputados, por meio de seu órgão competente, providenciar a correção de eventuais impropriedades de técnica legislativa ou de redação.[5]

No mais, o projeto de lei resultante de iniciativa popular segue o processo legislativo ordinário, isto é, poderá ser objeto de emendas parlamentares ou rejeitado por qualquer das Casas do Legislativo (exceto por vício de forma), estará sujeito à sanção ou veto do chefe do Executivo etc.

3.1.4. Iniciativa privativa do Chefe do Executivo

O art. 61, § 1.º, da Constituição Federal enumera as matérias cuja iniciativa de lei é privativa do Presidente da República.

Segundo orientação consagrada no STF, esse dispositivo, corolário do princípio da separação de Poderes, **é de observância obrigatória para os estados, o Distrito Federal e os municípios**.

Com base nesse entendimento, temos que as matérias de competência da União cuja discussão legislativa depende de iniciativa privativa do Presidente da República (CF, art. 61, § 1.º) devem sujeitar-se a análoga exigência no âmbito dos demais entes federativos, os quais, ao disciplinarem os seus processos legislativos, somente poderão atribuir a iniciativa de leis concernentes àquelas matérias aos respectivos chefes do Poder Executivo.

---

[5] Lei 9.709/1998, art. 13.

Cap. 8 • PROCESSO LEGISLATIVO

Assim, por exemplo, no plano federal, as leis que disponham sobre a criação de cargos na Administração Direta e autárquica ou aumento de sua remuneração são de iniciativa privativa do Presidente da República (CF, art. 61, § 1.º, II, "a"). Logo, nos estados-membros, as leis que disponham sobre a criação de cargos na Administração Direta e autárquica estadual ou aumento de sua remuneração são de iniciativa privativa do governador de estado. Da mesma maneira, tal matéria, na esfera municipal, dependerá de iniciativa do prefeito.

Ademais, a iniciativa reservada estabelecida no art. 61, § 1.º, da Constituição Federal restringe, igualmente, a atuação do legislador constituinte estadual (tanto na elaboração da Constituição, quanto na promulgação de emendas a ela) e a do legislador da Lei Orgânica do município e do Distrito Federal. Desse modo, as matérias listadas no art. 61, § 1.º, da Constituição Federal **não podem, por iniciativa parlamentar, ser tratadas na Constituição Estadual e na Lei Orgânica do município e do Distrito Federal**, sob pena de restar usurpada a iniciativa privativa do Chefe do Executivo.

Por fim, cabe uma importante observação a respeito da competência prevista no art. 61, § 1.º, II, "b", da Constituição Federal. Esse dispositivo estatui que são de iniciativa privativa do Presidente da República as leis que disponham sobre organização administrativa e judiciária, matéria tributária e orçamentária, serviços públicos e pessoal da administração dos Territórios. Resolvendo controvérsia acerca do alcance desse comando, decidiu o STF que esses casos de reserva de iniciativa de lei ao chefe do Poder Executivo **só se aplicam aos Territórios Federais**, vale dizer, a iniciativa de leis que disponham sobre essas matérias, **no âmbito da União, dos estados, do Distrito Federal e dos municípios, não é reservada ao chefe do Poder Executivo respectivo**.[6]

3.1.5. Iniciativa dos tribunais do Poder Judiciário

Dispõe a Constituição Federal que é da iniciativa privativa do Supremo Tribunal Federal a lei complementar que disporá sobre o Estatuto da Magistratura (CF, art. 93).

Dispôs, ainda, que compete ao Supremo Tribunal Federal, aos Tribunais Superiores e aos Tribunais de Justiça a iniciativa de lei sobre a alteração do número de membros dos tribunais inferiores; a criação e a extinção de cargos e a remuneração dos seus serviços auxiliares e dos juízos que lhe forem vinculados, bem como a fixação do subsídio de seus membros e dos juízes, inclusive dos tribunais inferiores, onde houver; a criação e extinção de tribunais inferiores; a alteração da organização e da divisão judiciárias (CF, art. 96, II).

Cabe ao Tribunal de Justiça a iniciativa da lei de organização judiciária do respectivo estado (CF, art. 125, § 1.º), bem como de leis que versem sobre organização de serventias extrajudiciais.[7]

Por fim, cabe destacar que, segundo a jurisprudência do Supremo Tribunal Federal, a iniciativa legislativa, no que respeita à criação de sistema de conta única de depósitos judiciais e extrajudiciais, **cabe ao Poder Judiciário**, sendo inconstitucional a deflagração do processo legislativo pelo chefe do Poder Executivo.[8]

---

[6]   ADI 2.755/ES, rel. Min. Cármen Lúcia, 06.11.2014.

[7]   ADI 2.415/SP, rel. Min. Ayres Britto, 22.09.2011.

[8]   ADI 3.458, rel. Min. Eros Grau, 21.02.2008.

3.1.6. Iniciativa em matéria tributária

Estabelece a Constituição Federal que são de iniciativa privativa do Presidente da República as leis que disponham sobre organização administrativa e judiciária, **matéria tributária** e orçamentária, serviços públicos e pessoal da administração dos Territórios (CF, art. 61, § 1.º, II, "b").

Segundo o Supremo Tribunal Federal, esse dispositivo constitucional, ao se referir à iniciativa privativa do Presidente da República em matéria tributária, **aplica-se exclusivamente aos tributos que digam respeito aos Territórios Federais**. Em qualquer outro caso relativo a matéria tributária, **não há iniciativa legislativa privativa do Chefe do Executivo,** ainda que se cuide de lei que conceda renúncia fiscal ou vise à minoração ou revogação de tributo.[9] Membros do Poder Legislativo **podem**, portanto, apresentar projeto de lei cujo conteúdo consista em instituir, modificar ou revogar tributo.

Esse mesmo entendimento – de que inexiste iniciativa legislativa privativa em matéria tributária – **aplica-se também aos estados, ao DF e aos municípios**, uma vez que, em matéria de iniciativa das leis, é obrigatória a observância do princípio da simetria (adoção de regras análogas por todos os entes integrantes da Federação).

3.1.7. Iniciativa da lei de organização do Ministério Público

Dispõe a Constituição Federal que são de iniciativa privativa do Presidente da República as leis que disponham sobre a organização do Ministério Público da União (CF, art. 61, § 1.º, II, "d"). Entretanto, no art. 128, § 5.º, da mesma Constituição, faculta-se ao Procurador-Geral da República a iniciativa de lei sobre a organização do Ministério Público da União.

A necessária harmonização dos citados dispositivos leva à conclusão de que a iniciativa da lei complementar de organização do Ministério Público da União é **concorrente entre o Presidente da República e o Procurador-Geral da República**.

Na esfera estadual, a iniciativa da lei complementar de organização do Ministério Público **é privativa do Procurador-Geral de Justiça de cada estado-membro** (CF, art. 128, § 5.º).[10] Vale dizer, diferentemente do que ocorre na esfera federal – em que os projetos de lei que tratem da organização do Ministério Público da União poderão ser apresentados pelos chefes tanto do Poder Executivo (Presidente da República) quanto do próprio Ministério Público da União (Procurador-Geral da República) –, o chefe do Poder Executivo estadual (Governador) **não** tem competência para deflagrar o processo legislativo de normas sobre a Lei Orgânica do Ministério Público estadual.

No âmbito do Distrito Federal, considerando que compete à União organizar e manter o Ministério Público local (CF, art. 21, XIII), e que o Ministério Público do Distrito Federal é um ramo do Ministério Público da União (CF, art. 128, I, "d"),

---

[9] ARE 743.480/MG, rel. Min. Gilmar Mendes, 10.10.2013.

[10] ADI 400/ES, red. p/ acórdão Min. Roberto Barroso, 21.06.2022.

Cap. 8 • PROCESSO LEGISLATIVO

a iniciativa da lei complementar de organização do Ministério Público do Distrito Federal e Territórios, exercida perante o Congresso Nacional, **é concorrente entre o Procurador-Geral da República e o Presidente da República.**

Cabe destacar, porém, que a concorrência entre o Procurador-Geral e o Chefe do Executivo **não se aplica aos Ministérios Públicos que atuam junto aos Tribunais de Contas** (CF, art. 130), uma vez que estes integram a estrutura das respectivas Cortes de Contas. Em relação a eles, entende o STF que sua organização **deverá ser veiculada por meio de lei ordinária de iniciativa privativa do respectivo Tribunal de Contas** (da União, dos estados-membros, do Distrito Federal – ou dos municípios, onde houver).

Vale lembrar que a iniciativa de lei para a **organização do Ministério Público** não pode ser confundida com a iniciativa de lei para dispor sobre a criação e extinção de seus cargos e serviços auxiliares, a política remuneratória e os planos de carreira respectivos (que, nos termos do § 2.º do art. 127 da Constituição, é de iniciativa **privativa do respectivo Ministério Público**), tampouco com a iniciativa de lei para dispor sobre normas gerais para a organização do Ministério Público e da Defensoria Pública dos Estados, do Distrito Federal e dos Territórios, que é **privativa do Presidente da República**, por determinação do art. 61, § 1.º, II, "d", da Constituição.

3.1.8. *Iniciativa da lei de organização dos Tribunais de Contas*

A Constituição Federal conferiu aos tribunais de contas as prerrogativas da autonomia e do autogoverno, o que inclui a **iniciativa reservada para instaurar processo legislativo que pretenda dispor sobre sua organização e seu funcionamento.**

Com efeito, embora a Constituição Federal não contemple expressamente o TCU no rol dos legitimados à iniciativa das leis (CF, art. 61), firmou-se o entendimento de que o **Tribunal de Contas da União detém a iniciativa privativa da lei (ou leis) que estabeleça sua lei orgânica, suas atribuições e competências e seus cargos e serviços,** por força do disposto no art. 73, combinado com o art. 96, II, ambos da Carta da República.

Essa prerrogativa do TCU contempla, também, o poder de **iniciativa da lei de organização do Ministério Público que atua junto à Corte de Contas** (CF, art. 130), haja vista que este integra a estrutura orgânica do TCU.

Ademais, por força do art. 75 da Constituição Federal, essa mesma regra **é extensível aos tribunais de contas dos estados, do Distrito Federal e**, onde houver, **dos municípios.**[11] Vale dizer, lei que disponha sobre organização e funcionamento – forma de atuação, competências, garantias e deveres dos seus membros etc. – dos tribunais de contas dos estados, do Distrito Federal e dos municípios é de iniciativa legislativa privativa da respectiva Corte.[12]

---

[11] ADI 4.418 MC/TO, rel. Min. Dias Toffoli, 06.10.2010; ADI 4.421 MC/TO, rel. Min. Dias Toffoli, 06.10.2010.

[12] ADI 4.643/RJ, rel. min. Luiz Fux, 15.05.2019.

3.1.9. Iniciativa da lei de criação de cargos das Defensorias Públicas

A iniciativa de lei sobre criação de cargos, política remuneratória e planos de carreira da Defensoria Pública **é privativa do Defensor Público-Geral**, e **não** do chefe do Poder Executivo.[13]

Em que pese o fato de o texto originário da Constituição Federal estabelecer que são de iniciativa privativa do chefe do Poder Executivo as leis que disponham sobre a criação de cargos e o regime jurídico dos servidores,[14] a partir da reforma constitucional que outorgou autonomia funcional e administrativa às defensorias públicas,[15] a iniciativa de lei sobre criação de cargos, política remuneratória e planos de carreira da Defensoria Pública passou a ser **privativa do respectivo Defensor Público-Geral**.

3.1.10. Prazo para exercício de iniciativa reservada

Não pode o Poder Legislativo fixar prazo para que o detentor de iniciativa reservada apresente projeto de lei sobre a respectiva matéria, tampouco o Poder Judiciário compelir outro Poder ao exercício de iniciativa reservada.

Assim, nas hipóteses de reserva constitucional de iniciativa, não pode o Poder Judiciário, em face de uma situação de omissão legislativa, compelir o órgão competente a supri-la, exigindo o exercício do seu poder privativo de iniciativa do processo legislativo.

Da mesma forma, **não pode o Poder Legislativo fixar prazo para o exercício do poder de iniciativa reservada a outros legitimados**, como, por exemplo, o Presidente da República e os Tribunais do Poder Judiciário.[16] É que, segundo o STF, a outorga constitucional de iniciativa privativa traz, implicitamente, o poder de decidir sobre o momento oportuno de exercer tal prerrogativa, de dar início ao processo legislativo. Vale dizer, se a Constituição Federal reserva, com exclusividade, a determinado órgão e/ou autoridade a iniciativa de lei sobre certa matéria, **caberá ao detentor dessa prerrogativa decidir sobre a conveniência e a oportunidade para dar início ao processo de elaboração normativa**, e qualquer norma que intente fixar prazo certo para o exercício dessa iniciativa padecerá de inconstitucionalidade.

Com base nesse entendimento – caber ao detentor da iniciativa reservada decidir o momento e conveniência para iniciar o processo legislativo –, o STF tem declarado a inconstitucionalidade de dispositivos de Constituições estaduais que fixam prazos para que o Chefe do Executivo ou o Poder Judiciário apresente projeto de lei de sua iniciativa privativa.

É oportuno lembrar, no entanto, que o princípio da separação de Poderes não obsta a que venha o Poder Judiciário, em ação própria – mandado de injunção ou

---

[13] ADI 5.943, rel. Min. Gilmar Mendes, 04.01.2023.
[14] CF, art. 61, § 1.º, II, "a" e "c".
[15] CF, art. 134, §§ 2.º e 3.º, incluídos, respectivamente, pelas EC 45/2004 e 74/2013.
[16] ADI 4.728/DF, rel. Min. Rosa Weber, 16.11.2021.

Cap. 8 • PROCESSO LEGISLATIVO

ação direta de inconstitucionalidade por omissão –, reconhecer a mora do detentor de iniciativa reservada, quanto à observância de preceito constitucional que lhe imponha o dever de legislar, para o fim de, sendo o caso, declarar a inconstitucionalidade de sua inércia.

Por fim, cabe ressaltar que essa vedação quanto à fixação de prazo não se aplica, evidentemente, às hipóteses em que o próprio texto da Constituição Federal – originário ou derivado – fixa prazo para a apresentação de determinados projetos de lei (ADCT, art. 35, § 2.º; art. 5.º da EC 42/2003).

3.1.11. Iniciativa privativa e emenda parlamentar

Questão relevante é a que diz respeito ao poder de emenda parlamentar a projeto de iniciativa reservada a outro Poder da República.

Apresentado um projeto de lei pelo Presidente da República, no uso de sua iniciativa privativa (CF, art. 61, § 1.º), poderá o referido projeto ser objeto de emendas apresentadas pelos congressistas?

A resposta é afirmativa.

É firme o entendimento do STF de que, mesmo nas hipóteses de iniciativa reservada a outros Poderes da República, a apresentação de projeto de lei pelo seu detentor **não impede que os congressistas a ele apresentem emendas**.

Esse poder de emenda parlamentar a projeto resultante de iniciativa reservada, porém, **não é ilimitado**. Segundo orientação do STF, a reserva de iniciativa a outro Poder não implica vedação de emenda de origem parlamentar desde que: (a) o conteúdo da emenda seja pertinente à matéria tratada no projeto de lei; e (b) a emenda não acarrete aumento de despesa nos projetos de iniciativa exclusiva do Presidente da República (ressalvado o disposto no art. 166, §§ 3.º e 4.º, da CF) e nos projetos sobre organização dos serviços administrativos da Câmara dos Deputados, do Senado Federal, dos tribunais federais e do Ministério Público.

Em síntese, é possível a apresentação de emendas pelos congressistas aos projetos de lei resultantes de iniciativa reservada, desde que:

a) não impliquem aumento de despesa nos projetos de iniciativa exclusiva do Presidente da República (ressalvadas as emendas aos projetos orçamentários – CF, art. 63, I, c/c art. 166, §§ 3.º e 4.º) e nos projetos sobre organização dos serviços administrativos da Câmara dos Deputados, do Senado Federal, dos tribunais federais e do Ministério Público;

b) tenham pertinência temática com a matéria tratada no projeto apresentado.

É firme a jurisprudência do STF de que **a sanção do projeto de lei não convalida o defeito de emenda parlamentar**. Assim, se, nos projetos de lei resultantes de iniciativa exclusiva do Chefe do Executivo, forem apresentadas emendas parlamentares com um dos vícios acima apontados (aumento de despesa ou ausência de pertinência temática), a lei resultante padecerá de inconstitucionalidade, mesmo que o Presidente da República sancione o projeto aprovado pelo Legislativo.

3.1.12. Vício de iniciativa e sanção

Questão relevante quanto às hipóteses de iniciativa reservada é saber se a sanção do Chefe do Executivo tem o condão de suprir vício havido na apresentação do projeto de lei.

Se ocorrer usurpação da iniciativa reservada aos tribunais do Poder Judiciário, não há dúvida de que estaremos diante de flagrante inconstitucionalidade. Nenhuma divergência há sobre essa hipótese, por uma razão evidente: a lei decorrente da usurpação de iniciativa terá sido promulgada sem que o único legitimado constitucionalmente – o tribunal ao qual competia a iniciativa reservada – tenha sobre ela se manifestado em algum momento, e sem que tenha possibilidade de o fazer, uma vez que os tribunais não têm o poder de vetar os projetos aprovados pelo Legislativo. Portanto, de modo nenhum seria razoável defender que a sanção, pelo Poder Executivo, de projeto que usurpou iniciativa privativa dos tribunais, tivesse o efeito de convalidar o vício.

Situação distinta ocorre quando há usurpação da iniciativa reservada ao Chefe do Executivo e este, em momento posterior, vem a sancionar, expressa ou tacitamente, o projeto oriundo da iniciativa viciada. Caso um congressista apresente um projeto de lei sobre matéria reservada à iniciativa do Presidente da República, que venha a ser aprovado pelas Casas do Congresso Nacional e posteriormente sancionado pelo Chefe do Executivo, teria a sanção o condão de suprir o vício de iniciativa? A usurpação de iniciativa reservada restaria convalidada com a sanção do Chefe do Executivo?

É firme a jurisprudência do STF de que **a sanção do projeto de lei não convalida o defeito de iniciativa**. Portanto, o defeito de iniciativa não é suprido pela posterior sanção do Chefe do Executivo. Significa dizer que, ainda que sancionado o projeto de lei resultante de iniciativa viciada, a respectiva lei padecerá de inconstitucionalidade formal, cujo reconhecimento poderá ser requerido, nas vias próprias, ao Poder Judiciário.

Mais recentemente, o Tribunal ratificou essa sua tradicional orientação – de que a sanção, ato de competência do chefe do Poder Executivo, não tem força para sanar vício formal de iniciativa, mesmo que se trate de usurpação de iniciativa do próprio chefe do Executivo –, deixando assente que **sequer o legislador infraconstitucional pode dispor em contrário**.[17] Nesse sentido, foi declarada a inconstitucionalidade de norma estadual que permitia ao chefe do Executivo validar projeto de lei com vício de iniciativa.

3.2. Fase constitutiva

A fase constitutiva compreende duas atuações distintas: uma atuação legislativa, em que o projeto de lei apresentado será discutido e votado nas duas Casas do Congresso Nacional, e uma manifestação do Chefe do Executivo, por meio da sanção ou veto, caso o projeto venha a ser aprovado nas duas Casas do Congresso Nacional.

---

[17] ADI 6.337/DF, rel. Min. Rosa Weber, 13.10.2020.

Cap. 8 • PROCESSO LEGISLATIVO   555

Se o projeto for aprovado pelo Legislativo e vetado pelo Chefe do Executivo, teremos, ainda na fase constitutiva, a obrigatória apreciação do veto pelo Congresso Nacional.

3.2.1.   Abolição da aprovação por decurso de prazo

A aprovação por decurso de prazo ocorre quando se fixam prazos fatais para a deliberação parlamentar, considerando-se tacitamente aprovada a espécie legislativa, se o referido prazo escoar sem sua rejeição expressa.

A vigente Constituição aboliu do nosso ordenamento a figura do "decurso de prazo", que permitia a aprovação de projetos pela simples expiração do prazo previsto para a sua análise, sem que houvesse qualquer apreciação por parte do Congresso Nacional. Com isso, não há mais a possibilidade de o Poder Legislativo aprovar tacitamente, por decurso de prazo, projetos de lei no Brasil.

Em verdade, o único resquício de manifestação tácita que temos no processo legislativo brasileiro ocorre no âmbito do Poder Executivo, em que o silêncio do Chefe do Executivo implica sanção tácita (CF, art. 66, § 3.º).

3.2.2.   Atuação prévia das comissões

Apresentado o projeto de lei ao Congresso Nacional, começa a fase de discussão de suas proposições, com vistas a delinear o conteúdo a ser aprovado pelo Poder Legislativo – se o projeto vier a ser acatado, evidentemente.

Na Casa Legislativa iniciadora, o projeto de lei passará, então, para a fase de instrução, sendo submetido à apreciação das comissões.

Em regra, o projeto é submetido à apreciação de duas comissões distintas, uma delas encarregada de examinar aspectos materiais (comissão temática ou técnica), e a outra incumbida de analisar os aspectos formais, ligados à sua constitucionalidade (Comissão de Constituição e Justiça).

Assim, antes da discussão e votação em Plenário, os projetos de lei são examinados pelas comissões temáticas da Casa Legislativa com as quais suas matérias guardem pertinência. Um projeto poderá ter pertinência temática com uma ou mais comissões técnicas, devendo ser examinado por todas elas.

Essas comissões são denominadas "temáticas" porque são estabelecidas regimentalmente de acordo com o assunto que devam examinar. Cada comissão aprecia projetos relacionados a determinada matéria, campos temáticos ou áreas de atividade específicas (Comissão de Agricultura e Política Rural; Comissão de Ciência e Tecnologia, Comunicação e Informática; Comissão de Finanças e Tributação etc.). Representam, em verdade, uma divisão de trabalho para facilitar os trâmites legislativos, a fim de melhorar o desempenho das Casas Legislativas na discussão e aprovação das espécies normativas.

Caberá às comissões temáticas a discussão sobre o conteúdo da proposição, da qual poderá resultar a apresentação de emendas ou simplesmente a emissão de um parecer, a favor ou contra a aprovação da matéria. O parecer das comissões

556 DIREITO CONSTITUCIONAL DESCOMPLICADO • Vicente Paulo & Marcelo Alexandrino

temáticas é meramente opinativo, não obriga a deliberação plenária. Assim, mesmo diante de parecer contrário à aprovação da matéria, segue a sua tramitação, para ulterior apreciação pelo Plenário da Casa. Vale dizer, **o parecer negativo não implica rejeição do projeto**.

O projeto também passará por um exame de natureza formal, de competência da Comissão de Constituição e Justiça (CCJ), em que serão verificados os seus aspectos constitucionais, legais, jurídicos, regimentais e de técnica legislativa.

Ao contrário dos pareceres das comissões temáticas, o parecer da Comissão de Constituição e Justiça – CCJ **é terminativo, e não** meramente opinativo. Significa dizer que, se o projeto receber parecer negativo da CCJ, será ele rejeitado e arquivado, não havendo, daí por diante, nenhuma tramitação.

Aprovado nas comissões – quanto aos aspectos materiais e formais –, o projeto de lei será encaminhado ao plenário da Casa respectiva, onde será objeto de discussão e votação.

Os trabalhos das comissões – exame prévio material e formal do projeto de lei – desenvolvem-se tanto na Casa Legislativa iniciadora quanto na Casa revisora.

3.2.3. Deliberação plenária

Na Casa Legislativa, o projeto em votação será aprovado por maioria simples ou relativa (CF, art. 47), se se tratar de lei ordinária, ou por maioria absoluta (CF, art. 69), caso se trate de lei complementar, seguindo o trâmite a seguir examinado.

Devidamente instruído, o projeto será posto em discussão e, no passo seguinte, em votação, sempre na forma estabelecida nos regimentos das Casas Legislativas.

Na Casa iniciadora, o projeto poderá ser aprovado ou rejeitado. Caso ocorra sua aprovação, será encaminhado à outra Casa para revisão. Se rejeitado, será arquivado, aplicando-se-lhe o princípio da irrepetibilidade, isto é, a respectiva matéria somente poderá constituir objeto de novo projeto, na mesma sessão legislativa, mediante proposta da maioria absoluta dos membros de qualquer das Casas do Congresso Nacional (CF, art. 67).

Na Casa revisora, após a tramitação regimental (comissões, discussão e votação), uma destas três hipóteses pode ocorrer: o projeto ser aprovado como foi recebido da Casa iniciadora, ser aprovado com emendas ou ser rejeitado.

Na primeira hipótese – aprovação sem emendas –, o projeto será encaminhado ao Chefe do Executivo, para sanção ou veto.

Na terceira hipótese – rejeição –, o projeto será arquivado, aplicando-se-lhe o princípio da irrepetibilidade, isto é, a respectiva matéria somente poderá constituir objeto de novo projeto, na mesma sessão legislativa, mediante proposta da maioria absoluta dos membros de qualquer das Casas do Congresso Nacional (CF, art. 67).

Na segunda hipótese – aprovação com emendas –, o projeto voltará à Casa iniciadora, para que esta aprecie exclusivamente as emendas. Se as emendas forem aceitas, o projeto com as emendas aprovadas é enviado ao Chefe do Executivo,

Cap. 8 • PROCESSO LEGISLATIVO   557

para sanção ou veto. Se rejeitadas, o projeto é enviado, sem as emendas, para o mesmo fim (isto é, o projeto seguirá para sanção ou veto com o texto originário da Casa iniciadora).

Nesse ponto, é relevante destacarmos uma característica do nosso processo legislativo federal de elaboração das leis: no processo legislativo de elaboração das leis, as Casas do Congresso Nacional não atuam, propriamente, em pé de igualdade; há nítida **predominância da atuação da Casa iniciadora** sobre os trabalhos da Casa revisora.

Com efeito, a vontade da Casa que iniciou a apreciação do projeto prevalece, porquanto se impõe até mesmo contra as emendas introduzidas pela Casa revisora.

Em síntese, temos o seguinte:

a) a Casa iniciadora aprova o texto do projeto de lei e o envia à Casa revisora;

b) esta, se o emendar, deverá retornar o projeto emendado para a Casa iniciadora, para que ela aprecie, exclusivamente, as emendas feitas;

c) se a Casa iniciadora rejeitar integralmente as emendas propostas pela Casa revisora, mesmo assim o projeto seguirá para o Chefe do Executivo, para o fim de sanção ou veto, com a redação original, dada por ela, Casa iniciadora.

Essa peculiaridade do processo legislativo das leis – na esfera federal, em que a apreciação segue o bicameralismo – faz com que, na prática, a Câmara dos Deputados tenha um papel preponderante na elaboração normativa, uma vez que esta Casa é que funciona, na maioria das vezes, como Casa iniciadora (conforme vimos, ressalvadas as iniciativas dos senadores e das comissões do Senado Federal, todas as demais são exercidas perante a Câmara dos Deputados).[18]

Depois de aprovado nas duas Casas do Congresso Nacional, o projeto de lei será encaminhado ao Presidente da República, para o fim de sanção ou veto.

Recebido o projeto pelo Chefe do Executivo, ele poderá adotar uma destas três medidas: sancioná-lo expressamente, sancioná-lo tacitamente ou vetá-lo.

Ocorrerá a sanção expressa se o Presidente da República concordar com o texto aprovado pelo Legislativo, formalizando, por escrito, o ato de sanção no prazo de **quinze dias úteis**, contados da data do recebimento. Decidindo pela sanção expressa, o Chefe do Executivo, subsequentemente, promulgará e determinará a publicação da lei.

Ocorrerá a sanção tácita se o Presidente da República **deixar transcorrer o prazo de quinze dias úteis, contados da data do recebimento do projeto de lei, sem emitir qualquer manifestação quanto a ele**. Esgotado esse prazo sem sua manifestação expressa, o silêncio importará sanção tácita. Nessa hipótese, o Presidente da República disporá do prazo de quarenta e oito horas para promulgar a

---

[18] Vale lembrar, também, que os projetos de lei propostos por comissão mista do Congresso Nacional (integrada por deputados e senadores) serão encaminhados, alternadamente, ao Senado e à Câmara dos Deputados, segundo o artigo 142 do Regimento Comum do Congresso Nacional.

lei resultante da sanção tácita. Se não o fizer nesse prazo, o Presidente do Senado, em igual prazo, a promulgará. Se este não o fizer, no prazo estabelecido, caberá ao Vice-Presidente do Senado fazê-lo (CF, art. 66, § 7.º).

Caso o Presidente da República considere o projeto, no todo ou em parte, inconstitucional ou contrário ao interesse público, deverá vetá-lo, no prazo de **quinze dias úteis**, contados da data do recebimento, comunicando ao Presidente do Senado Federal, no prazo de quarenta e oito horas, os motivos do veto (CF, art. 66, § 1.º).

O veto será apreciado em **sessão conjunta** do Congresso Nacional, dentro de **trinta dias**, a contar de seu recebimento, só podendo ser rejeitado pelo voto da **maioria absoluta** dos deputados e senadores, em **votação nominal** (CF, art. 66, § 4.º).[19]

Na hipótese de transcorrer esse prazo de trinta dias sem que haja deliberação, o veto será colocado na ordem do dia da sessão imediata, sobrestadas as demais proposições, até sua votação final (CF, art. 66, § 6.º).

Cabe notar que o esgotamento do prazo para a apreciação do veto não tranca a pauta da Câmara dos Deputados ou a do Senado Federal, mas, tão somente, a pauta da imediata **sessão conjunta do Congresso Nacional**. Isso assim é porque, sendo o veto apreciado em sessão conjunta do Congresso Nacional, deve-se entender como "sessão imediata" a sessão conjunta seguinte. Enfim, tranca-se a pauta das subsequentes sessões conjuntas do Congresso Nacional, e não a pauta das Casas Legislativas (Câmara e Senado).

Se houver rejeição do veto, por maioria absoluta dos deputados e senadores, a matéria será encaminhada, para promulgação, ao Presidente da República. Este disporá, então, do prazo de quarenta e oito horas para emitir o ato de promulgação. Se não o fizer nesse prazo, o Presidente do Senado, em igual prazo, a promulgará. Se este não o fizer, no prazo estabelecido, caberá ao Vice-Presidente do Senado fazê-lo (CF, art. 66, § 7.º).

Caso o veto seja mantido, o projeto será arquivado, aplicando-se-lhe o princípio da irrepetibilidade, isto é, a respectiva matéria somente poderá constituir objeto de novo projeto, na mesma sessão legislativa, mediante proposta da maioria absoluta dos membros de qualquer das Casas do Congresso Nacional (CF, art. 67).[20]

---

[19] Pela redação **originária** do § 4.º do art. 66 da Constituição, a apreciação do veto presidencial ocorria em escrutínio **secreto**; entretanto, a EC 76/2013 **aboliu** a votação secreta na apreciação do veto.

[20] Segundo orientação do STF, o art. 67 da Constituição – que consagra o postulado da irrepetibilidade dos projetos rejeitados na mesma sessão legislativa – não impede o Presidente da República de submeter, à apreciação do Congresso Nacional, reunido em convocação extraordinária (CF, art. 57, § 6.º, II), projeto de lei versando, total ou parcialmente, sobre a mesma matéria que constituiu objeto de projeto rejeitado pelo Parlamento, em sessão legislativa ordinária realizada no ano anterior (ADI 2.010/DF, rel. Min. Celso de Mello).
Deve-se registrar, também, que o princípio da irrepetibilidade de projeto de lei rejeitado na mesma sessão legislativa (CF, art. 67) é de observância obrigatória por parte dos estados-membros, Distrito Federal e municípios.

3.2.4. Irrepetibilidade (relativa) de matéria rejeitada

Estabelece o art. 67 da Constituição Federal o **princípio da irrepetibilidade**, na mesma sessão legislativa, de matéria rejeitada em projeto de lei, nos termos seguintes:

> Art. 67. A matéria constante de projeto de lei rejeitado somente poderá constituir objeto de novo projeto, na mesma sessão legislativa, mediante proposta da maioria absoluta dos membros de qualquer das Casas do Congresso Nacional.

Anote-se que essa irrepetibilidade é **relativa**, haja vista que a matéria poderá constituir objeto de novo projeto, na mesma sessão legislativa, **desde que ocorra solicitação de maioria absoluta dos membros de qualquer das Casas do Congresso Nacional**. Não há, também, qualquer vedação à repetição da matéria em novo projeto de lei em sessão legislativa **distinta** daquela em que se deu a rejeição.

3.2.5. Aprovação definitiva pelas comissões

A Constituição Federal outorga competência às comissões para discutir e votar projeto de lei que dispensar, na forma do regimento, a competência do Plenário, salvo se houver recurso de um décimo dos membros da Casa[21] (CF, art. 58, § 2.º, I).

Cuida-se de meio de racionalização dos trabalhos legislativos, visando a assegurar maior celeridade ao processo, mediante a realização dos debates e da aprovação, no interior das próprias comissões, daquelas matérias consensuais, que não justificam os demorados debates no Plenário. Com isso, temos a possibilidade de um projeto de lei vir a ser aprovado nas próprias comissões, sem que tenha havido qualquer deliberação do Plenário da Câmara dos Deputados e do Senado Federal. Vale dizer, **é possível que um projeto de lei seja aprovado sem jamais haver sido apreciado pelo Plenário, quer da Câmara, quer do Senado**.

Cabe aos regimentos das Casas Legislativas especificar os projetos que poderão ser votados em caráter definitivo nas comissões, sem necessidade de deliberação plenária.

Ressalte-se, contudo, que os congressistas podem inibir a deliberação conclusiva ou terminativa nas comissões, obrigando a que o projeto seja levado ao exame do Plenário, desde que apresentem, nos termos do art. 58, § 2.º, inciso I, da Constituição Federal, recurso assinado por, pelo menos, um décimo dos membros da respectiva Casa.

3.2.6. Sanção

Sanção é a concordância do Chefe do Poder Executivo com o projeto de lei aprovado pelo Legislativo. É o ato que completa a fase constitutiva do processo legislativo de elaboração das leis.

---

[21] Essa possibilidade de aprovação definitiva pelas comissões é denominada **delegação interna corporis** por parte da doutrina.

A sanção incide sobre o **projeto de lei**, dando origem, com a sua incidência, ao nascimento da lei, resultado da conjugação das vontades dos Poderes Legislativo e Executivo. É ato de **competência privativa do Chefe do Poder Executivo**, não existindo nenhuma hipótese de sanção por parte do Legislativo.

A sanção poderá ser **expressa ou tácita**. Será expressa quando o Chefe do Executivo der sua aquiescência formal, escrita, no prazo de quinze dias úteis contados do recebimento do projeto. Será tácita se o Presidente permanecer silente, deixando escoar esse prazo sem manifestação de discordância.

Não há, entre nós, como decorrência da falta de manifestação do Presidente da República, a caducidade do projeto (*pocket veto*). A ausência de sanção expressa no prazo constitucional de quinze dias úteis não faz caducar o projeto (não há veto tácito), mas sim o torna lei, por consubstanciar sanção tácita.

Impende salientar que, embora a **participação** do Chefe do Executivo seja imprescindível para a formação das leis no Direito brasileiro, a sua **concordância** com o texto aprovado pelo Legislativo não o é, porquanto **existe a possibilidade de haver lei sem sanção** (nem expressa, nem tácita).

Essa hipótese – promulgação de lei sem sanção, expressa ou tácita, do Chefe do Executivo – ocorre quando há rejeição do veto presidencial pelo Congresso Nacional, sendo a matéria objeto do veto rejeitado enviada para promulgação do Presidente da República (CF, art. 66, § 5.º). Ora, nessa situação o Presidente da República, no momento anterior, quando recebeu o projeto para o fim de sanção ou veto, optou por vetá-lo; posteriormente, tendo sido o veto rejeitado pelo Congresso Nacional, não cabe mais cogitar de sanção; a matéria é diretamente encaminhada para promulgação e publicação. Completa-se, assim, a formação da lei, sem a aquiescência do Chefe do Executivo (sem sanção, expressa ou tácita).

Ademais, a sanção ao projeto de lei pelo Chefe do Executivo **não impede que, ulteriormente, a lei resultante seja por ele impugnada perante o Poder Judiciário**. Com efeito, pode o Presidente da República sancionar o projeto de lei e, mais tarde, questionar a validade da lei resultante mediante uma ação direta de inconstitucionalidade, por exemplo.

Por fim, cabe esclarecer que, embora a regra no Direito brasileiro seja a conjugação da vontade de dois Poderes, Legislativo e Executivo, para a produção legislativa, completando-se a formação da espécie normativa com a sanção deste ao projeto aprovado por aquele, existem certos atos integrantes do nosso processo legislativo que prescindem de sanção. São eles: as emendas constitucionais, as leis delegadas, os decretos legislativos e as resoluções.[22]

---

[22] As medidas provisórias, caso aprovadas pelo Congresso Nacional sem alteração substancial (hipótese de conversão integral), também não se submetem à sanção ou veto do Chefe do Executivo. Diferentemente, na hipótese de serem introduzidas modificações pelas Casas do Congresso Nacional (hipótese de conversão parcial), o Legislativo encaminhará o projeto de lei de conversão da medida provisória ao Chefe do Executivo para o fim de sanção ou veto. Como se vê, a medida provisória, propriamente dita, não se submete à sanção ou veto pelo Presidente da República. Se for o caso, o documento que estará sujeito a sanção ou veto será um projeto de lei de conversão (assim chamado exatamente porque foram introduzidas alterações pelo Congresso Nacional ao texto original da medida provisória), não propriamente uma medida provisória.

3.2.7. Veto

O veto é a manifestação de discordância do Chefe do Executivo com o projeto de lei aprovado pelo Poder Legislativo. É o poder constitucionalmente outorgado ao Chefe do Executivo, em caráter exclusivo, para recusar sanção a projeto de lei já aprovado pelo Legislativo.

Dispõe a Carta da República que, se o Presidente da República considerar o projeto, no todo ou em parte, inconstitucional ou contrário ao interesse público, vetá-lo-á total ou parcialmente, no prazo de quinze dias úteis, contados da data do recebimento, e comunicará, dentro de quarenta e oito horas, ao Presidente do Senado Federal os motivos do veto (art. 66, § 1.º).

Vê-se, assim, que o veto poderá resultar de um juízo de reprovação concernente à compatibilidade entre a lei e a Constituição (entendimento de que há inconstitucionalidade formal ou material da lei) ou de um juízo negativo do conteúdo da lei quanto a sua conveniência aos interesses da coletividade, ou à oportunidade de sua edição (contrariedade ao interesse público), por parte do Presidente da República. No primeiro caso (inconstitucionalidade), estaremos diante do chamado **veto jurídico**; no segundo (contrariedade ao interesse público), do **veto político**.

Ao vetar o projeto por inconstitucionalidade, o Presidente da República desempenha o papel de defensor da Constituição, exercendo **controle preventivo de constitucionalidade**, com o fim de evitar que uma lei inconstitucional venha a ser inserida no ordenamento jurídico.

Ao recusar a sanção por entender que o projeto é contrário ao interesse público, o Presidente da República emite um juízo político de conveniência, atuando como representante e defensor da sociedade, como fiscal da conveniência e da oportunidade de reprovar um projeto de lei.

Observa-se, também, que o veto é um ato composto, que compreende a manifestação de vontade negativa do Presidente da República mais a comunicação fundamentada dessa discordância ao Presidente do Senado. A manifestação negativa do Presidente da República, nos quinze dias úteis seguidos ao recebimento do projeto, inibe a sanção tácita; a comunicação fundamentada ao Presidente do Senado, no prazo de quarenta e oito horas, aperfeiçoa o veto.

Quanto ao seu alcance, o veto poderá ser **total ou parcial**. Será total quando incidir sobre todo o projeto de lei, e parcial quando houver recusa à sanção de apenas alguns dos dispositivos do projeto de lei.

O poder de veto parcial do Presidente da República, porém, não é absoluto, ilimitado. Sofre ele uma relevante restrição constitucional: somente poderá abranger texto integral de artigo, de parágrafo, de inciso ou de alínea (CF, art. 66, § 2.º).

Essa vedação tem por fim evitar que o Chefe do Executivo vete apenas uma (ou algumas) palavra dentro de um determinado dispositivo, subvertendo o sentido ou o alcance do texto aprovado pelo Legislativo. Obsta que o Chefe do Executivo vete palavras ou expressões isoladas no corpo do projeto de lei, de modo a alterar a sua significação, mudando-lhe o sentido ou o alcance. Seria o caso, por exemplo, do veto à palavra "não" na expressão "não será permitida a doação (...)", que terminaria por alterar completamente a vontade manifestada pelo Legislativo (nesse exemplo extremo, "criando" uma regra diametralmente oposta à regra original).

Com a proibição do veto de palavra ou expressão isolada impede-se, em última análise, que o Chefe do Executivo atue, indiretamente, por meio do exercício do poder de veto, como legislador positivo, usurpando competência do Poder Legislativo ao "criar" normas que não foram de forma alguma aprovadas (ou mesmo previstas) pelo Parlamento.

Questão controversa concernente ao veto parcial diz respeito à possibilidade de o chefe do Executivo promulgar, desde logo, a parte do projeto de lei que não foi vetada, mesmo antes da manifestação do Poder Legislativo pela manutenção ou pela rejeição do veto.

Suponha-se que determinado projeto de lei possua dez artigos e que, destes, o chefe do Executivo tenha decidido vetar dois (veto parcial). Nessa situação, o texto dos dois artigos vetados é encaminhado ao Presidente do Senado Federal, acompanhado da devida motivação, para a apreciação do veto pelo Congresso Nacional. Indaga--se: neste momento, o chefe do Executivo pode, desde já, promulgar e publicar a parte incontroversa do projeto de lei (isto é, os oito artigos não vetados), ou deverá aguardar a manifestação do Legislativo sobre a manutenção ou rejeição do veto?

Segundo a jurisprudência do Supremo Tribunal Federal, **o texto não vetado do projeto de lei pode ser sancionado e promulgado imediatamente pelo chefe do Poder Executivo**.[23] Essa orientação restou consolidada na seguinte **tese de repercussão geral**:

> É constitucional a promulgação, pelo chefe do Poder Executivo, de parte incontroversa de projeto da lei que não foi vetada, antes da manifestação do Poder Legislativo pela manutenção ou pela rejeição do veto, inexistindo vício de inconstitucionalidade dessa parte inicialmente publicada pela ausência de promulgação da derrubada dos vetos.

Vale dizer, os oito artigos não vetados (e, portanto, sancionados) não precisam ficar aguardando a apreciação do veto pelo Congresso Nacional; eles podem ser imediatamente promulgados e publicados (na lei, os artigos vetados serão publicados sem texto, constando a expressão "vetado"). Em outras palavras: o veto parcial não impede que a parte não vetada do projeto seja promulgada e publicada, de imediato, independentemente da apreciação do veto pelo Legislativo.

É importante registrar que, nessa hipótese, caso, posteriormente, o veto venha a ser rejeitado pelo Legislativo, os correspondentes dispositivos deverão ser encaminhados para o Presidente da República para serem por ele promulgados e publicados, em conclusão ao processo legislativo. Ressalte-se, ainda, que a entrada em vigor do texto do projeto de lei que teve o veto rejeitado ocorre somente no dia em que passa a integrar o ordenamento jurídico, com a devida promulgação e publicação. Vale

---

[23] RE 706.103/MG, rel. Min. Luiz Fux, 27.04.2020.

dizer, a entrada em vigor da parte vetada (e que teve o veto rejeitado) é prospectiva (*ex nunc*), não retroage à data de início da vigência dos dispositivos não vetados (já anteriormente sancionados, promulgados e publicados pelo chefe do Executivo).

O Presidente da República dispõe do prazo de **quinze dias úteis**, contados da data do recebimento, para vetar o projeto de lei. Esse prazo para a expressa manifestação do veto é fatal: uma vez transcorrido, o silêncio do Presidente da República importará sanção tácita (CF, art. 66, § 3.º).

O veto do Chefe do Executivo será apreciado pelo Congresso Nacional, na forma e no prazo estabelecidos no § 4.º do art. 66 da Constituição: o veto será apreciado em **sessão conjunta**, dentro de **trinta dias** a contar de seu recebimento, só podendo ser rejeitado pelo voto da **maioria absoluta** dos deputados e senadores, em **votação nominal** ("**voto aberto**").

Esgotado o prazo constitucional para a apreciação do veto, determina a Constituição que o veto seja colocado na ordem do dia da sessão imediata, sobrestadas as demais proposições, até sua votação final (CF, art. 66, § 6.º).

Conforme exposto anteriormente, o esgotamento do prazo não tranca a pauta da Câmara dos Deputados ou do Senado Federal, mas, tão somente, a pauta da imediata sessão conjunta do Congresso Nacional. Como o veto deve ser apreciado em sessão conjunta, tranca-se a pauta das subsequentes sessões conjuntas do Congresso Nacional, e não a pauta das Casas Legislativas (Câmara e Senado).

O veto somente será rejeitado pela **maioria absoluta** do Congresso Nacional. Pela redação originária do § 4.º do art. 66 da Constituição Federal, a apreciação do veto presidencial, pelo Congresso Nacional, ocorria em escrutínio secreto. Entretanto, a EC 76/2013 **aboliu a votação secreta** na apreciação do veto, com o que, nos dias atuais, **o voto é nominal** ("**voto aberto**").

Quando o veto é rejeitado pelo Congresso Nacional, segue a lei para promulgação do Presidente da República, que terá o prazo de quarenta e oito horas para fazê-lo. Decorrido esse prazo sem sua manifestação, a competência desloca-se para o Presidente do Senado, que deverá promulgar em igual prazo, sob pena de a competência passar ao Vice-Presidente do Senado (CF, art. 66, § 7.º).

Observa-se que a Constituição não traz regra aplicável no caso de ausência de promulgação pelo Vice-Presidente do Senado. Isso implica afirmar que, a ele, o constituinte não outorgou um poder discricionário para promulgar a lei, mas sim uma obrigação, absolutamente indisponível.

Merece nota, também, o fato de que, nesse caso – rejeição do veto pelo Congresso Nacional – dispensa-se a anuência do Presidente da República para o nascimento da lei. Com efeito, no momento anterior, o Presidente da República vetou o projeto, e é evidente que a rejeição do veto pelo Congresso Nacional não significa aquiescência (sanção) por aquela autoridade. A mera rejeição do veto pelo Congresso Nacional transforma o projeto em lei, perfeita e acabada, que, mesmo sem sanção, seguirá para promulgação.

Ademais, nessa hipótese, nem mesmo a promulgação pelo Presidente da República é indispensável para a entrada em vigor da lei, porque, se ele não o fizer no prazo de quarenta e oito horas, o Presidente do Senado adquirirá competência para promulgá-la. Ocorrendo tal situação, a lei resultará exclusivamente da vontade do Poder Legislativo.

Não há vedação constitucional à rejeição parcial do veto, podendo o Congresso Nacional rejeitar apenas parte do veto imposto pelo Presidente da República (superação parcial de veto). Assim, **é possível a rejeição total ou parcial pelo Congresso Nacional do veto imposto pelo Chefe do Executivo**. O Congresso Nacional poderá manter o veto a certos dispositivos e superar o veto em relação a outros dispositivos do projeto de lei. Dessa forma, podemos ter:

a) rejeição total de um veto total (o Presidente da República vetou integralmente o projeto de lei e o Congresso Nacional rejeitou integralmente o veto imposto);

b) rejeição parcial de um veto total (o Presidente da República vetou integralmente o projeto de lei e o Congresso Nacional rejeitou o veto apenas em relação a certos dispositivos, mantendo-o em relação a outros dispositivos do projeto de lei);

c) rejeição total de um veto parcial (o Presidente da República vetou apenas parte dos dispositivos do projeto de lei e o Congresso Nacional rejeitou integralmente o veto, em relação a todos os dispositivos vetados);

d) rejeição parcial de um veto parcial (o Presidente da República vetou apenas parte dos dispositivos do projeto de lei e o Congresso Nacional rejeitou o veto apenas em relação a alguns dos dispositivos vetados).

Não se obtendo contra o veto a maioria absoluta dos votos do Congresso Nacional, estará ele mantido e consequentemente será arquivado o projeto, aplicando-se-lhe o princípio da irrepetibilidade, isto é, a respectiva matéria somente poderá constituir objeto de novo projeto, na mesma sessão legislativa, mediante proposta da maioria absoluta dos membros de qualquer das Casas do Congresso Nacional (CF, art. 67).

Se o veto for mantido, o projeto será arquivado, não havendo possibilidade de nova e posterior análise por parte do Poder Legislativo desse mesmo veto. Portanto, além de o veto ser um ato que não admite retratação – isto é, depois de aposto não pode ser retirado pelo Presidente da República –, a sua apreciação pelo Poder Legislativo também é irretratável.

Enfim, podem ser assim resumidas as características do veto no Direito brasileiro:

a) expresso;

b) formal;

c) motivado;

d) supressivo;

e) superável ou relativo;

f) irretratável;

g) insuscetível de apreciação judicial;

h) pode incidir sobre texto adotado pelo próprio Chefe do Executivo.

Cap. 8 • PROCESSO LEGISLATIVO

O veto é ato **expresso**, isto é, deve sempre resultar de uma manifestação efetiva do Presidente da República, porquanto o silêncio do Chefe do Executivo, durante o prazo assinalado para o veto, importa sanção (CF, art. 66, § 3.º). Não existe veto tácito, por decurso de prazo, entre nós; o silêncio implica sanção tácita.

O veto consubstancia **ato formal**, pois deverá ser feito por escrito, assim como devem ser escritas as razões do veto, para o devido encaminhamento ao Presidente do Senado Federal.

O veto será, obrigatoriamente, **motivado**. O Chefe do Executivo poderá vetar o projeto por entendê-lo inconstitucional (veto jurídico) ou contrário ao interesse público (veto político).

O veto é sempre **supressivo**, porque o Chefe do Executivo somente poderá determinar a retirada de dispositivos constantes do projeto de lei, não existindo a possibilidade de adicionar-se algo ao projeto aprovado pelo Legislativo.

O veto é **relativo**, suspensivo ou superável. O veto não é ato de caráter absoluto, que encerre, de maneira definitiva, o processo legislativo em relação aos dispositivos vetados. Esses poderão ser restabelecidos, por deliberação do Congresso Nacional (rejeição do veto), nos termos do art. 66, § 4.º, da Constituição Federal.

Percebe-se, assim, que o efeito do veto entre nós não é o de suspender a entrada em vigor da lei – até porque o veto não incide sobre a lei, mas sobre mero projeto de lei –, mas sim o de retardar o processo legislativo, impondo a obrigatoriedade de reapreciação da matéria pelo Congresso Nacional, agora com os novos fundamentos acrescentados pelo Presidente da República como justificação para sua recusa à sanção.

O veto é **irretratável**: expressada a discordância do Presidente da República e comunicadas as suas razões ao Presidente do Senado Federal, essa manifestação torna-se insuscetível de alteração por parte do Chefe do Executivo. Também **não se admite "novo veto" em lei já promulgada e publicada**.[24] Vale dizer, uma vez manifestada a aquiescência do chefe do Poder Executivo com projeto de lei, pela aposição de sanção, evidencia-se a ocorrência de preclusão entre as etapas do processo legislativo, não mais se admitindo a retratação (quanto à sanção), mediante posterior publicação de "**novos vetos**". Em síntese, a sanção e o veto constituem atos **irretratáveis** do chefe do Executivo.

Ademais, segundo entendimento do Supremo Tribunal Federal, o prazo constitucional de **quinze dias úteis** para o exercício do veto presidencial é **peremptório**.[25] Vale dizer, a prerrogativa presidencial para vetar (ou sancionar expressamente) o projeto de lei aprovado pelas Casas do Congresso Nacional **somente pode ser exercida dentro do prazo de quinze dias úteis previsto na Constituição Federal**, sob pena de ocorrer **sanção tácita** (como decorrência automática da expiração desse prazo sem sanção expressa ou veto).

---

[24] ADPFs 714, 715 e 718, rel. Min. Gilmar Mendes, 13.02.2021.

[25] ADPF 893/DF, red. p/ o acórdão Min. Roberto Barroso, 21.06.2022.

Em outras palavras: ultrapassado o período de **quinze dias úteis** do art. 66, § 1.º, da Constituição Federal, o texto do projeto de lei é, necessária e tacitamente, sancionado (CF, art. 66, § 3.º) e **o poder de veto não pode mais ser exercido**. Não se admite, por exemplo, que, no dia imediatamente seguinte à expiração do prazo de quinze dias úteis, a Presidência da República providencie a publicação de veto a dispositivo que já havia sido (tacitamente) sancionado (em razão do esgotamento do referido prazo). Essa orientação restou consolidada na seguinte **tese de repercussão geral**:

> O poder de veto previsto no art. 66, § 1.º, da Constituição não pode ser exercido após o decurso do prazo constitucional de 15 (quinze) dias.

O veto constitui **ato político** do Chefe do Executivo, insuscetível de ser enquadrado no conceito de ato do Poder Público, para o fim de controle judicial. Assim, não se admite o controle judicial das razões do veto, em homenagem ao postulado da separação de Poderes (essa restrição aplica-se tanto ao denominado veto político quanto ao veto jurídico), cabendo exclusivamente ao Congresso Nacional deliberar sobre a validade de tais motivações do Presidente da República.[26]

O veto **pode incidir sobre texto apresentado pelo próprio Chefe do Poder Executivo**. Com efeito, o Presidente da República pode encaminhar ao Poder Legislativo projeto de lei versando sobre certa matéria e, posteriormente, depois da aprovação pelas Casas do Congresso Nacional, vetar o respectivo projeto, ainda que o veto incida, especificamente, sobre o texto que havia sido proposto pelo próprio Presidente da República.

3.3. Fase complementar

A fase complementar compreende a promulgação e a publicação da lei. Não integram propriamente o processo de elaboração da lei, porque incidem sobre atos que já são leis, desde a sanção ou a superação do veto.

3.3.1. Promulgação

A promulgação é o ato solene que atesta a existência da lei, inovando a ordem jurídica. A promulgação incide sobre a lei pronta, com o objetivo de atestar a sua existência, de declarar a sua potencialidade para produzir efeitos. Em suma: a lei nasce com a sanção, mas tem a sua existência declarada pela promulgação.

A promulgação é um ato de execução, é a autenticação de que uma lei foi regularmente elaborada, de que juridicamente existe e de que, portanto, está

---

[26] MS 33.694, rel. Min. Cármen Lúcia, 17.08.2015.

Cap. 8 • PROCESSO LEGISLATIVO

apta a produzir efeitos. Por meio dela, o órgão competente verifica a adoção da lei pelo Legislativo, atesta a sua existência e afirma a sua força imperativa e executória.

Em regra, a competência para promulgar a lei é do Chefe do Executivo.

No caso de sanção expressa pelo Presidente da República, a sanção e a promulgação ocorrem ao mesmo tempo. Trata-se de dois atos juridicamente distintos que se perfazem em um mesmo momento.

Há casos em que, diante da omissão do Presidente da República, a promulgação será feita pelo Poder Legislativo. Tal se dá nas hipóteses de sanção tácita e de rejeição do veto, quando o Presidente da República não formaliza a promulgação no prazo de quarenta e oito horas. Em face dessa omissão, caberá ao Presidente do Senado Federal promulgar a lei, também no prazo de quarenta e oito horas, findas as quais a competência – a rigor, a obrigação impreterível de promulgar – passa ao Vice-Presidente do Senado (CF, art. 66, § 7.º).

Há, ainda, no nosso processo legislativo, casos em que a promulgação é ato de competência originária do Poder Legislativo, apontados a seguir.

A emenda à Constituição será promulgada pelas Mesas da Câmara dos Deputados e do Senado Federal (CF, art. 60, § 3.º).

O decreto legislativo, ato privativo do Congresso Nacional, será promulgado pelo Presidente do Congresso Nacional (que é o Presidente do Senado Federal).

A resolução é promulgada pelo Presidente do órgão que a edita: Presidente do Congresso Nacional, se é deste órgão a resolução; Presidente do Senado Federal ou Presidente da Câmara dos Deputados, se a resolução é, respectivamente, do Senado ou da Câmara.

3.3.2. Publicação

A publicação não é, propriamente, fase de formação da lei, mas sim pressuposto para sua eficácia. A publicação é exigência necessária para a entrada em vigor da lei, para a produção de seus efeitos. Atualmente, realiza-se pela inserção da lei no Diário Oficial.

A publicação é uma comunicação destinada a levar o texto da lei ao conhecimento daqueles aos quais obriga. Trata-se de mera comunicação dirigida a todos os que devem cumprir o ato normativo, informando-os de sua existência. É condição de eficácia da lei, visto que esta somente pode ser exigida depois de oficialmente publicada.

Embora muito próximos, promulgação e publicação são atos juridicamente distintos. Aquela atesta, autentica a existência de um ato normativo válido, executável e obrigatório. Esta comunica essa existência aos sujeitos a que esse ato normativo se dirige.

Na vigente Constituição, não há prazo estabelecido para o ato de publicação da lei.

PROCESSO LEGISLATIVO ORDINÁRIO

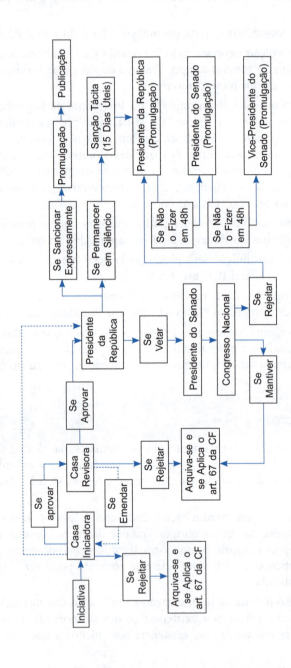

4. PROCEDIMENTO LEGISLATIVO SUMÁRIO

Em termos constitucionais, o processo legislativo sumário não apresenta uma diferenciação de procedimentos em relação ao processo ordinário, antes analisado. O que o diferencia do processo legislativo ordinário é, tão somente, a existência de prazos constitucionalmente fixados para que as Casas do Congresso Nacional deliberem sobre o projeto apresentado.

O processo legislativo sumário ou de urgência está disciplinado no art. 64, §§ 1.º a 4.º, da Constituição Federal, nos termos a seguir examinados.

Estabelece o § 1.º do art. 64 que o Presidente da República poderá solicitar urgência para a apreciação de projetos de sua iniciativa. São dois, portanto, os pressupostos para a instalação do processo legislativo sumário:

1) projeto de lei apresentado pelo Chefe do Executivo (não é necessário que a matéria seja de sua iniciativa privativa, basta que o projeto seja por ele apresentado);

2) solicitação de urgência pelo Chefe do Executivo.

Solicitada a urgência pelo Chefe do Executivo, se a Câmara dos Deputados e o Senado Federal não se manifestarem sobre a proposição, cada qual, sucessivamente, em até quarenta e cinco dias, sobrestar-se-ão todas as demais deliberações legislativas da respectiva Casa (trancamento de pauta), com exceção das que tenham prazo constitucional determinado, até que se ultime a votação.

Caso o Senado Federal emende o projeto aprovado pela Câmara dos Deputados, esta Casa deverá apreciar as emendas no prazo máximo de dez dias, sob pena de ocorrência do sobrestamento das demais deliberações legislativas, com exceção das que tenham prazo constitucional determinado (art. 64, § 2.º).

Observa-se que, se for solicitada urgência pelo Presidente da República, o processo legislativo deverá findar no prazo máximo de cem dias, desconsiderados os períodos de recesso do Congresso Nacional (quarenta e cinco dias na Câmara, quarenta e cinco dias no Senado Federal e mais dez dias para a Câmara dos Deputados apreciar as emendas dos senadores, se houver). Desrespeitados esses prazos, ocorrerá o trancamento de pauta da Casa Legislativa, ficando sobrestadas todas as demais matérias, com exceção das que tenham prazo constitucional determinado, como são exemplo as medidas provisórias.

Determina a Constituição Federal que o processo legislativo sumário (ou de urgência) não poderá ser aplicado aos projetos de códigos (não faria sentido o Congresso Nacional ser forçado a, num prazo exíguo, deliberar sobre um projeto de Código Penal, por exemplo).[27]

---

[27] Embora não se trate de processo legislativo de elaboração de leis, vale lembrar que a Constituição Federal determina que o Congresso Nacional apreciará o ato do Poder Executivo que outorgar e renovar concessão, permissão e autorização para o serviço de radiodifusão sonora e de sons e imagens no prazo previsto no art. 64, §§ 2.º e 4.º, a contar do recebimento da mensagem (art. 223, § 1.º).

Além dos projetos de lei de iniciativa do Presidente da República, quando há solicitação de urgência, a própria Constituição Federal estabelece que a apreciação dos atos de outorga ou renovação de concessão, permissão ou autorização para serviços de radiodifusão sonora e de sons e imagens obedecerá ao regime de urgência, no prazo fixado pelo art. 64, §§ 2.º e 4.º, da Constituição Federal (art. 223, § 1.º). Trata-se, portanto, de mais uma hipótese de aplicação do regime de urgência, prevista diretamente no texto constitucional.

Por fim, cabe ressaltar que essas são as únicas hipóteses de regime de **urgência constitucional**. Além delas, temos também hipóteses de **urgência regimental**, a partir de solicitação dos parlamentares, na forma prevista nos regimentos internos das Casas Legislativas. Registre-se que essa competência das Casas Legislativas para estabelecer hipóteses de urgência regimental já foi reconhecida pelo Supremo Tribunal Federal, ao assentar que a adoção do rito de urgência em proposições legislativas é prerrogativa regimental atribuída à respectiva Casa Legislativa e consiste em matéria *interna corporis*, de modo que **não cabe ao Poder Judiciárioapreciar o mérito** da opção do Poder Legislativo pela tramitação abreviada (em regime de urgência) de projeto de lei ou de outras proposições de sua competência, sob pena de violação ao princípio de separação dos Poderes.[28]

5. LEI ORDINÁRIA

A lei ordinária é o ato legislativo típico, primário e geral.

Conceitualmente, deve veicular somente normas gerais e abstratas, o que resulta nas suas duas principais características, apontadas pela doutrina: generalidade e abstração.

Na prática, porém, é sabido que, no Direito contemporâneo, ocorre de a lei conter, não raras vezes, normas individuais e concretas – hipóteses em que a doutrina a denomina "lei formal", para apontar a contraposição àquela que seria, propriamente, lei, por cuidar de matéria de lei (geral e abstrata), por isso chamada "lei material".

Para a doutrina clássica, a lei ordinária em tudo poderia imiscuir-se, não existindo domínio que lhe fosse vedado. À lei ordinária eram reservadas constitucionalmente certas matérias – mas nenhuma lhe era vedada, sendo o seu campo de atuação amplo e indeterminado.

No Constitucionalismo moderno, contudo, essa posição não mais condiz com a realidade. Isso porque, ao lado da lei ordinária, outros atos normativos primários são encontrados nos ordenamentos atuais, como é o caso da nossa vigente Carta Política, que enumera, paralelamente à lei ordinária, a lei complementar, os decretos legislativos, as resoluções etc., definindo para esses campos específicos de atuação.

Com isso, o campo de atuação da lei ordinária deixou de ser indeterminado, em face da reserva de certas matérias a outras espécies normativas. Passamos a ter, na vigente Constituição, **um domínio vedado à lei ordinária**.

---

[28] ADPF 971/SP, ADPF 987/SP e ADPF 992/SP, rel. Min. Gilmar Mendes, 26.05.2023.

Assim, por exemplo, o art. 49 da Constituição aponta as matérias que devem ser tratadas por meio de decreto legislativo; o art. 68, § 2.º, estabelece que a delegação legislativa há que ser efetivada por meio de resolução do Congresso Nacional; os arts. 51 e 52 estabelecem, respectivamente, as matérias de competência privativa da Câmara dos Deputados e do Senado Federal, que devem ser tratadas por atos próprios dessas Casas Legislativas (em regra, mediante resoluções); diversos dispositivos constitucionais reservam à lei complementar a competência para a disciplina das matérias que especificam etc. Em todas essas situações, a utilização de lei ordinária está implicitamente vedada.

6. LEI COMPLEMENTAR

A respeito do processo legislativo de elaboração da lei complementar, o constituinte dispôs, apenas, que a iniciativa é a mesma da lei ordinária (art. 61) e que sua aprovação dar-se-á por maioria absoluta (art. 69), ao contrário da lei ordinária, que é aprovada por maioria simples ou relativa (art. 47).

Por essa razão, entende-se que os demais procedimentos (discussão e votação, revisão, emenda, sanção, veto, superação do veto, promulgação, publicação etc.) sujeitam-se às mesmas regras constitucionais do processo legislativo comum, aplicável às leis ordinárias, e ao regramento complementar estabelecido pelos regimentos internos das Casas do Congresso Nacional.

Teceremos, a seguir, algumas considerações a respeito dessa espécie normativa.

A doutrina aponta como justificativa para a existência da espécie normativa lei complementar a intenção do legislador constituinte de conferir ao regramento de certas matérias, dada a sua importância, uma maior estabilidade, comparativamente à das matérias tratadas por leis ordinárias.

Houve por bem o legislador constituinte estabelecer, para as matérias por ele determinadas, uma especial dignidade, uma rigidez intermediária, situada entre a lei ordinária e o texto da Constituição. Assim, ao reservar constitucionalmente determinado assunto à lei complementar (aprovada por maioria absoluta), o constituinte garante-lhe estabilidade maior do que a que decorreria da sua disciplina mediante lei ordinária (aprovada por maioria simples), sem, porém, sujeitá-lo ao laborioso processo legislativo de modificação do texto constitucional (três quintos, em dois turnos de votação), o que tornaria demasiadamente difícil o seu tratamento.

A disciplina de determinadas matérias mediante lei complementar não é uma escolha do legislador, uma vez que é a própria Constituição que estabelece os temas cujo regramento deve ser feito por essa espécie legislativa. Só essas matérias, indicadas na própria Constituição, podem ser tratadas mediante lei complementar.

São duas, portanto, as diferenças entre lei complementar e lei ordinária: (a) a lei complementar disciplina matérias especificamente a ela reservadas pelo texto constitucional e (b) o *quorum* de aprovação.

A primeira distinção, de índole material, significa dizer que os assuntos a serem tratados por meio de lei complementar federal estão expressamente previstos no texto constitucional. Não cabe ao detentor da iniciativa legislativa, tampouco ao legislador federal decidir quais matérias serão tratadas por meio de lei complementar.

A segunda distinção, de natureza formal, diz respeito ao processo legislativo de elaboração das duas espécies normativas: a lei ordinária poderá ser aprovada por maioria simples de votos (CF, art. 47), enquanto a lei complementar exige maioria absoluta para sua aprovação (CF, art. 69).

A lei complementar, apesar de sua "especial dignidade", é um ato normativo infraconstitucional, porquanto retira seu fundamento de validade da Carta da República, não podendo, evidentemente, com ela conflitar, sob pena de inconstitucionalidade.

Por outro lado, no seu específico campo de atuação, delineado na Constituição, não pode ser afastada por meio de lei ordinária, lei delegada ou outra qualquer espécie subconstitucional do nosso processo legislativo.

Assim, a lei ordinária (ou qualquer outra espécie integrante do nosso processo legislativo, ressalvada a emenda constitucional) que disponha sobre matéria reservada à lei complementar estará usurpando competência fixada na Constituição Federal, incidindo no vício de inconstitucionalidade formal. De igual modo, os tratados internacionais que se tenham incorporado ao nosso ordenamento jurídico com *status* de lei ordinária não podem disciplinar matéria reservada constitucionalmente à lei complementar.

Questão relevante diz respeito à obrigatoriedade, ou não, de a Constituição Estadual observar uma rigorosa simetria com o modelo previsto na Constituição Federal no tocante à adoção de lei complementar. Pode o legislador constituinte estadual exigir lei complementar para disciplinar matéria que, de acordo com a Constituição Federal, admite regramento em mera lei ordinária?

Segundo o entendimento do Supremo Tribunal Federal, a resposta é **afirmativa**, vale dizer, a Constituição Estadual **pode** exigir lei complementar em hipóteses outras, **além daquelas que estão previstas na Constituição Federal**. No tocante a essa espécie normativa, portanto, **não** se exige uma **rigorosa simetria** entre a Carta da República e as Constituições estaduais.[29]

Por fim, vale lembrar que as leis ordinárias anteriores à Constituição Federal de 1988 que regulamentem matéria reservada pela nova ordem constitucional à lei complementar, desde que estivessem em vigor no momento da promulgação da nova Constituição e fossem materialmente com ela compatíveis, foram recepcionadas com o *status* de lei complementar.

7. PROCESSOS LEGISLATIVOS ESPECIAIS

Os processos legislativos especiais são aqueles aplicáveis à elaboração das demais espécies legislativas, que fogem às regras fixadas para o processo legislativo das leis ordinárias.

Na vigente Carta Política, temos os processos legislativos de elaboração das emendas à Constituição, das leis delegadas, das medidas provisórias, dos decretos legislativos e das resoluções.

---

[29] ADI 2.314/RJ, rel. Min. Joaquim Barbosa, 17.06.2015.

7.1. Emendas à Constituição

Conforme vimos, a Constituição Federal de 1988 é do tipo rígida, pois exige para a modificação de seu texto processo legislativo especial e mais dificultoso do que aquele empregado na elaboração das leis.

A rigidez, contudo, não visa a impedir mudanças no texto da Constituição, mas, tão só, a assegurar maior estabilidade à obra do poder constituinte originário e a conferir às normas nela vazadas supremacia sobre as demais normas jurídicas.

Assim, a emenda constitucional é resultado de um processo legislativo especial e mais laborioso do que o ordinário, previsto para a produção das demais leis.

O processo legislativo de aprovação de uma emenda à Constituição está estabelecido no art. 60 da Constituição Federal e compreende, em síntese, as seguintes fases:

a) apresentação de uma proposta de emenda, por iniciativa de um dos legitimados (art. 60, I a III);

b) discussão e votação em cada Casa do Congresso Nacional, em dois turnos, considerando-se aprovada quando obtiver, em ambos, três quintos dos votos dos membros de cada uma delas (art. 60, § 2.º);

c) sendo aprovada, será promulgada pelas Mesas da Câmara dos Deputados e do Senado Federal, com o respectivo número de ordem (art. 60, § 3.º);

d) caso a proposta seja rejeitada ou havida por prejudicada, será arquivada, não podendo a matéria dela constante ser objeto de nova proposta na mesma sessão legislativa (art. 60, § 5.º).

PROCESSO LEGISLATIVO DAS EMENDAS CONSTITUCIONAIS

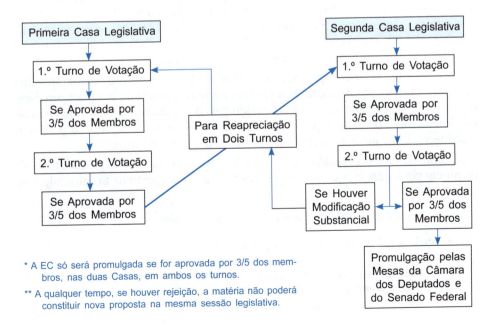

* A EC só será promulgada se for aprovada por 3/5 dos membros, nas duas Casas, em ambos os turnos.

** A qualquer tempo, se houver rejeição, a matéria não poderá constituir nova proposta na mesma sessão legislativa.

574 DIREITO CONSTITUCIONAL DESCOMPLICADO • Vicente Paulo & Marcelo Alexandrino

Para o estudo completo do procedimento estabelecido pelo legislador constituinte originário para a modificação da Carta da República de 1988, bem como das orientações doutrinárias e jurisprudenciais que têm demarcado a atuação do poder constituinte derivado desde a promulgação do vigente texto constitucional, consultar o capítulo específico desta obra "Modificação da Constituição de 1988".

7.2. Medidas provisórias

A vigente Constituição aboliu a espécie normativa decreto-lei do nosso processo legislativo, substituindo-o, de certo modo, pela medida provisória, prevista no art. 59, V, da Carta Política, e disciplinada no seu art. 62.

Pode-se dizer, assim, que as medidas provisórias são atos normativos primários, provisórios e emitidos sob **condição resolutiva**, de caráter excepcional no quadro da separação dos Poderes, editados pelo Presidente da República e situados no nosso processo de elaboração normativa **ao lado da lei**.

Diz-se que a medida provisória constitui **lei sob condição resolutiva** porque, embora seja espécie normativa **com força de lei desde a sua edição**, a permanência dessa eficácia está condicionada a um ato posterior: a confirmação ("conversão em lei") pelo Congresso Nacional, no prazo constitucionalmente fixado. Vale dizer: (i) desde a sua edição, a medida provisória tem força de lei; (ii) caso seja "confirmada" pelo Congresso Nacional, converter-se-á em lei; (iii) porém, se for rejeitada pelo Congresso Nacional (ou perder a sua eficácia por decurso de prazo), a força de lei será retirada do ordenamento jurídico com eficácia retroativa (*ex tunc*), desde a edição da medida provisória – na forma e com os efeitos a seguir examinados.

As medidas provisórias tiveram dois regimes jurídicos distintos, desde a promulgação da Constituição Federal até hoje: o primeiro vigorou da promulgação da Constituição Federal até a promulgação da EC 32, de 11.09.2001; o outro regime, hoje vigente, foi introduzido pela EC 32/2001, e é aplicável às medidas provisórias editadas em data posterior à promulgação dessa emenda constitucional.

Assim, a EC 32/2001 representa um divisor de águas quanto ao instituto medida provisória: até sua promulgação, as medidas provisórias estiveram sujeitas a um dado regime jurídico, originariamente introduzido pela Assembleia Nacional Constituinte, em 5 de outubro de 1988; a partir da EC 32/2001, as medidas provisórias passaram a obedecer a um novo e completamente distinto regime jurídico.

Comentaremos, a seguir, o regime jurídico introduzido pela EC 32/2001, atualmente em vigor, aplicável às medidas provisórias editadas a partir da sua promulgação.

7.2.1. Desnecessidade de convocação extraordinária

Estabelece o art. 62 da Constituição Federal:

> Art. 62. Em caso de relevância e urgência, o Presidente da República poderá adotar medidas provisórias, com força de lei, devendo submetê-las de imediato ao Congresso Nacional.

Cap. 8 • PROCESSO LEGISLATIVO

Nesse dispositivo, foi suprimida a parte final do texto originário, que estabelecia que, estando o Congresso Nacional em recesso, seria convocado extraordinariamente para se reunir no prazo de cinco dias. Não há mais, portanto, a obrigatoriedade de convocação extraordinária do Congresso Nacional na hipótese de sujeição de medida provisória à sua apreciação, durante o recesso parlamentar.

Entretanto, havendo medidas provisórias em vigor na data de convocação extraordinária do Congresso Nacional, **serão elas automaticamente incluídas na pauta de convocação** (CF, art. 57, § 8.º).

Portanto, temos o seguinte: a edição de medida provisória nos períodos de recesso legislativo não obriga, necessariamente, a convocação extraordinária do Congresso Nacional; porém, caso o Congresso Nacional seja convocado extraordinariamente, nas hipóteses constitucionalmente previstas (art. 57, § 6.º), as medidas provisórias em vigor na respectiva data serão automaticamente incluídas na pauta da convocação.

7.2.2. Limitações materiais

Embora consubstancie espécie normativa primária, com força de lei, é certo que a medida provisória não pode disciplinar qualquer matéria, em virtude da existência de limitações constitucionais à sua edição (CF, art. 25, § 2.º; art. 62, § 1.º; art. 246).

É vedada a edição de medidas provisórias sobre matéria (CF, art. 62, § 1.º):

I – relativa a:

a) nacionalidade, cidadania, direitos políticos, partidos políticos e direito eleitoral;

b) direito penal, processual penal e processual civil;

c) organização do Poder Judiciário e do Ministério Público, a carreira e a garantia de seus membros;

d) planos plurianuais, diretrizes orçamentárias, orçamento e créditos adicionais e suplementares, ressalvado o previsto no art. 167, § 3.º;

II – que vise a detenção ou sequestro de bens, de poupança popular ou qualquer outro ativo financeiro;

III – reservada a lei complementar;

IV – já disciplinada em projeto de lei aprovado pelo Congresso Nacional e pendente de sanção ou veto do Presidente da República.

Além dessas vedações, outros dispositivos estabelecem restrições à adoção de medidas provisórias, a saber:

a) o art. 25, § 2.º (que veda a edição de medida provisória estadual para a regulamentação da exploração do gás canalizado);

b) o art. 246 (que veda a adoção de medida provisória na regulamentação de artigo da Constituição cuja redação tenha sido alterada por meio de emenda promulgada entre 1.º de janeiro de 1995 e a promulgação da EC 32/2001, inclusive);

c) o art. 2.º da EC 8/95 (que veda a adoção de medida provisória para regulamentar o disposto no inciso XI do art. 21 da Constituição);

d) o art. 3.º da EC 9/95 (que veda a adoção de medida provisória para regulamentar a matéria prevista nos incisos I a IV e nos §§ 1.º e 2.º do art. 177 da Constituição); e

e) o art. 73 do Ato das Disposições Constitucionais Transitórias – ADCT (que vedou a adoção de medida provisória na regulamentação do Fundo Social de Emergência).

Anote-se que – pela alínea "b" do inciso I do § 1.º do art. 62 da Constituição Federal – há vedação expressa para a edição de medida provisória sobre matéria relativa a direito penal, processual penal e processual civil. Logo, *contrario sensu*, entende-se que a disciplina dos demais ramos do direito (direito civil, direito do trabalho, direito administrativo etc.) por medida provisória é permitida.

A alínea "d" do inciso I do § 1.º do art. 62 – ao vedar a adoção de medida provisória sobre matéria relativa a planos plurianuais, diretrizes orçamentárias, orçamento e créditos adicionais e suplementares – ressalva o previsto no art. 167, § 3.º, da Constituição Federal. Significa dizer que, em se tratando de matéria orçamentária, **só é permitida** a adoção de **medida provisória** para a abertura de **crédito extraordinário**, para atender a despesas imprevisíveis e urgentes, como as decorrentes de guerra, comoção interna ou calamidade pública.

A Constituição Federal veda, também, a edição de medida provisória sobre matéria já disciplinada em projeto de lei aprovado pelo Congresso Nacional e **pendente de sanção ou veto do Presidente da República** (art. 62, § 1.º, IV). Especificamente a respeito dessa vedação, o Supremo Tribunal Federal firmou entendimento de que ela **não impede a edição de medida provisória no mesmo dia em que o Presidente da República sanciona ou veta projeto de lei com conteúdo semelhante**.[30] Asseverou o Tribunal que, nessa situação, o projeto de lei – aprovado pelo Congresso Nacional e já sancionado (ou vetado) pelo Presidente da República – não mais se encontra "pendente de sanção ou veto".

É relevante destacar, ainda, que os **direitos individuais** e o **direito tributário** não foram incluídos entre as matérias insuscetíveis de serem tratadas por meio de medida provisória.

Embora não haja disposição constitucional expressa nesse sentido, é certo que as matérias de iniciativa e competência privativas do Congresso Nacional (art. 49), da Câmara dos Deputados (art. 51), do Senado Federal (art. 52), do Poder Judiciário, do Ministério Público e dos tribunais de contas também não podem ser disciplinadas por medida provisória.

Por fim, segundo entendimento firmado pelo Supremo Tribunal Federal, **a proteção ao meio ambiente também constitui um limite material implícito à**

---

[30] ADI 2.601/DF, rel. Min. Ricardo Lewandowski, 19.08.2021.

edição de medida provisória, ainda que não conste expressamente no elenco das limitações previstas no art. 62, § 1.º, da Constituição.[31]

Deveras, assentou a Corte Maior que normas que importem **diminuição** da proteção ao meio ambiente equilibrado **só podem ser editadas mediante lei formal**, com amplo debate parlamentar e participação da sociedade civil e dos órgãos e instituições de proteção ambiental, como forma de assegurar o direito de todos ao meio ambiente ecologicamente equilibrado. Pontuou, ainda, que, em homenagem ao **princípio da proibição de retrocesso ambiental** – e considerando a exigência da edição de lei para alteração de área especialmente protegida (CF, art. 225, § 1.º, III) –, mostra-se **inconstitucional** a **redução** de área preservada **por meio de medida provisória**.

Anote-se, entretanto, que essa posição do Supremo Tribunal Federal – exigência de lei formal, vedada a adoção de medida provisória para dispor sobre meio ambiente – só se aplica a normas que importem **diminuição, prejuízo ou retrocesso da proteção ambiental** já constituída em determinada unidade de conservação (redução ou supressão de espaços territoriais já protegidos, por exemplo). Assim, se a norma visa a ampliar o território de proteção ambiental e/ou a modificar (reforçar) o regime de uso aplicável à unidade de conservação, a fim de conferir a ela superior salvaguarda (de proteção parcial para proteção integral, por exemplo), não há que se falar em exigência de lei formal, hipótese em que será admitida a adoção de medida provisória ou, até mesmo, de decreto pelo chefe do Executivo.[32]

7.2.3. Procedimento legislativo

Em caso de urgência e relevância, adotada a medida provisória pelo Presidente da República, esta deve ser submetida, de imediato, ao Congresso Nacional, que terá o prazo de sessenta dias (prorrogável por mais sessenta dias) para apreciá-la, não correndo esses prazos durante os períodos de recesso do Congresso Nacional.

No Congresso Nacional, as medidas provisórias serão apreciadas por uma **comissão mista** (composta de senadores e deputados), que apresentará um parecer favorável ou desfavorável à sua conversão em lei (CF, art. 62, § 5.º). O parecer prévio da comissão mista é **meramente opinativo**, mas essa fase – emissão do parecer por comissão mista de deputados e senadores antes do exame, em sessão separada, pelo plenário de cada uma das Casas do Congresso Nacional – é de **observância obrigatória** no processo constitucional de conversão de medida provisória em lei ordinária. Assim, a substituição do exame da comissão mista por mero parecer do relator implica flagrante **inconstitucionalidade formal**.[33]

A votação da medida provisória será iniciada, obrigatoriamente, pela **Câmara dos Deputados** (Casa iniciadora obrigatória).

---

[31] ADI 4.717/DF, rel. Min. Cármen Lúcia, 05.04.2018.

[32] ADI 3.646/DF, rel. Min. Dias Toffoli, 20.09.2019.

[33] ADI 4.029/DF, rel. Min. Luiz Fux, 07.03.2012.

Emitido o parecer, o plenário das Casas Legislativas, iniciando-se pela Câmara dos Deputados, examinará a medida provisória e:

a) na hipótese de ela ser integralmente convertida em lei, o Presidente do Senado Federal a promulgará, remetendo-a para publicação (observa-se que, nesse caso, não haverá possibilidade de sanção ou veto por parte do Presidente da República, uma vez que a medida provisória foi aprovada exatamente nos termos por ele propostos);

b) se for integralmente rejeitada (ou perder sua eficácia por decurso de prazo, em decorrência da não apreciação pelo Congresso Nacional no prazo constitucionalmente estabelecido), a medida provisória será arquivada, o Congresso Nacional baixará ato declarando-a insubsistente e deverá disciplinar, por meio de decreto legislativo, no prazo de sessenta dias contados da rejeição ou da perda de eficácia por decurso de prazo, as relações jurídicas dela decorrentes; caso o Congresso Nacional não edite o decreto legislativo no prazo de sessenta dias, as relações jurídicas surgidas no período permanecerão regidas pela medida provisória;

c) caso sejam introduzidas modificações no texto adotado pelo Presidente da República (conversão parcial), a medida provisória será transformada em "projeto de lei de conversão", e o texto aprovado no Legislativo será encaminhado ao Presidente da República, para que o sancione ou vete (a partir da transformação da medida provisória em "projeto de lei de conversão", este segue idêntico trâmite ao dos projetos de lei em geral); aos dispositivos eventualmente rejeitados aplica-se o descrito na letra "b", acima.

Durante o trâmite legislativo, a medida provisória **poderá receber emendas parlamentares, desde que haja pertinência temática entre estas e o conteúdo da norma original**, apresentada pelo Presidente da República. Essa exigência de pertinência temática foi reconhecida em importante decisão do Supremo Tribunal Federal, na qual restou assentado que o Congresso Nacional não pode, por meio de emendas parlamentares, incluir em projeto de lei de conversão de medida provisória **matéria estranha** àquelas tratadas na norma original – isto é, foi declarada contrária à Constituição a prática do assim chamado "**contrabando legislativo**".[34] Para o Tribunal, a prática de inserção, mediante emenda parlamentar, no processo legislativo de conversão de medida provisória em lei, de matérias de conteúdo temático estranho ao objeto originário da medida provisória viola a Constituição, notadamente o princípio democrático e o devido processo legislativo.

Observa-se que, na hipótese de conversão parcial de medida provisória, será necessária a ulterior manifestação do Presidente da República, para o fim de **sanção** ou **veto**, porque o Congresso Nacional introduziu modificações no texto originário da medida provisória editada por aquela autoridade.

Diferentemente, se ocorre a conversão integral da medida provisória em lei, sem a introdução de modificações no Congresso Nacional, **não há retorno ao Chefe do Executivo, para sanção ou veto**.

---

[34] ADI 5.127/DF, rel. Min. Rosa Weber, 15.10.2015.

Cap. 8 • PROCESSO LEGISLATIVO 579

PROCESSO LEGISLATIVO DAS MEDIDAS PROVISÓRIAS

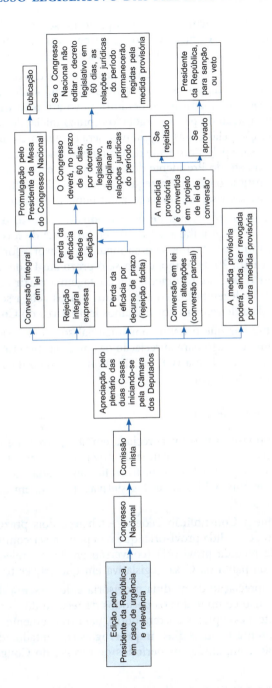

580 DIREITO CONSTITUCIONAL DESCOMPLICADO • Vicente Paulo & Marcelo Alexandrino

7.2.4. Prazo de eficácia

As medidas provisórias têm eficácia pelo prazo de **sessenta dias** a partir de sua publicação, **prorrogável uma única vez por igual período**, se o prazo inicial não for suficiente para a conclusão do processo legislativo nas duas Casas do Congresso Nacional.

A prorrogação dá-se automaticamente, quando não esteja concluída a apreciação da medida provisória nas duas Casas Legislativas ao término dos primeiros sessenta dias. **Não há necessidade da edição de nenhum novo ato pelo Chefe do Executivo requerendo a prorrogação de prazo**. Esgotado o prazo inicial de sessenta dias sem a conclusão da apreciação pelas Casas Legislativas, será ele automaticamente prorrogado, mediante a edição de ato pelo Presidente do Congresso Nacional. A prorrogação, contudo, não depende do ato do Presidente do Congresso, uma vez que este não poderia frustrar o texto constitucional, que assegura a prorrogação. Entendemos que o ato legislativo, nessa situação, visa, tão somente, a dar publicidade à prorrogação de prazo.

Esses prazos **não correm durante os períodos de recesso do Congresso Nacional** (18 de julho a 31 de julho e 23 de dezembro a 1.º de fevereiro, nos termos do art. 57 da Constituição). Assim, se uma medida provisória for editada pelo Presidente da República em 20 de junho, conta-se o prazo até 17 de julho, suspende-se a contagem durante o recesso, recomeça-se a contagem a partir de 1.º de agosto; se for adotada em 23 de dezembro, a contagem dos prazos acima somente terá início em 2 de fevereiro, data de retorno dos trabalhos legislativos do Congresso Nacional.

Importante observar que o texto constitucional só prevê essa hipótese de suspensão da contagem do prazo para apreciação das medidas provisórias. Nem mesmo a decretação de estado de defesa (CF, art. 136) ou de estado de sítio (CF, art. 137) suspendem a referida contagem.

7.2.5. Trancamento de pauta

Se a medida provisória não for apreciada em até **quarenta e cinco dias** contados de sua publicação, entrará em regime de urgência, subsequentemente, em cada uma das Casas do Congresso Nacional, **ficando sobrestadas, até que se ultime a votação, todas as demais deliberações legislativas da Casa em que estiver tramitando** (CF, art. 62, § 6.º).

Constata-se que a Constituição Federal estabelece dois prazos em relação ao processo legislativo de medida provisória, que não podem ser confundidos: (i) prazo para apreciação da medida provisória (conversão em lei ou rejeição); e (ii) prazo para trancamento da pauta da Casa Legislativa em que estiver tramitando.

O prazo para apreciação da medida provisória é de **sessenta dias**, prorrogáveis por **mais sessenta**, não computados os períodos de recesso do Congresso Nacional. Concomitantemente a esse prazo, correrá outro, para trancamento de pauta da Casa Legislativa, de **quarenta e cinco dias**, **improrrogáveis**, contados da edição da medida provisória, não computados os períodos de recesso do Congresso Nacional.[35]

---

[35] O art. 18 da Resolução do Congresso Nacional 1, de 18.05.2002, prevê a suspensão da contagem do prazo de 45 dias, para trancamento de pauta, nos períodos de recesso do Congresso Nacional, embora tal suspensão não esteja expressamente prevista no texto constitucional.

Assim, se a medida provisória não for apreciada em até quarenta e cinco dias contados de sua publicação (não computados os períodos de recesso do Congresso Nacional), ocorrerá o trancamento de pauta, ficando sobrestadas "todas as demais deliberações da Casa Legislativa", até que se ultime a votação da medida provisória.

Esse instituto – trancamento da pauta das Casas Legislativas em decorrência de medida provisória não apreciado no prazo constitucional de quarenta e cinco dias –, combinado com o número elevado de medidas provisórias editadas pelo Presidente da República, ocasionou, nas últimas décadas, uma considerável paralisia do Poder Legislativo brasileiro, que teve a pauta de suas Casas Legislativas trancada em percentual significativo do total de sessões.

Com vistas a minimizar essa paralisia legislativa, em março de 2009, o então presidente da Câmara dos Deputados, Michel Temer, conferiu nova interpretação ao art. 62, § 6.º, da Constituição Federal, restringindo o seu alcance. Pela interpretação de Michel Temer – desde então, adotada pela Câmara dos Deputados –, o trancamento de pauta por medida provisória não alcança todos os projetos e proposições legislativas em trâmite na Casa, mas somente **aqueles que tratem de assuntos disciplináveis por medidas provisórias**. Para ele, o trâmite de proposições que versem sobre matérias não disciplináveis por medida provisória (propostas de emendas constitucionais, projetos de lei complementar, projetos de decreto legislativo e resoluções) não seria afetado pelo trancamento de pauta imposto por medida provisória, nos termos do art. 62, § 6.º, da Constituição Federal.

Essa matéria foi, então, impugnada perante o Supremo Tribunal Federal, que decidiu pela validade da mencionada interpretação desenvolvida pelo ex-presidente da Câmara dos Deputados, deixando consignado que o regime de urgência previsto no referido dispositivo constitucional – que impõe o sobrestamento das deliberações legislativas das Casas do Congresso Nacional – refere-se **apenas** às **matérias passíveis de regramento por medida provisória**, excluídas as propostas de emenda à Constituição, os projetos de lei complementar, de decreto legislativo, de resolução e até mesmo os projetos de lei ordinária que veiculem temas pré-excluídos do âmbito de incidência das medidas provisórias (CF, art. 62, § 1.º, I, II e IV).[36]

Nos dias atuais, portanto, a expressão "todas as demais deliberações legislativas" – contida na parte final do § 6.º do art. 62 da Constituição Federal – há de ser entendida como "todas as demais deliberações legislativas **referentes a matérias disciplináveis por medida provisória**". Ou seja, excluindo-se do sobrestamento as propostas de emenda à Constituição e os projetos de lei complementar, de decreto legislativo, de resolução e, até mesmo, de lei ordinária, desde que se trate de matéria que, nos termos da Constituição Federal, não possa ser objeto de regulação por meio de medida provisória (CF, art. 62, § 1.º, I, II e IV). Por evidente, esse entendimento do Supremo Tribunal Federal alcança não só a atuação da Câmara dos Deputados, mas também a do Senado Federal.

---

[36] MS 27.931, rel. Min. Celso de Mello, 29.06.2017.

7.2.6. Trancamento subsequente de pauta

A partir da publicação da medida provisória, **começa a contagem de um prazo, improrrogável, de quarenta e cinco dias,** findo o qual, se não concluído o processo legislativo de sua apreciação, **ocorrerá o trancamento de pauta** da Casa Legislativa em que estiver tramitando – somente no tocante a deliberações legislativas sobre matérias que se mostrem passíveis de regramento por medida provisória, em razão da interpretação conferida pelo Supremo Tribunal Federal ao art. 62, § 6.º, da Constituição Federal, estudada no item precedente.

Se a Câmara dos Deputados votar a medida provisória dentro de quarenta e cinco dias (contados da sua edição), a matéria será encaminhada ao Senado Federal. Se o Senado Federal também conseguir apreciar a matéria antes de esgotado o prazo, concluindo todo o processo legislativo dentro dos quarenta e cinco dias (contados da edição da medida provisória), não haverá nenhum trancamento de pauta, em nenhuma das Casas Legislativas.

Entretanto, se ocorrer o esgotamento do prazo de quarenta e cinco dias (contados da edição da medida provisória) sem a conclusão da votação, ocorrerá o automático trancamento de pauta – sempre, somente no tocante a deliberações legislativas concernentes a matérias que se mostrem passíveis de regramento por meio de medida provisória – da Casa Legislativa em que ela estiver tramitando (Câmara ou Senado, onde vencerem os quarenta e cinco dias).

Se, esgotado o prazo de quarenta e cinco dias, a medida provisória estiver em trâmite na Câmara dos Deputados, sua pauta restará trancada no tocante à apreciação de matérias disciplináveis por medida provisória. Se, expirados os 45 dias, a medida provisória estiver em trâmite no Senado Federal, a pauta desta Casa é que será trancada no que diz respeito à apreciação de matérias disciplináveis mediante medida provisória.

Ademais, se o trancamento ocorrer na Câmara dos Deputados, depois de ela votar a medida provisória (destrancando a sua pauta), a matéria seguirá para o Senado Federal, para que esta Casa a aprecie (o processo legislativo de medida provisória exige votação em separado, em cada uma das Casas Legislativas), hipótese em que a medida provisória **já chegará ao Senado Federal trancando a sua pauta de votação no que diz respeito a matérias disciplináveis por medida provisória; não haverá contagem de um novo prazo de quarenta e cinco dias no Senado Federal.**

Vale enfatizar: **sempre** que houver trancamento de pauta na Câmara dos Deputados, a medida provisória, invariavelmente, **chegará ao Senado Federal já trancando a sua pauta** (automaticamente, sem contagem de novo prazo de quarenta e cinco dias no Senado).

Ademais, podemos dar sequência ao raciocínio e concluir que, caso haja emendas no Senado Federal, ultrapassado o prazo de quarenta e cinco dias (contados da edição da medida provisória), a matéria retornará para a Câmara dos Deputados, para apreciação das emendas, hipótese em que, novamente, trancará automaticamente a pauta da Câmara, sem que se cogite a contagem de novo prazo de quarenta e cinco dias.

Cap. 8 • PROCESSO LEGISLATIVO

7.2.7. Perda de eficácia

Caso não sejam convertidas em lei no prazo constitucionalmente estabelecido, as medidas provisórias perderão sua eficácia desde a edição (*ex tunc*), devendo o Congresso Nacional disciplinar, por meio de **decreto legislativo**, no prazo de sessenta dias contados da rejeição ou da perda de eficácia por decurso de prazo, as relações jurídicas delas decorrentes.

Se o Congresso Nacional não editar o decreto legislativo no prazo de sessenta dias, **as relações jurídicas constituídas e decorrentes de atos praticados durante a vigência da medida provisória permanecerão por ela regidas** (CF, art. 62, § 11). Observe que, se o Congresso Nacional não disciplinar tais relações jurídicas, por meio de decreto legislativo, no prazo de sessenta dias, sua competência para tanto terminará com o simples decurso de prazo. Esgotado esse prazo sem a edição do decreto legislativo, as relações jurídicas constituídas e decorrentes de atos praticados durante a vigência da medida provisória conservar-se-ão por ela regidas.

Suponha-se que uma medida provisória tenha estabelecido um tratamento "y" a uma matéria até então regulada na forma "x" por uma lei ordinária. Publicada a medida provisória, o regramento "y" passa a vigorar com força de lei, suspendendo a eficácia da lei ordinária. Submetida à apreciação do Congresso Nacional, houve a rejeição expressa da medida provisória pelas Casas Legislativas (ou transcorreu o prazo de sua eficácia sem conclusão da sua apreciação).

Nessa hipótese, por força do art. 62 da Carta Política, a medida provisória perderá sua eficácia desde a edição (*ex tunc*), voltando a produzir efeitos, em todo o período, a lei ordinária pretérita (em razão da exclusão retroativa, do ordenamento jurídico, do ato que lhe suspendia a eficácia).

Mas, como fica a situação das pessoas que já foram atingidas pelas regras da medida provisória, entre o período de sua edição e rejeição?

O Congresso Nacional deverá, mediante decreto legislativo, disciplinar as relações jurídicas decorrentes da medida provisória (isto é, deverá o Congresso Nacional baixar um decreto legislativo disciplinando as relações jurídicas já consolidadas sob o fundamento do regramento "y", fixado no texto da medida provisória).

Essa competência do Congresso Nacional, porém, sofre um limite temporal: se, no prazo de sessenta dias contados da rejeição da medida provisória, não for baixado o decreto legislativo, expirada estará a competência do Congresso Nacional para disciplinar a matéria. Ocorrendo essa caducidade, as relações jurídicas consolidadas no período conservar-se-ão reguladas pelos termos originais da medida provisória (no exemplo dado, significa dizer que as relações jurídicas consolidadas no período permanecerão regidas pelo regramento "y", estabelecido no texto da medida provisória).

Nessa situação, teremos uma medida provisória não convertida em lei regulando, em caráter definitivo, com força de lei, as relações jurídicas consolidadas (e somente essas!) no período em que esteve vigente.

É importante notar que o Congresso Nacional deverá editar o decreto legislativo somente para disciplinar as relações jurídicas já consolidadas durante a vigência da medida provisória. Vale dizer, o decreto legislativo do Congresso Nacional não disciplinará "o período de vigência da medida provisória", mas sim "as relações jurídicas que se constituíram no período de vigência da medida provisória". O período de vigência da medida provisória, no exemplo dado, volta a ser regulado pelo texto "x", da lei ordinária pretérita.

Enfim, o Congresso Nacional deverá disciplinar, apenas, aquelas relações jurídicas que já se aperfeiçoaram no período de vigência da medida provisória; quanto a elas, não ocorrerá um retorno automático ao *status quo ante*, com a simples retirada da medida provisória do ordenamento jurídico. Somente essas relações jurídicas serão afetadas pelo decreto legislativo do Congresso Nacional. As demais, caso ainda não tenham se aperfeiçoado, serão regidas pela legislação pretérita, que, com o expurgo retroativo da medida provisória, voltou a produzir eficácia no período (ou, então, no caso de inexistência de legislação pretérita sobre a matéria, não mais se aperfeiçoarão, haja vista que não existirá regra que se lhes aplique; a regra que constava da medida provisória rejeitada não poderá ser aplicada a relações jurídicas ainda não consolidadas na época da rejeição, e não haverá nenhuma outra regra acerca da matéria).

Da mesma forma, dando sequência ao raciocínio, se o Congresso Nacional não editar o decreto legislativo no prazo de sessenta dias, não será "o período de vigência da medida provisória" que permanecerá regido pelos seus termos. Com a não aprovação da medida provisória, a perda de sua eficácia é sempre retroativa (*ex tunc*). Vale dizer, ela é retirada do plano normativo, retroativamente, desde a sua edição. Com isso, obviamente, ela não regulará mais "período" nenhum! O período de vigência da medida provisória volta a ser regulado pela legislação ordinária anterior, se houver (no exemplo dado, pelo tratamento "x", fixado na lei ordinária pretérita). Apenas "as relações jurídicas constituídas nesse período" é que permanecerão regidas pela medida provisória no caso de omissão do Congresso Nacional.

Em face dessa relevante distinção, não concordamos com aqueles que afirmam que a não aprovação da medida provisória gera efeitos retroativos (*ex tunc*) ou prospectivos (*ex nunc*), a depender da ulterior regulamentação do Congresso Nacional, por decreto legislativo. Para nós, a não aprovação da medida provisória retira-lhe a eficácia, sempre, retroativamente (*ex tunc*). Esse efeito jurídico não depende da vontade do Congresso Nacional, é decorrência de comando expresso da Constituição Federal (art. 62, § 3.º). O que o Congresso Nacional tem o poder de disciplinar, desde que o faça no prazo de sessenta dias, são as relações jurídicas já constituídas com base no que ditava o texto da medida provisória. Se o Congresso não o fizer, continuarão essas relações jurídicas (unicamente elas, e não todo o período!) regidas pelo texto originário da medida provisória.

Essa distinção assume relevo porque, após a rejeição da medida provisória, e mesmo que esgotado o prazo de sessenta dias sem aprovação do decreto legislativo pelo Congresso Nacional, um indivíduo não poderá requerer, ulteriormente, o reconhecimento de direito fundado no texto da medida provisória, ainda que referente ao período de sua vigência. Por que não? Porque, com a sua rejeição, a medida provisória desaparece, sempre, retroativamente, desde a sua edição. Logo, não poderá ser gerada, ulteriormente, nenhuma relação jurídica com fundamento no seu texto, mesmo que a relação jurídica que se pretendesse ver surgida posteriormente à rejeição da medida provisória dissesse respeito a uma situação ocorrida na época em que ela esteve vigente.

Note-se que o raciocínio seria diferente se prevalecesse o entendimento de que, na hipótese de o Congresso Nacional não editar o decreto legislativo no prazo de sessenta dias, a perda de eficácia da medida provisória fosse meramente prospectiva (*ex nunc*), haja vista que, se assim fosse, ela continuaria regulando o "período em que esteve vigente". Nessa situação, seria legítimo ao indivíduo requerer direito com fundamento na medida provisória relativamente ao período em que ela esteve vigente, mesmo que o requerimento ocorresse posteriormente à sua rejeição – expressa ou tácita – pelo Congresso Nacional.

Examinemos uma situação hipotética. Suponha-se que os servidores públicos federais tivessem, previsto em lei, direito ao afastamento de um dia de serviço por ocasião de seu aniversário de nascimento. Imagine-se, ainda, que tenha sido editada uma medida provisória ampliando essa vantagem para cinco dias de afastamento, que poderiam ser requeridos e fruídos nos seis meses subsequentes ao mês do aniversário de nascimento. Suponha-se, por fim, que noventa dias após a sua publicação, a medida provisória tenha sido rejeitada expressamente pelo Congresso Nacional.

Com a publicação da medida provisória, os servidores públicos passaram a ser regidos, nesse ponto, pelos termos da medida provisória ("afastamento de cinco dias"), que suspendeu a eficácia do regramento fixado na lei ordinária pretérita ("afastamento de um dia"). Mas, em seguida, a medida provisória foi rejeitada pelo Congresso Nacional, decorrendo, desse ato, as consequências a seguir examinadas.

A primeira consequência da não aprovação da medida provisória será a perda de sua eficácia retroativamente, desde a edição (*ex tunc*). Significa dizer que, no plano normativo, a vantagem de cinco dias não existe mais, seja daí por diante, seja no período pretérito. Rejeitada a medida provisória, volta a viger em todo o período – pretérito e futuro – a legislação anterior, a lei ordinária, que até então estava com a sua eficácia suspensa ("afastamento de um dia").

O segundo ponto a ser examinado diz respeito à situação jurídica dos servidores públicos cujo aniversário de nascimento ocorreu no período de vigência da medida provisória. Qual será o regime jurídico a eles aplicável? Para respondermos a essa indagação, temos que dividir esses servidores em dois grupos, na forma descrita nos parágrafos seguintes.

Os servidores cujo aniversário de nascimento ocorreu no período de vigência da medida provisória, mas ainda **não** requereram o afastamento de cinco dias, não poderão mais pleitear esse direito à Administração Pública. Não poderão porque a medida provisória perdeu a sua eficácia retroativamente (*ex tunc*) e, com isso, não há mais direito a ser invocado frente a ela, seja em relação a que período for, pretérito ou futuro. Se a relação jurídica não se constituiu na vigência da medida provisória, ela não terá mais condições de aperfeiçoar-se, pois lhe falta fundamento de validade. Com a rejeição da medida provisória, esses servidores só poderão requerer o afastamento de um dia, previsto na lei ordinária, ainda que relativamente ao aniversário de nascimento completado durante a vigência do ato provisório. Não há que se cogitar, em relação a esses servidores, da expedição de decreto legislativo pelo Congresso Nacional, com base no art. 62, § 3.º, da Constituição Federal, pois eles não constituíram relação jurídica alguma em decorrência da vigência da medida provisória!

Já os servidores que comemoraram o seu aniversário de nascimento no período de vigência da medida provisória e, também, já fruíram, no mesmo período, o direito ao afastamento remunerado por cinco dias, poderão ter a sua situação jurídica modificada pelo Congresso Nacional, por decreto legislativo, nos sessenta dias subsequentes à rejeição da medida provisória. Na situação hipotética apresentada, o Congresso Nacional poderia, por exemplo, estabelecer no decreto legislativo que esses servidores que fruíram o afastamento remunerado de cinco dias durante o período de vigência da medida provisória deverão compensar essas horas não trabalhadas, mediante acordo com a chefia imediata, no prazo máximo de um ano. Caso o Congresso Nacional não edite o decreto legislativo no prazo de sessenta dias, os afastamentos remunerados de cinco dias fruídos no período de vigência da medida provisória permanecerão por ela regidos, isto é, estarão eles consolidados diante da omissão do Congresso Nacional.

Por fim, cabe ressaltar que, com a rejeição da medida provisória, estes últimos servidores não terão direito nos próximos anos ao afastamento remunerado de cinco dias por ocasião dos seus aniversários de nascimento, pois não são "os sujeitos das relações jurídicas do período" que permanecerão, eternamente, regidos pela medida provisória, mas sim "as relações jurídicas constituídas no período" (e somente estas!). Nos anos futuros, terão eles direito a apenas um dia de afastamento remunerado, conforme fixado na lei ordinária (enquanto esta estiver em vigor, obviamente).

7.2.8. Apreciação plenária

As medidas provisórias serão apreciadas pelo plenário das duas Casas do Congresso Nacional, separadamente, iniciando-se a votação na Câmara dos Deputados.

Porém, antes da apreciação, em separado, pelo plenário das Casas legislativas, há uma fase obrigatória: caberá à comissão mista de deputados e senadores examinar as medidas provisórias e sobre elas emitir parecer.

A apreciação da medida provisória, nas duas Casas do Congresso Nacional, dar-se-á em duas fases: uma preliminar, em que será avaliada a presença dos pressupostos constitucionais para sua adoção, e outra, de mérito.

É o que dispõe o § 5.º do art. 62 da CF: "A deliberação de cada uma das Casas do Congresso Nacional sobre o mérito das medidas provisórias dependerá de juízo prévio sobre o atendimento de seus pressupostos constitucionais."

O exame quanto à presença dos pressupostos constitucionais de relevância e urgência para a adoção da medida provisória passa a ser matéria preliminar, de apreciação obrigatória pelas Casas Legislativas antes do exame do mérito da medida provisória. Antes do exame da matéria, objeto da medida provisória (mérito), cada Casa Legislativa deverá verificar se estão presentes os pressupostos constitucionais que autorizam a edição dessa espécie normativa (urgência e relevância). Em caso de ausência dos pressupostos, sequer apreciarão o mérito, dando-se por ilegítima a adoção da medida provisória, que será rejeitada.

Cap. 8 • PROCESSO LEGISLATIVO

Vale lembrar que as medidas provisórias em vigor na data de convocação extraordinária do Congresso Nacional **serão automaticamente incluídas na pauta da convocação** (CF, art. 57, § 8.º).

7.2.9. Conversão parcial

Estabelece a Constituição Federal (art. 62, § 12):

> § 12. Aprovado projeto de lei de conversão alterando o texto original da medida provisória, esta manter-se-á integralmente em vigor até que seja sancionado ou vetado o projeto.

Esse dispositivo cuida da hipótese de **conversão parcial** de medida provisória pelo Congresso Nacional, quando a medida provisória adotada pelo Presidente da República é convertida em "projeto de lei de conversão", em razão de alterações no seu texto original no momento da apreciação pelo Congresso Nacional. Nessa hipótese, assegura o texto constitucional que, uma vez aprovado (pelo Poder Legislativo) o projeto de lei de conversão, a medida provisória **manter-se-á integralmente em vigor até que seja sancionado ou vetado (pelo Chefe do Poder Executivo) o projeto de lei de conversão**.

De acordo com o texto constitucional, teremos os passos a seguir comentados.

A medida provisória submetida à apreciação do Congresso Nacional poderá ser integralmente convertida em lei pelas Casas Legislativas. Poderá, diversamente, ocorrer apenas sua conversão parcial, com a aprovação de parte de seus dispositivos, com a introdução de alterações no seu texto etc.

Na primeira hipótese – conversão integral da medida provisória –, não há que se falar em sanção ou veto do Presidente da República, uma vez que está sendo aprovado exatamente o texto por ele adotado. Nesse caso, a formação da lei termina no âmbito do Poder Legislativo: a lei de conversão será promulgada diretamente pelo Presidente da Mesa do Congresso Nacional e encaminhada para publicação.

Na segunda hipótese – conversão parcial da medida provisória –, a originária medida provisória submetida ao Congresso Nacional transmuda-se em projeto de lei de conversão, em decorrência das alterações introduzidas pelo Poder Legislativo. Nesse caso, como não foi aprovado na íntegra o texto adotado pelo Presidente da República, o projeto de lei de conversão, depois de aprovado pelo Poder Legislativo, será encaminhado ao Chefe do Executivo, para o fim de sanção ou veto. A partir desse momento, o projeto segue o trâmite ordinário aplicável aos demais projetos de lei, isto é: (a) sanção expressa, promulgação e publicação; (b) sanção tácita, promulgação e publicação; ou (c) veto, apreciação do veto pelo Congresso Nacional.

Para essa segunda situação, de conversão parcial, em que são introduzidas modificações no texto da medida provisória pelo Poder Legislativo, é que foi estabelecida pelo legislador constituinte a regra em exame (§ 12 do art. 62): enquanto o projeto não for sancionado ou vetado pelo Presidente da República, a medida provisória manter-se-á integralmente em vigor.

Nessa hipótese, como haverá necessidade de sanção ou veto do Presidente da República, poderá ser ultrapassado o prazo limite de validade da medida provisória sem que sua eficácia seja prejudicada. Se o projeto de lei de conversão for apreciado e aprovado pelo Congresso Nacional dentro do prazo limite, a sanção ou o veto poderá ocorrer mesmo depois do referido prazo. Enquanto o projeto de lei de conversão estiver pendente da sanção ou do veto, **o texto original da medida provisória manter-se-á integralmente em vigor, ainda que expirado o prazo constitucionalmente fixado para a apreciação dessa espécie normativa** (sessenta + sessenta dias, desconsiderados os períodos de recesso parlamentar).

Suponhamos, por exemplo, que o projeto de lei de conversão somente seja aprovado pelo Poder Legislativo no 119.º dia após a edição da medida provisória, data em que é encaminhado ao Chefe do Executivo, para sanção ou veto. Nesse caso, enquanto pendente o projeto de sanção ou veto, o texto originário da medida provisória manter-se-á integralmente em vigor, ainda que ultrapassado o prazo ordinário de eficácia dessa espécie normativa.

7.2.10. Reedição

É vedada a reedição, na mesma sessão legislativa, de medida provisória que tenha sido rejeitada ou que tenha perdido sua eficácia por decurso de prazo (CF, art. 62, § 10).[37]

O texto constitucional **continua a permitir a reedição de medida provisória** que tenha sido rejeitada ou que tenha perdido a eficácia por decurso de prazo, mas somente em **sessão legislativa distinta**. Na mesma sessão legislativa, não se admite mais a reedição. O intuito dessa vedação constitucional é evitar que o presidente da República promova reedições abusivas de medidas provisórias, o que configuraria afronta ao princípio da divisão dos Poderes.

A prorrogação do prazo de eficácia da medida provisória não pode ser confundida com a possibilidade de reedição de uma medida provisória não convertida em lei.

A **prorrogação** diz respeito ao prazo inicial de eficácia da medida provisória, por não se ter concluído sua apreciação pelo Congresso Nacional. Se o prazo inicial de sessenta dias não for suficiente para o encerramento da votação nas duas Casas do Congresso Nacional, haverá uma única prorrogação por mais sessenta dias. Somente após esses dois períodos (sessenta + sessenta dias, desconsiderados os períodos de recesso do Congresso Nacional) é que, não sobrevindo a conversão em lei, haverá perda de sua eficácia.

A **reedição** diz respeito a momento posterior à rejeição expressa ou à perda de eficácia por decurso de prazo (rejeição tácita) da medida provisória. Quando se

---

[37] Cumpre-nos alertar que no regime jurídico anterior, vigente até a edição da EC 32/2001, era juridicamente possível a sucessiva reedição de medida provisória, sem perda de eficácia, conforme já explicitava a jurisprudência do STF, consolidada na antiga Súmula 651, posteriormente convertida na Súmula Vinculante 54, com este enunciado: "A medida provisória não apreciada pelo Congresso Nacional podia, até a Emenda Constitucional 32/2001, ser reeditada dentro do seu prazo de eficácia de trinta dias, mantidos os efeitos de lei desde a primeira edição."

fala em reedição, a preocupação é com a possibilidade de a matéria que tenha sido objeto de uma medida provisória rejeitada ou que perdeu a eficácia pelo decurso de prazo ser objeto de nova medida provisória. Atualmente, só é possível a reedição pelo Chefe do Executivo em sessão legislativa distinta daquela em que se deu a rejeição ou a perda de eficácia por decurso de prazo.

Imagine-se que uma medida provisória tenha sido publicada e submetida à apreciação do Congresso Nacional em janeiro de 2015. Como se sabe, sua eficácia inicial é de sessenta dias. Porém, se esse prazo inicial de sessenta dias não for suficiente para o encerramento das votações nas duas Casas do Congresso Nacional, haverá a prorrogação automática desse prazo por mais sessenta dias, mantendo-se inalterada a eficácia da medida provisória. Caso a medida provisória seja rejeitada pelo Congresso Nacional dentro desse novo prazo, ou expire o prazo total (inicial + prorrogação) sem sua conversão em lei, o Presidente da República somente poderá reeditar essa matéria, em nova medida provisória, na próxima sessão legislativa.

A vedação à reedição, na mesma sessão legislativa, de medida provisória rejeitada ou que tenha exaurido a sua eficácia por decurso de prazo tem sido objeto de reiteradas manifestações do Supremo Tribunal Federal, sempre implicando a invalidação da norma resultante de processo legislativo que tenha desrespeitado essa proibição constitucional. A orientação do Tribunal restou consolidada na seguinte **tese jurídica**:[38]

> É inconstitucional medida provisória ou lei decorrente da conversão de medida provisória, cujo conteúdo normativo caracterize a reedição, na mesma sessão legislativa, de medida provisória anterior rejeitada, de eficácia exaurida por decurso do prazo ou que ainda não tenha sido apreciada pelo Congresso Nacional dentro do prazo estabelecido pela Constituição Federal.

Embora não se trate propriamente de reedição, é importante destacar que o Presidente da República **não pode editar medida provisória para disciplinar matéria que tenha sido, na mesma sessão legislativa, objeto de projeto de lei rejeitado**.

Com efeito, em decorrência do princípio da irrepetibilidade, previsto no art. 67 da Constituição, o Presidente da República não pode se valer de medida provisória para disciplinar matéria que já tenha sido objeto de projeto de lei anteriormente rejeitado na mesma sessão legislativa. Afinal, se é vedado ao próprio Congresso Nacional reapreciar, sem a iniciativa qualificada da maioria absoluta, projeto de lei que rejeitara na mesma sessão legislativa, com muito mais razão será proibido o exercício, pelo chefe do Executivo, da competência de dar eficácia imediata a um texto legal, mediante a edição de medida provisória, com o mesmo conteúdo de outro projeto de lei já rejeitado na mesma sessão legislativa.

---

[38] ADI 5.709/DF, rel. Min. Rosa Weber, 27.03.2019.

DIREITO CONSTITUCIONAL DESCOMPLICADO • *Vicente Paulo & Marcelo Alexandrino*

Assim, se o Presidente da República apresenta projeto de lei e este é rejeitado pelo Congresso Nacional, não poderá, na mesma sessão legislativa, adotar medida provisória versando sobre a mesma matéria (anteriormente rejeitada, no projeto de lei).[39]

7.2.11. Medida provisória e impostos

A Constituição Federal possui regra específica sobre a produção de efeitos de medida provisória que institua ou majore impostos, nos seguintes termos (CF, art. 62, § 2.º):

> § 2.º Medida provisória que implique instituição ou majoração de impostos, exceto os previstos nos arts. 153, I, II, IV, V, e 154, II, só produzirá efeitos no exercício financeiro seguinte se houver sido convertida em lei até o último dia daquele em que foi editada.

Essa norma amplia a garantia de não surpresa dos contribuintes, reforçando o **princípio da anterioridade tributária** (CF, art. 150, III, "b"), o qual proíbe, como regra, que uma lei que institua ou aumente tributos em geral produza efeitos no mesmo ano de sua publicação.

Com a promulgação da EC 42/2003 foi acrescentada a alínea "c" ao inciso III do art. 150 da Constituição, estabelecendo, como regra geral, a exigência de aguardo de um prazo mínimo de noventa dias para a produção de efeitos de leis que instituam ou aumentem tributos, acentuando, ainda mais, a proteção dos contribuintes contra mudanças repentinas na carga tributária. Alguns tributos não estão sujeitos a essa regra de "noventena"; a lista de exceções está na parte final do § 1.º do art. 150 da Constituição, também acrescentada pela EC 42/2003.

Na prática, a conjugação dessas três regras – a específica para medidas provisórias que criem ou aumentem impostos (art. 62, § 2.º), a anterioridade do exercício financeiro (art. 150, III, "b") e a noventena (art. 150, III, "c") –, pode tornar bastante trabalhosa a análise de casos concretos. Procuramos, abaixo, conjugar essas regras de forma sistemática, sem pretensão de esgotar as combinações possíveis:

1.º) na instituição ou aumento dos impostos sobre importação de produtos estrangeiros (II), sobre exportação, para o exterior, de produtos nacionais e nacionalizados (IE), sobre operações de crédito, câmbio e seguro, ou relativas a títulos e valores mobiliários (IOF) e dos impostos extraordinários de guerra (IEG), a medida provisória produzirá efeitos desde a sua edição; na instituição ou aumento do imposto sobre produtos industrializados (IPI), a medida provisória poderá produzir efeitos no mesmo exercício financeiro de sua publicação, e não se exige sua conversão em lei até 31 de dezembro do mesmo ano, mas ela terá que aguardar noventa dias para o início de seus efeitos;

---

[39] ADI 2.010-2/DF, rel. Min. Celso de Mello, 30.09.1999.

2.º) na instituição ou aumento dos demais impostos, a medida provisória só produzirá efeitos no exercício financeiro seguinte se houver sido convertida em lei até o último dia daquele em que foi editada; além disso, se se tratar de imposto sujeito à noventena (art. 150, III, "c"), terá que transcorrer um período mínimo de 90 dias entre a publicação da medida provisória e a exigência, no exercício seguinte, do tributo instituído ou majorado;

3.º) na instituição ou aumento de outras espécies tributárias sujeitas ao princípio da anterioridade previsto no art. 150, III, "b", da Constituição, como as taxas, as contribuições de melhoria, as contribuições de interesse de categorias profissionais ou econômicas, a medida provisória poderá produzir efeitos no ano seguinte ao de sua publicação, mesmo que não tenha sido convertida em lei até 31 de dezembro, exigindo-se, entretanto, o transcurso do período mínimo de 90 dias, contados de sua publicação, por força do princípio da noventena estabelecido no art. 150, III, "c", da Constituição.

7.2.12. Art. 246 da Constituição Federal

Dispõe o art. 246 da Constituição Federal:

> Art. 246. É vedada a adoção de medida provisória na regulamen-
> tação de artigo da Constituição cuja redação tenha sido alterada
> por meio de emenda promulgada entre 1.º de janeiro de 1995 até
> a promulgação da EC n.º 32/2001, inclusive.

A Emenda Constitucional 32/2001, ao dar nova redação a esse dispositivo constitucional, afastou a incidência da vedação nele prevista para o período posterior à sua promulgação, mas a manteve em relação ao período compreendido entre 1.º de janeiro de 1995 e a promulgação das próprias modificações trazidas pela EC 32/2001.

Com isso, os artigos da Constituição cuja redação tenha sido alterada por meio de emenda promulgada em data anterior a 1.º de janeiro 1995 podem ser regulamentados por meio de medida provisória.

Já os artigos da Constituição cuja redação tenha sido alterada a partir de 1.º de janeiro de 1995 até a EC 32/2001 (inclusive os artigos alterados pela EC 32/2001) não podem ser regulamentados por medida provisória.

Com a promulgação da EC 32/2001 desaparece a vedação em relação ao período futuro, isto é, os artigos da Constituição cuja redação seja alterada por emenda posterior à EC 32/2001 (isto é, pela EC 33 e seguintes) poderão ser regulamentados por meio de medida provisória.

Conclui-se, assim, que **não poderão ser regulamentados por meio de medida provisória os artigos cuja redação tenha sido alterada pelas Emendas de 5/1995 a 32/2001, inclusive**. Os outros artigos constitucionais, inclusive os modificados pelas demais emendas constitucionais, poderão ser regulamentados por medida provisória, desde que não haja incidência de alguma outra vedação ao uso dessa espécie normativa, evidentemente.

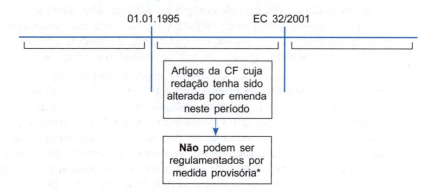

* Essa vedação não alcança os artigos da CF cuja redação tenha sido alterada por emendas em data anterior a 01.01.1995 ou posterior à EC 32, de 11.09.2001.

7.2.13. Medidas provisórias anteriores à EC 32/2001

Estabelece o art. 2.º da EC 32/2001:

> Art. 2.º As medidas provisórias editadas em data anterior à da publicação desta emenda continuam em vigor até que medida provisória ulterior as revogue explicitamente ou até deliberação definitiva do Congresso Nacional.

Por força desse dispositivo, as medidas provisórias editadas em data anterior à publicação da Emenda Constitucional 32/2001 **continuam em vigor, independentemente de qualquer outro ato, até que medida provisória ulterior as revogue explicitamente ou até deliberação definitiva do Congresso Nacional**.

Portanto, essas medidas provisórias, editadas em data anterior à publicação da EC 32/2001, tornaram-se, independentemente de qualquer outro ato, espécies normativas com vigência indeterminada, com força de lei, até que medida provisória ulterior as revogue expressamente ou até que o Congresso Nacional as aprecie (ou, ainda, até que sejam revogadas por alguma lei ou emenda constitucional a elas superveniente).

A vigência por prazo indeterminado dessas medidas provisórias pretéritas independe da edição de qualquer ato pelo Chefe do Executivo ou pelo Congresso Nacional (reedição, prorrogação de prazo etc.). A sua vigência e eficácia indeterminadas decorrem diretamente da Emenda Constitucional 32, de 2001.

Cabe ressaltar que não se pode afirmar que tais medidas provisórias pretéritas tenham sido, efetivamente, convertidas em lei ordinárias. Isso porque, conforme dispõe o art. 2.º da EC 32, o Congresso Nacional permanece com a competência para, julgando conveniente, apreciá-las a qualquer momento, para o fim de convertê--las em lei ou rejeitá-las.

Cap. 8 • PROCESSO LEGISLATIVO

Por fim, caso o Congresso Nacional resolva apreciar uma dessas antigas medidas provisórias, editadas em data anterior à promulgação da EC 32/2001, deverá fazê-lo segundo o processo legislativo pretérito de aprovação de medida provisória, vigente até a EC 32/2001 (em sessão conjunta do Congresso Nacional, e não em votação em separado nas duas Casas Legislativas).[40]

7.2.14. Retirada

As medidas provisórias, com a sua publicação no Diário Oficial, subtraem-se ao poder de disposição do Presidente da República e ganham, em consequência, autonomia jurídica absoluta, desvinculando-se da autoridade que as instituiu.

Assim, o STF não admite que seja retirada do Congresso Nacional medida provisória ao qual foi remetida para o efeito de ser, ou não, convertida em lei.[41] Vale dizer: **não pode o Presidente da República solicitar ao Congresso Nacional a retirada de medida provisória por ele anteriormente enviada para apreciação.**

7.2.15. Revogação

Se, por um lado, a jurisprudência do Supremo Tribunal Federal não admite que medida provisória submetida ao Congresso Nacional seja retirada pelo Chefe do Executivo, por outro, aceita o Tribunal que medida provisória nessa situação **seja revogada por outro ato normativo da mesma espécie.**

Em tal hipótese – quando medida provisória ainda pendente de apreciação pelo Congresso Nacional é revogada por outra – ficará suspensa a eficácia daquela que foi objeto de revogação, até que haja pronunciamento do Poder Legislativo sobre a medida provisória revogadora. Posteriormente, na apreciação da medida provisória revogadora, se esta for convertida em lei, tornará definitiva a revogação; se não o for, retomará os seus efeitos a medida provisória que houvera sido objeto de revogação pelo período que ainda lhe restava para vigorar.[42]

Em outras palavras: a edição de medida provisória posterior não tem eficácia normativa imediata de revogação da legislação anterior com ela incompatível, mas apenas de **suspensão, paralisação, das leis antecedentes** até o término do prazo do processo legislativo de sua conversão; isso porque, embora seja espécie normativa com **força de lei**, a medida provisória precisa ser convertida pelo Congresso Nacional, vale dizer, é **lei sob condição resolutiva.**

Exemplificando, suponhamos que a MP 1 seja revogada pela MP 2, noventa dias após a sua edição, antes de ser concluída a sua apreciação no Congresso Nacional. Nessa situação, a publicação da MP 2 suspende a eficácia da MP 1; ulteriormente, na apreciação da MP 2, poderemos ter o seguinte: (a) caso a MP 2 seja convertida em lei, opera-se a definitiva revogação da MP 1; (b) caso a MP 2 seja rejeitada, a MP 1 retoma os seus efeitos, pelo tempo que ainda lhe restava de vigência (neste

---

[40] Assim dispõe o art. 20 da Resolução 1/2002 do Congresso Nacional.
[41] ADIMC 221/DF, rel. Min. Moreira Alves, 16.09.1993.
[42] ADIMC 1.659/DF, rel. Min. Moreira Alves, 27.11.1997.

exemplo, por mais trinta dias, desconsiderando-se os períodos de recesso do Congresso Nacional).

Em decorrência desse entendimento do Supremo Tribunal Federal – segundo o qual é possível a revogação de medida provisória em tramitação por outra –, temos que é juridicamente viável a revogação de medida provisória que esteja obstruindo a pauta de uma das Casas Legislativas mediante a adoção de nova medida provisória pelo Presidente da República, hipótese em que teremos o afastamento do sobrestamento de pauta previsto no art. 62, § 6.º, da Constituição Federal.

Entretanto, é importante destacar que, também segundo a jurisprudência do Supremo Tribunal Federal, **a matéria constante de medida provisória revogada não pode ser reeditada, em nova medida provisória, na mesma sessão legislativa**.[43] Assim, nada impede que o Presidente da República, após editar uma medida provisória, a revogue. Entretanto, não é permitido que, na mesma sessão legislativa, apresente nova medida provisória com o mesmo objeto.

Enfim, se o Presidente da República edita a medida provisória "y" para revogar a medida provisória "x", **a matéria constante desta última não poderá ser objeto de nova medida provisória na mesma sessão legislativa**. Logo, caso o Presidente da República, na mesma sessão legislativa, queira tratar da matéria que constava na medida provisória por ele revogada, deverá utilizar-se de projeto de lei a ser encaminhado ao Congresso Nacional, hipótese em que poderá, inclusive, valer-se do processo legislativo sumário, solicitando às Casas Legislativas que apreciem a matéria sob o regime constitucional de urgência (art. 64, §§ 1.º a 4.º).

REVOGAÇÃO DE MEDIDA PROVISÓRIA POR OUTRA MEDIDA PROVISÓRIA

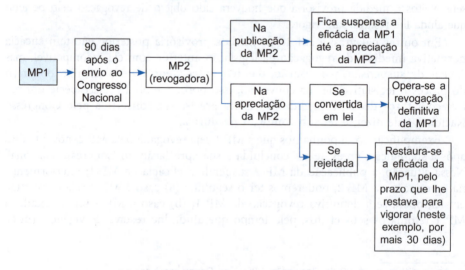

---

[43] ADIMC 3.964/DF, rel. Min. Carlos Britto, 12.12.2007.

Cap. 8 • PROCESSO LEGISLATIVO

7.2.16. Efeitos da medida provisória sobre lei pretérita

Se, por um lado, é certo que a medida provisória tem força de lei desde a sua edição, por outro, também sabemos que essa "força de lei" é de natureza precária, haja vista que, uma vez editada, deverá a medida provisória ser imediatamente submetida à apreciação do Congresso Nacional, que poderá rejeitá-la (CF, art. 62).

Desse modo, com a publicação da medida provisória, a lei ordinária então em vigor que com ela seja incompatível não será, de imediato, revogada. Essa lei terá apenas a sua **eficácia suspensa** (permanecerá no ordenamento jurídico, mas sem produzir efeitos), enquanto se aguarda o desfecho da apreciação da medida provisória pelo Congresso Nacional.

Ao final, se o Congresso Nacional rejeitar a medida provisória, a lei ordinária que teve a sua eficácia suspensa voltará automaticamente a produzir efeitos; caso a medida provisória seja convertida em lei, esta nova lei (resultante da conversão da medida provisória), aí sim, revogará a lei anterior.

7.2.17. Apreciação judicial dos pressupostos constitucionais

Matéria objeto de grande controvérsia na doutrina e, mesmo, na jurisprudência diz respeito à competência para aferição dos pressupostos constitucionais de urgência e relevância, justificadores da edição de medida provisória. Questiona-se se essa competência estaria no âmbito da esfera de discricionariedade do Presidente da República, ou se, diversamente, poderiam os Poderes Legislativo e Judiciário fiscalizar a presença de tais pressupostos.

A questão foi objeto de grande discussão também no âmbito do STF, tendo a Corte firmado orientação de que a aferição dos pressupostos de relevância e urgência tem caráter político, ficando sua apreciação, em princípio, por conta do Chefe do Executivo (no momento da adoção da medida) e do Poder Legislativo (no momento da apreciação da medida).

Todavia, se uma ou outra, relevância ou urgência, evidenciar-se improcedente, no controle judicial, o Poder Judiciário **deverá decidir pela ilegitimidade constitucional da medida provisória.**[44]

Na esteira dessa orientação, temos que os conceitos de relevância e de urgência a que se refere o art. 62 da Constituição, como pressupostos para a edição de medidas provisórias, decorrem, em princípio, do juízo de discricionariedade, oportunidade e de valor do Presidente da República e do Poder Legislativo, **mas admitem o excepcional controle pelo Poder Judiciário quando – em razão da indubitável ausência de tais pressupostos – se afigure evidente o abuso do poder de legislar pelo chefe do Executivo.**[45] O STF tem enfatizado, porém, que o controle judicial, neste particular, **é de domínio estrito, de cunho excepcionalíssimo, justificando-se**

---

[44] ADI 162/DF, rel. Min. Moreira Alves, 02.08.1993.

[45] ADI 4.717/DF, rel. Min. Cármen Lúcia, 05.04.2018. Nesse julgado, o STF declarou a inconstitucionalidade formal da Medida Provisória 558/2012, em razão da não comprovação da presença dos mencionados pressupostos de relevância e urgência.

a invalidação da iniciativa presidencial apenas quando atestada a inexistência cabal desses requisitos.[46]

Ainda sobre a apreciação judicial dos pressupostos de urgência e relevância, cabe-nos examinar a questão referente aos efeitos da conversão em lei da medida provisória sobre os eventuais vícios na sua edição. A conversão da medida provisória em lei, pelo Congresso Nacional, tem o condão de convalidar o vício quanto à inexistência de urgência e relevância para a sua edição?

Examinando essa questão, o Supremo Tribunal Federal firmou entendimento de que **a lei de conversão não convalida os vícios existentes na medida provisória**, isto é, tais vícios poderão ser objeto de exame pelo Poder Judiciário mesmo após a conversão em lei da medida provisória.[47]

Significa dizer que a Corte Suprema entende que os eventuais vícios ocorridos na edição da MP, no que tange à eventual ausência dos requisitos de urgência e relevância, contaminam a lei de conversão, podendo acarretar a invalidade desta. Caso não se tenha verificado a ocorrência dos referidos pressupostos na edição da medida provisória, a sua conversão em lei pelo Congresso Nacional não tem o condão de sanar essa irregularidade.

Em resumo, podemos afirmar que: (1) o vício originário quanto à edição da medida provisória contamina a lei de conversão; (2) com isso, a lei de conversão só será válida se não tiver havido vício na edição da medida provisória; (3) logo, se for impugnada judicialmente uma medida provisória no tocante à manifesta ausência dos pressupostos constitucionais para sua edição – relevância e urgência –, a sua posterior conversão em lei antes do julgamento da ação judicial não prejudica esse julgamento, uma vez que a conversão em lei não supre a inocorrência dos pressupostos para a edição da medida provisória.

7.2.18. *Medida provisória* versus *lei delegada*

Na vigência da atual Constituição, o Presidente da República dispõe de competência para a instituição de dois atos normativos de natureza primária e geral, integrantes do nosso processo legislativo: a medida provisória (art. 62) e a lei delegada (art. 68).

Embora sejam dois atos normativos primários, ambos de competência do Presidente da República, há significativas diferenças entre eles. A lei delegada depende de delegação do Congresso Nacional, por meio de resolução (art. 68, § 2.º); a medida provisória independe de autorização legislativa (art. 62).

A medida provisória somente pode ser adotada diante da presença dos pressupostos constitucionais de urgência e relevância (art. 62), ao passo que a lei delegada não deve obediência a tais pressupostos, bastando, para a sua edição, a expedição da resolução de delegação pelo Congresso Nacional.

O procedimento de aprovação da lei delegada, conforme veremos adiante, é absolutamente distinto daquele de aprovação da medida provisória.

---

[46] ADI 5.599/DF, rel. Min. Edson Fachin, 26.10.2020.
[47] ADIMC 4.048-1/DF, rel. Min. Gilmar Mendes, 14.05.2008.

Cap. 8 • PROCESSO LEGISLATIVO

A eficácia da medida provisória é temporária, limitada a sessenta dias, prorrogáveis por mais sessenta, a contar de sua edição, visto que esse ato normativo depende de conversão em lei pelo Congresso Nacional. A vigência da lei delegada, salvo disposição em contrário no seu texto, não está sujeita a limite temporal.

As vedações à edição de medida provisória (art. 62, § 1.º) não são exatamente as mesmas impostas à adoção da lei delegada (art. 68, § 1.º). Os direitos individuais, por exemplo, não poderão ser objeto de delegação legislativa (CF, art. 68, § 1.º, II), mas poderão ser regulados por medida provisória.

Medida Provisória (art. 62)	Lei Delegada (art. 68)
Exige a presença dos pressupostos de urgência e relevância para sua adoção.	Não exige a presença dos pressupostos de urgência e relevância para sua adoção.
Não exige prévia autorização do Congresso Nacional.	Exige prévia autorização do Congresso Nacional, mediante resolução.
Eficácia temporária.	Eficácia permanente.
As vedações constitucionais à sua adoção estão nos arts. 25, § 2.º; 62, § 1.º; e 246.	As vedações constitucionais à sua adoção estão no § 1.º do art. 68.

7.2.19. Medida provisória nos estados-membros

Os estados-membros podem adotar medidas provisórias, desde que essa espécie normativa esteja expressamente prevista na Constituição Estadual e nos mesmos moldes impostos pela Constituição Federal, tendo em vista a necessidade da observância simétrica do processo legislativo federal.

O Supremo Tribunal Federal assentou entendimento de que é legítimo ao Governador do estado-membro expedir medidas provisórias em caso de relevância e urgência, desde que, primeiro, esse instrumento esteja expressamente previsto na Constituição do estado e, segundo, sejam observados os princípios e limitações impostas pela Constituição Federal, haja vista a inexistência no texto da Constituição Federal de qualquer cláusula que implique restrição ou vedação ao poder autônomo dos estados quanto ao uso de medidas provisórias.[48]

Nessa esteira, entendemos que também seria legítimo aos municípios instituírem a espécie legislativa medida provisória, desde que prevista na sua Lei Orgânica e, na sua adoção, fossem fielmente observados os limites estabelecidos pela Constituição Federal.

7.3. Leis delegadas

As leis delegadas são elaboradas pelo Presidente da República, que solicitará a competente delegação ao Congresso Nacional (CF, art. 68).

---

[48] ADI 2.391/SC, rel. Min. Ellen Gracie, 16.08.2006.

Assim como as demais espécies integrantes do nosso processo legislativo, a lei delegada consubstancia ato normativo primário, pois haure seu fundamento de validade diretamente da Constituição.

Porém, seu campo de atuação sofre algumas restrições, não podendo cuidar de qualquer matéria, tendo em vista o disposto no art. 68, § 1.º, da Constituição Federal (observe-se, nesse dispositivo, que a CF não impede a delegação legislativa em matéria de instituição e majoração de tributo).

De regra, a matéria vedada à medida provisória (art. 62, § 1.º) coincide com a que é proibida à lei delegada (art. 68, § 1.º). Porém, **essa coincidência não é absoluta,** pois há proibições que se aplicam somente à medida provisória (dispor sobre sequestro de bens, por exemplo), bem como vedações que somente foram impostas à lei delegada (dispor sobre direitos individuais, por exemplo).

A delegação legislativa opera-se por meio de **resolução do Congresso Nacional.** Essa delegação deverá ser limitada, especificando a resolução o conteúdo e os termos para o seu exercício (CF, art. 68, § 2.º). Será flagrantemente inconstitucional um ato de delegação genérico, vago, impreciso, que passe ao Presidente da República um verdadeiro "cheque em branco" em termos de competência legislativa.

Aliás, é relevante destacar que a resolução **não pode ser validamente substituída, em tema de delegação legislativa, por lei comum,** pois o processo legislativo de formação desta não se ajusta à disciplina ritual fixada pelo art. 68 da Constituição.[49]

O processo de elaboração de lei delegada é desencadeado por meio da solicitação de autorização pelo Presidente da República ao Congresso Nacional para a edição de lei sobre determinada matéria.

Efetivada a solicitação pelo Chefe do Executivo, o Congresso Nacional a examinará e, sendo aprovada, terá a forma de resolução, que especificará o conteúdo e os termos para o exercício da delegação concedida.

A delegação poderá ser **típica** ou **atípica.**

Na **delegação típica** (que é a regra, presumível nesse tipo de ato), o Congresso Nacional concede os plenos poderes para que o Presidente da República elabore, promulgue e publique a lei delegada, sem participação ulterior do Poder Legislativo. Na delegação típica, uma vez efetivada a delegação pelo Congresso Nacional, daí por diante todo o processo de elaboração da lei delegada esgotar-se-á no âmbito do Poder Executivo: o Presidente da República elaborará, promulgará e publicará a lei delegada.

Entretanto, a resolução poderá determinar a apreciação do projeto pelo Congresso Nacional, caso em que teremos a denominada **delegação atípica.** Nesse caso, o Presidente da República elaborará o projeto de lei delegada e o submeterá à apreciação do Congresso Nacional, que sobre ele deliberará, em votação única, vedada qualquer emenda.

Observa-se que, nessa situação, o Congresso Nacional somente poderá aprovar ou rejeitar, integralmente, o projeto elaborado pelo Presidente da República, visto

---

[49] ADI 1.296/CE, rel. Min. Celso de Mello, 14.06.1995.

que a Constituição Federal veda a apresentação de qualquer emenda (CF, art. 68, § 3.º). Caso o projeto seja aprovado, a lei delegada será encaminhada ao Presidente da República, para que a promulgue e publique.

Se ocorrer rejeição integral do projeto de lei delegada, este será arquivado, somente podendo ser reapresentado, na mesma sessão legislativa, por solicitação da maioria absoluta dos membros de uma das Casas do Congresso Nacional (CF, art. 67).

A delegação **não vincula o Presidente da República**, que, mesmo diante dela, poderá não editar lei delegada alguma, vale dizer, mesmo havendo solicitado a delegação e obtido a resolução do Congresso Nacional o Presidente da República pode abster-se de elaborar a lei delegada.

Por outro lado, o ato de delegação do Congresso Nacional **não impede que o Legislativo venha a cuidar da matéria, mediante lei**, diante da omissão do Presidente da República em editar a lei delegada. Mesmo durante o prazo concedido ao Presidente da República para a edição da lei delegada, o Congresso Nacional pode disciplinar a matéria objeto da delegação, mediante lei ordinária. A delegação não retira do Legislativo seu poder de regular a matéria, não há renúncia ao seu poder de editar lei sobre a matéria.

Da mesma forma, não há impedimento para que o Congresso Nacional, antes de encerrado o prazo fixado na resolução, revogue a delegação.

A Carta da República outorgou ao Congresso Nacional a competência para **sustar os atos do Executivo que exorbitem os limites da delegação legislativa** (CF, art. 49, V).

Conforme vimos, a delegação legislativa deve ter conteúdo determinado, preciso, definido, não podendo constituir um "cheque em branco" para a atuação legislativa do Presidente da República.

Assim, caso o Chefe do Executivo extrapole o objeto da delegação, legislando além dos limites traçados pela resolução, o Congresso Nacional poderá, por ato próprio, sustar os efeitos da lei delegada exorbitante. O ato de sustação do Congresso Nacional surtirá efeitos não retroativos (*ex nunc*), porquanto não se cuida de pronúncia de inconstitucionalidade, mas sim de sustação de eficácia.

Por força desse dispositivo constitucional (art. 49, V), temos que, na hipótese de extrapolação dos limites da delegação legislativa pelo Presidente da República, o Congresso Nacional não precisará recorrer ao Poder Judiciário para paralisar os efeitos da lei delegada exorbitante, podendo o próprio Parlamento, por decreto legislativo, sustar os seus efeitos. Esse controle legislativo, de natureza política, tem recebido da doutrina a denominação "**veto legislativo**".

Entretanto, cabe ressaltar que esse controle legislativo não obsta a eventual declaração de inconstitucionalidade da lei delegada pelo Poder Judiciário, seja quanto ao seu conteúdo material, seja por desrespeito aos requisitos formais do processo legislativo dessa espécie normativa.

Por outro lado, o ato do Congresso Nacional, que, nos termos do art. 49, inciso V, da Carta Federal, susta os efeitos de ato normativo do Poder Executivo, **está sujeito ao controle repressivo judicial**. Significa dizer que, baixado o ato de sustação pelo

Congresso Nacional, poderá o Chefe do Executivo pleitear judicialmente a declaração de sua inconstitucionalidade, por meio de ação direta de inconstitucionalidade (ADI), ajuizada perante o Supremo Tribunal Federal. Caso o STF julgue a ADI procedente, o ato do Congresso Nacional será retirado do ordenamento jurídico (eficácia *erga omnes*) e o ato do Poder Executivo, que estava com a eficácia sustada, retomará seus plenos efeitos.

Embora disciplinada constitucionalmente, nos termos acima expendidos, o fato é que a lei delegada "não pegou" no Brasil, em virtude da existência de outro ato normativo com força de lei que pode ser diretamente editado pelo Presidente da República, independentemente de delegação legislativa – a medida provisória.

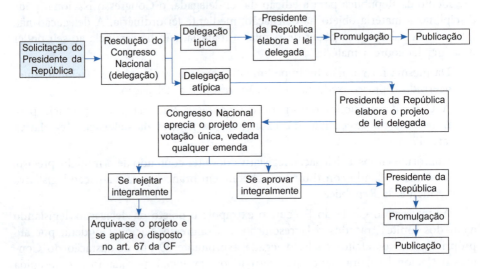

PROCESSO LEGISLATIVO DE LEI DELEGADA

7.4. Decretos legislativos

Os decretos legislativos são atos do **Congresso Nacional** destinados ao tratamento de matérias da sua **competência exclusiva**, para as quais a Constituição **dispensa a sanção presidencial**. Não há decreto legislativo da Câmara dos Deputados, tampouco do Senado Federal! Câmara dos Deputados e Senado Federal disciplinam as matérias de sua competência privativa por meio de **resolução**.

Na Constituição de 1988, o campo do decreto legislativo é, especialmente, o das matérias mencionadas no art. 49. Fora esse artigo, e ressalvado o campo específico da lei, a espécie cabível é a resolução, especialmente nos casos especificados nos arts. 51 e 52 da Constituição Federal.

Entre as funções do decreto legislativo, destacam-se a aprovação definitiva dos tratados, acordos e atos internacionais celebrados pela República Federativa do Brasil

Cap. 8 • PROCESSO LEGISLATIVO

(CF, art. 49, I) e a regulação dos efeitos de medida provisória não convertida em lei pelo Congresso Nacional (CF, art. 62, § 3.º).

O decreto legislativo não pode ser confundido com o decreto administrativo, de competência do Chefe do Executivo.

O decreto legislativo é espécie normativa primária, de hierarquia legal, integrante do processo legislativo, privativa do Congresso Nacional, para o trato de matérias de sua competência exclusiva.

O decreto do Executivo é ato administrativo secundário, de hierarquia infralegal, não integrante do processo legislativo, de competência do Chefe do Executivo, para, precipuamente, regulamentar a aplicação das leis (exercício do poder regulamentar de que é titular o Chefe do Executivo, nos termos do art. 84, IV, da Constituição Federal). Mesmo nas restritas hipóteses em que é cabível o decreto autônomo (CF, art. 84, VI), não integra ele o processo legislativo.

Embora a Carta Política tenha enumerado como objeto do processo legislativo a elaboração de decretos legislativos, nada disse sobre o procedimento de sua formação. Em face dessa ausência de regramento, coube aos regimentos internos das Casas Legislativas o estabelecimento do processo de formação de tal espécie normativa.

Cabe destacar, apenas, que o processo legislativo do decreto legislativo, como ato privativo do Congresso Nacional, será realizado obrigatoriamente por meio da atuação das **duas Casas do Congresso Nacional** e que, ademais, **não haverá participação do Chefe do Executivo no procedimento, para o fim de sanção, veto ou promulgação.**

7.5. Resoluções

As resoluções são atos utilizados pelas **Casas Legislativas, separadamente, ou pelo Congresso Nacional**, para dispor sobre assuntos políticos e administrativos de sua competência, que não estejam sujeitos à reserva de lei. Temos, portanto, resolução da Câmara dos Deputados, do Senado Federal ou do Congresso Nacional.

As matérias constitucionais que recebem tratamento por meio de resolução são, basicamente, aquelas constantes dos arts. 51 e 52 da Constituição Federal, que apontam as competências da Câmara dos Deputados e do Senado Federal, respectivamente.

Entretanto, a Constituição Federal requer a edição de resolução, também, em outros dispositivos constitucionais, a saber:

a) a delegação legislativa para a edição de lei delegada será efetivada por meio de resolução do Congresso Nacional (art. 68, § 2.º);

b) as alíquotas máximas do imposto da competência dos estados e do Distrito Federal, sobre transmissão *causa mortis* e doações, de quaisquer bens ou direitos, serão fixadas por resolução do Senado Federal (art. 155, § 1.º, IV);

c) a fixação das alíquotas do ICMS aplicáveis às operações e prestações, interestaduais e de exportação será feita por meio de resolução do Senado Federal, de iniciativa do Presidente da República ou de um terço dos senadores, aprovada pela maioria absoluta de seus membros (art. 155, § 2.º, IV);

d) é facultado ao Senado Federal, ainda, por meio de resolução, fixar as alíquotas mínimas e máximas do ICMS, nas condições estabelecidas no art. 155, § 2.º, V;

e) a fixação das alíquotas mínimas do IPVA deve ser feita por meio de resolução do Senado Federal (art. 155, § 6.º, I);

f) a suspensão de execução de lei declarada inconstitucional pelo STF é efetivada por meio de resolução do Senado Federal (art. 52, X).

A precisa determinação do campo de alcance do decreto legislativo e da resolução não é matéria fácil.

Uma distinção tradicional entre essas espécies normativas era a que apontava à resolução a competência para o tratamento de matérias de caráter interno das Casas do Congresso Nacional ou do próprio Congresso Nacional. Nessa acepção, caberia ao decreto legislativo a disciplina de matéria externa aos órgãos do Poder Legislativo.

Na vigente Constituição, porém, essa distinção perdeu relevância, haja vista a previsão de disciplinamento de matérias de caráter nitidamente externo por meio de resolução, como são exemplos a delegação legislativa (art. 68, § 2.º) e a fixação, em certas situações, das alíquotas de ICMS, imposto de competência dos estados--membros e do Distrito Federal (art. 155, § 2.º, IV e V).

Na prática, portanto, a efetiva distinção no emprego dessas espécies normativas tem sido fixada pelos regimentos das Casas Legislativas e do próprio Congresso Nacional, que apontam, matéria a matéria, quando é o caso de uma ou de outra.

Vale lembrar-se, apenas, de que, enquanto as resoluções podem ser expedidas pela Câmara dos Deputados, pelo Senado Federal ou pelo Congresso Nacional, **os decretos legislativos são atos privativos do Congresso Nacional**.

A Constituição Federal não estabeleceu o processo legislativo para a elaboração da espécie normativa resolução, deixando essa matéria à competência do Regimento Interno das Casas Legislativas e do Congresso Nacional.

Impende destacar que, se a resolução for do Congresso Nacional, o procedimento será bicameral, com atuação obrigatória das duas Casas do Congresso Nacional. Diversamente, se o ato legislativo for da Câmara dos Deputados ou do Senado Federal, haverá procedimento somente no âmbito da respectiva Casa, evidentemente.

A promulgação da resolução será efetivada pelo Presidente da respectiva Casa: se a resolução for do Congresso Nacional ou do Senado Federal, será promulgada pelo Presidente do Senado Federal; se a resolução for da Câmara dos Deputados, ao Presidente desta Casa caberá o ato de promulgação.

Cabe destacar, ademais, que, no processo legislativo de aprovação das resoluções, como ato privativo do Poder Legislativo, **não haverá participação do Chefe do Executivo para o fim de sanção, veto ou promulgação**.

Cap. 8 • PROCESSO LEGISLATIVO

8. PROCESSO LEGISLATIVO NOS ESTADOS-MEMBROS E MUNICÍPIOS

As regras básicas do processo legislativo previstas na Constituição Federal **são de observância obrigatória no âmbito dos estados-membros, Distrito Federal e municípios**, dada a sua implicação com o princípio fundamental da separação e independência dos Poderes.

Assim, somente poderão ser adotadas pelos entes federativos as espécies normativas previstas no art. 59 da Constituição Federal e, também, o procedimento e *quorum* para a aprovação deverão ser análogos – maioria simples para lei ordinária; maioria absoluta para lei complementar; três quintos para emenda à Constituição etc.

De igual forma, as hipóteses de iniciativa reservada previstas na Constituição Federal, relativamente ao Presidente da República, ao Poder Judiciário e ao Procurador-Geral da República, vinculam os entes federados. O mesmo ocorre com as matérias que são de iniciativa concorrente na esfera federal, que também o são nos processos legislativos locais (na lei complementar de organização do Ministério Público, por exemplo).

As diferentes fases do procedimento legislativo federal (apreciação legislativa, sanção, veto, apreciação do veto, irrepetibilidade de projetos rejeitados na mesma sessão legislativa etc.) deverão ser seguidas pelos demais entes federados, ressalvada a peculiaridade de seus respectivos Poderes Legislativos, que são unicamerais.

Enfim, os estados-membros, o Distrito Federal e os municípios poderão adotar as mesmas espécies legislativas previstas na Constituição Federal (CF, art. 59), mas, ao fazê-lo, deverão obedecer ao modelo de processo legislativo estabelecido pelo legislador constituinte federal, no tocante à iniciativa, aos procedimentos legislativos para sua elaboração, às deliberações, às vedações etc.

9. RELAÇÃO HIERÁRQUICA ENTRE AS ESPÉCIES NORMATIVAS

Dizemos que há hierarquia entre duas espécies normativas quando uma delas é fundamento de validade da outra. Ademais, quando há hierarquia entre duas espécies de normas – espécie X e espécie Y, sendo X hierarquicamente superior a Y –, a norma X, uma vez em vigor, revoga todas as normas Y a ela anteriores, que sejam com ela incompatíveis, e, além disso, as normas Y que venham a ser editadas posteriormente à norma X não podem com ela conflitar, sob pena de invalidade da eventual norma Y superveniente conflitante.

Em um ordenamento que adote Constituição do tipo **rígida**, como o nosso, **as normas constitucionais situam-se num patamar de superioridade em relação a todas as demais espécies do ordenamento jurídico,** funcionando como fundamento de validade para estas, significa dizer, a rigidez dá origem ao denominado princípio da supremacia da Constituição.

A superioridade hierárquica da Constituição perante as normas infraconstitucionais, a rigor, existe **tanto para as normas constitucionais originárias quanto**

para as normas constitucionais derivadas, resultantes de emendas à Constituição. Com efeito, as emendas à Constituição, desde que elaboradas segundo os comandos traçados pelo legislador constituinte originário, **têm a mesma força hierárquica das normas constitucionais originárias**. Se houver respeito ao procedimento e às limitações impostos pelo poder constituinte originário (CF, art. 60), a emenda constitucional ingressará no ordenamento jurídico **com a mesma posição hierárquica das demais normas constitucionais, no ápice do ordenamento jurídico**.

Entretanto, se forem desrespeitadas as limitações à edição de emendas à Constituição, ou os procedimentos para a sua elaboração, estabelecidos pelo constituinte originário, a emenda constitucional incorrerá em inconstitucionalidade, devendo ser retirada do ordenamento jurídico segundo as regras do controle jurisdicional de constitucionalidade. É relevante enfatizar essa distinção: **as normas constitucionais editadas pelo constituinte originário não estão sujeitas a controle de constitucionalidade**, ao passo que **as normas decorrentes de emendas à Constituição submetem-se ao controle jurisdicional de constitucionalidade**, tanto na via difusa quanto na concentrada.

Por esse motivo, a mera **proposta de emenda à Constituição não é considerada norma constitucional**. Enquanto não legitimamente aprovada e promulgada, não se pode falar, sequer, em força normativa da proposta de emenda constitucional. Em verdade, a proposta de emenda à Constituição Federal é considerada um ato infraconstitucional sem qualquer normatividade. Somente após a sua aprovação é que ingressará no ordenamento jurídico, passando então a ser preceito constitucional, de mesma hierarquia das normas constitucionais originárias.

As normas constitucionais **não têm relação de hierarquia entre si**. Tanto as normas constitucionais originárias quanto as introduzidas ou alteradas por emendas à Constituição legitimamente editadas, tanto as normas substancialmente constitucionais quanto as normas só formalmente constitucionais, tanto as normas do corpo permanente da Constituição quanto as do Ato das Disposições Constitucionais Transitórias, **todas elas situam-se no mesmo patamar hierárquico e todas elas são hierarquicamente superiores às demais normas integrantes do nosso ordenamento jurídico**.

A última afirmação feita merece uma ressalva: o § 3.º do art. 5.º da Constituição, acrescentado pela EC 45/2004, estabelece que "os tratados e convenções internacionais sobre direitos humanos que forem aprovados, em cada Casa do Congresso Nacional, em dois turnos, por três quintos dos votos dos respectivos membros, serão equivalentes às emendas constitucionais".

Dessarte, não é absolutamente rigorosa a afirmação de que as normas constantes da Constituição estão acima de todas as demais normas do nosso ordenamento jurídico. Elas não estão acima dos tratados internacionais sobre direitos humanos que sejam aprovados conforme prevê o § 3.º do art. 5.º da Constituição. Para sermos inteiramente precisos, será necessário afirmar que **as normas constantes da Constituição, inclusive normas vazadas em emendas constitucionais legitimamente editadas, bem como os tratados internacionais que sejam validamente aprovados conforme dispõe o § 3.º do art. 5.º da Constituição, estão hierarquicamente acima de todas as demais normas do nosso ordenamento jurídico**.

A supremacia referida nos parágrafos precedentes impõe-se mesmo às Constituições dos estados e às Leis Orgânicas dos municípios e do Distrito Federal, as quais devem estrita observância aos comandos e princípios plasmados na Constituição Federal.

Analisemos, agora, as relações existentes entre as demais espécies normativas integrantes de nosso processo legislativo. Os tratados internacionais serão estudados em item específico, ao final deste tópico.

As espécies normativas integrantes do nosso processo legislativo são denominadas "normas primárias", porque fundamentam sua validade direta e exclusivamente na Constituição. Prevalece entre nós o entendimento de que **todas as espécies normativas que integram o nosso processo legislativo, com exceção das emendas constitucionais, situam-se no mesmo nível hierárquico**. Leis complementares, leis ordinárias, leis delegadas, medidas provisórias, decretos legislativos e resoluções são todos espécies normativas primárias, que retiram seu fundamento de validade diretamente da Constituição, e, como tais, **situam-se em um mesmo nível hierárquico**.

Dessa forma, além de diferenças formais, relativas aos procedimentos exigidos para sua elaboração, a distinção entre as espécies primárias reside na esfera de atuação de cada uma, delineada constitucionalmente. Significa dizer que o legislador constituinte, em vez de fixar uma rígida hierarquia vertical entre as diferentes espécies normativas, optou pelo denominado **princípio da especialidade**, delimitando o campo específico de atuação de cada uma delas, que não pode ser invadido por outra.

Assim, a lei complementar dispõe de campo próprio de atuação, delineado na Constituição, não podendo invadir a esfera reservada pelas normas constitucionais de competência aos decretos legislativos e às resoluções. Da mesma forma, a medida provisória não pode disciplinar matéria reservada à lei complementar, à resolução ou ao decreto legislativo, tampouco aquelas que lhe são expressamente vedadas pelo texto constitucional (CF, arts. 25, § 2.º; 62, § 1.º, e 246). A lei delegada também está sujeita às limitações materiais que lhe foram impostas pelo art. 68, § 1.º, da Carta Federal. O mesmo raciocínio pode ser aplicado às resoluções e aos decretos legislativos, que não podem disciplinar matéria reservada a outra espécie legislativa.

A partir desse entendimento – inexistência de hierarquia entre as espécies normativas primárias e delimitação constitucional do campo de atuação de cada uma delas conforme o critério de especialidade –, temos que os eventuais conflitos entre tais normas cingir-se-ão sempre à invasão de competência de uma pela outra. Se uma espécie invadir campo constitucionalmente outorgado a outra, estará desrespeitando a Constituição e, pois, padecerá de inconstitucionalidade formal. Enfim, o conflito **não será resolvido tendo-se em conta uma relação vertical (hierárquica) entre as espécies envolvidas, mas sim de acordo com a Constituição Federal**, identificando-se o campo de atuação de cada espécie normativa (**princípio da especialidade**). Prevalecerá, no caso concreto, a espécie normativa que a regra constitucional de competência aplicável exigir para o trato da matéria.

Se uma lei complementar cuidar de uma matéria reservada constitucionalmente à resolução do Senado Federal, padecerá de flagrante inconstitucionalidade formal. Mas não por ser a lei complementar hierarquicamente inferior à resolução. Será inconstitucional por estar desrespeitando a esfera reservada à espécie resolução (princípio da especialidade). Esse mesmo raciocínio é aplicável na situação inversa, se uma resolução disciplinar matéria constitucionalmente reservada à lei complementar.

Exemplificando: a Constituição Federal exige resolução do Senado Federal para a fixação das alíquotas do ICMS nas operações interestaduais (CF, art. 155, § 2.º, IV). Caso tais alíquotas sejam fixadas mediante lei ordinária ou complementar, ou mesmo por meio de resolução do Congresso Nacional, haverá inconstitucionalidade formal, em razão de invasão (indevida) do campo de atuação da resolução do Senado por norma de outra espécie, mesmo que se trate de norma cujo processo legislativo seja mais complexo.

Maior atenção deve ser dada aos conflitos que podem surgir entre lei ordinária e lei complementar, especialmente porque a **única** diferença formal que existe entre elas reside no *quorum* exigido para a aprovação de cada uma (lei ordinária exige maioria simples e lei complementar tem que ser aprovada por maioria absoluta).

Apesar de essa diferença de *quorum* de aprovação, repita-se, única distinção formal entre lei ordinária e lei complementar, induzir à ideia de que a lei complementar seria hierarquicamente superior à lei ordinária, o certo é que **entre a lei ordinária e a lei complementar também inexiste hierarquia, mas, tão somente, aplicação do princípio da especialidade**. Há, contudo, uma diferença importante, em comparação com as demais situações de conflitos entre espécies normativas: no caso de o legislador adotar uma lei complementar para tratar de matéria que devesse ser disciplinada por lei ordinária, **a lei complementar será válida, mas será considerada materialmente uma lei ordinária** e, sendo assim, passível de ser modificada ou mesmo revogada por uma lei ordinária superveniente. Detalhemos um pouco mais esse importante assunto.

Consoante mencionado, **não existe hierarquia entre lei complementar e lei ordinária**, devendo a distinção entre elas ser aferida em face da Constituição, considerando o campo de atuação de cada uma (**princípio da especialidade**). Assim, temos que a lei complementar só possui tal natureza quando disciplina matéria especificamente reservada na Constituição a essa espécie normativa. Somente a partir da matéria indicada em dispositivo constitucional como reservada (à lei complementar) é que se identifica uma lei complementar.

Corolário desse entendimento são as seguintes orientações, emanadas de reiterados julgados do Supremo Tribunal Federal:

a) não há hierarquia entre lei complementar e lei ordinária, mas sim campos específicos de atuação de cada uma dessas espécies normativas (a distinção é feita *ratione materiae*);

b) só é lei complementar formal e material aquela aprovada por maioria absoluta pelas Casas do Congresso Nacional e que trate de matéria reservada pela Constituição para esse tipo de lei;

c) lei ordinária, lei delegada e medida provisória não podem regular matéria reservada pela Constituição à lei complementar, sob pena de incorrerem em vício de inconstitucionalidade formal;

d) lei complementar pode tratar de matéria ordinária, sem incorrer em vício de inconstitucionalidade formal, mas, nesse caso, tal lei será apenas formalmente complementar (será materialmente ordinária), isto é, o conteúdo dessa lei permanecerá com *status* ordinário. Logo, poderá ser posteriormente modificada ou revogada por lei ordinária.

A nosso ver, conquanto possam ser levantados alguns argumentos consistentes contra essa posição de nossa Corte Maior, ela é a que se mostra mais compatível com nosso ordenamento constitucional. Com efeito, caso o Congresso Nacional (ou as outras Casas Legislativas da Federação) pudesse, a seu arbítrio, regular por meio de lei complementar matérias não reservadas a essa espécie normativa e, assim fazendo, impossibilitasse que a disciplina dessa matéria, no futuro, fosse modificada por lei ordinária, teria ele o poder de engessar as futuras legislaturas, tornando indevidamente dificultosa a disciplina de matéria para a qual o constituinte não previu necessidade de aprovação por maioria absoluta. Como consequência, o Congresso Nacional teria a possibilidade de, sempre que desejasse, substituir pela sua a vontade do constituinte originário, tornando necessária lei complementar para regulamentar matérias para as quais o constituinte somente exigiu lei ordinária.

Seria, todavia, um exagero declarar inconstitucional, com base no princípio da especialidade, uma lei complementar que disciplinasse matéria ordinária (afinal, trata-se de um ato legislativo cujo processo legislativo é idêntico ao da lei ordinária, com a única diferença do *quorum* de aprovação, que é de maioria absoluta, e não relativa). Mais razoável nos parece, realmente, como o faz o STF, considerar válida a lei complementar, porém passível de revogação ou modificação por lei ordinária, uma vez que é esta a espécie normativa exigida, pela Constituição, para o regramento da matéria.

Em nosso ordenamento jurídico, além dos atos primários – que, como visto, caracterizam-se por derivarem diretamente da Constituição, sem haurir sua validade de nenhuma outra fonte –, há inúmeros outros atos normativos, que, por serem editados com a finalidade de regulamentar algum outro ato infraconstitucional, são, de forma genérica, chamados atos infralegais.

Tais atos têm natureza administrativa e são editados para regulamentar atos primários, com o escopo de lhes dar fiel execução, ou mesmo para regulamentar outros atos infralegais. Assim, os decretos, atos administrativos privativos do Chefe do Poder Executivo, prestam-se, como regra, a regulamentar as leis, a fim de dar a elas fiel execução. Pode ocorrer, ainda, de um órgão do Poder Executivo, digamos, uma secretaria de um ministério, necessitar da edição de normas algo mais detalhadas do que as de um decreto e, assim, a autoridade máxima dessa secretaria, existindo competência legal para tanto, editar um outro ato normativo, por exemplo, uma instrução normativa, regulamentando o decreto. Essa sequência de atos normativos pode prosseguir conforme o escalonamento vertical dos órgãos administrativos da Administração Pública. São todos eles atos infralegais e, além de estarem integralmente sujeitos à lei, guardam entre si relação hierárquica, na mesma correspondência da estrutura hierarquizada dos órgãos que os expeçam. É claro que, na Administração Pública, como a autoridade máxima é o Chefe do Poder Executivo, os decretos são os atos infralegais de maior hierarquia.

Repita-se, entretanto: **os decretos regulamentares**, vale dizer, os decretos expedidos em função das leis com o fim de lhes dar fiel execução, editados com base na competência prevista no inciso IV do art. 84 da Constituição Federal,[50] **são atos infralegais, não integrando, portanto, o nosso processo legislativo**. São editados em função das leis que estejam regulamentando e, teoricamente, não inovam em nada o ordenamento jurídico, contendo apenas disposições que explicitam, desdobram, detalham o conteúdo da lei, sem exorbitá-la nem, muito menos, contrariá-la (diz-se que os decretos regulamentares não podem ser *contra legem* nem *praeter legem*, mas, tão somente, *secundum legem*).

Nessa situação, se o decreto desbordar da lei, será ilegítimo, podendo ser sustado por ato do Congresso Nacional, nos termos do art. 49, V, da Constituição Federal.

Expendido, acima, o conceito de decreto regulamentar, é importante anotar que o nosso legislador constituinte de reforma introduziu no texto constitucional, por meio da EC 32/2001, uma espécie de decreto que não pode ser enquadrado como ato meramente secundário, visto que seu fundamento de validade está direta e imediatamente na Constituição. Trata-se da excepcional figura do **decreto autônomo**, previsto no atual art. 84, VI, da Lei Maior.

Nesse dispositivo, a Constituição Federal outorga competência privativa ao Presidente da República para dispor, mediante decreto, sobre:

a) organização e funcionamento da Administração federal, quando não implicar aumento de despesa nem criação ou extinção de órgãos públicos;
b) extinção de funções ou cargos públicos, quando vagos.

Sobre essa hipótese específica de edição de decretos com base exclusivamente no texto constitucional, introduzida pela EC 32/2001 mediante a alteração do inciso VI do art. 84 da Constituição, consideramos oportuno apontar os seguintes pontos relevantes:

1) não se está diante de hipótese de edição de decreto regulamentar; não são esses decretos meros atos secundários, porque não há lei alguma em função das quais sejam expedidos, vale dizer, não se destinam a regulamentar determinada matéria disciplinada em uma lei a fim de lhe dar execução – estão, sim, cuidando originariamente, e de forma autônoma, de matéria específica e determinada;

2) nessa situação, o decreto do Presidente da República tem *status* de norma primária, que haure sua competência direta e exclusivamente da Constituição;

---

[50] Esse dispositivo especifica as competências do Presidente da República; os Chefes do Poder Executivo dos demais entes federados, isto é, os Governadores e Prefeitos, expedem também decretos regulamentares das leis do respectivo ente, conforme esteja previsto nas suas Constituições ou Leis Orgânicas.

Cap. 8 • PROCESSO LEGISLATIVO

3) o desempenho dessa competência do Chefe do Executivo – estabelecida no art. 84, VI, da Constituição – poderá ser delegado aos Ministros de Estado, ao Procurador-Geral da República ou ao Advogado-Geral da União, diferentemente do que ocorre com a edição de decretos regulamentares, que é indelegável (CF, art. 84, parágrafo único);

4) por força do princípio federativo, a autorização constante do art. 84, VI, da Constituição, direcionada ao Presidente da República, é aplicável no âmbito dos estados, do Distrito Federal e dos municípios, permitindo-se aos Governadores e Prefeitos o desempenho de tais atribuições, bem como a sobremencionada delegação, se for o caso.

Por fim, é importante saber que, no Brasil, **não existe hierarquia entre leis federais, estaduais, municipais ou do Distrito Federal**, sejam de que espécie forem (complementares, ordinárias, delegadas).

Em nossa Federação, a Constituição da República fundamenta a validade de todas as regras jurídicas da União, dos estados, do Distrito Federal e dos municípios. Assim, uma lei federal só será válida se estiver no seu âmbito de atuação, traçado na Constituição Federal; uma lei estadual é legítima caso esteja de acordo com a esfera de competência do estado-membro para regular determinada matéria, nos termos da mesma Constituição Federal; de igual modo, uma lei municipal retira seu fundamento de validade do rol de competência que foi conferido ao município pela Constituição Federal.

Não há, portanto, que se falar em hierarquia entre normas oriundas de entes estatais distintos, autônomos, como na nossa Federação. Em caso de conflito entre lei federal, estadual e municipal, **prevalecerá sempre aquela editada pelo ente federado competente para a disciplina da matéria**. Exemplificando: se houver conflito entre uma lei federal e uma lei municipal no estabelecimento do horário de funcionamento de farmácia da municipalidade, prevalecerá a lei municipal, pois se cuida de assunto de interesse local, de competência da municipalidade (CF, art. 30, I); diversamente, se o conflito entre tais leis instaurar-se acerca da fixação do horário de funcionamento das agências bancárias, prevalecerá a norma federal, pois tal assunto está no âmbito da competência material da União, por envolver tema de predominante interesse nacional (sistema financeiro nacional).

Situação diversa temos com os atos constitutivos dos entes federativos, visto que entre eles há hierarquia. Não podemos afirmar que a Constituição Federal, a Constituição do estado, a Lei Orgânica do Distrito Federal e a Lei Orgânica do município estejam no mesmo nível hierárquico.

Em relação a esses atos constitutivos, a seguinte situação se verifica: no patamar hierárquico mais elevado está a Constituição Federal; em um nível intermediário, imediatamente inferior, temos, paralelamente entre si, cada uma das Constituições dos estados-membros e a Lei Orgânica do Distrito Federal (entre cada uma delas não há hierarquia, mas todas se encontram em um nível hierárquico imediatamente inferior ao da Constituição Federal); em um degrau inferior, no terceiro e último nível, devendo obediência à Constituição do respectivo estado-membro e à Constituição Federal, temos a Lei Orgânica dos municípios (a Lei Orgânica de cada município deve respeitar, simultaneamente, a Constituição do estado-membro a que ele pertence e a Constituição Federal, conforme determina a própria Constituição Federal, em seu art. 29, *caput*).[51]

Há, ainda, uma situação específica em que o próprio texto constitucional estabelece uma relação de preponderância da lei federal sobre a lei estadual. Cuida-se da denominada competência legislativa concorrente, quando a União, os estados e o Distrito Federal concorrem entre si na regulação de certas matérias, arroladas nos incisos do art. 24 da Constituição Federal. De fato, ao disciplinar a atuação dos diferentes entes políticos no âmbito da legislação concorrente, dispõe a Constituição Federal que as leis de **normas gerais** da União sobre as matérias listadas nos incisos do art. 24 devem ser observadas pelos estados (e pelo Distrito Federal), que, quanto a elas, exercem competência suplementar. Somente se inexistirem as leis federais de normas gerais é que os estados e o Distrito Federal exercem competência legislativa plena relativamente a essas matérias, mas "a superveniência de lei federal sobre normas gerais suspende a eficácia da lei estadual, no que lhe for contrário" (CF, art. 24, §§ 1.º a 4.º).

9.1. Tratados internacionais e suas relações com as demais espécies normativas

No Brasil, compete privativamente ao Presidente da República celebrar tratados, convenções e atos internacionais, sujeitos a referendo do Congresso Nacional (CF, art. 84, VIII). Após a celebração pelo Presidente da República, a competência para a **aprovação** desses atos internacionais é exclusiva do Congresso Nacional (CF, art. 49, I), que o fará por meio de **decreto legislativo** (ato que exige maioria simples dos votos dos membros de cada casa do Congresso Nacional, e não está sujeito a sanção ou veto). Para que o ato internacional tenha **vigência e eficácia no direito interno** brasileiro, é necessário, ainda, que lhe seja dada publicidade, o que é feito mediante **decreto do Presidente da República** (diz-se que esse decreto presidencial **promulga** o tratado).

Portanto, o sistema de internação dos tratados internacionais, no Brasil, segue os seguintes passos:

1) celebração (vontade de obrigar-se, expressa pelo Presidente da República, em nome do Estado brasileiro);
2) aprovação legislativa (publicação do decreto legislativo pelo Congresso Nacional);
3) promulgação (o Presidente da República, mediante a publicação de um decreto, promulga o tratado aprovado pelo Legislativo, que passa, então, a ter vigência no Brasil).

Outro aspecto que merece registro é a controvérsia acerca do trâmite para a **denúncia** do ato internacional pela República Federativa do Brasil, vale dizer, se tal

---

[51] "Art. 29. O Município reger-se-á por lei orgânica, votada em dois turnos, com o interstício mínimo de dez dias, e aprovada por dois terços dos membros da Câmara Municipal, que a promulgará, **atendidos os princípios estabelecidos nesta Constituição, na Constituição do respectivo Estado** e os seguintes preceitos: ...." (Grifou-se.)

Cap. 8 • PROCESSO LEGISLATIVO   **611**

prerrogativa do Presidente da República, na condição de chefe de Estado, depende, ou não, da anuência do Congresso Nacional. Segundo a mais recente jurisprudência do Supremo Tribunal Federal, **a denúncia a tratados internacionais pelo presidente da República deve ter a concordância do Congresso Nacional.**[52] Para o Tribunal, a exclusão de normas internacionais do ordenamento jurídico brasileiro não pode ser mera opção do chefe de Estado, haja vista que, como elas passam a ter força de lei quando são incorporadas ao ordenamento brasileiro, sua revogação (denúncia) exige, também, a aprovação do Congresso Nacional.[53] Esse entendimento restou fixado na seguinte **tese jurídica**:

> A denúncia pelo Presidente da República de tratados internacionais aprovados pelo Congresso Nacional, para que produza efeitos no ordenamento jurídico interno, não prescinde da sua aprovação pelo Congresso.

No Brasil, a força hierárquica dos tratados internacionais em geral é idêntica à das demais normas primárias (em regra, o tratado internacional, ao incorporar-se ao ordenamento interno, o faz com *status* de lei ordinária federal).

Vale repetir, os tratados internacionais em geral incorporam-se ao nosso ordenamento com o *status* de **lei ordinária**, o que significa que eles:

a)   poderão ulteriormente ter a sua aplicação afastada pela edição de uma lei ordinária (ou até mesmo por medida provisória, se não for matéria vedada a essa espécie normativa);

b)   não poderão disciplinar matéria reservada constitucionalmente à lei complementar.

Unicamente no caso dos tratados internacionais sobre **direitos humanos** temos situações hierárquicas distintas das dos demais, conforme abaixo se explica.

Caso o **tratado internacional sobre direitos humanos** seja incorporado ao ordenamento jurídico pátrio pelo **rito ordinário**, terá ele *status* **supralegal**, isto é, ocupará **uma posição hierárquica abaixo da Constituição Federal, mas acima da legislação interna**. Nesse caso, o tratado internacional sobre direitos humanos torna inaplicável a legislação infraconstitucional com ele conflitante, seja ela anterior ou posterior ao ato de promulgação de tal norma internacional. Enfim, tal tratado internacional ingressará no ordenamento jurídico brasileiro como **norma infraconstitucional (abaixo da Constituição), mas num patamar de supralegalidade (acima da legislação interna)**.

Poderá o tratado internacional sobre direitos humanos, ainda, ser incorporado ao nosso ordenamento com o *status* de **emenda constitucional**. Para isso, bastará o

---

[52]   ADC 39, rel. Min. Dias Toffoli, 19.06.2023.

[53]   Em respeito à segurança jurídica, essa nova orientação – de que a denúncia de tratados internacionais pelo Presidente da República exige a anuência do Congresso Nacional – só entrou em vigor em 2023, **preservadas as denúncias anteriormente consumadas**.

Congresso Nacional entender por bem submeter a aprovação do tratado internacional sobre direitos humanos ao **procedimento especial** previsto no § 3.º do art. 5.º da Constituição – votação em dois turnos e exigência de três quintos dos votos, em cada Casa do Congresso Nacional.

Com efeito, a EC 45/2004 incluiu o § 3.º ao art. 5.º da Constituição, com uma regra específica sobre tratados internacionais que versem sobre direitos humanos. Reza o acrescentado dispositivo:

> § 3.º Os tratados e convenções internacionais sobre direitos humanos que forem aprovados, em cada Casa do Congresso Nacional, em dois turnos, por três quintos dos votos dos respectivos membros, serão equivalentes às emendas constitucionais.

O texto do dispositivo transcrito é claro em alguns pontos, a saber:

1) a norma não se aplica a qualquer tratado ou convenção internacional, mas apenas aos que versem sobre **direitos humanos**;

2) o processo legislativo, no que respeita à aprovação do tratado, está bem explicitado e é idêntico ao exigido para a aprovação de emendas à Constituição, previsto no art. 60, § 2.º, da Constituição;

3) o tratado sobre direitos humanos que for aprovado em cada Casa do Congresso Nacional, em dois turnos, por três quintos dos votos dos respectivos membros, terá a mesma hierarquia de **emenda constitucional**; com isso, ficarão revogadas quaisquer disposições internas a ele contrárias, mesmo que se trate de preceito constante da Constituição da República (a nosso ver, não é imaginável que um tratado internacional vá restringir ou negar direitos humanos já expressos em nossa Carta Política; por hipótese, se isso ocorresse, a ele não poderia, evidentemente, ser aplicada essa regra do § 3.º do art. 5.º, porque esbarraria na cláusula pétrea do art. 60, § 4.º, IV).

Em suma, temos o seguinte acerca do *status* de incorporação ao nosso ordenamento dos tratados internacionais celebrados pelo Brasil:

a) os tratados internacionais sobre direitos humanos terão *status* de **supralegalidade** (quando incorporados segundo o rito ordinário, com a expedição de decreto legislativo comum pelo Congresso Nacional) ou de emenda constitucional (se aprovados pelo rito especial previsto no § 3.º do art. 5.º da Constituição Federal, qual seja, votação em dois turnos e exigência de três quintos dos votos, em cada Casa do Congresso Nacional);

b) os demais tratados internacionais, que **não versem** sobre direitos humanos, serão incorporados pelo rito ordinário e terão *status* de **lei ordinária** federal.

Por fim, é muito importante destacar que, seja qual for o *status* de sua incorporação ao ordenamento jurídico pátrio – *status* de lei ordinária, de supralegalidade ou de emenda constitucional –, **os tratados internacionais estão sujeitos a controle**

Cap. 8 • PROCESSO LEGISLATIVO

de constitucionalidade pelo Poder Judiciário, tanto no âmbito do controle abstrato quanto, se houver afronta a direito concreto, mediante controle incidental.

10. CONTROLE JUDICIAL DO PROCESSO LEGISLATIVO

O processo legislativo de formação das leis **pode ser objeto de controle pelo Poder Judiciário**, sempre que houver possibilidade de flagrante lesão à ordem jurídico-constitucional.

Com efeito, a jurisprudência do Supremo Tribunal Federal, há muito, admite a fiscalização jurisdicional da observância das regras do processo legislativo de elaboração das leis, com vistas a evitar o desrespeito, pelas Casas do Congresso Nacional, às regras procedimentais constitucionalmente estabelecidas.[54]

Essa hipótese de fiscalização jurisdicional do processo legislativo configura controle de constitucionalidade do tipo **preventivo,** haja vista que ele incide sobre **projeto** de lei, e **não** sobre norma jurídica já pronta e acabada. Por esse motivo, o Supremo Tribunal Federal tem enfatizado que se cuida de **medida excepcional** (afinal, **a regra,** no Brasil, é o controle judicial **repressivo**) e somente admitida para sanar **vícios formais ou procedimentais da atuação legislativa,** vale dizer, para coibir a prática de atos legislativos que violem as disposições constitucionais que disciplinam o processo legislativo de elaboração das leis (controle judicial de constitucionalidade **formal**).

De fato, segundo a jurisprudência de nossa Corte Suprema, **é inadmissível o controle judicial de constitucionalidade material** (incidente sobre o conteúdo) **de projetos de lei.**[55] Assim, ainda que o conteúdo de um **projeto de lei** em tramitação numa das Casas do Congresso Nacional desrespeite, frontalmente, a Constituição Federal (estabelecendo, em tempos de paz, a pena de morte para os crimes dolosos contra a vida – por exemplo), não poderá ele, por esse motivo (inconstitucionalidade material), ter o seu rito legislativo sustado pelo Poder Judiciário. A tramitação desse projeto de lei poderá ser sustada por determinação do Poder Judiciário, mas somente por descumprimento do rito legislativo constitucionalmente previsto (inconstitucionalidade **formal**).

Ademais, nossa Corte Constitucional também tem deixado assente que esse controle judicial preventivo **não alcança a interpretação de normas meramente regimentais,** ainda que relativas ao processo legislativo de elaboração das leis. É

---

[54] MS 20.257/DF, rel. Min. Décio Miranda, redator p/ acórdão Min. Moreira Alves, 08.10.1980.

[55] MS 32.033/DF, rel. Min. Gilmar Mendes, red. p/ o acórdão Min. Teori Zavascki, 20.06.2013. Do acórdão desse julgado, extraímos o seguinte trecho: "Não se admite, no sistema brasileiro, o controle jurisdicional de constitucionalidade material de projetos de lei (controle preventivo de normas em curso de formação). O que a jurisprudência do STF tem admitido, como exceção, é 'a legitimidade do parlamentar – e somente do parlamentar – para impetrar mandado de segurança com a finalidade de coibir atos praticados no processo de aprovação de lei ou emenda constitucional incompatíveis com disposições constitucionais que disciplinam o processo legislativo'".

que, para o Tribunal, os chamados **atos *interna corporis*** – emanados dos órgãos legislativos competentes, com fundamento em regras exclusivamente regimentais, sem qualquer conotação de índole jurídico-constitucional – não se submetem ao controle do Poder Judiciário, em respeito ao postulado da separação de Poderes.[56]

Acerca do exercício desse controle judicial preventivo, incidente sobre o processo legislativo constitucionalmente estabelecido para a elaboração das leis, três orientações consolidadas na jurisprudência do Supremo Tribunal Federal merecem destaque:[57]

- **Via de controle**: o controle judicial (preventivo) somente é possível na **via incidental**, exercido por meio da impetração de **mandado de segurança**; significa dizer que **não se admite esse controle mediante ação direta de inconstitucionalidade (ADI)**, porquanto o ajuizamento de tal ação pressupõe uma norma pronta e acabada, já publicada, inserida no ordenamento jurídico;

- **Legitimação ativa**: somente os **congressistas da Casa Legislativa em que estiver tramitando o projeto de lei** poderão impetrar o mandado de segurança, uma vez que o direito líquido e certo a ser defendido no mandado de segurança será o direito do congressista impetrante de não participar de uma deliberação que afronte o devido processo legislativo, constitucionalmente estabelecido. Tanto é assim que, caso haja a perda superveniente do mandato parlamentar, não será possível o prosseguimento do feito, vale dizer, **o mandado de segurança será extinto, sem julgamento de mérito, por ausência de legitimidade para a causa** (ilegitimidade *ad causam*);

- **Competência**: em se tratando de processo legislativo **federal**, o controle será exercido **exclusivamente pelo STF**, pois cabe a essa Corte apreciar, originariamente, os atos emanados das Casas do Congresso Nacional.

Por fim, esclarecemos que o controle judicial **preventivo** aqui examinado – controle de constitucionalidade **formal**, destinado à verificação do cumprimento, pelos órgãos legislativos, das regras **constitucionalmente estabelecidas** para a tramitação de propostas ou projetos de atos normativos – **poderá incidir sobre o rito de elaboração das diferentes espécies normativas integrantes do processo legislativo**: emendas à Constituição,[58] leis complementares, leis ordinárias, leis delegadas, medidas provisórias etc.

---

[56] MS 23.920/DF, rel. Min. Celso de Mello, 03.04.2001.

[57] MS 27.971 /DF, rel. Min. Celso de Mello, 01.07.2011.

[58] As propostas de emenda à Constituição (PEC) se submetem, ainda, a **outra espécie de controle judicial preventivo**, com o fim de verificar/afastar eventual tendência à abolição de cláusula pétrea, por força do comando do *caput* do § 4.º do art. 60 da Constituição Federal. Porém, devido à especificidade da matéria, tal controle será examinado em tópico específico do **Capítulo 9 – Modificação da Constituição Federal de 1988**.

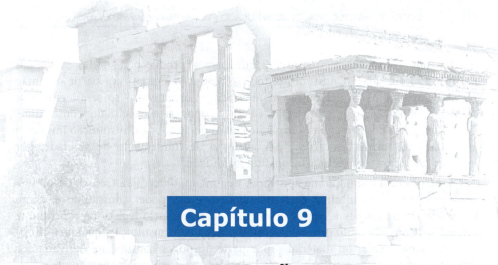

Capítulo 9

MODIFICAÇÃO DA CONSTITUIÇÃO FEDERAL DE 1988

1. INTRODUÇÃO

A Constituição Federal de 1988 é do tipo **rígida**, pois exige para a modificação de seu texto processo legislativo especial e mais dificultoso do que aquele empregado na elaboração das leis. Enquanto uma lei ordinária pode ser aprovada por deliberação de maioria simples dos membros das Casas Legislativas, em um só turno de votação (CF, art. 47), uma emenda à Constituição exige aprovação de, pelo menos, três quintos dos membros das Casas do Congresso Nacional, em dois turnos de votação (CF, art. 60, § 2.º).

A rigidez, contudo, não visa a impedir mudanças no texto da Constituição, mas, tão só, a assegurar uma maior estabilidade à obra do poder constituinte originário e a conferir às normas nela vazadas supremacia sobre as demais normas jurídicas.

Com efeito, a Constituição resulta da interação das manifestações sociais e aspirações políticas de um povo, existentes no momento de sua elaboração; por esse motivo, deve ter a possibilidade de ser modificada, mediante procedimentos por ela mesma estabelecidos, para a atualização de seu texto, no intuito de manter a sintonia entre os princípios e regras constitucionais e as relações sociais, envolvendo cidadãos e instituições do Estado.

Por isso, a rigidez nunca deverá ser tal que impossibilite a adaptação do texto constitucional a novas exigências políticas e sociais: a sua exata medida pode vir a ser uma garantia da Constituição, evitando que se adote o caminho do rompimento com a ordem institucional (Jorge Miranda).

De outra parte, a rigidez dá origem, como decorrência automática, ao denominado **princípio da supremacia da Constituição**. Deveras, a rigidez faz com que a Constituição passe a ocupar o mais alto degrau do ordenamento jurídico, funcionando como parâmetro de validade para a produção de todas as demais normas. Promulgada a Constituição, toda a produção legislativa a partir de então – leis, decretos e quaisquer outras manifestações normativas – só será legítima se obedecer fielmente às regras, princípios e limites impostos pelo legislador constituinte. Qualquer desvio dos princípios – explícitos ou implícitos – da Constituição implicará a nulidade da norma produzida, por ausência de fundamento de validade, por incorrer no vício insanável da inconstitucionalidade.

E não é outra a situação na aprovação de uma modificação à Constituição, uma vez que o poder constituinte derivado também é um poder constituído e, como tal, sujeito às limitações e condicionamentos impostos pelo legislador constituinte originário. Com efeito, no processo de modificação da Constituição, qualquer afronta – de índole formal ou material – por parte do poder constituinte derivado aos procedimentos, regras e princípios estabelecidos pelo legislador constituinte originário para sua atuação **implicará a inconstitucionalidade da mudança perpetrada**.

Avaliaremos, a seguir, o procedimento estabelecido pelo legislador constituinte originário para a modificação da Carta da República de 1988, bem como as orientações doutrinárias e jurisprudenciais que têm demarcado a atuação do poder de reforma desde a promulgação do vigente texto constitucional.

2. MUTAÇÃO E REFORMA

A doutrina distingue os conceitos de **mutação constitucional** e **reforma constitucional**.

A mutação constitucional é um processo **não formal** de mudança da Constituição, ao passo que a reforma constitucional corresponde a procedimento **formal**, solene, previsto no próprio texto constitucional, para a sua modificação.

As denominadas **mutações constitucionais** (ou transições constitucionais) descrevem o fenômeno que se verifica em todas as Constituições escritas, mormente nas rígidas, em decorrência do qual ocorrem contínuas, silenciosas e difusas modificações no sentido e no alcance conferidos às normas constitucionais, sem que haja modificação na letra de seu texto. Consubstanciam a chamada atualização **não formal da Constituição**. Em uma frase: ocorre uma mutação constitucional quando **muda o sentido da norma sem mudar o seu texto**.

As mutações constitucionais resultam do evoluir dos costumes, dos valores da sociedade, das pressões exercidas pelas novas exigências econômico-sociais, que terminam por ensejar a atualização do modo de se enxergar e interpretar uma regra constitucional, sob pena de a Constituição permanecer em pleno descompasso com os valores sociais prevalentes no seio da nação.

Sendo um processo informal, paulatino e difuso de modificação, virtualmente todos os atores da comunidade política, sejam os agentes do Estado-poder, sejam os do Estado-comunidade, desempenham um papel mais ou menos relevante nessa obra de alteração silenciosa da Constituição. Por óbvio, merecem maior destaque na efetivação dessas lentas transformações os diversos órgãos encarregados de interpretar e concretizar a Constituição (Poder Judiciário, Legislativo, Executivo), os quais, entretanto, forçosamente atuam sob influência das pressões oriundas dos grupos organizados da sociedade, das opiniões e construções dos estudiosos da ciência jurídica, das novas aspirações e anseios decorrentes da constante evolução cultural, econômica, política etc.

Entre nós, há **mutação constitucional**, por exemplo, nas hipóteses em que o Supremo Tribunal Federal, guardião da Constituição, confere nova interpretação a um determinado dispositivo constitucional (diversa de uma interpretação que ele anteriormente perfilhava), implicando alteração substancial na compreensão de seu conteúdo e alcance. Um bom exemplo é o que tem ocorrido, na vigência da atual Constituição Federal de 1988, com a delimitação do alcance **do foro especial por prerrogativa de função dos congressistas** (CF, art. 53, § 1.º), que, ao longo dos anos, já recebeu do Supremo Tribunal Federal diferentes leituras interpretativas (frise-se: sem ter havido qualquer alteração substancial no texto constitucional!), sinteticamente apresentadas no quadro abaixo:

Diferentes interpretações do STF sobre o alcance da prerrogativa de foro dos deputados e senadores (CF, art. 53, § 1.º)	
Antes	**Depois**
Alcança crimes comuns de qualquer natureza, relacionados ou não com o exercício do mandato	Alcança somente crimes comuns relacionados com o exercício do mandato
Alcança crimes comuns praticados antes e depois da diplomação	Alcança somente crimes comuns praticados após a diplomação
Para os crimes comuns praticados no exercício do mandato eletivo, a cessação deste não afasta a prerrogativa de foro (o STF prossegue no julgamento dos processos)	Com o término do mandato eletivo, cessa a competência do foro por prerrogativa de função (os processos são remetidos à Justiça Comum competente)

Em maio de 2018, no julgamento em que o Supremo Tribunal Federal assentou nova (e restritiva) interpretação para o alcance da mencionada prerrogativa de foro conferida aos deputados federais e senadores – restringindo-a somente aos crimes cometidos no exercício do cargo (após a diplomação) e em razão das funções a ele relacionadas –, restou assentado que as circunstâncias então presentes revelavam a necessidade do reconhecimento da ocorrência de **mutação constitucional**, como meio de mudar um entendimento até então consolidado, "não porque o anterior fosse propriamente errado, mas porque: a) a realidade fática mudou; b) a percepção social do Direito mudou; ou c) as consequências práticas de uma orientação jurisprudencial se revelaram negativas".[1]

Em situações tais, a regra é a nova interpretação – decorrente do reconhecimento da **mutação constitucional** – só valer para o futuro (eficácia prospectiva ou *ex nunc*), mantendo-se a validade dos atos e decisões praticados sob a égide

---

[1] Conforme lição do Ministro Luís Roberto Barroso, relator da AP (QO) 937/RJ, em 03.05.2018.

da orientação anterior. Cuida-se do respeito ao instituto da *prospective overruling*, segundo o qual a mudança jurisprudencial deve ter eficácia prospectiva (*ex nunc*), porque, do contrário, surpreende quem obedecia à jurisprudência daquele momento. Constitui, ademais, corolário do **princípio da segurança jurídica**, segundo o qual a jurisprudência não pode causar uma surpresa ao jurisdicionado a partir de modificação interpretativa do panorama jurídico.[2]

Em síntese, podemos afirmar que as mutações constitucionais consubstanciam o caráter dinâmico, mutável da Constituição. São mudanças "silenciosas", informais do conteúdo e sentido das normas constitucionais. Silenciosas porque as mudanças não atingem a literalidade do texto da Constituição, mas apenas o seu significado. Resultam da interpretação constitucional, sobretudo daquela efetivada pelas cortes do Poder Judiciário, bem como da evolução dos usos e costumes.

A **reforma constitucional** é **processo formal** de mudança das Constituições rígidas, por meio da atuação do poder constituinte derivado reformador, ocorrendo com a aprovação de emendas constitucionais, segundo os procedimentos estabelecidos na própria Constituição pelo legislador constituinte originário.

Na vigente Carta Política, a expressão "reforma constitucional" alberga dois diferentes meios de **modificação formal** da Constituição, por obra do poder constituinte derivado reformador: o de **revisão** (ADCT, art. 3.º) e o de **emenda** (CF, art. 60).

Examinaremos, a seguir, as dessemelhanças entre esses dois procedimentos de modificação formal do texto constitucional, conforme delineados na vigente Carta Política.

2.1. Revisão constitucional

O procedimento de revisão constitucional foi previsto no art. 3.º do Ato das Disposições Constitucionais Transitórias (ADCT), nos termos seguintes:

> Art. 3.º A revisão constitucional será realizada após cinco anos, contados da promulgação da Constituição, pelo voto da maioria absoluta dos membros do Congresso Nacional, em sessão unicameral.

O estabelecimento desse processo simplificado de revisão da Constituição teve razões históricas, relativas ao desenvolvimento dos trabalhos da Assembleia Nacional Constituinte de 1988.

Com efeito, diante da existência de relevantes debates a respeito da forma de governo (república ou monarquia) e do sistema de governo (presidencialismo ou parlamentarismo) a serem adotados entre nós, optaram os constituintes por estabelecer no texto originário da Constituição a forma republicana e o sistema presidencialista ("provisoriamente") e por legar ao povo brasileiro a decisão definitiva sobre tais matérias, manifestada em plebiscito a ser realizado em 1993.

---

[2] AR 2.422/DF, rel. Min. Luiz Fux, 25.10.2018.

Em decorrência dessa possibilidade de o povo, no plebiscito de 1993, optar pela monarquia e pelo parlamentarismo, o que demandaria a realização de importantes alterações no texto da Constituição a fim de adequá-lo a essas mudanças, houveram por bem os constituintes estabelecer um procedimento simplificado, menos rígido do que aquele de emenda (art. 60), para o aperfeiçoamento de sua obra, cinco anos após a promulgação (logo depois da realização do plebiscito), caso necessário.

Enfim, o procedimento simplificado de revisão foi estabelecido, especialmente, tendo em conta a possibilidade de o povo brasileiro optar, no mencionado plebiscito de 1993, pela forma de governo monárquica e pelo sistema de governo parlamentarista, pois essas mudanças de regimes certamente demandariam a efetivação de significativas alterações no texto da Constituição Federal, já que o seu texto originário estabelecia a forma republicana e o sistema presidencialista.

Esse procedimento **encerrou-se em junho de 1994**, e, como o povo brasileiro não havia optado, no plebiscito de 1993, pela monarquia, tampouco pelo parlamentarismo, as alterações impostas à Carta Política durante a referida revisão constitucional foram insignificantes. Em verdade, tivemos **uma tímida e discreta revisão do texto constitucional, com a aprovação de apenas seis emendas de revisão ao texto original da Carta de 1988, a maioria sobre temas de menor relevância ou pouco polêmicos**.

As emendas empreendidas segundo esse procedimento são denominadas **emendas constitucionais de revisão – ECR** e receberam numeração distinta das outras emendas, aprovadas com fulcro no procedimento rígido de emenda, estabelecido no art. 60 da Carta Política.

São características do procedimento de **revisão** constitucional:

a) procedimento simplificado;

O procedimento de revisão era **mais simples do que aquele exigido para a aprovação de emenda à Constituição**, estabelecido no art. 60 da Constituição Federal. Para a modificação da Constituição segundo o procedimento de emenda exige-se discussão e votação em cada Casa do Congresso Nacional, em dois turnos, com aprovação, em ambos, por três quintos dos membros da Casa (CF, art. 60, § 2.º), ao passo que no procedimento de revisão exigia-se, apenas, **maioria absoluta, em sessão unicameral** (discussão e deliberação em conjunto, envolvendo os congressistas das duas Casas Legislativas).

As emendas constitucionais de revisão – ECR, aprovadas durante o processo de revisão constitucional (ADCT, art. 3.º), foram promulgadas pela **Mesa do Congresso Nacional**, porquanto eram aprovadas em **sessão unicameral do Congresso Nacional** (e **não** pelas duas Casas Legislativas, separadamente). Já as emendas aprovadas pelo procedimento rígido, estabelecido no art. 60 da Constituição, são promulgadas pelas **Mesas da Câmara dos Deputados e do Senado Federal** (CF, art. 60, § 3.º).

b) tempo certo para sua realização;

O legislador constituinte originário prefixou a data para a realização da revisão constitucional, estabelecendo que esta deveria ocorrer **após cinco anos, contados da**

promulgação da Constituição (ADCT, art. 3.º). Em consonância com esse comando, o processo desencadeou-se após outubro de 1993, tendo a primeira emenda de revisão sido promulgada em março de 1994 (ECR 1) e a última em junho de 1994 (ECR 6).

c) processo único;

O legislador constituinte originário autorizou a realização de **apenas um procedimento simplificado de revisão, cinco anos após a promulgação da Constituição**. Sendo a norma do art. 3.º do ADCT de natureza transitória, com a sua aplicação, cinco anos após a promulgação da Carta, esgotou-se, exauriu-se em definitivo. Não há mais, com base no art. 3.º do ADCT, a possibilidade de modificação do texto constitucional mediante o processo simplificado ali estabelecido.

Questão objeto de relevante controvérsia diz respeito à possibilidade de o poder constituinte reformador prever a realização de um novo procedimento simplificado de revisão, por meio da aprovação de uma emenda à Constituição nesse sentido (obedecendo-se, por óbvio, para a aprovação de tal emenda, ao procedimento rígido estabelecido no art. 60 da Carta Política). Enfim, seria legítimo, atualmente, o Congresso Nacional, por meio de uma emenda à Constituição, instituir um novo procedimento simplificado de revisão da Constituição, a ser realizado em data determinada, segundo procedimento legislativo menos rígido do que aquele previsto no art. 60 da Carta?

A resposta é **negativa**. Uma vez concretizada a revisão constitucional nos termos do art. 3.º do ADCT, **não é legítimo ao poder constituinte derivado criar, por meio de emenda, nova hipótese de procedimento simplificado de revisão**, distinto daquele estabelecido no art. 60, para a modificação da nossa Carta Política.

Admitir essa possibilidade significaria outorgar competência para o poder constituinte reformador subverter, por completo, a obra do legislador constituinte originário. Se esse caminho fosse possível, o legislador constituinte derivado poderia, ao seu arbítrio, frustrar inteiramente a rigidez da nossa Constituição, afastando a aplicação dos limites e procedimentos solenes estabelecidos pelo legislador constituinte originário.

Para ilustrar esse ponto, tome-se a seguinte situação hipotética: suponha-se que o Congresso Nacional aprovasse atualmente uma emenda constitucional estabelecendo um novo procedimento simplificado para modificação da Constituição, no qual a aprovação das emendas pudesse ocorrer mediante voto de maioria simples dos membros das Casas Legislativas, em turno único de votação (afastando-se a regra vigente, que é de aprovação por três quintos, em dois turnos de votação, em cada uma das Casas Legislativas).

Ora, não é necessário especial esforço de raciocínio para perceber, de pronto, que tal emenda redundaria em grosseira fraude ao art. 60 da Constituição Federal, em patente prejuízo à estabilidade da nossa Constituição. Em verdade, ao passar a permitir futuras mudanças do texto constitucional por este procedimento simplificado (maioria simples, em turno único de votação), estaria o poder constituinte reformador transformando a nossa Constituição de rígida em flexível, uma vez que ela passaria a poder ser alterada mediante o mesmo procedimento legislativo de aprovação das leis no nosso País.

Cap. 9 • MODIFICAÇÃO DA CONSTITUIÇÃO FEDERAL DE 1988   **621**

Portanto, desde o esgotamento da possibilidade de revisão conforme prevista no art. 3.º do ADCT, **qualquer mudança formal na nossa Constituição só poderá ser efetivada nos termos do art. 60, mediante o procedimento rígido de emenda nele plasmado**. O estabelecimento de qualquer outro procedimento simplificado de modificação da Constituição seria ilegítimo, ainda que instituído por meio de emenda à Constituição (como adiante se verá, o art. 60 da CF/1988 é, por essa razão, considerado uma **cláusula pétrea implícita**).

d) processo sujeito a limites;

O processo de revisão constitucional é manifestação do poder constituinte derivado reformador e, como tal, **está sujeito aos limites impostos pelo legislador constituinte originário para a modificação da Carta da República**. Assim, do mesmo modo que o procedimento de emenda à Constituição (CF, art. 60), o processo de revisão constitucional (ADCT, art. 3.º) deve obediência às limitações impostas pelo constituinte originário ao poder constituinte reformador, especialmente às chamadas limitações circunstanciais (art. 60, § 1.º) e materiais (art. 60, § 4.º).

e) inaplicabilidade aos estados-membros.

Como acima se explicou, a previsão de realização da revisão constitucional teve razões específicas, circunstanciais, estritamente vinculadas ao histórico dos trabalhos da Assembleia Nacional Constituinte de 1988, especialmente no que respeita à indefinição quanto à forma de governo (república ou monarquia) e ao sistema de governo (presidencialismo ou parlamentarismo) a serem adotados.

Desse modo, o procedimento de emenda estabelecido no corpo permanente da Constituição Federal, no seu art. 60, deve ser **obrigatoriamente previsto**, pelas Constituições de cada estado-membro, como **único mecanismo legítimo de modificação formal da respectiva Constituição**.

Enfim, o caráter de excepcionalidade da revisão constitucional instituída pelo art. 3.º do ADCT da CF/1988, decorrente de elementos conjunturais específicos, torna injustificável, e portanto ilegítima, a previsão, nas Constituições dos estados--membros, de realização de revisões constitucionais para modificação de seus textos, mediante procedimentos menos rígidos do que os estabelecidos no art. 60 da CF/1988. Conforme assentou o STF, "ao Poder Legislativo estadual não está aberta a via da introdução, no cenário jurídico, do instituto da revisão constitucional".[3]

Para sermos exatos, o STF entende que **o procedimento de modificação dos textos das Constituições dos estados-membros não pode ser nem menos rígido, nem mais rígido do que o exigido para a alteração da Constituição da República**. O Pretório Excelso já teve oportunidade de declarar inconstitucionais dispositivos de Constituições de estados-membros que exigiam aprovação de emendas por quatro quintos (4/5) dos membros da assembleia legislativa, afirmando que, além de implicar restrição excessiva à atuação do poder constituinte reformador, o excesso de rigidez, em vez de aumentar a garantia de estabilidade de

---

3   ADI-MC 1.722, rel. Min. Marco Aurélio, 10.12.1997.

DIREITO CONSTITUCIONAL DESCOMPLICADO • Vicente Paulo & Marcelo Alexandrino

uma Constituição, aumenta o risco de rompimentos contrários à ordem jurídica, porquanto eliminam a necessária possibilidade de adaptação do texto constitucional à cambiante realidade social.

2.2. Emenda à Constituição

O procedimento de emenda constitucional é resultado de um processo legislativo especial e mais laborioso do que o ordinário, previsto para a produção das demais leis. Tal procedimento especial encontra-se regulado no art. 60 da Constituição Federal e, conforme dito antes, a sua adoção possui duplo escopo.

Por um lado, a dificuldade imposta para a aprovação de emendas à Constituição visa a assegurar a estabilidade do texto aprovado pelo legislador constituinte originário, garantindo a supremacia da Constituição em relação às demais espécies normativas do nosso ordenamento.

De outra parte, objetiva dotar o ordenamento jurídico de um instrumento legítimo para a atualização da Constituição, a fim de adaptá-la às novas necessidades e progressos da sociedade.

Ao contrário do procedimento simplificado de **revisão constitucional** (ADCT, art. 3.º), **o procedimento de emenda constitucional é permanente**, isto é, enquanto estiver em vigor a Constituição Federal de 1988, poderá ela ser modificada mediante a aprovação de emenda constitucional segundo o procedimento rígido do art. 60, desde que, obviamente, sejam observadas as limitações estabelecidas pelo legislador constituinte originário, adiante examinadas.

Não é demais lembrar que, com o exaurimento da **revisão constitucional**, concluída em 1994, o procedimento de emenda à Constituição, disciplinado no art. 60 da Carta da República, **é o único meio legítimo de modificação formal do vigente texto constitucional**, padecendo de insanável inconstitucionalidade a tentativa de se introduzir qualquer outro em nosso ordenamento.

O processo legislativo de aprovação de uma emenda à Constituição, bem mais rígido do que aquele previsto para a aprovação das emendas constitucionais de revisão (ADCT, art. 3.º), está estabelecido no art. 60 da Constituição Federal e compreende, em síntese, as seguintes fases:

a) apresentação de uma proposta de emenda, por iniciativa de um dos legitimados (art. 60, I a III);

b) discussão e votação em cada Casa do Congresso Nacional, em dois turnos, considerando-se aprovada quando obtiver, em ambos, três quintos dos votos dos membros de cada uma delas (art. 60, § 2.º);

c) sendo aprovada, será promulgada pelas Mesas da Câmara dos Deputados e do Senado Federal, com o respectivo número de ordem (art. 60, § 3.º);

d) caso a proposta seja rejeitada ou havida por prejudicada, será arquivada, não podendo a matéria dela constante ser objeto de nova proposta na mesma sessão legislativa (art. 60, § 5.º).

Reforma da Constituição Federal de 1988	
Revisão (ADCT, art. 3.º).	Emenda (CF, art. 60).
Procedimento único.	Procedimento permanente.
Procedimento simplificado (unicameral).	Procedimento laborioso, rígido (bicameral).
Não pode ser criada nova revisão por EC.	Procedimento e limitações não podem ser modificados por EC.
Não extensível aos estados.	Vinculante para os estados.
ECR promulgadas pela Mesa do Congresso Nacional.	EC promulgadas pelas Mesas da Câmara dos Deputados e do Senado Federal.

3. LIMITAÇÕES AO PODER DE REFORMA

É sabido que o Congresso Nacional, no exercício do poder constituinte derivado reformador, submete-se às limitações impostas pelo legislador constituinte originário, devendo agir em estrita obediência aos seus termos, sob pena de incorrer em vício de inconstitucionalidade.

Essas limitações ao poder constituinte derivado de reforma são tradicionalmente classificadas em quatro grupos:

a) limitações temporais;
b) limitações circunstanciais;
c) limitações processuais ou formais;
d) limitações materiais.

3.1. Limitações temporais

As limitações temporais consistem na vedação de alteração das normas constitucionais por determinado lapso de tempo. A Constituição insere norma proibitiva de modificação de seus dispositivos por um prazo determinado.

Limitações dessa ordem não estão presentes na nossa vigente Constituição. No Brasil, apenas na Constituição do Império, de 1824, existiu esse tipo de limitação; seu art. 174 determinava que somente após quatro anos do início de sua vigência a Constituição poderia ser modificada.

Vale registrar, de passagem, que alguns autores entendem que a Constituição de 1988 apresentava uma limitação de natureza temporal, em razão do disposto no art. 3.º do ADCT: "A revisão constitucional será realizada após cinco anos, contados da promulgação da Constituição, pelo voto da maioria absoluta dos membros do Congresso Nacional, em sessão unicameral."

Não concordamos com essa posição, uma vez que o conceito de limitação temporal refere-se a um lapso de tempo durante o qual a Constituição não pode ser modificada. Nunca existiu, na Carta de 1988, vedação à realização de modificações em seu texto por um lapso temporal determinado. Desde que adotado o procedimento rígido previsto no art. 60, para a edição de emendas constitucionais segundo o procedimento de **emenda constitucional**, o constituinte derivado brasileiro esteve apto, a partir do dia seguinte à promulgação da Carta, a alterar seu conteúdo (contanto, obviamente, que respeitadas as demais limitações ao poder constituinte de reforma, sobretudo as materiais – cláusulas pétreas). O que o art. 3.º do ADCT previa era, em uma época determinada ("cinco anos, contados da promulgação da Constituição"), a realização de uma **revisão constitucional**, autorizando a modificação do texto constitucional mediante procedimentos muito mais simples ("voto da maioria absoluta dos membros do Congresso Nacional, em sessão unicameral") do que os exigidos para a aprovação de emenda à Constituição.

Dessarte, reafirmamos nosso entendimento: **na vigente Carta Política não tivemos limitações de ordem temporal**, porquanto, promulgado o texto constitucional em 5 de outubro de 1988, já poderia ele ser imediatamente alterado mediante a aprovação de emenda à Constituição segundo o procedimento de **emenda constitucional**, desde que fielmente respeitadas as regras e limitações impostas pelo legislador constituinte originário (art. 60). Assim, embora pelo procedimento simplificado de revisão (ADCT, art. 3.º) a Constituição somente pudesse ser alterada após cinco anos de sua promulgação, pelo procedimento de emenda ela já poderia ser imediatamente alterada, desde que observado o rito e as limitações prescritas no art. 60 da Carta da República.

3.2. Limitações circunstanciais

As **limitações circunstanciais** impedem modificações na Constituição quando se verificam, no País, determinadas situações anormais e excepcionais, em que poderia estar ameaçada a livre manifestação do órgão reformador. Busca-se afastar eventual perturbação à liberdade e à independência dos órgãos incumbidos da modificação constitucional.

O constituinte de 1988 consagrou tais limitações ao proibir que a Constituição seja emendada na vigência de **estado de sítio**, de **intervenção federal** ou de **estado de defesa** (art. 60, § 1.º).

Observe que a intervenção que obsta a promulgação de emenda à Constituição Federal é aquela **decretada pela União**. Eventuais intervenções de estados-membros nos municípios de seu território não terão nenhum efeito inibitório sobre a modificação da Constituição Federal.

De notar, entretanto, que, em tese, é possível que até mesmo uma intervenção em um município venha obstar a promulgação de emenda à Constituição Federal. Isso porque, teoricamente, é possível que haja **intervenção federal** diretamente em município, desde que seja criado um Território Federal e este venha a ser dividido em municípios (CF, art. 35). Nessa hipótese (e só nela), se o município localizado em Território Federal malferir um dos valores prescritos pela Constituição Federal nos incisos de seu art. 35, ficará sujeito à **intervenção**

Cap. 9 • MODIFICAÇÃO DA CONSTITUIÇÃO FEDERAL DE 1988 **625**

federal e, em consequência, durante a execução da medida, **a Constituição Federal não poderá ser emendada**.

As limitações circunstanciais não se confundem com as chamadas limitações temporais. Aquelas obstam a modificação da Constituição durante a vigência de situações excepcionais, de crise no Estado. Estas, quando existentes, impedem, durante um certo lapso temporal, contado a partir da promulgação da Constituição, a modificação desta, estabelecendo, com isso, um período durante o qual vige a absoluta imodificabilidade do texto constitucional. Aquelas estão explicitamente presentes na Constituição Federal de 1988 (art. 60, § 1.º), enquanto estas (as temporais), não.

3.3.   Limitações processuais ou formais

As **limitações processuais** dizem respeito aos procedimentos especiais estabelecidos pelo legislador constituinte originário para o início e o trâmite do procedimento de emenda da Constituição, distintos do processo de elaboração das leis. Podemos agrupá-las em quatro grupos, a saber:

a)   relativas à iniciativa de apresentação de uma proposta de emenda à Constituição (art. 60, I, II e III);

b)   relativas à deliberação para aprovação da proposta (art. 60, § 2.º);

c)   relativas à promulgação da emenda (art. 60, § 3.º);

d)   relativas à vedação de reapreciação de proposta rejeitada ou havida por prejudicada (art. 60, § 5.º).

3.3.1.   Limitações processuais ligadas à apresentação da proposta de emenda à Constituição

A legitimação para a iniciativa de apresentação de uma proposta de emenda à Constituição (CF, art. 60, I, II e III) é bem mais restrita do que a estabelecida constitucionalmente para a iniciativa das leis (CF, art. 61).

Com efeito, a Constituição somente poderá ser emendada mediante proposta:

a)   de um terço, no mínimo, dos membros da Câmara dos Deputados ou do Senado Federal;

b)   do Presidente da República;

c)   de mais da metade das Assembleias Legislativas das unidades da Federação, manifestando-se, cada uma delas, pela maioria relativa de seus membros.

No que tange à legitimação parlamentar, cabe destacar que **um só congressista não poderá apresentar uma proposta de emenda à Constituição** (diversamente do que ocorre em relação à iniciativa das leis complementares e ordinárias, prevista no art. 61 da Carta vigente); exige-se que a proposta seja assinada, pelo menos, por um terço dos membros da Câmara dos Deputados ou do Senado Federal.

Da mesma forma, **uma assembleia legislativa isoladamente não poderá apresentar proposta de emenda à Constituição Federal**. É necessário que a proposta seja assinada por mais da metade das assembleias legislativas do País, sendo que essa assinatura deve ser previamente aprovada, na respectiva assembleia, por maioria simples dos votos dos deputados locais. A Câmara Legislativa do Distrito Federal equipara-se, para esse fim, à assembleia legislativa do estado, podendo ser uma das que assinarão a proposta de emenda.

Por fim, vale lembrar que **a Constituição Federal não estabeleceu Casa Legislativa iniciadora obrigatória no processo legislativo de emenda constitucional**. Assim, a discussão e a votação de proposta de emenda à Constituição poderão ser iniciadas em qualquer das Casas do Congresso Nacional (Câmara dos Deputados ou Senado Federal).

3.3.1.1. Ausência de participação dos municípios

Ao contrário do que ocorre com os estados-membros e o Distrito Federal, **os municípios não dispõem de legitimidade para apresentação de proposta de emenda à Constituição Federal**.

Em verdade, os municípios não têm nenhuma participação, direta ou indireta, no procedimento de modificação da Constituição Federal. Esse é um aspecto peculiar ao nosso Estado federado, haja vista que nas federações tradicionais uma característica sempre presente é o direito de participação de todos os entes federados na formação da vontade nacional (o que, repita-se, não acontece no Brasil, pois os municípios não têm representação no Legislativo federal).

3.3.1.2. Ausência de iniciativa popular

Ao contrário do que foi previsto em relação ao processo legislativo de elaboração das leis (CF, art. 61, § 2.º), não foi contemplada pela vigente Carta da República a possibilidade de iniciativa popular no processo de emenda da Constituição Federal, isto é, **os cidadãos não dispõem de legitimidade para apresentar uma proposta de emenda à Constituição Federal**.

É importantíssimo destacar, entretanto, que o Supremo Tribunal Federal firmou o entendimento de que **norma da Constituição do estado-membro pode prever iniciativa popular para proposta de emenda à Constituição Estadual**. Entendeu o Tribunal que, embora a Constituição Federal não autorize proposta de iniciativa popular para emendas ao próprio texto, não há impedimento de que as Constituições estaduais prevejam essa possibilidade no âmbito respectivo.[4]

3.3.1.3. Ausência de iniciativa reservada

Por fim, é de relevo destacar que o legislador constituinte não estabeleceu, no procedimento de emenda à Constituição Federal, a chamada iniciativa reservada ou privativa.

---

[4] ADI 825/AP, rel. Min. Alexandre de Moraes, 25.10.2018.

Cap. 9 • MODIFICAÇÃO DA CONSTITUIÇÃO FEDERAL DE 1988 **627**

É sabido que no processo legislativo de aprovação das leis, a Constituição prevê, em relação a certas matérias, a chamada iniciativa reservada, significando que, em relação a elas, o início do processo legislativo fica dependente de iniciativa daquela autoridade apontada constitucionalmente. É o que se verifica, *e.g.*, no art. 61, § 1.º, da Carta Política, que reserva ao Presidente da República a iniciativa das leis sobre as matérias ali arroladas; no art. 93 da Constituição, que reserva ao Supremo Tribunal Federal a iniciativa da lei complementar que disporá sobre o Estatuto da Magistratura.

Entretanto, **o legislador constituinte não instituiu iniciativa reservada em se tratando de proposta de emenda à Constituição Federal**. As hipóteses de reserva de iniciativa previstas na Constituição – como se dá com a ampla reserva de iniciativa do Presidente da República, prevista no art. 61, § 1.º, da Constituição Federal – somente são aplicáveis quando as respectivas matérias são disciplinadas mediante **lei**, isto é, os casos de iniciativa reservada dizem respeito à apresentação de **projeto de lei** (e **não** de proposta de emenda à Constituição).

Significa dizer que, em se tratando de emenda à Constituição Federal, a iniciativa é sempre **concorrente**, ou seja, os legitimados concorrem entre si quanto à apresentação da proposta de emenda. Qualquer um dos legitimados (um terço dos membros de uma das Casas Legislativas, Presidente da República ou mais da metade das assembleias legislativas) poderá apresentar proposta sobre quaisquer matérias (desde que não estejam, por óbvio, gravadas como cláusulas pétreas, como insusce-tíveis de abolição), até mesmo sobre aquelas que, em projeto de lei, encontrem-se no âmbito da iniciativa privativa ou reservada.

Aliás, se adotada tese jurídica distinta – de condicionar a legitimidade para propor emenda constitucional à observância de outros dispositivos constitucionais que estabelecem hipóteses de iniciativa privativa –, seria inviável a aprovação de emendas constitucionais sobre matérias de iniciativa legislativa privativa do Supremo Tribunal Federal, dos tribunais superiores e do Procurador-Geral da República – entre outras. Afinal, como nenhum deles consta do rol de legitimados a apresentarem proposta de emenda (art. 60, I a III), as matérias de sua iniciativa legislativa privativa não teriam como ser objeto de emenda, pois os legitimados listados no art. 60 da Constituição Federal – que são os únicos aptos a apresentar proposta de emenda à Constituição Federal – não poderiam apresentar propostas sobre tais matérias![5]

Exemplificando: a iniciativa de **lei complementar** que disponha sobre o Estatuto da Magistratura é privativa do Supremo Tribunal Federal (CF, art. 93). Logo, para que essa matéria seja legitimamente tratada por meio de **lei complementar** é imprescindível que o processo legislativo de elaboração da lei seja desencadeado pelo Supremo Tribunal Federal. Se a iniciativa for de qualquer um dos outros legitimados no processo legislativo

---

[5] Nesse sentido, a manifestação da Ministra Rosa Weber, em 06.11.2020, na condição de rela-tora da ADI 5.296/DF, proposta pela então presidente da República, Dilma Rousseff, na qual estava sendo impugnada a EC 74/2013 – que estendeu às Defensorias Públicas da União e do Distrito Federal a autonomia funcional e administrativa e a iniciativa de proposta orçamentária asseguradas às Defensorias Públicas estaduais –, sob o argumento de que somente o chefe do Poder Executivo poderia propor alteração referente aos servidores públicos da União ou ao seu regime jurídico.

das leis complementares e ordinárias (CF, art. 61), a lei complementar resultante será inválida, porquanto padecerá de insanável inconstitucionalidade formal (decorrente do vício de iniciativa). Entretanto, caso essa mesma matéria venha a ser tratada por meio de **emenda à Constituição**, não há óbice constitucional a que qualquer dos legitimados a iniciar o processo legislativo de emenda à Constituição apresente a proposta. Aliás, nesse exemplo, é fácil perceber que não faria sentido algum falar em iniciativa privativa do Supremo Tribunal Federal para desencadear o processo legislativo de aprovação de tal emenda à Constituição, haja vista que nossa Corte Suprema não possui legitimação para a apresentação de proposta de emenda à Constituição (o STF **não** integra o taxativo rol de legitimados do art. 60).

3.3.2. Limitações processuais ligadas à deliberação sobre a proposta de emenda à Constituição

Uma das mais importantes limitações processuais impostas pelo legislador constituinte ao poder de reforma diz respeito à rigidez do procedimento legislativo de aprovação de uma emenda à Constituição, estabelecida nos termos seguintes (CF, art. 60, § 2.°):

> § 2.° A proposta será discutida e votada em cada Casa do Congresso Nacional, em dois turnos, considerando-se aprovada se obtiver, em ambos, três quintos dos votos dos respectivos membros.

O legislador constituinte optou pela imposição de duas restrições ao processo de deliberação de emenda, a fim de dificultar a sua aprovação: o *quorum* (de aprovação) qualificado de três quintos dos membros da respectiva casa e a necessidade de votação em dois turnos distintos, em cada uma das Casas Legislativas.

3.3.2.1. Ausência de "Casa revisora"

No processo de emenda à Constituição Federal, não há que se falar, propriamente, em Casa revisora do projeto aprovado na Casa iniciadora, uma vez que **a segunda Casa Legislativa não estará apenas *revisando* o texto aprovado pela Casa em que foi apresentada a emenda**, como acontece no processo legislativo de elaboração das leis (CF, art. 65).

Com efeito, no processo legislativo das leis ordinárias e complementares, há preeminência da Casa iniciadora. Nele, a Casa revisora, embora tenha a possibilidade de rejeitar e arquivar o projeto aprovado na Casa iniciadora, não tem liberdade para determinar o texto final da lei. Isso porque, se a Casa revisora simplesmente aprovar o texto recebido da iniciadora, terá sido desta a redação; se a Casa revisora emendar o texto, será sempre obrigatório seu retorno à iniciadora, que apreciará as emendas, podendo rejeitar todas e mandar para sanção o texto original, conforme havia sido por ela inicialmente aprovado.

No processo legislativo de emendas à Constituição, diferentemente, a segunda Casa recebe o texto aprovado na Casa anterior e o aprecia como novo, com ampla liberda-

Cap. 9 • MODIFICAÇÃO DA CONSTITUIÇÃO FEDERAL DE 1988

de de alteração. Se efetuar alterações substanciais, o texto retornará para a primeira Casa, mas não para a simples apreciação de emendas; esta apreciará todo o novo texto recebido da segunda Casa. Se a primeira Casa modificar novamente o texto, ele mais uma vez terá que ser remetido à segunda Casa, e assim por diante, até que a matéria tenha recebido votos favoráveis de, pelo menos, 3/5 dos membros de ambas as Casas, em dois turnos de votação.

Examinemos uma situação hipotética.

Suponha-se que o Presidente da República tenha apresentado à Câmara dos Deputados um **projeto de lei** visando à fixação do valor do salário mínimo em R$ 1.000,00. Aprovado esse valor pela Câmara dos Deputados, o projeto foi encaminhado ao Senado Federal, que houve por bem emendá-lo, majorando o valor para R$ 1.200,00. Uma vez emendado, o projeto de lei deve retornar à Câmara, para apreciação da emenda. Nesse caso, a Câmara dos Deputados poderá aprovar a emenda do Senado Federal (situação em que o projeto de lei será encaminhado ao Presidente da República, para sanção ou veto, consignando o valor de R$ 1.200,00) ou rejeitar a modificação introduzida pelo Senado Federal, situação em que seguirá para a sanção presidencial o projeto contendo o valor por ela anteriormente aprovado (R$ 1.000,00). Observe-se que, em se tratando de **projeto de lei**, em caso de dissenso no tocante à matéria objeto de emenda parlamentar, prevalecerá a vontade da Casa iniciadora.

Agora, suponha-se que esse mesmo valor para o salário mínimo (R$ 1.000,00) tenha sido apresentado pelo Presidente da República à Câmara dos Deputados em uma **proposta de emenda à Constituição**. Aprovado pela Câmara dos Deputados, em dois turnos de votação, por deliberação de 3/5 de seus membros, o valor proposto pelo Presidente da República (R$ 1.000,00), a proposta é encaminhada ao Senado Federal, que, em dois turnos de votação, e por deliberação de 3/5 de seus membros, majora o valor para R$ 1.200,00. Nessa situação, como houve alteração substancial do texto aprovado pela Câmara dos Deputados, a proposta retornará à Câmara dos Deputados. Mas, agora, por se tratar de proposta de emenda à Constituição, a Câmara dos Deputados não poderá simplesmente rejeitar o valor aprovado pelo Senado Federal (R$ 1.200,00) e fazer prevalecer a sua vontade (R$ 1.000,00). Na verdade, a emenda à Constituição só poderá ser promulgada quando o mesmo valor do salário mínimo for aprovado pelas duas Casas Legislativas, em dois turnos, com deliberação de, pelo menos, 3/5 dos seus membros.

3.3.2.2. Alteração substancial

Dispõe a Constituição Federal que a proposta de emenda deverá ser discutida e votada em cada Casa do Congresso Nacional, em dois turnos, considerando-se aprovada se obtiver, em ambos, três quintos dos votos dos respectivos membros (art. 60, § 2.º).

Em consonância com o texto expresso da Constituição, portanto, a proposta, para ser aprovada, deve, necessariamente, ter o seu texto aprovado pelas duas Casas Legislativas, nos dois turnos de votação, com a deliberação qualificada de, no mínimo, três quintos dos votos dos respectivos membros. Se a matéria for aprovada nos dois turnos na primeira Casa, mas não o for nos dois turnos na segunda Casa, a proposta não estará aprovada.

Entretanto, têm ocorrido casos em que, durante a deliberação na segunda Casa Legislativa, são suprimidos ou modificados certos dispositivos do texto aprovado na Casa que iniciou a votação e, mesmo assim, a emenda é promulgada pelas Mesas da Câmara e do Senado Federal, sem o retorno da matéria para apreciação da Casa em que teve início a tramitação da proposta.

Essa prática, verificada na aprovação de algumas importantes emendas, recebeu o aval do Supremo Tribunal Federal, que tem entendido que **somente é obrigatório o retorno quando a modificação na segunda Casa Legislativa implicar alteração substancial no texto da proposta de emenda à Constituição aprovado na primeira**. Se a modificação do texto por uma das Casas Legislativas não importar em mudança substancial do seu sentido, a proposta de emenda constitucional não precisa retornar à Casa iniciadora.[6]

3.3.2.3. Inexistência de interstício mínimo entre os turnos de votação

A Constituição Federal determina que a proposta de emenda seja discutida e votada em cada Casa do Congresso Nacional, em **dois turnos** (art. 60, § 2.º). Entretanto, o texto constitucional **não fixou um intervalo temporal mínimo entre os dois turnos de votação** para fins de aprovação de emendas à Constituição.

Com efeito, em dois outros processos legislativos especiais, o legislador constituinte exigiu, expressamente, um interstício mínimo de dez dias entre os dois turnos de votação da proposta: na aprovação da lei orgânica do município (CF, art. 29) e da lei orgânica do Distrito Federal (CF, art. 32). Logo, poderia tê-lo feito, também, no processo legislativo de aprovação de emenda à Constituição Federal, mas não o fez.

Diante dessa omissão constitucional, o Supremo Tribunal Federal firmou o entendimento de que **não contraria a Constituição Federal a aprovação de proposta de emenda, em dois turnos de votação, em sessões sequenciais, sem a observância de interstício mínimo**, ainda que o regimento interno da Casa Legislativa o preveja.[7] Com base nessa orientação, o STF considerou formalmente válida a Emenda Constitucional 62/2009, votada e aprovada, no Senado Federal, em duas sessões realizadas no mesmo dia (2 de dezembro de 2009), com menos de uma hora de intervalo entre uma e outra.[8]

3.3.3. Limitações processuais ligadas à promulgação da emenda

A emenda à Constituição será promulgada pelas **Mesas da Câmara dos Deputados e do Senado Federal**, com o respectivo número de ordem (CF, art. 60, § 3.º).

As emendas à Constituição não se submetem à promulgação pelo Chefe do Executivo; esta ocorre no âmbito do próprio Poder Legislativo.

---

6   ADI 2.666/DF, rel. Min. Ellen Gracie.
7   No Senado Federal, o art. 362 do Regimento Interno exige um interstício mínimo de cinco dias úteis entre os dois turnos de votação.
8   ADI 4.425/DF, rel. orig. Min. Ayres Britto, red. p/ o acórdão Min. Luiz Fux, 13 e 14.03.2013.

Cap. 9 • MODIFICAÇÃO DA CONSTITUIÇÃO FEDERAL DE 1988

As emendas à Constituição resultantes do procedimento do art. 60 da Constituição Federal são promulgadas, conjuntamente, pelas Mesas da Câmara dos Deputados e do Senado Federal.

As emendas constitucionais de revisão – ECR, aprovadas durante o processo de revisão constitucional (ADCT, art. 3.º), foram promulgadas pela Mesa do Congresso Nacional, porquanto eram aprovadas em sessão unicameral do Congresso Nacional (e não pelas duas Casas Legislativas, separadamente).

As emendas à Constituição seguem numeração distinta daquela atribuída às leis (EC 1, EC 2, EC 3 etc.).

As emendas constitucionais de revisão – ECR possuem numeração própria, distinta da numeração dada às emendas aprovadas com fulcro no art. 60 da Carta da República.

3.3.3.1. Ausência de sanção ou veto

As propostas de emenda à Constituição **não se submetem à sanção ou veto do Chefe do Executivo**.

Aprovadas nos termos do procedimento estabelecido no art. 60, § 2.º, da Constituição, são elas diretamente promulgadas pelas **Mesas da Câmara dos Deputados e do Senado Federal**.

Desse modo, podemos concluir que a única participação do Chefe do Poder Executivo federal no processo de emenda da Constituição ocorre, se for o caso, no momento da iniciativa, uma vez que ele é um dos legitimados para apresentar uma proposta de emenda à Constituição (CF, art. 60, II). A partir daí, todo o procedimento desenvolve-se no âmbito do Legislativo, com a discussão, aprovação e promulgação do texto final da emenda.

3.3.4. Limitações processuais ligadas à vedação de reapreciação de proposta rejeitada ou havida por prejudicada

Estabelece a Constituição Federal que a matéria constante de proposta de emenda rejeitada ou havida por prejudicada não pode ser objeto de nova proposta na mesma sessão legislativa (CF, art. 60, § 5.º).

Parte da doutrina denomina essa limitação processual de "princípio da irrepetibilidade de projeto"; visa o princípio a impedir a repetição de apreciação, numa mesma sessão legislativa, de matéria rejeitada ou havida por prejudicada em proposta de emenda anterior.

É de notar que essa limitação **possui natureza absoluta**, isto é, **em hipótese nenhuma a matéria rejeitada ou havida por prejudicada poderá constituir objeto de nova proposta na mesma sessão legislativa**. Nesse ponto, é importante destacar que essa regra é distinta daquela estabelecida para a hipótese de rejeição de um **projeto de lei**, prescrita no art. 67 da Carta da República.

Com efeito, em relação ao **projeto de lei** rejeitado, estabeleceu o legislador constituinte que a matéria dele constante somente poderá constituir objeto de novo projeto, na mesma sessão legislativa, mediante proposta da maioria absoluta dos membros de qualquer das Casas do Congresso Nacional (art. 67).

Assim, a matéria constante de um projeto de lei rejeitado poderá ser reapreciada, na mesma sessão legislativa, em novo projeto de lei, desde que haja solicitação de maioria absoluta dos membros de uma das Casas Legislativas (art. 67). Contrariamente, a matéria constante de proposta de emenda rejeitada ou havida por prejudicada **não** poderá, em nenhuma circunstância, ser objeto de nova proposta na mesma sessão legislativa (art. 60, § 5.º).

3.4. Limitações materiais

As limitações materiais, como deflui de seu nome, excluem determinadas matérias ou conteúdos da possibilidade de abolição, visando a assegurar a integridade da Constituição, impedindo que eventuais reformas provoquem a destruição de sua unidade fundamental ou impliquem profunda mudança de sua identidade.

As limitações materiais são tradicionalmente divididas em dois grupos: **limitações explícitas** e **limitações implícitas**.

As **limitações materiais explícitas** correspondem àquelas matérias que o constituinte definiu expressamente na Constituição como não passíveis de supressão. O próprio poder constituinte originário faz constar na sua obra um núcleo inderrogável. Essas limitações inserem-se, pois, expressamente, no texto constitucional.

Na vigente Constituição, estão prescritas no art. 60, § 4.º, segundo o qual "não será objeto de deliberação a proposta de emenda tendente a abolir: a forma federativa de Estado; o voto direto, secreto, universal e periódico; a separação dos Poderes; os direitos e garantias individuais". São essas as denominadas **cláusulas pétreas expressas**.

As **limitações materiais implícitas** concernem a matérias que, apesar de não mencionadas expressamente no texto constitucional como insuprimíveis, estão implicitamente fora do alcance do poder de reforma, sob pena de ruptura da ordem constitucional. Isso porque, caso pudessem ser modificadas pelo poder constituinte derivado, de nada adiantaria a previsão expressa das demais limitações. São apontadas pela doutrina três importantes limitações materiais implícitas, a saber:

a) **a titularidade do poder constituinte originário**, pois uma reforma constitucional, obra do poder constituinte constituído, não pode mudar o titular do poder que cria o próprio poder reformador (a criatura não poder retirar do criador essa qualidade);

b) **a titularidade do poder constituinte derivado**, pois quem a estabelece é o poder constituinte originário, único poder legitimado para determinar quem tem competência para alterar a Constituição (e o processo mediante o qual isso pode ser feito); um poder constituído não pode autorizar a modificação da Constituição por outro poder constituído;

Essa limitação material implícita visa a evitar que o titular do poder constituinte derivado reformador delegue suas atribuições ou as renuncie em favor de qualquer

Cap. 9 • MODIFICAÇÃO DA CONSTITUIÇÃO FEDERAL DE 1988   **633**

outro órgão constituído. Um exemplo de desrespeito a essa espécie de limitação implícita foi o que tivemos na Alemanha nazista, em que foram concedidos plenos poderes constitucionais a Hitler, por meio da Lei de 24.03.1933 (citação de Celso Ribeiro Bastos).

No Brasil, a fim de ilustrar o despautério que resultaria da refutação a essa limitação implícita, imagine-se, a título de exemplo, uma emenda constitucional autorizando o Presidente da República a, mediante decreto, modificar a vigente Constituição. Essa emenda, evidentemente, padeceria de flagrante inconstitucionalidade, por implicar afronta à divisão de competências estabelecida pelo poder constituinte originário.

c) **o próprio processo de modificação da Constituição (revisão e emenda)**, bem como os artigos que estabelecem todas as limitações explícitas impostas pelo constituinte originário, pois, caso contrário, o poder constituinte derivado poderia alargar indefinidamente sua esfera de atuação (poderia até mesmo transformar a Constituição rígida em flexível, eliminando, assim, a própria distinção entre poder constituinte originário e derivado).

Esta última constitui a mais destacada **limitação material implícita**: a proibição de modificação das normas constitucionais que estabelecem as restrições expressas ao poder de modificação da Constituição. Veda, dessarte, a alteração dos dispositivos constitucionais que fixam as regras e as limitações para modificação da Constituição. No vigente texto constitucional, como decorrência dessa limitação material implícita, **resta impedida a introdução de modificações substanciais no art. 60 da Constituição, que estabelece as restrições expressas ao poder de emenda constitucional, bem como no art. 3.º do Ato das Disposições Constitucionais Transitórias, que disciplina o procedimento de revisão constitucional**.

O reconhecimento dessa limitação material implícita impõe-se pela mais elementar lógica: caso fosse possível ao poder reformador alterar as regras e limitações estabelecidas pelo poder constituinte originário para sua atuação, tal medida implicaria completa fraude à obra originária.

Para ilustrar o sobredito, suponha-se que fosse legítimo ao poder reformador modificar o procedimento estabelecido pelo legislador constituinte originário para emenda da Constituição de 1988. O Congresso Nacional poderia, então, por meio da aprovação de uma emenda à Constituição, dar nova redação ao art. 60, § 2.º, alterando a exigência de deliberação e o trâmite processual para aprovação de futuras emendas. Digamos que, pela nova redação, o dispositivo passasse a permitir que uma emenda fosse aprovada por deliberação de maioria simples, em um só turno de discussão e votação nas duas Casas Legislativas.

Ora, não é difícil perceber que essa modificação perpetrada pelo poder constituinte reformador implicaria uma insofismável fraude à obra do poder constituinte originário, afastando o grau de estabilidade originariamente imposto ao texto por ele elaborado. Nessa situação, o poder reformador estaria, em verdade, transformando a nossa Constituição de rígida em flexível, porquanto, a partir da modificação introduzida no art. 60, seria possível alterar o texto constitucional pelo mesmo procedimento singelo de elaboração das leis ordinárias (maioria simples, em um só turno de votação).

3.4.1. A expressão "não será objeto de deliberação"

O art. 60, § 4.º, da Constituição Federal, ao enumerar as **cláusulas pétreas expressas**, assevera que "**não será objeto de deliberação**" a proposta de emenda tendente a abolir uma (ou mais) das matérias ali arroladas.

Percebe-se, de pronto, que a intenção do legislador constituinte foi afirmar, com veemência, a impossibilidade de aprovação de proposta que afronte cláusula pétrea, impedindo até mesmo que ela seja levada à deliberação nas Casas do Congresso Nacional, dada a gravidade de tal conduta, atentatória à supremacia da nossa Carta Política.

O Supremo Tribunal Federal tem reconhecido a essa expressão o significado que, a nosso ver, o legislador constituinte efetivamente quis lhe emprestar, qual seja, o de que uma proposta tendente a abolir cláusula pétrea **não deve, sequer, ser objeto de deliberação no Congresso Nacional**.

Nossa Corte Suprema, há muito, tem admitido o cabimento de **controle judicial preventivo** – incidente sobre a tramitação de proposta de emenda à Constituição manifestamente ofensiva a cláusula pétrea – com vistas a sustar o trâmite legislativo da proposta de emenda tendente a abolir cláusula pétrea, sob o argumento de que, nessas situações, a inconstitucionalidade diz respeito ao próprio andamento do processo legislativo, e isso porque a Constituição exige – em face da gravidade da lesão, caso consumada – que nem mesmo se chegue à deliberação, proibindo-a peremptoriamente.[9]

O exame pormenorizado desse excepcional controle judicial (preventivo) de constitucionalidade, incidente sobre o rito legislativo de aprovação de emenda à Constituição Federal, consta do **item 4 deste Capítulo 9 – "Controle Judicial de Proposta de Emenda à Constituição"**.

3.4.2. A expressão "tendente a abolir"

Essa expressão, vazada no *caput* do § 4.º do art. 60 da Carta, aponta o verdadeiro sentido e alcance das chamadas cláusulas pétreas.

Da expressão "tendente a abolir" infere-se, com segurança, que nem sempre a aprovação de uma emenda à Constituição tratando de uma das matérias arroladas nos incisos do § 4.º do art. 60 afrontará cláusula pétrea. **Somente haverá desrespeito a cláusula pétrea caso a emenda "tenda" a suprimir uma das matérias ali arroladas.** O simples fato de uma daquelas matérias ser objeto de emenda não constitui, necessariamente, ofensa a cláusula pétrea (expressões, muitas vezes utilizadas pela doutrina e pelos tribunais, tais como "cláusula de imutabilidade", "núcleo imodificável", "cláusula de imodificabilidade", "intangibilidade absoluta", devem ser compreendidas como verdadeiras hipérboles, cunhadas com o escopo de se enfatizar a importância das matérias que receberam do constituinte originário a especial proteção ora em estudo).

Um exemplo de emenda constitucional versando matéria protegida pelo manto de cláusula pétrea, sem que se possa cogitar inconstitucionalidade, tivemos com o acréscimo de mais um inciso à enumeração dos direitos fundamentais do art. 5.º da Constituição Federal, pela Emenda Constitucional 45/2004 (inciso LXXVIII: "a todos, no âmbito judicial e administrativo, são assegurados a razoável duração do processo e os meios que garantam a celeridade de sua tramitação").

---

[9] MS 20.257/DF, rel. Min. Décio Miranda, redator p/ acórdão Min. Moreira Alves, 08.10.1980.

Cap. 9 • MODIFICAÇÃO DA CONSTITUIÇÃO FEDERAL DE 1988   635

Nesse caso, embora a EC 45/2004 tenha versado sobre direito individual, matéria expressamente gravada como cláusula pétrea (CF, art. 60, § 4.º, IV), certamente não há que se falar em inconstitucionalidade, por ofensa a limitação material, haja vista que não houve, por parte do legislador derivado, "tendência a abolir" qualquer direito fundamental (ao contrário, o constituinte reformador acrescentou novo direito individual expresso ao catálogo dos direitos fundamentais estabelecido pelo legislador constituinte originário).

Essa expressão funciona, assim, como um divisor de águas, para o fim de se verificar se determinada emenda desrespeita, ou não, cláusula pétrea. Apresentada uma proposta de emenda cuidando de uma daquelas matérias, deve-se perquirir se há, em decorrência de seu texto, uma "tendência" à abolição, à supressão, ao enfraquecimento das referidas matérias. Se houver, padecerá a proposta de inconstitucionalidade; caso contrário, não existirá afronta a cláusula pétrea.

É mister atentar, todavia, que não somente serão inconstitucionais as emendas que suprimam, por inteiro, matérias expressas nos incisos do § 4.º do art. 60 da CF/1988. Não há necessidade, por exemplo, de que, em relação ao voto ou à forma federativa de Estado, a emenda literalmente declare: "fica abolida a forma federativa de Estado" ou "fica abolido o voto direto, secreto, universal e periódico". O dispositivo veda a elaboração de emenda que trate das referidas matérias tendendo a aboli-las, o que inclui disposições que possam acarretar o seu enfraquecimento ou a sua descaracterização.

Assim, por exemplo, uma emenda que atribuísse a qualquer dos Poderes da República competências que a Constituição só outorga a outro importaria tendência a abolir o princípio da separação dos Poderes. De igual modo, é sabido que nossa Federação assenta-se na autonomia assegurada a todos os entes políticos (CF, art. 18). Essa autonomia está garantida pela capacidade de auto-organização, de autogoverno e de autoadministração de cada um dos entes federados. Logo, uma emenda que suprima, ainda que parcialmente, uma dessas capacidades, será inconstitucional, uma vez que apresenta **tendência** a abolir a forma federativa de Estado. Seria o caso, *e.g.*, de uma emenda que passasse ao governador de estado a competência para a organização e fiscalização dos serviços públicos prestados pelas municipalidades de seu território; tal disposição, sem dúvida, indicaria tendência a abolir a forma federativa de Estado, por retirar parcela significativa da autonomia dos municípios, derruindo o equilíbrio de nossa Federação, conforme desenhado pelo constituinte originário.

Por outro lado, como se disse, **o simples fato de uma emenda versar sobre assunto gravado como cláusula pétrea não a torna inconstitucional**. É que o texto proíbe tão só emenda "tendente a abolir" as matérias enumeradas no § 4.º do art. 60 (incisos I a IV). Assim, caso o texto da emenda não restrinja os direitos e garantias individuais, não enfraqueça a forma federativa de Estado etc., não há que se cogitar ofensa a cláusula pétrea. É essa a orientação firmada pelo Supremo Tribunal Federal, nos termos da qual, literalmente, "as limitações materiais ao poder constituinte de reforma, que o art. 60, § 4.º, da Lei Fundamental enumera não significam a intangibilidade literal da respectiva disciplina na Constituição originária, mas apenas a proteção do núcleo essencial dos princípios e institutos cuja preservação nelas se protege".[10]

---

[10] MS 23.047-MC, rel. Min. Sepúlveda Pertence, *DJ* 14.11.2003.

3.4.3. Cláusula pétrea e "os direitos e garantias individuais"

A Constituição Federal, no Título II, dedicado aos direitos e garantias fundamentais, destinou o Capítulo I aos direitos e deveres individuais e coletivos, enunciando estes no art. 5.º e em seus setenta e oito incisos.

Ao apontar as matérias protegidas com o manto de cláusula pétrea, o legislador constituinte gravou com essa cláusula assecuratória "os direitos e garantias individuais" (CF, art. 60, § 4.º, IV).

Em face desse tratamento constitucional, resta-nos examinar se somente são inabolíveis os direitos e garantias expressamente enumerados no art. 5.º da Carta Política, ou se, também, outros direitos e garantias dispersos no texto da Constituição estão acobertados pela proibição de supressão. Em outras palavras, faz-se mister responder à indagação seguinte: estariam protegidos sob o pálio da cláusula pétrea exclusivamente os direitos e garantias arrolados no art. 5.º da Constituição Federal?

O Supremo Tribunal Federal decidiu que não, entendendo que a garantia insculpida no art. 60, § 4.º, IV, da CF **alcança um conjunto mais amplo de direitos e garantias constitucionais de caráter individual dispersos no texto da Carta Magna**.

Nesse sentido, considerou a Corte que é garantia individual do contribuinte, protegida com o manto de **cláusula pétrea**, e, portanto, inafastável por meio de reforma, o disposto no art. 150, III, "b", da Constituição (**princípio da anterioridade tributária**), entendendo que, ao pretender subtrair de sua esfera protetiva o extinto IPMF (imposto provisório sobre movimentações financeiras), estaria a Emenda Constitucional 3/1993 deparando-se com um obstáculo intransponível, contido no art. 60, § 4.º, IV, da Constituição da República.[11]

Em outra oportunidade, ao declarar a inconstitucionalidade do art. 2.º da Emenda Constitucional 52/2006, no tocante à determinação de aplicação da regra introduzida por essa emenda (fim da verticalização nas coligações partidárias) às eleições de 2006, deixou assente o Tribunal que o **princípio da anterioridade eleitoral (art. 16) constitui cláusula pétrea**, por representar uma garantia individual do cidadão-eleitor.[12]

3.4.4. Vedação à "dupla revisão"

Questão debatida na doutrina diz respeito à possibilidade de supressão ou de alteração substancial de matérias objeto de cláusula pétrea por meio de procedimentos especiais de reforma.

Há autores de renome que defendem essa possibilidade, por considerarem absurda a ideia de proibição de mudança de qualquer norma da Constituição; entendem que a alteração ou supressão de dispositivos constitucionais sempre é possível, desde que realizada de acordo com o Direito e visando às necessidades do bem-estar social. Para eles, uma vedação absoluta à mudança do texto constitucional segundo as regras do Direito equivaleria a deixar a possibilidade de modificação, tão somente, para uma revolução, para o uso da força, o que não seria razoável.

---

[11] ADI 939/DF, rel. Min. Sydney Sanches, 15.09.1993.
[12] ADI 3.685, rel. Min. Ellen Gracie, 22.03.2006.

Desse modo, para os defensores dessa tese, o que a Constituição estabeleceria em favor das cláusulas pétreas seria, tão somente, uma rigidez maior, maiores exigências para a sua modificação ou revogação, não uma proibição absoluta. Enquanto as demais normas constitucionais poderiam ser revogadas por meio de procedimento ordinário de aprovação de reforma constitucional, as matérias gravadas como cláusulas pétreas seriam duplamente protegidas, isto é, para modificá-las, seria preciso, primeiro, revogar a cláusula pétrea e, depois, alterar as disposições sobre a matéria em questão, até então protegida. Enfim, uma cláusula pétrea poderia ser superada, desde que segundo o procedimento denominado **dupla revisão**.

Exemplificando: na vigente Constituição, os direitos e garantias individuais estão gravados como cláusulas pétreas (CF, art. 60, § 4.º, IV). Portanto, o poder de reforma não poderia, por meio de **uma** emenda à Constituição, suprimir um direito ou uma garantia individual constitucionalmente prevista, porque estaria contrariando cláusula pétrea expressa. Entretanto, para os defensores da dupla revisão, o poder de reforma poderia superar essa vedação, por meio da aprovação de **duas** emendas consecutivas: na primeira, suprimiria da Constituição tal cláusula pétrea; na segunda, não existindo mais a cláusula pétrea no texto constitucional, atingiria o direito ou a garantia individual almejada.

A tese da dupla revisão **não é aceita entre nós**, pois esbarra em uma outra cláusula pétrea, esta implícita. Com efeito, conforme enfatizamos antes, estão proibidas as reformas que tenham por objeto modificação substancial do art. 60 da Constituição, que estabelece o procedimento e os limites para a atuação do poder constituinte derivado. Essa, aliás, é a razão de ser de tal cláusula pétrea implícita: sem ela, procedimentos como o de "dupla revisão" permitiriam ao constituinte reformador atuar sem qualquer limite, possibilitando, até, que ele conferisse a si mesmo todas as prerrogativas inerentes ao poder constituinte originário. Dessarte, prevalece na doutrina a orientação de que, nas Constituições que estabelecem proibições expressas de emendas sobre determinadas matérias, os dispositivos que contêm tais proibições também são imodificáveis. Cuida-se da mais relevante **limitação material implícita** ao poder de reforma, que obsta a supressão das limitações expressas de qualquer ordem, estabelecidas no art. 60 da Carta da República.

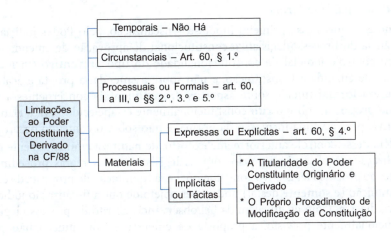

4. CONTROLE JUDICIAL DE PROPOSTA DE EMENDA À CONSTITUIÇÃO

O processo de elaboração de emenda à Constituição pode ser objeto de controle judicial de constitucionalidade, com o fim de verificar a observância – já na fase de tramitação da proposição legislativa no âmbito das Casas do Congresso Nacional – dos limites formais e materiais impostos pelo poder constituinte originário ao poder reformador.

O controle judicial da aprovação de emenda à Constituição poderá ocorrer durante a tramitação da proposta pelas Casas do Congresso Nacional, com duas distintas finalidades: (a) para fiscalizar a observância do **rito legislativo constitucionalmente estabelecido** para a aprovação de proposta de emenda (controle **formal**); e (b) para evitar a deliberação sobre proposta de emenda **tendente a abolir cláusula pétrea**, nos termos do art. 60, § 4.º, da Constituição Federal (controle **material**).

O primeiro controle judicial tem por fim fiscalizar o cumprimento, pelas Casas Legislativas, do rito legislativo constitucionalmente estabelecido para a aprovação de emenda à Constituição. Com efeito, o fato de nosso constituinte originário haver diretamente estabelecido no texto constitucional uma série de exigências concernentes ao processo legislativo de produção de emendas à Constituição tem como corolário a possibilidade de aferição, pelo Poder Judiciário, da observância dos **requisitos procedimentais** e, se for o caso, de trancamento do processo legislativo mediante a declaração incidental de inconstitucionalidade atinente à sua tramitação.

Em verdade, esse controle judicial **não é peculiar** (exclusivo) ao processo legislativo de elaboração de emendas à Constituição; ele também poderá incidir sobre o trâmite legislativo de elaboração das demais espécies normativas – leis ordinárias, leis complementares, medidas provisórias etc. –, sempre que houver desrespeito às regras do correspondente processo legislativo constitucionalmente estabelecidas. Afinal, qualquer que seja a proposição legislativa em trâmite (projeto de lei complementar, projeto de lei ordinária, proposta de emenda à Constituição etc.), o devido processo legislativo constitucional deverá ser fielmente observado pelas Casas Legislativas, sob pena de **inconstitucionalidade formal**.

Anote-se que, nessa primeira hipótese – fiscalização, pelo Poder Judiciário, da observância do processo legislativo constitucional de aprovação de emenda –, teremos um controle judicial de constitucionalidade do tipo **preventivo** (incide sobre **proposta** de emenda à Constituição, e **não** sobre a emenda já pronta e acabada) e de natureza **formal** (incide sobre **aspectos procedimentais** concernentes à **tramitação da proposta**, sobre o **rito** constitucionalmente estabelecido para a elaboração normativa, para a válida formação da norma, e **não** sobre o conteúdo da proposta).

Além desse controle anteriormente exposto, de natureza eminentemente **formal** – fiscalização da observância, pelos órgãos legislativos, das regras procedimentais atinentes ao processo legislativo constitucional –, a tramitação de proposta de emenda à Constituição (e **somente** desta!) poderá ser objeto de outra fiscalização judicial, de natureza diversa. Com efeito, além da fiel observância ao rito do processo legislativo constitucionalmente previsto, a proposta de emenda à Constituição **não poderá**

Cap. 9 • MODIFICAÇÃO DA CONSTITUIÇÃO FEDERAL DE 1988

possuir conteúdo tendente à abolição de cláusula pétrea, sob pena de flagrante inconstitucionalidade **material**, por ofensa ao § 4.º do art. 60 da Constituição Federal.

De fato, o Supremo Tribunal Federal também admite a ocorrência de controle judicial (preventivo) no curso do processo legislativo de elaboração de emenda à Constituição Federal **tendente a abolir cláusula pétrea**, por entender que, nesse caso, a **vedação constitucional se dirige ao próprio processamento da emenda**, proibindo a sua deliberação – "*Não será objeto de deliberação* a proposta de emenda tendente a abolir...", reza o § 4.º do art. 60.

Para o Tribunal Maior, no caso de **proposta de emenda à Constituição Federal violadora de cláusula pétrea**, a inconstitucionalidade, se ocorrente, já existe antes de a proposta se transformar em emenda constitucional, **porque o próprio processamento já desrespeita, frontalmente, a Constituição**.[13]

É importante observar que, nessa segunda hipótese de controle do trâmite de proposta de emenda à Constituição – com vistas a sustar o andamento de proposta tendente a abolir cláusula pétrea –, a fiscalização judicial **não incide, propriamente, sobre o rito do processo legislativo em si** (atuação procedimental das Casas Legislativas), **mas sim sobre o conteúdo (material) da proposta**, para o fim de verificar se este tende, ou não, à abolição de uma (ou mais) das cláusulas pétreas arroladas nos incisos I a IV do § 4.º do art. 60 da Constituição Federal. Vale dizer, embora tal controle judicial também tenha por fim sustar o trâmite legislativo – afinal, não há, ainda, norma jurídica pronta e acabada! –, é necessário, para decidir acerca dessa sustação, que o Poder Judiciário examine o **conteúdo** da proposta de emenda (controle **material**), pois, só assim, será possível chegar à conclusão de que tal proposta tende, ou não, à abolição de cláusula pétrea.

Em suma, diferentemente do primeiro controle judicial por nós examinado neste item – de natureza estritamente formal, destinado à fiscalização da observância do rito constitucionalmente previsto para o processo legislativo –, não podemos afirmar que na segunda hipótese – proposta de emenda tendente a abolir cláusula pétrea – o controle seja meramente formal, haja vista que, neste caso, o Poder Judiciário, necessariamente, terá que examinar o conteúdo da proposta. Não se trata, portanto, nesta segunda hipótese, de limites procedimentais ou meramente formais ao processo legislativo, mas sim de **limitações de ordem material**. Afinal, na prática, antes de proferir decisão acerca da sustação (ou não) da tramitação da proposta de emenda, terá o Poder Judiciário que examinar o conteúdo desta, para avaliar se a matéria nela veiculada tende (ou não) à abolição de cláusula pétrea, nos termos do art. 60, § 4.º, da Constituição Federal. Com isso, temos uma hipótese de fiscalização **preventiva** de constitucionalidade, aplicável unicamente às propostas de emendas à Constituição, em que os controles **formal e material** são indissociáveis, isto é, para a invalidação do processo (controle **formal**) é necessária a análise do conteúdo da proposta (controle **material**).

É importante destacar que, seja qual for a hipótese de controle judicial (preventivo) de proposta de emenda, tal fiscalização somente é possível na **via incidental**, exercida por meio da impetração de **mandado de segurança. Não se admite esse**

---

[13] MS 20.257/DF, rel. Min. Décio Miranda, redator p/ acórdão Min. Moreira Alves, 08.10.1980.

controle mediante ação direta de inconstitucionalidade (ADI), porquanto o ajuizamento de tal ação pressupõe uma norma pronta e acabada, já publicada, inserida no ordenamento jurídico.

Como acima dito, o que se busca é um provimento judicial de natureza mandamental que tem por objeto o **trancamento do processo legislativo, seja lá em que fase ele se encontre** – desde que a emenda ainda não tenha sido promulgada, evidentemente. Se a emenda é promulgada antes do julgamento do mandado de segurança pelo Supremo Tribunal Federal, **a ação será extinta, por perda do objeto**, haja vista que o seu objeto era sustar o processo legislativo. Daí por diante, se for o caso, a emenda resultante – já promulgada, como norma integrante do ordenamento jurídico – poderá ser objeto de controle judicial repressivo, na forma explicada no item seguinte.

Vale destacar, ainda, que a legitimação ativa para dar início ao controle judicial de proposta de emenda à Constituição Federal é extremamente restrita: **somente os congressistas integrantes da Casa Legislativa em que estiver tramitando a proposta** são legitimados para impetrar o mandado de segurança com essa finalidade. Tanto é assim que, caso haja a perda superveniente do mandato parlamentar, não será possível o prosseguimento do feito, vale dizer, **o mandado de segurança será extinto, sem julgamento de mérito, por ausência de legitimidade para a causa** (ilegitimidade *ad causam*).

Ademais, como se trata de fiscalização do processo legislativo de aprovação de emenda à Constituição Federal, de competência das Casas do Congresso Nacional, esse controle judicial preventivo será realizado **exclusivamente perante o Supremo Tribunal Federal**.

Em suma, em nenhuma circunstância terceiros têm legitimidade para intentar o controle judicial do procedimento constitucional de elaboração de emenda à Constituição Federal (somente os parlamentares têm essa legitimação), tampouco outros órgãos do Judiciário têm competência para realizá-lo (somente o STF dispõe dessa competência).

5. CONTROLE JUDICIAL DE EMENDA PROMULGADA

Conforme vimos, com a aprovação de uma emenda constitucional, desde que se tenham respeitado as limitações formais e materiais fixadas pelo art. 60 da vigente Carta da República, passa ela a integrar o texto constitucional, a ser preceito constitucional, de **mesma hierarquia das normas constitucionais originárias**. Para tanto, repita-se, é necessário que a emenda tenha sido produzida segundo a forma previamente estipulada pelo poder constituinte originário e possua conteúdo por ele não proibido.

Essa exigência – haver a emenda observado o procedimento e as vedações materiais constitucionalmente determinadas – decorre do fato de ser o poder constituinte de reforma um poder constituído, portanto, limitado. Com efeito, o constituinte originário, ao dispor acerca do poder de reforma, estabelece requisitos, condicionamentos e proibições cuja observância é imprescindível para que se reconheça como legítimo o seu exercício; qualquer modificação da Carta Política que não tenha em conta essas limitações implicará ruptura da ordem constitucional.

Em suma, ao reformar a obra do poder constituinte originário, não pode o constituinte derivado desbordar dos limites impostos a sua atuação, sob pena de incorrer no vício de inconstitucionalidade. Vale dizer, havendo desrespeito ao procedimento ou a quaisquer limitações impostas pelo poder constituinte originário ao exercício do poder de reforma, **a emenda será inconstitucional, devendo ser assim declarada e expurgada do ordenamento jurídico, com observância das regras atinentes ao controle de constitucionalidade das normas.**

Portanto, **é plenamente cabível o controle de constitucionalidade, concentrado ou difuso, dos atos de reforma da Constituição – revisão ou emenda –, que poderão incidir no vício de inconstitucionalidade**, caso desrespeitem as limitações originariamente estabelecidas pelo legislador constituinte, no art. 60 da Carta da República. A inconstitucionalidade da reforma pode dar-se tanto sob o aspecto material (conteúdo do ato de reforma, que não poderá afrontar uma cláusula pétrea expressa), quanto sob o enfoque formal (inobservância do procedimento de elaboração normativa ou das demais formalidades estabelecidas na Constituição).

Dessarte, tanto poderá ser reconhecida a inconstitucionalidade de uma emenda que afronte uma cláusula pétrea expressa (abolindo uma garantia individual, por exemplo) – inconstitucionalidade material –, quanto poderá ser declarada a pecha extrema numa emenda que tenha desrespeitado o processo legislativo imposto pela Constituição Federal para sua elaboração (não aprovação da matéria, em dois turnos, nas duas Casas Legislativas, por exemplo) – inconstitucionalidade formal.

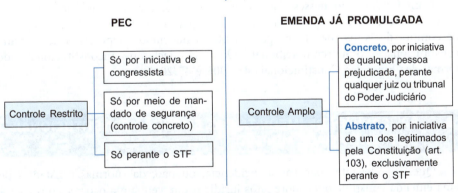

5.1. Modificação da Constituição e moralidade administrativa

Questão relevante enfrentada pelo Supremo Tribunal Federal foi a possibilidade de se reconhecer a inconstitucionalidade de emenda à Constituição aprovada mediante suposto esquema ilícito de "compra de votos" de parlamentares, com ofensa à moralidade e à probidade administrativas.

Segundo entendimento firmado pelo Tribunal, em tese, **é possível o reconhecimento da inconstitucionalidade formal no processo constituinte reformador quando eivada de vício a manifestação de vontade do parlamentar no curso do devido processo constituinte derivado**, pela prática de ilícitos que infirmam a moralidade, a probidade administrativa e fragilizam a democracia representativa.[14]

Consoante nossa Corte Suprema, o devido processo constituinte de modificação da Constituição não tem apenas aquelas restrições expressas no art. 60 da Carta Política, submetendo-se também aos princípios que legitimam a atuação das Casas congressuais brasileiras. Inclui-se no devido processo legislativo, também, a observância dos princípios da moralidade e da probidade, voltados a impedir que os dispositivos constitucionais sejam objeto de alteração mediante o exercício de um poder constituinte derivado distanciado das fontes de legitimidade situadas nos fóruns de uma esfera pública que não se reduz ao Estado.

Nesse sentido, uma vez demonstrada a interferência ilícita na fase de votação pela prevalência de interesses individuais dos parlamentares ("esquema de compra de votos"), admite-se o reconhecimento da inconstitucionalidade formal de emenda constitucional ou norma infraconstitucional resultante.

Entretanto, de acordo com o princípio da presunção da inocência e da legitimidade dos atos legislativos, há de se comprovar que a norma tida por inconstitucional não teria sido aprovada, se não houvesse o grave vício a corromper o regime democrático pela "compra de votos". Na ausência de demonstração inequívoca de que, sem os votos viciados pela ilicitude, o resultado do processo constituinte reformador ou legislativo teria sido outro, com a não aprovação da proposta de emenda constitucional ou com a rejeição do projeto de lei, não cabe declarar a inconstitucionalidade de emenda constitucional ou de lei promulgada.

Com fundamento nesses argumentos – e considerando a ausência de comprovação inequívoca de que foram aprovadas apenas em razão do ilícito "esquema de compra de votos" de alguns parlamentares no curso do processo de reforma constitucional –, o Supremo Tribunal Federal não declarou a inconstitucionalidade formal das Emendas Constitucionais 41/2003 e 47/2005.

6. APLICABILIDADE IMEDIATA DAS EMENDAS CONSTITUCIONAIS (RETROATIVIDADE MÍNIMA)

Questão relevante concerne à incidência, ou não, das normas constantes de uma emenda constitucional sobre fatos jurídicos que venham a ocorrer após a data de início de sua vigência, mas que decorram de atos praticados ou de negócios celebrados anteriormente a essa data. Por outras palavras, é importante verificar se uma emenda constitucional pode afetar os efeitos de um fato ocorrido antes do

---

[14] ADIs 4.887/DF, 4.888/DF e 4.889/DF, rel. Min. Cármen Lúcia, 11.11.2020.

Cap. 9 • MODIFICAÇÃO DA CONSTITUIÇÃO FEDERAL DE 1988 **643**

início de sua vigência, mas que devam, os efeitos, ser produzidos após essa data (efeitos futuros de fatos passados).

O Supremo Tribunal Federal deixou assente que, em nosso ordenamento, **as emendas constitucionais têm aplicação imediata, atingindo os efeitos futuros de atos praticados no passado.**[15]

6.1. Emenda constitucional e direito adquirido

O Supremo Tribunal Federal ainda não apreciou, sob a égide da atual Carta, os efeitos de uma emenda à Constituição sobre o direito adquirido e o ato jurídico perfeito. A título de informação, sob a Constituição passada, a posição do Tribunal era unânime no sentido de que "não há direito adquirido contra o poder constituinte, originário ou derivado".

Entretanto, essa antiga posição do STF não nos parece ser hoje aceita pela maioria dos seus Ministros. Em mais de um julgado, alguns Ministros já manifestaram entendimento de que aquela orientação deve, pelo menos, ser objeto de nova discussão, em face da promulgação da atual Constituição.

Na doutrina, embora haja vozes respeitáveis nos dois sentidos, pensamos ser dominante a orientação de **não** se permitir à emenda constitucional a violação do direito adquirido, entendimento que perfilhamos.

7. REFORMA DA CONSTITUIÇÃO ESTADUAL

Segundo a jurisprudência do Supremo Tribunal Federal, os estados-membros estão vinculados às regras do processo legislativo federal, inclusive quanto ao quórum de deliberação para reforma da Constituição estadual, que **não pode ser mais fácil nem mais dificultoso do que o previsto na Constituição Federal** (três quintos).[16] Vale dizer, é inconstitucional norma de Constituição estadual que preveja quórum diverso de 3/5 (três quintos) dos membros da Assembleia Legislativa para aprovação de emendas à Constituição do estado.

Como precedentemente explicamos, o STF entende que **o procedimento de modificação dos textos das Constituições dos estados-membros não pode ser nem menos rígido, nem mais rígido do que o exigido para a alteração da Constituição da República**. O Pretório Excelso já teve oportunidade de declarar inconstitucionais dispositivos de Constituições de estados-membros que exigiam aprovação de emendas por quatro quintos dos membros da assembleia legislativa, afirmando que, além de implicar restrição excessiva à atuação do poder de reforma, o excesso de rigidez, em vez de aumentar a garantia de estabilidade de uma Constituição, aumenta o risco de rompimentos contrários à ordem jurídica, porquanto eliminam a necessária possibilidade de adaptação do texto constitucional à cambiante realidade social.

---

[15] Inq 1.637/SP, rel. Min. Celso de Mello, 02.04.2002.
[16] ADI 6.453/RO, rel. Min. Rosa Weber, 11.02.2022.

É importante registrar que, segundo o entendimento do Supremo Tribunal, essa limitação quanto ao *quórum* de aprovação de emendas **é igualmente aplicável ao Distrito Federal**, no tocante à aprovação, pela Câmara Legislativa, de **emendas à Lei Orgânica do Distrito Federal**. Para o Tribunal, a aprovação de emendas à Lei Orgânica do Distrito Federal deve se dar também pela **deliberação de três quintos dos votos** dos membros da Câmara Legislativa do Distrito Federal, a mesma deliberação exigida para modificação da Constituição Federal de 1988.[17] Com esse fundamento, nossa Corte Suprema declarou a inconstitucionalidade de norma da Lei Orgânica do Distrito Federal que estabelecia a exigência de decisão de **dois terços** dos membros da Câmara Legislativa para aprovação de proposta de emenda.

Além disso, as demais regras impostas ao legislador derivado federal são, também, no que couber, de observância obrigatória por parte do legislador constituinte estadual (ausência de sanção ou veto da proposta; promulgação pelo próprio Poder Legislativo; irrepetibilidade, na mesma sessão legislativa, de matéria constante de proposta rejeitada ou havida por prejudicada etc.).

Especificamente no tocante à **iniciativa de proposta de emenda à Constituição Estadual**, porém, o Supremo Tribunal Federal entende que é possível ao legislador constituinte do estado-membro inovar, ampliando o rol de legitimados indicados na Constituição Federal (art. 60, I a III). Nessa esteira, o Tribunal firmou o entendimento de que **norma da Constituição do estado-membro pode prever iniciativa popular para proposta de emenda à Constituição Estadual**.[18] Vale dizer, embora a Constituição Federal não autorize proposta de iniciativa dos cidadãos para emendas ao seu texto, não há impedimento de que as Constituições estaduais o façam, isto é, podem elas prever a possibilidade de iniciativa popular para emendas a si mesmas.

Por último, vale lembrar que, segundo orientação do Supremo Tribunal Federal, os estados-membros **não podem instituir procedimento simplificado de revisão de suas Constituições**, nos moldes daquele estabelecido pelo constituinte nacional para a revisão da Constituição da República (ADCT, art. 3.º).

---

[17] ADI 7.205, rel. Min. Dias Toffoli, 06.12.2022.
[18] ADI 825/AP, rel. Min. Alexandre de Moraes, 25.10.2018.

Capítulo 10

PODER EXECUTIVO

1. NOÇÃO DE PRESIDENCIALISMO

O Brasil adota o presidencialismo como sistema de governo desde a primeira Constituição da República, promulgada em 1891, sendo mantido por todas as posteriores Constituições,[1] inclusive pela Constituição Federal de 1988.[2]

O presidencialismo é o sistema de governo que tem como características principais a forte concentração das funções executivas na figura do Presidente da República e a existência de uma separação de funções mais acentuada entre os Poderes Executivo e Legislativo.

A concentração da atividade executiva na figura do Presidente da República ocorre porque, no sistema presidencialista, a chefia do Poder Executivo é monocrática ou unipessoal, vale dizer, incumbe unicamente ao Presidente da República, que exerce, simultaneamente, a chefia de Governo, de Estado e de Administração.[3] Os Ministros de Estado são meros auxiliares do Presidente da República, por ele livremente escolhidos e demissíveis (exoneráveis) *ad nutum*, isto é, sem necessidade de nenhuma motivação.

Como chefe de Estado, o Presidente da República representa o Estado brasileiro nas suas relações internacionais, e corporifica a unidade interna da Federação.

---

[1] Em toda a nossa história republicana, só tivemos a adoção do parlamentarismo durante breve período de vigência da Constituição de 1946: da promulgação da Emenda Constitucional 4, de 02.09.1961, que o instituiu, até a promulgação da Emenda Constitucional 6, de 23.01.1963, que restabeleceu o presidencialismo.

[2] A Constituição Federal de 1988 delegou ao eleitorado brasileiro a competência para, mediante plebiscito, definir o sistema de governo a vigorar no Brasil (ADCT, art. 2.º); o plebiscito, realizado em 21.04.1993, confirmou a opção do legislador constituinte originário pelo presidencialismo.

[3] Diferentemente do sistema parlamentarista, em que a função de Chefe de Estado é exercida pelo presidente ou monarca e a de Chefe de Governo desempenhada pelo primeiro ministro.

Como chefe de Governo, cabe ao Presidente a gerência dos negócios internos do Estado brasileiro, sejam os de natureza política, sejam os de natureza administrativa, exercendo, com isso, a liderança da política nacional, pela orientação das decisões gerais e pela direção da máquina administrativa.

A segunda característica nuclear do presidencialismo – o maior delineamento da separação das funções estatais entre os Poderes Executivo e Legislativo – resulta, especialmente, da independência estabelecida pela Constituição para os membros desses Poderes. Assim, o Poder Executivo concentra-se na figura do Presidente da República, que é eleito para mandato certo, sem responsabilidade política perante o Legislativo.[4] Por outro lado, os membros do Legislativo também são eleitos para mandatos certos, que não poderão ser abreviados pela vontade do chefe do Poder Executivo. Com isso, o Presidente da República tem direito de nomear e exonerar seus auxiliares, Ministros de Estado, e a praticar todos os demais atos de governo durante a integralidade do seu mandato, ainda que sem apoio da maioria do parlamento, pois no presidencialismo não existe a possibilidade de o Legislativo, ordinariamente, afastar o Presidente da República. Por outro lado, não existe a possibilidade de o Presidente da República dissolver o parlamento, como meio de abreviar os mandatos dos membros do Legislativo.

Por isso é que se diz que no presidencialismo **a responsabilidade de governo do Presidente da República se estabelece diretamente com o povo**, e **não** com o parlamento. Como o Poder Executivo haure seus poderes diretamente do povo, por meio de eleições – diretas ou indiretas –, é com este que se estabelece a relação direta de responsabilidade pela condução das políticas governamentais – diferentemente do parlamentarismo, em que há responsabilidade de governo diretamente perante o parlamento, haja vista que os poderes do chefe de Governo são derivados da vontade da maioria do Legislativo.

Cabe ressaltar que essa mais acentuada separação das funções estatais, presente no presidencialismo em respeito à independência dos Poderes Executivo e Legislativo, não chega ao ponto de afastar a possibilidade de responsabilização do Presidente da República, nos casos de crimes de responsabilidade e de alguns crimes comuns, conforme veremos à frente.

2. FUNÇÕES

Na clássica doutrina da separação dos poderes, a função executiva compreende a solução e administração de casos concretos individualizados, de acordo com as leis gerais e abstratas elaboradas pelo Legislativo. A função executiva, por sua vez, é tradicionalmente dividida em **função de governo**, com atribuições políticas, colegislativas e de decisão, e **função administrativa**, com três objetivos distintos: intervenção, fomento e prestação de serviço público.

---

[4] Exceto na situação excepcional do *impeachment*, o qual só é possível em face de crime de responsabilidade, caracterizando, portanto, não uma responsabilização exclusivamente política, mas, sim, jurídico-política.

Cap. 10 • PODER EXECUTIVO

Porém, como já analisado nesta obra, modernamente as funções estatais **não são exercidas de modo exclusivo**, cabendo a cada Poder o desempenho de funções predominantes (típicas) e, também, de funções que, a rigor, seriam próprias de outros Poderes (atípicas).

A função típica do Poder Executivo é administrar, compreendendo não só a função de governo, relacionada às atribuições políticas e de decisão, mas também a função meramente administrativa, pela qual são desempenhadas as atividades de intervenção, fomento e serviço público.

As funções atípicas são a legislativa e a de julgamento. Assim, além de gerir, política e administrativamente, a coisa pública, o Poder Executivo também legisla (expedição de medidas provisórias) e julga (contencioso administrativo).[5]

3. INVESTIDURA

O Presidente e o Vice-Presidente da República são eleitos pelo sistema eleitoral **majoritário**, pelo qual se sagra vencedor aquele candidato que obtiver maior número de votos, segundo o procedimento fixado na Constituição Federal.

A eleição do Presidente da República importará a do Vice-Presidente com ele registrado, vale dizer, o eleitor, ao votar para Presidente, estará, na realidade, votando na dupla de candidatos (que não precisam pertencer ao mesmo partido).

O sistema majoritário é tradicionalmente dividido em duas espécies: **sistema majoritário puro ou simples** e **sistema majoritário de dois turnos**.

No sistema **majoritário simples ou puro**, será considerado eleito o candidato que obtiver no pleito o maior número de votos, **em um só turno de votação**, ainda que a diferença de votos entre eles seja insignificante. No Brasil, é o sistema adotado para a eleição dos Senadores da República (CF, art. 46) e dos Prefeitos dos municípios com até duzentos mil eleitores (CF, art. 29, II). O sistema majoritário simples dá azo a que, numa eleição com muitos candidatos ao mesmo cargo, o vencedor possa vir a ser eleito com um reduzido percentual de votos. Imagine-se, por exemplo, uma eleição para Prefeito, com dez candidatos, em um município com menos de duzentos mil eleitores. Em tese, se nove candidatos obtivessem, cada um, digamos, 9,99% dos votos válidos, o vencedor seria eleito com apenas 10,09% dos votos válidos. Se houvesse um grande número de votos brancos ou nulos, menor ainda seria o percentual efetivo de eleitores que teriam votado no candidato vencedor. Hipóteses como essa, indiscutivelmente, podem comprometer a representatividade do

---

[5] Deve-se ressalvar que o Poder Executivo não exerce atividade jurisdicional. A jurisdição, que é própria do Poder Judiciário, pressupõe a existência de um julgador neutro, imparcial, equidistante das partes, o que não ocorre no julgamento de processos administrativos. Além disso, a atividade jurisdicional propriamente dita implica a aplicação do direito ao caso concreto litigioso com caráter de definitividade, de imutabilidade. As decisões que o Poder Executivo profere em processos administrativos sempre podem ser submetidas ao Poder Judiciário, ou seja, embora elas possam ser descritas como "aplicação do direito ao caso concreto litigioso", elas não são definitivas, jamais fazem coisa julgada, nem formal, nem material.

eleito, trazendo risco, até mesmo, de que, aos olhos da população, sua legitimidade resulte enfraquecida.

Pelo sistema **majoritário de dois turnos**, será considerado eleito o candidato que obtiver a **maioria absoluta dos votos válidos**, sendo que, se esta não for alcançada no primeiro turno, há que se realizar um segundo turno. É o sistema adotado no Brasil para a eleição do Presidente da República, dos Governadores dos estados e do Distrito Federal e dos Prefeitos dos municípios com mais de duzentos mil eleitores. Nas eleições para esses cargos, portanto, o princípio é o da **maioria absoluta,** vale dizer, o que é obrigatório não é a existência de dois turnos, mas a obtenção da maioria absoluta dos votos válidos pelo candidato vencedor. Por isso, se algum candidato obtiver a maioria absoluta dos votos válidos já no primeiro escrutínio, nem sequer caberá cogitar a realização de um segundo turno.

O Presidente da República é eleito simultaneamente com um Vice-Presidente, por meio de sufrágio universal e pelo voto direto e secreto, em eleição realizada no primeiro domingo de outubro, em primeiro turno, e no último domingo de outubro,[6] em segundo turno, se houver necessidade deste, do ano anterior ao término do mandato presidencial vigente (art. 77), para mandato de quatro anos, permitida a reeleição para um único período subsequente (art. 14, § 5.º).

Não há um limite de vezes para que o mesmo cidadão seja eleito Presidente da República. O que a Constituição veda, em respeito ao princípio da temporalidade do mandato, marca da forma republicana de governo, é a possibilidade de **mais de uma reeleição para períodos sequenciais** (é possível **uma reeleição para período sequencial**, não duas). Assim, nada impede que um mesmo cidadão exerça a Presidência da República por três, quatro, ou mais vezes, desde que não mediante duas reeleições seguidas, isto é, desde que não exerça três mandatos consecutivos.

São requisitos para a candidatura aos cargos de Presidente e Vice-Presidente da República:

a) ser brasileiro nato;

b) estar no pleno gozo dos direitos políticos;

c) possuir alistamento eleitoral;

d) possuir filiação partidária;

e) possuir idade mínima de trinta e cinco anos;

f) não ser inelegível (inalistável, analfabeto, mais de uma reeleição para período subsequente e inelegibilidade por parentesco, na forma do art. 14, §§ 4.º, 5.º e 7.º).

Esses requisitos de elegibilidade para o Presidente da República aplicam-se, igualmente, ao Vice-Presidente, porquanto a eleição deste depende da eleição daquele.

---

6   O disposto no § 3.º do art. 77 acerca do prazo para realização do segundo turno – determinando que este deva ocorrer em "até vinte dias após a proclamação do resultado" da primeira votação – restou prejudicado com a alteração do *caput* do art. 77, trazida pela EC 16/1997. Assim, a realização do segundo turno, quando houver, será no último domingo de outubro, e não vinte dias após a proclamação do resultado do primeiro turno.

Cap. 10 • PODER EXECUTIVO

Dentre esses requisitos, destacamos a exigência de que os candidatos tenham filiação partidária, significando que no Brasil **não se admite a figura da candidatura avulsa ou autônoma, desvinculada de partido político**.

Será considerado eleito Presidente o candidato que, registrado por partido político, obtiver a maioria absoluta de votos, não computados os em branco e os nulos. Se nenhum candidato obtiver a maioria absoluta na primeira votação, realizada no primeiro domingo de outubro, far-se-á nova eleição, no último domingo desse mês, na qual concorrerão os dois candidatos mais votados, hipótese em que será considerado eleito o candidato que obtiver a maioria dos votos válidos, excluídos os brancos e nulos (essa maioria obtida no segundo turno representa, automaticamente, a maioria absoluta dos votos válidos, porque no segundo turno sempre são somente dois os candidatos; esta é a razão de a parte final do § 3.º do art. 77 só afirmar que, no segundo turno, considera-se "eleito aquele que obtiver a maioria dos votos válidos": a referência à maioria absoluta seria, aqui, desnecessária).

Se, antes de realizado o segundo turno, ocorrer morte, desistência ou impedimento legal de candidato, convocar-se-á entre os remanescentes, o de maior votação. Em qualquer caso, se houver empate entre os candidatos que figurarem em segundo lugar na disputa, qualificar-se-á o mais idoso.

Situação distinta ocorre quando o candidato eleito para o cargo de Presidente morre após a sua eleição, mas antes da expedição do respectivo diploma. Nesse caso, o Vice-Presidente será considerado eleito, com direito subjetivo ao exercício de todo o mandato de chefe do Executivo, haja vista que no escrutínio ocorre, na realidade, a eleição simultânea dos dois candidatos.

A posse do Presidente e do Vice-Presidente da República ocorre no dia 1.º de janeiro, em sessão conjunta do Congresso Nacional, na qual devem prestar o compromisso de manter, defender e cumprir a Constituição, observar as leis, promover o bem geral do povo brasileiro, sustentar a união, a integridade e a independência do Brasil (art. 78).

Porém, se, decorridos dez dias da data fixada para a posse, o Presidente ou o Vice-Presidente não tiver assumido o cargo, este será declarado vago, salvo motivo de força maior que justifique a ausência (art. 78, parágrafo único).

Note-se que, nessa situação de ausência impeditiva da posse, expirado o prazo de dez dias, o cargo só será declarado vago se não comparecerem, sem motivo de força maior, os **dois** candidatos. Se apenas o candidato a Vice não comparecer, sem motivo de força maior, o candidato a Presidente tomará posse e exercerá integralmente o mandato sem Vice-Presidente. Caso o candidato a Presidente não compareça, sem motivo de força maior, o candidato eleito como Vice assumirá a Presidência e exercerá integralmente o mandato, também sem Vice-Presidente. Se, por motivo de força maior, o candidato a Vice não comparecer, o candidato a Presidente tomará posse e governará sem Vice, até que cessem os motivos excepcionais e o Vice seja empossado. Na hipótese de, por motivo de força maior, o candidato a Presidente não comparecer, o candidato a Vice assumirá a Presidência, mas temporariamente, até que ocorra a cessação dos motivos excepcionais e o candidato a Presidente possa ser empossado. Por fim, se houver motivo de força maior que impeça a posse de ambos – do Presidente e do Vice-Presidente da República –, esta terá que ser adiada para além dos dez dias da data inicialmente fixada para a posse, até que pelo menos um dos dois tenha a possibilidade de ser empossado.

O mandato presidencial é de **quatro anos** e terá início em **5 de janeiro** do ano seguinte ao da eleição respectiva (art. 82), sendo permitida **uma única reeleição para o período subsequente** (art. 14, § 5.º). Pelo texto originário do art. 82 da Constituição Federal, a posse do Presidente da República ocorria em primeiro de janeiro do ano subsequente. Com a promulgação da Emenda Constitucional 111/2021, a data da posse do Presidente da República foi alterada para **5 de janeiro** do ano subsequente, mas somente a partir das **eleições de 2026**. Vale dizer, o Presidente da República eleito em 2022 ainda tomará posse em 1.º de janeiro de 2023, e seu mandato durará até a posse de seu sucessor (eleito em 2026), em 5 de janeiro de 2027.

É importante anotar que, pelo texto originário da Constituição Federal de 1988, a data de posse dos governadores de estado e do Presidente da República era a mesma, qual seja, 1.º de janeiro do ano seguinte ao da eleição. Com a promulgação da EC 111/2021, foram fixadas, para os eleitos a partir de 2026, datas de posse distintas: dia **5 de janeiro**, para a posse do Presidente da República, e **6 de janeiro** para a posse dos governadores de estado. Esse novo regramento permitirá, por exemplo, que governadores de estado prestigiem a posse do Presidente da República (no dia 5 de janeiro), e que este prestigie a posse de determinados governadores no dia seguinte (6 de janeiro).

4. IMPEDIMENTOS E VACÂNCIA

Determina a Constituição que cabe ao Vice-Presidente substituir o Presidente, nos casos de impedimento, e suceder-lhe no caso de vaga (art. 79).

Os impedimentos são os afastamentos temporários do Presidente, como a hipótese de ausência do País, situações em que caberá ao Vice-Presidente substituí-lo no exercício pleno da Presidência.

O Presidente e o Vice-Presidente da República não poderão, sem licença do Congresso Nacional, ausentar-se do País por período superior a quinze dias, sob pena de perda do cargo (CF, art. 83).

Segundo orientação do STF, essa regra, por força do princípio da simetria, é de **observância obrigatória pelos estados-membros, vale dizer, o governador não poderá ausentar-se do Estado ou do País por período superior a quinze dias sem autorização da assembleia legislativa**, sob pena de perda do cargo.[7] Não podem, também, os demais entes federados fixar **período inferior a quinze dias** como limite para o respectivo chefe do Executivo (governador ou prefeito, conforme o caso) ausentar-se sem necessidade de obter autorização do seu parlamento.[8]

---

[7] ADI 3.647/MA, rel. Min. Joaquim Barbosa, 17.09.2007.

[8] ADI 307/CE, rel. Min. Eros Grau, 13.02.2008.

A vacância é o afastamento definitivo do Presidente, decorrente de morte, de renúncia ou de perda do cargo em razão de pena imposta pela prática de crime comum ou de responsabilidade, situações em que caberá ao Vice-Presidente **sucedê-lo**.

Se a vacância for somente do cargo de Presidente, o Vice assumirá e exercerá integralmente o mandato faltante, sem Vice-Presidente. Da mesma forma, se a vacância for apenas do cargo de Vice, o Presidente exercerá normalmente o mandato faltante, sem Vice-Presidente. Nessas hipóteses, durante os impedimentos do titular, serão sucessivamente chamados ao exercício da Presidência o Presidente da Câmara dos Deputados, o do Senado Federal e o do Supremo Tribunal Federal.

Caso haja impedimento do Presidente e do Vice-Presidente, ou vacância dos respectivos cargos, serão **sucessivamente** chamados ao exercício da Presidência o Presidente da Câmara dos Deputados, o do Senado Federal e o do Supremo Tribunal Federal (CF, art. 80). Anote-se que a substituição dar-se-á, sucessivamente, sempre **na ordem constitucionalmente indicada**, a saber: primeiro, assumirá o cargo presidencial o Presidente da Câmara dos Deputados; somente em caso de impedimento ou impossibilidade deste (caso de doença ou viagem ao exterior, por exemplo) é que será chamado o Presidente do Senado Federal; e, por último, o Presidente do Supremo Tribunal Federal.

Somente em 2016 – quase três décadas depois de promulgada a Carta da República de 1988! – o Supremo Tribunal Federal foi provocado a apreciar a possibilidade de **réu em ação penal** ocupar cargos que estejam na linha de sucessão da Presidência da República (o Presidente da Câmara dos Deputados, o do Senado Federal e o do Supremo Tribunal Federal) e, caso se faça necessário, de assumir esse cargo presidencial.

Na apreciação dessa relevante controvérsia constitucional, a Corte Suprema decidiu que os substitutos eventuais do Presidente da República a que se refere o art. 80 da Constituição, caso ostentem a posição de réus criminais perante o STF, **ficarão unicamente impossibilitados de exercer o ofício de Presidente da República**, embora **conservem a titularidade funcional da chefia e direção de suas respectivas Casas**.[9]

De acordo com esse entendimento do STF, os agentes públicos que detêm as titularidades funcionais que os habilitam, constitucionalmente, a substituir o Presidente da República em caráter eventual, caso tornados réus criminais perante esta Corte, **não serão afastados**, por essa razão, dos cargos de direção que exercem na Câmara dos Deputados, no Senado Federal e no Supremo Tribunal Federal. Sofrerão eles, tão somente, a interdição para a substituição eventual do presidente da República. Em outras palavras: se tornados réus pelo STF, **estarão eles inabilitados para a substituição eventual do Presidente da República**, prevista no art. 80 da Constituição Federal; mas **continuarão a desempenhar a função de chefia que titularizam na Casa a que pertencem**: a Câmara dos Deputados, o Senado Federal ou o Supremo Tribunal Federal.

---

[9] ADPF 402/DF, rel. Min. Marco Aurélio, 07.12.2017.

Na prática, portanto, se algum dos agentes públicos na linha sucessória do Presidente da República tornar-se réu, a substituição a que se refere o art. 80 da Constituição Federal ocorrerá "per saltum", de modo a excluir aquele que, por ser réu criminal perante o STF, estaria impedido de desempenhar o ofício de Presidente da República. Por exemplo: se aquele tornado réu for o Presidente da Câmara dos Deputados, o primeiro a ser chamado a substituir eventualmente o Presidente da República será o Presidente do Senado Federal; se o Presidente do Senado Federal for aquele a ostentar a qualidade de réu, será chamado à substituição eventual do Presidente da República o Presidente da Câmara dos Deputados e, caso se faça necessário (se este também estiver impedido, ou ausente do país, por exemplo), "per saltum", o Presidente do Supremo Tribunal Federal.

É importante esclarecer que somente o Vice-Presidente sucederá o Presidente **definitivamente** em caso de vacância. Assim, se ocorrer vacância somente do cargo de Presidente, o Vice-Presidente suceder-lhe-á definitivamente, seja qual for o período faltante para o término do mandato.

Agora, se houver **vacância** dos cargos **de Presidente e de Vice-Presidente**, o Presidente da Câmara dos Deputados, o do Senado Federal e o do Supremo Tribunal Federal somente assumirão a Presidência **temporariamente**, até que ocorra nova eleição, na forma seguinte:

> a) vagando os cargos de Presidente e Vice-Presidente nos dois primeiros anos do mandato, far-se-á nova eleição direta noventa dias depois de aberta a última vaga;
>
> b) se a vacância ocorrer nos dois últimos anos do mandato, a eleição para ambos os cargos será feita trinta dias depois da última vaga, pelo Congresso Nacional, na forma da lei, hipótese excepcional de **eleição indireta** para a Presidência da República.

Estabelece a Constituição que, em qualquer das hipóteses, o Vice-Presidente ou os novos eleitos somente completarão o período de seus antecessores, cumprindo o chamado **mandato tampão**. Portanto, se a vacância ocorrer no terceiro ano do período presidencial, os eleitos pelo Congresso Nacional cumprirão mandato de apenas um ano.

É importante notar que qualquer um dos substitutos do chefe do Executivo – Vice-Presidente, Presidente da Câmara, Presidente do Senado ou Presidente do Supremo Tribunal Federal – que assuma a Presidência **exercerá plenamente os poderes e competências do Presidente da República, podendo praticar quaisquer atos presidenciais**, tais como adotar medidas provisórias, sancionar projetos, promulgar e publicar leis, nomear e exonerar Ministros de Estado etc.

Cumpre mencionar, ainda, importante jurisprudência do Supremo Tribunal Federal acerca da inaplicabilidade aos estados-membros desse regramento anteriormente examinado (CF, art. 81, § 1.º), na hipótese de vacância dos cargos de governador e vice-governador nos dois últimos anos do mandato. Segundo a Corte Máxima, **os estados-membros não estão obrigados a seguir a mesma solução federal para a**

hipótese de vacância na segunda metade do mandato dos correspondentes chefes do Poder Executivo (governador e vice-governador).[10]

Dessarte, na hipótese de vacância dos cargos nos dois últimos anos do mandato, **poderão** os estados reproduzir a norma constitucional federal (prevendo, portanto, a realização de **eleição indireta**, pela Assembleia Legislativa), **ou**, **facultativamente**, estabelecer **eleições diretas**. Vale dizer, a norma constitucional federal que prevê a realização de eleição indireta na hipótese de vacância dos cargos de Presidente e Vice-Presidente da República nos dois últimos anos do mandato (art. 81, § 1.º) **não é de observância obrigatória pelos estados-membros**,[11] sendo facultada a estes, ao Distrito Federal e aos municípios a definição legislativa do procedimento de escolha da chefia do Executivo respectivo. Enfatize-se, entretanto, que a autonomia do ente federado para a definição de tal procedimento **sofre importantes limitações**, conforme se depreende da redação da seguinte **tese jurídica** fixada pelo Supremo Tribunal Federal:[12]

> Os Estados possuem autonomia relativa na solução normativa do problema da dupla vacância da Chefia do Poder Executivo, não estando vinculados ao modelo e ao procedimento federal (art. 81, CF), mas tampouco podem desviar-se dos princípios constitucionais que norteiam a matéria, por força do art. 25 da Constituição Federal devendo observar: (i) a necessidade de registro e votação dos candidatos a Governador e Vice-Governador por meio de chapa única; (ii) a observância das condições constitucionais de elegibilidade e das hipóteses de inelegibilidade previstas no art. 14 da Constituição Federal e na Lei Complementar a que se refere o § 9.º do art. 14; (iii) que a filiação partidária não pressupõe a escolha em convenção partidária nem o registro da candidatura pelo partido político; (iv) a regra da maioria, enquanto critério de averiguação do candidato vencedor, não se mostra afetada a qualquer preceito constitucional que vincule os Estados e o Distrito Federal.

Por fim, é importante mencionar que, também segundo a jurisprudência do Supremo Tribunal Federal, essa competência legislativa estadual – para disciplinar a modalidade de eleição em caso de vacância dos cargos de governador e vice-governador nos dois últimos anos do mandato – só se aplica às hipóteses em que a dupla vacância decorrer de causas **não eleitorais**. Se a extinção do mandato (vacância) deu-se por **causas eleitorais**, a competência para legislar

---

[10] ADI 4.298/TO, rel. Min. Gilmar Mendes, 31.08.2020.

[11] O caso concreto envolveu o exame da validade de norma do Estado de Tocantins, que dispõe sobre a realização de eleição indireta, pela Assembleia Legislativa, para os cargos de governador e vice-governador no estado. A referida norma – que teve a sua validade reconhecida pelo Supremo Tribunal Federal – prevê que, ficando vagos os cargos de governador e vice-governador nos dois últimos anos de mandato, a eleição (indireta) será pelo voto dos deputados estaduais, em sessão pública, por meio de votação nominal e aberta, em até trinta dias depois de aberta a última vaga.

[12] ADPF 969, rel. Min. Gilmar Mendes, 21.08.2023.

654 DIREITO CONSTITUCIONAL DESCOMPLICADO • *Vicente Paulo & Marcelo Alexandrino*

a respeito pertence à União, por força do disposto no art. 22, inciso I, da Constituição Federal.[13]

5. ATRIBUIÇÕES

As competências privativas do Presidente da República estão enumeradas no art. 84 da Constituição Federal, referente ao exercício das chefias de Estado, de Governo e de Administração, nos termos seguintes:

Art. 84. Compete privativamente ao Presidente da República:

I – nomear e exonerar os Ministros de Estado;

II – exercer, com o auxílio dos Ministros de Estado, a direção superior da administração federal;

III – iniciar o processo legislativo, na forma e nos casos previstos nesta Constituição;

IV – sancionar, promulgar e fazer publicar as leis, bem como expedir decretos e regulamentos para sua fiel execução;

V – vetar projetos de lei, total ou parcialmente;

VI – dispor, mediante decreto, sobre:

a) organização e funcionamento da administração federal, quando não implicar aumento de despesa nem criação ou extinção de órgãos públicos;

b) extinção de funções ou cargos públicos, quando vagos;

VII – manter relações com Estados estrangeiros e acreditar seus representantes diplomáticos;

VIII – celebrar tratados, convenções e atos internacionais, sujeitos a referendo do Congresso Nacional;

IX – decretar o estado de defesa e o estado de sítio;

X – decretar e executar a intervenção federal;

XI – remeter mensagem e plano de governo ao Congresso Nacional por ocasião da abertura da sessão legislativa, expondo a situação do País e solicitando as providências que julgar necessárias;

XII – conceder indulto e comutar penas, com audiência, se necessário, dos órgãos instituídos em lei;

XIII – exercer o comando supremo das Forças Armadas, nomear os Comandantes da Marinha, do Exército e da Aeronáutica, pro-

---

[13] As **causas eleitorais** relacionam-se a ilícitos praticados durante o processo eleitoral, impedindo que o candidato mais votado nas urnas venha a ser proclamado eleito, diplomado ou mesmo investido no cargo. Elas atingem, portanto, a validade da própria eleição. Já as **causas não eleitorais** estão associadas a eventos e práticas que ocorrem no curso do mandato eletivo, depois da regular diplomação e da legítima investidura no cargo – por exemplo, a renúncia, a morte ou o impedimento (*impeachment*).

Cap. 10 • PODER EXECUTIVO

mover seus oficiais-generais e nomeá-los para os cargos que lhes são privativos;

XIV – nomear, após aprovação pelo Senado Federal, os Ministros do Supremo Tribunal Federal e dos Tribunais Superiores, os Governadores de Territórios, o Procurador-Geral da República, o presidente e os diretores do banco central e outros servidores, quando determinado em lei;

XV – nomear, observado o disposto no art. 73, os Ministros do Tribunal de Contas da União;

XVI – nomear os magistrados, nos casos previstos nesta Constituição, e o Advogado-Geral da União;

XVII – nomear membros do Conselho da República, nos termos do art. 89, VII;

XVIII – convocar e presidir o Conselho da República e o Conselho de Defesa Nacional;

XIX – declarar guerra, no caso de agressão estrangeira, autorizado pelo Congresso Nacional ou referendado por ele, quando ocorrida no intervalo das sessões legislativas, e, nas mesmas condições, decretar, total ou parcialmente, a mobilização nacional;

XX – celebrar a paz, autorizado ou com o referendo do Congresso Nacional;

XXI – conferir condecorações e distinções honoríficas;

XXII – permitir, nos casos previstos em lei complementar, que forças estrangeiras transitem pelo território nacional ou nele permaneçam temporariamente;

XXIII – enviar ao Congresso Nacional o plano plurianual, o projeto de lei de diretrizes orçamentárias e as propostas de orçamento previstos nesta Constituição;

XXIV – prestar, anualmente, ao Congresso Nacional, dentro de sessenta dias após a abertura da sessão legislativa, as contas referentes ao exercício anterior;

XXV – prover e extinguir os cargos públicos federais, na forma da lei;

XXVI – editar medidas provisórias com força de lei, nos termos do art. 62;

XXVII – exercer outras atribuições previstas nesta Constituição;

XXVIII – propor ao Congresso Nacional a decretação do estado de calamidade pública de âmbito nacional previsto nos arts. 167-B, 167-C, 167-D, 167-E, 167-F e 167-G desta Constituição.[14]

Note-se que o dispositivo enumera, sem um critério identificável, as atribuições do Presidente da República relacionadas ao exercício das chefias de Estado, de Go-

---

[14] Inciso XXVIII do art. 84, incluído pela EC 109/2021.

verno e de Administração. Assim, por exemplo, as atribuições previstas nos incisos I, II, III, IV, V, VI, IX e XXVII são de natureza eminentemente administrativa. Já as atribuições dos incisos VII, VIII e XIX estão relacionadas com a chefia de Estado, na representação do Brasil nas suas relações internacionais.

Embora extensa, a enumeração das atribuições do Presidente da República pelo art. 84 da Constituição não é exaustiva, mas sim meramente exemplificativa, conforme esclarece o seu próprio inciso XXVII, acima transcrito, que diz que o chefe do Executivo exercerá outras atribuições previstas na Constituição.

Em regra, as atribuições privativas enumeradas no art. 84 da Constituição **são indelegáveis**, isto é, só poderão ser exercidas pelo Presidente da República ou, durante os seus impedimentos, por aquele que o substituir na Presidência. Entretanto, o parágrafo único do mesmo art. 84 permite que o Presidente da República **delegue aos Ministros de Estado, ao Procurador-Geral da República e ao Advogado-Geral da União** as atribuições mencionadas nos incisos VI, XII e XXV, primeira parte, a saber:

a) dispor, mediante decreto, sobre: organização e funcionamento da administração federal, quando não implicar aumento de despesa nem criação ou extinção de órgãos públicos; e extinção de funções ou cargos públicos, quando vagos (inciso VI);

b) conceder indulto e comutar penas, com audiência, se necessário, dos órgãos instituídos em lei (inciso XII);

c) prover e extinguir os cargos públicos federais, na forma da lei (inciso XXV).

Em relação à matéria prevista no inciso XXV – prover e extinguir cargos públicos –, a autorização para delegação abrange somente a primeira parte, isto é, pode ser delegada às referidas autoridades somente a atribuição de **prover cargos públicos**. Entretanto, na hipótese de **extinção**, caso os cargos públicos estejam vagos, será permitida a delegação, com fundamento na alínea "b" do inciso VI do art. 84.

Ainda a respeito da primeira parte do inciso XXV do art. 84 (**prover** cargos públicos federais), é importante destacar que o Supremo Tribunal Federal firmou entendimento de que a autorização para delegação a Ministro de Estado da competência do Chefe do Executivo federal para o **provimento** contempla, também, a delegação para o **desprovimento**, isto é, para a aplicação da pena de demissão a servidores públicos federais.[15] Portanto, o Presidente da República pode delegar **não só a competência para prover cargos públicos federais, mas também a competência para desprovê-los** (isto é, Ministro de Estado pode, por delegação do Presidente da República, **demitir** servidor público federal).

Como o parágrafo único do art. 84 da Constituição estatuiu expressamente aquelas matérias que podem ser delegadas pelo Presidente da República (incisos VI, XII e XXV, primeira parte), é forçoso concluir que **as matérias constantes dos demais incisos são indelegáveis**, sob pena de invalidade do ato.

---

[15] ARE-AgR 680.964/GO, rel. Min. Ricardo Lewandowski, 26.06.2012.

Cap. 10 • PODER EXECUTIVO

As competências privativas do Presidente da República previstas no art. 84 da Constituição são, por força do federalismo, extensíveis, no que couber, aos demais chefes do Poder Executivo, nas esferas estadual, distrital e municipal.

5.1. Poder regulamentar

A doutrina tradicional emprega a expressão **poder regulamentar** exclusivamente para designar as competências do Chefe do Poder Executivo para editar atos administrativos **normativos**.

Os atos administrativos normativos contêm determinações gerais e abstratas. Tais atos não têm destinatários determinados; incidem sobre todos os fatos ou situações que se enquadrem nas hipóteses que abstratamente preveem. Os atos administrativos normativos editados pelo Chefe do Poder Executivo assumem a forma de **decreto**.

O exercício do poder regulamentar, em regra, se materializa na edição de decretos e regulamentos destinados a dar **fiel execução** às leis. São os denominados **decretos de execução ou decretos regulamentares**. Essa competência está prevista no inciso IV do art. 84 da Constituição Federal para o Presidente da República, sendo atribuída, por simetria, aos Chefes do Poder Executivo dos estados, do Distrito Federal e dos municípios, pelas respectivas Constituições e Leis Orgânicas.

Ao lado dos decretos de execução ou regulamentares, entretanto, passou a existir no vigente ordenamento constitucional, a partir da EC 32/2001, previsão de edição de **decretos autônomos** – decretos que não se destinam a regulamentar determinada lei – para tratar das matérias específicas descritas no inciso VI do art. 84 da Constituição Federal, a saber:

a) organização e funcionamento da administração federal, quando não implicar aumento de despesa nem criação ou extinção de órgãos públicos (art. 84, VI, "a");

b) extinção de funções ou cargos públicos, quando vagos (art. 84, VI, "b").

A disciplina dessas matérias **pode ser objeto de delegação**, pelo Presidente da República, a outras autoridades administrativas, nos termos do parágrafo único do art. 84 da Constituição.

Portanto, hoje, a Constituição Federal expressamente prevê a possibilidade de serem editados decretos como **atos primários**, isto é, atos que decorrem diretamente do texto constitucional, decretos que não são expedidos em função de alguma lei ou de algum outro ato infraconstitucional.

É importante enfatizar que **não foi instaurada em nosso ordenamento uma autorização ampla e genérica para a edição de decretos autônomos**. Pelo contrário, **somente** podem ser editados no Brasil decretos autônomos para dispor sobre organização e funcionamento da administração pública, quando não implicar aumento de despesa nem criação ou extinção de órgãos públicos, e para extinguir funções ou cargos públicos, quando vagos.

6. VICE-PRESIDENTE DA REPÚBLICA

O cargo de Vice-Presidente foi criado para substituição do Presidente, nos seus afastamentos temporários, ou sucessão, na hipótese de vacância definitiva.

São atribuições do Vice-Presidente a substituição e a sucessão do Presidente da República, nos casos de impedimentos temporários e vacância, respectivamente (arts. 79 e 80), a participação nos Conselhos da República (art. 89, I) e de Defesa Nacional (art. 91, I).

A Constituição estabelece, ainda, que outras atribuições poderão ser conferidas por lei complementar ao Vice-Presidente e que caberá a ele auxiliar o Presidente da República, sempre que convocado para missões especiais (CF, art. 79, parágrafo único).

7. MINISTROS DE ESTADO

Os Ministros de Estado são meros auxiliares do Presidente da República, por ele escolhidos livremente e demissíveis (exoneráveis) *ad nutum*, isto é, sem necessidade de qualquer motivação.

Os Ministros de Estado serão livremente escolhidos pelo Presidente da República dentre brasileiros, natos ou naturalizados (exceto o **Ministro da Defesa, que é cargo privativo de brasileiro nato**, por força do art. 12, § 3.º, inciso VII, da Constituição), maiores de vinte e um anos e no exercício dos direitos políticos.

7.1. Atribuições

As atribuições dos Ministros de Estado estão apontadas, em uma enumeração exemplificativa, no art. 87, parágrafo único, da Constituição, nos termos seguintes:

> Parágrafo único. Compete ao Ministro de Estado, além de outras atribuições estabelecidas nesta Constituição e na lei:
>
> I – exercer a orientação, coordenação e supervisão dos órgãos e entidades da administração federal na área de sua competência e referendar os atos e decretos assinados pelo Presidente da República;
>
> II – expedir instruções para a execução das leis, decretos e regulamentos;
>
> III – apresentar ao Presidente da República relatório anual de sua gestão no Ministério;
>
> IV – praticar os atos pertinentes às atribuições que lhe forem outorgadas ou delegadas pelo Presidente da República.

Cabe ressaltar que – conforme previsto no inciso IV do parágrafo único do art. 87, acima transcrito – os Ministros de Estado poderão exercer até mesmo certas competências privativas do Presidente da República, desde que haja **delegação**, nos termos e limites fixados pelo parágrafo único do art. 84 da Constituição Federal.

Merece comentário a atribuição estabelecida na parte final do primeiro inciso acima transcrito, segundo a qual compete aos Ministros de Estado "referendar os atos e decretos assinados pelo Presidente da República".

A "referenda" consiste em uma subscrição, uma simples assinatura do Ministro em cuja pasta estejam as matérias versadas no ato a ser referendado. Se se tratar de um ato que disponha acerca de matérias pertinentes a mais de um Ministério, deverá haver mais de uma "referenda", isto é, assinatura de mais de um Ministro, tantas quantos forem os Ministérios envolvidos.

Existe controvérsia doutrinária sobre as consequências da eventual ausência da "referenda" ministerial em um ato do Presidente da República, uma vez que a Constituição de 1988 não atribui, de forma expressa, absolutamente nenhuma sanção à falta da "referenda".

Em que pese a existência de posições doutrinárias em contrário, pensamos que a "referenda" tem a função de trazer responsabilidade solidária ao Ministro pelos atos referendados, mas sua ausência não interfere na validade ou eficácia do ato.

7.2. Responsabilização dos Ministros de Estado

Os Ministros de Estado podem ser responsabilizados pela prática de crimes de responsabilidade ou de infrações penais comuns.

Quando praticarem crimes de responsabilidade conexos com crimes de igual natureza cometidos pelo Presidente ou pelo Vice-Presidente da República, os Ministros de Estado serão processados e julgados pelo Senado Federal (CF, art. 52, inciso I, e parágrafo único).

No caso de crimes comuns, bem como no de crimes de responsabilidade não conexos com crimes de responsabilidade praticados pelo Presidente ou pelo Vice--Presidente da República, os Ministros de Estado serão processados e julgados pelo Supremo Tribunal Federal (CF, art. 102, I, "c").

Vale lembrar que, nos casos de prática de crimes conexos com delitos praticados pelo Presidente ou pelo Vice-Presidente da República, os Ministros de Estado só poderão ser processados e julgados após a autorização da Câmara dos Deputados, por decisão de dois terços de seus membros (CF, art. 51, I).

É oportuno observar, ainda, que, sem prejuízo da competência do legislador ordinário da União para tipificar ações e omissões de determinadas autoridades como crimes de responsabilidade, a Constituição Federal, desde logo, confere tal qualificação a algumas condutas. No que respeita ao presente tópico – concernente à responsabilização de Ministros de Estado –, o texto constitucional estatui que praticam crime de responsabilidade os Ministros de Estado quando:

a) convocados pela Câmara dos Deputados, pelo Senado Federal ou qualquer de suas Comissões, para prestar, pessoalmente, informações sobre assunto previamente determinado e inerentes a suas atribuições, deixarem de comparecer sem justificação adequada (arts. 50, *caput*, e 58, § 2.º, III); e

b) as Mesas da Câmara dos Deputados ou do Senado Federal encaminharem pedidos escritos de informações e eles se recusarem a fornecê-las, ou não os atenderem, no prazo de trinta dias, ou prestarem informações falsas (art. 50, § 2.º).

8. ÓRGÃOS CONSULTIVOS

O Conselho da República e o Conselho de Defesa Nacional são **órgãos de consulta do Presidente da República**, com a função de deliberarem sobre as matérias especificadas na Constituição. Suas manifestações são, sempre, de caráter **meramente opinativo**, vale dizer, não obrigam o Presidente da República.

O Conselho da República é órgão superior de consulta do Presidente da República, e dele participam:

I – o Vice-Presidente da República;

II – o Presidente da Câmara dos Deputados;

III – o Presidente do Senado Federal;

IV – os líderes da maioria e da minoria na Câmara dos Deputados;

V – os líderes da maioria e da minoria no Senado Federal;

VI – o Ministro da Justiça;

VII – seis cidadãos brasileiros natos, com mais de trinta e cinco anos de idade, sendo dois nomeados pelo Presidente da República, dois eleitos pelo Senado Federal e dois eleitos pela Câmara dos Deputados, todos com mandato de três anos, vedada a recondução.

Compete ao Conselho da República pronunciar-se sobre intervenção federal, estado de defesa e estado de sítio e sobre as questões relevantes para a estabilidade das instituições democráticas (CF, art. 90).

O Presidente da República poderá convocar Ministro de Estado para participar da reunião do Conselho, quando constar da pauta questão relacionada com o respectivo Ministério.

O Conselho de Defesa Nacional é órgão de consulta do Presidente da República nos assuntos relacionados com a soberania nacional e a defesa do Estado democrático, e dele participam como membros natos:

I – o Vice-Presidente da República;

II – o Presidente da Câmara dos Deputados;

III – o Presidente do Senado Federal;

IV – o Ministro da Justiça;

V – o Ministro de Estado da Defesa;

VI – o Ministro das Relações Exteriores;

VII – o Ministro do Planejamento;

VIII – os Comandantes da Marinha, do Exército e da Aeronáutica.

As competências do Conselho de Defesa Nacional estão enumeradas no § 1.º do art. 91 da Constituição, nos termos seguintes:

§ 1.º Compete ao Conselho de Defesa Nacional:

I – opinar nas hipóteses de declaração de guerra e de celebração da paz, nos termos desta Constituição;

II – opinar sobre a decretação do estado de defesa, do estado de sítio e da intervenção federal;

III – propor os critérios e condições de utilização de áreas indispensáveis à segurança do território nacional e opinar sobre seu efetivo uso, especialmente na faixa de fronteira e nas relacionadas com a preservação e a exploração dos recursos naturais de qualquer tipo;

IV – estudar, propor e acompanhar o desenvolvimento de iniciativas necessárias a garantir a independência nacional e a defesa do Estado democrático.

9. RESPONSABILIZAÇÃO DO PRESIDENTE DA REPÚBLICA

Sabe-se que uma das características marcantes da forma republicana de governo é a possibilidade de responsabilização daqueles que gerem a coisa pública, quer dizer, os governantes têm o dever de prestar contas sobre sua gestão frente aos administrados.

Assim, como corolário do princípio republicano, a Constituição Federal prevê a possibilidade de responsabilização do Presidente da República, tanto por infrações político-administrativas, quanto por infrações penais comuns.

9.1. Crimes de responsabilidade

Os crimes de responsabilidade são infrações político-administrativas, definidas em lei especial federal, que poderão ser cometidas no desempenho da função pública e que poderão resultar no impedimento para o exercício da função pública (*impeachment*).

O art. 85 da Constituição Federal aponta as condutas do Presidente da República que caracterizarão crime de responsabilidade, nos termos seguintes:

Art. 85. São crimes de responsabilidade os atos do Presidente da República que atentem contra a Constituição Federal e, especialmente, contra:

I – a existência da União;

II – o livre exercício do Poder Legislativo, do Poder Judiciário, do Ministério Público e dos Poderes constitucionais das unidades da Federação;

III – o exercício dos direitos políticos, individuais e sociais;

IV – a segurança interna do País;

V – a probidade na administração;

VI – a lei orçamentária;

VII – o cumprimento das leis e das decisões judiciais.

Como se vê, não se trata de lista exaustiva, mas, sim, meramente **exemplificativa**. Na realidade, a Constituição Federal aponta, apenas genericamente, aquelas condutas que poderão configurar a prática de crimes de responsabilidade pelo Presidente da República, deixando à lei especial a competência para defini-los e estabelecer as respectivas normas de processo e julgamento (art. 85, parágrafo único). Essa lei especial deverá ser, necessariamente, **lei federal**.[16] Deveras, a jurisprudência do Supremo Tribunal Federal entende que somente a União dispõe de competência para a definição formal dos crimes de responsabilidade, pois estes se inserem, segundo o Tribunal, na competência privativa da União para legislar sobre direito penal (CF, art. 22, I). Esse entendimento da nossa Corte Suprema restou consolidado na **Súmula Vinculante 46**, nestes termos:

> 46 – A definição dos crimes de responsabilidade e o estabelecimento das respectivas normas de processo e julgamento são da competência legislativa privativa da União.

A competência para processar e julgar o Presidente da República nos crimes de responsabilidade é do Senado Federal (art. 52, I), após autorização da Câmara dos Deputados, por dois terços dos seus membros (art. 51, I). O Senado Federal, portanto, é o **único foro competente para processar e julgar o Presidente da República pela prática de condutas político-administrativas**, definidas em **lei federal**, em consonância com as diretrizes indicadas nos incisos do art. 85 da Constituição Federal, anteriormente transcritos.

Antes de adentrarmos, propriamente, no rito do processo e julgamento do Presidente da República pelo Senado Federal, faz-se necessária a menção a importantíssimo entendimento do Supremo Tribunal Federal acerca dos regimes sancionatórios aplicáveis aos agentes políticos.

Segundo entendimento da nossa Corte Máxima, os agentes políticos que se sujeitam a **crime de responsabilidade** poderão responder, também, por atos de improbidade administrativa. Encontram-se eles, portanto, sujeitos a **duplo regime sancionatório**, em que poderão responder tanto pela prática de crimes de responsabilidade (condutas político-administrativas) quanto por atos de improbidade administrativa (duplo regime sancionatório = responsabilização por crimes de responsabilidade + responsabilização por atos de improbidade administrativa).[17]

Deveras, segundo o Tribunal, o fato de um agente político estar sujeito a responder por crime de responsabilidade não exclui a possibilidade de sua responsabilização, também, por improbidade administrativa. Vale dizer, além da esfera penal, os

---

[16] A Lei 1.079/1950, parcialmente recepcionada pela vigente Constituição, regula os crimes de responsabilidade do Presidente da República e de outras autoridades.

[17] Pet 3.240 AgR/DF, red. p/ o acórdão Min. Roberto Barroso, 10.05.2018.

Cap. 10 • PODER EXECUTIVO

agentes políticos que respondem por crimes de responsabilidade também se sujeitam à responsabilização por atos de improbidade administrativa. Assim, por exemplo: os Ministros de Estado poderão responder tanto por crime de responsabilidade perante o Supremo Tribunal Federal (CF, art. 102, I, "c") quanto por improbidade administrativa, perante a Justiça Comum de primeiro grau, na forma da "Lei de Improbidade Administrativa" (Lei 8.429/1992); o Procurador-Geral da República poderá responder por crime de responsabilidade perante o Senado Federal (CF, art. 52, II) e, também, por improbidade administrativa, perante a Justiça Comum de primeiro grau; e assim por diante.

Entretanto, esse regime sancionatório duplo **não se aplica ao Presidente da República**. De fato, a única exceção para tal regime duplo (sanção por crime de responsabilidade + responsabilização por atos de improbidade administrativa) diz respeito aos atos praticados pelo Presidente da República, haja vista que, especificamente para esse agente político, o cometimento de atos que atentem contra a "probidade na administração" constitui explícita hipótese de crime de responsabilidade (CF, art. 85, V). Logo, ao contrário dos demais agentes políticos que se sujeitam a crime de responsabilidade, o Presidente da República, ao praticar um ato contrário à probidade administrativa, **somente responderá por crime de responsabilidade**, perante o Senado Federal, nos termos do art. 52, I, da Constituição Federal (isto é, ele **não se sujeita à ação de improbidade administrativa** prevista na "Lei de Improbidade Administrativa" – Lei 8.429/1992).

É importante anotar que a Lei 8.429/1992 foi profundamente alterada pela Lei 14.230/2021, a qual tornou **explícito**, ao modificar o *caput* do art. 2.º da Lei 8.429/1992, que as disposições dessa lei **alcançam os agentes políticos**. Como a matéria já estava pacificada no âmbito do Supremo Tribunal Federal, essa alteração não deverá ter efeitos práticos. Além disso, considerando que a posição firmada pela Corte Suprema quanto à **não sujeição** (unicamente) do **Presidente da República** à Lei 8.429/1992 tem **fundamento direto na Constituição** (CF, art. 85, V), nada deve mudar com a nova redação do *caput* do art. 2.º dada pela Lei 14.230/2021.

Determina a Constituição que, durante o processo de julgamento dos crimes de responsabilidade pelo Senado Federal, funcionará como Presidente o do Supremo Tribunal Federal (art. 52, parágrafo único). Na realidade, o Senado Federal não estará atuando como órgão legislativo, mas sim como órgão judicial híbrido, porque composto de senadores da República, mas presidido por membro do Poder Judiciário.

Qualquer **cidadão** é parte legítima para oferecer a acusação contra o Presidente da República à Câmara dos Deputados, pela prática de crime de responsabilidade. As pessoas jurídicas, públicas ou privadas, os órgãos públicos, os inalistados, os inalistáveis e todos aqueles que não estiverem no gozo dos seus direitos políticos **não** poderão fazê-lo, uma vez que essa prerrogativa é **privativa do cidadão**, na qualidade de titular do direito de participar dos negócios políticos do Estado. Na prática, porém, qualquer autoridade pública ou agente político poderá fazê-lo, desde que na condição de **cidadão**.

Como se vê, o processo de *impeachment* tem início na Câmara dos Deputados, a partir da apresentação da denúncia por **qualquer cidadão**. Recebida a denúncia pelo **Presidente da Câmara dos Deputados**, o Presidente da República passará à condição de acusado, razão pela qual **lhe deverá ser assegurado o direito à ampla defesa e ao contraditório**, sob pena de nulidade do procedimento.[18] O Presidente da República poderá, então, durante a tramitação da denúncia perante a Câmara dos Deputados, produzir as provas que entender necessárias, por meio de testemunhas, documentos e perícias, obedecidas as regras regimentais daquela Casa Legislativa.

Importante destacar que o direito à ampla defesa e ao contraditório só é assegurado ao Presidente da República **a partir da aceitação da denúncia pelo Presidente da Câmara dos Deputados**, momento em que aquela autoridade passa formalmente à condição de acusado. No momento anterior – entre o oferecimento da denúncia pelo cidadão e a sua aceitação pelo Presidente da Câmara dos Deputados –, o Presidente da República não tem assegurado o direito à ampla defesa e ao contraditório.

O exame realizado pela Câmara dos Deputados, sobre a procedência ou improcedência da acusação, é de **natureza política**, com forte conteúdo de discricionariedade. Caberá à Câmara dos Deputados, no procedimento de admissibilidade da denúncia, proferir um **juízo político**, em que verificará se a acusação é consistente, se tem ela base em alegações e fundamentos plausíveis, se a notícia do fato reprovável tem razoável procedência – não podendo a acusação resultar simplesmente de quizílias ou desavenças políticas.

Admitida a acusação pela Câmara dos Deputados, por decisão de dois terços de seus membros (CF, art. 51, I), em votação **nominal aberta**, o processo será encaminhado ao Senado Federal, para julgamento (CF, art. 52, I). A admissão da acusação pela Câmara dos Deputados **não vincula o Senado Federal**, que possui competência para decidir quanto à instauração, ou não, do processo de *impeachment*. Cabe ao **Senado Federal**, portanto, emitir um **juízo de instauração**, ou não, do procedimento já admitido pela Câmara dos Deputados. Esse juízo de instauração depende de decisão de **maioria simples** dos membros do Senado Federal, vale dizer, para que o processo de *impeachment* seja instaurado no Senado Federal é necessária a aprovação da maioria simples dos seus membros, em votação **nominal aberta**. Se **não atingida** a necessária maioria simples dos votos, não haverá instauração do processo de julgamento, **encerrando-se o procedimento** admitido pela Câmara dos Deputados.

Da mesma forma que a deliberação da Câmara dos Deputados sobre a admissibilidade da acusação, o julgamento do Senado Federal tem natureza **eminentemente política**, vale dizer, o Senado Federal apreciará não só a caracterização da conduta do Presidente da República, mas, sobretudo, a conveniência política do seu afastamento do cargo para o País. Não se trata simplesmente de aferir a prática, ou não, do crime de responsabilidade, mas sim, e especialmente, de examinar a sua gravidade para a continuidade do exercício das chefias de Estado, de Governo e de Administração.

No momento em que é instaurado o processo de julgamento pelo Senado Federal (por decisão de maioria simples dos senadores, em votação nominal aberta), **o Presidente da República ficará suspenso de suas funções**, somente retornando

---

[18] MS 21.564/DF, rel. Min. Octávio Gallotti, 23.09.1992.

ao exercício da Presidência se for absolvido ou se, decorrido o prazo de cento e oitenta dias, o julgamento não estiver concluído, hipótese em que retornará ao exercício das suas funções, sem prejuízo do regular prosseguimento do processo (CF, art. 86, § 1.º). Enfim, se expirado o prazo de cento e oitenta dias sem a conclusão do julgamento, o processo prosseguirá normalmente, mas o Presidente reassumirá a Presidência da República.

Importante destacar que a autorização pela Câmara dos Deputados – para a instauração do processo de *impeachment* – **não impõe**, por si, a **suspensão** imediata do exercício das funções presidenciais. Mesmo com a autorização da Câmara dos Deputados, por dois terços de seus membros, o Presidente da República **permanece no exercício do cargo**. Somente a posterior instauração do processo de julgamento pelo Senado Federal (se houver), por decisão de maioria simples de seus membros, implicará a suspensão do exercício das funções presidenciais. Enfim, o marco inicial da suspensão do Presidente da República do exercício de suas funções não é a autorização da Câmara dos Deputados, mas sim a posterior **instauração do processo de julgamento pelo Senado Federal** (se houver, evidentemente, já que este não está obrigado a instaurar o procedimento).

A condenação do Presidente da República pela prática de crime de responsabilidade, que somente será proferida pelos votos de **dois terços dos membros do Senado Federal**, em votação **nominal aberta**, acarretará a perda do cargo, com a inabilitação, por oito anos, para o exercício de função pública, sem prejuízo das demais sanções judiciais cabíveis (CF, art. 52, parágrafo único).

Em que pese a clareza da redação do parágrafo único do art. 52 da Constituição Federal – da qual deflui que a condenação no *impeachment* impõe, como penalidade **indissociável**, consequente e imediata, a perda do cargo **com** inabilitação, por oito anos, para o exercício de função pública –, não foi esse o caminho trilhado pelo Senado Federal no julgamento da ex-presidente da República Dilma Rousseff, ocorrido em agosto de 2016. Em vez de se adotar votação única – na qual, havendo condenação, seria imposta a perda do mandato **com** a (automática) inabilitação, por oito anos, para o exercício de função pública –, decidiu-se pela realização de duas votações distintas – uma quanto à ocorrência do crime de responsabilidade e à perda do mandato; outra, autônoma, para a aplicação, ou não, da inabilitação, por oito anos, para o exercício de função pública.

Esse fracionamento da votação tornou-se possível porque, durante a sessão de julgamento, o Partido dos Trabalhadores (PT) – invocando regramento do Regimento Interno do Senado Federal – ingressou com requerimento de destaque para votação em separado (DVS) do trecho que impõe a inabilitação, por oito anos, para o exercício de função pública, e esse pedido foi acatado pelo presidente da sessão, Ministro Ricardo Lewandowski.[19] É importante ressaltar que – considerando que o Regimento Interno do Senado Federal estabelece que o DVS apresentado por bancada

---

[19] Na época, o Ministro Ricardo Lewandowski era o presidente do Supremo Tribunal Federal e, como tal, presidia a sessão de julgamento do *impeachment*, por força do art. 52, parágrafo único, da Constituição Federal.

de partido independe de aprovação do Plenário[20] – o mencionado DVS apresentado pelo PT não foi submetido à deliberação do Plenário do Senado Federal, mas sim acatado monocraticamente pelo presidente da sessão, Ministro Ricardo Lewandowski.

Em suma, com o acatamento do DVS pelo presidente da sessão de julgamento do *impeachment*, a questão da inabilitação, por oito anos, para o exercício de função pública passou a ser um quesito autônomo, a ser decidido à parte pelos senadores, em segunda votação. No caso concreto, consumadas as duas votações, tivemos como resultado: (a) na primeira votação, **condenou-se** a Presidente da República ao *impeachment* (prática do crime de responsabilidade + perda do cargo);[21] e (b) na segunda votação, **não se impôs** à ex-Presidente da República a inabilitação, por oito anos, para o exercício de função pública.[22]

Destacamos que a imposição das sanções pela prática do crime de responsabilidade – perda do cargo e inabilitação, por oito anos, para o exercício de função pública – **não exclui a aplicação das demais sanções judiciais cabíveis**. Desse modo, se o Presidente da República praticou atos que se enquadram como ilícitos penais, estes deverão ser apurados pelos órgãos competentes do Poder Judiciário, em ações próprias.

Cabe ressaltar que a inabilitação, por oito anos, para o exercício de função pública alcança todas as funções de natureza pública, sejam as resultantes de concurso público, sejam as de nomeação em confiança, sejam os mandatos eletivos. Na prática, portanto, a inabilitação impõe ao ex-Presidente da República uma absoluta ausência do cenário público do País, haja vista que **ele não poderá, nos oito anos seguintes, ocupar nenhum cargo político eletivo, tampouco exercer qualquer outra função pública, de provimento efetivo ou em comissão**.

A sentença será formalizada por meio da expedição de uma **resolução do Senado Federal**.[23]

9.2. Crimes comuns

O Presidente da República dispõe de prerrogativas e imunidades em relação ao processo que vise à sua incriminação pela prática de crime comum. Essas garantias constitucionais, conforme já analisado, não são um privilégio pessoal; elas têm por objetivo preservar a independência do Poder Executivo frente aos outros Poderes da República, permitindo o livre exercício das funções presidenciais, no exercício das chefias de Estado, de Governo e de Administração.

---

[20] Art. 312, parágrafo único, do RISF.

[21] Nessa primeira votação, o placar foi de 61 votos favoráveis ao *impeachment* e 20 contrários, alcançando-se, portanto, a maioria qualificada de dois terços dos senadores (54 votos), exigida para a condenação, nos termos do parágrafo único do art. 52 da Constituição Federal.

[22] Na segunda votação – em que se decidia pela imposição, ou não, da inabilitação, por oito anos, para o exercício de função pública – o placar foi de 42 votos favoráveis, 36 contrários e 3 abstenções; com isso, não foi alcançada a maioria qualificada de dois terços dos senadores (54 votos), exigida pelo parágrafo único do art. 52 da Constituição Federal.

[23] Art. 35 da Lei 1.079/1950.

9.2.1. Imunidades

O Presidente da República **não dispõe de inviolabilidade material**, prerrogativa que só foi assegurada aos membros do Poder Legislativo. Assim, o Presidente da República não é inviolável por suas palavras e opiniões, ainda que no estrito exercício de suas funções presidenciais.

Entretanto, a Constituição outorgou ao Presidente da República **três importantes imunidades processuais**, examinadas nos parágrafos seguintes.

A primeira imunidade em relação ao processo diz respeito **à necessidade de autorização prévia da Câmara dos Deputados, por dois terços dos seus membros**, para a instauração do processo de responsabilização do Presidente da República. Está prevista no art. 86 da Constituição Federal, nestes termos:

> Art. 86. Admitida a acusação contra o Presidente da República, por dois terços da Câmara dos Deputados, será ele submetido a julgamento perante o Supremo Tribunal Federal, nas infrações penais comuns, ou perante o Senado Federal, nos crimes de responsabilidade.

Significa dizer que – assim como ocorre nos crimes de responsabilidade, julgados pelo Senado Federal – o Presidente da República só poderá ser processado e julgado pelo Supremo Tribunal Federal, pela prática de crime comum, **após a autorização da Câmara dos Deputados**, por maioria qualificada de **dois terços dos votos**.

É importante destacar que, segundo o entendimento do Supremo Tribunal Federal, esse juízo político de admissibilidade exercido pela Câmara dos Deputados **precede a análise jurídica pelo STF para conhecer e julgar qualquer questão ou matéria defensiva suscitada pelo denunciado**.[24] Assim, somente após a autorização da Câmara dos Deputados é que se pode **dar sequência à persecução penal no âmbito do STF**, não cabendo a esta Corte proferir juízo de admissibilidade sobre a denúncia ou queixa-crime antes da autorização da Câmara dos Deputados.

Essa imunidade processual – exigência de autorização da Câmara dos Deputados para processar e julgar o Presidente da República – não impede, porém, a instauração, independentemente de autorização daquela Casa Legislativa, de inquéritos promovidos pela polícia judiciária, desde que essas medidas pré-processuais de persecução penal sejam adotadas no âmbito de procedimento investigatório em curso perante o Supremo Tribunal Federal, único órgão judiciário competente para ordenar, no que se refere à apuração de supostos crimes comuns atribuídos ao Presidente da República, toda e qualquer providência necessária à obtenção de dados probatórios essenciais à demonstração de alegada prática delituosa, inclusive a decretação da quebra de sigilo bancário.[25]

A segunda imunidade em relação ao processo obsta que o Presidente da República seja preso, nas infrações comuns, enquanto não sobrevier sentença condena-

---

[24] Inq-QO 4.483/DF, rel. Min. Edson Fachin, 21.09.2017.
[25] Rcl 511/PB, rel. Min. Celso de Mello, 09.02.1995.

tória (art. 86, § 3.º). Essa imunidade **impede que o Presidente da República seja vítima de prisão em flagrante ou de qualquer outra espécie de prisão cautelar** (preventiva, provisória etc.), seja o crime afiançável ou inafiançável. Enfim, para que o Presidente da República seja recolhido à prisão, é indispensável a existência de uma sentença condenatória, proferida pelo Supremo Tribunal Federal.

A terceira imunidade processual outorga ao Presidente da República uma relativa e temporária irresponsabilidade, na vigência do mandato, pela prática de atos estranhos ao exercício de suas funções (art. 86, § 4.º). Significa que, **na vigência do seu mandato, o Presidente da República não responderá pela prática de atos estranhos ao exercício de suas funções presidenciais,** quer dizer, por atos que não guardem conexão com o exercício da Presidência da República.

Por força dessa última imunidade do Presidente da República, que estabelece a sua irresponsabilidade temporária quanto aos atos estranhos ao exercício do mandato, o chefe do Executivo só poderá ser responsabilizado, na vigência do seu mandato, pela prática de atos que guardem conexão com o exercício da atividade presidencial, hipótese em que será processado e julgado pelo Supremo Tribunal Federal. Se o crime praticado não guardar conexão com o exercício das funções presidenciais, o Presidente da República só poderá ser por ele responsabilizado após o término do seu mandato, perante a Justiça Comum.

Entenda-se. O Presidente da República poderá praticar crimes de responsabilidade ou crimes comuns. Na primeira hipótese, será processado e julgado perante o Senado Federal, após a autorização da Câmara dos Deputados, por dois terços de seus membros. Mas, se o Presidente da República praticar um crime comum, há que se examinar se há pertinência entre o ilícito e o exercício da Presidência. Se o delito comum foi praticado no exercício da Presidência (*in officio*) ou em razão dele (*propter officium*), o Presidente poderá ser incriminado na vigência do mandato, perante o Supremo Tribunal Federal, desde que haja prévia autorização da Câmara dos Deputados, por dois terços dos seus membros. Porém, se o delito comum é estranho ao exercício das atividades presidenciais, o Presidente da República não responderá por ele na vigência do mandato, mas somente após o término deste, perante a Justiça Comum.

Exemplificando: matar alguém é um crime comum, tipificado no art. 121 do Código Penal. Pois bem, o Presidente da República poderá, na qualidade de cidadão comum, matar alguém. Mas, poderá também matar alguém na qualidade de Presidente da República. Se o Presidente da República, durante o descanso de um feriado, envolve-se numa discussão e, ao revidar um disparo, atinge um transeunte, matando-o, esse crime comum é estranho ao exercício da atividade presidencial, porque na sua prática o Presidente da República não estava atuando como tal, mas sim como cidadão comum. Mas, se após uma discussão no âmbito do Palácio do Planalto, acerca da regulação constitucional das medidas provisórias, o Presidente da República, em ato de desatino, mata um líder da oposição, esse crime comum terá sido praticado na condição de Presidente da República. Na primeira situação, o Presidente da República não responderá pelo crime na vigência do mandato, mas somente após o término deste, perante a Justiça Comum. No segundo caso, o Presidente poderá ser responsabilizado na vigência do mandato, perante o Supremo

Tribunal Federal, desde que haja autorização prévia da Câmara dos Deputados, por dois terços dos seus membros.

Essa imunidade, prevista no § 4.º do art. 86 da Constituição, **refere-se exclusivamente às infrações de natureza penal**, não impedindo a apuração, na vigência do seu mandato, da responsabilidade civil, administrativa, fiscal ou tributária do Presidente da República.[26]

Cabe esclarecer que, no caso da prática de crime comum estranho ao exercício das funções presidenciais, em razão da irresponsabilidade temporária do Presidente da República, que impede a persecução criminal durante o exercício da Presidência, ocorre a suspensão do prazo prescricional, enquanto perdurar o mandato.

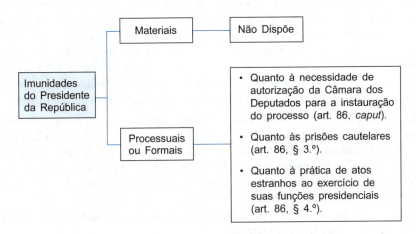

9.2.2. Prerrogativa de foro

O Presidente da República dispõe de prerrogativa de foro. Com efeito, deferida a autorização da Câmara dos Deputados, por dois terços dos seus membros, será ele julgado, nos crimes de responsabilidade, pelo Senado Federal e, nas infrações comuns, pelo Supremo Tribunal Federal (CF, art. 86).[27]

Assim como ocorre nos crimes de responsabilidade, julgados pelo Senado Federal, também nos **crimes comuns** a decisão da Câmara dos Deputados **admitindo a instauração do processo** contra o Presidente da República **não vincula o Supremo Tribunal Federal**. Mesmo com a autorização da Câmara dos Deputados, por dois terços dos seus membros, poderá o Supremo Tribunal Federal rejeitar a denúncia ou a queixa-crime, caso entenda, juridicamente, que não há elementos para o seu recebimento e consequente instauração do processo criminal.

---

[26] Inq. 672/DF, rel. Min. Celso de Mello, 16.09.1992.
[27] O procedimento para incriminação do Presidente da República por crime comum está disciplinado na Lei 8.038/1990 e nos arts. 230 a 246 do Regimento Interno do Supremo Tribunal Federal.

Após a autorização da Câmara dos Deputados, **se o Supremo Tribunal Federal receber a denúncia ou queixa-crime, o Presidente da República ficará suspenso de suas funções pelo prazo máximo de cento e oitenta dias**, sem prejuízo do regular prosseguimento do processo (art. 86, § 1.º).

A competência do Supremo Tribunal Federal para julgar, originariamente, o Presidente da República alcança **todas as modalidades de infrações penais**, estendendo-se aos crimes eleitorais, aos crimes dolosos contra a vida e até mesmo às contravenções penais.[28]

Acontece, porém, que a competência do Supremo Tribunal Federal para julgar o Presidente da República **só alcança os crimes comuns por ele cometidos na vigência do mandato** e, ainda assim, **desde que sejam ilícitos relacionados com o exercício do mandato** (*in officio* ou *propter officium*). Isso porque, em relação às infrações comuns praticadas em momento anterior ao da investidura no cargo de Presidente da República, ou praticadas durante o exercício do mandato presidencial, mas estranhas a este, aplica-se a imunidade processual prevista no § 4.º do art. 86 da Constituição, que impede a responsabilização penal do Presidente da República, na vigência do mandato, por crimes estranhos ao exercício de suas funções.

Com efeito, se a infração comum foi praticada antes do exercício do mandato, ou durante o exercício deste, mas é estranha ao desempenho das atividades presidenciais, o Presidente da República não será processado e julgado pelo Supremo Tribunal Federal, pois, nesse caso, incide a imunidade processual do § 4.º do art. 86 da Constituição, que impede a responsabilização do Presidente da República, na vigência do mandato, por atos estranhos ao exercício de suas funções. Nessa situação, insista-se, só haverá persecução penal depois do término do mandato, perante a Justiça Comum competente.

A prerrogativa de foro só diz respeito a ações de natureza penal, **não alcançando o julgamento de ações de natureza civil eventualmente ajuizadas contra o Presidente da República**, tais como as ações populares.

Ademais, conforme já estudado, a prerrogativa de foro **só permanece durante o exercício do mandato**, não subsistindo após a expiração deste. Encerrado o exercício do mandato, qualquer que seja o motivo, os processos criminais em trâmite no Supremo Tribunal Federal serão remetidos à Justiça Comum competente, para o regular prosseguimento.

Por fim, caso o Presidente da República seja condenado pelo Supremo Tribunal Federal pela prática de crime comum, **a decisão condenatória com trânsito em julgado acarretará a suspensão dos seus direitos políticos e, em consequência, a cessação imediata de seu mandato**. Nesse caso, a perda do mandato é consequência da própria condenação, não dependendo de nenhum outro ato formal, seja do Supremo Tribunal Federal, seja das Casas do Congresso Nacional.

Em síntese, temos o seguinte. Recebida a denúncia ou queixa-crime pelo Supremo Tribunal Federal, o Presidente da República ficará afastado de suas funções, por até cento e oitenta dias, sem prejuízo do regular prosseguimento do processo. Se

---

[28] Recl 511/PB, rel. Min. Celso de Mello, 09.02.1995.

Cap. 10 • PODER EXECUTIVO

condenado, sujeitar-se-á à prisão, hipótese em que serão suspensos os seus direitos políticos e, em consequência, por força do inciso III do art. 15 da Constituição, perderá o cargo.

10. GOVERNADORES DE ESTADO

Ao contrário do que fez em relação ao Presidente da República, a Constituição Federal não outorgou expressamente nenhuma imunidade processual ao Governador de Estado e do Distrito Federal.

Com efeito, vimos que a Constituição Federal estabeleceu três imunidades para o Presidente da República, que têm importantes reflexos no processo de sua responsabilização.

A primeira imunidade processual diz respeito à necessidade de autorização prévia da Câmara dos Deputados, por dois terços dos seus membros, para o processo e julgamento do Presidente da República, seja pela prática de crime de responsabilidade, perante o Senado Federal, seja pela prática de infrações comuns, perante o Supremo Tribunal Federal (art. 86).

A segunda imunidade processual diz respeito ao afastamento, em relação ao Presidente da República, da possibilidade de prisão em flagrante e de qualquer outra espécie de prisão cautelar, haja vista que ele não poderá ser preso, nas infrações comuns, enquanto não sobrevier sentença condenatória prolatada pelo Supremo Tribunal Federal (art. 86, § 3.º).

A terceira imunidade em relação ao processo determina que o Presidente da República, na vigência do seu mandato, não pode ser responsabilizado por atos estranhos ao exercício de suas funções, estabelecendo, assim, uma temporária e relativa irresponsabilidade do Presidente da República, no curso do seu mandato, por atos que não guardem conexão com o exercício deste (art. 86, § 4.º).

Em função dessa omissão da Constituição Federal quanto à outorga de imunidades processuais ao Governador de Estado, várias Constituições estaduais repetiram no seu texto, para os respectivos governadores, as mesmas imunidades deferidas ao Presidente da República.

Em um primeiro momento, provocado a examinar a validade dessas previsões nas Constituições estaduais, o Supremo Tribunal Federal deixou assente que, dentre as três imunidades deferidas ao Presidente da República, **duas** – as referentes às prisões cautelares (art. 86, § 3.º) e à irresponsabilidade temporária relativa por atos estranhos ao mandato (art. 86, § 4.º) – **não podem ser estendidas aos Governadores**, por se tratar de prerrogativas inerentes ao cargo de Presidente da República, na qualidade de Chefe de Estado.[29]

Portanto, **inicialmente**, entendia o STF que a Constituição do estado-membro **podia prever a necessidade de autorização da assembleia legislativa para o jul-**

---

[29] ADI 1.021/SP, rel. p/ o acórdão Min. Celso de Mello, 19.10.1995.

gamento do Governador, por simetria com o modelo aplicável ao Presidente da República, previsto no art. 86 da Constituição Federal.

Posteriormente, entretanto – diante da constatação de casos de negligência deliberada pelas assembleias legislativas estaduais, que têm sistematicamente se negado a deferir o processamento de Governadores pelo Superior Tribunal de Justiça (na verdade, em quase trinta anos desde a promulgação da Constituição Federal de 1988, jamais houve um caso de autorização legislativa nesse sentido!) –, **o STF reexaminou a questão e mudou de orientação**, passando a entender que também essa prerrogativa do Presidente da República (relativa à necessidade de autorização legislativa para responsabilização criminal, na forma do art. 86 da Constituição Federal) **não pode ser estendida aos Governadores.**[30]

O Supremo Tribunal Federal indicou diferentes razões constitucionais para a superação do seu entendimento pretérito – (a) ausência de previsão expressa e inexistência de simetria; (b) ofensa ao princípio republicano (CF, art. 1.º, *caput*); (c) ofensa à separação de Poderes (CF, art. 2.º, *caput*) e à competência privativa da União (CF, art. 22, I); e (d) ofensa à igualdade (CF, art. 5.º, *caput*) –, restando, ao final, fixada a seguinte **tese jurídica**, com força vinculante e eficácia *erga omnes*:

> É vedado às unidades federativas instituírem normas que condicionem a instauração de ação penal contra o Governador, por crime comum, à prévia autorização da casa legislativa, cabendo ao Superior Tribunal de Justiça dispor, fundamentadamente, sobre a aplicação de medidas cautelares penais, inclusive afastamento do cargo.

Observe-se que, pela parte final da tese fixada – "cabendo ao Superior Tribunal de Justiça dispor, fundamentadamente, sobre a aplicação de medidas cautelares penais, inclusive afastamento do cargo" –, resta claro que **o afastamento do Governador não é automático no caso de abertura de ação penal pelo Superior Tribunal de Justiça (STJ)**. Vale dizer, o simples recebimento da denúncia – agora, sem necessidade de autorização prévia da assembleia legislativa – não implica afastamento automático do Governador. Esse afastamento poderá ocorrer por decisão fundamentada do STJ – no ato de recebimento da denúncia ou queixa-crime, ou no curso do processo – se essa Corte Superior, em razão das peculiaridades do caso concreto, entender que há elementos para tanto, mas **não** como decorrência automática da instauração da ação penal.

A ideia subjacente é que, tendo em vista que as Constituições estaduais não podem estabelecer a necessidade de licença prévia da assembleia legislativa, também não podem elas autorizar o afastamento automático do Governador de suas funções quando recebida a denúncia ou queixa-crime pelo Superior Tribunal de Justiça. En-

---

[30] ADI 4.764/AC, rel. Min. Celso de Mello, red. p/ o ac. Min. Roberto Barroso, 04.05.2017; ADI 4.797/MT, rel. Min. Celso de Mello, red. p/ o ac. Min. Roberto Barroso, 04.05.2017; ADI 4.798/PI, rel. Min. Celso de Mello, red. p/ o ac. Min. Roberto Barroso, 04.05.2017; ADI 4.777/BA, rel. orig. Min. Dias Toffoli, red. p/ o acórdão Min. Roberto Barroso, 09.08.2017; ADI 4.674/RS, rel. orig. Min. Dias Toffoli, red. p/ o acórdão Min. Roberto Barroso, 09.08.2017; ADI 4.362/DF, rel. orig. Min. Dias Toffoli, red. p/ o acórdão Min. Roberto Barroso, 09.08.2017.

Cap. 10 • PODER EXECUTIVO

fim, se não pode haver controle político prévio pela assembleia legislativa, também não deve haver afastamento automático em decorrência do mero recebimento da denúncia ou queixa-crime, sob pena de violação ao princípio democrático.[31]

Em suma, a tese jurídica anteriormente transcrita impõe duas vedações ao legislador estadual: (a) não pode ele submeter a instauração de processo judicial por crime comum contra Governador de Estado à licença prévia da assembleia legislativa estadual; e (b) não cabe à Constituição Estadual autorizar o afastamento automático do Governador de suas funções quando recebida a denúncia ou aceita a queixa-crime pelo Superior Tribunal de Justiça.

Por fim, e ainda sobre o processo de responsabilização dos Governadores de Estado, cabe ressaltar que o Supremo Tribunal Federal manteve o seu anterior entendimento segundo o qual a definição dos crimes de responsabilidade e o estabelecimento das respectivas normas de processo e julgamento **são da competência legislativa privativa da União**.[32] Por força dessa orientação, as unidades federativas não podem editar normas sobre crimes de responsabilidade, sendo inválidas as normas locais que disponham sobre crime de responsabilidade de Governador em desacordo com a legislação editada pela União.[33]

---

[31] ADI 4.764, ADI 4.797 e ADI 4.798, red. p/ o acórdão Min. Roberto Barroso, 04.05.2017; ADI 4.772, rel. Min. Luiz Fux, 30.10.2017.

[32] ADI 4.764, ADI 4.797 e ADI 4.798, red. p/ o acórdão Min. Roberto Barroso, 04.05.2017; ADI 4.772, rel. Min. Luiz Fux, 30.10.2017. A Súmula Vinculante 46, resultado da conversão da Súmula 722 do STF, tem o seguinte verbete: "A definição dos crimes de responsabilidade e o estabelecimento das respectivas normas de processo e julgamento são da competência legislativa privativa da União."

[33] A Lei 1.079/1950 dispõe sobre crimes de responsabilidade.

Capítulo 11

PODER JUDICIÁRIO

1. INTRODUÇÃO

O Poder Judiciário é um dos três poderes expressamente reconhecidos pela Constituição da República (art. 2.º). Além de instituí-lo como Poder independente, a Carta Política protege como cláusula pétrea essa independência, em seu art. 60, § 4.º, III.

Pode-se afirmar, sem exagero, que não é possível conceber um Estado de Direito sem um Poder Judiciário independente, responsável não só pela solução definitiva dos conflitos intersubjetivos, mas, talvez precipuamente, pela garantia da integridade do ordenamento jurídico, mediante a aferição da compatibilidade entre os atos estatais e os comandos vazados na Constituição.

É interessante observar que a plena independência entre os Poderes Executivo e Legislativo **não** é um pressuposto obrigatório para termos um Estado de Direito. Deveras, no sistema parlamentarista, a relação entre os Poderes Executivo e Legislativo não é propriamente de independência, mas sim de colaboração, uma vez que a manutenção do exercício do poder por parte de um depende da vontade do outro.

O Poder Judiciário, diferentemente, seja qual for o sistema de governo – presidencialista ou parlamentarista – sempre e obrigatoriamente deve ser um Poder plenamente independente, em um Estado Democrático de Direito, incumbido da guarda da Constituição, a fim de conferir efetividade, dentre outros, aos princípios da legalidade e da igualdade.

É verdade que há países em que certas matérias são subtraídas à possibilidade de apreciação pelo Poder Judiciário, resolvendo-se os conflitos a elas pertinentes exclusivamente no âmbito administrativo. São os países que adotam o denominado **sistema francês**, ou **sistema do contencioso administrativo**, ou, ainda, **sistema de dualidade de jurisdição**. Nesses países, os conflitos que envolvam matérias de índole administrativa são solucionados no âmbito da própria administração pública, em vias processuais próprias, administrativas. Quanto a essas matérias, as decisões administrativas, esgotada a via administrativa, são definitivas, não estão sujeitas à apreciação do Poder Judiciário, vale dizer, existe, tecnicamente, coisa julgada administrativa.

O Brasil adota o denominado sistema inglês, ou sistema de unicidade de jurisdição. Em poucas palavras, significa isso que somente o Poder Judiciário tem jurisdição, isto é, somente ele pode dizer, em caráter definitivo, o direito aplicável aos casos concretos litigiosos submetidos a sua apreciação.

É interessante observar que não fica abolida a apreciação de litígios, a composição de interesses conflitantes, no âmbito administrativo. Pelo contrário, a Constituição reconhece expressamente a existência dos processos administrativos, por exemplo, ao enunciar os princípios do contraditório e ampla defesa e da celeridade processual (CF, art. 5.º, LV e LXXVIII). Ocorre que a adoção do sistema de unicidade jurisdicional tem como consequência a ausência de definitividade, de imodificabilidade das decisões administrativas. Por outras palavras, mesmo que o cidadão opte por discutir administrativamente um conflito, e utilize, para tanto, todas as instâncias administrativas disponíveis, a decisão final no âmbito administrativo não será uma decisão imutável. Se o interessado discordar daquilo que ficou decidido administrativamente, pode submeter seu conflito à apreciação do Poder Judiciário, que, de modo definitivo, dirá o direito aplicável, sem que a utilização prévia da via administrativa implique quaisquer restrições.

Em poucas palavras, não existe, em sentido técnico, coisa julgada administrativa, tampouco jurisdição administrativa. No Brasil, a jurisdição e a coisa julgada são atributos exclusivos do Poder Judiciário.[1] O princípio da unicidade de jurisdição está vazado de forma lapidar no inciso XXXV do art. 5.º, segundo o qual "a lei não excluirá da apreciação do Poder Judiciário lesão ou ameaça a direito".

A importância do Poder Judiciário independente para a garantia de um Estado Democrático de Direito pode ser facilmente constatada pela análise de inúmeros dispositivos da Constituição.

Em primeiro lugar, a guarda da Constituição, em caráter definitivo, é atribuída ao órgão de cúpula do Poder Judiciário, o Supremo Tribunal Federal (CF, art. 102, *caput*).

Além dessa relevantíssima atribuição, impende notar que inúmeros direitos fundamentais, individuais ou coletivos, catalogados ou não, são concernentes especificamente ao Poder Judiciário, isto é, a garantia de acesso a um judiciário imparcial e independente é garantia fundamental, estruturante de nossa organização político-jurídica.

Assim, além de asseverar que "a lei não excluirá da apreciação do Poder Judiciário lesão ou ameaça a direito" (art. 5.º, XXXV), a Carta Política estabele-

---

[1] Pode-se apontar uma exceção: nos crimes de responsabilidade que envolvam as maiores autoridades do Poder Público, o julgamento é feito pelo Poder Legislativo (CF, art. 52, I e II). Embora a apreciação e julgamento desses crimes tenha muito de função política, não há como deixar de reconhecer natureza jurisdicional à decisão, uma vez que se trata de dizer e aplicar, em caráter definitivo, o direito pertinente ao caso concreto litigioso.

ce o princípio do juiz natural (art. 5.º, XXXVII), reconhece o Tribunal do Júri, atribuindo-lhe competência para julgar os crimes dolosos contra a vida (art. 5.º, XXXVIII), assegura que "ninguém será considerado culpado até o trânsito em julgado de sentença penal condenatória" (art. 5.º, LVII) etc.

São, ainda, essenciais à garantia de um Judiciário imparcial e independente as diversas prerrogativas da magistratura, vazadas essencialmente nos arts. 93 e 95 da Constituição, e a expressa garantia de autonomia administrativa e financeira (CF, art. 99).

Cabe apontar, conforme anteriormente expendido, que o Judiciário, assim como os demais Poderes, além de sua função típica, jurisdicional, exerce, como funções atípicas, atividades administrativas e normativas. No âmbito administrativo, é relevante registrar que a EC 45/2004 acrescentou o inciso I-A ao art. 92, criando, como órgão do Poder Judiciário, o "Conselho Nacional de Justiça".

Esse órgão, que é, a rigor, um órgão de controle, foi inserido na estrutura do Poder Judiciário no intuito de atalhar questionamentos acerca de sua constitucionalidade. Com efeito, é tarefa exclusiva do constituinte originário delinear os sistemas de controles recíprocos entre os Poderes, denominados usualmente **freios e contrapesos** (*checks and balances*). Isso porque esses controles recíprocos conferem a exata medida da relação de independência e harmonia, ou seja, do equilíbrio entre os Poderes. Caso uma emenda à Constituição pretendesse instituir novos mecanismos de controle de um determinado Poder sobre outro, estaria alterando esse equilíbrio e, a nosso ver, seria flagrantemente inconstitucional, por afronta à cláusula pétrea vazada no art. 60, § 4.º, III, da Constituição da República.

Não obstante a sua inserção na estrutura do Poder Judiciário, a verdade é que o Conselho Nacional de Justiça **não é composto somente por membros do Poder Judiciário**, ou seja, embora disfarçadamente, instituiu-se, sim, uma nova espécie de controle do Judiciário, não prevista pelo constituinte originário. O importante, todavia, a nosso ver, é que o Conselho Nacional de Justiça **não tem ingerência na atividade jurisdicional dos juízes e tribunais**, mas, somente, nas atividades administrativas e financeiras do Poder Judiciário, mantendo-se assim, pelo menos teoricamente, a independência dos magistrados em sua tarefa precípua que é o exercício da função jurisdicional.

No Brasil, o Poder Judiciário divide-se basicamente em duas esferas: a Justiça Federal e a Justiça Estadual. **Não existe um Poder Judiciário municipal em nosso País**. A regra é as competências da Justiça Federal serem enumeradas expressa e taxativamente no texto constitucional, deixando-se a competência residual à Justiça Estadual. A Justiça Federal, por seu turno, classifica-se em comum e especializada, esta com competência para apreciar matérias específicas (Justiça do Trabalho, Justiça Militar, Justiça Eleitoral). Têm-se, ademais, dois tribunais de superposição, o Superior Tribunal de Justiça, última instância nas questões que envolvam **leis**, e o Supremo Tribunal Federal, instância derradeira (ou única, especialmente no controle concentrado de constitucionalidade) nas questões concernentes à Constituição Federal.

Passemos à análise das disposições constitucionais acerca do Poder Judiciário no Brasil.

2. ÓRGÃOS DO PODER JUDICIÁRIO

Os órgãos que integram o Poder Judiciário foram enumerados pela Constituição Federal em seu art. 92, nos termos seguintes:

Art. 92. São órgãos do Poder Judiciário:
I – o Supremo Tribunal Federal;
I-A – o Conselho Nacional de Justiça;
II – o Superior Tribunal de Justiça;
II-A – o Tribunal Superior do Trabalho;[2]
III – os Tribunais Regionais Federais e Juízes Federais;
IV – os Tribunais e Juízes do Trabalho;
V – os Tribunais e Juízes Eleitorais;
VI – os Tribunais e Juízes Militares;
VII – os Tribunais e Juízes dos Estados e do Distrito Federal e Territórios.

ESTRUTURA DO PODER JUDICIÁRIO[3]

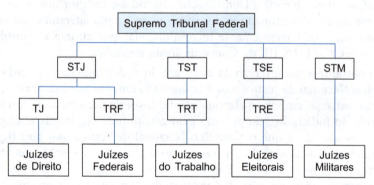

Consoante anotado anteriormente, essa mesma emenda constitucional criou, no âmbito do Poder Judiciário, o Conselho Nacional de Justiça – CNJ, órgão que, conforme detalharemos adiante, **não dispõe de competências jurisdicionais** (por esse motivo, ele não está presente no quadro de organização do Poder Judiciário, acima apresentado).

O Supremo Tribunal Federal e os Tribunais Superiores têm jurisdição em todo o território nacional e, assim como o Conselho Nacional de Justiça, têm sede na Capital Federal (CF, art. 92, §§ 1.º e 2.º).

---
[2] Inciso acrescentado pela EC 92, de 12 de julho de 2016.
[3] Além desses órgãos, também integra o Poder Judiciário o Conselho Nacional de Justiça; não o inserimos na estrutura acima porque este órgão não dispõe de competência jurisdicional.

O Supremo Tribunal Federal é o **órgão máximo do Poder Judiciário, ocupando a digna posição de especial guardião da Constituição Federal**. Cabe ao Supremo Tribunal Federal realizar, originariamente, o **controle abstrato** de leis e atos normativos em face da Constituição Federal e, também, atuar no **controle difuso**, em que aprecia, em último grau, as controvérsias concretas suscitadas nos juízos inferiores.

O Conselho Nacional de Justiça é o **órgão de controle da atuação administrativa e financeira do Poder Judiciário e do cumprimento dos deveres funcionais dos juízes**, cabendo-lhe desempenhar as atribuições que lhe foram diretamente outorgadas pela Constituição Federal, que examinaremos adiante, além de outras que venham a ser estabelecidas pelo Estatuto da Magistratura.

O Superior Tribunal de Justiça, o Tribunal Superior Eleitoral, o Tribunal Superior do Trabalho e o Superior Tribunal Militar são os quatro Tribunais Superiores, com sede na Capital Federal e jurisdição em todo o território nacional.

O Superior Tribunal de Justiça – STJ tem por função precípua **assegurar a uniformização na interpretação da legislação federal**, apreciando as mais diferentes controvérsias acerca da aplicação do direito federal. O Superior Tribunal de Justiça não realiza controle abstrato de constitucionalidade, mas somente controle difuso, no qual aprecia as controvérsias concretas a ele submetidas originariamente (competência originária) ou em processos resultantes de recursos contra as decisões dos Tribunais de Justiça dos estados e do Distrito Federal e dos Tribunais Regionais Federais (competência recursal).

Os demais Tribunais Superiores integram a **justiça especializada,** haja vista que **só atuam num dado ramo do Direito**. Assim, o Tribunal Superior Eleitoral aprecia matéria eleitoral; o Superior Tribunal Militar, os crimes militares; e o Tribunal Superior do Trabalho, matéria afeta ao direito do trabalho.

O Supremo Tribunal Federal e os Tribunais Superiores (STJ, TST, TSE e STM) são denominados **órgãos de convergência**, haja vista que as causas processadas nos juízes e tribunais inferiores convergem para esses Tribunais, respeitadas as respectivas competências. O Supremo Tribunal Federal e o Superior Tribunal de Justiça são, também, denominados **órgãos de superposição**, pois, embora não pertençam a nenhuma justiça, suas decisões se sobrepõem às decisões proferidas pelos órgãos inferiores das justiças comum e especializadas.

Dentre os órgãos de segundo grau, destacamos os Tribunais de Justiça dos estados-membros, que, além de realizarem o controle difuso de constitucionalidade como qualquer outro órgão do Poder Judiciário, efetivam também o controle abstrato das leis e atos normativos locais em face da Constituição Estadual.

Cabe a todos os juízes e tribunais do Poder Judiciário exercer a jurisdição constitucional, na defesa da supremacia da Constituição Federal. Com efeito, **todos os órgãos do Poder Judiciário, juízes e tribunais, dispõem de competência para proteger a Constituição**, devendo afastar, nos casos concretos a eles submetidos, a aplicação das leis que considerarem inconstitucionais. Dessa forma, embora a guarda da Constituição seja função precípua do Supremo Tribunal Federal, ele **não a exerce de forma exclusiva**, haja vista que os demais órgãos do Poder Judiciário também podem reconhecer a invalidade das leis.

A única jurisdição exclusiva do Supremo Tribunal Federal é a abstrata, **de leis e atos normativos federais em face da Constituição Federal**, em que a Corte examina, em tese, a validade de leis e atos normativos em confronto com a Carta da República, com o fim de resguardar a harmonia do ordenamento jurídico. Vale dizer, só é atribuição **exclusiva** do Supremo Tribunal Federal **a jurisdição abstrata de normas federais em face da Constituição Federal**, haja vista que os Tribunais de Justiça dos estados-membros também exercem controle abstrato, mas sempre de normas subnacionais (estaduais e municipais).

3. FUNÇÕES TÍPICAS E ATÍPICAS

A função típica do Poder Judiciário é a chamada função jurisdicional (ou de julgamento), pela qual lhe compete, coercitivamente, em caráter definitivo, dizer e aplicar o Direito às controvérsias a ele submetidas.

Entretanto, assim como os demais Poderes da República, o Judiciário também desempenha funções acessórias ou atípicas, de natureza administrativa e legislativa.

O Poder Judiciário desempenha função atípica administrativa quando administra seus bens, serviços e pessoal. A nomeação e exoneração de seus servidores, a concessão a eles de férias e demais direitos, a realização de uma licitação pública etc. são alguns exemplos de atuação do Poder Judiciário no exercício de função "atípica" administrativa.

O Poder Judiciário desempenha função "atípica" legislativa quando produz normas gerais, aplicáveis no seu âmbito, de observância obrigatória por parte dos administrados. É o caso da elaboração dos regimentos dos Tribunais,[4] os quais dispõem sobre a competência administrativa e jurisdicional desses órgãos.

4. GARANTIAS DO PODER JUDICIÁRIO

A Constituição Federal outorgou importantes garantias ao Poder Judiciário, como meio de lhe assegurar autonomia e independência para o imparcial exercício da jurisdição. Essas garantias, portanto, não devem ser vistas como privilégios dos magistrados, mas sim como prerrogativas que asseguram, ao próprio Poder Judiciário, a necessária independência para o exercício de suas relevantes funções constitucionais, sem ingerência e pressões dos Poderes Legislativo e Executivo.

O legislador constituinte conferiu especial importância às garantias outorgadas ao Poder Judiciário, ao dispor que constituem **crime de responsabilidade do Presidente da República** os atos que atentem contra o livre exercício do Poder Judiciário (CF, art. 85, II) e, também, ao proibir que tais garantias sejam disciplinadas por **medida provisória** (CF, art. 62, § 1.º, I, "c") ou por **lei delegada** (CF, art. 68, § 1.º, I).

---

[4] CF, art. 96, I, "a".

Essas importantes garantias asseguradas ao Poder Judiciário são imprescindíveis ao pleno exercício de suas atribuições constitucionais, sem a indevida ingerência de outros Poderes. Nesse sentido, temos importante entendimento firmado pelo Supremo Tribunal Federal, segundo o qual **é inadmissível a previsão de "controle de qualidade" – a cargo do Poder Executivo – de serviços públicos prestados por órgãos do Poder Judiciário**.[5] Para o Tribunal Maior, a possibilidade de um órgão externo exercer atividade de fiscalização das atividades do Poder Judiciário, sob pena de sanções pecuniárias e controle orçamentário, ofende a independência e a autonomia financeira, orçamentária e administrativa do Poder Judiciário, consagradas nos arts. 2.º e 99 da Constituição Federal.

Em razão da autonomia financeira, os tribunais elaborarão suas próprias propostas orçamentárias, desde que dentro dos limites estipulados conjuntamente com os demais Poderes na lei de diretrizes orçamentárias. Desse modo, o Poder Judiciário, embora não disponha de orçamento próprio, tem assegurado constitucionalmente o direito de elaborar sua proposta orçamentária, com a participação ativa na fixação dos limites de gastos da lei de diretrizes orçamentárias.[6]

Determina a Constituição que o encaminhamento da proposta, ouvidos os outros tribunais interessados, compete:

a) no âmbito da União: aos Presidentes do Supremo Tribunal Federal e dos Tribunais Superiores, com a aprovação dos respectivos tribunais;

b) no âmbito dos estados e no do Distrito Federal e Territórios: aos Presidentes dos Tribunais de Justiça, com a aprovação dos respectivos tribunais.

Muito importante é ressaltar que, segundo a jurisprudência do STF, uma vez atendidos os mencionados requisitos constitucionais – observância dos limites da lei de diretrizes orçamentárias e o encaminhamento na forma do § 2.º do art. 99 –, deve o chefe do Poder Executivo, tão somente, consolidar a proposta encaminhada pelo Judiciário e remetê-la ao Poder Legislativo, **sem introduzir nela quaisquer reduções e/ ou modificações**. Poderá o chefe do Executivo (Presidente da República ou Governador, conforme o caso), se entender necessário, **solicitar ao Poder Legislativo a redução pretendida**, mas **não** reduzir, ele próprio, **unilateralmente**, as dotações orçamentárias apresentadas pelo Judiciário, sob pena de ofensa à autonomia financeira deste Poder.

Essa orientação da nossa Suprema Corte restou consolidada na seguinte **tese**, dotada de eficácia *erga omnes* e força vinculante:[7]

> É inconstitucional a redução unilateral pelo Poder Executivo dos orçamentos propostos pelos outros Poderes e por órgãos constitu-

---

5   ADI 1.905/RS, rel. Min. Dias Toffoli, 17.08.2021.

6   Com fundamento nessa regra, o Supremo Tribunal Federal considerou inconstitucional lei de diretrizes orçamentárias que fixava o limite que caberia ao Poder Judiciário no orçamento geral do estado, sem nenhuma participação desse Poder na fixação de tal limite (ADI 1.911/ PR, rel. Min. Ilmar Galvão, *DJ* 12.03.1999).

7   ADI 5.287/PB, rel. Min. Luiz Fux, 18.05.2016.

cionalmente autônomos, como o Ministério Público e a Defensoria Pública, na fase de consolidação do projeto de lei orçamentária anual, quando tenham sido elaborados em obediência às leis de diretrizes orçamentárias e enviados conforme o art. 99, § 2.º, da CRFB/88, cabendo-lhe apenas pleitear ao Poder Legislativo a redução pretendida, visto que a fase de apreciação legislativa é o momento constitucionalmente correto para o debate de possíveis alterações no Projeto de Lei Orçamentária.

Se os Tribunais do Poder Judiciário não encaminharem as respectivas propostas orçamentárias dentro do prazo estabelecido na lei de diretrizes orçamentárias, o Poder Executivo considerará, para fins de consolidação da proposta orçamentária anual, os valores aprovados na lei orçamentária vigente, ajustados de acordo com os limites estipulados conjuntamente com os demais Poderes na lei de diretrizes orçamentárias (CF, art. 99, § 3.º).

Ademais, se as propostas orçamentárias dos Tribunais do Poder Judiciário forem encaminhadas em desacordo com os limites estipulados na lei de diretrizes orçamentárias, o Poder Executivo procederá aos ajustes necessários para fins de consolidação da proposta orçamentária anual (CF, art. 99, § 4.º).

Durante a execução orçamentária do exercício, não poderá haver a realização de despesas ou a assunção de obrigações que extrapolem os limites estabelecidos na lei de diretrizes orçamentárias, exceto se previamente autorizadas, mediante a abertura de créditos suplementares ou especiais (CF, art. 99, § 5.º).

A Emenda Constitucional 45/2004 trouxe novo dispositivo que reforça a autonomia financeira do Poder Judiciário, dispondo que os recursos provenientes das custas e emolumentos serão destinados exclusivamente ao custeio dos serviços afetos às atividades específicas da Justiça (art. 98, § 2.º).

A autonomia administrativa confere aos tribunais do Poder Judiciário a competência para:

a) eleger seus órgãos diretivos e elaborar seus regimentos internos, com observância das normas de processo e das garantias processuais das partes, dispondo sobre a competência e o funcionamento dos respectivos órgãos jurisdicionais e administrativos;

b) organizar suas secretarias e serviços auxiliares e os dos juízos que lhes forem vinculados, velando pelo exercício da atividade correicional respectiva;

c) prover, na forma prevista na Constituição, os cargos de juiz de carreira da respectiva jurisdição;

d) propor a criação de novas varas judiciárias;

e) prover, por concurso público de provas, ou de provas e títulos, os cargos necessários à administração da Justiça, exceto os de confiança assim definidos em lei;

f) conceder licença, férias e outros afastamentos a seus membros e aos juízes e servidores que lhes forem imediatamente vinculados.

Cap. 11 • PODER JUDICIÁRIO

O Supremo Tribunal Federal, os Tribunais Superiores e os Tribunais de Justiça podem, ainda, propor ao Poder Legislativo respectivo, desde que observados os limites estabelecidos na lei de responsabilidade fiscal:

a) a alteração do número de membros dos tribunais inferiores;

b) a criação e a extinção de cargos e a remuneração dos seus serviços auxiliares e dos juízos que lhes forem vinculados, bem como a fixação do subsídio de seus membros e dos juízes, inclusive dos tribunais inferiores, onde houver;

c) a criação ou extinção dos tribunais inferiores;

d) a alteração da organização e da divisão judiciárias.]

Nos Tribunais de Justiça compostos de **mais de 170 desembargadores em efetivo exercício**, a eleição para os cargos diretivos (CF, art. 96, I, "a") será realizada entre os membros do **tribunal pleno**, por maioria absoluta e por voto direto e secreto, para um mandato de dois anos, vedada mais de uma recondução sucessiva.[8]

5. ORGANIZAÇÃO DA CARREIRA

Estabelece a Constituição que **lei complementar**, de **iniciativa do Supremo Tribunal Federal**, disporá sobre o Estatuto da Magistratura (art. 93). Significa dizer que os diferentes aspectos ligados à magistratura nacional – por exemplo, critérios de desempate para a promoção na carreira da magistratura[9] – dependem da **iniciativa privativa do Supremo Tribunal Federal, mediante lei complementar**. Ademais, dispõe o texto constitucional que na disciplina da organização da magistratura nacional, por lei complementar, deverão ser observados os princípios a seguir apresentados.

O ingresso na carreira da magistratura, cujo cargo inicial será o de juiz substituto, dar-se-á mediante a realização de concurso público de provas e títulos, com a participação da Ordem dos Advogados do Brasil em todas as fases, exigindo-se do bacharel em direito, no mínimo, três anos de atividade jurídica e obedecendo-se, nas nomeações, à ordem de classificação.[10] Anote-se que **o texto constitucional não exige idade mínima para o ingresso na magistratura**, mas somente o cumprimento do requisito de "três anos de atividade jurídica" ao bacharel em direito (art. 93, I). Em razão dessa disciplina constitucional, o Supremo Tribunal Federal firmou o entendimento de que **a fixação de limite etário, máximo e mínimo, como requisito para o ingresso na carreira da magistratura é inconstitucional, por violar o disposto no art. 93, I, da Constituição Federal**.[11]

---

[8] CF, art. 96, parágrafo único, incluído pela EC 134/2024.

[9] ADI 6.779/DF, rel. Min. Alexandre de Moraes, 30.08.2021.

[10] CF, art. 93, I, com a redação dada pela EC 45/2004.

[11] ADI 5.329/DF, rel. orig. Min. Marco Aurélio, rel. p/ o ac. Min. Alexandre de Moraes, 14.12.2020.

A promoção do magistrado na carreira, de entrância para entrância, será feita alternadamente, por antiguidade e merecimento, atendidas as seguintes normas:

a) é obrigatória a promoção do juiz que figure por três vezes consecutivas ou cinco alternadas em lista de merecimento;

b) a promoção por merecimento pressupõe dois anos de exercício na respectiva entrância e integrar o juiz a primeira quinta parte da lista de antiguidade desta, salvo se não houver com tais requisitos quem aceite o lugar vago;

c) aferição do merecimento conforme o desempenho e pelos critérios objetivos de produtividade e presteza no exercício da jurisdição e pela frequência e aproveitamento em cursos oficiais ou reconhecidos de aperfeiçoamento;

d) na apuração de antiguidade, o tribunal somente poderá recusar o juiz mais antigo pelo voto fundamentado de dois terços de seus membros, conforme procedimento próprio, e assegurada ampla defesa, repetindo-se a votação até fixar-se a indicação;

e) não será promovido o juiz que, injustificadamente, retiver autos em seu poder além do prazo legal, não podendo devolvê-los ao cartório sem o devido despacho ou decisão.

O acesso aos tribunais de segundo grau far-se-á por antiguidade e merecimento, alternadamente, apurados na última ou única entrância.

O Estatuto da Magistratura deverá prever cursos oficiais de preparação, aperfeiçoamento e promoção de magistrados, constituindo etapa obrigatória do processo de vitaliciamento a participação em curso oficial ou reconhecido por escola nacional de formação e aperfeiçoamento de magistrados.

O subsídio dos Ministros dos Tribunais Superiores corresponderá a noventa e cinco por cento do subsídio mensal fixado para os Ministros do Supremo Tribunal Federal e os subsídios dos demais magistrados serão fixados em lei e escalonados, em nível federal e estadual, conforme as respectivas categorias da estrutura judiciária nacional, não podendo a diferença entre uma e outra ser superior a dez por cento ou inferior a cinco por cento, nem exceder a noventa e cinco por cento do subsídio mensal dos Ministros dos Tribunais Superiores, observado o teto salarial fixado em lei de iniciativa do Presidente do Supremo Tribunal Federal (art. 37, XI) e o pagamento na forma de subsídio fixado em parcela única (art. 39, § 4.º).

A aposentadoria dos magistrados e a pensão de seus dependentes observarão as regras do regime especial de previdência dos servidores públicos civis, previsto no art. 40 da Constituição Federal.

O juiz titular residirá na respectiva comarca, salvo autorização do tribunal.

O ato de **remoção** ou de **disponibilidade** do magistrado, por interesse público, fundar-se-á em decisão por voto da **maioria absoluta** do respectivo tribunal ou do Conselho Nacional de Justiça, assegurada ampla defesa.[12]

---

[12] CF, art. 93, VIII, com a redação dada pela EC 103/2019.

A Emenda Constitucional 130, de 3 de outubro de 2023, trouxe nova disciplina para a **remoção** de magistrados, e passou a permitir a permuta entre juízes de direito vinculados a **diferentes tribunais**, nos termos seguintes:

a) remoção a pedido de magistrados de comarca de igual entrância atenderá, no que couber, ao disposto nas alíneas "a", "b", "c" e "e" do inciso II do art. 93 e no art. 94 da Constituição;[13]

b) a permuta de magistrados de comarca de igual entrância, quando for o caso, e dentro do mesmo segmento de justiça, inclusive entre os juízes de segundo grau, vinculados a diferentes tribunais, na esfera da justiça estadual, federal ou do trabalho, atenderá, no que couber, ao disposto nas alíneas "a", "b", "c" e "e" do inciso II do art. 93 e no art. 94 da Constituição.[14]

Todos os julgamentos dos órgãos do Poder Judiciário serão públicos, e fundamentadas todas as decisões, sob pena de nulidade, podendo a lei limitar a presença, em determinados atos, às próprias partes e a seus advogados, ou somente a estes, em casos nos quais a preservação do direito à intimidade do interessado no sigilo não prejudique o interesse público à informação.

As decisões administrativas dos tribunais serão motivadas e em sessão pública, sendo as disciplinares tomadas pelo voto da maioria absoluta de seus membros.

Nos tribunais com número superior a vinte e cinco julgadores, poderá ser constituído órgão especial, com o mínimo de onze e o máximo de vinte e cinco membros, para o exercício das atribuições administrativas e jurisdicionais delegadas da competência do tribunal pleno, provendo-se metade das vagas por antiguidade e a outra metade por eleição pelo tribunal pleno.

A atividade jurisdicional será ininterrupta, sendo vedadas férias coletivas nos **juízos e tribunais de segundo grau**, funcionando, nos dias em que não houver expediente forense normal, juízes em plantão permanente (CF, art. 93, XII). Observe-se que essa **vedação não alcança** o Supremo Tribunal Federal, tampouco os demais tribunais superiores.

O Supremo Tribunal Federal firmou entendimento de que esse dispositivo é de **aplicação imediata**, alcançando, de pronto, todos os juízos e tribunais de segundo grau, que não poderão mais dispor de férias coletivas em suas atividades.[15]

O número de juízes na unidade jurisdicional será proporcional à efetiva demanda judicial e à respectiva população.

Os servidores receberão delegação para a prática de atos de administração e atos de mero expediente sem caráter decisório.

A distribuição de processos será imediata, em todos os graus de jurisdição.

---

[13] CF, art. 93, VIII-A, com a redação dada pela EC 130/2023.

[14] CF, art. 93, VIII-B, com a redação dada pela EC 130/2023.

[15] ADIMC 3.823, rel. Min. Cármen Lúcia, 06.12.2006.

6. GARANTIAS AOS MAGISTRADOS

A Constituição Federal assegura aos membros do Poder Judiciário as garantias da vitaliciedade, inamovibilidade e irredutibilidade de subsídio (CF, art. 95).

No primeiro grau, a vitaliciedade só será adquirida após o cumprimento do estágio probatório de dois anos de exercício. No período do estágio probatório, no qual não há que se falar em vitaliciedade, a perda do cargo dependerá de deliberação do tribunal a que o juiz estiver vinculado. Uma vez cumprido o estágio probatório, o magistrado só perderá o seu cargo em virtude de sentença judicial transitada em julgado.

Os membros do Supremo Tribunal Federal, dos Tribunais Superiores e os advogados e membros do Ministério Público que ingressam nos tribunais federais ou estaduais pela regra do quinto constitucional (CF, art. 94) adquirem vitaliciedade imediatamente, no momento em que tomam posse.

Ressaltamos, porém, que a Constituição Federal estabelece um abrandamento da vitaliciedade em relação aos Ministros do Supremo Tribunal Federal e aos magistrados que atuam como membros do Conselho Nacional de Justiça, ao prever que eles poderão ser processados e julgados pelo Senado Federal nos crimes de responsabilidade (CF, art. 52, II). Dissemos abrandamento da vitaliciedade porque, caso venham a ser responsabilizados politicamente pelo Senado Federal (*impeachment*), a condenação poderá implicar a perda do cargo, com inabilitação, por oito anos, para o exercício de função pública, nos termos do art. 52, parágrafo único, da Constituição Federal.

A inamovibilidade assegura que os magistrados somente poderão ser removidos por iniciativa própria (e não de ofício, por iniciativa de qualquer autoridade), salvo por motivo de interesse público, mediante decisão adotada pelo voto da maioria absoluta do respectivo tribunal ou do Conselho Nacional de Justiça, assegurada ampla defesa.[16] A inamovibilidade não impede, ainda, que o magistrado seja removido por determinação do Conselho Nacional de Justiça, a título de sanção administrativa, assegurada ampla defesa (CF, art. 103-B, § 4.º, III).

A irredutibilidade do subsídio, assegurada aos magistrados, tem por escopo evitar que a sua atuação seja objeto de pressões, advindas da redução de sua espécie remuneratória, garantindo-se, com isso, a dignidade e a independência necessárias ao pleno exercício de suas funções.

Entretanto, vale lembrar, a garantia constitucional da irredutibilidade de subsídio alcança somente a chamada irredutibilidade jurídica, isto é, a irredutibilidade nominal do subsídio (e não a sua irredutibilidade real). Significa dizer que a irredutibilidade não assegura o direito à atualização monetária do valor do subsídio em face da perda do poder aquisitivo da moeda (inflação), mas tão somente que o seu valor nominal não será reduzido. A irredutibilidade não impede, tampouco, a incidência ou o aumento de tributos sobre o valor do subsídio, ainda que isso implique sua redução nominal.

---

[16] CF, art. 95, II.

É de notar, também, que os magistrados dispõem de foro especial por prerrogativa de função, sendo julgados, **originariamente**, por tribunais indicados na Constituição Federal, de acordo com a tabela a seguir:

Autoridade	Infração	Órgão Julgador
Juízes estaduais e do Distrito Federal	comum / responsabilidade	TJ (art. 96, III)
Juízes federais, incluídos os da Justiça Militar e da Justiça do Trabalho	comum / responsabilidade	TRF (art. 108, I, "a")
Membros dos TJ, TRF, TRE e TRT	comum / responsabilidade	STJ (art. 105, I, "a")
Membros dos Tribunais Superiores (STJ, TST, TSE e STM)	comum / responsabilidade	STF (art. 102, I, "c")
Ministros do STF	comum	STF (art. 102, I, "b")
	responsabilidade	Senado Federal (art. 52, II)

Deve-se ressaltar, porém, que o foro especial por prerrogativa de função de que dispõem os magistrados **não se estende aos juízes aposentados**. Como o cargo de magistrado é vitalício (CF, art. 95, I), defenderam alguns a tese de que a vitaliciedade seria mantida após a aposentadoria, e isso teria como consequência continuar o magistrado, mesmo depois da jubilação, a fazer jus à prerrogativa de foro no julgamento de infrações ocorridas no exercício da função. O STF, porém, decidiu em sentido contrário, negando o direito ao foro especial aos juízes aposentados.[17]

7. VEDAÇÕES

No intuito de assegurar maior imparcialidade ao exercício de suas funções, a Constituição estabelece certas vedações aos magistrados, que dizem respeito a atividades e condutas consideradas incompatíveis com a missão de membro do Poder Judiciário. Assim, **é vedado aos magistrados**:

a) exercer, ainda que em disponibilidade, outro cargo ou função, salvo uma de magistério;

b) receber, a qualquer título ou pretexto, custas ou participação em processo;

c) dedicar-se à atividade político-partidária;

d) receber, a qualquer título ou pretexto, auxílios ou contribuições de pessoas físicas, entidades públicas ou privadas, ressalvadas as exceções previstas em lei;

e) exercer a advocacia no juízo ou tribunal do qual se afastou, antes de decorridos três anos do afastamento do cargo por aposentadoria ou exoneração.

Essa última vedação, denominada **quarentena**, tem por objetivo reforçar a independência e a imparcialidade do Poder Judiciário. Visa a evitar o tráfico de influência ou exploração de prestígio pelo ex-magistrado perante o juízo ou tribunal do qual se afastou, no ulterior exercício da advocacia por esse ex-magistrado.

---

[17] RE 549.560/CE, rel. Min. Ricardo Lewandowski, 22.03.2012.

O Supremo Tribunal Federal firmou o entendimento de que essa regra de "quarentena" – que estabelece um importante padrão de moralidade pública, visando a coibir situações de conflito de interesses que possam ameaçar a credibilidade do Poder Judiciário – **não pode ser aplicada a terceiros sem vínculo com a magistratura**, sob pena de violação ao princípio da intranscendência das normas restritivas de direitos.[18] Sob esse fundamento, o Tribunal declarou a inconstitucionalidade de norma da Ordem dos Advogados do Brasil (OAB) que estendia a aplicação da "quarentena" a advogados associados, formal ou informalmente, a ex-juízes.[19]

Em relação ao exercício do magistério, o Supremo Tribunal Federal firmou entendimento de que é permitido aos juízes exercer **mais de uma atividade de magistério, desde que compatíveis com o exercício da magistratura**. Para o Tribunal, a Constituição Federal não impõe uma única atividade de magistério, mas sim o exercício desta função compatível com a de magistrado, para impedir que a acumulação autorizada prejudique, em termos de horas destinadas ao ensino, o exercício da magistratura.[20]

Ademais, entende a Corte Maior que **não há vedação a que a atividade de magistério seja desempenhada pelos juízes no horário do expediente do juízo ou tribunal**, tendo em vista que o magistrado que eventualmente lecionar pelas manhãs, ou mesmo à tarde, certamente poderá compensar as suas atividades jurisdicionais de diversas outras maneiras, sem comprometimento quanto à prestação judicial.[21]

Porém, os magistrados **não podem atuar na Justiça Desportiva**, haja vista que a eles só é constitucionalmente permitida a acumulação da atividade judicante com o magistério (art. 95, parágrafo único, I).[22]

8. SUBSÍDIOS DOS MEMBROS DO PODER JUDICIÁRIO

Os membros do Poder Judiciário serão remunerados exclusivamente por **subsídio**, fixado em parcela única, vedado o acréscimo de qualquer gratificação, adicional, abono, prêmio, verba de representação ou outra espécie remuneratória, somente podendo ser fixados ou alterados por **lei específica**, observada a iniciativa privativa dos tribunais em cada caso, assegurada revisão geral anual, sempre na mesma data e sem distinção de índices.

---

[18] ADPF 310/DF, rel. Min. Alexandre de Moraes, 18.10.2019.

[19] Enunciado 18/2013 do Conselho Federal da OAB, com esta Ementa: "Ementa n. 018/2013/ COP. Quarentena. Constituição de empresa. Inserção em empresa já existente, como sócio, associado ou funcionário de advogado impedido de advogar por quarentena contamina o escritório e todos os associados com o impedimento no âmbito territorial do tribunal no qual atuou como magistrado, desembargador ou ministro. Mesmo que de forma informal. Escritório de advocacia, sócios e funcionários passam a ter o mesmo impedimento do advogado que passar a participar do escritório formal ou informalmente. Qualquer tentativa de burlar a norma constitucional, incide no art. 34, item I, do Estatuto da Advocacia e da OAB".

[20] ADI 3.126, rel. Min. Gilmar Mendes, 17.02.2005.

[21] ADI 3.508, rel. Min. Joaquim Barbosa, 27.06.2007.

[22] MS 25.938, rel. Min. Cármen Lúcia, 24.04.2008.

Os subsídios dos membros do Poder Judiciário, incluídas as vantagens pessoais ou de qualquer outra natureza, não poderão exceder o subsídio mensal, em espécie, dos Ministros do Supremo Tribunal Federal, fixado por lei de iniciativa do Presidente do Supremo Tribunal Federal como **teto remuneratório**.

O subsídio dos Ministros dos Tribunais Superiores corresponderá a noventa e cinco por cento do subsídio mensal fixado para os Ministros do Supremo Tribunal Federal e os subsídios dos demais magistrados serão fixados em lei e escalonados, em âmbito federal e estadual, conforme as respectivas categorias da estrutura judiciária nacional, não podendo a diferença entre uma e outra ser superior a dez por cento ou inferior a cinco por cento, nem exceder a noventa e cinco por cento do subsídio mensal dos Ministros dos Tribunais Superiores.

O Supremo Tribunal Federal **julgou inconstitucional** o estabelecimento de um subteto de remuneração – 90,25% do subsídio mensal dos ministros do STF – para os membros do Poder Judiciário estadual, dando interpretação conforme à Constituição ao art. 37, inciso XI, e seu § 12, para **excluir a submissão dos membros da magistratura estadual ao subteto de remuneração**.[23]

Dessa forma, os subsídios dos desembargadores dos Tribunais de Justiça têm como limite o subsídio mensal dos ministros do Supremo Tribunal Federal, **sendo inconstitucional a limitação daqueles a 90,25% deste**. Tampouco pode o subteto em foco – 90,25% do subsídio mensal dos ministros do STF – ser utilizado para determinação do valor dos subsídios dos demais **magistrados estaduais**.

9. CONSELHO NACIONAL DE JUSTIÇA

A Emenda Constitucional 45/2004 criou o **Conselho Nacional de Justiça**, órgão **integrante da estrutura do Poder Judiciário**, com sede na Capital Federal, com a incumbência de realizar o controle da atuação administrativa e financeira do Poder Judiciário e do cumprimento dos deveres funcionais dos juízes.

O Conselho Nacional de Justiça compõe-se de **quinze membros** com mandato de **dois anos**, admitida uma recondução, sendo:

I – o Presidente do Supremo Tribunal Federal;

II – um Ministro do Superior Tribunal de Justiça, indicado pelo respectivo tribunal;

III – um Ministro do Tribunal Superior do Trabalho, indicado pelo respectivo tribunal;

IV – um desembargador de Tribunal de Justiça, indicado pelo Supremo Tribunal Federal;

V – um juiz estadual, indicado pelo Supremo Tribunal Federal;

VI – um juiz de Tribunal Regional Federal, indicado pelo Superior Tribunal de Justiça;

---

23 ADI 3.854/DF, rel. Min. Gilmar Mendes, 08.12.2020.

VII – um juiz federal, indicado pelo Superior Tribunal de Justiça;

VIII – um juiz de Tribunal Regional do Trabalho, indicado pelo Tribunal Superior do Trabalho;

IX – um juiz do trabalho, indicado pelo Tribunal Superior do Trabalho;

X – um membro do Ministério Público da União, indicado pelo Procurador-Geral da República;

XI – um membro do Ministério Público estadual, escolhido pelo Procurador-Geral da República dentre os nomes indicados pelo órgão competente de cada instituição estadual;

XII – dois advogados, indicados pelo Conselho Federal da Ordem dos Advogados do Brasil;

XIII – dois cidadãos, de notável saber jurídico e reputação ilibada, indicados um pela Câmara dos Deputados e outro pelo Senado Federal.

O Conselho Nacional de Justiça será presidido pelo presidente do Supremo Tribunal Federal e, nas suas ausências ou impedimentos, pelo Vice-Presidente desse Tribunal (art. 103-B, § 1.º).[24]

Os nomes do Presidente e do Vice-Presidente do Supremo Tribunal Federal **não se submetem à aprovação da maioria absoluta do Senado Federal como condição prévia à nomeação para o Conselho**, haja vista que eles, como ministros da Alta Corte, já foram anteriormente submetidos a essa aprovação legislativa, por ocasião de sua nomeação para este cargo, por força do art. 101, parágrafo único, da Constituição Federal.

Vale repisar: **somente essas duas autoridades – Presidente e Vice-Presidente do STF – não se submetem à aprovação da maioria absoluta do Senado Federal** como condição prévia à nomeação para o CNJ. Os demais membros do Conselho são nomeados pelo Presidente da República, depois de aprovada a escolha deles pela maioria absoluta do Senado Federal (art. 103-B, § 2.º).

Faz-se oportuno observar que a EC 61/2009 **afastou os limites de idade –** mínimo e máximo – para os membros do CNJ (anteriormente, esses limites eram de trinta e cinco e sessenta e seis anos, respectivamente) e **excluiu a vedação à distribuição de processos ao Presidente do Conselho**.[25]

Note-se que, embora seja órgão integrante do Poder Judiciário, o Conselho Nacional de Justiça **possui membros alheios ao corpo da magistratura** – representantes do Ministério Público, da advocacia e da sociedade, estes últimos indicados pelo Legislativo –, o que, segundo o entendimento do Supremo Tribunal Federal, além de viabilizar a erradicação do corporativismo, estende uma ponte entre o Judiciário e a sociedade, permitindo a oxigenação da estrutura burocrática do Poder e a resposta a críticas severas.[26]

---

[24] Redação dada pela EC 61/2009.

[25] Anteriormente, o § 1.º do art. 103-B vedava, expressamente, a distribuição de processos ao Presidente.

[26] ADI 3.367/DF, rel. Min. Cezar Peluso, 13.04.2005.

O Ministro do Superior Tribunal de Justiça exercerá a função de Ministro-Corregedor e ficará excluído da distribuição de processos no Tribunal, competindo-lhe, além das atribuições que lhe forem conferidas pelo Estatuto da Magistratura, as seguintes:

a) receber as reclamações e denúncias, de qualquer interessado, relativas aos magistrados e aos serviços judiciários;

b) exercer funções executivas do Conselho, de inspeção e de correição geral;

c) requisitar e designar magistrados, delegando-lhes atribuições, e requisitar servidores de juízos ou tribunais, inclusive nos estados, Distrito Federal e Territórios.

O Supremo Tribunal Federal firmou o entendimento de que **o Corregedor Nacional de Justiça dispõe de competência para requisitar dados bancários e fiscais**, desde que no âmbito de processo regularmente instaurado para apuração de infração imputada a pessoa determinada (fiscalização de integridade funcional do Poder Judiciário), mediante decisão fundamentada e baseada em indícios concretos da prática do ato.[27]

A Constituição estabelece que o Procurador-Geral da República e o Presidente do Conselho Federal da Ordem dos Advogados do Brasil **oficiarão junto ao Conselho Nacional de Justiça**. Note-se que eles apenas oficiarão perante o órgão, não podendo, portanto, ser membros deste Conselho como representantes do Ministério Público e da advocacia.

Nos **crimes de responsabilidade**, os membros do Conselho Nacional de Justiça são processados e julgados pelo **Senado Federal** (CF, art. 52, II). Anote-se que, por força dessa determinação constitucional, até mesmo os cidadãos nomeados para compor o CNJ poderão cometer crime de responsabilidade.

Nos **crimes comuns**, os membros do Conselho Nacional de Justiça **não dispõem de foro especial** em razão do desempenho dessa função. Significa dizer que, pela prática de infrações penais comuns, cada membro responderá perante o seu foro competente (de origem). Desse modo, se a infração comum for praticada pelo membro Ministro do STJ, a competência para o julgamento será do Supremo Tribunal Federal (CF, art. 102, I, "c"); se for praticada pelo membro Desembargador de Tribunal de Justiça, será ele julgado pelo Superior Tribunal de Justiça (CF, art. 105, I, "a") – e assim por diante.

Por outro lado, as **ações contra o Conselho Nacional de Justiça** são processadas e julgadas, originariamente, pelo Supremo Tribunal Federal (CF, art. 102, I, "r"). Esta competência, entretanto, diz respeito às manifestações **emanadas do colegiado**, e **não** de seus membros individualmente.

As atribuições do Conselho Nacional de Justiça estão enumeradas, num rol meramente exemplificativo, no art. 103-B, § 4.º, da Constituição, nos termos seguintes:

---

[27] ADI 4.709/DF, rel. Min. Rosa Weber, 31.05.2022.

§ 4.º Compete ao Conselho o controle da atuação administrativa e financeira do Poder Judiciário e do cumprimento dos deveres funcionais dos juízes, cabendo-lhe, além de outras atribuições que lhe forem conferidas pelo Estatuto da Magistratura:

I – zelar pela autonomia do Poder Judiciário e pelo cumprimento do Estatuto da Magistratura, podendo expedir atos regulamentares, no âmbito de sua competência, ou recomendar providências;

II – zelar pela observância do art. 37 e apreciar, de ofício ou mediante provocação, a legalidade dos atos administrativos praticados por membros ou órgãos do Poder Judiciário, podendo desconstituí-los, revê-los ou fixar prazo para que se adotem as providências necessárias ao exato cumprimento da lei, sem prejuízo da competência do Tribunal de Contas da União;

III – receber e conhecer das reclamações contra membros ou órgãos do Poder Judiciário, inclusive contra seus serviços auxiliares, serventias e órgãos prestadores de serviços notariais e de registro que atuem por delegação do poder público ou oficializados, sem prejuízo da competência disciplinar e correicional dos tribunais, podendo avocar processos disciplinares em curso, determinar a remoção ou a disponibilidade e aplicar outras sanções administrativas, assegurada ampla defesa;[28]

IV – representar ao Ministério Público, no caso de crime contra a administração pública ou de abuso de autoridade;

V – rever, de ofício ou mediante provocação, os processos disciplinares de juízes e membros de tribunais julgados há menos de um ano;

VI – elaborar semestralmente relatório estatístico sobre processos e sentenças prolatadas, por unidade da Federação, nos diferentes órgãos do Poder Judiciário;

VII – elaborar relatório anual, propondo as providências que julgar necessárias, sobre a situação do Poder Judiciário no País e as atividades do Conselho, o qual deve integrar mensagem do Presidente do Supremo Tribunal Federal a ser remetida ao Congresso Nacional, por ocasião da abertura da sessão legislativa.

Esse rol de competências é meramente exemplificativo, haja vista que outras atribuições poderão ser acrescidas pelo Estatuto da Magistratura, desde que, obviamente, relacionadas ao controle administrativo e financeiro da magistratura e à atuação funcional dos juízes.

Como se vê, o Conselho Nacional de Justiça é órgão **eminentemente administrativo**, vale dizer, com funções meramente administrativas. Logo, **não dispõe de funções jurisdicionais, tampouco de competência para fiscalizar a atuação jurisdicional dos juízes**, sendo-lhe **vedado** interferir, fiscalizar, reexaminar ou sus-

---

[28] Art. 103-B, § 4.º, III, com a redação dada pela EC 103/2019.

Cap. 11 • PODER JUDICIÁRIO

pender os efeitos de **qualquer ato de conteúdo jurisdicional**.[29] Portanto, **não cabe ao CNJ o controle de controvérsia submetida à apreciação do Poder Judiciário**, não lhe competindo, quer colegialmente, quer mediante atuação monocrática de seus Conselheiros ou, ainda, do Corregedor Nacional de Justiça, fiscalizar, reexaminar e suspender os efeitos decorrentes de atos de conteúdo jurisdicional emanados de magistrados e tribunais.[30]

O CNJ é órgão de **controle interno do Poder Judiciário** (e **não** de controle externo), porquanto se trata de órgão formalmente integrante da estrutura deste. Não constitui, tampouco, a instância máxima de controle da magistratura nacional, haja vista que **suas decisões podem ser impugnadas perante o Supremo Tribunal Federal**, órgão ao qual compete processar e julgar, originariamente, eventuais ações contrárias à atuação do Conselho.[31] No exercício de suas atribuições constitucionais, porém, o CNJ tem **preponderância** sobre os **demais órgãos do Poder Judiciário, com exceção do Supremo Tribunal Federal**.[32]

Cabe ao Conselho Nacional de Justiça unicamente a função de **realizar o controle da atuação administrativa e financeira (jamais jurisdicional) do Poder Judiciário e a fiscalização do cumprimento dos deveres funcionais dos juízes**. Esse poder de fiscalização do CNJ alcança, além dos magistrados, **os serviços auxiliares e até os serviços notariais e de registro**. Não se trata, portanto, de atividade jurisdicional, mas de controle administrativo, financeiro e correicional da magistratura. No desempenho dessa tarefa de controle da atuação administrativa e financeira dos órgãos do Poder Judiciário e da atuação funcional dos magistrados, as decisões do Conselho **serão passíveis de controle de constitucionalidade pelo Supremo Tribunal Federal**, por força de autorização constitucional expressa (art. 102, I, "r").

O Supremo Tribunal Federal firmou o entendimento de que o CNJ dispõe de competência **originária, autônoma e concorrente** com os tribunais de todo o País para instaurar processos administrativo-disciplinares contra magistrados.[33] Significa dizer que a atuação do CNJ **não está condicionada à prévia atuação das corregedorias dos tribunais** (**não** se trata de atuação subsidiária), podendo aquele Conselho agir independentemente da atuação destas.

Portanto, o CNJ pode atuar de **modo originário, autônomo** (na ausência de investigação pelas corregedorias dos tribunais) ou **concomitante** com as corregedorias (na hipótese de elas já terem instaurado processo). Ademais, para a instauração desses processos administrativo-disciplinares – originários ou concomitantes –, o CNJ **não precisa motivar a sua decisão**, isto é, não precisa explicitar as razões que o levaram a iniciar as investigações.

Entende o STF, ainda, que a competência originária do Conselho Nacional de Justiça (CNJ) para a **apuração disciplinar**, ao contrário da revisional, **não se sujeita**

---

[29] MS 28.611 MC/MA, rel. Min. Celso de Mello, 08.06.2010.
[30] MS 28.845/DF, rel. Min. Marco Aurélio, 21.11.2017.
[31] CF, art. 102, I, "r".
[32] MS 34.685 AgR/RR, rel. Min. Dias Toffoli, 28.11.2017.
[33] ADI 4.638, rel. Min. Marco Aurélio, 08.02.2012; MS 28.003/DF, rel. Min. Celso de Mello, 13.06.2012; MS-MC 28.784/DF, rel. Min. Celso de Mello, 13.06.2012.

ao parâmetro temporal previsto no art. 103-B, § 4.º, V, da Constituição Federal.[34] Significa dizer que o mencionado prazo (menos um ano) somente se aplica aos processos de revisão, isto é, ao poder de que dispõe o CNJ para rever, de ofício ou mediante provocação, os processos disciplinares de juízes e membros de tribunais julgados há menos de um ano, nos termos do art. 103-B, § 4.º, V, da Constituição Federal.

É oportuno destacar, ainda, que o Conselho Nacional de Justiça não tem nenhuma competência sobre o STF e seus ministros, sendo este o órgão máximo do Poder Judiciário nacional, a que aquele está sujeito. Com efeito, segundo entendimento firmado pelo STF, a competência do CNJ é relativa apenas ao controle da atividade administrativa, financeira e disciplinar dos órgãos e juízes situados, hierarquicamente, abaixo do STF, haja vista a preeminência deste, como órgão máximo do Poder Judiciário, sobre o Conselho, cujos atos e decisões estão sujeitos a seu controle jurisdicional.[35]

O Supremo Tribunal Federal já assentou a constitucionalidade do Conselho Nacional de Justiça, afirmando que esse Conselho "é órgão próprio do Poder Judiciário (CF, art. 92, I-A), composto, na maioria, por membros desse mesmo Poder (CF, art. 103-B), nomeados sem interferência direta dos outros Poderes, dos quais o Legislativo apenas indica, fora de seus quadros e, assim, sem vestígios de representação orgânica, dois dos quinze membros, não podendo essa indicação se equiparar a nenhuma forma de intromissão incompatível com a ideia política e o perfil constitucional da separação e independência dos Poderes", com o que "a composição híbrida do CNJ não compromete a independência interna e externa do Judiciário, porquanto não julga causa alguma, nem dispõe de atribuição, de nenhuma competência, cujo exercício interfira no desempenho da função típica do Judiciário, a jurisdicional".[36]

Ademais, o STF, na mesma ação, afastou a alegação de que o CNJ implicaria afronta ao pacto federativo, porquanto representaria controle do Judiciário dos estados por um órgão da União. A Corte Suprema ressaltou o caráter nacional do Poder Judiciário, decorrente da unicidade e da indivisibilidade da jurisdição, esclarecendo que o CNJ não é órgão da União, mas sim do Poder Judiciário nacional, não havendo que se falar, assim, em supervisão administrativa, orçamentária, financeira e disciplinar dos órgãos judiciários estaduais por órgão da União. Essa natureza nacional do CNJ estaria demonstrada pelo fato de haver representantes da magistratura estadual na composição do Conselho. Em conclusão, asseverou o STF que "o Conselho não anula, mas reafirma o princípio federativo".[37]

Entretanto, se, de um lado, já está assentada a constitucionalidade da criação do Conselho Nacional de Justiça, por outro, é grande a controvérsia a respeito dos limites da atuação desse Conselho, sobretudo no tocante a sua competência normativa, para a expedição de normas primárias, que impõem restrição a direito.

Seria o Conselho Nacional de Justiça competente para exercer o poder normativo primário, editando atos que, materialmente, têm força de lei? O Conselho Nacional

---

[34] MS 34.685 AgR/RR, rel. Min. Dias Toffoli, 28.11.2017.

[35] ADI 3.367/DF, rel. Min. Cezar Peluso, 13.04.2005.

[36] ADI 3.367/DF, rel. Min. Cezar Peluso, 13.04.2005.

[37] ADI 3.367/DF, rel. Min. Cezar Peluso, 13.04.2005.

de Justiça disporia de competência para, nas matérias que lhe são atribuídas (CF, art. 103-B), regulamentar diretamente o texto constitucional, mediante a expedição de normas primárias?

O Supremo Tribunal Federal **reconheceu ao Conselho Nacional de Justiça o poder normativo primário**, deixando assente que, no âmbito das matérias que lhe são afetas (CF, art. 103-B, § 4.º), **poderá o Conselho expedir normas primárias para a sua regulamentação**. Para o Tribunal, o inciso II do § 4.º do art. 103-B da Constituição apresenta um conteúdo inexpresso (implícito), que outorga ao Conselho a competência para dispor, primariamente, sobre as matérias de sua competência.

O Conselho Nacional de Justiça dispõe de competência, também, para **afastar, por inconstitucionalidade, a aplicação de lei aproveitada como base de ato administrativo objeto de controle** e determinar aos órgãos submetidos a seu espaço de influência a observância desse entendimento, por ato expresso e formal tomado pela maioria absoluta de seus membros.[38]

No reconhecimento dessa competência ao CNJ, destacou o STF a existência de entendimento doutrinário segundo o qual as leis inconstitucionais não são normas atendíveis, porque colidem com mandamento de uma lei superior, que é a Constituição. Embora o enfoque dessa posição doutrinária se dirija à atuação do Chefe do Poder Executivo (o Chefe do Executivo dispõe de competência para afastar leis que ele considere inconstitucionais), **as mesmas premissas seriam aplicáveis aos órgãos administrativos autônomos, constitucionalmente incumbidos da tarefa de controlar a validade dos atos administrativos, tais como o TCU, o CNMP e o CNJ**.

Esclareceu o Tribunal, ainda, que o exercício dessa competência pelo CNJ **não constitui, propriamente, declaração da inconstitucionalidade da qual resulte anulação ou revogação da lei discutida**, com exclusão (genérica) de sua eficácia. Ou seja, o Conselho somente declara a nulidade de atos por considerar inaplicável, administrativamente, lei estadual com vício de inconstitucionalidade, vinculando apenas a atuação dos órgãos judiciais cujos atos administrativos foram submetidos ao controle do CNJ.

No intuito de conferir maior efetividade à atuação do Conselho Nacional de Justiça, a Constituição determina que a União, inclusive no Distrito Federal e nos Territórios, criará ouvidorias de justiça, competentes para receber reclamações e denúncias de qualquer interessado contra membros ou órgãos do Poder Judiciário, ou contra seus serviços auxiliares, representando diretamente ao Conselho Nacional de Justiça.

10. CRIAÇÃO DE ÓRGÃO DE CONTROLE ADMINISTRATIVO PELOS ESTADOS-MEMBROS

Questão amplamente debatida na vigência da Carta Política de 1988 diz respeito à possibilidade de criação, pelos estados-membros, de órgão de controle administrativo da Justiça Estadual.

---

[38] Pet 4.656/PB, rel. Min. Cármen Lúcia, 19.12.2016.

No Supremo Tribunal Federal, a questão foi discutida quando alguns estados-membros criaram, no seu âmbito, órgão administrativo com a função de fiscalizar a atuação do Judiciário estadual. Em respeito ao princípio da separação de Poderes, o STF considerou inconstitucional a criação dessa fiscalização por órgão estadual, sob o fundamento de que a harmonia e a independência dos Poderes da República já são garantidas pelos próprios meios previstos na Constituição Federal, consistentes nos chamados controles recíprocos, pelo sistema de freios e contrapesos (*checks and balances*). Essa orientação restou consolidada no enunciado da **Súmula 649**, abaixo transcrita:

> **649** – É inconstitucional a criação, por Constituição Estadual, de órgão de controle administrativo do Poder Judiciário do qual participem representantes de outros Poderes ou entidades.

Mesmo após a criação do Conselho Nacional de Justiça, pela EC 45/2004, o STF deixou assente que "os estados-membros carecem de competência constitucional para instituir, como órgão interno ou externo do Judiciário, conselho destinado ao controle da atividade administrativa, financeira ou disciplinar da respectiva justiça". Entende nossa Corte Suprema que, em respeito ao **caráter nacional** e ao regime orgânico **unitário** da magistratura, **o controle administrativo, financeiro e disciplinar de toda a Justiça – inclusive da Justiça Estadual – deve ser realizado pelo Conselho Nacional de Justiça.**[39]

11. SUPREMO TRIBUNAL FEDERAL

O Supremo Tribunal Federal compõe-se de **onze ministros,** nomeados pelo Presidente da República, após aprovação pela **maioria absoluta** do Senado Federal, dentre cidadãos de notável saber jurídico e reputação ilibada, com mais de trinta e cinco e menos de **setenta anos** de idade.[40]

Como não existe regra predeterminada para o preenchimento das vagas, o Presidente da República é livre para escolher, desde que observados os requisitos constitucionais a seguir apontados, submetendo o nome à aprovação do Senado Federal. Caso haja a aprovação pela maioria absoluta do Senado Federal, o Presidente da República fará a nomeação. Com a nomeação, cabe ao Presidente do Tribunal dar a posse, momento em que ocorre a imediata aquisição da vitaliciedade.

São os seguintes os requisitos para a escolha dos Ministros do Supremo Tribunal Federal:

a) idade entre 35 e 65 anos;

b) ser brasileiro nato;

c) ser cidadão, no pleno gozo dos direitos políticos;

d) possuir notável saber jurídico e reputação ilibada.

---

[39] ADI 3.367, rel. Min. Cezar Peluso, 17.03.2005.

[40] CF, art. 101, com redação dada pela EC 122/2022.

Note-se que, formalmente, a Constituição **não** impõe que os membros do Supremo Tribunal Federal sejam, obrigatoriamente, bacharéis em Direito, tampouco que seus membros sejam originários da magistratura, embora haja a exigência de notável saber jurídico.[41]

A atuação do Supremo Tribunal Federal dá-se tanto em Plenário como em Turmas. O Tribunal possui duas Turmas, com cinco membros cada uma, uma vez que o Presidente não integra nenhuma delas, atuando somente nas sessões plenárias. Assim, com exceção do Presidente do Tribunal, cada ministro integra, formalmente, uma Turma. As Turmas têm competências idênticas e os processos são distribuídos originariamente a um ministro relator, que, por sua vez, pertence à Primeira ou à Segunda Turma.

O Tribunal Pleno dispõe de *quorum* para deliberação se presentes pelo menos oito dos onze ministros, sendo que, para decisão sobre a constitucionalidade das leis, exige-se sempre uma maioria de seis votos. Se não for alcançada a maioria necessária à declaração de constitucionalidade ou de inconstitucionalidade, estando ausentes ministros em número que possa influir no julgamento, este será suspenso a fim de aguardar-se o comparecimento dos ministros ausentes, até que se atinja o número necessário para prolação da decisão.

O Presidente do Supremo Tribunal Federal é eleito diretamente pelos seus pares para um mandato de dois anos, sendo expressamente vedada a reeleição. Tradicionalmente, são eleitos para os cargos de Presidente e Vice-Presidente do Tribunal os dois ministros mais antigos que ainda não o exerceram.

A vigente Constituição ampliou significativamente a competência originária do Supremo Tribunal Federal, sobretudo em relação ao controle abstrato de normas e ao controle da omissão do legislador. Ademais, foi mantida a sua competência de órgão revisor do controle difuso de constitucionalidade, no exame de questões constitucionais suscitadas incidentalmente nos casos concretos submetidos aos juízos e tribunais inferiores.

11.1. Competências

As competências do Supremo Tribunal Federal estão enumeradas nos arts. 102 e 103 da Constituição Federal, podendo ser divididas em **competência originária** (quando o STF processa e julga, originariamente, a matéria, em única instância) e **competência recursal** (quando o STF aprecia a matéria a ele chegada mediante recurso ordinário ou extraordinário).

A competência originária está prevista no inciso I do art. 102 da Constituição, nos termos seguintes:

> Art. 102. Compete ao Supremo Tribunal Federal, precipuamente, a guarda da Constituição, cabendo-lhe:

---

[41] O Professor Alexandre de Moraes menciona que a ausência de exigência de formação jurídica para os Ministros do STF é uma tradição constitucional brasileira, lembrando que, no final do século XIX, chegou a seus extremos de exagero, com a nomeação do médico clínico Cândido Barata Ribeiro, que tomou posse e exerceu o cargo durante quase um ano, enquanto se aguardava a confirmação de sua nomeação pelo Senado Federal, que afinal a rejeitou.

I – processar e julgar, originariamente:

a) a ação direta de inconstitucionalidade de lei ou ato normativo federal ou estadual e a ação declaratória de constitucionalidade de lei ou ato normativo federal;

b) nas infrações penais comuns, o Presidente da República, o Vice-Presidente, os membros do Congresso Nacional, seus próprios Ministros e o Procurador-Geral da República;

c) nas infrações penais comuns e nos crimes de responsabilidade, os Ministros de Estado e os Comandantes da Marinha, do Exército e da Aeronáutica, ressalvado o disposto no art. 52, I, os membros dos Tribunais Superiores, os do Tribunal de Contas da União e os chefes de missão diplomática de caráter permanente;

d) o *habeas corpus*, sendo paciente qualquer das pessoas referidas nas alíneas anteriores; o mandado de segurança e o *habeas data* contra atos do Presidente da República, das Mesas da Câmara dos Deputados e do Senado Federal, do Tribunal de Contas da União, do Procurador-Geral da República e do próprio Supremo Tribunal Federal;

e) o litígio entre Estado estrangeiro ou organismo internacional e a União, o Estado, o Distrito Federal ou o Território;

f) as causas e os conflitos entre a União e os Estados, a União e o Distrito Federal, ou entre uns e outros, inclusive as respectivas entidades da administração indireta;

g) a extradição solicitada por Estado estrangeiro;

h) (Revogada pela Emenda Constitucional n.º 45/2004.);

i) o *habeas corpus*, quando o coator for Tribunal Superior ou quando o coator ou o paciente for autoridade ou funcionário cujos atos estejam sujeitos diretamente à jurisdição do Supremo Tribunal Federal, ou se trate de crime sujeito à mesma jurisdição em uma única instância;

j) a revisão criminal e a ação rescisória de seus julgados;

l) a reclamação para a preservação de sua competência e garantia da autoridade de suas decisões;

m) a execução de sentença nas causas de sua competência originária, facultada a delegação de atribuições para a prática de atos processuais;

n) a ação em que todos os membros da magistratura sejam direta ou indiretamente interessados, e aquela em que mais da metade dos membros do tribunal de origem estejam impedidos ou sejam direta ou indiretamente interessados;

o) os conflitos de competência entre o Superior Tribunal de Justiça e quaisquer tribunais, entre Tribunais Superiores, ou entre estes e qualquer outro tribunal;

p) o pedido de medida cautelar das ações diretas de inconstitucionalidade;

q) o mandado de injunção, quando a elaboração da norma regulamentadora for atribuição do Presidente da República, do Congresso Nacional, da Câmara dos Deputados, do Senado Federal, das Mesas de uma dessas Casas Legislativas, do Tribunal de Contas da União, de um dos Tribunais Superiores, ou do próprio Supremo Tribunal Federal;

r) as ações contra o Conselho Nacional de Justiça e contra o Conselho Nacional do Ministério Público.

Esse rol de competências originárias estabelecido pela Constituição Federal é **exaustivo** (*numerus clausus*), não havendo possibilidade de o legislador ordinário estabelecer outras competências originárias para o Supremo Tribunal Federal. Assim, eventuais acréscimos a esse rol deverão ser formalizados, sempre, mediante a aprovação de emenda à Constituição. Com efeito, o STF tem afirmado que a sua competência originária está taxativamente explicitada no inciso I do art. 102 da Constituição Federal, sendo defeso ao legislador ordinário ampliar a lista ali vazada, sob pena de inconstitucionalidade, conforme se observa deste trecho de importante julgado:[42]

> A competência do STF – cujos fundamentos repousam na Constituição da República – submete-se a regime de direito estrito. A competência originária do STF, por qualificar-se como um complexo de atribuições jurisdicionais de extração essencialmente constitucional – e ante o regime de direito estrito a que se acha submetida – não comporta a possibilidade de ser estendida a situações que extravasem os limites fixados, em *numerus clausus*, pelo rol taxativo inscrito no art. 102, I, da Constituição da República.

Cabe destacar que a competência originária do Supremo Tribunal Federal para processar e julgar autoridades **só se aplica enquanto elas estiverem no exercício da função pública**, ou seja, a competência do foro por prerrogativa de função não alcança as autoridades que não mais exerçam cargo ou mandato (com o término do exercício da função pública, expira-se o direito ao foro especial, sendo os autos remetidos à justiça comum competente).

Especificamente no que diz respeito à competência do Supremo Tribunal Federal para processar e julgar os **deputados federais e senadores**, pela prática de crimes comuns (CF, art. 102, I, "b"), vale lembrar que, segundo a mais recente jurisprudência da Corte Maior, tal foro por prerrogativa de função aplica-se **apenas aos crimes cometidos durante o exercício do cargo (após a diplomação) e quando relacionados ao desempenho do mandato**.[43]

Vale lembrar, ademais, que a prerrogativa de foro **não alcança as ações de natureza cível** ajuizadas contra as autoridades. Deveras, a competência do foro especial restringe-se às ações de natureza penal, não abrangendo o julgamento de quaisquer ações civis. Significa dizer que não cabe ao Supremo Tribunal Federal

---

[42] Pet. 1.738-AgR, rel. Min. Celso de Mello, 01.09.1999.

[43] AP (QO) 937/RJ, rel. Min. Luís Roberto Barroso, 03.05.2018.

processar e julgar, originariamente, as causas de natureza civil – ações de improbidade administrativa, ações populares, ações civis públicas, ações cautelares, ações ordinárias, ações declaratórias e medidas cautelares –, mesmo que instauradas contra qualquer das autoridades que, em matéria penal, dispõem de prerrogativa de foro perante a Corte Suprema (CF, art. 102, I, "b" e "c"), ou que, em sede de mandado de segurança, estão sujeitas à jurisdição imediata do Tribunal (CF, art. 102, I, "d").

Especificamente em relação às **ações populares**, o STF tem, reiteradamente, confirmado o seu entendimento de que não se incluem na esfera de competência originária da Corte Suprema o processo e o julgamento de ações populares constitucionais, ainda que ajuizadas contra atos de seus próprios Ministros, do Procurador-Geral da República, do Presidente da República, das Mesas da Câmara dos Deputados e do Senado Federal ou de quaisquer outras autoridades cujas resoluções estejam sujeitas à jurisdição imediata do STF.[44]

Em verdade, o Supremo Tribunal Federal só dispõe de competência originária para processar e julgar ações cíveis – ações populares, ações civis públicas, ações possessórias etc. – no caso de incidência das alíneas "f" (causa que implique "conflito federativo" envolvendo as pessoas políticas e administrativas ali arroladas) e "n" (causa de interesse dos membros da magistratura) do inciso I do art. 102 da Constituição Federal.[45]

A Emenda Constitucional 45/2004 revogou a alínea "h" do inciso I do art. 102 da Constituição Federal, que estabelecia a competência originária do Supremo Tribunal Federal para a homologação das sentenças estrangeiras e a concessão do *exequatur* às cartas rogatórias. Assim, não cabe mais ao Supremo Tribunal Federal proferir o despacho que ordena a exequibilidade, no Brasil, de diligência judicial oriunda do estrangeiro. Essa competência foi repassada ao Superior de Tribunal de Justiça,[46] ao qual caberá dar o despacho de exequibilidade às cargas rogatórias oriundas das justiças estrangeiras para que, ulteriormente, os juízes federais processem e julguem a execução dessas cartas rogatórias (CF, art. 109, X).

Compete ao Supremo Tribunal Federal processar e julgar, originariamente, litígios entre Estado estrangeiro ou organismo internacional e a União, estados, o Distrito Federal ou Territórios Federais (CF, art. 102, I, "e"). Observe-se que essa competência da Corte Suprema **não alcança o julgamento de litígio entre Estado estrangeiro ou organismo internacional e município brasileiro**. Se a disputa judicial for entre Estado estrangeiro ou organismo internacional e **município** brasileiro, a competência para julgar cabe à **Justiça Federal de primeira instância**, conforme estabelece o art. 109, inciso II, da Constituição Federal.[47]

Estabelece a Constituição Federal que compete ao Supremo Tribunal Federal processar e julgar, originariamente, as causas e os conflitos entre a União e os estados, a União e o Distrito Federal, ou entre uns e outros, inclusive as respectivas entidades da administração indireta (art. 102, I, "f"). Embora a Constituição Federal não

---

[44] Pet 7.054, rel. Min. Celso de Mello, 09.06.2017.
[45] Rcl 3.331/RR e Rcl 3.813/RR, rel. Min. Carlos Britto, 28.06.2006.
[46] CF, art. 105, I, "i".
[47] Rcl 10.920/PR, rel. Min. Celso de Mello, 01.09.2011.

Cap. 11 • PODER JUDICIÁRIO

estabeleça distinção quanto às espécies de controvérsias travadas entre as entidades mencionadas, a jurisprudência do Supremo Tribunal Federal desenvolveu uma redução teleológica do alcance literal desse dispositivo constitucional, de forma a restringir a sua competência originária, nos termos examinados nos parágrafos seguintes.

Para o Tribunal, em se tratando de causas cíveis em que entidades da Administração indireta federal, estadual ou distrital contendam, entre si, ou com entidade política da Federação diversa daquela a cuja estrutura se integrem, só há incidência da sua competência originária **se a controvérsia puder provocar situações caracterizadoras de conflito federativo**, isto é, se a controvérsia for capaz de pôr em risco a harmonia federativa, acerca da divisão constitucional de competências entre a União e os estados-membros e o Distrito Federal. Diferentemente, se a controvérsia não implicar potencial risco ao equilíbrio federativo, o Supremo Tribunal Federal não disporá de competência originária para o seu julgamento.[48]

Essa restrição, porém, **não se aplica quando o conflito se trava entre duas entidades políticas da Federação** (União, estados-membros ou Distrito Federal), hipótese em que o Supremo Tribunal Federal tem invariavelmente reconhecido a sua competência originária, independentemente da maior ou menor relevância federativa do objeto ou das questões envolvidas na lide.

Em resumo, temos o seguinte: (i) se o conflito ocorre entre dois entes políticos (União, estados-membros ou Distrito Federal), a competência originária para dirimi-lo será invariavelmente do STF, pouco importando a sua relevância para o pacto federativo; (ii) a exigência de que o objeto da causa tenha potencial para provocar "conflito federativo" aplica-se somente às lides que envolvam entidades da Administração **indireta** federal, estadual ou distrital, entre si, ou com entidade política da Federação diversa daquela de cuja estrutura façam parte.

Vale destacar que restará afastada a competência do Supremo Tribunal Federal se o conflito envolver qualquer das pessoas jurídicas mencionadas e um **município**, embora este seja também um ente federado.

No tocante ao alcance da competência prevista no art. 102, I, "m", da Constituição,[49] decidiu o Supremo Tribunal Federal que **não lhe compete** originariamente processar e julgar execução individual de sentenças genéricas de perfil coletivo, inclusive aquelas proferidas em sede mandamental (mandado de segurança coletivo).[50] Essa atribuição cabe aos órgãos judiciários competentes de **primeira instância**.

Em decorrência da criação do Conselho Nacional de Justiça (CNJ) e do Conselho Nacional do Ministério Público (CNMP), a EC 45/2004 acrescentou ao inciso I do art. 102 da Constituição Federal a alínea "r", que outorga ao STF competência

---

[48] ACO 555 QO/DF, rel. Min. Sepúlveda Pertence, 04.08.2005.

[49] "Art. 102. Compete ao Supremo Tribunal Federal, precipuamente, a guarda da Constituição, cabendo-lhe: I – processar e julgar, originariamente: (...) m) a execução de sentença nas causas de sua competência originária, facultada a delegação de atribuições para a prática de atos processuais."

[50] PET-QO 6.076/DF, rel. Min. Dias Toffoli, 25.04.2017.

originária para processar e julgar "as ações contra o Conselho Nacional de Justiça e contra o Conselho Nacional do Ministério Público".

Em consonância com esse dispositivo constitucional, o Supremo Tribunal Federal firmou o entendimento de que **compete ao próprio STF processar e julgar, originariamente, todas as ações ajuizadas contra decisões do CNJ e do CNMP proferidas no exercício de suas competências constitucionais.**[51] Para o Tribunal, a missão constitucional desses conselhos ficaria seriamente comprometida caso suas decisões pudessem ser revistas (julgadas) pelos mesmos órgãos da justiça que estão sob sua supervisão e fiscalização (juízes e tribunais inferiores).

Esse entendimento restou consolidado na seguinte tese jurídica:

> Nos termos do artigo 102, inciso I, alínea "r", da Constituição Federal, é competência exclusiva do Supremo Tribunal Federal processar e julgar originariamente todas as decisões do Conselho Nacional de Justiça e do Conselho Nacional do Ministério Público proferidas no exercício de suas competências constitucionais respectivamente previstas nos artigos 103-B, parágrafo 4.º, e 130-A, parágrafo 2.º, da Constituição Federal.

É importante ressaltar que, segundo esse mais recente entendimento do Supremo Tribunal Federal, a sua competência prevista no art. 102, I, "r", da Constituição Federal alcança **todas as ações ajuizadas contra decisões do CNJ e do CNMP proferidas no exercício de suas competências constitucionais**, previstas, respectivamente, nos arts. 103-B, § 4.º, e 130-A, § 2.º, da Carta Política. Vale dizer, **a competência do STF alcança não só o julgamento das ações tipicamente constitucionais – mandado de segurança, mandado de injunção, *habeas corpus* e *habeas data* –, mas também o julgamento de ações ordinárias nas quais se questionem atos do CNJ ou do CNMP.**[52]

Há que se ressaltar, porém, que o STF não dispõe de competência para julgar ações contra **decisão negativa** do CNJ ou do CNMP.[53] Isso porque, nesse caso, ao negar determinado pedido de providências, o conselho não está revendo, suprindo ou substituindo por deliberação sua atos ou omissões imputáveis a outros órgãos. Assim, por exemplo, na hipótese de impugnação, perante o CNJ, de ato administrativo emitido por determinado tribunal do Poder Judiciário (um Tribunal de Justiça estadual, por exemplo), o **indeferimento da impugnação** pelo CNJ (decisão negativa) **não poderá ser questionado perante o STF**, pois a decisão do CNJ não alterou aquele ato do Tribunal de Justiça.

---

[51] Pet 4.770 AgR/DF, rel. Min. Roberto Barroso, 18.11.2020; Rcl 33.459 AgR/PE, rel. orig. Min. Rosa Weber, red. p/ o ac. Min. Gilmar Mendes, 18.11.2020; ADI 4.412/DF, rel. Min. Gilmar Mendes, 18.11.2020.

[52] Inicialmente, o Supremo Tribunal Federal entendia que a competência prevista no art. 102, I, "r", da Constituição Federal alcançava somente o julgamento de ações tipicamente constitucionais (mandado de segurança, mandado de injunção, *habeas corpus* e *habeas data*), não albergando as ações ordinárias (ACO 1.704, rel. Min. Ayres Britto, 07.02.2011; AO 1.814, rel. Min. Marco Aurélio, 24.09.2014; ACO 1.680, rel. Min. Teori Zavascki, 24.09.2014).

[53] MS 37.545, rel. Min. Gilmar Mendes, 15.12.2020.

Cap. 11 • PODER JUDICIÁRIO

Ainda sobre a competência prevista no art. 102, I, "r", da Constituição Federal, o STF não dispõe de competência para julgar mandados de segurança contra **decisão negativa** do CNJ ou do CNMP. Assim, na hipótese de impugnação, perante o CNJ, de ato administrativo emitido por determinado tribunal do Poder Judiciário (um Tribunal de Justiça estadual, por exemplo), o **indeferimento da impugnação** pelo CNJ (decisão negativa) **não poderá** ser questionado por meio de **mandado de segurança perante o STF**, pois a decisão do CNJ não alterou aquele ato do Tribunal de Justiça.[54]

No tocante aos conflitos de competência, estabelece a Constituição que compete ao Supremo Tribunal Federal processar e julgar, originariamente, os conflitos de competência entre o Superior Tribunal de Justiça e quaisquer tribunais, entre Tribunais Superiores, ou entre estes e qualquer outro tribunal.[55]

Ademais, embora a Constituição não seja expressa, compete ao Supremo Tribunal Federal o julgamento de conflitos de competência envolvendo Tribunais Superiores e juízes vinculados a outros tribunais (entre juiz federal vinculado ao Tribunal Regional Federal e o Tribunal Superior do Trabalho, por exemplo).

Porém, **não** cabe ao Supremo Tribunal Federal o julgamento de conflito entre o Superior Tribunal de Justiça – STJ e Tribunais Regionais Federais – TRF ou Tribunais de Justiça – TJ, pois, nesse caso, segundo a Corte Maior, não se trata de hipótese de conflito, mas sim de hierarquia de jurisdição, haja vista que estes (TRF e TJ) se submetem jurisdicionalmente àquele (STJ).[56]

Igualmente, não compete ao Supremo Tribunal Federal dirimir conflitos de atribuição entre ministérios públicos. Segundo a mais recente jurisprudência do Supremo Tribunal Federal, **cabe ao Conselho Nacional do Ministério Público (CNMP) solucionar conflitos de competência entre ministérios públicos diversos.**[57] Com a fixação desse novel entendimento, o STF reformou a sua anterior jurisprudência – que conferia essa competência ao Procurador-Geral da República –, sob o argumento de que o reconhecimento de tal competência ao CNMP constitui a solução mais adequada, pois reforça o mandamento constitucional que atribui ao CNMP o controle da legalidade das ações administrativas dos membros e órgãos dos diversos ramos ministeriais, sem ferir a independência funcional.

Como dissemos antes, o Supremo Tribunal Federal também atua na via recursal, na qual aprecia as controvérsias a ele chegadas mediante recursos ordinários ou recursos extraordinários.

Assim, no exercício da sua competência recursal, compete ao Supremo Tribunal Federal julgar, em recurso ordinário:

a) o crime político;

b) o *habeas corpus*, o mandado de segurança, o *habeas data* e o mandado de injunção decididos em instância única pelos Tribunais Superiores, se denegatória a decisão.

---

[54] MS 30.833/SC, rel. Min. Gilmar Mendes, 21.10.2014.
[55] CF, art. 102, I, "o".
[56] CC 7.094/MA, rel. Min. Sepúlveda Pertence, *DJ* 04.05.2001, citado por Alexandre de Moraes.
[57] Pet 4.891/DF, red. p/ o acórdão Min. Alexandre de Moraes, 16.06.2020.

No tocante a essa última competência, em que o Supremo Tribunal Federal aprecia em recurso ordinário os citados remédios constitucionais, observe-se que se trata de hipótese bastante restrita, porquanto somente será cabível o recurso ordinário se, cumulativamente, forem cumpridos três requisitos, a saber:

1) quando o julgamento do *habeas corpus*, mandado de segurança, *habeas data* e mandado de injunção for proferido pelos Tribunais Superiores (STJ, TSE, TST ou STM);

2) quando a decisão for originária dos Tribunais Superiores, isto é, quando eles apreciarem a matéria originariamente, e não mediante recursos interpostos contra decisões de juízos e tribunais inferiores;

3) quando a decisão do Tribunal Superior for denegatória, seja de mérito, seja sem julgamento de mérito.

Ainda na via recursal, compete ao Supremo Tribunal Federal julgar, mediante recurso extraordinário, as causas decididas em única ou última instância, quando a decisão recorrida:

a) contrariar dispositivo da Constituição Federal;

b) declarar a inconstitucionalidade de tratado ou lei federal;

c) julgar válida lei ou ato de governo local contestado em face da Constituição Federal;

d) julgar válida lei local contestada em face de lei federal.

Anote-se que, em regra, as decisões que dão ensejo à interposição de recurso extraordinário são aquelas proferidas por tribunais do Poder Judiciário, sejam eles de segundo grau (TRF ou TJ) ou superiores. Entretanto, como o texto constitucional não exige que a decisão recorrida provenha, necessariamente, de tribunal ("causas decididas em única ou última instância", reza o inciso III do art. 102), o Supremo Tribunal Federal entende que **é cabível recurso extraordinário contra decisão proferida por juiz de primeiro grau nas causas de alçada, ou por Turma Recursal de juizado especial cível e criminal.**[58]

Ademais, embora a hipótese não esteja explicitamente contemplada entre as acima arroladas, caberá também recurso extraordinário para apreciar a validade do direito ordinário pré-constitucional (editado sob a égide de Constituições pretéritas), tanto em confronto com a Constituição Federal de 1988 quanto em face da Constituição pretérita, da época em que editada a norma pré-constitucional.

Porém, em qualquer caso, para o cabimento do recurso extraordinário deverão ser cumpridos três requisitos:

1) **prequestionamento da matéria**: a controvérsia constitucional objeto do recurso extraordinário deve ter sido debatida e decidida no âmbito do órgão judiciário recorrido;

---

[58] Súmula 640 do STF: "É cabível recurso extraordinário contra decisão proferida por juiz de primeiro grau nas causas de alçada, ou por turma recursal de juizado especial cível e criminal."

Cap. 11 • PODER JUDICIÁRIO

2) **ofensa direta à Constituição**: a ofensa presente no processo deverá ser direta e frontal à Constituição Federal, não se admitindo o recurso extraordinário para a discussão de ofensas meramente reflexas, isto é, quando o juízo sobre a ofensa alegada depender do reexame de normas infraconstitucionais aplicadas pelo Poder Judiciário ao caso concreto;

3) **repercussão geral das questões constitucionais**: o recorrente deverá demonstrar a repercussão geral das questões constitucionais discutidas no caso, nos termos da lei, a fim de que o Supremo Tribunal Federal examine a admissão do recurso, somente podendo recusá-lo pela manifestação de dois terços de seus membros.[59]

Os demais aspectos referentes ao recurso extraordinário foram por nós comentados em item específico constante do capítulo desta obra dedicado ao estudo do controle de constitucionalidade das leis, para o qual remetemos o leitor.

11.2. Preservação das competências do STF e da autoridade de suas decisões

A Constituição Federal estabelece que caberá **reclamação** perante o Supremo Tribunal Federal em caso de **usurpação de suas competências**, ou de **descumprimento das suas decisões** (art. 102, I, "i"), bem como para impugnar ato administrativo ou decisão judicial que contrarie ou aplique indevidamente **súmula vinculante** (art. 103-A, § 3.º).[60]

A **reclamação** é, portanto, um instrumento jurídico com *status* constitucional que visa, especialmente, a preservar a competência do STF, garantir a autoridade de suas decisões e afastar o descumprimento de súmula vinculante.

A natureza jurídica da reclamação não é a de um recurso, de uma ação, nem de um incidente processual. Situa-se ela no âmbito do direito constitucional de petição, previsto no art. 5.º, XXXIV, da Carta Política.[61] Como tal, integra a competência originária do Supremo Tribunal Federal, ou seja, deve ser ajuizada diretamente nesse Tribunal, a quem cabe analisar se o ato questionado na reclamação invadiu competência sua, afrontou alguma de suas decisões, ou contrariou (ou aplicou indevidamente) súmula vinculante.

Em suma, de acordo com a jurisprudência do Supremo Tribunal Federal, e tendo em vista a disciplina do Código de Processo Civil (Lei 13.105/2015, art. 988, com a redação dada pela Lei 13.256/2016), a reclamação **é cabível** perante o STF para:

a) preservar a **competência** do STF – quando algum juiz ou tribunal, usurpando a competência estabelecida no art. 102 da Constituição Federal, processa ou julga ações ou recursos de competência do STF;

---

[59] Art. 102, § 3.º, da Constituição, incluído pela EC 45/2004, e regulamentado pela Lei 11.418, de 19.12.2006.

[60] A Constituição Federal também prevê o instituto da **reclamação** dentre as competências originárias do Superior Tribunal de Justiça (art. 105, I, *f*) e do Tribunal Superior de Trabalho (art. 111-A, § 3.º) como instrumento para preservação de suas competências e garantia da autoridade de suas decisões.

[61] Rcl 5.470/PA, rel. Min. Gilmar Mendes, 29.02.2008.

b) garantir a **autoridade** das decisões do STF – quando decisões monocráticas ou colegiadas do STF são desrespeitadas ou descumpridas por autoridades judiciárias ou administrativas;

c) garantir a observância de enunciado de **súmula vinculante** do STF – depois de editada uma súmula vinculante pelo STF, o comando nela contido tem efeito vinculante em relação aos demais órgãos do Poder Judiciário e à administração pública direta e indireta, nas esferas federal, estadual e municipal; em caso de descumprimento, a parte prejudicada poderá ajuizar reclamação diretamente perante o STF;

d) garantir a observância de decisão do STF em **controle concentrado** de constitucionalidade – as decisões proferidas pelo STF em sede de controle concentrado de constitucionalidade são dotadas de eficácia *erga omnes* (geral) e força vinculante; em caso de desrespeito, a parte prejudicada poderá ajuizar reclamação diretamente perante o STF;

e) garantir a observância de acórdão de recurso extraordinário com repercussão geral reconhecida, **quando esgotadas as instâncias ordinárias** – observe que, nesse caso, só será cabível a reclamação perante o STF depois de esgotados todos os recursos cabíveis nas instâncias antecedentes; e

f) garantir a observância de acórdão proferido pelo STF em julgamento de **incidente de assunção de competência**.[62]

De outro lado, **é incabível** a reclamação perante o STF:

a) quando proposta **após o trânsito em julgado** da decisão reclamada;

b) para garantir a observância de enunciado de **súmula convencional** do STF (súmula **não vinculante**); e

c) para garantir a observância de acórdão de recurso extraordinário com repercussão geral reconhecida, **quando não esgotadas as instâncias ordinárias** – observe que, nessa hipótese, se já esgotados todos os recursos cabíveis nas instâncias antecedentes, será cabível a reclamação perante o STF.

As reclamações são julgadas pelas Turmas do Supremo Tribunal Federal (e não mais pelo Plenário). Ademais, o ministro-relator de reclamação dispõe de competência para julgá-la, quando a matéria em questão for objeto de jurisprudência consolidada da Corte Máxima.[63]

Por fim, cabe destacar três importantes entendimentos do STF acerca da reclamação constitucional.

O primeiro é o reconhecimento da possibilidade de criação do instituto da recla-mação no **âmbito estadual**. Segundo o STF, **os Tribunais de Justiça podem utilizar o instituto da reclamação no âmbito de sua atuação**, haja vista que a previsão de tal instituto, na esfera estadual, além de estar em sintonia com o prin-

---

[62] O "incidente de assunção de competência" está disciplinado no art. 947 do Código de Processo Civil (Lei 13.105/2015).

[63] STF, Emenda Regimental 49/2014.

cípio da simetria, está em consonância com o princípio da efetividade das decisões judiciais, por consubstanciar instrumento de defesa judicial das decisões proferidas pelas Cortes estaduais, no exercício da função de guardiãs das Constituições estaduais – tal como se dá no âmbito da União.[64]

O segundo é que, embora seja **incumbência exclusiva do Procurador-Geral da República** exercer perante o Supremo Tribunal Federal as funções do **Ministério Público da União**, essa Corte reconheceu legitimidade ativa **autônoma**, para propor reclamação perante ela, ao **Ministério Público estadual**.[65]

O terceiro é que, diante de flagrante ilegalidade, **é possível a concessão de habeas corpus, de ofício, em sede de reclamação constitucional**, nos termos do art. 193, inciso II, do Regimento Interno do STF (RISTF), e do art. 654, § 2.º, do Código de Processo Penal.[66]

12. SUPERIOR TRIBUNAL DE JUSTIÇA

O Superior Tribunal de Justiça (STJ) compõe-se de, **no mínimo, trinta e três ministros**, nomeados pelo Presidente da República, dentre brasileiros com mais de trinta e cinco e menos de **setenta anos**, de notável saber jurídico e reputação ilibada, depois de aprovada a escolha pela **maioria absoluta** do Senado Federal, sendo:[67]

a) 1/3 de juízes dos Tribunais Regionais Federais – TRF;

b) 1/3 de desembargadores dos Tribunais de Justiça estaduais – TJ;

c) 1/3 divididos da seguinte maneira: 1/6 de advogados e 1/6 de membros do Ministério Público Federal, estaduais e do Distrito Federal.

No caso dos juízes dos Tribunais Regionais Federais e dos Tribunais de Justiça estaduais, o próprio Superior Tribunal de Justiça elaborará livremente a lista tríplice e a enviará para o Presidente da República. Essa escolha poderá recair até mesmo sobre integrantes dos Tribunais Regionais Federais e dos Tribunais de Justiça que não sejam originários da magistratura, pois o Supremo Tribunal Federal firmou entendimento de que a escolha poderá recair sobre desembargadores que tenham ingressado nesses tribunais de segundo grau pela regra do quinto constitucional (membros do Ministério Público e da advocacia), previsto no art. 94 da Constituição Federal.

No caso dos advogados e membros do Ministério Público, serão preparadas listas sêxtuplas em cada instituição, que as encaminhará ao Superior Tribunal de Justiça, ao qual caberá a elaboração da lista tríplice a ser encaminhada ao Presidente da República.

Ao contrário do que se verifica em relação aos integrantes do Supremo Tribunal Federal, a Constituição **exige a graduação em Direito de todos os membros do**

---

[64] ADI 2.212/CE, rel. Min. Ellen Gracie, 03.10.2003.

[65] Rcl 7.358/SP, rel. Min. Ellen Gracie, 24.02.2011.

[66] Rcl 43.479/RJ, rel. Min. Gilmar Mendes, 10.08.2021.

[67] CF, art. 104, parágrafo único, com redação dada pela EC 122/2022.

Superior Tribunal de Justiça, porque eles serão, obrigatoriamente, membros da magistratura, do Ministério Público ou advogados.

Os candidatos deverão cumprir os seguintes requisitos:

a) ter idade entre trinta e cinco e setenta anos;

b) ser brasileiro nato ou naturalizado;

c) possuir notável saber jurídico e reputação ilibada.

O Presidente da República escolherá o candidato, integrante das listas tríplices a ele apresentadas, e o nome será submetido à apreciação do Senado Federal, considerando-se aprovado se obtiver maioria absoluta dos votos daquela Casa Legislativa. Uma vez aprovado, a nomeação caberá ao Presidente da República.

12.1. Competências

As competências do Superior Tribunal de Justiça estão enumeradas no art. 105 da Constituição Federal, podendo ser divididas em competências originárias (quando o STJ é acionado diretamente, nas ações em que cabe a ele o primeiro julgamento) e recursais (quando o STJ aprecia recursos ordinários ou especiais).

A partir da leitura das competências constitucionais do Superior Tribunal de Justiça, a seguir enumeradas, percebe-se facilmente, especialmente em relação à competência recursal via recurso especial, que foi outorgada a esse Tribunal a relevante missão de guardião do ordenamento jurídico federal, ao passo que ao Supremo Tribunal Federal, como vimos, foi confiada a missão de atuar como guardião da Constituição da República. Assim, caberá ao Superior Tribunal de Justiça, especialmente, a função de assegurar a uniformização da interpretação do Direito federal no País.

A competência originária do Superior Tribunal de Justiça está enumerada no inciso I do art. 105 da Constituição, nos termos seguintes:

> Art. 105. Compete ao Superior Tribunal de Justiça:
>
> I – processar e julgar, originariamente:
>
> a) nos crimes comuns, os Governadores dos Estados e do Distrito Federal, e, nestes e nos de responsabilidade, os desembargadores dos Tribunais de Justiça dos Estados e do Distrito Federal, os membros dos Tribunais de Contas dos Estados e do Distrito Federal, os dos Tribunais Regionais Federais, dos Tribunais Regionais Eleitorais e do Trabalho, os membros dos Conselhos ou Tribunais de Contas dos Municípios e os do Ministério Público da União que oficiem perante tribunais;
>
> b) os mandados de segurança e os *habeas data* contra ato de Ministro de Estado, dos Comandantes da Marinha, do Exército e da Aeronáutica ou do próprio Tribunal;
>
> c) os *habeas corpus*, quando o coator ou paciente for qualquer das pessoas mencionadas na alínea "a", ou quando o coator for tribunal sujeito à sua jurisdição, Ministro de Estado ou Comandante da Marinha, do Exército ou da Aeronáutica, ressalvada a competência da Justiça Eleitoral;

Cap. 11 • PODER JUDICIÁRIO

d) os conflitos de competência entre quaisquer tribunais, ressalvado o disposto no art. 102, I, "o", bem como entre tribunal e juízes a ele não vinculados e entre juízes vinculados a tribunais diversos;

e) as revisões criminais e as ações rescisórias de seus julgados;

f) a reclamação para a preservação de sua competência e garantia da autoridade de suas decisões;

g) os conflitos de atribuições entre autoridades administrativas e judiciárias da União, ou entre autoridades judiciárias de um Estado e administrativas de outro ou do Distrito Federal, ou entre as deste e da União;

h) o mandado de injunção, quando a elaboração da norma regulamentadora for atribuição de órgão, entidade ou autoridade federal, da administração direta ou indireta, excetuados os casos de competência do Supremo Tribunal Federal e dos órgãos da Justiça Militar, da Justiça Eleitoral, da Justiça do Trabalho e da Justiça Federal;

i) a homologação de sentenças estrangeiras e a concessão de *exequatur* às cartas rogatórias;

j) os conflitos entre entes federativos, ou entre estes e o Comitê Gestor do Imposto sobre Bens e Serviços, relacionados aos tributos previstos nos arts. 156-A e 195, V.

Dentre essas competências originárias do Superior Tribunal de Justiça, destacamos esta última atribuição de **homologar as sentenças estrangeiras e conceder o exequatur às cartas rogatórias**. Essa competência foi retirada do Supremo Tribunal Federal e repassada ao Superior Tribunal de Justiça pela Emenda Constitucional 45/2004.

O *exequatur* é a autorização dada pelo Superior Tribunal de Justiça para que possam, validamente, ser executadas no Brasil, na jurisdição do juiz competente, as diligências ou atos processuais requisitados por autoridade judiciária estrangeira. Na prática, as cartas rogatórias oriundas das justiças estrangeiras são recebidas por via diplomática, no Ministério das Relações Exteriores, que as transmite ao Superior Tribunal de Justiça, para a concessão do *exequatur*. Concedido o *exequatur*, a rogatória será remetida ao juiz federal do Estado em que deva ser cumprida.[68] Uma vez executada pelo juiz federal, a rogatória é devolvida ao Superior Tribunal de Justiça, que, pelos trâmites legais, a remeterá de volta ao país de origem.

O inciso II do art. 105 da Constituição enumera a primeira parte da competência recursal do Superior Tribunal de Justiça, exercida mediante **recurso ordinário**, cabendo-lhe:

II – julgar, em recurso ordinário:

a) os *habeas corpus* decididos em única ou última instância pelos Tribunais Regionais Federais ou pelos tribunais dos Estados, do Distrito Federal e Territórios, quando a decisão for denegatória;

---

[68] Compete aos juízes federais a execução de carta rogatória, após o *exequatur*, e de sentença estrangeira, após a homologação (CF, art. 109, X).

b) os mandados de segurança decididos em única instância pelos Tribunais Regionais Federais ou pelos tribunais dos Estados, do Distrito Federal e Territórios, quando denegatória a decisão;

c) as causas em que forem partes Estado estrangeiro ou organismo internacional, de um lado, e, do outro, Município ou pessoa residente ou domiciliada no País.

Por fim, o inciso III do art. 105 enumera as demais competências recursais do Superior Tribunal de Justiça, agora exercidas mediante **recurso especial**, em que lhe cabe:

III – julgar, em recurso especial, as causas decididas, em única ou última instância, pelos Tribunais Regionais Federais ou pelos tribunais dos Estados, do Distrito Federal e Territórios, quando a decisão recorrida:

a) contrariar tratado ou lei federal, ou negar-lhes vigência;

b) julgar válido ato de governo local contestado em face de lei federal;

c) der a lei federal interpretação divergente da que lhe haja atribuído outro tribunal.

No **recurso especial**, o recorrente deve demonstrar a **relevância das questões de direito federal infraconstitucional discutidas no caso**, nos termos da lei, a fim de que a admissão do recurso seja examinada pelo Tribunal, o qual somente pode dele não conhecer com base nesse motivo pela manifestação de **2/3 (dois terços)** dos membros do órgão competente para o julgamento.[69]

Haverá a **relevância das questões de direito federal infraconstitucional discutidas no caso** nas seguintes hipóteses:[70]

I – ações penais;

II – ações de improbidade administrativa;

III – ações cujo valor da causa ultrapasse 500 (quinhentos) salários mínimos;

IV – ações que possam gerar inelegibilidade;

V – hipóteses em que o acórdão recorrido contrariar jurisprudência dominante do Superior Tribunal de Justiça;

VI – outras hipóteses previstas em lei.

Como o texto constitucional só prevê o cabimento de recurso especial em face de decisões proferidas por tribunais de segundo grau (TRF ou TJ), o Superior Tribunal de Justiça firmou entendimento de que **não cabe recurso especial contra decisão**

---

[69]   CF, art. 105, § 2.º, incluído pela EC 125/2022.
[70]   CF, art. 105, § 3.º, incluído pela EC 125/2022.

proferida pelas Turmas Recursais, órgãos de segundo grau dos juizados especiais.[71] Assim, caso a decisão da Turma Recursal desrespeite a interpretação da legislação infraconstitucional federal dada pela jurisprudência do STJ, será cabível **reclamação** perante este Tribunal (art. 105, I, "f"), mas **não** a interposição de recurso especial.[72]

Determina a Constituição que funcionarão junto ao Superior Tribunal de Justiça:

a) a Escola Nacional de Formação e Aperfeiçoamento de Magistrados, cabendo--lhe, dentre outras funções, regulamentar os cursos oficiais para o ingresso e promoção na carreira;

b) o Conselho da Justiça Federal, cabendo-lhe exercer, na forma da lei, a supervisão administrativa e orçamentária da Justiça Federal de primeiro e segundo graus, como órgão central do sistema e com poderes correicionais, cujas decisões terão caráter vinculante.

13. JUSTIÇA FEDERAL

A Justiça Federal é composta pelos Tribunais Regionais Federais (órgãos colegiados de segundo grau) e pelos juízes federais (órgãos singulares de primeiro grau). [73]

Os Tribunais Regionais Federais (TRF) compõem-se de, **no mínimo**, **sete juízes**, recrutados, quando possível, na respectiva região e nomeados pelo Presidente da República dentre brasileiros com mais de trinta e menos de **setenta anos**, sendo:[74]

a) um quinto dentre advogados com mais de dez anos de efetiva atividade profissional e membros do Ministério Público Federal com mais de dez anos de carreira;

b) os demais, mediante promoção de juízes federais com mais de cinco anos de exercício, por antiguidade e merecimento, alternadamente.

A competência dos Tribunais Regionais Federais está enumerada no art. 108 da Constituição Federal, dividida em **originária** (causas ajuizadas perante o próprio Tribunal) e **recursal** (recursos contra as causas decididas pelos juízes federais e pelos

---

71 Súmula 203 do STJ: "Não cabe recurso especial contra decisão proferida por órgão de segundo grau dos juizados especiais."

72 RE 571.572/BA, rel. Min. Ellen Gracie, 14.09.2009.

73 Os Tribunais Regionais Federais foram inovação trazida pela Constituição de 1988, criados **originalmente** em número de **cinco**, nos termos do § 6.º do art. 27 do ADCT. Posteriormente, a Emenda Constitucional 73, de 6 de junho de 2013, mediante o acréscimo do § 11 a esse artigo, determinou a criação de **mais quatro** Tribunais Regionais Federais, de tal sorte que, hoje, a Constituição prevê a existência de um **total de nove** Tribunais Regionais Federais. Em que pese essa previsão constitucional de criação de mais **quatro** Tribunais Regionais Federais, somente em 2021 o legislador ordinário criou mais um (e **não** quatro) tribunal: o **Tribunal Regional Federal da 6.ª Região**, composto de dezoito membros, com sede em Belo Horizonte e jurisdição no Estado de Minas Gerais (Lei 14.226, de 20 de outubro de 2021).

74 CF, art. 107, com redação dada pela EC 122/2022.

712 DIREITO CONSTITUCIONAL DESCOMPLICADO • *Vicente Paulo & Marcelo Alexandrino*

juízes estaduais no exercício da competência federal da área de sua jurisdição), nos termos seguintes:

> Art. 108. Compete aos Tribunais Regionais Federais:
>
> I – processar e julgar, originariamente:
>
> a) os juízes federais da área de sua jurisdição, incluídos os da Justiça Militar e da Justiça do Trabalho, nos crimes comuns e de responsabilidade, e os membros do Ministério Público da União, ressalvada a competência da Justiça Eleitoral;
>
> b) as revisões criminais e as ações rescisórias de julgados seus ou dos juízes federais da região;
>
> c) os mandados de segurança e os *habeas data* contra ato do próprio Tribunal ou de juiz federal;
>
> d) os *habeas corpus*, quando a autoridade coatora for juiz federal;
>
> e) os conflitos de competência entre juízes federais vinculados ao Tribunal;
>
> II – julgar, em grau de recurso, as causas decididas pelos juízes federais e pelos juízes estaduais no exercício da competência federal da área de sua jurisdição.

Os Tribunais Regionais Federais são competentes, também, para julgar, originariamente, no caso de crimes da competência da Justiça Federal, autoridades estaduais e municipais que gozam de foro especial por prerrogativa de função perante o Tribunal de Justiça estadual. Assim, os deputados estaduais, os prefeitos e os secretários de estado são julgados, no caso de crime da competência da Justiça Federal, pelos Tribunais Regionais Federais.[75]

Os Tribunais Regionais Federais instalarão a justiça itinerante, com a realização de audiências e demais funções da atividade jurisdicional, nos limites territoriais da respectiva jurisdição, servindo-se de equipamentos públicos e comunitários.

Os Tribunais Regionais Federais poderão funcionar descentralizadamente, constituindo Câmaras regionais, a fim de assegurar o pleno acesso do jurisdicionado à justiça em todas as fases do processo.

A competência dos juízes federais está enumerada no art. 109 da Constituição Federal, nos termos seguintes:

> Art. 109. Aos juízes federais compete processar e julgar:
>
> I – as causas em que a União, entidade autárquica ou empresa pública federal forem interessadas na condição de autoras, rés, assistentes ou oponentes, exceto as de falência, as de acidentes de trabalho e as sujeitas à Justiça Eleitoral e à Justiça do Trabalho;
>
> II – as causas entre Estado estrangeiro ou organismo internacional e Município ou pessoa domiciliada ou residente no País;

---

[75] HC 80.612/PR, rel. Min. Sydney Sanches, 04.05.2001; Súmula 702 do STF.

III – as causas fundadas em tratado ou contrato da União com Estado estrangeiro ou organismo internacional;

IV – os crimes políticos e as infrações penais praticadas em detrimento de bens, serviços ou interesse da União ou de suas entidades autárquicas ou empresas públicas, excluídas as contravenções e ressalvada a competência da Justiça Militar e da Justiça Eleitoral;

V – os crimes previstos em tratado ou convenção internacional, quando, iniciada a execução no País, o resultado tenha ou devesse ter ocorrido no estrangeiro, ou reciprocamente;

V-A – as causas relativas a direitos humanos a que se refere o § 5.º deste artigo;

VI – os crimes contra a organização do trabalho e, nos casos determinados por lei, contra o sistema financeiro e a ordem econômico-financeira;

VII – os *habeas corpus*, em matéria criminal de sua competência ou quando o constrangimento provier de autoridade cujos atos não estejam diretamente sujeitos a outra jurisdição;

VIII – os mandados de segurança e os *habeas data* contra ato de autoridade federal, excetuados os casos de competência dos tribunais federais;

IX – os crimes cometidos a bordo de navios ou aeronaves, ressalvada a competência da Justiça Militar;

X – os crimes de ingresso ou permanência irregular de estrangeiro, a execução de carta rogatória, após o *exequatur*, e de sentença estrangeira, após a homologação, as causas referentes à nacionalidade, inclusive a respectiva opção, e à naturalização;

XI – a disputa sobre direitos indígenas.

Em relação ao inciso I desse art. 109, cumpre esclarecer três aspectos.

O primeiro é que, por ausência de previsão constitucional, a competência da Justiça Federal **não alcança as causas em que sejam parte sociedades de economia mista federais**, entidades integrantes da administração pública indireta federal (note-se que o texto constitucional refere-se, apenas, a entidade autárquica e empresa pública federal).

O segundo aspecto é que também **não compete à Justiça Federal processar e julgar fatos envolvendo entidades integrantes do denominado "Sistema S"** (Sesc, Senac, Senai, Senac, Sebrae), tendo em vista que os recursos dessas entidades não constituem bens ou patrimônio da União, para o fim de atrair a competência federal prevista no art. 109 da Constituição Federal.[76]

O terceiro, diz respeito a outro entendimento do Supremo Tribunal Federal, segundo o qual, para o fim de delimitação da competência da Justiça Estadual, o

---

[76] Rcl 43.479/RJ, rel. Min. Gilmar Mendes, 10.08.2021.

termo "falência" deve ser interpretado como expressão genérica, que inclui as diversas modalidades de insolvência, tanto de pessoas físicas quanto de pessoas jurídicas.[77]

Vale dizer, o termo "falência", contido na parte final do art. 109, inciso I, da Constituição Federal compreende a insolvência civil e, por essa razão, compete à Justiça Comum estadual, e não à federal, processar e julgar as ações de insolvência civil, ainda que haja interesse da União, de entidade autárquica ou de empresa pública federal. Tal entendimento da Suprema Corte restou fixado na seguinte tese de repercussão geral:

> A insolvência civil está entre as exceções da parte final do artigo 109, I, da Constituição da República, para fins de definição da competência da Justiça Federal.

Segundo a jurisprudência do Supremo Tribunal Federal, compete à Justiça Federal processar e julgar:

a) os crimes consistentes em disponibilizar ou adquirir material pornográfico envolvendo criança ou adolescente quando praticados por meio da rede mundial de computadores (internet);[78]

b) o crime de redução à condição análoga à de escravo (exploração de "trabalho escravo");[79]

c) as ações em que a Ordem dos Advogados do Brasil (OAB), quer mediante o Conselho Federal, quer seccional, figure na relação processual;[80]

d) civil denunciado pelos crimes de falsificação e de uso de documento falso quando se tratar de falsificação da Caderneta de Inscrição e Registro (CIR) ou de Carteira de Habilitação de Amador (CHA), ainda que expedidas pela Marinha do Brasil;[81]

e) o crime ambiental de caráter transnacional que envolva animais silvestres, ameaçados de extinção e espécimes exóticas ou protegidas por compromissos internacionais assumidos pelo Brasil.[82]

No tocante à disputa sobre direitos indígenas (art. 109, XI), nossa Corte Suprema firmou a orientação de que a Justiça Federal será competente somente nas hipóteses de delitos, praticados ou sofridos (na qualidade de autor ou vítima), que tenham correlação com os direitos indígenas, ou seja, se o delito tiver conexão com a cultura, a terra, os costumes, a organização social, as crenças e as tradições silvícolas, ou

---

[77] RE 678.162/AL, red. p/ o acórdão Min. Edson Fachin, 22.09.2020.

[78] RE 628.624/MG, rel. Min. Marco Aurélio, 28.10.2015.

[79] RE 459.510/MT, red. p/ o acórdão Min. Dias Toffoli, 26.10.2015.

[80] RE 595.332/PR, rel. Min. Marco Aurélio, 31.08.2016.

[81] Súmula Vinculante 36: "Compete à Justiça Federal comum processar e julgar civil denunciado pelos crimes de falsificação e de uso de documento falso quando se tratar de falsificação da Caderneta de Inscrição e Registro (CIR) ou de Carteira de Habilitação de Amador (CHA), ainda que expedidas pela Marinha do Brasil."

[82] RE 835.558/SP, rel. Min. Luiz Fux, 09.02.2017.

Cap. 11 • PODER JUDICIÁRIO

ainda quando a prática delituosa, por afetar a própria existência ou a sobrevivência de uma etnia indígena, resultar em atos configuradores de genocídio. Assim, os crimes ocorridos em reserva indígena, ou crimes comuns praticados por índios contra índios, sem qualquer elo ou vínculo com a etnicidade, o grupo e a comunidade indígenas, são da competência da Justiça Estadual, e **não** da Justiça Federal.[83]

Embora, de regra, contra a decisão da Justiça Federal de primeiro grau (juiz federal) caiba recurso para o respectivo Tribunal Regional Federal (TRF), há importantes exceções. Assim, no caso do inciso II do art. 109 (causas entre Estado estrangeiro ou organismo internacional e município ou pessoa domiciliada ou residente no País), contra a decisão proferida pelo juiz federal de primeiro grau caberá **recurso ordinário diretamente para o Superior Tribunal de Justiça** (CF, art. 105, II, "c"). Já no caso do julgamento dos crimes políticos (art. 109, IV, primeira parte), da decisão do juiz federal de primeiro grau caberá **recurso ordinário diretamente para o Supremo Tribunal Federal** (CF, art. 102, II, "b").

Os §§ 1.º e 2.º do art. 109 estabelecem as regras sobre o foro das causas de interesse da União. Assim, as causas em que a União for **autora** serão aforadas na seção judiciária onde tiver domicílio a outra parte (art. 109, § 1.º). Diferentemente, as causas intentadas **contra** a União poderão ser aforadas na seção judiciária em que for domiciliado o autor, naquela onde houver ocorrido o ato ou fato que deu origem à demanda ou onde esteja situada a coisa, ou, ainda, no Distrito Federal (art. 109, § 2.º).

O Supremo Tribunal Federal consolidou em sua jurisprudência o entendimento de que **se aplica às autarquias federais a regra de competência vazada no § 2.º** do art. 109 da Carta de 1988.[84]

Os §§ 3.º e 4.º do art. 109 trazem norma especial relativa às ações previdenciárias (que, em regra, são julgadas pela Justiça Federal), facultando ao legislador ordinário a outorga de excepcional competência à Justiça estadual. Estabelece o § 3.º que "**lei poderá** autorizar que as causas de competência da Justiça Federal em que forem parte instituição de previdência social e segurado possam ser processadas e julgadas na **Justiça Estadual** quando a comarca do domicílio do segurado não for sede de vara federal".[85] Nesse caso, esclarece o § 4.º, eventual recurso em face da decisão proferida pela Justiça Estadual será sempre para o **Tribunal Regional Federal** (órgão de segundo grau da Justiça Federal) na área de jurisdição do juiz de primeiro grau.

Cabe ressaltar que, segundo a jurisprudência do Supremo Tribunal Federal, essa competência excepcional da Justiça Comum estadual para julgar causas contra o Instituto Nacional do Seguro Social (INSS) ocorre **apenas quando não houver vara federal na comarca em que reside o segurado ou beneficiário**, porquanto a exceção à competência da Justiça Federal deve levar em consideração a existência

---

[83] RE 419.528/MT, rel. Min. Cezar Peluso, 03.08.2006.

[84] RE 627.709/DF (**repercussão geral**), rel. Min. Ricardo Lewandowski, 20.08.2014 (Informativo 755 do STF).

[85] Art. 109, § 3.º, com a redação dada pela EC 103/2019.

de vara federal na comarca, e **não** no município de domicílio do segurado.[86] Em outras palavras: pouco importa que o **local de domicílio do segurado ou beneficiário** não conte com vara federal; o que interessa é saber se existe vara federal **na comarca do domicílio** em que está compreendido o distrito. Esse entendimento restou consolidado na seguinte **tese de repercussão geral**:

> A competência prevista no § 3.º do art. 109 da Constituição Federal, da Justiça comum, pressupõe inexistência de Vara Federal na Comarca do domicílio do segurado.

Cabe anotar, ainda, que o segurado poderá optar por ajuizar a respectiva ação previdenciária perante as varas federais da **capital do estado-membro**, uma vez que o art. 109, § 3.º, da Constituição prevê uma mera faculdade em benefício do segurado, não podendo esta norma ser aplicada para prejudicá-lo.[87]

O § 5.º do art. 109 da Constituição estabelece que nas hipóteses de grave violação de direitos humanos, o Procurador-Geral da República, com a finalidade de assegurar o cumprimento de obrigações decorrentes de tratados internacionais de direitos humanos dos quais o Brasil seja parte, poderá suscitar, perante o Superior Tribunal de Justiça, em qualquer fase do inquérito ou processo, incidente de deslocamento de competência para a Justiça Federal.

Por força desse dispositivo constitucional, introduzido pela Emenda Constitucional 45/2004, o Procurador-Geral da República poderá intentar, perante o Superior Tribunal de Justiça, em qualquer fase do inquérito ou processo, a federalização dos crimes que impliquem grave violação de direitos humanos, isto é, **poderá solicitar ao Superior Tribunal de Justiça o deslocamento de competência para processo e julgamento desses delitos da Justiça estadual para a Justiça Federal**.

A respeito da organização da Justiça Federal no primeiro grau, dispõe a Constituição que cada estado, bem como o Distrito Federal, constituirá uma seção judiciária que terá por sede a respectiva capital, e varas localizadas segundo o estabelecido em lei (art. 110).

Nos Territórios Federais, se vierem a ser criados, a jurisdição e as atribuições cometidas aos juízes federais caberão aos juízes da justiça local, na forma da lei (art. 110, parágrafo único).

14. JUSTIÇA DO TRABALHO

A Justiça do Trabalho é composta pelos seguintes órgãos: Tribunal Superior do Trabalho – TST, Tribunais Regionais do Trabalho – TRT e juízes do trabalho.

O Tribunal Superior do Trabalho compõe-se de **vinte e sete ministros**, escolhidos dentre brasileiros com mais de trinta e cinco anos e menos de **setenta anos**, de

---

[86] RE 860.508/SP, rel. Min. Marco Aurélio, 08.03.2021.
[87] RE 223.139/RS, rel. Min. Sepúlveda Pertence, 25.08.1998.

notável saber jurídico e reputação ilibada, nomeados pelo Presidente da República após aprovação pela **maioria absoluta** do Senado Federal, sendo:[88]

a) um quinto dentre advogados com mais de dez anos de efetiva atividade profissional e membros do Ministério Público do Trabalho com mais de dez anos de efetivo exercício, observado o disposto no art. 94 da Constituição Federal;

b) os demais dentre juízes dos Tribunais Regionais do Trabalho, oriundos da magistratura da carreira, indicados pelo próprio Tribunal Superior.

A lei disporá sobre a competência do Tribunal Superior do Trabalho.

Funcionarão junto ao Tribunal Superior do Trabalho:

a) a Escola Nacional de Formação e Aperfeiçoamento de Magistrados do Trabalho, cabendo-lhe, dentre outras funções, regulamentar os cursos oficiais para o ingresso e promoção na carreira;

b) o Conselho Superior da Justiça do Trabalho, cabendo-lhe exercer, na forma da lei, a supervisão administrativa, orçamentária, financeira e patrimonial da Justiça do Trabalho de primeiro e segundo graus, como órgão central do sistema, cujas decisões terão efeito vinculante.

Compete ao Tribunal Superior do Trabalho processar e julgar, originariamente, a **reclamação** para a preservação de sua competência e garantia da autoridade de suas decisões.[89]

Os Tribunais Regionais do Trabalho compõem-se de, **no mínimo**, **sete juízes**, recrutados, quando possível, na respectiva região, e nomeados pelo Presidente da República dentre brasileiros com mais de trinta e menos de **setenta anos**, sendo:[90]

a) um quinto dentre advogados com mais de dez anos de efetiva atividade profissional e membros do Ministério Público do Trabalho com mais de dez anos de efetivo exercício, observado o disposto no art. 94 da Constituição Federal;

b) os demais, mediante promoção de juízes do trabalho por antiguidade e merecimento, alternadamente.

Note-se que, a partir da Emenda Constitucional 45/2004, o texto constitucional passou a determinar a aplicação da regra do "quinto constitucional", prevista no art. 94 da Constituição, também para a composição dos tribunais da Justiça do Trabalho (TST e TRT).

Os Tribunais Regionais do Trabalho instalarão a justiça itinerante, com a realização de audiências e demais funções de atividade jurisdicional, nos limites territoriais da respectiva jurisdição, servindo-se de equipamentos públicos e comunitários.

---

[88] CF, art. 111-A, com redação dada pela EC 122/2022.

[89] CF, art. 111-A, § 3.º, incluído pela EC 92, de 12 de julho de 2016.

[90] CF, art. 115, com redação dada pela EC 122/2022.

718 DIREITO CONSTITUCIONAL DESCOMPLICADO • Vicente Paulo & Marcelo Alexandrino

Os Tribunais Regionais do Trabalho poderão funcionar descentralizadamente, constituindo Câmaras regionais, a fim de assegurar o pleno acesso do jurisdicionado à justiça em todas as fases do processo.

A lei criará varas da Justiça do Trabalho, podendo, nas comarcas não abrangidas por sua jurisdição, atribuí-la aos juízes de direito, com recurso para o respectivo Tribunal Regional do Trabalho.

Nas Varas do Trabalho, a jurisdição será exercida por um juiz singular, haja vista que a Junta de Conciliação e Julgamento, antigo órgão colegiado composto de representantes de empregados e empregadores, foi extinta pela Emenda Constitucional 24/1999.[91]

A competência da Justiça do Trabalho está enumerada no art. 114 da Constituição, nos termos seguintes:

> Art. 114. Compete à Justiça do Trabalho processar e julgar:
>
> I – as ações oriundas da relação de trabalho, abrangidos os entes de direito público externo e da administração pública direta e indireta da União, dos Estados, do Distrito Federal e dos Municípios;
>
> II – as ações que envolvam exercício do direito de greve;
>
> III – as ações sobre representação sindical, entre sindicatos, entre sindicatos e trabalhadores, e entre sindicatos e empregadores;
>
> IV – os mandados de segurança, *habeas corpus* e *habeas data*, quando o ato questionado envolver matéria sujeita à sua jurisdição;
>
> V – os conflitos de competência entre órgãos com jurisdição trabalhista, ressalvado o disposto no art. 102, I, "o";
>
> VI – as ações de indenização por dano moral ou patrimonial, decorrentes da relação de trabalho;
>
> VII – as ações relativas às penalidades administrativas impostas aos empregadores pelos órgãos de fiscalização das relações de trabalho;
>
> VIII – a execução, de ofício, das contribuições sociais previstas no art. 195, I, "a", e II, e seus acréscimos legais, decorrentes das sentenças que proferir;
>
> IX – outras controvérsias decorrentes da relação de trabalho, na forma da lei.

Em relação ao inciso I do art. 114, o Supremo Tribunal Federal firmou entendimento de que a competência da Justiça do Trabalho **não alcança** o julgamento de ações entre o Poder Público e agentes públicos a ele vinculados por típica relação de **natureza estatutária** (os servidores públicos investidos em cargo efetivo ou em cargo em comissão) ou de **caráter jurídico-administrativo** (os agentes públicos contratados por tempo determinado para atender necessidade

---

[91] A EC 24/1999 extinguiu toda a participação classista temporária de representantes de empregados e empregadores na Justiça do Trabalho, em todos os graus.

temporária de excepcional interesse público, na forma do art. 37, IX, da Constituição). O fundamento para a exclusão da competência da Justiça do Trabalho é o fato de o vínculo funcional entre esses agentes públicos e a administração não se enquadrar no conceito de relação de trabalho, isto é, não têm eles vínculo trabalhista com o Poder Público.[92] Assim, na esfera federal, as ações envolvendo servidores públicos sujeitos ao regime estatutário, ou seja, regidos pela Lei 8.112/1990, bem como agentes públicos temporários, contratados com base no inciso IX do art. 37 da Constituição, cujo vínculo com o Poder Público é de natureza jurídico-administrativa (e não trabalhista), continuam sob a competência da Justiça Federal.[93]

Cabe ressaltar, porém, que, se a lide envolver, de um lado, o Poder Público e, do outro, trabalhadores a ele vinculados por contrato regido pela Consolidação das Leis do Trabalho (CLT), a competência será da Justiça do Trabalho.[94] Dito de outra forma, quando uma entidade pública, de qualquer nível da Federação, não importa sob qual fundamento, emprega trabalhadores regidos pela CLT, as causas entre ela e esses trabalhadores, concernentes à respectiva relação de trabalho, serão processadas e julgadas pela Justiça do Trabalho.

Diversa, porém, é a competência para o julgamento da abusividade de greve de servidores públicos. Segundo entendimento do Supremo Tribunal Federal, a justiça comum (e não a Justiça do Trabalho) é competente para julgar causa relacionada ao direito de greve de servidor público, pouco importando se se trata de celetista ou estatutário.[95]

Esse entendimento restou consolidado na seguinte tese de repercussão geral:

> A Justiça comum, Federal e estadual, é competente para julgar a abusividade de greve de servidores públicos celetistas da administração direta, autarquias e fundações públicas.

Com fundamento no inciso II do art. 114 da Constituição, o Supremo Tribunal Federal firmou a orientação de que a Justiça do Trabalho é competente para processar e julgar as ações possessórias ajuizadas em decorrência do exercício do direito de greve pelos trabalhadores da iniciativa privada.[96]

Ainda, o Supremo Tribunal Federal conferiu interpretação conforme a Constituição aos incisos I, IV e IX do art. 114, para deixar assente que as competências neles

---

[92] ADI 3.395/DF, rel. Min. Cezar Peluso, 05.04.2006; RE 573.202/AM, rel. Min. Ricardo Lewandowski, 21.08.2008; Rcl 10.506/TO, rel. Min. Cármen Lúcia, 10.09.2010; Rcl 4.772/SE, rel. Min. Joaquim Barbosa, 02.12.2010.

[93] Por sua vez, as ações envolvendo, de um lado, servidores públicos estatutários ou agentes públicos temporários estaduais e municipais e, de outro, as respectivas Administrações Públicas também não são julgadas pela Justiça do Trabalho, mas sim pela Justiça comum estadual.

[94] ARE 906.491/DF, rel. Min. Teori Zavascki, 16.10.2015.

[95] RE 846.854/SP, red. p/ o acórdão Min. Alexandre de Moraes, 25.05.2017.

[96] Súmula Vinculante 23: "A Justiça do Trabalho é competente para processar e julgar ação possessória ajuizada em decorrência do exercício do direito de greve pelos trabalhadores da iniciativa privada."

previstas não alcançam matéria criminal, vale dizer, **a Justiça do Trabalho não tem competência para julgar ações penais** (crimes contra a organização do trabalho).[97]

Também de acordo com a jurisprudência do Supremo Tribunal Federal, compete à Justiça Comum Estadual, e **não** à Justiça do Trabalho, julgar causas que tenham como fulcro a **autorização para trabalho de crianças e adolescentes, inclusive artístico**.[98]

No tocante ao inciso VI do art. 114, o Supremo Tribunal Federal firmou entendimento de que, **após a promulgação da Emenda Constitucional 45/2004**, as ações de indenização, inclusive por dano moral, propostas por empregado contra empregador (ou ex-empregador), fundadas em acidente do trabalho, são da competência da Justiça do Trabalho, e não da Justiça comum estadual.[99] Frise-se que o Tribunal Maior decidiu que, nessa hipótese – ações de indenização por danos morais e patrimoniais decorrentes de acidente do trabalho, movidas pelo empregado contra seu empregador – o marco temporal da competência da Justiça trabalhista é o advento da EC 45/2004. A nova orientação alcançou os processos em trâmite pela Justiça comum estadual, desde que ainda não proferida sentença de mérito. Essas ações, cujo mérito ainda não fora apreciado, foram remetidas à Justiça do Trabalho, no estado em que se encontravam, com total aproveitamento dos atos praticados até então. Diferentemente, as ações que tramitavam perante a Justiça comum dos estados, com sentença de mérito anterior à promulgação da EC 45/2004 (publicada em 31.12.2004), lá continuaram até o trânsito em julgado e correspondente execução.

Esse entendimento da Corte Máxima restou consolidado no enunciado da seguinte **tese de repercussão geral**:[100]

> Compete à Justiça do Trabalho processar e julgar as ações de indenização por danos morais e patrimoniais decorrentes de acidentes de trabalho propostas por empregado contra empregador, inclusive as propostas pelos sucessores do trabalhador falecido, salvo quando a sentença de mérito for anterior à promulgação da EC n.º 45/04, hipótese em que, até o trânsito em julgado e a sua execução, a competência continuará a ser da Justiça Comum.

Esclarecemos, porém, que esse entendimento – competência da Justiça do Trabalho – é restrito às ações propostas por empregado contra empregador (ou ex--empregador), visando à obtenção de indenização pelos danos oriundos de acidente

---

[97] ADI 3.684 MC/DF, rel. Min. Cezar Peluso, 01.02.2007.

[98] ADI 5.326/DF, rel. Min. Marco Aurélio, 27.09.2018.

[99] CC 7.204/MG, rel. Min. Carlos Britto, 29.06.2005.

[100] RE 600.091, rel. Min. Dias Toffoli, 25.05.2011. A **Súmula Vinculante 22** também fixa entendimento semelhante, nestes termos: "A Justiça do Trabalho é competente para processar e julgar as ações de indenização por danos morais e patrimoniais decorrentes de acidente de trabalho propostas por empregado contra empregador, inclusive aquelas que ainda não possuíam sentença de mérito em primeiro grau quando da promulgação da Emenda Constitucional n.º 45/04."

de trabalho, não se aplicando às ações, ajuizadas contra o INSS, em que seja pleiteado benefício previdenciário decorrente de acidente do trabalho. Nestas – ações contra o INSS buscando o recebimento de benefício previdenciário decorrente de acidente de trabalho –, a competência é da Justiça comum estadual, por força da ressalva constante da parte final do art. 109, inciso I, da Constituição, que afasta a competência da Justiça Federal, não obstante ser o INSS uma autarquia federal.

Ainda a respeito da ampliação da competência da Justiça do Trabalho – perpetrada pela EC 45/2004 –, temos a orientação vasada na Súmula Vinculante 53 do STF, nestes termos:

> 53 – A competência da Justiça do Trabalho prevista no artigo 114, inciso VIII, da Constituição Federal, alcança a execução de ofício das contribuições previdenciárias relativas ao objeto da condenação constante das sentenças que proferir e acordos por ela homologados.

Em outra oportunidade, o Supremo Tribunal Federal delineou o marco temporal para o exercício dessa competência trabalhista, deixando consignado que a Justiça do Trabalho tem competência para a execução dos débitos das contribuições previdenciárias decorrentes dos processos ajuizados e das sentenças trabalhistas proferidas antes da entrada em vigor da Emenda Constitucional (EC) 20/1998, cuja execução não tenha sido iniciada até aquela data.[101] Para o Tribunal, ainda que o processo tinha sido ajuizado na vigência da regra anterior, se a execução tiver sido processada após a promulgação da emenda constitucional, a competência da Justiça Trabalhista tem aplicação imediata. Essa orientação restou consolidada na seguinte tese de repercussão geral:

> A Justiça do Trabalho é competente para executar, de ofício, as contribuições previstas no artigo 195, incisos I, alínea "a", e II, da Carta da República, relativamente a títulos executivos judiciais por si formalizados em data anterior à promulgação da Emenda Constitucional n.º 20/1998.

A Constituição Federal reconhece a arbitragem como meio de solução de conflitos trabalhistas, desde que antes seja intentada a negociação entre as partes, ao dispor que, frustrada a negociação, as partes poderão eleger árbitros (CF, art. 114, § 1.º).

Recusando-se qualquer das partes à negociação coletiva ou à arbitragem, é facultado às mesmas, de comum acordo, ajuizar dissídio coletivo de natureza econômica, podendo a Justiça do Trabalho decidir o conflito, respeitadas as disposições mínimas legais de proteção ao trabalho, bem como as convencionadas anteriormente (CF, art. 114, § 2.º).

Em caso de greve em atividade essencial, com possibilidade de lesão do interesse público, o Ministério Público do Trabalho poderá ajuizar dissídio coletivo, competindo à Justiça do Trabalho decidir o conflito (CF, art. 114, § 3.º).

---

[101] RE 595.326/PE, rel. Min. Marco Aurélio, 24.08.2020.

15. JUSTIÇA ELEITORAL

São órgãos da Justiça Eleitoral: o Tribunal Superior Eleitoral; os Tribunais Regionais Eleitorais; os Juízes Eleitorais; as Juntas Eleitorais.

O Tribunal Superior Eleitoral compor-se-á, no mínimo, de sete membros, escolhidos:

> I – mediante eleição, pelo voto secreto:
>
> a) três juízes dentre os Ministros do Supremo Tribunal Federal;
>
> b) dois juízes dentre os Ministros do Superior Tribunal de Justiça;
>
> II – por nomeação do Presidente da República, dois juízes dentre seis advogados de notável saber jurídico e idoneidade moral, indicados pelo Supremo Tribunal Federal.

O Tribunal Superior Eleitoral elegerá seu Presidente e o Vice-Presidente dentre os Ministros do Supremo Tribunal Federal, e o Corregedor Eleitoral dentre os Ministros do Superior Tribunal de Justiça.

Haverá um Tribunal Regional Eleitoral na Capital de cada Estado e no Distrito Federal (CF, art. 119).

Os Tribunais Regionais Eleitorais compor-se-ão:

> I – mediante eleição, pelo voto secreto:
>
> a) de dois juízes dentre os desembargadores do Tribunal de Justiça;
>
> b) de dois juízes, dentre juízes de direito, escolhidos pelo Tribunal de Justiça;
>
> II – de um juiz do Tribunal Regional Federal com sede na Capital do Estado ou no Distrito Federal, ou, não havendo, de juiz federal, escolhido, em qualquer caso, pelo Tribunal Regional Federal respectivo;
>
> III – por nomeação, pelo Presidente da República, de dois juízes dentre seis advogados de notável saber jurídico e idoneidade moral, indicados pelo Tribunal de Justiça.

Lei complementar disporá sobre a organização e competência dos tribunais, dos juízes de direito e das juntas eleitorais (CF, art. 121).

Em respeito à imparcialidade do Judiciário, os membros dos tribunais, os juízes de direito e os integrantes das juntas eleitorais, no exercício de suas funções, e no que lhes for aplicável, gozarão de plenas garantias e serão inamovíveis.

No intuito de afastar a possibilidade de ingerência política nos Tribunais Eleitorais, determina a Constituição que os juízes dos tribunais eleitorais, salvo motivo justificado, servirão por dois anos, no mínimo, e nunca por mais de dois biênios consecutivos, sendo os substitutos escolhidos na mesma ocasião e pelo mesmo processo, em número igual para cada categoria.

São irrecorríveis as decisões do Tribunal Superior Eleitoral, salvo as que contrariarem a Constituição Federal e as denegatórias de *habeas corpus* ou mandado de segurança.

Das decisões dos Tribunais Regionais Eleitorais somente caberá recurso quando:

> I – forem proferidas contra disposição expressa da Constituição ou de lei;
>
> II – ocorrer divergência na interpretação de lei entre dois ou mais tribunais eleitorais;
>
> III – versarem sobre inelegibilidade ou expedição de diplomas nas eleições federais ou estaduais;
>
> IV – anularem diplomas ou decretarem a perda de mandatos eletivos federais ou estaduais;
>
> V – denegarem *habeas corpus*, mandado de segurança, *habeas data* ou mandado de injunção.

Segundo entendimento do Supremo Tribunal Federal, **o Tribunal Superior Eleitoral (TSE) é o órgão competente para julgar, originariamente, recursos contra a diplomação de governadores, senadores e deputados estaduais e federais.**[102] Essa questão foi levada ao conhecimento do STF em ação que impugnava tal competência do TSE, sob o argumento de que o julgamento do Recurso Contra Expedição de Diploma (RCED) pelo TSE, em instância única, violaria o princípio do duplo grau de jurisdição. A Corte Suprema, porém, afastou tal alegação, deixando assente que **a garantia constitucional do duplo grau de jurisdição não é absoluta** (afinal, a própria Constituição Federal prevê diversos casos de julgamento de ações em instância única!).

Esse entendimento do Supremo Tribunal Federal restou consolidado na aprovação da seguinte **tese jurídica**:

> O Tribunal Superior Eleitoral é o órgão competente para julgar os Recursos Contra Expedição de Diploma nas eleições presidenciais e gerais (federais e estaduais).

É importante registrar, também, que o Supremo Tribunal Federal firmou o entendimento de que **cabe à Justiça Eleitoral processar e julgar crimes comuns que apresentam conexão com crimes eleitorais.**[103] Na prática, o STF conferiu protagonismo à Justiça Eleitoral, que julgará, além do crime eleitoral propriamente dito, outros delitos comuns, desde que guardem conexão com aquele. Assim, por exemplo, na hipótese de doações eleitorais por meio de "caixa 2", que, em tese, constituem o crime de falsidade ideológica eleitoral, a competência será da Justiça Eleitoral, mesmo diante da existência de crimes conexos de competência da Justiça Comum.

---

[102] ADPF 167/DF, rel. Min. Luiz Fux, 07.03.2018.
[103] Inq 4.435, rel. Min. Marco Aurélio, 14.03.2019.

Nesse julgamento, o Tribunal assentou, também, que **caberá à Justiça Eleitoral analisar, caso a caso, a existência de conexão de delitos comuns com os delitos eleitorais** e, se não houver, remeter os casos à Justiça competente. Vale dizer, **a competência para decidir se há, ou não, conexão entre os crimes comuns e o delito eleitoral é da Justiça Eleitoral**.

Em outro momento, o STF esclareceu, ainda, que a competência da Justiça Eleitoral para processar e julgar crime comum conexo com crime eleitoral se mantém, **ainda que haja o reconhecimento da prescrição da pretensão punitiva do delito eleitoral.**[104]

Consideramos relevante destacar, ainda, dois entendimentos do Supremo Tribunal Federal acerca de matéria eleitoral, mais especificamente sobre a hipótese de **novas eleições em casos de perda do mandato por candidato eleito**.

O primeiro é que, segundo o Pretório Excelso, **o legislador federal tem competência para instituir hipóteses de novas eleições em caso de vacância decorrente da extinção do mandato de cargos majoritários por causas eleitorais**, porém **não** pode prever forma de eleição para Presidente e Vice-Presidente da República, bem como para senador, diversa daquela prevista na Constituição Federal.[105]

O STF também firmou o entendimento de que, na hipótese de indeferimento do registro de candidato vencedor de **eleição majoritária**, independentemente do número de votos anulados, **será obrigatória a realização de novas eleições.**[106] Essa orientação restou consolidada na seguinte **tese de repercussão geral**:

> É constitucional o parágrafo 3.º do artigo 224 do Código Eleitoral (Lei 4.737/1965) na redação dada pela Lei 13.165/2015, que determina a realização automática de novas eleições independentemente do número de votos anulados sempre que o candidato eleito no pleito majoritário for desclassificado por indeferimento do registro de sua candidatura em virtude de cassação do diploma ou mandato.[107]

É importante ressaltar que, para a aplicação dessa regra – de obrigatoriedade da realização de novas eleições, nos pleitos majoritários –, **é irrelevante que o município tenha até duzentos mil eleitores.**[108] Vale dizer, a obrigatoriedade de realização de novas eleições aplica-se, também, na hipótese de prefeito de município com até duzentos mil eleitores, em que as eleições são decididas pelo **sistema majoritário simples** (em um só turno de votação, nos termos do art. 29, II, da Constituição Federal).

---

[104] RHC 177.243/MG, rel. Min. Gilmar Mendes, 29.06.2021.

[105] ADI 5.525/DF, rel. Min. Roberto Barroso, 08.03.2018.

[106] RE 1.096.029/MG, rel. Min. Dias Toffoli, 04.03.2020.

[107] Na hipótese, o candidato concorreu ao cargo de prefeito, mas com o registro de sua candidatura pendente de julgamento perante a Justiça Eleitoral. Realizadas as eleições, foi o candidato mais votado (41,79% dos votos). Entretanto, o Tribunal Superior Eleitoral, ao manter o indeferimento do seu registro, declarou a impossibilidade de dar posse ao segundo candidato mais votado e determinou a realização de novas eleições, conforme prevê o § 3.º do art. 224 do Código Eleitoral.

[108] ADI 5.619/DF, rel. Min. Roberto Barroso, 08.03.2018.

Quanto a esse último aspecto, alegava-se que, em respeito aos princípios da economicidade e da proporcionalidade, não se justificaria a realização de nova eleição em tais casos (vacância de cargos majoritários simples), cabendo, apenas, dar posse ao segundo colocado, como tradicionalmente se fazia antes da atual legislação.[109] A Corte Suprema, porém, refutou essa argumentação e, homenageando o princípio democrático, declarou a validade da previsão de realização de novas eleições.

16. JUSTIÇA MILITAR

Estabelece o art. 122 da Constituição Federal que são órgãos da Justiça Militar:

I – o Superior Tribunal Militar;

II – os Tribunais e Juízes Militares instituídos por lei.

Ao estabelecer o regramento constitucional referente à segurança pública (art. 144), o legislador constituinte previu a existência de forças militares **federais** (militares da Marinha, do Exército e da Aeronáutica), bem como **estaduais e do Distrito Federal** (integrantes das polícias militares e dos corpos de bombeiros militares).

Em consonância com esse regramento, o texto constitucional também confere distinto tratamento à Justiça Militar da União e à dos estados, disciplinando aquela no art. 124 e esta nos §§ 3.º a 5.º do art. 125.

A Justiça Militar tem como órgão de jurisdição máxima o Superior Tribunal Militar (STM), previsto constitucionalmente (art. 122, I).

O Superior Tribunal Militar compõe-se de **quinze ministros vitalícios**, nomeados pelo Presidente da República, depois de aprovada a indicação pelo Senado Federal, sendo três dentre oficiais-generais da Marinha, quatro dentre oficiais-generais do Exército, três dentre oficiais-generais da Aeronáutica, todos da ativa e do posto mais elevado da carreira, e cinco dentre civis (CF, art. 123).

Os ministros civis serão escolhidos pelo Presidente da República dentre brasileiros com mais de trinta e cinco e menos de **setenta anos** de idade, sendo:[110]

a) três dentre advogados de notório saber jurídico e conduta ilibada, com mais de dez anos de efetiva atividade profissional;

b) dois, por escolha paritária, dentre juízes auditores e membros do Ministério Público da Justiça Militar.

Além do Superior Tribunal Militar, a Constituição Federal estabelece que cabe à lei dispor sobre a organização, o funcionamento e a competência da Justiça Militar

---

[109] Art. 224, §§ 3.º e 4.º, da Lei 4.737/1965 (Código Eleitoral), com a redação dada pela Lei 13.165/2015 ("Minirreforma Eleitoral").

[110] CF, art. 123, parágrafo único, com redação dada pela EC 122/2022.

(art. 124, parágrafo único). Em obediência a esse dispositivo constitucional, a lei de organização da Justiça Militar da União[111] estabelece que são órgãos da Justiça Militar:

I – o Superior Tribunal Militar;

II – a Auditoria de Correição;

III – os Conselhos de Justiça;

IV – os Juízes-Auditores e os Juízes-Auditores Substitutos.

A Justiça Militar da União tem competência para processar e julgar os crimes militares definidos em lei (CF, art. 124). Dispõe, portanto, de competência **exclusivamente penal**, isto é, não julga nenhuma matéria não penal (civil ou disciplinar). Entretanto, além de militares integrantes das Forças Armadas, a Justiça Militar federal julga também **civis**, se estes praticam crime contra o patrimônio militar, ou contra a ordem administrativa militar.

Como se vê, a competência penal da Justiça Castrense **não se limita apenas aos integrantes das Forças Armadas**, nem se define, por isso mesmo, em razão da pessoa do agente (*ratione personae*). Ela é aferível, objetivamente, a partir da subsunção do comportamento do agente – de qualquer agente, **mesmo o civil** –, ainda que em tempo de paz, ao preceito incriminador consubstanciado nos tipos penais definidos no Código Penal Militar. Será julgado pela Justiça Militar, por exemplo, aquele que cometer crime contra o patrimônio sob a administração militar, ou contra a ordem administrativa militar, **ainda que o infrator seja militar da reserva, ou reformado, ou civil**.

A respeito dessa última situação – julgamento de civil pela prática de crime contra a ordem administrativa militar –, o STF entende que cabe à Justiça Federal comum, e **não** à Justiça Militar federal, o julgamento de civil pelos crimes de falsificação e de uso de Caderneta de Inscrição e Registro (CIR) ou de Carteira de Habilitação de Amador (CHA), documentos emitidos pela Marinha do Brasil. Esse entendimento encontra-se exposto na **Súmula Vinculante 36**, nestes termos:

> 36 – Compete à Justiça Federal comum processar e julgar civil denunciado pelos crimes de falsificação e de uso de documento falso quando se tratar de falsificação da Caderneta de Inscrição e Registro (CIR) ou de Carteira de Habilitação de Amador (CHA), ainda que expedidas pela Marinha do Brasil.

A Justiça Militar estadual, criada por lei de iniciativa privativa do Tribunal de Justiça, é constituída, em primeiro grau, pelos juízes de direito e pelos Conselhos de Justiça e, em segundo grau, pelo próprio Tribunal de Justiça, ou, nos estados em que o efetivo militar seja superior a 20.000 (vinte mil) integrantes, por Tribunal de Justiça Militar (CF, art. 125, § 3.º).

Anote-se que, diferentemente da Justiça Militar federal, na Justiça Militar estadual temos tribunal de segundo grau, que será o próprio Tribunal de Justiça do Estado,

---

[111] Lei 8.457/1992.

Cap. 11 • PODER JUDICIÁRIO

ou, caso o Estado possua efetivo militar superior a 20.000 (vinte mil) integrantes, será criado, por lei de iniciativa do Tribunal de Justiça, o Tribunal de Justiça Militar.

Cabe anotar, ainda, que contra as decisões proferidas pelo tribunal de segundo grau da Justiça Militar estadual (Tribunal de Justiça ou Tribunal de Justiça Militar, conforme o caso) caberá recurso para o Superior Tribunal de Justiça (STJ) e(ou) para o Supremo Tribunal Federal (STF), de acordo com a matéria impugnada. Não caberá, em nenhuma hipótese, recurso para o Superior Tribunal Militar (STM), haja vista que este tem competência restrita às causas da Justiça Militar da União (federal).

Compete à Justiça Militar estadual processar e julgar os **militares dos estados**, nos **crimes militares** definidos em lei e as ações judiciais contra **atos disciplinares militares**, ressalvada a competência do júri quando a vítima for civil, cabendo ao tribunal competente decidir sobre a perda do posto e da patente dos oficiais e da graduação das praças (CF, art. 125, § 4.º).

Como se vê, ao contrário da Justiça Militar da União, a Justiça Militar estadual **não julga civis**, mas somente militares (policial militar e bombeiro militar). Entretanto, dispõe de competência para julgar as ações judiciais contra **atos disciplinares militares**, além dos **crimes militares**, ressalvada a competência do júri quando a vítima for civil (se a vítima for também militar, a competência permanecerá com a Justiça Militar estadual).

Compete aos juízes de direito do juízo militar processar e julgar, singularmente, os crimes militares cometidos contra civis e as ações judiciais contra atos disciplinares militares, cabendo ao Conselho de Justiça, sob a presidência de juiz de direito, processar e julgar os demais crimes militares (CF, art. 125, § 5.º).

17. JUSTIÇA ESTADUAL

Os estados-membros organizarão sua Justiça, observados os princípios estabelecidos na Constituição Federal, conforme previsto no art. 125 da Carta Política.

A competência dos Tribunais de Justiça deverá ser definida na Constituição do estado, sendo a lei de organização judiciária de iniciativa do Tribunal de Justiça (CF, art. 125, § 1.º).

Cabe aos estados-membros a instituição de representação de inconstitucionalidade de leis e atos normativos estaduais e municipais em face da Constituição Estadual, vedada a legitimação para agir a um único órgão.

Na composição dos Tribunais de Justiça dos estados deverá ser observada a regra do "quinto constitucional", comentada em item específico adiante.

O Tribunal de Justiça poderá funcionar descentralizadamente, constituindo Câmaras regionais, a fim de assegurar o pleno acesso do jurisdicionado à justiça em todas as fases do processo (CF, art. 125, § 6.º).

O Tribunal de Justiça instalará a justiça itinerante, com a realização de audiências e demais funções da atividade jurisdicional, nos limites territoriais da respectiva jurisdição, servindo-se de equipamentos públicos e comunitários (CF, art. 125, § 7.º).

Para dirimir conflitos fundiários, o Tribunal de Justiça proporá a criação de varas especializadas, com competência exclusiva para questões agrárias (CF, art. 126).

18. JUSTIÇA DO DISTRITO FEDERAL

O Distrito Federal **não dispõe de competência** para organizar, legislar e manter o Poder Judiciário local, cabendo esta competência à **União**, por lei aprovada pelo Congresso Nacional.[112]

19. JUSTIÇA DOS TERRITÓRIOS

A lei disporá sobre a organização judiciária dos Territórios, sendo que, naqueles Territórios Federais com mais de cem mil habitantes, haverá órgãos judiciários de primeira e segunda instância (CF, art. 33).

Nos Territórios Federais, a jurisdição e as atribuições cometidas aos juízes federais caberão aos juízes da justiça local, na forma da lei (CF, art. 110, parágrafo único).

20. "QUINTO CONSTITUCIONAL"

Um quinto dos lugares dos Tribunais Regionais Federais, dos Tribunais de Justiça dos estados e do Tribunal de Justiça do Distrito Federal e Territórios será composto de membros do Ministério Público, com mais de dez anos de carreira, e de advogados de notório saber jurídico e de reputação ilibada, com mais de dez anos de efetiva atividade profissional.

Na hipótese de não existirem membros do Ministério Público que preencham a exigência de dez anos de carreira, a lista sêxtupla poderá ser complementada por candidatos que tenham tempo de carreira inferior ao decênio.[113]

A indicação será em lista sêxtupla pelos órgãos de representação das respectivas classes, que encaminharão as indicações ao tribunal respectivo, que formará lista tríplice, enviando-a ao Chefe do Poder Executivo que, nos vinte dias subsequentes, escolherá um de seus integrantes para nomeação (CF, art. 94).

Temos, enfim, o seguinte procedimento: os órgãos de representação das classes dos advogados ou do Ministério Público indicam seis nomes que preencham os mencionados requisitos (lista sêxtupla); em seguida, o tribunal para o qual foram indicados escolhe três dos seis nomes (lista tríplice); nos vinte dias subsequentes, o Chefe do Executivo (Governador do Estado, caso se trate de Tribunal de Justiça estadual; Presidente da República, nos casos de Tribunal Regional Federal, Tribunal de Justiça do Distrito Federal e Territórios e tribunais da Justiça do Trabalho) escolherá um dos três para nomeação.

---

[112] CF, arts. 21, XIII, e 22, XVII.
[113] ADI 1.289/DF, rel. Min. Gilmar Mendes, 02.05.2003.

Segundo a jurisprudência do Supremo Tribunal Federal, o tribunal do Poder Judiciário **não está obrigado a aceitar a lista sêxtupla** elaborada pelo órgão de representação.[114] Com efeito, se o Tribunal entender que um ou mais nomes da lista sêxtupla não preenchem algum dos requisitos constitucionais (notório saber jurídico ou reputação ilibada), poderá recusá-la, devolvendo-a ao órgão de representação para que a refaça.

Cabe ressaltar que, ainda segundo a jurisprudência do Supremo Tribunal Federal, a fim de garantir a fiel observância do "quinto constitucional", caso a divisão dos membros de determinado Tribunal Regional Federal ou Tribunal de Justiça por cinco não resulte em um número inteiro, **o arredondamento deverá ser sempre para cima**, sob pena de inconstitucionalidade. Por exemplo: dividindo-se por cinco os cargos de um tribunal composto de 12 (doze) membros, chegaríamos ao número 2,4 (dois vírgula quatro). Consequentemente, teríamos que arredondar as vagas destinadas aos membros do Ministério Público e advogados para 3 (três). Caso contrário, entende o STF que não se estaria respeitando o preceito constitucional, uma vez que 2 (duas) vagas, por óbvio, representariam menos do que 1/5 dos assentos do tribunal.[115]

Essa regra, que determina a obrigatoriedade da observância do quinto constitucional na composição dos Tribunais Regionais Federais, dos Tribunais de Justiça dos estados e do Distrito Federal **não se aplica aos Tribunais Superiores**, que têm regras próprias de composição e investidura.

Entretanto, a Emenda Constitucional 45/2004 passou expressamente a exigir a observância do quinto constitucional na composição dos Tribunais da Justiça do Trabalho (TST e TRT).[116]

21. JULGAMENTO DE AUTORIDADES

Apresentamos, a seguir, elaborado a partir de quadro sobre o assunto, de lavra do Prof. Alexandre de Moraes, uma síntese das competências para julgamento das principais autoridades da República Federativa do Brasil.

Autoridade	Infração	Órgão Julgador
Presidente da República	comum	STF (art. 102, I, "b")
	responsabilidade	Senado Federal (art. 52, I)
Vice-Presidente da República	comum	STF (art. 102, I, "b")
	responsabilidade	Senado Federal (art. 52, I)

---

[114] MS 25.624, rel. Min. Sepúlveda Pertence, 06.09.2006.
[115] Exemplo elaborado pelo Prof. Alexandre de Moraes.
[116] CF, arts. 111-A, I, e 115, I.

Autoridade	Infração	Órgão Julgador
Congressistas	comum – praticado após a diplomação e relacionado ao exercício do mandato	STF (art. 102, I, "b")
	comum – praticado antes da diplomação ou, depois desta, quando não relacionado ao exercício do mandato	Justiça comum competente (federal ou estadual, conforme a natureza do delito)
	violação ao decoro parlamentar	Casa Legislativa respectiva (art. 55, § 2.º)
Ministros do STF	comum	STF (art. 102, I, "b")
	responsabilidade	Senado Federal (art. 52, II)
Procurador-Geral da República	comum	STF (art. 102, I, "b")
	responsabilidade	Senado Federal (art. 52, II)
Membros do CNJ e CNMP	comum	dependerá do cargo de origem
	responsabilidade	Senado Federal (art. 52, II)
Ministros de Estado e Comandantes da Marinha, do Exército e da Aeronáutica	comum	STF (art. 102, I, "c")
	responsabilidade	STF (art. 102, I, "c")
	responsabilidade conexo com o Presidente	Senado Federal (art. 52, II)
Advogado-Geral da União	comum	STF (art. 102, I, "c")
	responsabilidade	Senado Federal (art. 52, II)
Presidente do Banco Central	comum	STF (art. 102, I, "c")
	responsabilidade	STF (art. 102, I, "c")
	responsabilidade conexo com o Presidente	Senado Federal (art. 52, I)
Tribunais Superiores (STJ, TSE, STM, TST) e diplomatas	comum / responsabilidade	STF (art. 102, I, "c")
Tribunal de Contas da União	comum / responsabilidade	STF (art. 102, I, "c")
Membros dos TRT/TRE/TCE/TCM	comum / responsabilidade	STJ (art. 105, I, "a")
Desembargadores Federais (TRFs)	comum / responsabilidade	STJ (art. 105, I, "a")
Juízes Federais	comum / responsabilidade	TRF (art. 108, I, "a")

Autoridade	Infração	Órgão Julgador
Governador de Estado	comum / eleitoral	STJ (art. 105, I, "a")
	responsabilidade	Tribunal Especial, previsto na Lei 1.079/1950
Procurador-Geral de Justiça	comum	TJ (art. 96, III)
	responsabilidade	Poder Legislativo Estadual (art. 128, § 4.º)
Membros do Ministério Público Estadual	comum / responsabilidade	TJ (art. 96, III)
	crimes eleitorais	TRE
Tribunal de Justiça Militar/ Juízes de Direito	comum / responsabilidade	TJ (art. 96, III)
	crimes eleitorais	TRE
Desembargadores	comum / eleitoral / responsabilidade	STJ (art. 105, I, "a")
Prefeitos	comum, de competência da Justiça Estadual	TJ (art. 29, X)
	comum, nos demais casos	Tribunais de segundo grau (TRF ou TRE)
	responsabilidade próprias (infrações político--administrativas)	Câmara dos Vereadores (art. 31)
	responsabilidade impróprias (infrações penais)	TJ

Algumas considerações acerca da competência para julgar autoridades.

Note-se que a competência do Supremo Tribunal Federal para processar e julgar Ministros de Estado **alcança não só as infrações comuns, mas, também, os crimes de responsabilidade**, exceto quando estes são praticados em conexão com delito cometido pelo Presidente da República, hipótese em que esta competência desloca-se para o Senado Federal.

Embora a Constituição Federal não o estabeleça expressamente, o Advogado--Geral da União e o Presidente do Banco Central do Brasil, **nos crimes comuns**, são processados e julgados, originariamente, pelo Supremo Tribunal Federal, porque a eles foi atribuído, pelo legislador ordinário, *status* de Ministro de Estado, tendo o Supremo Tribunal Federal considerado válida tal medida.[117] No tocante aos crimes de responsabilidade, entretanto, o regime de ambos é distinto. Com efeito, o Advogado-Geral da União será **sempre** julgado pelo Senado Federal nos crimes de responsabilidade, por determinação expressa do art. 52, II, da

---

[117] Inq (QO) 1.660/DF, rel. Min. Sepúlveda Pertence, 06.09.2000; e ADI 3.289, rel. Min. Gilmar Mendes, 05.05.2005.

Constituição Federal. Já o Presidente do Banco Central do Brasil, nos crimes de responsabilidade, será julgado pelo Supremo Tribunal Federal (art. 102, I, *c*), exceto nos crimes de responsabilidade praticados em conexão com o Presidente da República, hipótese em que a competência desloca-se para o Senado Federal (art. 52, I).

O Supremo Tribunal Federal é competente, também, para o **julgamento de seus atuais Ministros em todos os processos** – inclusive em ação por ato de improbidade administrativa – **que não envolvam crime de responsabilidade** (nos crimes de responsabilidade, a competência é do Senado Federal – CF, art. 52, II), pois, segundo o Tribunal, reconhecer competência à justiça ordinária de primeira instância para o julgamento de Ministro do STF seria "subverter a ordem", o que "quebraria o sistema judiciário como um todo".[118]

O Superior Tribunal de Justiça é competente para julgar Governador de Estado e do Distrito Federal nos **crimes comuns** (CF, art. 105, I, "a"), vedada a exigência de autorização prévia do Poder Legislativo local (Assembleia Legislativa ou Câmara Legislativa, conforme o caso). Com efeito, o Supremo Tribunal Federal firmou entendimento de que **é vedado às unidades federativas instituírem normas que condicionem o recebimento de denúncia ou queixa-crime contra o Governador, por crime comum, à prévia autorização da casa legislativa**. Esse entendimento restou sedimentado na seguinte tese jurídica, dotada de força vinculante e eficácia *erga omnes*:[119]

> É vedado às unidades federativas instituírem normas que condicionem a instauração de ação penal contra o Governador, por crime comum, à prévia autorização da casa legislativa, cabendo ao Superior Tribunal de Justiça dispor, fundamentadamente, sobre a aplicação de medidas cautelares penais, inclusive afastamento do cargo.

A Constituição Federal nada estabeleceu sobre a competência para o julgamento dos Governadores de Estado e do Distrito Federal pela prática de **crime de responsabilidade**.

Diante do silêncio da Constituição Federal, algumas Constituições estaduais dispuseram acerca da competência para o julgamento do Governador por crime de responsabilidade, em regra, outorgando essa competência à assembleia legislativa ou a tribunal especial formado por integrantes dos Poderes Judiciário e Legislativo locais.

Entretanto, o Supremo Tribunal Federal firmou o entendimento de que os estados-membros e o Distrito Federal não dispõem de competência legislativa para definir os crimes de responsabilidade e estabelecer as respectivas normas de processo e julgamento, haja vista que essa competência pertence **privativamente à União**,

---

[118] Pet 3.211 QO/DF, rel. p/ acórdão Min. Carlos Alberto Menezes Direito.
[119] ADI 4.764/AC, red. p/ o acórdão Min. Roberto Barroso, 04.05.2017.

por força do art. 22, I, da Constituição Federal, que outorga à União competência privativa para legislar sobre direito penal.[120]

Com isso, restou firmado pelo Supremo Tribunal Federal o entendimento de que se aplica ao processo e ao julgamento dos Governadores por crime de responsabilidade a Lei Federal 1.079/1950 (Lei do *Impeachment*), a qual determina que eles sejam julgados por um **Tribunal Especial Misto** composto de **cinco membros do Legislativo** e de **cinco desembargadores do Tribunal de Justiça**, sob a presidência do **Presidente do Tribunal de Justiça local, que terá direito de voto no caso de empate**. A escolha dos membros desse Tribunal Especial Misto observará o seguinte: a dos membros do Legislativo, mediante **eleição** pela assembleia legislativa; a dos desembargadores, mediante **sorteio**.

Merecem destaque, ainda, as regras de competência para o julgamento do Prefeito.

A Constituição Federal estabelece que o Prefeito será julgado perante o Tribunal de Justiça (art. 29, X).

Porém, o Supremo Tribunal Federal firmou entendimento de que essa competência do Tribunal de Justiça para julgar o Prefeito por crimes comuns **restringe-se aos delitos de competência da justiça comum estadual**. Nos demais casos, a competência será do **respectivo tribunal de segundo grau**, ou seja, do Tribunal Regional Federal (crimes de competência da Justiça Federal) ou do Tribunal Regional Eleitoral (crimes eleitorais).

Esse entendimento restou consolidado pelo Supremo Tribunal Federal no enunciado da Súmula 702, nos termos seguintes: "A competência do Tribunal de Justiça para julgar prefeitos restringe-se aos crimes de competência da justiça comum estadual; nos demais casos, a competência originária caberá ao respectivo tribunal de segundo grau."

Em relação aos crimes de responsabilidade, na esteira do entendimento do Supremo Tribunal Federal acima exposto, segundo o qual cabe privativamente à União definir e estabelecer as normas do respectivo processo e julgamento, aplicam-se ao Prefeito as regras estabelecidas no Decreto-lei 201/1967, parcialmente recepcionado pela Constituição Federal de 1988.

Acontece, porém, que esse decreto-lei tipifica, impropriamente, como crimes de responsabilidade delitos comuns ou funcionais praticados pelo Prefeito, hipótese em que ele se sujeitará à aplicação de penas comuns (art. 1.º), e, também, algumas infrações político-administrativas, que poderão redundar na perda do cargo, mediante *impeachment* (art. 4.º).

Em face dessa realidade, o Supremo Tribunal Federal firmou entendimento de que na primeira hipótese (crimes de responsabilidade impróprios) o Prefeito será julgado pelo **Tribunal de Justiça**, enquanto que pela prática das condutas político-

---

[120] Esse entendimento restou consolidado pelo STF na Súmula Vinculante 46, nos termos seguintes: "São da competência legislativa da União a definição dos crimes de responsabilidade e o estabelecimento das respectivas normas de processo e julgamento."

-administrativas que poderão ensejar a perda do cargo (crimes de responsabilidade próprios) deverá ele ser responsabilizado pela **Câmara Municipal**.[121]

22. PRECATÓRIOS JUDICIAIS

O art. 100 da Constituição Federal estabelece a regra para o pagamento das dívidas das Fazendas Públicas decorrentes de decisões judiciais, submetendo-as ao regime dos precatórios, nos seguintes termos:

> Art. 100. Os pagamentos devidos pelas Fazendas Públicas Federal, Estaduais, Distrital e Municipais, em virtude de sentença judiciária, far-se-ão exclusivamente na ordem cronológica de apresentação dos precatórios e à conta dos créditos respectivos, proibida a designação de casos ou de pessoas nas dotações orçamentárias e nos créditos adicionais abertos para este fim.

Para o cumprimento desse regime de pagamento, as entidades de direito público estão obrigadas a incluir nos seus respectivos orçamentos verba necessária ao pagamento de seus débitos, oriundos de sentenças transitadas em julgado, constantes de precatórios judiciários apresentados **até 2 de abril**, fazendo-se o pagamento **até o final do exercício seguinte**, quando terão seus valores **atualizados monetariamente** (art. 100, § 5.º, com a redáico dada pela EC 114/2021).

O regime dos precatórios estabelece um cronograma para o pagamento dos débitos das Fazendas Públicas decorrentes de sentenças judiciais, cronograma esse que pode, em síntese, ser assim entendido: conforme transitam em julgado ações judiciais reconhecedoras de débitos da Fazenda Pública, são expedidos precatórios, que são apresentados à Fazenda Pública, em ordem cronológica, para pagamento; anualmente, a Fazenda Pública tem a obrigação de fazer constar da sua lei orçamentária verba necessária ao pagamento de seus débitos, consignados nos precatórios judiciais apresentados **até 2 de abril**, que deverão ser quitados **até 31 de dezembro do ano seguinte.**

Antes de adentrarmos, propriamente, o exame pormenorizado dos diferentes dispositivos constitucionais que tratam do regime de precatórios, entendemos oportuno destacar cinco importantes entendimentos consolidados na jurisprudência do Supremo Tribunal Federal acerca da aplicação (ou não) desse regime de pagamentos de débitos judiciais:

a) valores devidos pela Fazenda Pública em razão de **mandado de segurança** devem ser pagos por precatório, mesmo aqueles relativos às pendências acumuladas no período entre a impetração da ação e a concessão da ordem;[122]

---

[121] RHC 73.210/PA, rel. Min. Maurício Corrêa, 31.10.1995.
[122] RE 889.173, rel. Min. Luiz Fux, 26.08.2015.

Cap. 11 • PODER JUDICIÁRIO

b) o regime de precatórios não se aplica à execução provisória de "**obrigação de fazer**" contra a Fazenda Pública, ou seja, nessa hipótese, é possível a execução provisória, nos termos determinados pelo Código de Processo Civil (CPC);[123]

c) o regime de precatórios não se aplica aos **conselhos de fiscalização profissional**, tendo em vista que estes não têm orçamento público, nem recebem aportes da União;[124]

d) é aplicável o regime dos precatórios às **empresas públicas e sociedades de economia mista que prestem serviços públicos essenciais e próprios do Estado, em condições não concorrenciais** (sem competir com empresas do setor privado) **e sem finalidade de lucro**;[125] nesse caso, a tese subjacente é que, ao atuar nessas condições, a entidade administrativa, não obstante revestir personalidade jurídica de direito privado, presta serviço público primário e em regime de exclusividade, correspondente à própria atuação do Estado, devendo, por isso, sujeitar-se ao regime especial de pagamento dos precatórios (o que torna impenhoráveis os bens da entidade, apesar de serem eles bens privados, e não bens públicos);

e) empresas públicas e sociedades de economia mista que tenham por finalidade institucional a **exploração de atividade econômica em sentido estrito não se beneficiam do regime de precatórios**, previsto no art. 100 da Constituição da República.[126]

Acerca da orientação jurisprudencial exposta na letra "d", vale registrar que, em 2021, em decisões de arguições de descumprimento de preceito fundamental (ADPF), o Supremo Tribunal Federal reconheceu a sujeição ao regime de precatórios a **todas** as "**estatais prestadoras de serviço público essencial, em regime não concorrencial e sem intuito lucrativo primário**", nos termos da seguinte **tese de julgamento**:[127]

> Os recursos públicos vinculados ao orçamento de estatais presta-doras de serviço público essencial, em regime não concorrencial e sem intuito lucrativo primário, não podem ser bloqueados ou sequestrados por decisão judicial para pagamento de suas dívidas, em virtude do disposto no art. 100 da CF/1988, e dos princípios

---

[123] RE 573.872, rel. Edson Fachin, 24.05.2017. Nesse julgado, restou fixada a seguinte **tese de repercussão geral**: "A execução provisória de obrigação de fazer em face da Fazenda Pública não atrai o regime constitucional dos precatórios."

[124] RE 938.837/SP, red. p/ o acórdão Min. Marco Aurélio, 19.04.2017. Nesse julgado, restou fixada a seguinte **tese de repercussão geral**: "Os pagamentos devidos em razão de pronunciamento judicial pelos conselhos de fiscalização não se submetem ao regime de precatórios."

[125] RE 220.906/DF, rel. Min. Maurício Corrêa, 16.11.2000; RE 599.628/DF (**repercussão geral**), red. p/ o acórdão Min. Joaquim Barbosa, 25.05.2011; RE-AgR 852.302/AL, rel. Min. Dias To-ffoli, 15.12.2015; ADPF 387/PI, rel. Min. Gilmar Mendes, 23.03.2017 (Informativo 858 do STF); ADPF 275/PB, rel. Min. Alexandre de Moraes, 17.10.2018 (Informativo 920 do STF).

[126] RE 599.628, red. p/ o acórdão Min. Joaquim Barbosa, 23.05.2011.

[127] ADPF 588/PB, rel. Min. Roberto Barroso, 27.04.2021 (Informativo 1.014 do STF); ADPF 547/PA, rel. Min. Roberto Barroso, 24.05.2021; ADPF 616/BA, rel. Min. Roberto Barroso, 24.05.2021 (Informativo 1.018 do STF); ADPF 789/MA, rel. Min. Roberto Barroso, 23.08.2021 (Informativo 1.026 do STF).

736 DIREITO CONSTITUCIONAL DESCOMPLICADO • *Vicente Paulo & Marcelo Alexandrino*

da legalidade orçamentária (art. 167, VI, da CF/1988), da separação dos poderes (arts. 2.º, 60, § 4.º, III, da CF/1988) e da eficiência da administração pública (art. 37, *caput*, da CF/1988).

22.1. Exceção ao regime de precatórios

O regime de precatórios não se aplica aos pagamentos de obrigações definidas em leis como "de pequeno valor" que as Fazendas Públicas devam fazer em virtude de sentença judicial transitada em julgado (art. 100, § 3.º). Nesses casos, o pagamento é efetuado pelo Poder Público diretamente – e o instrumento utilizado são as assim chamadas "requisições de pequeno valor".

Enfatizamos que esta é a única hipótese em que deverá ser feito o pagamento direto pela Fazenda, sem seguir a sistemática de precatórios: "obrigações de pequeno valor", definidas em lei de cada ente federado.

Para esse fim, leis dos diferentes entes federados – União, estados, Distrito Federal e municípios – poderão fixar valores distintos, segundo suas capacidades econômicas, ou seja, as "obrigações de pequeno valor" sujeitas a pagamento direto, sem precatórios, poderão ter valores diferentes para cada ente federado, tendo em vista suas realidades econômicas específicas, desde que seja observado, por todos os entes federados, na fixação desse valor, um teto mínimo, equivalente ao valor do maior benefício do regime geral de previdência social – RGPS (CF, art. 100, § 4.º).

Há que se ressaltar que, segundo orientação do Supremo Tribunal Federal, os entes federados devem observar o prazo de dois meses para pagamento de obrigações de pequeno valor (RPV),[128] conforme previsto na legislação processual.[129] Segundo o Tribunal Excelso, a autonomia expressamente reconhecida na Constituição Federal aos estados-membros em matéria de RPV restringe-se à fixação do valor-teto, não se estendendo à estipulação do prazo para pagamento.

22.2. Pagamento da parte incontroversa e autônoma de dívida judicial

Segundo entendimento do Supremo Tribunal Federal, é possível a expedição de precatório ou requisição de pequeno valor (RPV) para o pagamento da parte incontroversa e autônoma de dívida judicial, desde que a decisão quanto a essa parcela seja definitiva (transitada em julgado).

Entende a Corte Suprema que não seria razoável impedir a execução imediata da parte do título judicial que não é mais passível de ser alterada (pois já transitou em julgado), só para aguardar o pronunciamento judicial definitivo no tocante à parte ainda controvertida.

Entretanto, para determinar se a hipótese será de expedição de precatório ou de requisição de pequeno valor (RPV), deverá ser considerada a totalidade da quan-

---

[128] ADI 5534/DF, rel. Min. Dias Toffoli, 18.12.2020.
[129] Código de Processo Civil (CPC), art. 535, § 3º, II.

tia em execução, e **não** somente o valor da parcela incontroversa. Essa orientação encontra-se consolidada na seguinte **tese de repercussão geral**:[130]

> Surge constitucional expedição de precatório ou requisição de pequeno valor para pagamento da parte incontroversa e autônoma do pronunciamento judicial transitada em julgado observada a importância total executada para efeitos de dimensionamento como obrigação de pequeno valor.

22.3. Ordem de pagamento

Conforme vimos, os débitos oriundos de sentenças judiciais, constantes de precatórios apresentados **até 2 de abril**, deverão ser pagos pela Fazenda Pública **até o final do exercício seguinte**, quando terão seus valores atualizados monetariamente (art. 100, § 5.º, com a redação dada pela EC 114/2021).

Embora esteja escrito no *caput* do art. 100 que o pagamento ocorrerá **exclusivamente** na ordem cronológica de apresentação dos precatórios judiciais, o § 1.º do mesmo artigo determina que os **débitos de natureza alimentícia** têm preferência. Além disso, no § 2.º, há outra regra de prioridade, **também** aplicável a **débitos de caráter alimentar**. Transcrevemos esses dois dispositivos constitucionais (redação do § 2.º dada pela EC 94/2016):

> § 1.º Os **débitos de natureza alimentícia** compreendem aqueles decorrentes de salários, vencimentos, proventos, pensões e suas complementações, benefícios previdenciários e indenizações por morte ou por invalidez, fundadas em responsabilidade civil, em virtude de sentença judicial transitada em julgado, e **serão pagos com preferência** sobre todos os demais débitos, **exceto sobre aqueles referidos no § 2.º deste artigo**.
>
> § 2.º Os **débitos de natureza alimentícia** cujos titulares, originários ou por sucessão hereditária, **tenham 60 (sessenta) anos de idade, ou sejam portadores de doença grave, ou pessoas com deficiência, assim definidos na forma da lei**, serão pagos com preferência sobre todos os demais débitos, até o valor equivalente ao triplo fixado em lei para os fins do disposto no § 3.º deste artigo, admitido o fracionamento para essa finalidade, sendo que o restante será pago na ordem cronológica de apresentação do precatório.

Sistematizando, os débitos inscritos em precatórios judiciários devem ser pagos **nesta ordem**:

a) primeiro, limitados ao montante equivalente ao triplo da quantia fixada em lei para caracterizar "obrigação de pequeno valor", serão pagos os débitos de **natureza alimentícia "especiais"**, a saber, aqueles cujos titulares, originários

---

[130] RE 1.205.530/SP, rel. Min. Marco Aurélio, 08.06.2020.

ou por sucessão hereditária, tenham sessenta anos de idade, ou sejam pessoas com doença grave ou com deficiência, definidas em lei;

b) em segundo lugar, os **demais débitos de caráter alimentício** (os "não especiais") e **as porções restantes dos débitos "especiais" que tenham sido fracionados** por ultrapassarem o limite referido na letra "a" (o triplo da quantia fixada em lei para caracterizar "obrigação de pequeno valor");

c) por último, os débitos de natureza **não alimentar**.

Esses diferentes grupos de débitos, discriminados nas letras "a", "b" e "c", não concorrerão uns com os outros; haverá concorrência **somente dentro de cada grupo**, em função da **ordem cronológica** de apresentação dos respectivos precatórios.

Na prática, formam-se três "filas" separadas e, em cada uma, os precatórios são organizados cronologicamente conforme a data de apresentação deles. Na primeira fila estão os débitos que têm "**superpreferência**"; eles são pagos antes de qualquer débito da segunda fila. E os débitos desta são pagos antes de qualquer um da terceira.

Em resumo, a sistemática de pagamento prevista na Constituição resulta na formação de três "filas": uma só de precatórios relativos a créditos de natureza alimentícia para os idosos, portadores de doença grave e pessoas com deficiência até o valor equivalente ao triplo do fixado em lei para "obrigação de pequeno valor"; uma segunda, dos demais créditos de natureza alimentícia; e uma terceira, de precatórios relativos a créditos de natureza não alimentícia. Cada "fila" é organizada, separadamente, com base na ordem cronológica de apresentação dos respectivos precatórios. Em qualquer caso, os precatórios da primeira "fila" devem ser pagos antes dos da segunda, e estes antes dos da terceira.

Para o fim de preferência no pagamento dos precatórios, consideram-se débitos de natureza alimentícia aqueles decorrentes de salários, vencimentos, proventos, pensões e suas complementações, benefícios previdenciários e indenizações por morte ou por invalidez, fundadas em responsabilidade civil.

22.4. Atualização monetária e juros

Conforme vimos, é obrigatória a inclusão, no orçamento das entidades de direito pú-blico, de verba necessária ao pagamento de seus débitos, oriundos de sentenças transitadas em julgado, constantes de precatórios judiciários apresentados até 2 de abril, fazendo-se o pagamento até o final do exercício seguinte, **quando terão seus valores atualizados monetariamente** (CF, art. 100, § 5.º).

Constata-se, assim – pelo expressamente disposto na parte final do art. 100, § 5.º, da Constituição –, que, no momento do pagamento, os valores inscritos em precatórios judiciais **serão atualizados monetariamente**.

No tocante à incidência de juros, o mais recente entendimento do Supremo Tribunal Federal é de que **não incidem juros de mora sobre os precatórios que sejam pagos dentro do chamado "período de graça"**, compreendido o pagamento, até o fim do exercício financeiro seguinte, dos créditos inscritos até 2 de[131] abril. Para o Tribunal, se o próprio texto constitucional prevê o "período de graça" (art. 100, § 5.º), a alegada mora do poder público só pode ocorrer após ultrapassado o referido prazo constitucional, isto é, depois de findo o exercício financeiro seguinte. Vale dizer, havendo o inadimplemento do pagamento pelo ente público devedor, **a fluência dos juros só se inicia após o "período de graça".**

Essa orientação foi inicialmente fixada na **Súmula Vinculante 17**, nestes termos:

> 17 – Durante o período previsto no parágrafo 1.º do artigo 100 da Constituição, não incidem juros de mora sobre os precatórios que nele sejam pagos.

Posteriormente – em razão de superveniente alteração do texto constitucional pela EC 62/2009 –, o Tribunal reapreciou a matéria e ratificou tal entendimento, com a aprovação da seguinte **tese de repercussão geral**:

> O enunciado da Súmula Vinculante 17 não foi afetado pela superveniência da Emenda Constitucional 62/2009, de modo que não incidem juros de mora no período de que trata o parágrafo 5.º do artigo 100 da Constituição. Havendo o inadimplemento pelo ente público devedor, a fluência dos juros inicia-se após o "período de graça".

Ainda sobre a atualização monetária dos valores inscritos em precatórios, ressaltamos que o Supremo Tribunal Federal declarou a inconstitucionalidade de duas disposições constantes do § 12 do art. 100 da Constituição, incluído pela EC 62/2009.[132] Com efeito, a expressão "índice oficial de remuneração básica da caderneta de poupança" foi declarada inconstitucional e, com isso, **restou afastada a utilização desse índice** (de remuneração da caderneta de poupança) **para determinar a atualização monetária dos débitos inscritos em precatórios**, sob o argumento de que ele seria "manifestamente incapaz de preservar o valor real do crédito de que é titular o cidadão". Também foi declarada a "inconstitucionalidade parcial sem redução de texto da expressão 'independentemente de sua natureza' (...), para determinar que, quanto aos **precatórios de natureza tributária, sejam aplicados os mesmos juros de mora incidentes sobre todo e qualquer crédito tributário**".

22.5. Sequestro de valor

As dotações orçamentárias e os créditos abertos serão consignados diretamente ao Poder Judiciário, cabendo ao Presidente do Tribunal que proferir a decisão exequenda determinar o pagamento integral e autorizar, a requerimento do credor

---

[131] RE 1.169.289/SC, red. p/ o acórdão Min. Alexandre de Moraes, 16.06.2020.

[132] ADI 4.357/DF e ADI 4.425/DF, red. p/ o acórdão Min. Luiz Fux, 13 e 14.03.2013 (Informativo 698 do STF).

740 DIREITO CONSTITUCIONAL DESCOMPLICADO • Vicente Paulo & Marcelo Alexandrino

e exclusivamente para os casos de **preterimento de seu direito de precedência** ou de **não alocação orçamentária do valor** necessário à satisfação do seu débito, o sequestro da quantia respectiva (art. 100, § 6.º).

Anote-se que o art. 100 da Constituição Federal autoriza o **sequestro** de quantia necessária ao pagamento de créditos inscritos em precatórios em **duas** hipóteses:[133]

a) preterimento do direito de precedência; e

b) não alocação orçamentária do valor necessário à satisfação do débito.

22.6. Decretação de intervenção

Em situações de não pagamento de débitos oriundos de sentenças transitadas em julgado constantes de precatórios judiciários devidamente inscritos, poderá restar configurada a **desobediência a ordem judicial**, o que **autorizará a decretação da intervenção federal**, nos termos dos arts. 34, VI, e 36, II, da Constituição Federal.

Entretanto, o Supremo Tribunal Federal entende que a desobediência a pagamento de precatório judicial que autoriza a intervenção é somente a **dolosa, intencional, sem justificativa razoável**, vale dizer, constitui pressuposto indispensável para a decretação da intervenção a atuação estatal voluntária cujo objetivo seja descumprir deliberadamente decisão judicial transitada em julgado.[134] Assim, se um estado--membro deixar de pagar os precatórios inscritos para, com isso, poder cumprir sua obrigação de prestar serviços públicos essenciais – a ele imposta pelo ordenamento jurídico –, não se pode dizer que haja uma desobediência deliberada, intencional, dolosa. Nesses casos, em que há justificativa razoável para o não pagamento dos precatórios, não se caracteriza a desobediência a ordem judicial, tornando incabível cogitar intervenção federal no ente federado.

O Presidente do Tribunal competente que, por ato comissivo ou omissivo, retardar ou tentar frustrar a liquidação regular de precatórios incorrerá em crime de responsabilidade e responderá, também, perante o Conselho Nacional de Justiça (art. 100, § 7.º).

22.7. Vedação ao fracionamento

Para evitar fraude à regra de que a única exceção ao sistema de precatórios são os pagamentos das "obrigações de pequeno valor", definidas em lei, o § 8.º do art.

---

[133] Há, ainda, outra hipótese de sequestro prevista em norma constitucional de cunho transitório, cujo estudo pormenorizado desborda o escopo desta obra. Com efeito, a EC 94/2016 acrescentou ao Ato das Disposições Constitucionais Transitórias (ADCT) os arts. 101 a 105, que disciplinam um **regime especial** de pagamentos de precatórios **que estejam em mora**, aplicável aos estados, ao Distrito Federal e aos municípios. No âmbito desse regime especial, o ente federativo que deixar de liberar tempestivamente os recursos a que esteja obrigado, ficará sujeito, dentre outras medidas, ao **sequestro das suas contas**, que deverá ser determinado pelo presidente do Tribunal de Justiça local, **até o limite do valor não liberado**.

[134] IF 5.101/RS, 5.106/RS e 5.114/RS, rel. Min. Cezar Peluso, 28.03.2012.

100 proíbe a expedição de precatórios complementares ou suplementares de valor pago, bem como o fracionamento, repartição ou quebra do valor da execução que pudesse acarretar o pagamento da dívida pela Fazenda, em parte, diretamente, fora do sistema de precatórios, e, em parte, mediante expedição de precatório.

Imagine-se, por exemplo, que a lei de determinado ente federado estabeleça em R$ 10.000,00 as dívidas de "pequeno valor", para efeito de pagamento direto, previsto no § 3.º do art. 100. O que a regra do § 8.º **proíbe** é que, por exemplo, uma pessoa obtivesse sentença transitada em julgado reconhecendo contra esse ente federado um crédito de R$ 24.000,00, e a execução desse valor fosse fracionada, de forma que R$ 10.000,00 fossem pagos diretamente, e se expedisse um precatório com o valor restante de R$ 14.000,00.

Essa vedação ao fracionamento, porém, **não alcança a hipótese de pagamento preferencial, sob o regime de precatórios, dos débitos de natureza alimentícia aos titulares que tenham sessenta anos de idade, ou que sejam portadores de doença grave, ou pessoas com deficiência**, prevista no § 2.º do art. 100 da Constituição Federal. Com efeito, nesse caso, poderá ocorrer o fracionamento do valor da execução, para o fim de efetuar-se o pagamento, em parte, com preferência sobre todos os demais débitos (até o triplo daquele fixado em lei, pelo respectivo ente federado, como "obrigação de pequeno valor"), e o restante na ordem cronológica de apresentação do precatório.

Capítulo 12

FUNÇÕES ESSENCIAIS À JUSTIÇA

1. INTRODUÇÃO

A Constituição de 1988 agrupou em um capítulo específico disposições acerca do que denominou "Funções Essenciais à Justiça". Sob essa rubrica, trata o texto constitucional do Ministério Público, da advocacia pública, da defensoria pública e da advocacia privada. Note-se que nenhuma dessas pessoas ou órgãos integra a estrutura do Poder Judiciário. São, como afirma o próprio texto constitucional, pessoas ou órgãos que atuam perante o Judiciário. Mais do que isso, sua atuação é imprescindível ao próprio exercício da função jurisdicional, tendo em conta, sobretudo, o fato de que o Poder Judiciário não atua de ofício, isto é, por iniciativa própria, sem provocação.

A não atuação de ofício do Judiciário é uma importante garantia do equilíbrio entre os Poderes, um relevante mecanismo de contenção recíproca, dentre os diversos "freios e contrapesos" estabelecidos nas Constituições em geral. Deveras, o Poder Judiciário pode controlar e declarar ilegítima a atuação do Executivo, obstando ou anulando atos desse Poder; pode, até mesmo, retirar do mundo jurídico, por considerá-los inconstitucionais, atos normativos primários do Legislativo, Poder integrado pelos representantes do povo, legítimo titular da soberania do Estado.

Com todas essas prerrogativas, se tivesse o Judiciário a possibilidade de atuar de ofício, por iniciativa própria, ele seria, sem dúvida, um Poder acima dos demais, com força para paralisá-los inteiramente, a seu alvedrio.

Além disso, a exigência de provocação para que o Judiciário atue é garantia de sua imparcialidade, porquanto é evidente que o autor de uma ação sempre tem o objetivo de alcançar determinado resultado, predeterminado, situação inteiramente incompatível com a figura de um julgador equilibrado e imparcial (literalmente, o juiz não pode ser parte na ação, não pode ser autor nem réu, deve manter-se equidistante das partes, sem o que não há como esperar uma decisão justa).

Embora o acesso à Justiça deva ser o mais amplo possível, todo o conjunto de garantias processuais, decorrentes do princípio do devido processo legal em acepção formal, torna bastante técnica a disciplina da postulação em juízo, fazendo muito improvável que se pudesse obter uma prestação jurisdicional satisfatória, equilibrada, isonômica, se qualquer pessoa, sem preparação especializada, pudesse atuar diretamente perante o Judiciário. Daí a importância da função do advogado. Nesse aspecto, particularmente relevante é assegurar defesa de qualidade aos necessitados, mormente quando acusados de crimes, papel da defensoria pública. Ademais, é desejável que existam órgãos com capacidade postulatória que atuem em juízo em defesa dos interesses gerais da população, como é o caso do Ministério Público – titular da ação penal pública e investido em diversas outras competências fundamentais para a proteção da sociedade. Também o Poder Público precisa ter quem o represente em juízo, justificando a existência de uma advocacia pública.

Passemos ao estudo das disposições constitucionais pertinentes a essas "Funções Essenciais à Justiça".

2. MINISTÉRIO PÚBLICO

O Ministério Público é instituição permanente, essencial à função jurisdicional do Estado, incumbindo-lhe a defesa da ordem jurídica, do regime democrático e dos interesses sociais e individuais indisponíveis (CF, art. 127).

A Constituição Federal, em plena harmonia com o sistema de "freios e contrapesos" (*checks and balances*), instituiu o Ministério Público como um órgão autônomo e independente, **não subordinado a qualquer dos Poderes da República**, consistindo em autêntico fiscal da nossa Federação, da separação dos Poderes, da moralidade pública, da legalidade, do regime democrático e dos direitos e garantias constitucionais.

A autonomia e independência do Ministério Público, nos termos examinados a seguir, conferem ao órgão imparcialidade na sua atuação, sem ingerência dos demais Poderes do Estado.

2.1. Composição

O Ministério Público abrange (CF, art, 128):

> I – o Ministério Público da União, que compreende:
> a) o Ministério Público Federal;
> b) o Ministério Público do Trabalho;
> c) o Ministério Público Militar;
> d) o Ministério Público do Distrito Federal e Territórios;
> II – os Ministérios Públicos dos Estados.

Dessarte, o Ministério Público da União compreende, em sua estrutura, diferentes ramos do Ministério Público (Federal, do Trabalho, Militar, além do Ministério Público do Distrito Federal e Territórios).

Cap. 12 • FUNÇÕES ESSENCIAIS À JUSTIÇA

O fato de o Ministério do Distrito Federal e Territórios integrar o Ministério Público da União justifica-se porque, por determinação constitucional, cabe à União organizar e manter esse ramo do Ministério Público (art. 21, XIII).

2.2. Posição constitucional

A Constituição Federal situa o Ministério Público em capítulo especial, fora da estrutura dos demais Poderes da República, certamente como meio de explicitar sua autonomia e independência. Em razão dessa situação tópica, e considerando as amplas atribuições, a autonomia e a independência que lhe foram constitucional-mente conferidas, alguns o posicionavam como uma espécie de "quarto Poder de Estado", ao lado do Executivo, do Legislativo e do Judiciário.

Entretanto, em importante julgado, o Supremo Tribunal Federal firmou o entendimento de que, embora tenha atribuído ao Ministério Público a categoria de instituição permanente, incumbida da defesa da ordem jurídica, do regime de-mocrático e dos interesses sociais e individuais indisponíveis, a Constituição **não o caracteriza como um Poder** de Estado, **nem assegura ao Procurador-Geral prerrogativas típicas dos chefes dos Poderes.**[1] Assentou o Tribunal que, de acordo com o art. 2.º da Constituição Federal, os poderes da República são o Executivo, o Legislativo e o Judiciário, e que **não há no texto constitucional qualquer menção ao Ministério Público como um Poder do Estado**. Com base nesse entendimento, a Corte Suprema declarou a inconstitucionalidade de dispositivo da Lei Orgânica do Ministério Público do Rio Grande do Sul que outorgava ao Procurador-Geral de Justiça, chefe da instituição, prerrogativas e representação de chefe de Poder.

Nesse cenário, ainda que admitida por alguns autores sua vinculação adminis-trativa ao Poder Executivo, o relevante é que o Ministério Público constitui órgão autônomo e independente, com funções institucionais expressas no texto da nossa Carta Política, no exercício das quais não pode, sob pena de flagrante inconstitu-cionalidade, sofrer ingerência dos demais Poderes da República.

2.3. Princípios do Ministério Público

São princípios do Ministério Público, constitucionalmente expressos, a **unidade**, a **indivisibilidade**, a **independência funcional** e a **autonomia administrativa e financeira** (CF, art. 127, §§ 1.º e 2.º).

2.3.1. Princípio da unidade

A unidade do Ministério Público significa que seus membros integram um só órgão, sob única direção de um procurador-geral.

O princípio da unidade, porém, há que ser visto como **unidade dentro de cada Ministério Público**. Não existe, em face do tratamento constitucional, unidade entre o Ministério Público Federal e os Ministérios Públicos dos estados, tampouco entre

---

[1] ADI 7.219/RS, rel. Min. Gilmar Mendes, 01.07.2024.

o Ministério Público de um estado e o de outro, e nem mesmo entre os diferentes ramos do Ministério Público da União.

2.3.2. Princípio da indivisibilidade

O princípio da indivisibilidade enuncia que os membros do Ministério Público não se vinculam aos processos em que atuam, podendo ser substituídos uns pelos outros, de acordo com as regras legais, sem nenhum prejuízo para o processo.

A indivisibilidade resulta do princípio da unidade, pois o Ministério Público é uno, não podendo subdividir-se em outros Ministérios Públicos autônomos e desvinculados uns dos outros. A atuação dos membros do Ministério Público é atuação do órgão, indivisível por expressa disposição constitucional.

Da mesma forma que o princípio da unidade, a indivisibilidade também **não pode ser efetivada entre os diferentes Ministérios Públicos**, devendo ser compreendida como **existente somente dentro de cada um deles**.

2.3.3. Princípio da independência funcional

O princípio da independência funcional está diretamente atrelado à atividade finalística desenvolvida pelos membros do Ministério Público, gravitando em torno das garantias: a) de uma atuação livre no plano técnico-jurídico, isto é, sem qualquer subordinação a eventuais recomendações exaradas pelos órgãos superiores da Instituição; e b) de não poderem ser responsabilizados pelos atos praticados no estrito exercício de suas funções.[2]

Significa afirmar que o Ministério Público é independente no exercício de suas funções, não estando subordinado a qualquer dos Poderes (Legislativo, Executivo ou Judiciário); seus membros não se subordinam a quem quer que seja, somente à Constituição, às leis e à própria consciência.

No exercício de suas competências constitucionais, o Ministério Público não se sujeita a ordens de ninguém, de nenhum dos Poderes do Estado; seus membros não devem obediência a instruções vinculantes de nenhuma autoridade pública. Nem mesmo seus superiores hierárquicos (Procurador-Geral, por exemplo) podem impor-lhes ordens no sentido de agir desta ou daquela maneira em um determinado processo, haja vista que **a relação de subordinação existente entre eles é meramente administrativa, e não funcional**.

Com efeito, a hierarquia existente dentro de cada Ministério Público, dos seus membros em relação ao Procurador-Geral, é **meramente administrativa**, e **não** de ordem funcional (não concernente a sua atuação no exercício de suas competências).

2.3.4. Autonomia administrativa e financeira

A autonomia administrativa confere ao Ministério Público poderes para, observado o art. 169 da Constituição Federal, propor ao Poder Legislativo a criação

---

[2]   HC 137.637/DF, rel. Min. Luiz Fux, 06.03.2018.

Cap. 12 • FUNÇÕES ESSENCIAIS À JUSTIÇA

e extinção de seus cargos e serviços auxiliares, provendo-os por meio de concurso público de provas ou de provas e títulos, bem como propor a política remuneratória e os planos de carreira. No exercício dessa autonomia, o Ministério Público elabora suas próprias folhas de pagamento; adquire bens e contrata serviços; edita atos de concessão de aposentadoria, exoneração de seus servidores etc.

A autonomia financeira outorga ao Ministério Público a competência para elaborar sua proposta orçamentária, dentro dos limites estabelecidos na lei de diretrizes orçamentárias,[3] podendo, ulteriormente, administrar os recursos que lhe forem destinados com plena autonomia. Essa autonomia, porém, **não lhe assegura o poder de iniciativa da lei orçamentária diretamente perante o Poder Legislativo**, devendo a sua proposta integrar-se ao orçamento geral que será submetido ao Poder Legislativo pelo chefe do Poder Executivo. Assim, o Ministério Público não dispõe de recursos próprios, mas, na elaboração da proposta do orçamento geral, tem o poder de indicar os recursos necessários a atender às suas próprias despesas.

É importantíssimo ressaltar que, segundo a jurisprudência do STF, uma vez atendidos os mencionados requisitos – observância dos limites fixados na lei de diretrizes orçamentárias e o encaminhamento na forma constitucionalmente estabelecida –, deve o chefe do Poder Executivo, tão somente, consolidar a proposta encaminhada pelo Ministério Público e remetê-la ao Poder Legislativo, **sem introduzir nela quaisquer reduções e/ou modificações**. Poderá o chefe do Executivo (Presidente da República ou Governador, conforme o caso), se entender necessário, **solicitar ao Poder Legislativo a redução pretendida**, mas **não** reduzir, ele próprio, **unilateralmente**, as dotações orçamentárias apresentadas pelo *Parquet*, sob pena de ofensa à autonomia financeira desta instituição.

Essa orientação da nossa Suprema Corte restou consolidada na seguinte **tese**, dotada de eficácia *erga omnes* e força vinculante:[4]

> É inconstitucional a redução unilateral pelo Poder Executivo dos orçamentos propostos pelos outros Poderes e por órgãos constitucionalmente autônomos, como o Ministério Público e a Defensoria Pública, na fase de consolidação do projeto de lei orçamentária anual, quando tenham sido elaborados em obediência às leis de diretrizes orçamentárias e enviados conforme o art. 99, § 2.º, da CRFB/88, cabendo-lhe apenas pleitear ao Poder Legislativo a redução pretendida, visto que a fase de apreciação legislativa é o momento constitucionalmente correto para o debate de possíveis alterações no Projeto de Lei Orçamentária.

Caso o Ministério Público não encaminhe a respectiva proposta orçamentária dentro do prazo estabelecido na lei de diretrizes orçamentárias, o Poder Executivo considerará, para fins de consolidação da proposta orçamentária anual, os valores

---

[3]   CF, art. 127, § 3.º.
[4]   ADI 5.287/PB, rel. Min. Luiz Fux, 18.05.2016.

748 DIREITO CONSTITUCIONAL DESCOMPLICADO • *Vicente Paulo & Marcelo Alexandrino*

aprovados na lei orçamentária vigente, ajustados de acordo com os limites estipulados na lei de diretrizes orçamentárias.

Se o Ministério Público encaminhar a proposta orçamentária, mas o fizer em desacordo com os limites estipulados na lei de diretrizes orçamentárias, o Poder Executivo procederá aos ajustes necessários para fins de consolidação da proposta orçamentária anual.

Ademais, durante a execução orçamentária do exercício, não poderá haver a realização de despesas ou a assunção de obrigações que extrapolem os limites estabelecidos na lei de diretrizes orçamentárias, exceto se previamente autorizadas, mediante a abertura de créditos suplementares ou especiais.

Por fim, vale lembrar que a autonomia do Ministério Público está assentada, também, na outorga ao Procurador-Geral da República e aos Procuradores-Gerais de Justiça da iniciativa de lei sobre a organização, respectivamente, do Ministério Público da União e dos estados (CF, art. 128, § 5.º). Vale lembrar, porém, que, em âmbito federal, essa iniciativa **será exercida concorrentemente com o chefe do Poder Executivo (Presidente da República)**, por força do art. 61, § 1.º, II, "d", da Constituição Federal (diferentemente do modelo estadual, em que essa iniciativa legislativa **é privativa do Procurador-Geral de Justiça**).

2.3.5. Princípio do promotor natural

O princípio do promotor natural impõe que o critério para a designação de um membro do Ministério Público para atuar em uma determinada causa seja abstrato e predeterminado, seja baseado em regras objetivas e gerais, aplicáveis a todos os que se encontrem nas situações nelas descritas, não podendo a chefia do Ministério Público realizar designações arbitrárias, decididas caso a caso, tampouco determinar a substituição de um promotor por outro, fora das hipóteses expressamente previstas em lei, tais como impedimentos ou suspeições, férias ou licenças.

Consoante esse postulado, portanto, a definição do membro do Ministério Público competente para oficiar em determinado caso deve observar as regras previamente estabelecidas pela instituição para distribuição de atribuições no foro de atuação, obstando-se a interferência hierárquica indevida da chefia do órgão por meio de eventuais designações especiais e/ou de determinadas orientações técnicas a serem observadas.

Desse modo, o princípio do promotor natural proíbe designações casuísticas, efetuadas pela chefia do Ministério Público, para atuação neste ou naquele processo, impedindo a existência, entre nós, da figura do "promotor de exceção". Segundo o postulado, somente o promotor natural é competente para atuar no processo, como meio de garantia da imparcialidade de sua atuação, e como garantia da própria sociedade, que terá seus interesses defendidos privativamente pelo órgão constitucional técnica e juridicamente competente.

O princípio consagra, assim, uma garantia de ordem jurídica, destinada tanto a proteger o membro do Ministério Público, na medida em que lhe assegura o exercício pleno e independente do seu ofício, quanto a tutelar a própria coletividade, a quem se reconhece o direito de ver atuando, em quaisquer causas, apenas

Cap. 12 • FUNÇÕES ESSENCIAIS À JUSTIÇA

o promotor cuja intervenção se justifique a partir de critérios abstratos e predeterminados, estabelecidos em lei.

Conforme lição do Ministro Celso de Mello, a sede constitucional desse princípio assenta-se nas cláusulas da independência funcional e da inamovibilidade dos membros da Instituição. O postulado do promotor natural limita, por isso mesmo, o poder do Procurador-Geral que, embora expressão visível da unidade institucional, não deve exercer a chefia do Ministério Público de modo hegemônico e incontrastável.[5]

Em que pese a existência de vasto entendimento doutrinário em favor do reconhecimento desse princípio entre nós, a jurisprudência do Supremo Tribunal Federal ainda não está firmada sobre o assunto.[6]

2.4. Organização dos Ministérios Públicos

Estabelece a Constituição Federal que são de iniciativa privativa do Presidente da República as leis que disponham sobre organização do Ministério Público, bem como normas gerais para a organização do Ministério Público dos Estados (CF, art. 61, § 1.º, II, "d").

Em outro dispositivo, o texto constitucional também dispõe que leis complementares da União e dos Estados, cuja iniciativa é facultada aos respectivos Procuradores-Gerais, estabelecerão a organização, as atribuições e o estatuto de cada Ministério Público (art. 128, § 5.º).

Em consonância com esses dispositivos constitucionais, a organização, as atribuições e o estatuto do Ministério Público da União deverão ser estabelecidos em lei complementar federal, editada pelo Congresso Nacional.[7] A iniciativa de lei sobre tal matéria é concorrente entre o Presidente da República e o Procurador--Geral da República (CF, art. 61, § 1.º, II, "d", conjugado com o art. 128, § 5.º).

No que respeita à organização do Ministério Público estadual, temos o seguinte: (a) será ele organizado por lei complementar estadual, de iniciativa privativa do respectivo Procurador-Geral de Justiça (CF, art. 128, § 5.º); e (b) essa lei complementar estadual, porém, deve obediência às normas estabelecidas pela Lei Orgânica Nacional do Ministério Público.[8]

Verifica-se, portanto, que, na esfera estadual, coexistem dois regimes de organização para o Ministério Público local: (i) o da Lei Orgânica Nacional, que fixa as normas gerais aplicáveis aos Ministérios Públicos; e (ii) o da Lei Orgânica de cada estado-membro, que delimita, em lei complementar estadual, a organização, as atribuições e o estatuto do respectivo Ministério Público.[9]

---

5   HC 67.759/RJ, rel. Min. Celso de Mello, 06.08.1992.
6   O acórdão prolatado na decisão do HC 67.759/RJ, de relatoria do Ministro Celso de Mello, explicita a controvérsia havida entre os Ministros do Supremo Tribunal Federal. Vejam-se, também, com entendimentos opostos um ao outro, o HC 90.277/DF, rel. Min. Ellen Gracie, 17.06.2008, e o HC 102.147/GO, rel. Min. Celso de Mello, 16.12.2010.
7   Lei Complementar 75, de 20 de maio de 1993.
8   Lei 8.625, de 12 de fevereiro de 1993.
9   ADI 4.142/RO, rel. Min. Roberto Barroso, 20.12.2019.

Observa-se, também, uma relevante distinção do regramento constitucional no tocante à **iniciativa de lei** de organização dos Ministérios Públicos, qual seja: em **âmbito federal**, os projetos de lei que tratem da organização do Ministério Público poderão ser apresentados pelos chefes tanto do Poder Executivo (Presidente da República) quanto do próprio Ministério Público (Procurador-Geral da República), em razão da **iniciativa concorrente** estabelecida pela Constituição Federal (art. 61, § 1.º, II, "d", conjugado com o art. 128, § 5.º); já **em âmbito estadual**, a iniciativa dos projetos de lei que tratem da organização do Ministério Público estadual é **privativa do respectivo Procurador-Geral de Justiça** (CF, art. 128, § 5.º).[10] Vale dizer, o chefe do Poder Executivo estadual (Governador) **não tem competência** para deflagrar o processo legislativo de normas sobre a Lei Orgânica do Ministério Público estadual.

Em face de todo o exposto anteriormente, o Supremo Tribunal Federal firmou o entendimento de que é **inconstitucional emenda à Constituição Estadual que cuida tanto de normas gerais para a organização do Ministério Público dos Estados quanto de atribuições dos órgãos e membros do *Parquet* estadual.**[11] Segundo o Tribunal, o trato dessas matéria na Constituição Estadual usurpa a iniciativa legislativa reservada ao Presidente da República para tratar sobre normas gerais para a organização do Ministério Público (CF, art. 61, § 1.º, II "d"), bem como a iniciativa do Procurador-Geral de Justiça para deflagrar o processo legislativo da lei complementar estadual, pela qual se estabelece a organização, as atribuições e o estatuto do Ministério Público estadual (CF, art. 128, § 5.º).

Em outra oportunidade, o Tribunal assentou a orientação de que lei estadual que estabelece a **exigência de prévia comunicação ou autorização para que os membros do Ministério Público possam se ausentar da comarca ou do estado onde exercem suas atribuições é inconstitucional**, por configurar ofensa à liberdade de locomoção.[12] Ponderou-se, ademais, que tal restrição se mostra desarrazoada e desnecessária para o fim de assegurar o cumprimento de deveres institucionais pelos membros do *Parquet*, tendo em vista que a Corregedoria do Ministério Público já dispõe de competência para apurar e impor sanções às situações em que a ausência de algum membro do órgão resulte no descumprimento de dever funcional.

2.5. Funções do Ministério Público

A vigente Constituição ampliou significativamente o rol de funções do Ministério Público, erigindo-o em autêntico defensor da sociedade, nas esferas penal e cível, e incumbindo-o de zelar pela moralidade e probidade administrativas.

Nos expressos termos da Constituição Federal, são funções institucionais do Ministério Público (art. 129):

I – promover, privativamente, a ação penal pública, na forma da lei;

---

[10] ADI 400/ES, red. p/ acórdão Min. Roberto Barroso, 21.06.2022.

[11] ADIs 5.281/RO e 5.324/RO, rel. Min. Cármen Lúcia, 12.05.2021.

[12] ADI 6.845/AC, rel. Min. Cármen Lúcia, 25.10.2021.

Cap. 12 • FUNÇÕES ESSENCIAIS À JUSTIÇA

II – zelar pelo efetivo respeito dos Poderes Públicos e dos serviços de relevância pública aos direitos assegurados nesta Constituição, promovendo as medidas necessárias a sua garantia;

III – promover o inquérito civil e a ação civil pública, para a proteção do patrimônio público e social, do meio ambiente e de outros interesses difusos e coletivos;

IV – promover a ação de inconstitucionalidade ou representação para fins de intervenção da União e dos Estados, nos casos previstos nesta Constituição;

V – defender judicialmente os direitos e interesses das populações indígenas;

VI – expedir notificações nos procedimentos administrativos de sua competência, requisitando informações e documentos para instruí-los, na forma da lei complementar respectiva;

VII – exercer o controle externo da atividade policial, na forma da lei complementar mencionada no artigo anterior;

VIII – requisitar diligências investigatórias e a instauração de inquérito policial, indicados os fundamentos jurídicos de suas manifestações processuais;

IX – exercer outras funções que lhe forem conferidas, desde que compatíveis com sua finalidade, sendo-lhe vedada a representação judicial e a consultoria jurídica de entidades públicas.

Essa enumeração constitucional de competências, como claramente deflui do inciso IX, acima transcrito, **não é exaustiva**, podendo outras competências ser outorgadas ao Ministério Público pelo legislador ordinário, desde que sejam compatíveis com a missão constitucional do órgão. Nesse sentido, tivemos a outorga, pelo legislador ordinário, de **legitimação ativa ao Ministério Público para a impetração do mandado de injunção coletivo**, quando a tutela requerida for especialmente relevante para a defesa da ordem jurídica, do regime democrático ou dos interesses sociais ou individuais indisponíveis.[13]

O Ministério Público dispõe de amplíssima capacidade postulatória. Suas competências incluem, dentre outras, promover o inquérito civil, a ação penal pública e a ação civil pública para a proteção do patrimônio público e social, do meio ambiente e de outros interesses difusos e coletivos.

Em consonância com essa opção do legislador constituinte, o Supremo Tribunal tem conferido especial destaque ao papel institucional do Ministério Público, privilegiando a capacidade postulatória de seus membros. Reconheceu o Tribunal, por exemplo, a legitimidade do Ministério Público para ajuizar ação civil pública como **instrumento de fiscalização incidental de constitucionalidade, pela via difusa, de quaisquer leis ou atos do Poder Público**, desde que a controvérsia constitucional

---

[13] Lei 13.300/2016, art. 12, I.

não se identifique como objeto único da demanda, mas simples questão prejudicial, indispensável à resolução do litígio principal.[14]

Em outras palavras, podemos assim sintetizar o entendimento do Supremo Tribunal Federal acerca da utilização, pelo Ministério Público, da ação civil pública como meio de controle de constitucionalidade: (a) a ação civil pública pode ser utilizada como instrumento de controle de constitucionalidade das leis, desde que no âmbito do controle difuso, em que a alegação de invalidade da norma constitua mero incidente (questão prejudicial, indispensável à resolução da lide principal); e (b) não se admite a propositura de ação civil pública em que a inconstitucionalidade constitua o pedido principal da ação, haja vista que, nesta hipótese, haveria usurpação do objeto da ação direta de inconstitucionalidade (ADI).

Em outra oportunidade, deixou assente a Corte Suprema que **o Ministério Público possui legitimação para ajuizar ação contra aposentadoria que lesa o patrimônio público**, orientação que restou consolidada na seguinte **tese de repercussão geral**:[15]

> O Ministério Público tem legitimidade para ajuizar ação civil pública que vise a anular ato administrativo de aposentadoria que importe em lesão ao patrimônio público.

Nessa mesma linha, nossa Corte Suprema reconhece ao Ministério Público legitimação para promover, atendidas certas circunstâncias, a tutela coletiva de direitos individuais homogêneos, **mesmo de natureza disponível**, consoante explicita a seguinte **tese de repercussão geral**:[16]

> Com fundamento no art. 127 da Constituição Federal, o Ministério Público está legitimado a promover a tutela coletiva de direitos individuais homogêneos, mesmo de natureza disponível, quando a lesão a tais direitos, visualizada em seu conjunto, em forma coletiva e impessoal, transcender a esfera de interesses puramente particulares, passando a comprometer relevantes interesses sociais.

Dessarte, entende o STF que essa legitimação do Ministério Público se materializa quando são identificados interesses individuais cuja lesão, coletiva e impessoalmente considerada, ultrapassa a esfera dos interesses privados envolvidos (das pessoas diretamente prejudicadas) e passa a configurar uma lesão a relevantes interesses sociais do grupo a que concernem. São interesses que, tomados em seu conjunto, passam a representar mais do que a mera soma dos interesses individuais dos respectivos titulares, assumindo uma dimensão social comunitária. Com base nesse entendimento, considerou-se configurada a legitimação do Ministério Público,

---

[14] RE 424.993/DF, rel. Min. Joaquim Barbosa, 12.09.2007.

[15] RE 409.356/RO, rel. Min. Luiz Fux, 25.10.2018.

[16] RE 631.111/GO, rel. Min. Teori Zavascki, 07.08.2014.

por exemplo, para a tutela de interesses relacionados a **mensalidades** escolares,[17] ao fornecimento de **remédios a portadores de certa doença**,[18] ao **seguro obrigatório DPVAT** (Danos Pessoais Causados por Veículos Automotores de Via Terrestre)[19] e aos direitos sociais relacionados ao **FGTS**.[20]

O Supremo Tribunal Federal enfrentou, ainda, a controvertida questão relacionada ao alcance das decisões proferidas em sede de ação pública. Segundo o Tribunal, **é inconstitucional a delimitação dos efeitos da sentença proferida em sede de ação civil pública aos limites da competência territorial de seu órgão prolator,**[21] haja vista que essa restrição imporia prejuízo ao avanço institucional de proteção aos direitos metaindividuais e esbarraria nos preceitos norteadores da tutela coletiva, bem como nos comandos pertinentes ao amplo acesso à Justiça e à isonomia entre os jurisdicionados.[22]

Porém, entende a Corte Máxima que **o Ministério Público não tem legitimidade processual para requerer, por meio de ação civil pública, pretensão de natureza tributária em defesa dos contribuintes,** visando questionar a constitucionalidade de tributo.[23] Para o Tribunal, a discussão sobre a incidência, a legalidade ou a constitucionalidade de tributo constitui questão de interesse individual dos contribuintes, não amparável pela ação civil pública.

Ademais, vale repisar que **é vedada** – sem ressalva alguma! – a atuação como **representante judicial ou consultor jurídico de quaisquer entidades públicas.** Essa vedação constitucional expressa veio para não restar dúvida sobre a situação institucional do Ministério Público na nova ordem jurídica inaugurada pela Constituição Federal de 1988 – como órgão autônomo, e detentor de independência funcional na defesa da ordem jurídica, do regime democrático e dos interesses sociais e individuais indisponíveis –, distinta daquela vigente sob a égide da Constituição pretérita, em que o órgão também desempenhava função de representação.

Quanto à competência para promover, privativamente, a ação penal pública, é relevante observar que o Supremo Tribunal Federal possui farta jurisprudência reconhecendo que essa atuação do Ministério Público **não pressupõe a instauração prévia de inquérito policial, não depende de prévias investigações penais promovidas pela polícia judiciária.** Por outras palavras, o Ministério Público, como titular privativo da ação penal pública (ressalvada a hipótese de cabimento da ação penal privada subsidiária da pública, em face de inércia indevida do *Parquet* – CF, art. 5.º, LIX), pode oferecer a denúncia diretamente, sem que tenha havido, previamente, inquérito policial, contanto

---

[17] RE 163.231/SP, rel. Min. Maurício Corrêa, 26.02.1997.

[18] RE 605.533/MG, rel. Min. Marco Aurélio, 15.08.2018 – no qual restou fixada a seguinte tese de repercussão geral: "O Ministério Público é parte legítima para ajuizamento de ação civil pública que vise o fornecimento de remédios a portadores de certa doença".

[19] RE 631.111/GO, rel. Min. Teori Zavascki, 07.08.2014.

[20] RE 643.978/SE, rel. Min. Alexandre de Moraes, 09.10.2019 – no qual se fixou esta tese de repercussão geral: "O Ministério Público tem legitimidade para a propositura da ação civil pública em defesa de direitos sociais relacionados ao FGTS".

[21] RE 1.101.937/SP, rel. Min. Alexandre de Moraes, 07.04.2021.

[22] Essa restrição estava prevista no art. 16 da Lei 7.347/1985 (Lei da Ação Civil Pública), com a redação dada pela Lei 9.494/1997, razão pela qual tal dispositivo foi declarado inconstitucional pelo Supremo Tribunal Federal.

[23] ARE 694.294, rel. Min. Luiz Fux, 06.05.2018.

que, desde logo, disponha de elementos mínimos de informação, seja evidente a materialidade do fato alegadamente delituoso e estejam presentes indícios de sua autoria.[24]

Muito se discutiu acerca do **poder de investigação do Ministério Público**, em face da reserva constitucional de competência à polícia judiciária para a apuração de infrações penais, exceto as militares (art. 144, § 1.º, IV, e § 4.º). Hoje, porém, essa controvérsia perdeu relevância, em razão do entendimento firmado pelo Supremo Tribunal Federal, segundo o qual **o Ministério Público dispõe, também, de legitimidade para promover, por autoridade própria, investigações de natureza penal.**[25]

Nesse importantíssimo julgado, nossa Corte Maior deixou assente a seguinte tese:

> **O Ministério Público dispõe de competência para promover, por autoridade própria, e por prazo razoável, investigações de natureza penal,** desde que respeitados os direitos e garantias que assistem a qualquer indiciado ou a qualquer pessoa sob investigação do Estado, observadas, sempre, por seus agentes, as hipóteses de reserva constitucional de jurisdição e, também, as prerrogativas profissionais de que se acham investidos, em nosso país, os advogados (Lei 8.906/94, artigo 7.º, notadamente os incisos I, II, III, XI, XIII, XIV e XIX), sem prejuízo da possibilidade – sempre presente no Estado Democrático de Direito – do permanente controle jurisdicional dos atos, necessariamente documentados (Súmula Vinculante 14), praticados pelos membros dessa instituição.

Ainda sobre o assunto – poder de investigação criminal do Ministério Público –, o Supremo Tribunal Federal, em outra oportunidade, reexaminou a questão e decidiu pela fixação dos parâmetros para a instauração de investigação criminal pelo *Parquet*, que restaram consolidados nas **seguintes teses jurídicas:**[26]

> 1. O Ministério Público dispõe de atribuição concorrente para promover, por autoridade própria, e por prazo razoável, investigações de natureza penal, desde que respeitados os direitos e garantias que assistem a qualquer indiciado ou a qualquer pessoa sob investigação do Estado. Devem ser observadas sempre, por seus agentes, as hipóteses de reserva constitucional de jurisdição e, também, as prerrogativas profissionais da advocacia, sem prejuízo da possibilidade do permanente controle jurisdicional dos atos, necessariamente documentados (Súmula Vinculante 14), praticados pelos membros dessa Instituição (tema 184);
>
> 2. A realização de investigações criminais pelo Ministério Público tem por exigência: (i) comunicação imediata ao juiz competente sobre a instauração e o encerramento de procedimento inves-

---

[24] São exemplos, dentre muitos outros: RTJ 76/741, rel. Min. Cunha Peixoto; AI AgR 266.214/SP, rel. Min. Sepúlveda Pertence; HC 63.213/SP, rel. Min. Néri da Silveira; HC 77.770/SC, rel. Min. Néri da Silveira; RHC 62.300/RJ, rel. Min. Aldir Passarinho; RTJ 101/571, rel. Min. Moreira Alves; HC 80.405/SP, rel. Min. Celso de Mello.

[25] RE 593.727/MG, red. p/ o acórdão Min. Gilmar Mendes, 14.05.2015.

[26] ADI 2.943/DF, ADI 3.309/DF e ADI 3.318/MG, rel. Min. Edson Fachin, 02.05.2024.

tigatório, com o devido registro e distribuição; (ii) observância dos mesmos prazos e regramentos previstos para conclusão de inquéritos policiais; (iii) necessidade de autorização judicial para eventuais prorrogações de prazo, sendo vedadas renovações desproporcionais ou imotivadas; (iv) distribuição por dependência ao Juízo que primeiro conhecer de procedimento investigatório criminal (PIC) ou inquérito policial a fim de buscar evitar, tanto quanto possível, a duplicidade de investigações; (v) aplicação do artigo 18 do Código de Processo Penal ao PIC instaurado pelo Ministério Público;

3. Deve ser assegurado o cumprimento da determinação contida nos itens 18 e 189 da Sentença no Caso Honorato e Outros *versus* Brasil, de 27 de novembro de 2023, da Corte Interamericana de Direitos Humanos – CIDH, no sentido de reconhecer que o Estado deve garantir ao Ministério Público, para o fim de exercer a função de controle externo da polícia, recursos econômicos e humanos necessários para investigar as mortes de civis cometidas por policiais civis ou militares;

4. A instauração de procedimento investigatório pelo Ministério Público deverá ser motivada sempre que houver suspeita de envolvimento de agentes dos órgãos de segurança pública na prática de infrações penais ou sempre que mortes ou ferimentos graves ocorram em virtude da utilização de armas de fogo por esses mesmos agentes. Havendo representação ao Ministério Público, a não instauração do procedimento investigatório deverá ser sempre motivada;

5. Nas investigações de natureza penal, o Ministério Público pode requisitar a realização de perícias técnicas, cujos peritos deverão gozar de plena autonomia funcional, técnica e científica na realização dos laudos.

Cabe ao Ministério Público, também, a celebração dos denominados "**acordos de colaboração premiada**" (comumente chamados de "acordos de delação premiada"). Entretanto, segundo o entendimento do Supremo Tribunal Federal, diferentemente do que ocorre com a titularidade da ação penal de iniciativa pública, essa competência para celebrar acordos de colaboração premiada **não é privativa de membro do Ministério Público.**

Com efeito, em importantíssimo julgado, nossa Corte Suprema considerou constitucional a outorga, por lei, de competência aos delegados de polícia judiciária para conduzir e firmar acordos de colaboração premiada.[27] Assentou o Tribunal que o **delegado de polícia judiciária pode formalizar acordos de colaboração premiada, na fase de inquérito policial, respeitadas as prerrogativas do Ministério Público, o qual deverá se manifestar – obrigatoriamente, mas sem caráter vinculante – previamente à homologação pelo Poder Judiciário.**[28]

---

[27] Lei 12.850/2013, art. 4.º, §§ 2.º e 6.º.
[28] ADI 5.508/DF, rel. Min. Marco Aurélio, 20.06.2018.

Na solução dessa relevante controvérsia constitucional, o Supremo Tribunal Federal pontuou que: (a) há previsão legal específica da manifestação do Ministério Público em todos os acordos de colaboração premiada entabulados no âmbito da polícia judiciária, garantindo-se, com isso, o devido controle externo da atividade policial já ocorrida e, se for o caso, adoção de providências e objeções; (b) não há afronta à titularidade exclusiva da ação penal, haja vista que os acordos celebrados pelos delegados de polícia judiciária serão, obrigatoriamente, submetidos à apreciação do Ministério Público (sem caráter vinculante), em momento anterior à homologação do Poder Judiciário; (c) a legitimidade da autoridade policial para realizar as tratativas de colaboração premiada desburocratiza o instituto, sem importar ofensa a regras atinentes ao Estado Democrático de Direito; e (d) a supremacia do interesse público conduz a que o debate constitucional não seja pautado por interesses corporativos do Ministério Público, mas por argumentos normativos acerca do desempenho das instituições no combate à criminalidade, e não há dúvida de que a atuação conjunta, a cooperação entre órgãos de investigação e de persecução penal, é de relevância maior.

É relevante destacar que esse entendimento do Supremo Tribunal Federal – reconhecimento da legitimidade do delegado de polícia judiciária para a celebração de acordos de colaboração premiada – não exclui, nem prejudica, a competência do Ministério Público para a celebração de tais acordos. A legitimidade do Ministério Público para firmar acordos de colaboração premiada permanece incólume, o qual tem a obrigação, apenas, de submetê-los diretamente (até, sem participação alguma da polícia judiciária!) à homologação do Poder Judiciário. De outro lado, os delegados de polícia judiciária também poderão realizar os acordos em questão, desde que na fase de investigações, no curso do inquérito policial. Porém, neste caso (celebração pelos delegados de polícia), os acordos resultantes deverão ser submetidos à apreciação – **obrigatória**, mas **sem força vinculante** – do Ministério Público, em momento prévio à homologação pelo Poder Judiciário.

Outro aspecto que assume relevância no tocante aos poderes do Ministério Público diz respeito à sua competência para, por ato próprio, afastar o sigilo bancário, tendo em vista que a lei específica que disciplina a matéria (Lei Complementar 105/2001) não arrolou o *Parquet* dentre os órgãos explicitamente legitimados para o afastamento desse sigilo. Diante dessa omissão legislativa, o entendimento dominante é de que o Ministério Público **não dispõe de competência para determinar a quebra do sigilo bancário**. Assim, quando, no curso de persecução criminal, houver necessidade de quebra de sigilo bancário, o membro do *Parquet* deverá solicitar autorização ao Poder Judiciário.

É muito importante registrar, entretanto, que o Supremo Tribunal Federal tem outro entendimento quando se está diante de **operações que envolvam recursos públicos**, hipótese em que o Ministério Público poderá ter acesso a informações financeiras protegidas pelo sigilo bancário, independentemente de autorização judicial.[29] Presente essa hipótese – emprego de recursos públicos –, o Ministério Público poderá requisitar diretamente informações acerca da conta bancária do ente público respectivo e, por extensão, das operações bancárias sucessivas, **ainda que realizadas por particulares**, com o objetivo de garantir o acesso ao real destino desses recursos

---

[29] MS 21.729/DF, red. p/ o acórdão Min. Francisco Rezek, 05.10.1995.

Cap. 12 • FUNÇÕES ESSENCIAIS À JUSTIÇA

públicos.[30] Para o STF, nessa situação, o tratamento jurídico deve ser distinto, tendo em vista que **operações financeiras que envolvam recursos públicos não estão abrangidas pelo sigilo bancário** a que alude a Lei Complementar 105/2001 – elas estão, isso sim, submetidas aos princípios da administração pública insculpidos no art. 37 da Constituição Federal, dentre os quais se inclui o princípio da publicidade.

A Constituição Federal determina que as funções do Ministério Público só podem ser exercidas por integrantes da carreira, que deverão residir na comarca da respectiva lotação, salvo autorização do chefe da instituição. Determina, também, que a distribuição de processos no Ministério Público será imediata.[31]

2.5.1. Atuação do Procurador-Geral da República

Estabelece a Constituição Federal que o Procurador-Geral da República deverá ser previamente ouvido nas ações de inconstitucionalidade e em todos os processos de competência do Supremo Tribunal Federal (art. 103, § 1.º).

Em consonância com esse dispositivo constitucional, o Supremo Tribunal Federal firmou o entendimento de que **a representação do Ministério Público da União (MPU) no Supremo Tribunal Federal pertence unicamente ao Procurador-Geral da República**, sendo vedado a outro membro desse Ministério Público representar o órgão perante a nossa Corte Máxima.[32] Assim, o Ministério Público do Trabalho e o Ministério Público Militar – embora se encontrem integrados na estrutura institucional do Ministério Público da União – não dispõem de legitimidade para representar o órgão perante o Supremo Tribunal Federal.

Anote-se, porém, que essa competência exclusiva do Procurador-Geral da República para atuar perante o STF diz respeito somente à representação do MPU – e **não à representação dos Ministérios Públicos dos estados-membros**, haja vista que estes dispõem de legitimidade processual para atuarem diretamente perante o STF.[33]

Com efeito, entende o Supremo Tribunal Federal que os Ministérios Públicos estaduais e do Distrito Federal dispõem de ampla legitimidade para atuar em recursos, ações de impugnação e incidentes oriundos de processos de sua competência em trâmite no STF e no STJ, podendo, para tanto, propor os meios de impugnação, oferecer razões e interpor recursos.[34] Essa orientação restou fixada na seguinte **tese de repercussão geral**:

> Os Ministérios Públicos dos Estados e do Distrito Federal têm legitimidade para propor e atuar em recursos e meios de impugnação de decisões judiciais em trâmite no STF e no STJ, oriundos de processos de sua atribuição, sem prejuízo da atuação do Ministério Público Federal.

---

[30] RHC 133.118, rel. Min. Dias Toffoli, 26.09.2017.

[31] CF, art. 129, §§ 2.º e 5.º.

[32] Rcl-AgR 5.873/ES, rel. Min. Celso de Mello, 09.12.2009.

[33] RCL 7.358, rel. Min. Ellen Gracie, 24.02.2011.

[34] RE 985.392, rel. Min. Gilmar Mendes, 05.06.2017.

Por outro lado, entende a Corte Suprema que o fato de a Constituição Federal cometer essa atribuição ao Procurador-Geral da República, a ser desempenhada perante o Supremo Tribunal Federal, não implica que outras não possam lhe ser conferidas por lei, perante outros órgãos do Poder Judiciário. Com base nessa orientação, o STF considerou válida disposição legal que estabelece incumbir ao Procurador-Geral da República a propositura, perante o **Superior Tribunal de Justiça – STJ**, da ação penal nas hipóteses que arrola o art. 105, I, "a", da Constituição Federal.[35]

Além da atribuição acima indicada – manifestação em todos os processos da competência do Supremo Tribunal Federal –, dispõe a Constituição Federal que compete ao Procurador-Geral da República:

a) propor, perante o Supremo Tribunal Federal, a representação interventiva (ação direta de inconstitucionalidade interventiva) nos casos de recusa à execução de lei federal ou ofensa aos princípios sensíveis por parte de estado-membro ou do Distrito Federal (art. 36, III);

b) a iniciativa de leis ordinárias e complementares perante a Câmara dos Deputados (art. 61), especialmente da lei complementar de organização do Ministério Público da União (em concorrência com o Presidente da República, nos termos do art. 61, § 1.º, II, "d", c/c art. 128, § 5.º) e da lei sobre a criação e extinção dos cargos e serviços auxiliares do Ministério Público da União, a política remuneratória e os planos de carreira (art. 127, § 2.º);

c) executar, por delegação do Presidente da República, se houver, as atribuições previstas nos incisos VI, XII e XXV, primeira parte, do art. 84 da Constituição Federal (art. 84, parágrafo único);

d) propor, perante o Supremo Tribunal Federal, a ação direta de inconstitucionalidade, a ação direta de inconstitucionalidade por omissão, a ação declaratória de constitucionalidade e a arguição de descumprimento de preceito fundamental (art. 103, VI);

e) indicar, para compor o Conselho Nacional de Justiça, um membro do Ministério Público da União (art. 103-B, X), bem como um membro do Ministério Público estadual (art. 103-B, XI);

f) oficiar perante o Conselho Nacional de Justiça (art. 103-B, § 6.º);

g) suscitar, perante o Superior Tribunal de Justiça, em qualquer fase do inquérito ou processo, incidente de deslocamento de competência para a Justiça Federal, nas hipóteses de grave violação de direitos humanos, com a finalidade de assegurar o cumprimento de obrigações decorrentes de tratados internacionais de direitos humanos dos quais o Brasil seja parte (art. 109, § 5.º);

h) encaminhar ao Poder Legislativo, dentro do prazo estabelecido na lei de diretrizes orçamentárias, a proposta orçamentária do Ministério Público (art. 127, § 4.º);

i) compor e presidir o Conselho Nacional do Ministério Público (art. 130-A, I).

---

[35] ADI 2.913/DF, rel. orig. Min. Carlos Velloso, red. p/ o acórdão Min. Cármen Lúcia, 20.05.2009.

2.6. Ingresso na carreira

O ingresso na carreira do Ministério Público far-se-á mediante concurso público de provas e títulos, assegurada a participação da Ordem dos Advogados do Brasil – OAB em sua realização, exigindo-se do bacharel em direito, no mínimo, três anos de atividade jurídica e observando-se, nas nomeações, a ordem de classificação.

2.7. Nomeação dos Procuradores-Gerais

A forma de nomeação do chefe do Ministério Público – seja do Ministério Público da União (Procurador-Geral da República), seja dos Ministérios Públicos dos estados (Procurador-Geral de Justiça) – consubstancia mais uma garantia da instituição, pois as regras constitucionalmente estabelecidas garantem a ele a necessária imparcialidade para o exercício de suas atribuições.

O Ministério Público da União tem por chefe o **Procurador-Geral da República**, nomeado pelo Presidente da República entre integrantes da carreira, maiores de trinta e cinco anos, após aprovação do seu nome pela maioria absoluta do Senado Federal. A nomeação é para o exercício de mandato de dois anos, permitidas **sucessivas reconduções**. Porém, **em cada recondução, haverá a necessidade de nova aprovação do Senado Federal**, sempre por maioria absoluta (não há limite para o número de reconduções). A destituição do Procurador-Geral da República, por iniciativa do Presidente da República, deverá ser precedida de autorização da maioria absoluta do Senado Federal.

Conforme vimos, o Ministério Público da União é chefiado pelo Procurador--Geral da República e compreende quatro diferentes ramos, a saber: o Ministério Público Federal, o Ministério Público do Trabalho, o Ministério Público Militar e o Ministério Público do Distrito Federal e Territórios.

Cabe esclarecer que, embora o Procurador-Geral da República seja o chefe do Ministério Público da União, ele não chefia todos os ramos desse Ministério Público, pois três deles dispõem de chefia própria. Com efeito, dentre os quatro ramos do Ministério Público da União, somente o Ministério Público Federal – MPF é também chefiado pelo Procurador-Geral da República. Assim, o Ministério Público do Trabalho e o Ministério Público Militar têm Procurador-Geral próprio, nomeados pelo Procurador-Geral da República, na forma estabelecida em lei complementar (Procurador-Geral do Trabalho e Procurador-Geral de Justiça Militar, respectivamente).

Por sua vez, o Ministério Público do Distrito Federal e Territórios é chefiado pelo Procurador-Geral de Justiça, nomeado pelo Presidente da República, a partir de lista tríplice elaborada pelo respectivo Ministério Público, dentre integrantes da carreira, para mandato de dois anos, permitida uma recondução.

Observe-se que o Procurador-Geral de Justiça do Distrito Federal e Territórios não é nomeado pelo Procurador-Geral da República (como acontece com os Procuradores--Gerais do Trabalho e da Justiça Militar), tampouco pelo Governador do Distrito Federal (como acontece com os Procuradores-Gerais de Justiça nos estados, que são nomeados pelos respectivos Governadores). A sua nomeação é feita pelo Presidente

DIREITO CONSTITUCIONAL DESCOMPLICADO • *Vicente Paulo & Marcelo Alexandrino*

da República, tendo em vista que, no Distrito Federal, compete à União organizar e manter o Ministério Público (CF, art. 21, XIII). Da mesma forma, sua destituição, se for o caso, não será por deliberação da maioria absoluta da Câmara Legislativa do Distrito Federal, mas sim por deliberação da maioria absoluta do Senado Federal.

A nomeação do Procurador-Geral de Justiça nos estados também obedece à regra constitucionalmente prevista, segundo a qual os Ministérios Públicos dos estados formarão lista tríplice entre integrantes da carreira, na forma da lei respectiva, para escolha de seu Procurador-Geral, que será nomeado pelo Chefe do Poder Executivo, para mandato de dois anos, permitida uma recondução (art. 128, § 3.º).

Anote-se que, na nomeação do Procurador-Geral de Justiça nos Estados, há duas diferenças em relação à nomeação do Procurador-Geral da República: (i) a não participação do Poder Legislativo estadual na escolha e nomeação do Procurador--Geral de Justiça (na nomeação do Procurador-Geral da República há participação obrigatória do Senado Federal); e (ii) a permissão para apenas uma recondução do Procurador-Geral de Justiça (o Procurador-Geral da República pode ser reconduzido no cargo indeterminadamente, desde que haja aprovação do Senado Federal).

Segundo a jurisprudência do Supremo Tribunal Federal, é inconstitucional regra da Constituição Estadual que condicione a nomeação do Procurador-Geral de Justiça à prévia aprovação do Poder Legislativo local (Assembleia Legislativa), por consagrar critério discrepante do estabelecido no art. 128, § 3.º, da Carta Federal e do princípio da independência e harmonia dos Poderes.[36]

Os Procuradores-Gerais nos Estados poderão ser destituídos por deliberação da maioria absoluta da Assembleia Legislativa, na forma da lei complementar respectiva (CF, art. 128, § 4.º).[37]

Observa-se que, apesar de não ser constitucionalmente permitida a participação da Assembleia Legislativa no processo de nomeação do Procurador-Geral de Justiça no estado, a destituição destes somente poderá ser efetivada por aprovação dessa Casa Legislativa, por deliberação de maioria absoluta.

2.8. Garantias dos membros

São garantias constitucionais dos membros do Ministério Público: a **vitaliciedade**, a **inamovibilidade** e a **irredutibilidade de subsídio** (CF, art. 128, § 5.º).

Os membros do Ministério Público adquirem vitaliciedade após **dois anos** de efetivo exercício na carreira, mediante aprovação em concurso de provas e títulos, não podendo perder o cargo senão por sentença judicial transitada em julgado.

Uma vez no cargo, os membros do Ministério Público somente podem ser removidos por iniciativa própria, e não de ofício (isto é, não por iniciativa de qualquer autoridade), salvo por motivo de **interesse público**, mediante decisão do órgão colegiado competente do Ministério Público, pelo voto da maioria absoluta de seus membros, assegurada ampla defesa. A inamovibilidade não impede, também,

---

[36] ADI 1.506/SE, rel. Min. Ilmar Galvão, 09.09.1999.

[37] A destituição é o afastamento compulsório do Procurador-Geral, antes de vencido o prazo normal de duração do mandato.

Cap. 12 • FUNÇÕES ESSENCIAIS À JUSTIÇA

que o membro do Ministério Público seja removido por determinação do Conselho Nacional do Ministério Público, a título de sanção administrativa, assegurada ampla defesa (CF, art. 130-A, § 2.º, III).

O subsídio dos membros do Ministério Público é irredutível. Essa irredutibilidade é nominal, não real, e não impede a incidência ou o aumento de tributos sobre o valor do subsídio.

2.9. Vedações constitucionais

É vedado ao membro do Ministério Público (CF, art. 128, § 5.º, II):

a) receber, a qualquer título e sob qualquer pretexto, honorários, percentagens ou custas processuais;

b) exercer a advocacia;

c) participar de sociedade comercial, na forma da lei;

d) exercer, ainda que em disponibilidade, qualquer outra função pública, salvo uma de magistério;

e) exercer atividade político-partidária;

f) receber, a qualquer título ou pretexto, auxílios ou contribuições de pessoas físicas, entidades públicas ou privadas, ressalvadas as exceções previstas em lei.

Com a promulgação da Emenda Constitucional 45/2004, a vedação ao exercício de atividade político-partidária passou a ter natureza absoluta, não comportando mais qualquer exceção. Significa dizer que a inelegibilidade do membro do Ministério Público passou a ser absoluta, assim como sempre foi a dos membros do Poder Judiciário. Com isso, os membros do Ministério Público não poderão mais filiar-se a partido político, tampouco disputar qualquer mandato eletivo, exceto se optarem pela exoneração ou aposentadoria do cargo.[38]

Segundo a jurisprudência do Supremo Tribunal Federal, os membros do Ministério Público não podem assumir funções ou cargos públicos fora do âmbito da instituição, ressalvada uma função de magistério, nos termos do art. 128, § 5.º, II, "d", da Constituição Federal.[39] Assim, caso um membro do Ministério Público queira, por exemplo, assumir o cargo de Ministro de Estado, terá de exonerar-se do órgão. Esse entendimento restou fixado no enunciado da seguinte tese jurídica:[40]

Foi estabelecida a interpretação de que membros do Ministério Público não podem ocupar cargos públicos, fora do âmbito da Instituição, salvo cargo de professor e funções de magistério.

---

[38] O Conselho Nacional do Ministério Público regulamentou essa vedação, dispondo que ela só se aplica aos membros do Ministério Público cujo ingresso na carreira tenha ocorrido após a publicação da Emenda Constitucional 45/2004 (Resolução 5, de 20.03.2006).

[39] ADPF 388/DF, rel. Min. Gilmar Mendes, 09.03.2016.

[40] ADPF 388/DF, rel. Min. Gilmar Mendes, 09.03.2016.

Aos membros do Ministério Público também é vedado exercer a advocacia no juízo ou tribunal em que desempenhava suas funções, antes de decorridos três anos do afastamento do cargo por aposentadoria ou exoneração (CF, art. 128, § 6.º).

2.10. Conselho Nacional do Ministério Público

A Emenda Constitucional 45/2004 criou o Conselho Nacional do Ministério Público – CNMP, ao qual compete o controle da atuação administrativa e financeira do Ministério Público e do cumprimento dos deveres funcionais de seus membros.

O Conselho Nacional do Ministério Público compõe-se de quatorze membros nomeados pelo Presidente da República, depois de aprovada a escolha pela maioria absoluta do Senado Federal, sendo (CF, art. 130-A):

> I – o Procurador-Geral da República, que o preside;
>
> II – quatro membros do Ministério Público da União, assegurada a representação de cada uma de suas carreiras;
>
> III – três membros do Ministério Público dos Estados;
>
> IV – dois juízes, indicados um pelo Supremo Tribunal Federal e outro pelo Superior Tribunal de Justiça;
>
> V – dois advogados, indicados pelo Conselho Federal da Ordem dos Advogados do Brasil;
>
> VI – dois cidadãos de notável saber jurídico e reputação ilibada, indicados um pela Câmara dos Deputados e outro pelo Senado Federal. O mandato de tais membros é de dois anos, admitida apenas uma recondução sucessiva.

Estabelece a Constituição que o Presidente do Conselho Federal da Ordem dos Advogados do Brasil – OAB oficiará junto ao Conselho. Destarte, ele não poderá ser membro do Conselho como representante indicado pela OAB, apenas terá direito a oficiar perante o órgão.

Na sua missão de controlar a atuação administrativa e financeira do Ministério Público e o cumprimento dos deveres funcionais de seus membros, compete ao Conselho Nacional do Ministério Público (CF, art. 130-A, § 2.º):

> I – zelar pela autonomia funcional e administrativa do Ministério Público, podendo expedir atos regulamentares, no âmbito de sua competência, ou recomendar providências;
>
> II – zelar pela observância do art. 37 e apreciar, de ofício ou mediante provocação, a legalidade dos atos administrativos praticados por membros ou órgãos do Ministério Público da União e dos Estados, podendo desconstituí-los, revê-los ou fixar prazo para que se adotem as providências necessárias ao exato cumprimento da lei, sem prejuízo da competência dos Tribunais de Contas;

III – receber e conhecer das reclamações contra membros ou órgãos do Ministério Público da União ou dos Estados, inclusive contra seus serviços auxiliares, sem prejuízo da competência disciplinar e correicional da instituição, podendo avocar processos disciplinares em curso, determinar a remoção ou a disponibilidade e aplicar outras sanções administrativas, assegurada ampla defesa;[41]

IV – rever, de ofício ou mediante provocação, os processos disciplinares de membros do Ministério Público da União ou dos Estados julgados há menos de um ano;

V – elaborar relatório anual, propondo as providências que julgar necessárias sobre a situação do Ministério Público no País e as atividades do Conselho, o qual deve integrar a mensagem prevista no art. 84, XI.

Com fundamento no art. 130-A, § 2.º, I e II, da Constituição Federal, anteriormente transcrito, o Supremo Tribunal Federal firmou o entendimento de que **o Conselho Nacional do Ministério Público é competente para regulamentar questões administrativas e disciplinares relacionadas ao procedimento de interceptação telefônica.**[42]

Segundo a mais recente jurisprudência do Supremo Tribunal Federal, **compete ao Conselho Nacional do Ministério Público (CNMP) solucionar conflitos de atribuição entre ministérios públicos diversos.**[43] Com a fixação desse novel entendimento, o STF reformou a sua anterior jurisprudência – que conferia essa competência ao Procurador-Geral da República –, sob o argumento de que o reconhecimento de tal competência ao CNMP constitui a solução mais adequada, pois reforça o mandamento constitucional que atribui ao CNMP o controle da legalidade das ações administrativas dos membros e órgãos dos diversos ramos ministeriais, sem ferir a independência funcional.

O Conselho será presidido pelo Procurador-Geral da República e deverá escolher, em votação secreta, um corregedor nacional, dentre os membros do Ministério Público que o integram, vedada a recondução, competindo a esse corregedor, além das atribuições que lhe forem conferidas pela lei, as seguintes (CF, art. 130-A, § 3.º):

I – receber reclamações e denúncias, de qualquer interessado, relativas aos membros do Ministério Público e dos seus serviços auxiliares;

II – exercer funções executivas do Conselho, de inspeção e correição geral;

III – requisitar e designar membros do Ministério Público, delegando-lhes atribuições, e requisitar servidores de órgãos do Ministério Público.

---

[41] Art. 130-A, § 2.º, III, com a redação dada pela EC 103/2019.

[42] ADI 4.263/DF, rel. Min. Roberto Barroso, 25.04.2018.

[43] Pet 4.891/DF, red. p/ o acórdão Min. Alexandre de Moraes, 16.06.2020.

Nos crimes de responsabilidade, os membros do Conselho Nacional do Ministério Público são processados e julgados pelo Senado Federal (CF, art. 52, II). Anote-se que, por força dessa determinação constitucional, até mesmo os cidadãos nomeados para compor o CNMP poderão cometer crime de responsabilidade.

Nos crimes comuns, os membros do Conselho Nacional do Ministério Público não dispõem de foro especial em razão do desempenho dessa função. Significa dizer que, pela prática de infrações penais comuns, cada membro responderá perante o seu foro competente (de origem). Desse modo, se a infração comum for praticada pelo membro Procurador-Geral da República, a competência para o julgamento será do Supremo Tribunal Federal (CF, art. 102, I, "b"); se for praticada pelo membro cidadão, não possuidor de foro, será ele julgado pela Justiça Comum de primeiro grau – e assim por diante.

Por outro lado, as ações contra o Conselho Nacional do Ministério Público são processadas e julgadas, originariamente, pelo Supremo Tribunal Federal (CF, art. 102, I, "r"). Esta competência, entretanto, diz respeito às manifestações emanadas do colegiado, e não de seus membros individualmente.

Para assegurar maior efetividade à atuação do Conselho, determina a Constituição que leis da União e dos Estados deverão criar ouvidorias do Ministério Público, competentes para receber reclamações e denúncias de qualquer interessado contra membros ou órgãos do Ministério Público, inclusive contra seus serviços auxiliares, representando diretamente ao Conselho Nacional do Ministério Público.

2.11. Ministério Público junto aos tribunais de contas

A Constituição Federal prevê a existência de um Ministério Público junto ao Tribunal de Contas da União, devendo ser aplicados aos membros desse Ministério Público os direitos, vedações e forma de investidura previstos para os demais membros do Ministério Público (art. 130).

Houve grande controvérsia sobre a posição constitucional desse Ministério Público junto ao Tribunal de Contas da União: estaria ele dentro da estrutura do Ministério Público da União, sob a chefia do Procurador-Geral da República, ou integraria ele a estrutura do próprio Tribunal de Contas da União, sem nenhum vínculo com o Ministério Público da União?

O Supremo Tribunal Federal firmou o entendimento de que o Ministério Público junto ao Tribunal de Contas da União é instituição que não integra o Ministério Público da União, cujos ramos foram taxativamente enumerados no art. 128, I, da Carta Política. Portanto, prevaleceu a tese de que aquele Ministério Público é vinculado administrativamente ao próprio Tribunal de Contas da União.[44] Significa dizer que o Ministério Público de Contas não possuiu autonomia administrativa e financeira, pois não dispõe de fisionomia institucional própria, e que, pela mesma razão, os procuradores de contas integram os quadros dos respectivos Tribunais de Contas.[45]

---

[44] ADI 892/RS, rel. Min. Sepúlveda Pertence, 18.03.2002.
[45] ADI 5.117/CE, rel. Min. Luiz Fux, 13.12.2019.

Em consonância com essa orientação, deixou assente o STF que **cabe ao próprio Tribunal de Contas da União a iniciativa de lei** sobre organização, estrutura interna, definição do quadro de pessoal e criação de cargos do Ministério Público que junto a ele atua, matérias que poderão ser veiculadas em **lei ordinária**, visto que a iniciativa do respectivo Procurador-Geral e a exigência de lei complementar, previstas no art. 128, § 5.º, da Constituição, só se aplicam aos ramos do Ministério Público comum, enumerados nos incisos I e II do art. 128 da Carta Política.

Vale notar que o citado art. 130 da Constituição refere-se, genericamente, à existência de "Ministério Público junto aos Tribunais de Contas", ou seja, a norma **não se restringe** ao Tribunal de Contas da União. O Supremo Tribunal Federal entende – tendo em vista o fato de o art. 75 da Constituição determinar a aplicação, no que couber, aos Tribunais de Contas dos estados das normas de organização e composição do Tribunal de Contas da União – que **o Ministério Público junto aos Tribunais de Contas dos estados não pode pertencer ao Ministério Público comum** (dos estados), mas deve, obrigatoriamente, constituir órgão diverso, diretamente vinculado ao respectivo Tribunal de Contas.[46]

Nesse sentido – de que o Ministério Público junto aos Tribunais de Contas dos estados integra a estrutura orgânica da respectiva Corte de Contas –, o Supremo Tribunal Federal tem reafirmado que referido Ministério Público (a) não detém autonomia jurídica e iniciativa legislativa para as leis que definem sua estrutura organizacional; (b) pode ter a sua organização regulada por **lei ordinária**, sendo inconstitucional a exigência de lei complementar para esse fim; e que, ademais, (c) a Constituição Federal **não autoriza** a equiparação de "vencimentos" e "vantagens" entre membros do Ministério Público especial e membros do Ministério Público comum.[47]

Ademais, o STF também deixou assente que "o preceito veiculado pelo art. 75 da Constituição Federal aplica-se, no que couber, à organização, composição e fiscalização dos Tribunais de Contas dos Estados e do Distrito Federal e dos Tribunais e Conselhos de Contas dos Municípios, **excetuando-se ao princípio da simetria os Tribunais de Contas do Município**".[48] Segundo o STF, a simetria estabelecida pelo art. 75 da Constituição **não alcança Tribunal de Contas do Município** (isto é, dos municípios do Rio de janeiro e de São Paulo, únicos existentes no Brasil), sendo essa mais uma das assimetrias constitucionais entre os entes federados, como, por exemplo, a ausência de Poder Judiciário, Ministério Público e Polícia Militar na esfera municipal. Em decorrência desse entendimento, o Tribunal Maior também assentou **que não é obrigatória a instituição e regulamentação do Ministério Público especial junto ao Tribunal de Contas de Município**.[49]

---

[46] Não se reveste de legitimidade constitucional a participação do Ministério Público comum perante os Tribunais de Contas dos Estados, pois essa participação e atuação acham-se constitucionalmente reservadas aos membros integrantes do Ministério Público especial, a que se refere a própria Lei Fundamental da República" (STF, ADI 2.884/RJ, rel. Min. Celso de Mello, 02.12.2004).

[47] ADI 3804/AL, rel. Min. Dias Toffoli, 03.12.2021.

[48] ADPF 272/DF, rel. Min. Cármen Lúcia, 25.03.2021.

[49] Cuidava-se de alegação de omissão inconstitucional quanto ao dever de se criar Ministério Público especial junto ao Tribunal de Contas do Município de São Paulo. A ação foi julgada improcedente,

Dessa forma, temos que o modelo federal – o Ministério Público que atua junto ao Tribunal de Contas da União integra essa própria Corte de Contas, e sua organização será estabelecida por meio de lei ordinária federal, de iniciativa privativa do Tribunal de Contas da União perante o Congresso Nacional – é aplicável ao Ministério Público que atua junto aos Tribunais de Contas dos estados, fazendo--se as devidas adequações. Por exemplo, o Ministério Público que atua junto ao Tribunal de Contas do Estado do Paraná integra esta Corte de Contas (não integra o Ministério Público estadual), sua organização se dá por meio de lei ordinária (e não por meio de lei complementar) e a iniciativa dessa lei ordinária, perante a Assembleia Legislativa, é privativa do Tribunal de Contas do Estado do Paraná (e **não** do Procurador-Geral de Justiça do Estado do Paraná, como ocorre com o Ministério Público estadual).

Em consonância com esse entendimento – de que os Ministérios Públicos que atuam junto aos Tribunais de Contas constituem órgãos autônomos, organizados em carreiras próprias –, o STF firmou orientação de que membros de outras instituições (por exemplo, do Ministério Público comum, ou da Procuradoria da Fazenda) **não** podem exercer perante as Cortes de Contas a função daquele Ministério Público.[50]

De outro lado, o Tribunal firmou o entendimento de que **a atuação do Ministério Público junto aos Tribunais de Contas se limita, unicamente, ao controle externo, no âmbito dos próprios Tribunais de Contas perante os quais oficia, nos termos do art. 71 da Constituição Federal**. Não possui ele, portanto, a legitimidade processual extraordinária e independente do Ministério Público comum para atuação perante órgãos do Poder Judiciário.[51] Com base nessa orientação, decidiu o STF que **o Ministério Público de Contas não tem legitimidade para impetrar mandado de segurança em face de acórdão do Tribunal de Contas perante o qual atua**.[52]

2.12. Prerrogativa de foro

Os membros do Ministério Público são processados e julgados, originariamente, por certos tribunais do Poder Judiciário, garantia que consubstancia a denominada prerrogativa de foro, a eles outorgada em homenagem à plena autonomia funcional que deve ser assegurada no desempenho de suas atribuições constitucionais.

O Procurador-Geral da República é processado e julgado, originariamente, pelo Supremo Tribunal Federal, nas infrações penais comuns, e pelo Senado Federal, nos crimes de responsabilidade.

---

por não se vislumbrar omissão da Câmara de Vereadores e do Tribunal de Contas do Município de São Paulo quanto à criação do Ministério Público especial junto ao Tribunal de Contas Municipal, tendo em vista que a Constituição Federal não estabelece essa obrigatoriedade.

[50] ADI 328, rel. Min. Ricardo Lewandowski, 02.02.2009.

[51] Rcl-AgR 24.156/DF, rel. Min. Celso de Mello, 24.10.2017; Rcl-AgR 24.158/DF, rel. Min. Celso de Mello, 24.10.2017.

[52] RE 1.178.617/GO, rel. Min. Alexandre de Moraes, 26.04.2019.

Os membros do Conselho Nacional do Ministério Público são julgados pelo Senado Federal, nos crimes de responsabilidade. Nos crimes comuns, cada membro do Conselho Nacional do Ministério Público responderá perante seu respectivo foro, de acordo com a função por ele ordinariamente exercida, se houver. Assim, o Procurador-Geral da República, membro-presidente do Conselho, responderá, nos crimes comuns, perante o Supremo Tribunal Federal. Já os cidadãos, membros do Conselho indicados pela Câmara dos Deputados e pelo Senado Federal, responderão perante a justiça comum, salvo se o cidadão indicado for autoridade detentora de foro especial em razão do exercício de outra função pública.

Os membros do Ministério Público da União, que atuam perante os Tribunais do Poder Judiciário, são processados e julgados pelo Superior Tribunal de Justiça – STJ (CF, art. 105, I, "a").

Os membros do Ministério Público da União – inclusive os membros do Ministério Público do Distrito Federal e Territórios, ramo do Ministério Público da União – que atuam perante os juízos de primeiro grau são julgados pelo respectivo Tribunal Regional Federal – TRF, ressalvada a competência da Justiça Eleitoral (crimes eleitorais), hipótese em que são julgados pelo Tribunal Regional Eleitoral – TRE (CF, art. 108, I, "a").

Os membros dos Ministérios Públicos estaduais são julgados pelo respectivo Tribunal de Justiça – TJ, ressalvada a competência da Justiça Eleitoral (crimes eleitorais), hipótese em que são julgados pelo respectivo Tribunal Regional Eleitoral – TRE (CF, art. 96, III).

2.13. Atuação perante o Supremo Tribunal Federal

Como chefe do Ministério Público da União (e do Ministério Público Federal, ramo que integra o MPU), o Procurador-Geral da República é o único legitimado para representar, em sede processual, esse órgão perante o Supremo Tribunal Federal. Vale dizer, o Procurador-Geral do Trabalho e o Procurador-Geral da Justiça Militar não dispõem de legitimidade para atuar perante o STF, haja vista que **a representação institucional do Ministério Público da União perante a Corte Máxima cabe, com exclusividade, ao Procurador-Geral da República.**[53]

Essa atribuição do Ministério Público Federal, entretanto, não exclui a legitimidade dos Ministérios Públicos dos estados e do Distrito Federal para postular perante o STF em causas que, sendo de sua atribuição na origem, foram encaminhadas ao Supremo Tribunal Federal (STF) e ao Superior Tribunal de Justiça (STJ).

Com efeito, entende o Supremo Tribunal Federal que **os Ministérios Públicos dos estados e do Distrito Federal dispõem de legitimidade para atuar em recursos, ações de impugnação e incidentes oriundos de processos de sua competência em trâmite no STF e no STJ.**

---

[53] Rcl 5.873 AgR/ES, rel. Min. Celso de Mello, 09.12.2009.

Essa orientação restou fixada na seguinte **tese de repercussão geral:**[54]

Os Ministérios Públicos dos Estados e do Distrito Federal têm legitimidade para propor e atuar em recursos e meios de impugnação de decisões judiciais em trâmite no STF e no STJ, oriundos de processos de sua atribuição, sem prejuízo da atuação do Ministério Público Federal.

Segundo o Tribunal, essa legitimidade dos Ministérios Públicos dos estados e do Distrito Federal para atuar perante o STF e o STJ é ampla, alcançando a interposição de recursos internos, agravos, embargos de declaração, embargos de divergência, recurso ordinário, recurso extraordinário e o respectivo agravo, propositura dos meios de impugnação de decisões judiciais em geral, reclamação, mandado de segurança, *habeas corpus*, incidente de resolução de demandas repetitivas, ação rescisória, conflito de competência, bem como a prerrogativa de produzir razões nos recursos.

3. ADVOCACIA PÚBLICA

A Advocacia-Geral da União foi criada com o fim de afastar de vez do Ministério Público Federal a função de advocacia da União, regime que vigorava na vigência da Constituição pretérita. Com efeito, sob a égide da Constituição de 1969, os membros do Ministério Público Federal ora desempenhavam a sua função típica, ora atuavam como Procuradores da República no exercício da advocacia da União, vale dizer, como advogados representantes da União.

A vigente Constituição, acertadamente, acabou com essa dualidade de função do Ministério Público, criando a Advocacia-Geral da União, à qual cabe, diretamente ou por meio de órgão vinculado, representar a União, judicial e extrajudicialmente, bem como prestar as atividades de consultoria e assessoramento jurídico do Poder Executivo (CF, art. 131).

Note-se que são duas funções distintas. Pela primeira, a Advocacia-Geral da União representa, judicial e extrajudicialmente, a União, aqui englobando seus diversos órgãos, nos três Poderes da República (Executivo, Legislativo e Judiciário), e não só o Poder Executivo. Pela outra, cabe-lhe prestar consultoria e assessoramento jurídico ao **Poder Executivo federal** (esta última atribuição, insista-se, só alcança o Poder Executivo federal).

A Advocacia-Geral da União é chefiada pelo Advogado-Geral da União, cargo de livre nomeação e exoneração pelo Presidente da República, entre cidadãos maiores de trinta e cinco anos, de notável saber jurídico e reputação ilibada.

O Advogado-Geral da União **dispõe de *status* de Ministro de Estado**, inclusive para o fim de foro por prerrogativa de função perante o Supremo Tribunal Federal.

---

[54] RE 985.392, rel. Min. Gilmar Mendes, 05.06.2017.

Assim, será ele julgado pelo **Senado Federal**, nos crimes de responsabilidade, e pelo **Supremo Tribunal Federal**, nos crimes comuns.[55]

Na execução da dívida ativa de natureza tributária, a representação da União cabe à **Procuradoria-Geral da Fazenda Nacional**, órgão da estrutura administrativa do Ministério da Economia (CF, art. 131, § 3.º).[56]

Estabelece o art. 132 da Constituição Federal que os procuradores dos estados e do Distrito Federal, organizados em carreira, na qual o ingresso dependerá de concurso público de provas e títulos, com a participação da Ordem dos Advogados do Brasil em todas as suas fases, exercerão a representação judicial e a consultoria jurídica das respectivas unidades federadas (CF, art. 132).

Por força desse dispositivo, o Supremo Tribunal Federal entende que a opção do legislador constituinte foi estabelecer um **modelo de exercício exclusivo**, pelos Procuradores de Estado e do Distrito Federal, de toda a atividade jurídica, consultiva e contenciosa, das unidades federativas estaduais e distritais, incluídas as autarquias e as fundações.[57] Vale dizer, a representação estadual como um todo, independentemente do Poder (Executivo, Legislativo e Judiciário), compete unicamente à Procuradoria-Geral do Estado (PGE). Para o STF, tal previsão constitucional – também conhecida como **princípio da unicidade institucional da representação judicial e da consultoria jurídica para os estados e o Distrito Federal** – estabelece competência funcional exclusiva da Procuradoria-Geral do Estado, **vedada a criação de outros órgãos jurídicos pelos estados e pelo Distrito Federal** (procuradorias autárquicas, procuradorias de fundações públicas etc.) para o desempenho das referidas atribuições.[58]

Ademais, o Pretório Excelso também assentou que a atividade de assessoramento jurídico do Poder Executivo nas unidades federadas **não pode ser desempenhada por ocupante de cargo em comissão**, porquanto a organização em carreira e o ingresso por concurso público de provas e títulos, com participação da OAB em todas as suas fases, constituem elementos fundamentais para a configuração da necessária independência desses especiais agentes públicos.[59]

No que respeita à remuneração dos advogados públicos, o Supremo Tribunal Federal firmou o entendimento de que a natureza constitucional dos serviços prestados pelos advogados públicos **possibilita o recebimento da verba de honorários de sucumbência**, sem implicar ofensa ao regime de subsídio, previsto no art. 39, § 4.º, da Constituição Federal.[60]

---

[55] CF, arts. 52, II, e 102, I, "c".

[56] Sobre o direito de férias dos procuradores da Fazenda Nacional, o Supremo Tribunal Federal firmou a seguinte tese jurídica: "Os Procuradores da Fazenda Nacional não possuem direito a férias de 60 dias, nos termos da legislação infraconstitucional e constitucional vigentes" (RE 594.481/DF, rel. Min. Roberto Barroso, 05.05.2020).

[57] ADI 145/CE, rel. Min. Dias Toffoli, 20.06.2018.

[58] ADI 825/AP, rel. Min. Alexandre de Moraes, 25.10.2018.

[59] ADI 4.261/RO, rel. Min. Ayres Britto, 02.08.2010.

[60] Vejam-se, entre outras: ADIs 6.165/TO, 6.178/RN, 6.181/AL, 6.197/RR, rel. Min. Alexandre de Moraes, 24.06.2020; ADPF 597/AM, red. p/ o acórdão Min. Edson Fachin, 21.08.2020; ADI 6.159/PI, rel. Min. Roberto Barroso, 21.08.2020.

Ao firmar esse entendimento, o Tribunal deixou assente que: (*i*) o pagamento de honorários sucumbenciais aos advogados públicos **é constitucional**; (*ii*) o recebimento da verba **é compatível com o regime de subsídios**, nos termos do art. 39, § 4.º, da Constituição; e (*iii*) os honorários sucumbenciais, somados às demais verbas remuneratórias, **devem estar limitados ao teto constitucional** disposto no art. 37, XI, da Constituição Federal. Sobre a matéria, foi fixada a seguinte tese jurídica:

> É constitucional o pagamento de honorários sucumbenciais aos advogados públicos, observando-se, porém, o limite remuneratório previsto no art. 37, XI, da Constituição.

Aos procuradores dos estados e do Distrito Federal é assegurada estabilidade após três anos de efetivo exercício, mediante avaliação de desempenho perante os órgãos próprios, após relatório circunstanciado das corregedorias.

Conforme anteriormente exposto, o cargo de Advogado-Geral da União é de livre nomeação e exoneração pelo Presidente da República, cuja escolha poderá recair em **profissional estranho à carreira da advocacia pública** (art. 131, § 1.º). Já a forma de nomeação do Procurador-Geral do Estado **não** foi prevista na Constituição Federal (art. 132). Em face desse silêncio, entende o Supremo Tribunal Federal que essa competência se insere no âmbito de autonomia de cada estado-membro, que poderá defini-la na respectiva Constituição Estadual. Ao dispor sobre a matéria, o estado-membro pode estabelecer, por exemplo, que o Procurador-Geral do Estado (chefe da advocacia pública estadual) deve ser nomeado **apenas entre membros da respectiva carreira**, pois a regra de escolha do Advogado-Geral da União **não é de aplicação obrigatória aos estados-membros por simetria**.[61] Essa orientação restou consolidada na seguinte **tese jurídica**:

> Não ofende a Constituição Federal a previsão, em ato normativo estadual, de obrigatoriedade de escolha do Procurador-Geral do Estado entre os integrantes da respectiva carreira.

É importante observar que os princípios institucionais e as prerrogativas funcionais do Ministério Público e da Defensoria Pública, anteriormente examinados, **não são extensíveis aos advogados públicos**, porquanto as atribuições destes – integrantes do Poder Executivo e, como tais, sujeitos à hierarquia administrativa – não guardam pertinência com as funções conferidas aos membros daquelas outras instituições. Em face dessa realidade institucional, a garantia da inamovibilidade conferida pela Constituição Federal aos magistrados, aos membros do Ministério Público e aos membros da Defensoria Pública não pode ser estendida aos procuradores de estado.[62]

Especificamente no tocante à atuação dos **advogados públicos**, o Supremo Tribunal Federal firmou entendimento de que o fato de emitirem pareceres jurídicos que subsidiarão a tomada de decisão pelos administradores públicos **não autoriza**

---

[61] ADI 3.056/RN, red. p/ o acórdão Min. Roberto Barroso, 22.09.2023.
[62] ADI 5.029/MT, rel. Min. Luiz Fux, 15.04.2020.

Cap. 12 • FUNÇÕES ESSENCIAIS À JUSTIÇA

a sua responsabilização solidária com estes pela prática do ato administrativo, salvo na hipótese de erro grave, inescusável, ou de ato ou omissão praticado com culpa, em sentido amplo.[63]

Assim é porque, para a Corte Excelsa, o parecer da advocacia pública não é ato administrativo propriamente dito, mas sim ato de "administração consultiva", que visa, tão somente, a informar, elucidar, sugerir providências administrativas a serem posteriormente adotadas mediante atos de administração ativa.

Por exemplo, se um advogado público emite parecer favorável à contratação de certo serviço sem a realização de licitação pública, por entender que se trata de hipótese de inexigibilidade, não poderá ser ulteriormente responsabilizado solidariamente com o administrador pelo ato de contratação, salvo se ficar demonstrado que houve erro grave, inescusável, na emissão do parecer, ou ficar demonstrada atuação dolosa ou culposa do advogado público.

Entende a Corte Suprema, também, que a multa pessoal a suposto litigante de má-fé **não pode ser imposta a advogado de órgão público**, mas apenas à entidade a que pertença o órgão que ele defende.[64]

4. ADVOCACIA

Estabelece a Constituição que o advogado é indispensável à administração da justiça, sendo inviolável por seus atos e manifestações no exercício da profissão, nos limites da lei (CF, art. 133).

Esse dispositivo constitucional consagra duas regras especiais aplicáveis aos advogados, no desempenho de suas funções: (a) o princípio da indispensabilidade do advogado; (b) a imunidade do advogado.

O princípio da indispensabilidade da intervenção exige a subscrição de advogado habilitado profissionalmente, mediante inscrição na Ordem dos Advogados do Brasil – OAB, para a postulação em juízo. Essa exigência, porém, não é absoluta, pois a lei pode, em situações excepcionais, afastar a obrigatoriedade de assistência advocatícia, como ocorre no caso da impetração de *habeas corpus*, na revisão criminal e no acesso à Justiça do Trabalho, hipóteses em que a postulação em juízo independe de subscrição de advogado.

Registre-se, também, que a Lei 10.259/2001, instituidora dos juizados especiais cíveis e criminais no âmbito da Justiça Federal, em seu art. 10, estabelece que "as partes poderão designar, por escrito, representantes para a causa, **advogado ou não**". Em ação na qual se impugnava esse dispositivo legal, o Supremo Tribunal Federal declarou constitucional essa previsão de atuação sem intervenção de advogado nas causas de competência dos juizados especiais **cíveis**. Entendeu a Corte Suprema que a faculdade de constituir ou não advogado nas causas de competência dos **juizados especiais federais cíveis** não ofende a Constituição, configurando hipótese de

---

[63] MS 24.073-3/DF, rel. Carlos Velloso, 06.11.2002.
[64] RCL 5.133, rel. Min. Cármen Lúcia, 20.05.2009.

exceção à indispensabilidade de advogado, legitimamente estabelecida em lei, com o escopo de ampliar o acesso à justiça.[65]

No entanto, frise-se, no que respeita aos **processos criminais**, considerou- se que, em homenagem ao princípio da ampla defesa, é imperativo o comparecimento do réu ao processo devidamente acompanhado de profissional habilitado a oferecer-lhe defesa técnica de qualidade: advogado inscrito nos quadros da OAB ou defensor público. Assim, o STF decidiu que é inconstitucional a aplicação do mencionado art. 10 da Lei 10.259/2001 aos juizados especiais federais **criminais**.

Em outro importante julgado, o Supremo Tribunal Federal afastou a obrigatoriedade da defesa técnica de advogado e defensores públicos nos **Centros Judiciários de Solução de Conflitos e Cidadania** (Cejuscs), considerando-a meramente facultativa às partes.[66]

O Supremo Tribunal Federal também declarou a constitucionalidade de norma legal[67] que dispensa a assistência de advogado **na audiência inicial do procedimento especial da ação de alimentos**.[68] Segundo o Tribunal, a instituição de um rito especial para a ação de alimentos, dispensada a assistência advocatícia na audiência inicial, demonstra a necessidade de garantia do acesso à Justiça, bem como de concretização do direito constitucional a alimentos, o qual se ampara no princípio da dignidade da pessoa humana (CF, art. 1.º, III) e no direito à vida (CF, art. 5.º, *caput*).

Portanto, são exemplos de **exceção à indispensabilidade de advogado** nos processos de índole judicial: (a) o *habeas corpus*; (b) a revisão criminal; (c) a postulação perante a Justiça do Trabalho; (d) as ações propostas nos juizados especiais cíveis e a defesa técnica nos Centros Judiciários de Solução de Conflitos e Cidadania (Cejuscs); e (e) a postulação na audiência inicial do procedimento especial da ação de alimentos.

Na esfera administrativa, a regra é a dispensabilidade da assistência advocatícia. No tocante ao processo administrativo disciplinar, destinado à apuração de falta funcional de servidor público, a controvérsia sobre a necessidade de advogado foi dirimida pelo Supremo Tribunal Federal, que decidiu pela **dispensabilidade** dessa assistência técnica – entendimento que restou consolidado na **Súmula Vinculante 5**, nestes termos:

> 5 – A falta de defesa técnica por advogado no processo administrativo disciplinar não ofende a Constituição.

Importante destacar que a Súmula Vinculante 5 não eliminou o direito de defesa por advogado no âmbito dos processos administrativos disciplinares. Nela consta apenas que a presença desse profissional **não é obrigatória** em tais procedimentos. Por evidente, essa mesma orientação vale para aqueles procedimentos judiciais, anteriormente mencionados, em que se afastou a indispensabilidade da assistência advocatícia.

---

[65] ADI 3.168/DF, rel. Min. Joaquim Barbosa, 08.06.2006.
[66] ADI 6.324, rel. Min. Roberto Barroso, 24.08.2023.
[67] Lei 5.478/1968, art. 2.º, *caput* e § 3.º.
[68] ADPF 591/DF, rel. Min. Cristiano Zanin, 16.08.2024.

A garantia da imunidade do advogado lhe assegura a inviolabilidade por seus atos e manifestações no exercício da profissão, nos limites da lei. Não se trata de privilégio do profissional em si, mas sim garantia ao exercício da profissão e, também, representa importante garantia ao próprio cliente, que muitas vezes confia ao seu advogado documentos e testemunhos que necessitam de proteção e sigilo perante terceiros.

Essa imunidade, porém, não é absoluta, devendo obedecer aos limites estabelecidos em lei. Assim, a inviolabilidade circunscreve-se às manifestações e à prática de atos vinculados ao efetivo e regular exercício da profissão, sendo absolutamente descabida a sua invocação quando as ofensas expedidas pelo advogado forem gratuitas, fora dos limites da causa e sem pertinência com o estrito exercício da atividade profissional. Desse modo, do manto protetor da imunidade devem ser excluídos os atos, os gestos ou as palavras que manifestamente desbordem do exercício da profissão, como a agressão (física ou moral), o insulto pessoal e a humilhação pública.[69]

De igual modo, o sigilo profissional constitucionalmente assegurado ao advogado **não exclui a possibilidade de cumprimento de mandado de busca e apreensão em escritório de advocacia**. Assim, o local de trabalho do advogado, desde que este seja investigado, **pode ser alvo de busca e apreensão**, observando-se os limites impostos pela autoridade judicial. Há que se observar, porém, que, segundo entendimento do Supremo Tribunal Federal, a deflagração de amplas, inespecíficas e desarrazoadas medidas de busca e apreensão em desfavor de advogados pode, além de violar prerrogativas da advocacia, evidenciar a indevida prática de **pesca de provas** (*fishing expedition*), o que redundará na nulidade das provas eventualmente colhidas.[70]

O Estatuto da Ordem dos Advogados do Brasil estabelece também que os serviços profissionais de advogado são, por sua natureza, **técnicos e singulares, quando comprovada sua notória especialização**, nos termos da lei.[71]

É mister destacar, também, que o Supremo Tribunal Federal considerou válida disposição legal que assegura aos advogados que tenham recebido ordem de prisão o direito a **prisão especial** (recolhimento em sala de Estado Maior ou em prisão domiciliar, na falta da primeira) até o trânsito em julgado de decisão condenatória,[72] bem como o direito à **isenção do pagamento obrigatório de contribuição sindical** para os advogados que já pagam a contribuição anual à Ordem dos Advogados do Brasil.[73]

O Supremo Tribunal Federal reconheceu, ainda, o direito de os advogados terem acesso a provas já documentadas em autos de inquéritos policiais que envolvam seus clientes, **inclusive os que tramitam em sigilo**. Esse direito de acesso engloba a possibilidade de obtenção de cópias, por quaisquer meios, de todos os elementos de prova **já documentados**, inclusive mídias que contenham gravação de depoimentos em formato audiovisual. Tal entendimento está consolidado no enunciado da **Súmula Vinculante 14**, nos termos seguintes:

---

[69]   HC 105.134, rel. Min. Dias Toffoli, 06.09.2010.

[70]   Rcl 43.479/RJ, rel. Min. Gilmar Mendes, 10.08.2021.

[71]   Lei 8.906/1994, art. 3.º-A, incluído pela Lei 14.039, de 14.08.2020.

[72]   RCL 4.535 e 4.733, rel. Min. Sepúlveda Pertence, 07.05.2007.

[73]   ADI 2.522, rel. Min. Eros Grau, 09.06.2006.

14 – É direito do defensor, no interesse do representado, ter acesso amplo aos elementos de prova que, já documentados em procedimento investigatório realizado por órgão com competência de polícia judiciária, digam respeito ao exercício do direito de defesa.

Em consonância com a qualificação de indispensável à administração da Justiça atribuída constitucionalmente ao advogado, o texto constitucional também confere papel privilegiado à Ordem dos Advogados do Brasil (OAB), outorgando-lhe relevantes prerrogativas. Dentre essas prerrogativas, destacamos: (a) a participação obrigatória nos concursos públicos de ingresso na magistratura (art. 93, I), no Ministério Público (art. 129, § 3.º) e na carreira dos Procuradores dos Estados e do Distrito Federal (art. 132); (b) a legitimação ativa para a propositura das ações do controle abstrato perante o Supremo Tribunal Federal (art. 103, VII); (c) a indicação de dois membros do Conselho Nacional de Justiça – CNJ (art. 103-B, XII) e do Conselho Nacional do Ministério Público – CNMP (art. 130-A, V); e (d) o direito de oficiar perante o CNJ (art. 103-B, § 6.º) e o CNMP (art. 130-A, § 4.º).

Desde a promulgação da Constituição Federal de 1988, muito se discutiu acerca da natureza jurídica da OAB, tendo em vista que o texto constitucional não foi suficientemente claro a esse respeito. Diante dessa omissão, tais contornos jurídicos foram delineados pelo Supremo Tribunal Federal, que deixou assente, em resumo, que a OAB:[74]

a) não é uma entidade da administração indireta da União, mas sim um **serviço público independente**, categoria ímpar no elenco das personalidades jurídicas existentes no direito brasileiro;

b) não se sujeita aos ditames impostos à administração pública direta e indireta, tampouco há ordem de relação ou dependência entre ela e qualquer órgão público;

c) não está voltada exclusivamente a finalidades corporativas, não podendo ser tida como congênere dos demais órgãos de fiscalização profissional;

d) não está sujeita aos controles contábil, financeiro, orçamentário e patrimonial realizados pelo Tribunal de Contas da União (entendimento fixado na seguinte **tese de repercussão geral**:[75] "O Conselho Federal e os Conselhos Seccionais da Ordem dos Advogados do Brasil não estão obrigados a prestar contas ao Tribunal de Contas da União nem a qualquer outra entidade externa");

e) não se sujeita à exigência de concurso público para a contratação de seu pessoal (que é constituído de empregados celetistas, e não de servidores públicos estatutários);

f) não se sujeita à exigência de licitação para contratação de obras e serviços; e

g) tem as suas causas julgadas pela Justiça Federal.[76]

---

[74] ADI 3.026/DF, rel. Min. Eros Grau, 08.06.2006.

[75] RE 1.182.189, red. p/ o acórdão Min. Edson Fachin, 25.04.2023.

[76] RE 595.332/PR, rel. Min. Marco Aurélio, 31.08.2016, em que restou fixada a seguinte tese de repercussão geral: "Compete à Justiça Federal processar e julgar ações em que a Ordem dos Advogados do Brasil, quer mediante o Conselho Federal, quer seccional, figure na relação processual."

Cap. 12 • FUNÇÕES ESSENCIAIS À JUSTIÇA

5. DEFENSORIA PÚBLICA

A Constituição consagra, como direito individual, a prestação estatal de assistência jurídica integral e gratuita aos que comprovarem insuficiência de recursos (art. 5.º, LXXIV).

Complementando esse dispositivo, determina o art. 134 da Constituição que a Defensoria Pública é instituição permanente, essencial à função jurisdicional do Estado, incumbindo-lhe, como expressão e instrumento do regime democrático, fundamentalmente, a orientação jurídica, a promoção dos direitos humanos e a defesa, em todos os graus, judicial e extrajudicial, dos direitos individuais e coletivos, de forma integral e gratuita, aos necessitados.[77]

Cabe pontuar que, de acordo com a jurisprudência do Supremo Tribunal Federal, **é constitucional a prestação de assistência jurídica por defensores públicos a pessoas jurídicas**, tendo em vista que a missão constitucional das defensorias públicas de atender aos necessitados alberga não só a prestação de assistência a **pessoas naturais**, mas também a **pessoas jurídicas** que comprovarem insuficiência de recursos.[78] Ponderou-se que é inegável a possibilidade de que pessoas jurídicas sejam, de fato, hipossuficientes, e que, por isso, as expressões "insuficiência de recursos" e "necessitados" podem aplicar-se tanto às pessoas físicas quanto às pessoas jurídicas.

As Defensorias Públicas serão organizadas em cargos de carreira, providos, na classe inicial, mediante concurso público de provas e títulos, assegurada a seus integrantes a garantia da inamovibilidade e vedado o exercício da advocacia fora das atribuições institucionais (CF, art. 134, § 1.º). Segundo entendimento do Supremo Tribunal Federal, a atuação institucional do defensor público decorre exclusivamente da nomeação e da posse no cargo público, razão pela qual é indevida a exigência de **inscrição na Ordem dos Advogados do Brasil (OAB)**.[79] Essa orientação restou consolidada na seguinte **tese de repercussão geral:**[80]

> É inconstitucional a exigência de inscrição do defensor público nos quadros da Ordem dos Advogados do Brasil.

O número de defensores públicos na unidade jurisdicional será **proporcional à efetiva demanda pelo serviço da Defensoria Pública e à respectiva população**, devendo – no prazo de 8 (oito) anos a contar da data de promulgação da EC 80/2014 – a União, os Estados e o Distrito Federal contar com defensores públicos em todas as unidades jurisdicionais. Durante esse prazo, a lotação dos defensores públicos ocorrerá, prioritariamente, atendendo as regiões com **maiores índices de exclusão social e adensamento populacional.**[81]

---

[77] Redação dada pela EC 80, de 04.06.2014.

[78] ADI 4.636/DF, rel. Min. Gilmar Mendes, 04.11.2021

[79] ADI 4.636/DF, rel. Min. Gilmar Mendes, 04.11.2021.

[80] RE 1.240.999/SP, rel. Min. Alexandre de Moraes, 04.11.2021.

[81] ADCT, art. 98, incluído pela EC 80/2014.

São princípios institucionais da Defensoria Pública, constitucionalmente expressos, a **unidade**, a **indivisibilidade** e a **independência funcional** (art. 134, § 4.º).

A **unidade** da Defensoria Pública significa que seus membros integram um só órgão, sob única direção de um Defensor Público-Geral. Evidentemente, o princípio da unidade há que ser visto como **unidade dentro de cada Defensoria Pública**, vale dizer, não existe unidade entre a Defensoria Pública da União e as Defensorias Públicas dos estados, tampouco entre a Defensoria Pública de um estado e a de outro.

O princípio da **indivisibilidade** enuncia que os membros da Defensoria Pública não se vinculam aos processos em que atuam, podendo ser substituídos uns pelos outros, de acordo com as regras legais, sem nenhum prejuízo para o processo. Enfim, a atuação dos membros da Defensoria Pública é atuação do órgão, indivisível por expressa disposição constitucional. Porém, da mesma forma que o princípio da unidade, não se pode falar em indivisibilidade entre as diferentes Defensorias Públicas, devendo ser entendida como existente **somente dentro de cada uma delas**.

A **independência funcional** assegura que a Defensoria Pública é independente no exercício de suas funções, **não estando subordinada a qualquer dos Poderes** (Legislativo, Executivo ou Judiciário). Ademais, mesmo no âmbito de cada Defensoria Pública, a hierarquia existente entre os seus membros e o Defensor Público-Geral é **meramente administrativa**, e **não** de ordem funcional (não diz respeito à atuação de cada defensor público no exercício de suas competências).

A Carta Política estabelece, ainda, que se aplica às Defensorias Públicas, no que couber, o disposto no art. 93 e no inciso II do art. 96 da Constituição Federal (art. 134, § 4.º). Por força do art. 93, temos que a lei complementar que disporá sobre a organização das Defensorias Públicas **deverá observar, no que couber, os princípios constitucionalmente impostos à organização da magistratura**.

Por sua vez, o inciso II do art. 96 assegura às Defensorias Públicas a **autonomia administrativa para propor ao Poder Legislativo**, dentre outras medidas, a criação e a extinção de cargos e a remuneração dos seus serviços auxiliares, bem como a fixação do subsídio de seus membros. Em consonância com essa disposição constitucional, o Supremo Tribunal Federal firmou o entendimento de que a iniciativa de lei sobre criação de cargos, política remuneratória e planos de carreira da Defensoria Pública estadual **é privativa do Defensor Público-Geral**, e **não** do Governador.[82]

A Defensoria Pública é criação da "Constituição Cidadã" – não existia tal órgão em nosso país quando foi promulgada a Carta de 1988. O texto constitucional originário determinava que o Congresso Nacional editasse uma lei complementar para organizar a Defensoria Pública da União e do Distrito Federal e dos Territórios e, também, para prescrever normas gerais para sua organização nos estados (art. 134, § 1.º). Posteriormente, a EC 69/2012 **transferiu da União para o Distrito Federal as atribuições de organizar e manter a Defensoria Pública do Distrito Federal**. Com isso, hoje, compete ao Congresso Nacional, mediante lei complementar, organizar a Defensoria Pública da União e dos Territórios,

---

[82] ADI 5.943, rel. Min. Gilmar Mendes, 04.01.2023.

bem como prescrever normas gerais para organização da Defensoria Pública nos estados e no Distrito Federal.

A EC 45/2004 trouxe regra de fortalecimento da autonomia das Defensorias Públicas **estaduais**, assegurando-lhes **autonomia funcional e administrativa e a iniciativa de sua proposta orçamentária dentro dos limites estabelecidos na lei de diretrizes orçamentárias.**[83] Posteriormente, essas mesmas prerrogativas foram estendidas à **Defensoria Pública do Distrito Federal** (EC 69/2012) e à **Defensoria Pública da União** (EC 74/2013). Nos dias atuais, portanto, **todas as Defensorias Públicas** – dos estados-membros, do Distrito Federal e da União – possuem autonomia funcional e administrativa, bem como a iniciativa de sua proposta orçamentária dentro dos limites estabelecidos na lei de diretrizes orçamentárias.

Anote-se que, no tocante à **iniciativa de sua proposta orçamentária**, deverão as Defensorias Públicas obedecer aos seguintes **requisitos**: (a) elaborar a proposta dentro dos limites estabelecidos na lei de diretrizes orçamentárias; e (b) apresentá-la ao Poder Executivo, na forma do disposto no art. 99, § 2.º, da Constituição Federal.

Segundo a jurisprudência do STF, uma vez atendidos os supramencionados requisitos, deve o chefe do Poder Executivo, tão somente, consolidar a proposta encaminhada pela Defensoria Pública e remetê-la ao Poder Legislativo, **sem introduzir nela quaisquer reduções e/ou modificações**. Poderá o chefe do Executivo (Presidente da República ou Governador, conforme o caso), se entender necessário, **solicitar ao Poder Legislativo a redução pretendida**, mas **não** reduzir, ele próprio, **unilateralmente**, as dotações orçamentárias apresentadas pela Defensoria Pública, sob pena de clara ofensa à autonomia financeira desta instituição.

Essa orientação da nossa Suprema Corte restou consolidada na seguinte **tese**, dotada de eficácia *erga omnes* e força vinculante:[84]

> É inconstitucional a redução unilateral pelo Poder Executivo dos orçamentos propostos pelos outros Poderes e por órgãos constitucionalmente autônomos, como o Ministério Público e a Defensoria Pública, na fase de consolidação do projeto de lei orçamentária anual, quando tenham sido elaborados em obediência às leis de diretrizes orçamentárias e enviados conforme o art. 99, § 2.º, da CRFB/88, cabendo-lhe apenas pleitear ao Poder Legislativo a redução pretendida, visto que a fase de apreciação legislativa é o momento constitucionalmente correto para o debate de possíveis alterações no Projeto de Lei Orçamentária.

Outro aspecto relevante no que respeita à autonomia financeira das defensorias públicas é o direito à percepção de honorários sucumbenciais, para o aparelhamento da instituição. Segundo o entendimento do Supremo Tribunal Federal, é devido o pagamento de honorários à Defensoria Pública nas demandas em que ela representa a parte vencedora contra qualquer ente público, **inclusive aqueles aos**

---

[83] CF, art. 134, § 2.º, introduzido pela EC 45/2004.
[84] ADI 5.287/PB, rel. Min. Luiz Fux, 18.05.2016.

quais está vinculada, devendo o valor recebido ser destinado exclusivamente ao aperfeiçoamento das próprias Defensorias, com vistas ao incremento da qualidade do atendimento à população carente e à garantia da efetividade do acesso à Justiça, e não rateado entre os seus membros.[85] Essa orientação foi consolidada na seguinte tese de repercussão geral:

> 1. É devido o pagamento de honorários sucumbenciais à Defensoria Pública, quando representa parte vencedora em demanda ajuizada contra qualquer ente público, inclusive aquele que integra;
>
> 2. O valor recebido a título de honorários sucumbenciais deve ser destinado, exclusivamente, ao aparelhamento das Defensorias Públicas, vedado o seu rateio entre os membros da instituição.

Em respeito às relevantes atribuições constitucionais das Defensorias Públicas, bem como à sua autonomia funcional e administrativa, o Supremo Tribunal Federal firmou o entendimento de que é inconstitucional:

a) lei que estabelece a vinculação da Defensoria Pública a Secretaria de Estado, por acarretar indevida relação de subordinação da instituição ao Poder Executivo;[86]

b) lei que outorga à Defensoria Pública a atribuição de prestar assistência judicial a servidores públicos, quando processados civil ou penalmente por ato praticado em razão do exercício de suas atribuições funcionais, pois essa função extrapola a missão institucional do órgão, prevista no art. 5.º, LXXIV, da Constituição Federal;[87]

c) lei que autoriza a contratação temporária (precária) de advogados para o exercício das atribuições de defensor público, tendo em vista que a Constituição Federal exige que as defensorias públicas sejam organizadas em cargos de carreira, providos mediante concurso público de provas e títulos (art. 134, § 1.º);[88]

d) norma que impõe à Defensoria Pública estadual, para prestação de serviço jurídico integral e gratuito aos necessitados, a obrigatoriedade de assinatura de convênio exclusivo com a OAB, ou com qualquer outra entidade;[89]

e) norma que autoriza o desempenho, pelos membros da Defensoria Pública, de atividades próprias da advocacia privada;[90] e

f) norma estadual que confere à Defensoria Pública estadual o poder de requisição para instaurar inquérito policial – tendo em vista se tratar de matéria da competência privativa da União (CF, art. 22, I), já estabelecida pelo Código

---

[85] RE 1.140.005, rel. Min. Roberto Barroso, 26.06.2023.

[86] ADI 3.569/PE, rel. Min. Sepúlveda Pertence, 02.04.2007.

[87] ADI 3.022/RS, rel. Min. Joaquim Barbosa, 02.08.2004.

[88] ADI 3.700, rel. Min. Ayres Britto, 15.10.2008.

[89] ADI 4.163/SP, rel. Min. Cezar Peluso, 29.02.2012.

[90] ADI 3.043/MG, rel. Min. Eros Grau, 26.04.2006.

de Processo Penal, que prevê a instauração de inquérito policial mediante a requisição de autoridade judiciária ou do Ministério Público (art. 5.º, II).[91]

O Supremo Tribunal Federal firmou o entendimento de que as Defensorias Públicas dispõem do chamado **poder requisitório**, que lhes confere a prerrogativa de requisitar, de quaisquer autoridades públicas e de seus agentes, certidões, exames, perícias, vistorias, diligências, processos, documentos, informações, esclarecimentos e demais providências necessárias ao exercício de suas atribuições.[92]

Alertou o Tribunal, porém, que esse poder requisitório **não alcança dados cujo acesso dependa de autorização judicial**, como aqueles protegidos por sigilo (por exemplo, sigilos fiscal e bancário), nem outorga à Defensoria Pública o poder de requisição **para instaurar inquérito policial**.[93]

Segundo a jurisprudência do Supremo Tribunal Federal, as Defensorias Públicas têm, também, legitimidade para propor **ação civil pública**, visando a promover a tutela judicial de direitos difusos e coletivos de que sejam titulares, em tese, pessoas necessitadas.[94]

Cumpre ressaltar que as Defensorias Públicas dispõem dessa legitimidade ativa para propor ação civil pública na defesa dos hipossuficientes **mesmo nos casos em que haja possíveis beneficiados não necessitados**. Estando presentes interesses individuais ou coletivos da população necessitada, haverá a legitimidade ativa das Defensorias Públicas para a propositura da ação civil pública, mesmo nas hipóteses em que a tutela a ser obtida extrapole esse público, ficando claro que, quando extrapolar, a execução individual, se couber, será limitada aos necessitados. Esse o entendimento que restou consolidado na seguinte **tese de repercussão geral**:[95]

> A Defensoria Pública tem legitimidade para a propositura da ação civil pública em ordem a promover a tutela judicial de direitos difusos e coletivos de que sejam titulares, em tese, pessoas necessitadas.

Podem, também, por força de lei, impetrar **mandado de injunção coletivo**, quando a tutela requerida for especialmente relevante para a promoção dos direitos humanos e a defesa dos direitos individuais e coletivos dos necessitados.[96]

Vale lembrar que, tal como ocorre com os servidores integrantes da carreira da advocacia pública, determina a Constituição Federal que os servidores das defensorias públicas **devem ser remunerados na forma de subsídio** (art. 135).

O Supremo Tribunal Federal enfrentou controvérsia acerca da instituição de assistência jurídica aos necessitados por ente municipal. Segundo nossa Corte Su-

---

[91] ADI 4.346/MG, red. p/ o acórdão Min. Alexandre de Moraes, 10.03.2023.

[92] ADI 6.860/MT, rel. Min. Nunes Marques, 13.09.2022; ADI 6.861/PI, rel. Min. Nunes Marques, 13.09.2022; ADI 6.863/PE, rel. Min. Nunes Marques, 13.09.2022.

[93] ADI 4.346/MG, red. p/ o acórdão Min. Alexandre de Moraes, 10.03.2023.

[94] ADI 3.943/DF, rel. Min. Cármen Lúcia, 07.05.2015.

[95] RE 733.433/MG (**repercussão geral**), rel. Min. Dias Toffoli, 04.11.2015 (Informativo 806 do STF).

[96] Lei 13.300/2016, art. 12, IV.

prema, **os municípios podem instituir assistência jurídica à população de baixa renda,** sem que essa medida implique ofensa à autonomia das defensorias públicas.[97] Ponderou-se que não se trata da criação de defensoria municipal – o que seria inadmissível, uma vez que a Constituição Federal somente prevê a existência de Defensoria Pública da União, dos estados e do Distrito Federal –, mas somente da disponibilização de **serviço público de assistência jurídica complementar,** voltado aos interesses da população de baixa renda, com o fim de minorar a vulnerabilidade social e econômica e incrementar o acesso à Justiça.[98]

Por fim, é importantíssimo registrar que o Supremo Tribunal Federal reconheceu à Defensoria Pública da União legitimidade para atuar em processos perante ele (o STF) na condição de "**guardiã dos vulneráveis**" (*custos vulnerabilis*).[99] Segundo o Tribunal, essa condição reconhece a importância da Defensoria Pública da União para que grupos que estão à margem da sociedade possam ter acesso a direitos e liberdades previstos na Constituição Federal, pois assegura ao órgão prerrogativas semelhantes às das partes do processo, como as de realizar requerimentos autônomos, pedir medida cautelar e requerer produção de provas, além da possibilidade de interposição de recursos e de realizar sustentação oral. Nessa condição, de "guardiã dos vulneráveis", o Supremo Tribunal Federal autorizou a atuação da Defensoria Pública da União em ação que versa sobre medidas de proteção a povos indígenas isolados e de recente contato (que mantêm contato seletivo com segmentos da sociedade).[100]

---

[97] ADPF 279/SP, rel. Min. Cármen Lúcia, 03.11.2021.

[98] Com esses fundamentos, o STF declarou a validade de normas do Município de Diadema (SP), que criaram a assistência judiciária municipal e dispuseram sobre a estrutura e as atribuições da Secretaria Municipal de Assuntos Jurídicos.

[99] ADPF 709, rel. Min. Roberto Barroso, 16.10.2023.

[100] ADPF 991/DF, rel. Min. Edson Fachin, 12.08.2024.

Capítulo 13

CONTROLE DE CONSTITUCIONALIDADE

1. INTRODUÇÃO

Nos países dotados de Constituições escritas do tipo rígidas, a alteração do texto constitucional exige um procedimento especial, estabelecido pelo próprio constituinte originário, mais difícil do que o exigido para a produção do direito ordinário (subconstitucional).

A primeira consequência – sobremaneira relevante – dessa exigência de formalidades especiais para a reforma da Carta Política é que nos ordenamentos de Constituição rígida vigora o princípio da supremacia formal da Constituição. Vale dizer, nesses sistemas jurídicos que adotam Constituição do tipo rígida, as normas elaboradas pelo poder constituinte originário são colocadas acima de todas as outras manifestações de direito.

Para que se compreenda com clareza essa decorrência da rigidez constitucional é suficiente notar que, nos sistemas jurídicos de Constituição flexível, a inexistência de diferenciação entre os procedimentos de elaboração das leis ordinárias e de modificação das normas constitucionais faz com que toda produção normativa jurídica tenha o mesmo *status* formal, ou seja, as leis novas derrogam ou revogam todas as normas anteriores com elas incompatíveis, mesmo que estas sejam normas constitucionais.[1]

Assim, em um sistema de constituição flexível – o da Inglaterra, por exemplo – descabe cogitar de impugnação de inconstitucionalidade, sendo o parlamento poder

---

[1] Constituição flexível é aquela cujos dispositivos podem ser alterados pelos mesmos procedimentos exigidos para a elaboração das leis ordinárias, ou seja, não existe um processo legislativo diferenciado, mais laborioso, para a modificação do texto constitucional.

legislativo e constituinte ao mesmo tempo. As decisões do parlamento não podem ser de modo algum atacadas perante os tribunais; somente os atos praticados em decorrência de ato do parlamento é que podem ser examinados pelo Judiciário, a fim de se verificar se não excederam os poderes conferidos.

Esse ponto constitui a segunda consequência importante da rigidez constitucional (e mais diretamente do princípio da supremacia da Constituição): **somente nos ordenamentos de Constituição escrita e rígida é possível a realização do controle de constitucionalidade das leis** da forma como o conhecemos e estudamos. Unicamente nesses sistemas jurídicos podemos falar, propriamente, em normas infraconstitucionais que, como tais, devem respeitar a Constituição.

Significa dizer que para uma norma ter validade dentro desses sistemas há que ser produzida em concordância com os ditames da Constituição, que representa seu fundamento de validade. A Constituição situa-se no vértice do sistema jurídico do Estado, de modo que as normas de grau inferior somente valerão se forem com ela compatíveis.

Dessarte, se a Constituição é do tipo rígida, há distinção hierárquica entre ela e as demais normas do ordenamento jurídico, estando ela em posição de superioridade relativamente a estas (que são, por isso, ditas infraconstitucionais ou subconstitucionais). A Constituição passa a ser o parâmetro para a elaboração de todos os demais atos normativos estatais, devendo estes respeitar os princípios e regras nela traçados e o próprio processo constitucionalmente previsto para sua elaboração, sob pena de incorrer-se em insanável vício de inconstitucionalidade. Havendo confronto entre norma ordinária e texto constitucional, tanto do ponto de vista formal (respeito ao processo legislativo) quanto do material (compatibilidade com o conteúdo das normas constitucionais), deverá ser declarada a nulidade da norma inferior, em respeito à supremacia da Constituição.

Ao mesmo tempo, para que se possa falar, efetivamente, em Estado de Direito, é necessário que exista pelo menos um órgão estatal independente do órgão encarregado da produção normativa, ao qual a própria Constituição atribua competência para verificação da conformidade das normas ordinárias com seus princípios e regras. Essa é outra decorrência relevante do princípio da supremacia constitucional: a necessidade de separação de poderes.

Para compreensão dessa assertiva, basta constatar que em um Estado no qual todas as funções (poderes) estejam concentradas nas mãos de um déspota, não existe qualquer possibilidade de que um provimento deste venha a ser declarado ilegítimo, contrário ao direito. Simplesmente, não existirá nenhum órgão com poder para realizar tal verificação.

Dessarte, para que se tenha um efetivo sistema de controle de constitucionalidade dos comportamentos, leis e atos, normativos ou concretos, faz-se insofismável a necessidade de que se determine quem é competente para analisar e decidir se houve ou não ofensa à Constituição, como também qual o processo que deve ser utilizado para se anular uma conduta ou ato inconstitucional. É a própria Constituição que estabelece os órgãos encarregados de exercer tais competências e procedimentos especiais, que variam de um regime constitucional para outro e que consubstanciam o que denominamos **controle de constitucionalidade**.

Pelo até aqui exposto, podemos afirmar que são dois os pressupostos para o controle de constitucionalidade: (a) a existência de uma Constituição do tipo rígida; (b) a previsão constitucional de um mecanismo de fiscalização da validade das leis.

É ainda relevante destacar que ao mesmo tempo em que uma Constituição do tipo rígida é pressuposto da existência do controle de constitucionalidade, não é menos verdade que esse mesmo controle é pressuposto e garantia de uma Constituição rígida. Isso porque, caso não haja órgão com a função de exercer o controle de constitucionalidade, a Constituição ficará sem meios de fazer valer a sua supremacia em face de condutas afrontosas ao seu texto.

Sintetizemos essas breves considerações sobre controle de constitucionalidade:

a) a noção contemporânea de controle de constitucionalidade das leis tem como pressuposto a existência de uma Constituição do tipo rígida;

b) a rigidez da Constituição tem como consequência imediata o princípio da supremacia formal da Constituição;

c) o princípio da supremacia formal da Constituição exige que todas as demais normas do ordenamento jurídico estejam de acordo com o texto constitucional;

d) aquelas normas que não estiverem de acordo com a Constituição serão inválidas, inconstitucionais e deverão, por isso, ser retiradas do ordenamento jurídico;

e) há necessidade, então, de que a Constituição outorgue competência para que algum órgão (ou órgãos), independente do órgão encarregado da produção normativa, fiscalize se a norma inferior está (ou não) contrariando o seu texto, para o fim de retirá-la do mundo jurídico e restabelecer a harmonia do ordenamento;

f) sempre que o órgão competente realizar esse confronto entre a lei e a Constituição, estará ele efetivando o denominado "controle de constitucionalidade".

No plano axiológico, podemos situar o controle de constitucionalidade das leis como, simultaneamente, base e corolário: (a) de um Estado Democrático de Direito; (b) do princípio da separação de poderes; (c) da garantia maior do indivíduo frente ao Estado, na proteção de seus direitos fundamentais; (d) da garantia da rigidez e supremacia da Constituição.

O estudo do controle de constitucionalidade, portanto, implica perquirir, essencialmente: (i) quais órgãos do nosso Estado têm competência para declarar a inconstitucionalidade das leis, atos e condutas; (ii) em que espécies de procedimentos as normas e condutas poderão ser declaradas inconstitucionais; (iii) quais os efeitos da declaração da inconstitucionalidade da norma ou comportamento em desacordo com a Constituição.

2. PRESUNÇÃO DE CONSTITUCIONALIDADE DAS LEIS

Em um Estado Democrático de Direito, como o nosso, a lei desempenha função singular, visto que só ela pode impor ao indivíduo a obrigação de fazer ou deixar de fazer alguma coisa (CF, art. 5.º, II). Enfim, somente as espécies normativas primárias integrantes do ordenamento jurídico dispõem do poder de impor obrigações, de exigir condutas positivas e negativas e de estabelecer restrições a direitos dos indivíduos.

Ademais, se, de um lado, temos que somente a lei pode obrigar o indivíduo a fazer ou deixar de fazer alguma coisa, também é certo que todos os órgãos e entidades do Estado, inclusive as pessoas que exercem por delegação parcela de atribuições do Poder Público, têm que pautar as suas condutas, comissivas ou omissivas, pelo disposto na lei, sob pena de desrespeito ao postulado da legalidade, alicerce maior de um Estado de Direito.

Nessa esteira – submissão de todos aos comandos da lei –, desenvolveram-se os princípios democrático e republicano, que, entre outras características, outorgam ao povo o poder de criar as regras jurídicas do Estado. Da conjugação desses dois postulados, temos que todo o poder do Estado emana do próprio povo, que o exerce diretamente ou por meio de seus representantes eleitos (CF, art. 1.º, parágrafo único). Idealmente, portanto, é certo afirmar que em um Estado democrático e republicano, como o nosso, o povo tem exatamente as leis que deseja, pois são elaboradas em seu nome, pelos seus representantes, para tanto eleitos.

Por esse motivo – elaboração normativa segundo a vontade do povo –, e em prol do postulado da segurança jurídica, tem-se que as leis e os atos normativos editados pelo Poder Público são protegidos pelo **princípio da presunção de constitucionalidade das leis** (ou presunção de legitimidade das leis).

Decorrência desse princípio, temos que as leis e os atos normativos estatais deverão ser considerados constitucionais, válidos, legítimos até que venham a ser formalmente declarados inconstitucionais por um órgão competente para desempenhar esse mister. Enquanto não formalmente reconhecidos como inconstitucionais, deverão ser cumpridos, presumindo-se que o legislador agiu em plena sintonia com a Constituição – e com a vontade do povo, que lhe outorgou essa nobre competência.

Resulta claro, portanto, que o reconhecimento da inconstitucionalidade das leis é medida excepcional, que somente poderá ser proclamada por um órgão que disponha de competência constitucional para tanto – e, ainda assim, na vigência da atual Carta Magna, com a devida motivação (CF, art. 93, IX).

Ademais, como corolário da excepcionalidade da declaração de nulidade da lei, ela deve ser proferida, pelo órgão competente, somente em última hipótese, ou seja, sempre que se puder conferir a uma norma impugnada uma interpretação que a compatibilize com o texto constitucional deve o órgão de controle da constitucionalidade determinar a adoção dessa interpretação, mantendo a norma no mundo jurídico.

Cap. 13 • CONTROLE DE CONSTITUCIONALIDADE

3. CONCEITO E ESPÉCIES DE INCONSTITUCIONALIDADES

Partindo das considerações anteriormente expendidas – a rigidez dá origem ao princípio da supremacia formal, que requer que todas as situações jurídicas se conformem com os preceitos da Constituição – chegamos à noção de inconstitucionalidade, a qual resulta do conflito de um comportamento, de uma norma ou de um ato com a Constituição.

Inconstitucional é, pois, a ação ou omissão que ofende, no todo ou em parte, a Constituição. Se a lei ordinária, a lei complementar, o estatuto privado, o contrato, o ato administrativo etc. não se conformarem com a Constituição, não devem produzir efeitos. Ao contrário, devem ser fulminados, por inconstitucionais, com base no princípio da supremacia constitucional.

Adotaremos aqui um conceito restrito de inconstitucionalidade, dele excluindo os comportamentos e atos de particulares que contrariem a Constituição. Dessarte, definiremos inconstitucionalidade como qualquer manifestação do Poder Público (ou de quem exerça, por delegação, atribuições públicas), comissiva ou omissiva, em desrespeito à Carta da República.[2]

Com efeito, se a Constituição representa o fundamento de validade de toda e qualquer manifestação dos órgãos constituídos do Estado, o desrespeito aos seus termos implica nulidade do ato ou conduta destoantes de seus comandos. Nenhum comportamento estatal poderá afrontar os princípios e regras da Constituição, estejam esses expressos ou implícitos em seu texto.

Deve-se anotar, entretanto, que **estão fora da possibilidade de controle de constitucionalidade as normas constitucionais originárias**, o texto originário da Constituição de 1988.[3]

No Brasil, tanto a doutrina quanto a jurisprudência do Supremo Tribunal Federal refutam a possibilidade de haver inconstitucionalidade de normas constitucionais originárias. Entende-se que não há normas constitucionais originárias "superiores" e "inferiores": a Constituição é um todo orgânico (princípio da unidade da Constituição) e todas as normas originárias de seu texto **têm igual dignidade**, sem que tenha qualquer influência, para efeito de controle de constitucionalidade, a distinção doutrinária ente normas formal e materialmente constitucionais e normas só formalmente constitucionais. Nem mesmo as cláusulas pétreas se prestam ao controle de constitucionalidade de outras normas constitucionais originárias, haja vista que elas (as cláusulas pétreas) constituem, apenas, limitações à atuação do poder constituinte de reforma (e não à obra do poder constituinte originário).

---

[2] Essa restrição deve-se ao fato de que o controle de constitucionalidade destina-se à fiscalização dos atos emanados do Poder Público; os atos tipicamente privados que desrespeitam a Constituição são também passíveis de serem impugnados, mas por mecanismos distintos, que não se enquadram, estritamente, no conceito de fiscalização da constitucionalidade.

[3] A tese, **não adotada no Brasil**, de que há hierarquia entre normas constitucionais originárias, o que, teoricamente, possibilitaria a existência de normas constitucionais originárias inconstitucionais, é defendida pela corrente doutrinária liderada pelo constitucionalista Otto Bachof.

A matéria já foi percucientemente analisada pelo Supremo Tribunal Federal, tendo o Tribunal deixado assente que **a tese da inconstitucionalidade de normas constitucionais originárias é patentemente incompatível com o sistema de Constituição rígida**, no qual deve ser desprezada a diferenciação doutrinária entre normas formalmente constitucionais e normas materialmente constitucionais, mormente em tema de controle de constitucionalidade.[4]

Por fim, também **não está sujeito à aferição de constitucionalidade o direito pré--constitucional, em face da Constituição superveniente**. Nesses casos, de fiscalização de norma pré-constitucional ante Constituição a ela posterior, o Supremo Tribunal Federal entende que não cabe juízo de inconstitucionalidade, mas, sim, de recepção ou não recepção (isto é, revogação) da norma pré-constitucional pela Constituição atual. Por outras palavras, não se afere a constitucionalidade do direito pré-constitucional em face da Constituição vigente, porque a matéria é considerada pertinente ao campo do direito intertemporal: quando a lei anterior à Constituição é materialmente compatível com ela, é **recepcionada**; quando há conflito entre o conteúdo da lei anterior à Constituição e o seu texto, a Carta Política não a recepciona, isto é, **revoga** a lei pré-constitucional.

Se uma questão acerca da recepção, ou não, de direito pré-constitucional chegar ao Supremo Tribunal Federal, a decisão proferida, caso a Corte entenda que a lei é materialmente incompatível com a Constituição a ela superveniente, declarará, simplesmente, que a lei **foi revogada pela Constituição de 1988**. Não se trata, portanto, de uma decisão que declare a lei inconstitucional.

3.1. Inconstitucionalidade por ação e por omissão

A inconstitucionalidade poderá resultar de uma ação ou de uma omissão do Poder Público, dando origem às denominadas inconstitucionalidades **por ação** (ou positivas) ou **por omissão** (ou negativas).

Ocorre a **inconstitucionalidade por ação** quando o desrespeito à Constituição resulta de uma conduta comissiva, positiva, praticada por algum órgão estatal. É o caso, por exemplo, da elaboração pelo legislador ordinário de uma lei em desacordo com a Constituição.

Temos a **inconstitucionalidade por omissão** quando a afronta à Constituição resulta de uma omissão do legislador, em face de um preceito constitucional que determine seja elaborada norma regulamentando suas disposições. Constitui, portanto, uma conduta omissiva frente a uma obrigação de legislar, imposta ao Poder Público pela própria Constituição.

A inconstitucionalidade por conduta omissiva ocorre diante de norma constitucional de eficácia limitada, em que a Lei Maior exige do legislador ordinário a edição de uma norma regulamentadora, para tornar viável o exercício de determinado direito nela assegurado, e o órgão legislativo ordinário permanece inerte, obstando o efetivo exercício daquele direito. Ao desrespeitar uma determinação constitucional de legislar, obstaculizando o exercício de um direito dependente de regulamentação,

---

[4] ADI 815/DF, rel. Min. Moreira Alves, 28.03.1996.

Cap. 13 • CONTROLE DE CONSTITUCIONALIDADE

estará o legislador ordinário desrespeitando a supremacia constitucional, dando azo à declaração da inconstitucionalidade de sua inércia.

Distingue a doutrina a inconstitucionalidade omissiva total da omissão parcial.

A omissão é **total** quando o Poder Público, obrigado a legislar por força de determinação constitucional, não elabora a norma requerida, permitindo a existência de uma indesejável lacuna. É o que ocorre, por exemplo, com o direito de greve dos servidores públicos, que, malgrado o imperativo constitucional (art. 37, VII), não foi até hoje regulamentado pelo legislador ordinário.

A omissão é **parcial** quando o legislador produz a norma, mas o faz de modo insatisfatório, insuficiente para atender aos comandos da norma constitucional de regência. É o caso, por exemplo, da assim denominada **lei excludente de benefício incompatível com o princípio da igualdade**, que disciplina determinado direito constitucionalmente previsto, mas exclui de sua abrangência pessoas que deveriam ter sido alcançadas. Vale dizer, a lei requerida constitucionalmente é produzida pelo legislador ordinário, mas de forma imperfeita, porque os seus comandos não atingem todas as pessoas que deveriam ter sido por ela acobertadas, afrontando o princípio da igualdade. Seria o caso, por exemplo, de a Constituição determinar a regulamentação e o consequente pagamento da remuneração de três categorias funcionais na forma de subsídio e o Poder Público efetivar essa regulamentação apenas para duas das categorias, não abrangendo a terceira, que restaria, assim, indevidamente excluída do benefício (direito à remuneração mediante subsídio).

3.2. Inconstitucionalidade material e formal

A inconstitucionalidade pode resultar da desconformidade do conteúdo do ato ou do seu processo de elaboração com alguma regra ou princípio da Constituição. Na primeira hipótese – desconformidade de conteúdo –, teremos a **inconstitucionalidade material** (ou **nomoestática**), enquanto na segunda – desconformidade ligada ao processo de elaboração da norma –, a **inconstitucionalidade formal** (ou **nomodinâmica**).

A **inconstitucionalidade material** ocorre, portanto, quando o conteúdo da lei contraria a Constituição. O processo legislativo (procedimento constitucionalmente exigido para a elaboração da lei) pode ter sido fielmente obedecido, mas a matéria tratada é incompatível com a Carta Política. Por exemplo, caso uma lei introduzisse no Brasil a pena de morte em circunstâncias normais, ela padeceria de inconstitucionalidade material, por afrontar o art. 5.º, XLVII, da Lei Maior. Em outra vertente, a inconstitucionalidade material alcança, também, a aferição do **desvio de poder** ou do **excesso de poder legislativo**.

A **inconstitucionalidade formal** ocorre quando há um desrespeito à Constituição no tocante ao processo de elaboração da norma, podendo alcançar tanto o requisito competência, quanto o procedimento legislativo em si. O conteúdo da norma pode ser plenamente compatível com a Carta Magna, mas alguma formalidade exigida pela Constituição, no tocante ao trâmite legislativo ou às regras de competência, foi desobedecida.

Se a inconstitucionalidade formal resulta da **inobservância das regras constitucionais de competência para a produção da norma**, diz-se que a inconstitu-

788 DIREITO CONSTITUCIONAL DESCOMPLICADO • Vicente Paulo & Marcelo Alexandrino

cionalidade é do tipo orgânica. Assim, padecerá de inconstitucionalidade formal orgânica uma lei estadual que disponha sobre direito processual, haja vista se tratar de matéria da competência legislativa privativa da União (art. 22, I).

A inconstitucionalidade formal poderá decorrer, também, da inobservância das regras constitucionais do processo legislativo, do procedimento legislativo em si, em qualquer de seus aspectos – subjetivos ou objetivos.

Os requisitos subjetivos dizem respeito à fase introdutória do processo legislativo, em que é desencadeado, por meio da iniciativa, o procedimento de elaboração das espécies normativas. Qualquer espécie normativa elaborada a partir de iniciativa viciada, isto é, a partir de projeto de lei apresentado por quem não detinha competência, padecerá de inconstitucionalidade formal. Seria o caso, por exemplo, de lei resultante de iniciativa parlamentar que dispusesse sobre regime jurídico dos servidores públicos federais do Poder Executivo, haja vista se tratar de matéria cuja iniciativa é constitucionalmente reservada ao Presidente da República (art. 61, § 1.º, II, "c").

A inconstitucionalidade formal decorrente da violação dos requisitos objetivos do processo legislativo ocorre sempre que quaisquer outros aspectos referentes ao procedimento de elaboração das leis, não ligados à iniciativa, são desrespeitados. Assim, o vício formal poderá advir da inobservância das regras constitucionais referentes às fases constitutiva e complementar do processo legislativo, que abrangem a discussão e votação, a sanção, o veto, a rejeição do veto, a promulgação etc. Por exemplo, uma lei complementar que tenha sido aprovada por maioria simples (ou relativa) padecerá de inconstitucionalidade formal, por desobediência ao requisito objetivo fixado no art. 69 da Constituição Federal, que impõe a aprovação dessa espécie normativa por maioria absoluta. Da mesma forma, se uma emenda à Constituição não é aprovada em dois turnos em cada uma das Casas do Congresso Nacional, por três quintos dos respectivos membros, padecerá de vício formal, seja qual for o seu conteúdo.

Por fim, lembramos que a desobediência aos pressupostos constitucionais que determinam e condicionam o exercício da competência legislativa também implica a inconstitucionalidade formal da norma expedida. Assim, se a Constituição outorga competência à União para disciplinar determinada matéria, mas impõe que essa disciplina se dê por meio de lei complementar, a expedição de uma lei ordinária sobre o assunto padecerá de inconstitucionalidade formal, porquanto norma ordinária não pode veicular matéria constitucionalmente reservada à lei complementar. Da mesma forma, haverá inconstitucionalidade formal se o Presidente da República adotar medida provisória sem a presença de urgência e relevância, haja vista que a Constituição condiciona a expedição dessa espécie normativa ao atendimento de tais pressupostos.

3.3. Inconstitucionalidade total e parcial

A inconstitucionalidade pode atingir todo o ato normativo (total) ou apenas parte dele (parcial).

Evidentemente, a regra é o reconhecimento da inconstitucionalidade de apenas parte da lei ou ato normativo. Afinal, a aferição da validade da norma é feita dispositivo por dispositivo, matéria por matéria, e não em bloco, globalmente.

Há situações, porém, que impõem ao Poder Judiciário a declaração da inconstitucionalidade total da norma impugnada. Seria o caso, por exemplo, da impugnação de uma lei resultante de iniciativa viciada (toda a matéria disciplinada na norma era de iniciativa privativa do Presidente da República, mas o projeto de lei foi apresentado por parlamentar) ou, ainda, de uma lei de conteúdo materialmente complementar que tenha sido aprovada por maioria simples de votos.

No Brasil, a declaração da inconstitucionalidade parcial pelo Poder Judiciário **pode recair sobre fração de artigo, parágrafo, inciso ou alínea, até mesmo sobre uma única palavra de um desses dispositivos da lei ou ato normativo**. A regra constitucional que restringe o exame da constitucionalidade do projeto de lei ao texto integral de artigo, parágrafo, inciso ou alínea (art. 66, § 2.º) diz respeito ao chamado "veto jurídico" do chefe do Executivo, **não alcançando a declaração de inconstitucionalidade proferida pelo Poder Judiciário**.

3.3.1. *Declaração parcial de nulidade sem redução de texto e interpretação conforme a Constituição*

Pertinentes ao estudo da inconstitucionalidade parcial, há dois tópicos que, em razão de sua especial relevância, merecem análise separada: a **declaração parcial de nulidade sem redução de texto** e a **interpretação conforme a constituição**.

O Supremo Tribunal Federal recorre à técnica de **declaração parcial de nulidade sem redução de texto** quando constata a existência de uma regra legal inconstitucional que, em razão da redação adotada pelo legislador, **não tem como ser excluída do texto da lei sem que a supressão acarrete um resultado indesejado**. Nem a lei, nem parte dela, é retirada do mundo jurídico: **nenhuma palavra é suprimida do texto da lei**. Apenas a aplicação da lei – em relação a determinadas pessoas, ou a certos períodos – é tida por inconstitucional. Em relação a outros grupos de pessoas, ou a períodos diversos, ela continuará plenamente válida, aplicável.

Imagine-se, por exemplo, que uma Lei "Z" estabeleça prerrogativas para uma determinada categoria de servidores públicos em um artigo, dividido em incisos, e, em outro artigo, estenda algumas das prerrogativas a outra categoria de servidores, simplesmente fazendo remissão ao primeiro artigo. Teríamos algo assim:

> Art. 1.º São prerrogativas dos titulares do cargo AAA:
>
> I) prerrogativa "a";
>
> II) prerrogativa "b";
>
> III) prerrogativa "c";
>
> IV) prerrogativa "d".
>
> Art. 2.º Aplicam-se aos titulares do cargo BBB as prerrogativas previstas nos incisos I a III do art. 1.º.

Caso fosse impugnado perante o Supremo Tribunal Federal o art. 2.º, e a Corte entendesse que somente a extensão da prerrogativa "b" ao cargo BBB foi inconstitucional, não teria como retirar essa regra do texto da lei mediante a supressão de alguma palavra ou expressão, porque o art. 2.º não contém, em seu texto, citação expressa do inciso II do art. 1.º. Vale dizer, não seria tecnicamente possível, mediante redução do texto do art. 2.º, obter o efeito desejado – retirar do cargo BBB a prerrogativa prevista no inciso II do art. 1.º. Também não se pode suprimir o inciso II do art. 1.º porque é perfeitamente válida a atribuição da prerrogativa "b" ao cargo AAA.

Em um caso como esse, o Supremo Tribunal Federal poderia utilizar a técnica da declaração parcial de inconstitucionalidade sem redução de texto para afastar a aplicação do inciso II do art. 1.º ao cargo BBB, mantendo-o em relação ao cargo AAA. O Tribunal, ao pronunciar a inconstitucionalidade, não suprimiria nenhuma parte do texto literal, nenhuma palavra ou expressão da lei, mas afastaria a aplicação do inciso II do art. 1.º ao cargo BBB. O conteúdo da decisão deixaria assente que o Tribunal resolveu "declarar a inconstitucionalidade parcial, sem redução de texto, do art. 2.º da Lei 'Z', no que se refere à extensão, ao cargo BBB, da prerrogativa prevista no inciso II do art. 1.º da Lei 'Z'".

A **interpretação conforme a Constituição** é técnica de decisão adotada pelo Supremo Tribunal Federal quando ocorre de uma disposição legal **comportar mais de uma interpretação** e se constata, ou que alguma dessas interpretações é inconstitucional, ou que somente uma das interpretações possíveis está de acordo com a Constituição. Em situações tais, o Poder Judiciário atua como legislador negativo, eliminando, por serem incompatíveis com a Carta, uma ou algumas possibilidades de interpretação.

Basicamente, duas situações podem ocorrer:

a) o STF declara que lei é constitucional, desde que dada a ela determinada interpretação (consentânea com a Constituição), isto é, ficam eliminadas as outras interpretações que a lei possibilitaria, mas que seriam inconciliáveis com o texto constitucional; ou

b) a Corte declara que a lei é constitucional, exceto se for adotada uma determinada interpretação (conflitante com a Constituição), ou seja, o aplicador do direito poderá optar por qualquer das interpretações que a lei possibilite, menos uma (aquela que seria incompatível com a Carta Política).

Assim, nessas decisões, o Tribunal emprega a expressão "desde que", reconhecendo a validade da norma "desde que interpretada de tal maneira", ou se limita a apontar uma determinada interpretação que não pode prosperar, deixando liberdade ao aplicador da lei para adotar qualquer das demais interpretações possíveis.[5]

---

[5] No Brasil, o Supremo Tribunal Federal, quando adota a técnica de interpretação conforme a Constituição, **julga procedente a ação direta de inconstitucionalidade**, o que equivale a declarar inconstitucionais todas as interpretações, mesmo que não possam ser expressamente enunciadas, que não sejam aquela (ou aquelas) que a Corte afirma ser compossível com o Texto Magno. Constitucionalistas de escol, como o professor e atual Ministro do STF Gilmar Ferreira Mendes, entendem que, nesses casos, a pronúncia deveria ser pela constitucionalidade

Cap. 13 • CONTROLE DE CONSTITUCIONALIDADE

As técnicas **declaração parcial de nulidade sem redução de texto** e **interpretação conforme a Constituição** foram positivadas pela Lei 9.868/1999, no âmbito do processo e julgamento da ADI e da ADC, nos seguintes termos (art. 28, parágrafo único):

> Parágrafo único. A declaração de constitucionalidade ou de inconstitucionalidade, inclusive a interpretação conforme a Constituição e a declaração parcial de inconstitucionalidade sem redução de texto, têm eficácia contra todos e efeito vinculante em relação aos órgãos do Poder Judiciário e à Administração Pública federal, estadual ou municipal.

Observa-se que o texto legal menciona a **interpretação conforme a Constituição** e a **declaração parcial de inconstitucionalidade sem redução de texto** como **técnicas distintas** de decisão.

Segundo essa linha de raciocínio, na declaração parcial de inconstitucionalidade sem redução de texto, afasta-se a aplicação de um dispositivo legal a um grupo de pessoas ou situações; relativamente às demais pessoas ou situações, a lei se aplica sem restrições (não se manda adotar uma interpretação específica para os dispositivos legais; tampouco se veda a adoção de alguma interpretação). No caso da interpretação conforme a Constituição, o Supremo Tribunal Federal ordena que seja conferida determinada interpretação a dispositivo ou dispositivos de uma lei, ou proíbe a adoção de uma interpretação específica. A lei, entretanto, desde que interpretada como estabelecido pelo Pretório Excelso, será aplicável a todas as pessoas e situações que se enquadrem em sua hipótese normativa, ou seja, sua incidência será plena – diferentemente do que ocorre quando se adota a declaração parcial de inconstitucionalidade sem redução de texto, porquanto esta, como visto, implica restrição à incidência da lei. Nos casos em que deva ser adotada a declaração parcial de inconstitucionalidade sem redução de texto, não há nenhuma interpretação possível que torne compatível com a Constituição a integralidade do dispositivo objeto da declaração; por isso, parte do dispositivo, se aplicada, resultará em inconstitucionalidade, sem possibilidade de ser adotada alguma interpretação que a tornasse válida.

Cabe ressaltar que, embora positivada apenas sua utilização no âmbito do controle abstrato de normas, a interpretação conforme a Constituição tem sido largamente utilizada pelos diversos tribunais do País também no âmbito do controle incidental, com a única diferença de que, nesses casos, a interpretação dada só vinculará as partes do processo, como é próprio dessa via de controle (eficácia *inter partes*).

3.4. Inconstitucionalidade direta e indireta

A inconstitucionalidade é **direta** quando a desconformidade verificada dá-se entre leis e atos normativos primários e a Constituição. Enfim, sempre que a invalidade resultar do confronto direto entre norma infraconstitucional e a Constituição estaremos diante da **inconstitucionalidade direta**.

---

do ato normativo, vale dizer, caso se trate de ADI, a decisão deveria ser pelo não acolhimento do pedido, desde que a lei seja interpretada consoante determine a Corte Máxima.

O caso típico de inconstitucionalidade direta é a elaboração de uma espécie normativa primária, integrante do nosso processo legislativo (art. 59), em desrespeito à Constituição Federal. Como essas normas retiram o seu fundamento de validade diretamente da Constituição, eventual desrespeito – formal ou material – às regras e princípios constitucionais implicará inconstitucionalidade direta. Mas, é também possível que atos administrativos incorram no vício de inconstitucionalidade direta, caso sejam editados em caráter autônomo, com invasão do campo material reservado à lei. Assim, se o Presidente da República editar decreto de natureza autônoma para disciplinar matéria constitucionalmente reservada à lei, esse ato administrativo padecerá de inconstitucionalidade direta.

Por outro lado, a **inconstitucionalidade indireta** (ou reflexa), como a própria denominação sugere, ocorre naquelas situações em que o vício verificado não decorre de violação direta da Constituição. Assim, se determinado decreto regulamentar, expedido para a fiel execução da lei, extrapola os limites desta, ainda que supostamente essa extrapolação tenha implicado, também, flagrante desrespeito a determinada norma constitucional, não será hipótese de inconstitucionalidade direta. Isso porque o fundamento de validade do decreto regulamentar não é diretamente a Constituição, mas sim a lei regulamentada, em função da qual tenha sido expedido. Logo, eventuais conflitos entre a norma regulamentar secundária (decreto) e a norma primária regulamentada (lei), ainda que supostamente infringentes de normas constitucionais, não constituem ofensa direta à Constituição.

Essa distinção é de grande relevância para o estudo do controle de constitucionalidade das leis, haja vista que a jurisprudência do Supremo Tribunal Federal equipara a chamada inconstitucionalidade indireta ou reflexa à mera **ilegalidade**. Assim, para o Tribunal, o conflito entre norma secundária (regulamentar) e primária (regulamentada) é caso de mera **ilegalidade**, e **não** de inconstitucionalidade propriamente dita.

Em razão desse entendimento do Supremo Tribunal Federal, temos que a aferição da inconstitucionalidade indireta ou reflexa – que traduz, na realidade, caso de mera ilegalidade – foge ao objeto do controle de constitucionalidade. Se o fundamento de validade direto da norma secundária (decreto, portaria, instrução normativa etc.) não é a Constituição, mas sim outra norma, infraconstitucional (lei, tratado internacional etc.), eventual conflito consistirá em mera crise de legalidade, a ser resolvida mediante o simples cotejo entre tais normas.[6]

A inconstitucionalidade indireta ou reflexa aqui estudada não pode ser confundida com a chamada **inconstitucionalidade derivada**, que diz respeito a outra relação existente entre norma regulamentadora e lei regulamentada.

Ocorre a **inconstitucionalidade derivada** (ou consequente) quando a declaração da inconstitucionalidade da norma regulamentada (primária) leva ao automático e inevitável reconhecimento da invalidade das normas regulamentadoras (secundá-

---

6   Conforme lição do Ministro Carlos Velloso: O decreto regulamentar não está sujeito ao controle de constitucionalidade, dado que, se o decreto vai além do conteúdo da lei, pratica ilegalidade e não inconstitucionalidade. Somente na hipótese de não existir lei que preceda o ato regulamentar é que poderia este ser acoimado de inconstitucional, assim sujeito ao controle de constitucionalidade.

Cap. 13 • CONTROLE DE CONSTITUCIONALIDADE 793

rias) que haviam sido expedidas em função dela. Assim, em virtude da declaração da inconstitucionalidade da norma primária, todas as normas secundárias que a regulamentavam também se tornam inválidas, por derivação, haja vista que o fundamento de validade delas, que era a norma primária, deixa de existir. Se o decreto "Y" regulamentava a lei "X", a declaração da inconstitucionalidade desta atinge, por derivação, a validade daquele, que deixa de produzir efeitos.

3.5. Inconstitucionalidade originária e superveniente

A **inconstitucionalidade originária** é aquela que macula o ato no momento da sua produção, em razão de desrespeito aos princípios e regras da Constituição então vigente.

O reconhecimento da inconstitucionalidade originária pressupõe, portanto, o confronto entre a lei e a Constituição vigente no momento da sua produção. Por exemplo, se estivermos nos referindo à inconstitucionalidade originária de uma lei produzida em 1985, certamente o confronto desta será com a Constituição de 1969, que vigorava quando esse diploma legal foi elaborado.

Ao contrário, fala-se em **inconstitucionalidade superveniente** quando a invalidade da norma resulta da sua incompatibilidade com texto constitucional futuro, seja ele originário ou derivado (emenda constitucional). Assim, uma lei editada em 1985 tornar-se-ia supervenientemente inconstitucional em 05.10.1988, em virtude da promulgação de novo texto constitucional que fosse com ela incompatível. Ou, ainda, uma lei hoje editada tornar-se-ia supervenientemente inconstitucional com a promulgação de futura Constituição (ou emenda constitucional) em sentido contrário.

Em que pese a relevância desse conhecimento, o fato é que, entre nós, a jurisprudência do Supremo Tribunal Federal **não admite a existência da inconstitucionalidade superveniente**. Para a Corte, a superveniência de texto constitucional opera a simples **revogação** do direito pretérito com ele materialmente incompatível, não havendo razões para se falar em inconstitucionalidade superveniente; não se trata de juízo de constitucionalidade, mas sim de mera aplicação de regra de direito intertemporal, segundo a qual a norma posterior opera a simples revogação (e não a inconstitucionalidade) do direito anterior com ela materialmente incompatível.

3.6. Inconstitucionalidade circunstancial

Há situações em que a aplicação de uma lei, formalmente constitucional, a determinada situação pode gerar uma inconstitucionalidade, **pelas circunstâncias do caso concreto**. Essa inconstitucionalidade – que nasce circunstancialmente, em decorrência da aplicação de lei válida a situação específica – é denominada **circunstancial**. Não se trata, portanto, de identificar a inconstitucionalidade da lei em si, em tese; é a sua aplicação a uma situação específica que caracterizará a inconstitucionalidade.

O Prof. Pedro Lenza apresenta o seguinte exemplo de inconstitucionalidade circunstancial, citando Ana Paula Barcellos e fazendo referência a julgado do Supremo Tribunal Federal:

> Como interessante exemplo, destacamos a ADI 223, na qual se discutia a constitucionalidade de normas que proibiam a concessão de tutela antecipada e liminares em face da Fazenda Pública.
>
> Sem dúvida, como anota Barcellos, a análise do Judiciário seria diferente para duas situações distintas: a) reenquadramento de servidor público; b) concessão de tutela antecipada para que o Estado custeasse cirurgia de vida ou morte.
>
> Nesse segundo caso, sem dúvida, dada a circunstância, a lei seria inconstitucional, especialmente diante do art. 5.º, XXXV.

3.7. Inconstitucionalidade "chapada", "enlouquecida", "desvairada"

Essas expressões são empregadas pelo Supremo Tribunal Federal para designar aquelas situações de inconstitucionalidade flagrante, manifesta, evidente, em que não há qualquer dúvida sobre a invalidade da norma.

Conforme destaca Pedro Lenza, o termo "inconstitucionalidade chapada" foi inicialmente empregado pelo Ministro Sepúlveda Pertence, e desde então vem sendo adotado por outros Ministros, sempre no mesmo sentido acima indicado.[7]

O Prof. Lenza cita, ainda, a utilização, pelo Ministro Carlos Britto, da expressão "inconstitucionalidade enlouquecida, desvairada", para caracterizar a mesma invalidade flagrante, manifesta.[8]

4. DERROTABILIDADE DAS NORMAS JURÍDICAS

Doutrina jurídica que não pode ser confundida com o controle de constitucionalidade das leis, examinado neste Capítulo, é a chamada **derrotabilidade** (ou superabilidade) das normas jurídicas.

A doutrina da derrotabilidade (*defeasibility*)[9] sustenta que as normas jurídicas em geral contêm, implicitamente em seus comandos, infinitas exceções, que poderão ser consideradas no momento de sua efetiva aplicação. Em outras palavras: as normas jurídicas albergam, implicitamente, a capacidade de acomodar exceções, que poderão ser levadas em conta pelo intérprete, no momento de sua concreta aplicação. Logo, se, em dado caso concreto, uma dessas exceções implicitamente admitidas pela norma se mostrar presente, a incidência desta poderá ser episodicamente afastada ("derrotada"), com o fim de se fazer justiça e/ou evitar-se o desvirtuamento dos fins legalmente almejados.

---

[7] ADI 2.527, ADI 3.715, ADI 1.923-MC, ADI 1.802-MC.

[8] ADI 3.232.

[9] Concebida, em 1948, por Herbert Hart, no ensaio "The Ascription of Responsability and Rights".

Cap. 13 • CONTROLE DE CONSTITUCIONALIDADE

Note-se que, na derrotabilidade (ou superabilidade), não se tem a declaração da inconstitucionalidade da norma, tampouco a sua revogação, mas sim o afastamento (excepcional) de sua incidência em um dado caso concreto (no qual se apresenta uma das exceções implicitamente admitidas), permanecendo íntegro – e em pleno vigor – o texto que prevê o correspondente comando normativo.

Com fundamento na doutrina da derrotabilidade, portanto, mesmo que se mostrem presentes todos os requisitos necessários e suficientes para a aplicação de determinada norma jurídica, será possível ao intérprete afastar a sua incidência em dado caso concreto, pela excepcionalidade deste. Em outras palavras: a presença de um contexto excepcional (concreto) "derrota" episodicamente a incidência da norma jurídica (abstrata). Para fins meramente didáticos, suponha-se a seguinte situação jurídica (abstraindo-se dos pormenores da legislação civil brasileira sobre o assunto): (a) determinada norma jurídica estabelece a obrigatoriedade de reparação civil do dano a todo aquele que praticar ato ilícito (norma abstrata); (b) sob a vigência dessa norma, determinada mãe, nos cuidados diários com o seu filho menor, por imprudência, causa-lhe dano (caso concreto); (c) nessa situação, a doutrina da derrotabilidade autorizaria que a incidência da norma fosse episodicamente afastada, em razão da presença de exceção (relação mãe-filho, implicitamente admitida pela norma).

Enfatize-se que, conforme afirmado anteriormente, **a derrotabilidade das normas jurídicas não se confunde com o controle de constitucionalidade das leis**. No controle de constitucionalidade, examina-se a validade da norma em confronto com a Constituição, com o fim de resguardar a supremacia – formal e material – desta. Na derrotabilidade, tem-se o afastamento **episódico** da incidência da norma em um caso excepcional (que se enquadra em alguma das exceções implicitamente nela admitidas), com o fim de fazer justiça na situação concreta ou evitar o desvirtuamento dos fins legalmente almejados. Na primeira hipótese (controle de constitucionalidade), busca-se o reconhecimento da invalidade da norma, por desrespeito à supremacia da Constituição; na segunda (derrotabilidade), reconhece-se, tão somente, a necessidade de afastamento pontual da norma, tendo em vista a excepcionalidade do caso concreto.

5. SISTEMAS DE CONTROLE

Cada ordenamento constitucional é livre para outorgar a competência para controlar a constitucionalidade das leis ao órgão que entenda conveniente, de acordo com suas tradições. A depender da opção do legislador constituinte, poderemos ter o **controle judicial**, o **controle político** ou o **controle misto**.

Se a Constituição outorgar a competência para declarar a inconstitucionalidade das leis ao Poder Judiciário, teremos o **sistema judicial** (ou jurisdicional). O sistema jurisdicional nasceu nos Estados Unidos da América, primeiro Estado a reconhecer a competência dos juízes e tribunais do Poder Judiciário para, nos casos concretos submetidos à sua apreciação, declarar a inconstitucionalidade das leis.

Caso a Constituição outorgue a competência para a fiscalização da validade das leis a órgão que não integre o Poder Judiciário, teremos o **sistema político**. De regra, nos Estados que adotam controle político, a fiscalização da supremacia constitucional é realizada por órgão especialmente constituído para esse fim, distinto dos demais Poderes do Estado. É o caso, por exemplo, da França, em que a fiscalização da constitucionalidade é de incumbência do Conselho Constitucional, órgão que se situa fora da estrutura orgânica dos demais Poderes. No Brasil, o controle de constitucionalidade realizado nas Casas Legislativas, pelas Comissões de Constituição e Justiça, é exemplo de controle político. Também é controle político de constitucionalidade o veto do chefe do Poder Executivo a projeto de lei, com fundamento em inconstitucionalidade da proposição legislativa (veto jurídico).

Ademais, poderá também a Constituição outorgar a competência para a fiscalização de algumas normas a um órgão político e de outras ao Poder Judiciário, consubstanciando o denominado **controle de constitucionalidade misto**. Exemplo citado pela doutrina é a Suíça, em que as leis nacionais submetem-se a controle político e as leis locais são fiscalizadas pelo Poder Judiciário.

A maioria das Constituições contemporâneas tem adotado o **sistema judicial** para a fiscalização da validade das leis, inclusive a Constituição da República Federativa do Brasil de 1988.

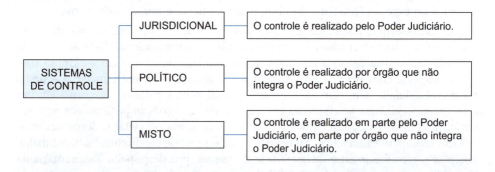

6. MODELOS DE CONTROLE

Os ordenamentos constitucionais em geral preveem dois modelos distintos de controle judicial de constitucionalidade: o **controle difuso** (ou jurisdição constitucional difusa), criação dos Estados Unidos da América, e o **controle concentrado** (ou jurisdição concentrada), instalado inicialmente na Áustria, sob a influência do jurista Hans Kelsen.

Ocorre o **controle difuso** (ou aberto) quando a competência para fiscalizar a validade das leis é outorgada a **todos os componentes do Poder Judiciário**, vale dizer, qualquer órgão do Poder Judiciário, juiz ou tribunal, poderá declarar a inconstitucionalidade das leis.

O modelo difuso de fiscalização da validade das leis **surgiu nos Estados Unidos da América**, a partir do célebre caso *Marbury v. Madison*, em 1803, quando a Suprema Corte Americana, sob o comando do *Chief Justice John Marshall*, firmou o entendimento de que o Poder Judiciário poderia deixar de aplicar uma lei aos casos concretos a ele submetidos, por entendê-la inconstitucional. A partir de então,

Cap. 13 • CONTROLE DE CONSTITUCIONALIDADE

foi difundida para os mais diversos ordenamentos constitucionais a ideia de que os membros do Poder Judiciário, juízes e tribunais, só devem aplicar aos casos a eles submetidos as leis que considerem compatíveis com a Constituição.

Temos o **sistema concentrado** (ou reservado) quando a competência para realizar o controle de constitucionalidade é outorgada **somente a um órgão de natureza jurisdicional** (ou, excepcionalmente, a um número limitado de órgãos). Esse órgão poderá exercer, simultaneamente, as atribuições de jurisdição e de controle de constitucionalidade das leis, ou, então, exclusivamente esta última tarefa.

O modelo concentrado **teve sua origem na Áustria**, em 1920, sob a influência do jurista Hans Kelsen. Para Kelsen, a fiscalização da validade das leis representava tarefa especial, autônoma, que não deveria ser conferida a todos os membros do Poder do Judiciário, já encarregados de exercerem a jurisdição, mas somente a uma Corte Constitucional, que deveria desempenhar exclusivamente essa função. Sob esse pensamento, foi criado o Tribunal Constitucional Austríaco, com a função exclusiva de realizar o controle de constitucionalidade das leis. Na visão de Kelsen, a função precípua do controle concentrado não seria a solução de casos concretos, mas sim a anulação genérica da lei incompatível com as normas constitucionais.

7. VIAS DE AÇÃO

As chamadas "vias de ação" dizem respeito ao modo de impugnação de uma lei perante o Poder Judiciário ou, sob outra ótica, indicam o modo em que o Poder Judiciário exercerá a fiscalização da validade das leis. Em síntese, busca-se responder à seguinte indagação: de que forma uma lei poderá ser impugnada perante o Poder Judiciário?

São duas as vias pelas quais poderá ser exercido o controle de constitucionalidade das leis: a **via incidental** (de defesa ou de exceção) e a **via principal** (abstrata ou de ação direta).

O exercício da **via incidental** dá-se diante de uma **controvérsia concreta**, submetida à apreciação do Poder Judiciário, em que uma das partes requer o reconhecimento da inconstitucionalidade de uma lei, com o fim de afastar a sua aplicação ao caso concreto de seu interesse. A apreciação da constitucionalidade não é o objeto principal do pedido, mas um incidente do processo, um pedido acessório. Por isso, a eventual declaração da inconstitucionalidade é dita incidental, *incidenter tantum* (o provimento judicial principal será o reconhecimento do direito pleiteado pela parte, decorrente do afastamento da lei àquele caso levado ao juízo).

Esse é o modelo norte-americano de fiscalização da validade das leis, em que **todos os juízes e tribunais do Poder Judiciário realizam o controle de constitucionalidade durante a apreciação dos casos concretos que lhes são apresentados**. Nele, o indivíduo não recorre ao Poder Judiciário com o objetivo principal de ver declarada a invalidade da lei, em defesa da ordem jurídica. Na realidade, o impetrante da ação judicial está interessado diretamente na defesa de determinado direito subjetivo seu, mas, como fundamento para que o juiz aprecie o seu pedido principal, ele argui, em pedido acessório (incidental), a inconstitucionalidade da lei que versa sobre o assunto. Suscitado o incidente de inconstitucionalidade, o juiz estará obrigado a decidir primeiro se a lei é constitucional, ou não, para só depois, com base nessa premissa, decidir o pedido principal, firmando o seu entendimento no caso concreto.

Desse modo, o controle incidental pode ser exercido perante **qualquer juiz ou tribunal do Poder Judiciário**, em **qualquer processo judicial**, seja qual for a sua natureza (penal, civil etc.), sempre que alguém, na busca do reconhecimento de determinado direito concreto, suscitar um incidente de inconstitucionalidade, isto é, alegar, no curso do caso concreto, que determinada lei, concernente à matéria, é inconstitucional. Essa modalidade de controle tem fundamento na premissa de que todos os casos concretos devem ser decididos de acordo com a Constituição.

Pela **via principal**, o pedido do autor da ação é a própria questão de constitucionalidade do ato normativo. O autor requer, por meio de uma ação judicial especial, uma decisão sobre a constitucionalidade, **em tese**, de uma lei, com o fim de resguardar a harmonia do ordenamento jurídico. O provimento judicial a que se visa consiste na declaração da compatibilidade, ou não, de certa norma jurídica ou conduta com as regras e princípios plasmados na Constituição. Nessa hipótese, não há caso concreto; portanto, não há interesses subjetivos específicos a serem tutelados. Trata-se assim, como acentuam a doutrina e a jurisprudência, de processos objetivos.[10]

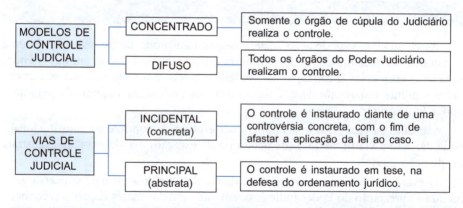

8. MOMENTO DO CONTROLE

O controle de constitucionalidade poderá ser **preventivo** ou **repressivo**.

Ocorrerá o controle de constitucionalidade **preventivo** (*a priori*) quando a fiscalização da validade da norma incidir sobre o projeto, antes de a norma estar pronta e acabada. No Brasil, exemplos de controle preventivo de constitucionalidade são as atividades de controle dos projetos e proposições exercidas pelas Comissões de

---

[10] A expressão "processo objetivo" refere-se às ações do controle abstrato, nas quais não existem, a rigor, partes, tampouco direito subjetivo a ser defendido, haja vista que, nelas, a validade da lei é discutida em tese, com o fim único de proteger a Constituição. Ao revés, a expressão "processo subjetivo" refere-se às ações do controle concreto, em que as partes litigam em defesa de direito juridicamente protegido.

Constituição e Justiça das Casas do Congresso Nacional e o veto do chefe do Poder Executivo fundamentado na inconstitucionalidade do projeto de lei (veto jurídico). Há, também, hipóteses de controle preventivo realizado pelo Poder Judiciário, nos casos de mandado de segurança impetrado por parlamentar com o objetivo de sustar a tramitação de proposições legislativas (projetos de lei, propostas de emenda à Constituição etc.) ofensivas ao rito legislativo constitucionalmente previsto, bem como de proposta de emenda à Constituição Federal tendente a abolir cláusula pétrea.

Ocorre o controle de constitucionalidade repressivo (sucessivo, *a posteriori*) quando a fiscalização da validade incide sobre norma pronta e acabada, já inserida no ordenamento jurídico. É o caso, em regra, do controle de constitucionalidade judicial no nosso País, que pressupõe a existência de uma norma já elaborada, pronta e acabada, inserida no ordenamento jurídico.

Como se vê, por meio do controle preventivo não é declarada a inconstitucionalidade da norma (que, na realidade, ainda não existe!), mas, sim, evitada a produção de uma norma inconstitucional. Por sua vez, o controle de constitucionalidade repressivo tem por fim declarar a inconstitucionalidade de uma norma já existente, visando a sua retirada do ordenamento jurídico.

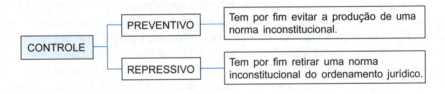

9. HISTÓRICO DO CONTROLE DE CONSTITUCIONALIDADE NO BRASIL

O modelo de controle de constitucionalidade adotado no Brasil apresenta características que o singularizam. Nele se conjugam os modelos difuso, oriundo do direito americano, possibilitando a todos os órgãos do Poder Judiciário a realização do controle incidental da constitucionalidade de leis e atos normativos, e concentrado, proveniente dos países europeus continentais, em que o órgão de cúpula do Poder Judiciário realiza o controle abstrato da constitucionalidade de normas jurídicas.

Deve-se destacar, ainda, que no Brasil a fiscalização da constitucionalidade alcança não só as leis em sentido estrito, mas também os atos administrativos em geral. Com efeito, o controle de constitucionalidade exercido perante o Poder Judiciário não tem por objeto, exclusivamente, as leis formais, elaboradas segundo o processo legislativo. Atos administrativos em geral, adotados pelo Poder Público, também podem ter a sua inconstitucionalidade reconhecida pelo Poder Judiciário, tanto na via concreta, quanto na via abstrata. Resoluções dos tribunais do Judiciário, decretos e portarias do Executivo, e outros atos não formalmente legislativos podem, dependendo de seu conteúdo, ser impugnados em ação direta de inconstitucionalidade, ou atacados em ações próprias, na via difusa.

DIREITO CONSTITUCIONAL DESCOMPLICADO • Vicente Paulo & Marcelo Alexandrino

Apresentamos, a seguir, um bosquejo histórico da evolução dos sistemas de fiscalização da validade das leis no Brasil, desde a Constituição de 1824 (que sequer previa o controle judicial de constitucionalidade), até a Carta vigente, que contempla um complexo e abrangente sistema de fiscalização jurisdicional.

9.1.   A Constituição de 1824

A Constituição do Império não contemplava qualquer sistema assemelhado aos atualmente conhecidos modelos de controle da constitucionalidade. Outorgava, tão somente, ao Poder Legislativo a competência para "fazer leis, interpretá-las, suspendê--las e revogá-las", bem como para "velar na guarda da Constituição" (art. 15).

Essa concepção de Estado inspira-se marcadamente na doutrina francesa de separação rígida entre os poderes, não admitindo a possibilidade de um poder invalidar os atos de competência de um outro. Segundo essa ideologia, se tal prerrogativa fosse conferida a um dos Poderes da República, este sobrepujaria todos os demais, destruindo o equilíbrio e a harmonia que deveria existir entre eles a fim de se evitar os abusos resultantes da concentração de poderes.

Dessa forma, a Constituição Imperial outorgava competência ao próprio Poder Legislativo para a fiscalização de seus atos e aferição de sua compatibilidade com a Constituição, ou seja, a validade das leis era controlada pelo próprio órgão encarregado da elaboração normativa. Não se reconhecia ao Poder Judiciário competência para afastar a aplicação de normas que pudessem ser consideradas inconstitucionais, não existindo, portanto, nem mesmo o mais rudimentar modelo de controle judicial de constitucionalidade.

9.2.   A Constituição de 1891

A Constituição de 1891, profundamente influenciada pelo constitucionalismo dos Estados Unidos da América, abandona o sistema estritamente político de controle da constitucionalidade – albergado pela Constituição anterior, na qual somente o Legislativo realizava a fiscalização da validade de suas próprias leis – e passa a outorgar competência ao Poder Judiciário para afastar a aplicação, a um caso concreto, da lei que ele considerasse inconstitucional.

Inaugurava-se, assim, um abrangente sistema de controle judicial difuso no Brasil, atribuindo-se a todos os órgãos do Poder Judiciário, federais ou estaduais, a competência para aferir a compatibilidade das leis com a Constituição, desde que houvesse provocação nesse sentido.

Ressalte-se, entretanto, que a arguição de inconstitucionalidade somente era possível na via incidental, diante de um caso concreto, mediante provocação dos litigantes diretamente interessados. A declaração da inconstitucionalidade da lei, portanto, em nenhuma hipótese a retirava do ordenamento jurídico, mas, tão somente, afastava a sua aplicação ao caso concreto. Não havia a possibilidade de arguição de inconstitucionalidade abstrata, de uma lei em tese, independentemente de interesses subjetivos específicos, mediante ação direta.

9.3. A Constituição de 1934

A Constituição de 1934 introduziu profundas alterações no sistema judicial de fiscalização das leis no Brasil, criando novos mecanismos de atuação do Poder Judiciário.

Foi com a Carta de 1934 que passou a integrar nosso sistema de controle a denominada "reserva de plenário", segundo a qual somente a maioria absoluta dos membros dos diversos Tribunais do Poder Judiciário dispõe de competência para declarar a inconstitucionalidade das leis e atos normativos do Poder Público – fortalecendo sensivelmente o princípio da presunção de constitucionalidade das leis, em favor da segurança jurídica.

Foi nessa Constituição, também, que primeiro apareceu a possibilidade de atribuição de efeitos gerais à pronúncia de inconstitucionalidade, embora necessária, para tanto, a intervenção do Poder Legislativo. Com efeito, a Carta atribuiu competência ao Senado Federal para suspender a execução de uma lei, com eficácia *erga omnes*, em face da declaração de sua inconstitucionalidade pelo Poder Judiciário, proferida em um caso concreto.

Foi, ainda, criada a denominada representação interventiva, ação com a finalidade precípua de fiscalizar o procedimento de intervenção da União em ente federativo, nas hipóteses constitucionalmente previstas.

Por fim, foi esse mesmo texto constitucional que instituiu o mandado de segurança, remédio judicial de proteção a direito líquido e certo do indivíduo contra ato de autoridade praticado com ilegalidade ou abuso de poder.

9.4. A Constituição de 1937

A Constituição de 1937 – como se deu em praticamente todos os campos – representou um retrocesso no sistema de controle de constitucionalidade no Brasil.

Conquanto tenha preservado o controle judicial difuso, o poder constituinte usurpado enfraqueceu muito a competência do Judiciário relativamente à declaração de inconstitucionalidade das leis – e, de um modo geral, quase aboliu o princípio da separação entre os Poderes – uma vez que, no parágrafo único de seu art. 96, a Polaca assim dispunha:

> Parágrafo único. No caso de ser declarada a inconstitucionalidade de uma lei que, a juízo do Presidente da República, seja necessária ao bem-estar do povo, à promoção ou defesa de interesse nacional de alta monta, poderá o Presidente da República submetê-la novamente ao exame do Parlamento: se este a confirmar por dois terços de votos em cada uma das Câmaras, ficará sem efeito a decisão do Tribunal.

Com isso, na prática, o Presidente da República passou a ter poderes para submeter novamente ao Parlamento a lei já declarada inconstitucional pelo Poder Judiciário. Caso confirmada pelo Parlamento a legitimidade da norma, esta voltaria a ser aplicada, desconsiderando-se a decisão do Judiciário em contrário.

DIREITO CONSTITUCIONAL DESCOMPLICADO • *Vicente Paulo & Marcelo Alexandrino*

Também nessa Constituição o mandado de segurança perdeu a qualidade de garantia constitucional, passando a ser disciplinado pela legislação ordinária. Ao tratar do mandado de segurança, o legislador ordinário excluiu da sua apreciação os atos do Presidente da República, dos Ministros de Estado, dos Governadores e interventores dos estados.

Deixou de constar do texto constitucional, também, a competência do Senado Federal para suspender a execução de lei declarada inconstitucional pelo Supremo Tribunal Federal, bem como a representação interventiva.

9.5.   A Constituição de 1946

A Constituição de 1946 trouxe de volta as disposições suprimidas pela Carta outorgada de 1937. O controle judicial difuso voltou a ser exercido com exclusividade pelo Poder Judiciário, sem possibilidade de outro Poder tornar "sem efeito" as suas decisões.

Restaurou-se, também, a competência do Senado Federal para suspender a execução da lei declarada inconstitucional pelo Supremo Tribunal Federal (sempre no controle difuso, porquanto inexistente, até aqui, o controle abstrato no Brasil).

A representação interventiva, para intervenção federal, foi modificada, condicionando-se a decretação da intervenção à manifestação prévia do Supremo Tribunal Federal. A legitimação para a representação de inconstitucionalidade perante o Supremo Tribunal Federal foi confiada ao Procurador-Geral da República (art. 8.º, parágrafo único).

9.6.   A Emenda Constitucional 16/1965

A Emenda Constitucional 16/1965, introduziu em nosso ordenamento o controle abstrato de normas. A competência foi atribuída ao Supremo Tribunal Federal para julgamento de ação direta de inconstitucionalidade (ADI) de normas federais e estaduais em face da Constituição Federal, sendo a legitimação para a propositura conferida exclusivamente ao Procurador-Geral da República.

Somente a partir dessa emenda o sistema jurídico brasileiro passou a admitir a possibilidade de declaração de inconstitucionalidade em tese de atos normativos do Poder Público, mediante controle concentrado, pela via direta – e não mais somente diante de casos concretos, pela via incidental.

9.7.   A Constituição de 1967/1969

A Constituição de 1967 (assim como a Emenda Constitucional 1/1969) manteve o controle judicial, nos critérios concreto e abstrato, tal como previsto anteriormente na Constituição de 1946, após a Emenda 16/1965. Não houve inovações merecedoras de registro em matéria de jurisdição constitucional.

A respeito do controle abstrato nas Constituições de 1946 (a partir da EC 16/1965) e de 1967/1969, é oportuno transcrever este registro de Gilmar Ferreira Mendes:

> De anotar, porém, que o maior mérito da jurisprudência do Supremo Tribunal Federal, sob o império das Constituições de 1946 (Emenda n.º 16, de 1965) e de 1967/69, está relacionado com a definição da natureza jurídico-processual do processo de controle abstrato. A identificação da natureza objetiva desse processo, a caracterização da iniciativa do Procurador-Geral da República como simples impulso processual e o reconhecimento da eficácia *erga omnes* das decisões de mérito proferidas nesses processos pelo Supremo Tribunal Federal configuraram, sem dúvida, conquistas fundamentais para o mais efetivo desenvolvimento do controle de constitucionalidade no Brasil.

9.8. A Constituição de 1988

Da análise do até aqui exposto, percebemos que o Brasil inicialmente adotou o sistema norte-americano de controle de constitucionalidade (controle judicial difuso), evoluindo aos poucos para um sistema misto e peculiar, que combina o modelo difuso, por via incidental, com o critério concentrado, por via de ação direta.

A Constituição Federal de 1988 manteve em sua plenitude o controle difuso, conferindo a todos os órgãos do Poder Judiciário competência para, diante de um caso concreto, reconhecer a inconstitucionalidade das leis. Manteve, também, o controle abstrato pelo qual é possível, mediante ação direta, a solução de uma controvérsia constitucional, em tese, acerca da compatibilidade de uma lei com a Constituição.

Observa-se, contudo, que a Carta vigente trouxe relevantes alterações, sobretudo, à fiscalização abstrata, valorizando sensivelmente esse critério de controle, ampliando e fortalecendo sobremodo a via de ação direta.

De pronto, constata-se a grande ampliação do número de legitimados para a instauração do controle abstrato perante o Supremo Tribunal Federal (CF, art. 103, I ao IX), via ação direta de inconstitucionalidade (ADI), quebrando o monopólio, até então existente, do Procurador-Geral da República. O rol de legitimados para a propositura da ação direta de inconstitucionalidade (CF, art. 103, I ao IX) contempla algumas centenas de órgãos, pessoas e entidades. Abrange todos os partidos políticos com representação no Congresso Nacional, as confederações sindicais e entidades de classe de âmbito nacional, os governadores dos Estados e do Distrito Federal, as Mesas das Assembleias Legislativas, entre outros.

A par disso, o constituinte de 1988 estabeleceu novas ações específicas no âmbito do controle concentrado, como a arguição de descumprimento de preceito fundamental (ADPF), de competência originária do Supremo Tribunal Federal. São legitimados à propositura dessa ação, visando a evitar ou reparar lesão a preceito fundamental decorrente da Constituição Federal de 1988, os mesmos órgãos, pessoas e entidades aptos a promover a ação direta de inconstitucionalidade.

Outra significativa inovação da Carta Política atual foi a introdução da denominada inconstitucionalidade por omissão, reconhecida nas hipóteses de inércia do legislador ordinário em face de uma exigência constitucional de legislar. Duas novas ações foram especialmente introduzidas com o fim de reparar a omissão legislativa inconstitucional: o mandado de injunção (CF, art. 5.º, LXXI) e a ação direta de inconstitucionalidade por omissão (CF, art. 103, § 2.º), essa última integrante do sistema de controle abstrato de normas delineado pelo constituinte de 1988.

Em 1993, por meio da Emenda Constitucional 3, o legislador constituinte derivado criou a ação declaratória de constitucionalidade (ADC), passando a permitir que seja pleiteada diretamente perante o Supremo Tribunal Federal a declaração da constitucionalidade de uma lei ou ato normativo federal, com o fim de pôr termo a controvérsia judicial sobre sua validade.

Posteriormente, a Emenda Constitucional 45, publicada em 08.12.2004, trouxe duas importantes inovações ao controle de constitucionalidade das leis, a saber: a ampliação da legitimação para a propositura da ação declaratória de constitucionalidade (nova redação ao art. 103) e a criação da súmula vinculante do Supremo Tribunal Federal (art. 103-A).

Pode-se concluir, dessarte, que o controle abstrato passou a desempenhar papel preeminente no sistema de controle de constitucionalidade brasileiro, a partir da Constituição de 1988. Tal assertiva decorre não só do fato de terem sido previstas quatro ações distintas na via direta (ADI, ADO, ADC e ADPF), mas, também, pela ampliação dos entes legitimados para a instauração desse modelo de fiscalização abstrata (art. 103, I ao IX). Isso representa uma significativa mudança de paradigma em nosso ordenamento, uma vez que, até o advento da atual Carta, o controle de validade das leis no Brasil tinha sua base no sistema difuso, de inspiração norte-americana, realizado no curso dos processos judiciais comuns.

Em sua peculiar conformação, o controle abstrato hoje existente também assume novo e relevante significado para o princípio federativo, permitindo a aferição da constitucionalidade das leis federais mediante requerimento de um Governador de Estado, a aferição de leis estaduais mediante requerimento do Presidente da República e a aferição da constitucionalidade de lei de um Estado mediante requerimento de Governador de outro Estado.

A propositura da ação direta pelos partidos políticos com representação no Congresso Nacional concretiza, por outro lado, a ideia de defesa das minorias, uma vez que se assegura até às frações parlamentares menos representativas – *v.g.*, partido com apenas um representante em uma das Casas do Congresso – a possibilidade de arguir a inconstitucionalidade de lei.

Essa ampla legitimação – aliada à maior celeridade do modelo processual abstrato, dotado inclusive da possibilidade de suspensão imediata da eficácia do ato normativo impugnado, mediante pedido de cautelar – faz com que praticamente todas as relevantes questões constitucionais atuais sejam solucionadas em ações diretas propostas perante o Supremo Tribunal Federal.

CONSTITUIÇÃO DE 1824	CONSTITUIÇÃO DE 1891
Controle político: cabia ao próprio Legislativo interpretar, suspender e revogar leis.	Instituição do controle judicial difuso, na via concreta.

CONSTITUIÇÃO DE 1934	CONSTITUIÇÃO DE 1937
Instituição da reserva de plenário, da atuação do Senado Federal, da representação interventiva e do mandado de segurança.	Retrocesso no controle de constitucionalidade: possibilidade de o Presidente da República submeter ao Poder Legislativo lei já declarada inconstitucional e fim da atuação do Senado Federal.

CONSTITUIÇÃO DE 1946	EC 16, DE 1965
Restauração das regras da Constituição de 1934 e modificação na representação interventiva: legitimação ao Procurador-Geral da República e apreciação do STF.	Instituição do controle abstrato: ação direta e indireta de inconstitucionalidade (ADIN), ao lado do controle difuso.

CONSTITUIÇÃO DE 1967/1969	CONSTITUIÇÃO DE 1988
Não trouxe inovações: manteve os controles difuso e abstrato.	Manteve os controles incidental e abstrato, com as seguintes inovações: * Ampla legitimidade no controle abstrato * Criação da ADIN por omissão * Criação da ADPF * Criação da ADC (EC 3/93) * Criação do mandado de injunção * Criação da súmula vinculante (EC 45/04)

10. JURISDIÇÃO CONSTITUCIONAL

No Brasil, o controle de constitucionalidade é **predominantemente realizado pelo Poder Judiciário**, que pode atuar na **via incidental** – quando, diante de um caso concreto, qualquer juiz ou tribunal do País proclama a inconstitucionalidade da lei, com o fim de afastar a sua aplicação ao caso de interesse das partes litigantes – ou na **via abstrata** – quando o órgão de cúpula aprecia a constitucionalidade, em tese, da lei, com o fim de resguardar a harmonia do ordenamento jurídico.

No controle difuso, qualquer interessado, no curso de um processo judicial concreto, pode suscitar, incidentalmente, uma controvérsia constitucional, perante qualquer órgão do Poder Judiciário. Diversamente, na via abstrata, somente os legitimados pela Constituição poderão, perante o órgão de cúpula do Poder Judiciário, questionar a constitucionalidade, em tese, de uma lei.

A via abstrata, em defesa da supremacia da Constituição Federal, pode ser instaurada exclusivamente perante o Supremo Tribunal Federal, por meio de uma das seguintes ações diretas:

a) ação direta de inconstitucionalidade genérica (ADI);
b) ação direta de inconstitucionalidade por omissão (ADO);
c) ação declaratória de constitucionalidade (ADC);
d) arguição de descumprimento de preceito fundamental (ADPF);
e) ação direta de inconstitucionalidade interventiva (ADI interventiva).

Além desse controle abstrato perante o Supremo Tribunal Federal, em defesa da Constituição Federal, existe o controle abstrato em cada estado-membro e no Distrito Federal, para a defesa da respectiva Constituição Estadual e da Lei Orgânica, respectivamente. Esse controle abstrato estadual, conforme estudaremos oportunamente, é instaurado perante o respectivo Tribunal de Justiça, para a aferição das leis locais em face da Constituição Estadual (CF, art. 125, § 2.º).

Observa-se que, no Brasil, em razão da combinação dos modelos difuso e concentrado, **todos os órgãos do Poder Judiciário exercem a jurisdição constitucional**, uma vez que, no modelo difuso, **qualquer juiz ou tribunal do País dispõe de competência para zelar pela supremacia da Constituição**. Ademais, nem mesmo a jurisdição concentrada é privilégio exclusivo do Supremo Tribunal Federal, pois o Tribunal de Justiça de cada estado (e do Distrito Federal) também exerce fiscalização concentrada de constitucionalidade, nos termos do art. 125, § 2.º, da Constituição Federal.

Por fim, cabe ressaltar que a **Lei Orgânica municipal não possui status de norma constitucional**, razão pela qual é inadmissível a sua utilização como parâmetro de controle de constitucionalidade de normas municipais. Com efeito, na Constituição Federal **não existe previsão de controle de constitucionalidade de normas municipais em face da Lei Orgânica do Município**. Ademais, segundo entendimento do Supremo Tribunal Federal, **não se admite que os estados-membros estabeleçam controle de constitucionalidade de leis ou atos normativos municipais em face da lei orgânica respectiva**.[11] Vale dizer, o controle de constitucionalidade de normas municipais no Brasil se dá, somente, em face da Constituição Estadual (e, por equiparação, perante a Lei Orgânica do Distrito Federal) e da Constituição Federal, nas hipóteses adiante examinadas nesta obra.

11. FISCALIZAÇÃO NÃO JURISDICIONAL

O controle de constitucionalidade judicial no Brasil é muito rico. Nele, todos os membros do Poder Judiciário exercem a jurisdição constitucional. Esta, a jurisdição constitucional, por sua vez, é realizada, simultaneamente, de forma difusa e concentrada. Ainda, a impugnação das leis e atos normativos pode se dar tanto pela via

---

[11] ADI 5.548/PE, rel. Min. Ricardo Lewandowski, 17.08.2021.

Cap. 13 • CONTROLE DE CONSTITUCIONALIDADE 807

incidental, como questão prejudicial nos casos concretos submetidos à apreciação judicial, quanto pela via abstrata, em ações especialmente criadas para esse fim.

Ademais, cabe destacar que a instauração do controle abstrato por um dos entes constitucionalmente legitimados **não obsta a possibilidade de a mesma norma ser impugnada simultaneamente no controle incidental, diante de um caso concreto**. Assim, o fato de ser proposta uma ADI perante o Supremo Tribunal Federal contra certa lei não impede que essa mesma lei seja impugnada, no controle incidental, por qualquer pessoa que se sinta lesada pelos seus termos.

Mas não só o Poder Judiciário exerce a fiscalização da constitucionalidade das leis no nosso País. Os demais Poderes da República, Executivo e Legislativo, também dispõem, em situações especiais, do poder de fiscalizar a validade das leis, como se verá a seguir.

11.1. Poder Legislativo

Na contemporânea concepção do postulado da divisão de poderes, incumbe ao Legislativo, precipuamente, a denominada função normativa, de elaborar as espécies legislativas do ordenamento jurídico. Por esse motivo, parte da doutrina refuta a possibilidade de atuação desse poder como fiscalizador da validade das leis, sob o fundamento de que não se pode considerar como fiscalização da constitucionalidade a manifestação acerca da validade de uma norma emitida pelo próprio poder encarregado de elaborar essa norma. A função de elaboração normativa seria, assim, incompatível com a função de fiscalizar a validade dessas mesmas normas, ante a ausência de imparcialidade e independência do órgão fiscalizador.

Em que pese a objeção acima registrada, o fato é que, na vigência da Carta Política de 1988, o Poder Legislativo dispõe de certas competências que, irrefutavelmente, consubstanciam juízo sobre a constitucionalidade das leis.

A primeira manifestação do Poder Legislativo apontada como fiscalização da constitucionalidade ocorre nos trabalhos da Comissão de Constituição e Justiça (CCJ), no âmbito das Casas do Congresso Nacional.

Essa Comissão, presente na Câmara dos Deputados e no Senado Federal, manifesta-se sobre as proposições submetidas à apreciação do Poder Legislativo (projetos de lei, propostas de emenda à Constituição etc.), podendo concluir, por meio de parecer, pela constitucionalidade ou pela inconstitucionalidade da matéria examinada. A previsão para esse exame de constitucionalidade está nos Regimentos Internos da Câmara dos Deputados (art. 53, III) e do Senado Federal (arts. 101, I, e 253).

A fiscalização da CCJ consubstancia controle político preventivo de constitucionalidade, tendo por objeto evitar que ingresse no ordenamento jurídico espécie normativa com algum vício de inconstitucionalidade.

Outro juízo de constitucionalidade manifestado pelo Poder Legislativo está prescrito no art. 49, V, da Constituição Federal.

Esse dispositivo autoriza o Congresso Nacional a sustar os atos normativos do Poder Executivo que exorbitem do poder regulamentar ou dos limites da delegação legislativa. Tal poder conferido ao Legislativo é denominado por parte da doutrina "veto legislativo".

Desse modo, por força do art. 49, V, da Constituição, em duas hipóteses o Poder Legislativo tem competência para sustar atos inconstitucionais do Executivo:

a) quando o Poder Executivo exorbita dos limites do poder regulamentar, na edição de atos infralegais regulamentares;

b) quando o Poder Executivo exorbita dos limites da delegação legislativa, na edição de leis delegadas.

A primeira hipótese diz respeito à fiscalização legislativa do exercício do poder regulamentar pelo chefe do Executivo. É sabido que vigora entre nós, como elemento inerente ao Estado de Direito, o princípio da legalidade (supremacia da lei ou império da lei), em razão do qual o indivíduo só poderá ser obrigado a fazer ou deixar de fazer algo se a lei assim determinar (CF, art. 5.º, II).

Ressalvada a hipótese extremamente restrita de edição de decretos autônomos (CF, art. 84, VI), o Chefe do Poder Executivo só poderá expedir decretos para a fiel execução das leis, os denominados decretos regulamentares (CF, art. 84, IV).

O decreto regulamentar, como se sabe, não é ato normativo primário (não deriva diretamente da Constituição), mas dependente da lei, ou seja, é expedido em função de uma lei e a ela é inteiramente subordinado. Sua função é regulamentar, explicitar, desdobrar o conteúdo da lei, facilitando e uniformizando a sua aplicação. Jamais poderá o decreto regulamentar contrariar ou ultrapassar os ditames da lei, criando ou suprimindo direitos ou obrigações novos, não previstos no texto legal. Se isso ocorrer, o decreto poderá, com base no art. 49, V, da Constituição, ser sustado pelo Congresso Nacional, uma vez que se trata de exercício, pelo Chefe do Executivo, de competência não prevista na Carta da República, vale dizer, de atuação inconstitucional do Presidente da República.

A segunda hipótese versa sobre a edição de leis delegadas pelo Chefe do Executivo. As leis delegadas são elaboradas a partir de uma autorização dada pelo Congresso Nacional ao Presidente da República para legislar sobre determinada matéria, nos termos do art. 68 da Constituição Federal.

A delegação do Congresso Nacional, efetivada por meio de resolução, especificará seu conteúdo e os termos do seu exercício. Enfim, a delegação legislativa deve ter conteúdo determinado, preciso, definido, não podendo constituir um "cheque em branco" para a atuação legislativa do Presidente da República.

Caso o Chefe do Executivo extrapole o objeto da delegação, legislando além dos limites traçados pela resolução, o Congresso Nacional poderá, por ato próprio, sustar os efeitos da lei delegada exorbitante.

O ato do Congresso Nacional surtirá efeitos não retroativos (*ex nunc*), porquanto não se cuida de pronúncia de inconstitucionalidade, mas sim de sustação de eficácia. De toda sorte, por força desse dispositivo constitucional (art. 49, V), o Congresso Nacional não precisa recorrer ao Poder Judiciário para paralisar os efeitos do ato normativo ou da lei delegada exorbitante. O próprio Parlamento, por decreto legislativo, pode sustar os seus efeitos.

A apreciação das medidas provisórias adotadas pelo Chefe do Executivo (CF, art. 62) também é apontada como manifestação do Legislativo na fiscalização da constitucionalidade, uma vez que da apreciação legislativa poderá resultar a rejeição total da medida provisória, seja pelo desatendimento dos pressupostos constitucionais para sua adoção (relevância e urgência), seja por entender o Congresso que a medida provisória contraria materialmente a Constituição.

Deve-se salientar que todas essas manifestações do Poder Legislativo – fiscalização da CCJ, sustação do ato exorbitante do Executivo e apreciação de medida provisória – não são dotadas de força definitiva, vale dizer, não afastam a possibilidade de ulterior apreciação judicial.

Assim, a manifestação da CCJ pela constitucionalidade da proposição a ela submetida não afasta a competência do Poder Judiciário para, ulteriormente, declarar inconstitucional a lei resultante.

A conversão em lei de uma medida provisória pelo Congresso Nacional não obsta a ulterior declaração da inconstitucionalidade dessa lei pelo Poder Judiciário, caso seja provocado.

Da mesma forma, a ausência de sustação de uma lei delegada exorbitante da delegação legislativa não interdita a eventual declaração de inconstitucionalidade dessa mesma lei pelo Poder Judiciário, seja em razão de seu conteúdo, seja por desrespeito aos requisitos formais do processo legislativo dessa espécie normativa.

Ademais, entende o STF que o próprio ato do Congresso Nacional (decreto legislativo), que, nos termos do art. 49, V, da Carta Política, susta os efeitos de ato do Poder Executivo, está sujeito ao controle repressivo judicial.

Isso significa que, editado o decreto legislativo de sustação pelo Congresso Nacional, poderá o Chefe do Executivo pleitear judicialmente a declaração de inconstitucionalidade desse ato, por meio de ação direta de inconstitucionalidade (ADI), ajuizada perante o Supremo Tribunal Federal. Caso a Corte julgue a ADI procedente, o decreto legislativo será fulminado (eficácia *erga omnes*) e o ato do Poder Executivo, que estava com a eficácia sustada, retomará seus plenos efeitos.

Dois outros pontos acerca da atuação do Poder Legislativo merecem destaque.

Primeiro, a inexistência, entre nós, da possibilidade de se suspender, mediante ato do Poder Legislativo, decisão judicial que tenha declarado a inconstitucionalidade de ato normativo.

Essa odiosa prática, típica de Estado antidemocrático, já existiu no Brasil, sob a égide da Constituição de 1937, quando o Parlamento tinha competência para confirmar a validade de uma lei, cassando decisão anterior do Poder Judiciário em sentido contrário. Permitia-se ao Poder Legislativo a "constitucionalização" de normas consideradas inconstitucionais pelo Poder Judiciário.

Atualmente é incontroverso que esse instituto não poderia ser introduzido no Brasil, ainda que por meio de emenda à Constituição, por força da cláusula pétrea que inibe a deliberação sobre emenda tendente a abolir a separação dos poderes (CF, art. 60, § 4.º, III).

Segundo, o fato de que em nosso sistema jurídico não se admite a declaração da inconstitucionalidade (nulidade) de lei ou de ato normativo com força de lei por lei ou ato normativo posteriores.[12] Esse controle de constitucionalidade, de forma definitiva, é da competência exclusiva do Poder Judiciário. Não é legítimo, portanto, ao Poder Legislativo declarar, por meio de nova lei, a nulidade de lei anterior, sob alegação de incompatibilidade desta com a Constituição. Eventual ato legislativo nesse sentido será interpretado como ato de mera revogação da lei anterior, com eficácia prospectiva (*ex nunc*).

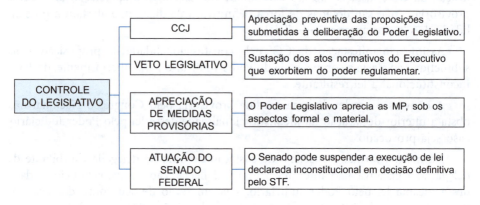

11.2. Poder Executivo

A doutrina aponta três situações em que o Poder Executivo atua como fiscal da validade das leis.

A primeira diz respeito ao exercício do poder de veto com fundamento na inconstitucionalidade, nos termos do art. 66, § 1.º, da Constituição Federal.

Dispõe o § 1.º do art. 66 da Constituição Federal que compete ao Presidente da República vetar projeto de lei, total ou parcialmente, quando entendê-lo inconstitucional (veto jurídico) ou contrário ao interesse público (veto político).

Observa-se, assim, que um dos motivos que autorizam o veto do Presidente da República ao projeto de lei é o entendimento de que ele é inconstitucional.

É sabido que no Brasil o processo de criação das leis se encerra, em regra, com a sanção do Presidente da República, quando ele manifesta sua concordância com o projeto aprovado pelo Legislativo. Não seria razoável, pois, admitir-se que o Presidente da República, participante do processo legislativo, permanecesse inerte frente a um projeto que ele entenda desrespeitar a Constituição, e que, caso convertido em lei, gozaria da denominada presunção de constitucionalidade. Diante dessa situação, deve o Chefe do Poder Executivo vetar o projeto de lei, evitando a formação de uma espécie normativa contrária ao texto constitucional.

Essas mesmas considerações valem, evidentemente, para o Chefe do Poder Executivo nos estados-membros, no Distrito Federal e nos municípios, que também exerce o poder de veto a projeto de lei do respectivo ente político.

---

[12] ADIMC 221/DF, rel. Min. Moreira Alves, 29.03.1990.

A doutrina brasileira tem reconhecido nesse ato do Chefe do Executivo – veto jurídico ao projeto de lei – espécie de controle preventivo de constitucionalidade, que tem por objeto evitar que ingresse no mundo jurídico norma incompatível com a Constituição.

Ainda sobre o assunto, é importante ressaltar que o veto do Chefe do Poder Executivo não possui força definitiva, porque pode ser superado pelo Poder Legislativo. No âmbito federal, a manifestação do Presidente da República será objeto de apreciação pelo Congresso Nacional, que, nos termos do art. 66, § 4.º, da Carta Política, poderá rejeitar o veto pelo voto da maioria absoluta de seus membros, em sessão conjunta. O mesmo ocorre com o veto do Governador e do Prefeito, que será apreciado pelo Poder Legislativo local, podendo ser superado por maioria absoluta dos votos dos respectivos parlamentares.

A segunda hipótese de fiscalização da constitucionalidade pelo Executivo diz respeito à possibilidade de inexecução pelo Chefe do Poder Executivo de lei por ele considerada inconstitucional.

O Poder Executivo, assim como os demais Poderes da República, está obrigado a agir nos estritos termos prescritos pela Constituição Federal. Não seria razoável, portanto, pretender-se obrigar o Chefe do Poder Executivo a dar cumprimento a uma lei que ele entenda flagrantemente inconstitucional.

Com efeito, segundo a jurisprudência do Supremo Tribunal Federal, o chefe do Poder Executivo pode determinar aos seus órgãos subordinados que deixem de aplicar administrativamente as leis ou atos com força de lei que considere inconstitucionais.[13]

Concede-se, nesse caso, ao Chefe do Poder Executivo, um poder de autodefesa, para melhor atender ao interesse público, admitindo-se, excepcionalmente, a negativa de aplicação da lei considerada inconstitucional.

Ressalte-se, apenas, que essa competência é exclusiva do Chefe do Poder Executivo (Presidente da República, Governador ou Prefeito), o que veda a possibilidade de qualquer funcionário administrativo subalterno descumprir a lei sob a alegação de inconstitucionalidade. Os demais servidores do Poder Executivo, sempre que vislumbrem vício de inconstitucionalidade legislativa, podem propor a sujeição da matéria ao chefe desse Poder.

É importante anotar, também, que essa competência da autoridade máxima do Poder Executivo somente poderá ser exercida caso inexista manifestação definitiva e vinculante do Poder Judiciário sobre a constitucionalidade da lei. Se já houver decisão definitiva do Poder Judiciário pela validade da lei, não poderá o Chefe do Executivo descumpri-la. Tal desobediência, se perpetrada pelos Governadores ou Prefeitos, enseja intervenção, nos termos, respectivamente, do art. 34, VI, e do art. 35, IV, da Constituição da República.

---

[13] ADIMC 221/DF, rel. Min. Moreira Alves, 29.03.1990.

Da mesma forma, se for determinada a não aplicação da lei, no âmbito administrativo, pela autoridade máxima do Poder Executivo e, ulteriormente, o Judiciário vier a considerar a lei constitucional, aquela autoridade deverá restabelecer, de imediato, a sua aplicação.

O Poder Executivo também fiscaliza a obediência à Constituição Federal por meio do processo de intervenção, haja vista que este funciona como meio excepcional de controle de constitucionalidade, como medida última para o restabelecimento da observância da Constituição por um ente federado. Nos termos do art. 84, X, da Carta da República, compete privativamente ao Presidente da República decretar e executar a intervenção federal nos estados e no Distrito Federal (e, ainda, nos municípios localizados em Territórios Federais). Se a intervenção for em município localizado em estado-membro, a competência para sua decretação e execução é exclusiva do respectivo Governador (CF, art. 35).

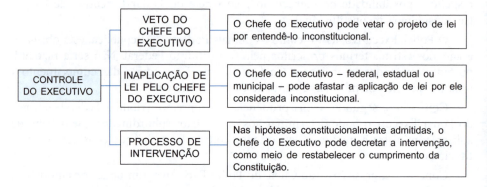

11.3. Tribunais de contas

Desde 1963, a jurisprudência do Supremo Tribunal Federal reconhece a competência dos tribunais de contas para, no desempenho de suas atribuições, realizar o controle de constitucionalidade das leis e atos normativos do Poder Público, com o fim de afastar a aplicação daqueles que considerem inconstitucionais. Essa prerrogativa das cortes de contas está consolidada no verbete da Súmula 347 do Supremo Tribunal Federal (aprovada em 1963), que possui a seguinte redação:

> O Tribunal de Contas, no exercício de suas atribuições, pode apreciar a constitucionalidade das leis e dos atos do Poder Público.

O Supremo Tribunal Federal reconheceu a **compatibilidade** da Súmula 347 com a Constituição Federal de 1988. Entretanto, segundo o Tribunal, a referida Súmula **não pode ser interpretada com o alcance de conceder ampla licença para que as cortes de contas realizem o controle abstrato de constitucionalidade**, com o fim de retirar leis e atos normativos do ordenamento jurídico. Conforme manifestação do Ministro Gilmar Mendes, "o verbete confere aos tribunais de contas – caso imprescindível para o exercício do controle externo – a possibilidade de afastar (*incidenter tantum*) normas cuja aplicação no caso expressaria um resultado inconstitucional

Cap. 13 • CONTROLE DE CONSTITUCIONALIDADE

(seja por violação patente a dispositivo da Constituição ou por contrariedade à jurisprudência do Supremo Tribunal Federal sobre a matéria)".[14]

12. CONTROLE DIFUSO

12.1. Introdução

O controle de constitucionalidade difuso tem sua origem nos Estados Unidos da América (EUA) – sendo, por esse motivo, conhecido como sistema americano de controle – e baseia-se no reconhecimento da inconstitucionalidade de um ato normativo por qualquer componente do Poder Judiciário, juiz ou tribunal, em face de um caso concreto submetido a sua apreciação. O órgão do Poder Judiciário, declarando a inconstitucionalidade de norma concernente ao direito objeto da lide, deixa de aplicá-la ao caso concreto.

Por outras palavras, na discussão de uma relação jurídica qualquer, submetida à apreciação do Poder Judiciário, suscita-se a dúvida sobre a constitucionalidade de um ato normativo relacionado com a lide. Surge, então, a necessidade de o Poder Judiciário apreciar a constitucionalidade de tal ato normativo para proferir a sua decisão no processo. Ao apreciar a questão constitucional, como antecedente necessário e indispensável ao julgamento do mérito do caso em exame, o juiz ou tribunal estará realizando o denominado controle difuso.

É fácil notar, pois, que, no controle difuso, quando o autor da ação procura a tutela do Poder Judiciário, sua preocupação inicial não é com a inconstitucionalidade da lei em si. Seu objetivo é a tutela de um determinado direito concreto, que esteja sofrendo lesão ou ameaça de lesão por alguém (a outra parte na ação). A constitucionalidade só é apreciada porque esse direito pretendido envolve a aplicação de uma lei, e essa lei é inquinada de inconstitucional pela parte que pretende vê-la afastada.

Então, sendo arguida a inconstitucionalidade da norma, o juiz, para reconhecer ou negar o direito do autor, vê-se obrigado a examinar a questão de constitucionalidade suscitada. Por isso se diz que no controle difuso o objeto da ação não é a constitucionalidade em si, mas sim uma relação jurídica concreta qualquer.

Pela mesma razão, tal controle é também denominado: incidental, *incidenter tantum*, por via de exceção, por via de defesa, concreto ou indireto. Todas essas designações remetem ao fato de que, no controle difuso, a controvérsia sobre a constitucionalidade representa uma questão acessória (um incidente) a decidir, surgida no curso de uma demanda judicial que tem como objeto principal o reconhecimento ou a proteção de um direito alegado em um caso concreto.

Exatamente por surgir no curso de um processo comum, o controle de constitucionalidade difuso pode ser exercido por qualquer órgão do Poder Judiciário. Qualquer órgão jurisdicional, juiz ou tribunal, poderá examinar a constitucionalidade da lei e, portanto, declará-la inconstitucional, com o fito de afastar a sua aplicação ao caso

---

[14] MS 25.888/DF, rel. Min. Gilmar Mendes, 29.08.2023.

concreto por ele apreciado. Os juízes de primeiro grau, os diversos tribunais do País, todos têm aptidão para decidir, no âmbito de sua competência, sobre a constitucionalidade das leis no controle difuso.

Evidentemente, as decisões sobre a constitucionalidade proferidas pelos órgãos inferiores do Poder Judiciário não são, em princípio, definitivas, podendo a controvérsia ser levada, em última instância, ao conhecimento do Supremo Tribunal Federal, por meio do recurso extraordinário (CF, art. 102, III).

Em suma, quando o Poder Judiciário aprecia uma controvérsia constitucional suscitada diante de um caso concreto a ele submetido, em sede de ações diversas (mandado de segurança, *habeas corpus*, *habeas data*, ação civil pública, ação popular, ação ordinária etc.), estamos diante do denominado controle difuso.

12.2. Legitimação ativa

Como o controle de constitucionalidade incidental dá-se no curso de uma ação submetida à apreciação do Poder Judiciário, todos os intervenientes no procedimento poderão provocar o órgão jurisdicional para que declare a inconstitucionalidade da norma no caso concreto.

Dessa forma, têm legitimidade para iniciar o controle de constitucionalidade concreto: as partes do processo, os eventuais terceiros admitidos como intervenientes no processo e o representante do Ministério Público que oficie no feito, como fiscal da lei (*custos legis*).

Ademais, o juiz ou tribunal, de ofício, independentemente de provocação, poderá declarar a inconstitucionalidade da lei, afastando a sua aplicação ao caso concreto, já que esses têm por poder-dever a defesa da Constituição.

Note-se que a declaração da inconstitucionalidade no caso concreto **não está dependente do requerimento das partes ou do representante do Ministério Público**. Ainda que estes não suscitem o incidente de inconstitucionalidade, o magistrado poderá, de ofício, afastar a aplicação da lei ao processo, por entendê-la inconstitucional.

Em síntese, dispõem de legitimação para suscitar o incidente de inconstitucionalidade:

a) as partes do processo;

b) terceiros admitidos como intervenientes no processo;

c) o representante do Ministério Público;

d) o juiz ou tribunal, de ofício.

12.3. Espécies de ações judiciais

O controle de constitucionalidade incidental pode ser iniciado em toda e qualquer ação submetida à apreciação do Poder Judiciário em que haja um interesse concreto em discussão, qualquer que seja a sua natureza. Ações de natureza cível, criminal, administrativa, tributária, trabalhista, eleitoral etc. – todas se prestam à efetivação do controle de constitucionalidade concreto.

Não interessa sequer a espécie de processo, podendo ser suscitado o incidente de inconstitucionalidade em processos de conhecimento, de execução ou cautelar, seja qual for a matéria discutida. Desse modo, ações como o mandado de segurança, o *habeas corpus*, a ação popular, a ação ordinária etc. – todas são idôneas para a efetivação do controle de constitucionalidade concreto.

Muito se discutiu a respeito de ser, ou não, a ação civil pública instrumento idôneo para a realização do controle de constitucionalidade das leis. Isso porque, como a decisão proferida nessa ação coletiva é dotada de eficácia geral (*erga omnes*), muitos entenderam que o exercício do controle de constitucionalidade no seu bojo implicaria flagrante usurpação de competência do Supremo Tribunal Federal, já que essa eficácia geral é própria da jurisdição concentrada exercida por esta Corte Maior.

A jurisprudência do Supremo Tribunal Federal firmou entendimento de que a ação civil pública pode ser utilizada como instrumento de controle de constitucionalidade, desde que com feição de controle incidental, isto é, desde que tenha como pedido principal certa e concreta pretensão e, apenas como fundamento desse pedido, seja suscitada a inconstitucionalidade da lei em que se funda o ato cuja anulação é pleiteada.

O que não se admite é o uso da ação civil pública como sucedâneo da ação direta de inconstitucionalidade, isto é, tendo por objeto principal a declaração da inconstitucionalidade, em tese, de lei ou ato normativo do Poder Público, haja vista que, nessa situação, haveria usurpação da competência privativa do Supremo Tribunal Federal para realizar a jurisdição abstrata, com eficácia geral, em face da Constituição Federal.

Para ilustrar, o Ministério Público poderia, por exemplo, ajuizar uma ação civil pública visando à anulação de um concurso público estadual, realizado com base em lei supostamente inconstitucional aprovada pelo respectivo estado-membro. Nessa situação, o magistrado poderá, incidentalmente, declarar a inconstitucionalidade da lei estadual e, em decorrência, determinar a anulação do respectivo concurso público, com efeitos exclusivamente para as partes alcançadas pela ação, naquele caso concreto.

Note-se que, nesse exemplo, o pedido principal da ação civil pública não é a declaração da inconstitucionalidade da lei estadual em si, mas sim a anulação do concurso público. Vale dizer, a lei não foi impugnada em tese, abstratamente, mas sim diante de um caso concreto, sendo o requerimento da declaração de inconstitucionalidade da lei mero incidente, como fundamento para a anulação do certame.

Por fim, vale lembrar que o controle incidental poderá ter como objeto toda e qualquer espécie normativa (leis e atos administrativos normativos em geral), editada pela União, pelos estados, pelo Distrito Federal ou pelos municípios. Significa dizer que qualquer juiz ou tribunal poderá, respeitada a sua esfera de competência, apreciar a validade de quaisquer leis ou atos administrativos federais, estaduais, distritais ou municipais, inclusive daqueles editados sob a égide de Constituições pretéritas, neste caso para afirmar a sua recepção (ou revogação) pela Carta de 1988.

12.4. Competência

No controle difuso, qualquer órgão do Poder Judiciário, juiz ou tribunal, poderá declarar a inconstitucionalidade de uma lei, com o fim de afastar a sua aplicação ao caso concreto.

No primeiro grau, o juiz singular é competente para examinar a questão constitucional suscitada no caso concreto a ele submetido. Se o magistrado entender que a lei desrespeita a Constituição, deverá proclamar a sua inconstitucionalidade, não a aplicando ao caso concreto em questão.

Da mesma forma, todos os tribunais do Poder Judiciário são competentes para declarar a inconstitucionalidade das leis e atos normativos do Poder Público atinentes aos processos a eles submetidos. Os tribunais de segundo grau, os tribunais superiores e o próprio Supremo Tribunal Federal realizam controle difuso de constitucionalidade, nos casos concretos submetidos a sua apreciação.

Entretanto, os tribunais só poderão declarar a inconstitucionalidade das leis e demais atos do Poder Público pelo voto da maioria absoluta dos seus membros ou pela maioria absoluta dos membros do respectivo órgão especial. Essa regra especial para a declaração da inconstitucionalidade pelos tribunais, denominada "reserva de plenário", será examinada no subitem seguinte.

12.4.1. Declaração da inconstitucionalidade pelos tribunais – a reserva de plenário

Conforme visto, no âmbito do controle difuso qualquer órgão do Poder Judiciário, juiz ou tribunal, possui competência para declarar a inconstitucionalidade de uma lei ou ato normativo conflitantes com a Constituição, com o fim de afastar a sua aplicação ao caso concreto.

Um juiz de primeiro grau, portanto, de acordo com o seu livre convencimento, poderá declarar a inconstitucionalidade de uma lei, negando-lhe aplicação ao caso levado a sua apreciação. Deverá, apenas, motivar a decisão, por força do art. 93, IX, da Carta da República, que impõe a obrigatoriedade de fundamentação para todos os julgamentos proferidos pelo Poder Judiciário.

Todavia, em relação à atuação dos **tribunais**, a Constituição Federal contém regra específica para a declaração de inconstitucionalidade, conhecida como "**reserva de plenário**", expressamente consagrada no seu art. 97:

> Art. 97. Somente pelo voto da maioria absoluta de seus membros ou dos membros do respectivo órgão especial poderão os tribunais declarar a inconstitucionalidade de lei ou ato normativo do Poder Público.

A reserva de plenário, pois, implica a exigência constitucional de procedimento especial para a declaração de inconstitucionalidade por qualquer tribunal do País, na sua esfera de competência. **No âmbito de um tribunal**, a declaração de inconstitucionalidade deverá observar, sob pena de **nulidade** da decisão, a **reserva de plenário**.

Cap. 13 • CONTROLE DE CONSTITUCIONALIDADE

Essa exigência de maioria absoluta garante maior segurança, maior estabilidade ao ordenamento jurídico, realçando o princípio da **presunção de constitucionalidade das leis**. Com efeito, ao impor a necessidade de maioria absoluta para que os tribunais possam declarar a inconstitucionalidade, o constituinte reforçou sobremaneira a presunção de constitucionalidade das leis, pois sempre que não se logre atingir esse quórum, a norma será tida por constitucional; fica afastada a possibilidade de um dos membros do tribunal (ou alguns poucos de seus integrantes) decidir, isoladamente, que uma lei deva ser considerada inconstitucional.

Vale observar que a maioria absoluta dos membros do tribunal ou do seu órgão especial é diferente da maioria dos juízes presentes (maioria simples). Para a declaração de inconstitucionalidade ser válida é preciso que ela seja proferida pela **maioria absoluta** dos juízes integrantes do tribunal, ou do órgão especial, independentemente do número dos presentes à seção de julgamento.

A previsão constitucional de instituição, pelos tribunais, de **órgão especial** encontra-se no art. 93, XI, nos seguintes termos: "nos tribunais com número superior a vinte e cinco julgadores, poderá ser constituído órgão especial, com o mínimo de onze e o máximo de vinte e cinco membros, para o exercício das atribuições administrativas e jurisdicionais delegadas da competência do tribunal pleno, provendo-se metade das vagas por antiguidade e a outra metade por eleição pelo tribunal pleno".

Naqueles tribunais em que haja órgão especial, a inconstitucionalidade poderá ser declarada pelo voto da maioria absoluta do plenário do tribunal ou do respectivo órgão especial. Não havendo órgão especial, a declaração de inconstitucionalidade deverá ser proferida por deliberação do plenário.

Significa dizer que os **órgãos fracionários** (turmas, câmaras e seções) dos tribunais **estão impedidos de declarar a inconstitucionalidade das leis**. Nem mesmo pela unanimidade de seus membros, os órgãos fracionários poderão declarar a inconstitucionalidade das leis e atos normativos do Poder Público. Assim, sempre que acatada uma arguição de inconstitucionalidade pelo órgão fracionário, o incidente deverá ser submetido ao plenário, ou ao órgão especial, para que este decida sobre a questão constitucional, por maioria absoluta de seus membros. Decidida a questão constitucional, os autos são devolvidos ao órgão fracionário, para que ele julgue o caso concreto e lavre o respectivo acórdão (aplicando ao caso concreto, evidentemente, a posição firmada pelo plenário ou órgão especial sobre a inconstitucionalidade arguida).

A reserva de plenário **vincula todos os tribunais do País**, impondo a eles a exigência de quórum especial para a declaração de inconstitucionalidade, quer seja em face da Constituição Federal, quer seja diante da Constituição Estadual. O Supremo Tribunal Federal, os tribunais superiores e os demais tribunais judiciários, federais e estaduais – todos eles estão subordinados à obediência da reserva de plenário ao proclamar a inconstitucionalidade das leis.

Cumpre observar que, mesmo na hipótese de não declararem expressamente a inconstitucionalidade da lei, os órgãos fracionários não poderão afastar a sua inci-

818 DIREITO CONSTITUCIONAL DESCOMPLICADO • Vicente Paulo & Marcelo Alexandrino

dência, no todo ou em parte, sob pena de ofensa ao art. 97 da Constituição Federal. É o que estabelece a **Súmula Vinculante 10** do STF, abaixo transcrita:

> 10 – Viola a cláusula de reserva de plenário (CF, art. 97) a decisão de órgão fracionário de tribunal que, embora não declare expressamente a inconstitucionalidade de lei ou ato normativo do Poder Público, afasta a sua incidência no todo ou em parte.

Não respeitada a exigência do art. 97 da Constituição Federal, será ilegítima, absolutamente nula, a decisão do órgão colegiado, seja no exercício do controle incidental, seja na efetivação do controle abstrato.

No entanto, interpretação conferida pelo Supremo Tribunal Federal à exigência constitucional de observância da cláusula de "reserva de plenário" resultou em certa flexibilização desse instituto.

Segundo o STF, a razão de ser da regra do art. 97 está na necessidade de evitar que órgãos fracionários apreciem, **pela primeira vez**, a pecha de inconstitucionalidade atribuída a certo ato normativo. Desse modo, por razões de economia e celeridade processuais, existindo declaração anterior de inconstitucionalidade promanada do órgão especial ou do plenário do tribunal, ou do Plenário do Supremo Tribunal Federal, não há necessidade, nos casos futuros, de observância da reserva de plenário estatuída no art. 97 da Constituição, podendo os órgãos fracionários aplicar diretamente o precedente às novas lides, declarando, eles próprios, a inconstitucionalidade das leis.

Assim, deixou assente a Corte Suprema que, já tendo sido declarada a inconstitucionalidade de determinada norma legal pelo órgão especial ou pelo plenário do tribunal, ou pelo Plenário do Supremo Tribunal Federal, ficam as suas turmas ou câmaras autorizadas a aplicar o precedente aos casos futuros, sem que haja a necessidade de nova remessa ao plenário ou ao órgão especial, porquanto já preenchida a exigência contida no art. 97 da Constituição.[15]

Essa orientação do Supremo Tribunal Federal restou positivada com a redação dada pela Lei 9.756/1998 ao parágrafo único do art. 481 do Código de Processo Civil de 1973. O atual Código de Processo Civil (Lei 13.105/2015) a reproduz no parágrafo único do seu art. 949, abaixo transcrito:

> Parágrafo único. Os órgãos fracionários dos tribunais não submeterão ao plenário ou ao órgão especial a arguição de inconstitucionalidade quando já houver pronunciamento destes ou do plenário do Supremo Tribunal Federal sobre a questão.

Em face dessas considerações, temos, em síntese, o seguinte:

a) a exigência da reserva de plenário somente é aplicável à apreciação da primeira controvérsia envolvendo a inconstitucionalidade de determinada lei;

---

[15] RE 199.017/RS, rel. Min. Ilmar Galvão, 02.02.1999.

Cap. 13 • CONTROLE DE CONSTITUCIONALIDADE

b) a partir do momento em que já houver decisão do plenário ou do órgão especial do respectivo tribunal, ou do Plenário do Supremo Tribunal Federal, não mais se há de falar em cláusula de reserva de plenário, passando os órgãos fracionários a dispor de competência para proclamar, eles próprios, a inconstitucionalidade da lei, observado o precedente fixado por um daqueles órgãos (plenário ou órgão especial do próprio tribunal ou Plenário do STF);

c) se houver divergência entre a decisão do órgão do tribunal (plenário ou órgão especial) e a decisão proferida pelo Supremo Tribunal Federal, deverão os órgãos fracionários dar aplicação, nos casos futuros submetidos a sua apreciação, à decisão do Supremo Tribunal Federal.

Cumpre, ainda, registrar três entendimentos do Supremo Tribunal Federal acerca da **não incidência da reserva de plenário**, ou seja, sobre provimentos judiciais exarados no âmbito de tribunais do Poder Judiciário que não estão abrangidos pelo comando do art. 97 da Constituição Federal.

Segundo o STF, **não se submete à reserva de plenário a aferição da recepção ou da revogação do direito pré-constitucional** (atos normativos editados sob a égide de Constituições pretéritas). Isso porque, conforme já analisado, o Supremo Tribunal Federal entende que a incompatibilidade desse direito pré-constitucional com texto constitucional superveniente é resolvida pela **revogação**, não havendo que se falar em inconstitucionalidade. Desse modo, como a reserva de plenário é aplicável, estritamente, à declaração de **inconstitucionalidade** pelos tribunais, não cabe cogitar da sua incidência na aferição da revogação (ou da recepção) do direito pré-constitucional.[16]

Entende também a Corte Suprema que a exigência de reserva de plenário não afasta a possibilidade de **decisão monocrática cautelar**, proferida pelo relator do processo, nos casos em que admitida pelas normas processuais ou regimentais. Por se tratar de juízo precário (temporário) e de competência (unipessoal) do relator do processo, **decisão monocrática cautelar não viola a reserva de plenário prevista no art. 97 da Constituição Federal**, instituto dirigido à declaração de inconstitucionalidade por órgãos colegiados – plenário ou órgão especial – de tribunal.[17]

Por fim, o STF já teve oportunidade de esclarecer que a reserva de plenário não atinge **juizados de pequenas causas** (CF, art. 24, X) e **juizados especiais** (CF, art. 98, I), os quais, pela configuração atribuída pelo legislador, não funcionam, na esfera recursal, sob regime de plenário ou de órgão especial.[18]

---

[16] Conforme lição do Ministro Celso de Mello, a discussão em torno da incidência, ou não, do postulado da recepção – precisamente por não envolver qualquer juízo de inconstitucionalidade (mas, sim, quando for o caso, o de simples revogação de diploma pré-constitucional) – dispensa, por tal motivo, a aplicação do princípio da reserva de plenário (CF, art. 97), legitimando, por isso mesmo, a possibilidade de reconhecimento, por órgão fracionário do tribunal, de que determinado ato estatal não foi recebido pela nova ordem (RE-AgR 395.902/RJ, rel. Min. Celso de Mello, 07.03.2006).

[17] Rcl-AgR 8.848/CE, rel. Min. Cármen Lúcia, 17.11.2011; Rcl 16.920/DF, rel. Min. Roberto Barroso, 19.12.2013; Rcl 25.700/PB, rel. Min. Ricardo Lewandowski, 27.10.2017.

[18] ARE-AgR 792.562/SP, rel. Min. Teori Zavascki, 18.03.2014.

12.5. Parâmetro de controle

Ao contrário da via abstrata, que tem sempre como parâmetro de controle a Constituição em vigor, o controle incidental pode ser realizado em face de Constituição pretérita, já revogada, sob cuja vigência tenha sido editada a lei ou o ato normativo controlados. Assim, na via incidental é plenamente possível que o Poder Judiciário declare, hoje, na vigência da Constituição de 1988, a inconstitucionalidade de uma lei pré-constitucional, por ofensa à Constituição vigente na época da edição dessa lei (por exemplo, uma lei editada em 1975, incompatível com a Constituição de 1969).

Com a promulgação da EC 45/2004, ocorreu um **alargamento do parâmetro do controle de constitucionalidade**. De fato, essa emenda passou a dispor que "os tratados e convenções internacionais sobre direitos humanos que forem aprovados, em cada Casa do Congresso Nacional, em dois turnos, por três quintos dos votos dos respectivos membros, serão equivalentes às emendas constitucionais" (CF, art. 5.º, § 3.º). Desse modo, quando aprovados mediante esse procedimento especial, tais tratados e convenções internacionais também serão parâmetro de controle de constitucionalidade, com força de emenda constitucional.

12.6. Recurso extraordinário

Sabe-se que o Supremo Tribunal Federal é o órgão máximo da Justiça brasileira, cabendo-lhe, especialmente, a guarda da Constituição Federal.

Para o cumprimento dessa nobre tarefa, o Supremo Tribunal Federal atua não só na jurisdição concentrada,[19] mas também como órgão revisor das decisões incidentais proferidas pelos órgãos inferiores do Poder Judiciário nos casos concretos, quando a controvérsia é levada ao seu conhecimento por meio do recurso ordinário (art. 102, II) ou do recurso extraordinário (art. 102, III).

Ressalvadas as estritas hipóteses de cabimento do recurso ordinário (CF, art. 102, II), o recurso extraordinário é o meio idôneo para a parte interessada, no âmbito do controle difuso de constitucionalidade, levar ao conhecimento do Supremo Tribunal Federal controvérsia constitucional concreta, suscitada nos juízos inferiores.

Com efeito, estabelece a Constituição Federal que compete ao Supremo Tribunal Federal julgar, mediante recurso extraordinário, as causas decididas em única ou última instância, quando a decisão recorrida (art. 102, III):

a) contrariar dispositivo desta Constituição;

b) declarar a inconstitucionalidade de tratado ou lei federal;

c) julgar válida lei ou ato de governo local contestado em face desta Constituição;

d) julgar válida lei local contestada em face de lei federal.

---

[19] Na jurisdição concentrada, o Supremo Tribunal Federal realiza o controle abstrato, previsto na alínea "a" do inciso I do art. 102, e também o controle concreto, no desempenho de suas competências originárias previstas nas demais alíneas do inciso I do art. 102 da Constituição.

Embora a Constituição não o tenha estabelecido expressamente, as controvérsias envolvendo a aplicação do direito pré-constitucional, editado sob a égide de Constituições pretéritas, também podem ser objeto de recurso extraordinário com base nesse dispositivo constitucional, para que o Supremo Tribunal Federal firme entendimento sobre a sua recepção ou revogação pela Constituição Federal de 1988.

Deve-se notar que a Constituição Federal **não exige que a decisão recorrida tenha sido proferida por algum tribunal**, o que torna cabível o recurso extraordinário das decisões de juiz singular, nas hipóteses em que não existir recurso ordinário, e dos juizados especiais criminais e cíveis.

De outro lado, segundo interpretação firmada pelo Supremo Tribunal Federal, a expressão "causa" – contida no inciso III do art. 102 da CF – só alcança **processos judiciais**. Por essa razão, **não é cabível a interposição de recurso extraordinário para impugnar decisão proferida em processo administrativo** (por exemplo, decisão de tribunal exarada no âmbito de processo administrativo de natureza disciplinar instaurado contra magistrado).[20]

A Emenda Constitucional 45/2004 trouxe duas importantes inovações em relação ao cabimento do recurso extraordinário perante o Supremo Tribunal Federal.

Primeiro, ampliou as hipóteses de cabimento do recurso extraordinário, passando a dispor que o recurso será cabível, também, quando a decisão recorrida tiver julgado válida lei local contestada em face de lei federal (CF, art. 102, III, "d"). Tal competência, até então, era do Superior Tribunal de Justiça (STJ), em sede de recurso especial.

Com essa alteração constitucional, passa-se a reconhecer que o conflito entre lei local e lei federal implica controvérsia constitucional, não meramente legal, como até então defluía do texto constitucional, uma vez que a discussão sobre matéria era remetida ao Superior Tribunal de Justiça, por meio de recurso especial. Entendemos que andou bem o legislador constituinte derivado, ao operar essa alteração de competência, pois, se há conflito entre a lei local – estadual, distrital ou municipal – e a lei federal, a controvérsia é, em essência, de natureza constitucional, por envolver partilha e exercício de competências entre os entes federativos.

Entretanto, a competência repassada ao Supremo Tribunal Federal concerne ao exame de controvérsia, em recurso extraordinário, tão somente quando a decisão recorrida julgar válida **lei** local (ato legislativo propriamente dito, em sentido estrito) contestada em face de lei federal. Se o conflito for de **ato** (atos administrativos em geral) de governo local contestado em face de lei federal, a competência permanece com o Superior Tribunal de Justiça, em sede de recurso especial (CF, art. 105, III, "b").

Segundo, passou a exigir que o recorrente demonstre a **repercussão geral** das questões constitucionais discutidas no caso, nos termos da lei, a fim de que o Supremo Tribunal Federal examine a admissibilidade do recurso extraordinário, na forma examinada no subitem seguinte.

---

[20] ARE-AgR 958.311/SP, red. p/ o acórdão Min. Gilmar Mendes, 27.02.2018.

12.6.1. Repercussão geral

A Emenda Constitucional 45/2004 estabeleceu, como condição para que o Supremo Tribunal Federal admita o **recurso extraordinário**, a exigência de que o recorrente demonstre a **repercussão geral** das questões constitucionais controvertidas no caso. É o que reza o § 3.º do art. 102 da Carta Política, a seguir transcrito:

> § 3.º No recurso extraordinário o recorrente deverá demonstrar a repercussão geral das questões constitucionais discutidas no caso, nos termos da lei, a fim de que o Tribunal examine a admissão do recurso, somente podendo recusá-lo pela manifestação de dois terços de seus membros.

Posteriormente, o instituto da repercussão geral foi regulamentado mediante alterações no Código de Processo Civil e no Regimento Interno do Supremo Tribunal Federal, na forma brevemente comentada nos próximos parágrafos.

Desde a entrada em vigor do instituto ora em foco, o Supremo Tribunal Federal não conhece de recurso extraordinário em que a questão constitucional versada não seja dotada de repercussão geral. Vale dizer, a demonstração da repercussão geral das questões constitucionais discutidas no caso passou a ser pressuposto constitucional necessário de admissibilidade do recurso extraordinário pela Corte Suprema, **inclusive em matéria penal**.

Na prática, o cumprimento desse requisito é examinado em momento preliminar ("preliminar de repercussão geral"), que pode ter um dos seguintes resultados: (a) se o Tribunal entender que o recorrente demonstrou a repercussão geral, o recurso extraordinário é conhecido (é admitido) e, portanto, terá o seu mérito examinado em momento posterior; (b) se o STF entender que o recorrente não logrou demonstrar a repercussão geral, o recurso extraordinário não é conhecido (é recusado), em decisão **irrecorrível**.[21]

Esse expediente – possibilidade de recusa do recurso extraordinário pelo STF em razão da ausência de repercussão geral das questões nele trazidas à baila – foi o meio encontrado pelo legislador constituinte derivado para evitar que controvérsias concretas insignificantes, de absoluta irrelevância jurídica, sejam submetidas à apreciação do Supremo Tribunal Federal. O principal objetivo é a redução do número de processos na Corte, possibilitando que seus membros destinem mais tempo à apreciação de causas que realmente são de fundamental importância para garantir os direitos constitucionais dos cidadãos.

No exame da existência da repercussão geral, de **competência exclusiva do Supremo Tribunal Federal**, será considerada a existência, ou não, de questões que, relevantes do ponto de vista econômico, político, social ou jurídico, **ultrapassem os interesses subjetivos das partes**.

Objetivamente, portanto, podemos afirmar que o instituto da repercussão geral passou a impor que a questão constitucional objeto do recurso extraordinário seja

---

[21] CPC, art. 1.035, *caput*.

Cap. 13 • CONTROLE DE CONSTITUCIONALIDADE

823

relevante – do ponto de vista econômico, político, social ou jurídico – e **transcendente**, vale dizer, a questão debatida deve ter alcance para além dos interesses subjetivos (pessoais, individuais) das partes envolvidas no caso concreto em exame (a discussão suscitada na causa deve interessar, efetiva ou potencialmente, outras pessoas, em diversas demandas – ela **não** pode estar limitada a interesses que sejam específicos das partes figurantes no recurso).

Desde logo, porém, o legislador ordinário indicou duas hipóteses em que **a existência da repercussão geral será presumida**, ao dispor que haverá repercussão geral **sempre** que o recurso extraordinário impugnar acórdão que:[22]

a) contrarie súmula ou jurisprudência dominante do Supremo Tribunal Federal; e

b) tenha reconhecido a inconstitucionalidade de tratado ou de lei federal, nos termos do art. 97 da Constituição Federal (isto é, mediante decisão proferida por tribunal, observada a "reserva de plenário").

Na análise da repercussão geral pelo Supremo Tribunal Federal, o Ministro relator **poderá, por decisão irrecorrível, admitir a manifestação de** *amicus curiae ("amigo da corte")*. Vale dizer, o relator poderá admitir a participação de pessoa natural ou jurídica, órgão ou entidade especializada, com representatividade adequada, para atuar como colaborador, com o fim de ampliar o debate acerca da demanda constitucional objeto do recurso extraordinário, na forma e com os limites estabelecidos no Código de Processo Civil[23] e no Regimento Interno do Supremo Tribunal Federal.

Numa apertada síntese, e sem adentrar os meandros processuais e regimentais do procedimento, a sistemática da repercussão geral perante o Supremo Tribunal Federal pode ser assim entendida:

a) suponha a existência de determinada controvérsia de natureza constitucional que tenha dado origem a milhares de processos judiciais de conteúdo idêntico (controle difuso), atualmente em trâmite nos tribunais inferiores, em fase da interposição de recurso extraordinário (nos seis Tribunais Regionais Federais do País, por exemplo);

b) dentre esses milhares de processos – que têm por objeto a mesma demanda –, serão selecionados dois ou mais recursos representativos da controvérsia (e que contenham abrangente argumentação e discussão a respeito da questão a ser decidida) para serem encaminhados ao Supremo Tribunal Federal, que examinará a existência, ou não, de repercussão geral na questão debatida ("preliminar de repercussão geral");

c) como resultado da análise quanto à repercussão geral realizada pelo Supremo Tribunal, teremos: (c.1) **caso seja reconhecida a existência de repercussão geral**, o recurso extraordinário **será conhecido**, hipótese em que o Ministro relator do Supremo Tribunal Federal determinará aos tribunais inferiores a suspensão da tramitação de todos os demais processos pendentes, individuais ou coletivos, que versem sobre a questão e tramitem no território nacional; ou (c.2)

---

[22] CPC, art. 1.035, §§ 1.º, 2.º e 3.º.
[23] CPC, art. 138.

caso seja negada a existência de repercussão geral, o recurso extraordinário não será conhecido, hipótese em que os tribunais de origem negarão seguimento a todos os recursos extraordinários sobre matéria idêntica que estavam sobrestados (suspensos), isto é, todos os recursos extraordinários que se encontravam nessa situação serão considerados automaticamente inadmitidos (já que o STF decidiu que não há repercussão geral na questão constitucional neles debatida);

d) no caso de conhecimento do recurso extraordinário (c.1), o Supremo Tribunal Federal julgará, em momento posterior, o mérito da questão constitucional nele discutida e firmará uma tese jurídica ("tese de repercussão geral"), que será aplicada pelos tribunais inferiores aos múltiplos processos sobre questão idêntica que estavam sobrestados (suspensos).

Em homenagem à celeridade processual, a preliminar de repercussão geral (momento inicial, em que só se examina a presença, ou não, de repercussão geral na questão constitucional objeto do recurso extraordinário, para o fim de conhecimento, ou não, deste) é analisada pelo chamado "plenário eletrônico", por meio de sistema informatizado, isto é, sem necessidade de reunião presencial dos membros do Supremo Tribunal Federal. Por força da determinação constitucional (art. 102, § 3.º), o recurso extraordinário só será recusado, por ausência de repercussão geral, por decisão de **dois terços** dos membros do Supremo Tribunal Federal (oito votos).

Na hipótese de inobservância de tese firmada em repercussão geral será cabível **reclamação** perante o Supremo Tribunal, mas **somente depois de esgotadas as instâncias ordinárias**.[24] Segundo o STF, nesse caso, o esgotamento da instância ordinária supõe o percurso de todo o caminho recursal possível (esgotamento de todos os recursos cabíveis), inclusive no âmbito de tribunal superior, antes do acesso ao STF.[25] Vale dizer, se a decisão reclamada ainda comportar reforma por via de recurso a algum tribunal, inclusive a tribunal superior, não se permitirá acesso ao STF por via de reclamação.

Por fim, é importante destacar que a tese fixada pelo Supremo Tribunal Federal em recurso extraordinário, **quando apreciado na sistemática da repercussão geral**, substitui a eficácia vinculante de eventual decisão relativa ao mesmo tema anteriormente proferida no âmbito do controle abstrato (em julgamento de ação declaratória de constitucionalidade, por exemplo).[26]

12.7. Efeitos da decisão

Conforme já analisado, no controle incidental a inconstitucionalidade pode ser pronunciada por qualquer juiz ou tribunal do País, no curso de um caso concreto a ele submetido.

---

[24] CPC, art. 988, § 5.º, II.

[25] Rcl 24.686 ED-AgR/RJ, rel. Min. Teori Zavascki, 25.10.2016.

[26] Rcl 27.789 AgR/BA, rel. Min. Roberto Barroso, 17.10.2017. Nesse julgado, o STF perfilhou o entendimento de que a **tese de repercussão geral** fixada no julgamento de recurso extraordinário (RE 760.931/DF) implicou a plena substituição, no que toca à sua eficácia vinculante, da conclusão firmada no julgamento de anterior ação declaratória de constitucionalidade relativa ao mesmo tema (ADC 16/DF).

Dessa forma, a decisão no controle incidental pode ser proferida por um magistrado de primeiro grau, por um tribunal de segundo grau, ou por um tribunal superior, inclusive o Supremo Tribunal Federal, no curso de um caso concreto a eles submetido.

Como, em qualquer caso, seja perante o juízo de primeiro grau, seja perante o Supremo Tribunal Federal, o que se busca na via incidental é o simples afastamento da aplicação da lei ao caso concreto, os efeitos da decisão serão os mesmos, independentemente do órgão de que tenha sido emanada.

Assim, qualquer que tenha sido o órgão prolator, a decisão no controle de constitucionalidade incidental **só alcança as partes do processo** (eficácia *inter partes*), **não dispõe de efeito vinculante** e, em regra, **produz efeitos retroativos** (*ex tunc*).

A decisão só alcança as partes do processo porque no controle incidental o interessado, no curso de uma ação, requer a declaração da inconstitucionalidade da norma com a única pretensão de afastar a sua aplicação ao caso concreto. Logo, é somente para as partes que integram o caso concreto que o juízo estará decidindo, constituindo a sua decisão uma resposta à pretensão daquele que arguiu a inconstitucionalidade.

Com isso, a pronúncia de inconstitucionalidade **não retira a lei do ordenamento jurídico**. Em relação a terceiros, não participantes da lide, a lei continuará a ser aplicada, integralmente, ainda que supostamente esses terceiros se encontrem em situação jurídica semelhante à das pessoas que foram parte na ação em que foi declarada a inconstitucionalidade.

Assim, a pronúncia de inconstitucionalidade pelo Poder Judiciário na via incidental, proferida em qualquer nível, limita-se ao caso em litígio, no qual foi suscitado o incidente de constitucionalidade, fazendo coisa julgada apenas entre as partes do processo. Quer provenha a decisão dos juízes de primeira instância, quer emane do Supremo Tribunal Federal ou de qualquer outro tribunal do Poder Judiciário, sua eficácia será apenas *inter partes*.

Essa eficácia, em regra, surte efeitos *ex tunc*, isto é, opera retroativamente em relação ao caso que deu motivo à decisão (e, repita-se, só em relação a este), fulminando, desde o seu nascimento, a relação jurídica fundada na lei inconstitucional.

Embora a regra seja a pronúncia da inconstitucionalidade no controle concreto ter eficácia retroativa (*ex tunc*), poderá o Supremo Tribunal Federal, por dois terços dos seus membros, em situações excepcionais, tendo em vista razões de segurança jurídica ou relevante interesse social, outorgar efeitos meramente prospectivos (*ex nunc*) à sua decisão, ou mesmo fixar um outro momento para o início da eficácia de sua decisão.[27]

---

[27] A declaração de inconstitucionalidade *pro futuro* no controle concreto foi excepcionalmente admitida pelo Supremo Tribunal Federal na apreciação de recurso extraordinário que versava sobre o número de vereadores de Câmara Municipal, à luz do disposto no art. 29, II, da Constituição Federal. Nesse julgado, o Tribunal reconheceu a inconstitucionalidade do antigo critério para fixação da composição máxima das Câmaras Municipais em 25.03.2004, mas diferiu o início da eficácia de sua decisão para um momento futuro, de forma a só alcançar a formação da legislatura seguinte (RE 197.917, rel. Min. Maurício Corrêa, 25.03.2004).

A decisão no controle concreto **não dispõe de força vinculante em relação aos demais órgãos do Poder Judiciário e à Administração Pública**, ainda quando proferida pelo Supremo Tribunal Federal. Significa dizer que a decisão proferida no caso concreto determinado não obriga a Administração e os demais órgãos do Poder Judiciário a decidirem outros casos no mesmo sentido. Nada impede, portanto, que seja declarada judicialmente a inconstitucionalidade da lei em certo caso concreto e que a Administração Pública, ou outro órgão do Poder Judiciário, continue a aplicar a mesma lei a outras pessoas que não integravam a lide em que foi reconhecida a sua inconstitucionalidade.

Em qualquer caso, a norma declarada inconstitucional no controle concreto continua a viger, com toda sua força obrigatória, em relação a terceiros, que não tenham sido parte na ação. Todas as pessoas que desejarem ver a si estendidos os efeitos da inconstitucionalidade já declarada em caso idêntico deverão postular sua pretensão perante os órgãos judiciais, em ações distintas.

Entretanto, se a decisão foi proferida pelo Supremo Tribunal Federal (e apenas por este!), há a possibilidade de ampliação dos efeitos da declaração incidental de inconstitucionalidade, seja mediante a suspensão da execução da lei por ato do Senado Federal, seja por meio da aprovação de uma súmula vinculante pelo próprio Supremo Tribunal Federal, nos termos a seguir expostos.

12.8. Atuação do Senado Federal

Afirmamos acima que a pronúncia de inconstitucionalidade pelo Poder Judiciário na via incidental, ainda quando proferida pelo Supremo Tribunal Federal, somente alcança as partes do processo em que ocorreu.

Para evitar que os outros interessados, amanhã, tenham de recorrer também ao Judiciário, para obter a mesma decisão, atribuiu-se ao Senado Federal a faculdade de suspender o ato declarado inconstitucional pelo Supremo Tribunal Federal, conferindo eficácia geral (*erga omnes*) à decisão dessa Corte.

Declarada definitivamente a inconstitucionalidade da lei pelo Supremo Tribunal Federal, no âmbito do controle difuso, a decisão é comunicada ao Senado Federal para que este, entendendo conveniente, suspenda a execução da lei, conferindo eficácia *erga omnes* à decisão da Corte Suprema, nos termos do art. 52, X, da Constituição Federal.

Não há consenso doutrinário acerca da eficácia temporal do ato editado pelo Senado Federal no uso dessa competência. Com efeito, há autores de renome que entendem ser tal eficácia meramente prospectiva (*ex nunc*), enquanto outros defendem a sua retroatividade (*ex tunc*). De outro lado, a jurisprudência do Supremo Tribunal Federal também não é firme acerca da eficácia dessa pronúncia do Senado Federal.

Com o devido respeito aos autores que perfilham entendimento diverso, nossa opinião, que pensamos ser atualmente majoritária na doutrina, é que o ato do Senado Federal editado nos termos do art. 52, X, da Constituição produz **efeitos meramente prospectivos** (*ex nunc*), ou seja, desde a edição do ato pelo Senado Federal.

Cap. 13 • CONTROLE DE CONSTITUCIONALIDADE

Porém, é importante observar que, no âmbito do Poder Executivo federal, a resolução do Senado indiscutivelmente produz **efeitos retroativos** (*ex tunc*), ou seja, desde a entrada em vigor da norma declarada inconstitucional. Essa regra, especificamente aplicável à **administração pública federal**, encontra-se expressa no Decreto 2.346/1997. Devido à sua relevância, transcrevemos o dispositivo pertinente (grifo nosso):

> Art. 1.º As decisões do Supremo Tribunal Federal que fixem, de forma inequívoca e definitiva, interpretação do texto constitucional deverão ser uniformemente observadas pela Administração Pública Federal direta e indireta, obedecidos aos procedimentos estabelecidos neste Decreto.

> § 1.º Transitada em julgado decisão do Supremo Tribunal Federal que declare a inconstitucionalidade de lei ou ato normativo, em **ação direta**, a decisão, **dotada de eficácia** *ex tunc*, produzirá efeitos desde a entrada em vigor da norma declarada inconstitucional, salvo se o ato praticado com base na lei ou ato normativo inconstitucional não mais for suscetível de revisão administrativa ou judicial.

> § 2.º **O disposto no parágrafo anterior aplica-se, igualmente**, à lei ou ao ato normativo que tenha sua inconstitucionalidade proferida, **incidentalmente**, pelo Supremo Tribunal Federal, **após a suspensão de sua execução pelo Senado Federal**.

Em qualquer hipótese, temos que, enquanto a declaração de inconstitucionalidade é de competência do Supremo Tribunal Federal, a suspensão geral da aplicação da lei é atribuição do Senado Federal. Integram-se, Supremo Tribunal Federal e Senado, para a execução de uma tarefa constitucional comum, pertinente ao controle de constitucionalidade das leis e atos normativos em geral. Sem a declaração do Tribunal Maior, o Senado Federal não pode atuar, pois não lhe é dado suspender a execução de lei não declarada inconstitucional, mas tão só ampliar a eficácia da decisão da Corte Máxima.

Dessarte, a função do Senado Federal – suspender a execução de lei julgada inconstitucional pelo Supremo Tribunal Federal – nada mais é do que estender *erga omnes* os efeitos de uma decisão judicial proferida em um caso concreto, que inicialmente alcançava exclusivamente as partes do processo.

O Senado Federal **não está obrigado a suspender a execução da lei declarada inconstitucional pelo Supremo Tribunal Federal**, podendo julgar a oportunidade e a conveniência de praticar tal ato. Como ato facultativo, discricionário e de natureza política, não há que se falar em prazo certo para o Senado Federal se manifestar, tampouco em sanção específica para a hipótese de eventual recusa à suspensão da execução do ato.

A espécie normativa utilizada pelo Senado Federal para a suspensão da eficácia da lei declarada inconstitucional pelo Supremo Tribunal Federal é a **resolução**, vale dizer, a suspensão da execução da lei, se houver, será formalizada por meio da expedição de uma **resolução do Senado Federal**.

Como dissemos, o Senado Federal dispõe de plena discricionariedade para suspender, ou não, a execução da lei declarada definitivamente inconstitucional pelo Supremo Tribunal Federal. Entretanto, se o fizer, **não poderá posteriormente revogar o seu ato de suspensão**. Com efeito, não se admite que, uma vez aprovada a resolução que efetue a suspensão da execução da lei, o Senado Federal a revogue por outra resolução.

Ademais, o Senado Federal **não pode restringir ou ampliar a extensão do julgado prolatado pelo Supremo Tribunal Federal**, sob pena de invalidade do seu ato. A Casa Legislativa deve ater-se à extensão da declaração de inconstitucionalidade proferida pelo Tribunal, não possuindo competência para interpretá-la, ampliá-la ou restringi-la. Se o Supremo Tribunal Federal declarou a inconstitucionalidade de três artigos da lei, não poderá o Senado Federal suspender a execução de mais algum artigo da mesma lei, tampouco suspender a execução somente de um ou dois dos artigos declarados inconstitucionais. Vale dizer, o Senado é livre para suspender ou não a execução da lei; porém, se decidir pela suspensão, deverá fazê-lo nos estritos termos e limites da declaração de inconstitucionalidade pelo Supremo Tribunal Federal.

A autorização constitucional para que o Senado Federal possa "suspender a execução, no todo **ou em parte**, de lei declarada inconstitucional por decisão definitiva do Supremo Tribunal Federal" (CF, art. 52, X), não há que ser entendida como faculdade de suspender a execução de apenas uma parte daquilo que foi declarado inconstitucional pela Corte Maior. Se toda a lei foi declarada inconstitucional, a suspensão há de ser total, da lei inteira – o Senado não pode decidir fazê-lo apenas em parte; se apenas parcela da lei foi declarada inconstitucional pelo STF, não poderá o Senado ampliar essa decisão, suspendendo a execução de toda a lei.

Portanto, quando o texto constitucional diz "suspender em parte", está se reportando aos casos em que somente parte da lei foi declarada inconstitucional pelo Supremo Tribunal Federal (a mesma parte que será suspensa pelo Senado, caso este decida exercer tal competência constitucional, a fim de conferir eficácia geral à decisão da Corte Suprema).

Cabe anotar que a resolução do Senado está, ela própria, **sujeita a aferição judicial de sua constitucionalidade**, inclusive mediante controle abstrato, vale dizer, a resolução pode ser impugnada judicialmente quando se entenda que ela desatendeu as determinações constitucionais, seja quanto aos seus aspectos formais (concernentes ao processo legislativo exigido para sua produção), seja quanto ao seu conteúdo (por exemplo, caso se considere que as disposições da resolução discrepam daquilo que foi decidido pelo STF).

A competência do Senado Federal **alcança qualquer lei ou ato normativo que tenha sido declarado inconstitucional incidentalmente pelo Supremo Tribunal Federal**, isto é, poderá o Senado Federal suspender a execução de leis e atos normativos federais, estaduais, distritais e municipais.

Por fim, ressaltamos que a competência do Senado Federal para suspender a execução de leis ou atos normativos declarados inconstitucionais pelo Supremo Tribunal Federal **se restringe às decisões do Supremo Tribunal Federal proferidas no controle difuso, incidental**, uma vez que sua razão de ser consiste, precisamente, na faculdade de estender, a todos, os efeitos de decisão que, em si, tem eficácia apenas entre as partes. No âmbito do controle abstrato, conforme veremos adiante, as próprias decisões do Poder Judiciário são dotadas de eficácia geral, contra todos (*erga omnes*), não havendo razões para atuação do Senado Federal.

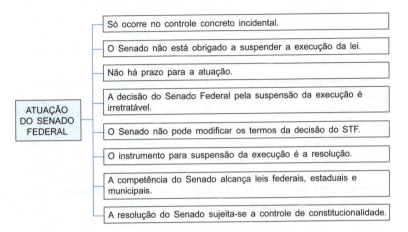

12.9. Súmula vinculante

Sabe-se que as decisões proferidas pelo Supremo Tribunal Federal no âmbito do controle concreto não são dotadas de força vinculante em relação aos demais órgãos do Poder Judiciário, tampouco à Administração Pública. Significa dizer que mesmo quando o Supremo Tribunal Federal declara, em reiterados casos concretos submetidos à sua apreciação, a inconstitucionalidade de uma lei, os juízes de primeiro grau e os tribunais, bem como a Administração Pública poderão continuar a aplicar essa lei em outras situações concretas, se entenderem, diversamente do que decidiu o STF, que ela é constitucional. Poderão, legitimamente, desconsiderar o entendimento do Supremo Tribunal Federal, porque não estão a ele vinculados.

Em situações como essa – decisão do STF reconhecendo a inconstitucionalidade da lei e juízos inferiores ou Administração Pública decidindo em sentido contrário –, o interessado, para ver aplicado o entendimento do Supremo Tribunal Federal a sua situação concreta, deverá percorrer a via recursal própria, a fim de levar o seu processo ao conhecimento do Supremo Tribunal Federal, para que ele novamente declare a inconstitucionalidade da lei, reformando a decisão do juízo inferior, ou anulando o ato da Administração Pública, conforme o caso.

No intuito de combater esse quadro e conferir maior celeridade à prestação jurisdicional, a Emenda Constitucional 45/2004 criou a figura da súmula vinculante do Supremo Tribunal Federal, nos termos seguintes (art. 103-A):

> Art. 103-A. O Supremo Tribunal Federal poderá, de ofício ou por provocação, mediante decisão de dois terços dos seus membros, após reiteradas decisões sobre matéria constitucional, aprovar súmula que, a partir de sua publicação na imprensa oficial, terá efeito vinculante em relação aos demais órgãos do Poder Judiciário e à administração pública direta e indireta, nas esferas federal,

estadual e municipal, bem como proceder à sua revisão ou cancelamento, na forma estabelecida em lei.

§ 1.º A súmula terá por objetivo a validade, a interpretação e a eficácia de normas determinadas, acerca das quais haja controvérsia atual entre órgãos judiciários ou entre esses e a administração pública que acarrete grave insegurança jurídica e relevante multiplicação de processos sobre questão idêntica.

§ 2.º Sem prejuízo do que vier a ser estabelecido em lei, a aprovação, revisão ou cancelamento de súmula poderá ser provocada por aqueles que podem propor a ação direta de inconstitucionalidade.

§ 3.º Do ato administrativo ou decisão judicial que contrariar a súmula aplicável ou que indevidamente a aplicar, caberá reclamação ao Supremo Tribunal Federal que, julgando-a procedente, anulará o ato administrativo ou cassará a decisão judicial reclamada, e determinará que outra seja proferida com ou sem a aplicação da súmula, conforme o caso.

A aprovação, revisão e cancelamento de súmula vinculante pelo Supremo Tribunal Federal foi regulamentada pela Lei 11.417, de 19.12.2006, publicada no Diário Oficial da União de 20.12.2006, com vigência após três meses contados de sua publicação.

Partindo das disposições constitucionais, bem como da regulamentação estabelecida pela Lei 11.417/2006, comentaremos, abaixo, os principais aspectos concernentes à aprovação, à revisão e ao cancelamento de enunciado de súmula vinculante pelo Supremo Tribunal Federal.

12.9.1. Iniciativa

O Supremo Tribunal Federal poderá aprovar, rever ou cancelar súmula vinculante:

a) por iniciativa própria (de ofício); ou

b) por iniciativa de qualquer dos legitimados na Constituição e na lei.

O texto constitucional confere legitimação para provocar o Tribunal àqueles que podem propor ação direta de inconstitucionalidade, enumerados no art. 103, incisos I a IX, da Constituição Federal; além disso, autoriza a lei a prever outros legitimados.

Em consonância com esse comando constitucional, a Lei 11.417/2006 estabeleceu os legitimados a provocar o Supremo Tribunal Federal para a edição, revisão ou o cancelamento de enunciado de súmula vinculante, nos termos seguintes:

Art. 3.º São legitimados a propor a edição, a revisão ou o cancelamento de enunciado de súmula vinculante:

I – o Presidente da República;

II – a Mesa do Senado Federal;

III – a Mesa da Câmara dos Deputados;

Cap. 13 • CONTROLE DE CONSTITUCIONALIDADE

IV – o Procurador-Geral da República;

V – o Conselho Federal da Ordem dos Advogados do Brasil;

VI – o Defensor Público-Geral da União;

VII – partido político com representação no Congresso Nacional;

VIII – confederação sindical ou entidade de classe de âmbito nacional;

IX – a Mesa de Assembleia Legislativa ou da Câmara Legislativa do Distrito Federal;

X – o Governador de Estado ou do Distrito Federal;

XI – os Tribunais Superiores, os Tribunais de Justiça de Estados ou do Distrito Federal e Territórios, os Tribunais Regionais Federais, os Tribunais Regionais do Trabalho, os Tribunais Regionais Eleitorais e os Tribunais Militares.

Como se vê, o legislador ordinário **ampliou o rol de legitimados a provocar o Supremo Tribunal Federal para a edição, revisão ou cancelamento de enunciado de súmula vinculante**, não se restringindo aos legitimados para a propositura da ação direta de inconstitucionalidade, apontados no art. 103 da Constituição Federal. Com efeito, além dos legitimados para a propositura da ação direta de inconstitucionalidade, também poderão provocar o Supremo Tribunal Federal, para a edição, revisão ou cancelamento de enunciado de súmula vinculante: o Defensor Público-Geral da União, os Tribunais Superiores, os Tribunais de Justiça de Estados ou do Distrito Federal e Territórios, os Tribunais Regionais Federais, os Tribunais Regionais do Trabalho, os Tribunais Regionais Eleitorais e os Tribunais Militares.

Além desses legitimados, **o município poderá propor, incidentalmente no curso de processo em que seja parte**, a edição, a revisão ou o cancelamento de enunciado de súmula vinculante, o que não autoriza a suspensão do processo.[28]

Anote-se que o município não poderá provocar **diretamente** o Supremo Tribunal Federal para a edição, revisão ou cancelamento de súmula vinculante. Poderá atuar, apenas, no curso de processo em que seja parte, propondo, incidentalmente, a adoção de uma dessas medidas pelo Tribunal.

12.9.2. Atuação do Procurador-Geral da República

O Procurador-Geral da República, **nas propostas que não houver formulado**, manifestar-se-á previamente à edição, revisão ou cancelamento de enunciado de súmula vinculante.[29]

Note-se que, no tocante à edição, revisão ou cancelamento de enunciado de súmula vinculante, o legislador ordinário dispensou a manifestação ulterior do Procurador-Geral da República nas provocações que ele próprio houver formulado perante o Supremo Tribunal Federal.

---

[28] Lei 11.417/2006, art. 3.º, § 1.º.
[29] Lei 11.417/2006, art. 2.º, § 2.º.

12.9.3. Manifestação de terceiros

No procedimento de edição, revisão ou cancelamento de enunciado de súmula vinculante, o relator poderá admitir, por decisão irrecorrível, a manifestação de terceiros na questão, nos termos do Regimento Interno do Supremo Tribunal Federal.[30]

12.9.4. Requisitos

A súmula, enunciando posição firmada em reiteradas decisões do Supremo Tribunal Federal, deverá versar sobre controvérsia constitucional atual entre órgãos judiciários ou entre esses e a Administração Pública que acarrete grave insegurança jurídica e relevante multiplicação de processos sobre questão idêntica.

Portanto, para a edição de súmula vinculante pelo Supremo Tribunal Federal, a Constituição Federal exige, especialmente, a observância de quatro requisitos cumulativos, a saber:

a) matéria constitucional;

b) existência de reiteradas decisões do Supremo Tribunal Federal sobre essa matéria constitucional;

c) existência de controvérsia atual entre órgãos judiciários ou entre esses e a Administração Pública;

d) a controvérsia acarrete grave insegurança jurídica e relevante multiplicação de processos sobre questão idêntica.

O primeiro ponto que merece destaque é a exigência de que a matéria objeto da súmula tenha sede **constitucional**. Assim, embora o Supremo Tribunal Federal possua uma vasta gama de competências, somente aquelas decisões da Corte que envolvam tema com assento na Carta Política poderão ser objeto de súmula vinculante, nunca matéria infraconstitucional.

O segundo requisito – exigência de que a matéria constitucional tenha sido objeto de **reiteradas decisões do Supremo Tribunal Federal** – tem a finalidade de evitar a aprovação precipitada de súmula vinculante, sobre tema que ainda não esteja consolidado na jurisprudência da Corte Suprema. Por outras palavras, é necessário que a súmula vinculante efetivamente reflita a jurisprudência do Tribunal Maior, sedimentada em reiterados julgados no mesmo sentido.

Outro ponto que deve ser frisado é a exigência de que a matéria tratada na súmula vinculante seja objeto de **controvérsia constitucional atual entre órgãos judiciários ou entre esses e a Administração Pública**. Se se tratar, por exemplo, de uma lei que já seja pacificamente considerada inconstitucional no âmbito do Poder Judiciário e que não esteja sendo aplicada pela Administração Pública, não caberá a edição de súmula vinculante. Tampouco se admite a edição de súmula vinculante acerca de matéria que, presumivelmente, acarretará controvérsia futura, por maior que seja sua relevância. A controvérsia deve ser **atual**, nem futura, nem já superada.

---

[30] Lei 11.417/2006, art. 3.º, § 2.º.

Cap. 13 • CONTROLE DE CONSTITUCIONALIDADE

Por força do último requisito, temos que, mesmo que a matéria seja objeto de controvérsia atual entre órgãos judiciários ou entre estes e a administração pública, somente poderá ser tratada em súmula vinculante se essa controvérsia estiver acarretando **grave insegurança jurídica e relevante multiplicação de processos sobre questão idêntica.** Dessarte, na hipótese de se tratar de matéria controversa, mas de reduzida relevância, ou concernente a uns poucos casos concretos, não caberá a edição de súmula vinculante.

De outro lado, para que seja proposta a **revisão** ou o **cancelamento** de súmula vinculante, também deverão ser cumpridos, pelo proponente, certos pressupostos. De fato, segundo a jurisprudência do Supremo Tribunal Federal, o mero descontentamento ou a eventual divergência quanto ao conteúdo do verbete vinculante não autorizam a rediscussão da matéria sumulada, devendo o proponente da revisão ou do cancelamento evidenciar a **superação da jurisprudência da Corte** referente à matéria, a **alteração legislativa** quanto ao tema ou, ainda, a **modificação substantiva do contexto político-econômico-social** do País.

12.9.5. Deliberação

A aprovação, a revisão ou o cancelamento de súmula vinculante exige decisão de 2/3 (dois terços) dos membros do Supremo Tribunal Federal (oito Ministros), em sessão plenária.

12.9.6. Início da eficácia

Somente a partir da publicação na imprensa oficial o enunciado da súmula passará a ter efeito vinculante em relação aos demais órgãos do Poder Judiciário e à Administração Pública direta e indireta, nas esferas federal, estadual e municipal.

No prazo de 10 (dez) dias após a sessão em que edite, reveja ou cancele enunciado de súmula com efeito vinculante, o Supremo Tribunal Federal fará publicar, em seção especial do Diário da Justiça e do Diário Oficial da União, o enunciado respectivo.

Uma vez publicada, a súmula terá força vinculante em relação aos demais órgãos do Poder Judiciário e à Administração Pública direta e indireta, nas esferas federal, estadual e municipal. Significa dizer que nenhum juízo ou tribunal inferior, bem como nenhum órgão ou entidade da Administração Pública direta e indireta poderá contrariar o conteúdo da súmula.

A súmula com efeito vinculante tem **eficácia imediata,** mas o Supremo Tribunal Federal, por decisão de 2/3 (dois terços) dos seus membros, **poderá restringir os efeitos vinculantes** ou **decidir que só tenha eficácia a partir de outro momento,** tendo em vista razões de segurança jurídica ou de excepcional interesse público.[31]

Portanto, como regra geral, a eficácia da súmula vinculante é imediata, isto é, a partir da sua publicação na imprensa oficial. Assim, diante do silêncio do Supremo Tribunal Federal, a eficácia da súmula vinculante será **imediata.**

---

[31] Lei 11.417/2006, art. 4.º.

DIREITO CONSTITUCIONAL DESCOMPLICADO • Vicente Paulo & Marcelo Alexandrino

Entretanto, tendo em vista razões de segurança jurídica ou de excepcional interesse público, poderá o Supremo Tribunal Federal restringir os efeitos vinculantes ou decidir que só tenha eficácia a partir de outro momento, desde que o faça por decisão de 2/3 (dois terços) de seus membros.

12.9.7. Descumprimento

Se for praticado ato ou proferida decisão que contrarie os termos da súmula, poderá a parte prejudicada intentar **reclamação diretamente perante o Supremo Tribunal Federal** (CF, art. 103-A, § 3.º).[32]

A Lei 11.417/2006 estatui que a decisão judicial ou o ato administrativo que contrariar enunciado de súmula vinculante, negar-lhe vigência ou aplicá-lo indevidamente **poderá ser objeto de reclamação ao Supremo Tribunal Federal**, sem prejuízo dos recursos ou outros meios admissíveis de impugnação (art. 7.º).

Contra omissão ou ato da administração pública, o uso da reclamação **só será admitido após esgotamento das vias administrativas** (art. 7.º, § 1.º).

Ao julgar procedente a reclamação, o Supremo Tribunal Federal anulará o ato administrativo ou cassará a decisão judicial impugnada, determinando que outra seja proferida com ou sem aplicação da súmula, conforme o caso (art. 7.º, § 2.º). Determinará que outra decisão seja proferida com a aplicação da súmula quando esta, sendo aplicável ao caso, tiver deixado de ser adotada; determinará que outra decisão seja proferida sem a aplicação da súmula quando esta tenha sido aplicada a um caso que não se enquadre na hipótese nela descrita.

Se a reclamação estiver sendo ajuizada contra uma decisão administrativa que o administrado entenda haver violado enunciado de súmula vinculante, o Supremo Tribunal Federal, acolhendo a reclamação, dará ciência à autoridade prolatora e ao órgão competente para o julgamento do recurso, que deverão adequar as futuras decisões administrativas em casos semelhantes, sob pena de responsabilização pessoal nas esferas cível, administrativa e penal.[33]

12.9.8. Revisão ou cancelamento

A Lei 11.417/2006 estabelece que, revogada ou modificada a lei em que se fundou a edição de enunciado de súmula vinculante, o Supremo Tribunal Federal, de ofício ou por provocação, procederá à revisão ou ao cancelamento da súmula, conforme o caso.[34]

---

[32] O cabimento da reclamação diante de descumprimento do disposto em súmula vinculante, estabelecido no art. 103-A, § 3.º, da Constituição, é regra um tanto despicienda, uma vez que, nos termos do art. 102, I, "l", da Carta Política, compete originariamente ao STF processar e julgar a reclamação para a preservação de sua competência e garantia da autoridade de suas decisões. O constituinte derivado, no citado art. 103-A, § 3.º, decerto teve a intenção de tão somente reforçar ou de evitar possíveis controvérsias acerca da medida a ser adotada na hipótese de inobservância de súmula vinculante.

[33] Lei 9.784/1999, art. 64-B, acrescentado pela Lei 11.417/2006.

[34] Lei 11.417/2006, art. 5.º.

Cap. 13 • CONTROLE DE CONSTITUCIONALIDADE

Corroborando esse dispositivo legal, o Supremo Tribunal Federal firmou o entendimento de que a revogação ou a modificação do ato normativo em que se fundou a edição de enunciado de súmula vinculante **acarreta, em regra, a necessidade de sua revisão ou cancelamento pelo Supremo Tribunal Federal, conforme o caso.**[35]

12.9.9. Súmulas anteriores à EC 45/2004

É possível conferir efeito vinculante às súmulas do Supremo Tribunal Federal que já estavam em vigor na data de publicação da EC 45/2004. Para isso, porém, é necessário que a súmula **seja confirmada por decisão de 2/3 (dois terços) dos ministros do STF e publicada na imprensa oficial.**[36] Isso não significa que as súmulas anteriores à EC 45/2004 tenham deixado de viger. Elas permanecem válidas até que venham a ser canceladas ou modificadas. Só terão efeito vinculante, todavia, aquelas que eventualmente venham a ser confirmadas por voto de oito dos ministros do STF; as que não passarem por esse procedimento permanecerão como orientações acerca da jurisprudência da Corte, mas sem que sua observância seja obrigatória.

13. CONTROLE ABSTRATO

13.1. Introdução

O controle abstrato, introduzido no Direito brasileiro pela Emenda 16/1965 (emenda à Constituição de 1946, portanto), tem como única finalidade a defesa do ordenamento constitucional contra as leis com ele incompatíveis. O controle abstrato **teve origem na Europa**, na Constituição da Áustria, de 1920, cuja elaboração se deve basicamente a Hans Kelsen. Foi com essa Constituição que surgiu o primeiro tribunal dedicado ao exercício específico da jurisdição constitucional, a Corte Constitucional austríaca. É esse o denominado **sistema europeu continental**, hoje majoritariamente adotado no mundo, com crescimento acelerado após o término da Segunda Guerra Mundial.

Diferentemente do controle difuso, de origem norte-americana, que se limita, em um caso concreto, a subtrair alguém aos efeitos de uma lei, o controle abstrato é efetivado em tese, sem vinculação a uma situação concreta, com o objetivo de expelir do sistema a lei ou ato inconstitucionais. Diz-se que no controle abstrato a inconstitucionalidade é examinada "em tese" (*in abstracto*) porque o controle é exercido em uma ação cuja finalidade é, unicamente, o exame da validade da lei em si; a aferição da constitucionalidade da lei não ocorre incidentalmente, em um processo comum.

Assim, uma vez que a declaração de inconstitucionalidade é feita em tese, o que se busca não é a garantia de direitos subjetivos, liberando alguém do cumprimento de uma lei inconstitucional, mas sim extirpar do sistema jurídico a lei ou ato inconstitucional.

Nesse modelo de controle, para a instauração do processo é, em regra, dispensável a demonstração de um interesse jurídico específico para agir, pois se visa a uma

---

[35] RE 1.116.485, rel. Min. Luiz Fux, 23.03.2023.

[36] Art. 8.º da EC 45/2004.

só finalidade: a tutela da ordem constitucional, sem atenção a quaisquer situações jurídicas de caráter individual ou concreto.

Enfim, o autor da ação judicial não alega a existência de lesão a direito próprio, pessoal, mas atua como representante do interesse público, na defesa da Constituição e da higidez do ordenamento jurídico. Por isso a doutrina e a jurisprudência do Supremo Tribunal Federal têm afirmado que o processo instaurado para a efetivação do controle abstrato de normas possui a natureza de **processo objetivo**, que não conhece partes, destinando-se, fundamentalmente, à defesa da Constituição.

Na esfera federal, o controle abstrato é de competência originária – e exclusiva – do **Supremo Tribunal Federal**, enquanto no âmbito estadual (e distrital) a competência é também originária e exclusiva do **Tribunal de Justiça** local. Somente esses tribunais – o Supremo Tribunal Federal e os Tribunais de Justiça dos estados e do Distrito Federal – realizam controle de constitucionalidade abstrato em nosso país.

O controle abstrato de constitucionalidade, exercido em tese, por um tribunal com competência específica e originária (não recursal) para sua realização, sem relação a um caso concreto, é designado por uma série de expressões, no mais das vezes utilizadas como sinônimos: controle concentrado, controle *in abstracto*, controle direto, controle por via de ação, controle por via principal, controle em tese.

O controle abstrato em face da Constituição Federal é exercido perante o Supremo Tribunal Federal por meio das seguintes ações:

a) ação direta de inconstitucionalidade genérica – ADI;
b) ação direta de inconstitucionalidade por omissão – ADO;
c) ação declaratória de constitucionalidade – ADC;
d) arguição de descumprimento de preceito fundamental – APDF.

Há, ainda, a denominada ação direta de inconstitucionalidade interventiva – ADI interventiva, uma ação direta de competência exclusiva do Supremo Tribunal Federal, mas que possui objeto específico e concreto, qual seja, a fiscalização do processo de intervenção federal no caso de ofensa aos princípios constitucionais sensíveis, que será adiante examinada.

Estudaremos, nos subitens seguintes, as regras constitucionais e legais acerca do processo e julgamento dessas ações abstratas, à luz da jurisprudência do Supremo Tribunal Federal.

Iniciaremos o estudo pela ação direta de inconstitucionalidade genérica – ADI, que constitui a ação típica do nosso controle abstrato, existente desde 1965. Em seguida, analisaremos a ação direta de inconstitucionalidade por omissão – ADO, introduzida no direito brasileiro pela Constituição de 1988. Depois, apresentaremos as diferenças entre a ADI e a ação declaratória de constitucionalidade – ADC, a fim de secundar o estudo das características e dos procedimentos próprios da ADC. Por fim, examinaremos, separadamente, o procedimento e as regras básicas aplicáveis à arguição de descumprimento de preceito fundamental – ADPF e à ação direta de inconstitucionalidade interventiva – ADI interventiva.

13.2. Ação direta de inconstitucionalidade

13.2.1. Conceito

A ação direta de inconstitucionalidade – ADI é a ação típica do controle abstrato brasileiro, tendo por escopo a defesa da ordem jurídica, mediante a apreciação, na esfera federal, da constitucionalidade, em tese, de lei ou ato normativo, federal ou estadual, em face das regras e princípios constantes explícita ou implicitamente na Constituição da República.

Na ação direta de inconstitucionalidade, a inconstitucionalidade da lei é declarada em tese, vale dizer, sem que esteja sob apreciação qualquer caso concreto, já que o objeto da ação é justamente o exame da validade da lei em si. A declaração da inconstitucionalidade não é incidental, não ocorre no âmbito de controvérsia acerca de caso concreto que envolva aplicação de uma lei cuja validade se questiona; a própria ação tem por fim único o reconhecimento da invalidade da lei ou ato normativo impugnado.

A função precípua da ação direta de inconstitucionalidade é a defesa da ordem constitucional, possibilitando a extirpação da lei ou ato normativo inconstitucional do sistema jurídico. Não se visa – como ocorre no controle incidental – à garantia de direitos subjetivos, à liberação de alguém do acatamento de uma lei inconstitucional. O autor da ADI não atua na qualidade de alguém que postula interesse próprio, pessoal, mas, sim, na condição de defensor do interesse coletivo, traduzido na preservação da higidez do ordenamento jurídico.

Essa a primeira noção a ser fixada a respeito da ação direta de inconstitucionalidade: trata-se de ação inserida no âmbito do chamado controle abstrato de normas, cuja finalidade não é a tutela de um direito subjetivo, ou seja, de um interesse pessoal juridicamente protegido que esteja sofrendo lesão ou ameaça de lesão; cuida-se de instrumento de defesa da Constituição, da harmonia do sistema jurídico, com o fim de expelir do ordenamento as leis incompatíveis com a Lei Maior.

Compete ao Supremo Tribunal Federal processar e julgar, originariamente, a ação direta de inconstitucionalidade de lei ou ato normativo federal ou estadual em face da Constituição Federal (CF, art. 102, I, "a").

13.2.2. Legitimação ativa

Ao contrário do modelo incidental, em que qualquer interessado pode suscitar a controvérsia constitucional relacionada a um caso concreto discutido em juízo, no controle via ação direta o direito de propositura é limitado aos órgãos ou entidades constitucionalmente legitimados.

Os legitimados para a propositura da ação direta de inconstitucionalidade perante o Supremo Tribunal Federal estão arrolados no art. 103 da Constituição Federal, nos termos seguintes:

> Art. 103. Podem propor a ação direta de inconstitucionalidade e a ação declaratória de constitucionalidade:
>
> I – o Presidente da República;

II – a Mesa do Senado Federal;

III – a Mesa da Câmara dos Deputados;

IV – a Mesa de Assembleia Legislativa ou da Câmara Legislativa do Distrito Federal;

V – o Governador de Estado ou do Distrito Federal;

VI – o Procurador-Geral da República;

VII – o Conselho Federal da Ordem dos Advogados do Brasil;

VIII – partido político com representação no Congresso Nacional;

IX – confederação sindical ou entidade de classe de âmbito nacional.

13.2.2.1. Capacidade postulatória

Dentre todos os legitimados do art. 103 da Constituição Federal, apenas os indicados nos incisos VIII (partido político com representação no Congresso Nacional) e IX (confederação sindical ou entidade de classe de âmbito nacional) **necessitam de advogado para a propositura das ações do controle abstrato**. Os demais legitimados podem propor diretamente as ações sem nenhuma representação, mesmo não sendo advogados habilitados pela Ordem dos Advogados do Brasil (OAB). Ademais, entende o Supremo Tribunal Federal que estes legitimados (art. 103, I a VII) podem, no curso do respectivo processo abstrato, praticar diretamente **todos os atos ordinariamente privativos de advogados**.

Com efeito, o Supremo Tribunal Federal entende que o Governador de Estado e as demais autoridades e entidades referidas no art. 103, I a VII, da Constituição Federal, além de ativamente legitimados à instauração do controle concentrado de constitucionalidade das leis e atos normativos, federais e estaduais, mediante ajuizamento da ação direta perante o Supremo Tribunal Federal, **possuem capacidade processual plena e dispõem de capacidade postulatória**, podendo, em consequência, enquanto ostentarem aquela condição, praticar, no processo de ação direta de inconstitucionalidade, quaisquer atos ordinariamente privativos de advogado.[37]

Em decorrência desse entendimento de nossa Corte Suprema, temos que a legitimação ativa para a instauração do controle abstrato, no caso dos legitimados indicados nos incisos I a VII do art. 103 da Constituição Federal, contempla, também, **o poder de interpor recursos em face das decisões proferidas no feito, desde que o legitimado integre a respectiva ação, como requerente ou requerido**.[38] Por exemplo, sendo o Governador de Estado legitimado ativo para a propositura da ação direta de inconstitucionalidade, poderá ele, nas ações diretas que tenha proposto, interpor embargos de declaração em face da decisão do STF; não poderá, porém, intervir em outras ações diretas nas quais ele não seja nem requerente (autor da ação), nem requerido (sujeito passivo da ação).

---

[37] ADI 127, rel. Min. Celso de Mello, 04.12.1992.

[38] ADI 1.105/DF, rel. Min. Maurício Corrêa, 23.08.2001.

Cap. 13 • CONTROLE DE CONSTITUCIONALIDADE

Cumpre ressaltar, ainda, que, especificamente em relação à legitimação ativa do Governador de estado, o Supremo Tribunal Federal firmou o entendimento de que **Governador de estado afastado cautelarmente de suas funções – por força do recebimento de denúncia por crime comum – não tem legitimidade ativa para a propositura de ação direta de inconstitucionalidade**, tendo em vista que essa prerrogativa há de ser entendida como componente do feixe de funções típicas do cargo público e, portanto, alvo da suspensão.[39] Embora essa orientação da Suprema Corte tenha sido firmada especificamente em relação a Governador de estado,[40] entendemos que ela também seria aplicável à legitimação do Presidente da República, isto é, na hipótese de o Presidente da República ficar temporariamente afastado de suas funções – nos termos do art. 86, § 1.º, I e II, da Constituição Federal –, entendemos que a sua legitimação ativa também restará temporariamente suspensa.

13.2.2.2. Legitimação dos partidos políticos

O **partido político com representação no Congresso Nacional** dispõe de legitimidade ativa para a instauração do processo de fiscalização abstrata de constitucionalidade, podendo ajuizar ADI perante o Supremo Tribunal Federal, qualquer que seja o número de representantes da agremiação partidária nas Casas do Poder Legislativo da União (para fazer jus à legitimação, basta que o partido político tenha **um representante** em uma das Casas do Congresso Nacional).

O partido político deve estar representado por seu **diretório nacional**, a fim de configurar a pertinência subjetiva para propositura das ações do controle abstrato perante o Supremo Tribunal Federal, ainda que o objeto impugnado tenha sua amplitude normativa limitada ao estado ou município do qual se originou.[41] Significa dizer que **diretórios estaduais ou municipais não dispõem de legitimidade** para representar o partido político para o fim do art. 103, VIII, da Constituição Federal.

Segundo a jurisprudência do Supremo Tribunal Federal, a aferição da legitimidade do partido político deve ser feita **no momento da propositura da ação** e a perda superveniente de representação no Congresso Nacional **não o desqualifica como legitimado ativo para a ação direta de inconstitucionalidade**.[42] Assim, se um partido político com representação no Congresso Nacional propuser uma ADI perante o Supremo Tribunal Federal e, antes do julgamento da ação, vier a perder a sua representação nas Casas do Congresso Nacional, essa perda superveniente de representação parlamentar **não prejudicará a apreciação da ação direta**.

---

[39] ADI-AgR 6.728/DF, rel. Min. Edson Fachin, 03.05.2021.

[40] O caso concreto envolvia o ex-Governador do Estado do Rio de Janeiro, Wilson Witzel, que se encontrava afastado do cargo, no curso do processo que, ao final, resultou no seu impedimento (*impeachment*).

[41] ADI 5.697, rel. Min. Luiz Fux, 06.12.2017.

[42] ADI-AgR 2.159/DF, red. p/ o acórdão Min. Gilmar Mendes, 12.08.2004.

13.2.2.3. Pertinência temática: legitimados universais e legitimados especiais

Conforme já vimos, o legislador constituinte de 1988 substituiu o sistema anterior, que confiava o direito de propositura de ação direta exclusivamente ao Procurador-Geral da República, por um sistema de amplíssima legitimação, outorgando o direito de propositura a diferentes órgãos do Poder Público e da sociedade, enumerados no art. 103 da Carta Política.

Sem embargo dessa nova legitimação ativa ampliada, a jurisprudência do Supremo Tribunal Federal passou, em relação a certos legitimados, a estabelecer algumas restrições ao direito de propositura de ADI, exigindo a demonstração de interesse de agir, isto é, a demonstração da denominada "pertinência temática".

Assim, embora a Constituição não tenha, explicitamente, estabelecido nenhuma distinção entre os legitimados ativos da ação direta de inconstitucionalidade quanto ao interesse de agir, a jurisprudência do STF os diferenciou, erigindo dois grupos de legitimados:

a) **legitimados universais**: são aqueles que podem impugnar em ADI qualquer matéria, sem necessidade de demonstrar nenhum interesse específico;

São **legitimados universais**: o Presidente da República, as Mesas da Câmara e do Senado, o Procurador-Geral da República, o Conselho Federal da Ordem dos Advogados do Brasil e os partidos políticos com representação no Congresso Nacional.

b) **legitimados especiais**: são aqueles que somente poderão impugnar em ADI matérias acerca das quais seja comprovado o seu interesse de agir, isto é, deve haver relação de pertinência entre o ato impugnado e as funções exercidas pelo órgão ou entidade.

São **legitimados especiais**: as confederações sindicais, as entidades de classe de âmbito nacional, as Mesas das Assembleias Legislativas estaduais ou da Câmara Legislativa do Distrito Federal e os Governadores dos Estados e do Distrito Federal.

Portanto, à luz da jurisprudência do STF, o Presidente da República, as Mesas da Câmara e do Senado, o Procurador-Geral da República, o Conselho Federal da Ordem dos Advogados do Brasil e os partidos políticos com representação no Congresso Nacional possuem **legitimidade ativa universal**, podendo ajuizar ADI em face de qualquer ato normativo do Poder Público, federal ou estadual, independentemente do requisito "pertinência temática" (legitimados universais).

Por outro lado, nas hipóteses de ação direta ajuizada por confederações sindicais, por entidades de classe de âmbito nacional, por Mesas das Assembleias Legislativas estaduais ou da Câmara Legislativa do Distrito Federal e, finalmente, por Governadores dos Estados e do Distrito Federal há de ser observado o requisito da **pertinência temática entre o conteúdo do ato e as funções ou atividades do legitimado** (legitimados especiais).

Ademais, a Suprema Corte tem enfatizado que, nesse caso, o vínculo de pertinência temática entre o conteúdo do ato e as funções exercidas pelo legitimado especial deve ser direto, vale dizer, a existência de liame mediato, indireto, que configure "mera potencialidade geral de dano" não satisfaz o requisito da pertinência temática para a qualificação como legitimado ativo para a propositura de ação direta perante o STF.[43]

Assim, o Presidente da República pode impugnar em ADI uma lei estadual oriunda de qualquer unidade federativa sem a necessidade de comprovar qualquer interesse na matéria tratada pela referida lei. Entretanto, para que um Governador de Estado impugne em ADI lei oriunda de outro estado da Federação, deve ele comprovar que a lei tem reflexos sobre a sua respectiva unidade federada, sob pena de não ser conhecida pelo Supremo Tribunal Federal.

Enfim, em se tratando de ADI proposta por Governador de Estado (legitimado especial), exige o Supremo Tribunal Federal que a lei, de algum modo, tenha repercussão no seu estado, daí nascendo o interesse para o Governador ou a Mesa da Assembleia Legislativa. É comum a ocorrência dessa situação em matéria de ICMS, quando um estado aprova lei que, indiretamente, prejudica os interesses de outras unidades federativas.

A mesma restrição é feita nas hipóteses de ADI ajuizada pelas Mesas das Assembleias Legislativas estaduais ou da Câmara Legislativa do Distrito Federal, exigindo o STF a presença de vínculo objetivo de pertinência entre o conteúdo da norma impugnada e os interesses daquelas Casas Legislativas.

No tocante às confederações sindicais ou entidades de classe de âmbito nacional, da mesma forma, exige-se a comprovação de pertinência temática para a propositura de ADI, isto é, só poderão elas propor ADI impugnando matéria que tenha relação com os interesses dos seus sindicalizados ou associados.

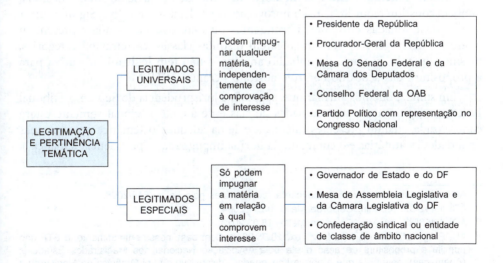

---

[43] ADI 5.918/DF, rel. Min. Celso de Mello, 22.10.2018.

13.2.2.4. Legitimação das confederações sindicais e entidades de classe de âmbito nacional

O inciso IX do art. 103 da Constituição Federal indica duas espécies de entidades legitimadas para a instauração do controle abstrato perante o Supremo Tribunal Federal: as confederações sindicais e as entidades de classe de âmbito nacional.

Acerca da legitimação das **confederações sindicais**, cabe mencionar que o Supremo Tribunal Federal firmou o entendimento de que as **centrais sindicais** – muito embora legalmente reconhecidas como patrocinadoras dos interesses gerais dos trabalhadores[44] – **não têm legitimidade para instaurar o controle abstrato**, haja vista que, no plano da organização sindical brasileira, essa legitimação alcança somente as confederações sindicais, não beneficiando os sindicatos, as federações e as centrais sindicais, ainda que possuam abrangência nacional.[45]

No que concerne à legitimação das **entidades de classe de âmbito nacional**, o STF firmou o entendimento de que o exigido "**caráter nacional**" não decorre de mera declaração formal em seus atos constitutivos, mas da real existência de associados ou membros em, **pelo menos, nove estados da Federação**.[46] Cabe à respectiva entidade, portanto, caso a caso, apresentar a lista de associados, com o fim de comprovar a sua representação em, pelo menos, nove estados-membros.

Ademais, entidades de classe – ainda que de caráter nacional – cuja representação abranja, tão somente, **parcela (fração) da categoria** funcional **não são legitimadas** para instaurar controle abstrato de constitucionalidade de **norma que extrapole o universo de seus representados**. Assim, se o ato normativo impugnado repercute sobre a esfera jurídica de toda uma classe, não se admite que associação representativa de apenas uma parte (fração) dos membros dessa mesma classe impugne a norma, pela via abstrata da ação direta de inconstitucionalidade (ADI).[47]

A **homogeneidade entre os membros** da entidade de classe de âmbito nacional também constitui requisito para comprovação da sua legitimação ativa. Significa dizer que as denominadas **entidades abrangentes** ou **heterogêneas** – que representam interesses heterogêneos, por congregarem distintas classes, carreiras ou categorias, mesmo supondo exercício de trabalho análogo – **não têm legitimidade ativa** para a propositura das ações do controle abstrato perante o STF.[48]

Em suma, podemos afirmar que, segundo a jurisprudência do Supremo Tribunal Federal, a legitimidade das entidades de classe de âmbito nacional somente estará concretizada quando presentes (além da exigida adequação temática entre as suas finalidades estatutárias e o conteúdo da norma impugnada – "pertinência temática"):

---

44 As centrais sindicais foram formalmente reconhecidas pela Lei 11.648/2008.

45 ADI 1.442/DF, rel. Min. Celso de Mello, 03.11.2004.

46 ADI 4.459/RJ, rel. Min. Celso de Mello, 18.03.2013.

47 ADPF-AgR 254/DF, rel. Min. Luiz Fux, 18.05.2016. Com base nesse entendimento, o STF não admitiu a propositura de ação direta pela Associação Nacional dos Magistrados Estaduais (Anamages), haja vista que a norma impugnada – dispositivo da Lei Orgânica da Magistratura Nacional – alcança toda a magistratura, e não somente os juízes estaduais.

48 ADPF 408, rel. Min. Luiz Fux, 16.11.2017.

Cap. 13 • CONTROLE DE CONSTITUCIONALIDADE

(a) a representatividade nacional, aferida pela presença em pelo menos nove estados brasileiros; (b) a representação de toda a categoria atingida pela norma objeto da ação, e não somente fração dela; e (c) a homogeneidade entre os membros que integram a entidade.

A jurisprudência do Supremo Tribunal Federal entende, também, que a **invalidação (cassação) do registro** sindical da confederação impede que se reconheça a ela a condição de entidade sindical de grau superior, restando, em consequência, afastada a sua legitimidade ativa para a propositura das ações do controle abstrato, nos termos do art. 103, IX, da Constituição Federal.[49] De outro lado, a **regularização superveniente do registro sindical** (depois da propositura da ação) é admitida pelo Tribunal, tornando viável o conhecimento da ação por ela anteriormente proposta.[50]

Por fim, ainda sobre a legitimação das entidades de classe de âmbito nacional, o STF possuía jurisprudência segundo a qual as associações que congregam exclusivamente pessoas jurídicas – as denominadas "associações de associações" – não disporiam de legitimidade para a instauração do controle abstrato, uma vez que a elas faltaria a qualidade de entidade de classe, implicando o seu não enquadramento no art. 103, IX, da Constituição.

O Tribunal Excelso modificou esse entendimento, passando a admitir a instauração do controle abstrato por "associações de associações".[51] Portanto, atualmente, associações de âmbito nacional que congregam exclusivamente pessoas jurídicas, as denominadas "associações de associações", têm legitimidade ativa para instaurar o controle abstrato perante o Supremo Tribunal Federal, enquadrando-se no inciso IX do art. 103 da Constituição da República, como entidades de classe.

13.2.3. Objeto

A ação direta de inconstitucionalidade perante o Supremo Tribunal Federal é instrumento para a apreciação da validade de **lei ou ato normativo federal ou estadual**, desde que **editados posteriormente à promulgação da Constituição Federal de 1988**.

O direito municipal não pode ser impugnado em sede de ação direta de inconstitucionalidade perante o Supremo Tribunal Federal. O direito municipal (Lei Orgânica e leis e atos normativos municipais) somente poderá ser declarado inconstitucional pelo Supremo Tribunal Federal no âmbito do controle difuso, quando uma controvérsia concreta chega ao Tribunal por meio do recurso extraordinário, ou, excepcionalmente, por meio de arguição de descumprimento de preceito fundamental – ADPF.

Em relação às leis do Distrito Federal, como este ente federado dispõe da competência legislativa dos estados e dos municípios,[52] somente poderão ser impugnadas

---

[49] ADIMC 4.380, rel. Min. Celso de Mello, 22.03.2017.

[50] ADI 5.035/DF, rel. orig. Min. Marco Aurélio, red. p/ o ac. Min. Alexandre de Moraes, 30.11.2017.

[51] ADI AgR 3.153/DF, rel. Min. Celso de Mello, 05.05.2004.

[52] Conforme dispõe o § 1.º do art. 32 da Constituição: ao Distrito Federal são atribuídas as competências legislativas reservadas aos estados e municípios.

em ADI perante o STF **as leis distritais editadas no desempenho de sua competência estadual** (uma lei sobre ICMS, por exemplo). Se a lei do Distrito Federal foi expedida para regular matéria tipicamente municipal (IPTU, por exemplo), não poderá ser questionada em ADI perante o Supremo Tribunal Federal.[53]

Não obstante essa natureza híbrida do Distrito Federal – que edita normas de cunho estadual e normas de caráter municipal –, há um importante julgado do STF que, excepcionalmente, afasta a necessidade de aferição da natureza da norma distrital para o fim de admitir, ou não, a ação direta de inconstitucionalidade ajuizada perante ele (o STF). Segundo nossa Corte Suprema, no caso de leis distritais sobre **organização de pessoal, carreiras e cargos públicos**, caberá ação direta perante o STF, **sem que se exija a aferição da natureza – estadual ou municipal – dessas normas**, pois em tais matérias não é possível fazer de forma precisa essa identificação.[54]

Em síntese, podemos afirmar que só podem ser objeto de ADI perante o Supremo Tribunal Federal leis e atos normativos federais, estaduais ou do Distrito Federal, neste último caso desde que editados no desempenho de sua competência estadual.

Entretanto, nem todas as leis e atos normativos federais e estaduais, ou do Distrito Federal, no desempenho de atribuição estadual, podem ser objeto de ADI perante o Supremo Tribunal Federal, em decorrência das restrições impostas pela jurisprudência do Tribunal Maior. É que, segundo orientação da Corte Suprema, para que uma norma possa ser objeto de ADI, deverá ela satisfazer, cumulativamente, aos seguintes requisitos:

a) ter sido editada na vigência da atual Constituição;

b) ser dotada de abstração, generalidade ou normatividade;

c) possuir natureza autônoma (não meramente regulamentar); e

d) estar em vigor.

Vejamos, a seguir, os aspectos mais importantes a respeito desses requisitos firmados pela jurisprudência do Pretório Excelso.

Somente podem ser objeto de ADI perante o Supremo Tribunal Federal **normas que tenham sido editadas sob a vigência da Constituição Federal de 1988**, isto é, após 05.10.1988. Vale dizer, o STF **não admite a impugnação do direito pré-constitucional**, editado sob a égide de Constituições pretéritas, mediante ação direta de inconstitucionalidade. O direito pré-constitucional pode ter a sua validade aferida frente a Constituição de 1988, para o fim de reconhecimento de sua recepção ou revogação por esta, somente no âmbito do controle difuso, diante de casos concretos, ou mediante controle abstrato, em sede de arguição de descumprimento de preceito fundamental – ADPF, mas não em ação direta de inconstitucionalidade.

---

[53] STF, Súmula 642: "Não cabe ação direta de inconstitucionalidade de lei do Distrito Federal derivada da sua competência legislativa municipal."

[54] ADI 3.341/DF, rel. Min. Ricardo Lewandowski, 29.05.2014.

Cap. 13 • CONTROLE DE CONSTITUCIONALIDADE

Apenas podem ser impugnados mediante ADI perante o Supremo Tribunal Federal **atos que possuam normatividade**, vale dizer, sejam caracterizados por generalidade e abstração (apliquem-se a um número indefinido de pessoas e de casos, todos quantos se enquadrem na situação hipotética abstratamente descrita no ato normativo). Se os atos são de efeitos concretos, desprovidos de abstração e generalidade, não se prestam ao controle abstrato de normas, haja vista que, segundo o STF, a Constituição adotou como objeto desse processo somente os atos tipicamente normativos, ou seja, aqueles dotados de um mínimo de generalidade e abstração.

São exemplos de atos de efeitos concretos, que não poderão ser impugnados em ação direta de inconstitucionalidade perante o Supremo Tribunal Federal, em razão da ausência de normatividade (generalidade e abstração): decreto que declare de utilidade pública o imóvel "X" para fim de desapropriação; ato de constituição e registro de comissão provisória municipal de partido político e de constituição de determinada coligação partidária;[55] decreto de nomeação do servidor "João das Couves"; decreto de exoneração do agente público "Tício da Silva" etc.

Importantíssimo ressaltar, entretanto, que o Supremo Tribunal Federal recentemente decidiu que **essa restrição não se aplica aos atos de efeitos concretos aprovados sob a forma de lei em sentido estrito** (lei formal), isto é, aos atos aprovados pelo Poder Legislativo e sancionados pelo Chefe do Poder Executivo.[56]

Em decorrência dessa nova orientação, o Supremo Tribunal Federal passou a admitir a aferição, em ação direta de inconstitucionalidade, da validade da **lei de diretrizes orçamentárias (LDO)**, contrariamente à orientação até então consolidada em sua jurisprudência. No mesmo sentido, o Tribunal também admitiu ação direta que impugnava **lei de criação de município**, deixando assente que leis estaduais que dispõem sobre criação, incorporação, fusão ou desmembramento de municípios podem ter a sua validade aferida no controle abstrato.[57]

Somente podem ser impugnadas em ação direta de inconstitucionalidade perante o Supremo Tribunal Federal as leis e atos normativos **que possuem caráter autônomo, que desrespeitam diretamente a Constituição Federal**. Não se admite a impugnação em ADI de normas que afrontem a Constituição de modo indireto, reflexo, isto é, dos denominados "atos regulamentares".

Assim, se um decreto do Presidente da República foi editado para regulamentar uma lei, e, ao fazê-lo, exorbita de sua competência, não poderá ser questionado em ação direta de inconstitucionalidade, pois não se trata de ofensa direta à Constituição, uma vez que entre o decreto regulamentar e a Constituição temos a lei regulamentada (conflito de legalidade).[58]

---

[55] ADI-AgR 6.079/DF, rel. Min. Luiz Fux, 14.02.2020.

[56] ADIMC 4.048/DF, rel. Min. Gilmar Mendes, 17.04.2008.

[57] ADI 1.825/RJ, rel. Min. Luiz Fux, 15.04.2020.

[58] Conforme lição do Ministro Carlos Velloso: Se o ato regulamentar vai além do conteúdo da lei, ou se afasta dos limites que esta lhe traça, pratica ilegalidade e não inconstitucionalidade, pelo que não se sujeita à jurisdição constitucional (ADI 264, rel. Min. Carlos Velloso, *DJ* 25.08.1995).

Por força desse entendimento, temos que somente as normas primárias podem ser objeto de ação direta de inconstitucionalidade perante o Supremo Tribunal Federal. As espécies secundárias e de caráter regulamentar, chamadas de "meramente regulamentares", expedidas com a função de regulamentar dispositivos infraconstitucionais, não podem ser impugnadas em ação direta de inconstitucionalidade perante o Supremo Tribunal Federal, haja vista que elas, em caso de vício, não ofenderão diretamente a Constituição, mas sim a norma em razão da qual foram editadas (norma regulamentada).

Isso não significa, porém, que atos administrativos não possam ser objeto de ação direta de inconstitucionalidade perante o Supremo Tribunal Federal. Poderão sim, desde que a sua natureza não seja meramente regulamentar. Por exemplo, se o Presidente da República edita um decreto meramente regulamentar, para a fiel execução de certa lei, é certo que esse ato regulamentar não poderá ter a sua validade questionada em ação direta de inconstitucionalidade perante o Supremo Tribunal Federal. Porém, se o Presidente da República edita um decreto de natureza autônoma, para disciplinar indevidamente matéria reservada à lei, esse decreto poderá ser impugnado em ação direta de inconstitucionalidade perante o Supremo Tribunal Federal, haja vista tratar-se, na realidade, de norma materialmente primária.

Ainda por força desse requisito – exigência de ofensa direta à Constituição –, temos o seguinte: sempre que, para apreciar a constitucionalidade da norma que se pretenda impugnar, for necessário o seu confronto com outras normas infraconstitucionais, o Supremo Tribunal Federal não admite a sua impugnação em ação direta de inconstitucionalidade. Assim, se uma lei ordinária federal for impugnada em ADI e para a apreciação da sua validade for necessário o seu cotejo com uma lei complementar (ou com qualquer outra norma infraconstitucional), o Supremo Tribunal Federal não conhecerá dessa ação direta, porque, nesse caso, a ofensa da lei ordinária à Constituição Federal não é direta, mas sim meramente indireta, reflexa.

Por fim, somente podem ser objeto de ação direta de inconstitucionalidade perante o Supremo Tribunal Federal leis e atos normativos que integrem o ordenamento jurídico, ainda que durante o prazo da *vacatio legis*. Com efeito, o Supremo Tribunal Federal não admite a impugnação em ação direta de inconstitucionalidade de leis e atos normativos revogados, que não estejam mais no ordenamento jurídico no momento da apreciação da ação, tampouco de normas cuja eficácia já tenha se esgotado – tais como as medidas provisórias já rejeitadas pelo Congresso Nacional e as normas legais destinadas a vigência temporária (a exemplo da lei de diretrizes orçamentárias, cuja vigência é sempre restrita a um exercício financeiro determinado), depois de expirada a sua vigência.

Com efeito, entende o STF que, como a ação direta tem por fim retirar do ordenamento jurídico, em abstrato, normas que desrespeitam a Constituição, se a norma já teve a sua eficácia exaurida, ou já foi revogada, ela não integra mais o ordenamento jurídico, sendo descabido cogitar de ADI.

É importante ressaltar que não se está a afirmar que uma lei que é revogada, depois de longo período de vigência e plena produção de efeitos, não possa mais ser objeto de controle de constitucionalidade. Em verdade, a constitucionalidade de uma norma já revogada (ou que já tenha exaurido sua eficácia) pode, ainda, ser debatida perante o Poder Judiciário, com o fim de afastar os efeitos concretos por ela produzidos no passado (durante seu período de vigência). Entretanto, essa discussão terá que se dar no âmbito do controle incidental, em que terceiros prejudicados poderão requerer a declaração da inconstitucionalidade da norma (já revogada), com o fim de afastar, retroativamente, em relação a eles, os efeitos residuais e concretos por ela produzidos. O que não se admite, repise-se, é a impugnação de norma revogada (ou que já tenha exaurido sua eficácia) em sede de ADI, cujo processo é de natureza **objetiva**, com o fim único de retirar do ordenamento jurídico normas que, **em abstrato**, desrespeitam a supremacia da Constituição.

Assim, quando se propõe uma ADI contra ato já revogado ou que já tenha esgotado os seus efeitos, a ação **não é conhecida**, por **ausência de objeto**. Por outro lado, se a ação é proposta com o ato em vigor, mas antes do julgamento ocorre a sua revogação (ou o exaurimento de sua eficácia), a ação direta é considerada **prejudicada**, por **perda de objeto**. Na prática, num ou noutro caso, não haverá apreciação do mérito da ação. A distinção é de ordem processual, vale dizer, no primeiro caso (ausência de objeto), a ação direta sequer é conhecida pelo Supremo Tribunal Federal; no segundo (perda de objeto), a ação direta é conhecida, mas o Supremo Tribunal Federal encerra o seu processo sem julgamento do mérito.

Ressaltamos, porém, que o Supremo Tribunal Federal tem **mitigado** essa última orientação – de que a revogação e/ou cessação de efeitos da norma impugnada implica a prejudicialidade da ação direta –, **recusando-se a extinguir a ação sem julgamento de mérito** nas seguintes hipóteses:[59]

a) a revogação da lei impugnada ocorre quando já incluída em pauta a ação direta;

b) o exaurimento da eficácia da lei temporária impugnada ocorre quando a ação direta foi incluída em pauta e o seu julgamento já foi iniciado antes desse exaurimento; e

c) a revogação da lei não foi comunicada ao Supremo Tribunal Federal, que enfrentou o mérito da causa e declarou a inconstitucionalidade da norma antes de ter conhecimento de que ela deixara de vigorar.

Com essa mitigação, busca-se, de um lado, preservar o trabalho já efetuado pelo Tribunal (como se dá na hipótese de continuação do julgamento já iniciado de lei temporária cuja eficácia vem a se expirar), e, de outro, evitar práticas que configurem artifício para fraudar o exercício da jurisdição constitucional em abstrato, ou seja, quando a revogação constituir um artifício para evitar a declaração da inconstitucionalidade da norma (a exemplo do que ocorre quando a norma é revogada pelo ente estatal respectivo depois que a ação foi incluída na pauta de votação e/ou foi iniciado o julgamento).

---

[59] ADI 3.232/TO, rel. Min. Cezar Peluzo, 14.08.2010; ADI 951/SC, rel. Min. Roberto Barroso, 27.10.2016.

848 DIREITO CONSTITUCIONAL DESCOMPLICADO • *Vicente Paulo & Marcelo Alexandrino*

Para finalizarmos este item, apresentaremos a seguir uma relação, meramente exemplificativa, de normas que podem ser impugnadas em ação direta de inconstitucionalidade perante o Supremo Tribunal Federal, por ofensa à Constituição Federal, desde que cumpridos os requisitos antes apontados:

a) **emendas à Constituição Federal**: sabemos que as emendas à Constituição constituem obra do poder constituinte derivado, que se sujeita, no exercício da sua tarefa de reformar ou revisar o texto constitucional, às limitações de ordem circunstancial, processual e material. Desse modo, se alguma emenda constitucional for aprovada com desrespeito – formal ou material – às prescrições do art. 60 da Constituição, deverá ser declarada inconstitucional, podendo a impugnação dar-se por meio da propositura de ação direta de inconstitucionalidade perante o Supremo Tribunal Federal. Vale lembrar, apenas, que as normas constitucionais originárias **não** estão sujeitas ao controle de constitucionalidade, não podendo, por óbvio, ser objeto de ação direta;

b) **Constituição dos estados-membros**: os estados-membros dispõem de competência para a elaboração de suas próprias Constituições, mas devem obediência aos princípios estabelecidos na Constituição Federal (CF, art. 25). Portanto, o texto da Constituição Estadual – originário ou decorrente de emenda – pode ser impugnado em ação direta de inconstitucionalidade perante o Supremo Tribunal Federal;

c) **tratados e convenções internacionais**: os tratados e convenções internacionais celebrados pela República Federativa do Brasil não podem, em qualquer caso, contrariar a Constituição Federal, sob pena de inconstitucionalidade. Desse modo, os tratados e convenções internacionais, quer tenham sido incorporados pelo rito ordinário (*status* de lei ordinária ou, se versarem sobre direitos humanos, de supralegalidade), quer tenham sido incorporados mediante o procedimento especial do § 3.º do art. 5.º da Constituição (*status* de emenda constitucional), sujeitam-se à fiscalização de sua validade por meio de ação direta de inconstitucionalidade. Se incorporado pelo rito ordinário, poderá ser impugnado em ação direta de inconstitucionalidade não só o decreto legislativo que o aprova definitivamente, mas também o decreto do Presidente da República, que o promulga;

d) **demais normas primárias federais e estaduais**: as espécies primárias em geral – leis complementares, leis ordinárias, leis delegadas, resoluções, decretos legislativos – submetem-se à fiscalização via ação direta, desde que editadas pela União, pelos estados ou pelo Distrito Federal, neste último caso somente se editadas no desempenho de sua competência estadual;

e) **medidas provisórias**: as medidas provisórias têm força de lei desde a sua edição e, como tais, podem ser objeto de ação direta de inconstitucionalidade antes da sua apreciação pelo Poder Legislativo, tenham sido elas adotadas pelo Presidente da República ou pelo Governador de Estado (neste caso, evidentemente, se o respectivo estado houver previsto, no texto da Constituição Estadual, essa espécie normativa);

No caso de impugnação de medida provisória em ação direta de inconstitucionalidade, sendo ela ulteriormente rejeitada pelo Poder Legislativo, ou ocorrendo a perda de sua eficácia por decurso de prazo antes do julgamento pelo Supremo Tribunal Federal, a ação direta restará prejudicada, por perda de objeto.

Diferentemente, sendo a medida provisória convertida em lei antes do julgamento do Supremo Tribunal Federal, a ação direta poderá ter prosseguimento, agora em relação à lei resultante de sua conversão, desde que **a peça inicial seja aditada pelo autor**.

f) **decretos autônomos**: os decretos do Presidente da República, do Governador de Estado e do Governador do Distrito Federal podem ser impugnados em ação direta de inconstitucionalidade perante o Supremo Tribunal Federal, desde que possuam natureza autônoma, vale dizer, desde que não sejam atos meramente regulamentares; com efeito, a jurisprudência do Supremo Tribunal Federal é firme no sentido de que esse tipo de ato normativo – decreto autônomo, expedido com fundamento no art. 84, VI, da Constituição Federal – possui natureza autônoma, revestindo-se de abstração, generalidade e impessoalidade, o que possibilita seja desafiado por meio do controle abstrato de constitucionalidade;[60]

g) **decretos legislativos do Congresso Nacional que suspendem a execução dos atos normativos do Poder Executivo que exorbitem do poder regulamentar ou dos limites da delegação legislativa**: a Constituição Federal outorga ao Congresso Nacional a competência para sustar os atos do Poder Executivo que exorbitem do poder regulamentar ou dos limites da delegação legislativa (art. 49, V), ficando o decreto legislativo que efetue essa sustação de efeitos sujeito ao exame do Poder Judiciário, por meio de ação direta de inconstitucionalidade;

h) **regimentos internos**: os regimentos internos dos tribunais do Poder Judiciário são por eles elaborados, com fundamento em autorização constitucional expressa (art. 96, I, "a"). O mesmo acontece com os regimentos das casas legislativas, do Tribunal de Contas da União e dos tribunais de contas dos estados, que são por eles próprios elaborados. Em todos os casos, constituem os regimentos normas materialmente primárias, que poderão ser impugnadas em ação direta de inconstitucionalidade perante o Supremo Tribunal Federal, sempre que se vislumbre ofensa direta à Constituição Federal.

Podem, ainda, ser objeto de ação direta de inconstitucionalidade perante o Supremo Tribunal Federal os seguintes atos normativos: resoluções e decisões administrativas dos tribunais do Poder Judiciário; atos normativos de pessoa jurídica de direito público da União e dos estados, tais como aqueles emanados de suas autarquias e fundações públicas de direito público; pareceres normativos do Poder Executivo aprovados pelo Presidente da República ou pelo Governador de Estado; pareceres da Consultoria-Geral da Presidência da República, aprovados pelo Presidente da República; dentre outros.

No que respeita à impugnação de **súmulas de tribunais do Poder Judiciário**, tivemos importante evolução na jurisprudência do Supremo Tribunal Federal. Inicialmente, o Tribunal não admitia a instauração do controle abstrato para impugnar súmulas de tribunais do Poder Judiciário, sob o fundamento de que os enuncia-

---

[60] ADI 2.601/DF, rel. Min. Ricardo Lewandowski, 19.08.2021.

dos de súmula não dispõem de conteúdo normativo, por representarem meras expressões sintetizadas de entendimentos consolidados no âmbito de um tribunal. Posteriormente, porém, a Corte Maior passou a admitir o controle abstrato em face de **súmulas vinculantes do Supremo Tribunal Federal**, sob o argumento de que elas, devido à presença do efeito vinculante, têm força de texto normativo.[61] Mais recentemente, o Tribunal passou a admitir, também, o cabimento de controle abstrato para impugnar **súmulas de outros tribunais do Judiciário,** desde que estas **anunciem preceitos gerais e abstratos.**[62-63]

13.2.4. *Parâmetro de controle*

No processo abstrato, o parâmetro de controle é a **Constituição em vigor**, abrangendo não só as normas constitucionais originárias como também as normas constitucionais derivadas, resultantes de emenda à Constituição.

Com a promulgação da EC 45/2004, tivemos um alargamento do parâmetro do controle abstrato. Com efeito, essa emenda passou a dispor que "os tratados e convenções internacionais sobre direitos humanos que forem aprovados, em cada Casa do Congresso Nacional, em dois turnos, por três quintos dos votos dos respectivos membros, serão equivalentes às emendas constitucionais" (CF, art. 5.º, § 3.º). Com isso, se aprovados por esse procedimento especial, **tais tratados e convenções internacionais sobre direitos humanos também serão parâmetro de controle de constitucionalidade**, com força de emenda constitucional.

O controle abstrato de normas perante o Supremo Tribunal Federal **destina-se a defender, apenas, a supremacia da Constituição Federal de 1988**, não se prestando para o exame da validade de normas em confronto com Constituições pretéritas. Significa dizer, **em hipótese nenhuma será possível a instauração do controle abstrato em face de Constituições pretéritas**. O controle de constitucionalidade realizado em confronto com Constituições pretéritas é do tipo incidental, diante de casos concretos submetidos à apreciação do Poder Judiciário.

Da mesma forma, não é possível a propositura de uma ação direta de inconstitucionalidade em face de texto da Constituição Federal de 1988 que não mais esteja em vigor, em razão de revogação pelo poder constituinte derivado, mediante a aprovação de emenda à Constituição.

Assim, se entre o ajuizamento da ação direta de inconstitucionalidade e a data do seu julgamento pelo Supremo Tribunal Federal ocorrer a revogação da norma constitucional parâmetro, a ação direta restará prejudicada, ou seja, o processo será encerrado pelo Tribunal sem a apreciação do mérito.

A lógica, nessa hipótese, é singela: o controle abstrato tem por escopo a proteção do ordenamento jurídico contra normas que desrespeitem a Carta Magna, fazendo

---

[61] ADPF-AgR 152/DF, rel. Min. Gilmar Mendes, 20.04.2018.

[62] ADPF 501/SC, rel. Min. Alexandre de Moraes, 16.09.2020.

[63] Com base nessa mais recente orientação, o STF conheceu de ADPF contra súmula do Tribunal Superior do Trabalho (TST) sobre pagamento de férias em dobro em caso de atraso no pagamento.

Cap. 13 • CONTROLE DE CONSTITUCIONALIDADE

valer o princípio da supremacia da Constituição; logo, se o dispositivo constitucional em face do qual a lei foi impugnada não mais está em vigor, descabe cogitar ofensa atual à Lei Maior, uma vez que deixou de existir o texto constitucional cuja supremacia se pudesse pretender garantir.

Assim, se for proposta uma ação direta de inconstitucionalidade em face de uma norma constitucional já revogada (revogação antecedente), a ação não será conhecida, por ausência de objeto (a ADI, desde a sua propositura, não dispõe de objeto, porque não estava mais em vigor, na data de ajuizamento da ação, o texto constitucional parâmetro).

Se a ação direta de inconstitucionalidade for proposta sob a vigência da norma constitucional parâmetro, mas esta for revogada antes do julgamento da ação (revogação superveniente), a ação será conhecida, mas será julgada prejudicada, em virtude da perda do seu objeto (a ADI possuía objeto quando foi proposta, porque, naquela data, a norma constitucional parâmetro estava vigente; perdeu ulteriormente o seu objeto, no momento em que a norma constitucional parâmetro foi revogada).

Cabe-nos, aqui, uma breve observação a respeito do controle de constitucionalidade incidental. Se a validade da lei está sendo discutida no controle incidental (e não no abstrato), a mera revogação da norma constitucional parâmetro não põe fim à ação, podendo o Poder Judiciário proclamar a inconstitucionalidade da lei mesmo após a revogação desta.

Por exemplo, quando é impetrado um mandado de segurança em que se pleiteie a desconstituição de um ato concreto de autoridade que esteja afrontando direito líquido e certo assegurado em algum dispositivo da Constituição, tendo sido editado (o ato impugnado) com base em uma lei cuja inconstitucionalidade seja arguida, a mera revogação do texto constitucional parâmetro não prejudica, não põe termo ao processo do mandado de segurança. E assim é por uma razão simples: como o controle incidental tem a finalidade de resolver um caso concreto (afastando a aplicação, ao caso, de uma lei inconstitucional), mesmo com a revogação da norma constitucional a lide deve ser apreciada e resolvida, pois está em jogo direito subjetivo de uma das partes, que, para ser assegurado, necessita que se afaste, em relação à situação concreta, a aplicação da lei cuja inconstitucionalidade foi arguida.

Esse mesmo raciocínio é válido para a hipótese de revogação superveniente da lei que esteja sendo inquinada de inconstitucional. Desse modo, se a impugnação da lei se deu no controle incidental, a sua revogação superveniente não prejudica a ação. Diferentemente, se a mesma lei foi impugnada em ação direta de inconstitucionalidade, a sua posterior revogação antes do julgamento faz com que a ação resulte prejudicada, por perda de objeto.

Em síntese: no controle incidental, a revogação da lei impugnada ou da norma constitucional parâmetro não prejudica o julgamento da ação em que foi suscitado o incidente de inconstitucionalidade; diferentemente, em se tratando de ação direta de inconstitucionalidade, a revogação superveniente da lei impugnada ou da norma constitucional parâmetro implica prejuízo à ação, por perda de objeto.

13.2.5. Causa de pedir aberta

O controle abstrato de constitucionalidade, entre nós, encontra-se sujeito ao denominado **princípio do pedido**.[64] Isso significa que o Poder Judiciário somente pode exercer a fiscalização da validade das leis em abstrato quando provocado, não por iniciativa própria.

O princípio do pedido é típico do controle jurisdicional de constitucionalidade e contribui para reduzir o caráter político da fiscalização da validade das normas bem como para evitar que o Poder Judiciário termine por assumir um papel de supremacia em relação aos outros poderes.

Portanto, o Supremo Tribunal Federal somente atua em face da apresentação de uma petição inicial formal, por um dos legitimados constitucionalmente previstos. A exordial deve conter, no pedido, obrigatoriamente, todos os dispositivos da lei cuja constitucionalidade se pretenda seja apreciada e, também, o fundamento jurídico da alegação de inconstitucionalidade (ou de constitucionalidade, se for uma ADC) dos dispositivos impugnados.

Neste passo, é extremamente relevante notar que, embora o Supremo Tribunal Federal esteja vinculado ao pedido, vale dizer, como regra somente possa apreciar a constitucionalidade dos dispositivos legais expressamente mencionados na inicial, **não o está em relação aos fundamentos jurídicos do pedido**, ou seja, à **causa de pedir**. Significa dizer que o Tribunal é livre para declarar a inconstitucionalidade da norma não apenas pelos motivos indicados pelo impetrante da ação direta, mas também poderá fazê-lo tendo como fundamento qualquer outro parâmetro constitucional.

Assim, o Supremo Tribunal Federal poderá declarar a inconstitucionalidade de um artigo de uma lei com base em dispositivo constitucional diferente do apontado pelo autor como ensejador da incompatibilidade com a Carta da República. Por exemplo, o pedido em uma ADI pode pretender ver declarada a inconstitucionalidade somente do art. 13 da Lei "X", alegando afronta ao princípio da liberdade de expressão, e o STF declarar o art. 13 inconstitucional, porém por ferir o princípio da proporcionalidade, ou da isonomia, ou quaisquer outros. Não poderia, entretanto, declarar a inconstitucionalidade do art. 14 da mesma lei, uma vez que esse dispositivo não foi mencionado no pedido.[65]

---

[64] É interessante observar que, sem embargo da vigência do princípio do pedido entre nós, não se admite a desistência da ação no âmbito do controle abstrato, ou seja, não se aplica às ações a ele pertinentes o princípio da disposição. Uma vez iniciado o processo por um dos legitimados, ele será levado a termo pelo STF; a iniciativa do legitimado ativo é imprescindível apenas como impulso inaugural. Essa impossibilidade de desistência se justifica pela natureza objetiva do processo no controle abstrato, o que significa que o autor não busca a tutela de interesse próprio ou de posição jurídica individual, motivo pelo qual o prosseguimento do processo não está a seu talante (princípio da indisponibilidade).

[65] Cabe observar que essa regra – impossibilidade de apreciar a constitucionalidade de dispositivos não expressamente impugnados na petição inicial – não é absoluta. Com efeito, há exceção à vinculação ao pedido nos casos em que o STF pronuncia a inconstitucionalidade por arrastamento de dispositivo não impugnado, por existir correlação, conexão ou dependência entre ele e aqueles expressamente atacados no pedido. Analisamos, em outro ponto, a inconstitucionalidade "por arrastamento" ou "por atração".

Cap. 13 • CONTROLE DE CONSTITUCIONALIDADE

Porém, a existência de causa de pedir aberta no controle abstrato não significa que o autor esteja dispensado de apontar o fundamento jurídico do pedido para cada dispositivo nele arrolado. A causa de pedir aberta não suprime, à parte, o dever processual de motivar o pedido e de identificar, na Constituição, em obséquio ao princípio da especificação das normas, os dispositivos alegadamente violados pelo ato normativo que pretende impugnar, sob pena do não conhecimento, total ou parcial, da ação proposta.[66]

Em suma, no âmbito do controle abstrato, o Supremo Tribunal Federal (ou os Tribunais de Justiça) não está adstrito às razões de ordem jurídica invocadas como suporte da pretensão de inconstitucionalidade deduzida pelo autor da ação. A pronúncia de inconstitucionalidade poderá ter por fundamento dispositivo ou princípio constitucional não suscitado pelo autor, porém, vislumbrado pelos ministros da Corte durante a apreciação da ação. No mesmo sentido, na hipótese de pronunciar a constitucionalidade, o STF estará declarando o dispositivo compatível com todo o texto constitucional.

13.2.6. Petição inicial

A petição indicará o dispositivo da lei ou do ato normativo impugnado e os fundamentos jurídicos do pedido em relação a cada uma das impugnações, bem como o pedido, com suas especificações.

Note-se que o autor da ação tem a obrigação de indicar, além da lei ou do ato normativo impugnado, o pedido e os fundamentos jurídicos que embasam este. Embora o Supremo Tribunal Federal não esteja vinculado à causa de pedir, é obrigatória a indicação dos fundamentos jurídicos do pedido, sob pena de não conhecimento da ação.

A petição inicial, acompanhada de instrumento de procuração, quando subscrita por advogado, será apresentada em duas vias, devendo conter cópias da lei ou do ato normativo impugnado e dos documentos necessários para comprovar a impugnação.

Vimos que, à exceção dos partidos políticos com representação no Congresso Nacional e das confederações sindicais e entidades de classe de âmbito nacional, os demais legitimados não precisam estar representados por advogado para a propositura de ação direta de inconstitucionalidade. Mas, sempre que a petição inicial for subscrita por advogado deverá ser acompanhada de instrumento de procuração.

A petição inicial inepta, não fundamentada e a manifestamente improcedente serão liminarmente indeferidas pelo relator, cabendo agravo dessa decisão.

13.2.7. Imprescritibilidade

A propositura de ação direta de inconstitucionalidade não se sujeita a prazo de prescrição ou decadência, haja vista que os atos inconstitucionais não se convalidam no tempo. Significa que o legitimado poderá impugnar a lei ou ato normativo a qualquer tempo, sem preocupação com prazo prescricional ou decadencial.[67]

---

[66] ADIMC 2.213-0, rel. Min. Celso de Mello, 04.04.2002.
[67] ADIMC 4.451, rel. Min. Ayres Britto, 02.09.2010.

Há, porém, dois limites temporais implícitos para essa impugnação.

Em primeiro lugar, devemos lembrar que só se admite a impugnação de leis ou atos normativos expedidos após 05.10.1988, uma vez que o direito pré-constitucional não pode ser objeto de ação direta de inconstitucionalidade. Assim, embora não exista prazo prescricional ou decadencial, é certo que atualmente uma lei de 1987 não poderá ser impugnada em ação direta de inconstitucionalidade, porquanto se trata de norma editada na vigência de Constituição pretérita.

Ademais, as leis e atos normativos só podem ser impugnados em ação direta de inconstitucionalidade durante o seu período de vigência, pois, como já analisado, a revogação da norma impugnada prejudica o controle de constitucionalidade via ação direta.

13.2.8. Impossibilidade de desistência

Proposta a ação direta de inconstitucionalidade, o autor **não poderá dela desistir** (princípio da indisponibilidade da ação, da indisponibilidade do interesse público ou da indisponibilidade do objeto da ação).

Sabemos que o controle abstrato consubstancia processo objetivo, de defesa da supremacia da Constituição, em benefício da sociedade. Assim, o papel dos detentores de legitimação ativa é, tão somente, o de suscitar, perante o Supremo Tribunal Federal, uma relevante controvérsia constitucional. Suscitada a controvérsia constitucional, perde o legitimado a disposição sobre a ação direta (o legitimado não atua defendendo interesse próprio, mas sim o interesse público de restauração da harmonia do ordenamento jurídico).

Com fundamento no mesmo princípio da indisponibilidade do objeto, também **não se admite a desistência total ou parcial de pedido de medida cautelar** (liminar) em ação direta de inconstitucionalidade.[68]

13.2.9. Pedido de informações

Conhecida a ação direta de inconstitucionalidade, o relator pedirá informações aos órgãos ou às autoridades dos quais emanou a lei ou o ato normativo impugnado.

O pedido de informações aos órgãos ou autoridades elaboradores da lei ou do ato normativo impugnado tem por fim a obtenção de maiores subsídios para que o Supremo Tribunal Federal firme posição sobre a matéria. Com a apresentação das informações, o Tribunal passa a ter em mãos não só os argumentos trazidos pelo autor da ação direta, que fundamentam o seu pedido de inconstitucionalidade, mas também as informações dos órgãos elaboradores da norma, que defenderão a sua legitimidade. Assim, quando a ação direta tem por objeto a impugnação de uma lei federal, o Congresso Nacional e a Presidência da República terão a oportunidade de prestar informações. Caso a ação direta tenha por objeto uma resolução administrativa de um dado tribunal do Poder Judiciário, a este será encaminhado o pedido de informações – e assim por diante.

---

[68] ADIMC 2.049/RJ, rel. Min. Néri da Silveira, 14.04.2000.

Cap. 13 • CONTROLE DE CONSTITUCIONALIDADE

A manifestação dos órgãos ou das autoridades dos quais emanou a lei ou o ato normativo impugnado ocorrerá em momentos distintos, conforme tenha havido, ou não, pedido de medida cautelar.

No caso de ação direta de inconstitucionalidade sem pedido de medida cautelar, o relator pedirá informações aos órgãos ou às autoridades dos quais emanou a lei ou o ato normativo impugnado, devendo estes prestar tais informações no prazo de trinta dias, contados do recebimento do pedido.

Havendo pedido de medida cautelar, antes do julgamento desse pedido cautelar, os órgãos ou autoridades dos quais emanou a lei ou o ato impugnado disporão de cinco dias para manifestar-se sobre o pedido. Ademais, após o julgamento da cautelar, deverá o relator pedir aos mesmos órgãos ou autoridades as informações, que serão prestadas no prazo de trinta dias.

Note-se, portanto, que, se houver na ação direta pedido de medida cautelar, a manifestação dos órgãos ou autoridades ocorrerá em dois momentos distintos: antes da apreciação do pedido de medida cautelar, no prazo de cinco dias, e, também, após o julgamento do pedido cautelar, no prazo de trinta dias.

Poderá ocorrer, ainda, de o relator, em face da relevância da matéria e de seu especial significado para a ordem social e a segurança jurídica, **submeter o processo diretamente ao Tribunal, que terá a faculdade de julgar definitivamente a ação (julgamento direto do mérito, sem exame do pedido cautelar)**, após a prestação das informações, no prazo de dez dias, e a manifestação do Advogado-Geral da União e do Procurador-Geral da República, sucessivamente, no prazo de cinco dias.

Ademais, **não haverá pedido de informações quando o órgão ou autoridade que criou a lei ou ato normativo impugnado for o próprio autor da ação direta de inconstitucionalidade**, haja vista que, nesse caso, suas considerações sobre a validade da norma já foram apresentadas na petição inicial, como fundamento do pedido de inconstitucionalidade.

Acerca da contagem dos prazos para a prática de atos processuais em sede de ação direta, entente o Supremo Tribunal Federal que **a regra que confere prazo em dobro à Fazenda Pública para recorrer não se aplica aos processos objetivos** (processos concernentes ao controle abstrato de leis e atos normativos).[69]

13.2.10. Suspeição e impedimento de Ministro

Não há impedimento, nem suspeição de ministro nos julgamentos de ações de controle abstrato, exceto se o próprio ministro firmar, por razões de foro íntimo, a sua não participação.[70]

Segundo o Supremo Tribunal Federal, os institutos da **suspeição e do impedimento são típicos do processo subjetivo**, em que está em jogo interesse específico

---

[69] ADI 5.814/RR, rel. Min. Luís Roberto Barroso, 06.02.2019.
[70] ADI 6.362/DF, rel. Min. Ricardo Lewandowski, 02.09.2020.

de pessoas ou grupos determinados.[71] Não há, portanto, razão para a presença de tais institutos nos processos que questionam abstratamente a constitucionalidade de normas, haja vista que nestes a Corte aprecia a legitimidade da norma **em tese**, sob o aspecto objetivo, no âmbito de um **processo sem sujeitos**, destinado pura e simplesmente à defesa da integridade do ordenamento constitucional.

Anote-se que, embora inexistam os institutos da suspeição e do impedimento nos julgamentos do controle abstrato de constitucionalidade, **pode o próprio ministro, por motivo de foro íntimo, não participar de julgamento**. A não participação de Ministro é comum, por exemplo, nos casos em que este tenha atuado anteriormente no processo na condição de Procurador-Geral da República, Advogado-Geral da União, requerente ou requerido.

13.2.11. Impossibilidade de intervenção de terceiros

A intervenção de terceiros é instituto processual que tem aplicação aos processos tipicamente subjetivos, nos quais se pretende o reconhecimento de certo direito concreto. Consiste, basicamente, na possibilidade de ingresso de uma pessoa em processo em curso entre outros sujeitos, em virtude de interesse daquela pessoa no objeto da demanda.

As figuras jurídicas da **intervenção de terceiros** (assistência, denunciação da lide, chamamento ao processo, incidente de desconsideração da personalidade jurídica e *amicus curiae*) estão reguladas nos arts. 119 a 138 do Código de Processo Civil (Lei 13.105/2015) – e seu estudo foge ao objeto desta obra.

Como o processo de ação direta de inconstitucionalidade é um **processo objetivo**, no qual inexistem propriamente partes e direitos subjetivos a serem tutelados, não são nele admissíveis, em regra, as hipóteses de intervenção de terceiros reguladas no Código de Processo Civil. **A única exceção é a figura do amicus curiae**, que será estudada à frente, em tópico específico.[72]

Nosso ordenamento há muito positivou a proibição de intervenção de terceiros nos processos do controle abstrato. Essa vedação constava do art. 169, § 2.º, do Regimento Interno do STF e, hoje, encontra-se expressa no art. 7.º, *caput*, da Lei 9.868/1999. Dessa forma, **com exceção da figura do amicus curiae**, não se admite nos processos de controle abstrato a intervenção de terceiros concretamente interessados. Isso assim é porque, como explicado, não há interesses subjetivos a serem discutidos em tais processos.

Cabe anotar que o Supremo Tribunal não tem aceitado nem mesmo a intervenção de terceiro legitimado para a instauração do controle abstrato em processos da mesma natureza nos quais não seja ele parte, como requerente ou requerido. Assim,

---

[71] Os institutos do impedimento e da suspeição estão disciplinados nos arts. 144 e 145 do Código de Processo Civil (CPC).

[72] Vale observar que o Código de Processo Civil de 1973 não classificava a participação de *amicus curiae* no processo como "intervenção de terceiros". O vigente Código de Processo Civil, diferentemente, enquadra formalmente como "intervenção de terceiros" a participação do *amicus curiae* no processo (Lei 13.105/2015, art. 138).

a Corte indeferiu a intervenção do Conselho Federal da Ordem dos Advogados do Brasil no processo de ação direta proposta pelo Procurador-Geral da República em face do Presidente da República e do Congresso Nacional, em razão de ser ele estranho à causa, por não figurar nela nem como requerente, nem como requerido.[73] Na ocasião, o Tribunal deixou assente que, apesar de o Conselho Federal da OAB ser legitimado para a propositura da ação direta, não poderia ele, em ações diretas nas quais não seja requerente ou requerido, intervir no feito, nem mesmo para interpor embargos de declaração.

A impossibilidade de intervenção de terceiros, aqui examinada, não se confunde com a admissibilidade de formação de litisconsórcio ativo entre legitimados para a propositura de ação direta de inconstitucionalidade. Este, o litisconsórcio formal, é admitido pela jurisprudência do Supremo Tribunal Federal, e ocorre quando dois ou mais legitimados pelo art. 103 da Constituição impetram a ação direta em conjunto, impugnando a validade de certa lei ou ato normativo.

A impossibilidade de intervenção de terceiros é excepcionada pela possibilidade de ingresso no processo de órgãos e entidades não legitimados pelo art. 103 da Constituição Federal, na condição de *amicus curiae*, conforme estudaremos a seguir.

13.2.12. Admissibilidade de amicus curiae

Entidades e órgãos que não possuem legitimação para a propositura de ação direta de inconstitucionalidade poderão pedir ao relator da ação em curso perante o Supremo Tribunal Federal para manifestarem-se sobre a questão constitucional discutida. É o que dispõe o art. 7.º, § 2.º, da Lei 9.868/1999, nos termos seguintes:

> § 2.º O relator, considerando a relevância da matéria e a representatividade dos postulantes, poderá, por despacho irrecorrível, admitir, observado o prazo fixado no parágrafo anterior, a manifestação de outros órgãos ou entidades.

Esse dispositivo introduziu entre nós a figura do *amicus curiae* (literalmente, "amigo da corte"). Trata-se da possibilidade de ser admitida no processo manifestação formal de órgãos ou entidades que efetivamente representem interesses passíveis de serem afetados pelo resultado do julgamento da ADI. Embora haja alguma divergência acerca dos limites dessa participação, não há dúvida de que se trata de possibilidade de manifestação formal e que essa inclui, pelo menos, o direito de submeter, ao relator da causa, propostas de requisição de informações adicionais, de designação de peritos, de convocação de audiências públicas, bem como de juntar documentos, pareceres ou memoriais, com o fim de auxiliar o Tribunal a vislumbrar aspectos técnicos ou concernentes aos eventuais reflexos da declaração da inconstitucionalidade da norma atacada.

A instituição do *amicus curiae*, embora não chegue a conferir caráter contraditório ao processo, sem dúvida colabora para aumentar a participação de setores organizados

---

[73] ADI 1.105/DF, rel. Min. Maurício Corrêa, 23.08.2001.

da sociedade, tornando mais democrático e pluralista o controle abstrato em nosso País. Ademais, tendo em vista o fato de que tais processos, sendo objetivos, têm causa de pedir aberta (o STF, na apreciação do pedido, não está limitado aos fundamentos ou argumentos apresentados, devendo apreciar todos os aspectos que possam ser relevantes para a verificação da compatibilidade entre a norma impugnada e a Constituição), a participação do *amicus curiae* reveste patente importância por reduzir sobremaneira a possibilidade de o Tribunal Constitucional deixar de apreciar argumentos ou consequências relevantes que possam vir a modificar a posição que, sem eles, teria sido adotada.

Além da apresentação de memoriais com informações e argumentos, o Supremo Tribunal Federal **passou a admitir a possibilidade excepcional de sustentação oral pelo amicus curiae**, afastando o entendimento de que sua manifestação somente poderia se dar por escrito.[74] Atualmente, a manifestação do *amicus curiae* está disciplinada no Regimento Interno do STF, que admite a sustentação oral do interveniente pelo prazo máximo de quinze minutos, e, ainda, se houver litisconsortes não representados pelo mesmo advogado, pelo prazo contado em dobro.[75] Assim, se houver três *amici curiae* para fazer sustentação oral, o prazo será em dobro, dividindo-se pelo número de sustentações. Como o tempo de sustentação oral é de quinze minutos, dobra-se esse tempo (trinta minutos) e divide-se por três, restando dez minutos para a manifestação de cada um deles na tribuna.[76]

Quanto ao momento processual de admissão do *amicus curiae*, o Supremo Tribunal Federal entende que esta deve ocorrer até a entrada do processo em pauta de julgamento. Depois que é concluída a instrução, ouvida a Procuradoria-Geral da República e encerrada a participação do relator, com o encaminhamento do processo para ser incluído em pauta, não cabe mais o ingresso de amigos da corte. Entretanto, sua manifestação poderá ocorrer posteriormente à instrução, já na fase do julgamento, haja vista que o STF passou a aceitar, em casos determinados, a sustentação oral do *amicus curiae* durante a sessão de julgamento.[77]

Segundo a jurisprudência do STF, para a admissão de terceiros na qualidade de *amicus curiae* deverão ser satisfeitas pelos interessados, cumulativamente, duas pré-condições, a saber: (a) a **relevância da matéria** e (b) a **representatividade do postulante**.

Portanto, os órgãos e entidades (pessoas jurídicas) interessados **não têm direito subjetivo** ao ingresso no processo de ação direta na qualidade de *amicus curiae*. Poderão eles solicitar o ingresso ao ministro relator, mas cabe a este deferir (ou não) o pedido, levando em conta a relevância da matéria e a representatividade dos requerentes. Não se trata, pois, de "direito" do requerente, mas de "privilégio" processual, dependente de **decisão discricionária do relator**. Entretanto, no caso de indeferimento do pedido de ingresso, **é admissível recurso contra a decisão**.[78]

---

[74] ADI 2.675/PE, rel. Min. Carlos Velloso e ADI 2.777/SP, rel. Min. Cezar Peluso, 26 e 27.11.2003.
[75] RISTF, art. 131, § 3.º.
[76] RE 612.043/PR, rel. Min. Marco Aurélio, 04.05.2017.
[77] ADI 2.548/PR, rel. Min. Gilmar Mendes, 18.10.2005.
[78] ADI 3.396/DF, rel. Min. Celso de Mello, 06.08.2020.

Cap. 13 • CONTROLE DE CONSTITUCIONALIDADE

Com efeito, embora o texto legal faça referência a "despacho irrecorrível",[79] a jurisprudência do Supremo Tribunal Federal **passou a admitir recurso contra a decisão de relator que nega o pedido de ingresso de "amigo da corte" no processo de ação direta** (isto é, o STF passou a entender que a irrecorribilidade, prevista na lei, diz respeito, tão somente, à decisão que defere o pedido de ingresso).

Em consonância com essa posição, nosso Tribunal Maior firmou o entendimento de que **pessoa natural (pessoa física) não pode atuar como** *amicus curiae* **no processo de ação direta de inconstitucionalidade,** por não satisfazer a pré-condição da representatividade.[80]

Ademais, segundo a jurisprudência do STF, a admissão de terceiros na qualidade de *amicus curiae* **não lhes assegura o direito de pleitear medida cautelar, nem de recorrer de decisões** proferidas nas ações do controle abstrato de constitucionalidade.[81] O fundamento para esse entendimento é de que o *amicus curiae* não é parte, mas mero agente colaborador do Tribunal. Para a Corte Maior, os **não legitimados** intervenientes no processo de ação direta, na condição de amicus curiae, não têm legitimidade para, por exemplo, interpor embargos de declaração em face da decisão de mérito prolatada pelo STF, tampouco para pleitear a concessão de medida cautelar.

O ingresso de órgãos e entidades não legitimados pelo art. 103 da Constituição Federal, na qualidade de *amicus curiae*, tem sido largamente admitido pelo Supremo Tribunal Federal nos processos de ação direta de inconstitucionalidade, dada a natureza eminentemente objetiva de tal ação, com fundamento no art. 7.º da Lei 9.868/1999, cujo alcance tem sido delineado pela sua jurisprudência, nos termos anteriormente examinados. De outro lado, também não são raras as decisões de relator indeferindo o ingresso de terceiros na condição de *amicus curiae*, especialmente nos casos de falta de representatividade do postulante e naqueles processos em que há um grande número de requerentes.

Em outra frente, o Tribunal também **tem admitido o ingresso de** *amicus curiae* **no âmbito do controle incidental, sobretudo no julgamento de recursos extraordinários,** levando em consideração a relevância da matéria, a especificidade do tema objeto da demanda ou a repercussão social da controvérsia. Nesse caso, porém, o fundamento legal é o art. 138 do Código de Processo Civil (Lei 13.105/2015), que passou a disciplinar o instituto do *amicus curiae* como uma das hipóteses de **intervenção de terceiros,** na forma e com as peculiaridades que examinamos em tópico próprio desta obra, acerca do controle incidental de constitucionalidade.

---

[79] Art. 7.º, § 2.º, da Lei 9.868/1999: "O relator, considerando a relevância da matéria e a representatividade dos postulantes, poderá, por **despacho irrecorrível**, admitir, observado o prazo fixado no parágrafo anterior, a manifestação de outros órgãos ou entidades".

[80] RE 659.424/RS, rel. Min. Celso de Mello, 09.12.2013. Esse entendimento do STF, porém, é anterior à vigência do atual Código de Processo Civil (Lei 13.105/2015), que passou a prever, explicitamente, a possibilidade de pessoa natural figurar como *amicus curiae* (art. 138). Resta-nos, pois, aguardar nova manifestação do STF, ratificando, ou não, o seu entendimento anterior, tendo em vista essa superveniência de previsão legal.

[81] ADI 6.106/PE, rel. Min. Cármen Lúcia, 01.02.2021.

860 · DIREITO CONSTITUCIONAL DESCOMPLICADO · *Vicente Paulo & Marcelo Alexandrino*

Cabe destacar, ainda, que o legislador ordinário passou a prever a possibilidade de manifestação de *amicus curiae* no exame da **repercussão geral**[82] – requisito exigido para a interposição de recurso extraordinário –, bem como no procedimento de edição, revisão ou cancelamento de enunciado de **súmula vinculante** pelo Supremo Tribunal Federal.[83]

13.2.13. Atuação do Advogado-Geral da União

Decorrido o prazo das informações, serão ouvidos, sucessivamente, o Advogado-Geral da União e o Procurador-Geral da República, que deverão manifestar-se, cada qual, no prazo de quinze dias.

A atuação do Advogado-Geral da União está regulada pelo art. 103, § 3.º, da Constituição, que determina a sua citação quando o Supremo Tribunal Federal apreciar a inconstitucionalidade, em tese, de norma legal ou ato normativo, para que defenda o ato ou texto impugnado.

O Supremo Tribunal Federal firmou entendimento segundo o qual o Advogado-Geral da União, nesses processos, não atua na sua função ordinária, prevista no art. 131 da Constituição, como órgão de representação, consultoria e assessoramento da União. O parágrafo 3.º do art. 103 lhe dá uma competência especial: **a defesa da constitucionalidade da norma** que, em tese, é inquinada de inconstitucional, o que implica dizer que a Constituição lhe atribui o papel, nesses processos objetivos, de verdadeiro curador da presunção da constitucionalidade da lei atacada (*defensor legis*).

Inicialmente, o Supremo Tribunal Federal havia firmado entendimento de que o Advogado-Geral da União estava, sempre, obrigado a se manifestar em defesa do ato questionado, em razão da redação imperativa do texto constitucional, segundo o qual o Advogado-Geral da União "defenderá o ato ou texto impugnado" (CF, art. 103, § 3.º).

Essa posição do Supremo Tribunal Federal, reiteradamente criticada pela doutrina, terminava por obrigar o Advogado-Geral da União a defender a norma legal ou ato normativo impugnado, federal ou estadual, a todo preço, em qualquer caso e circunstância, mesmo que a inconstitucionalidade da norma seja irrefutável, salte aos olhos de forma gritante.

Ulteriormente, o Supremo Tribunal Federal alterou a sua jurisprudência sobre o papel a ser desempenhado pelo Advogado-Geral da União no controle abstrato de normas, passando a entender que este **pode deixar de defender a constitucionalidade de norma questionada perante aquela Corte**.[84]

Significa dizer que, de acordo com a novel jurisprudência do Supremo Tribunal Federal, o Advogado-Geral da União dispõe de plena autonomia para agir, e poderá escolher como se manifestará – pela constitucionalidade, ou não, da norma impugnada –, de acordo com sua convicção jurídica. Poderá ele, portanto, deixar

---

[82] Lei 13.105/2015 (Código de Processo Civil), art. 1.035, § 4.º.
[83] Lei 11.417/2006, art. 3.º, § 2.º.
[84] ADI 3.916, rel. Min. Eros Grau, 07.10.2009.

Cap. 13 • CONTROLE DE CONSTITUCIONALIDADE

de defender a constitucionalidade da norma impugnada, segundo, exclusivamente, seu entendimento jurídico sobre a matéria.

O Supremo Tribunal Federal entende que a audiência do Advogado-Geral da União, prevista no citado art. 103, § 3.º, da Constituição, é necessária tão somente em sede de ação direta de inconstitucionalidade – ADI e arguição de descumprimento de preceito fundamental – ADPF, o mesmo **não ocorrendo na ação declaratória de constitucionalidade – ADC**.

Segundo o Tribunal, a desnecessidade da atuação do Advogado-Geral da União em ação declaratória de constitucionalidade justifica-se porque, nessa ação, não há ato ou texto impugnado, uma vez que o autor da ação pleiteia o reconhecimento da constitucionalidade da norma (e não de sua inconstitucionalidade). Não haveria, portanto, contraditório a ser assegurado, em razão da ausência de ato a ser defendido.

Pelo mesmo fundamento – ausência de contraditório –, entendia o Supremo Tribunal Federal que não cabia a atuação do Advogado-Geral da União em sede de ação direta de inconstitucionalidade por omissão – ADO, porquanto nessa ação não há norma inquinada de inconstitucional (a ação é proposta, justamente, em face da ausência de norma regulamentadora de direito constitucional).

Esse entendimento, porém, restou suplantado pela edição da Lei 12.063/2009, que acrescentou à Lei 9.868/1999 a disciplina do procedimento da ação direta de inconstitucionalidade por omissão perante o Supremo Tribunal Federal. Com efeito, essa lei estabelece que, em se tratando de ação direta por omissão, **o relator poderá solicitar a manifestação do Advogado-Geral da União**, que deverá ser encaminhada no prazo de quinze dias. Cabe ao relator, portanto, a decisão de ouvir, ou não, o Advogado-Geral da União em ação direta de inconstitucionalidade por omissão.

Por fim, vale lembrar que o Advogado-Geral da União **não é legitimado ativo para instaurar o controle abstrato**, vale dizer, não dispõe de legitimidade para propor ao Supremo Tribunal Federal nenhuma das ações diretas existentes.

13.2.14. *Atuação do Procurador-Geral da República*

O Procurador-Geral da República, chefe do Ministério Público da União, órgão encarregado da defesa da ordem jurídica, do regime democrático e dos interesses sociais e individuais indisponíveis, possui relevante participação no processo das ações diretas julgadas pelo Supremo Tribunal Federal.

Sua importância ímpar decorre do estabelecido no inciso VI do art. 103 da Carta Política, que dispõe ser ele um dos legitimados para a propositura das ações do controle abstrato, e, especialmente, no § 1.º do mesmo art. 103, que lhe outorga o direito de manifestação em todas as ações de jurisdição concentrada, nos termos seguintes:

> § 1.º O Procurador-Geral da República deverá ser previamente ouvido nas ações de inconstitucionalidade e em todos os processos de competência do Supremo Tribunal Federal.

Nesse último papel, prescrito pelo § 1.º do art. 103 da Carta de 1988, o Procurador-Geral da República atua como **fiscal da Constituição**, sem outra finalidade senão a de defender o ordenamento constitucional contra as leis com ele incompatíveis. Deverá opinar em todas as ações de jurisdição concentrada perante o Supremo Tribunal Federal, com plena independência, bem assim em todos os processos de competência dessa Corte.

A manifestação do Procurador-Geral da República é imprescindível, podendo opinar pela procedência ou pela improcedência da ação direta proposta. Porém, seu parecer, evidentemente, **tem natureza meramente opinativa** e, portanto, **não vincula o Supremo Tribunal Federal**.

Ao opinar nas ações do controle abstrato, o Procurador-Geral da República age autonomamente, não lhe sendo exigido que sustente, invariavelmente, a inconstitucionalidade da norma, afigurando-se suficiente que indique ser relevante o fundamento jurídico do requerimento que lhe foi endereçado por um dos órgãos legitimados para a propositura da ação. Assim, não raras vezes, submete o Procurador-Geral da República ao Pretório Máximo ações diretas de inconstitucionalidade que lhe foram requeridas por terceiros, manifestando-se ele próprio, ulteriormente, pela improcedência da arguição.

Questão relevante diz respeito à necessidade de compatibilizar a dupla atuação do Procurador-Geral da República no âmbito do controle abstrato – direito de propositura (CF, art. 103, VI) *versus* direito de manifestação (CF, art. 103, § 1.º) –, quando ele próprio, na qualidade de legitimado, propõe a ação direta.

Nessa situação, quando ele próprio ajuíza a ação direta, restará mantido, ainda, o seu direito de manifestação?

A resposta é afirmativa. Segundo o Supremo Tribunal Federal, mesmo quando o Procurador-Geral da República é o autor da ação direta preserva ele o seu direito de opinar a respeito do cabimento dessa ação. Poderá o Procurador-Geral da República, inclusive, opinar pela improcedência da ADI que ele mesmo ajuizou (manifestando-se, ulteriormente, com fundamento no art. 103, § 1.º, contra a inconstitucionalidade que ele próprio arguiu, no uso da sua legitimação consagrada no art. 103, VI, da CF).

Portanto, a posição de imparcialidade do fiscal da aplicação da lei – o Procurador--Geral da República – está preservada ainda quando é ele o autor da ação direta; ademais, mesmo desempenhando essa função no processo objetivo, pode ele, afinal, se manifestar contra a inconstitucionalidade que arguiu na inicial.

Porém, **não lhe é dado o direito de desistir da ação direta**. Deveras, o direito assegurado ao Procurador-Geral da República de manifestar-se pela improcedência da ação direta que ele próprio ajuizou não pode ser confundido com o direito de desistir da ação. Isso porque, como o seu parecer não obriga o Supremo Tribunal Federal, mesmo opinando pela improcedência da ação, o Tribunal poderá dar prosseguimento ao julgamento.

Como se vê, é peculiar a posição processual do Procurador-Geral da República no controle abstrato perante o STF: detém ele legitimidade para propor todas as ações diretas e, também, dispõe do direito de manifestação em todas as ações diretas propostas ao STF pelos demais legitimados do art. 103, bem como naquelas ações diretas por ele ajuizadas.

Cap. 13 • CONTROLE DE CONSTITUCIONALIDADE

ATUAÇÃO DO PGR E DO AGU NO CONTROLE ABSTRATO	
PGR (CF, art. 103, VI, e § 1.º)	**AGU (CF, art. 103, § 3.º)**
Atua em todas as ações.	Não atua em ADC e, em ADO, a atuação dependerá de decisão do relator, que **poderá** solicitar a sua manifestação.
Atuação autônoma: poderá opinar pela constitucionalidade ou inconstitucionalidade da norma.	Atuação autônoma: poderá opinar pela constitucionalidade ou inconstitucionalidade da norma.
É legitimado ativo (pode propor todas as ações do controle abstrato).	Não é legitimado ativo.
Poderá opinar nas ações por ele propostas (inclusive pela improcedência da ação).	Sua atuação alcança leis federais e estaduais.

13.2.15. Atuação do relator na instrução do processo

Em caso de necessidade de esclarecimento de matéria ou circunstância de fato ou de notória insuficiência das informações existentes nos autos, poderá o relator requisitar informações adicionais, designar perito ou comissão de peritos para que emita parecer sobre a questão, ou fixar data para, em audiência pública, ouvir depoimentos de pessoas com experiência e autoridade na matéria.[85]

O relator poderá, ainda, solicitar informações aos Tribunais Superiores, aos Tribunais federais e aos Tribunais estaduais acerca da aplicação da norma impugnada no âmbito de sua jurisdição.

Essas informações, perícias e audiências serão realizadas no prazo de trinta dias, contado da solicitação do relator.

Trata-se, como se constata, de medidas que a lei faculta ao relator do processo, tendo por escopo assegurar a sua completa instrução, garantir que os dados trazidos aos autos sejam os mais completos e esclarecedores possível, tendo em conta não só a relevância de uma decisão proferida pelo STF nessa espécie de ação, mas, também, o fato de que a causa de pedir aberta, característica dos processos do controle abstrato, faz necessária uma ampla análise de todos os elementos relacionados à matéria em apreciação (basta lembrar que a decisão não poderá ser objeto de ação rescisória e que a norma impugnada não poderá sê-lo novamente em outra ação, ainda que sob outro fundamento jurídico).

Com o vencimento dos prazos para a manifestação do Advogado-Geral da União e do Procurador-Geral da República e, se for o caso, dos demais intervenientes, conclui-se a fase de instrução, momento em que o relator lançará o relatório, com cópia a todos os Ministros, e pedirá data para o julgamento da ação.

---

[85] Nas audiências públicas, são colhidas opiniões – técnicas, políticas, científicas, econômicas e jurídicas – de segmentos representativos da causa em debate, tais como representantes dos Poderes da República, de entidades da sociedade civil, de movimentos sociais, de partidos políticos, da classe artística etc.

13.2.16. Medida cautelar em ADI

Estabelece a Constituição que compete ao Supremo Tribunal Federal processar e julgar o pedido de medida cautelar nas ações diretas de inconstitucionalidade.[86]

A medida cautelar (concedida mediante liminar, antes da apreciação do mérito do pedido principal) constitui um provimento jurisdicional que tem por fito assegurar a utilidade da futura decisão de mérito da ação direta.

Sempre que satisfeitos os pressupostos processuais, o Supremo Tribunal Federal apreciará liminarmente o pedido do autor da ação direta, a fim de afastar dano irreparável, ou de difícil reparação, que adviria caso os efeitos decorrentes da solução da controvérsia ocorressem somente por ocasião da decisão meritória.

O pedido de cautelar é apreciado pelo Supremo Tribunal Federal diante da alegação, pelo autor da ação, da presença dos pressupostos *fumus boni juris* (fumaça do bom direito) e *periculum in mora* (perigo na demora).

O *fumus boni juris* diz respeito ao fundamento jurídico do pedido, à demonstração de sua razoabilidade, de sua relevância e plausibilidade jurídicas.

Por outro lado, deve ser evidenciado no pedido formulado que, não sendo concedida a liminar, a demora da tramitação do processo e do julgamento definitivo da ação acarretará graves transtornos, danos ou prejuízos, de difícil ou impossível reparação (*periculum in mora*).

A medida cautelar será concedida por decisão da **maioria absoluta** dos membros do Tribunal (seis votos), devendo estar presentes na sessão, pelo menos, oito Ministros, **salvo no período de recesso, quando poderá ser concedida (monocraticamente) pelo Presidente do STF**, *ad referendum* do Tribunal Pleno.[87-88]

Em **caso de urgência**, a jurisprudência do STF também tem admitido a concessão monocrática de medida cautelar (pelo Ministro relator, e não somente, como no período de recesso, pelo Presidente do Tribunal), *ad referendum* do Plenário, **mesmo fora do período de recesso da Corte**.[89]

A regra é a apreciação do pedido de medida cautelar ocorrer somente após a audiência dos órgãos ou autoridades dos quais emanou a lei ou ato normativo impugnado. Ademais, se o relator julgar indispensável, poderá ouvir previamente o Advogado-Geral da União e o Procurador-Geral da República, no prazo de três dias.[90] Porém, em caso de excepcional urgência poderá ser deferida a medida cau-

---

[86] Art. 102, I, "p".

[87] Lei 9.868/1999, art. 10.

[88] Vale registrar que – no intuito de conferir maior celeridade e eficiência aos julgamentos – o Regimento Interno do STF passou a permitir que medidas cautelares em ações do controle abstrato sejam julgadas em ambiente virtual (Resolução 642, de 14 de junho de 2019).

[89] ADI-MC 4.663/RO, rel. Min. Luiz Fux, 15.12.2011; ADI-MC 4.638/DF, rel. Min. Marco Aurélio, 19.12.2011; ADI 4.705/DF, rel. Min. Joaquim Barbosa, 19.12.2011. Nesse caso, como não há previsão na Lei 9.868/1999, utiliza-se como fundamento o Regimento Interno do Supremo Tribunal Federal (RISTF), na parte em que dispõe sobre as competências genéricas do Ministro Relator (art. 21, V).

[90] Lei 9.868/1999, art. 10, § 1.º.

Cap. 13 • CONTROLE DE CONSTITUCIONALIDADE 865

telar sem a audiência dos órgãos ou autoridades dos quais emanou a lei ou ato normativo impugnado.[91]

No julgamento do pedido de medida cautelar, será facultada sustentação oral aos representantes judiciais do requerente e das autoridades ou órgãos responsáveis pela expedição do ato, na forma estabelecida no Regimento do Supremo Tribunal Federal.[92]

O relator poderá, também, propor ao Plenário que, tendo em vista a relevância da matéria e o seu especial significado para a ordem social e a segurança jurídica, converta o julgamento da medida cautelar em julgamento definitivo da ação direta ("**rito abreviado**"). Com efeito, determina a lei que, havendo pedido de medida cautelar, o relator, em face da relevância da matéria e de seu especial significado para a ordem social e a segurança jurídica, poderá, após a prestação das informações, no prazo de dez dias, e a manifestação do Advogado-Geral da União e do Procurador- -Geral da República, sucessivamente, no prazo de cinco dias, submeter o processo diretamente ao Tribunal, que terá a faculdade de julgar definitivamente a ação.[93]

Essa regra legal – comumente denominada "rito abreviado" – visa a estimular a celeridade processual e reforçar o princípio da segurança jurídica. Em face de um pedido de liminar, o relator, considerando a matéria particularmente relevante, submete-a diretamente ao Plenário, propondo que, em espaço de tempo bem mais curto do que o previsto para a tramitação ordinária da ADI (os prazos para prestação de informações e para manifestação do Advogado-Geral da União e do Procurador-Geral da República são bastante reduzidos), seja proferida, desde logo, uma decisão definitiva. Caberá ao Plenário acatar, ou não, a proposta do Ministro relator. Caso decida acatar, não haverá a apreciação do pedido de medida cautelar, mas sim, em vez disso, o julgamento, direto e definitivo, do mérito da ação.

A medida cautelar começa a produzir efeitos a partir da publicação, no Diário da Justiça da União, da ata do julgamento do pedido, ressalvadas as situações excepcionais expressamente reconhecidas pelo Supremo Tribunal Federal.[94] A regra, portanto, é o início da produção de efeitos a partir da publicação, no Diário da Justiça da União, da ata do julgamento cautelar, mas o Supremo Tribunal Federal dispõe de competência para fixar outro momento, desde que o faça expressamente.

Em regra, a medida cautelar é concedida com eficácia *ex nunc*, gerando efeitos somente a partir do momento em que o Supremo Tribunal Federal a defere.

Excepcionalmente, porém, a medida cautelar poderá ser concedida com eficácia retroativa, com efeitos *ex tunc*, repercutindo sobre situações pretéritas, desde que o Pretório Excelso expressamente lhe outorgue esse alcance.

Não há limite de prazo para a eficácia de medida cautelar concedida em ação direta de inconstitucionalidade. Na prática, portanto, a suspensão da eficácia de lei, ou

---

[91] Lei 9.868/1999, art. 10, §§ 1.º e 3.º.

[92] Lei 9.868/1999, art. 10, § 2.º.

[93] Lei 9.868/1999, art. 12.

[94] Rcl MC 3.309/ES, rel. Min. Celso de Mello, 01.07.2005.

de outro ato normativo, determinada mediante a concessão de medida cautelar **poderá viger durante anos, até o ulterior exame de mérito da ação.**[95]

Enfim, a excepcionalidade da eficácia *ex tunc* impõe que o Supremo Tribunal Federal expressamente a estabeleça no acórdão concessivo da medida cautelar. A ausência de determinação expressa importa em outorga de eficácia *ex nunc* à suspensão cautelar da aplicação da norma impugnada.

A medida cautelar é dotada de eficácia geral (*erga omnes*) e efeito vinculante relativamente aos demais órgãos do Poder Judiciário e à Administração Pública direta e indireta, nas esferas federal, estadual e municipal.

Desse modo, concedida a medida cautelar, afasta-se, **com eficácia geral (*erga omnes*)**, a vigência da norma impugnada até o julgamento do mérito da ação. Com isso, todas as pessoas até então sujeitas ao cumprimento da lei ou do ato normativo impugnado estarão imunes à sua incidência até o posterior julgamento do mérito da ação direta pelo Supremo Tribunal Federal.

De igual forma, a decisão **é dotada de força vinculante em relação aos demais órgãos do Poder Judiciário e à Administração Pública direta e indireta, nas esferas federal, estadual e municipal**, que não poderão dar aplicação à lei cuja vigência esteja suspensa por força da medida cautelar concedida em ação direta.

Em decorrência automática dessa força vinculante, a medida tem também o efeito de **suspender, durante o período de sua eficácia, o julgamento de todos os processos que envolvam a aplicação da lei ou ato normativo objeto da ação**. Significa dizer que, do início da produção dos efeitos da medida cautelar (data de publicação da ata do julgamento cautelar) até o julgamento do mérito da ação direta, os demais órgãos do Poder Judiciário e a Administração Pública estarão impedidos de proceder ao julgamento de qualquer processo que envolva a aplicação da lei ou do ato normativo objeto da ação direta.

Caso os demais órgãos do Poder Judiciário ou a Administração Pública direta e indireta desobedeçam à suspensão determinada na medida cautelar, **caberá reclamação diretamente ao Supremo Tribunal Federal** que, julgando-a procedente, anulará o ato administrativo ou cassará a decisão judicial reclamada.[96]

É de ressaltar, entretanto, que **não há efeito vinculante no caso de indeferimento da liminar.**[97] Isso implica afirmar que o indeferimento da liminar não significa que o Supremo Tribunal Federal tenha considerado que a lei questionada presumivelmente virá a ser julgada constitucional. Assim, negada uma cautelar em ação direta, nada impede que os juízos singulares e os tribunais, no âmbito do controle concreto, declarem inconstitucional a mesma lei que esteja sendo impugnada na ADI em que se indeferiu a liminar. Caso ocorra essa situação, tendo em vista a inexistência

---

[95] Em 2019, o Poder Legislativo da União pretendeu estabelecer, em texto de lei, um prazo limite para julgamento do mérito após concessão de medida cautelar em ação direta de inconstitucionalidade (ADI). O correspondente projeto de lei foi aprovado pelas Casas do Congresso Nacional (Projeto de Lei 2.121/2019), mas **integralmente vetado** pelo Presidente da República (Mensagem de Veto Total 346/2019). O veto foi **mantido** pelo Congresso Nacional (Sessão Conjunta de 02.10.2019).

[96] Compete ao Supremo Tribunal Federal processar e julgar, originariamente, a reclamação para a preservação de sua competência e garantia da autoridade de suas decisões (CF, art. 102, I, "l").

[97] Rcl AgR 2.810/MG, rel. Min. Marco Aurélio, 18.11.2004.

Cap. 13 • CONTROLE DE CONSTITUCIONALIDADE

867

de efeito vinculante da decisão que indefere o pedido de medida cautelar, **não terá cabimento o ajuizamento de reclamação** pelo pretenso descumprimento do que foi decidido pela Corte, na ocasião do indeferimento da medida.

A concessão da medida cautelar em ação direta de inconstitucionalidade **torna aplicável (provisoriamente) a legislação anterior acaso existente, salvo expressa manifestação do STF em sentido contrário.**[98] Portanto, além de suspender a vigência da norma impugnada até o julgamento do mérito, a cautelar implica a **repristinação provisória (e tácita) de eventual norma revogada pela lei atacada,** restabelecendo temporariamente sua vigência, exceto se houver manifestação expressa do Supremo Tribunal em sentido contrário.

Em simples palavras, significa dizer que, se a norma impugnada, que teve sua vigência suspensa pela medida cautelar, havia revogado outros atos normativos, estes **voltam a viger provisoriamente, a partir da data em que a cautelar for concedida, exceto se houver manifestação expressa do Supremo Tribunal Federal em sentido contrário.** Posteriormente, se no julgamento do mérito da ação direta for proclamada a constitucionalidade da norma impugnada, a medida cautelar é tornada sem efeito e os atos normativos cuja vigência havia sido temporariamente restabelecida consideram-se definitivamente revogados. Ao contrário, se no julgamento de mérito for proclamada a inconstitucionalidade da norma atacada, permanecerão vigentes, sem qualquer alteração, os atos normativos anteriores, que a norma declarada inconstitucional pretendera revogar (e cuja vigência já havia sido restabelecida, conquanto provisoriamente, com a concessão da medida cautelar).

Para ilustrar, suponhamos a existência de uma lei Alfa em pleno vigor, que, porém, vem a ser posteriormente revogada por uma lei Beta, que confere nova disciplina à matéria.

Nessa situação, caso seja proposta uma ação direta de inconstitucionalidade impugnando a lei Beta, com pedido de suspensão cautelar, e esta medida seja concedida pelo Supremo Tribunal Federal, teremos, em regra, a suspensão da vigência da lei Beta, até o julgamento do mérito, e a consequente restauração provisória da vigência da lei Alfa, **salvo manifestação expressa do STF em sentido contrário.**

Essa ressalva, destacada na parte final do parágrafo anterior, tem o fim de esclarecer que, excepcionalmente, é possível ao Supremo Tribunal Federal evitar o chamado "efeito repristinatório indesejado", impedindo o revigoramento da vigência da legislação pretérita acaso existente.

Entretanto, para que o Supremo Tribunal Federal afaste o efeito repristinatório indesejado, é imprescindível que:

a)   haja pedido expresso do autor, isto é, ao propor a ação direta, o autor deverá apresentar pedido cumulativo ao Supremo Tribunal Federal – da declaração da inconstitucionalidade e do afastamento do efeito repristinatório indesejado;

b)   manifestação expressa do Supremo Tribunal Federal em sua decisão.

Para ilustrar, suponha-se a seguinte situação: determinado estado-membro edita a lei Alfa, criando a Loteria Estadual Boa Sorte; meses depois, o mesmo estado edita

---

[98]   Lei 9.868/1999, art. 11, § 2.º.

a lei Beta, revogando a Loteria Estadual Boa Sorte (lei Alfa) e criando a Loteria Estadual Ganha Tudo.

Posteriormente, o Procurador-Geral da República propõe perante o Supremo Tribunal Federal uma ação direta de inconstitucionalidade, com pedido de medida liminar, na qual requer a declaração da inconstitucionalidade da lei Beta e, também, o afastamento do efeito repristinatório indesejado da lei Alfa, sob o fundamento de que ambas são inconstitucionais, haja vista que os estados-membros não dispõem de competência para legislar sobre loterias e sorteios.

Nessa situação, o Supremo Tribunal Federal poderá conceder a medida liminar, suspendendo a eficácia da lei Beta e, também, na mesma decisão, afastar o efeito repristinatório indesejado em relação à lei Alfa, desde que o faça expressamente. Se assim fizer, a Lei Alfa não terá sua vigência restaurada, mesmo com a suspensão da eficácia da lei que a revogara (lei Beta).

Por fim, ressaltamos que, a rigor, a liminar em ação direta de inconstitucionalidade **suspende provisoriamente não só a eficácia, mas também a vigência da lei impugnada.**[99] Essa interpretação do Pretório Excelso é coerente com a regra que terminamos de examinar, segundo a qual a liminar implica a repristinação provisória das normas anteriormente revogadas pela lei objeto da ação direta. Afinal, se só a eficácia fosse suspensa pela liminar, mas não a vigência da lei impugnada, seria forçoso afirmar que a mera suspensão de eficácia teria o condão de restaurar a vigência da legislação pretérita.

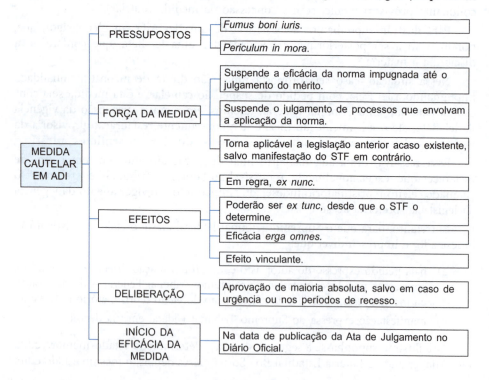

---

[99] Rcl 2.256/RN, rel. Min. Gilmar Mendes, 11.09.2003.

Cap. 13 • CONTROLE DE CONSTITUCIONALIDADE

13.2.17. Decisão de mérito

O estudo dos efeitos da decisão de mérito proferida em ação direta de inconstitucionalidade constitui matéria complexa e de grande interesse para a compreensão do controle de constitucionalidade abstrato, razão pela qual dividiremos o seu exame em subitens, de modo a facilitar a assimilação dos seus diferentes aspectos.

13.2.17.1. Deliberação

A decisão sobre a constitucionalidade ou a inconstitucionalidade da lei ou do ato normativo **somente será tomada se estiverem presentes na sessão pelo menos oito Ministros.**[100] Esse é, portanto, o *quorum* especial para a instalação da sessão de julgamento de uma ação direta, sem o qual não poderá haver sessão deliberativa.

Uma vez instalada a sessão e efetuado o julgamento, a proclamação da constitucionalidade ou da inconstitucionalidade da disposição ou da norma impugnada **dependerá de manifestação, num ou noutro sentido, de pelo menos seis Ministros.**[101] Essa necessidade de manifestação de pelo menos seis Ministros resulta da exigência constitucional de maioria absoluta para a proclamação da inconstitucionalidade pelos Tribunais, denominada "reserva de plenário" (art. 97). Como a ação direta tem efeito dúplice ou ambivalente, exige-se maioria absoluta não só para a pronúncia da inconstitucionalidade, mas também para a proclamação da constitucionalidade da lei ou ato normativo.

Se não for alcançada a maioria necessária à declaração de constitucionalidade ou de inconstitucionalidade (seis votos), estando ausentes Ministros em número que possa influir no julgamento, este será suspenso a fim de aguardar-se o comparecimento dos Ministros ausentes, até que se atinja o número necessário para prolação da decisão num ou noutro sentido.

Note-se que a lei estabelece um *quorum* mínimo para a instalação da sessão de julgamento (oito Ministros) e um número mínimo de votos para que seja proferida a decisão de mérito (seis Ministros). Por exemplo, se estiverem presentes nove Ministros haverá *quorum* para a instalação da sessão de julgamento. Porém, caso cinco Ministros se manifestem num sentido e quatro noutro, não será, nessa sessão, proferida a decisão de mérito. Nesse caso, o julgamento será suspenso, aguardando-se o comparecimento dos Ministros ausentes, até que se atinja o número mínimo necessário (seis) para prolação da decisão num ou noutro sentido.

O Ministro-Presidente do Tribunal não é obrigado a votar, mas o fará sempre que assim decidir e, também, na hipótese de necessário desempate (diante da manifestação de cinco Ministros num sentido, e cinco noutro).[102]

---

[100] Lei 9.868/1999, art. 22.

[101] Lei 9.868/1999, art. 23.

[102] Ainda sobre as deliberações do Supremo Tribunal Federal, um esclarecimento de ordem prática que julgamos necessário, especialmente àqueles que ora iniciam o estudo do Direito Constitucional e o acompanhamento dos julgados da nossa Corte Maior. Embora a deliberação mínima para a prolação da decisão de mérito em ação direta seja de seis Ministros, não é certo afirmar-se que, uma vez atingido esse número de votos num sentido, o julgamento será encerrado. Na realidade, num julgamento em que seis Ministros já tenham manifestado seus votos pela constitucionalidade da lei impugnada, é possível, ainda, que a decisão final proclame a inconstitucionalidade da mesma lei, até mesmo por unanimidade. Isso porque, se qualquer Ministro, que ainda não tenha votado,

13.2.17.2. Natureza dúplice ou ambivalente

A ação direta de inconstitucionalidade é ação dotada de **natureza dúplice ou ambivalente**.

Significa afirmar que a decisão de mérito proferida em ação direta de inconstitucionalidade produz eficácia jurídica num ou noutro sentido, seja quando é dado provimento à ação, seja na hipótese em que lhe é negado provimento.[103]

Assim, como o pedido na ação direta de inconstitucionalidade é o reconhecimento da inconstitucionalidade, se for dado provimento à ação, o Supremo Tribunal Federal estará declarando a inconstitucionalidade da lei ou ato normativo. Ao contrário, se for negado provimento à ação, o Tribunal estará declarando a constitucionalidade da lei ou ato normativo impugnado.

Em síntese: proclamada a constitucionalidade, julgar-se-á improcedente a ação direta de inconstitucionalidade; e, proclamada a inconstitucionalidade, julgar-se-á procedente a ação direta.[104]

A razão para que, entre nós, a ação direta de inconstitucionalidade seja dotada de natureza dúplice ou ambivalente é que, como já analisado, nessa ação a causa de pedir é aberta, vale dizer, ao apreciá-la, o Supremo Tribunal Federal não se vincula aos fundamentos apresentados pelo proponente, podendo declarar a inconstitucionalidade da lei ou ato normativo impugnado tendo como fundamento qualquer parâmetro constitucional.

Melhor explicando. Quando o Supremo Tribunal Federal aprecia a validade de uma lei impugnada em ação direta, o Tribunal não o está fazendo apenas com relação aos fundamentos apresentados pelo autor da ação, mas sim em relação a toda a Constituição. Esse o sentido de se afirmar que em ação direta a causa de pedir é aberta. Desse modo, se o Tribunal julga improcedente uma ação direta de inconstitucionalidade, está ele a dizer que examinou todo o ordenamento constitucional brasileiro e não encontrou nenhuma razão (nenhum parâmetro) para declarar a invalidade da lei ou ato normativo impugnado. Ora, se todo o ordenamento constitucional foi examinado e não se encontrou nenhum parâmetro que autorizasse a proclamação da inconstitucionalidade da norma é porque, certamente, ela é válida, por não desrespeitar nenhum parâmetro de todo o ordenamento constitucional.

Essa explicação prévia se faz necessária porque, ao examinarmos os efeitos da decisão de mérito em ação direta de inconstitucionalidade, temos que ter em

---

manifestar o seu voto em sentido divergente e apresentar novos argumentos que convençam os demais Ministros acerca da inconstitucionalidade da lei, estes poderão mudar o voto já manifestado e acompanhar a nova tese jurídica apresentada. Nessa situação, é possível, teoricamente, que o julgamento, que até então estava com seis votos a favor da constitucionalidade da lei, termine afirmando a inconstitucionalidade da norma por unanimidade.

[103] Vale reforçar que somente a **decisão de mérito** é dotada de natureza ambivalente, haja vista que, como já analisado, o indeferimento de medida cautelar em ação direta de inconstitucionalidade não implica o reconhecimento da constitucionalidade da norma.

[104] A natureza dúplice ou ambivalente da decisão de mérito em ação direta está prevista no art. 24 da Lei 9.868/1999: Proclamada a constitucionalidade, julgar-se-á improcedente a ação direta ou procedente eventual ação declaratória; e, proclamada a inconstitucionalidade, julgar-se-á procedente a ação direta ou improcedente eventual ação declaratória.

Cap. 13 • CONTROLE DE CONSTITUCIONALIDADE

conta que eles alcançarão não só as decisões que julgam as ações procedentes, mas também aquelas que reconhecem a sua improcedência. Enfim, ao afirmarmos que a decisão de mérito em ação direta de inconstitucionalidade é dotada de eficácia *erga omnes*, estaremos dizendo que tanto a decisão que julga procedente a ação (e, portanto, proclama a inconstitucionalidade da lei ou ato normativo), quanto a que a julga improcedente (e, portanto, proclama a constitucionalidade da lei ou ato normativo) têm esse mesmo alcance.

13.2.17.3. Possibilidade de cumulação de pedidos

Conforme vimos, o pedido do autor em ADI é a declaração da **inconstitucionalidade,** com o fim de expurgar do ordenamento jurídico lei ou ato normativo federal ou estadual que desrespeita a Constituição.

Examinaremos adiante, em tópico específico, a ação declaratória de constitucionalidade (ADC), que, como a própria denominação indica, foi criada para que um dos legitimados ativos possa pleitear ao STF a declaração da **constitucionalidade** de lei ou ato normativo federal, com o objetivo de pôr fim a relevante controvérsia judicial que esteja ameaçando a presunção de constitucionalidade da norma.

Podemos afirmar, então, que o pedido típico em ADI é a declaração da **inconstitucionalidade** da norma impugnada, enquanto o pedido típico da ADC é a proclamação da **constitucionalidade**.

Considerando esse cenário, e tendo em conta que os legitimados para a propositura das duas ações são exatamente os mesmos (CF, art. 103, I a IX), indaga-se: seria possível acumular, em uma **mesma ADI**, pedido típico de ADI (= inconstitucionalidade) com pedido típico de ADC (= constitucionalidade)? Em outras palavras: seria possível, em uma **mesma ADI**, um dos legitimados do art. 103 da Constituição Federal pleitear a inconstitucionalidade do art. 10 da Lei Y (pedido típico de ADI) e, **também**, a constitucionalidade do art. 20 (pedido típico de ADC) da mesma lei?

Segundo o entendimento firmado pelo Supremo Tribunal Federal, a resposta é **afirmativa**, vale dizer, é possível a cumulação de pedidos típicos de ADI e ADC em **uma única demanda de controle abstrato**, desde que cumpridos os requisitos para a propositura das correspondentes ações (por exemplo, pertinência temática, em se tratando de legitimado especial; demonstração da existência de relevante controvérsia judicial, no caso do pedido típico de ADC).[105]

Vale ressaltar que a ADI admite como objeto leis e atos normativos **federais e estaduais**, enquanto a ADC só se presta à aferição da constitucionalidade de leis e atos normativos **federais** (CF, art. 102, I, "a"). Logo, no exemplo acima apresentado, para que haja a cumulação de pedidos (inconstitucionalidade do art. 10 + constitucionalidade do art. 20), faz-se necessário que a mencionada Lei Y seja **federal** (por evidente, se a lei fosse estadual, não seria viável o pedido típico de ADC).

---

[105] ADI-MC 5.316/DF, rel. Min. Luiz Fux, 21.05.2015.

13.2.17.4. Princípio da fungibilidade

As diferentes ações do controle abstrato perante o Supremo Tribunal Federal – ADI, ADO, ADC e ADPF – têm objetivos próximos, além de terem os mesmos legitimados ativos (CF, art. 103, I a IX), e processos de julgamento similares, embora estabelecidos em diferentes leis (Lei 9.868/1999 e Lei 9.882/1999). Mesmo no caso da ação direta de inconstitucionalidade por ação (ADI de lei e ato normativo) e da ação direta de inconstitucionalidade por omissão (ADO), há situações em que ambas acabam por ter, substancialmente, o mesmo objeto, quando determinado ato normativo é impugnado em razão de sua incompletude.[106]

Em razão dessa realidade – e em respeito à instrumentalidade, celeridade, racionalidade e economia processuais –, o Supremo Tribunal Federal passou a adotar o **princípio da fungibilidade** entre as ações do controle abstrato, situação em que a propositura de uma delas poderá resultar no conhecimento da demanda pelo Tribunal, mas com a conversão da ação proposta em outra.

Na jurisprudência do STF, encontramos os mais variados casos de emprego do **princípio da fungibilidade** entre as ações do controle abstrato, desde que se encontrem satisfeitos os requisitos de admissibilidade para a ação substituta. Como exemplos, mencionamos: (a) a conversão de ADPF em ADI quando imprópria a primeira, se satisfeitos os requisitos para a formalização da segunda;[107] (b) o conhecimento de ADI como ADPF, quando coexistentes todos os requisitos de admissibilidade desta, em caso de inadmissibilidade daquela;[108] e (c) o conhecimento de ADO como ADI,[109] afirmando-se a presença, na controvérsia em exame, de uma inequívoca fungibilidade entre ADI e ADO.

Consideramos relevante destacar dois aspectos acerca da aplicação do **princípio da fungibilidade** entre as ações do controle abstrato pelo Supremo Tribunal Federal.

O primeiro aspecto é que, conforme mencionado anteriormente, para que seja adotada a fungibilidade, **é imprescindível que estejam presentes todos os requisitos de admissibilidade da ação substituta**, especialmente o objeto, a fundamentação e o pedido.[110] Imagine-se uma situação na qual não seria viável juridicamente o conhecimento de demanda proposta como ADPF, mas em que, a princípio, seria possível a conversão da ADPF em ADC. Entretanto, verifica-se que o proponente da ADPF não comprovou, na petição inicial, a existência de controvérsia judicial relevante sobre

---

[106] Como é sabido, a ADO admite como objeto não só a omissão total, mas também a **omissão parcial** quanto ao cumprimento de dever constitucional de legislar ou quanto à adoção de providência de índole administrativa (Lei 9.868/1999, art. 12-B). Na hipótese de **omissão parcial**, em tese, seria possível o ajuizamento de ADI, requerendo a declaração da inconstitucionalidade da norma, ou de ADO, pleiteando o reconhecimento da inconstitucionalidade por omissão (parcial, em razão da incompletude de tratamento) do legislador.

[107] ADPF-AgR 314/DF, rel. Min. Marco Aurélio, 11.12.2014; ADI 4.180 Referendo-MC/DF, rel. Min. Cezar Peluso, 10.03.2010.

[108] ADI 4.180/DF, rel. min. Cezar Peluso, 10.03.2010; ADI 2.036/DF, rel. min. Joaquim Barbosa, 19.10.2016; ADI 2.621/DF, rel. min. Joaquim Barbosa, 19.10.2016; ADI 2.228/DF, rel. min. Joaquim Barbosa, 19.10.2016; ADI 4.163/SP, rel. Min. Cezar Peluso, 29.02.2012.

[109] ADI 875/DF, rel. Min. Gilmar Mendes, 24.02.2010.

[110] ADI 875/DF, rel. Min. Gilmar Mendes, 24.02.2010.

Cap. 13 • CONTROLE DE CONSTITUCIONALIDADE

a aplicação da disposição objeto da ação, requisito específico e indispensável para a propositura da ADC, nos termos do art. 14, III, da Lei 9.868/1999. Nessa situação, não seria viável a aplicação do princípio da fungibilidade (isto é, a ADPF simplesmente não seria conhecida pelo Tribunal, sem possibilidade de sua conversão em ADC).

O segundo aspecto é que a jurisprudência do Supremo Tribunal Federal **não admite a aplicação do princípio da fungibilidade na hipótese de cometimento de erro grosseiro** pelo proponente ao escolher a ação proposta.[111] O Tribunal considerou erro grosseiro, afastando a aplicação do princípio da fungibilidade, a propositura de ADPF para atacar lei ordinária federal pós-constitucional (editada na vigência da Constituição Federal de 1988), por entender que se trata de típica hipótese de cabimento de ADI (CF, art. 102, I, "a") e, como tal, explicitamente excluída da possibilidade de propositura de ADPF pelo § 1.º do art. 4.º da Lei 9.882/1999.

13.2.17.5. Efeitos da decisão

As decisões definitivas de mérito proferidas pelo Supremo Tribunal Federal nas ações diretas de inconstitucionalidade produzirão **eficácia contra todos** e **efeito vinculante**, relativamente aos demais órgãos do Poder Judiciário e à Administração Pública direta e indireta, nas esferas federal, estadual e municipal.[112]

Em regra, podemos afirmar que a decisão do Supremo Tribunal Federal em ação direta de inconstitucionalidade é dotada de:

a) eficácia contra todos (*erga omnes*);

b) efeitos retroativos (*ex tunc*);

c) efeito vinculante;

d) efeito repristinatório em relação à legislação anterior.

Afirmar que a decisão é dotada de eficácia *erga omnes* significa dizer que a decisão **tem força geral, contra todos, alcançando todos os indivíduos que estariam sujeitos à aplicação da lei ou ato normativo impugnado.** Desse modo, todas as pessoas que se encontrem abrangidas pela situação prevista na lei ou ato normativo serão atingidas pela decisão da ação direta. Se a ação direta foi julgada procedente, a proclamação da inconstitucionalidade da lei ou ato normativo afastará a sua aplicação em relação a todos. Se a ação direta foi julgada improcedente, a proclamação da constitucionalidade da lei ou ato normativo também alcançará a todos, que estarão obrigados a dar cumprimento aos seus termos.[113]

As decisões de mérito em ação direta de inconstitucionalidade **produzem efeitos retroativos (*ex tunc*), pois fulminam a lei ou ato normativo desde a sua**

---

[111] ADPF 314 AgR/DF, rel. Min. Marco Aurélio, 11.12.2014.

[112] Art. 102, § 2.º, com a redação dada pela EC 45/2004.

[113] Lei 9.868/1999, art. 28, parágrafo único: "A declaração de constitucionalidade ou de inconstitucionalidade, inclusive a interpretação conforme a Constituição e a declaração parcial de inconstitucionalidade sem redução de texto, têm eficácia contra todos e efeito vinculante em relação aos órgãos do Poder Judiciário e à Administração Pública federal, estadual e municipal."

origem. Vale dizer, a decisão retroage à data da origem da lei, invalidando-a deste então, bem como os atos pretéritos com base nela praticados. Enfim, a declaração da inconstitucionalidade com efeitos retroativos retira a lei do ordenamento jurídico desde a sua origem, atinge os atos com base nela praticados e desautoriza a invocação de qualquer direito com fundamento no diploma legal.[114] Se, no ano de 2015, é declarada em ação direta a inconstitucionalidade de uma lei instituidora de imposto publicada em 2010, a decisão retroagirá à data da origem da lei (2010), retirando-a do ordenamento jurídico desde então, o que ensejará a devolução de todo o imposto pago no período de vigência da lei e obstará a cobrança de qualquer novo valor com o mesmo fundamento.

A decisão de mérito em ação direta, inclusive a interpretação conforme a Constituição e a declaração parcial de inconstitucionalidade sem redução de texto, é dotada de **efeito vinculante relativamente aos demais órgãos do Poder Judiciário e à Administração Pública direta e indireta, nas esferas federal, estadual e municipal.**[115] Significa que todos os demais órgãos do Judiciário e todos os órgãos da Administração Pública direta e indireta, nas três esferas de governo, ficam vinculados à decisão proferida pelo Supremo Tribunal Federal, não podendo desrespeitá-la, por exemplo, aplicando a um caso concreto a lei declarada inconstitucional.

Caso haja desrespeito à decisão proferida em ação direta, o prejudicado poderá se valer do instrumento processual denominado **reclamação, proposta diretamente perante o Supremo Tribunal Federal**, para que este garanta a autoridade de sua decisão, determinando a anulação do ato administrativo ou a cassação da decisão judicial reclamada.[116]

Cabe ressaltar que toda e qualquer pessoa atingida por decisões contrárias ao entendimento firmado pelo Supremo Tribunal Federal, no julgamento cautelar ou de mérito proferido em ação direta, é considerada como parte legítima para a propositura de reclamação.

Enfim, sempre que houver o descumprimento, por quaisquer juízes ou tribunais, ou por quaisquer órgãos ou entidades da Administração Pública direta e indireta, de decisões revestidas de efeito vinculante, proferidas pelo Supremo Tribunal Federal em sede de controle abstrato, em caráter cautelar ou definitivo, **poderá ser utilizada a via da reclamação perante a Suprema Corte**, a fim de fazer prevalecer a integridade, a autoridade e a eficácia subordinante dessas suas decisões.

Essa é a grande diferença entre decisões sem efeito vinculante e aquelas que possuem tal eficácia. A fim de bem visualizá-lo, basta observar que, se o STF adota uma determinada posição no controle concreto – ainda que em inúmeros julgados – e

---

[114] A declaração de inconstitucionalidade de uma lei alcança, inclusive, os atos pretéritos com base nela praticados, eis que o reconhecimento desse supremo vício jurídico, que inquina de total nulidade os atos emanados do Poder Público, desampara as situações constituídas sob sua égide e inibe – ante a sua inaptidão para produzir efeitos jurídicos válidos – a possibilidade de invocação de qualquer direito (ADI QO 652/MA, rel. Min. Celso de Mello, *DJU* 02.04.1993).

[115] Lei 9.868/1999, art. 28, parágrafo único.

[116] CF, art. 102, inciso I, alínea "l": Compete ao Supremo Tribunal Federal, precipuamente, a guarda da Constituição, cabendo-lhe julgar a reclamação para a preservação de sua competência e garantia da autoridade de suas decisões.

um juiz de primeiro grau, em uma ação na qual seja incidentalmente suscitada essa mesma questão já decidida pelo STF no controle concreto, decide de forma diferente, a parte prejudicada terá que percorrer todas as instâncias judiciais até que a matéria, em sede de recurso extraordinário, obtenha uma decisão do STF (que será específica para aquele processo). Isso assim é porque, no controle concreto, as decisões não têm efeito vinculante, logo, não existe nenhuma possibilidade processual de terceiro prejudicado por uma decisão proferida em instância inferior, divergente da posição do Pretório Excelso, provocar, diretamente, a manifestação da Corte Suprema.

Diferentemente, se o STF decide uma questão no controle abstrato, e o juiz de primeiro grau, em uma ação na qual seja incidentalmente suscitada a mesma questão decidida pelo Tribunal Maior no controle abstrato, adota uma posição discrepante, a parte prejudicada pode, mediante o instrumento processual da reclamação, levar, diretamente, a matéria ao Supremo Tribunal Federal, solicitando que seja exigido do juiz de primeiro grau respeito à autoridade da decisão da Corte Máxima. Tal exigência só é possível em razão do efeito vinculante das decisões proferidas em sede de controle abstrato de constitucionalidade.

Essa força vinculante, insista-se, alcança todos os demais órgãos do Poder Judiciário e a Administração Pública direta e indireta, nas esferas federal, estadual e municipal. Porém, o efeito vinculante da decisão proferida em ação direta **não alcança o próprio Supremo Tribunal Federal**, que, em tese, poderá posteriormente mudar sua posição em uma outra ação. De fato, o Supremo Tribunal Federal, revendo antiga posição, passou a entender que ele próprio **não está sujeito ao efeito vinculante de suas decisões**. Na prática, significa que o Tribunal passou a conhecer as ações diretas que impugnem matéria já apreciada por ele em anteriores ações do controle abstrato, uma vez que é possível que, na apreciação da nova ação, o STF modifique o entendimento antes firmado, isto é, pode o STF rever sua jurisprudência constitucional no julgamento de novas ações do controle abstrato.[117]

O efeito vinculante também **não alcança a atividade normativa do Poder Legislativo**, que não fica impedido de editar nova lei com igual conteúdo.[118] Com efeito, entende o Supremo Tribunal Federal que a declaração de inconstitucionalidade **não impede o legislador de adotar lei de conteúdo idêntico ao do texto anteriormente declarado inconstitucional**. Tanto é assim que, nessa hipótese, havendo edição de nova lei de conteúdo idêntico, tem a Corte entendido legítima a propositura de nova ação direta contra a nova lei.

Esse último entendimento do Supremo Tribunal Federal – **o efeito vinculante não alcança o Poder Legislativo**, que poderá editar nova lei com idêntico teor ao

---

[117] ADI 2.675/PE, rel. Min. Carlos Velloso, 26.11.2003.

[118] O efeito vinculante e a eficácia contra todos (*erga omnes*), que qualificam os julgamentos que o Supremo Tribunal Federal profere em sede de controle normativo abstrato, incidem, unicamente, sobre os demais órgãos do Poder Judiciário e os do Poder Executivo, não se estendendo, porém, em tema de produção normativa, ao legislador, que pode, em consequência, dispor, em novo ato legislativo, sobre a mesma matéria versada em legislação anteriormente declarada inconstitucional pelo Supremo Tribunal Federal, ainda que no âmbito de processo de fiscalização concentrada de constitucionalidade, sem que tal conduta importe em desrespeito à autoridade das decisões do STF (Rcl MC 5.442/PE, rel. Min. Celso de Mello, 31.08.2007).

texto anteriormente censurado pela Corte – faz com que **não caiba reclamação contra ato legislativo produzido em data posterior à decisão em ação direta**. Com efeito, é firme a jurisprudência do Supremo Tribunal Federal no sentido de que não cabe reclamação contra lei posterior à decisão cujo desrespeito se alega.[119]

Deve-se frisar, todavia, que a ausência de vinculação diz respeito exclusivamente à atividade típica, legiferante, do Poder Legislativo, não ao exercício de suas funções administrativas. Vale dizer, os órgãos administrativos do Poder Legislativo, como qualquer outro órgão administrativo, são alcançados pela eficácia vinculante das decisões do Supremo Tribunal Federal proferidas no controle abstrato de normas. Em outras palavras: **no âmbito administrativo**, os órgãos do Poder Legislativo também são alcançados pelas referidas decisões do Supremo Tribunal Federal.

Enfim, quando afirmamos que o efeito vinculante não alcança o Poder Legislativo, estamos nos referindo à atuação típica desse Poder, qual seja, a **função legislativa**. Quando órgãos desse Poder exercem função **atípica administrativa** (contratação de pessoal e serviços, por exemplo), tal atuação **sujeita-se à força vinculante** das decisões do STF. De outro lado, nas situações em que o **Poder Executivo** desempenha, de modo **atípico**, função **legislativa** (edição de medida provisória pelo Chefe do Executivo, por exemplo), essa atuação também **não é alcançada pelo efeito vinculante das decisões do STF**.

A decisão de mérito em ação direta é, também, dotada de **efeitos repristinatórios em relação ao direito anterior**, que havia sido revogado pela norma declarada inconstitucional. Deveras, como a declaração de inconstitucionalidade em ação direta tem eficácia retroativa (*ex tunc*), afastando os efeitos jurídicos da lei desde a data de sua publicação, a revogação que a lei havia produzido torna-se sem efeito. Com isso, é como se a lei anteriormente revogada pela lei declarada inconstitucional em ação direta jamais tivesse perdido sua vigência, não sofrendo solução de continuidade.[120]

Para ilustrar, imagine-se que a lei Beta tenha revogado a lei Alfa em 10.08.2005. Posteriormente, em 10.02.2007, a lei Beta foi declarada inconstitucional em ação direta de inconstitucionalidade. Nessa situação, com a declaração da inconstitucionalidade da lei Beta, restaura-se a vigência da lei Alfa, como se sua revogação nunca tivesse existido, uma vez que os efeitos da pronúncia de inconstitucionalidade são retroativos (*ex tunc*).

Cabe ressaltar que os efeitos repristinatórios da declaração de inconstitucionalidade em ação direta operam retroativamente, afastando a revogação desde a data

---

[119] Rcl AgR 344, rel. Min. Maurício Corrêa, 06.12.2001.

[120] A declaração de inconstitucionalidade *in abstracto*, considerado o efeito repristinatório que lhe é inerente, importa em restauração das normas estatais revogadas pelo diploma objeto do processo de controle normativo abstrato. É que a lei declarada inconstitucional, por incidir em absoluta desvalia jurídica, não pode gerar quaisquer efeitos no plano do direito, nem mesmo o de provocar a própria revogação dos diplomas normativos a ela anteriores. Lei inconstitucional, porque inválida, sequer possui eficácia derrogatória. A decisão do Supremo Tribunal Federal que declara, em sede de fiscalização abstrata, a inconstitucionalidade de determinado diploma normativo tem o condão de provocar a repristinação dos atos estatais anteriores que foram revogados pela lei proclamada inconstitucional (ADIMC 2.215/PE, rel. Min. Celso de Mello, 17.04.2001).

Cap. 13 • CONTROLE DE CONSTITUCIONALIDADE

em que produzida. Afinal, se a lei revogadora foi declarada nula (inconstitucional desde o seu nascimento) pela decisão em ação direta, ela jamais teve a força de revogar a lei anterior, com o que deve ser mantida a vigência desta permanentemente, sem solução de continuidade. O Professor Alexandre de Moraes assim exemplifica a situação:

> Se a Lei A for revogada pela Lei B, em 1.º de janeiro, sendo esta, posteriormente, declarada inconstitucional pelo Supremo Tribunal Federal em 30 de julho, não haverá solução de continuidade na vigência da Lei A, que manterá sua vigência inclusive no período compreendido entre 1.º de janeiro e 30 de julho, em virtude dos efeitos *ex tunc* da declaração de inconstitucionalidade.[121]

Por fim, cabe ressaltar que é juridicamente possível que, em ação direta de inconstitucionalidade, o Supremo Tribunal Federal declare a inconstitucionalidade da norma revogadora e, também, das normas pretéritas por ela revogadas, evitando-se, assim, o efeito repristinatório tácito.

Entretanto, para que haja a pronúncia da inconstitucionalidade das normas revogadas, impedindo a restauração de sua vigência, é necessário que o autor da ação direta impugne ao mesmo tempo, além da norma revogadora, todos os atos normativos, que, embora revogados, repristinariam com o reconhecimento da inconstitucionalidade da norma revogadora.

Em tal situação, o autor da ação direta deverá impugnar todo o complexo normativo, apresentando pedidos sucessivos de declaração de inconstitucionalidade tanto do diploma ab-rogatório quanto das normas por ele revogadas. Exemplificando: se as leis "x" e "y" foram revogadas pela lei "z", ao impugnar em ação direta de inconstitucionalidade a validade desta, caso o autor da ação não deseje o efeito repristinatório tácito em relação às leis "x" e "y", deverá também impugná-las expressamente.

Enfim, para que o Supremo Tribunal Federal afaste o efeito repristinatório indesejado, é imprescindível que:

a) haja pedido expresso do autor, isto é, ao propor a ação direta, o autor deverá apresentar pedido cumulativo ao Supremo Tribunal Federal – da declaração da inconstitucionalidade da norma ab-rogatória e do afastamento do efeito repristinatório indesejado em relação às leis revogadas;

b) manifestação expressa do Supremo Tribunal Federal em sua decisão.

---

[121] Observe-se que o alcance dos *efeitos repristinatórios da declaração de inconstitucionalidade* é distinto do alcance da *repristinação expressa*, disciplinada na Lei de Introdução às Normas do Direito Brasileiro – LINDB. Na repristinação expressa, prevista na Lei de Introdução, a lei anterior só volta a ter vigência a partir da revogação da sua lei revogadora. Assim, se a lei A for revogada pela Lei B em 1.º de janeiro, e se esta lei B for revogada pela lei C em 30 de julho, prevendo expressamente a repristinação da lei A, haverá o retorno da vigência da lei A somente a partir de 30 de julho (data de revogação da lei revogadora), porquanto a revogação opera efeitos meramente prospectivos (*ex nunc*).

13.2.17.6. Modulação dos efeitos temporais

Conforme estudado no subitem precedente, a declaração de inconstitucionalidade em ação direta é ordinariamente dotada de **eficácia contra todos** (*erga omnes*), **força vinculante** e **efeitos retroativos** (*ex tunc*), alcançando todo o período de vigência da norma declarada inconstitucional, bem como implicando a plena restauração da vigência das leis e das normas por esta revogadas (**efeito repristinatório**).

Esses efeitos decorrem da adoção, pelo Supremo Tribunal Federal, da tradicional tese jurídica segundo a qual **o ato que desrespeita a Constituição é nulo, írrito desde o seu nascimento** (e **não** simplesmente anulável) e, como tal, inapto para produzir quaisquer efeitos jurídicos válidos.[122]

Acontece, porém, que a Lei 9.868/1999 trouxe relevante inovação ao controle de constitucionalidade abstrato, ao introduzir em nosso sistema de direito positivo a possibilidade de utilização da **técnica da modulação (ou da manipulação) temporal dos efeitos da decisão de inconstitucionalidade** emanada do Supremo Tribunal Federal, na forma estabelecida no seu art. 27:

> Art. 27. Ao declarar a inconstitucionalidade de lei ou ato normativo, e tendo em vista razões de segurança jurídica ou de excepcional interesse social, poderá o Supremo Tribunal Federal, por maioria de dois terços de seus membros, restringir os efeitos daquela declaração ou decidir que ela só tenha eficácia a partir de seu trânsito em julgado ou de outro momento que venha a ser fixado.

Como se vê, esse dispositivo legal passou a permitir que o Supremo Tribunal Federal, excepcionalmente, proceda à modulação (ou manipulação) temporal dos efeitos da declaração de inconstitucionalidade em ação direta, em respeito à segurança jurídica e ao interesse social.[123] Cuida-se da introdução, no nosso controle de constitucionalidade abstrato, da chamada declaração de **inconstitucionalidade prospectiva** (*prospective overruling*).

É de enfatizar, porém, que a regra, na jurisprudência do Supremo Tribunal Federal, continua sendo a de que o ato editado em desconformidade com a Constituição é nulo, desprovido de efeitos jurídicos desde a sua origem. Significa dizer, a possibilidade de limitação temporal dos efeitos da pronúncia de inconstitucionalidade, introduzida pela Lei 9.868/1999, **constitui situação excepcional, que somente pode ser aplicada diante das situações extraordinárias nela mencionadas.**

---

[122] Para os que defendem a tese jurídica da **anulabilidade**, as leis e os atos normativos desconformes com a Constituição seriam meramente anuláveis, isto é, poderiam produzir legitimamente efeitos jurídicos a partir da sua produção, sendo invalidados somente a partir de determinado momento, quando houvesse a sua impugnação por quem detivesse legitimidade para tal. Mas, nesse caso, declarada a anulação da lei ou ato normativo, poderiam ser mantidos os efeitos já produzidos durante o seu período de vigência.

[123] Embora a Lei 9.868/1999 tenha estabelecido essa possibilidade apenas para o controle abstrato, o Supremo Tribunal Federal passou a admitir o emprego da manipulação (ou modulação), no tempo, dos efeitos jurídicos resultantes da declaração de inconstitucionalidade também no controle incidental de constitucionalidade (RE 197.917, rel. Min. Maurício Corrêa, 25.03.2004).

Cap. 13 • CONTROLE DE CONSTITUCIONALIDADE

São dois os requisitos para que o Supremo Tribunal Federal possa manipular (limitar) os efeitos da declaração de inconstitucionalidade em ação direta de inconstitucionalidade, a saber: decisão de dois terços dos membros do Tribunal (oito Ministros) e presença de razões de segurança jurídica ou excepcional interesse social.

Desse modo, uma vez presentes os requisitos legais – presença de razões de segurança jurídica ou de excepcional interesse social e decisão de dois terços dos seus membros –, poderá o Supremo Tribunal Federal:

a) restringir os efeitos da declaração de inconstitucionalidade;

b) conferir efeitos não retroativos (*ex nunc*) à sua decisão;

c) fixar outro momento para o início da eficácia de sua decisão.

Em relação à hipótese prevista na letra "a", acima, poderá o Supremo Tribunal Federal **restringir a eficácia contra todos (*erga omnes*) de sua decisão**, seja afastando a declaração de inconstitucionalidade em relação a certos atos já praticados com base na lei, seja afastando a incidência de sua decisão em relação a situações determinadas. Entendemos que o Tribunal poderia, por exemplo, preservar a validade de certo negócio administrativo celebrado pelo Poder Público sob a égide da lei (afastando, portanto, em relação a esse negócio, a incidência da pronúncia de inconstitucionalidade), cujo desfazimento pudesse gerar indesejável insegurança jurídica ao País.

Outro exemplo seria o Supremo Tribunal Federal **afastar os efeitos repristinatórios da pronúncia de inconstitucionalidade**, no tocante à legislação anterior que havia sido revogada pela lei ou ato normativo declarado inconstitucional em ação direta.

Com efeito, conforme analisado no subitem precedente, a decisão de mérito em ação direta produz efeitos repristinatórios, revigorando a vigência de eventual legislação revogada pela lei ou ato normativo declarado inconstitucional. Se a lei Alfa for revogada pela lei Beta, a posterior declaração da inconstitucionalidade desta em ação direta implica a restauração automática da vigência daquela, sem solução de continuidade.

Nessa situação, desde que presentes os requisitos exigidos na Lei 9.868/1999 – razões de segurança jurídica ou de excepcional interesse social e decisão de dois terços dos seus membros –, poderá o Supremo Tribunal Federal afastar a restauração da vigência da legislação antiga, que havia sido revogada pela lei ou ato normativo declarado inconstitucional em ação direta de inconstitucionalidade. Enfim, poderá o Supremo Tribunal Federal afastar o chamado *efeito repristinatório indesejado* da legislação anterior, desde que o faça expressamente.

Entretanto, o Supremo Tribunal Federal firmou entendimento de que o afastamento do efeito repristinatório indesejado depende de pedido específico do autor.[124] Vale dizer, para que o STF proclame a inconstitucionalidade da lei e afaste o efeito repristinatório em relação à legislação anterior por ela revogada, é necessário que o autor da ação direta apresente pedidos sucessivos de inconstitucionalidade, tanto da lei impugnada, quanto da legislação por ela revogada. No exemplo anteriormente citado, para que o Tribunal afaste a restauração da vigência da lei Alfa (afastamento do efeito repristina-

---

[124] ADI 2.215, rel. Min. Celso de Mello, *DJU* 26.04.2001.

tório indesejado), é necessário que o autor da ação direta pleiteie expressamente não só a declaração da inconstitucionalidade da lei Beta, mas, também, da lei Alfa.

Quanto ao disposto na letra "b", acima, poderá o STF decidir que a declaração de inconstitucionalidade **só produzirá efeitos prospectivos (*ex nunc*), a partir do trânsito em julgado de sua decisão**, resguardando a validade de todos os atos já praticados com base na lei (entre o início de sua vigência e a declaração de sua inconstitucionalidade).

Na hipótese da letra "c", poderá o STF **fixar um outro momento para que a declaração de inconstitucionalidade em ação direta comece a produzir efeitos**. A lei não restringiu, não estabeleceu limites à fixação desse "outro momento" pelo Supremo Tribunal Federal. Por isso, entendemos que o momento estabelecido para o início da produção de efeitos da decisão **pode ser qualquer um, antes ou depois da data da declaração da inconstitucionalidade**.[125] Assim, se o Tribunal declarar em 2015 a inconstitucionalidade de uma lei publicada em 2010, poderá fixar esse "outro momento" para o início da eficácia de sua decisão entre a data de publicação da lei e a declaração de sua inconstitucionalidade (2010-2015) ou em data posterior à declaração da inconstitucionalidade (em 2016, por exemplo).

Na prática, portanto, o julgamento de ADI, na hipótese em que é suscitada a possibilidade de **modulação dos efeitos temporais** da decisão (por se vislumbrar a presença de razões de segurança jurídica ou de excepcional interesse social), é realizado de maneira **bifásica**: (a) numa **primeira fase**, discute-se a questão da constitucionalidade da norma, momento em que se exige decisão da **maioria absoluta de votos** (seis ministros), num ou noutro sentido; e (b) numa **segunda fase**, se declarada a inconstitucionalidade da norma, discute-se a aplicabilidade da modulação temporal dos efeitos, exigindo-se decisão qualificada de **dois terços dos votos** para tanto (se não alcançada a maioria de dois terços dos votos, não haverá modulação, e os efeitos da decisão serão retroativos – *ex tunc*).

É oportuno destacar que, segundo a jurisprudência do STF, **com a proclamação do resultado final, tem-se por concluído e encerrado o julgamento e, por isso, não é viável a sua reabertura visando a uma nova deliberação sobre a aplicação da modulação dos efeitos temporais da decisão**.[126] Significa dizer que, declarada a inconstitucionalidade da norma (primeira fase), intentada a aplicação da modulação temporal dos efeitos da decisão, sem a obtenção da necessária maioria de dois terços (segunda fase), e **já proclamado o resultado final**, não cabe reabrir o julgamento para nova discussão sobre a aplicação da mencionada modulação.

Essa questão foi decidida pelo STF em julgamento de ADI no qual se verificaram as seguintes circunstâncias: na sessão de julgamento, estavam presentes dez Ministros da Corte, quórum suficiente para a declaração da inconstitucionalidade da norma (maioria absoluta = seis votos), bem como para a modulação dos efeitos temporais da decisão (dois terços = oito votos); a norma impugnada foi declarada

---

[125] No RE 197.917, rel. Min. Maurício Corrêa, 25.03.2004, em que se discutia a composição máxima das Câmaras Municipais, o STF deixou assente que é possível diferir para momento futuro o início da eficácia de sua decisão que proclama a inconstitucionalidade de lei ou ato normativo.

[126] ADI-QO 2.949/MG, red. p/ o acórdão Min. Marco Aurélio, 08.04.2015.

inconstitucional (primeira fase), porém, submetida ao colegiado a deliberação acerca da aplicação da modulação dos efeitos temporais da decisão, não foi alcançada a necessária maioria de dois terços (segunda fase, na qual foram obtidos sete votos, um a menos do que o necessário); ao final da sessão, o julgamento foi encerrado, com a proclamação do seu resultado (declaração da inconstitucionalidade da norma, mas sem aplicação da modulação temporal); na sessão subsequente, tendo em vista o comparecimento do Ministro que estivera ausente na sessão anterior, foi postulada a retomada da votação, para prosseguimento da deliberação quanto à modulação, mas, então, decidiu-se que essa pretendida continuação **não seria cabível**.[127]

Destacamos, ainda, que, embora a possibilidade de modulação temporal somente esteja prevista em nosso direito legislado para as decisões proferidas no controle abstrato de normas, o Supremo Tribunal Federal **admite, excepcionalmente, a declaração de inconstitucionalidade** *pro futuro* **também no controle concreto**.[128]

Com isso, podemos afirmar que, embora a jurisprudência do Supremo Tribunal Federal continue firme no sentido de que os atos editados em desconformidade com a Constituição são **nulos** (e **não** meramente anuláveis), há no Tribunal uma clara tendência de **abrandamento** dessa tese, seja no controle abstrato, seja no controle concreto, para que se possa reconhecer, em situações **excepcionais**, a inconstitucionalidade com efeitos meramente prospectivos (ou a partir de outro momento fixado pelo STF), visando à preservação de certos atos praticados com base na lei, em respeito à **segurança jurídica**, ao **interesse social** e aos **terceiros de boa-fé**.

Na mesma linha, o Tribunal tem enfatizado que, nas hipóteses de **mudança jurisprudencial** (substituição de um entendimento consagrado por outro), deve-se adotar a eficácia *ex nunc* (*prospective overruling*), com o fim de se evitar surpresa a quem obedecia à jurisprudência até então vigente. Com a adoção dessa medida, prestigia-se o postulado da segurança jurídica, princípio segundo o qual a mudança de jurisprudência não deve causar uma surpresa ao jurisdicionado.[129]

Em situações que tais – mudança de orientação jurisprudencial –, o Tribunal tem admitido, até mesmo, a concessão de efeitos prospectivos à decisão judicial que declara a **constitucionalidade (validade)** de lei.[130]

---

[127] É importante anotar que não há óbice algum a que o julgamento de ADI iniciado numa sessão seja adiado para sessões subsequentes, tampouco a que, depois de declarada a inconstitucionalidade da norma (primeira fase), a decisão sobre a modulação dos efeitos temporais dessa decisão (segunda fase) seja postergada para outra sessão do Tribunal. O que não se admite é que, depois de **concluído o julgamento e proclamado o seu resultado** – já tendo havido, portanto, deliberações acerca da inconstitucionalidade da norma (primeira fase) e **também** sobre a aplicação da modulação temporal dos efeitos (segunda fase) –, seja reaberta, em sessão seguinte, a discussão sobre o cabimento da mencionada modulação. Assim, se na data do julgamento de mérito (antes da conclusão do julgamento e da proclamação do resultado) houvesse sido proposto o adiamento da deliberação sobre a modulação dos efeitos temporais da decisão para sessão futura, a fim de aguardar o comparecimento do Ministro ausente, seria possível admiti-lo.

[128] RE 197.917/SP, rel. Min. Maurício Corrêa, 06.06.2002.

[129] AR 2.422/DF, rel. Min. Luiz Fux, 25.10.2018.

[130] RE 651.703/PR, rel. Min. Luiz Fux, 29.09.2016.

Diferentemente, o Supremo Tribunal Federal entende **não ser cabível a modulação temporal dos efeitos da decisão proferida no exame do direito pré-constitucional em face da Constituição vigente.** Nesses casos, de fiscalização do direito pré-constitucional, é firme no Pretório Excelso a orientação de que não se trata de juízo de constitucionalidade, mas, sim, de recepção ou não recepção (isto é, revogação) da norma pré-constitucional pela Constituição atual. Por outras palavras, não se afere a constitucionalidade do direito pré-constitucional ante a Constituição vigente, porque a matéria é considerada pertinente ao campo do direito intertemporal: quando a lei anterior à Constituição é materialmente compatível com ela, é recepcionada; quando há conflito entre o conteúdo da lei anterior à Constituição e o seu texto, a Carta Política não a recepciona, isto é, revoga a lei pré-constitucional.

Se uma questão acerca da recepção, ou não, de direito pré-constitucional chegar ao Supremo Tribunal Federal, a decisão proferida, caso a Corte entenda que a lei é materialmente incompatível com a Constituição a ela superveniente, declarará, simplesmente, que a lei foi revogada pela Constituição de 1988. Essa decisão não comporta modulação de seus efeitos temporais.[131]

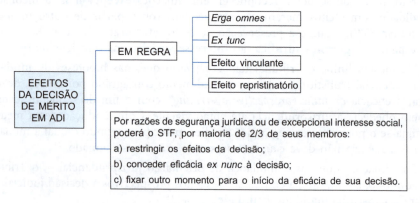

13.2.17.7. Definitividade da decisão de mérito

A decisão que declara a constitucionalidade ou a inconstitucionalidade da lei ou do ato normativo em ação direta **é irrecorrível, ressalvada a interposição de embargos declaratórios, não podendo, igualmente, ser objeto de ação rescisória.** Esses, os embargos de declaração, constituem recurso que pode ser interposto pelo

---

[131] "Revela-se inaplicável, no entanto, a teoria da limitação temporal dos efeitos, se e quando o Supremo Tribunal Federal, ao julgar determinada causa, nesta formular juízo negativo de recepção, por entender que certa lei pré-constitucional mostra-se materialmente incompatível com normas constitucionais a ela supervenientes. A não recepção de ato estatal pré-constitucional, por não implicar a declaração de sua inconstitucionalidade – mas o reconhecimento de sua pura e simples revogação (RTJ 143/355 – RTJ 145/339) –, descaracteriza um dos pressupostos indispensáveis à utilização da técnica da modulação temporal, que supõe, para incidir, dentre outros elementos, a necessária existência de um juízo de inconstitucionalidade" (RE AgR 395.902/RJ, rel. Min. Celso de Mello, 07.03.2006).

Cap. 13 • CONTROLE DE CONSTITUCIONALIDADE

requerente ou pelo requerido visando a suprir eventual omissão, obscuridade ou contradição contida no acórdão.

Assim, uma vez decidido o mérito da ação direta, abre-se prazo para a interposição dos **embargos declaratórios**. Uma vez interpostos, sejam eles julgados procedentes ou não (ou expirado o prazo sem a sua interposição), a decisão do Supremo Tribunal Federal **transita em julgado, não cabendo contra ela nenhum outro recurso, nem mesmo ação rescisória.**

13.2.17.8. Limites da decisão em ADI: eficácia normativa e eficácia executiva

Segundo entendimento firmado pelo Supremo Tribunal Federal, a decisão proferida em ADI produz duas distintas eficácias: uma no plano normativo (**eficácia normativa**), outra no plano instrumental (**eficácia executiva ou instrumental**).[132]

Pela **eficácia normativa**, temos que a decisão proferida em ADI gera, no plano normativo, a consequência de manter a norma no ordenamento jurídico (quando se afirma a constitucionalidade) ou excluí-la deste (quando se afirma a inconstitucionalidade). Essa eficácia normativa, por decorrer da vigência da norma, tem por termo inicial a data de nascimento da norma, alcançando todo o período de sua existência (efeitos *ex tunc*).

Pela **eficácia executiva** (ou instrumental), a mesma decisão em ADI é dotada de efeito vinculante, relativamente aos demais órgãos do Poder Judiciário e à administração pública direta e indireta, nas esferas federal, estadual e municipal. Essa eficácia executiva, por decorrer da sentença (e não da vigência da norma examinada), tem como termo inicial a data da publicação do acórdão do STF no Diário Oficial e, por essa razão, só atinge atos administrativos e decisões judiciais supervenientes a essa publicação (efeitos *ex nunc*).

Acerca da **eficácia executiva** (ou instrumental), é fácil perceber a incidência da decisão proferida em ADI: a partir de sua publicação no Diário Oficial, os demais órgãos do Poder Judiciário e a administração pública direta e indireta, em todas as esferas de governo, ficam obrigados (vinculados) aos termos da decisão no tocante à prática de supervenientes atos administrativos e/ou decisões judiciais; em caso de descumprimento – pela administração pública ou pelos juízos inferiores –, a parte prejudicada poderá se valer da **reclamação** diretamente perante o STF, nos termos do art. 102, I, "l", da Constituição.

Anote-se que a força (vinculante) decorrente da **eficácia executiva** só atinge atos administrativos e decisões judiciais **supervenientes** (praticados em data posterior à publicação da decisão em ADI no Diário Oficial), isto é, tal força é meramente prospectiva (*ex nunc*). Ela **não atinge** atos e decisões **pretéritos**, ainda que constituídos com fundamento na norma posteriormente declarada inconstitucional em ADI.

Resta-nos, portanto, examinar os efeitos da decisão proferida em ADI sobre os atos pretéritos em geral (atos, contratos, decisões judiciais etc.), formados com

---

[132] RE 730.462/SP, rel. Min. Teori Zavascki, 28.05.2015.

suporte na lei que foi objeto de superveniente declaração de inconstitucionalidade pelo STF. Indaga-se: a decisão em ADI tem a força de, por si só, desfazer todos os atos pretéritos, constituídos com fundamento na lei que veio a ser posteriormente declarada inconstitucional pelo STF?

A resposta é **negativa**. Na realidade, os atos e decisões pretéritos, praticados com base na lei que, depois, veio a ser declarada inconstitucional, não serão automaticamente desfeitos pela decisão proferida em ADI. Conforme explicado nos parágrafos seguintes, a decisão em ADI apenas criará condições para que a parte interessada pleiteie, na via judicial adequada, o desfazimento desses atos, se ainda houver tempo hábil para isso.

A fundamentação para esse entendimento é que, conforme vimos anteriormente, a **eficácia normativa** da decisão em ADI só atua no chamado "plano normativo", para o fim de retirar do ordenamento jurídico (quando declarada a inconstitucionalidade) norma que, em abstrato, desrespeita a Constituição, em observância à supremacia desta. Embora essa eficácia retroaja à data de nascimento da lei (*ex tunc*), repita-se, o seu alcance limita-se ao plano normativo, sem atingir diretamente os atos pretéritos, praticados sob a égide da norma supervenientemente declarada inconstitucional em ADI.

Assim, no tocante ao período pretérito, a decisão proferida em ADI opera apenas no plano normativo (eficácia normativa), sem atingir diretamente os atos concretos já praticados com base na lei. A decisão, insista-se, apenas torna possível que esses atos já praticados sejam desfeitos, por meio das ações e recursos cabíveis, no âmbito do controle incidental, se ainda houver tempo hábil para isso.

Exemplificando, suponha-se que durante a vigência da lei tenha se consolidado, de acordo com os seus termos, determinado contrato privado. Posteriormente, a lei que regia aquele contrato é declarada inconstitucional em ação direta de inconstitucionalidade pelo Supremo Tribunal Federal.

Nessa situação, a decisão na ação direta, por si só, não desfaz o contrato firmado com fundamento na lei agora declarada inconstitucional. Porém, como a decisão da Corte Suprema é dotada de eficácia *ex tunc*, a parte prejudicada poderá pleitear, na via judicial adequada, a anulação do contrato, com base na pronúncia de inconstitucionalidade do Supremo Tribunal Federal.

Esse mesmo raciocínio se aplica às decisões judiciais, vale dizer, a decisão do Supremo Tribunal Federal em ação direta que declara a constitucionalidade ou a inconstitucionalidade de uma norma **não tem efeito automático sobre sentenças pretéritas**, isto é, não produz a automática reforma ou rescisão de decisões judiciais anteriores que tenham adotado entendimento diferente. Para que isso ocorra, **é indispensável a interposição de recurso próprio ou, em se tratando de decisão já transitada em julgado, a propositura de ação rescisória**, se ainda houver prazo para a adoção de tais medidas.

Por exemplo, imagine-se que, no ano de 2010, tenha transitado em julgado uma decisão judicial reconhecendo, incidentalmente, a constitucionalidade da Lei "X". Posteriormente, no ano de 2015, o Supremo Tribunal Federal declara a inconstitucionalidade da Lei "X" em ação direta de inconstitucionalidade.

Nessa situação, a decisão proferida na ação direta **não atingirá**, automaticamente, a coisa julgada (o reconhecimento da constitucionalidade da norma no controle concreto). A decisão do STF apenas criará condições para que a parte prejudicada intente, na via adequada, o desfazimento dessa coisa julgada.

No Brasil, a via adequada para o desfazimento da coisa julgada, na esfera cível, é a **ação rescisória**.[133] Aliás, trata-se da única via idônea para o ataque a uma decisão cível transitada em julgado, e exige que sejam atendidos os restritos requisitos estipulados no Código de Processo Civil. Poderia, então, em tese, ser ajuizada uma ação rescisória, a fim de se desfazer aquela coisa julgada (contrária à decisão proferida em ação direta de inconstitucionalidade).

Acontece, porém, que a **ação rescisória** só pode ser ajuizada no exíguo **prazo de dois anos**, contados do trânsito em julgado da última decisão proferida no processo. Ora, na situação hipotética apresentada, a decisão em ação direta ocorreu cinco anos após o trânsito em julgado da decisão prolatada no caso concreto. Logo, em nenhuma hipótese poderá ser desfeita a coisa julgada do nosso exemplo, isto é, a decisão proferida na ação direta de inconstitucionalidade não afetará, de forma alguma, aquela decisão transitada em julgado, que permanecerá regendo as relações do caso concreto em que foi proferida.

Os diferentes aspectos jurídicos explicitados nos parágrafos anteriores – acerca das eficácias normativa e executiva da decisão proferida em ADI – foram didaticamente resumidos pelo Supremo Tribunal Federal na seguinte **tese de repercussão geral**:[134]

> A decisão do Supremo Tribunal Federal declarando a constitucionalidade ou a inconstitucionalidade de preceito normativo não produz a automática reforma ou rescisão das decisões anteriores que tenham adotado entendimento diferente. Para que tal ocorra, será indispensável a interposição de recurso próprio ou, se for o caso, a propositura de ação rescisória própria, nos termos do art. 485 do CPC, observado o respectivo prazo decadencial (art. 495).

13.2.17.9. Transcendência dos motivos determinantes

Um relevante debate diz respeito aos limites objetivos do efeito vinculante das decisões proferidas pelo Supremo Tribunal Federal no controle de constitucionalidade abstrato.

Há controvérsia quanto à definição da parte da decisão do Supremo Tribunal Federal que tem efeito vinculante em relação aos demais órgãos do Poder Judiciário e à administração pública direta e indireta, nas esferas federal, estadual e municipal. Alguns defendem que o efeito vinculante está adstrito à **parte dispositiva da decisão** (à declaração da inconstitucionalidade em si), enquanto outros entendem que ele se estende também aos chamados **fundamentos determinantes** (à motivação da

---

[133] Código de Processo Civil, arts. 966 a 975.
[134] RE 730.462/SP, rel. min. Teori Zavascki, 28.05.2015.

decisão). Para esses últimos, o efeito vinculante transcenderia o objeto específico da ação e alcançaria outras situações análogas, apreciadas em momento futuro, às quais pudessem ser aplicados aqueles mesmos fundamentos que embasaram a primeira decisão.

Um exemplo ajudará a compreensão da aplicação da transcendência dos motivos determinantes (para aqueles que a advogam). Suponha-se que o Supremo Tribunal Federal tenha declarado, em ação direta, a inconstitucionalidade de uma determinada norma do Regimento Interno do Tribunal de Justiça do Estado de São Paulo, pelo fundamento de que houve invasão da competência privativa da União para legislar sobre direito processual (CF, art. 22, I). Nessa hipótese, a aplicação da transcendência dos motivos determinantes resultaria na possibilidade de o Supremo Tribunal Federal admitir e dar provimento a uma reclamação que fosse ajuizada, por exemplo, contra uma decisão judicial que tivesse considerado válida uma norma constante do Regimento Interno do Tribunal de Justiça do Estado do Paraná que fosse análoga àquela do TJ de São Paulo que já fora declarada inconstitucional pelo STF.

Ou seja, a decisão do STF transcenderia o caso singular (controvérsia sobre a validade da regra regimental especificamente do TJ de São Paulo), de modo que não só a parte dispositiva (declaração da inconstitucionalidade dessa regra desse regimento interno específico), mas também os fundamentos determinantes da decisão (normas com aquele conteúdo representam ofensa à competência privativa da União para legislar sobre direito processual) deverão ser observados pelos demais órgãos do Poder Judiciário e pela administração pública direta e indireta, nas esferas federal, estadual e municipal em casos futuros.

Vale repetir a consequência que adviria da admissão da transcendência dos fundamentos da primeira decisão proferida pelo STF: se, depois dela, viesse a ocorrer a aplicação, por juízo ou órgão administrativo de outro estado-membro, de regra regimental análoga à que fora declarada inconstitucional, a parte interessada poderia intentar reclamação, diretamente perante o Supremo Tribunal Federal, a fim de preservar a autoridade dessa Corte, que admitiria e daria provimento à reclamação, para o fim de determinar a anulação da decisão administrativa ou a cassação da decisão judicial reclamada.

É **muito importante ressaltar** que a adoção da teoria da "transcendência dos fundamentos determinantes" nas decisões proferidas, no controle abstrato, pelo Supremo Tribunal Federal **não se encontra pacificada** no âmbito dessa Corte. Com efeito, essa teoria foi inicialmente perfilhada pelo Tribunal no julgamento da Rcl 1.987/DF, rel. Min. Maurício Corrêa, em 01.10.2003. Posteriormente, tal orientação foi corroborada, na Rcl 2.986, rel. Min. Celso de Mello, em 11.03.2005. Entretanto, a partir da Rcl 4.219 QO/SP, rel. Min. Joaquim Barbosa, em 07.03.2007, a questão voltou a ser debatida no STF, com quatro ministros tendo se posicionado em sentido contrário à adoção da "transcendência dos motivos determinantes". Em face dessa realidade – a utilização da "transcendência dos fundamentos determinantes" estar em debate no Tribunal Maior –, **a aplicação da teoria tem sido negada em julgados posteriores.**[135]

---

[135] Rcl 3.014/SP, rel. Min. Ayres Britto, 08.08.2007.

13.2.17.10. Inconstitucionalidade "por arrastamento"

Merecem nota, a respeito da decisão pela invalidade de uma lei ou ato normativo, as situações em que **a declaração da inconstitucionalidade de um dispositivo da lei é estendida a outro dispositivo** (ou outros), em razão da existência de uma correlação, conexão ou dependência entre eles. Configura-se, em tal hipótese, a denominada inconstitucionalidade **por arrastamento**, **por atração**, **consequente** ou **consequencial**.

Trata-se de uma exceção à regra segundo a qual o STF somente aprecia a validade dos dispositivos legais indicados no pedido formulado pelo autor da ação. Com efeito, quando ocorre a situação supracitada, a Corte reconhece a invalidade do dispositivo "x", que efetivamente foi impugnado (estava designado no pedido, na petição inicial), e, "por arrastamento", declara a inconstitucionalidade dos dispositivos "y" e "z", cuja legitimidade não tinha sido questionada pelo autor da ação.

Dessarte, a inconstitucionalidade por arrastamento ocorre quando as normas legais mantêm, entre si, vínculo de dependência jurídica, formando uma incindível unidade estrutural, de sorte que não é possível ao Poder Judiciário proclamar a inconstitucionalidade de apenas algumas das disposições, mantendo as outras no ordenamento jurídico, porque as normas remanescentes perderiam o sentido, ou passariam a ter significado inteiramente diverso daquele que possuíam quando integradas às excluídas.

Podem ocorrer, ainda, situações em que diferentes dispositivos legais tenham, em essência, conteúdo análogo. Ora, se diversos dispositivos têm conteúdo análogo, e se for impugnada a validade de apenas um deles, certamente a declaração da inconstitucionalidade deste conduzirá, por arrastamento, à invalidade dos demais.

No Brasil, o Supremo Tribunal Federal **admite a declaração da inconstitucionalidade "por arrastamento" ou "por atração" de outras disposições que o autor não tenha expressamente requerido na inicial**, em razão da conexão ou interdependência com os dispositivos legais especificamente impugnados. É que nesses casos, reconhece o Tribunal, não há necessidade de impugnação específica pelo autor, dispositivo por dispositivo, uma vez que o eventual reconhecimento do vício relativamente a certos dispositivos conduzirá, por arrastamento, à impossibilidade do aproveitamento dos demais.[136]

Imagine-se, por exemplo, que uma Lei "Z" contivesse as seguintes disposições:

> Art. 1.º Será concedida ao servidor público que for lotado em zona de fronteira contagem em dobro do tempo de contribuição, para efeitos previdenciários.
>
> Art. 2.º Para fazer jus à contagem em dobro do tempo de contribuição de que trata o art. 1.º, o servidor deverá comprovar que efetivamente reside, há pelo menos um ano, em município integrante de lista a ser estabelecida em regulamento editado pelo Poder Executivo.

---

[136] ADI 2.653/MT, rel. Min. Carlos Velloso; ADI 397/SP, rel. Min. Eros Grau; ADI (MC) 2.648/CE, rel. Min. Maurício Corrêa; ADI (MC) 2.608/DF, rel. Min. Celso de Mello.

Caso fosse proposta uma ADI impugnando somente o art. 1.º da Lei "Z", por afronta ao art. 40, § 10, da Constituição,[137] o reconhecimento da ilegitimidade desse dispositivo pelo STF ensejaria a declaração da inconstitucionalidade, por arrastamento, do art. 2.º, uma vez que ele não tem possibilidade de existir de forma autônoma, além de estar disciplinando justamente o benefício que, nessa ADI, o Tribunal Maior está considerando inconstitucional.

13.2.17.11. Momento da produção de efeitos

O termo inicial da eficácia de decisão proferida em controle abstrato de constitucionalidade é a **data da publicação, no Diário da Justiça Eletrônico, da ata da sessão de julgamento**, ressalvadas situações excepcionais expressamente reconhecidas pelo Supremo Tribunal Federal.[138]

Como se vê, a decisão do Supremo Tribunal Federal começa a produzir efeitos a partir da publicação, no órgão oficial da Justiça, da **ata da sessão de julgamento**, não havendo necessidade de se aguardar o trânsito em julgado da decisão, tampouco a publicação integral do acórdão. Porém, em situações excepcionais, o STF tem a possibilidade de fixar outro momento para o início da produção de efeitos, desde que o faça expressamente.

Assim, uma vez encerrado o julgamento que tenha proclamado a constitucionalidade ou a inconstitucionalidade da lei ou ato normativo, com a publicação da ata da sessão desse julgamento a decisão já começa a produzir efeitos, ainda que tenham sido interpostos embargos declaratórios (isto é, a produção de efeitos não depende do trânsito em julgado da decisão).

13.2.17.12. Declaração de inconstitucionalidade "incidental" no âmbito de ADI

Vimos anteriormente que o controle abstrato constitui **processo objetivo**, no qual a validade da lei é discutida em tese, com o fim único de proteger a Constituição. Por essa razão, em regra, as decisões proferidas pelo Supremo Tribunal Federal nas ações do controle abstrato são dotadas de eficácia geral (*erga omnes*), efeito vinculante e, ademais, retiram a norma do ordenamento jurídico com eficácia retroativa (*ex tunc*).

Em paralelo, temos o controle concreto, em que as partes litigam em defesa de direito juridicamente protegido e, somente de modo incidental, é pronunciada a inconstitucionalidade da norma, quando esta se apresenta como antecedente necessário e indispensável ao julgamento do mérito do caso em exame. Por isso, neste caso, emprega-se a expressão "**processo subjetivo**", e a decisão proferida pelo Supremo Tribunal Federal só alcança as partes envolvidas (eficácia *inter partes*).

---

[137] CF, art. 40, § 10 – "A lei não poderá estabelecer qualquer forma de contagem de tempo de contribuição fictício."

[138] Rcl 20.160, rel. Min. Celso de Mello, 09.06.2015.

Vimos, também, que, no exercício do controle de constitucionalidade, a atuação do Supremo Tribunal Federal vincula-se ao pedido, isto é, o Tribunal somente pode apreciar a constitucionalidade dos dispositivos legais indicados no pedido formulado pelo autor da ação, ressalvada, apenas, quando cabível, a excepcionalíssima possibilidade da declaração da inconstitucionalidade por arrastamento.

Em que pese o acerto desses conceitos, há que se registrar um importante precedente fixado pelo Supremo Tribunal Federal, no qual aquela Corte Suprema, no âmbito do controle abstrato (em sede de ação direta de inconstitucionalidade), declarou, **de ofício** e **incidentalmente**, a inconstitucionalidade de norma que **não foi objeto do pedido formulado pelo autor da ação**.

Com efeito, na apreciação de ação direta de inconstitucionalidade em que o autor da ação requeria a declaração da inconstitucionalidade de **norma estadual**, a Corte Máxima, primeiro, declarou a improcedência da ação, isto é, reconheceu a validade de tal norma estadual. No mesmo julgamento, porém, o Tribunal, **de ofício** e **incidentalmente**, proclamou a inconstitucionalidade de **norma federal** (não requerida pelo autor da ação), e outorgou expressamente a essa última decisão eficácia geral (*erga omnes*) e efeito vinculante.[139] Em outra oportunidade, no julgamento de novas ações do controle abstrato que impugnavam outras normas estaduais (editadas por entes federados distintos, sobre a mesma matéria), o Tribunal adotou o mesmo procedimento, qual seja: reconheceu a constitucionalidade das **normas estaduais** e, **de ofício** e **incidentalmente**, declarou a inconstitucionalidade de **norma federal**, outorgando a esta decisão eficácia geral (erga omnes) e efeito vinculante.[140]

Anote-se que, nessas oportunidades, o Tribunal, excepcionalmente, por iniciativa própria (de ofício), declarou, no âmbito do controle abstrato, a inconstitucionalidade incidental da **norma federal**. Diz-se "declaração incidental" porque tal proclamação se deu nos fundamentos da decisão, em situações nas quais a declaração da inconstitucionalidade não figurou como pedido principal formulado nas ações. Como a decisão (embora incidental) foi proferida no âmbito do controle abstrato

---

[139] ADI 3.937, rel. Min. Marco Aurélio, red. p/ acórdão Min. Dias Toffoli, 24.08.2017. Nessa ADI, o autor impugnava a Lei 12.687/2007, do Estado de São Paulo, que proíbe a produção, o uso e comércio do amianto e produtos dele derivados no território estadual. O Tribunal julgou referida ação direta improcedente (isto é, declarou tal lei estadual válida), mas proclamou, de ofício e incidentalmente, a inconstitucionalidade da norma federal que permitia a extração, industrialização, comercialização e a distribuição do uso do amianto na variedade crisotila no país (Lei federal 9.055/1995, art. 2º). Em síntese: o Tribunal assentou a validade de norma estadual que proíbe o uso de qualquer tipo de amianto em seu território (indeferiu o pedido principal da ação), e declarou, de ofício e incidentalmente, a inconstitucionalidade do dispositivo da norma federal que autorizava o uso do amianto na variedade crisólita no país.

[140] ADIs 3.406/RJ e 3.470/RJ, rel. Min. Rosa Weber, 29.11.2017; ADPF 109, rel. Min. Edson Fachin, 29.11.2017; ADI 3.356, rel. Min. Eros Grau (aposentado), red. p/ acórdão Min. Dias Toffoli, 29.11.2017; ADI 3.357, rel. Min. Ayres Britto (aposentado), red. p/ acórdão Min. Dias Toffoli, 29.11.2017. Nessas ações, foi requerida ao Supremo Tribunal Federal a declaração da inconstitucionalidade de leis locais (dos estados do Rio de Janeiro, de Pernambuco e do Rio Grande do Sul, e do município de São Paulo) que estabeleciam proibições e/ou restrições ao uso de amianto nos respectivos territórios. Novamente, o Tribunal julgou referidas ações improcedentes, e proclamou, de ofício e incidentalmente, a inconstitucionalidade da norma federal que permitia a extração, industrialização, comercialização e a distribuição do uso do amianto na variedade crisotila no país (Lei federal 9.055/1995, art. 2º).

de normas – em sede de ação direta de inconstitucionalidade –, atribuiu-se a ela eficácia geral (*erga omnes*) e efeito vinculante, independentemente da atuação do Senado Federal, tendo em vista que esta só tem aplicação no âmbito do controle difuso de constitucionalidade, nos termos do art. 52, X, da Constituição Federal.

Em conclusão, tendo em vista as peculiaridades presentes nos julgados anteriormente mencionados, podemos afirmar que o Supremo Tribunal Federal dispõe de competência para examinar, no âmbito do controle abstrato de normas, de ofício e incidentalmente, a validade de norma que não foi impugnada pelo autor, mas que se mostre relevante para responder à demanda principal da ação. Cuida-se, assim, de **hipótese excepcional da pronúncia de inconstitucionalidade incidental, e de ofício, firmada no âmbito do controle abstrato de constitucionalidade**.

13.2.17.13. Breve resumo do procedimento de ADI perante o STF

Examinados, nos itens precedentes, os mais importantes aspectos concernentes à natureza e ao processo de julgamento da ação direta de inconstitucionalidade, apresentamos, neste tópico, um breve resumo do procedimento dessa ação perante o Supremo Tribunal Federal, a partir das disposições previstas na Lei 9.868/1999.

O procedimento tem início com a propositura da ação por um dos legitimados pelo art. 103 da Constituição Federal. A propositura dá-se por meio da apresentação de petição inicial, em duas vias, que deverá indicar o dispositivo da lei ou do ato normativo impugnado, os fundamentos jurídicos do pedido em relação a cada uma das impugnações e o pedido, com as suas especificações. Se a petição inicial estiver subscrita por advogado, representando o legitimado do art. 103 da Constituição, deverá ser acompanhada da respectiva procuração, com poderes especiais para instaurar o pertinente controle abstrato perante o STF e com a indicação específica da lei ou do ato normativo a ser impugnado.

Proposta a ADI, não se admitirá desistência (princípio da indisponibilidade). A ação será distribuída a um Ministro, que atuará como relator. Se o Ministro relator entender que a petição inicial é inepta, não fundamentada ou manifestamente improcedente poderá indeferi-la liminarmente, caso em que caberá o recurso de agravo contra sua decisão.

Não sendo indeferida liminarmente a petição, o relator pedirá informações aos órgãos ou às autoridades de que emanou a lei ou o ato normativo impugnado, que deverão prestá-las no prazo de trinta dias. Considerando a relevância da matéria e a representatividade dos postulantes, o relator poderá, ainda, em despacho irrecorrível, admitir a manifestação de outros órgãos ou entidades, na qualidade de *amicus curiae*.

Decorrido o prazo das informações, serão ouvidos, sucessivamente, o Advogado- -Geral da União e o Procurador-Geral da República, que deverão manifestar-se, cada qual, no prazo de quinze dias.

Vencidos os prazos para manifestação do Advogado-Geral da União e do Procurador-Geral da República, o relator lançará o relatório, com cópia para todos os Ministros, e pedirá dia para julgamento.

Cap. 13 • CONTROLE DE CONSTITUCIONALIDADE

O relator poderá, ainda, requisitar informações adicionais, designar perito ou comissão de peritos para que emita parecer sobre a questão discutida, ou fixar data para, em audiência pública, ouvir depoimentos de pessoas com experiência e autoridade na matéria, bem como solicitar informações de Tribunais Superiores, Tribunais federais e Tribunais estaduais acerca da aplicação da norma impugnada no âmbito de sua jurisdição.

Havendo pedido de medida liminar, após a audiência dos órgãos ou autoridades dos quais emanou a lei ou o ato impugnado, que deverão pronunciar-se no prazo de cinco dias, o STF poderá concedê-la, por decisão da maioria absoluta dos seus membros, salvo no período de recesso, hipótese em que poderá ser concedida monocraticamente, *ad referendum* do Tribunal. Em caso de excepcional urgência, o STF poderá conceder a medida cautelar mesmo sem a audiência dessas autoridades.

Diante do pedido de medida cautelar, o relator poderá, ainda, em face da relevância da matéria e de seu especial significado para a ordem social e a segurança jurídica, e após a prestação das informações e a manifestação do Advogado-Geral da União e do Procurador-Geral da República, submeter o processo diretamente ao Tribunal, para análise direta do mérito, julgando definitivamente a ação.

Para o julgamento da ação, é necessária a presença de, pelo menos, **oito Ministros** (**dois terços**). Alcançado esse número e iniciada a sessão, proclamar-se-á a constitucionalidade ou a inconstitucionalidade, se num ou noutro sentido se tiverem manifestado, pelo menos, **seis Ministros** (maioria absoluta).[141] Para a aplicação da técnica da **modulação dos efeitos temporais** da decisão que reconhece a inconstitucionalidade (eficácia *ex nunc* ou *pro futuro*), exige-se decisão de **dois terços dos Ministros** (**oito votos**).

Proferida a decisão de mérito, contra ela não caberá nenhum recurso, exceto embargos de declaração, para sanar eventual omissão, contradição ou obscuridade. Ademais, propostos os embargos de declaração (ou expirado o respectivo prazo sem a sua interposição), sejam eles julgados procedentes ou improcedentes, a decisão transitará em julgado e contra ela não caberá absolutamente nenhum recurso, tampouco ação rescisória

13.3. Ação direta de inconstitucionalidade por omissão

13.3.1. Introdução

A ação direta de inconstitucionalidade por omissão – ADO, novidade introduzida no direito brasileiro pela Constituição de 1988, é modalidade abstrata de controle

---

[141] Caso não atingida a maioria qualificada de seis votos (em razão de impedimento de Ministros, por exemplo, hipótese em que poderemos ter empate na votação – 5 a 5 –, ou maioria inferior à exigida – 5 a 4), **não se pronuncia a constitucionalidade ou a inconstitucionalidade do ato normativo**. Essa situação ocorreu no julgamento da ADI 4.066/DF, rel. Min. Rosa Weber, em 24.08.2017, ocasião em que dois Ministros se declararam impedidos (Roberto Barroso e Dias Toffoli) e o placar final, aferido entre os demais nove ministros, resultou em 5 votos (pela inconstitucionalidade) a 4 (pela constitucionalidade).

de omissão por parte de órgão encarregado de elaboração normativa, destinando-se a tornar efetiva disposição constitucional que dependa de complementação (norma constitucional não autoaplicável).

Com isso, a partir de 1988, passou a reconhecer o texto constitucional que o desrespeito à Constituição pode advir não só de uma ação, de um ato positivo, quando os órgãos constituídos atuam em desconformidade com as normas e princípios daquela, mas também da omissão ou do silêncio, quando os órgãos permanecem inertes, não cumprindo seu dever de elaborar as leis ou os atos administrativos normativos indispensáveis à eficácia e aplicabilidade da Lei Maior.

Segundo orientação do Supremo Tribunal Federal, a ação direta de inconstitucionalidade por omissão não se restringe à omissão legislativa, alcançando, também, a omissão de órgãos administrativos que devam editar atos administrativos em geral, necessários à concretização de disposições constitucionais. Dessarte, a inconstitucionalidade por omissão verifica-se naqueles casos em que não sejam praticados atos legislativos ou administrativos normativos requeridos para tornar plenamente aplicáveis normas constitucionais, já que muitas destas requerem uma lei ou uma providência administrativa ulterior para que os direitos ou situações nelas previstos se efetivem na prática. Nessas hipóteses, se tais direitos não se realizarem, por omissão do legislador ou do administrador em produzir a regulamentação necessária à plena aplicação da norma constitucional, tal omissão poderá caracterizar-se como inconstitucional.

De fato, nem sempre o órgão constitucionalmente designado como competente para agir e efetivar disposições da Constituição cumpre com o seu poder-dever, surgindo, então, o que se denomina de inércia ou omissão inconstitucional, forma negativa de violação da Carta, a ser combatida via ação direta de inconstitucionalidade por omissão.

Estudamos precedentemente a ação direta de inconstitucionalidade genérica – ADI, examinando todos os aspectos relevantes referentes ao seu processo e julgamento, tendo em vista as disposições constitucionais e legais e as orientações jurisprudenciais do Supremo Tribunal Federal. Como a ADO é também uma ação direta, com a peculiaridade de que visa à reparação de uma omissão inconstitucional (e não uma ação positiva, como a ADI genérica), temos que as características e o procedimento antes estudados em relação à ADI genérica são também aplicáveis à ADO, ressalvadas algumas pequenas dessemelhanças, ligadas ao seu objeto.

Desse modo, a fim de evitarmos mera repetição, não apresentaremos neste tópico todas as características e fases do processo e julgamento da ADO, como fizemos em relação à ADI genérica. Partiremos do pressuposto de que tudo o que estudamos em relação à ADI genérica é aplicável à ADO, ressalvados os aspectos expostos a seguir. Afinal, como já afirmamos, a ADO é também ação direta de inconstitucionalidade. Ou, melhor dizendo, temos uma só ação direta de inconstitucionalidade, que ora é proposta visando à reparação de uma conduta comissiva, situação em que assume a natureza jurídica de ADI genérica, ora é proposta visando à reparação de uma omissão inconstitucional, quando então é denominada ADO.

Nos próximos itens, portanto, examinaremos somente as peculiaridades da ADO, que a distinguem da ação direta de inconstitucionalidade genérica. Quanto aos demais

Cap. 13 • CONTROLE DE CONSTITUCIONALIDADE

aspectos, insista-se, valem para a ADO todas as características, processo e julgamento referentes à ADI genérica, já estudados de forma pormenorizada nesta obra.

13.3.2. Legitimação ativa

Podem propor ação direta de inconstitucionalidade por omissão os mesmos legitimados à propositura da ação direta de inconstitucionalidade genérica, arrolados no art. 103, incisos I a IX, da Constituição Federal.

Entretanto, embora a Constituição Federal não o tenha estabelecido textualmente, entendemos que a legitimação ativa para a propositura da ação direta de inconstitucionalidade por omissão deve ser examinada, em cada caso concreto, levando-se em conta o ato omissivo questionado.

Assim, o legitimado pelo art. 103 da Constituição **não poderá propor uma ação direta por omissão se ele é a autoridade competente para iniciar o processo legislativo questionado nessa ação**. Não poderá, por exemplo, o Presidente da República propor ação direta de inconstitucionalidade por omissão questionando a mora quanto à apresentação de projeto de lei sobre matéria de sua iniciativa privativa (CF, art. 61, § 1.º), pois, nesse caso, sua própria inércia – não apresentar o respectivo projeto de lei ao Poder Legislativo – é que afronta a Constituição.

13.3.3. Legitimação passiva

Os requeridos na ação direta de inconstitucionalidade por omissão são os órgãos ou autoridades omissos, que deixaram de adotar as medidas necessárias à realização concreta dos preceitos da Constituição, abstendo-se, com isso, de cumprir o dever de prestação que lhes foi constitucionalmente imposto.

Desse modo, será apontado pelo autor da ADO o **órgão ou autoridade que não cumpriu o dever que lhe foi imposto pela Constituição, de editar a norma faltante para a concretização do direito constitucional**. Assim, se a omissão diz respeito ao dever de expedir uma lei federal, será apontado como requerido o órgão que permanece omisso quanto a esse dever, qual seja, o Congresso Nacional, órgão legislativo da União. Se a omissão refere-se ao dever de expedir uma lei estadual, será apontado como órgão omisso a Assembleia Legislativa, órgão legislativo do estado-membro.

Entretanto, há que se observar, caso a caso, **o poder de iniciativa de lei**, haja vista que, se os membros do Poder Legislativo não dispõem de iniciativa sobre a respectiva matéria, não poderão eles ser acoimados de omissos. Assim, se a iniciativa de lei sobre a matéria é privativa do Presidente da República e ele não apresenta o respectivo projeto de lei ao Poder Legislativo, este não poderá ser apontado como órgão omisso na ADO. Nesse caso, o requerido deverá ser o Presidente da República (que permanece omisso quanto ao seu poder-dever de iniciativa sobre a matéria), e não o Congresso Nacional.

Essa questão assume relevância, especialmente, diante da ausência de regulamentação dos direitos constitucionais relativos aos servidores públicos civis, tais como o direito de greve (art. 37, VII), a revisão geral anual da remuneração (art. 37, X) e a concretização de outras vantagens a eles asseguradas pela Constituição. Como as leis que dispõem sobre regime jurídico, remuneração e concessão de vantagens aos servidores públicos federais são de iniciativa privativa do chefe do Poder Executivo, o órgão omisso em tais casos, que deverá ser apontado como requerido em ADO, é o Presidente da República, e não o Congresso Nacional. Afinal, em relação a essas matérias, se o Presidente da República não apresentar o projeto de lei ao Legislativo, este nada poderá fazer a respeito, sob pena de inconstitucionalidade formal, decorrente de vício de iniciativa (se um deputado ou senador apresentar o respectivo projeto de lei, haverá inconstitucionalidade formal, decorrente do vício de iniciativa).

13.3.4. Objeto

A ADO tem como objeto a chamada omissão inconstitucional, que ocorre quando uma norma constitucional deixa de ser efetivamente aplicada pela falta de atuação normativa dos órgãos dos poderes constituídos. Vale dizer, quando a Lei Maior deixa de ser observada, ficando impedida sua plena aplicação, por causa da omissão ou inação do poder constituído competente.

Observa-se, assim, que as hipóteses de ajuizamento dessa ação não decorrem de toda e qualquer espécie de omissão do Poder Público, mas sim daquelas omissões relacionadas com as normas constitucionais de eficácia limitada de caráter mandatório, em que a sua plena aplicabilidade está condicionada à ulterior edição dos atos requeridos pela Constituição.

Significa que, de acordo com a tradicional classificação das normas constitucionais quanto ao grau de eficácia e aplicabilidade elaborada pelo Prof. José Afonso da Silva, só dará ensejo à propositura da ação direta de inconstitucionalidade por omissão a falta de norma regulamentadora:

a) de normas constitucionais de eficácia limitada definidoras de princípios programáticos (normas programáticas propriamente ditas); ou

b) de normas constitucionais de eficácia limitada definidoras de princípios institutivos ou organizativos de natureza impositiva.

As normas constitucionais de eficácia limitada definidoras de princípios institutivos ou organizativos de **natureza facultativa**, por outorgarem uma simples faculdade ao legislador, **não autorizam** a propositura da ação direta de inconstitucionalidade por omissão.

Ao examinarmos a ação direta genérica (de inconstitucionalidade de lei ou ato normativo) de competência do Supremo Tribunal Federal, vimos que ela só admite como seu objeto normas federais e estaduais, ou ainda normas do Distrito Federal expedidas no exercício de suas competências estaduais. Significa dizer, as leis e os atos normativos municipais (e do Distrito Federal, no desempenho de atribuição municipal) não se sujeitam ao controle via ação direta de inconstitucionalidade genérica perante o Supremo Tribunal Federal.

Cap. 13 • CONTROLE DE CONSTITUCIONALIDADE

De igual forma, na ADO só poderão ser impugnadas **omissões normativas federais e estaduais, bem como as omissões do Distrito Federal concernentes a suas competências estaduais**. As omissões de órgãos municipais (e do Distrito Federal, relativas a suas atribuições municipais) não se sujeitam a impugnação em ADO perante o Supremo Tribunal Federal.

Por fim, registramos que o Supremo Tribunal Federal firmou entendimento de que a revogação, antes da decisão da ADO, da norma constitucional que necessitaria ser regulamentada para tornar-se efetiva acarreta a extinção do processo por falta de objeto.[142] Dessa forma, se houver a revogação, por meio da promulgação de emenda à Constituição, da norma constitucional que necessitava de regulamentação para a sua efetividade, a ADO restará prejudicada, por perda de objeto.

13.3.5. Procedimento

A petição deverá indicar a omissão inconstitucional, total ou parcial, quanto ao cumprimento de dever constitucional de legislar ou quanto à adoção de providência de índole administrativa, bem como o pedido, com suas especificações.

Assim como as demais ações do controle abstrato perante o Supremo Tribunal, a ação direta de inconstitucionalidade por omissão submete-se ao **princípio da indisponibilidade**, ou seja, uma vez proposta a ação, não se admitirá desistência.

Proposta a ação direta de inconstitucionalidade por omissão, os demais legitimados pelo art. 103 da Constituição Federal poderão manifestar-se, por escrito, sobre o objeto da ação e pedir a juntada de documentos reputados úteis para o exame da matéria, no prazo das informações, bem como apresentar memoriais.

Nos demais aspectos, estabelece a lei que se aplicam ao procedimento da ação direta de inconstitucionalidade por omissão, no que couber, as regras relativas ao procedimento da ação direta de inconstitucionalidade genérica.[143]

13.3.6. Atuação do Advogado-Geral da União e do Procurador-Geral da República

Inicialmente, a jurisprudência do Supremo Tribunal Federal afastou a necessidade de citação do Advogado-Geral da União – AGU no processo de ação direta de inconstitucionalidade por omissão, uma vez que, nessa ação, não há norma legal impugnada, a ser defendida.

Entretanto, suplantando essa jurisprudência do Supremo Tribunal Federal – segundo a qual o Advogado-Geral da União não seria ouvido nas ações diretas de inconstitucionalidade por omissão, para o fim do disposto no § 3.º do art. 103 da Constituição Federal –, a Lei que disciplina o procedimento da ação direta de inconstitucionalidade por omissão perante o Supremo Tribunal Federal passou a

---

[142] ADI QO 1.836/SP, rel. Min. Moreira Alves, 18.06.1998.
[143] Lei 9.868/1999, art. 12-E.

dispor que **o relator poderá solicitar a manifestação do Advogado-Geral da União**, que deverá ser encaminhada no prazo de quinze dias.[144]

Observa-se, assim, que a oitiva do Advogado-Geral da União em ação direta de inconstitucionalidade por omissão **continua não sendo obrigatória, podendo o relator ouvi-lo, ou não.**

Já a manifestação do Procurador-Geral da República, nas ações diretas de inconstitucionalidade por omissão em que não for autor, é **obrigatória**. Com efeito, o Procurador-Geral da República, nas ações em que não for autor, terá vista do processo, por 15 (quinze) dias, após o decurso do prazo para informações.[145]

Anote-se que a lei suprimiu do Procurador-Geral da República o direito de manifestação nas ações diretas de inconstitucionalidade por omissão **que ele tenha proposto**, no uso da legitimação que lhe confere o art. 103, VI, da Constituição Federal.

13.3.7. Concessão de medida cautelar

Em caso de excepcional urgência e relevância da matéria, o Tribunal, por decisão da maioria absoluta de seus membros, desde que presentes à sessão de julgamento pelo menos oito ministros, **poderá conceder medida cautelar**, após a audiência dos órgãos ou autoridades responsáveis pela omissão inconstitucional, que deverão pronunciar-se no prazo de cinco dias.[146]

A medida cautelar poderá consistir na suspensão da aplicação da lei ou do ato normativo questionado, no caso de omissão parcial, bem como na suspensão de processos judiciais ou de procedimentos administrativos, ou ainda em outra providência a ser fixada pelo Tribunal.

Essa previsão legal para a concessão de medida cautelar em ação direta de inconstitucionalidade por omissão tornou superada jurisprudência consagrada do Supremo Tribunal Federal, que entendia ser incabível tal medida em sede de ADO.

13.3.8. Efeitos da decisão de mérito

Declarada a inconstitucionalidade por omissão, por decisão da maioria absoluta de seus membros, desde que presentes à sessão de julgamento pelo menos oito ministros, será dada ciência ao Poder competente para a adoção das providências necessárias.[147]

Em caso de omissão imputável a órgão administrativo, as providências deverão ser adotadas no prazo de trinta dias, ou em prazo razoável a ser estipulado excepcionalmente pelo Tribunal, tendo em vista as circunstâncias específicas do caso e o interesse público envolvido.

---

[144] Lei 9.868/1999, art. 12-F.
[145] Lei 9.868/1999, art. 12-E, § 3.º.
[146] Lei 9.868/1999, art. 12-F.
[147] Lei 9.868/1999, art. 12-H.

Cap. 13 • CONTROLE DE CONSTITUCIONALIDADE

É sobremaneira relevante destacar que essa natureza mandamental é percebida com maior intensidade em relação a órgão administrativo, para o qual deverá ser fixado o prazo de trinta dias para sanar a omissão, ou outro prazo razoável a ser estipulado excepcionalmente pelo Tribunal, tendo em vista as circunstâncias específicas do caso e o interesse público envolvido.

Assim, **se a omissão for de um dos Poderes do Estado, não há que se falar em fixação de prazo para a edição da norma faltante.**[148] Porém, se a omissão for de um órgão administrativo (subordinado, sem função política, meramente executor de leis ou políticas públicas), será fixado um prazo de trinta dias, ou outro prazo razoável a ser estipulado excepcionalmente pelo Tribunal, para sua atuação visando a suprir a omissão inconstitucional.

13.3.9. *ADO versus mandado de injunção*

É patente a semelhança entre a ação direta de inconstitucionalidade por omissão e o mandado de injunção. Ambos têm por finalidade tornar efetiva norma constitucional que estaria sendo violada devido à inércia dos poderes constituídos. As decisões proferidas nos dois processos têm caráter mandamental, de consequências jurídicas semelhantes, uma vez que ambas as ações destinam-se a obter uma ordem judicial dirigida a um outro órgão do Estado. Os provimentos judiciais nas duas ações reconhecem igual situação: a omissão inconstitucional do órgão, legislativo ou administrativo, em cumprir dever de editar norma reclamada pela Constituição.

Todavia, em que pese o fato de o constituinte ter conferido aos dois institutos significado processual equivalente, há notórias dessemelhanças entre tais ações, apresentadas nos parágrafos seguintes.

O mandado de injunção destina-se à proteção de direito subjetivo do autor, cujo exercício está obstado em razão da falta de norma regulamentadora, havendo, portanto, um interesse jurídico específico manifestado diante de um caso concreto (em que o indivíduo busca exercitar esse interesse). Ao contrário, a ADO configura controle abstrato de constitucionalidade e, sendo processo objetivo, é instaurada sem relação a um caso concreto de interesse do autor da ação.

A legitimação para a propositura do mandado de injunção é conferida ao titular do direito subjetivo que não pode ser exercido por falta da norma regulamentadora. Na ADO, o direito de propositura está limitado às pessoas e órgãos especificamente designados no art. 103, incisos I a IX, da Constituição Federal.

---

[148] Há, entretanto, autores que perfilham entendimento diverso, advogando que a não fixação de prazo pelo texto constitucional em relação às omissões de um "Poder" não significa que o STF esteja proibido de estabelecê-lo. Significaria, apenas, que, em se tratando de omissão de "Poder", o prazo teria, necessariamente, que ser superior a trinta dias. Nessa esteira, seria possível ao STF fixar prazo para que um "Poder" suprisse a omissão, desde que esse prazo fosse superior a trinta dias.

DIREITO CONSTITUCIONAL DESCOMPLICADO • Vicente Paulo & Marcelo Alexandrino

O julgamento da ADO em face da Constituição Federal é da competência privativa do Supremo Tribunal Federal, ao passo que a competência para a apreciação dos mandados de injunção também foi outorgada a outros órgãos do Poder Judiciário.[149]

13.4. Ação declaratória de constitucionalidade

13.4.1. Introdução

A ação declaratória de constitucionalidade – ADC foi introduzida no nosso sistema de controle de constitucionalidade abstrato pela Emenda Constitucional 3, de 17 de março de 1993. Instituiu-se, assim, novo instrumento de controle abstrato de constitucionalidade, consubstanciado em uma ação que visa diretamente à obtenção da declaração de que o ato normativo seu objeto é constitucional.

Nessa ação, o autor apenas comparece perante o Supremo Tribunal Federal para pedir que este declare a constitucionalidade de determinada lei ou ato normativo. O seu objetivo é, portanto, abreviar o tempo – que em muitos casos pode ser longo – para obtenção de uma pronúncia do STF sobre a constitucionalidade de certo ato, que esteja originando dissenso nos juízos inferiores, consubstanciando um verdadeiro atalho para encerrar a controvérsia sobre a sua legitimidade.

Cuida-se, pois, de uma ação que tem como objetivo principal transferir ao Supremo Tribunal Federal a apreciação sobre a constitucionalidade de um dispositivo legal que esteja sendo objeto de grande controvérsia entre os juízes e demais tribunais, uma vez que, decidida a questão pelo Tribunal Maior, o Poder Judiciário e a Administração Pública direta e indireta, nas esferas federal, estadual e municipal, ficarão vinculados à decisão proferida, conforme detalharemos adiante. Com isso, **o STF converte a presunção relativa de constitucionalidade da norma – atributo presente em todos os atos do Poder Público – em uma presunção absoluta de constitucionalidade**, haja vista que sua decisão não poderá ser contrariada pelos demais órgãos do Poder Judiciário ou pela Administração Pública, direta e indireta, em todas as esferas.

A ação declaratória de constitucionalidade possui a mesma natureza jurídica da ação direta de inconstitucionalidade, isto é: (a) são ações do controle abstrato; (b) instauram processos tipicamente objetivos de fiscalização da validade das leis e atos normativos, pois têm por objeto principal a controvérsia constitucional em si; (c) podem ser ajuizadas pelos mesmos legitimados; e (d) na esfera federal, são da competência exclusiva do Supremo Tribunal Federal.

Há somente um aspecto que as diferencia: o pedido do autor, que, na ADI, é pela declaração da inconstitucionalidade da lei ou ato normativo, enquanto, na ADC, é pela declaração da constitucionalidade da lei ou ato normativo. É por esse motivo que é comum a referência à ADC como uma **ADI de sinal trocado**.

---

[149] Conferir as competências para o processo e julgamento do mandado de injunção na Constituição Federal, art. 102, inciso II, alínea "a"; art. 105, inciso I, alínea "h", e art. 121, § 4.º, inciso V.

Cap. 13 • CONTROLE DE CONSTITUCIONALIDADE

Com isso, as duas ações têm as mesmas características e praticamente o mesmo processo e julgamento perante o Supremo Tribunal Federal. Há, apenas, algumas regras específicas que são aplicáveis a uma delas, e não à outra, justamente em decorrência da diferença de objeto, acima apontada. Mas, no geral, insista-se, as regras básicas do procedimento de ADI são aplicáveis ao procedimento de ADC.

Em razão dessa similitude, adotaremos a mesma metodologia de estudo antes empregada para o exame da ação direta de inconstitucionalidade por omissão – ADO. Não repetiremos todas as características e fases do procedimento referentes à ADC, pois, como afirmamos, elas são praticamente as mesmas anteriormente estudadas em relação à ADI. Assim, no tópico seguinte, apresentaremos um breve resumo, destacando as principais semelhanças entre a ADI e a ADC. Após, nos itens seguintes, apresentaremos apenas aquelas peculiaridades que distinguem as duas ações, vale dizer, aquelas características que são aplicáveis apenas a uma das ações (que estão presentes na ADI, e não na ADC, ou vice-versa).

13.4.2. Principais aspectos comuns

Neste tópico, resumiremos os principais aspectos comuns à ação direta de inconstitucionalidade e à ação declaratória de constitucionalidade.

Depois da promulgação da Emenda Constitucional 45/2004, a legitimação ativa para a propositura das ações do controle abstrato é exatamente a mesma, enumerada no art. 103, I a IX, da Constituição.[150] Da mesma forma, valem para a ação declaratória de constitucionalidade todas as considerações expendidas sobre a legitimação em ação direta de inconstitucionalidade (exigência de pertinência temática em relação aos legitimados especiais; não prejuízo à ação proposta em razão da perda superveniente da representação parlamentar do partido político etc.).

Assim como na ação direta de inconstitucionalidade, a causa de pedir na ação declaratória é também aberta, vale dizer, o Supremo Tribunal Federal poderá proclamar a constitucionalidade da lei ou ato normativo por fundamentos distintos daqueles apresentados pelo autor da ação. Nas duas ações, porém, o Supremo Tribunal Federal vincula-se ao pedido do autor, isto é, só poderá apreciar a validade do dispositivo impugnado, não de outros dispositivos constitucionais.

As duas ações são dúplices ou ambivalentes, isto é, as decisões nelas proferidas – pela procedência ou pela improcedência – geram eficácia jurídica. Entretanto, como a ADC assemelha-se a uma "ADI de sinal trocado", a eficácia da decisão também é inversa. Assim, proclamada a constitucionalidade, julgar-se-á improcedente a ação direta ou procedente a ação declaratória; e, proclamada a inconstitucionalidade, julgar-se-á procedente a ação direta ou improcedente a ação declaratória.

Conforme vimos ao estudar a ADI, o pedido típico nessa ação é a declaração da **inconstitucionalidade** da norma impugnada, enquanto o pedido típico na ADC é a proclamação da **constitucionalidade** da norma objeto de controvérsia. Entende

---

[150] Até a EC 45/2004, a ação declaratória de constitucionalidade só podia ser proposta pelo Presidente da República, pelo Procurador-Geral da República e pelas Mesas da Câmara dos Deputados e do Senado Federal.

o STF, porém, que **é possível a cumulação de pedidos típicos de ADI e ADC em uma única demanda de controle abstrato** (ADI ou ADC), desde que cumpridos os requisitos para a propositura das correspondentes ações (por exemplo, pertinência temática, em se tratando de legitimado especial; demonstração da existência de relevante controvérsia judicial, no caso do pedido típico de ADC).[151]

Na prática, portanto, se um dos legitimados do art. 103 da Constituição Federal pretender a declaração da **inconstitucionalidade** do art. 10 da Lei federal Y (pedido típico de ADI) e, **também**, da **constitucionalidade** do art. 20 da mesma lei (pedido típico de ADC), não precisará propor duas ações (uma ADI e uma ADC) perante o STF; poderá propor **uma só demanda**, nela apresentando (cumulando) os **dois pedidos**.

As duas ações são alcançadas pelo princípio da fungibilidade, isto é, são comumente "parte" no emprego da fungibilidade pelo Supremo Tribunal Federal. Conforme vimos, há casos no Tribunal do conhecimento de uma delas como ADPF, bem como, em sentido contrário, da conversão de uma ADPF proposta em uma ADI, ou ADC.

A ação direta e a ação declaratória podem ser propostas a qualquer tempo, já que não se sujeitam a prazos de decadência ou prescrição. Uma vez propostas, não será admitida a desistência.

Nas duas ações não é admitida a intervenção de terceiros, disciplinada no Código de Processo Civil, com exceção da possibilidade de intervenção, na condição de *amicus curiae*, de órgãos e entidades não legitimados pelo art. 103 da Constituição Federal.

O Procurador-Geral da República atuará obrigatoriamente nos procedimentos de ADI e ADC, nos quais emitirá o seu parecer com plena autonomia, podendo opinar pela constitucionalidade ou pela inconstitucionalidade da lei ou ato normativo.

Os efeitos da decisão de mérito proferida pelo Supremo Tribunal Federal em ação declaratória de constitucionalidade são exatamente os mesmos anteriormente expostos em relação à ação direta de inconstitucionalidade. Em síntese, significa que a decisão de mérito em ADC será dotada de eficácia contra todos (*erga omnes*), efeitos retroativos (*ex tunc*) e força vinculante relativamente aos demais órgãos do Poder Judiciário e à Administração Pública direta e indireta, nas esferas federal, estadual e municipal. Ademais, caso seja proclamada a inconstitucionalidade da norma (improcedência da ADC), a decisão terá efeitos repristinatórios em relação à legislação anterior acaso existente.

Ainda em relação aos efeitos da decisão de mérito, é também possível em ADC que o Supremo Tribunal Federal aplique a técnica da modulação (ou manipulação) dos efeitos temporais da pronúncia de inconstitucionalidade, desde que estejam presentes os pressupostos legais para essa medida – razões de segurança jurídica ou excepcional interesse social – e haja decisão de dois terços dos membros do Tribunal.

---

[151] ADI-MC 5.316/DF, rel. Min. Luiz Fux, 21.05.2015.

Por fim, vale lembrar que as decisões de mérito proferidas em ADI e ADC são irrecorríveis, ressalvada a interposição de embargos declaratórios, não podendo, igualmente, ser objeto de ação rescisória.

13.4.3. Objeto

O objeto da ação declaratória de constitucionalidade está limitado exclusivamente às **leis ou atos normativos federais.**

Há, portanto, uma relevante distinção entre o controle abstrato realizado pelo Supremo Tribunal Federal em sede de ADI e aquele exercido via ADC. No primeiro, poderão ser impugnados leis e atos normativos federais e estaduais, além dos atos expedidos pelo Distrito Federal no desempenho de sua competência estadual. Já em sede de ADC, só poderá ser requerida a declaração da constitucionalidade de leis e atos normativos federais.

Ressalvada essa distinção quanto à origem das leis e atos normativos, aplicam-se ao procedimento de ADC todas as considerações estudadas em relação ao objeto da ação direta de inconstitucionalidade. Assim, só poderá ser discutida em ADC a constitucionalidade de normas editadas sob a égide da Constituição de 1988 (não se admite a aferição do direito pré-constitucional), que não sejam meramente regulamentares (eventual vício em ato de natureza regulamentar constitui mera ilegalidade) e que estejam em vigor (não se admite a aferição da validade de direito revogado, e a eventual revogação superveniente da lei ou ato normativo implica prejuízo à ADC, por perda de objeto).

13.4.4. Relevante controvérsia judicial

Constitui pressuposto para o ajuizamento de ADC a **existência de controvérsia judicial** que esteja pondo em risco a presunção de constitucionalidade da lei ou ato normativo.

A controvérsia deverá ser demonstrada na petição inicial, pela indicação da existência de ações em andamento em juízos ou tribunais inferiores em que a constitucionalidade da lei esteja sendo impugnada, e deverão ser levados ao conhecimento do Supremo Tribunal Federal os argumentos pró e contra a constitucionalidade da norma, possibilitando que essa Corte uniformize o entendimento sobre a sua legitimidade.

Assim, para o ajuizamento da ADC **é imprescindível a existência de controvérsia judicial relevante sobre a aplicação da disposição que se pretende levar à apreciação do STF**. O autor da ação deve comprovar a existência dessa relevante controvérsia judicial sobre a lei que ele quer ver declarada constitucional pela Corte Suprema, juntando à petição inicial decisões judiciais, prolatadas no âmbito do controle incidental, que suscitem controvérsia sobre ser a lei constitucional ou inconstitucional.

Sem a observância desse pressuposto de admissibilidade, torna-se inviável a instauração do processo de fiscalização normativa em sede de ADC, pois a inexistência de controvérsia judicial sobre a validade da lei culminaria por converter essa ação declaratória em um inadmissível instrumento de consulta sobre a validade constitucional de determinada lei ou ato normativo federal, descaracterizando, por completo, a própria natureza jurisdicional que qualifica a atividade desenvolvida pelo Supremo Tribunal Federal. Por isso, se o autor da ADC não comprovar a existência de relevante controvérsia judicial sobre a validade da lei, a ação não será conhecida pelo Supremo Tribunal Federal.

Dessa forma, sempre que proposta uma ação declaratória de constitucionalidade, o Supremo Tribunal Federal emitirá um juízo de admissibilidade da ação, isto é, verificará se restou comprovada pelo autor a existência de relevante controvérsia judicial sobre a constitucionalidade da lei objeto da ação, a ponto de resultar abalada a presunção de sua legitimidade, configurando uma situação de grave insegurança jurídica. Caso não seja comprovada a existência da relevante controvérsia judicial, o STF não conhecerá a ADC; se restar comprovada, o Tribunal conhecerá a ADC e passará à análise do pedido do autor.

É importantíssimo destacar que o STF firmou o entendimento de que só a controvérsia **judicial** relevante autoriza a propositura de ação declaratória de constitucionalidade, **não** sendo suficiente a comprovação de celeuma **doutrinária**. Portanto, a relevante controvérsia **deverá ser judicial**, entre os **órgãos do Poder Judiciário**; a mera polêmica **doutrinária**, entre os estudiosos do direito, **não** autoriza a propositura de ADC. [152]

Em outro importante julgado, o STF também deixou assente que o requisito relativo à existência de controvérsia judicial relevante é **qualitativo** e **não** quantitativo, isto é, não diz respeito unicamente ao número de decisões judiciais num ou noutro sentido. Vale dizer, a relevância da controvérsia **não** está ligada ao **número de decisões judiciais** proferidas pelas instâncias inferiores (aspecto **quantitativo**), mas **sim** à estatura (**importância**) da norma objeto da controvérsia e ao risco potencial de proliferação de tais decisões, de forma a configurar **real ameaça à presunção de constitucionalidade dessa norma** (aspecto **qualitativo**).[153]

Por fim, vale lembrar que para a propositura de ação direta de inconstitucionalidade **não** é exigida a comprovação da existência de relevante controvérsia judicial sobre a lei impugnada. Em ação direta, a lei ou ato normativo poderá ser impugnado a partir da data de sua publicação, mesmo que não tenha sofrido nenhuma impugnação ou não tenha produzido nenhum de seus efeitos essenciais (a lei ou ato normativo poderá estar, até, no período de vacância – *vacatio legis*).

13.4.5. Pedido de informações aos órgãos elaboradores da norma

Quando estudamos o procedimento de ação direta de inconstitucionalidade, vimos que após a propositura dessa ação o relator pedirá informações aos órgãos ou às autoridades das quais emanou a lei ou o ato normativo impugnado, que deverão prestá-las no prazo de trintas dias contado do recebimento do pedido.

Esse pedido de informações **não ocorre em ação declaratória de constitucionalidade**. A razão para isso é que no processo desta ação não há legitimado passivo,

---

[152] ADC 1/DF, rel. Min. Moreira Alves, 01.12.1993.
[153] ADI-MC 5.316/DF, rel. Min. Luiz Fux, 21.05.2015.

Cap. 13 • CONTROLE DE CONSTITUCIONALIDADE

tendo em vista que nela não há ataque a algum ato, não é impugnada uma lei ou um ato normativo, mas sim solicitada a declaração de sua constitucionalidade, de sua legitimidade.

13.4.6. Medida cautelar

Assim como na ação direta, o Supremo Tribunal Federal poderá, por decisão da maioria absoluta de seus membros, deferir pedido de medida cautelar em sede de ADC.

Porém, como o pedido na ação declaratória é pela constitucionalidade da norma (ao contrário do pedido em ação direta), é certo que o alcance da medida cautelar em ADC será distinto. Afinal, se o autor da ADC requer o reconhecimento da constitucionalidade da lei ou ato normativo, não faz sentido o Supremo Tribunal Federal, ao conceder a medida cautelar, suspender a vigência da norma, como faz em ação direta.

Em razão dessa distinção quanto ao pedido, a medida cautelar em ADC consistirá na **determinação de que os juízes e os tribunais suspendam o julgamento dos processos que envolvam a aplicação da lei ou do ato normativo objeto da ação até o julgamento definitivo da ADC pelo Supremo Tribunal Federal.**[154]

Observa-se que na ação declaratória de constitucionalidade a eficácia da medida cautelar não implica suspensão da norma objeto da ação, já que nesta ação o pedido é justamente o reconhecimento da constitucionalidade da norma. A medida cautelar consistirá numa determinação para que os demais órgãos do Poder Judiciário suspendam o julgamento dos processos que envolvam a aplicação da lei ou do ato normativo até a apreciação do mérito da ação pelo Supremo Tribunal Federal.

A par disso, o Pretório Constitucional firmou entendimento de que **a medida cautelar em ação declaratória de constitucionalidade possui efeito vinculante**, obrigando todos os demais órgãos do Poder Judiciário e a Administração Pública direta e indireta, nas esferas federal, estadual e municipal.

Assim, o provimento cautelar deferido pelo Supremo Tribunal Federal, em sede de ação declaratória de constitucionalidade, além de produzir eficácia *erga omnes*, reveste-se de efeito vinculante, relativamente aos demais órgãos do Poder Judiciário e à Administração Pública direta e indireta, nas esferas federal, estadual e municipal.

A eficácia vinculante, que qualifica tal decisão – precisamente por derivar do vínculo subordinante que lhe é inerente –, legitima o uso da reclamação perante a Corte Suprema, se e quando a integridade e a autoridade da decisão proferida por esse Tribunal forem desrespeitadas.

Determina a lei que uma vez concedida a medida cautelar, o STF fará publicar em seção especial do Diário Oficial da União a parte dispositiva da decisão, no prazo de dez dias, devendo o Tribunal proceder ao julgamento da ação no prazo de cento e oitenta dias, sob pena de perda de sua eficácia.[155]

---

[154] Lei 9.868/1999, art. 21.

[155] Lei 9.868/1999, art. 21, parágrafo único.

904 DIREITO CONSTITUCIONAL DESCOMPLICADO • *Vicente Paulo & Marcelo Alexandrino*

Como se vê, o legislador ordinário estabeleceu um prazo limite de cento e oitenta dias para a eficácia da medida cautelar concedida em ação declaratória de constitucionalidade, determinando que, vencido esse prazo sem a manifestação de mérito do Supremo Tribunal Federal, perderá a eficácia a medida concedida.

Entretanto, na prática, essa regra não tem sido aplicada pelo Supremo Tribunal Federal. Deveras, o Tribunal tem reconhecido a eficácia vinculante da medida cautelar concedida em ação declaratória de constitucionalidade mesmo após o esgotamento desse prazo de cento e oitenta dias. Um exemplo de não aplicação desse prazo limite foi o que aconteceu com a Ação Declaratória de Constitucionalidade 4 (ADC 4/DF). Nessa ação, o Supremo Tribunal Federal deferiu, em parte, a medida cautelar requerida, em 11.02.1998. Portanto, pela literalidade do parágrafo único do art. 21 da Lei 9.868/1999, a eficácia dessa medida teria se esgotado no mês de agosto de 1998. Porém, sete anos após a concessão da medida cautelar, a Corte Suprema julgou procedente, em 03.02.2005, reclamação interposta contra decisão da 1.ª Vara Federal da Seção Judiciária do Estado de Goiás que atentou contra a autoridade do decidido liminarmente na ADC 4.[156]

Essa regra, que estabelece o prazo limite de eficácia da cautelar concedida em ADC, não foi estendida à cautelar concedida em ação direta de inconstitucionalidade, que continua tendo eficácia por prazo indeterminado, até a apreciação de mérito pelo Supremo Tribunal Federal.

Ressalvadas essas dessemelhanças, aplicam-se à ADC as mesmas regras estudadas sobre a concessão de medida cautelar em ação direta, tais como: exigência de maioria absoluta para a concessão da medida, salvo no período de recesso; momento do início da produção de efeitos da medida etc.

13.4.7. Não atuação do Advogado-Geral da União

O Supremo Tribunal Federal afastou a obrigatoriedade de citação do Advogado--Geral da União no processo de ADC, entendendo que nessa ação, porquanto se esteja buscando exatamente a preservação da presunção de constitucionalidade do ato que é seu objeto, não há razão para que este órgão atue como defensor dessa mesma presunção (a ação não visa a atacar o ato, mas sim a defendê-lo). Assim, não se aplica à ação declaratória de constitucionalidade o art. 103, § 3.º, da Constituição.

13.5. Arguição de descumprimento de preceito fundamental

13.5.1. Introdução

A previsão constitucional para que o Supremo Tribunal Federal aprecie ato que atente contra preceito fundamental decorrente da Carta da República está no art. 102, § 1.º, nos seguintes termos:

---

[156] Rcl AgR 2.416/GO, rel. Min. Cezar Peluso, 03.02.2005.

§ 1.º A arguição de descumprimento de preceito fundamental decorrente desta Constituição será apreciada pelo Supremo Tribunal Federal, na forma da lei.

O dispositivo sobretranscrito – exemplo típico de norma constitucional de eficácia limitada – somente recebeu do legislador ordinário a necessária regulamentação com o advento da Lei 9.882, de 3 de dezembro de 1999. Essa lei dispõe sobre o processo e julgamento da chamada arguição de descumprimento de preceito fundamental – ADPF, nos termos a seguir explicitados.

A ADPF vem completar o sistema de controle de constitucionalidade concentrado, uma vez que a competência para sua apreciação é originária e exclusiva do Supremo Tribunal Federal.

Nos termos em que foi regulada a ADPF pelo legislador ordinário federal, questões até então não passíveis de apreciação nas demais ações do controle abstrato de constitucionalidade perante o Supremo Tribunal Federal (ADI e ADC) passaram a poder ser objeto de exame. Os exemplos mais notórios da ampliação da jurisdição abstrata exercida, originariamente, pelo Supremo Tribunal Federal são: (a) a possibilidade de impugnação de **leis e atos normativos municipais** em face da Constituição Federal; e (b) a resolução de controvérsia envolvendo **direito pré-constitucional** (anterior à vigente Constituição Federal de 1988).

Ainda, impende observar que a ADPF não se restringe à apreciação de atos normativos, podendo, por meio dela, ser impugnado **qualquer ato do Poder Público de que resulte lesão ou ameaça de lesão a preceito fundamental decorrente da Constituição Federal**.

Não deixa dúvida a esse respeito o art. 1.º da Lei 9.882/1999:

> Art. 1.º A arguição prevista no § 1.º do art. 102 da Constituição Federal será proposta perante o Supremo Tribunal Federal, e terá por objeto evitar ou reparar lesão a preceito fundamental, resultante de ato do Poder Público.
>
> Parágrafo único. Caberá também arguição de descumprimento de preceito fundamental:
>
> I – quando for relevante o fundamento da controvérsia constitucional sobre lei ou ato normativo federal, estadual ou municipal, incluídos os anteriores à Constituição;
>
> II – (VETADO).

Pensamos ser essa a mais relevante alteração introduzida no nosso sistema de controle concentrado de constitucionalidade pela ADPF: **a instituição de mecanismo de aferição abstrata, pelo Supremo Tribunal Federal, da legitimidade do direito pré-constitucional e do direito municipal ante a Constituição Federal**, controle até então inviável no âmbito dos processos objetivos de fiscalização da constitucionalidade integrantes de nosso ordenamento.

Com efeito, até a instituição da arguição de descumprimento de preceito fundamental, o direito municipal e o direito pré-constitucional não podiam ter a sua

906 DIREITO CONSTITUCIONAL DESCOMPLICADO • Vicente Paulo & Marcelo Alexandrino

validade em abstrato impugnada perante o Supremo Tribunal Federal. Isso porque a ação direta de inconstitucionalidade só admite como objeto **leis e atos normativos federais e estaduais**, e a ação declaratória de constitucionalidade só é instrumento idôneo para aferição de **direito federal**, exigindo o STF, em ambos os casos, que o direito seja **editado sob a égide da atual Carta Política** (normas pós-constitucionais).

Ademais, cabe salientar que as decisões proferidas pelo Supremo Tribunal Federal em sede de ADPF são dotadas de eficácia *erga omnes* e efeito vinculante, o que significa dizer que as orientações firmadas pela Corte Suprema nessa ação nortearão o juízo sobre a legitimidade ou a ilegitimidade de atos de teor idêntico editados pelas diversas entidades federadas.

13.5.2. A arguição autônoma e a arguição incidental

A doutrina pátria acerca do instituto em estudo, embora não seja abundante, é homogênea quanto à existência, na Lei 9.882/1999, de previsão de duas modalidades distintas de ADPF: uma **arguição autônoma**, com natureza de ação, e uma **arguição incidental ou paralela**, que pressupõe a existência de uma ação original em função da qual os legitimados ativos para a propositura da ADPF (como veremos, a lei atribuiu legitimação ativa às mesmas pessoas, órgãos e entidades integrantes do rol de legitimados ao ajuizamento da ADI, constante do art. 103 da CF/1988) podem suscitar a arguição, levando a matéria constitucional à apreciação direta do Supremo Tribunal Federal.

Isso não significa, entretanto, que exista uma ADPF de natureza objetiva e outra, a incidental ou paralela, de natureza subjetiva. O STF e a maior parte da doutrina somente aceitam a ADPF como processo objetivo, sem partes em sentido próprio, sem possibilidade de discussão ou tutela de interesses subjetivos. Ocorre que, no caso da ADPF incidental, a controvérsia constitucional relevante se origina em processos concretos, nos quais estão, aí sim, sendo discutidos interesses subjetivos. No caso de um dos legitimados à propositura da ADPF entender que a controvérsia constitucional suscitada nos processos concretos é relevante poderá, então, propor a arguição dita incidental ou paralela, sendo-lhe facultado, ainda, requerer liminar, que "poderá consistir na determinação de que juízes e tribunais suspendam o andamento de processo ou os efeitos de decisões judiciais, ou de qualquer outra medida que apresente relação com a matéria objeto da arguição de descumprimento de preceito fundamental, salvo se decorrentes da coisa julgada".[157]

Cabe repisar que o incidente não pode, de forma nenhuma, ser provocado pelas partes do processo (ou processos) concreto em que se verifica a relevante controvérsia constitucional; se for o caso, a ADPF será ajuizada, como peça independente, por um dos legitimados ativos legais (CF, art. 103).

Reforça o entendimento de que a Lei 9.882/1999 previu uma ADPF de natureza incidental o § 1.º de seu art. 6.º, ao estatuir que "se entender necessário, poderá o relator ouvir as partes nos processos que ensejaram a arguição". Ora, está clara nessa

---

[157] Lei 9.882/1999, art. 5.º, § 3.º.

Cap. 13 • CONTROLE DE CONSTITUCIONALIDADE

referência a "processos que ensejaram a arguição" a possibilidade de a ADPF ser proposta a partir de ações concretas, nas quais há partes propriamente ditas, discutindo interesses subjetivos. Tais interesses, entretanto, não serão de forma alguma apreciados no âmbito da ADPF; nesta somente se travará a discussão em abstrato acerca da existência de lesão a preceito fundamental decorrente da Carta Política.

13.5.3. Objeto da ADPF e conteúdo do pedido

O art. 1.º da Lei 9.882/1999 possui o seguinte teor:

> Art. 1.º A arguição prevista no § 1.º do art. 102 da Constituição Federal será proposta perante o Supremo Tribunal Federal, e terá por objeto evitar ou reparar lesão a preceito fundamental, resultante de ato do Poder Público.
>
> Parágrafo único. Caberá também arguição de descumprimento de preceito fundamental:
>
> I – quando for relevante o fundamento da controvérsia constitucional sobre lei ou ato normativo federal, estadual ou municipal, incluídos os anteriores à Constituição;

A arguição, dessarte, tem potencialmente como objeto:

a) qualquer ato (ou omissão) do Poder Público, incluídos os não normativos, que acarrete lesão ou ameaça de lesão a preceito fundamental decorrente da Constituição, visando a evitar ou reparar tal lesão;

b) leis e atos normativos federais, estaduais e municipais (e também os distritais, inclusive os editados com fulcro nas competências municipais do DF), abrangidos os anteriores à Constituição, desde que exista acerca de sua aplicação relevante controvérsia constitucional e que a aplicação ou a não aplicação desses atos implique lesão ou ameaça de lesão a preceito fundamental decorrente da Constituição.

Observa-se que a primeira hipótese cuida de ação em face de ato *in genere* praticado pelo Poder Público (ou que esteja na iminência de ser praticado, hipótese em que o legitimado poderá atuar **preventivamente**, para evitar lesão a preceito fundamental), abrangendo, ainda, as omissões do Poder Público que acarretem violação a preceito constitucional fundamental.

Na segunda hipótese permite-se aferir, *in abstracto*, a validade de **lei ou ato normativo federal, estadual ou municipal, anteriores ou posteriores à Constituição**, sobre os quais exista controvérsia judicial que tenha fundamento relevante, e desde que, em razão dessa controvérsia, ou da aplicação ou não aplicação do ato, esteja sendo violado preceito fundamental.

Conforme acima ressaltado, até a regulamentação da ADPF, o controle da constitucionalidade das normas municipais em face da Constituição Federal somente era efetivado pelo Supremo Tribunal Federal na **via incidental**, quando, por meio do recurso extraordinário, a controvérsia chegava ao seu conhecimento. Não havia

908 DIREITO CONSTITUCIONAL DESCOMPLICADO • *Vicente Paulo & Marcelo Alexandrino*

hipótese de se levar, diretamente, à apreciação da Corte Suprema controvérsia sobre direito municipal em face da Constituição Federal.

A Lei 9.882/1999 mudou essa situação, ao permitir que se leve, diretamente, ao conhecimento do Supremo Tribunal Federal, por meio da propositura de ADPF, relevante controvérsia sobre **lei ou ato normativo municipal**, desde que esteja ocorrendo lesão a preceito constitucional fundamental.

Houve também alteração no que se refere à aferição da legitimidade das **normas anteriores à vigente Constituição, do chamado direito pré-constitucional**, agora passível de controle abstrato perante o Pretório Excelso, na via da ADPF, desde que, também, esse direito pré-constitucional esteja sendo objeto de relevante controvérsia judicial de que resulte lesão a preceito fundamental decorrente da Constituição.

Cabe ressaltar que, em função do princípio da subsidiariedade (adiante estudado), a que está sujeita a ADPF, os atos normativos federais e estaduais (bem como os distritais editados no uso das competências estaduais do DF) pós-constitucionais não poderão ser objeto da arguição, porque é possível sua impugnação mediante ação direta de inconstitucionalidade. Também não pode a ADPF ser utilizada para pedir a declaração de constitucionalidade de lei ou ato normativo federal pós--constitucional, já que tais atos podem ser objeto de ADC.

A nosso ver, podem ser objeto de ADPF os atos infralegais regulamentares de qualquer esfera da Federação, pois eles não têm como ser impugnados por meio de ADI (o STF só admite ADI contra ato infralegal normativo, federal ou estadual, autônomo, ou seja, que não tenha sido editado em função de nenhuma lei, ofendendo diretamente a Constituição).

Ainda, deve-se atentar que a ADPF, na hipótese prevista no *caput* do art. 1.º da Lei 9.882/1999 ("evitar ou reparar lesão a preceito fundamental, resultante de ato do Poder Público"), não se restringe à impugnação de atos normativos, mas abrange, também, quaisquer atos não normativos (atos concretos, atos de execução, atos materiais) do Poder Público, desde que, deles, resulte lesão ou ameaça de lesão a preceito fundamental decorrente da Constituição. É firme, nesse sentido, a posição do Supremo Tribunal Federal.[158]

Entendemos que a expressão "ato do Poder Público" abrange não só os atos (bem como as omissões) dos órgãos estatais e das entidades integrantes da Administração Pública, mas também os atos de particulares que estejam exercendo, por delegação, qualquer parcela de Poder Público, analogamente ao que ocorre no caso da impugnação de "ato de autoridade" mediante mandado de segurança. Dessa forma, atos praticados, por exemplo, por concessionárias de serviço público, desde que impliquem lesão a preceito fundamental e não exista outro meio eficaz de sanar a lesividade (esta última condição decorre do princípio da subsidiariedade) são, em tese, passíveis de apreciação em sede de arguição de descumprimento de preceito fundamental.

O Supremo Tribunal Federal deixou assente que a expressão "ato do Poder Público" **não inclui os atos políticos**. Estes não são passíveis de impugnação judicial, desde que praticados dentro das esferas de competência e nas hipóteses constitucio-

---

[158] ADPF 1/RJ, rel. Min. Néri da Silveira, 03.02.2000.

Cap. 13 • CONTROLE DE CONSTITUCIONALIDADE

nalmente delineadas, em conformidade com as formalidades prescritas na própria Constituição, sob pena de afronta ao princípio da separação dos Poderes. Com base nesse entendimento, o Tribunal não conheceu uma ADPF em que se alegava violação a preceito fundamental por veto do chefe do Executivo a projeto de lei.[159]

O Supremo Tribunal Federal também fixou o entendimento de que **parecer jurídico de caráter meramente opinativo**, editado por órgão da Advocacia Pública no exercício de seu mister constitucional de consultoria e assessoramento jurídico aos entes públicos (art. 132 da CF), **não se qualifica como ato do poder público suscetível de impugnação via arguição de descumprimento de preceito fundamental**, uma vez que não produz, por si só, nenhum efeito concreto que atente contra preceito fundamental da Constituição Federal.[160]

Ainda sobre o assunto, cumpre destacar os entendimentos firmados pelo Supremo Tribunal Federal acerca do cabimento de ADPF em face de **enunciados de súmulas de tribunais do Judiciário**. Inicialmente, o STF havia assentado que **os enunciados de súmulas de tribunais do Judiciário não poderiam ser concebidos como atos do Poder Público lesivos a preceito fundamental**, para o fim de ajuizamento de ADPF.[161] Posteriormente, porém, a Corte Maior passou a admitir o ajuizamento de ADPF em face de **súmulas vinculantes do Supremo Tribunal Federal,** sob o argumento de que elas, pela presença do efeito vinculante, têm força de texto normativo.[162] Mais recentemente, o Tribunal passou a admitir o cabimento de ADPF, também, para impugnar **súmulas de outros tribunais do Judiciário**, desde que estas **anunciem preceitos gerais e abstratos**.[163-164]

Também não é cabível ADPF contra normas **pós-constitucionais revogadas**, porquanto o STF entende que o exercício do controle abstrato de constitucionalidade pressupõe que os dispositivos legais questionados estejam em vigor.[165] Se, no momento do julgamento da ação, a norma pós-constitucional (editada após a vigência da presente Constituição) já foi revogada, o mérito da ADPF não será apreciado, independentemente de tal revogação haver ocorrido em momento anterior ou posterior ao ajuizamento de referida demanda constitucional. A distinção, de ordem meramente processual, é que, no primeiro caso (revogação anterior à propositura da ação), a ADPF não é conhecida, por **ausência de objeto**; já no segundo (revogação superveniente, entre a propositura da ação e o início do julgamento), a ADPF é conhecida, mas julgada prejudicada, por **perda superveniente de objeto**.

Importante esclarecer que a situação aqui examinada – descabimento de ADPF em face de norma pós-constitucional revogada – não se confunde com a aferição de controvérsia sobre a revogação (ou a recepção) de norma **pré-constitucional** em

---

[159] ADPF 1/RJ, rel. Min. Néri da Silveira, 03.02.2000.

[160] ADPF 412/DF, rel. Min. Alexandre de Moraes, 20.12.2019.

[161] ADPF-AgR 80/DF, rel. Min. Eros Grau, 12.06.2006.

[162] ADPF-AgR 152/DF, rel. Min. Gilmar Mendes, 20.04.2018.

[163] ADPF 501/SC, rel. Min. Alexandre de Moraes, 16.09.2020.

[164] Com base nessa mais recente orientação, o STF conheceu de ADPF contra súmula do Tribunal Superior do Trabalho (TST) sobre pagamento de férias em dobro em caso de atraso no pagamento.

[165] ADPF-MC 211/DF, rel. Min. Celso de Mello, 22.03.2017.

face da Constituição Federal de 1988. Neste caso – discussão sobre a validade de norma pré-constitucional (editada na vigência de Constituições pretéritas) em face da Constituição Federal de 1988 –, o objeto da ação é, precisamente, examinar se a norma pré-constitucional foi, ou não, revogada pela Constituição atual, demanda **plenamente cabível em sede de ADPF**, que, conforme vimos, pode ter por objeto lei ou ato normativo federal, estadual ou municipal "**anteriores à Constituição**", desde que o fundamento da controvérsia constitucional seja relevante.

Em atenção ao art. 5.º, inciso XXXVI, da Constituição Federal – "a lei não prejudicará o direito adquirido, o ato jurídico perfeito e a coisa julgada" –, corolário do sobreprincípio da segurança jurídica, firmou-se a jurisprudência do STF **pela impossibilidade de processamento de ADPF que tenha por objeto, exclusivamente, decisão judicial transitada em julgado.**[166]

Como acima aludido, o instituto poderá ser utilizado, também, para controle da omissão inconstitucional, porquanto a lesão a preceito fundamental poderá advir da inércia do legislador em regulamentar direito previsto na Constituição Federal. Embora a ADPF seja regida pelo princípio da subsidiariedade – que impede o seu conhecimento sempre que exista outro meio juridicamente apto a sanar, com efetividade real, a lesão ou ameaça de lesão decorrente do ato impugnado –, o STF já firmou posição acerca do seu cabimento em face de omissão do Poder Público. Entendeu a Corte Suprema que o outro meio processual existente em nosso ordenamento – a ação direta de inconstitucionalidade por omissão – não se enquadra como medida verdadeiramente eficaz contra a lesão, em razão dos efeitos da decisão nela proferida.[167]

Quanto ao pedido, parece-nos que, nas duas hipóteses de cabimento da arguição de descumprimento de preceito fundamental, **poderá ele ser pelo reconhecimento da constitucionalidade ou da inconstitucionalidade do ato ou norma**, desde que comprovada a lesão a preceito fundamental, na primeira hipótese, cumulada com a existência de relevante controvérsia constitucional, na segunda hipótese.

Com efeito, entendemos que, na primeira hipótese de cabimento da arguição de descumprimento de preceito fundamental – ato do Poder Público que acarrete lesão a preceito fundamental –, essa lesão poderá advir tanto da aplicação de uma lei inconstitucional, quanto da não aplicação de uma lei constitucional. No primeiro caso, o pedido seria pelo reconhecimento da inconstitucionalidade da lei, a fim de afastar-se, com eficácia geral, a sua aplicação, salvaguardando o preceito fundamental ofendido; no segundo caso, o pedido seria pela declaração da constitucionalidade da lei, para o fim de tornar obrigatória, com eficácia *erga omnes*, a sua aplicação, em proteção ao preceito fundamental violado.

O mesmo raciocínio poderia ser adotado, também, na segunda hipótese de cabimento da arguição de descumprimento de preceito fundamental – relevante controvérsia constitucional sobre lei ou ato normativo federal, estadual ou municipal –, requerendo o autor o reconhecimento da constitucionalidade ou da inconstitucionalidade da norma objeto da controvérsia.

---

[166] ADPF 105/AL, rel. Min. Gilmar Mendes, 14.03.2012.
[167] ADPF 4/DF, rel. Min. Octavio Gallotti, 17.04.2002.

Cap. 13 • CONTROLE DE CONSTITUCIONALIDADE

Caso essa orientação prevaleça no âmbito do STF, representaria ela mais uma inovação introduzida pela arguição de descumprimento de preceito fundamental no nosso controle de constitucionalidade, que passaria a permitir a solicitação, perante o STF, da **declaração de constitucionalidade do direito estadual e municipal**, medida até então inexistente no nosso sistema objetivo de fiscalização da constitucionalidade das leis, haja vista que a ação declaratória de constitucionalidade (ADC) só admite como objeto **direito federal**.

13.5.4. *Preceito fundamental*

A Lei 9.882/1999 não enumerou as normas constitucionais que devem ser consideradas "preceitos fundamentais" cuja lesão enseja a propositura de ADPF.

Pensamos que a utilização da palavra "preceito" em vez de "princípio" teve como objetivo evitar que o conceito a ser delineado pela doutrina e jurisprudência acabasse restrito aos princípios fundamentais arrolados no Título I da Constituição Federal. Além disso, a utilização de uma expressão mais genérica, "preceito", permite que sejam abrangidos pelo conceito não só os princípios, mas também as regras, em suma, qualquer norma, desde que possa ser qualificada como fundamental.

Outro ponto relevante assinalado pela doutrina em geral diz respeito ao fato de o texto constitucional mencionar "preceito fundamental, decorrente desta Constituição", o que estaria a denotar que não é necessário que se trate de uma norma expressa, estando protegidas pela ADPF também as normas implícitas fundamentais que se possam inferir da Carta Política como um todo. Concordamos com essa posição. Parece-nos acertada a conclusão de que se possa enquadrar uma norma constitucional implícita como preceito fundamental decorrente da Constituição.

O Supremo Tribunal Federal deixou claro que **compete a ele próprio identificar as normas que devem ser consideradas preceitos fundamentais decorrentes da Constituição Federal** para o fim de conhecimento das arguições de descumprimento de preceito fundamental que perante a Corte sejam ajuizadas.[168]

13.5.5. *Subsidiariedade da ADPF*

O art. 4.º, § 1.º, da Lei 9.882/1999 traz importante regra, segundo a qual:

> § 1.º Não será admitida arguição de descumprimento de preceito fundamental quando houver qualquer outro meio eficaz de sanar a lesividade.

O legislador ordinário, portanto, conferiu à ADPF a **natureza de ação excepcional, subsidiária, residual**, enfim, o caráter de remédio extremo. Com efeito, nos termos da lei, somente será cabível a ADPF se não for possível sanar a lesividade

---

[168] ADPF 1/RJ, rel. Min. Néri da Silveira, 03.02.2000, de cuja ementa extrai-se o seguinte trecho: "Compete ao Supremo Tribunal Federal o juízo acerca do que se há de compreender, no sistema constitucional brasileiro, como preceito fundamental."

do ato que se quer impugnar mediante a utilização de "qualquer outro meio" que seja eficaz para tanto.

Parte considerável da doutrina aponta para a necessidade de não se adotar uma interpretação literal do citado § 1.º do art. 4.º da Lei 9.882/1999. Isso porque, em nosso ordenamento jurídico, se for levado em conta todo e qualquer meio processual existente, sempre haverá algum mediante o qual se possa impugnar o ato que se entenda estar ofendendo ou na iminência de ofender preceito fundamental. Para esses autores, caso o dispositivo em comento seja tomado com excessivo rigor, a ADPF restará quase inteiramente despida de aplicabilidade.

A nosso ver, o Supremo Tribunal Federal realmente não tem adotado uma rigorosa interpretação literal do preceituado no § 1.º do art. 4.º da Lei 9.882/1999. Observa-se uma preocupação, no âmbito da Corte, em perquirir, em cada caso, a existência de algum outro meio processual apto a neutralizar, **com efetividade real**, o estado de alegada lesividade.

Se os Ministros do STF concluírem, em um determinado caso, que os meios processuais que teoricamente poderiam ser usados **não** estariam aptos **verdadeiramente** a impedir a situação de lesividade a preceito fundamental, então, nessa hipótese, eles não invocarão a regra de subsidiariedade vazada no § 1.º do art. 4.º da Lei 9.882/1999 e conhecerão a ADPF.

Segundo pensamos, a orientação vigente no âmbito do STF é que, em uma primeira análise, deve ser avaliada a possibilidade de afastar a suposta lesividade mediante o uso de alguma das ações integrantes de nosso controle abstrato de normas.[169] Se for possível obter, **realmente**, o efeito desejado, mediante o uso, por exemplo, de uma ação direta de inconstitucionalidade, é certo que o Pretório Excelso não conhecerá a ADPF, por desatendimento à regra de subsidiariedade ora em comento.

Todavia, ainda que se conclua que não há uma ação integrante do controle abstrato de constitucionalidade apta a sanar, realmente, o estado de lesividade, mesmo assim, se houver algum outro meio processual eficaz na prática (e não só na teoria), especialmente se ele já tiver sido concretamente usado antes da propositura da ADPF, o Supremo Tribunal Federal não conhecerá a arguição. Foi o que aconteceu, por exemplo, no Referendo em Medida Cautelar na ADPF 172/RJ, rel. Min. Marco Aurélio, decidido em 10.06.2009. Nessa ocasião, os Ministros do STF entenderam não caber a ADPF por existirem outros remédios jurídicos, dotados de real eficácia, para sanar a lesividade, apontando, especialmente, para o fato de que, no caso, os interessados na ADPF já haviam impetrado *habeas corpus* e mandado de segurança, bem como ajuizado ação cautelar, visando a reverter a situação que entendiam lesiva a preceito fundamental.

Em síntese, acreditamos que a posição dominante no âmbito do Supremo Tribunal Federal, atualmente, seja pelo não cabimento da ADPF, em princípio, quando a lesividade da situação que se pretenda afastar possa ser efetivamente sanada

---

[169] Vide, por exemplo, a ADPF 33 MC/PA, rel. Min. Gilmar Mendes, 29.10.2003, e a ADPF 54/DF, rel. Min. Marco Aurélio, 27.04.2005.

mediante alguma das demais ações integrantes do controle abstrato de normas. Entretanto, mesmo que não exista uma ação do controle abstrato de constitucionalidade apta a neutralizar, com verdadeira eficácia, a situação de alegada lesão a preceito fundamental, a Corte não conhecerá a ADPF se constatar que, para aquele caso concreto, existe algum outro meio processual apto a sanar, **com efetividade real**, o estado de lesividade.

Para finalizar este tópico, consideramos oportuno, ainda, registrar que o **princípio da fungibilidade** entre as ações do controle abstrato – bem como a natureza subsidiária da arguição de descumprimento de preceito fundamental – tem propiciado a possibilidade de que **uma ação ajuizada perante o Supremo Tribunal Federal como ADPF venha a ser conhecida pela Corte, não como ADPF, mas como alguma outra ação integrante do sistema de controle objetivo** (se for cabível o uso dessa outra ação de controle abstrato, ela prevalecerá sobre a ADPF, em decorrência da subsidiariedade desta).[170] Evidentemente, em casos que tais, a aplicação do **princípio da fungibilidade** só será possível se os requisitos exigidos para o ajuizamento da ação na qual se pretenda que a ADPF seja convertida tiverem sido cumpridos; assim, no caso descrito, a conversão da ADPF em ADI só foi realizada porque estavam presentes todas as condições necessárias à propositura da ação direta.

13.5.6. Competência e legitimação

A competência para o processo e julgamento da ADPF é originária e exclusiva do Supremo Tribunal Federal, conforme expressamente estabelecido no art. 102, § 1.º, da Constituição da República.

A Constituição nada dispõe, entretanto, acerca da legitimidade ativa para a propositura da ADPF. Antes da regulamentação legal do instituto, a maioria da doutrina defendia fosse prevista a legitimação mais ampla possível, a fim de conferir à ADPF feição de remédio à disposição dos indivíduos em geral contra violação, que lhes atingisse, de preceito fundamental decorrente da Constituição. A ADPF, assim, assumiria natureza de ação subjetiva, tutelando precipuamente interesses e direitos subjetivos.

O legislador ordinário, nos incisos I e II do art. 2.º da Lei 9.882/1999, havia previsto como legitimados ativos: os mesmos legitimados à propositura da ação direta de inconstitucionalidade (inciso I); e "qualquer pessoa lesada ou ameaçada por ato do Poder Público" (inciso II).

O Presidente da República vetou o supratranscrito inciso II do art. 2.º da Lei 9.882/1999. Com isso, **restaram como legitimados a propor a ADPF somente as mesmas pessoas, órgãos e entidades que podem propor a ADI, previstos no art. 103, incisos I a IX, da Constituição.**[171]

---

[170] Situação como essa ocorreu por ocasião da apreciação da ADPF 72/PA, rel. Min. Ellen Gracie, em questão de ordem julgada em 1.º de junho de 2005, na qual se decidiu conhecer a citada ADPF como ação direta de inconstitucionalidade, determinando-se a sua reautuação como ADI 3.513.

[171] É verdade que permaneceu no texto legal o § 1.º do art. 2.º, nos termos do qual "faculta-se ao interessado, mediante representação, solicitar a proposta de arguição de descumprimento de preceito fundamental ao Procurador-Geral da República, que, examinando os fundamentos

Esse rol de legitimados deixa patente a natureza objetiva que foi conferida à ADPF, uma vez que não poderá a ação ser utilizada, diretamente pelo interessado, como instrumento de proteção de direitos subjetivos violados pelo descumprimento de preceito fundamental decorrente da Constituição. A ADPF, dessarte, passa a ser, assim como as demais ações do controle abstrato, um processo de caráter predominantemente objetivo, destinado à garantia da ordem constitucional lesada ou ameaçada de lesão por ato do Poder Público.

Pensamos que essa característica de processo objetivo da ADPF veda a desistência da ação, uma vez ajuizada. A Lei 9.882/1999 nada diz a respeito, diferentemente do que ocorre na Lei 9.868/1999, relativamente à ADI e à ADC, para as quais a proibição de desistência é expressa.

13.5.7. Petição inicial e procedimento

A petição inicial será apresentada em duas vias, devendo conter a indicação do preceito fundamental que se considera violado, a prova da violação do preceito fundamental, indicação e cópia do ato questionado, o pedido, com suas especificações e, se se tratar de ADPF ajuizada com fulcro no inciso I do parágrafo único do art. 1.º da Lei 9.882/1999, a comprovação da existência de controvérsia judicial relevante sobre a aplicação do preceito fundamental que se considera violado.

A lei determina que a petição inicial seja acompanhada de instrumento de mandato, se for o caso. Entendemos que não é necessária a representação por advogado para os legitimados arrolados nos incisos I a VII do art. 103 da Constituição Federal, porquanto sua capacidade postulatória decorre diretamente do texto constitucional. Assim, só é exigida a representação por advogado e, portanto, a apresentação de instrumento de mandato, no caso das entidades enumeradas nos incisos VIII e IX do art. 103, a saber, partido político com representação no Congresso Nacional e confederação sindical ou entidade de classe de âmbito nacional.

Como a Lei 9.882/1999 não faz qualquer referência a prazo para propositura da ADPF, entendemos que a ação não está sujeita a prazo prescricional ou de decadência, sendo possível seu ajuizamento a qualquer tempo, não importa a data em que tenha sido praticado o ato indicado como violador de preceito fundamental decorrente da Constituição.

A petição inicial será indeferida liminarmente, pelo relator, quando não for o caso de arguição de descumprimento de preceito fundamental, faltar algum dos requisitos prescritos na Lei 9.882/1999, ou for inepta. Da decisão de indeferimento da petição inicial caberá agravo, no prazo de cinco dias.

---

jurídicos do pedido, decidirá do cabimento do seu ingresso em juízo" (foi vetado, entretanto, o § 2.º do mesmo artigo, que possibilitava representação ao STF caso o Procurador-Geral da República decida não ingressar em juízo). Contudo, esse dispositivo não confere a ninguém legitimidade ativa para propositura de ADPF (O Procurador-Geral da República já é legitimado, porquanto integrante do rol do art. 103 da CF/1988); trata-se, em vez disso, de uma norma inócua, haja vista que, caso haja essa iniciativa do cidadão, o Procurador-Geral da República não estará obrigado a propor a ação sugerida.

Cap. 13 • CONTROLE DE CONSTITUCIONALIDADE

Apreciado o pedido de liminar, se houver, o relator solicitará as informações às autoridades responsáveis pela prática do ato questionado, no prazo de dez dias. Decorrido o prazo das informações, o relator lançará o relatório, com cópia a todos os ministros, e pedirá dia para julgamento.

O Ministério Público, nas arguições que não houver formulado, terá vista do processo, por cinco dias, após o decurso do prazo para informações. Vale lembrar que o § 1.º do art. 103 da Carta da República determina que o Procurador-Geral da República seja previamente ouvido em todos os processos de competência do Supremo Tribunal Federal.

Embora a Lei 9.882/1999 não obrigue, o Supremo Tribunal Federal tem exigido a participação do Advogado-Geral da União (AGU) no âmbito da arguição de descumprimento de preceito fundamental.

13.5.8. Medida liminar

O Supremo Tribunal Federal, por decisão da maioria absoluta de seus membros, poderá deferir pedido de medida liminar na arguição de descumprimento de preceito fundamental.[172]

Ademais, em caso de extrema urgência ou perigo de lesão grave, ou ainda, em período de recesso, poderá o relator conceder a liminar, *ad referendum* do Tribunal Pleno.

O relator poderá ouvir os órgãos ou autoridades responsáveis pelo ato questionado, bem como o Advogado-Geral da União ou o Procurador-Geral da República, no prazo comum de cinco dias.

A liminar poderá consistir na determinação de que juízes e tribunais suspendam o andamento de processo ou os efeitos de decisões judiciais, ou de qualquer outra medida que apresente relação com a matéria objeto da arguição de descumprimento de preceito fundamental, salvo se decorrentes da coisa julgada.[173]

Como se vê, a liminar concedida em ADPF possui **eficácia geral** e poderá ter, se o STF assim determinar, **efeito vinculante** em relação aos demais órgãos do Poder Judiciário.

Não há limite de prazo para a eficácia de medida liminar concedida em ADPF. Na prática, portanto, a suspensão da eficácia de certa norma, determinada mediante a concessão de medida liminar, **poderá viger durante anos, até o ulterior exame de mérito da ação**.[174]

13.5.9. Decisão

A Lei 9.882/1999, em seu art. 8.º, estabelece que "a decisão sobre a arguição de descumprimento de preceito fundamental somente será tomada se presentes na

---

[172] Lei 9.882/1999, art. 5.º.

[173] Lei 9.882/1999, art. 5.º, § 3.º.

[174] Em 2019, o Poder Legislativo da União pretendeu estabelecer, em texto de lei, um prazo limite para julgamento do mérito após concessão de medida liminar em arguição de descumprimento de preceito fundamental (ADPF). O correspondente projeto de lei foi aprovado pelas Casas do Congresso Nacional (Projeto de Lei 2.121/2019), mas **integralmente vetado** pelo Presidente da República (Mensagem de Veto Total 346/2019).

sessão pelo menos dois terços dos Ministros" (oito Ministros). É interessante notar que a lei nada menciona sobre o *quorum* exigido para a decisão. Entretanto, por força do disposto no art. 97 da Constituição Federal, serão necessários os votos da maioria absoluta dos Ministros (seis votos) toda vez que deva ser declarada a inconstitucionalidade de lei ou ato normativo do Poder Público.

A lei estabelece que a decisão proferida em ADPF terá eficácia contra todos e efeito vinculante relativamente aos demais órgãos do Poder Público.[175]

Esse ponto merece um comentário adicional, a seguir apresentado.

Ao disciplinar os efeitos das decisões de mérito em ADI e ADC, a Lei 9.868/1999 estabeleceu que tais decisões têm eficácia contra todos e efeito vinculante **em relação aos órgãos do Poder Judiciário e à Administração Pública federal, estadual e municipal** (art. 28, parágrafo único). Essa redação da Lei 9.868/1999, em verdade, limita-se a reproduzir os efeitos que a Constituição Federal estabelece para as decisões de mérito em ADI e ADC (CF, art. 102, § 2.º). Decorre dessa redação **não terem** as decisões do STF **em ADI e ADC** força vinculante em relação ao **Poder Legislativo**.

De seu turno, a Lei 9.882/1999, ao disciplinar os efeitos da decisão de mérito em ADPF, estatui que a decisão terá eficácia contra todos e efeito vinculante **relativamente aos demais órgãos do Poder Público** (art. 10, § 3.º). Ao mencionar que a força vinculante alcançará "os demais órgãos do Poder Público", não foi expressamente excepcionada a sua incidência em relação ao Poder Legislativo.

Em que pese essa diferença na redação dada aos dispositivos legais supracitados, e ressalvando entendimento diverso de autores de renome (Alexandre de Moraes, por exemplo), entendemos que a força vinculante da decisão proferida em ADPF também **não se aplica ao Poder Legislativo, no tocante ao exercício de sua função legislativa típica**.

Entendemos que a força vinculante das decisões do STF – tanto das proferidas nas diferentes ações do controle abstrato quanto das consolidadas em súmulas vinculantes – não alcança o Poder Legislativo porque não cabe ao Poder Judiciário inibir, *ad eternum*, a produção legislativa dos representantes do povo. Ademais, não faria sentido o efeito vinculante das decisões proferidas em ADI e ADC, que encontra previsão constitucional expressa (CF, art. 102, § 2.º), possuir alcance mais restrito do que o efeito vinculante das decisões proferidas em ADPF, cuja previsão expressa reside em mera lei ordinária (Lei 9.882/1999). Todas elas – ADI, ADC e ADPF – são ações integrantes do controle abstrato de normas, de caráter objetivo, e nenhum dispositivo constitucional permite inferir que pudesse haver alguma razão jurídica apta a fundamentar distinção substancial quanto aos efeitos decorrentes das decisões nelas proferidas.

Prolatada a decisão, o Supremo Tribunal Federal comunicará as autoridades ou órgãos responsáveis pela prática dos atos questionados, fixando-se as condições e o modo de interpretação e aplicação do preceito fundamental.

---

[175] Lei 9.882/1999, art. 10, § 3.º.

Caso se trate de decisão em que seja reconhecida a constitucionalidade ou a inconstitucionalidade de ato normativo, a Corte Suprema poderá adotar todas as técnicas de decisão aplicáveis à ADI e à ADC, inclusive a interpretação conforme a Constituição, a declaração parcial de inconstitucionalidade sem redução de texto, a declaração de lei ainda constitucional, a técnica de apelo ao legislador etc.

Se a decisão disser respeito a ato concreto, poderá declarar sua invalidade, impedindo a sua aplicação pelo Poder Público; se a ADPF for julgada improcedente, o ato será declarado legítimo.

Caso a ADPF tenha por objeto direito pré-constitucional, editado na vigência de Constituições pretéritas, a decisão do Supremo Tribunal Federal reconhecerá a sua **recepção** ou **revogação**, tendo em conta a sua compatibilidade, ou não, com a Constituição Federal de 1988.

Ao contrário das decisões proferidas em ADI e ADC, que só produzem efeitos a partir da publicação da ata de julgamento no Diário da Justiça, a decisão de mérito em ADPF produz efeitos imediatos, independentemente de publicação do acórdão.[176]

Ao declarar a inconstitucionalidade de lei ou ato normativo, no processo de ADPF, e tendo em vista razões de segurança jurídica ou de excepcional interesse social, poderá o Supremo Tribunal Federal, por maioria de dois terços de seus membros, restringir os efeitos daquela declaração ou decidir que ela só tenha eficácia a partir de seu trânsito em julgado ou de outro momento que venha a ser fixado.

Esse dispositivo estabeleceu, entre nós, a possibilidade de o STF, em casos excepcionais e mediante *quorum* qualificado de dois terços, adotar a técnica da modulação (ou manipulação) temporal da declaração da inconstitucionalidade em ADPF. Valem, aqui, todos os comentários anteriormente expendidos sobre essa técnica, quando estudada a ação direta de inconstitucionalidade.

A inobservância da decisão proferida pelo Supremo Tribunal Federal em ADPF, dada a sua eficácia *erga omnes* e efeito vinculante, caracteriza grave violação de dever funcional, seja por parte das autoridades administrativas, seja por parte do magistrado, hipótese em que é cabível **reclamação** ao Pretório Maior contra o descumprimento da decisão por ele proferida.

Não se admite ação rescisória contra decisão proferida pelo STF em arguição de descumprimento de preceito fundamental.[177]

Essa regra tem como fundamento o princípio de que a causa de pedir é aberta nos processos objetivos que integram o controle abstrato de normas. Em razão da causa de pedir aberta, tendo em vista o fato de o processo de ADPF ser objetivo, o Supremo Tribunal Federal, ao proferir a decisão, o fará em face da Constituição inteira, e não só dos fundamentos apontados na inicial. Por isso, não é possível pretender-se nova apreciação da questão, mesmo que o novo pedido apresente fundamentação constitucional diversa do anterior.

---

[176] É o que dispõe o § 1.º do art. 10 da Lei 9.882/1999: "O presidente do Tribunal determinará o imediato cumprimento da decisão, lavrando-se o acórdão posteriormente."

[177] Lei 9.882/1999, art. 12.

QUADRO COMPARATIVO ENTRE ADI, ADC E ADPF			
ITENS	ADI	ADC	ADPF
1 Pedido.	Inconstitucionalidade.	Constitucionalidade.	Constitucionalidade ou Inconstitucionalidade.
2 Objeto.	Leis e atos normativos federais e estaduais (e do DF, desde que no desempenho de competência estadual).	Leis e atos normativos federais.	Leis e atos normativos federais, estaduais e municipais, inclusive os pré-constitucionais.
3 Possibilidade de cumulação dos pedidos (constitucionalidade + inconstitucionalidade).	Sim.	Sim.	Sim.
4 Submissão ao princípio da fungibilidade.	Sim.	Sim.	Sim.
5 Possibilidade de ter como objeto direto municipal.	Não.	Não.	Sim.
6 Legitimação.	CF, art. 103, I ao IX.	CF, art. 103, I ao IX.	CF, art. 103, I ao IX.
7 Exigência de "pertinência temática" para a propositura da ação.	Sim, em relação aos legitimados especiais (Mesa de Assembleia Legislativa e da Câmara Legislativa do DF; Governador de Estado e do DF; confederação sindical ou entidade de classe de âmbito nacional).	Sim.	Sim.
8 Exigência de Comprovação, para o ajuizamento da ação, da existência de controvérsia judicial relevante sobre a aplicação da lei.	Não.	Sim.	Sim, para a ADPF ajuizada com base no art. 1.º, par. único, inciso I, da Lei 9.882/1999 (ADPF incidental). Não, para a ADPF ajuizada com base no *caput* do art. 1.º da Lei 9.882/1999 (arguição autônoma).

Cap. 13 • CONTROLE DE CONSTITUCIONALIDADE

QUADRO COMPARATIVO ENTRE ADI, ADC E ADPF			
ITENS	ADI	ADC	ADPF
9 Possibilidade de concessão de medida cautelar.	Sim.	Sim.	Sim.
10 Deliberação para concessão da medida cautelar.	Maioria absoluta, salvo em caso de urgência e nos períodos de recesso, hipótese em que poderá o relator concedê-la monocraticamente, *ad referendum* do Tribunal Pleno.	Idem.	Maioria absoluta, salvo em caso de extrema urgência ou perigo de lesão grave, ou, ainda, em período de recesso, hipóteses em que poderá o relator conceder a liminar, *ad referendum* do Tribunal Pleno.
11 Força da decisão concessiva da medida cautelar.	(1) Susta, com eficácia *erga omnes* e força vinculante, a vigência da norma impugnada; (2) suspende o julgamento de todos os processos que envolvam a aplicação da lei impugnada; (3) torna aplicável a legislação anterior acaso existente, salvo manifestação expressa do STF em sentido contrário.	Determinação, com eficácia *erga omnes* e força vinculante, para que os juízes e os tribunais suspendam o julgamento dos processos que envolvam a aplicação da lei ou do ato normativo objeto da ação até seu julgamento definitivo.	(1) poderá sustar a eficácia do ato impugnado até o julgamento do mérito; (2) poderá consistir na determinação de que juízes e tribunais suspendam o andamento de processo ou os efeitos de decisões judiciais, ou de qualquer outra medida que apresente relação com a matéria objeto da ADPF, salvo se decorrentes da coisa julgada.
12 Prazo de eficácia da medida cautelar.	Não há previsão legal de prazo limite.	180 dias.	Não há previsão legal de prazo limite.
13 Efeitos temporais da medida cautelar.	(1) Em regra, *ex nunc*; (2) poderão ser *ex tunc*, desde que o STF o determine expressamente.	Idem.	Idem.
14 Participação do Procurador-Geral da República.	Sim.	Sim.	Sim.

DIREITO CONSTITUCIONAL DESCOMPLICADO • Vicente Paulo & Marcelo Alexandrino

QUADRO COMPARATIVO ENTRE ADI, ADC E ADPF

	ITENS	ADI	ADC	ADPF
15	Participação do Advogado-Geral da União.	Sim.	Não.	Sim.
16	Natureza dúplice ou ambivalente.	Sim.	Sim.	Sim.
17	Quando a ação é julgada procedente, reconhece o STF...	A inconstitucionalidade da norma.	A constitucionalidade da norma.	Depende do pedido.
18	Quando a ação é julgada improcedente, reconhece o STF...	A constitucionalidade da norma.	A inconstitucionalidade da norma.	Depende do pedido.
19	Efeitos da decisão definitiva de mérito.	Em regra: eficácia *erga omnes*, efeito vinculante e *ex tunc*.	Idem.	Idem.
20	Possibilidade de o STF modular os efeitos temporais da decisão que declara a inconstitucionalidade.	Sim, desde que tendo em vista razões de segurança jurídica ou de excepcional interesse social e por maioria de dois terços dos membros do STF.	Idem.	Idem.
21	Possibilidade de desistência da ação.	Não.	Não.	Não.
22	Possibilidade de desistência do pedido de medida cautelar.	Não.	Não.	Não.
23	Possibilidade de ação rescisória contra a decisão do STF.	Não.	Não.	Não.
24	Possibilidade de intervenção de terceiros no processo.	Não, salvo na condição de *amicus curiae*.	Não, salvo na condição de *amicus curiae*.	Não, salvo na condição de *amicus curiae*.
25	Possibilidade de arguição de suspeição de Ministro do STF.	Não.	Não.	Não.

Cap. 13 • CONTROLE DE CONSTITUCIONALIDADE

	ITENS	ADI	ADC	ADPF
	QUADRO COMPARATIVO ENTRE ADI, ADC E ADPF			
26	Possibilidade de arguição de impedimento de Ministro do STF.	Sim, nos casos em que o Ministro tenha atuado anteriormente no processo na condição de Procurador-Geral da República, Advogado--Geral da União, requerente ou requerido.	Idem.	Idem.
27	*Quorum* para instalação da sessão de julgamento da constitucionalidade ou inconstitucionalidade.	A decisão somente poderá ser tomada se presentes na sessão pelo menos oito Ministros.	Idem.	Idem.
28	Votação.	Proclamar-se-á a constitucionalidade ou a inconstitucionalidade da norma impugnada se num ou noutro sentido votarem pelo menos seis Ministros.	Idem.	Idem.
29	Recorribilidade da decisão do STF.	A decisão é irrecorrível, ressalvada a interposição de embargos declaratórios.	Idem.	Idem.
30	Possibilidade de ser instituída pelos estados-membros.	Sim, desde que perante o Tribunal de Justiça, para o confronto de leis locais com a Constituição do estado.	Idem.	Idem.
31	Prazo decadencial ou prescricional para o ajuizamento da ação.	Não há.	Idem.	Idem.

13.6. Representação interventiva

O art. 18 da Carta Política, ao versar sobre a organização político-administrativa da República Federativa do Brasil, estabelece que todos os entes federados, União, estados, Distrito Federal e municípios, são autônomos, nos termos estabelecidos no texto constitucional. Dessa forma, a regra geral no Brasil (como em todas as federações) é o reconhecimento de autonomia aos entes federados.

A autonomia política da União, dos estados, do Distrito Federal e dos municípios é caracterizada pela capacidade de auto-organização e de legislação, bem como pelo autogoverno e autoadministração, prerrogativas conferidas a todos os entes federativos diretamente pelo texto constitucional.

A mesma Carta Magna admite, porém, o excepcional afastamento dessa autonomia política, diante do interesse maior de preservação da própria unidade federativa, por meio da intervenção de uma entidade política sobre outra. Por essa razão, frise-se, o afastamento temporário e parcial da autonomia de um ente federado é medida drástica e excepcional, que somente se justifica com o escopo de evitar um mal ainda maior: a desagregação da Federação.

Havendo afronta a algum dos princípios estabelecidos no texto constitucional como autorizadores da intervenção, esta funcionará como meio de restabelecer a autoridade da Carta Política, bem como a convivência harmônica entre os entes federados.

Exatamente por constituir medida excepcional, a intervenção – seja ela federal ou estadual – somente poderá efetivar-se nas hipóteses taxativamente descritas na Constituição Federal (CF, arts. 34 e 35).

As hipóteses de intervenção classificam-se em: **intervenção espontânea** e **intervenção provocada**.

Há **intervenção espontânea** (ou de ofício) nas hipóteses em que a Constituição autoriza a efetivação da medida pelo Chefe do Poder Executivo, diretamente e por iniciativa própria. O Chefe do Executivo, dentro de seu juízo de discricionariedade, decide pela intervenção e, de ofício, a executa, independentemente de provocação de outros órgãos.

Há **intervenção provocada** quando a medida depende de iniciativa de algum órgão ao qual a Constituição tenha conferido tal competência. Nessas hipóteses, não pode o Chefe do Executivo, por sua iniciativa, decretar e executar a medida; dependerá ele da manifestação de vontade do órgão que recebeu incumbência constitucional para deflagrar a intervenção.

Dentre as hipóteses de intervenção provocada, interessam-nos especialmente, neste tópico, aquelas em que a medida extrema depende de provimento, pelo Poder Judiciário, de ação direta ajuizada com tal escopo, por iniciativa da autoridade a quem a Constituição atribuiu legitimação processual ativa – o Procurador-Geral da República, na representação para intervenção federal, e o Procurador-Geral de Justiça, na representação para intervenção dos estados nos seus municípios.

Em todas as hipóteses em que a intervenção depende de provimento judicial com esse fim específico, a ação direta pertinente foi denominada, pela Constituição, **representação**. A doutrina, entretanto, reconhece que se trata de uma autêntica ação, motivo pelo qual importantes autores preferem chamar a representação interventiva de **ação direta de inconstitucionalidade interventiva**. Especificamente, a representação cabível no caso de recusa à execução de lei tem sido denominada **ação de executoriedade de lei**, haja vista que ela não visa à declaração da inconstitucionalidade, mas sim a assegurar a execução da lei.

Conquanto seja modalidade de controle concentrado, a **ação direta de inconstitucionalidade interventiva**, no mais das vezes, não pode ser caracterizada como um **controle abstrato de constitucionalidade**, pois em muitas hipóteses não se trata de apreciação de lei ou ato normativo que, em tese, esteja em confronto com

Cap. 13 • CONTROLE DE CONSTITUCIONALIDADE

a Constituição, mas de impugnação de um ato concreto do estado ou do município. O mesmo raciocínio vale para a **ação de executoriedade de lei**, mediante a qual é impugnada uma atuação ou omissão do ente federado que implica recusar-se ele a cumprir uma determinada lei. Em todos os casos, conforme veremos adiante, a representação interventiva tem por finalidade a ulterior decretação da intervenção.

A representação interventiva foi introduzida no Brasil com a Constituição de 1934, mas foi só com a Constituição de 1946 que passamos a ter uma verdadeira ação direta de inconstitucionalidade da lei ou ato estadual infringente dos denominados princípios sensíveis, arrolados no texto constitucional.

A Constituição de 1967, inclusive após a Emenda 1/1969, assim como a Constituição de 1988, mantiveram a mesma orientação inaugurada com a Constituição de 1946: a representação interventiva é ação direta que tem por fim a obtenção de um provimento judicial em que seja declarada a inconstitucionalidade de determinado ato, ou atuação, de estado ou de município (conforme se trate, respectivamente, de intervenção federal ou de intervenção estadual), expressamente previsto na Constituição Federal como ensejador da decretação da intervenção, para que o chefe do Poder Executivo, à vista dessa decisão judicial, possa decretar tal medida extrema de restrição temporária da autonomia do ente federativo.

No texto da Constituição de 1988 constata-se que, dentre as espécies de intervenção provocada, há três – duas na esfera federal e uma concernente à intervenção dos estados nos respectivos municípios – que exigem decisão judicial prévia, prolatada no âmbito de representação interventiva.

Formalmente, as espécies de representação interventiva diferem entre si, essencialmente, quanto à autoridade legitimada ao ajuizamento da ação e quanto ao tribunal que detém a competência originária para julgamento.

No caso de **recusa à execução de lei federal** (CF, art. 34, VI) ou de **ofensa aos denominados princípios sensíveis** (CF, art. 34, VII), pelos estados ou pelo Distrito Federal, a intervenção depende de **provimento, pelo Supremo Tribunal Federal, de representação do Procurador-Geral da República**.[178] Conforme acima mencionado, a representação, na hipótese de recusa à execução de lei federal, tem sido denominada **ação de executoriedade de lei federal**.

Na hipótese de **inobservância, pelos municípios, de princípios indicados na Constituição Estadual**, ou para **prover a execução de lei, de ordem ou de decisão judicial**, a intervenção estadual é condicionada a que o **Tribunal de Justiça dê provimento a representação do Procurador-Geral de Justiça**.

Em resumo, temos:

a) representação do PGR perante o STF no caso de ofensa aos princípios constitucionais sensíveis e de recusa à execução de lei federal (CF, art. 36, III);

b) representação do PGJ perante o TJ no caso de intervenção estadual em município, por inobservância de princípios indicados na Constituição Estadual, ou para prover a execução de lei, de ordem ou de decisão judicial (CF, art. 35, IV).

---

[178] CF, art. 36, III, com a redação dada pela EC 45/2004.

São os seguintes os denominados **princípios sensíveis** cuja inobservância pelo estado-membro ou pelo Distrito Federal enseja o ajuizamento de **representação interventiva** para, em caso de provimento, a ulterior decretação, pelo Presidente da República, da intervenção federal:

a) forma republicana, sistema representativo e regime democrático;

b) direitos da pessoa humana;

c) autonomia municipal;

d) prestação de contas da administração pública, direta e indireta;

e) aplicação do mínimo exigido da receita resultante de impostos estaduais, compreendida a proveniente de transferências, na manutenção e desenvolvimento do ensino e nas ações e serviços públicos de saúde.

Deve-se frisar que o Poder Judiciário em nenhuma hipótese decreta a intervenção em qualquer ente federado. A decretação da intervenção é ato exclusivo do chefe do Poder Executivo (CF, art. 84, X). Apenas, nas hipóteses de intervenção provocada, o chefe do Executivo não tem a iniciativa da intervenção, dependendo de ato de outro órgão para deflagração do procedimento.

Nas hipóteses em que a intervenção depende de decisão judicial que dê provimento a representação interventiva, o procedimento de intervenção é deflagrado, na esfera federal, **exclusivamente pelo Procurador-Geral da República**, que, em razão de sua independência funcional, não está obrigado a ajuizar a representação quando entender que não se configura alguma das hipóteses constitucionais autorizadoras. Na esfera estadual, o procedimento é iniciado, também com **exclusividade, pelo Procurador-Geral de Justiça**, valendo para ele as mesmas observações sobre a discricionariedade de sua atuação.

A decisão proferida pelo Poder Judiciário limita-se a constatar e declarar que o ente federado desrespeitou algum dos princípios sensíveis estabelecidos na Constituição, ou negou-se a executar lei federal etc. Ela, por si só, não anula o ato, nem cria para o ente federado obrigação de fazer algo. Consiste a decisão judicial mera condição, simples pressuposto à atuação do chefe do Executivo, à adoção, por este, das medidas interventivas.

Julgada procedente a representação, o Poder Judiciário comunicará ao chefe do Poder Executivo, a fim de que este possa decidir sobre a execução do processo de intervenção e, se for o caso, empreender as medidas necessárias à sua efetivação.[179]

A intervenção federal poderá, então, consumar-se pela edição de decreto do Presidente da República, desde que o Poder Judiciário tenha dado provimento à referida representação, e somente na hipótese de mostrar-se ineficaz a simples suspensão da execução do ato impugnado, conforme determina o art. 36, III, e § 3.º, da Constituição Federal.

---

[179] É o que dispõe o art. 354 do Regimento Interno do Supremo Tribunal Federal, nestes termos: "Julgado procedente o pedido, o Presidente do Supremo Tribunal Federal imediatamente comunicará a decisão aos órgãos do Poder Público interessados e requisitará a intervenção ao Presidente da República."

Se for decretada a intervenção, o decreto correspondente **não sofrerá controle político**, vale dizer, não será objeto de apreciação pelo Congresso Nacional (intervenção federal) ou pela Assembleia Legislativa (intervenção estadual), nos termos do art. 36, § 3.º, da Carta Magna. A duração e os limites da intervenção serão determinados pelo Chefe do Poder Executivo, e constarão do decreto por ele expedido.

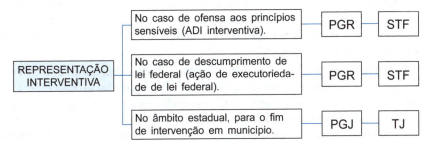

13.7. Controle abstrato nos estados

13.7.1. Introdução

Conforme já analisado, qualquer juiz ou tribunal do Poder Judiciário dispõe de competência para realizar o controle de constitucionalidade difuso, com o fim de afastar a aplicação das leis e atos normativos inconstitucionais aos casos concretos que lhes são submetidos. Nessa tarefa, os juízes e tribunais dos estados apreciam a validade das diferentes leis e atos do Poder Público, confrontando-os ora com a Constituição Estadual, ora com a Constituição Federal.

Além desse controle difuso de constitucionalidade, realizado no curso dos processos concretos, os Tribunais de Justiça dos estados **dispõem de competência para realizar o controle abstrato de leis e atos normativos estaduais e municipais, sempre em face da Constituição Estadual.**

A previsão expressa para que os estados-membros instituam o controle abstrato no seu âmbito consta do art. 125, § 2.º, da Constituição Federal, nos seguintes termos:

> § 2.º Cabe aos Estados a instituição de representação de inconstitucionalidade de leis ou atos normativos estaduais ou municipais em face da Constituição Estadual, vedada a atribuição da legitimação para agir a um único órgão.

Como se vê, o supracitado dispositivo fixa a competência dos estados para instituição de controle abstrato de constitucionalidade na esfera estadual, mediante previsão da representação de inconstitucionalidade (leia-se: **ação direta de inconstitucionalidade**) na Constituição do Estado, a ser julgada pelo **Tribunal de Justiça**, para a aferição do **direito estadual e municipal** em face da **Constituição Estadual**.

É importante ressaltar que, segundo entendimento do Supremo Tribunal Federal, a Constituição Estadual não pode ir além, estabelecendo controle de constitucionalidade abstrato diretamente em face da **Constituição Federal**, tampouco de leis e atos normativos municipais tendo como parâmetro a **Lei Orgânica** do respectivo município.[180]

Nessa mesma linha – de que o estado-membro, ao instituir o seu controle abstrato de constitucionalidade, não pode disciplinar a matéria de maneira diversa daquela prevista na Constituição Federal –, o STF firmou o entendimento de que a Constituição Estadual não pode conferir às Casas Legislativas estaduais (assembleias legislativas) ou municipais (câmaras municipais) a atribuição de suspender a eficácia de lei já declarada inconstitucional pelo Tribunal de Justiça no âmbito do controle abstrato de constitucionalidade.[181]

Na oportunidade em que foi assentado esse último entendimento, o STF consignou que **não compete ao Poder Legislativo, de qualquer das esferas federativas, suspender a eficácia de ato normativo declarado inconstitucional em controle concentrado de constitucionalidade,** tendo em vista que o inciso X do art. 52 da Constituição Federal – o qual prevê que compete ao Senado Federal suspender a execução, no todo ou em parte, de lei declarada inconstitucional por decisão definitiva do STF – **só se aplica ao controle difuso de constitucionalidade,** para o fim de conferir eficácia geral (*erga omnes*) à decisão judicial que, até então, só vinculava as partes envolvidas.

Impende salientar que embora o texto constitucional tenha expressamente autorizado tão somente a criação pelos estados da ADI (literalmente, "representação de inconstitucionalidade"), **poderão os estados-membros instituir, também, as demais ações do controle abstrato (ADO, ADC e ADPF),** em homenagem ao princípio da simetria, que vigora em nossa Federação.

Cabe ressaltar, ainda, que **a Lei Orgânica municipal não possui** *status* **de norma constitucional**, razão pela qual é inadmissível a sua utilização como parâmetro de controle de constitucionalidade de normas municipais. Vale dizer, no Brasil, **não existe controle de constitucionalidade de normas municipais em face da Lei Orgânica do município**; o controle de constitucionalidade de normas municipais se dá, somente, em face da Constituição Estadual e da Constituição Federal, conforme o caso. Eventual fiscalização da validade de leis municipais em face da Lei Orgânica do município será mero **controle de legalidade**.

13.7.2. Competência

As ações previstas pela Constituição do estado-membro para a efetivação do controle abstrato estadual, destinado a fiscalizar a constitucionalidade de leis e atos normativos estaduais ou municipais em face da Constituição Estadual, serão propostas perante o respectivo Tribunal de Justiça.

---

[180] ADI 5.548/PE, rel. Min. Ricardo Lewandowski, 17.08.2021.
[181] ADI 5.548/PE, rel. Min. Ricardo Lewandowski, 17.08.2021.

13.7.3. Legitimação

A Constituição Federal não enumerou os órgãos e entidades que estariam legitimados a propor, no âmbito estadual, as ações do controle abstrato, deixando ao legislador estadual essa tarefa.

No entanto, a Carta da República proíbe expressamente que o legislador estadual, ao regular a matéria, atribua a legitimação a um único órgão, dispondo ser "vedada a atribuição da legitimação para agir a um único órgão".

Portanto, seria inconstitucional, em face da Constituição Federal, o dispositivo da Constituição do estado-membro que estabelecesse uma única autoridade ou um único órgão (*e.g.*, somente o Governador do Estado, ou somente a mesa da Assembleia Legislativa) como competente para instaurar o controle abstrato perante o Tribunal de Justiça.

Em regra, os diferentes estados-membros têm obedecido à simetria com o art. 103 da Constituição Federal na escolha dos seus legitimados ao controle abstrato local. Assim, se o art. 103 da Constituição Federal estabelece como legitimados os partidos políticos com representação no Congresso Nacional, a Constituição do estado faz a devida adequação, elegendo como legitimados os partidos políticos com representação na assembleia legislativa; se no modelo federal, o Procurador--Geral da República é legitimado, na esfera estadual elege-se o Procurador-Geral de Justiça – e assim por diante.

Em que pese essa tendência espontânea de obediência à simetria com o art. 103 da Constituição Federal, há controvérsia no tocante à existência, ou não, de obrigatoriedade de os estados-membros observarem uma estrita simetria com o modelo federal. Em outras palavras, há dúvida quanto à necessidade de que os estados estabeleçam como legitimados ao controle abstrato estadual exatamente os órgãos e entidades locais correspondentes àqueles legitimados pela Constituição Federal (art. 103, I a IX), ou, diversamente, quanto à possibilidade de esses entes federados ampliarem ou restringirem o rol de legitimados apontados pelo art. 103, I a IX, da Carta da República.

No tocante à ampliação do rol de legitimados, a jurisprudência do Supremo Tribunal Federal firmou entendimento de que **não há vedação a que os estados--membros outorguem legitimação a outros órgãos públicos ou entidades, sem correspondência com aqueles enumerados no art. 103 da Constituição Federal**. Nesse sentido, o Tribunal considerou constitucional a outorga, pela Constituição Estadual, de legitimação para iniciar o controle abstrato local a deputados estaduais, comissões permanentes da Assembleia Legislativa, Procurador-Geral do Estado e da Defensoria Pública.[182] Esse mesmo entendimento foi ratificado em outro julgado, no

---

[182] ADI 558/RJ, rel. Min. Sepúlveda Pertence, DJ 26.03.1993. Deixou assente o relator: "No tocante ao controle direto de constitucionalidade no âmbito estadual, a única regra federal a preservar é a do art. 125, § 2.º, CF, que autoriza os estados a instituir a representação de inconstitucionalidade e lhes veda apenas 'a atribuição para agir a um único órgão'."

qual foi admitida a outorga, pela Constituição do Estado do Paraná, de legitimação a deputados estaduais para a instauração do controle abstrato local.[183]

Assim, no tocante à ampliação da legitimação, além da correspondência com o art. 103 da Constituição Federal, parece-nos tranquila a jurisprudência da Corte Suprema.

Não há, porém, jurisprudência firmada sobre a possibilidade de o estado-membro restringir o rol de legitimados estabelecido pela Constituição Federal. Poderia o estado-membro, ao eleger os seus legitimados ao controle abstrato local, restringir a enumeração trazida pelo art. 103 da Constituição Federal, deixando sem a condição de legitimado órgão ou entidade estadual correspondente ao modelo federal?

A nosso ver, a resposta é negativa. Ao ampliar significativamente os legitimados no modelo federal (CF, art. 103) – afastando o antigo monopólio do Procurador--Geral da República, vigente até a Constituição de 1969 – e vedar explicitamente o monopólio no controle abstrato a ser instituído pelos estados-membros (art. 125, § 2.º), parece-nos que a intenção do legislador constituinte originário foi democratizar consideravelmente o direito de iniciativa à fiscalização abstrata das leis e atos normativos do Poder Público.

De todo modo, se pudesse ser admitida, em tese, a restrição de iniciativa no controle abstrato estadual em relação a certos órgãos, entidades ou autoridades correspondentes aos legitimados do art. 103 da Constituição Federal, há pelo menos alguns que, pensamos, não poderiam de modo nenhum ser suprimidos, sob pena de flagrante inconstitucionalidade. Com efeito, embora a Constituição Federal, de forma explícita, limite-se a proibir a instituição do monopólio no controle abstrato estadual ("vedada a atribuição da legitimação para agir a um único órgão"), parece--nos óbvio que seria flagrantemente inconstitucional a tentativa de a Constituição Estadual excluir, por exemplo, o direito de iniciativa do chefe do Ministério Público do estado (Procurador-Geral de Justiça), em razão do insanável prejuízo que essa medida representaria ao exercício das atribuições constitucionais do Ministério Público, na defesa da ordem jurídica, do regime democrático e dos interesses sociais e individuais indisponíveis (CF, art. 127).

13.7.4. Defesa da norma impugnada

Na esfera federal, quando o STF aprecia a inconstitucionalidade, em tese, de norma legal ou ato normativo, o Advogado-Geral da União é citado, para que defenda o ato ou texto impugnado (CF, art. 103, § 3.º).

No controle abstrato estadual, em regra, as Constituições estaduais estabelecem que caberá ao Procurador-Geral do Estado defender a norma impugnada perante o Tribunal de Justiça, haja vista competir a ele a representação judicial da unidade federada (CF, art. 132).

Entretanto, segundo a jurisprudência do STF, não desrespeita a Constituição Federal norma da Constituição do estado que atribui essa competência ao **procurador**

---

[183] RE 261.677/PR, rel. Min. Sepúlveda Pertence, 06.04.2006.

Cap. 13 • CONTROLE DE CONSTITUCIONALIDADE

da Assembleia Legislativa ou, alternativamente, ao Procurador-Geral do Estado.[184] Para o STF, a outorga de tal competência também ao procurador da Assembleia Legislativa não afronta a Constituição Federal, já que inexiste o dever de simetria para com o modelo federal, no qual tal incumbência foi conferida exclusivamente ao Advogado-Geral da União (CF, art. 103, § 3.º).

O Procurador-Geral do Estado (e do Distrito Federal) dispõe de legitimidade, também, para interpor recurso contra acórdão de Tribunal de Justiça proferido em ação direta de inconstitucionalidade em defesa de ato normativo estadual (ou distrital), em simetria com a competência atribuída ao Advogado-Geral da União pelo art. 103, § 3.º, da Constituição Federal.[185]

13.7.5. Parâmetro de controle

É importante ressaltar que há nítida diferença entre o parâmetro de aferição de constitucionalidade utilizado no controle abstrato exercido pelo Supremo Tribunal Federal e o utilizado pelos Tribunais de Justiça dos estados, no âmbito do controle abstrato por estes exercido.

Com efeito, no controle abstrato efetuado pelo STF, o parâmetro é a **Constituição Federal**, ao passo que no controle abstrato realizado pelos Tribunais de Justiça dos estados, o parâmetro imediato é a **Constituição Estadual**. Em termos mais precisos, o STF aprecia em ação direta de inconstitucionalidade **leis e atos normativos federais ou estaduais em face da Constituição Federal**, enquanto os Tribunais de Justiça dos estados apreciam em ação direta de inconstitucionalidade **leis ou atos normativos estaduais ou municipais tendo como parâmetro imediato a Constituição Estadual**. Conforme veremos adiante, somente numa situação específica, muitíssimo peculiar, os Tribunais de Justiça poderão realizar controle abstrato em face da Constituição Federal.

A partir dessa diferenciação, destacamos, nos parágrafos seguintes, alguns relevantes aspectos jurídicos acerca do controle abstrato perante o STF e perante os Tribunais de Justiça dos estados (TJ).

O STF realiza controle abstrato em face da **Constituição Federal**, enquanto os Tribunais de Justiça realizam controle abstrato tendo como parâmetro imediato a **Constituição Estadual**. Isso porque, conforme já visto, a Constituição Federal autoriza que os estados-membros instituam controle abstrato em face da Constituição Estadual (art. 125, § 2.º).

Com isso, **as leis federais só poderão ser objeto de controle abstrato perante o STF**, haja vista que os estados-membros só podem aferir, em tese, a validade de **leis municipais ou estaduais**. Podemos concluir, então, que o STF é o único tribunal do País que dispõe de competência para realizar controle abstrato de leis e atos normativos **federais** (e esse controle abstrato será realizado pelo STF, sempre, em face da **Constituição Federal**).

---

[184] ADI 119/RO, rel. Min. Dias Toffoli, 19.02.2014.

[185] ARE-AgR 931.838/DF, rel. Min. Cármen Lúcia, 12.04.2016.

As leis municipais poderão ser objeto de ação direta de inconstitucionalidade perante os Tribunais de Justiça, mas não poderão ser objeto de ação direta de inconstitucionalidade perante o STF. O direito municipal somente poderá ser aferido no controle abstrato diretamente no STF por meio de arguição de descumprimento de preceito fundamental (ADPF).

As leis estaduais estão sujeitas a uma dupla fiscalização por meio de ação direta de inconstitucionalidade. Poderão elas ser impugnadas em ADI perante os Tribunais de Justiça, bem como ser objeto de ADI perante o STF. Significa dizer que uma mesma lei estadual poderá ser impugnada em duas diferentes ações diretas de inconstitucionalidade: uma ADI proposta perante o TJ, tendo como parâmetro imediato a Constituição do estado; outra ADI proposta perante o STF, adotando como paradigma a Constituição Federal.

13.7.6. Inconstitucionalidade do parâmetro de controle estadual

Pode ocorrer de o Tribunal de Justiça considerar inconstitucional o próprio parâmetro de controle estadual, por ofensa à Constituição Federal. Por exemplo: o legitimado propõe, perante o Tribunal de Justiça, uma ação direta de inconstitucionalidade impugnando a lei "Y" em face do art. 18 da Constituição Estadual, e o Tribunal de Justiça entende que o próprio art. 18 da Constituição Estadual é inconstitucional, por ofender a Constituição Federal.

Nessa hipótese, como haverá de proceder o Tribunal de Justiça (que, ao apreciar uma ação direta, identificar a inconstitucionalidade do próprio parâmetro de controle estadual)?

A questão é enfrentada por Gilmar Mendes,[186] nos termos seguintes:

> Nada obsta que o Tribunal de Justiça competente para conhecer da ação direta de inconstitucionalidade em face da Constituição Estadual suscite *ex officio* a questão constitucional – inconstitucionalidade do parâmetro estadual em face da Constituição Federal –, declarando, incidentalmente, a inconstitucionalidade da norma constitucional estadual em face da Constituição Federal, extinguindo, por conseguinte, o processo, ante a impossibilidade jurídica do pedido (declaração de inconstitucionalidade em face de parâmetro constitucional estadual violador da Constituição Federal).

Em síntese: no processo de ação direta de inconstitucionalidade perante o Tribunal de Justiça, uma vez suscitada a inconstitucionalidade do parâmetro de controle estadual, deverá o Tribunal, incidentalmente, declarar tal inconstitucionalidade (se for o caso), e, em consequência, extinguir o processo de ação direta, por impossibilidade jurídica do pedido (não é juridicamente possível aferir a validade de lei em face de parâmetro estadual que desrespeita a Constituição Federal).

---

[186] Gilmar Ferreira Mendes, Inocêncio Mártires Coelho e Paulo Gustavo Gonet Branco, *Curso de Direito Constitucional*, São Paulo: Saraiva, 2007, p. 1.250.

Cap. 13 • CONTROLE DE CONSTITUCIONALIDADE **931**

Da decisão do Tribunal de Justiça que declarar a inconstitucionalidade do parâmetro de controle estadual caberá recurso extraordinário para o Supremo Tribunal Federal, que poderá reconhecer a legitimidade da decisão, confirmando a declaração de inconstitucionalidade, ou revê-la, para afirmar a constitucionalidade da norma constitucional estadual, o que implicará a necessidade de o Tribunal de Justiça prosseguir no julgamento da ação direta em face da Constituição Estadual (cuja extinção, anteriormente decretada pelo Tribunal de Justiça, terá se tornado insubsistente, em decorrência da decisão do STF).

13.7.7. *Simultaneidade de ações diretas*

Vimos, no item precedente, que as **leis e os atos normativos estaduais estão sujeitos a um duplo controle de constitucionalidade abstrato em sede de ação direta**, um efetuado pelo Supremo Tribunal Federal (em confronto com a Constituição Federal) e outro pelo Tribunal de Justiça (ante a Constituição Estadual).

Em face dessa realidade, temos a possibilidade de uma mesma lei estadual vir a ser impugnada, simultaneamente, em duas distintas ações diretas: uma proposta no Tribunal de Justiça, outra perante o Supremo Tribunal Federal. Vale dizer, um legitimado pelo art. 103 da Constituição Federal poderá propor uma ação direta perante o Supremo Tribunal Federal impugnando certa lei estadual e, durante o processamento dessa ação, um legitimado no âmbito estadual poderá ajuizar, no Tribunal de Justiça, outra ação direta, impugnando a mesma lei – ou vice-versa.

Ocorrendo essa hipótese – coexistência de duas ações diretas impugnando o mesmo preceito de lei estadual –, cabe examinar o seguimento que deverá ser dado aos distintos processos abstratos, instaurados perante os dois tribunais do Poder Judiciário.

Para examinarmos tal questão, é necessário, primeiro, saber qual a natureza da norma da Constituição Estadual em face da qual a lei estadual foi impugnada, conforme explicitado a seguir.

Quanto a sua natureza, as normas da Constituição do estado podem ser classificadas em três categorias, a saber: (a) normas autônomas (ou normas constitucionais genuinamente estaduais); (b) normas de reprodução obrigatória; e (c) normas de imitação (ou de reprodução ociosa).

As **normas autônomas** (ou genuinamente estaduais) são aquelas peculiares ao Estado, criadas originariamente pelo poder constituinte estadual, no exercício de sua autonomia delineada na Constituição Federal. Vale dizer, são as normas da Constituição Estadual que não constituem reprodução e/ou imitação de disposições da Constituição Federal.

As **normas de reprodução obrigatória** são aquelas cujo conteúdo repete, por um princípio de absorção federativa impositiva, normas da Constituição Federal. Representam simples repetição do texto da Constituição da República, em decorrência de obrigação imposta aos estados-membros. Significa dizer, a repetição do texto da Constituição Federal pelo legislador constituinte estadual dá-se em virtude de obrigação estabelecida pela Constituição Federal, situação em que o poder constituinte decorrente não dispõe de escolha, estando forçado a reproduzi-las no texto da Constituição do estado (é o caso, por exemplo, das regras sobre sistema eleitoral, imunidade, inviolabilidade, remuneração, perda de mandato, licença, impedimentos e incorporação às forças armadas dos congressistas, que, por força do art. 27, § 1.º, da Constituição Federal, são de observância obrigatória pelos estados em relação aos deputados estaduais).

As **normas de imitação** (ou de reprodução ociosa) são aquelas cujo conteúdo repete, por um processo puramente mimético, normas da Constituição Federal. Não configuram conteúdo de absorção obrigatória pelo legislador constituinte estadual, mas este opta (espontaneamente) por repetir (copiar) preceitos da Constituição Federal.

É oportuno observar, ainda, que a jurisprudência do STF equipara às normas da Constituição Estadual que, textualmente, reproduzem dispositivo da Constituição Federal as normas da Constituição Estadual de **caráter remissivo** – isto é, que fazem referência a dispositivo da Constituição Federal sem reproduzi-lo. Ambas recebem o tratamento dispensado às normas da Constituição Estadual "de reprodução da Constituição Federal". Como ilustração, um hipotético preceito de determinada Constituição Estadual estaria fazendo simples remissão a um dispositivo da Constituição Federal se sua redação fosse algo como:

> Art. 69. Sem prejuízo de outras garantias asseguradas ao contribuinte, aplicam-se ao Estado e aos Municípios as vedações ao poder de tributar previstas no art. 150 da Constituição Federal.

Note-se que não foi textualmente reproduzido o art. 150 da Constituição Federal, mas, para todos os efeitos, esse hipotético art. 69 (de caráter remissivo) seria tratado como uma norma da Constituição Estadual "de reprodução da Constituição Federal".[187]

Estabelecida a distinção entre normas da Constituição Estadual "autônomas" e normas da Constituição Estadual "de reprodução da Constituição Federal", passemos ao exame da hipótese de coexistência de duas ações diretas – uma no Tribunal de Justiça, outra perante o Supremo Tribunal Federal – impugnando o mesmo preceito estadual.

Antes, porém, cabe lembrar: se determinado dispositivo de lei estadual for impugnado em ação direta perante o Tribunal de Justiça por ofensa a norma da Constituição Estadual – seja esta de natureza autônoma, de reprodução obrigatória ou de imitação –, **o Tribunal local terá competência para o processo e julgamento**, com fundamento no art. 125, § 2.º, da Carta da República; o trâmite do processo na Corte local é que poderá seguir diferentes caminhos, e a decisão proferida poderá ser dotada de distinta eficácia, a depender da natureza da norma da Constituição Estadual eleita como parâmetro para o controle de constitucionalidade – nos termos examinados a seguir.

13.7.7.1. Normas de natureza autônoma

Caso uma ação direta estadual impugne dispositivo de certa lei estadual em face de **norma autônoma** (ou genuinamente estadual) da Constituição Estadual e,

---

[187] Rcl 4.432/TO, rel. Min. Gilmar Mendes, 27.09.2006.

durante o curso desta ação perante o Tribunal de Justiça, seja proposta outra ação direta contra o mesmo dispositivo da lei estadual perante o Supremo Tribunal Federal, por ofensa a norma (de conteúdo distinto) da Constituição Federal, os dois tribunais estarão examinando a validade da lei ante parâmetros distintos (afinal, neste caso, o parâmetro da Constituição Estadual é "norma originária e genuinamente estadual"; não é mera reprodução da Constituição Federal).

Nessa situação, caso o Supremo Tribunal Federal declare a lei estadual inconstitucional em confronto com a Constituição Federal, a ação direta perante o Tribunal de Justiça restará prejudicada, pois a Corte local não mais poderá considerá-la constitucional (afinal, se a lei estadual contraria a Constituição Federal, não poderá ela permanecer no ordenamento jurídico, independentemente de quaisquer outras considerações); entretanto, caso o Supremo Tribunal Federal declare a lei estadual constitucional em face da Constituição Federal, o Tribunal de Justiça prosseguirá, autonomamente, o julgamento da ação direta que impugna a lei em face da Constituição do estado, podendo declarar a sua constitucionalidade ou inconstitucionalidade (porque é possível que a lei estadual não contrarie a Constituição Federal, mas seja incompatível com dispositivo "peculiar", genuíno, da Constituição do estado).

Observe-se que, nessa hipótese, mesmo o Supremo Tribunal Federal tendo declarado a **constitucionalidade** da lei estadual em ação direta, é possível que o Tribunal de Justiça venha a reconhecer, ulteriormente, a **inconstitucionalidade** da mesma lei. Isso porque os dois tribunais examinam a validade da norma ante a distintos parâmetros constitucionais, haja vista que o parâmetro da Constituição Estadual é autônomo em relação à Constituição Federal (**não** se trata de norma de reprodução da Constituição Federal). O contrário, porém, não é possível, porque, se o Supremo Tribunal Federal declarar a inconstitucionalidade da lei, será ela retirada do ordenamento jurídico, por ofensa à Lei Fundamental da República, nada importando a sua relação com a Constituição Estadual.

Cabe ressaltar, também, que, se o Tribunal de Justiça julga ação direta e declara a inconstitucionalidade de preceito de lei estadual por ofensa a norma da Constituição Estadual de **natureza autônoma** (ou genuinamente estadual), tal decisão da Corte local é dotada de eficácia *erga omnes* (no âmbito estadual, evidentemente, já que se cuida de norma do ordenamento local) e retirará o preceito do ordenamento jurídico. Como se trata de norma "genuinamente estadual" (e **não** de reprodução ou imitação de preceito da Constituição Federal), não há que se falar em posterior impugnação do mesmo preceito (que, por força da decisão do Tribunal de Justiça, já deixou de existir no ordenamento) perante o Supremo Tribunal Federal, diante de dispositivo da Constituição Federal de mesmo conteúdo (que sequer existe!). Afinal, se a norma da Constituição Estadual eleita como parâmetro para o controle é "genuinamente Estadual", não há preceito na Constituição Federal de conteúdo idêntico, semelhante ou aparentado!

13.7.7.2. Normas de reprodução da Constituição Federal

Situação distinta da estudada no subitem precedente temos quando um mesmo preceito de lei estadual é impugnado em ações diretas simultâneas – uma no

Tribunal de Justiça, outra perante o Supremo Tribunal Federal – em face de norma da Constituição Estadual que **reproduz (obrigatoriamente ou não)** norma da Constituição Federal.

Com efeito, quando tramitam paralelamente duas ações diretas, uma no Tribunal de Justiça local e outra no Supremo Tribunal Federal, contra a mesma lei estadual impugnada em face de normas constitucionais estaduais que são reprodução de normas da Constituição Federal, **suspende-se o curso da ação direta proposta perante o Tribunal de Justiça** até o julgamento final da ação direta proposta perante o Supremo Tribunal Federal. Ao final, como o parâmetro para o exame da validade da lei estadual é o mesmo nas duas ações diretas (porque o parâmetro da Constituição Estadual é norma de reprodução da Constituição Federal), a decisão de mérito do Supremo Tribunal Federal obrigará o Tribunal de Justiça, em decorrência do efeito vinculante da decisão em ação direta pelo STF. Isso porque a decisão de mérito proferida pelo Supremo Tribunal Federal, quer tenha reconhecido a constitucionalidade, quer tenha declarado a inconstitucionalidade da lei estadual, **é dotada de efeito vinculante relativamente aos demais órgãos do Poder Judiciário**, obrigando, portanto, o Tribunal de Justiça, que se limitará a seguir o entendimento firmado pelo STF. Enfim, a decisão do Supremo Tribunal Federal prevalecerá sobre a da ação direta estadual, que restará prejudicada – **exceto** se, além da alegação de ofensa a norma reproduzida da Constituição Federal, a ação estadual estiver **também embasada em outros fundamentos autônomos** ("genuinamente estaduais"), hipótese em que **prosseguirá por esses outros fundamentos**.[188]

Anote-se que, nesse caso de reprodução de norma da Constituição Federal pela Constituição do estado, o Tribunal de Justiça, quanto ao aspecto substancial, termina por examinar, no âmbito do controle abstrato de normas, a validade de lei estadual em confronto com a **Constituição Federal**, tendo em vista que o dispositivo da Constituição Estadual utilizado como parâmetro para o julgamento é, na verdade, norma de reprodução (ou imitação) da Constituição Federal. Enfim, o Tribunal de Justiça estará examinando a validade de uma lei estadual em confronto com o art. "Y" da Constituição Estadual; esse art. "Y", porém, é mera reprodução (ou imitação) do dispositivo "Z" da Constituição Federal; ou seja, ao fim e ao cabo, o Tribunal local estará, ainda que indiretamente, examinando a validade da lei tendo como parâmetro norma (substancialmente) da Constituição Federal.

Conforme exposto alhures, na hipótese de tramitação paralela de duas ações diretas contra a mesma lei estadual, uma no Tribunal de Justiça local e outra no Supremo Tribunal Federal, a jurisprudência da Corte Suprema estipula que **seja suspenso o curso da ação direta proposta no Tribunal de Justiça até o julgamento final da ação direta no Supremo Tribunal Federal**. Não obstante, em um importante julgado,[189] nosso Tribunal Supremo deparou-se com situação até então inédita: em determinado caso, o Tribunal de Justiça não suspendeu o processo, julgou o mérito da ação direta, declarou a inconstitucionalidade da lei estadual (por ofensa

---

[188] Rcl 425 AgR, rel. Min. Néri da Silveira, 22.10.1993.
[189] ADI 3.659, rel. Min. Alexandre de Moraes, 13.12.2018.

Cap. 13 • CONTROLE DE CONSTITUCIONALIDADE   **935**

a norma da Constituição Estadual que reproduz preceito da Constituição Federal) e tal decisão transitou em julgado (pela ausência de interposição de recurso)!

Verificada essa anômala situação – haja vista que, em regra, o processo da ação direta perante o Tribunal de Justiça deve ser suspenso! –, o Supremo Tribunal Federal enfrentou, então, a seguinte questão: considerada essa hipótese – decisão definitiva do Tribunal de Justiça que, em ação direta estadual, declara a inconstitucionalidade de lei estadual por ofensa a norma da Constituição Estadual que reproduz preceito da Constituição Federal –, a decisão da Corte local prejudica o julgamento da ação direta, com o mesmo objeto, perante o Supremo Tribunal Federal? Ou, ainda: tal decisão, já transitada em julgado perante o Tribunal de Justiça, inibe a propositura de posterior ação direta, com o mesmo objeto, perante o Supremo Tribunal Federal?

A "resposta" da Corte Maior para as duas indagações acima formuladas foi **negativa**. A decisão proferida pelo Tribunal de Justiça, por não vincular o Supremo Tribunal Federal, **não prejudicará** a ação direta que estiver tramitando em seu âmbito. Havendo declaração de inconstitucionalidade (ou de constitucionalidade) de preceito normativo estadual pelo Tribunal de Justiça com base em norma constitucional estadual que seja reprodução (obrigatória ou não) de dispositivo da Constituição Federal, **subsiste a competência do Supremo Tribunal Federal para o julgamento da ação direta**, tendo por parâmetro de confronto o dispositivo da Carta Federal reproduzido.

Esclareceu o Pretório Supremo que prevalecerá, ao final, a decisão por ele proferida, em razão da força vinculante dessa decisão em relação a todos os demais órgãos do Poder Judiciário. Assentou, ademais, que, quando a decisão do Tribunal de Justiça em ação direta afirmar a constitucionalidade ou a inconstitucionalidade de norma estadual em face de preceito da Constituição do estado que constitua reprodução (obrigatória ou não) de preceito da Constituição Federal, há de se entender que **a eficácia dessa decisão estadual ficará necessariamente revestida de uma condição resolutória implícita** (isto é, estará sujeita a posterior perda de sua eficácia), representada por eventual decisão em sentido contrário do Supremo Tribunal Federal, em nome da posição de supremacia desta Corte.

Na prolação do voto condutor desse entendimento, o relator, Ministro Alexandre de Moraes, didaticamente apontou quatro decisões que poderão ser proferidas pela Corte local na hipótese de propositura simultânea de ações diretas – uma no Tribunal de Justiça, outra perante o Supremo Tribunal Federal –, com o pedido de inconstitucionalidade da mesma norma estadual, a seguir resumidas:

a) primeira – o Tribunal de Justiça julga a causa e, com base em norma **constitucional genuinamente estadual** (= sem similar na Constituição Federal), declara a sua **procedência** (reconhece a inconstitucionalidade da lei estadual): a decisão do Tribunal de Justiça implica prejuízo à ação direta em curso no Supremo Tribunal Federal, haja vista que a norma estadual já foi retirada do ordenamento jurídico por ofensa a preceito "genuinamente estadual", e tal situação não se alteraria, de modo algum, mesmo que o Supremo Tribunal Federal viesse a declarar a sua constitucionalidade perante a Constituição Federal;

b) segunda – o Tribunal de Justiça julga a causa e, com base em **norma constitucional genuinamente estadual,** declara a sua **improcedência** (reconhece a constitucionalidade da lei estadual): a decisão do Tribunal de Justiça não implica prejuízo à ação direta em curso perante o Supremo Tribunal Federal, tampouco inibe a propositura de futura ação direta perante a Corte Máxima com o mesmo objeto, porquanto o fato de a Corte local ter declarado a constitucionalidade da norma estadual em face de preceito genuinamente estadual presente na Constituição do Estado (= sem similar na Constituição Federal) não impede que essa mesma norma venha a ser declarada inconstitucional pelo Supremo Tribunal Federal, por incompatibilidade com a Constituição Federal;

c) terceira – o Tribunal de Justiça julga a causa e, com base em **norma constitucional estadual reproduzida da Constituição Federal** (de absorção **obrigatória ou não**), declara a sua **procedência** (reconhece a inconstitucionalidade da lei estadual): a decisão do Tribunal de Justiça não implica prejuízo à ação direta em curso perante o Supremo Tribunal Federal, tampouco inibe o ajuizamento de futura ação direta perante a Corte Máxima com o mesmo objeto, tendo em vista que a eficácia dessa decisão não pode alcançar a Suprema Corte, a ponto de impedir ou inibir o exaurimento de sua função de guardião da Constituição Federal; nessa hipótese, portanto, em nome da posição de supremacia do Pretório Constitucional, a eficácia da decisão estadual ficará necessariamente revestida de uma condição resolutória implícita, representada por eventual decisão em sentido contrário do Supremo Tribunal Federal;

d) quarta – o Tribunal de Justiça julga a causa e, com base em **norma constitucional estadual reproduzida da Constituição Federal** (de absorção **obrigatória ou não**), declara a sua **improcedência** (reconhece a constitucionalidade da lei estadual): aplica-se a mesma orientação descrita na letra "c" (terceira hipótese da presente enumeração).

Por fim, um ponto sobremaneira relevante deve ser destacado: as regras aqui estudadas, a respeito do controle abstrato perante o Tribunal de Justiça, não podem ser confundidas com as aplicáveis ao controle concreto, também realizado por esse tribunal estadual, na via difusa.

Com efeito, vimos que **no controle abstrato o Tribunal de Justiça não aprecia a validade de normas federais**, mas, unicamente, de normas estaduais e municipais. Essa restrição, no entanto, **não se aplica ao controle difuso**, realizado pelo Tribunal de Justiça diante das controvérsias concretas a ele submetidas. No controle difuso, não há vedação a que o Tribunal de Justiça aprecie a validade de normas federais. Vale dizer, o Tribunal de Justiça, como qualquer outro tribunal ou juiz do País, pode declarar a inconstitucionalidade de normas federais, desde que no âmbito do controle difuso, diante de casos concretos.

13.7.8. *Recurso extraordinário contra decisão de ADI estadual*

Foi visto anteriormente que o Tribunal de Justiça realiza controle abstrato de normas estaduais e municipais tendo como parâmetro imediato a **Constituição do** estado. Significa dizer que um dos legitimados pela Constituição Estadual poderá impugnar no controle abstrato perante o Tribunal de Justiça **leis ou atos normativos estaduais e municipais**, e esse tribunal apreciará a validade das referidas normas em face da **Constituição Estadual**.

Assim, sabendo que o controle abstrato nos estados-membros é realizado em confronto com a Constituição Estadual, e que o Tribunal de Justiça é o órgão máximo do Poder Judiciário do estado, é lídimo concluir que, em regra, a decisão do Tribunal de Justiça no controle abstrato é **irrecorrível**, não está sujeita a recurso a outros tribunais.

Há, porém, uma situação peculiar em que o Tribunal de Justiça poderá realizar controle abstrato de normais estaduais e municipais em face da **Constituição Federal**. Cuida-se da situação em que a norma da Constituição Estadual eleita como parâmetro para o exame da constitucionalidade da norma local (estadual ou municipal) seja **norma de reprodução obrigatória da Constituição Federal**, ou que exista, na Constituição Estadual, **regra de caráter remissivo à Constituição Federal**.[190]

Se presente uma dessas peculiaridades – a norma da Constituição Estadual invocada como parâmetro para a declaração da inconstitucionalidade é norma de reprodução obrigatória da Constituição Federal, ou constitui regra de caráter remissivo à Constituição Federal –, o Tribunal de Justiça do Estado poderá processar e julgar ações diretas de inconstitucionalidade contra leis ou atos municipais, tendo como parâmetro a **Constituição Federal**. Mas, repita-se, somente na hipótese em que a norma da Constituição Estadual eleita como parâmetro constitua norma **de reprodução obrigatória** da Constituição Federal, ou seja regra de **caráter remissivo** à Constituição Federal.

Anote-se que, nessa excepcional hipótese do controle abstrato estadual, a controvérsia instaurada perante o Tribunal de Justiça termina por envolver regramento presente na **Constituição Federal** (seja por reprodução obrigatória de norma desta, seja por remissão ao texto constitucional federal). Por essa razão, nessa excepcional situação, a decisão do Tribunal de Justiça, proferida no controle abstrato, **não será irrecorrível**, pois contra ela caberá a interposição de recurso extraordinário para o Supremo Tribunal Federal, a fim de que esta Corte firme o entendimento final sobre a matéria, confirmando ou reformando a decisão do Tribunal de Justiça.

Em suma: como a controvérsia termina por envolver (ainda que penas "mediatamente", "indiretamente") a Constituição Federal – devido à reprodução obrigatória, ou à remissão –, a competência para ditar a última palavra não será do Tribunal de Justiça estadual, mas do Supremo Tribunal Federal, em sede de recurso extraordinário.

Com efeito, a jurisprudência do Supremo Tribunal Federal é firme no sentido de que na hipótese de ajuizamento de ação direta perante o Tribunal de Justiça na qual se alegue que a lei impugnada ofendeu dispositivo da Constituição Estadual que reproduza norma da Constituição Federal de **observância obrigatória** pelos estados-membros (ou dispositivo da Constituição Estadual que faça **remissão** a uma norma da Constituição Federal de observância obrigatória pelos estados-membros),

---

[190] ADI 5.647/AP, rel. Min. Rosa Weber, 04.11.2021.

contra a decisão do Tribunal de Justiça haverá a possibilidade de interposição de **recurso extraordinário para o Supremo Tribunal Federal**.[191]

Vejamos uma situação hipotética. Suponha-se que uma lei – estadual ou municipal – seja impugnada em ação direta perante o Tribunal de Justiça, por alegada ofensa ao art. 40 da Constituição do estado, e esse artigo seja mera reprodução de um determinado dispositivo da Constituição Federal. Nessa hipótese, o Tribunal de Justiça apreciará a ADI, firmando sua posição sobre a validade da lei local. Porém, como o dispositivo da Constituição Estadual eleito como parâmetro para a apreciação da validade da lei local é mera reprodução de norma da Constituição Federal, contra a decisão do Tribunal de Justiça poderá ser interposto recurso extraordinário perante o Supremo Tribunal Federal.

Note-se que, nessa situação, o recurso extraordinário – recurso constitucional típico do controle concreto, nos termos do art. 102, III, da Constituição Federal – estará sendo utilizado no âmbito do controle abstrato, instaurado perante o Tribunal de Justiça. Logo, segundo a jurisprudência do Supremo Tribunal Federal, **a decisão por ele proferida nesse recurso extraordinário será dotada de eficácia *erga omnes*,** por se tratar de controle abstrato (ainda que a via do recurso extraordinário seja própria do controle difuso), e essa eficácia estende-se a **todo o território nacional**.[192]

Em decorrência da eficácia *erga omnes*, a decisão proferida pelo Supremo Tribunal Federal nesse recurso extraordinário, caso seja declarada a inconstitucionalidade da lei, **não será comunicada ao Senado Federal, para o fim da suspensão da execução da lei por essa Casa Legislativa, nos termos do art. 52, X, da Constituição Federal**. Afinal, se a própria decisão do Supremo Tribunal Federal já é dotada de eficácia *erga omnes*, retirando a norma do ordenamento jurídico, não há que se cogitar a suspensão pelo Senado Federal.

Essa situação excepcional de interposição de recurso extraordinário no âmbito do controle abstrato instaurado perante o Tribunal de Justiça é denominada pela doutrina **controle abstrato no modelo difuso**. Isso porque, em termos precisos, temos a realização do controle abstrato (instaurado a partir da propositura da ação direta estadual, na qual a validade da lei é apreciada em tese, sem referência a nenhum caso concreto), de modo difuso (porque realizado perante mais de um tribunal). Enfim, temos uma hipótese excepcional de controle abstrato (a norma foi impugnada, em tese, perante o Tribunal de Justiça) realizado de forma difusa, uma vez que a controvérsia será apreciada por mais de um tribunal do Poder Judiciário (em sede de ação direta, pelo Tribunal de Justiça e, ulteriormente, em recurso extraordinário, pelo STF).

Por fim, vale repisar que essa possibilidade – cabimento de recurso extraordinário em face de decisão do Tribunal de Justiça, proferida no âmbito do controle abstrato – alcança não só o exame da constitucionalidade de normas **estaduais**, mas **também** de **leis e atos normativos municipais**. Essa excepcional situação restou

---

[191] ADI-AgR 1.268/MG, rel. Min. Carlos Velloso, 20.09.1995.
[192] RE 187.142/RJ, rel. Min. Ilmar Galvão, 13.08.1998.

Cap. 13 • CONTROLE DE CONSTITUCIONALIDADE

consolidada na jurisprudência do Supremo Tribunal Federal com a aprovação da seguinte **tese de repercussão geral:**[193]

> Tribunais de Justiça podem exercer controle abstrato de constitucionalidade de leis municipais utilizando como parâmetro normas da Constituição Federal, desde que se trate de normas de reprodução obrigatória pelos Estados.

13.7.9. Distrito Federal

A União possui competência para a instituição de ação direta de inconstitucionalidade de leis ou atos normativos editados pelo Distrito Federal em confronto com sua Lei Orgânica, cujo julgamento compete ao Tribunal de Justiça do Distrito Federal e Territórios (TJDFT).

A competência da União para dispor sobre a organização judiciária do Distrito Federal tem assento constitucional, constando dos arts. 22, inciso XVII, e 48, inciso IX, da Carta da República.

Portanto, vale frisar, as leis e os atos normativos distritais podem ter sua legitimidade aferida abstratamente em face da Lei Orgânica do Distrito Federal, em sede de ação direta, a ser proposta perante o Tribunal de Justiça do Distrito Federal e Territórios (TJDFT).

Note-se que a dessemelhança do controle abstrato no Distrito Federal em relação aos estados-membros está na competência para a instituição dessa fiscalização abstrata. Assim, enquanto nos estados-membros a competência para instituir o controle abstrato pertence a esses próprios entes federados, na respectiva Constituição Estadual, **no Distrito Federal cabe à União criar a fiscalização abstrata das leis e atos normativos distritais em face da Lei Orgânica, pois somente ela dispõe de competência para legislar sobre a organização do Poder Judiciário no Distrito Federal**, por força do art. 22, inciso XVII, da Constituição Federal.

No Distrito Federal, portanto, o controle abstrato **não é instituído pela Câmara Legislativa e não está vazado em sua Lei Orgânica**, mas sim em **lei federal, editada pelo Congresso Nacional**, em razão do art. 22, inciso XVII, da Constituição Federal.[194]

13.7.10. Representação interventiva

A Constituição Federal prevê, também, a instituição pelos estados-membros da denominada representação interventiva (ADI interventiva), destinada a legitimar eventual intervenção do estado nos seus municípios, nas estritas hipóteses constitucionalmente admitidas.

---

[193] RE 650.898/RS, red. p/ o acórdão Min. Roberto Barroso, 01.02.2017.
[194] O controle abstrato das leis e atos normativos do Distrito Federal em face da sua Lei Orgânica está disciplinado na Lei 11.697/2008.

Reza o art. 35, IV, da Constituição Federal que os estados poderão intervir nos seus municípios caso o Tribunal de Justiça dê provimento à representação para assegurar a observância de princípios indicados na Constituição Estadual, ou para prover a execução de lei, de ordem ou de decisão judicial.

Uma vez instituída a representação interventiva estadual, a legitimação para sua propositura é **exclusiva do Procurador-Geral de Justiça**, chefe do Ministério Público estadual (CF, 129, IV).

Segundo orientação do Supremo Tribunal Federal, a decisão do Tribunal de Justiça na representação interventiva para viabilizar a intervenção estadual no município reveste-se de caráter político-administrativo, sendo, portanto, definitiva. Assim, da decisão proferida pelo Tribunal de Justiça na representação interventiva estadual não cabe recurso para o Supremo Tribunal Federal.[195]

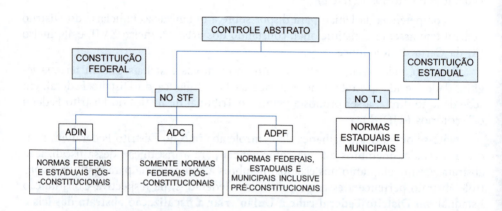

---

[195] STF, Súmula 637: "Não cabe recurso extraordinário contra acórdão de Tribunal de Justiça que defere pedido de intervenção estadual em Município."

Capítulo 14

DEFESA DO ESTADO E DAS INSTITUIÇÕES DEMOCRÁTICAS

1. INTRODUÇÃO

Em um Estado democrático de direito, o texto constitucional protege valores dos mais diferentes grupos da sociedade e estabelece uma distribuição de poderes entre eles, de tal sorte que haja um equilíbrio estável de forças, em que nenhum desses grupos possa dominar os demais, tampouco romper o equilíbrio constitucionalmente desejado.

Esse equilíbrio de forças é o que caracteriza – e preserva – a ordem jurídica constitucional. Assim, enquanto a concorrência entre os diferentes grupos estiver ocorrendo dentro dos limites constitucionais, a democracia e as instituições do Estado estarão preservadas. Entretanto, quando a competição entre os grupos sociais extrapola os parâmetros jurídicos preestabelecidos, surge a chamada **crise constitucional**, que, se não for bem administrada, provocará o rompimento do equilíbrio constitucional, fragilizando as instituições democráticas.

Esse equilíbrio constitucional – delineado constitucionalmente tendo em vista as situações de normalidade da vida do Estado – poderá também ser afetado por situações outras que não a desarmonia entre os grupos sociais, como a guerra externa ou agressão armada estrangeira ou calamidades de grandes proporções na natureza.

Constatada uma situação de crise constitucional, a Constituição Federal de 1988 autoriza a adoção de certas medidas de exceção – estado de defesa e estado de sítio –, com o fim de fazer frente à anormalidade manifestada e restabelecer a ordem. Durante a execução dessas medidas, o poder de repressão do Estado é ampliado, mediante a autorização para que sejam impostas aos indivíduos restrições e suspensões de certas garantias fundamentais, em locais específicos e por prazo certo, sempre no intuito de restabelecer a normalidade constitucional.

Enfim, quando uma dessas situações de exceção se instaura, manifesta-se o chamado **sistema constitucional das crises**, assim considerado "o conjunto ordenado de normas constitucionais, que, informadas pelos princípios da necessidade e temporalidade, tem por objeto as situações de crises e por finalidade a mantença ou o restabelecimento da normalidade constitucional".[1]

Antes de examinarmos as regras constitucionais acerca das medidas de exceção – estado de defesa e estado de sítio –, é importantíssimo ressaltar que durante a execução dessas medidas excepcionais não impera o arbítrio do Estado, haja vista que este só poderá agir nos estritos termos e limites estabelecidos pela Constituição da República. Significa dizer que toda a atuação do Estado deve fiel obediência aos requisitos e limites impostos pela Constituição, sob pena de nulidade e da ulterior responsabilização política, criminal e cível dos executores da medida. Significa, também, que nem todos os direitos e garantias fundamentais dos indivíduos poderão ser restringidos ou suspensos, mas tão somente aqueles em relação aos quais há expressa autorização constitucional. Valores fundamentais como o direito à vida, à dignidade humana, à honra, ao acesso ao Poder Judiciário etc. deverão ser preservados, pois, como se disse acima, não se trata de situação de arbítrio estatal, mas sim de uma legalidade extraordinária, minuciosamente regrada na Constituição Federal.

Exatamente por esse motivo, segundo entendimento doutrinário cedeço, a execução dessas medidas excepcionais só será validada se estiverem presentes, pelo menos, três requisitos: (a) **necessidade** (as medidas só deverão ser decretadas diante de situações fáticas cuja gravidade torne imprescindível a sua adoção); (b) **temporalidade** (as medidas deverão vigorar somente pelo prazo necessário ao restabelecimento da normalidade, sob pena de se converterem em arbítrio ou ditadura); (c) **obediência irrestrita aos comandos constitucionais** (a atuação do Estado deverá obedecer fielmente às regras e limites constitucionais, sob pena de ulterior responsabilização – política, criminal e cível – dos executores).

2. ESTADO DE DEFESA

Estabelece a Constituição Federal que o Presidente da República pode, ouvidos o Conselho da República e o Conselho de Defesa Nacional, decretar estado de defesa para preservar ou prontamente restabelecer, em locais restritos e determinados, a ordem pública ou a paz social ameaçadas por grave e iminente instabilidade institucional ou atingidas por calamidades de grandes proporções na natureza (art. 136).

2.1. Pressupostos

São duas, portanto, as situações excepcionais que autorizam a decretação do estado de defesa, a saber:

a) a existência de grave e iminente instabilidade institucional que ameace a ordem pública ou a paz social;

---

[1] Aricê Moacyr Amaral Santos, citado por José Afonso da Silva.

Cap. 14 • DEFESA DO ESTADO E DAS INSTITUIÇÕES DEMOCRÁTICAS 943

b) a manifestação de calamidades de grandes proporções na natureza, que atinjam a ordem pública ou a paz social.

O **estado de defesa** é medida de exceção **mais branda do que o estado de sítio**, adiante estudado, e corresponde às antigas **medidas de emergência**, que vigoravam no regime constitucional pretérito. Seu objetivo é restabelecer a ordem pública ou a paz social ameaçadas por grave e iminente instabilidade institucional ou atingidas por calamidades de grandes proporções da natureza (note-se que não é qualquer calamidade pública que legitima a decretação do estado de defesa; a Constituição exige que o estado de calamidade seja de grande proporção e que, ademais, gere situação de grave perturbação à ordem pública ou à ordem social).

Como medida mais branda, **não exige autorização prévia do Congresso Nacional** para a sua decretação. O Presidente da República a decreta e, ulteriormente, dentro de vinte e quatro horas, submete o ato com a respectiva justificação à apreciação do Congresso Nacional, que decidirá por maioria absoluta. Se o Congresso estiver em recesso, será convocado extraordinariamente, no prazo de cinco dias, devendo apreciar o decreto no prazo de dez dias contados do seu recebimento e continuar funcionando enquanto vigorar o estado de defesa. Na apreciação da medida, o Congresso Nacional concluirá por sua **aprovação** ou por sua **rejeição**. Se aprovada a medida, prossegue sua execução; se rejeitada, cessarão imediatamente os seus efeitos, sem prejuízo da apuração da responsabilidade pelos ilícitos cometidos pelos seus executores.

Entretanto, a decretação do estado de defesa **exige a prévia audiência do Conselho da República** (CF, arts. 89 e 90) e do **Conselho de Defesa Nacional** (CF, art. 91). A manifestação desses dois Conselhos é **obrigatória**, sob pena da inconstitucionalidade da decretação do estado de defesa. Porém, a manifestação deles é **meramente opinativa, não vinculante**. Significa que mesmo tais Conselhos opinando contra a decretação da medida, o Presidente da República poderá decretá--la, se assim entender conveniente.

O decreto que instituir o estado de defesa determinará o tempo de sua duração, especificará as áreas a serem abrangidas e indicará, nos termos e limites da lei, as medidas coercitivas a vigorarem, na forma comentada adiante.

2.2. Prazo

O prazo de duração do estado de defesa **não poderá ser superior a trinta dias, admitida uma única prorrogação, por igual período** (ou por período menor), se persistirem as razões que justificaram a sua decretação.

Caso haja a expiração desse prazo, incluída a prorrogação, sem o restabelecimento da ordem pública ou da paz social, o remédio será a decretação do estado de sítio, com base na autorização prevista no art. 137, I, da Constituição Federal.

2.3. Abrangência

O estado de defesa visa a reprimir ameaças à ordem pública ou à paz social em **locais restritos** e **determinados**. A área a ser abrangida pelo estado de defesa será especificada pelo Presidente da República no decreto que instituir a medida. A Constituição Federal não estabelece limites objetivos para a definição de "locais restritos e determinados", mas uma interpretação sistemática do texto constitucional leva a concluir que não pode ela ter amplitude nacional, pois, nesse caso (isto é, no caso de comoção grave de repercussão nacional), a medida a ser adotada seria o estado de sítio, conforme determina o art. 137, I, da Lei Maior.

2.4. Medidas coercitivas

Durante a execução do estado de defesa, temos a adoção de um regime especial, no qual são provisoriamente sacrificados alguns direitos e garantias individuais no interesse superior da ordem pública ou da paz social, resguardando-se, em última análise, a própria liberdade e segurança dos cidadãos. Assim, durante o estado de defesa poderão vigorar, nos termos e limites fixados em lei,[2] certas medidas coercitivas de restrição de direitos e garantias fundamentais dos indivíduos, dentre as seguintes:

a) restrições aos direitos de reunião, ainda que exercida no seio das associações, de sigilo de correspondência e de sigilo de comunicação telegráfica e telefônica;

b) ocupação e uso temporário de bens e serviços públicos, na hipótese de calamidade pública, respondendo a União pelos danos e custos decorrentes.

Observe que as restrições previstas na letra "a" podem ser adotadas durante o estado de defesa decretado com fundamento em quaisquer das situações constitucionalmente admitidas, enquanto a ocupação e uso de bens, previstos na letra "b", somente poderão ser adotados na hipótese de estado de defesa decretado em decorrência de calamidades de grandes proporções.

Na vigência do estado de defesa, a prisão por crime contra o Estado, determinada pelo executor da medida, será por este comunicada imediatamente ao juiz competente, que a relaxará, se não for legal, facultado ao preso requerer exame de corpo de delito à autoridade policial. Essa comunicação será acompanhada de declaração, pela autoridade, do estado físico e mental do detido no momento de sua autuação.

O executor da medida poderá, também, determinar a prisão de qualquer pessoa por outros motivos que não seja o cometimento de crime contra o Estado, mas, nesse caso, a prisão ou detenção não poderá ser superior a dez dias, salvo quando autorizada pelo Poder Judiciário.

Em qualquer caso, é **vedada a incomunicabilidade do preso**, a fim de que ele tenha possibilidade de provocar o controle judicial da legalidade de seu encarce-

---

[2] Note-se que a Constituição Federal está a exigir a elaboração de uma lei ordinária que estabeleça os termos e limites para a adoção de medidas coercivas contra as pessoas durante a execução do estado de defesa.

Cap. 14 • DEFESA DO ESTADO E DAS INSTITUIÇÕES DEMOCRÁTICAS

ramento, uma vez que, mesmo durante a medida de exceção constitucionalmente autorizada, deve o Estado atuar em conformidade com o Direito, nos estritos limites impostos pelo próprio ordenamento jurídico, e não arbitrariamente.

2.5. Controle

Conforme dito antes, o estado de defesa não é situação de arbítrio, mas sim situação extraordinária constitucionalmente regrada. É verdade que o juízo de conveniência da decretação da medida cabe ao Presidente da República, desde que ocorra uma das situações constitucionais autorizadoras. Mas, para decretá-la e executá-la, deverá o Presidente da República observar fielmente as normas constitucionais de regência, sob pena da inconstitucionalidade da medida e da responsabilização decorrente. Exatamente por esse motivo, a decretação do estado de defesa sujeita-se a controles **político** e **jurisdicional**.

O **controle político** é realizado pelo Congresso Nacional, em três momentos distintos.

Em primeiro lugar, compete ao Congresso Nacional apreciar, no prazo de dez dias contados do seu recebimento, o decreto que institui (ou prorroga) o estado de defesa, para o fim de, por maioria absoluta de seus membros, aprová-lo (hipótese em que prossegue a sua execução) ou rejeitá-lo (hipótese em que os efeitos da medida cessarão imediatamente).

Da mesma forma, o Legislativo exerce um **controle concomitante** da execução do estado de defesa. Com efeito, determina a Constituição Federal que a Mesa do Congresso Nacional, ouvidos os líderes partidários, designará Comissão composta de cinco de seus membros para acompanhar e fiscalizar a execução das medidas referentes ao estado de defesa.

Por último, o Congresso Nacional realiza um **controle sucessivo** (*a posteriori*) do estado de defesa, pois, após a sua cessação, as medidas aplicadas durante a sua vigência serão relatadas pelo Presidente da República, em mensagem ao Congresso Nacional, com especificação e justificação das providências adotadas, com relação nominal dos atingidos e indicação das restrições aplicadas.

O **controle jurisdicional** é exercido pelo Poder Judiciário, tanto durante a execução do estado de defesa, quanto *a posteriori*, após a cessação dos efeitos da medida. Assim, durante a execução do estado de defesa, o Poder Judiciário poderá ser provocado para reprimir eventuais abusos e ilegalidades cometidos pelos executores, especialmente mediante a impetração de mandado de segurança e *habeas corpus*. De igual forma, mesmo após a cessação do estado de defesa, o Poder Judiciário poderá ser chamado a apurar a responsabilidade pelos ilícitos cometidos por seus executores ou agentes.

Entretanto, cabe ressaltar que a doutrina e jurisprudência convergem em afirmar que a fiscalização jurisdicional do estado de defesa deverá se restringir ao chamado **controle de legalidade**. Significa dizer que o Poder Judiciário não dispõe de competência para o exame do juízo de conveniência e oportunidade do Presi-

DIREITO CONSTITUCIONAL DESCOMPLICADO • *Vicente Paulo & Marcelo Alexandrino*

dente da República para a decretação do estado de defesa. Esse ato discricionário do Presidente da República, de natureza essencialmente política, não se sujeita à fiscalização do Poder Judiciário.

3. ESTADO DE SÍTIO

Determina a Constituição Federal que o Presidente da República pode, ouvidos o Conselho da República e o Conselho de Defesa Nacional, solicitar ao Congresso Nacional autorização para decretar o estado de sítio nos casos de:

a) comoção grave de repercussão nacional ou ocorrência de fatos que comprovem a ineficácia de medida tomada durante o estado de defesa; ou

b) declaração de estado de guerra ou resposta a agressão armada estrangeira.

O estado de sítio constitui medida mais grave do que o estado de defesa. Uma vez decretado, estabelece-se uma **legalidade constitucional extraordinária**, na qual é permitida a suspensão temporária de direitos e garantias fundamentais do indivíduo, como forma de reverter a anormalidade em curso.

3.1. Pressupostos

A decretação do estado de sítio **exige a prévia audiência do Conselho da República** (CF, arts. 89 e 90) e do **Conselho de Defesa Nacional** (CF, art. 91). A manifestação desses dois Conselhos é **obrigatória**, sob pena de inconstitucionalidade da decretação da medida. Porém, a manifestação deles é **meramente opinativa, não vinculante**. Significa que mesmo tais Conselhos opinando contra a decretação da medida, o Presidente da República poderá decretá-la, se obtiver a necessária autorização do Congresso Nacional, por maioria absoluta de seus membros.

Ao contrário do estado de defesa, a decretação do estado de sítio **exige prévia autorização do Congresso Nacional**. Com efeito, por constituir medida mais grave, o Presidente da República deve **solicitar a autorização do Congresso Nacional para decretar o estado de sítio**, sob pena de absoluta inconstitucionalidade do ato. Ao solicitar a autorização para decretar o estado de sítio ou sua prorrogação, o Presidente da República relatará os motivos determinantes do pedido, devendo o Congresso Nacional decidir por **maioria absoluta**. Caso a autorização para decretar o estado de sítio seja solicitada durante o recesso parlamentar, o Presidente do Senado Federal, de imediato, convocará extraordinariamente o Congresso Nacional para se reunir dentro de cinco dias, a fim de apreciar o ato, permanecendo em funcionamento até o término das medidas coercitivas.

Desse modo, a instauração do estado de sítio depende do cumprimento de três requisitos formais, quais sejam:

a) audiência do Conselho da República e do Conselho de Defesa Nacional;

Cap. 14 • DEFESA DO ESTADO E DAS INSTITUIÇÕES DEMOCRÁTICAS   947

b) autorização do Congresso Nacional, pelo voto da maioria absoluta de seus membros, em face de solicitação fundamentada do Presidente da República;

c) expedição do decreto pelo Presidente da República.

O decreto de estado de sítio indicará sua duração, as normas necessárias a sua execução e as garantias constitucionais que ficarão suspensas, e, depois de publicado, o Presidente da República designará o executor das medidas específicas e as áreas abrangidas.

3.2.   Duração

A duração máxima do estado de sítio dependerá da causa de sua decretação, na forma a seguir explicitada.

No caso de decretação com fundamento no inciso I do art. 137 – comoção grave de repercussão nacional ou ineficácia de medida tomada durante o estado de defesa –, o estado de sítio não poderá ser decretado por mais de trinta dias, nem prorrogado, de cada vez, por prazo superior a trinta dias. Veja que a expressão constitucional "de cada vez" permite sucessivas prorrogações do estado de sítio, desde que cada uma das prorrogações não ultrapasse o prazo de trinta dias. Vale lembrar, ainda, que cada prorrogação deverá ser fundamentada pelo Presidente da República e **previamente autorizada pelo Congresso Nacional**, por maioria absoluta dos seus membros.

Caso o estado de sítio seja decretado com fundamento nas situações autorizadoras do inciso II do art. 137 – declaração de estado de guerra ou resposta a agressão armada estrangeira –, poderá a medida ser decretada por todo o tempo que perdurar a guerra ou a agressão armada estrangeira.

3.3.   Abrangência

Estabelece a Constituição Federal que, depois de publicado o decreto de instituição do estado de sítio, o Presidente da República designará o executor das medidas específicas e as **áreas abrangidas**. Dessa forma, as áreas abrangidas pelo estado de sítio **não** precisarão constar, especificamente, do decreto que o instituir, devendo ser ulteriormente designadas pelo Presidente da República.

Em verdade, a motivação para a decretação do estado de sítio será, em regra, uma anormalidade de caráter nacional (em princípio, na hipótese de a anormalidade atingir apenas locais restritos e determinados, será cabível apenas a decretação do estado de defesa). Não obstante, apesar de os pressupostos para a decretação de estado de sítio serem situações de alcance ou repercussão nacional, as medidas coercitivas não necessariamente abrangerão todas as áreas do território nacional (mas podem ter tal abrangência, se necessário, diferentemente do que ocorre na decretação de estado de defesa). Sejam quais forem as áreas abrangidas pelas medidas, repita-se, o Presidente da República só precisa designá-las **depois** de editado o decreto de instituição do estado de sítio.

3.4. Medidas coercitivas

As medidas coercitivas que poderão ser tomadas contra as pessoas também dependerão da causa que fundamentou a decretação do estado de sítio.

Assim, se o estado de sítio for decretado com fundamento no inciso I do art. 137 – comoção grave de repercussão nacional ou ineficácia das medidas tomadas durante o estado de defesa –, só poderão ser adotadas contra as pessoas as seguintes medidas:

a) obrigação de permanência em localidade determinada;

b) detenção em edifício não destinado a acusados ou condenados por crimes comuns;

c) restrições relativas à inviolabilidade da correspondência, ao sigilo das comunicações, à prestação de informações e à liberdade de imprensa, radiodifusão e televisão, na forma da lei;

d) suspensão da liberdade de reunião;

e) busca e apreensão em domicílio;

f) intervenção nas empresas de serviços públicos;

g) requisição de bens.

Garante-se, entretanto, a manutenção de um canal ativo de comunicação entre a sociedade e os parlamentares, porquanto estes – que, ademais, realizam o controle político da execução do estado de sítio – têm amplamente assegurada sua liberdade de manifestação. Deveras, estabeleceu a Constituição que **não** se inclui, nas restrições cabíveis durante o estado de sítio, a possibilidade de vedação à **difusão de pronunciamentos** de parlamentares efetuados em suas casas legislativas, desde que liberada pela respectiva mesa.

No caso de estado de sítio decretado com fundamento nas situações autorizadoras vazadas no inciso II do art. 137 – declaração de estado de guerra ou resposta a agressão armada estrangeira –, a Constituição Federal **não** estabeleceu os limites que deverão ser observados na imposição de medidas coercitivas contra as pessoas. Significa dizer que, em tese, as restrições poderão ser mais amplas, atingindo outras garantias fundamentais além daquelas autorizadas pelo art. 139 para o caso de estado de sítio decretado com fundamento no inciso I do art. 137 da Carta da República. Mas, para que sejam adotadas tais medidas coercitivas contra as pessoas, será indispensável o cumprimento dos seguintes requisitos: (a) justificação quanto à necessidade de adoção das medidas pelo Presidente da República; (b) aprovação das medidas coercitivas pelo Congresso Nacional, por maioria absoluta de seus membros; (c) previsão expressa da adoção das medidas no decreto que instituir o estado de sítio.

3.5. Controle

Assim como o estado de defesa, o estado de sítio não permite arbítrio, haja vista que todo o regramento e limites impostos pela Constituição deverão ser res-

Cap. 14 • DEFESA DO ESTADO E DAS INSTITUIÇÕES DEMOCRÁTICAS

peitados, sob pena de inconstitucionalidade da medida. Assim, a fim de que sejam obedecidos os preceitos constitucionais, o estado de sítio se sujeita aos controles **político** e **jurisdicional**.

O **controle político** é realizado pelo Congresso Nacional, e pode ser dividido em três diferentes modalidades: um **controle preventivo**, porquanto a decretação do estado de sítio depende de autorização prévia do Congresso Nacional; um **controle concomitante**, uma vez que a Mesa do Congresso Nacional, ouvidos os líderes partidários, designará comissão composta de cinco de seus membros para acompanhar e fiscalizar a execução das medidas referentes ao estado de sítio; e um **controle sucessivo**, pois, logo que cesse o estado de sítio, as medidas aplicadas em sua vigência serão reportadas pelo Presidente da República, em mensagem, ao Congresso Nacional, com especificação e justificação das providências adotadas, com relação nominal dos atingidos e indicação das restrições aplicadas.

O **controle jurisdicional** é exercido pelo Poder Judiciário, tanto durante a execução do estado de sítio, quanto *a posteriori*, após a cessação dos efeitos da medida. Assim, durante a execução da medida, o Poder Judiciário poderá ser provocado para reprimir eventuais abusos e ilegalidades cometidas pelos executores, especialmente mediante a impetração de mandado de segurança e *habeas corpus*. De igual forma, mesmo após a cessação do estado de sítio, o Poder Judiciário poderá ser chamado a apurar a responsabilidade pelos ilícitos cometidos por seus executores ou agentes, conforme prevê o art. 141 da Constituição Federal.

Em verdade, qualquer pessoa que se sinta prejudicada pelas medidas adotadas pelo Presidente da República, ou pelos executores do estado de sítio, com desrespeito às prescrições e limites constitucionais, poderá recorrer ao Poder Judiciário para responsabilizá-los e requerer a reparação do dano que lhe tenha sido causado.

Entretanto, cabe ressaltar que a doutrina e jurisprudência convergem em afirmar que a fiscalização jurisdicional do estado de sítio deverá se restringir ao chamado *controle de legalidade*. Significa dizer que o Poder Judiciário não dispõe de competência para o exame do juízo de conveniência e oportunidade do Congresso Nacional (que autoriza a medida) e do Presidente da República (que decreta a medida) para a imposição do estado de sítio. Essa atuação discricionária do Congresso Nacional e do Presidente da República, de natureza essencialmente política, não se sujeita à fiscalização do Poder Judiciário.

	Estado de defesa (art. 136)	Estado de sítio (art. 137, I)	Estado de sítio (art. 137, II)
Situações autorizadoras	– Ameaça à ordem pública ou à paz social; – Calamidades de grandes proporções na natureza.	– Comoção grave de repercussão nacional; – Ineficácia das medidas tomadas durante o estado de defesa.	– Declaração de estado de guerra; – Resposta à agressão armada estrangeira.

950 DIREITO CONSTITUCIONAL DESCOMPLICADO • *Vicente Paulo & Marcelo Alexandrino*

	Estado de defesa (art. 136)	Estado de sítio (art. 137, I)	Estado de sítio (art. 137, II)
Competência para a decretação	Presidente da República.	Presidente da República.	Presidente da República.
Pressupostos	– Pareceres não vinculantes do Conselho da República e do Conselho de Defesa Nacional; – Decreto do Presidente da República.	– Pareceres não vinculantes do Conselho da República e do Conselho de Defesa Nacional; – Autorização prévia do Congresso Nacional, por maioria absoluta; – Decreto do Presidente da República.	– Pareceres não vinculantes do Conselho da República e do Conselho de Defesa Nacional; – Autorização prévia do Congresso Nacional, por maioria absoluta; – Decreto do Presidente da República.
Prazo máximo	Trinta dias, admitida uma única prorrogação de, no máximo, mais trinta dias.	Trinta dias, admitidas prorrogações de, no máximo, trinta dias, de cada vez.	Por todo o tempo que perdurar a guerra ou a agressão armada estrangeira.
Abrangência	Locais restritos e determinados.	Pode abranger todo o território nacional, devendo o Presidente da República, depois da publicação do decreto, designar especificamente as áreas alcançadas pelas medidas coercitivas.	Pode abranger todo o território nacional, devendo o Presidente da República, depois da publicação do decreto, designar especificamente as áreas alcançadas pelas medidas coercitivas.
Restrições a direitos e garantias fundamentais	Somente poderão ser adotadas as medidas previstas no art. 136, § 1.º, da Constituição.	Somente poderão ser adotadas as medidas previstas no art. 139 da Constituição.	Como a Constituição não estabeleceu limites expressos, poderão ser restringidas, em tese, todas as garantias constitucionais.
Controle político da decretação	É posterior, haja vista que o Presidente da República decreta a medida e submete o decreto à apreciação do Congresso Nacional.	É prévio, pois a Constituição exige a autorização prévia do Congresso Nacional, por maioria absoluta, para a decretação da medida.	É prévio, pois a Constituição exige a autorização prévia do Congresso Nacional, por maioria absoluta, para a decretação da medida.

Cap. 14 • DEFESA DO ESTADO E DAS INSTITUIÇÕES DEMOCRÁTICAS   951

	Estado de defesa (art. 136)	Estado de sítio (art. 137, I)	Estado de sítio (art. 137, II)
Fiscalização política concomitante das medidas	A Mesa do Congresso Nacional, ouvidos os líderes partidários, designará comissão composta de cinco de seus membros para acompanhar e fiscalizar a execução das medidas.	Idem.	Idem.
Permanência da atividade do Congresso Nacional	O Congresso Nacional permanecerá em funcionamento até o término das medidas coercitivas.	Idem.	Idem.
Controle jurisdicional	Pleno controle de legalidade, durante a medida e depois de cessada sua vigência.	Idem.	Idem.
Responsabilidade dos executores e agentes	Cessado o estado de defesa ou o estado de sítio, cessarão também seus efeitos, sem prejuízo da responsabilidade pelos ilícitos cometidos por seus executores ou agentes.	Idem.	Idem.
Prestação de contas do Presidente da República	Cessada a vigência, as medidas executadas serão relatadas pelo Presidente da República, em mensagem ao Congresso Nacional, com especificação	Idem.	Idem.
Prestação de contas do Presidente da República	e justificação das providências adotadas, com relação nominal dos atingidos e indicação das restrições aplicadas.		
Desrespeito do Presidente da República às normas constitucionais	Crime de responsabilidade, sem prejuízo das responsabilidades civis e penais.	Idem.	Idem.

4. FORÇAS ARMADAS

Estabelece o art. 142 da Constituição Federal que as Forças Armadas, integradas pela Marinha, pelo Exército e pela Aeronáutica, são instituições nacionais permanentes e regulares, organizadas com base na hierarquia e na disciplina, sob a autoridade suprema do Presidente da República, e destinam-se à defesa da Pátria, à garantia dos Poderes constitucionais e, por iniciativa de qualquer destes, da lei e da ordem.

Em importante julgamento acerca do alcance desse dispositivo constitucional, o Supremo Tribunal Federal **afastou qualquer interpretação de que as Forças Armadas de algum modo possam exercer uma espécie de "poder moderador" entre os Poderes Executivo, Legislativo e Judiciário**.[3] Vale dizer, a missão institucional das Forças Armadas na defesa da Pátria, na garantia dos Poderes constitucionais e na garantia da lei e da ordem **não acomoda o exercício de qualquer "poder moderador" entre os Poderes Executivo, Legislativo e Judiciário**. Nesse julgamento, o Tribunal deixou assente, ainda, que: (a) a chefia das Forças Armadas tem poder limitado, não sendo possível qualquer interpretação que permita sua utilização para indevidas intromissões no funcionamento independente dos Poderes da República; (b) a prerrogativa do Presidente da República de autorizar o emprego das Forças Armadas, por iniciativa própria ou a pedido dos presidentes do STF, do Senado ou da Câmara dos Deputados, não pode ser exercida contra os próprios Poderes entre si; (c) não cabe a interpretação de que o art. 142 da Constituição Federal permita que os militares possam intervir nos Poderes ou na relação entre uns e outros; (d) as Forças Armadas são órgãos de Estado, e não de governo, indiferentes às disputas que normalmente se desenvolvem no processo político; (e) a autoridade suprema sobre as Forças Armadas conferida ao Presidente da República pelo art. 84 da Constituição Federal se refere à hierarquia e à disciplina da conduta militar, mas não se impõe à separação e à harmonia entre os Poderes, cujo funcionamento livre e independente fundamenta a democracia constitucional.

Observe-se que a competência das Forças Armadas para a garantia da lei e da ordem é meramente **subsidiária**, uma vez que essas atribuições são ordinariamente desempenhadas pelas forças da segurança pública, que compreendem a Polícia Federal, a Polícia Penal e as Polícias Civil e Militar dos estados e do Distrito Federal. Embora não se limite às hipóteses de intervenção federal, de estados de defesa e de sítio, aquela competência deve ser usada **excepcionalmente**, quando houver grave e concreta violação à segurança pública interna. Conforme assentou o Supremo Tribunal Federal, "essa atuação apenas ocorrerá em **caráter subsidiário**, após o esgotamento dos mecanismos ordinários e preferenciais de preservação da ordem pública e da incolumidade das pessoas e do patrimônio, mediante a atuação colaborativa das instituições estatais e sujeita ao controle permanente dos demais Poderes, na forma da Constituição e da lei".[4] Tanto é assim que a intervenção das Forças Armadas na defesa da lei e da ordem **depende da iniciativa de um dos Poderes constitucionais**, vale dizer, **do Supremo Tribunal Federal, do Congresso Nacional**

---

[3] ADI 6.457/DF, rel. Min. Luiz Fux, 08.04.2024.

[4] ADI 6.457/DF, rel. Min. Luiz Fux, 08.04.2024.

Cap. 14 • DEFESA DO ESTADO E DAS INSTITUIÇÕES DEMOCRÁTICAS

ou da Presidência da República. Se não houver solicitação expressa efetuada por um desses Poderes, a atuação das Forças Armadas na garantia da lei e da ordem pública será inconstitucional.

Os membros das Forças Armadas são denominados **militares** e estão sob a chefia superior do Presidente da República. A Emenda Constitucional 23/1999 **extinguiu os antigos Ministérios do Exército, da Aeronáutica e da Marinha**, criando, em substituição a eles, com *status* de Ministro de Estado, os cargos de **Comandantes da Marinha, do Exército e da Aeronáutica,** além do **Ministério da Defesa**, a ser ocupado **exclusivamente por brasileiro nato** (art. 12, § 3.º, VII). Repita-se, embora os Comandantes do Exército, da Aeronáutica e da Marinha não sejam propriamente "Ministros de Estado", a referida emenda constitucional manteve o mesmo *status* de Ministro de Estado a eles, assegurando-lhes o direito ao foro especial perante o Supremo Tribunal Federal (art. 102, I, "c") e o Senado Federal (art. 52, I), além da prerrogativa de serem originariamente julgados perante o Superior Tribunal de Justiça os mandados de segurança e os *habeas corpus* contra atos dessas autoridades, bem como o *habeas corpus* quando tais autoridades figurarem como autoridade coatora (art. 105, I, "b" e "c").

Como as Forças Armadas são organizadas com base na hierarquia e na disciplina, atualmente temos o seguinte: internamente, elas se subordinam, hierárquica e disciplinarmente, aos respectivos Comandantes do Exército, da Aeronáutica e da Marinha, todos integrados no Ministério da Defesa, devendo ser obedientes, ainda, ao Presidente da República, que corporifica o comando supremo das três forças.

Determina a Constituição que não caberá *habeas corpus* em relação a punições disciplinares militares (art. 142, § 2.º).

A razão dessa vedação é que o meio militar segue regras próprias de conduta, de hierarquia e disciplina, bem mais rígidas do que as que imperam no âmbito civil, e, portanto, não faria sentido o magistrado, alheio às peculiaridades das corporações militares, substituir a avaliação da autoridade militar acerca do cabimento da imposição de uma punição disciplinar.

Entretanto, segundo a jurisprudência do Supremo Tribunal Federal, essa vedação há que ser interpretada com certo abrandamento, no sentido de que não caberá *habeas corpus* em relação ao **mérito** das punições disciplinares militares.[5]

Significa dizer que a Constituição não impede a impetração de *habeas corpus* para que o Poder Judiciário examine os pressupostos de legalidade da medida adotada pela autoridade militar, tais como a competência da autoridade militar, o cumprimento dos procedimentos estabelecidos no regulamento militar, a pena suscetível de ser aplicada ao caso concreto – dentre outros.

São de iniciativa privativa do Presidente da República as leis que fixem ou modifiquem os efetivos das Forças Armadas e as leis que disponham sobre militares das Forças Armadas, seu regime jurídico, provimento de cargos, promoções, estabilidade, remuneração, reforma e transferência para a reserva (art. 61, § 1.º, I, e II, "f"). Aplicam-se aos militares, além das que vierem a ser fixadas nessas leis

---

[5]   HC 70.648/RJ, 1.ª T., rel. Min. Moreira Alves, *DJU* 04.03.1994.

de iniciativa privativa do Presidente da República, as seguintes disposições (art. 142, § 3.º):

I – as patentes, com prerrogativas, direitos e deveres a elas inerentes, são conferidas pelo Presidente da República e asseguradas em plenitude aos oficiais da ativa, da reserva ou reformados, sendo-lhes privativos os títulos e postos militares e, juntamente com os demais membros, o uso dos uniformes das Forças Armadas;

II – o militar em atividade que tomar posse em cargo ou emprego público civil permanente, ressalvada a hipótese prevista no art. 37, inciso XVI, alínea "c", será transferido para a reserva, nos termos da lei;[6]

III – o militar da ativa que, de acordo com a lei, tomar posse em cargo, emprego ou função pública civil temporária, não eletiva, ainda que da administração indireta, ressalvada a hipótese prevista no art. 37, inciso XVI, alínea "c", ficará agregado ao respectivo quadro e somente poderá, enquanto permanecer nessa situação, ser promovido por antiguidade, contando-se-lhe o tempo de serviço apenas para aquela promoção e transferência para a reserva, sendo depois de dois anos de afastamento, contínuos ou não, transferido para a reserva, nos termos da lei;[7]

IV – ao militar são proibidas a sindicalização e a greve;

V – o militar, enquanto em serviço ativo, não pode estar filiado a partidos políticos;

VI – o oficial só perderá o posto e a patente se for julgado indigno do oficialato ou com ele incompatível, por decisão de tribunal militar de caráter permanente, em tempo de paz, ou de tribunal especial, em tempo de guerra;

VII – o oficial condenado na justiça comum ou militar a pena privativa de liberdade superior a dois anos, por sentença transitada em julgado, será submetido ao julgamento previsto no inciso anterior;

VIII – aplica-se aos militares o disposto no art. 7.º, incisos VIII, XII, XVII, XVIII, XIX e XXV, e no art. 37, incisos XI, XIII, XIV e XV, bem como, na forma da lei e com prevalência da atividade militar, no art. 37, inciso XVI, alínea "c";[8]

IX – (Revogado pela Emenda Constitucional 41/2003);

X – a lei disporá sobre o ingresso nas Forças Armadas, os limites de idade, a estabilidade e outras condições de transferência do militar para a inatividade, os direitos, os deveres, a remuneração, as prerrogativas e outras situações especiais dos militares, consideradas as peculiaridades de suas atividades, inclusive aquelas cumpridas por força de compromissos internacionais e de guerra.

---

[6] Redação dada pela EC 77, de 11.02.2014.
[7] Redação dada pela EC 77, de 11.02.2014.
[8] Redação dada pela EC 77, de 11.02.2014.

Observe-se que a EC 77/2014 – ao alterar a redação dos incisos II, III e VIII do § 3.º do art. 142 – estabeleceu **nova hipótese de acumulação remunerada lícita**, estendendo aos militares que atuam na área da saúde a possibilidade de acumulação de cargos e empregos públicos a que se refere o art. 37, XVI, "c", da Constituição Federal. Com isso, caso haja compatibilidade de horários, os profissionais de saúde das Forças Armadas poderão, na forma da lei e com prevalência da atividade militar, **exercer outro cargo ou emprego civil, desde que privativo de profissional de saúde com profissão regulamentada**.

Posteriormente, essa possibilidade de acumulação de cargos e empregos públicos **foi expressamente estendida aos militares dos estados, do Distrito Federal e dos Territórios**, observada a prevalência da atividade militar.[9]

O serviço militar é obrigatório nos termos da lei (art. 143). Entretanto, como a Constituição Federal reconhece a escusa de consciência no art. 5.º, VIII, que desobriga o alistado do serviço militar obrigatório, **desde que cumpra prestação alternativa**, compete às Forças Armadas, na forma da lei, atribuir serviço alternativo aos que, em tempo de paz, após alistados, alegarem imperativo de consciência, entendendo-se como tal o decorrente de crença religiosa e de convicção filosófica ou política, para se eximirem de atividades de caráter essencialmente militar.

Esse dispositivo constitucional está regulamentado pela Lei 8.239/1991, que dispõe sobre o serviço alternativo ao serviço militar obrigatório. Determina a lei que cabe ao Estado-Maior das Forças Armadas, em coordenação com o Ministério da Defesa e os Comandantes militares, atribuir serviços alternativos aos que, em tempo de paz, após alistados, alegarem imperativo de consciência decorrente de crença religiosa ou de convicção filosófica ou política, para se eximirem de atividades de caráter essencialmente militar. Ainda segundo a lei, considera-se "serviço militar alternativo" o exercício de atividade de caráter administrativo, assistencial ou filantrópico ou mesmo produtivo, em substituição às atividades de caráter essencialmente militar.

O serviço alternativo será prestado em organizações militares da atividade e em órgãos de formação de reservas das Forças Armadas ou em órgãos subordinados aos ministérios civis, mediante convênios entre estes e o Ministério da Defesa, desde que haja interesse recíproco e, também, que sejam atendidas as aptidões do convocado. Ao final do período de atividade alternativa, será conferido certificado de prestação alternativa ao serviço militar obrigatório, com os mesmos efeitos jurídicos do certificado de reservista, conferido àqueles que cumprem o serviço militar propriamente dito.

Oportuno ressaltar que o Supremo Tribunal Federal firmou entendimento de que **o serviço militar obrigatório pode ser remunerado com valor inferior ao salário mínimo**, haja vista que os conscritos, na prestação do serviço militar, não se enquadram como trabalhadores na acepção que o inciso IV do art. 7.º da

---

[9] CF, art. 42, § 3.º, incluído pela EC 101/2019.

Constituição Federal empresta ao conceito.[10] Esse entendimento restou consolidado na **Súmula Vinculante 6** do STF, nos termos seguintes:

> 6 – Não viola a Constituição o estabelecimento de remuneração inferior ao salário mínimo para as praças prestadoras de serviço militar inicial.

Vale lembrar-se de que aquele que invocar imperativo de consciência para furtar-se à prestação do serviço militar obrigatório (art. 5.º, VIII) e recusar-se a cumprir a prestação alternativa, sujeitar-se-á à **suspensão dos direitos políticos**, nos termos do art. 15, IV, da Constituição Federal.

A Constituição prevê, ainda, uma isenção quanto ao serviço militar obrigatório, ao dispor que as **mulheres** e os **eclesiásticos** ficam isentos do serviço militar obrigatório em tempo de paz, sujeitos, porém, a outros encargos que a lei lhes atribuir (art. 143, § 2.º).

5. SEGURANÇA PÚBLICA

Preceitua o art. 144 da Constituição Federal que a **segurança pública**, dever do Estado, direito e responsabilidade de todos, é exercida para a preservação da ordem pública e da incolumidade das pessoas e do patrimônio, **por meio dos seguintes órgãos**:

a) polícia federal;
b) polícia rodoviária federal;
c) polícia ferroviária federal;
d) polícias civis;
e) polícias militares e corpos de bombeiros militares; e
f) polícias penais federal, estaduais e distrital.

É importante destacar que essa lista foi ampliada pela Emenda Constitucional 104, de 4 de dezembro de 2019, que acrescentou o inciso VI ao art. 144 da Constituição Federal, para incluir as "polícias penais federal, estaduais e distrital" como integrantes da segurança pública.

O Supremo Tribunal Federal havia firmado o entendimento de que essa enumeração constitucional estabelece um rol taxativo (*numerus clausus*), de observância obrigatória pelo legislador infraconstitucional, em todas as esferas de governo.[11] Em outras palavras, segundo o Tribunal, a segurança pública era composta somente por órgãos federais (Polícia Federal, Polícia Penal, Polícia Rodoviária Federal e Polícia Ferroviária Federal) e estaduais e distrital (Polícia Civil, Polícia Penal, Polícia Militar

---

[10] RE 570.177, rel. Min. Ricardo Lewandowski, 30.04.2008.
[11] ADI 3.996/DF, rel. Min. Luiz Fux, 16.04.2020.

Cap. 14 • DEFESA DO ESTADO E DAS INSTITUIÇÕES DEMOCRÁTICAS

e Corpo de Bombeiros Militar), taxativamente indicados na Constituição Federal (art. 144, I a VI). Por conseguinte, não poderiam os estados, o Distrito Federal e os municípios, ainda que no intuito de desempenhar atribuições que constitucionalmente lhes são próprias, criar novos órgãos como integrantes da segurança pública.

Entretanto, recentemente, o Supremo Tribunal Federal mudou de entendimento e passou a entender que **as guardas municipais também integram o Sistema de Segurança Pública.**[12] Segundo esse novo entendimento da Corte Suprema, o deslocamento topográfico da disciplina das guardas municipais no texto constitucional não implica a sua desconfiguração como órgão de segurança pública, de modo que não prevalece o argumento da simples falta de menção a elas em pretenso rol taxativo do art. 144 da Constituição Federal. Restou assentado pelo Tribunal, ainda, que as guardas municipais, sob o aspecto material, **desempenham atividade típica de segurança pública exercida na tutela do patrimônio municipal**, consubstanciada na proteção de bens, serviços e instalações municipais (CF, art. 144, § 8.º), e que se afigura essencial ao atendimento de necessidades inadiáveis da comunidade (CF, art. 9.º, § 1.º).

É importante destacar que os serviços de segurança pública devem ser custeados mediante a instituição de impostos, sendo **vedada** a criação de **taxas** para esse fim, haja vista que "segurança pública" não se enquadra no conceito de serviço público específico e divisível, apto a fundamentar a instituição desta espécie tributária, nos termos do art. 145, inciso II, da Constituição Federal.

A Polícia Federal, instituída por lei como órgão permanente, organizado e mantido pela União e estruturado em carreira, destina-se a:

> I – apurar infrações penais contra a ordem política e social ou em detrimento de bens, serviços e interesses da União ou de suas entidades autárquicas e empresas públicas, assim como outras infrações cuja prática tenha repercussão interestadual ou internacional e exija repressão uniforme, segundo se dispuser em lei;
>
> II – prevenir e reprimir o tráfico ilícito de entorpecentes e drogas afins, o contrabando e o descaminho, sem prejuízo da ação fazendária e de outros órgãos públicos nas respectivas áreas de competência;
>
> III – exercer as funções de polícia marítima, aeroportuária e de fronteiras;
>
> IV – exercer, com exclusividade, as funções de polícia judiciária da União.

Anote-se que a competência da Polícia Federal inclui a apuração de infrações penais em detrimento de bens, serviços e interesses da União e de suas entidades autárquicas e empresas públicas, mas **não** alcança os crimes em detrimento de bens, serviços e interesses das **sociedades de economia mista federais**, que são apurados pelas polícias civis. Assim, por exemplo, em caso de roubo à agência do Banco do

---

[12] ADPF 995/DF, rel. Min. Alexandre de Moraes, 25.08.2023.

Brasil (sociedade de economia mista federal), o inquérito policial deverá ser aberto por **delegado da Polícia Civil**, e **não** da Polícia Federal.

A Polícia Rodoviária Federal, órgão permanente, organizado e mantido pela União e estruturado em carreira, destina-se, na forma da lei, ao patrulhamento ostensivo das rodovias federais.

A Polícia Ferroviária Federal, órgão permanente, organizado e mantido pela União e estruturado em carreira, destina-se, na forma da lei, ao patrulhamento ostensivo das ferrovias federais.

Estabelece a Constituição Federal que às polícias civis, dirigidas por delegados de polícia de carreira, incumbem, ressalvada a competência da União, as funções de polícia judiciária e a apuração de infrações penais, exceto as militares (art. 144, § 4.º).[13]

Observa-se, pela ressalva constante da parte final desse dispositivo, que a competência das polícias civis para apuração de infrações penais **não alcança os crimes militares**. Entretanto, segundo a jurisprudência do Supremo Tribunal Federal, a simples circunstância de ter-se o envolvimento de policiais militares nas investigações de **crimes comuns**, estranhos à atividade militar, **não** retira a competência da polícia civil para a investigação, hipótese em que **não** haverá deslocamento do inquérito para a polícia militar.[14]

Outra importante orientação firmada pelo Supremo Tribunal Federal, especificamente em relação aos policiais civis, diz respeito ao **direito constitucional de greve**. Sabemos que a Constituição Federal assegura o direito de greve aos servidores públicos civis (art. 37, VII) e o proíbe aos militares (art. 142, § 3.º, IV). Como os policiais civis não são militares, sempre se entendeu que a eles era assegurado o direito de greve, por incidência do art. 37, VII, da Lei Maior. Entretanto, o Supremo Tribunal Federal firmou entendimento **negando esse direito aos policiais civis**, sob o argumento de que "as atividades desenvolvidas pela polícia civil são análogas, para esse efeito, às dos militares, em relação aos quais a Constituição expressamente proíbe a greve".[15]

Às polícias militares cabem a polícia ostensiva e a preservação da ordem pública.

Anote-se que, conforme disposto na Constituição Federal, a atividade de polícia de segurança compreende a polícia ostensiva e a polícia judiciária. A polícia ostensiva tem por objetivo prevenir os delitos de forma a se preservar a ordem pública. A polícia judiciária exerce atividades de investigação, de apuração das infrações penais e de indicação de sua autoria, a fim de fornecer os elementos necessários ao Ministério Público em sua função persecutória das condutas criminosas.

Em respeito a essa dualidade de competências, o Supremo Tribunal Federal firmou entendimento de que ofende a Constituição Federal atribuir a policiais

---

[13] A Lei 14.735, de 23.11.2023, instituiu a **Lei Orgânica das Polícias Civis**, a qual dispõe sobre **normas gerais** de funcionamento dessas polícias, em âmbito nacional.

[14] HC 89.102, rel. Min. Celso de Mello, 12.06.2007.

[15] Rcl 6.568, rel. Min. Eros Grau, 20.05.2009.

Cap. 14 • DEFESA DO ESTADO E DAS INSTITUIÇÕES DEMOCRÁTICAS

militares a função de atendimento em delegacias de polícia, nos municípios que não dispõem de servidor de carreira para o desempenho das funções de delegado.[16]

Entretanto, em que pese o fato de ser da competência da polícia judiciária a repressão ao tráfico de drogas, a mesma Corte entende que a circunstância de haver atuado a polícia militar **não** contamina o flagrante e a busca e apreensão realizadas com base em mandado expedido por autoridade judicial. Segundo o STF, nesse caso, a atuação coaduna-se com a atividade ostensiva prevista como competência das polícias militares.[17]

Outro aspecto enfrentado pelo Supremo Tribunal Federal diz respeito à outorga, por lei, de competência aos delegados de polícia judiciária para conduzir e firmar acordos de colaboração premiada ("delações premiadas"). Segundo o Tribunal, **o delegado de polícia judiciária pode formalizar acordos de colaboração premiada**, na fase de inquérito policial, respeitadas as prerrogativas do Ministério Público, o qual deverá se manifestar, sem caráter vinculante, previamente à decisão judicial.[18] Deixou assente a Corte Suprema que **a celebração de acordo de colaboração premiada não constitui atribuição exclusiva do Ministério Público**, podendo também os delegados de polícia judiciária realizar o referido acordo, desde que na fase de investigações, no curso do inquérito policial, assegurada a posterior manifestação – obrigatória, mas **não vinculante** – do Ministério Público, antes da homologação pelo Poder Judiciário.

Aos corpos de bombeiros militares, além das atribuições definidas em lei, incumbe a execução de atividades de defesa civil.

Às **polícias penais**, vinculadas ao órgão administrador do sistema penal da unidade federativa a que pertencem, cabe a segurança dos estabelecimentos penais.[19]

As polícias militares e os corpos de bombeiros militares, forças auxiliares e reserva do Exército subordinam-se, juntamente com as polícias civis e as polícias penais estaduais e distrital, aos Governadores dos estados, do Distrito Federal e dos Territórios.[20] Em razão dessa subordinação aos Governadores, o Supremo Tribunal Federal firmou o entendimento de que **são inconstitucionais normas que conferem autonomia administrativa, financeira e orçamentária às polícias civis, bem como independência funcional aos delegados e demais categorias de policiais**.[21] Segundo o Tribunal, a concessão de tais prerrogativas – autonomias administrativa, financeira e orçamentária e independência funcional – **é incompatível com a regra do art. 144, § 6.º, da Constituição Federal**, que determina a subordinação aos Governadores. Sob a mesma fundamentação, o STF também considera inconstitucional a elaboração de **lista tríplice para a escolha do chefe de polícia civil**,

---

[16] ADI 3.614, rel. Min. Cármen Lúcia, 20.09.2007.

[17] HC 91.481, rel. Min. Marco Aurélio, 19.08.2008.

[18] ADI 5.508/DF, rel. Min. Marco Aurélio, 20.06.2018.

[19] CF, art. 144, § 5.º-A, incluído pela EC 104/2019.

[20] CF, art. 144, § 6.º, com a redação dada pela EC 104/2019.

[21] ADI 5.573/RO, rel. Min. Edson Fachin, 21.06.2021; ADI 5.579/DF, rel. Min. Cármen Lúcia, 21.06.2021.

haja vista que essa medida implicaria restrição à autonomia do Governador para designar o delegado-geral.[22]

Conforme vimos, a Polícia Federal, a Polícia Rodoviária Federal, a Polícia Ferroviária Federal, as polícias civis, as polícias penais, as polícias militares e os corpos de bombeiros militares são todos órgãos que integram a segurança pública. Entretanto, segundo o § 6.º do art. 144 da Constituição Federal, **só as polícias militares e os corpos de bombeiros militares são considerados auxiliares e reserva do Exército**. Segundo a doutrina, isso significa que o efetivo das polícias militares e o dos corpos de bombeiros poderiam ser requisitados pelo Exército em situações especiais (estado de emergência ou em decorrência de uma guerra, por exemplo).

No tocante ao Distrito Federal, cabe destacar o seguinte:

a) **compete à União** organizar e manter a polícia civil, a polícia penal, a polícia militar e o corpo de bombeiros militar do Distrito Federal (art. 21, XIV);

b) **lei federal** disporá sobre a utilização, pelo Governo do Distrito Federal, da polícia civil, da polícia penal, da polícia militar e do corpo de bombeiros militar (art. 32, § 4.º);

c) **compete privativamente à União** legislar sobre vencimentos dos membros das polícias – civil, penal e militar – e do corpo de bombeiros militar do Distrito Federal (Súmula Vinculante 39 do STF).

Uma leitura sistemática da Constituição permite concluir que **compete à União organizar as polícias civil, penal e militar e o corpo de bombeiros militar do Distrito Federal, bem como sobre eles legislar**, mas tal competência da União **não exclui a subordinação desses órgãos ao Governador do Distrito Federal**.

Portanto, os integrantes desses órgãos têm o seu regime, inclusive o concernente à remuneração, disciplinado por **lei federal**, editada pelo Congresso Nacional, e **não** pela Câmara Legislativa do Distrito Federal. Não obstante, embora essas instituições sejam **organizadas e mantidas pela União** (art. 21, XIV), elas estão **subordinadas ao Governador do Distrito Federal** (art. 144, § 6.º).

Estabelece a Constituição Federal que a lei disciplinará a organização e o funcionamento dos órgãos responsáveis pela segurança pública, de maneira a garantir a eficiência de suas atividades (art. 144, § 7.º).

Segundo o Supremo Tribunal Federal, a gestão da segurança pública estadual, como parte integrante da administração pública, é atribuição privativa do Governador de Estado. Logo, é da **iniciativa privativa** do Governador a lei que disponha sobre organização e funcionamento da segurança pública estadual.[23]

A Corte Suprema declarou a inconstitucionalidade de **lei federal** que concedia anistia de **infrações administrativas a policiais militares e bombeiros militares** decorrentes da participação em movimentos reivindicatórios por melhorias de re-

---

[22] ADI 6.923/RO, rel. Min. Edson Fachin, 03.11.2022.
[23] ADI 2.819, rel. Min. Eros Grau, 06.04.2005.

muneração e de condições de trabalho.[24] Segundo o STF, em se tratando de anistia a infrações administrativas, a competência legislativa é do estado-membro, a partir de iniciativa do Governador (a competência seria da União se envolvesse a concessão de anistia a **infrações penais** – crimes –, pois compete privativamente à União legislar sobre **direito penal**, nos termos do art. 22, I, da Constituição).

Outro entendimento importante firmado pelo Supremo Tribunal Federal diz respeito à proibição de outorga de foro especial por prerrogativa de função a delegados de polícia. Com efeito, o Tribunal firmou entendimento de que **é vedada a outorga de foro especial por prerrogativa de função a delegados de polícia**, sob o argumento de que há incompatibilidade entre a prerrogativa de foro e a efetividade de outras regras constitucionais, tendo em conta, principalmente, a que trata do controle externo da atividade policial exercido pelo Ministério Público (CF, art. 129, VII).[25]

No que respeita às competências dos corpos de bombeiros militares, o Supremo Tribunal Federal firmou o entendimento de que é constitucional norma de Constituição estadual que atribui ao respectivo corpo de bombeiros militar competência para a **coordenação e execução de perícias de incêndios e explosões em local de sinistros**. Contudo, essa competência **não pode ser exclusiva**, sob pena de prejudicar a atuação das polícias civis na apuração criminal de fatos que envolvam incidentes dessa natureza.[26]

Determina a Constituição Federal que a remuneração dos servidores policiais será fixada na forma de **subsídio**, prevista no § 4.º do art. 39 do texto constitucional (art. 144, § 9.º).

Por fim, o § 10 do art. 144 da Constituição – introduzido pela EC 82/2014 – estabelece que a **segurança viária**, exercida para a preservação da ordem pública e da incolumidade das pessoas e do seu patrimônio nas vias públicas:

> I – compreende a educação, engenharia e fiscalização de trânsito, além de outras atividades previstas em lei, que assegurem ao cidadão o direito à mobilidade urbana eficiente; e
>
> II – compete, no âmbito dos Estados, do Distrito Federal e dos Municípios, aos respectivos órgãos ou entidades executivos e seus agentes de trânsito, estruturados em Carreira, na forma da lei.

---

[24] ADI 4.377/DF, rel. Min. Gilmar Mendes, 04.11.2021.
[25] ADI 2.587/GO, rel. orig. Min. Maurício Corrêa, rel. p/ o acórdão Min. Carlos Britto, 01.12.2004.
[26] ADI 2.776/ES, rel. Min. Nunes Marques, 11.09.2023.

Capítulo 15

FINANÇAS PÚBLICAS

A Constituição da República dedica um capítulo às finanças públicas, nele dispondo, com especial ênfase, acerca do papel do banco central, dos princípios orçamentários, das leis orçamentárias, dos conteúdos dessas leis, dos prazos e do processo legislativo de sua aprovação.

1. NORMAS GERAIS

A Carta de 1988 inicia o tratamento das finanças públicas, no seu art. 163, fazendo referência a uma importante **lei complementar** sobre matéria financeira, que disporá sobre:

> I – finanças públicas;
>
> II – dívida pública externa e interna, incluída a das autarquias, fundações e demais entidades controladas pelo Poder Público;
>
> III – concessão de garantias pelas entidades públicas;
>
> IV – emissão e resgate de títulos da dívida pública;
>
> V – fiscalização financeira da administração pública direta e indireta;
>
> VI – operações de câmbio realizadas por órgãos e entidades da União, dos Estados, do Distrito Federal e dos Municípios;
>
> VII – compatibilização das funções das instituições oficiais de crédito da União, resguardadas as características e condições operacionais plenas das voltadas ao desenvolvimento regional;
>
> VIII – sustentabilidade da dívida, especificando:[1]
>
> a) indicadores de sua apuração;

---

[1] Incluído pela EC 109/2021.

b) níveis de compatibilidade dos resultados fiscais com a trajetória da dívida;

c) trajetória de convergência do montante da dívida com os limites definidos em legislação;

d) medidas de ajuste, suspensões e vedações;

e) planejamento de alienação de ativos com vistas à redução do montante da dívida;

IX – condições e limites para concessão, ampliação ou prorrogação de incentivo ou benefício de natureza tributária.[2]

A União, os Estados, o Distrito Federal e os Municípios disponibilizarão suas informações e dados contábeis, orçamentários e fiscais, conforme periodicidade, formato e sistema estabelecidos pelo órgão central de contabilidade da União, de forma a garantir a rastreabilidade, a comparabilidade e a publicidade dos dados coletados, os quais deverão ser divulgados em meio eletrônico de amplo acesso público.[3]

A competência da União para emitir moeda será exercida exclusivamente pelo **banco central** (aqui, grafado com minúscula mesmo, propositalmente, pelo legislador constituinte, pois diz respeito ao banco central da República Federativa do Brasil, o qual, em tese, pode ter outro nome estabelecido em lei), que **não poderá** delegar essa atribuição (CF, art. 164).

É **vedado** ao banco central conceder, direta ou indiretamente, empréstimos ao Tesouro Nacional e a qualquer órgão ou entidade **que não seja** instituição financeira (CF, art. 164, § 1.º).

Anote-se que a Constituição Federal não veda ao banco central, genericamente, a concessão de empréstimos. A vedação diz respeito à concessão de empréstimos ao **Tesouro Nacional** ou a órgão ou entidade **que não seja instituição financeira**. Não impede, portanto, que o banco central conceda empréstimos a uma instituição financeira.

O banco central **poderá comprar e vender títulos de emissão do Tesouro Nacional**, com o objetivo de regular a oferta de moeda ou a taxa de juros (CF, art. 164, § 2.º).

Deve-se observar que, no tocante às relações entre o banco central e o Tesouro Nacional, o texto constitucional contém duas importantes regras: (a) o banco central **não pode** conceder empréstimos ao Tesouro Nacional; e (b) o banco central **pode** comprar e vender títulos de emissão do Tesouro Nacional, com o objetivo de regular a oferta de moeda ou a taxa de juros.

As disponibilidades de caixa da União serão depositadas no **banco central**; as dos estados, do Distrito Federal, dos municípios e dos órgãos ou entidades do Poder Público e das empresas por ele controladas, em instituições financeiras oficiais, **ressalvados os casos previstos em lei** (CF, art. 164, § 3.º).

Note-se que, no tocante à União, a regra não admite exceção: as disponibilidades de caixa serão depositadas, **obrigatoriamente**, no **banco central**. Quanto às disponibilidades dos estados, do Distrito Federal, dos municípios e dos órgãos ou

---

[2] CF, art. 163, IX, incluído pela EC 135/2024.
[3] CF, art. 163-A, incluído pela EC 108/2020.

Cap. 15 • FINANÇAS PÚBLICAS

entidades do Poder Público e das empresas por ele controladas, serão elas depositadas em **instituições financeiras oficiais**, ressalvados os casos que venham a ser previstos em **lei**, quando poderão também ser depositadas em instituições privadas.

É importante ressaltar que essa lei mencionada na parte final do § 3.º do art. 164 da Constituição – lei que preveja hipóteses em que as disponibilidades de caixa ali referidas poderão ser depositadas em instituições privadas – deverá ser uma **lei federal**, editada pelo Congresso Nacional. Vale dizer, os estados, o Distrito Federal e os municípios não dispõem de competência para estabelecer, em leis próprias, os casos em que suas disponibilidades de caixa poderão ser depositadas em instituições privadas.

O texto constitucional passou a dispor que a União, os estados, o Distrito Federal e os municípios devem conduzir suas políticas fiscais **de forma a manter a dívida pública em níveis sustentáveis**, bem como que a elaboração e a execução de planos e orçamentos devem refletir a compatibilidade dos indicadores fiscais com a sustentabilidade da dívida.[4]

Por fim, cabe mencionar que, a partir de 2021, o legislador conferiu a comumente denominada **"independência" ao Banco Central do Brasil (BCB)**. Em verdade, trata-se da outorga de autonomia técnica, operacional, administrativa e financeira àquela instituição federal, nos termos e limites estabelecidos pelo legislador.[5] A legislação passou a dispor que o Banco Central do Brasil é **autarquia de natureza especial caracterizada pela ausência de vinculação a Ministério, de tutela ou de subordinação hierárquica**, pela autonomia técnica, operacional, administrativa e financeira, pela investidura a termo de seus dirigentes e pela estabilidade durante seus mandatos.[6]

2. ORÇAMENTOS

Depois de estabelecer as normas gerais sobre finanças públicas, a Constituição cuida da matéria orçamentária propriamente dita, iniciando pelas leis orçamentárias.

Entretanto, antes do exame das leis orçamentárias, enumeraremos nos tópicos seguintes os **princípios constitucionais orçamentários**, haja vista que o conhecimento deles nos será útil para a compreensão de vários aspectos referentes a essas leis.

2.1. Princípios constitucionais orçamentários

Os princípios orçamentários consistem em diretrizes orientadoras do processo orçamentário, com vistas a assegurar maior estabilidade à elaboração, execução e controle do orçamento público.

2.1.1. Princípio da anualidade

Reza o princípio da anualidade (ou da periodicidade) que o orçamento deve ser elaborado e autorizado para o período de **um exercício financeiro** (um ano).

---

4   Art. 164-A, incluído pela EC 109/2021.
5   Lei Complementar 179, de 24.02.2021.
6   LC 179/2021, art. 6.º.

Cumpre destacar que esse exercício financeiro (de duração de um ano) **pode, ou não, coincidir com o ano civil**. No Brasil, atualmente, o exercício financeiro coincide com o ano civil, por força do art. 34 da Lei 4.320/1964.

O princípio da anualidade (orçamentária) não pode ser confundido com o antigo princípio da anualidade tributária (presente na Constituição de 1946), que não admitia a cobrança de tributo em cada exercício sem prévia autorização na lei orçamentária anual (LOA). Esse princípio tributário **não existe na Constituição Federal de 1988**. Na vigente Constituição, temos o princípio da **anterioridade** tributária, previsto no art. 150, III, "b", que **não é um princípio orçamentário** – tampouco se confunde com o antigo postulado da anualidade tributária.

Por fim, é oportuno mencionar que o **Plano Plurianual (PPA)**, que tem duração de **quatro anos, não contraria o princípio da anualidade**, haja vista que o PPA constitui mero plano estratégico, que será, posteriormente, materializado, em leis orçamentárias anuais.

2.1.2. Princípio da universalidade

O princípio da universalidade (ou da globalização) – previsto no art. 165, § 5.º, da Constituição Federal – impõe que o orçamento contenha **todas as receitas e despesas referentes ao ente público**, englobando seus fundos, órgãos e entidades da administração direta e indireta.

2.1.3. Princípio do orçamento bruto

O princípio do orçamento bruto impõe que as despesas e receitas sejam incluídas no orçamento pelos seus **totais (brutos), sem quaisquer deduções**, e **não** pelos seus montantes líquidos.

2.1.4. Princípio da unidade

O princípio da unidade (ou da totalidade) estabelece que o orçamento deve ser **uno**, vale dizer, para cada ente federado deverá existir **apenas um orçamento por exercício financeiro**.

Essa unidade orçamentária, porém, **não quer dizer "unidade documental"** (em um só documento), mas sim unidade finalística, de harmonização entre os diversos orçamentos, mesmo quando elaborados em documentos distintos. Assim, embora seja fato que hoje temos diferentes documentos orçamentários (orçamento fiscal, orçamento de investimento etc.), a unidade orçamentária deve ser obrigatoriamente assegurada pela compatibilização entre eles.

2.1.5. Princípio da exclusividade

O princípio da exclusividade impõe que a lei orçamentária **não poderá conter matéria estranha à previsão de receitas e à fixação das despesas**. Evita-se, com isso, que a lei orçamentária contenha normas pertencentes a outros ramos jurídicos, sem pertinência com matéria orçamentária (os chamados "orçamentos rabilongos" ou "caudas orçamentárias").

Cap. 15 • FINANÇAS PÚBLICAS

O princípio em comento está previsto no art. 165, § 8.º, da Constituição Federal, segundo o qual "**a lei orçamentária anual não conterá dispositivo estranho à previsão da receita e à fixação da despesa**, não se incluindo na proibição a autorização para abertura de créditos suplementares e contratação de operações de crédito, ainda que por antecipação de receita, nos termos da lei".

Observe-se que o texto constitucional estabelece importante exceção ao princípio da exclusividade, qual seja: **a possibilidade da existência, na lei orçamentária anual, de créditos suplementares e contratação de operações de crédito, ainda que por antecipação de receita.**

2.1.6. *Princípio da quantificação dos créditos orçamentários*

O princípio da quantificação dos créditos orçamentários – previsto no art. 167, VII, da Constituição – proíbe a concessão ou utilização de **créditos ilimitados**.

Esse princípio **não admite exceções**, ou seja, **não há** situação alguma na qual seja legítima a concessão ou a utilização de créditos ilimitados, sem valor determinado.

2.1.7. *Princípio da especificação*

O princípio da especificação (da especialização ou da discriminação) impõe que **as receitas e despesas sejam especificadas** (discriminadas), demonstrando a origem e a aplicação dos recursos.

2.1.8. *Princípio da publicidade*

O princípio da publicidade – previsto no art. 37 da Constituição Federal – possui, também, uma vertente orçamentária, haja vista que as decisões envolvendo matéria orçamentária devem ser **publicadas em órgão da imprensa oficial**, a fim de permitir o controle, a fiscalização da aplicação dos recursos da sociedade.

2.1.9. *Princípio da legalidade*

O princípio da legalidade impõe que todas as leis orçamentárias (PPA, LDO e LOA) e os créditos adicionais devem ser **veiculados por leis** (ou atos equivalentes, como a medida provisória, no caso dos créditos extraordinários).

2.1.10. *Princípio da não afetação*

O princípio da não afetação – vazado no art. 167, IV, da Carta Política – **proíbe a vinculação da receita de impostos a órgão, fundo ou despesa**, exceto nas hipóteses taxativamente admitidas pela Constituição Federal.

Cabe frisar que há importantes exceções a esse princípio, isto é, a própria Constituição enumera situações em que é admitida a vinculação da receita de impostos a órgãos, fundos ou despesas específicos, a saber:

a) a repartição do produto da arrecadação dos impostos a que se referem os arts. 158 e 159;

DIREITO CONSTITUCIONAL DESCOMPLICADO • Vicente Paulo & Marcelo Alexandrino

b) a destinação de recursos para as ações e serviços públicos de saúde (CF, art. 198, § 2.º);

c) a destinação de recursos para manutenção e desenvolvimento do ensino (CF, art. 212);

d) a destinação de recursos para realização de atividades da administração tributária (CF, art. 37, XXII);

e) para a prestação de garantias às operações de crédito por antecipação de receita – ARO (CF, art. 165, § 8.º);

f) para a prestação de garantia ou contragarantia à União e para pagamento de débitos para com esta.

2.1.11. Princípio da programação

O princípio da programação determina que **o orçamento seja estruturado em programas**, alinhando-se à finalidade do plano plurianual e aos programas nacionais, regionais e setoriais de desenvolvimento.

2.1.12. Princípio da clareza

O princípio da clareza impõe que o orçamento público seja apresentado em **linguagem clara, ordenada e compreensível** a todas as pessoas que tenham interesse em matéria orçamentária.

2.1.13. Princípio do equilíbrio orçamentário

O princípio do equilíbrio orçamentário tem por preocupação evitar um endividamento descontrolado do ente público, orientando que **as despesas autorizadas não sejam superiores à previsão das receitas**.

Modernamente, porém, a maioria dos Estados admite a existência de déficit orçamentário (receitas menores do que as despesas). Entre nós, **a Constituição Federal não impõe a obrigatoriedade de observância do equilíbrio orçamentário** (isto é, o texto constitucional **não veda**, peremptoriamente, o déficit orçamentário).

2.1.14. Princípio da proibição do estorno

O princípio da proibição do estorno estabelece que, em regra, o administrador público **não pode transpor, remanejar ou transferir recursos de uma categoria de programação para outra, ou de um órgão para outro**.

Está presente na Constituição Federal de 1988, que veda a transposição, o remanejamento ou a transferência de recursos de uma categoria de programação para outra ou de um órgão para outro, **sem prévia autorização legislativa** (art. 167, VI).

Observe que esse postulado **não tem natureza absoluta**, haja vista que a transposição, o remanejamento ou a transferência de recursos são admitidos, **desde que haja prévia autorização legislativa**.

Cap. 15 • FINANÇAS PÚBLICAS

2.2. Leis orçamentárias

O art. 165 da Constituição prevê a existência de três leis orçamentárias, a saber:

a) o plano plurianual (PPA);
b) a lei de diretrizes orçamentárias (LDO); e
c) a lei orçamentária anual (LOA).

É importante destacar que essas três "leis orçamentárias" são leis ordinárias e que todas elas são da iniciativa exclusiva do Chefe do Poder Executivo.

Cabe observar, ainda, que o PPA e a LDO são leis orçamentárias "novas" no Brasil, isto é, só foram introduzidas em nosso ordenamento pela Constituição Federal de 1988.

O Texto Magno estabelece que a vigência e os prazos dessas leis orçamentárias deverão ser fixados em lei complementar (art. 165, § 9.º). Como essa lei complementar não foi editada, ainda prevalecem as regras transitórias constantes do art. 35, § 2.º, do Ato das Disposições Constitucionais Transitórias (ADCT), que são as seguintes:

> I – o projeto do plano plurianual, para vigência até o final do primeiro exercício financeiro do mandato presidencial subsequente, será encaminhado até quatro meses antes do encerramento do primeiro exercício financeiro (até 31 de agosto) e devolvido para sanção até o encerramento da sessão legislativa (até 22 de dezembro);
>
> II – o projeto de lei de diretrizes orçamentárias será encaminhado até oito meses e meio antes do encerramento do exercício financeiro (até 15 de abril) e devolvido para sanção até o encerramento do primeiro período da sessão legislativa (até 17 de julho);
>
> III – o projeto de lei orçamentária da União será encaminhado até quatro meses antes do encerramento do exercício financeiro (até 31 de agosto) e devolvido para sanção até o encerramento da sessão legislativa (até 22 de dezembro).

Lei	Envio do projeto pelo Chefe do Executivo	Devolução pelo Legislativo para sanção presidencial
PPA e LOA	Até quatro meses antes do encerramento do exercício financeiro (até 31.08)	Até o encerramento da sessão legislativa (até 22.12)
LDO	Até oito meses e meio antes do encerramento do exercício financeiro (até 15.04)	Até o encerramento do primeiro período da sessão legislativa (até 17.07)

2.2.1. Plano plurianual (PPA)

O **plano plurianual (PPA)** estabelecerá, de forma **regionalizada**, as diretrizes, objetivos e metas da administração pública federal para as **despesas de capital** e outras delas decorrentes e para as relativas aos programas de **duração continuada** (CF, art. 165, § 1.º).

Em verdade, o PPA constitui um verdadeiro "plano de governo" para os quatro exercícios financeiros subsequentes. Conforme veremos a seguir, é a partir dele que são definidos os conteúdos das demais leis orçamentárias (LDO e LOA), vale dizer, **todas as leis e atos de natureza orçamentária deverão ser compatíveis com o disposto no PPA**.

Conforme visto anteriormente, o Presidente da República deverá encaminhar o projeto de lei do PPA ao Poder Legislativo **até 31 de agosto** (quatro meses antes do encerramento do exercício financeiro) do primeiro ano do mandato presidencial. Uma vez aprovado, o PPA terá vigência **até o final do primeiro exercício financeiro do mandato presidencial subsequente** (ADCT, art. 35, § 2.º).

Vale frisar este ponto: **a vigência do PPA não coincide com o mandato do Presidente da República**. Nos dias atuais, considerando-se o mandato presidencial de quatro anos (CF, art. 82), a vigência do PPA alcança **os três últimos exercícios financeiros** do mandato presidencial em que aprovado o projeto e **o primeiro exercício financeiro** do mandato presidencial subsequente. Ou seja: o último ano de vigência do PPA será o primeiro ano do mandato presidencial subsequente!

Na prática, significa dizer que, quando empossado, o Presidente da República governa o seu **primeiro ano de mandato** com base no PPA aprovado no governo antecedente – e, ademais, terá **oito meses** (até 31 de agosto) para encaminhar ao Legislativo o projeto de lei do novo PPA, que vigerá **até o final do primeiro exercício financeiro do mandato presidencial subsequente**. Com isso, pretende-se assegurar a continuidade do planejamento governamental, pois se exige que o novo governo mantenha, em certa medida, as orientações estabelecidas pelo governo anterior.

Nenhum investimento **cuja execução ultrapasse um exercício financeiro** poderá ser iniciado sem prévia inclusão no **plano plurianual (PPA)**, ou sem lei que autorize a inclusão, sob pena de **crime de responsabilidade** (CF, art. 167, § 1.º).

Os planos e programas nacionais, regionais e setoriais previstos na Constituição serão elaborados em consonância com o plano plurianual e apreciados pelo Congresso Nacional (CF, art. 165, § 4.º).

2.2.2. Lei de diretrizes orçamentárias (LDO)

Estabelece a Constituição Federal que a **lei de diretrizes orçamentárias** (LDO) compreenderá as metas e prioridades da administração pública federal, estabelecerá as diretrizes de política fiscal e respectivas metas, em consonância com trajetória sustentável da dívida pública, orientará a elaboração da lei orçamentária anual, disporá sobre as alterações na legislação tributária e estabelecerá a política de aplicação das agências financeiras oficiais de fomento.[7]

---

[7]   Art. 165, § 2.º, com a redação dada pela EC 109/2021.

Cap. 15 • FINANÇAS PÚBLICAS

Em rêsumo, podemos afirmar que foram constitucionalmente reservadas à LDO as seguintes funções:

a) indicar as **metas e prioridades** da administração pública federal;

b) estabelecer as diretrizes de **política fiscal e respectivas metas**, em consonância com trajetória sustentável da dívida pública;

c) orientar a elaboração da **lei orçamentária anual**;

d) dispor sobre as **alterações na legislação tributária**; e

e) estabelecer a **política de aplicação das agências financeiras oficiais de fomento**.

A LDO cumpre, ainda, um importante papel no tocante ao **aumento da despesa com pessoal**, haja vista que a concessão de qualquer vantagem ou aumento de remuneração, a criação de cargos, empregos e funções ou alteração de estrutura de carreiras, bem como a admissão ou contratação de pessoal, a qualquer título, pelos órgãos e entidades da administração direta ou indireta, inclusive fundações instituídas e mantidas pelo Poder Público, **só poderão ocorrer se houver autorização específica na lei de diretrizes orçamentárias** (CF, art. 169, § 1.º, II).

O Presidente da República deverá encaminhar o projeto da LDO ao Poder Legislativo **até 15 de abril**, que deverá aprová-lo e devolvê-lo para sanção até o encerramento do primeiro período legislativo, isto é, **até 17 de julho**. Como meio de fazer valer essa determinação constitucional, o legislador constituinte estabeleceu que **a sessão legislativa não será interrompida sem a aprovação do projeto de lei de diretrizes orçamentárias** (art. 57, § 2.º). Enfim, caso o projeto de LDO não esteja aprovado em 17 de julho, os congressistas não entrarão em recesso!

2.2.3. Lei orçamentária anual (LOA)

A **lei orçamentária anual** compreenderá:

I – **o orçamento fiscal** referente aos Poderes da União, seus fundos, órgãos e entidades da administração direta e indireta, inclusive fundações instituídas e mantidas pelo Poder Público;

II – **o orçamento de investimento** das empresas em que a União, direta ou indiretamente, detenha a maioria do capital social com direito a voto;

III – **o orçamento da seguridade social**, abrangendo todas as entidades e órgãos a ela vinculados, da administração direta ou indireta, bem como os fundos e fundações instituídos e mantidos pelo Poder Público.

Vale frisar que o PPA, a LDO e a LOA são leis proximamente relacionadas, conforme exposto nos parágrafos seguintes.

Primeiro, a lei do PPA estabelecerá as diretrizes, objetivos e metas para as **despesas de capital** e outras delas decorrentes e para as relativas aos **programas de duração continuada**. Observe-se que essa lei terá vigência **até o final do primeiro** exercício financeiro do primeiro mandato presidencial subsequente, ou seja, ela ultrapassa o mandato presidencial em que aprovada e vige até o final do primeiro ano do mandato presidencial seguinte.

Em seguida, temos a LDO – elaborada em consonância com as diretrizes, objetivos e metas constantes do PPA –, que indicará **as metas e prioridades para o exercício financeiro subsequente**, orientará a elaboração da **lei orçamentária anual**, disporá sobre as **alterações na legislação tributária** e estabelecerá a **política de aplicação das agências financeiras oficiais de fomento**. A LDO funciona, assim, como uma "lei **intermediária**" entre o planejamento (PPA) e o orçamento (LOA).

Também integrará a LDO, para o exercício a que se refere e, pelo menos, para os dois exercícios subsequentes, **anexo com previsão de agregados fiscais e a proporção dos recursos** para investimentos que serão alocados na lei orçamentária anual para a continuidade daqueles em andamento.[8]

Por fim, temos a LOA – elaborada em consonância com as metas e diretrizes apontadas na LDO –, contemplando os três orçamentos (fiscal, de investimento e da seguridade social) para o exercício financeiro subsequente.

A LOA poderá conter, ainda, **previsões de despesas para exercícios seguintes**, com a especificação dos investimentos plurianuais e daqueles em andamento.[9]

Os orçamentos **fiscal** e **de investimento** – mas **não** o da seguridade social! –, compatibilizados com o plano plurianual, terão entre suas funções a de **reduzir desigualdades inter-regionais, segundo critério populacional** (CF, art. 165, § 7.º).

Iniciado o exercício financeiro, o Poder Executivo publicará, **até trinta dias após o encerramento de cada bimestre**, relatório resumido da execução orçamentária (CF, art. 165, § 3.º).

Por fim, cabe destacar que o **projeto de lei orçamentária** – encaminhado pelo Chefe do Executivo ao Legislativo – será acompanhado de **demonstrativo regionalizado** do efeito, sobre as receitas e despesas, decorrente de isenções, anistias, remissões, subsídios e benefícios de natureza financeira, tributária e creditícia (CF, art. 165, § 6.º).

2.3. Lei complementar sobre matéria orçamentária

Além das três leis (**ordinárias**) orçamentárias de cunho transitório (PPA, LDO e LOA), o art. 165, § 9.º, da Constituição prevê a edição de uma **lei complementar**, de caráter permanente, que disporá sobre matéria orçamentária, cabendo a ela:

a) dispor sobre o exercício financeiro, a vigência, os prazos, a elaboração e a organização do plano plurianual, da lei de diretrizes orçamentárias e da lei orçamentária anual;

b) estabelecer normas de gestão financeira e patrimonial da administração direta e indireta, bem como condições para a instituição e o funcionamento de fundos;

---

[8] CF, art. 165, § 12, incluído pela EC 102/2019.
[9] CF, art. 165, § 14, incluído pela EC 102/2019.

Cap. 15 • FINANÇAS PÚBLICAS

c) dispor sobre critérios para a **execução equitativa**, além de procedimentos que serão adotados quando houver impedimentos legais e técnicos, cumprimento de restos a pagar e limitação das programações de caráter obrigatório, para a realização do disposto nos §§ 11 e 12 do art. 166.

Note-se que a própria **elaboração das três leis orçamentárias** deverá observar as disposições contidas nessa **lei complementar**. Igualmente, os prazos anteriormente estudados para o envio e a aprovação das leis orçamentárias estão hoje fixados no Ato das Disposições Constitucionais Transitórias (ADCT) até que venha a ser editada tal lei complementar, que, então, os fixará.

Pois bem, mais de vinte anos depois da promulgação da Constituição Federal de 1988, essa lei complementar **ainda não foi editada**. Em razão dessa omissão legislativa, parte dessas matérias encontra-se atualmente regulada na Lei 4.320/1964, recepcionada pela vigente Constituição.

É muito importante destacar que, como esse dispositivo constitucional (art. 165, § 9.º) exige **lei complementar** para a disciplina das matérias nele indicadas, firmou-se o entendimento de que a Lei 4.320/1964 constitui norma **materialmente complementar** quando trata de tais matérias. Em outras palavras: embora editada como lei ordinária, a Lei 4.320/1964 foi **recepcionada** pela Constituição Federal de 1988 com força (*status*) de **lei complementar.**

Estatui a Constituição Federal que a administração tem o dever de executar as programações orçamentárias, adotando os meios e as medidas necessários, com o propósito de garantir a efetiva entrega de bens e serviços à sociedade.[10] Essa determinação, porém, nos termos fixados na **lei de diretrizes orçamentárias**:[11]

a) subordina-se ao cumprimento de dispositivos constitucionais e legais que estabeleçam metas fiscais ou limites de despesas e não impede o cancelamento necessário à abertura de créditos adicionais;

b) não se aplica nos casos de impedimentos de ordem técnica devidamente justificados;

c) aplica-se exclusivamente às despesas primárias discricionárias.

2.4. Processo legislativo das leis orçamentárias

Embora as três leis orçamentárias sejam **leis ordinárias**, elas **não são** aprovadas segundo o processo legislativo constitucional aplicável às demais leis ordinárias. O processo legislativo dessas leis obedece a regramento próprio, explicitado nos parágrafos seguintes.

Reza a Constituição que os projetos de lei relativos ao plano plurianual, às diretrizes orçamentárias, ao orçamento anual e aos créditos adicionais **serão apreciados pelas duas Casas do Congresso Nacional**, na forma do regimento comum (CF, art. 166).

---

[10] CF, art. 165, § 10, incluído pela EC 100/2019.
[11] CF, art. 165, § 11, incluído pela EC 102/2019.

O § 1.º do art. 166 dispõe, ainda, que caberá a uma **Comissão mista perma-nente de senadores e deputados**:

a) examinar e emitir parecer sobre os projetos de lei relativos ao plano plurianual, às diretrizes orçamentárias, ao orçamento anual e aos créditos adicionais e sobre as contas apresentadas anualmente pelo Presidente da República;

b) examinar e emitir parecer sobre os planos e programas nacionais, regionais e setoriais previstos na Constituição e exercer o acompanhamento e a fiscalização orçamentária, sem prejuízo da atuação das demais Comissões do Congresso Nacional e de suas Casas.

As emendas aos projetos de leis orçamentárias **serão apresentadas na Comis-são mista**, que sobre elas emitirá parecer, e apreciadas, na forma regimental, **pelo Plenário das duas Casas do Congresso Nacional**.

Quando estudamos, nesta obra, o processo legislativo das leis ordinárias, vimos que, se o projeto de lei é apresentado pelo Presidente da República, a discussão e a votação terão início, obrigatoriamente, na Câmara dos Deputados (Casa iniciadora). Em seguida, se aprovado o projeto por essa Casa Legislativa, será ele encaminhado ao Senado Federal, para revisão (Casa revisora). Em caso de aprovação pelo Senado Fede-ral, o projeto será encaminhado ao Presidente da República, para sanção ou veto. Se o projeto for emendado pelo Senado Federal, retornará à Câmara dos Deputados, para o exame das emendas e posterior envio ao Presidente da República, para sanção ou veto.

Pois bem, no processo legislativo das leis orçamentárias (PPA, LDO, LOA e os **créditos adicionais**) não há esse trâmite, embora se trate, repita-se, de leis ordinárias. Em verdade, o projeto dessas leis orçamentárias é instruído somente na Comissão Mista de Orçamento. Essa Comissão é que **receberá os pareceres das Comissões temáticas** das duas Casas Legislativas e **as emendas parlamentares** e, em seguida, **emitirá o seu parecer**, encaminhando-o, juntamente com o projeto, para votação pelo Plenário das duas Casas do Congresso Nacional, em **sessão conjunta**. Ao final, na **sessão conjunta** do Congresso Nacional – e **não** unicameral! –, se o projeto obtiver **maioria simples** de votos, estará aprovado (como se trata de sessão conjunta, o cômputo dessa maioria simples se dá **em separado**, isto é, senadores e deputados votam separadamente).

Consideradas essas dessemelhanças, **aplicam-se à aprovação dos projetos de leis orçamentárias as demais normas relativas ao processo legislativo comum**, que regem a aprovação das leis ordinárias em geral (CF, art. 166, § 7.º).

2.4.1. Emendas aos projetos de leis orçamentárias

Conforme dito anteriormente, **é possível ao Legislativo emendar quaisquer projetos de matérias orçamentárias**. As emendas parlamentares **serão apresentadas à Comissão Mista de Orçamento**, que sobre elas **emitirá parecer**, para posterior apreciação pelo Plenário do Congresso Nacional, em **sessão conjunta**.

Entretanto, no tocante ao projeto da lei orçamentária anual (LOA), o art. 166, § 3.º, da Constituição estabelece importantes restrições ao poder de emenda dos parlamentares, nestes termos:

Cap. 15 • FINANÇAS PÚBLICAS   975

§ 3.º As emendas ao projeto de lei do orçamento anual ou aos projetos que o modifiquem somente podem ser aprovadas caso:

I – sejam compatíveis com o plano plurianual e com a lei de diretrizes orçamentárias;

II – indiquem os recursos necessários, **admitidos apenas os provenientes de anulação de despesa**, excluídas as que incidam sobre:

a) dotações para pessoal e seus encargos;

b) serviço da dívida;

c) transferências tributárias constitucionais para Estados, Municípios e Distrito Federal; ou

III – sejam relacionadas:

a) com a correção de erros ou omissões; ou

b) com os dispositivos do texto do projeto de lei.

Pelo inciso II, percebe-se que, para novas despesas poderem ser propostas por meio de emenda parlamentar, deverão **ser anuladas despesas** inicialmente previstas no projeto encaminhado pelo Presidente da República, a fim de "liberar" recursos suficientes.

Ademais, **não é toda despesa indicada pelo Presidente da República que poderá ser anulada**, haja vista que o texto constitucional **não permite** a anulação de despesas relativas a dotações para pessoal e seus encargos, serviço da dívida e transferências tributárias constitucionais para os entes federados.

Além das emendas propostas pelo Legislativo, **o próprio Chefe do Executivo poderá enviar mensagem ao Congresso Nacional propondo modificação nos projetos de leis orçamentárias por ele anteriormente encaminhados**. Entretanto, há um limite para essa proposta de modificação nos projetos de lei: o Presidente da República somente poderá enviar tal mensagem **enquanto não iniciada a votação, na Comissão mista, da parte cuja alteração ele pretende propor** (CF, art. 166, § 5.º).

As emendas ao projeto de lei de diretrizes orçamentárias **não poderão ser aprovadas quando incompatíveis com o plano plurianual** (CF, art. 166, § 4.º).

Na hipótese de remanescerem, em razão de veto, emenda ou rejeição do projeto de lei orçamentária anual, recursos sem despesas correspondentes, **poderão eles ser utilizados**, conforme o caso, **mediante créditos especiais ou suplementares**, com **prévia e específica autorização legislativa** (CF, art. 166, § 8.º).

2.4.2.   *Interferência excepcional do Poder Judiciário*

A **aprovação dos orçamentos públicos** consubstancia uma das mais relevantes atuações (**conjuntas**) dos poderes **Executivo e Legislativo**, como legítimos detentores de representatividade popular (eleitos pelo voto direto), ainda que em tais orçamentos se incluam previsões que alcançam outras unidades de poder, dotadas de **autonomia financeira**, como é o caso do Poder Judiciário (CF, art. 99), do Ministério Público (CF, art. 127, § 3.º) e das Defensorias Públicas (CF, art. 134, § 2.º).

Atento a essa circunstância, o Supremo Tribunal Federal tem enfatizado que a interferência do Poder Judiciário na definição, pelo Poder Legislativo, de receitas e despesas da administração pública **é possível** juridicamente, mas **somente em situações graves e excepcionais, sob pena de ofensa ao princípio da separação de Poderes**. Essa orientação restou consolidada na seguinte **tese de repercussão geral**:[12]

> Salvo em situações graves e excepcionais, não cabe ao Poder Judiciário, sob pena de violação ao princípio da separação de Poderes, interferir na função do Poder Legislativo de definir receitas e despesas da administração pública, emendando projetos de leis orçamentárias, quando atendidas as condições previstas no art. 166, §§ 3.º e 4.º, da Constituição Federal.

2.4.3. Autonomia orçamentária e alteração dos orçamentos propostos

A Constituição Federal assegura a determinados órgãos a prerrogativa de formularem sua própria proposta orçamentária e encaminhá-la ao Poder Executivo, para que este – após a pertinente consolidação – dê início ao processo legislativo de aprovação dos orçamentos, mediante a apresentação do correspondente projeto de lei orçamentária ao Poder Legislativo, nos termos do art. 165 do texto constitucional. Dispõem dessa prerrogativa, por exemplo, os tribunais do Poder Judiciário (art. 99, § 1.º), os ministérios públicos (art. 127, § 3.º) e as defensorias públicas (art. 134, §§ 2.º e 3.º).

Cabe aos mencionados órgãos, no exercício da prerrogativa em questão, obedecer aos seguintes requisitos: (a) elaborar a proposta dentro dos limites estabelecidos na lei de diretrizes orçamentárias; e (b) apresentá-la ao Poder Executivo dentro do prazo estabelecido na lei de diretrizes orçamentárias, na forma do disposto no art. 99, § 2.º, da Constituição Federal.

Segundo a jurisprudência do STF, uma vez atendidos os supramencionados requisitos pelo órgão elaborador da proposta orçamentária, deve o chefe do Poder Executivo, tão somente, consolidar a proposta encaminhada e remetê-la ao Poder Legislativo, **sem introduzir nela quaisquer reduções e/ou modificações**, haja vista que é no âmbito do Poder Legislativo que tal proposta deverá ser debatida e/ou modificada, se for o caso. Poderá o chefe do Executivo (Presidente da República ou Governador, conforme o caso), se entender necessário, **solicitar ao Poder Legislativo a redução pretendida**, mas **não** reduzir, ele próprio, **unilateralmente**, as dotações orçamentárias apresentadas pelo órgão interessado, sob pena de ofensa à autonomia financeira deste.

Essa orientação da Suprema Corte restou consolidada na seguinte **tese**, dotada de eficácia *erga omnes* e força vinculante:[13]

> É inconstitucional a redução unilateral pelo Poder Executivo dos orçamentos propostos pelos outros Poderes e por órgãos constitucionalmente autônomos, como o Ministério Público e a Defensoria

---

[12] ADI 5.468/DF, rel. Min. Luiz Fux, 30.06.2016.
[13] ADI 5.287/PB, rel. Min. Luiz Fux, 18.05.2016.

Pública, na fase de consolidação do projeto de lei orçamentária anual, quando tenham sido elaborados em obediência às leis de diretrizes orçamentárias e enviados conforme o art. 99, § 2.º, da CRFB/88, cabendo-lhe apenas pleitear ao Poder Legislativo a redução pretendida, visto que a fase de apreciação legislativa é o momento constitucionalmente correto para o debate de possíveis alterações no Projeto de Lei Orçamentária.

2.4.4. *Orçamento impositivo*

No Brasil, sempre existiu controvérsia doutrinária sobre a natureza da lei orçamentária. Para alguns, o orçamento seria **impositivo**, vale dizer, a execução das programações previstas na lei orçamentária seria **obrigatória**, um dever para o gestor público. Para outros, o orçamento seria meramente **autorizativo**, outorgando ao gestor **discricionariedade** na eleição daquelas programações a serem executadas.

Em que pese a existência de tal divergência doutrinária, o fato é que, há muito, a questão está sedimentada na prática orçamentária brasileira: no Brasil, o orçamento é **meramente autorizativo**, ressalvando-se, evidentemente, aquelas programações que tenham determinação – legal ou constitucional – de execução vinculada (despesas obrigatórias por expressa determinação constitucional, por exemplo). Significa dizer que, na prática, se o gestor público deixar de executar essa ou aquela despesa discricionária – ainda que sem justificativa técnica para tanto –, não lhe será imposta sanção alguma.

Cabe ressaltar que, segundo entendimento do Supremo Tribunal Federal, **esse modelo orçamentário adotado pela Constituição Federal é de observância obrigatória pelos estados-membros**, por força do princípio da simetria, inclusive quanto ao caráter meramente autorizativo.[14] Em consonância com essa orientação, a Corte Máxima declarou a inconstitucionalidade de norma estadual que fixava **limites diferentes daqueles previstos na Constituição Federal para emendas parlamentares impositivas (obrigatórias) em matéria orçamentária**.

Em razão da natureza meramente autorizativa do orçamento, tornou-se prática corriqueira no Brasil a inexecução de parte considerável das despesas discricionárias previstas na lei orçamentária, especialmente daquelas decorrentes de emendas parlamentares, levadas ao orçamento por iniciativa dos membros do Congresso Nacional. Outra prática também muito comum é a barganha de apoio político no momento da execução das despesas previstas no orçamento: como o gestor público possui discricionariedade na eleição das proposições orçamentárias a serem executadas, ele condiciona a execução da despesa à celebração de prévios acordos políticos, ou privilegia desabridamente determinados parlamentares (alinhados com o governo) em detrimento de outros (oposicionistas).

---

[14] ADI 5.274/SC, rel. Min. Cármen Lúcia, 19.10.2021.

Nesse cenário, o crescente descontentamento dos congressistas com os baixos percentuais de execução orçamentária e financeira das emendas orçamentárias por eles apresentadas culminou com a aprovação das emendas constitucionais 86/2015, 100/2019, 105/2019 e 126/2022, com o fim de se disciplinar o **caráter impositivo (obrigatório) à execução de determinadas programações orçamentárias**, nos termos e limites a seguir examinados.

A primeira modificação do texto constitucional com essa finalidade deu-se com a Emenda Constitucional 86/2015, que outorgou **caráter impositivo (obrigatório)** à execução das programações orçamentárias resultantes de **emendas parlamentares individuais**.[15]

Com essa primeira modificação constitucional, o caráter impositivo de execução **não alcançou todas as emendas parlamentares**, mas somente as emendas **individuais** (que, como a própria denominação indica, são aquelas emendas apresentadas em caráter pessoal, por um senador ou um deputado). Vale dizer, as emendas coletivas – apresentadas por bancadas e comissões – não foram contempladas com o regime de execução impositivo estabelecido pela EC 86/2015, e, portanto, assim como as demais despesas discricionárias constantes no orçamento, continuaram possuindo caráter meramente autorizativo.

Ademais, o novo texto constitucional estabeleceu limite para a apresentação de emendas individuais: **2% (dois por cento) da receita corrente líquida (RCL)** do exercício anterior ao do encaminhamento do projeto. Determinou, também, que metade do valor das emendas individuais apresentadas seja destinada a **ações e serviços públicos de saúde**.[16] Ainda a respeito da consignação dos referidos recursos, dispõe a Constituição que desse montante de 2% (dois por cento), **1,55%** (um inteiro e cinquenta e cinco centésimos por cento) caberá às emendas de **Deputados** e **0,45%** (quarenta e cinco centésimos por cento) às de **Senadores**.[17]

Para não restar dúvidas, o texto constitucional explicitamente esclarece que esse percentual destinado a ações e serviços públicos de saúde – metade do valor das emendas individuais – **será computado para fins de cumprimento do montante mínimo que a União deve obrigatoriamente aplicar em ações e serviços de saúde**, nos termos do art. 198, § 2.º, I, da Constituição Federal, ficando proibida a sua destinação para pagamento de pessoal ou encargos sociais (art. 166, § 10).

Cabe anotar, também, que o regime impositivo de execução das emendas parlamentares individuais estabelece a obrigatoriedade em duas frentes: a **execução orçamentária** e a **execução financeira**.[18] Vale dizer, se o montante apurado para execução obrigatória for, por exemplo, de R$ 14 bilhões, será necessário não só **empenhar** R$ 14 bilhões (execução orçamentária), mas também **efetuar o pagamento** (execução financeira) dos mesmos R$ 14 bilhões.

---

[15] CF, art. 166, § 11, incluído pela EC 86/2015.
[16] CF, art. 166, § 9.º, com a redação dada pela EC 126/2022.
[17] CF, art. 166, § 9º-A, incluído pela EC 126/2022.
[18] CF, art. 166, § 11, incluído pela EC 86/2015.

No intuito de afastar privilégios de natureza política na execução das emendas parlamentares – o favorecimento de parlamentares da base do governo em detrimento daqueles da oposição, por exemplo –, determina a Constituição Federal que a execução das programações decorrentes de emendas parlamentares individuais deve ser equitativa, obedecendo-se aos critérios definidos em lei complementar.[19] Desde já, o texto constitucional sinaliza o que se deve entender por execução equitativa, ao prescrever que "considera-se equitativa a execução das programações de caráter obrigatório que observe critérios objetivos e imparciais e que atenda de forma igualitária e impessoal às emendas apresentadas, independentemente da autoria".[20] Vale lembrar que, nessa equidade, há que se respeitar a divisão já estabelecida pelo próprio texto constitucional, qual seja: do montante dos recursos, 1,55% (um inteiro e cinquenta e cinco centésimos por cento) caberá às emendas de Deputados e 0,45% (quarenta e cinco centésimos por cento) às de Senadores.[21]

Conforme precedentemente apontado, todo o regime de execução obrigatória estabelecido pela EC 86/2015 alcançava exclusivamente as emendas parlamentares individuais. Entretanto, é importantíssimo ressaltar que, em junho de 2019, tivemos uma segunda modificação do texto constitucional, por meio da promulgação da EC 100/2019, com o intuito de estender tal regime obrigatório, também, às emendas coletivas, quando resultantes de iniciativa de bancada de parlamentares de estado ou do Distrito Federal. Com efeito, o novo texto constitucional passou a prescrever que a obrigatoriedade de execução das emendas individuais aplica-se também às programações incluídas por todas as emendas de iniciativa de bancada de parlamentares de estado ou do Distrito Federal, no montante de até 1% (um por cento) da receita corrente líquida realizada no exercício anterior.[22]

É importante ressaltar, ainda, que o regime impositivo de execução das emendas parlamentares individuais e das emendas de bancada dos estados e do Distrito Federal poderá ser excepcionalmente afastado em duas situações, desde logo explicitamente previstas no próprio texto constitucional: (a) contingenciamento de despesas; ou (b) impedimentos de ordem técnica.

A primeira situação que poderá reduzir o montante de execução obrigatória das programações resultantes de emendas parlamentares individuais e de emendas de bancada é o contingenciamento de despesas pelo governo federal. Estabelece o § 18 do art. 166 da Constituição Federal que, se for verificado que a reestimativa da receita e da despesa poderá resultar no não cumprimento da meta de resultado fiscal estabelecida na lei de diretrizes orçamentárias, os montantes de execução obrigatória das emendas individuais (até 2% da RCL do exercício anterior ao do encaminhamento do projeto) e das emendas de bancada de parlamentares de Estado ou do Distrito Federal (até 1% da RCL realizada no exercício anterior) poderão ser reduzidos em até a mesma proporção da limitação incidente sobre o conjunto das demais despesas discricionárias.

---

[19] CF, art. 166, § 11 c/c art. 165, § 9.º, III.
[20] CF, art. 166, § 19, com a redação dada pela EC 126/2022.
[21] CF, art. 166, § 9º-A, incluído pela EC 126/2022.
[22] CF, art. 166, § 12, com a redação dada pela EC 100/2019.

Observe-se que essa redução não poderá ultrapassar o contingenciamento médio imposto ao conjunto das demais despesas discricionárias. Assim, se o contingenciamento das despesas discricionárias em geral for de 18%, o contingenciamento das emendas parlamentares individuais só poderá ser **inferior ou igual a esse mesmo percentual** (18% ou menos).

A segunda hipótese que implicará redução do montante de execução obrigatória das emendas individuais e de emendas de bancada diz respeito aos **impedimentos de ordem técnica na execução da despesa**. É o que prevê o § 13 do art. 166 da Constituição Federal, ao prescrever que as programações orçamentárias decorrentes de **emendas parlamentares individuais** e de **emendas de bancada de parlamentares de Estado ou do Distrito Federal não serão de execução obrigatória nos casos dos impedimentos de ordem técnica**. Os impedimentos são obstáculos de ordem técnica (e legal) que impossibilitam a execução, total ou parcialmente, das programações orçamentárias, tais como a falta de razoabilidade do valor proposto para a despesa, a incompatibilidade do objeto proposto com a finalidade da ação orçamentária, a desistência da proposta por parte do proponente etc.

Por fim, o texto constitucional passou a autorizar que as **emendas individuais impositivas** (de execução obrigatória, nos termos anteriormente comentados) apresentadas pelos congressistas ao projeto de lei orçamentária anual (LOA) **aloquem (transfiram) diretamente recursos a estados, ao Distrito Federal e a municípios** por meio de (a) transferência especial ou (b) transferência com finalidade definida, desde que observados os termos e limites estabelecidos pelo art. 166-A da Constituição Federal, incluído pela Emenda Constitucional 105, de 12 de dezembro de 2019.

2.5. Vedações constitucionais

O art. 167 da Constituição estabelece importantes **vedações** em matéria orçamentária. Pela sua relevância, o dispositivo merece ser transcrito (destaques nossos):

> Art. 167. São vedados:
>
> I – o início de programas ou projetos **não incluídos na lei orçamentária anual**;
>
> II – a realização de despesas ou a assunção de obrigações diretas **que excedam os créditos orçamentários ou adicionais**;
>
> III – a realização de operações de créditos que excedam o montante das despesas de capital, ressalvadas as autorizadas mediante créditos suplementares ou especiais com finalidade precisa, aprovados pelo Poder Legislativo por maioria absoluta;[23]
>
> IV – a vinculação de receita de impostos a órgão, fundo ou despesa, ressalvadas a repartição do produto da arrecadação dos impostos a

---

[23] A Emenda Constitucional 106/2020 – ao instituir o regime extraordinário fiscal, financeiro e de contratações para enfrentamento de calamidade pública nacional decorrente de pandemia (Covid-19) – dispensou, durante a integralidade do exercício financeiro em que vigore o regime de calamidade pública nacional, a observância dessa limitação (art. 4.º).

que se referem os arts. 158 e 159, a destinação de recursos para as ações e serviços públicos de saúde, para manutenção e desenvolvimento do ensino e para realização de atividades da administração tributária, como determinado, respectivamente, pelos arts. 198, § 2.º, 212 e 37, XXII, e a prestação de garantias às operações de crédito por antecipação de receita, previstas no art. 165, § 8.º, bem como o disposto no § 4.º deste artigo;

V – a abertura de crédito suplementar ou especial **sem prévia autorização legislativa** e **sem indicação dos recursos correspondentes**;

VI – a transposição, o remanejamento ou a transferência de recursos de uma categoria de programação para outra ou de um órgão para outro, **sem prévia autorização legislativa**;

VII – a concessão ou utilização de créditos **ilimitados**;

VIII – a utilização, **sem autorização legislativa específica**, de recursos dos orçamentos fiscal e da seguridade social para suprir necessidade ou cobrir déficit de empresas, fundações e fundos, inclusive dos mencionados no art. 165, § 5.º;

IX – a instituição de fundos de qualquer natureza, **sem prévia autorização legislativa**;

X – a transferência voluntária de recursos e a concessão de empréstimos, inclusive por antecipação de receita, pelos Governos Federal e Estaduais e suas instituições financeiras, para pagamento de despesas com pessoal ativo, inativo e pensionista, dos Estados, do Distrito Federal e dos Municípios;

XI – a utilização dos recursos provenientes das contribuições sociais de que trata o art. 195, I, "a", e II, para a realização de despesas **distintas do pagamento de benefícios do regime geral de previdência social** de que trata o art. 201;

XII – na forma estabelecida na lei complementar de que trata o § 22 do art. 40, a utilização de recursos de **regime próprio de previdência social**, incluídos os valores integrantes dos fundos previstos no art. 249, para a realização de despesas distintas do pagamento dos benefícios previdenciários do respectivo fundo vinculado àquele regime e das despesas necessárias à sua organização e ao seu funcionamento;[24]

XIII – a transferência voluntária de recursos, a concessão de avais, as garantias e as subvenções pela União e a concessão de empréstimos e de financiamentos por instituições financeiras federais aos Estados, ao Distrito Federal e aos Municípios na hipótese de **descumprimento das regras gerais de organização e de funcionamento de regime próprio de previdência social**;[25]

---

[24] Inciso XII incluído pela EC 103/2019.
[25] Inciso XIII incluído pela EC 103/2019.

XIV – a criação de **fundo público**, quando seus objetivos puderem ser alcançados mediante a vinculação de receitas orçamentárias específicas ou mediante a execução direta por programação orçamentária e financeira de órgão ou entidade da administração pública.[26]

A importância dessas vedações faz necessário examinarmos mais detidamente os principais comandos desse dispositivo constitucional, conforme passamos a expor.

– Art. 167, I

Esse dispositivo veda o início de programa ou projetos **não incluídos** na LOA. Sabemos que é possível que projetos ou programas incluídos no PPA não constem da LOA de determinado exercício, tendo em vista as prioridades fixadas pela LDO. Nesse caso, **o programa ou projeto não incluído na LOA não poderá ser executado**.

– Art. 167, II

Esse dispositivo relaciona-se com o **princípio orçamentário do equilíbrio**, e tem por fim assegurar a manutenção de uma boa situação financeira do ente público, evitando-se um indevido endividamento.

– Art. 167, III

Esse dispositivo cuida da chamada **regra de ouro das finanças públicas**, segundo a qual o ente público não deve se endividar mais do que o necessário para realizar suas **despesas de capital** (investimentos, principalmente), pois só estas gerarão resultados que serão, também, usufruídos pelas gerações futuras. O endividamento para pagamento de despesas correntes deve ser evitado (despesas com pessoal, por exemplo), haja vista que estas se referem a gastos imediatos, que não deveriam penalizar os contribuintes futuros.

Entretanto, há uma situação em que a Constituição autoriza que a **regra de ouro** seja afastada: se o Legislativo aprovar, por **maioria absoluta** de votos, **créditos suplementares ou especiais** com **finalidade específica**.

– Art. 167, IV

Esse dispositivo estabelece o **princípio orçamentário da não vinculação (ou da não afetação) da receita de impostos**. Há, entretanto, seis importantes exceções a esse princípio, isto é, situações em que a própria Constituição autoriza a vinculação da receita de impostos, quais sejam:

a) as repartições constitucionais do produto da arrecadação de impostos previstas nos arts. 158 e 159;

b) a destinação de recursos para as ações e serviços públicos de saúde (CF, art. 198, § 2.º);

---

[26] Inciso XIV incluído pela EC 109/2021.

Cap. 15 • FINANÇAS PÚBLICAS

c) a destinação de recursos para manutenção e desenvolvimento do ensino (CF, art. 212);

d) a destinação de recursos para realização de atividades da administração tributária (CF, art. 37, XXII);

e) para a prestação de garantias às operações de crédito por antecipação de receita – ARO (CF, art. 165, § 8.º);

f) para a prestação de garantia ou contragarantia à União e para pagamento de débitos para com esta.

– Art. 167, VI

Esse dispositivo proíbe a transposição, o remanejamento ou a transferência de recursos de uma categoria de programação para outra ou de um órgão para outro, **sem prévia autorização legislativa**.

Como se vê, a proibição de transposição, remanejamento e transferência de recursos de uma categoria de programação para outra ou de um órgão para outro **não é absoluta**, haja vista que o texto constitucional permite tais medidas, desde que haja **prévia autorização legislativa**.

Ademais, no âmbito das **atividades de ciência, tecnologia e inovação**, a transposição, o remanejamento ou a transferência de recursos de uma categoria de programação para outra poderão ser realizados por **ato do Poder Executivo** – ou seja, **não é necessária a prévia autorização legislativa** acima mencionada. Com efeito, o § 5.º do art. 167 da Constituição Federal, incluído pela EC 85/2015, dispõe que a transposição, o remanejamento ou a transferência de recursos de uma categoria de programação para outra poderão ser admitidos, no âmbito das atividades de ciência, tecnologia e inovação, com o objetivo de viabilizar os resultados de projetos restritos a essas funções, mediante ato do Poder Executivo, **sem necessidade de prévia autorização legislativa**.

2.6. Créditos adicionais

A Constituição admite a existência de **créditos adicionais** naquelas situações em que os créditos orçamentários autorizados na LOA não são suficientes para atender às necessidades de recursos no exercício financeiro em curso.

Os créditos adicionais podem ser de três espécies: suplementares, especiais ou extraordinários.

Os **créditos suplementares** visam a **reforçar a dotação autorizada na LOA**, vale dizer, destinam-se àquelas situações em que a despesa **já está autorizada na LOA**, mas o quantitativo de crédito previsto se mostra insuficiente.

Os **créditos especiais** se destinam a despesas **não previstas no orçamento**, isto é, àquelas despesas para as quais **não haja** categoria de programação orçamentária específica.

Essas duas espécies de créditos adicionais – suplementares e especiais – devem ser **autorizadas por lei** e abertas por **decreto executivo**. Necessitam, ainda, da **existência de recursos disponíveis** para suportar suas despesas, e sua abertura deve ser precedida de **exposição justificada**.

Os **créditos extraordinários** somente podem ser abertos para atender a **despesas imprevisíveis e urgentes**, como as decorrentes de **guerra, comoção interna ou calamidade pública** (CF, art. 167, § 3.º).

Observe-se que essa enumeração de situações que acarretam despesas imprevisíveis e urgentes **não é exaustiva** (*numerus clausus*), mas, sim, **meramente exemplificativa** – o texto constitucional utiliza, antes da enumeração, a palavra "como"! Logo, caberá ao Poder Executivo, responsável pela abertura dos créditos extraordinários, decidir que situações gerarão despesas imprevisíveis e urgentes – comparáveis a guerra, comoção interna ou calamidade pública –, que poderão ensejar a abertura de créditos extraordinários. Porém, em caso de **arbítrio** por parte do chefe do Executivo, a abertura de crédito extraordinário poderá ser objeto de **controle pelo Poder Judiciário**, se provocado a tanto.

Por se tratar de situações imprevisíveis e urgentes, a abertura de crédito extraordinário **não exige prévia autorização legal**. Sua abertura deverá se dar por **medida provisória**, naqueles entes federados que possuam essa espécie normativa. No Distrito Federal, nos estados e municípios que não tenham adotado essa espécie normativa (em suas Constituições ou Leis Orgânicas), a abertura de crédito extraordinário se dá por **decreto executivo**.

Ademais, ao contrário do que ocorre com os créditos suplementares e especiais, **a abertura de créditos extraordinários não exige a indicação de disponibilidade de recursos**.

Os créditos **especiais e extraordinários** terão vigência no exercício financeiro em que forem autorizados, salvo se o ato de autorização for promulgado nos **últimos quatro meses** daquele exercício, caso em que, reabertos nos limites de seus saldos, serão incorporados ao orçamento do exercício financeiro subsequente (CF, art. 167, § 2.º).

Perceba-se que, em regra, os créditos adicionais deverão ser executados (utilizados) no curso do exercício financeiro em que forem autorizados/abertos. Entretanto, a Constituição Federal permite que os créditos **especiais ou extraordinários**, quando autorizados nos **últimos quatro meses do exercício** (setembro, outubro, novembro ou dezembro), sejam **reabertos, nos limites dos seus saldos, para incorporação ao orçamento do exercício financeiro subsequente**. Por exemplo, eventuais **saldos** de créditos especiais ou extraordinários autorizados/abertos nos últimos quatros meses do exercício financeiro de 2014 poderão ser incorporados ao orçamento do exercício financeiro de 2015.

Essa possibilidade de **reabertura** de créditos adicionais no exercício financeiro subsequente **só existe** para **créditos especiais ou extraordinários**, isto é, tal regra **não alcança** os **créditos suplementares**.

A lei **não imporá nem transferirá** qualquer encargo financeiro decorrente da prestação de serviço público, inclusive despesas de pessoal e seus encargos, para a União, os Estados, o Distrito Federal ou os Municípios, sem a previsão de fonte orçamentária e financeira necessária à realização da despesa ou sem a previsão da correspondente transferência de recursos financeiros necessários ao seu custeio, **ressalvadas as obrigações assumidas espontaneamente pelos entes federados e**

Cap. 15 • FINANÇAS PÚBLICAS

aquelas decorrentes da fixação do salário mínimo, na forma do inciso IV do caput do art. 7º da Constituição.[27]

2.7. Estado de emergência: mecanismo de ajuste fiscal dos estados, do Distrito Federal e dos municípios

O art. 167-A da Constituição Federal **faculta** aos estados, ao Distrito Federal e aos municípios adotar medidas de ajuste fiscal, se a relação entre despesas correntes e receitas correntes (DC/RC), num período de 12 (doze) meses, **superar 95%** (noventa e cinco por cento). Esse dispositivo constitucional, incluído pela EC 109/2021, tem a seguinte redação:

> Art. 167-A. Apurado que, no período de 12 (doze) meses, a relação entre despesas correntes e receitas correntes supera 95% (noventa e cinco por cento), no âmbito dos Estados, do Distrito Federal e dos Municípios, é facultado aos Poderes Executivo, Legislativo e Judiciário, ao Ministério Público, ao Tribunal de Contas e à Defensoria Pública do ente, enquanto permanecer a situação, aplicar o mecanismo de ajuste fiscal de vedação da:
>
> I – concessão, a qualquer título, de vantagem, aumento, reajuste ou adequação de remuneração de membros de Poder ou de órgão, de servidores e empregados públicos e de militares, exceto dos derivados de sentença judicial transitada em julgado ou de determinação legal anterior ao início da aplicação das medidas de que trata este artigo;
>
> II – criação de cargo, emprego ou função que implique aumento de despesa;
>
> III – alteração de estrutura de carreira que implique aumento de despesa;
>
> IV – admissão ou contratação de pessoal, a qualquer título, ressalvadas:
>
> a) as reposições de cargos de chefia e de direção que não acarretem aumento de despesa;
>
> b) as reposições decorrentes de vacâncias de cargos efetivos ou vitalícios;
>
> c) as contratações temporárias de que trata o inciso IX do *caput* do art. 37 desta Constituição; e
>
> d) as reposições de temporários para prestação de serviço militar e de alunos de órgãos de formação de militares;
>
> V – realização de concurso público, exceto para as reposições de vacâncias previstas no inciso IV deste *caput*;
>
> VI – criação ou majoração de auxílios, vantagens, bônus, abonos, verbas de representação ou benefícios de qualquer natureza, inclu-

---

[27] CF, art. 167, § 7º, incluído pela EC 128/2022.

sive os de cunho indenizatório, em favor de membros de Poder, do Ministério Público ou da Defensoria Pública e de servidores e empregados públicos e de militares, ou ainda de seus dependentes, exceto quando derivados de sentença judicial transitada em julgado ou de determinação legal anterior ao início da aplicação das medidas de que trata este artigo;

VII – criação de despesa obrigatória;

VIII – adoção de medida que implique reajuste de despesa obrigatória acima da variação da inflação, observada a preservação do poder aquisitivo referida no inciso IV do *caput* do art. 7º desta Constituição;

IX – criação ou expansão de programas e linhas de financiamento, bem como remissão, renegociação ou refinanciamento de dívidas que impliquem ampliação das despesas com subsídios e subvenções;

X – concessão ou ampliação de incentivo ou benefício de natureza tributária.

Estabelece a Constituição Federal que a apuração da relação entre despesas correntes e receitas correntes (DC/RC) deverá ser **bimestral** (art. 167-A, § 4.º).

Adicionalmente, prevê a Constituição Federal a possibilidade de **acionamento parcial de tais medidas**, por atos do Executivo, quando apurado que aquela relação (DC/RC) **excede 85%** (oitenta e cinco por cento). Em verdade, com a superação do limite de 85%, faculta-se ao ente subnacional a adoção prudencial de algumas medidas de contenção para evitar a superação do limite máximo de 95%, a partir do qual há incidência das sanções previstas no § 6.º do mesmo art. 167-A (vedação à tomada de crédito, à obtenção de garantias etc.). Em suma: como as referidas sanções somente serão aplicadas ao ente federado se superado o limite de **95%**, faculta-se a este a adoção parcial de medidas fiscais quando superado o limite de **85%**, com o fim de evitar, desde já, a superação daquele limite máximo (95%)!

Com efeito, estabelece a Constituição Federal que quando a relação DC/RC for **maior que 85%**, o chefe do Poder Executivo, por "ato" próprio, de vigência imediata, poderá adotar, no todo ou em parte, as medidas do art. 167-A (possibilidade também facultada aos demais Poderes e órgãos autônomos). Esse "ato" do Executivo será submetido, em regime de urgência, à apreciação do Poder Legislativo. O referido ato do Executivo perderá a eficácia, reconhecida a validade dos atos praticados na sua vigência, se (*i*) for rejeitado, ou (*ii*) quando transcorrido o prazo de 180 (cento e oitenta) dias sem que se ultime sua apreciação, ou, ainda, (*iii*) quando não mais se verificar o percentual determinado na relação entre a despesa corrente e a receita corrente, mesmo após a sua aprovação pelo Poder Legislativo.[28]

Anote-se que, apesar de o § 1.º do art. 167-A da Constituição Federal mencionar, expressamente, "ato do chefe do Poder Executivo", não há previsão, no processo legislativo federal (CF, art. 59), de espécie normativa dessa natureza, qual seja: ato expedido pelo chefe do Executivo, de vigência imediata, com prazo de validade de até

---

[28] CF, art. 167-A, §§ 1.º a 3.º, acrescentados pela EC 109/2021.

180 (cento e oitenta) dias, mas dependente da aprovação do Poder Legislativo, sob pena de perda da eficácia. Afinal, se adotada uma espécie de "decreto normativo" pelo chefe do Executivo, que posteriormente venha a ser aprovado pelo Legislativo, qual seria a espécie normativa daí resultante, em conformidade com o art. 59 da Constituição Federal? Um (anômalo) decreto legislativo (aprovado pelo Legislativo), mas cujo projeto foi apresentado pelo Executivo? Entendemos não se tratar de medida provisória, haja vista que esta possui regramento próprio na Constituição Federal, com rito legislativo e prazo de validade distintos (art. 62), e, ademais, na inclusão do referido art. 167-A ao texto constitucional, não se fez menção alguma a essa espécie normativa! Cabe-nos, por ora, aguardar por alguma regulamentação infraconstitucional.

Por fim, cabe mencionar as sanções a serem aplicadas ao ente federado na hipótese em que a relação DC/RC ultrapasse **95%**. Nesse caso, até que todas as medidas fiscais indicadas nos incisos I a X do art. 167-A tenham sido adotadas por todos os Poderes e órgãos nele mencionados, de acordo com declaração do respectivo Tribunal de Contas, é **vedada**:[29]

> I – a concessão, por qualquer outro ente da Federação, de garantias ao ente envolvido;
>
> II – a tomada de operação de crédito por parte do ente envolvido com outro ente da Federação, diretamente ou por intermédio de seus fundos, autarquias, fundações ou empresas estatais dependentes, ainda que sob a forma de novação, refinanciamento ou postergação de dívida contraída anteriormente, ressalvados os financiamentos destinados a projetos específicos celebrados na forma de operações típicas das agências financeiras oficiais de fomento.

2.8. Estado de calamidade pública

Com a promulgação da EC 109/2021, o texto constitucional passou a dispor sobre **a decretação de estado de calamidade pública de âmbito nacional**, cuja competência é do Congresso Nacional, a partir de iniciativa do Presidente da República (art. 49, XVIII, c/c art. 84, XXVIII).

Durante a vigência de estado de calamidade pública de âmbito nacional, decretado pelo Congresso Nacional por iniciativa privativa do Presidente da República, **a União deve adotar regime extraordinário fiscal, financeiro e de contratações para atender às necessidades dele decorrentes**, somente naquilo em que a urgência for incompatível com o regime regular.[30] Esse regime extraordinário, inaugurado com a decretação do estado de calamidade pública de âmbito nacional, está disciplinado nos arts. 167-C, 167-D, 167-E, 167-F e 167-G do texto constitucional, nos termos sinteticamente apresentados nos parágrafos seguintes.

---

[29]   Art. 167-A, § 6.º, incluído pela EC 109/2021.
[30]   CF, art. 167-B, incluído pela EC 109/2021.

Com o propósito exclusivo de enfrentamento da calamidade pública e de seus efeitos sociais e econômicos, no seu período de duração, **o Poder Executivo federal pode adotar processos simplificados de contratação de pessoal, em caráter temporário e emergencial, e de obras, serviços e compras** que assegurem, **quando possível**, competição e igualdade de condições a todos os concorrentes (CF, art. 167-C). Busca-se, com tais medidas, conferir maior agilidade nas contratações públicas em momentos de calamidade pública.

As proposições legislativas e os atos do Poder Executivo que tenham propósito exclusivo de enfrentar a calamidade e suas consequências sociais e econômicas, com vigência e efeitos restritos à sua duração, desde que não impliquem despesa obrigatória de caráter continuado, ficam dispensados da observância das limitações legais quanto à criação, à expansão ou ao aperfeiçoamento de ação governamental que acarrete aumento de despesa e à concessão ou à ampliação de incentivo ou benefício de natureza tributária da qual decorra renúncia de receita (CF, art. 167-D). Ademais, durante a vigência da calamidade pública de âmbito nacional, **fica afastada a aplicação do § 3.º do art. 195 da Constituição Federal**, que proíbe pessoa jurídica em débito com a seguridade social de contratar com o Poder Público e dele receber benefícios ou incentivos fiscais e creditícios (CF, art. 167-D, parágrafo único).

Durante a integralidade do exercício financeiro em que vigore a calamidade pública de âmbito nacional **fica dispensada a observância da chamada "regra de ouro"**, prevista no art. 167, inciso III, da Constituição Federal. Vale dizer, com o afastamento da regra de ouro, permite-se o aumento de despesas correntes mediante novas operações de crédito, o que, na prática, implica **autorização para aumento do endividamento público** (CF, art. 167-E).

A Constituição Federal dispõe, ainda, que durante a vigência da calamidade pública de âmbito nacional (art. 167-F):

> I – são dispensados, durante a integralidade do exercício financeiro em que vigore a calamidade pública, os limites, as condições e demais restrições aplicáveis à União para a contratação de operações de crédito, bem como sua verificação;
>
> II – o superávit financeiro apurado em 31 de dezembro do ano imediatamente anterior ao reconhecimento pode ser destinado à cobertura de despesas oriundas das medidas de combate à calamidade pública de âmbito nacional e ao pagamento da dívida pública.

Além das exceções mencionadas nos parágrafos antecedentes, dispõe a Constituição Federal que **lei complementar** poderá definir outras suspensões, dispensas e afastamentos aplicáveis durante a vigência do estado de calamidade pública de âmbito nacional (art. 167-F, § 1.º).

Por fim, é importantíssimo ressaltar que a decretação do estado de calamidade pública de âmbito nacional **impõe à União a obrigatoriedade de acionamento das medidas de ajuste fiscal** – indicadas nos incisos I a X do art. 167-A da Constituição Federal –, até o término da vigência do estado de calamidade (CF, art. 167-G).

Em verdade, com a decretação do estado de calamidade pública pelo Congresso Nacional, tem-se, em relação à União, o **acionamento automático das referidas medidas compensatórias de ajuste fiscal** (art. 167-A, I a X), enquanto vigorar o estado de calamidade.

Impende alertar que esse acionamento automático das medidas compensatórias de ajuste fiscal na hipótese de decretação do estado de calamidade pública **só alcança a União**. Em relação aos estados, ao Distrito Federal e aos municípios, a aplicação das vedações previstas nos incisos I a X do art. 167-A da Constituição Federal **é facultativa** (CF, art. 167-G, § 3.º).

2.9. Repasse de duodécimos

Estabelece a Constituição Federal que os recursos correspondentes às dotações orçamentárias, compreendidos os créditos suplementares e especiais, destinados aos órgãos dos Poderes Legislativo e Judiciário, do Ministério Público e da Defensoria Pública, ser-lhes-ão entregues até o **dia vinte** de cada mês, em duodécimos, na forma disciplinada em **lei complementar** (CF, art. 168). Sobre essa obrigação constitucional do Poder Executivo, o Supremo Tribunal Federal firmou o seguinte entendimento:[31]

> É dever constitucional do Poder Executivo o repasse, sob a forma de duodécimos e até o dia 20 de cada mês (art. 168 da CRFB/88), da integralidade dos recursos orçamentários destinados a outros Poderes e órgãos constitucionalmente autônomos, como o Ministério Público e a Defensoria Pública, conforme previsão da respectiva Lei Orçamentária Anual.

Ao final do exercício, se houver **saldo financeiro** decorrente dos recursos entregues na forma de duodécimos (conforme exposto no parágrafo anterior), **deve ser restituído ao caixa único do Tesouro do ente federativo** – caso contrário, o valor do saldo será deduzido das primeiras parcelas duodecimais do exercício seguinte (CF, art. 168, § 2.º).[32]

Ainda acerca dos duodécimos, o texto constitucional passou a vedar que recursos oriundos de repasses duodecimais do Tesouro **sejam transferidos a fundos**.[33]

2.10. Limites para despesa com pessoal

A despesa com pessoal ativo e inativo e pensionistas da União, dos estados, do Distrito Federal e dos municípios não pode exceder os limites estabelecidos em **lei complementar**.[34]

---

[31] ADPF 339/PI, rel. Min. Luiz Fux, 18.05.2016.
[32] CF, art. 168, § 2.º, incluído pela EC 109/2021.
[33] CF, art. 168, § 1.º, incluído pela EC 109/2021.
[34] CF, art. 169, com a redação dada pela EC 109/2021.

A concessão de qualquer vantagem ou aumento de remuneração, a criação de cargos, empregos e funções ou alteração de estrutura de carreiras, bem como a admissão ou contratação de pessoal, a qualquer título, pelos órgãos e entidades da administração direta ou indireta, inclusive fundações instituídas e mantidas pelo Poder Público, só poderão ser feitas:

> I – se houver prévia dotação orçamentária suficiente para atender às projeções de despesa de pessoal e aos acréscimos dela decorrentes;

> II – se houver autorização específica na lei de diretrizes orçamentárias, ressalvadas as empresas públicas e as sociedades de economia mista.

Decorrido o prazo estabelecido na **lei complementar** para a adaptação aos parâ-metros nela previstos, serão **imediatamente suspensos todos os repasses de verbas fe-derais ou estaduais aos estados, ao Distrito Federal e aos municípios** que não observarem os limites estipulados (CF, art. 169, § 2.º).

Ademais, para o cumprimento desses limites, durante o prazo fixado na **lei complementar** aludida, a União, os estados, o Distrito Federal e os municípios adotarão as seguintes providências:

> I – redução em pelo menos **vinte por cento** das despesas com **cargos em comissão e funções de confiança**;

> II – exoneração dos servidores **não estáveis**.

Se essas duas medidas não forem suficientes para assegurar o cumprimento da determinação fixada na lei complementar, **o servidor estável poderá perder o cargo**, desde que ato normativo motivado de cada um dos Poderes especifique a atividade funcional, o órgão ou unidade administrativa objeto da redução de pessoal (CF, art. 169, § 4.º).

Nessa situação, o **servidor estável** que **perder o cargo** fará jus a **indenização** correspondente a **um mês de remuneração por ano de serviço** (CF, art. 169, § 5.º).

O cargo objeto da redução acima mencionada – exoneração de servidor não estável ou estável, para cumprimento dos limites de despesa com pessoal fixados em lei complementar – será considerado **extinto**, vedada a criação de cargo, emprego ou função com atribuições iguais ou assemelhadas pelo prazo de **quatro anos** (CF, art. 169, § 6.º).

Capítulo 16

ORDEM ECONÔMICA E FINANCEIRA

1. INTRODUÇÃO

A ideia de um Estado verdadeiramente abstencionista em matéria econômica, em que a organização e a atuação do setor produtivo fossem inteiramente orientadas pelas forças de mercado (pela "**mão invisível**" a que aludia o filósofo e economista escocês Adam Smith), em que os indivíduos pudessem exercer, sem peias, qualquer atividade econômica visando exclusivamente ao lucro e ao seu próprio bem-estar (sob o pressuposto de que essa livre atuação levaria naturalmente ao bem-estar geral), foi defendida com paixão pelos maiores pensadores dos séculos XVIII e XIX.

As primeiras Constituições escritas, que marcaram o início formal do movimento denominado constitucionalismo (a Constituição dos Estados Unidos, de 1787, e as Constituições Francesas de 1791 e 1793), bem como as Constituições que foram promulgadas ou outorgadas em toda a Europa e nas Américas ao longo do século XIX, assinalam o triunfo político de uma abrangente corrente de pensamento que sistematizou um amplo conjunto de axiomas concernentes a todas as esferas de atuação humana (filosóficos, econômicos, jurídicos etc.): o **Liberalismo**.

As Constituições positivadas sob a égide do Liberalismo preocuparam-se, sobretudo, em declarar direitos fundamentais do indivíduo perante o Estado – conhecidos como direitos fundamentais de primeira geração, direitos de liberdade, de defesa – e em instituir mecanismos que assegurassem a limitação do poder do Estado (separação funcional dos poderes e formas de controle recíproco entre os poderes – sistema de freios e contrapesos). Os princípios básicos a serem respeitados eram a autonomia da vontade do indivíduo e a liberdade negocial, incluída a liberdade de empresa (*laissez faire*). Sendo as Constituições instrumentos político-jurídicos da classe burguesa hegemônica, não fazia qualquer sentido cogitar algo como uma "Constituição econômica".

São sobejamente conhecidos os gravíssimos conflitos sociais que resultaram da adoção desse modelo de Estado. A atuação sem limites dos detentores do capital (e, por isso, do poder político e econômico) – representantes da burguesia triunfante sobre o Absolutismo, guindada ao poder pelas grandes revoluções liberais – simplesmente gerou para a imensa massa das populações (os camponeses e o proletariado) uma situação de miséria dantesca e intoleráveis sofrimentos. Resultou insofismável a total incapacidade das leis naturais da economia e do mercado para promover a distribuição da riqueza produzida, pelo menos em um nível suficiente para assegurar a todos uma existência minimamente digna.

A crise do Liberalismo e a superação do modelo de Estado por ele proposto redundaram no surgimento, de um lado, do **Estado Social Democrático**, que tem como marco a **Constituição do México, de 1917**, e, sobretudo, a **Constituição Alemã de 1919** (República de Weimar). Em outra vertente, a Revolução Russa de 1917 transformou em realidade um outro modelo – radicalmente oposto ao liberal –, em que foi abolida a propriedade privada dos meios de produção e se adotou a total planificação da atividade econômica pelo Estado (abolição da livre-iniciativa): o **Socialismo**.

A necessidade de atuação do Estado no setor econômico, dessarte, é hoje vista como um fato inelutável. As forças econômicas, quando não direcionadas de algum modo, além de solaparem a livre concorrência e acarretarem a concentração de quase toda a riqueza produzida pela nação nas mãos de uma diminuta plutocracia (em termos numéricos), podem mostrar-se extremamente prejudiciais à própria economia global do Estado, de que é exemplo mais emblemático a Grande Depressão da década de 30. Em nenhum Estado, atualmente, é praticado, ou mesmo propugnado, o Liberalismo puro nos moldes dos séculos XVIII e XIX.

No Brasil, a **Constituição de 1934** foi a primeira a consignar princípios e normas sobre a ordem econômica, sob influência da Constituição Alemã de Weimar. Podemos dizer que essa **constitucionalização da ordem econômica e social** (ao se inserir na Constituição um título especificamente destinado à ordem econômica e social) foi reflexo da preocupação do legislador constituinte brasileiro em fortalecer a ideologia do **Estado de bem-estar social**, que preconiza reformas progressivas em busca da convergência entre liberdade e igualdade, e da conciliação da democracia liberal com um ideário de vertente mais social.

A Constituição de 1988 tem como núcleo a dignidade da pessoa humana. Embora esse fundamento esteja enunciado junto a outros quatro, logo no art. 1.º da Carta Política, uma acurada análise sistemática de seu texto permite concluir que todos os preceitos constitucionais devem ser interpretados adotando como marco referencial a dignidade humana.

Assim, o fato de o constituinte originário haver agrupado normas constitucionais em um título (Título VII), que denominou "Da Ordem Econômica e Financeira", só pode significar a pretensão de, juridicamente, conformar a realidade econômica sob a perspectiva da dignidade humana, por outras palavras, o ordenamento jurídico somente considerará legítima a atividade econômica que tenha como fundamento e objetivo garantir a todos condições materiais assecuratórias de uma existência digna (mínimo vital).

As considerações do parágrafo anterior, repetimos, independem do conhecimento específico das normas que integram o Título VII do Texto Magno. Elas decorrem da concepção de Estado estruturado pelo nosso constituinte originário. E os princípios da ordem econômica somente podem ser compreendidos à luz dos princípios gerais orientadores de todo o conteúdo de nossa organização política.

A Constituição vigente, promulgada em 5 de outubro de 1988, é classificada como uma Constituição tipicamente **dirigente**. Significa isso que ela não apenas cuidou da estruturação do Estado e do exercício do poder, mas também estabeleceu expressamente os fins que devem ser perseguidos pelo Estado em toda sua atuação.

O Estado refundado pela Carta de 1988 é um **Estado Social Democrático**, vale dizer, devem seus órgãos atuar efetivamente – mediante o desenvolvimento de políticas públicas ativas e prestações positivas – no intuito de se obter uma sociedade em que prevaleça a igualdade material, assegurando a todos, no mínimo, o necessário a uma existência digna (um dos objetivos fundamentais da República Federativa do Brasil, vazado no inciso III do art. 3.º, é "erradicar a pobreza e a marginalização e reduzir as desigualdades sociais e regionais"; é finalidade geral da ordem econômica, plasmada no art. 170, *caput*, "assegurar a todos existência digna, conforme os ditames da justiça social").

Nossa Constituição de 1988 claramente originou um **Estado capitalista**. É fundamento da República o valor social da livre-iniciativa (art. 1.º, IV). São fundamentos da ordem econômica, dentre outros, a livre-iniciativa, a propriedade privada, a livre concorrência (art. 170, *caput*, e incisos II e IV). Ora, conforme exposto acima, no Capitalismo, as forças econômicas, deixadas a seu alvedrio, resultam em concentração de riqueza, anulação da livre concorrência e, sobretudo, em condições materiais de vida miseráveis para a quase totalidade da população. Dessarte, é evidente que o Estado brasileiro tem como uma de suas funções indeclináveis intervir no setor econômico, de sorte a assegurar que a riqueza produzida seja efetivamente um meio de prover a todos uma existência digna.

Em síntese, a Constituição de 1988, conquanto não tenha instituído um Estado Socialista, tampouco fundou um Estado abstencionista nos moldes do Liberalismo clássico (na realidade, não existem Estados assim no mundo atual). Nossa ordem jurídico-política prevê e autoriza a intervenção do Estado no domínio econômico, de variadas formas, sempre tendo como escopo possibilitar que a dignidade da pessoa humana seja um fundamento efetivo de nossa República, e não simples retórica.

2. MEIOS DE ATUAÇÃO DO ESTADO NA ÁREA ECONÔMICA

A atuação do Estado na área econômica pode assumir duas formas básicas: atuação **direta** e atuação **indireta**. Essas formas de atuação na economia não são excludentes; um mesmo Estado pode atuar diretamente em determinados setores e indiretamente em outros.

Diz-se que o Estado atua **diretamente** na economia quando ele desempenha o papel de agente econômico (Estado-empresário). Nesses casos, o Estado – normalmente mediante pessoas jurídicas por ele constituídas e sob seu controle – atua, ele mesmo, na produção de bens ou na prestação de serviços de conteúdo econômico. A atuação direta do Estado pode verificar-se em regime de monopólio (**absorção**) ou em concorrência com outras empresas do setor privado (**participação**).

A atuação **indireta** do Estado na economia ocorre de diversas formas, visando, em linhas gerais, a corrigir as distorções que se verificam quando os agentes econômicos podem atuar de modo totalmente livre (merecendo destaque a coibição à formação de oligopólios, de cartéis, à prática de *dumping* – venda de produtos por preços inferiores aos custos –, enfim, a vedação a qualquer prática contrária à livre concorrência). As mais conhecidas formas de intervenção indireta do Estado na economia são, genericamente:

(1) **indução**: o Poder Público direciona a atuação dos agentes econômicos privados, incentivando determinadas atividades e desestimulando outras. A indução, portanto, pode ser **positiva** (fomento), operando-se por meio de benefícios fiscais, subsídios, construção de infraestrutura, financiamento de projetos etc., ou pode ser **negativa**, consubstanciando-se, por exemplo, na imposição de elevadas alíquotas de tributos sobre a importação de determinados produtos, na tributação exacerbada de produtos industriais lesivos à saúde ou perigosos para a população (cigarros, bebidas, armas de fogo etc.), na cobrança de taxas progressivas em função do nível da poluição provocada por indústrias etc.;

(2) **fiscalização**: é exercida primordialmente pela administração pública, manifestando-se pelo exercício do poder de polícia. O Estado condiciona determinados comportamentos dos particulares, proíbe outros, aplica sanções pelo descumprimento de suas determinações, enfim, atua visando a impedir que a prática de atividades privadas possa acarretar prejuízos à população, aos consumidores, ao meio ambiente, à ordem pública ou à própria economia do país;

(3) **planejamento**: o planejamento impede que o Estado atue de forma aleatória ou caprichosa. É por meio do planejamento que o Estado pode identificar as necessidades presentes e futuras dos diversos grupos sociais e orientar (inclusive mediante indução positiva ou negativa) a atuação dos agentes econômicos visando ao atingimento de fins determinados.

Além dessas formas de atuação do Estado, diretamente referidas às atividades de grupos de agentes econômicos privados, a manipulação das políticas monetária, cambial e fiscal pode ser utilizada para, intencionalmente, produzir efeitos gerais sobre a economia. Assim, uma política monetária contracionista pode ser utilizada para desacelerar a atividade econômica como um todo (visando, por exemplo, a evitar inflação); uma política de desvalorização da moeda nacional pode aumentar a atividade dos setores exportadores (visando, por exemplo, a corrigir desequilíbrios na balança comercial); uma política fiscal consubstanciada em vultosos gastos públicos pode ser utilizada na tentativa de se evitar uma recessão, pelo aumento da demanda agregada; etc.

3. A ORDEM ECONÔMICA E FINANCEIRA NA CONSTITUIÇÃO DE 1988

O Título VII da Constituição vigente trata, nos arts. 170 a 192, da "Ordem Econômica e Financeira". Está dividido em quatro capítulos: "Dos Princípios Gerais da Atividade Econômica", "Da Política Urbana", "Da Política Agrícola e Fundiária e da Reforma Agrária" e "Do Sistema Financeiro Nacional". Vejamos as linhas gerais de cada um desses assuntos.

3.1. Fundamentos e princípios gerais da atividade econômica

A análise das matérias disciplinadas no Capítulo I do Título VII ("Dos Princípios Gerais da Atividade Econômica" – arts. 170 a 181) permite concluir que, no Brasil, a **atividade econômica**, em sentido amplo, abrange não só as atividades comerciais, industriais e de prestação de serviços privados, mas também determinados **serviços públicos**. Essa conclusão advém do fato de que o art. 175 trata de serviços públicos (em sentido estrito).[1]

Portanto, falaremos em "atividade econômica em **sentido estrito**", quando estivermos nos referindo às atividades comerciais, industriais e de prestação de serviços privados, e em "atividade econômica em **sentido amplo**", quando estiverem abrangidos, além dessas atividades, os serviços públicos (em sentido estrito) de que trata o art. 175 da Constituição de 1988.

3.1.1. Fundamentos: livre-iniciativa e valorização do trabalho humano

O art. 170, em seu *caput*, estatui que a nossa ordem econômica é "fundada na **valorização do trabalho humano** e na **livre-iniciativa**", e sua finalidade é "assegurar a todos existência digna, conforme os ditames da justiça social". Essas disposições, que são as mais gerais acerca da ordem econômica, revelam nitidamente o caráter compromissário de nossa Carta Política. Em vez de assumir como um dado inelutável a consagrada cisão entre "capital e trabalho", o histórico antagonismo entre "empresário e trabalhador", o texto constitucional procura transmitir uma ideia de integração, de harmonia, de sorte que assegura a livre-iniciativa (portanto, a apropriação privada dos meios de produção, a liberdade de empresa),[2] mas determina

---

[1] Cabe registrar que a expressão "serviço público" pode ser utilizada, também, em **sentido amplo**, abrangendo, além dos serviços públicos em sentido estrito – os quais configuram **atividades materiais** traduzidas em **prestações** que representem utilidades ou comodidades para a população –, outros serviços e atividades de que é incumbido o Estado, sem conteúdo econômico, a exemplo da prestação jurisdicional, da garantia da segurança nacional e da segurança pública, da defesa civil, da diplomacia etc. Esses outros serviços não dizem respeito à "Ordem Econômica e Financeira" versada na Constituição de 1988.

[2] Nos termos do art. 966 do Código Civil, "considera-se empresário quem exerce profissionalmente atividade econômica organizada para a produção ou a circulação de bens ou de serviços". Portanto, podemos conceituar "empresa" ou "empreendimento" como "atividade econômica organizada para a produção ou a circulação de bens ou de serviços"; note-se que "empresa"

que o resultado dos empreendimentos privados deve ser a concretização da justiça social, o que exige, entre outras coisas, a valorização do trabalho humano.

De todos os fatores de produção, portanto, o trabalho humano deve ser aquele colocado em primeiro lugar. O empreendedorismo é um valor consagrado, desde que valorize o trabalho humano e contribua para assegurar a todos uma existência digna.

Observe-se que essa ideia de harmonização entre "capital e trabalho", em lugar de contraposição, é encontrada em outros pontos do texto constitucional, por exemplo, no inciso XI do art. 7.º, que estabelece como direito dos trabalhadores "participação nos lucros, ou resultados, desvinculada da remuneração, e, excepcionalmente, participação na gestão da empresa, conforme definido em lei".

Na mesma toada, a valorização do trabalho humano encontra eco em outros dispositivos constitucionais, sendo talvez o mais óbvio deles o inciso IV do art. 7.º, que assegura como direito irredutível dos trabalhadores o "salário mínimo, fixado em lei, nacionalmente unificado, capaz de atender a suas necessidades vitais básicas e às de sua família com moradia, alimentação, educação, saúde, lazer, vestuário, higiene, transporte e previdência social, com reajustes periódicos que lhe preservem o poder aquisitivo", sendo garantido, ainda, "salário, nunca inferior ao mínimo, para os que percebem remuneração variável" (art. 7.º, VII).

3.1.2. Princípios básicos da ordem econômica

Tendo como referência a livre-iniciativa e a valorização do trabalho humano, fundamentos da ordem econômica, a Constituição enumera, nos incisos de seu art. 170, como princípios básicos da ordem econômica:

> I – soberania nacional;
>
> II – propriedade privada;
>
> III – função social da propriedade;
>
> IV – livre concorrência;
>
> V – defesa do consumidor;
>
> VI – defesa do meio ambiente, inclusive mediante tratamento diferenciado conforme o impacto ambiental dos produtos e serviços e de seus processos de elaboração e prestação;
>
> VII – redução das desigualdades regionais e sociais;
>
> VIII – busca do pleno emprego;
>
> IX – tratamento favorecido para as empresas de pequeno porte constituídas sob as leis brasileiras e que tenham sua sede e administração no País.

Vejamos cada um.

é a **atividade**, não o conjunto dos fatores de produção (estabelecimento), nem a pessoa que os organiza e administra, por sua conta e risco (empresário).

Cap. 16 • ORDEM ECONÔMICA E FINANCEIRA

3.1.2.1. Soberania nacional

A soberania é um dos fundamentos da República Federativa do Brasil (art. 1.º, I). Ao enunciar a **soberania nacional** como princípio geral da ordem econômica, o constituinte não está sendo redundante. Deve-se extrair daí a noção de não subordinação, de independência perante os Estados estrangeiros economicamente mais fortes. A política econômica é assunto brasileiro, voltada para os interesses brasileiros, e deve ser elaborada sem interferência de pressões e interesses econômicos alienígenas.

Não se trata de tecer loas à xenofobia, muito menos de aversão ao capital estrangeiro. Pelo contrário, a Carta Política prevê expressamente a atuação do capital externo em nossa economia, deixando à lei a tarefa de estabelecer o respectivo regramento. De fato, na dicção de seu art. 172, "a lei disciplinará, com base no interesse nacional, os investimentos de capital estrangeiro, incentivará os reinvestimentos e regulará a remessa de lucros".

É importante registrar que o texto originário da Constituição de 1988 distinguia "empresa brasileira", como gênero, de "empresa brasileira de capital nacional", como espécie, estabelecendo alguns privilégios para as últimas, ou autorizando que a lei o fizesse.[3] Esses conceitos e normas encontravam-se no art. 171 do Texto Magno, inteiramente revogado pela EC 6/1995. Hoje, temos tão somente o conceito de "empresa brasileira", que é aquela "constituída sob as leis brasileiras e que tenha sua sede e administração no País".[4] Não existe atualmente base constitucional para diferenciar entre si empresas brasileiras, sendo ilegítima qualquer previsão de tratamento favorecido estribado na origem do seu capital ou nacionalidade do controlador.

3.1.2.2. Propriedade privada e sua função social

A **propriedade privada** é tratada como princípio da ordem econômica, significando que é admitida a apropriação privada dos meios de produção, ou seja, que o Brasil obrigatoriamente é um Estado capitalista. A propriedade, entretanto, deve atender a sua **função social**. Essas regras, de forma genérica, encontram-se no art. 5.º, incisos XXII e XXIII, como direitos e garantias fundamentais.

Além de arrolar, genericamente, a propriedade privada e sua função social como princípios da ordem econômica, o título constitucional em estudo detalha, em dois capítulos separados, a disciplina da propriedade privada no âmbito da política urbana e no âmbito da política agrícola e fundiária, incluindo disposições acerca da reforma agrária. Analisaremos à frente esses capítulos.

---

[3] Era conceituada como **empresa brasileira de capital nacional** "aquela cujo controle efetivo esteja em caráter permanente sob a titularidade direta ou indireta de pessoas físicas domiciliadas e residentes no País ou de entidades de direito público interno, entendendo-se por controle efetivo da empresa a titularidade da maioria de seu capital votante e o exercício, de fato e de direito, do poder decisório para gerir suas atividades".

[4] Esse conceito de "empresa brasileira", embora se encontrasse no revogado inciso I do art. 171, permanece plenamente aplicável, como deflui, por exemplo, do inciso IX do art. 170 e do § 1.º do art. 176, ambos do vigente texto constitucional.

3.1.2.3. Livre concorrência

A **livre concorrência** relaciona-se à exigência de que a ordem econômica assegure a todos uma existência digna. Isso porque, em um ambiente no qual impere a dominação dos mercados pelo abuso de poder econômico, teremos lucros arbitrários e concentração de renda. Além disso, a economia tende a ser menos eficiente, reduzindo de forma global a própria produção absoluta de riqueza. Todas essas distorções são incompatíveis com o objetivo de "assegurar a todos existência digna, conforme os ditames da justiça social" (art. 170, *caput*).

O "abuso do poder econômico que vise à dominação dos mercados, à eliminação da concorrência e ao aumento arbitrário dos lucros" será reprimido, na forma da lei (CF, art. 173, § 4.º). Como reforço, estabelece o texto constitucional que a lei disporá acerca da responsabilidade das pessoas jurídicas, sujeitando-as às punições compatíveis com sua natureza, nos atos praticados contra a ordem econômica e financeira e contra a economia popular, sem prejuízo da responsabilidade individual dos seus dirigentes (art. 173, § 5.º).

Vale mencionar que o Estado atua em defesa da livre concorrência não apenas mediante imposição de medidas sancionatórias contra os abusos, mas também preventivamente no âmbito de sua função fiscalizadora e regulatória, merecendo ser citada a atuação de algumas agências reguladoras e, em especial, do Conselho Administrativo de Defesa Econômica (CADE), de que trata a Lei 12.529/2011.

Também preventiva é a atuação prevista no art. 146-A da Constituição, acrescentado pela EC 42/2003, segundo o qual "lei complementar poderá estabelecer **critérios especiais de tributação**, com o objetivo de **prevenir desequilíbrios da concorrência**, sem prejuízo da competência de a União, por lei, estabelecer normas de igual objetivo".

Em caso de desrespeito à livre concorrência, o Poder Judiciário também poderá ser provocado a declarar a invalidade das práticas abusivas. Sobre esse ponto, merece destaque importante entendimento do Supremo Tribunal Federal, consolidado na **Súmula Vinculante 49**, nestes termos:

> **49** – Ofende o princípio da livre concorrência lei municipal que impede a instalação de estabelecimentos comerciais do mesmo ramo em determinada área.

Ainda com fundamento no postulado constitucional da livre concorrência – e da livre-iniciativa –, o Supremo Tribunal Federal **declarou a inconstitucionalidade de leis municipais que proibiam ou restringiam desproporcionalmente o transporte individual de passageiros por motoristas cadastrados em aplicativos** (Uber, por exemplo).[5] Para o Tribunal, não cabe aos municípios proibir, ou restringir desproporcionalmente esse meio de transporte, sob pena de ofensa aos princípios consti-

---

[5] RE 1.054.110/SP, rel. Min. Roberto Barroso, 09.05.2019.

tucionais informadores da Ordem Econômica. Essa orientação restou consolidada na seguinte **tese de repercussão geral**:

> 1 – A proibição ou restrição da atividade de transporte privado individual por motorista cadastrado em aplicativo é inconstitucional, por violação aos princípios da livre iniciativa e da livre concorrência.
>
> 2 – No exercício de sua competência para a regulamentação e fiscalização do transporte privado individual de passageiros, os municípios e o Distrito Federal não podem contrariar os parâmetros fixados pelo legislador federal (Constituição Federal, artigo 22, inciso XI).

Deve-se ressaltar que a garantia da livre concorrência é corolário do princípio da igualdade, no âmbito do domínio econômico. Por essa razão, impõe ao Estado não apenas a prevenção e a repressão ao abuso de poder econômico, mas também obsta que o Poder Público crie distinções ou estabeleça benefícios arbitrários para determinadas empresas, setores ou grupos econômicos, a menos, é claro, que a discriminação esteja determinada no próprio texto constitucional.

Exemplo patente dessa última situação temos no inciso IX do art. 170, que erige em princípio da ordem econômica o "tratamento favorecido para as empresas de pequeno porte constituídas sob as leis brasileiras e que tenham sua sede e administração no País".

Essa exigência de tratamento favorecido em função do porte da empresa é reforçada e detalhada no art. 179, nos termos do qual "a União, os Estados, o Distrito Federal e os Municípios dispensarão às microempresas e às empresas de pequeno porte, assim definidas em lei, tratamento jurídico diferenciado, visando a incentivá-las pela simplificação de suas obrigações administrativas, tributárias, previdenciárias e creditícias, ou pela eliminação ou redução destas por meio de lei".

Cumpre anotar que esse art. 179, que é obra do constituinte originário, teve esvaziada parte de seu objeto com a edição da EC 42/2003. Com efeito, essa emenda acrescentou a alínea "d" ao inciso III do art. 146, bem como um parágrafo único ao mesmo artigo, prevendo a edição de uma lei complementar da União que institua um regime **tributário** favorecido para as microempresas e as empresas de pequeno porte, de âmbito nacional (abrangendo tributos de todos os entes federados). Complementarmente, a mesma EC 42/2003 acrescentou o art. 94 ao ADCT, estatuindo que os regimes tributários criados pelos entes federados com base no art. 179 da Constituição cessarão a partir da entrada em vigor do regime tributário favorecido nacional.

O regime tributário favorecido nacional das microempresas e empresas de pequeno porte foi implementado pela Lei Complementar 123/2006, com vigência a partir de 1.º de julho de 2007. Com a entrada em vigor desse regime, chamado "Simples Nacional", restou inócuo o art. 179, no que respeita à matéria tributária.

Outra hipótese de discriminação constitucionalmente prevista, não infringente, portanto, do princípio da livre concorrência, está no § 2.º do art. 174, nos termos do qual "a lei apoiará e estimulará o cooperativismo e outras formas de associativismo".

DIREITO CONSTITUCIONAL DESCOMPLICADO • Vicente Paulo & Marcelo Alexandrino

Complementa essa disposição a alínea "c" do inciso III do art. 146, que dá à lei complementar da União atribuição de estabelecer normas gerais sobre o "adequado tratamento tributário ao ato cooperativo praticado pelas sociedades cooperativas".

3.1.2.4. Defesa do consumidor

O inciso V do acima transcrito art. 170 enuncia como princípio geral da ordem econômica a **defesa do consumidor**.

É fácil perceber que esse princípio integra-se à diretriz geral do *caput* deste artigo, que determina que a ordem econômica assegure a todos uma existência digna.

Deveras, é mediante relações de consumo que as pessoas adquirem os bens materiais necessários à obtenção, pelo menos, de seu "mínimo vital". Na realidade social, constata-se uma enorme disparidade de poder econômico entre o consumidor e as empresas vendedoras dos bens ou prestadoras dos serviços que ele necessite adquirir, sendo essa discrepância mais acentuada no caso justamente daqueles que mal têm possibilidade de obter o seu "mínimo vital".

Em poucas palavras, o consumidor, como regra, é hipossuficiente quando comparado economicamente com os seus fornecedores de bens e serviços. Em casos que tais, o Direito "compensa" essa desigualdade material ou fática instituindo uma desigualdade jurídica em favor dos hipossuficientes, mediante regras protetivas imperativas, isto é, não passíveis de derrogação por meio de um pretenso "acordo de vontades" (presume-se inexistir, para o hipossuficiente, "vontade livre").

A proteção ao consumidor, no Brasil, está regulada pela Lei 8.078/1990 (Código de Defesa do Consumidor).

O Supremo Tribunal Federal já decidiu que o Código de Defesa do Consumidor (CDC) **é aplicável às relações entre as instituições financeiras e seus usuários.**[6]

Por fim, é oportuno lembrar que a defesa do consumidor é, também, um direito fundamental, expresso no inciso XXXII do art. 5.º, consubstanciando não apenas um direito subjetivo, cuja tutela pode ser buscada individualmente, mas também um direito difuso, passível de ser defendido, por exemplo, mediante ação civil pública (Lei 7.347/1985, art. 1.º, II).

3.1.2.5. Defesa do meio ambiente

A **defesa do meio ambiente** é outro princípio geral da ordem econômica. Sua inserção no rol de princípios do art. 170 da Constituição tem por finalidade explicitar que as atividades econômicas não se legitimam pura e simplesmente pela necessidade de que sejam produzidas riquezas. Ainda que as riquezas produzidas fossem, teoricamente, distribuídas de forma razoavelmente equitativa (o que se coadunaria com a exigência de que a ordem econômica assegure a todos uma existência digna), a atividade econômica que acarretasse destruição insustentável do meio ambiente seria coibida pelo Estado.

---

6 ADI 2.591/DF, rel. orig. Min. Carlos Velloso, rel. p/ o acórdão Min. Eros Grau, 07.06.2006.

Impende observar que o meio ambiente também é tratado, e muito mais deta-lhadamente, no Título VIII da Constituição vigente, como matéria integrante "Da Ordem Social", especificamente no art. 225, em cujo *caput* se lê que "todos têm direito ao meio ambiente ecologicamente equilibrado, bem de uso comum do povo e essencial à sadia qualidade de vida, impondo-se ao Poder Público e à coletividade o dever de defendê-lo e preservá-lo para as presentes e futuras gerações".

Em resumo, não basta produzir riquezas, hoje, a qualquer custo ambiental. A atividade econômica de que resulte produção de riqueza, mesmo que esta seja bem distribuída, só se legitima se for compatível com a proteção do meio ambiente, consubstanciando o denominado "desenvolvimento sustentável". Com efeito, ainda que a produção ambientalmente irresponsável de riqueza pudesse gerar algum desenvolvimento hoje, resultaria, inexoravelmente, na ruína das gerações futuras (e ruína não só econômica).

O Supremo Tribunal Federal tem demonstrado permanente preocupação com a preservação do meio ambiente, com o fim de evitar alterações legislativas e/ou medidas administrativas que atinjam o chamado "núcleo essencial" do direito fundamental ao meio ambiente ecologicamente equilibrado. Nesse sentido, o Tribunal tem reforçado a incidência do **princípio da proibição de retrocesso socioambiental** – que atua como importante fator limitador da discricionariedade da ação legislativa e administrativa no trato de matérias ambientais – como parâmetro do controle de constitucionalidade de leis materialmente ofensivas ao meio ambiente.

Nessa mesma linha, o STF firmou o entendimento de que **a proteção ao meio ambiente constitui um limite material implícito à edição de medida provisória**, ainda que não conste expressamente do elenco das limitações previstas no art. 62, § 1.º, da Constituição.[7] Assentou o Tribunal que normas que importem **diminuição** da proteção ao meio ambiente equilibrado **só podem ser editadas por meio de lei formal**, com amplo debate parlamentar e participação da sociedade civil e dos órgãos e instituições de proteção ambiental, como forma de assegurar o direito de todos ao meio ambiente ecologicamente equilibrado.

O direito a um meio ambiente equilibrado é direito difuso, passível de tutela, entre outras, por meio de **ação popular** (CF, art. 5.º, LXXIII) e **ação civil pública** (CF, art. 129, III).

A EC 42/2003 explicitou, na parte final do inciso VI do art. 170, que a defesa do meio ambiente pode operar-se "inclusive mediante tratamento diferenciado conforme o impacto ambiental dos produtos e serviços e de seus processos de elaboração e prestação".

É interessante notar que a EC 42/2003 tratava, toda ela, de matéria tributária. Não obstante, a nosso ver, o "tratamento diferenciado", aludido no texto acrescentado, não precisa ser obrigatoriamente tributário. Pensamos que a parte incluída é inespecífica, aplicável a qualquer tipo de tratamento econômico ou jurídico relativo a produtos ou serviços que, de alguma forma, positiva ou negativa, afetem o meio ambiente.

Esse acréscimo ao inciso VI do art. 170 da Constituição parece haver pretendido indicar expressamente o elemento "impacto ambiental dos produtos e serviços e de

---

[7] ADI 4.717/DF, rel. Min. Cármen Lúcia, 05.04.2018.

1002 DIREITO CONSTITUCIONAL DESCOMPLICADO • *Vicente Paulo & Marcelo Alexandrino*

seus processos de elaboração e prestação" como critério legitimador de tratamento jurídico e econômico diferenciado, vale dizer, como critério de desigualamento a ser observado na aplicação e na interpretação do princípio da isonomia.

Em nossa opinião, o constituinte derivado pretendeu deixar claro que é legítimo adotar, por exemplo, tratamento tributário diferenciado para empresas que lidem com produtos ou serviços de maior potencial lesivo ao meio ambiente, seja tributando-as mais pesadamente, seja concedendo benefícios fiscais a atividades ou providências que visem a reduzir o impacto ambiental ou a diminuir os riscos de dano ao meio ambiente relacionados a esses produtos ou serviços.

Assim, por exemplo, poderia ser instituído algo como uma "contribuição de intervenção no domínio econômico", cobrada das empresas mais poluidoras, cuja arrecadação fosse destinada a fundos ou projetos específicos voltados à recuperação de áreas de degradação ambiental. Acreditamos, todavia, que medida dessa ordem seria possível, em tese, mesmo sem o acréscimo desse "inclusive" ao inciso VI do art. 170, operado pela EC 42/2003.

Na mesma linha, seria legítima a concessão de isenções, reduções de alíquotas, outros benefícios fiscais, ou subsídios de qualquer natureza, mesmo não tributária, visando, por exemplo, a estimular o uso ou a fabricação de produtos reciclados, biodegradáveis ou outros quaisquer que representem menor lesão ou menores riscos ao meio ambiente. Também nessas hipóteses, a nosso ver, as medidas certamente seriam consideradas constitucionais, mesmo antes do acréscimo trazido pela EC 42/2003.

3.1.2.6. Redução das desigualdades regionais e sociais e busca do pleno emprego

Os incisos VII e VIII do art. 170 estatuem como princípios da ordem econômica a **redução das desigualdades regionais e sociais** e a **busca do pleno emprego**.

Não são exatamente princípios, mas sim objetivos. Basta lembrar que é objetivo fundamental da República Federativa do Brasil "erradicar a pobreza e a marginalização e reduzir as desigualdades sociais e regionais" (CF, art. 3.º, III).

A busca do pleno emprego tem conexão óbvia com a valorização do trabalho humano, fundamento da ordem econômica (art. 170, *caput*). Assim é porque nada adiantaria impor a exigência de valorização do trabalho se parcela significativa da mão de obra disponível não tiver trabalho!

A **redução das desigualdades regionais** é objetivo reiteradamente manifestado pelo constituinte, como ilustra a parte final do inciso I do art. 151 da Constituição, o qual veda à União "instituir tributo que não seja uniforme em todo o território nacional ou que implique distinção ou preferência em relação a Estado, ao Distrito Federal ou a Município, em detrimento de outro, **admitida a concessão de incentivos fiscais destinados a promover o equilíbrio do desenvolvimento socioeconômico entre as diferentes regiões do País**".

Esses incentivos fiscais, em tese, tendem a atrair a instalação de indústrias e outras empresas para as regiões mais pobres do País, propiciando a redução das desigualdades como decorrência do incremento da produção local de riquezas, do aumento do número de empregos oferecidos etc.

Outra linha de atuação possível, embora não especificamente destinada a reduzir as desigualdades regionais, é o estímulo ao turismo, tendo em conta o imenso potencial, nessa área, das regiões Nordeste, Norte e Centro-Oeste (sem olvidar a necessidade de que essa atividade se desenvolva em harmonia com a exigência de conservação do meio ambiente). Atender-se-ia, simultaneamente, o disposto no art. 180 da Carta Política, que determina à União, aos estados, ao Distrito Federal e aos municípios a promoção e o incentivo ao turismo "como fator de desenvolvimento social e econômico".

Já a **redução das desigualdades sociais** é objetivo mais amplo do que a mera erradicação da pobreza. Assim, as atividades econômicas, como um todo, devem propiciar não só a eliminação da pobreza, mas também uma distribuição equitativa da riqueza produzida.

O setor privado deve colaborar nessa tarefa, mediante a contratação sempre formal de trabalhadores (empregos "com carteira assinada"), na qual são plenamente assegurados os direitos trabalhistas. Note-se que, se o salário mínimo tivesse seu valor fixado em conformidade com os parâmetros constitucionalmente impostos (CF, art. 7.º, IV), a simples contratação formal de trabalhadores já contribuiria sobremaneira para reduzir as desigualdades sociais (e mais ainda para erradicar a pobreza). Esbarra-se mais uma vez, entretanto, na cláusula ou no princípio implícito da "reserva do possível"!

Por fim, não se deve olvidar que também a adequada prestação, pelo Estado (ou por particulares delegatários), dos **serviços públicos** de conteúdo econômico a que se reporta o art. 175 da Constituição da República – considerados atividade econômica em sentido amplo – constitui relevantíssimo instrumento de redução das desigualdades sociais, devendo proporcionar à população em geral, sobretudo aos mais necessitados, acesso às utilidades e comodidades materiais básicas que constituem objeto desses serviços públicos (telefonia, energia elétrica, transporte coletivo de passageiros, saneamento básico etc.).

3.1.3. *Liberdade de exercício de atividades econômicas*

Reforçando a asserção, constante de seu *caput*, de que a livre-iniciativa é fundamento da ordem econômica, o art. 170, em seu parágrafo único, afirma que "é assegurado a todos o livre exercício de qualquer atividade econômica, independentemente de autorização de órgãos públicos, salvo nos casos previstos em lei".

Deve-se entender adequadamente esse dispositivo.

O Estado brasileiro é obrigatoriamente **capitalista**. Assim, embora ele intervenha na economia, direta ou indiretamente, **não poderá planificar a economia**, de modo a decidir quais atividades, e em qual quantidade, os agentes privados podem desempenhar (fixação de quotas de produção ou de comercialização).

Se os agentes de governo entenderem que seria estrategicamente interessante aumentar o número de empresas atuantes em determinado setor, poderá o Estado, desde que atendidos os requisitos constitucionais, atuar, ele mesmo, naquele setor, como regra instituindo uma empresa pública ou uma sociedade de economia mista, ou poderá tentar induzir o setor privado, criando subsídios, benefícios fiscais etc.

Da mesma forma, se o planejamento econômico estatal estipular que seria interessante reduzir as empresas atuantes em determinada atividade, poderá o Estado desestimular os agentes privados, por exemplo, mediante tributação, desde que atendidos os requisitos constitucionais. Não poderá, entretanto, proibir o ingresso de novas empresas privadas naquela atividade sob a alegação de que "já há muitas, e é mais interessante para a economia que as novas empresas atuem em uma outra área da economia".

Em resumo, o Estado não pode decidir quais e quantos agentes privados atuarão em cada setor da economia, ou quanto produzirão ou venderão; isso seria planificação, típica dos regimes socialistas, incompatível com a livre-iniciativa e seu corolário, a liberdade de empresa.

Não se confunda o exposto acima com o exercício do poder de polícia administrativa. Diversas atividades desenvolvidas pelos particulares podem exigir um controle, preventivo ou repressivo, pelo Poder Público, a fim de conformá-las ao bem-estar geral. Assim, o Poder Público, desde que haja previsão legal, pode exigir de **todos** os agentes econômicos atuantes em uma área, o cumprimento de determinadas exigências, a fim de obterem autorização para funcionar.

É o que ocorre, por exemplo, com as exigências de obtenção de licença ambiental para certas atividades, ou com a exigência de que o tipo de atividade de uma empresa se coadune com as admitidas pelo plano diretor para aquela zona do município, ou de que uma casa de espetáculos atenda aos padrões de segurança contra incêndios etc.

O importante é perceber que se trata de exigências gerais, isto é, impostas a todos quantos se enquadrem na mesma situação. Relevante frisar, também, que, uma vez cumpridas as exigências legais, não cabe ao Poder Público recusar-se a autorizar o exercício da atividade sob a alegação de que ela não seria economicamente interessante para o País.

Por essa razão, aliás, o *caput* do art. 174, que analisaremos adiante, explicita que o planejamento econômico estatal é **determinante** para o **setor público**, mas apenas **indicativo** para o **setor privado** (esse caráter "indicativo" pode ser reforçado com medidas de indução, como incentivos fiscais, mas **não** admite que se **imponha** ao setor privado a atuação em conformidade com as diretrizes estabelecidas no planejamento estatal, ou que se imponham cotas máximas de produção para cada setor da economia).

3.2. Atuação do Estado como agente econômico em sentido estrito

O art. 173 da Constituição, em seu *caput*, estabelece a regra geral segundo a qual o exercício de atividade econômica *stricto sensu* cabe ao setor privado, devendo o Estado, apenas nos casos previstos em lei ou na própria Constituição, atuar de forma direta na economia, como agente produtivo. É esta a redação do dispositivo:

> Art. 173. Ressalvados os casos previstos nesta Constituição, a exploração direta de atividade econômica pelo Estado só será permitida quando necessária aos imperativos da segurança nacional ou a relevante interesse coletivo, conforme definidos em lei.

Diz-se que a atuação direta do Estado na economia sujeita-se ao **princípio da subsidiariedade**, isto é, como regra, somente quando a iniciativa privada não tiver capacidade de atuar suficientemente em determinado setor econômico (ou não tiver interesse), deve o Estado colmatar essa lacuna.

De toda sorte, o texto constitucional exige que a **lei** defina as situações de necessidade concernentes "**aos imperativos da segurança nacional**" e "**a relevante interesse coletivo**", hipóteses em que estará legitimada a atuação direta do Estado no campo produtivo como agente econômico.

Além dessas situações definidas em lei, é evidente que a **atuação direta** do Estado na economia é imposta ou autorizada em todos os casos previstos desde logo na própria Constituição. É o que ocorre com as **atividades exploradas sob regime de monopólio da União** (art. 177). E podemos mencionar, ainda, se considerarmos o sentido amplo de atividade econômica, os serviços públicos a que se reporta o art. 175 da Carta Política, cuja execução pode ser delegada a particulares (prestação indireta), mas que podem, também – sem qualquer caráter de excepcionalidade –, ser prestados diretamente pelo Estado (seja pela administração direta, ou, o que é mais comum, por entidades da administração indireta).

O § 1.º do art. 173 da Constituição, com a redação dada pela EC 19/1998, determina que o legislador ordinário estabeleça "o **estatuto jurídico** da empresa pública, da sociedade de economia mista e de suas subsidiárias que explorem **atividade econômica** de produção ou comercialização de bens ou de prestação de serviços". Segundo o texto constitucional, esse "estatuto jurídico" deve dispor sobre a sujeição de tais entidades "ao **regime jurídico próprio das empresas privadas**, inclusive quanto aos direitos e obrigações civis, comerciais, trabalhistas e tributários".

A afirmação de que as empresas públicas e sociedades de economia mista **exploradoras de atividades econômicas em sentido estrito** devem ser submetidas ao **regime jurídico próprio das empresas privadas** deve ser lida a partir de uma interpretação sistemática da Constituição. Com efeito, as disposições constitucionais endereçadas, indistintamente, à administração pública alcançam, em princípio, todas as entidades que formalmente a integram, o que incontroversamente inclui as empresas públicas e as sociedades de economia, seja qual for o objeto delas.

Cumpre transcrever o § 1.º do art. 173 da Carta da República:

> § 1.º A lei estabelecerá o estatuto jurídico da empresa pública, da sociedade de economia mista e de suas subsidiárias que explorem atividade econômica de produção ou comercialização de bens ou de prestação de serviços, dispondo sobre:
>
> I – sua função social e formas de fiscalização pelo Estado e pela sociedade;
>
> II – a sujeição ao regime jurídico próprio das empresas privadas, inclusive quanto aos direitos e obrigações civis, comerciais, trabalhistas e tributários;
>
> III – licitação e contratação de obras, serviços, compras e alienações, observados os princípios da administração pública;

IV – a constituição e o funcionamento dos conselhos de administração e fiscal, com a participação de acionistas minoritários;

V – os mandatos, a avaliação de desempenho e a responsabilidade dos administradores.

Nos textuais termos do § 1.º do art. 173, as suas disposições aplicam-se às empresas públicas e sociedades de economia mista:

a) "que explorem atividade econômica de produção ou comercialização de bens"; e

b) "que explorem atividade econômica de prestação de serviços".

Os **serviços** aludidos na letra "b" são os de **natureza privada**, que configuram atividade econômica em sentido estrito, não enquadrados como **serviços públicos**. Isso porque o § 1.º do art. 173, sendo **mero parágrafo** de um artigo, deve guardar pertinência com o conteúdo do respectivo *caput*, o qual versa sobre "exploração direta de atividade econômica pelo Estado" – e explicita o caráter extraordinário dessa atuação estatal. Ora, nada tem de excepcional a prestação direta de serviços públicos pelo aparelho administrativo do Estado, o que enseja a conclusão de que o art. 173 da Constituição **não alcança os serviços públicos** – nem mesmo aqueles classificados como atividade econômica em sentido amplo (que são objeto do art. 175).

Pois bem, em julho de 2016, foi publicada a Lei 13.303/2016 – apelidada de **"Lei de Responsabilidade das Estatais"**, ou, simplesmente, **"Lei das Estatais"** –, cuja abrangência é explicitada em seu art. 1.º, a saber (grifamos):

> Art. 1.º Esta Lei dispõe sobre o **estatuto jurídico** da empresa pública, da sociedade de economia mista e de suas subsidiárias, abrangendo toda e qualquer empresa pública e sociedade de economia mista da União, dos Estados, do Distrito Federal e dos Municípios que **explore atividade econômica de produção ou comercialização de bens ou de prestação de serviços**, ainda que a atividade econômica esteja sujeita ao **regime de monopólio da União** ou seja de **prestação de serviços públicos.**

Portanto, nosso legislador achou por bem elaborar um "**estatuto jurídico**" que alcança as empresas públicas e sociedades de economia mista que exploram **atividades econômicas em sentido estrito** (CF, art. 173) e, **também**, as que prestam serviços públicos que configurem **atividade econômica em sentido amplo** (CF, art. 175).

Essa opção do legislador torna necessária a revisão de parte do trabalho que a doutrina e a jurisprudência pátrias há muito vinham realizando, por meio do qual foram identificadas, ou construídas, diversas distinções entre o regime jurídico a que estão jungidas as empresas públicas e sociedades de economia mista, conforme se trate, de um lado, de entidades que explorem **atividade econômica** em sentido estrito ou, de outro, de entidades que tenham por objeto a prestação de **serviço público.**

Cap. 16 • ORDEM ECONÔMICA E FINANCEIRA **1007**

Deveras, a edição de um "estatuto jurídico" aplicável tanto às empresas públicas e sociedades de economia mista exploradoras de **atividades econômicas em sentido estrito** quanto às prestadoras de serviços públicos que se enquadrem como **atividade econômica em sentido amplo** teve como consequência a eliminação, para essas entidades, de algumas diferenças de regime jurídico que, em função do objeto delas, eram antes apontadas pela jurisprudência e pela doutrina. Mas **muitos dos pontos de discrímen atrelados ao objeto da entidade não ficaram prejudicados com o advento da Lei 13.303/2016.** Aliás, convém frisar que inúmeros aspectos concernentes ao regime jurídico das empresas públicas e sociedades de economia simplesmente não são tratados na Lei 13.303/2016.

Não temos dúvida de que a mais relevante **unificação de regime jurídico** trazida pela Lei 13.303/2016 diz respeito às normas de **licitações e contratos.** De fato, com o advento dessa lei, as empresas públicas e sociedades de economia mista por ela regidas, assim como as subsidiárias de tais entidades, passaram a estar submetidas a um **regime específico de licitações e contratações públicas** – diferente do regime geral –, estabelecido na própria Lei 13.303/2016.

Dissemos anteriormente que boa parte das distinções de regime jurídico estabelecidas ou identificadas pela jurisprudência e pela doutrina em função do objeto da entidade subsistem, a despeito da publicação da Lei 13.303/2016.

É o caso, por exemplo, da responsabilidade civil por prejuízos causados a terceiros. O § 6.º do art. 37 da Constituição é claro: pessoas jurídicas de direito privado prestadoras de serviços públicos **respondem objetivamente** por esses danos, nos moldes da **teoria do risco administrativo.** A norma não inclui pessoas jurídicas de direito privado que explorem atividades econômicas em sentido estrito. Logo, é certo que as empresas públicas e sociedades de economia mista prestadoras de serviços públicos estão sujeitas ao § 6.º do art. 37, ao passo que as dedicadas a exploração de atividades econômicas não estão.

Do mesmo modo, prevalece no âmbito do Supremo Tribunal Federal o entendimento de que o regime de precatórios judiciários (CF, art. 100) é aplicável às **empresas públicas e sociedades de economia mista que prestem serviços públicos essenciais e próprios do Estado, em condições não concorrenciais** (sem competir com empresas do setor privado) **e sem finalidade de lucro.** Vale repetir: conforme a jurisprudência predominante de nossa Corte Suprema, as dívidas das empresas públicas e sociedades de economia mista que prestem serviços públicos essenciais e próprios do Estado, em condições não concorrenciais e sem fins lucrativos, são pagas segundo o **regime de precatórios judiciários,** disciplinado no art. 100 da Constituição, o que significa que **todos** os bens dessas entidades são **impenhoráveis** (e não podem ser gravados com ônus reais para garantia de suas dívidas).[8] É evidente que essa orientação **não se aplica** – de forma nenhuma! –

---

[8]   RE 220.906/DF, rel. Min. Maurício Corrêa, 16.11.2000; RE 599.628/DF (**repercussão geral**), red. p/ o acórdão Min. Joaquim Barbosa, 25.05.2011; RE-AgR 852.302/AL, rel. Min. Dias Toffoli, 15.12.2015; ADPF 387/PI, rel. Min. Gilmar Mendes, 23.03.2017 (Informativo 858 do STF); ADPF 275/PB, rel. Min. Alexandre de Moraes, 17.10.2018 (Informativo 920 do STF).

a empresas públicas e sociedades de economia mista que tenham por finalidade institucional a **exploração de atividade econômica em sentido estrito**.

Mencionamos, ainda, o entendimento jurisprudencial acerca da aplicabilidade da **imunidade tributária recíproca** (CF, art. 150, VI, "a", e § 2.º) a tais entidades. Nosso Tribunal Supremo já decidiu inúmeras vezes que o patrimônio, as rendas e os serviços das empresas públicas e sociedades de economia mista que prestem **serviços públicos de prestação obrigatória** pelo Estado **são imunes a impostos**.[9] É incontroverso que não fazem jus a essa imunidade as empresas públicas e sociedades de economia mista que explorem atividades econômicas em sentido estrito.

Por oportuno, cabe registrar que o § 2.º do art. 173 da Constituição assevera, literalmente, que "as empresas públicas e as sociedades de economia mista não poderão gozar de privilégios fiscais não extensivos às do setor privado". O intuito da norma é evidente: impedir que o legislador, mediante concessões de benefícios tais como isenções e reduções tributárias, estabeleça um tratamento anti-isonômico para empresas públicas e sociedades de economia mista que atuem em áreas compartilhadas com empresas privadas, **violando princípios fundamentais da ordem econômica**, a exemplo da proteção à **livre concorrência** e à **liberdade de iniciativa**. Por essa razão – e considerando que a Lei 13.303/2016 não contém qualquer disposição sobre esse tema –, entendemos que permanece aplicável o entendimento doutrinário e jurisprudencial segundo o qual **inexiste óbice jurídico** à concessão de privilégios fiscais às empresas públicas e sociedades de economia mista que prestem **serviços públicos em situação não concorrencial**, bem como às que explorem **atividade econômica em regime de monopólio**.

Encerrando este tópico, registramos que o art. 2.º da Lei 13.303/2016 afirma, incisivamente, que "a exploração de atividade econômica pelo Estado será exercida por meio de empresa pública, de sociedade de economia mista e de suas subsidiárias".

É antigo na doutrina o entendimento de que as empresas públicas e as sociedades de economia mista são as entidades da administração indireta naturalmente vocacionadas ao exercício de atividade econômica pelo Estado. Com efeito, além de terem, invariavelmente, personalidade jurídica de direito privado, elas são as únicas entidades administrativas que têm a possibilidade de adotar a estrutura e o funcionamento próprios de empresa – isto é, de organizações voltadas à geração ou à circulação de bens e à prestação de serviços mediante uma combinação ótima de fatores de produção que permita alcançar os melhores resultados com os menores custos.

A lei confirma essa orientação, mas parece pretender **vedar** outras possibilidades de atuação do Estado como agente econômico (por exemplo, por meio de

---

[9] AC 1.550/RO, rel. Min. Gilmar Mendes, 06.02.2007; ARE 638.315/BA (**repercussão geral**), rel. Min. Cezar Peluso, 09.06.2011; RE 601.392/PR (**repercussão geral**), red. p/ o acórdão Min. Gilmar Mendes, 28.02.2013; RE 773.992/BA (**repercussão geral**), rel. Min. Dias Toffoli, 15.10.2014. Ainda, no julgamento do RE 600.867/SP, red. p/ o acórdão, Min. Luiz Fux, 21.08.2020, foi fixada, sobre o tema, a seguinte **tese de repercussão geral**: "Sociedade de economia mista, cuja participação acionária é negociada em Bolsas de Valores, e que, inequivocamente, está voltada à remuneração do capital de seus controladores ou acionistas, não está abrangida pela regra de imunidade tributária prevista no art. 150, VI, 'a', da Constituição, unicamente em razão das atividades desempenhadas".

Cap. 16 • ORDEM ECONÔMICA E FINANCEIRA

um órgão especializado integrante da administração direta de determinado ente federativo). Consideramos muito improvável que o Poder Judiciário, se provocado, venha a declarar ilegítimas, com fundamento tão somente no art. 2.º da Lei 13.303/2016, outras formas de atuação estatal direta no domínio econômico, que não envolvam empresas públicas, sociedades de economia mista, ou subsidiárias delas. Deveras, o texto constitucional **não confere a essas entidades administrativas**, em ponto algum, **a condição de instrumentos exclusivos** a serem utilizados para "a exploração direta de atividade econômica pelo Estado", mencionada no *caput* do art. 173. A nosso ver, não obstante a redação categórica do dispositivo legal em comento, a norma segundo a qual "a exploração de atividade econômica pelo Estado será exercida por meio de empresa pública, de sociedade de economia mista e de suas subsidiárias" deve ser interpretada apenas como uma **regra geral**.

3.3. Atuação do Estado como prestador de serviços públicos

Estabelece o *caput* do art. 175 da Constituição Federal:

> Art. 175. Incumbe ao Poder Público, na forma da lei, diretamente ou sob regime de concessão ou permissão, sempre através de licitação, a prestação de serviços públicos.

Uma vez que nosso constituinte originário inseriu disposições genéricas relativas aos serviços públicos (em sentido estrito)[10] no art. 175, que consta do título da Carta de 1988 acerca da "Ordem Econômica", é mister considerar que os serviços públicos de que trata esse dispositivo constitucional são aqueles que possuem conteúdo econômico, enquadrados como atividade econômica em sentido amplo, isto é, serviços públicos que têm possibilidade de ser explorados com intuito de lucro, sem perder a natureza de serviço público (por essa razão, aliás, têm aptidão para ser prestados por particulares como serviço público, mediante delegação). São exemplos os serviços públicos enumerados, no Texto Magno, no art. 21, XI e XII, no art. 25, § 2.º, e no art. 30, V.

As atividades que são objeto desses serviços públicos são de titularidade exclusiva do Estado, isto é, não são livres à iniciativa privada. Caso um particular pretenda exercer alguma atividade regida pelo art. 175 da Constituição Federal, obrigatoriamente deverá receber delegação do Poder Público, cujo instrumento será um contrato de concessão ou de permissão de serviço público, sempre precedido de licitação, ou, ainda, nas restritas hipóteses em que admitido, um ato administrativo de autorização de serviço público.

---

[10] Cumpre lembrar que a expressão "serviço público", em **sentido amplo**, abrange, além dos serviços públicos em sentido estrito – prestações oferecidas à população em geral, visando a proporcionar conforto material –, outros serviços e atividades atribuídos ao Estado, sem conteúdo econômico, a exemplo da prestação jurisdicional, da garantia da segurança nacional e dos serviços diplomáticos. Esses outros serviços nada têm a ver com o art. 175 da Constituição, aliás, nem mesmo são pertinentes à "Ordem Econômica e Financeira" tratada na Carta de 1988.

A Constituição não conceitua serviço público; tampouco o fazem as leis no Brasil. A esse respeito, existem, na doutrina administrativista internacional, duas correntes principais: a corrente denominada **essencialista** e a chamada **formalista**.

Segundo a corrente **essencialista**, sempre que uma atividade material for considerada imprescindível à satisfação das necessidades existenciais básicas do grupo social, das demandas inafastáveis da coletividade, que digam com a sua própria sobrevivência, essa atividade deve **obrigatoriamente** ser enquadrada como **serviço público**, submetendo-se ao regime jurídico próprio dos serviços públicos, não importa quem a preste.

Em suma, existiriam determinadas características que, uma vez presentes em determinada atividade material, forçosamente acarretariam a sua classificação como serviço público.

A corrente **formalista** entende que não é possível identificar um núcleo essencial irredutível, inerente a uma atividade material, que acarretasse a sua classificação automática e obrigatória como serviço público. Para essa corrente, sem dúvida mais pragmática, é público todo e qualquer serviço que a Constituição ou as leis afirmem ser público, independentemente da importância para a subsistência do grupo social da atividade que constitua o seu objeto. O que caracteriza um serviço como público é, simplesmente, a exigência, pelo ordenamento jurídico, de que ele seja prestado sob regime de direito público.

Em nosso País é adotada a **concepção formal** de serviço público. Considera-se serviço público qualquer prestação concreta que represente, em si, uma utilidade material oferecida indistintamente à coletividade, desde que, por opção do ordenamento jurídico, se trate de atividade material que deva ser desempenhada sob regime de direito público.

O Prof. Celso Antônio Bandeira de Mello conceitua serviço público (em sentido estrito) como "toda atividade de oferecimento de utilidade ou comodidade material fruível diretamente pelos administrados, prestado pelo Estado ou por quem lhe faça as vezes, sob um regime de direito público – portanto, consagrador de prerrogativas de supremacia e de restrições especiais – instituído pelo Estado em favor dos interesses que houver definido como próprios no sistema normativo".

De nossa parte, definimos **serviço público** (em sentido estrito) como **atividade administrativa concreta** traduzida em **prestações** que **diretamente** representem, em si mesmas, **utilidades ou comodidades materiais** para a população em geral, executada sob **regime jurídico de direito público** pela administração pública ou, se for o caso, por particulares delegatários.

A administração pública pode prestar **diretamente** serviços públicos. Nesse caso, os serviços podem ser prestados **centralizadamente**, pela própria administração direta, ou **descentralizadamente**, pelas entidades da administração indireta (descentralização por serviços). Podem, alternativamente, os serviços públicos ser delegados a particulares. A execução de serviços públicos por particulares delegatários é, também, modalidade de prestação **descentralizada** (descentralização por colaboração).

Classificam-se, também, as formas de prestação de serviços públicos em **prestação direta** e **prestação indireta**. Infere-se do *caput* do art. 175 da Constituição

Federal, anteriormente transcrito, que **prestação direta** é aquela realizada pela administração pública, tanto pela administração direta quanto pela administração indireta. Diferentemente, tem-se **prestação indireta** quando o serviço é prestado por particulares, aos quais, **mediante delegação** do Poder Público, é atribuída a sua **mera execução**.

Em resumo, seja qual for o conceito de **serviço público** (em sentido estrito) que se elabore, o certo é que, no Brasil, em razão da adoção do **critério formal**, não interessa perquirir a importância da atividade para a subsistência do grupo social, nem a pessoa que a esteja executando: será serviço público (em sentido estrito) toda prestação concreta que se traduza numa comodidade ou utilidade material oferecida à população em geral e que, por imposição constitucional ou legal, esteja submetida a regime de direito público. Os serviços públicos de que trata o art. 175 da Constituição de 1988 são de titularidade exclusiva do Poder Público, que os pode prestar diretamente, por meio da administração direta e da administração indireta, ou indiretamente, por meio de particulares. Se um dos serviços de que trata o art. 175 da Carta Política for prestado indiretamente, por particulares, exigirá, obrigatoriamente, delegação do Poder Público (mediante contrato de concessão ou de permissão de serviço público, ou, ainda, em restritas hipóteses, mediante ato administrativo de autorização de serviço público).

Sem prejuízo do exposto no parágrafo precedente – que descreve a regra geral acerca dos serviços públicos (em sentido estrito) no Brasil –, há atividades que devem ser prestadas pelo Estado como serviços públicos, porém, ao mesmo tempo, são abertas à livre-iniciativa, isto é, podem ser exercidas complementarmente pelo setor privado por direito próprio, sem estar submetidas ao regime de delegação, mas, tão somente, aos controles inerentes ao poder de polícia administrativa.

Essa situação peculiar é própria de atividades pertinentes aos direitos fundamentais sociais genericamente considerados (CF, art. 6.º), especialmente as atividades relacionadas ao Título VIII da Constituição de 1988, acerca da "Ordem Social".

Tais atividades, quando exercidas pelos particulares, são **serviços privados**. Essas mesmas atividades, quando desempenhadas concretamente pelo Estado, o são como **serviço público** (em sentido estrito), sujeitas, portanto, a regime jurídico de direito público. Diferem, entretanto, dos serviços públicos a que alude o art. 175 da Carta Política em relevantes aspectos: (a) não há possibilidade de serem exploradas pelo Estado com intuito de lucro; e (b) não existe delegação de seu exercício a particulares (conforme exposto, quando tais atividades são exercidas por particulares o são como serviço privado, sujeito tão somente a fiscalização e controle estatal próprios do poder de polícia).

Os exemplos mais importantes de atividades enquadradas em tal situação jurídica são a **educação** e a **saúde**. Educação e saúde são serviços de prestação obrigatória pelo Estado, que deve fazê-lo diretamente, não mediante delegação. Nessa hipótese, a atividade será **serviço público** (em sentido estrito), sujeita a regime jurídico de direito público.

Entretanto, os particulares também podem prestar serviços de educação e saúde, mas, quando isso ocorrer, o serviço será uma **atividade privada**, desempenhada sob

1012 DIREITO CONSTITUCIONAL DESCOMPLICADO • *Vicente Paulo & Marcelo Alexandrino*

regime jurídico de direito privado. É verdade que a escola ou o hospital particulares estão sujeitos a uma rígida fiscalização, mas isso no âmbito do poder de polícia, mais rigoroso, aqui, por se tratar de atividades que têm potencial de afetar muito intensamente o interesse geral da coletividade, o bem-estar social. O que precisa ficar claro, entretanto, é que uma escola ou um hospital particulares não são delegatários de serviço público, e sim prestadores de serviço privado.[11]

O parágrafo único do art. 175 prevê a edição de uma lei de normas gerais que disponha sobre:

> I – o regime das empresas concessionárias e permissionárias de serviços públicos, o caráter especial de seu contrato e de sua prorrogação, bem como as condições de caducidade, fiscalização e rescisão da concessão ou permissão;
>
> II – os direitos dos usuários;
>
> III – política tarifária;
>
> IV – a obrigação de manter serviço adequado.

Essa lei de normas gerais, de caráter nacional – isto é, aplicável à União, aos estados, ao Distrito Federal e aos municípios –, atualmente, é a Lei 8.987/1995. Existem, todavia, normas gerais de abrangência nacional sobre serviços públicos em outras leis, a exemplo da Lei 9.074/1995. Merece menção, também, a Lei 11.079/2004, que disciplina uma espécie de contrato de concessão denominado parceria público-privada, o qual pode ter por objeto a prestação de determinados serviços públicos.

3.4. Atuação do Estado como agente econômico, em regime de monopólio

A Constituição vigente apresenta uma lista exaustiva (*numerus clausus*) de atividades que podem ou devem ser exploradas em regime de monopólio, em seu art. 177. Todas as hipóteses de monopólio admitidas são monopólios públicos e foram atribuídas exclusivamente à União. Abrangem, basicamente, as atividades com petróleo, gás natural e minérios ou minerais nucleares.

Portanto, hoje, no Brasil, não se admite o monopólio privado, não há hipótese de monopólio de atividades econômicas pelos estados, Distrito Federal e municípios, e, diferentemente do que ocorria na Constituição pretérita, nem mesmo a União tem possibilidade de criar novas hipóteses de monopólio mediante lei.

---

[11] Os particulares que pretendam exercer uma dessas atividades – serviços privados de especial interesse social, às vezes chamados serviços de utilidade pública – necessitam da anuência prévia do Poder Público, geralmente consubstanciada em um ato administrativo de autorização. É importante alertar, porém, que essa espécie de autorização materializa exercício do poder de polícia, ou seja, fiscalização e controle estatal de uma atividade privada; ela não deve ser confundida com o ato administrativo de autorização que funciona como instrumento de delegação de serviço público.

Cap. 16 • ORDEM ECONÔMICA E FINANCEIRA

As seguintes atividades constituem monopólio da União (incisos I a V do art. 177):

> I – a pesquisa e a lavra das jazidas de petróleo e gás natural e outros hidrocarbonetos fluidos;
>
> II – a refinação do petróleo nacional ou estrangeiro;
>
> III – a importação e exportação dos produtos e derivados básicos resultantes das atividades previstas nos incisos anteriores;
>
> IV – o transporte marítimo do petróleo bruto de origem nacional ou de derivados básicos de petróleo produzidos no País, bem assim o transporte, por meio de conduto, de petróleo bruto, seus derivados e gás natural de qualquer origem;
>
> V – a pesquisa, a lavra, o enriquecimento, o reprocessamento, a industrialização e o comércio de minérios e minerais nucleares e seus derivados, com exceção dos radioisótopos cuja produção, comercialização e utilização poderão ser autorizadas sob regime de permissão, conforme as alíneas "b" e "c" do inciso XXIII do *caput* do art. 21 desta Constituição Federal.

As atividades descritas nos incisos I a IV podem ter seu exercício contratado, pela União, com empresas estatais ou privadas, observadas as condições estabelecidas em lei (art. 177, § 1.º).

Essa situação, usualmente referida como **flexibilização do monopólio**, foi trazida pela EC 9/1995. Como se vê, as atividades constantes desses incisos **não estão exatamente sob regime de monopólio**, ou, pelo menos, estão sob monopólio facultativo. Vale dizer, se julgar mais adequado ao interesse público, a União tem a possibilidade de explorá-las sob o regime de monopólio. Diferentemente, caso a União considere mais condizente com o interesse público o seu exercício por empresas estatais ou privadas, pode contratar esse exercício com elas. Note-se, ainda, que a decisão sobre contratar ou não é **exclusiva da União**.

Relevante observar, também, que a contratação, pela União, de empresas para exercerem as atividades descritas nos incisos I a IV do art. 177, acima reproduzidos, não é livre, porquanto deverá observar as condições estabelecidas em lei, a qual deve dispor sobre (art. 177, § 2.º):

> I – a garantia do fornecimento dos derivados de petróleo em todo o território nacional;
>
> II – as condições de contratação;
>
> III – a estrutura e atribuições do órgão regulador do monopólio da União.

As atividades descritas no inciso V do art. 177 – concernentes a minérios e minerais nucleares e seus derivados – estão efetivamente sob **monopólio da União**, com exceção, unicamente, da comercialização e utilização de radioisótopos para pesquisa e uso agrícolas e industriais, bem como da produção, comercialização e utilização de radioisótopos para pesquisa e uso médicos, que poderão ser autorizadas sob **regime de permissão** (CF, art. 21, XXIII, "b" e "c", com redação dada pela EC 118/2022).

Em qualquer caso, cabe à lei dispor sobre o transporte e a utilização de materiais radioativos no território nacional (art. 177, § 3.º).

Cabe lembrar que "a responsabilidade civil por danos nucleares **independe da existência de culpa**" (CF, art. 21, XXIII, "d").

3.5. Atuação do Estado como agente regulador

No seu art. 174, a Constituição dispõe acerca da atuação **indireta** do Estado na economia, nestes termos, sobremodo elucidativos (grifou-se):

> Art. 174. Como agente **normativo** e **regulador** da atividade econômica, o Estado exercerá, na forma da lei, as funções de **fiscalização**, **incentivo** e **planejamento**, sendo este determinante para o setor público e indicativo para o setor privado.

Portanto, no âmbito de sua atuação indireta na economia, o Estado é descrito como agente **normativo** e **regulador**. Essa atuação traduz-se nas funções de fiscalização, incentivo e planejamento.

Não é pacífica a distinção entre agente normativo e agente regulador.

Entendemos que atuação **normativa** diz respeito a todo e qualquer ato geral que possa ser considerado intervenção no setor econômico, ou seja, qualquer ato que de algum modo interfira no curso natural da economia, que seria aquele determinado pelas "forças naturais" do mercado, pela "mão invisível" de Adam Smith.

Assim, é atuação do Estado no domínio econômico como agente normativo a edição de uma lei que institua uma contribuição de intervenção no domínio econômico (CF, art. 149), ou de uma lei que preveja uma isenção de IPI para as indústrias que se instalarem na região do semiárido do Nordeste, ou de um decreto que regulamente o exercício do poder de polícia sobre determinadas atividades etc.

Como exemplo, registramos que a EC 33/2001 acrescentou o § 4.º ao art. 177, dispondo acerca de uma específica contribuição de intervenção no domínio econômico (CIDE), incidente em operações com petróleo, gás natural e álcool combustível, determinando a destinação dos recursos com ela arrecadados:

a) ao pagamento de subsídios a preços ou transporte de álcool combustível, gás natural e seus derivados e derivados de petróleo;

b) ao financiamento de projetos ambientais relacionados com a indústria do petróleo e do gás;

c) ao financiamento de programas de infraestrutura de transportes;

d) ao pagamento de subsídios a tarifas de transporte público coletivo de passageiros.[12]

---

[12] Hipótese incluída pela Emenda Constitucional 132, de 20 de dezembro de 2023.

Cap. 16 • ORDEM ECONÔMICA E FINANCEIRA

Já a função de agente **regulador**, a nosso ver, abrange as normas que disponham especificamente sobre a atuação dos agentes econômicos, condicionando, coordenando e disciplinando a atividade econômica privada (delineando os assim chamados "marcos regulatórios" de cada setor econômico), mas também inclui medidas concretas de intervenção na economia, como tabelamento de preços, formação de estoques reguladores para controle de abastecimento, garantia de preços mínimos para produtos agrícolas etc. Engloba, ainda, as atividades administrativas de fiscalização, solução de litígios, repressão às infrações administrativas etc. Merece especial menção, aqui, a atuação das agências reguladoras (que recebem essa denominação exatamente em função de sua finalidade específica).

O texto do art. 174, acima transcrito, afirma que na sua atuação indireta na economia o Estado exerce as funções de fiscalização, incentivo e planejamento.

A **fiscalização** é exercida no âmbito do poder de polícia, exercido pelos mais diversos órgãos e entidades de todas as esferas da Federação. São exemplos a fiscalização ambiental, a fiscalização sanitária, a fiscalização dos mercados de capitais etc. Abrange não só a polícia administrativa repressiva, como também a preventiva (exigência de obtenção prévia de licenças e autorizações para funcionamento, edificação, exercício de determinadas atividades, exploração de determinados recursos etc.).

O **incentivo**, ou fomento, traduz-se nos mais variados benefícios fiscais, subvenções, subsídios e outras medidas de indução positiva, inclusive o investimento público em infraestrutura, visando a orientar os agentes privados para atuarem em setores que o Estado considere de interesse geral ou estratégicos. A lei de diretrizes orçamentárias deve estabelecer a política de aplicação das agências financeiras oficiais de fomento (CF, art. 165, § 2.º).

O **planejamento** é "determinante para o setor público e indicativo para o setor privado". Significa que, embora nossa economia não seja planificada, como ocorre nos regimes socialistas, em que não há liberdade de empresa, o Estado deve elaborar planos econômicos, de observância obrigatória pelo setor público, mas não impositivo para o setor privado.

Assim, as empresas públicas, as sociedades de economia mista e quaisquer outras empresas sob controle estatal deverão atuar conforme o planejamento econômico elaborado pelo Estado.

Para o setor privado, esse planejamento apenas indica os setores de atuação, as atividades, a orientação geral que o Estado considera ser estrategicamente a mais adequada para a obtenção do desenvolvimento econômico, cuja busca o ordenamento jurídico lhe impõe. Essa orientação geral não obriga os agentes privados, mas é claro que o Estado pode utilizar medidas de indução (por exemplo, benefícios fiscais), a fim de obter a adesão daqueles a seu plano.

São instrumentos do planejamento estatal, dentre outros, o plano plurianual, a lei de diretrizes orçamentárias e as leis orçamentárias anuais dos diversos entes federados.

O § 1.º do art. 174, em comento, estatui que "a lei estabelecerá as diretrizes e bases do planejamento do desenvolvimento nacional equilibrado, o qual incorporará e compatibilizará os planos nacionais e regionais de desenvolvimento".

Nos termos do já citado § 2.º desse mesmo artigo, "a lei apoiará e estimulará o cooperativismo e outras formas de associativismo".

Assevera o art. 180 que "a União, os Estados, o Distrito Federal e os Municípios promoverão e incentivarão o turismo como fator de desenvolvimento social e econômico".

Cabe mencionar, por fim, que o art. 178 da Constituição estabelece regras específicas acerca da ordenação dos transportes. A EC 7/1995 alterou profundamente o conteúdo original desse artigo, que previa privilégios para brasileiros e embarcações brasileiras, **passando a possibilitar a propriedade de embarcações nacionais por estrangeiros** (antes vedada), e **abolindo a exclusividade das embarcações nacionais na navegação de cabotagem** (navegação entre portos brasileiros). É a seguinte a redação atual do dispositivo:

> Art. 178. A lei disporá sobre a ordenação dos transportes aéreo, aquático e terrestre, devendo, quanto à ordenação do transporte internacional, observar os acordos firmados pela União, atendido o princípio da reciprocidade.
>
> Parágrafo único. Na ordenação do transporte aquático, a lei estabelecerá as condições em que o transporte de mercadorias na cabotagem e a navegação interior poderão ser feitos por embarcações estrangeiras.

3.6. Exploração de recursos minerais e potenciais de energia hidráulica

Por força do art. 21, incisos VIII e IX, da Constituição, são bens da União os potenciais de energia hidráulica e os recursos minerais, inclusive os do subsolo. O art. 176 da Carta Política esclarece que esses bens são propriedade distinta da do solo.[13]

Embora sejam de sua propriedade, a União não precisa explorar diretamente os potenciais de energia hidráulica e os recursos minerais. Eles podem ser explorados por brasileiros ou empresa constituída sob as leis brasileiras e que tenha sua sede e administração no País, mediante autorização ou concessão, sendo garantida a quem realize a exploração a propriedade do produto da lavra. Além disso, o proprietário do solo tem direito a participação nos resultados da lavra, na forma e no valor que dispuser a lei.

Há uma exceção específica para os potencias de energia renovável de capacidade reduzida, porquanto o seu aproveitamento não dependerá de autorização ou concessão. Todas essas regras encontram-se no art. 176 da Constituição, abaixo reproduzido:

> Art. 176. As jazidas, em lavra ou não, e demais recursos minerais e os potenciais de energia hidráulica constituem propriedade distinta da do solo, para efeito de exploração ou aproveitamento,

---

[13] O Código Civil vigente, nessa esteira, estatui que a propriedade do solo abrange a do subsolo correspondente (art. 1.229), mas "a propriedade do solo não abrange as jazidas, minas e demais recursos minerais, os potenciais de energia hidráulica, os monumentos arqueológicos e outros bens referidos por leis especiais" (art. 1.230).

Cap. 16 • ORDEM ECONÔMICA E FINANCEIRA 1017

e pertencem à União, garantida ao concessionário a propriedade do produto da lavra.

§ 1.º A pesquisa e a lavra de recursos minerais e o aproveitamento dos potenciais a que se refere o *'caput'* deste artigo somente poderão ser efetuados mediante autorização ou concessão da União, no interesse nacional, por brasileiros ou empresa constituída sob as leis brasileiras e que tenha sua sede e administração no País, na forma da lei, que estabelecerá as condições específicas quando essas atividades se desenvolverem em faixa de fronteira ou terras indígenas.

§ 2.º É assegurada participação ao proprietário do solo nos resultados da lavra, na forma e no valor que dispuser a lei.

§ 3.º A autorização de pesquisa será sempre por prazo determinado, e as autorizações e concessões previstas neste artigo não poderão ser cedidas ou transferidas, total ou parcialmente, sem prévia anuência do poder concedente.

§ 4.º Não dependerá de autorização ou concessão o aproveitamento do potencial de energia renovável de capacidade reduzida.

Por fim, cabe registrar que, consoante preveem os §§ 3.º e 4.º do art. 174, a **atividade garimpeira**, quando **exercida em cooperativas**, deverá receber tratamento favorecido, conferindo-se a essas cooperativas prioridade na autorização ou concessão para pesquisa e lavra dos recursos e jazidas de minerais garimpáveis, nas áreas onde estejam atuando, e na áreas que a União estabeleça (CF, art. 21, XXV), na forma da lei.

3.7. Política urbana

A Constituição de 1988 trata da política urbana em seus arts. 182 e 183. Antes disso, no seu art. 24, inciso I, enuncia que o direito urbanístico é matéria submetida à competência legislativa concorrente da União, dos estados e do Distrito Federal. Portanto, nos termos do § 1.º desse artigo, à União compete estabelecer as normas gerais de direito urbanístico. Além disso, nos termos do inciso I do art. 30, compete aos municípios legislar sobre assuntos de interesse local, e, no inciso VIII do mesmo artigo, o texto constitucional dá aos municípios competência para "promover, no que couber, adequado ordenamento territorial, mediante planejamento e controle do uso, do parcelamento e da ocupação do solo urbano".

É interessante observar que a "Política Urbana" é tratada em um capítulo específico integrante do título "Da Ordem Social". Por essa razão, desde logo resta claro que deve a leitura e interpretação dos dispositivos pertinentes ser feita à luz dos princípios gerais norteadores da ordem econômica, sobretudo, nesse caso específico, a função social da propriedade e a defesa do meio ambiente.

O art. 182 da Constituição dá ao Poder Público municipal a competência para **executar** a política de desenvolvimento urbano. Essa política de desenvolvimento urbano é estabelecida pela União, no uso de sua competência para editar normas gerais sobre a matéria. Assim, as "diretrizes gerais fixadas em lei", a que se refere o *caput* do art. 182, são fixadas em lei federal, obrigatória para todos os municípios.

O diploma que o faz é o denominado "Estatuto da Cidade", Lei 10.257/2001. É esta a redação do art. 182 da Carta Política:

> Art. 182. A política de desenvolvimento urbano, executada pelo Poder Público municipal, conforme diretrizes gerais fixadas em lei, tem por objetivo ordenar o pleno desenvolvimento das funções sociais da cidade e garantir o bem-estar de seus habitantes.

O instrumento básico da política de desenvolvimento e de expansão urbana é o **plano diretor**, obrigatório para cidades com **mais de vinte mil habitantes** (art. 182, § 1.º). Trata-se de uma **lei municipal**, portanto, aprovada pela Câmara Municipal, na qual devem ser definidos o zoneamento, as condições e requisitos para a autorização de edificações, o sistema viário, as atividades passíveis de serem desenvolvidas em cada zona etc.

A propriedade urbana cumpre sua função social quando atende às exigências fundamentais de ordenação da cidade expressas no plano diretor (art. 182, § 2.º).

As desapropriações necessárias para dar execução ao plano diretor devem ser feitas com **prévia e justa indenização em dinheiro** (art. 182, § 3.º). Trata-se, entretanto, de uma regra geral, ademais, desnecessária, uma vez que o art. 5.º, XXIV, já estabelece essa exigência de indenização prévia em dinheiro como um direito fundamental.

Dissemos, entretanto, que se trata de regra geral porque o mesmo art. 182 traz uma das hipóteses constitucionais em que a indenização **pode ser feita em títulos da dívida pública**, **não em dinheiro**. Trata-se do disposto no § 4.º do art. 182, que versa especificamente sobre as medidas que podem ser adotadas para coibir a manutenção de solo urbano não edificado, subutilizado ou não utilizado.

Nos termos desse § 4.º do art. 182, o Poder Público municipal pode, mediante lei específica para área incluída no plano diretor, exigir, nos termos da lei federal (o "Estatuto da Cidade"), do proprietário do solo urbano não edificado, subutilizado ou não utilizado, que promova seu adequado aproveitamento.

Perceba-se que o dispositivo exige três leis diferentes: a lei federal geral (o "Estatuto da Cidade"), o plano diretor, e a lei específica municipal que exija do proprietário o adequado aproveitamento do solo urbano.

Nos incisos do § 4.º do art. 182 são previstas as medidas de caráter sancionatório que podem ser adotadas no caso de o proprietário não atender à exigência de aproveitamento do solo. São elas:

> I – parcelamento ou edificação compulsórios;
>
> II – imposto sobre a propriedade predial e territorial urbana progressivo no tempo;
>
> III – desapropriação com pagamento mediante títulos da dívida pública de emissão previamente aprovada pelo Senado Federal, com prazo de resgate de até dez anos, em parcelas anuais, iguais e sucessivas, assegurados o valor real da indenização e os juros legais.

Cap. 16 • ORDEM ECONÔMICA E FINANCEIRA

Como se vê, o inciso III traz uma hipótese de desapropriação que **não será indenizada em dinheiro, mas sim em títulos da dívida pública**. Porém, frise-se, a indenização deve ser justa, ou seja, corresponder ao valor real do bem desapropriado.

Por fim, o art. 183 estabelece uma hipótese especial de aquisição de propriedade urbana mediante **usucapião**, comumente denominada "**usucapião urbana constitucional**" ou "**usucapião pró-moradia**". Afirma o *caput* desse artigo que "aquele que possuir como sua área urbana de até duzentos e cinquenta metros quadrados, por cinco anos, ininterruptamente e sem oposição, utilizando-a para sua moradia ou de sua família, adquirir-lhe-á o domínio, desde que não seja proprietário de outro imóvel urbano ou rural". A usucapião não será reconhecida **ao mesmo possuidor mais de uma vez** (art. 182, § 2.°) e **não se aplica a imóveis públicos** (art. 182, § 3.°).

Segundo entendimento do Supremo Tribunal Federal, o fato de o município estabelecer – em legislação municipal de planejamento urbano – módulo urbano distinto (menor) da metragem estabelecida constitucionalmente (duzentos e cinquenta metros) **não afasta o direito constitucional à usucapião**. Esse entendimento encontra-se fixado na seguinte **tese de repercussão geral**:[14]

> Preenchidos os requisitos do art. 183 da Constituição Federal, o reconhecimento do direito à usucapião especial urbana não pode ser obstado por legislação infraconstitucional que estabeleça módulos urbanos na respectiva área em que situado o imóvel (dimensão do lote).

3.8. Política agrícola e fundiária, e reforma agrária

A Constituição inicia o capítulo acerca "Da Política Agrícola e Fundiária e da Reforma Agrária" tratando da desapropriação, por interesse social, para fins de reforma agrária. Reza o seu art. 184:

> Art. 184. Compete à União desapropriar por interesse social, para fins de reforma agrária, o imóvel rural que não esteja cumprindo sua função social, mediante prévia e justa indenização em títulos da dívida agrária, com cláusula de preservação do valor real, resgatáveis no prazo de até vinte anos, a partir do segundo ano de sua emissão, e cuja utilização será definida em lei.

Deve-se observar que a **competência para legislar** sobre qualquer modalidade de desapropriação é **privativa da União**, nos termos do art. 22, inciso II, da Lei Maior. Na hipótese de desapropriação por interesse social para o fim específico de promover a reforma agrária, a competência para **declarar de interesse social** o imóvel rural é também **exclusiva da União**.

---

[14] RE 422.349, rel. Min. Dias Toffoli, 29.04.2015. Com base nesse entendimento, o Tribunal assegurou o direito à usucapião de porção de 225 m², mesmo em área em que lei municipal havia fixado o módulo mínimo do lote urbano como área de 360 m².

A desapropriação por interesse social para fins de reforma agrária está tratada nos arts. 184 a 186 da Constituição Federal. Esses dispositivos constitucionais foram regulamentados pela Lei 8.629/1993; Lei Complementar 76/1993; e Lei Complementar 88/1996.

A desapropriação para fins de reforma agrária é cabível quando a propriedade rural não esteja cumprindo sua função social. Nos exatos termos constitucionais, a função social é cumprida quando a propriedade rural atende, simultaneamente, segundo critérios e graus de exigência estabelecidos em lei, aos seguintes requisitos (CF, art. 186):

I – aproveitamento racional e adequado;

II – utilização adequada dos recursos naturais disponíveis e preservação do meio ambiente;

III – observância das disposições que regulam as relações de trabalho;

IV – exploração que favoreça o bem-estar dos proprietários e dos trabalhadores.

Por outro lado, a Constituição considera insuscetíveis de desapropriação para fins de reforma agrária (art. 185):

I – a pequena e média propriedade rural, assim definida em lei, desde que seu proprietário não possua outra;

II – a propriedade produtiva.

É relevante enfatizar que, sejam quais forem as suas dimensões, a **propriedade produtiva não está sujeita à desapropriação para fins de reforma agrária** (pode ser objeto de outra espécie de desapropriação, mas, nesse caso, integralmente paga em dinheiro, que é a regra para as desapropriações ordinárias). Além da vedação à sua desapropriação para fins de reforma agrária, diz o parágrafo único do art. 185 que "a lei garantirá tratamento especial à propriedade produtiva e fixará normas para o cumprimento dos requisitos relativos a sua função social".

No caso da desapropriação para fins de reforma agrária, a indenização deverá ser **prévia e justa**, mas **não em dinheiro**, e sim em **títulos da dívida agrária**, com cláusula de preservação do valor real, resgatáveis no prazo de até vinte anos, a partir do segundo ano de sua emissão, e cuja utilização será definida em lei (art. 184, *caput*).

Porém, **as benfeitorias úteis e necessárias serão indenizadas em dinheiro** (art. 184, § 1.º). Em relação a essas benfeitorias, portanto, o procedimento obedecerá à regra geral de desapropriação: oferecimento inicial do preço, depósito em juízo, se houver interesse de imissão provisória na posse, e obtenção da transferência das benfeitorias somente ao final, com o pagamento integral da indenização.

A Constituição determina que uma lei complementar discipline o procedimento contraditório especial, de rito sumário, para o processo judicial de desapropriação (CF, art. 184, § 3.º).

O orçamento fixará anualmente o volume total de títulos da dívida agrária, assim como o montante de recursos para atender ao programa de reforma agrária no exercício (art. 184, § 4.º).

O § 5.º do art. 184 estabelece uma hipótese de **imunidade tributária**, afastando a incidência de "impostos federais, estaduais e municipais as operações de transferência de imóveis desapropriados para fins de reforma agrária".

Desapropriado o imóvel para fins de reforma agrária, será entregue pelo Poder Público ao beneficiário o título de domínio ou de concessão de uso – que pode ser conferido ao homem ou à mulher, ou a ambos, independentemente do estado civil, nos termos e condições previstos em lei. Esses títulos são inegociáveis pelo prazo de dez anos (art. 189).

Sobre a política agrícola, que deve ser compatibilizada com as ações de reforma agrária, estabelece o texto constitucional, que, na forma da lei, será ela planejada e executada com a participação efetiva do setor de produção, envolvendo produtores e trabalhadores rurais, bem como dos setores de comercialização, de armazenamento e de transportes (art. 187). Incluem-se no planejamento agrícola as atividades agroindustriais, agropecuárias, pesqueiras e florestais (art. 187, § 1.º).

A política agrícola deverá levar em conta, especialmente (art. 187):

> I – os instrumentos creditícios e fiscais;
>
> II – os preços compatíveis com os custos de produção e a garantia de comercialização;
>
> III – o incentivo à pesquisa e à tecnologia;
>
> IV – a assistência técnica e extensão rural;
>
> V – o seguro agrícola;
>
> VI – o cooperativismo;
>
> VII – a eletrificação rural e irrigação;
>
> VIII – a habitação para o trabalhador rural.

A alienação ou a concessão, a qualquer título, de **terras públicas**, inclusive as **devolutas**, com área **superior a dois mil e quinhentos hectares** a pessoa física ou jurídica, ainda que por interposta pessoa, **dependerá de prévia aprovação do Congresso Nacional**, salvo se efetuada para fins de reforma agrária (art. 188, §§ 1.º e 2.º). Em qualquer caso, a destinação de terras públicas e devolutas deve ser compatibilizada com a política agrícola e com o plano nacional de reforma agrária (art. 188, *caput*).

Cabe à lei regular e limitar a aquisição ou o arrendamento de propriedade rural por pessoa física ou jurídica **estrangeira** e estabelecer os casos que dependerão de autorização do Congresso Nacional (art. 190).

Por fim, o art. 191 da Carta Magna estabelece uma hipótese especial de **usucapião**, conhecida como "**usucapião pro labore**". O possuidor de área de terra, em zona rural, **não superior a cinquenta hectares**, adquire sua propriedade, desde que:

a) a possua como se sua fosse, por cinco anos ininterruptos, sem oposição;

b) a tenha tornado produtiva por seu trabalho ou de sua família;

c) tenha nela sua moradia;

1022 DIREITO CONSTITUCIONAL DESCOMPLICADO • *Vicente Paulo & Marcelo Alexandrino*

d) não seja proprietário de outro imóvel, rural ou urbano;

e) não se trate de imóvel público.

3.9. Sistema Financeiro Nacional

Ensina José Afonso da Silva que há dois sistemas financeiros regulados na Constituição:

a) o público, que diz respeito às finanças públicas e aos orçamentos (art. 163 a 169); e

b) o "parapúblico", denominado pela Carta "sistema financeiro nacional", que se aplica às instituições financeiras creditícias públicas ou privadas, de seguro, previdência privada e capitalização.

Estudaremos, neste tópico, apenas a regulação do "sistema financeiro nacional".

O sistema financeiro nacional é regulado em um único artigo da Constituição, que foi profundamente alterado pela EC 40/2003.

É a seguinte a redação atual do dispositivo:

> Art. 192. O sistema financeiro nacional, estruturado de forma a promover o desenvolvimento equilibrado do País e a servir aos interesses da coletividade, em todas as partes que o compõem, abrangendo as cooperativas de crédito, será regulado por leis complementares que disporão, inclusive, sobre a participação do capital estrangeiro nas instituições que o integram.

A EC 40/2003 suprimiu do texto constitucional a previsão de que as taxas de juros reais fossem de, no máximo, doze por cento ao ano, considerando crime de usura a cobrança acima deste limite.

O STF havia decidido que esse dispositivo somente poderia ser aplicado efetivamente quando a lei complementar que tratasse do sistema financeiro nacional o regulamentasse.

O texto original do art. 192 referia-se a uma lei complementar (no singular), para disciplinar o sistema financeiro nacional. Como havia discussão sobre a possibilidade de uma lei complementar regulamentar somente parte do art. 192 (original), a regulamentação acabou não ocorrendo, porque se temia que, editada a lei complementar, pudesse ser considerada imediatamente aplicável a disposição constitucional acerca dos juros, mesmo que a lei complementar nada dispusesse a respeito.

Atualmente, além de ter sido explicitado que o sistema financeiro nacional pode ser regulamentado em mais de uma lei complementar, foi simplesmente revogada a disposição acerca de limite dos juros, descabendo cogitar de base constitucional para tal imposição.

A lei que regula o sistema financeiro nacional, hoje, é, basicamente, a Lei 4.595/1964, recepcionada (antes e depois da EC 40/2003) com o *status* de lei complementar.

Cap. 16 • ORDEM ECONÔMICA E FINANCEIRA

Cabe lembrar que a competência da União para emitir moeda será exercida exclusivamente pelo banco central (CF, art. 164), autarquia federal em regime especial, que tem entre suas competências a formulação, a execução, o acompanhamento e o controle das políticas monetária, cambial, de crédito e de relações financeiras com o exterior, bem como a organização, disciplina, e fiscalização do sistema financeiro nacional.

O art. 192 determina que o sistema financeiro nacional seja estruturado de forma a promover o desenvolvimento equilibrado do País e a servir aos interesses da coletividade. Essa regra vale para as instituições públicas e também para as privadas, coadunando-se com os princípios gerais da ordem econômica, estudados anteriormente. As **cooperativas de crédito**, conforme expressamente estatuído no art. 192, integram o sistema financeiro nacional.

O Supremo Tribunal Federal já decidiu que **o Código de Defesa do Consumidor (CDC) é aplicável às relações entre as instituições financeiras e seus usuários**. Entendeu a Corte não haver conflito entre o regramento do sistema financeiro e a disciplina do consumo e da defesa do consumidor, haja vista que, nos termos do disposto no art. 192 da Constituição, a exigência de lei complementar refere-se apenas à regulamentação da **estrutura** do sistema financeiro, **não** abrangendo os encargos e obrigações impostos pelo CDC às instituições financeiras, relativos à exploração das atividades dos agentes econômicos que as integram – operações bancárias e serviços bancários –, que podem ser defi-nidos por lei ordinária.[15]

Em outra oportunidade – e também realçando o princípio da defesa do consumidor –, o Supremo Tribunal Federal firmou o entendimento de que é **inconstitucional a cobrança de tarifa bancária pela disponibilização de limite para "cheque especial".**[16] Segundo o Tribunal, tal medida – cobrança de tarifa do cliente pela simples disponibilização de "cheque especial" – implicou desnaturação da natureza jurídica da "tarifa bancária" para adiantamento da remuneração do capital (juros), de maneira que a cobrança de "tarifa" (pagamento pela mera disponibilização, independentemente do uso efetivo do crédito) camuflou a cobrança de juros, com outra roupagem jurídica, voltada a abarcar quem não utiliza efetivamente o crédito na modalidade de "cheque especial".

A participação do capital estrangeiro nas instituições que integram o sistema financeiro nacional deve ser regulada mediante lei complementar, com vistas à determinação de que este atenda aos interesses da coletividade e promova o desenvolvimento nacional equilibrado (poderá ser uma, ou mais de uma, das leis complementares que devem regulamentar o art. 192).

Todas essas regras permitem afirmar que, pelo menos em tese, o Estado brasileiro possui respaldo jurídico para intervir fortemente no sistema financeiro nacional com o fim de assegurar que ele cumpra a sua função social, constitucionalmente estabelecida.

---

[15] ADI 2.591/DF, red. p/ o acórdão Min. Eros Grau, 07.06.2006.

[16] ADI 6.407/DF, rel. Min. Gilmar Mendes, 03.05.2021.

Capítulo 17

ORDEM SOCIAL

Ao enunciar o Título "Da Ordem Social", a Constituição Federal declara que a ordem social tem como base o primado do trabalho, e como objetivo o bem-estar e a justiça sociais (art. 193).

Em seguida, dispõe o texto constitucional sobre a participação social, determinando que o Estado exercerá a função de planejamento das políticas sociais, assegurada, na forma da lei, a participação da sociedade nos processos de formulação, de monitoramento, de controle e de avaliação dessas políticas.[1]

Sob o título "Da Ordem Social", o legislador constituinte disciplinou diferentes matérias, algumas delas difíceis de serem enquadradas nesse conceito, como é o caso do capítulo que trata de ciência e tecnologia. São os seguintes os assuntos disciplinados no Título "Da Ordem Social", e que serão abordados a seguir: **seguridade social** (arts. 194 a 204); **educação, cultura e desporto** (arts. 205 a 217); **ciência, tecnologia e inovação** (arts. 218 a 219-B); **comunicação social** (arts. 220 a 224); **meio ambiente** (art. 225); **família, criança, adolescente, jovem e idoso** (arts. 226 a 230); **índios** (arts. 231 e 232).

1. SEGURIDADE SOCIAL

A seguridade social compreende um conjunto integrado de ações de iniciativa dos Poderes Públicos e da sociedade, destinadas a assegurar os direitos relativos à saúde, à previdência e à assistência social.

Compete ao Poder Público, nos termos da lei, organizar a seguridade social, com base nos seguintes objetivos:

I – universalidade da cobertura e do atendimento;
II – uniformidade e equivalência dos benefícios e serviços às populações urbanas e rurais;

---

[1] O parágrafo único do art. 193 foi incluído pela Emenda Constitucional 108/2020.

III – seletividade e distributividade na prestação dos benefícios e serviços;

IV – irredutibilidade do valor dos benefícios;

V – equidade na forma de participação no custeio;

VI – diversidade da base de financiamento, identificando-se, em rubricas contábeis específicas para cada área, as receitas e as despesas vinculadas a ações de saúde, previdência e assistência social, preservado o caráter contributivo da previdência social;[2]

VII – caráter democrático e descentralizado da administração, mediante gestão quadripartite, com participação dos trabalhadores, dos empregadores, dos aposentados e do Governo nos órgãos colegiados.

Estabelece o art. 195 da Constituição Federal que a seguridade social será financiada por toda a sociedade, de forma direta e indireta, nos termos da lei, mediante recursos provenientes dos orçamentos da União, dos estados, do Distrito Federal e dos municípios, e das seguintes contribuições sociais:

I – do empregador, da empresa e da entidade a ela equiparada na forma da lei, incidentes sobre:

a) a folha de salários e demais rendimentos do trabalho pagos ou creditados, a qualquer título, à pessoa física que lhe preste serviço, mesmo sem vínculo empregatício;

b) a receita ou o faturamento;

c) o lucro;

II – do trabalhador e dos demais segurados da previdência social, podendo ser adotadas alíquotas progressivas de acordo com o valor do salário de contribuição, não incidindo contribuição sobre aposentadoria e pensão concedidas pelo Regime Geral de Previdência Social;[3]

III – sobre a receita de concursos de prognósticos;

IV – do importador de bens ou serviços do exterior, ou de quem a lei a ele equiparar;

V – sobre bens e serviços, nos termos de lei complementar.[4]

Anote-se que decorre de expressa previsão constante do inciso II do art. 195, acima reproduzido, uma importante diferença entre o regime geral de previdência (RGPS) e o regime próprio de previdência dos servidores públicos, previsto no art. 40 da Constituição Federal: os proventos e as pensões concedidas sob o regime próprio de previdência dos servidores públicos estatutários efetivos sofrem a incidência de contribuição previdenciária (art. 40, § 18), ao passo que a aposentadoria

---

[2] CF, art. 194, parágrafo único, VI, com a redação dada pela EC 103/2019.

[3] Inciso II com a redação dada pela EC 103/2019.

[4] Inciso V incluído pela Emenda Constitucional 132, de 20 de dezembro de 2023.

e a pensão concedidas pelo RGPS, ao qual se submetem os demais trabalhadores, **estão imunes à incidência de contribuição previdenciária.**

A respeito desse último aspecto – imunidade à contribuição previdenciária em favor dos proventos e das pensões concedidos pelo RGPS –, é importante destacar que essa vedação constitucional **não impede** a incidência de contribuição previdenciária sobre os rendimentos do trabalho, **caso o aposentado ou pensionista permaneça em atividade ou a ela retorne.** Havendo permanência ou retorno à atividade laboral, será legítima a incidência de contribuição previdenciária, conforme orientação do Supremo Tribunal Federal, fixada na seguinte **tese de repercussão geral:**[5]

> É constitucional a contribuição previdenciária devida por aposentado pelo Regime Geral de Previdência Social (RGPS) que permaneça em atividade ou a essa retorne.

Questão que há muito gera controvérsias doutrinárias diz respeito ao direito dos segurados aposentados pelo regime geral de previdência social (RGPS) aos institutos da "desaposentação" e da "reaposentação".

A **"desaposentação"** refere-se ao direito de o aposentado pelo RGPS que tenha continuado (ou voltado) a trabalhar (e, portanto, a contribuir) pleitear o recálculo de sua aposentadoria, com o fim de aumentar o valor dos respectivos proventos, levando-se em conta o montante dessas novas contribuições. Poderia o segurado do RGPS voluntariamente "desaposentar-se" e requerer nova aposentadoria, com o fim de majorar o valor do seu benefício, a partir do cômputo do montante das novas contribuições?

A **"reaposentação"** consiste no implemento de novo requisito para fins de aposentadoria, depois de o segurado já se encontrar aposentado. Era o caso, por exemplo, de pessoa que gozava de aposentadoria proporcional e que, depois de alguns anos nessa condição, completava 65 anos e, com isso, implementava o requisito necessário para a concessão de aposentadoria por idade.

Depois de muitos anos de intensos debates doutrinários, tal questão foi enfrentada pelo Supremo Tribunal Federal, que firmou o entendimento de que **a ausência de previsão legal torna inviável a adoção da desaposentação ou da reaposentação no âmbito do regime geral de previdência social (RGPS).**[6]

Deixou assente o Tribunal que, embora não exista vedação constitucional à desaposentação e à reaposentação, também não há previsão expressa desses direitos, e, portanto, cabe ao legislador ordinário (e não ao Poder Judiciário), se assim entender, dispor sobre eles, isto é, **somente a lei pode estabelecer regras e critérios para eventuais hipóteses de desaposentação ou de reaposentação no âmbito do RGPS,** como meio para cálculo de benefício mais vantajoso ao segurado já aposentado. Esse entendimento restou consolidado na seguinte **tese de repercussão geral:**[7]

---

[5] ARE 1.224.327/ES, rel. Min. Dias Toffoli, 27.09.2019.

[6] RE 381.367/RS, red. p/ o acórdão Min. Dias Toffoli, 26.10.2016; RE 661.256/SC, rel. Min. Roberto Barroso, 26.10.2016; RE 827.833/SC, rel. Min. Roberto Barroso, 26.10.2016.

[7] Embora esta tese jurídica tenha sido aprovada em 2016, posteriormente, em fevereiro de 2020, o STF, ao apreciar embargos de declaração, decidiu pela alteração de sua redação original,

> No âmbito do Regime Geral de Previdência Social – RGPS, somente lei pode criar benefícios e vantagens previdenciárias, não havendo, por ora, previsão legal do direito à "desaposentação" ou à "reaposentação", sendo constitucional a regra do art. 18, § 2.º, da Lei 8.213/1991.

As contribuições de seguridade social incidentes sobre as bases econômicas (materialidades) indicadas nos incisos I a IV do art. 195 podem ser instituídas por meio de **lei ordinária**, ou por medida provisória – nesse último caso, se atendidos os pressupostos para a adoção de tal espécie normativa, estabelecidos no art. 62 da Constituição da República. A contribuição incidente sobre as materialidades descritas no inciso V (bens e serviços), acrescentado pela Emenda Constitucional 132/2023, deverá ser instituída por lei complementar, mas poderá ter sua alíquota fixada em lei ordinária (art. 195, § 15).

Além das contribuições incidentes sobre as materialidades já autorizadas nos incisos do art. 195, poderão ser estabelecidas outras fontes destinadas a garantir a manutenção ou expansão da seguridade social, desde que mediante **lei complementar**. Trata-se da chamada **competência residual da União** para a instituição de novas contribuições de seguridade social, prevista no § 4.º do mesmo art. 195. Vale repetir: a instituição de **contribuição de seguridade social residual** (isto é, incidente sobre fonte diversa daquelas enumeradas nos incisos do art. 195 da Carta Política) exige a aprovação de **lei complementar** pelo Congresso Nacional.

Nos termos do § 6.º do art. 195, as contribuições sociais de que trata este artigo **só poderão ser exigidas após decorridos noventa dias da data da publicação da lei que as houver instituído ou modificado**, não se lhes aplicando o princípio tributário da anterioridade do exercício financeiro (art. 150, III, "b").

Em geral, a instituição ou majoração de tributos sujeita-se ao princípio da anterioridade tributária, segundo o qual a lei instituidora ou majoradora deve ser publicada num exercício financeiro para legitimar a incidência da exação tributária sobre fatos geradores ocorridos a partir do exercício financeiro seguinte (art. 150, III, "b"). As contribuições de seguridade social **não se sujeitam ao princípio da anterioridade tributária**, mas sim a essa regra especial do § 6.º do art. 195, que autoriza a sua exigência **após decorridos noventa dias da data da publicação da lei que as houver instituído ou modificado**.

São isentas de contribuição para a seguridade social as **entidades beneficentes de assistência social** que atendam às exigências estabelecidas em lei (CF, art. 195, § 7.º). Anote-se que se trata de regra de **imunidade tributária**, não obstante o emprego do vocábulo "isentas", pelo texto constitucional. Essa imunidade não alcança toda e qualquer entidade beneficente, mas somente aquelas entidades beneficentes de **assistência social**, isto é, que se dedicam ao atendimento dos necessitados, pessoas sem condições de prover o próprio sustento e de sua família. Embora não exista consenso, perfilhamos a orientação de que a lei a que se refere o dispositivo deve ser **lei complementar**, uma vez que estará regulando uma imunidade tributária, ou

---

com o fim de fazer constar no enunciado, também, menção ao instituto da "reaposentação" (na redação originária, era feita menção, tão somente, à "desaposentação"). RE-ED 381.367/RS e RE-ED 827.833/SC, red. p/ o acórdão Min. Alexandre de Moraes, 06.02.2020.

Cap. 17 • ORDEM SOCIAL

seja, uma limitação constitucional ao poder de tributar, acarretando a incidência do art. 146, inciso II, da Carta Política.

O produtor, o parceiro, o meeiro e o arrendatário rurais e o pescador artesanal, bem como os respectivos cônjuges, que exerçam suas atividades em regime de economia familiar, sem empregados permanentes, contribuirão para a seguridade social mediante a aplicação de uma alíquota sobre o resultado da comercialização da produção e farão jus aos benefícios, nos termos da lei (CF, art. 195, § 8.º).

Esse tratamento especial dedicado ao pequeno produtor rural e ao pescador artesanal tem por fim facilitar o cumprimento das obrigações previdenciárias por esses contribuintes, que nem sempre têm condições de efetuar o pagamento das contribuições mensalmente, como os demais segurados. **Não se trata de dispensa de pagamento** das contribuições, haja vista que a seguridade social é responsabilidade de toda a sociedade e, portanto, seu custeio deve obediência ao **princípio da solidariedade.**

As **contribuições sociais do empregador, da empresa e da entidade a ela equiparada poderão ter alíquotas diferenciadas** em razão da atividade econômica, da utilização intensiva de mão de obra, do porte da empresa ou da condição estrutural do mercado de trabalho, sendo também **autorizada a adoção de bases de cálculo diferenciadas** apenas no caso das contribuições incidentes sobre (i) **a receita ou o faturamento** e (ii) **o lucro.**[8]

Esse dispositivo constitucional passou a permitir, claramente, que **seja estabelecida progressividade, ou outra forma de diferenciação de alíquotas**, para as contribuições sociais de seguridade social, segundo os parâmetros nele previstos, mas somente para aquelas contribuições a cargo do empregador, da empresa e da entidade a ela equiparada, previstas no art. 195, I, da Constituição Federal. Ademais, passou a permitir, também, a adoção de **bases de cálculo diferenciadas**, mas somente para as contribuições incidentes sobre **a receita ou o faturamento e o lucro**, previstas nas alíneas "b" e "c" do mesmo inciso I do art. 195.

São vedados **a moratória e o parcelamento** em prazo superior a 60 (sessenta) meses e, na forma de lei complementar, **a remissão e a anistia** das contribuições sociais do empregador, incidentes sobre a folha de salários e demais rendimentos do trabalho (inciso I, alínea "a", do art. 195), e do trabalhador e dos demais segurados da previdência social (inciso II do art. 195).[9]

Visando a evitar a concessão ou o aumento irresponsáveis de benefícios previdenciários ou assistenciais, determina a Constituição que nenhum benefício ou serviço da seguridade social poderá ser criado, majorado ou estendido sem a correspondente fonte de custeio total (art. 195, § 5.º).

1.1. Saúde (arts. 196 a 200)

A saúde é direito de todos e dever do Estado, garantido mediante políticas sociais e econômicas que visem à redução do risco de doença e de outros agravos e ao acesso universal e igualitário às ações e serviços para sua promoção, proteção e recuperação (CF, art. 196).

---

[8] CF, art. 195, § 9.º, com a redação dada pela EC 103/2019.

[9] CF, art. 195, § 11, com a redação dada pela EC 103/2019.

São de relevância pública as ações e serviços de saúde, cabendo ao Poder Público dispor, nos termos da lei, sobre sua regulamentação, fiscalização e controle, devendo sua execução ser feita diretamente ou através de terceiros e, também, por pessoa física ou jurídica de direito privado.

O sistema único de saúde, integrado de uma rede regionalizada e hierarquizada de ações e serviços de saúde, constitui o meio pelo qual o Poder Público executa as ações e os serviços públicos de saúde, sendo organizado de acordo com as seguintes diretrizes:

a) descentralização, com direção única em cada esfera de governo;

b) atendimento integral, com prioridade para as atividades preventivas, sem prejuízo dos serviços assistenciais;

c) participação da comunidade.

O sistema único de saúde será financiado com recursos do orçamento da seguridade social, da União, dos estados, do Distrito Federal e dos municípios, além de outras fontes.

O Supremo Tribunal Federal já deixou assente que viola a Carta de 1988, em razão do conteúdo do seu art. 196 – especialmente da asserção de que as políticas públicas na área da saúde devem visar "ao **acesso universal e igualitário** às ações e serviços para sua promoção, proteção e recuperação" –, a possibilidade de um paciente do Sistema Único de Saúde (SUS) pagar para ter acomodações superiores ou ser atendido por médico de sua preferência – a chamada "**diferença de classes**". Em sua decisão, nossa Corte Suprema fixou a seguinte **tese de repercussão geral**:[10]

> É constitucional a regra que veda, no âmbito do Sistema Único de Saúde, a internação em acomodações superiores, bem como o atendimento diferenciado por médico do próprio Sistema Único de Saúde, ou por médico conveniado, mediante o pagamento da diferença dos valores correspondentes.

Ainda sobre o Sistema Único de Saúde (SUS), outro importante entendimento do Supremo Tribunal Federal diz respeito ao direito do SUS de ser ressarcido pelos planos de saúde pelo atendimento a pacientes a eles contratualmente vinculados. Para nossa Corte Máxima, **se o Poder Público atende a particular em virtude de situação incluída na cobertura contratual, deve o SUS ser ressarcido, tal como faria o plano de saúde se o atendimento tivesse ocorrido em hospital privado.**[11] Deixou assente o Tribunal que a nenhuma pessoa será negado tratamento em hospital público, considerada a universalidade do SUS; porém, na hipótese de atendimento público a pessoa em situação coberta por plano de saúde, caberá a este ressarcir o SUS pelos serviços prestados.

Em outra oportunidade, ainda em relação ao SUS, o Supremo Tribunal Federal foi provocado a manifestar-se acerca do parâmetro para o pagamento dos serviços de saúde prestados por hospital particular, em cumprimento de ordem judicial, em

---

[10] RE 581.488/RS, rel. Min. Dias Toffoli, 03.12.2015 (Informativo 810 do STF).

[11] ADI 1.931/DF, rel. Min. Marco Aurélio, 07.02.2018.

Cap. 17 • ORDEM SOCIAL

favor de paciente do SUS. A respeito dessa situação – na qual, por ordem judicial, um hospital particular presta atendimento a paciente do SUS –, o STF firmou o entendimento de que o valor da indenização a ser pago ao hospital da rede privada não conveniado ao SUS pelos serviços por ele prestados, por determinação judicial, a pacientes do SUS **deve ser determinado consoante os mesmos critérios adotados para estipular o valor do ressarcimento devido ao SUS quando este presta atendimento a beneficiários de planos de saúde**.[12] Essa orientação foi fixada na seguinte **tese de repercussão geral**:

> O ressarcimento de serviços de saúde prestados por unidade privada em favor de paciente do Sistema Único de Saúde, em cumprimento de ordem judicial, deve utilizar como critério o mesmo que é adotado para o ressarcimento do Sistema Único de Saúde por serviços prestados a beneficiários de planos de saúde.

Outra questão controvertida referente ao direito à saúde diz respeito àquelas situações em que o Estado é demandado a fornecer **medicamentos experimentais e/ou sem o devido registro sanitário no órgão competente do Brasil**. Em tais situações, há obrigação estatal de assegurar o fornecimento dos referidos medicamentos? O Supremo Tribunal Federal enfrentou tal controvérsia e fixou as seguintes orientações, com força de **repercussão geral**:[13]

> 1. O Estado não pode ser obrigado a fornecer medicamentos experimentais.
>
> 2. A ausência de registro na Agência Nacional de Vigilância Sanitária (Anvisa) impede, como regra geral, o fornecimento de medicamento por decisão judicial.
>
> 3. É possível, excepcionalmente, a concessão judicial de medicamento sem registro sanitário, em caso de mora irrazoável da Anvisa em apreciar o pedido (prazo superior ao previsto na Lei 13.411/2016), quando preenchidos três requisitos: (i) a existência de pedido de registro do medicamento no Brasil (salvo no caso de medicamentos órfãos para doenças raras e ultrarraras); (ii) a existência de registro do medicamento em renomadas agências de regulação no exterior; e (iii) a inexistência de substituto terapêutico com registro no Brasil.
>
> 4. As ações que demandem fornecimento de medicamentos sem registro na Anvisa deverão necessariamente ser propostas em face da União.

É importante registrar que as orientações anteriormente examinadas dizem respeito a controvérsia judicial envolvendo medicamentos **experimentais e/ou sem o devido registro sanitário na Anvisa**. O entendimento do Supremo Tribunal Federal é distinto para a concessão judicial de medicamentos **registrados na Anvisa**. Segundo o Tribunal, em se tratando de medicamento **registrado pela Anvisa**, mas

---

12 RE 666.094/DF, rel. Min. Roberto Barroso, 30.09.2021.
13 RE 657.718/MG, red. p/ o acórdão Min. Roberto Barroso, 22.05.2019.

não incorporado ao SUS, **independentemente do custo**, o juiz poderá, **em casos excepcionais**, determinar o seu fornecimento, desde que o autor da ação comprove, entre outros requisitos, que (*i*) não possui recursos para comprar o medicamento, (*ii*) ele não pode ser substituído por outro da lista do SUS, (*iii*) sua eficácia está baseada em evidências e (*iv*) seu uso é imprescindível para o tratamento. Esses parâmetros restaram detalhadamente fixados na seguinte **tese de repercussão geral**:[14]

1 – A ausência de inclusão de medicamento nas listas de dispensação do Sistema Único de Saúde – SUS (RENAME, RESME, REMUME, entre outras) impede, como regra geral, o fornecimento do fármaco por decisão judicial, independentemente do custo.

2 – É possível, excepcionalmente, a concessão judicial de medicamento registrado na ANVISA, mas não incorporado às listas de dispensação do Sistema Único de Saúde, desde que preenchidos, cumulativamente, os seguintes requisitos, cujo ônus probatório incumbe ao autor da ação:

(a) negativa de fornecimento do medicamento na via administrativa, nos termos do item "4" do Tema 1.234 da repercussão geral;

(b) ilegalidade do ato de não incorporação do medicamento pela Conitec, ausência de pedido de incorporação ou da mora na sua apreciação, tendo em vista os prazos e critérios previstos nos artigos 19-Q e 19-R da Lei 8.080/1990 e no Decreto 7.646/2011;

(c) impossibilidade de substituição por outro medicamento constante das listas do SUS e dos protocolos clínicos e diretrizes terapêuticas;

(d) comprovação, à luz da medicina baseada em evidências, da eficácia, acurácia, efetividade e segurança do fármaco, necessariamente respaldadas por evidências científicas de alto nível, ou seja, unicamente ensaios clínicos randomizados e revisão sistemática ou meta-análise;

(e) imprescindibilidade clínica do tratamento, comprovada mediante laudo médico fundamentado, descrevendo inclusive qual o tratamento já realizado; e

(f) incapacidade financeira de arcar com o custeio do medicamento.

3 – Sob pena de nulidade da decisão judicial, nos termos do art. 489, § 1.º, incisos V e VI, e art. 927, inciso III, § 1.º, ambos do Código de Processo Civil, o Poder Judiciário, ao apreciar pedido de concessão de medicamentos não incorporados, deverá obrigatoriamente:

(a) analisar o ato administrativo comissivo ou omissivo de não incorporação pela Conitec ou da negativa de fornecimento da via administrativa, à luz das circunstâncias do caso concreto e da

---

[14] RE 566.471/RN, red. p/ o acórdão Min. Luís Roberto Barroso, 20.09.2024.

legislação de regência, especialmente a política pública do SUS, não sendo possível a incursão no mérito do ato administrativo;

(b) aferir a presença dos requisitos de dispensação do medicamento, previstos no item 2, a partir da prévia consulta ao Núcleo de Apoio Técnico do Poder Judiciário (NATJUS), sempre que disponível na respectiva jurisdição, ou a entes ou pessoas com expertise técnica na área, não podendo fundamentar a sua decisão unicamente em prescrição, relatório ou laudo médico juntado aos autos pelo autor da ação; e

(c) no caso de deferimento judicial do fármaco, oficiar aos órgãos competentes para avaliarem a possibilidade de sua incorporação no âmbito do SUS.

A obrigatoriedade de vacinação da população também teve a sua legitimidade examinada pelo Supremo Tribunal Federal. Segundo o entendimento firmado pelo Tribunal, a obrigatoriedade da vacinação a que se refere a legislação sanitária brasileira **não pode contemplar quaisquer medidas invasivas, aflitivas ou coativas, em decorrência direta do direito à intangibilidade, inviolabilidade e integridade do corpo humano**, afigurando-se flagrantemente inconstitucional toda determinação legal, regulamentar ou administrativa no sentido de implementar a vacinação sem o expresso consentimento informado das pessoas.[15]

Com efeito, segundo a Corte Suprema, a obrigatoriedade da vacinação **não contempla a imunização forçada**, porquanto é levada a efeito por meio de sanções indiretas, consubstanciadas, basicamente, em vedações ao exercício de determinadas atividades ou à frequência de certos locais. Assim, a União, os estados, o Distrito Federal e os municípios, observadas as respectivas esferas de competência, poderão estabelecer tais medidas indiretas, desde que elas (i) tenham como base evidências científicas e análises estratégicas pertinentes; (ii) venham acompanhadas de ampla informação sobre a eficácia, segurança e contraindicações dos imunizantes; (iii) respeitem a dignidade humana e os direitos fundamentais das pessoas; e (iv) atendam aos critérios de razoabilidade e proporcionalidade.

Essas orientações restaram consolidadas na seguinte **tese jurídica**:

(A) A vacinação compulsória não significa vacinação forçada, por exigir sempre o consentimento do usuário, podendo, contudo, ser implementada por meio de medidas indiretas, as quais compreendem, dentre outras, a restrição ao exercício de certas atividades ou à frequência de determinados lugares, desde que previstas em lei, ou dela decorrentes, e (i) tenham como base evidências científicas e análises estratégicas pertinentes, (ii) venham acompanhadas de ampla informação sobre a eficácia, segurança e contraindicações dos imunizantes, (iii) respeitem a dignidade humana e os direitos fundamentais das pessoas; (iv) atendam aos critérios de razoabilidade e proporcionalidade, e (v) sejam as vacinas distribuídas universal e gratuitamente;

---

[15] ADI 6.586/DF, rel. Min. Ricardo Lewandowski, 16 e 17.12.2020; ADI 6.587/DF, rel. Min. Ricardo Lewandowski, 16 e 17.12.2020.

e (B) tais medidas, com as limitações acima expostas, podem ser implementadas tanto pela União como pelos Estados, Distrito Federal e Municípios, respeitadas as respectivas esferas de competência.

No que respeita à autorização para comercialização de medicamentos, o Supremo Tribunal Federal fixou a orientação de que, ante o postulado da separação de Poderes, **o Congresso Nacional não pode autorizar, atuando de forma abstrata e genérica, a distribuição de medicamento**.[16] Segundo o Pretório Excelso, os parlamentares dispõem de instrumentos adequados à averiguação do correto funcionamento da Anvisa – tais como a prerrogativa de convocar autoridade a fim de prestar esclarecimentos, a instauração de comissão parlamentar de inquérito etc. –, mas **não pode o Congresso Nacional exercer diretamente atribuição própria de agência subordinada ao Poder Executivo**. Com esse fundamento, a Corte Suprema declarou a inconstitucionalidade de lei que permitia a distribuição de medicamento sem controle prévio da viabilidade sanitária pela Anvisa (fosfoetanolamina sintética, a chamada "pílula do câncer").

Nessa mesma linha, o STF **declarou a inconstitucionalidade de lei federal que autorizava a produção, a comercialização e o consumo dos inibidores de apetite si-butramina, anfepramona, femproporex e mazindol**.[17, 18] Ponderou-se que a referida lei, ao contrariar recomendação da Agência Nacional de Vigilância Sanitária (Anvisa) – que, como órgão fiscalizador da eficácia e da segurança dos remédios para emagrecer, havia recomendado a sua proibição no País, em razão de seus graves efeitos adversos – e autorizar a produção das substâncias, não protegia de maneira eficiente o direito à saúde e ofendia o princípio da proibição do retrocesso social, o qual impossibilita a adoção de medidas que visem a revogar direitos sociais já consagrados na ordem jurídica.

A Constituição Federal determina que a União, os estados, o Distrito Federal e os municípios apliquem, anualmente, **percentuais mínimos de suas receitas** em ações e serviços públicos de saúde (art. 198, § 2.º). No caso da União, os recursos a serem aplicados serão calculados fazendo-se incidir um percentual, que **não pode ser inferior a quinze por cento**, sobre a **receita corrente líquida** do respectivo exercício financeiro.[19] No caso dos estados, do Distrito Federal e dos municípios, os recursos advirão de percentuais a serem estabelecidos em **lei complementar**, incidentes sobre o produto da arrecadação dos seus próprios tributos e sobre as transferências tributárias constitucionalmente previstas, recebidas dos entes federativos de maior nível (CF, art. 198, § 3.º).

Com fundamento nesse regramento constitucional – que impõe obrigação a todos os entes federados no tocante à concretização do direito à saúde, em harmonia com a competência comum estabelecida pelo art. 23, II, da Carta Política –, o Tribunal firmou o entendimento de que **os entes federados têm responsabilidade solidária pela promoção dos atos necessários à concretização do direito à saú-**

---

[16] ADI 5.501/DF, rel. Min. Marco Aurélio, 26.10.2020.
[17] ADI 5.779/DF, red. p/ o acórdão Min. Edson Fachin, 14.10.2021.
[18] Lei 13.454/2017.
[19] CF, art. 198, § 2.º, I, com a redação dada pela EC 86/2015.

Cap. 17 • ORDEM SOCIAL

de, tais como o fornecimento de medicamentos e o custeio de tratamento médico adequado aos necessitados. Essa orientação restou consolidada com a fixação da seguinte **tese de repercussão geral**:[20]

> Os entes da Federação, em decorrência da competência comum, são solidariamente responsáveis nas demandas prestacionais na área da saúde e, diante dos critérios constitucionais de descentralização e hierarquização, compete à autoridade judicial direcionar o cumprimento conforme as regras de repartição de competências e determinar o ressarcimento a quem suportou o ônus financeiro.

A fim de aumentar a eficiência na prestação pública de serviços de saúde às comunidades e no combate às endemias, o texto constitucional dispõe que os gestores locais do sistema único de saúde poderão admitir agentes comunitários de saúde e agentes de combate às endemias por meio de **processo seletivo público**, de acordo com a natureza e complexidade de suas atribuições e requisitos específicos para sua atuação (art. 198, § 4.º). Trata-se, assim, de mais uma **exceção à exigência de concurso público para a admissão de pessoal pelo Poder Público**, haja vista que esse processo seletivo substituirá a realização de concurso público, prevista no art. 37, inciso II, da Carta da República.

Ainda acerca dos agentes comunitários de saúde e dos agentes de combate às endemias, a Constituição Federal estabelece que: (i) os recursos destinados ao pagamento do vencimento dos agentes comunitários de saúde e dos agentes de combate às endemias serão consignados no orçamento geral da União com dotação própria e exclusiva; (ii) o vencimento dos agentes comunitários de saúde e dos agentes de combate às endemias **não será inferior a dois salários mínimos**; e (iii) os agentes comunitários de saúde e os agentes de combate às endemias terão também, em razão dos riscos inerentes às funções desempenhadas, **aposentadoria especial** e, somado aos seus vencimentos, **adicional de insalubridade**.[21]

A Constituição Federal também estabelece que **lei federal** instituirá **pisos salariais profissionais nacionais para o enfermeiro, o técnico de enfermagem, o auxiliar de enfermagem e a parteira**, a serem observados por pessoas jurídicas de direito público e de direito privado.[22]

Compete à **União**, nos termos da lei, prestar assistência financeira complementar aos Estados, ao Distrito Federal e aos Municípios e às entidades filantrópicas, bem como aos prestadores de serviços contratualizados que atendam, no mínimo, 60% (sessenta por cento) de seus pacientes pelo sistema único de saúde (SUS), **para o cumprimento dos pisos salariais profissionais nacionais para o enfermeiro, o técnico de enfermagem, o auxiliar de enfermagem e a parteira**. Para esse fim, os recursos federais destinados aos pagamentos da assistência financeira complementar aos Estados, ao Distrito Federal e aos Municípios e às entidades filantrópicas, bem como aos prestadores de serviços contratualizados que atendam, no mínimo, 60%

---

[20] RE-ED 855.178/SE, red. p/ o acórdão Min. Edson Fachin, 23.05.2019.
[21] CF, art. 198, §§ 8.º, 9.º e 10, incluídos pela EC 120/2022.
[22] CF, art. 198, § 12, incluído pela EC 124/2022.

(sessenta por cento) de seus pacientes pelo sistema único de saúde, para o cumprimento dos referidos pisos salariais **serão consignados no orçamento geral da União com dotação própria e exclusiva.**[23]

Além das hipóteses previstas na Constituição Federal para a perda do cargo de servidor estável (previstas no § 1.º do art. 41 e no § 4.º do art. 169), o servidor que exerça funções equivalentes às de agente comunitário de saúde ou de agente de combate às endemias poderá também perder o cargo em caso de descumprimento dos requisitos específicos, fixados em lei, para o seu exercício (CF, art. 198, § 6.º).

Lei federal disporá sobre o regime jurídico, o piso salarial profissional nacional, as diretrizes para os planos de carreira e a regulamentação das atividades de agente comunitário de saúde e agente de combate às endemias, competindo à União, nos termos da lei, prestar assistência financeira complementar aos estados, ao Distrito Federal e aos municípios, para o cumprimento do referido piso salarial (art. 198, § 5.º, com a redação dada pela EC 63/2010).

A assistência à saúde **é livre à iniciativa privada**. Ademais, as instituições privadas poderão participar de forma complementar do sistema único de saúde, segundo diretrizes deste, mediante contrato de direito público ou convênio, tendo preferência as entidades filantrópicas e as sem fins lucrativos.

É vedada a destinação de recursos públicos para auxílios ou subvenções às **instituições privadas com fins lucrativos**. É vedada, também, a participação direta ou indireta de **empresas ou capitais estrangeiros** na assistência à saúde no País, salvo nos casos previstos em lei.

A lei disporá sobre as condições e os requisitos que facilitem a remoção de órgãos, tecidos e substâncias humanas para fins de transplante, pesquisa e tratamento, bem como a coleta, processamento e transfusão de sangue e seus derivados, sendo **vedado todo tipo de comercialização**.

Compete ao sistema único de saúde, além de outras atribuições, nos termos da lei:

> I – controlar e fiscalizar procedimentos, produtos e substâncias de interesse para a saúde e participar da produção de medicamentos, equipamentos, imunobiológicos, hemoderivados e outros insumos;
>
> II – executar as ações de vigilância sanitária e epidemiológica, bem como as de saúde do trabalhador;
>
> III – ordenar a formação de recursos humanos na área de saúde;
>
> IV – participar da formulação da política e da execução das ações de saneamento básico;
>
> V – incrementar, em sua área de atuação, o desenvolvimento científico e tecnológico e a inovação;
>
> VI – fiscalizar e inspecionar alimentos, compreendido o controle de seu teor nutricional, bem como bebidas e águas para consumo humano;

---

[23] CF, art. 198, §§ 14 e 15, incluídos pela EC 127/2022.

VII – participar do controle e fiscalização da produção, transporte, guarda e utilização de substâncias e produtos psicoativos, tóxicos e radioativos;

VIII – colaborar na proteção do meio ambiente, nele compreendido o do trabalho.

1.2. Previdência social (arts. 201 e 202)

A previdência social será organizada sob a forma do Regime Geral de Previdência Social, de **caráter contributivo** e de **filiação obrigatória**, observados critérios que preservem o equilíbrio financeiro e atuarial, e atenderá, na forma da lei, a:

I – cobertura dos eventos de incapacidade temporária ou permanente para o trabalho e idade avançada;

II – proteção à maternidade, especialmente à gestante;

III – proteção ao trabalhador em situação de desemprego involuntário;

IV – salário-família e auxílio-reclusão para os dependentes dos segurados de baixa renda;

V – pensão por morte do segurado, homem ou mulher, ao cônjuge ou companheiro e dependentes.

A Constituição Federal veda a adoção de requisitos ou critérios diferenciados para concessão de benefícios, ressalvada, nos termos de **lei complementar**, a possibilidade de previsão de idade e tempo de contribuição distintos da regra geral para concessão de aposentadoria exclusivamente em favor dos segurados:[24]

I – com deficiência, previamente submetidos a avaliação biopsicossocial realizada por equipe multiprofissional e interdisciplinar;

II – cujas atividades sejam exercidas com efetiva exposição a agentes químicos, físicos e biológicos prejudiciais à saúde, ou associação desses agentes, vedada a caracterização por categoria profissional ou ocupação.

No tocante à fixação e preservação do valor dos benefícios previdenciários, a Constituição Federal estabelece quatro importantes garantias aos segurados:

a) nenhum benefício que substitua o salário de contribuição ou o rendimento do trabalho do segurado terá valor mensal inferior ao salário mínimo;

b) todos os salários de contribuição considerados para o cálculo de benefício serão devidamente atualizados, na forma da lei;

c) é assegurado o reajustamento dos benefícios para preservar-lhes, em caráter permanente, o valor real, conforme critérios definidos em lei;

d) a gratificação natalina dos aposentados e pensionistas terá por base o valor dos proventos do mês de dezembro de cada ano.

---

[24] Art. 201, § 1.º, com a redação dada pela EC 103/2019.

É vedada a filiação ao regime geral de previdência social, na qualidade de segurado facultativo, de pessoa participante de regime próprio de previdência (CF, art. 201, § 5.º).

A filiação ao regime geral de previdência social na qualidade de segurado facultativo é permitida àquelas pessoas que **não são automaticamente vinculadas a nenhum regime previdenciário**, isto é, que não exercem nenhuma atividade que implique filiação obrigatória e automática a algum regime previdenciário. É o caso, por exemplo, da dona de casa, do estagiário e do estudante. Porém, se a pessoa é filiada ao regime geral de previdência social (como os trabalhadores em geral) ou a regime próprio de previdência (como os servidores públicos em geral) **não poderá, cumulativamente, se filiar ao RGPS na qualidade de contribuinte facultativo**.

Determina a Constituição Federal que a lei institua **sistema especial de inclusão previdenciária**, com alíquotas diferenciadas, para atender aos trabalhadores de baixa renda, inclusive os que se encontram em situação de informalidade, e àqueles sem renda própria que se dediquem exclusivamente ao trabalho doméstico no âmbito de sua residência, desde que pertencentes a famílias de baixa renda.[25] A aposentadoria concedida ao segurado por esse sistema especial terá valor de **um salário mínimo**.[26]

É **proibida** a contagem de **tempo de contribuição fictício** para efeito de concessão dos benefícios previdenciários e de contagem recíproca.[27]

Lei complementar estabelecerá vedações, regras e condições para a **acumulação de benefícios previdenciários**.[28]

Os empregados dos consórcios públicos, das empresas públicas, das sociedades de economia mista e das suas subsidiárias **serão aposentados compulsoriamente, observado o cumprimento do tempo mínimo de contribuição, ao atingir a idade máxima de setenta anos (ou de setenta e cinco anos, se previsto em lei complementar)**, na forma estabelecida em lei.[29]

1.2.1. Regras para aposentadoria

Estabelece a Constituição Federal que é assegurada aposentadoria no **Regime Geral de Previdência Social (RGPS)**, nos termos da lei, obedecidas as seguintes condições:[30]

a) 65 (sessenta e cinco) anos de idade, se homem, e 62 (sessenta e dois) anos de idade, se mulher, observado tempo mínimo de contribuição;

b) 60 (sessenta) anos de idade, se homem, e 55 (cinquenta e cinco) anos de idade, se mulher, para os trabalhadores rurais e para os que exerçam suas atividades em regime de economia familiar, nestes incluídos o produtor rural, o garimpeiro e o pescador artesanal;

c) no caso de **professor**, 60 (sessenta) anos de idade, se homem, e 57 (cinquenta e sete) anos de idade, se mulher, observado tempo mínimo de contribuição,

---

[25] CF, art. 201, § 12, com a redação dada pela EC 103/2019.
[26] CF, art. 201, § 13, com a redação dada pela EC 103/2019.
[27] CF, art. 201, § 14, incluído pela EC 103/2019.
[28] CF, art. 201, § 15, incluído pela EC 103/2019.
[29] CF, art. 201, § 16, incluído pela EC 103/2019.
[30] CF, art. 201, § 7.º, com a redação dada pela EC 103/2019.

desde que comprove tempo de efetivo exercício das funções de magistério na educação infantil e no ensino fundamental e médio fixado em lei complementar.

Para fins de aposentadoria, será assegurada a **contagem recíproca** do tempo de contribuição entre o Regime Geral de Previdência Social (RGPS) e os regimes próprios de previdência social, e destes entre si, observada a compensação financeira, de acordo com os critérios estabelecidos em lei.[31]

O tempo de **serviço militar** e o tempo de contribuição ao Regime Geral de Previdência Social (RGPS) ou a regime próprio de previdência social terão contagem recíproca para fins de inativação militar ou aposentadoria, e a compensação financeira será devida entre as receitas de contribuição referentes aos militares e as receitas de contribuição aos demais regimes.[32]

Lei complementar poderá disciplinar a cobertura de **benefícios não programados**, inclusive os decorrentes de acidente do trabalho, a ser atendida **concorrentemente pelo Regime Geral de Previdência Social e pelo setor privado**.[33]

1.2.2. *Regime de previdência privada complementar*

A Emenda Constitucional 20/1998 introduziu no texto constitucional a previsão de **regime de previdência privada complementar**, baseado na constituição de reservas que garantam o benefício contratado, conforme a seguir exposto.

Nos termos do *caput* do art. 202 da Constituição, o **regime de previdência privada**, de **caráter complementar** e organizado de forma autônoma em relação ao regime geral de previdência social, será **facultativo**, baseado na constituição de reservas que garantam o benefício contratado, e regulado por **lei complementar**.[34]

A lei complementar, que regulará o regime de previdência privada, assegurará ao participante de planos de benefícios de entidades de previdência privada o pleno acesso às informações relativas à gestão de seus respectivos planos.

As contribuições do empregador, os benefícios e as condições contratuais previstas nos estatutos, regulamentos e planos de benefícios das entidades de previdência privada não integram o contrato de trabalho dos participantes, assim como, à exceção dos benefícios concedidos, não integram a remuneração dos participantes, nos termos da lei.

É vedado o aporte de recursos a entidade de previdência privada pela União, estados, Distrito Federal e municípios, suas autarquias, fundações, empresas públicas, sociedades de economia mista e outras entidades públicas, salvo na qualidade de patrocinador, situação na qual, em hipótese nenhuma, sua contribuição normal poderá exceder a do segurado.

---

[31] CF, art. 201, § 9.º, com a redação dada pela EC 103/2019.
[32] CF, art. 201, § 9.º-A, com a redação dada pela EC 103/2019.
[33] CF, art. 201, § 10, com a redação dada pela EC 103/2019.
[34] A Lei Complementar 109, de 29.05.2001, dispõe sobre o **regime de previdência privada complementar** a que se refere o art. 202 da Constituição Federal.

Lei complementar disciplinará a relação entre a União, estados, Distrito Federal ou municípios, inclusive suas autarquias, fundações, sociedades de economia mista e empresas controladas direta ou indiretamente, na qualidade de **patrocinadores** de planos de benefícios previdenciários, e as **entidades de previdência complementar**.[35]

Essa mesma lei complementar aplicar-se-á, **no que couber**, às empresas privadas **permissionárias ou concessionárias de prestação de serviços públicos**, quando patrocinadoras de planos de benefícios em entidades de previdência complementar.[36]

A referida lei complementar estabelecerá, ainda, os requisitos para a designação dos membros das **diretorias das entidades fechadas de previdência complementar** e disciplinará a inserção dos participantes nos colegiados e instâncias de decisão em que seus interesses sejam objeto de discussão e deliberação.[37]

De acordo com esse regramento constitucional, podemos assim resumir as características do regime de previdência privada:

a) caráter complementar;

b) facultativo;

c) organização autônoma em relação ao regime geral de previdência social;

d) independência financeira em relação ao Poder Público;

e) regulado por lei complementar;

f) publicidade de gestão.

1.3. Assistência social (arts. 203 e 204)

A assistência social não constitui seguro social, porque **não depende de contribuição do beneficiário**, sendo financiada com recursos do orçamento da seguridade social, além de outras fontes.

Desse modo, a assistência social será prestada a quem dela necessitar, independentemente de contribuição à seguridade social, e terá por objetivos:

I – a proteção à família, à maternidade, à infância, à adolescência e à velhice;

II – o amparo às crianças e adolescentes carentes;

III – a promoção da integração ao mercado de trabalho;

IV – a habilitação e reabilitação das pessoas portadoras de deficiência e a promoção de sua integração à vida comunitária;

V – a garantia de um salário mínimo de benefício mensal à pessoa portadora de deficiência e ao idoso que comprovem não possuir meios de prover à própria manutenção ou de tê-la provida por sua família, conforme dispuser a lei.

---

[35] CF, art. 202, § 4.º, com a redação dada pela EC 103/2019.
[36] CF, art. 202, § 5.º, com a redação dada pela EC 103/2019.
[37] CF, art. 202, § 6.º, com a redação dada pela EC 103/2019.

O inciso V do art. 203, acima transcrito, estabelece o denominado **Benefício de Prestação Continuada (BPC)**, pago mensalmente pelo Instituto Nacional do Seguro Social (INSS) à pessoa com deficiência e ao idoso que comprovem os requisitos exigidos, conforme disposto em lei.

Segundo entendimento do Supremo Tribunal Federal, a condição de **estrangeiro residente no Brasil** não impede o recebimento do Benefício de Prestação Continuada, pago pelo INSS às pessoas com deficiência e aos idosos que comprovem não possuir meios de prover a própria manutenção ou ter o sustento provido por sua família, desde que atendidos os requisitos necessários para a concessão.

Segundo o Tribunal, somente o estrangeiro **com residência fixa no País**, em situação regular, pode ser auxiliado com esse benefício assistencial (BPC). Esse entendimento do Pretório Excelso restou consolidado na seguinte **tese de repercussão geral**:[38]

> Os estrangeiros residentes no país são beneficiários da assistência social prevista no artigo 203, inciso V, da Constituição Federal, uma vez atendidos os requisitos constitucionais e legais.

As ações governamentais na área da assistência social, realizadas com recursos do orçamento da seguridade social e de outras fontes, são organizadas com base nas seguintes diretrizes:

a) descentralização político-administrativa, cabendo a coordenação e as normas gerais à esfera federal e a coordenação e a execução dos respectivos programas às esferas estadual e municipal, bem como a entidades beneficentes e de assistência social;

b) participação da população, por meio de organizações representativas, na formulação das políticas e no controle das ações em todos os níveis.

É facultado aos estados e ao Distrito Federal vincular a programa de apoio à inclusão e promoção social até cinco décimos por cento de sua receita tributária líquida, **vedada** a aplicação desses recursos no pagamento de:

> I – despesas com pessoal e encargos sociais;
>
> II – serviço da dívida;
>
> III – qualquer outra despesa corrente não vinculada diretamente aos investimentos ou ações apoiados.

2. EDUCAÇÃO (ARTS. 205 A 214)

A educação, **direito de todos e dever do Estado e da família**, será promovida e incentivada com a colaboração da sociedade, visando ao pleno desenvolvimento da pessoa, seu preparo para o exercício da cidadania e sua qualificação para o trabalho.

---

[38] RE 587.970/SP, rel. Min. Marco Aurélio, 19 e 20.04.2017.

2.1. Princípios constitucionais do ensino

O ensino será ministrado com base nos seguintes princípios:

I – igualdade de condições para o acesso e permanência na escola;

II – liberdade de aprender, ensinar, pesquisar e divulgar o pensamento, a arte e o saber;

III – pluralismo de ideias e de concepções pedagógicas, e coexistência de instituições públicas e privadas de ensino;

IV – gratuidade do ensino público em estabelecimentos oficiais;

V – valorização dos profissionais da educação escolar, garantidos, na forma da lei, planos de carreira, com ingresso exclusivamente por concurso público de provas e títulos, aos das redes públicas;

VI – gestão democrática do ensino público, na forma da lei;

VII – garantia de padrão de qualidade;

VIII – piso salarial profissional nacional para os profissionais da educação escolar pública, nos termos de lei federal;

IX – garantia do direito à educação e à aprendizagem ao longo da vida.

O Supremo Tribunal Federal considera inconstitucional a cobrança de taxa de matrícula nas universidades públicas, por afronta ao inciso IV do art. 206 da Constituição Federal, que assegura a gratuidade do ensino público em estabelecimentos oficiais. Esse entendimento está consolidado no enunciado da **Súmula Vinculante 12** do STF, abaixo reproduzida:

> 12 – A cobrança de taxa de matrícula nas Universidades Públicas viola o disposto no artigo 206, inciso IV, da Constituição Federal.

Entretanto – em que pese o teor da Súmula Vinculante 12, acima transcrita –, o entendimento do Supremo Tribunal Federal é diverso no que diz respeito ao oferecimento de **cursos de especialização** pelas universidades públicas. Entende o Tribunal que **é possível a cobrança de tarifa em cursos de especialização** oferecidos por universalidades públicas, conforme se verifica na seguinte tese de repercussão geral:[39]

> A garantia constitucional da gratuidade de ensino não obsta a cobrança por universidades públicas de mensalidade em cursos de especialização.

Segundo o Tribunal, o princípio da gratuidade **não obriga** as universidades a perceber exclusivamente recursos públicos para atender sua missão institucional. Ele exige que, para todas as tarefas necessárias à plena inclusão social, missão do

---

[39] RE 597.854/GO, rel. Min. Edson Fachin, 26.04.2017.

Cap. 17 • ORDEM SOCIAL **1043**

direito à educação, haja recursos públicos disponíveis para os estabelecimentos oficiais. O termo utilizado pela Constituição é que essas são as **tarefas de manutenção e desenvolvimento do ensino**. Consequentemente, **são a elas que se estende o princípio da gratuidade**. Nada obstante, é possível às universidades, no âmbito de sua autonomia didático-científica, regulamentar, em harmonia com a legislação, outras atividades destinadas preponderantemente à extensão universitária (cursos de especialização, como, por exemplo, pós-graduação *latu sensu* em Direito Constitucional), sendo-lhes, nessa condição, possível a instituição de tarifa.

Em face dessa última orientação da Suprema Corte, temos que o verbete da Súmula Vinculante 12 deve ser interpretado como **não aplicável** à cobrança por universidades públicas de mensalidades em cursos de especialização.

Ainda em respeito ao art. 206, IV, da Constituição Federal, o STF considera inconstitucional a cobrança, por instituição pública de ensino profissionalizante, de **anuidade relativa à alimentação** ("taxa de alimentação").[40]

2.2. Autonomia das universidades

As universidades gozam de autonomia didático-científica, administrativa e de gestão financeira e patrimonial, e obedecerão ao princípio de indissociabilidade entre ensino, pesquisa e extensão.

A autonomia didático-científica conferida às universidades atua como princípio basilar do ensino, garantindo a tais instituições a liberdade de aprender, de ensinar, de pesquisar e de divulgar o pensamento, a arte e o saber, sem quaisquer ingerências administrativas.

É facultado às universidades e às instituições de pesquisa científica e tecnológica **admitir professores, técnicos e cientistas estrangeiros**, na forma da lei.

2.3. Deveres do Estado em relação ao ensino

Estabelece o art. 208 da Constituição Federal que o dever do Estado com a educação será efetivado mediante a garantia de:

> I – educação básica obrigatória e gratuita dos 4 (quatro) aos 17 (dezessete) anos de idade, assegurada inclusive sua oferta gratuita para todos os que a ela não tiveram acesso na idade própria (redação dada pela EC 59/2009);
>
> II – progressiva universalização do ensino médio gratuito;
>
> III – atendimento educacional especializado aos portadores de deficiência, preferencialmente na rede regular de ensino;
>
> IV – educação infantil, em creche e pré-escola, às crianças até 5 (cinco) anos de idade;

---

[40] ADI 357.148/MT, rel. Min. Marco Aurélio, 25.02.2014.

V – acesso aos níveis mais elevados do ensino, da pesquisa e da criação artística, segundo a capacidade de cada um;

VI – oferta de ensino noturno regular, adequado às condições do educando;

VII – atendimento ao educando, em todas as etapas da educação básica, por meio de programas suplementares de material didático escolar, transporte, alimentação e assistência à saúde. (Redação dada pela Emenda Constitucional n.º 59, de 2009)

A garantia de educação básica obrigatória e gratuita dos **quatro** aos **dezessete** anos de idade, bem como sua oferta gratuita para todos os que a ela não tiveram acesso na idade própria (art. 208, I), deverá ser implementada progressivamente, até 2016, nos termos do plano nacional de educação, com apoio técnico e financeiro da União (EC 59/2009, art. 6.º).

O acesso ao ensino obrigatório e gratuito é **direito público subjetivo**. Assim, o não oferecimento do ensino obrigatório pelo Poder Público, ou sua oferta irregular, importa responsabilidade da autoridade competente.

Questão relevante enfrentada pelo Supremo Tribunal Federal foi a concernente à legitimidade da **educação domiciliar** em nosso País, tendo em vista a omissão do texto constitucional sobre o tema. Para o STF, a Constituição Federal, **apesar de não o prever expressamente, não proíbe o ensino domiciliar**, conforme se pode depreender dos dispositivos que tratam da família, criança, adolescente e jovem (arts. 226, 227 e 229), em conjunto com os que cuidam da educação (arts. 205, 206 e 208).[41]

Assentou o Tribunal que, de pronto, a Constituição Federal veda três das quatro espécies mais conhecidas do ensino domiciliar: a desescolarização radical, a moderada e o ensino domiciliar puro. Isso porque elas afastam completamente o Estado do seu dever de participar da educação, o que não ocorre com a quarta espécie, denominada *homeschooling* (ou **ensino domiciliar utilitarista** ou **por conveniência circunstancial**), razão pela qual **essa quarta modalidade pode ser estabelecida no Brasil**.

Entretanto, assentou a Suprema Corte que **não se trata de um direito imediatamente exercitável**, e sim de uma **possibilidade legal** (já que não existe proibição constitucional), dependente de regulamentação por lei. Enfim, como o próprio texto constitucional estabelece alguns requisitos aplicáveis ao ensino, que valem tanto para o Estado como para a família – (a) a necessidade de ensino básico obrigatório entre quatro e dezessete anos (art. 208, I); (b) a existência de núcleo mínimo curricular (art. 210); e (c) a observância de convivência familiar e comunitária (art. 227) –, para que a educação domiciliar possa ser adotada pelas famílias, **é imprescindível que tal instituto seja regulamentado por lei** (o que, até os dias atuais, não ocorreu). Assim, enquanto não houver regulamentação – que estabeleça, entre outros requisitos, cadastramento dos alunos, mecanismos de avaliações pedagógicas e de

---

[41]   RE 888.815/RS, red. p/ o acórdão Min. Alexandre de Moraes, 12.09.2018.

Cap. 17 • ORDEM SOCIAL

socialização e frequência –, o ensino domiciliar **não poderá ser adotado em nosso País** em substituição ao ensino regular.

2.4. Participação da iniciativa privada

O ensino é livre à iniciativa privada, atendidas as seguintes condições:

I – cumprimento das normas gerais da educação nacional;
II – autorização e avaliação de qualidade pelo Poder Público.

Note-se que, embora a Constituição Federal tenha consagrado a opção pelo ensino público, prevê a liberdade de ensino também à iniciativa privada, o que significa que os respectivos serviços **poderão ser prestados pelo setor privado**. Os estabelecimentos privados de ensino, embora evidentemente estejam sujeitos a controle pelo Poder Público, no âmbito do poder de polícia administrativa, prestam **serviços privados**, regidos predominantemente pelo direito privado. Eles **não são delegatários de serviço público**, isto é, não prestam seus serviços mediante contrato de concessão ou permissão de serviço público.

2.5. Fixação de conteúdo

Serão fixados conteúdos mínimos para o ensino fundamental, de maneira a assegurar formação básica comum e respeito aos valores culturais e artísticos, nacionais e regionais.

Estabelece a Constituição Federal que o ensino religioso, de **matrícula facultativa**, constituirá disciplina dos horários normais das escolas públicas de ensino fundamental (art. 210, § 1.º).

Ainda que de natureza facultativa, muito se discutiu sobre o modelo de ensino religioso que deveria ser ofertado aos alunos pelas escolas públicas, de forma a harmonizar esse dispositivo constitucional que prevê o ensino religioso (CF, art. 210, § 1.º) com aqueles que asseguram a liberdade religiosa (CF, art. 5.º, VI) e o princípio da laicidade do Estado (CF, art. 19, I).

Para a compreensão do alcance de tal controvérsia, deve-se esclarecer que, em tese, o ensino religioso nas escolas públicas brasileiras poderia ser ministrado em três distintos modelos: **confessional**, que tem como objeto a promoção de uma (ou mais de uma) confissão religiosa; **interconfessional**, que corresponde ao ensino de valores e práticas religiosas com base em elementos comuns aos credos dominantes na sociedade; e **não confessional**, que é desvinculado de religiões específicas, hipótese em que a disciplina consiste na exposição neutra e objetiva das doutrinas práticas, história e dimensões sociais das diferentes religiões, incluindo posições não religiosas.[42]

---

[42] Conforme lição do Ministro Luís Roberto Barroso, relator na ADI 4.439/DF, em seu voto (vencido).

Ao examinar essa relevante questão, o Supremo Tribunal Federal firmou o entendimento de que **o ensino religioso nas escolas públicas brasileiras pode ter natureza confessional**, ou seja, vinculado às diversas religiões.[43]

Entendeu o Tribunal que o Poder Público – observado o binômio laicidade do Estado (CF, art. 19, I) e consagração da liberdade religiosa no seu duplo aspecto (CF, art. 5.º, VI) – deverá atuar na regulamentação integral do cumprimento do preceito constitucional previsto no art. 210, § 1.º, da Constituição Federal, autorizando, na rede pública, em igualdade de condições e sempre com **matrícula facultativa**, o oferecimento de **ensino confessional das diversas crenças**, mediante requisitos formais de credenciamento, de preparo, previamente fixados pelo Ministério da Educação.

Dessa maneira, será permitido aos alunos se matricularem voluntariamente para que possam exercer o seu direito subjetivo ao ensino religioso (**confessional**) como disciplina dos horários normais das escolas públicas. O ensino deverá ser ministrado por **integrantes da confissão religiosa do próprio aluno** (isto é, por representantes das diferentes religiões), credenciados a partir de chamamento público estabelecido em lei para hipóteses semelhantes[44] – e, preferencialmente, sem qualquer ônus para o Poder Público.

O ensino fundamental regular será ministrado em língua portuguesa, assegurada às comunidades indígenas também a utilização de suas línguas maternas e processos próprios de aprendizagem.

2.6. Organização dos sistemas de ensino

A União, os estados, o Distrito Federal e os municípios organizarão em regime de colaboração seus sistemas de ensino, obedecendo às prioridades a seguir apresentadas.

A União organizará o sistema federal de ensino e o dos Territórios, financiará as instituições de ensino públicas federais e exercerá, em matéria educacional, função redistributiva e supletiva, de forma a garantir equalização de oportunidades educacionais e padrão mínimo de qualidade do ensino mediante assistência técnica e financeira aos estados, ao Distrito Federal e aos municípios (CF, art. 211, § 1.º).

Vale lembrar que a fixação das diretrizes e bases da educação nacional é **matéria da competência privativa da União**, por força do art. 22, XXIV, da Constituição Federal. Nesse contexto, segundo entendimento do Supremo Tribunal Federal, regular a internalização de títulos acadêmicos de mestrado e doutorado expedidos por instituições de ensino superior estrangeiras é matéria de competência privativa da União, por versar sobre interesse geral, que exige tratamento uniforme em todo o País. Não podem, portanto, os estados-membros dispor sobre reconhecimento de diploma obtido por instituições de ensino superior de países estrangeiros, sob pena de afrontarem a competência privativa da União para legislar sobre diretrizes

---

[43] ADI 4.439/DF, red. p/ o acórdão Min. Alexandre de Moraes, 27.09.2017.
[44] Lei 13.204/2015.

e bases da educação nacional (CF, art. 22, XXIV). Essa ori-entação do STF restou fixada na seguinte **tese jurídica**:[45]

> É inconstitucional lei estadual que dispõe sobre a aceitação de diplomas expedidos por universidades estrangeiras.

Nesse regime de colaboração, **os municípios atuarão prioritariamente no ensino fundamental e na educação infantil**, enquanto **os estados e o Distrito Federal atuarão prioritariamente no ensino fundamental e médio**.

Na organização de seus sistemas de ensino, a União, os Estados, o Distrito Federal e os Municípios definirão formas de colaboração, de modo a assegurar a universalização, a qualidade e a equidade do ensino obrigatório.[46]

A educação básica pública atenderá prioritariamente ao ensino regular.

A União, os Estados, o Distrito Federal e os Municípios exercerão ação redistributiva em relação às suas escolas.[47]

2.7. Aplicação de recursos na educação

A União aplicará, anualmente, nunca menos de **dezoito por cento**, e os estados, o Distrito Federal e os municípios **vinte e cinco por cento**, no mínimo, da receita resultante de impostos, compreendida a proveniente de transferências, na manutenção e desenvolvimento do ensino.

Cabe ressaltar que a aplicação desses percentuais constitucionalmente previstos na área da educação constitui **princípio sensível da ordem federativa** (CF, art. 34, VII, "e"), cuja inobservância pelo estado ou pelo Distrito Federal **autoriza a intervenção federal**, a partir de representação do Procurador-Geral da República perante o Supremo Tribunal Federal (CF, art. 36, III).

A distribuição dos recursos públicos assegurará prioridade ao atendimento das necessidades do **ensino obrigatório**, no que se refere a universalização, garantia de padrão de qualidade e equidade, nos termos do plano nacional de educação.

A educação básica pública terá como fonte adicional de financiamento a **contribuição social do salário-educação**, recolhida pelas empresas na forma da lei, sendo que as cotas estaduais e municipais da arrecadação da contribuição social do salário-educação serão distribuídas proporcionalmente ao número de alunos matriculados na educação básica nas respectivas redes públicas de ensino.[48]

---

[45] ADI 6.592/AM, rel. Min. Roberto Barroso, 08.09.2021.

[46] CF, art. 211, § 4.º, com a redação dada pela Emenda Constitucional 108/2020.

[47] CF, art. 211, § 6.º, incluído pela Emenda Constitucional 108/2020.

[48] CF, art. 212, § 5.º, com a redação dada pela EC 53/2006, e § 6.º do mesmo artigo, incluído pela EC 53/2006. Antes dessa emenda constitucional, a contribuição do salário-educação era destinada somente ao ensino público fundamental, não a toda a educação básica pública (a educação básica inclui: a educação infantil – que se subdivide em creche e pré-escola –, o ensino fundamental e o ensino médio).

A Constituição Federal passou a vedar o uso dos recursos provenientes dos impostos (art. 212, *caput*) e da contribuição social do salário-educação (art. 212, §§ 5.º e 6.º) para **pagamento de aposentadorias e de pensões.**[49]

A lei disporá sobre normas de fiscalização, de avaliação e de controle das despesas com educação nas esferas estadual, distrital e municipal.[50]

A Constituição Federal passou a determinar, também, que os Estados, o Distrito Federal e os municípios destinem parte dos recursos da receita de impostos destinada à educação **à manutenção e ao desenvolvimento do ensino na educação básica e à remuneração condigna de seus profissionais,** indicando já em seu texto os critérios a serem respeitados pelos entes federativos nessa destinação.[51]

Os recursos públicos serão destinados às escolas públicas, podendo ser dirigidos a escolas comunitárias, confessionais ou filantrópicas, definidas em lei, que:

> I – comprovem finalidade não lucrativa e apliquem seus excedentes financeiros em educação;
>
> II – assegurem a destinação de seu patrimônio a outra escola comunitária, filantrópica ou confessional, ou ao Poder Público, no caso de encerramento de suas atividades.

Esses recursos públicos poderão ser destinados a **bolsas de estudo para o ensino fundamental e médio,** na forma da lei, para os que demonstrarem insuficiência de recursos, quando houver falta de vagas e cursos regulares da rede pública na localidade da residência do educando, ficando o Poder Público obrigado a investir prioritariamente na expansão de sua rede na localidade.

As atividades de pesquisa, de extensão e de estímulo e fomento à inovação realizadas por universidades e/ou por instituições de educação profissional e tecnológica poderão receber apoio financeiro do Poder Público.

2.8. Plano nacional de educação

A lei estabelecerá o plano nacional de educação, de duração decenal, com o objetivo de articular o sistema nacional de educação em regime de colaboração e definir diretrizes, objetivos, metas e estratégias de implementação para assegurar a manutenção e o desenvolvimento do ensino em seus diversos níveis, etapas e modalidades por meio de ações integradas dos poderes públicos das diferentes esferas federativas que conduzam a:

> I – erradicação do analfabetismo;
>
> II – universalização do atendimento escolar;
>
> III – melhoria da qualidade do ensino;
>
> IV – formação para o trabalho;
>
> V – promoção humanística, científica e tecnológica do País;
>
> VI – estabelecimento de meta de aplicação de recursos públicos em educação como proporção do produto interno bruto.

---

[49] CF, art. 212, § 7.º, incluído pela Emenda Constitucional 108/2020.

[50] CF, art. 212, § 9.º, incluído pela Emenda Constitucional 108/2020.

[51] CF, art. 212-A, *caput* e incisos I a XIII, incluídos pela Emenda Constitucional 108/2020.

3. CULTURA (ARTS. 215 E 216)

Determina a Constituição Federal que o Estado garantirá a todos o pleno exercício dos direitos culturais e o acesso às fontes da cultura nacional, e apoiará e incentivará a valorização e a difusão das manifestações culturais.

O Estado protegerá as manifestações das culturas populares, indígenas e afro--brasileiras, e das de outros grupos participantes do processo civilizatório nacional.

A lei estabelecerá o Plano Nacional de Cultura, de duração plurianual, visando ao desenvolvimento cultural do País e à integração das ações do Poder Público que conduzem à:[52]

> I – defesa e valorização do patrimônio cultural brasileiro;
>
> II – produção, promoção e difusão de bens culturais;
>
> III – formação de pessoal qualificado para a gestão da cultura em suas múltiplas dimensões;
>
> IV – democratização do acesso aos bens de cultura;
>
> V – valorização da diversidade étnica e regional.

Constituem patrimônio cultural brasileiro os bens de natureza material e imaterial, tomados individualmente ou em conjunto, portadores de referência à identidade, à ação, à memória dos diferentes grupos formadores da sociedade brasileira, nos quais se incluem:

> I – as formas de expressão;
>
> II – os modos de criar, fazer e viver;
>
> III – as criações científicas, artísticas e tecnológicas;
>
> IV – as obras, objetos, documentos, edificações e demais espaços destinados às manifestações artístico-culturais;
>
> V – os conjuntos urbanos e sítios de valor histórico, paisagístico, artístico, arqueológico, paleontológico, ecológico e científico.

O Poder Público, com a colaboração da comunidade, promoverá e protegerá o patrimônio cultural brasileiro, por meio de inventários, registros, vigilância, tombamento e desapropriação, e de outras formas de acautelamento e preservação.

É facultado aos estados e ao Distrito Federal vincular a fundo estadual de fomento à cultura até cinco décimos por cento de sua receita tributária líquida, para o financiamento de programas e projetos culturais, vedada a aplicação desses recursos no pagamento de:

> I – despesas com pessoal e encargos sociais;
>
> II – serviço da dívida;
>
> III – qualquer outra despesa corrente não vinculada diretamente aos investimentos ou ações apoiados.

---

[52] O Plano Nacional de Cultura, com duração de dez anos, foi instituído pela Lei 12.343, de 02.12.2010.

No intuito de reforçar a participação dos diferentes entes federativos na promoção da cultura, o texto constitucional passou a dispor sobre o **Sistema Nacional de Cultura (SNC)**, a ser organizado em regime de colaboração, de forma descentralizada e participativa, instituindo um processo de gestão e promoção conjunta de políticas públicas de cultura, democráticas e permanentes, pactuadas entre os entes da Federação e a sociedade, tendo por objetivo promover o desenvolvimento humano, social e econômico com pleno exercício dos direitos culturais (CF, art. 216-A, incluído pela EC 71/2012).

Em consonância com o comando constitucional de que cabe ao Estado assegurar o acesso às fontes da cultura nacional, o Supremo Tribunal Federal firmou o entendimento de que **são constitucionais as normas que reservam um número mínimo de dias para a exibição de filmes nacionais nos cinemas brasileiros ("cota de tela") e exigem percentuais mínimos e máximos para a produção de programas culturais, artísticos e jornalísticos no município para o qual foram outorgados os serviços de radiodifusão**. Ponderou-se que essas medidas se justificam porque a Constituição Federal determina que o Estado tenha forte atuação positiva no intuito de difundir a cultura nacional e que o fará, inclusive, em cooperação com os agentes privados atuantes na área cultural. Esse entendimento restou consolidado nas seguintes **teses de repercussão geral**:

> São constitucionais a cota de tela, consistente na obrigatoriedade de exibição de filmes nacionais nos cinemas brasileiros, e as sanções administrativas decorrentes de sua inobservância.[53]

> São constitucionais os procedimentos licitatórios que exijam percentuais mínimos e máximos a serem observados pelas emissoras de rádio na produção e transmissão de programas culturais, artísticos e jornalísticos locais, nos termos do art. 221 da Constituição Federal de 1988.[54]

4. DESPORTO (ART. 217)

Determina a Constituição Federal que é dever do Estado fomentar práticas desportivas formais e não formais, como direito de cada um, observados:

> I – a autonomia das entidades desportivas dirigentes e associações, quanto a sua organização e funcionamento;

> II – a destinação de recursos públicos para a promoção prioritária do desporto educacional e, em casos específicos, para a do desporto de alto rendimento;

> III – o tratamento diferenciado para o desporto profissional e o não profissional;

> IV – a proteção e o incentivo às manifestações desportivas de criação nacional.

---

[53] RE 627.432/RS, rel. Min. Dias Toffoli, 18.03.2021.
[54] RE 1.070.522/PE, rel. Min. Luiz Fux, 18.03.2021.

A Constituição Federal reconhece a justiça desportiva, ao dispor que o Poder Judiciário só admitirá ações relativas à disciplina e às competições desportivas **após esgotarem-se as instâncias da justiça desportiva**, regulada em lei (art. 217, § 1.º). Assim determinando, a Constituição não só valoriza a justiça desportiva, como também evita o abarrotamento do Poder Judiciário, com ações envolvendo controvérsias desportivas.

Deve-se frisar que, apesar do seu nome – justiça desportiva –, trata-se de **órgãos administrativos**, logo, os processos que tramitam em seu âmbito são processos administrativos. Por essa razão, tendo em conta o princípio da inafastabilidade de jurisdição (art. 5.º, XXXV – "a lei não excluirá da apreciação do Poder Judiciário lesão ou ameaça a direito"), as decisões proferidas pela chamada justiça desportiva **não são imutáveis, não fazem coisa julgada, podendo ser submetidas à apreciação do Poder Judiciário**.

O que existe de excepcional em relação à justiça desportiva é que a Constituição exige o esgotamento de suas instâncias como condição para o ajuizamento da ulterior ação judicial (impõe a denominada "jurisdição condicionada" ou "instância administrativa de curso forçado"). Entretanto, foi fixado à justiça desportiva um prazo limite, de sessenta dias, contados da instauração do processo, para proferir a decisão final. Significa que, mesmo antes do esgotamento das instâncias da justiça desportiva, o interessado poderá recorrer ao Poder Judiciário, caso esse prazo de sessenta dias se esgote sem que a decisão final administrativa tenha sido proferida.

5. CIÊNCIA, TECNOLOGIA E INOVAÇÃO (ARTS. 218 A 219-B)

O Estado promoverá e incentivará o desenvolvimento científico, a pesquisa, a capacitação científica e tecnológica e a inovação.

A pesquisa científica básica e tecnológica receberá tratamento prioritário do Estado, tendo em vista o bem público e o progresso da ciência, tecnologia e inovação.

A pesquisa tecnológica voltar-se-á preponderantemente para a solução dos problemas brasileiros e para o desenvolvimento do sistema produtivo nacional e regional.

O Estado apoiará a formação de recursos humanos nas áreas de ciência, pesquisa, tecnologia e inovação, inclusive por meio do apoio às atividades de extensão tecnológica, e concederá aos que delas se ocupem meios e condições especiais de trabalho.

A lei apoiará e estimulará as empresas que invistam em pesquisa, criação de tecnologia adequada ao País, formação e aperfeiçoamento de seus recursos humanos e que pratiquem sistemas de remuneração que assegurem ao empregado, desvinculada do salário, participação nos ganhos econômicos resultantes da produtividade de seu trabalho.

É facultado aos estados e ao Distrito Federal vincular parcela de sua receita orçamentária a entidades públicas de fomento ao ensino e à pesquisa científica e tecnológica.

Com vistas à execução das atividades de desenvolvimento científico, pesquisa, capacitação científica e tecnológica e inovação, o Estado estimulará a articulação entre entes, tanto públicos quanto privados, nas diversas esferas de governo, bem como promoverá e incentivará a atuação no exterior das instituições públicas de ciência, tecnologia e inovação.

O mercado interno integra o patrimônio nacional e será incentivado de modo a viabilizar o desenvolvimento cultural e socioeconômico, o bem-estar da população e a autonomia tecnológica do País, nos termos de lei federal.

O Estado estimulará a formação e o fortalecimento da inovação nas empresas, bem como nos demais entes, públicos ou privados, a constituição e a manutenção de parques e polos tecnológicos e de demais ambientes promotores da inovação, a atuação dos inventores independentes e a criação, absorção, difusão e transferência de tecnologia.

A União, os estados, o Distrito Federal e os municípios poderão firmar instrumentos de cooperação com órgãos e entidades públicos e com entidades privadas, inclusive para o compartilhamento de recursos humanos especializados e capacidade instalada, para a execução de projetos de pesquisa, de desenvolvimento científico e tecnológico e de inovação, mediante contrapartida financeira ou não financeira assumida pelo ente beneficiário, na forma da lei.

O Sistema Nacional de Ciência, Tecnologia e Inovação (SNCTI) será organizado em regime de colaboração entre entes, tanto públicos quanto privados, com vistas a promover o desenvolvimento científico e tecnológico e a inovação.

Lei federal disporá sobre as **normas gerais** do SNCTI, e os estados, o Distrito Federal e os municípios **legislarão concorrentemente sobre suas peculiaridades**.

6. COMUNICAÇÃO SOCIAL (ARTS. 220 A 224)

Em perfeita consonância com a garantia fundamental de expressão da atividade intelectual, artística, científica e de comunicação, independentemente de censura ou licença (art. 5.º, IX), a Constituição Federal proclama que a manifestação do pensamento, a criação, a expressão e a informação, sob qualquer forma, processo ou veículo não sofrerão qualquer restrição, observado o disposto no próprio texto constitucional.

Determina, também, que nenhuma lei conterá dispositivo que possa constituir embaraço à plena liberdade de informação jornalística em qualquer veículo de comunicação social, observado o disposto no art. 5.º, IV, V, X, XIII e XIV.

Por fim, é ainda mais incisiva ao declarar que é vedada toda e qualquer censura de natureza política, ideológica e artística.

6.1. Comunicação social e liberdade de informação

A Constituição Federal conferiu especial ênfase à liberdade de pensamento, de criação, de expressão, de informação e à livre divulgação dos fatos, valores constitucionalmente gravados como direitos fundamentais do indivíduo (art. 5.º, XIV).

Não se pode olvidar, porém, que tais disposições constitucionais devem sempre ser interpretadas em consonância com outras garantias protegidas pelo Texto Magno, dentre as quais se destacam a inviolabilidade à honra, à vida privada e à imagem, sob pena de responsabilização do agente causador de danos materiais ou morais a esses valores da pessoa humana. Afinal, como já ressaltado, o constitucionalismo contemporâneo refuta a ideia da existência de direitos e garantias fundamentais de natureza absoluta.

Em face dessa necessidade de convivência dos diferentes valores protegidos constitucionalmente, temos que as garantias da liberdade de pensamento e de informação são relativas, haja vista que o seu exercício não poderá vulnerar outros valores constitucionalmente protegidos – tais como a inviolabilidade da honra, da intimidade e da vida privada –, sob pena de responsabilização civil e criminal, conforme o caso.

É por esse motivo que não são raros os conflitos entre o interesse público à divulgação de informações e a vulneração de condutas íntimas e pessoais, protegidas pela inviolabilidade da vida privada e da intimidade. O campo de conflito entre esses valores constitucionais torna-se ainda mais tormentoso quando estamos diante de personalidades públicas. Nesse caso, conforme lição do Professor Alexandre de Moraes, "a interpretação constitucional ao direito de informação deve ser alargada, enquanto a correspondente interpretação em relação à vida privada e intimidade deve ser restringida, uma vez que por opção pessoal as assim chamadas pessoas públicas (políticos, atletas profissionais, artistas etc.) colocaram-se em posição de maior destaque e interesse social".

Isso não significa, porém, que as pessoas públicas não têm direito à proteção à inviolabilidade da vida privada, intimidade, dignidade e honra. Como as demais pessoas, elas poderão invocar legitimamente tais intangibilidades, não havendo a possibilidade de vulneração de tais valores constitucionais sem relação com o interesse público ou social. O que se afirma é que, em relação às pessoas públicas, a interpretação do alcance do direito à informação deve ser alargada, tendo em vista a posição delas de maior destaque e interesse social.

6.2. Regras acerca dos meios de comunicação e programação

Determina a Constituição Federal que compete à lei federal:

> I – regular as diversões e espetáculos públicos, cabendo ao Poder Público informar sobre a natureza deles, as faixas etárias a que não se recomendem, locais e horários em que sua apresentação se mostre inadequada;
>
> II – estabelecer os meios legais que garantam à pessoa e à família a possibilidade de se defenderem de programas ou programações de rádio e televisão que contrariem os princípios constitucionais fixados pelo art. 221, bem como da propaganda de produtos, práticas e serviços que possam ser nocivos à saúde e ao meio ambiente.

A propaganda comercial de tabaco, bebidas alcoólicas, agrotóxicos, medicamentos e terapias estará sujeita a restrições legais e conterá, sempre que necessário, advertência sobre os malefícios decorrentes de seu uso.

Os meios de comunicação social não podem, direta ou indiretamente, ser objeto de monopólio ou oligopólio.

A publicação de veículo impresso de comunicação independe de licença de autoridade.

A produção e a programação das emissoras de rádio e televisão atenderão aos seguintes princípios (art. 221):

> I – preferência a finalidades educativas, artísticas, culturais e informativas;
>
> II – promoção da cultura nacional e regional e estímulo à produção independente que objetive sua divulgação;
>
> III – regionalização da produção cultural, artística e jornalística, conforme percentuais estabelecidos em lei;
>
> IV – respeito aos valores éticos e sociais da pessoa e da família.

Os meios de comunicação social eletrônica, independentemente da tecnologia utilizada para a prestação do serviço, também deverão observar esses princípios, na forma de lei específica, que também garantirá a prioridade de profissionais brasileiros na execução de produções nacionais.

6.3. Participação do capital estrangeiro

A propriedade de empresa jornalística e de radiodifusão sonora e de sons e imagens é privativa de brasileiros natos ou naturalizados há mais de dez anos, ou de pessoas jurídicas constituídas sob as leis brasileiras e que tenham sede no País.

Em qualquer caso, pelo menos 70% (setenta por cento) do capital total e do capital votante das empresas jornalísticas e de radiodifusão sonora e de sons e imagens deverão pertencer, direta ou indiretamente, a brasileiros natos ou naturalizados há mais de dez anos, que exercerão obrigatoriamente a gestão das atividades e estabelecerão o conteúdo da programação.

Cabe à lei disciplinar a participação de capital estrangeiro nessas empresas, que, em razão do limite apresentado no parágrafo anterior, não poderá ultrapassar 30% (trinta por cento) do capital total da respectiva empresa.

6.4. Controle do Legislativo e delegação

As alterações de controle societário dessas empresas jornalísticas e de radiodifusão sonora e de sons e imagens serão comunicadas ao Congresso Nacional.

A responsabilidade editorial e as atividades de seleção e direção da programação veiculada são privativas de brasileiros natos ou naturalizados há mais de dez anos, em qualquer meio de comunicação social.

Compete ao Poder Executivo outorgar e renovar concessão, permissão e autorização para o serviço de radiodifusão sonora e de sons e imagens, observado o princípio da complementaridade dos sistemas privado, público e estatal.

A não renovação da concessão ou permissão dependerá de aprovação de, no mínimo, dois quintos do Congresso Nacional, em votação nominal.

Cap. 17 • ORDEM SOCIAL

O prazo da concessão ou permissão será de dez anos para as emissoras de rádio e de quinze para as de televisão.

O cancelamento da concessão ou permissão, antes de vencido o prazo, depende de decisão judicial.

7. MEIO AMBIENTE (ART. 225)

Todos têm direito ao meio ambiente ecologicamente equilibrado, bem de uso comum do povo e essencial à sadia qualidade de vida, impondo-se ao Poder Público e à coletividade o dever de defendê-lo e preservá-lo para as presentes e futuras gerações.

Para assegurar a efetividade desse direito, incumbe ao Poder Público (art. 225, § 1.º):

I – preservar e restaurar os processos ecológicos essenciais e prover o manejo ecológico das espécies e ecossistemas;

II – preservar a diversidade e a integridade do patrimônio genético do País e fiscalizar as entidades dedicadas à pesquisa e manipulação de material genético;

III – definir, em todas as unidades da Federação, espaços territoriais e seus componentes a serem especialmente protegidos, sendo a alteração e a supressão permitidas somente através de lei, vedada qualquer utilização que comprometa a integridade dos atributos que justifiquem sua proteção;

IV – exigir, na forma da lei, para instalação de obra ou atividade potencialmente causadora de significativa degradação do meio ambiente, estudo prévio de impacto ambiental, a que se dará publicidade;

V – controlar a produção, a comercialização e o emprego de técnicas, métodos e substâncias que comportem risco para a vida, a qualidade de vida e o meio ambiente;

VI – promover a educação ambiental em todos os níveis de ensino e a conscientização pública para a preservação do meio ambiente;

VII – proteger a fauna e a flora, vedadas, na forma da lei, as práticas que coloquem em risco sua função ecológica, provoquem a extinção de espécies ou submetam os animais a crueldade;

VIII – manter regime fiscal favorecido para os biocombustíveis e para o hidrogênio de baixa emissão de carbono, na forma de lei complementar, a fim de assegurar-lhes tributação inferior à incidente sobre os combustíveis fósseis, capaz de garantir diferencial competitivo em relação a estes, especialmente em relação às contribuições de que tratam o art. 195, I, "b", IV e V, e o art. 239 e aos impostos a que se referem os arts. 155, II, e 156-A.[55]

---

[55] Redação dada pela Emenda Constitucional 132, de 20 de dezembro de 2023.

Em consonância com o *caput* do art. 225 da Constituição Federal – que impõe ao Poder Público e à coletividade a necessidade de defesa e preservação do meio ambiente –, o Supremo Tribunal Federal reconhece a existência do **princípio da precaução em matéria de meio ambiente,** segundo o qual, em caso de dúvida quanto ao risco de dano, o Poder Público deve atuar de forma a proteger o meio ambiente e **não liberar atividade potencialmente danosa.**[56] Assim, por exemplo, se já existe determinada medida protetiva do meio ambiente, a autoridade pública está obrigada a mantê-la, até que estudo técnico venha a comprovar, **de forma objetiva e inequívoca,** a sua **desnecessidade.**

Especificamente quanto ao inciso III dessa lista, o Supremo Tribunal Federal firmou o entendimento de que normas que importem **diminuição** da proteção ao meio ambiente equilibrado **só podem ser editadas por meio de lei formal**, com amplo debate parlamentar e participação da sociedade civil e dos órgãos e instituições de proteção ambiental, como forma de assegurar o direito de todos ao meio ambiente ecologicamente equilibrado.[57] Vale dizer, essa matéria **não pode ser disciplinada por medida provisória**; trata-se de um **limite material implícito** à edição dessa espécie normativa, ainda que não conste expressamente no elenco das limitações previstas no art. 62, § 1.º, da Constituição da República.[58]

Anote-se, entretanto, que esse entendimento – exigência de lei formal, vedada a adoção de medida provisória para dispor sobre meio ambiente – só se aplica a normas que importem **diminuição, prejuízo ou retrocesso da proteção ambiental** já constituída em determinada unidade de conservação (redução ou supressão de espaços territoriais já protegidos, por exemplo).[59] Assim, se a norma visa a ampliar o território de proteção ambiental e/ou a modificar (reforçar) o regime de uso aplicável à unidade de conservação, a fim de conferir a ela superior salvaguarda (de proteção parcial para proteção integral, por exemplo), não há que se falar em exigência de lei formal, hipótese em que se admite a edição de medida provisória e, até mesmo, de decreto do chefe do Poder Executivo.

Aquele que explorar recursos minerais fica obrigado a recuperar o meio ambiente degradado, de acordo com solução técnica exigida pelo órgão público competente, na forma da lei.

As condutas e atividades consideradas lesivas ao meio ambiente sujeitarão os infratores, **pessoas físicas ou jurídicas**, a **sançõespenais e administrativas**, independentemente da obrigação de reparar os danos causados (art. 225, § 3.º). No que respeita à reparação do dano causado ao meio ambiente, prevista nesse dispositivo constitucional, o Supremo Tribunal Federal firmou o entendimento de que **a pretensão de reparação civil (por danos morais ou materiais) em razão de danos ambientais não está sujeita à prescrição.**[60]

---

[56] ADI 5.447/DF, rel. Min. Roberto Barroso, 22.05.2020.
[57] ADI 4.717/DF, rel. Min. Cármen Lúcia, 05.04.2018.
[58] ADI 4.717/DF, rel. Min. Cármen Lúcia, 05.04.2018.
[59] ADI 3.646/DF, rel. Min. Dias Toffoli, 20.09.2019.
[60] RE 654.833/AC, rel. Min. Alexandre de Moraes, 20.04.2020.

Com efeito, deixou assente a Corte Suprema que, embora não haja previsão constitucional ou legal sobre o prazo prescricional para a reparação de danos civis ambientais, o fato de a Carta da República expressamente proteger o meio ambiente torna o direito à indenização, nesses casos, **imprescritível**. Em consonância com essa orientação, em julgado acerca de exploração mineral irregular, foi fixada a seguinte **tese de repercussão geral**:[61]

> É imprescritível a pretensão de ressarcimento ao erário decorrente da exploração irregular do patrimônio mineral da União, porquanto indissociável do dano ambiental causado.

A Floresta Amazônica brasileira, a Mata Atlântica, a Serra do Mar, o Pantanal Mato-Grossense e a Zona Costeira são patrimônio nacional, e sua utilização far-se-á, na forma da lei, dentro de condições que assegurem a preservação do meio ambiente, inclusive quanto ao uso dos recursos naturais.

São indisponíveis as terras devolutas ou arrecadadas pelos estados, por ações discriminatórias, necessárias à proteção dos ecossistemas naturais.

As usinas que operem com reator nuclear deverão ter sua localização definida em lei federal, sem o que não poderão ser instaladas.

Em respeito ao art. 225 da Constituição Federal – que assegura a todos o direito ao meio ambiente ecologicamente equilibrado –, o Supremo Tribunal Federal declarou a constitucionalidade da legislação brasileira que **proíbe a importação de pneus usados**, tendo em conta que a incineração e o depósito de pneus velhos representam uma relevante ameaça ao meio ambiente.[62]

Ainda com fundamento na proteção ao meio ambiente – e realçando os comandos constitucionais de proteção à saúde humana (arts. 6.º e 196) e ao dever estatal de redução dos riscos inerentes ao trabalho por meio de normas de saúde, higiene e segurança (CF, art. 7.º, XXII) –, o Supremo Tribunal Federal declarou a inconstitucionalidade de dispositivo de lei federal[63] que autorizava e disciplinava, no território nacional, a **extração, industrialização, comercialização e distribuição do amianto crisotila**[64] **e dos produtos que o contenham**.[65] Nessa mesma linha, o Tribunal reconheceu a validade de leis estaduais que já haviam se antecipado e **proibido o uso de quaisquer tipos de amianto no território estadual**.[66]

Nossa Corte Suprema também já declarou inconstitucionais – por ofensa ao art. 225, § 1.º, VII, da Constituição, na parte em que esse dispositivo **veda práticas que**

---

61 RE 1.427.694/SC, rel. Min. Rosa Weber, 01.09.2023.

62 ADPF 101, rel. Min. Cármen Lúcia, 24.06.2009.

63 Lei 9.055/1995, art. 2.º.

64 A fibra crisotila – asbesto branco ou amianto branco, largamente utilizado na fabricação de telhas e caixas d'água, e associado a diversos danos à saúde e ao meio ambiente – era o único tipo de amianto cuja produção e comercialização era autorizada no Brasil.

65 ADI 3.937, rel. Min. Dias Toffoli, 24.08.2017; ADI 3.406, rel. Min. Gilmar Mendes, 29.11.2017; ADI 3.470, rel. Min. Rosa Weber, 29.11.2017.

66 ADI 3.937, rel. Min. Dias Toffoli, 24.08.2017; ADI 3.356, rel. Min. Eros Grau, 30.11.2017; ADI 3.357, rel. Min. Ayres Britto, 30.11.2017; ADPF 109, rel. Min. Edson Fachin, 30.11.2017.

submetam os animais a crueldade – leis estaduais que autorizavam: (a) a realização das chamadas "**rinhas**" ou "**brigas de galo**" nos estados do Rio de Janeiro e Santa Catarina;[67] (b) a realização da chamada "**farra do boi**", prática originária da "tourada à corda" ou "tourada à vara larga", trazida pelos imigrantes açorianos para o Estado de Santa Catarina;[68] e (c) a realização da "**vaquejada**", prática regulamentada como atividade desportiva e cultural do Estado do Ceará.[69]

Cumpre-nos alertar, entretanto, que as decisões do Supremo Tribunal Federal arroladas no parágrafo precedente – com fundamento no art. 225, § 1.º, VII, da Constituição Federal, que veda as práticas que submetam os animais a crueldade – foram firmadas em data anterior à promulgação da EC 96/2017 ("**PEC da Vaquejada**"), que acrescentou o § 7.º ao art. 225 da Constituição Federal, com a seguinte redação (grifo nosso):

> § 7.º Para fins do disposto na parte final do inciso VII do § 1.º deste artigo, **não se consideram cruéis as práticas desportivas que utilizem animais, desde que sejam manifestações culturais**, conforme o § 1.º do art. 215 desta Constituição Federal, **registradas como bem de natureza imaterial integrante do patrimônio cultural brasileiro**, devendo ser regulamentadas por lei específica que assegure o bem-estar dos animais envolvidos.

Por fim, ainda com fundamento no art. 225, § 1.º, VII, da Constituição Federal – que impõe a proteção à fauna e proíbe qualquer espécie de maus-tratos aos animais –, o Supremo Tribunal Federal **declarou a inconstitucionalidade de interpretação da legislação federal que possibilite o abate imediato de animais apreendidos em situação de maus-tratos**.[70] Segundo o Tribunal, a alegação administrativa de problemas estruturais e financeiros não autoriza o abate, e sim o uso de instrumentos descritos na legislação infraconstitucional, como a soltura em habitat natural ou em cativeiros, a doação a entidades especializadas ou a pessoas habilitadas e, inclusive, o leilão. Ademais, ponderou-se que, tendo em vista o cunho protetivo das normas, não se mostra razoável concluir que elas autorizariam o resgate de animais em situações de maus-tratos para, logo em seguida, serem abatidos.

8. PROTEÇÃO À FAMÍLIA, À CRIANÇA, AO ADOLESCENTE, AO JOVEM E AO IDOSO

A Constituição Federal confere ampla proteção à unidade familiar, proclamando que a família, base da sociedade, tem especial proteção do Estado (art. 226).

---

[67] ADI 2.514/SC, rel. Min. Eros Grau, 29.06.2005; ADI 3.776/RN, rel. Min. Cezar Peluso, 14.06.2007; ADI 1.856/RJ, rel. Min. Celso de Mello, 26.05.2011.

[68] RE 153.531/SC, red. p/ o acórdão Min. Marco Aurélio, 03.06.1997.

[69] ADI 4.983/CE, rel. Min. Marco Aurélio, 06.10.2016.

[70] ADPF 640/DF, rel. Min. Gilmar Mendes, 20.09.2021.

Em complemento a esse enunciado, nos cinco parágrafos do mesmo art. 226 da Constituição Federal são indicados relevantes aspectos relacionados à entidade familiar:

a) o casamento é civil e gratuita a celebração (§ 1.º);

b) o casamento religioso tem efeito civil, nos termos da lei (§ 2.º);

c) para efeito da proteção do Estado, é reconhecida a união estável entre o homem e a mulher como entidade familiar, devendo a lei facilitar sua conversão em casamento (§ 3.º);

d) entende-se, também, como entidade familiar a comunidade formada por qualquer dos pais e seus descendentes (§ 4.º); e

e) os direitos e deveres referentes à sociedade conjugal são exercidos igualmente pelo homem e pela mulher (§ 5.º).

Observa-se que o texto constitucional já reconhece, explicitamente, três espécies de entidades familiares, com as mesmas proteções, a saber:

a) a constituída pelo **casamento civil ou religioso com efeitos civis** (art. 226, §§ 1.º e 2.º);

b) a constituída pela **união estável entre o homem e a mulher**, devendo a lei facilitar sua conversão em casamento (art. 226, § 3.º); e

c) a constituída por **qualquer dos pais e seus descendentes** (art. 226, § 4.º).

É relevante destacar que, em respeito à não discriminação das pessoas em razão de sua orientação sexual – e considerando o postulado da dignidade da pessoa humana e o objetivo constitucional de promover o bem de todos –, o Supremo Tribunal Federal firmou o entendimento de que a Constituição de 1988 **não interdita a formação de família por pessoas do mesmo sexo**.[71] Para o Tribunal, o avanço da Constituição Federal de 1988 no plano dos costumes impõe a interpretação de que o seu art. 226, ao empregar em seu texto a expressão "família", **não limita a formação desta a casais heteroafetivos, nem a formalidade cartorária, celebração civil ou liturgia religiosa.**

Nessa linha – de que para fazer jus à especial proteção do Estado, pouco importa estar a família formal ou informalmente constituída, ou integrada por casais heteroafetivos ou por pares homoafetivos –, o STF **igualou a união estável homoafetiva à união estável heteroafetiva**, conferindo "interpretação conforme à Constituição" ao art. 1.723 do Código Civil para excluir desse dispositivo qualquer significado que impeça o reconhecimento da união contínua, pública e duradoura entre pessoas do mesmo sexo como família.

---

[71] ADI 4.277/DF, rel. Min. Ayres Britto, 05.05.2011.

Em outra oportunidade, o Tribunal também deixou assente que, no sistema constitucional vigente, **é inconstitucional a diferenciação de regimes sucessórios entre cônjuges e companheiros.**[72]

Destacou a Corte Suprema que a Constituição contempla diferentes formas de família, além da que resulta do casamento, tratando-as com o mesmo grau de valia, respeito e consideração. Nesse rol incluem-se as famílias formadas mediante união estável, seja a convencional, seja a homoafetiva. Portanto, não é legítimo desequiparar, para fins sucessórios, os cônjuges e os companheiros, isto é, a família formada por casamento e a constituída por união estável. Tal hierarquização entre entidades familiares mostra-se incompatível com a Constituição, porque viola os princípios constitucionais da igualdade, da dignidade da pessoa humana, da proporcionalidade (na modalidade de proibição à proteção deficiente) e da vedação ao retrocesso.

Com base nesse entendimento – de que o art. 226, § 3.º, da Constituição Federal equiparou, no mesmo grau de valia, sem hierarquização alguma para os fins sucessórios, os institutos do casamento e da união estável, seja esta a convencional ou a homoafetiva –, o Tribunal declarou a inconstitucionalidade do art. 1.790 do Código Civil, que estabelecia participação diferenciada do companheiro em relação ao cônjuge no processo de sucessão.

Para fins de **repercussão geral**, foi aprovada a seguinte tese:

> No sistema constitucional vigente é inconstitucional a diferenciação de regime sucessório entre cônjuges e companheiros devendo ser aplicado em ambos os casos o regime estabelecido no artigo 1.829 do Código Civil.

Em outro importantíssimo julgado, o Supremo Tribunal Federal **considerou ilegítima a existência paralela de duas uniões estáveis, ou de um casamento e uma união estável**, inclusive para efeitos previdenciários.[73] O caso apreciado envolvia a divisão da pensão por morte de um homem que tinha união estável reconhecida judicialmente com uma mulher, com a qual tinha um filho, e, ao mesmo tempo, manteve uma relação homoafetiva durante doze anos. Concluído o julgamento, o pedido de divisão da pensão foi negado, sob o argumento de que o reconhecimento do rateio **acabaria legitimando a existência de bigamia**, não admitida pela Constituição Federal, que adotou o **princípio da monogamia**, que não admite a existência simultânea de mais de uma entidade familiar, independentemente da orientação sexual das partes (CF, art. 226).

Esse entendimento restou consolidado na seguinte **tese de repercussão geral**:

> A preexistência de casamento ou de união estável de um dos conviventes, ressalvada a exceção do art. 1.723, § 1.º, do Código Civil, impede o reconhecimento de novo vínculo referente ao mesmo período, inclusive para fins previdenciários, em virtude da consa-

---

[72] RE 646.721/RS, red. p/ o acórdão Min. Roberto Barroso, 10.05.2017; RE 878.694, rel. Min. Luís Roberto Barroso, 10.05.2017.

[73] RE 1.045.273, rel. Min. Alexandre de Moraes, 22.10.2020.

gração do dever de fidelidade e da monogamia pelo ordenamento jurídico-constitucional brasileiro.

Em outra oportunidade, no exame de questão similar, o STF deixou assente que **é inconstitucional o reconhecimento de direitos previdenciários nas relações que se amoldam ao instituto do concubinato**, mesmo que a união tenha sido mantida durante longo período e com aparência familiar, tendo em vista que o microssistema jurídico que rege a família como base da sociedade orienta-se pelos princípios da monogamia, da exclusividade e da boa-fé, bem como pelos deveres de lealdade e fidelidade, que visam a conferir maior estabilidade e segurança às relações familiares.[74] Essa orientação restou fixada na seguinte **tese de repercussão geral**:

> É incompatível com a Constituição Federal o reconhecimento de direitos previdenciários (pensão por morte) à pessoa que manteve, durante longo período e com aparência familiar, união com outra casada, porquanto o concubinato não se equipara, para fins de proteção estatal, às uniões afetivas resultantes do casamento e da união estável.

A Constituição Federal estabelece que o casamento civil pode ser dissolvido pelo **divórcio**.[75] O texto constitucional originário exigia, para a concessão do divórcio, o requisito de prévia separação judicial por mais de um ano ou de comprovada separação de fato por mais de dois anos, mas essa exigência foi suprimida pela Emenda Constitucional 66/2010. Com isso, as normas do Código Civil que disciplinavam a separação judicial perderam a validade. Desde então, segundo o entendimento do Supremo Tribunal Federal, **a separação judicialdeixou de ser um requisito para o divórcio, bem como uma figura autônoma no ordenamento jurídico brasileiro.**[76] Vale dizer, atualmente, o divórcio pode ser efetivado a qualquer tempo, de imediato, e o único requisito é a vontade das partes. Essa orientação restou fixada na seguinte **tese de repercussão geral**:

> Após a promulgação da Emenda Constitucional 66/2010, a separação judicial não é mais requisito para o divórcio, nem subsiste como figura autônoma no ordenamento jurídico. Sem prejuízo, preserva-se o estado civil das pessoas que já estão separadas por decisão judicial ou escritura pública, por se tratar de um ato jurídico perfeito.

Fundado nos princípios da dignidade da pessoa humana e da paternidade responsável, o planejamento familiar é livre decisão do casal, competindo ao Estado propiciar recursos educacionais e científicos para o exercício desse direito, vedada qualquer forma coercitiva por parte de instituições oficiais ou privadas.

---

[74] RE 883.168/SC, rel. Min. Dias Toffoli, 02.08.2021.
[75] Art. 226, § 6.º, com a redação dada pela EC 66/2010.
[76] RE 1.167.478, rel. Min. Luiz Fux, 08.11.2023.

O Estado assegurará a assistência à família na pessoa de cada um dos que a integram, criando mecanismos para coibir a violência no âmbito de suas relações.

É dever da família, da sociedade e do Estado assegurar à criança, ao adolescente e ao jovem, com **absoluta prioridade**, o direito à vida, à saúde, à alimentação, à educação, ao lazer, à profissionalização, à cultura, à dignidade, ao respeito, à liberdade e à convivência familiar e comunitária, além de colocá-los a salvo de toda forma de negligência, discriminação, exploração, violência, crueldade e opressão (art. 227, *caput*, da Constituição Federal, com a redação dada pela EC 65/2010).

O Estado promoverá programas de assistência integral à saúde da criança, do adolescente e do jovem, admitida a participação de entidades não governamentais, mediante políticas específicas e obedecendo aos seguintes preceitos:

> I – aplicação de percentual dos recursos públicos destinados à saúde na assistência materno-infantil;
>
> II – criação de programas de prevenção e atendimento especializado para as pessoas portadoras de deficiência física, sensorial ou mental, bem como de integração social do adolescente e do jovem portador de deficiência, mediante o treinamento para o trabalho e a convivência, e a facilitação do acesso aos bens e serviços coletivos, com a eliminação de obstáculos arquitetônicos e de todas as formas de discriminação.

A lei disporá sobre normas de construção dos logradouros e dos edifícios de uso público e de fabricação de veículos de transporte coletivo, a fim de garantir acesso adequado às pessoas portadoras de deficiência.

O direito a proteção especial abrangerá os seguintes aspectos:

> I – idade mínima de quatorze anos para admissão ao trabalho, observado o disposto no art. 7.º, XXXIII (proibição de trabalho noturno, perigoso ou insalubre a menores de dezoito e de qualquer trabalho a menores de dezesseis anos, salvo na condição de aprendiz, a partir de quatorze anos);
>
> II – garantia de direitos previdenciários e trabalhistas;
>
> III – garantia de acesso do trabalhador adolescente e jovem à escola;
>
> IV – garantia de pleno e formal conhecimento da atribuição de ato infracional, igualdade na relação processual e defesa técnica por profissional habilitado, segundo dispuser a legislação tutelar específica;
>
> V – obediência aos princípios de brevidade, excepcionalidade e respeito à condição peculiar de pessoa em desenvolvimento, quando da aplicação de qualquer medida privativa da liberdade;
>
> VI – estímulo do Poder Público, através de assistência jurídica, incentivos fiscais e subsídios, nos termos da lei, ao acolhimento, sob a forma de guarda, de criança ou adolescente órfão ou abandonado;

VII – programas de prevenção e atendimento especializado à criança, ao adolescente e ao jovem dependente de entorpecentes e drogas afins.

A lei punirá severamente o abuso, a violência e a exploração sexual da criança e do adolescente.

A adoção será assistida pelo Poder Público, na forma da lei, que estabelecerá casos e condições de sua efetivação por parte de estrangeiros.

Os filhos, havidos ou não da relação do casamento, ou por adoção, terão os mesmos direitos e qualificações, proibidas quaisquer designações discriminatórias relativas à filiação (art. 227, § 5.º). Por força dessa disposição constitucional, de aplicabilidade direta e imediata, é assegurada a plena igualdade aos filhos, sem possibilidade de qualquer restrição ou prejuízo ao filho adotivo ou adulterino.

Em relação ao direito de ação de investigação da paternidade, assegurado a todos os filhos, sem distinção, a jurisprudência majoritária do Supremo Tribunal Federal entende **inadmissível a submissão coercitiva do possível pai à realização do exame de DNA**, sob o fundamento de que essa medida implicaria ofensa às garantias constitucionais da preservação da dignidade humana, da intimidade e da intangibilidade do corpo humano.[77]

A lei estabelecerá:

I – o estatuto da juventude, destinado a regular os direitos dos jovens;

II – o plano nacional de juventude, de duração decenal, visando à articulação das várias esferas do Poder Público para a execução de políticas públicas.

São penalmente inimputáveis os menores de dezoito anos, sujeitos às normas da legislação especial.

Estabelecendo obrigações de assistência mútua entre pais e filhos, determina a Constituição que os pais têm o dever de assistir, criar e educar os filhos menores, e os filhos maiores têm o dever de ajudar e amparar os pais na velhice, carência ou enfermidade (art. 229).

Com fundamento no princípio da paternidade responsável, o Supremo Tribunal Federal firmou o entendimento de que **a existência de paternidade socioafetiva não exime de responsabilidade o pai biológico**, vale dizer, o pai biológico é obrigado a arcar com as despesas de um filho mesmo que ele tenha sido educado e registrado por outro homem.[78] Deixou-se consignado que há possibilidade de reconhecimento de **dupla paternidade concomitante** – socioafetiva e biológica, com os nomes dos dois pais nos documentos de identificação –, com a produção de efeitos jurídicos e patrimoniais por ambas, pois a Constituição não admite restrições à proteção dos diversos modelos familiares. Ao final do julgamento, restou fixada a seguinte **tese de repercussão geral**:

---

[77] HC 71.373/RS, red. p/ o acórdão Min. Marco Aurélio, 10.11.1994.
[78] RE 898.060/SC, rel. Min. Luiz Fux, 21.09.2016.

A paternidade socioafetiva, declarada ou não em registro público, não impede o reconhecimento do vínculo de filiação concomitante baseado na origem biológica, com os efeitos jurídicos próprios.

A família, a sociedade e o Estado têm o dever de amparar as pessoas idosas, assegurando sua participação na comunidade, defendendo sua dignidade e bem-estar e garantindo-lhes o direito à vida (art. 230). Determina o texto constitucional, ainda, que os programas de amparo a essas pessoas serão executados preferencialmente em seus lares (art. 230, § 1.º).

A regulamentação das regras constitucionais de proteção às pessoas idosas foi operada pela Lei 10.741/2003, denominada "**Estatuto da Pessoa Idosa**". A rigor, não se trata de mera regulamentação. Essa lei estabeleceuma série de direitos não previstos explicitamente na Carta Política, conferindo efetividade, nessa área, ao valor central de nossa Texto Magno, a dignidade da pessoa humana.

Os direitos regulados nessa lei são conferidos às pessoas com **idade igual ou superior a sessenta anos,** salvo exceções expressas na própria lei (há **alguns direitos** que são aplicáveis a partir de **sessenta e cinco anos,** como a gratuidade dos transportes coletivos públicos urbanos e semiurbanos, prevista no art. 39).

Ademais, a mesma lei assegura **prioridade especial aos maiores de oitenta anos**, atendendo-se suas necessidades sempre preferencialmente em relação às demais pessoas idosas.[79] Além dessa disposição genérica de atendimento prioritário especial às necessidades dos maiores de oitenta anos, dispõe a lei que: (a) em todo **atendimento de saúde**, os maiores de oitenta anos terão preferência especial sobre as demais pessoas idosas, exceto em caso de emergência;[80] e (b) dentre os **processos – judiciais ou administrativos** – de pessoas idosas, dar-se-á prioridade especial aos das maiores de oitenta anos.[81]

De forma ampla, o art. 3.º do Estatuto da Pessoa Idosa assevera:

> Art. 3º É obrigação da família, da comunidade, da sociedade e do poder público assegurar à pessoa idosa, com absoluta prioridade, a efetivação do direito à vida, à saúde, à alimentação, à educação, à cultura, ao esporte, ao lazer, ao trabalho, à cidadania, à liberdade, à dignidade, ao respeito e à convivência familiar e comunitária.

Dentre outros, a garantia de prioridade confereà pessoa idosa os seguintes direitos:[82]

a) atendimento preferencial imediato e individualizado nos órgãos **públicos e privados** prestadores de serviços à população;

b) garantia de acesso à rede de serviços de saúde e de assistência social locais;

---

[79] Art. 3.º, § 2.º – redação dada pela Lei 14.423/2022.
[80] Art. 15, § 7.º – redação dada pela Lei 14.423/2022.
[81] Art. 71, § 5.º – redação dada pela Lei 14.423/2022.
[82] Art. 3.º, § 1.º.

Cap. 17 • ORDEM SOCIAL

c) exigir do Poder Público que proveja o seu sustento, no âmbito da assistência social, se a pessoa idosa ou os seus familiares não tiverem condições econômicas para fazê-lo (benefício mensal de um salário mínimo, a partir de 65 anos);

d) atendimento geriátrico e gerontológico em ambulatórios, por intermédio do Sistema Único de Saúde (SUS);

e) receber do Poder Público, gratuitamente, medicamentos, especialmente os de uso continuado, assim como próteses, órteses e outros recursos relativos ao tratamento, habilitação ou reabilitação;

f) não ser discriminado, nos planos de saúde, pela cobrança de valores diferenciados em razão da idade;

g) descontos de pelo menos cinquenta por cento nos ingressos para eventos artísticos, culturais, esportivos e de lazer, bem como o acesso preferencial aos respectivos locais;

h) proibição de fixação de limite máximo de idade para a admissão em qualquer trabalho ou emprego, inclusive para concursos, ressalvados os casos em que a natureza do cargo o exigir;

i) garantia de que o primeiro critério de desempate em concurso público será a idade, dando-se preferência ao de idade mais elevada;

j) prioridade na aquisição de imóvel para moradia própria, pelos programas habitacionais, públicos ou subsidiados com recursos públicos;

k) prioridade no recebimento da restituição do imposto de renda;

l) gratuidade dos transportes coletivos públicos urbanos e semiurbanos, exceto nos serviços seletivos e especiais, quando prestados paralelamente aos serviços regulares, aos maiores de sessenta e cinco anos, bastando que o beneficiário apresente qualquer documento pessoal que faça prova de sua idade, reservando-se, ainda, nesses veículos, dez por cento dos assentos para as pessoas idosas.

Observe-se que o texto constitucional, no art. 230, § 2.º, norma constitucional de **eficácia plena**, já assegura aos maiores de **sessenta e cinco anos** gratuidade dos transportes coletivos urbanos. O Estatuto da Pessoa Idosa ampliou esse direito, mencionando os transportes semiurbanos. Além disso, no sistema de transporte coletivo interestadual, determinou, nos termos da legislação específica, a reserva de duas vagas gratuitas por veículo para pessoas idosas com renda igual ou inferior a dois saláriosmínimos – e desconto, para as pessoas idosascom renda igual ou inferior a dois salários mínimos, de cinquenta por cento, no mínimo, sobre o valor das passagens que excederem as duas vagas gratuitas.

Por fim, cabe registrar que o Supremo Tribunal Federal firmou o entendimento de que **o regime obrigatório de separação de bens nos casamentos e uniões estáveis envolvendo pessoas com mais de 70 anos de idade pode ser alterado pela vontade das partes**. Segundo o Tribunal, manter a obrigatoriedade da separação de bens, prevista no Código Civil[83], desrespeita o direito de autodeterminação das pessoas idosas. Essa orientação restou fixada na seguinte **tese de repercussão geral**:[84]

> Nos casamentos e uniões estáveis envolvendo pessoa maior de 70 anos, o regime de separação de bens previsto no artigo 1.641, II, do Código Civil, pode ser afastado por expressa manifestação de vontade das partes mediante escritura pública.

No mesmo julgado, o Tribunal consignou, ainda, que: (a) para afastar a obrigatoriedade do regime de separação de bens, é necessário manifestar esse desejo por meio de **escritura pública**, firmada em cartório; e (b) pessoas acima dessa idade que já estejam casadas ou em união estável podem alterar o regime de bens, com efeitos prospectivos (para o futuro), mas para isso é necessário **autorização judicial** (no caso do casamento) ou manifestação em **escritura pública** (no caso da união estável).

9. ÍNDIOS

São reconhecidos aos índios sua organização social, costumes, línguas, crenças e tradições, e os direitos originários sobre as **terras que tradicionalmente ocupam**, competindo à União demarcá-las, proteger e fazer respeitar todos os seus bens (CF, art. 231).

Estabelece a Constituição Federal que são **terras tradicionalmente ocupadas pelos índios** as por eles habitadas em caráter permanente, as utilizadas para suas atividades produtivas, as imprescindíveis à preservação dos recursos ambientais necessários a seu bem-estar e as necessárias a sua reprodução física e cultural, segundo seus usos, costumes e tradições (art. 231, § 1.º).

Dispõe, ainda, que as **terras tradicionalmente ocupadas pelos índios** destinam-se a sua posse permanente, cabendo-lhes o usufruto exclusivo das riquezas do solo, dos rios e dos lagos nelas existentes (art. 231, § 2.º).

Anote-se que o texto constitucional se utiliza, reiteradamente, da expressão "**terras tradicionalmente ocupadas pelos índios**", cujo alcance restou genericamente delineado pelos elementos indicados nos §§ 1.º e 2.º do art. 231. Entretanto, é fato que o legislador constituinte não indicou, explicitamente, um marco, uma data para a averiguação da "tradicionalidade" da ocupação das terras pelas comunidades indígenas. Em face desse tratamento constitucional, desenvolveu-se a tese jurídica do "marco temporal para a demarcação de terras indígenas", segundo a qual a data da promulgação da Constituição Federal (05.10.1988) deveria ser utilizada como o marco para definir a ocupação tradicional da terra pelas comunidades indígenas.

---

[83] Código Civil, art. 1.641, inciso II.
[84] ARE 1.309.642, rel. Min. Luís Roberto Barroso, 01.02.2024.

É importante registrar, entretanto, que o Supremo Tribunal Federal rejeitou a adoção da tese do "marco temporal", vale dizer, afastou a possibilidade de adoção da data da promulgação da Constituição Federal (05.10.1988) como marco temporal para definir a ocupação tradicional da terra pelas comunidades indígenas.[85] De acordo com o Tribunal, o reconhecimento do direito às terras tradicionalmente ocupadas pelos indígenas não se sujeita ao marco temporal da promulgação da Constituição Federal (05.10.1988) nem à presença de conflito físico ou controvérsia judicial existentes nessa mesma data, devendo a tradicionalidade da ocupação ser averiguada conforme os parâmetros expressamente indicados no art. 231, §§ 1.º e 2.º, do texto constitucional.

Com a adoção desse entendimento – de que a proteção constitucional aos direitos dos povos originários sobre as terras que tradicionalmente ocupam independe da existência de um marco temporal ou da configuração do renitente esbulho, como conflito físico ou controvérsia judicial persistente à data da promulgação da Constituição Federal –, nossa Suprema Corte concluiu pela inaplicabilidade da teoria do fato indígena e pela prevalência da teoria do indigenato, segundo a qual a posse dos indígenas sobre as terras configura um direito próprio dos povos originários e cuja tradicionalidade da ocupação deve ser considerada conforme os parâmetros fixados pelo texto constitucional (art. 231, §§ 1.º e 2.º).

Os entendimentos do Supremo Tribunal Federal acerca da inaplicabilidade do marco temporal para a demarcação de terras indígenas restaram fixados em uma extensa tese de repercussão geral, integrada por 13 itens ou parágrafos, dos quais entendemos pertinente transcrever os seguintes:

a) a demarcação consiste em procedimento declaratório do direito originário territorial à posse das terras ocupadas tradicionalmente por comunidade indígena;

b) a posse tradicional indígena é distinta da posse civil, consistindo na ocupação das terras habitadas em caráter permanente pelos indígenas, das utilizadas para suas atividades produtivas, das imprescindíveis à preservação dos recursos ambientais necessários a seu bem-estar e das necessárias a sua reprodução física e cultural, segundo seus usos, costumes e tradições, nos termos do §1.º do art. 231 do texto constitucional;

c) a proteção constitucional aos direitos originários sobre as terras que tradicionalmente ocupam independe da existência de um marco temporal em 5 de outubro de 1988 ou da configuração do renitente esbulho, como conflito físico ou controvérsia judicial persistente à data da promulgação da Constituição;

d) as terras de ocupação tradicional indígena são de posse permanente da comunidade, cabendo aos indígenas o usufruto exclusivo das riquezas do solo, dos rios e lagos nelas existentes;

e) as terras de ocupação tradicional indígena, na qualidade de terras públicas, são inalienáveis, indisponíveis e os direitos sobre elas imprescritíveis;

---

[85] RE 1.017.365, rel. Min. Edson Fachin, 27.09.2023.

f) a ocupação tradicional das terras indígenas é compatível com a tutela constitucional ao meio ambiente, sendo assegurado o exercício das atividades tradicionais dos indígenas.

O aproveitamento dos recursos hídricos, incluídos os potenciais energéticos, a pesquisa e a lavra das riquezas minerais em terras indígenas só podem ser efetivados com autorização do Congresso Nacional, ouvidas as comunidades afetadas, ficando-lhes assegurada participação nos resultados da lavra, na forma da lei.

As terras tradicionalmente ocupadas pelos índios são **inalienáveis** e **indisponíveis**, e os direitos sobre elas, **imprescritíveis.**

É vedada a remoção dos grupos indígenas de suas terras, salvo, *ad referendum* do Congresso Nacional, em caso de catástrofe ou epidemia que ponha em risco sua população, ou no interesse da soberania do País, após deliberação do Congresso Nacional, garantido, em qualquer hipótese, o retorno imediato logo que cesse o risco.

São nulos e extintos, não produzindo efeitos jurídicos, os atos que tenham por objeto a ocupação, o domínio e a posse das terras tradicionalmente ocupadas pelos índios, ou a exploração das riquezas naturais do solo, dos rios e dos lagos nelas existentes, ressalvado relevante interesse público da União, segundo o que dispuser lei complementar, não gerando a nulidade e a extinção direito a indenização ou a ações contra a União, salvo, na forma da lei, quanto às benfeitorias derivadas da ocupação de boa-fé.

Ademais, não se aplica às terras indígenas o disposto nos §§ 3.º e 4.º do art. 174 da Constituição. Esses dispositivos – repita-se, **não aplicáveis** às terras tradicionalmente ocupadas pelos índios – conferem às cooperativas de atividade garimpeira prioridade na autorização ou concessão para pesquisa e lavra dos recursos e jazidas de minerais garimpáveis, nas áreas onde estejam atuando, e nas áreas que a União estabeleça (CF, art. 21, XXV), na forma da lei.

Os índios, suas comunidades e organizações **são partes legítimas para ingressar em juízo em defesa de seus direitos e interesses**, intervindo o Ministério Público em todos os atos do processo, pois se encontra dentre as atribuições do *Parquet* **defender judicialmente os direitos e interesses das populações indígenas** (CF, art. 129, V).

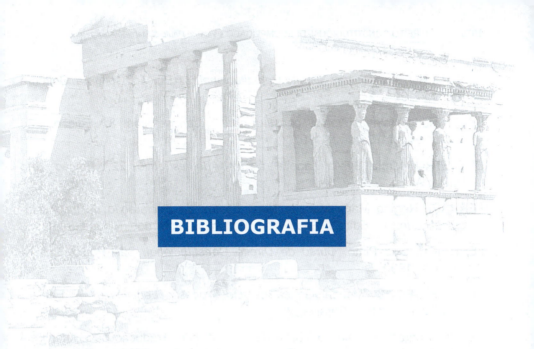

BIBLIOGRAFIA

ALEXANDRINO, Marcelo & PAULO, Vicente. *Direito Administrativo Descomplicado*. 34.ª Edição. São Paulo: Editora Método, 2025.

ALEXANDRINO, Marcelo & PAULO, Vicente. *Direito Tributário na Constituição e no STF*. 17.ª Edição. São Paulo: Editora Método, 2014.

ÁVILA, Humberto. *Sistema Constitucional Tributário*. São Paulo: Saraiva, 2004.

BACHOF, Otto. *Normas constitucionais inconstitucionais?* Coimbra: Almedina, 1994.

BARROSO, Luís Roberto. *Interpretação e Aplicação da Constituição*. 3.ª Edição. São Paulo: Editora Saraiva, 1999.

BARROSO, Luís Roberto. *O Controle de Constitucionalidade no Direito Brasileiro*. 2.ª Edição. São Paulo: Editora Saraiva, 2006.

BASTOS, Celso Ribeiro. *Curso de Direito Constitucional*. São Paulo: Celso Bastos Editor, 2002.

BOBBIO, Norberto. *A era dos direitos*. Tradução de Carlos Nelson Coutinho. Rio de Janeiro: Campus, 1992.

BONAVIDES, Paulo. *Curso de Direito Constitucional*. 19.ª Edição. São Paulo: Editora Saraiva, 2006.

BULOS, Uadi Lammêgo. *Mutação Constitucional*. São Paulo: Editora Saraiva, 1997.

BULOS, Uadi Lammêgo. *Curso de Direito Constitucional*. 5.ª Edição. São Paulo: Editora Saraiva, 2010.

CANOTILHO, J. J. Gomes. *Direito Constitucional*. 3.ª Edição. Coimbra: Coimbra Editora, 1994.

DINIZ, Maria Helena. *Norma constitucional e seus efeitos*. 3.ª Edição. São Paulo: Editora Saraiva, 1997.

DI PIETRO, Maria Sylvia Zanella. *Direito Administrativo*. 22.ª Edição. São Paulo: Atlas, 2009.

FERRARI, Regina Maria Macedo Nery. *Efeitos da Declaração de Inconstitucionalidade*. 4.ª Edição. São Paulo: Editora Revista dos Tribunais, 1999.

FERREIRA, Luiz Pinto. *Curso de Direito Constitucional*. São Paulo: Editora Saraiva, 1999.

FERREIRA FILHO, Manoel Gonçalves. *Do Processo Legislativo*. 5.ª Edição. São Paulo: Editora Saraiva, 2002.

HESSE, Konrad. *A força normativa da Constituição*. Tradução de Gilmar Ferreira Mendes. Porto Alegre: Sérgio A. Fabris Editor, 1997.

LENZA, Pedro. *Direito Constitucional Esquematizado*. 14.ª Edição. São Paulo: Editora Saraiva, 2010.

MEIRELLES, Hely Lopes. *Direito Administrativo Brasileiro*. 32.ª Edição. São Paulo: Editora Malheiros, 2006.

MEIRELLES, Hely Lopes. *Mandado de Segurança*. 29.ª Edição. São Paulo: Editora Malheiros, 2006.

MELLO, Celso Antônio Bandeira de. *Curso de Direito Administrativo*. 26ª Edição. São Paulo: Editora Malheiros, 2009.

MENDES, Gilmar Ferreira. *Direitos Fundamentais e Controle de Constitucionalidade*. 2.ª Edição. São Paulo: Celso Bastos Editor, 1999.

MENDES, Gilmar Ferreira. *Jurisdição Constitucional*. 4.ª Edição. São Paulo: Editora Saraiva, 2003.

MENDES, Gilmar Ferreira; COELHO, Inocêncio Mártires; BRANCO, Paulo Gustavo Gonet. *Curso de Direito Constitucional*. São Paulo: Editora Saraiva, 2007.

MIRANDA, Jorge. *Manual de Direito Constitucional*. 4.ª Edição. Coimbra: Coimbra Editora, 1990.

MORAES, Alexandre de. *Constituição do Brasil Interpretada e Legislação Constitucional*. 6.ª Edição. São Paulo: Editora Atlas, 2006.

MORAES, Alexandre de. *Direito Constitucional*. 21.ª Edição. São Paulo: Editora Atlas, 2007.

MORAES, Alexandre de. *Direitos Humanos Fundamentais*. 7.ª Edição. São Paulo: Editora Atlas, 2006.

PAULO, Vicente & ALEXANDRINO, Marcelo. *Controle de Constitucionalidade*. 9.ª Edição. São Paulo: Editora Método, 2010.

PAULO, Vicente & ALEXANDRINO, Marcelo. *Manual de Direito do Trabalho*. 18.ª Edição. São Paulo: Editora Método, 2014.

PAULO, Vicente & ALEXANDRINO, Marcelo. *Súmulas do STF Comentadas para Concursos e OAB*. São Paulo: Editora Método, 2013.

PAULSEN, Leandro. *Direito Tributário. Constituição e Código Tributário à Luz da Doutrina e da Jurisprudência*. 15.ª Edição. Porto Alegre: Livraria do Advogado, 2013.

POLETTI, Ronaldo. *Controle da Constitucionalidade das Leis*. 2.ª Edição. Rio de Janeiro: Editora Forense, 1998.

PRADO, Leandro Cadenas. *STF para Concursos* – Coletânea de Precedentes Jurisprudenciais. 4.ª Edição. São Paulo: Editora Método, 2009. Volume I.

PRADO, Leandro Cadenas. *STF para Concursos* – Coletânea de Precedentes Jurisprudenciais. 4.ª Edição. São Paulo: Editora Método, 2009. Volume II.

SILVA, José Afonso da. *Aplicabilidade das Normas Constitucionais*. 7.ª Edição. São Paulo: Editora Malheiros, 2007.

SILVA, José Afonso da. *Curso de Direito Constitucional Positivo*. 28.ª Edição. São Paulo: Editora Malheiros, 2007.

SILVA, José Afonso da. *Princípios do Processo de Formação das Leis no Direito Constitucional*. São Paulo: Editora Revista dos Tribunais, 1964.

SOBRINHO, Osório Silva Barbosa. *Constituição Federal Vista pelo STF*. 2.ª Edição. São Paulo: Editora Juarez de Oliveira, 2000.

TAVARES, André Ramos. *Curso de Direito Constitucional*. 4.ª Edição. São Paulo: Editora Saraiva, 2006.

TAVARES, André Ramos. *Manual do Novo Mandado de Segurança* – Lei 12.016/2009. Rio de Janeiro: Editora Forense, 2009.

TAVARES, André Ramos; ROTHENBURG, Walter Claudius (organizadores). *Arguição de Descumprimento de Preceito Fundamental: Análises à Luz da Lei n.º 9.882/99*. São Paulo: Editora Atlas, 2001.

THEODORO JÚNIOR, Humberto. *O Mandado de Segurança* – Segundo a Lei 12.016/2009. Rio de Janeiro: Editora Forense, 2009.

VELLOSO, Carlos Mário da Silva. *A Arguição de Descumprimento de Preceito Fundamental* [http://gemini.stf.gov.br/netahtml/discursos/discurso_homenagem.htm].

VELOSO, Zeno. *Controle Jurisdicional de Constitucionalidade*. 2.ª Edição. Belo Horizonte: Editora Del Rey, 2000.